camping.info
DIE SCHÖNSTEN CAMPINGPLÄTZE
DIE MEISTEN BEWERTUNGEN
DIE GRÖSSTE COMMUNITY
Von Campern für Camper
WIR SIND CAMPEN.

# INHALTSVERZEICHNIS

# LIEBER CAMPINGFREUND,

wir freuen uns sehr, dass du dich für unseren einzigartigen camping.info Campingführer entschieden hast und ich möchte die Gelegenheit nutzen, dir zu erklären, warum unser Campingführer für uns eine wahre Herzensangelegenheit ist und was ihn so besonders macht.

## Von Campern für Camper

Das Konzept unseres Campingführers besteht seit jeher darin, die Angaben über einen Campingplatz – sei es die Lage, Ausstattung, Preis und vieles mehr – direkt von den Betreibern zu erheben und diese Daten mit tausenden Gästebewertungen unserer User zu kombinieren. Somit kommen die Fakten vom Platz und die Bewertung vom Camper selbst. Durch die Bewertungen der Camper ist unser Campingführer wahrscheinlich der ehrlichste und für dich informativste auf dem Markt.

## Warum unser Campingführer der richtige für dich ist

Unsere Gästebewertungen machen unseren Campingführer zu einem lebendigen Ratgeber, der dich bestmöglich bei der Auswahl eines passenden Urlaubsziels unterstützt. Selbstverständlich achten wir tagtäglich darauf, dass unsere Bewertungen von echten Gästen stammen. Wir wissen, dass dir dein Urlaub sehr wichtig ist, und mithilfe unserer Gästebewertungen gelingt es uns, dir einen authentischen Eindruck von den Campingplätzen zu vermitteln.

## Welche Plätze kommen in den Campingführer?

Jeder Camper ist anders und hat dementsprechend unterschiedliche Anforderungen an einen Campingplatz. Aus diesem Grund ist es uns besonders wichtig, eine große Vielfalt an einzigartigen Plätzen anzubieten. Daher haben wir sowohl große Camping-Resorts wie auch Mini-Campingplätze abgedruckt. Solltest du auf deinen Reisen Plätze entdecken, die es in diesem Jahr nicht in unseren Campingführer geschafft haben, dann hilf diesen mit einer Bewertung auf unserer Webseite www.camping.info. Jede Bewertung von dir erhöht die Wahrscheinlichkeit, dass der Campingplatz im nächsten Jahr auch in unserem Buch erscheint.

Ich wünsche dir viel Spaß bei der Urlaubsplanung mit unserem Campingführer und einen erlebnisreichen und erholsamen Campingurlaub.

**Maximilian Möhrle**
Geschäftsführer camping.info

# VON CAMPERN FÜR CAMPER

Mit einem Team, bestehend aus leidenschaftlichen Campern und mit mehrjähriger Erfahrung in der Campingbranche, entwickeln wir all unsere Produkte, um dich bei der Planung des perfekten Campingurlaubs bestmöglich zu unterstützen. Dafür stellen wir dir nicht nur eine Auswahl von über 23.000 Campingplätzen aus 44 europäischen Ländern zur Verfügung und versorgen dich mit wertvollen Details, sondern sorgen auch mit über 208.600 Gästebewertungen dafür, dass du dir ein realistisches Bild vom Platz machen kannst. Mehr als 173.000 Camper gehören bereits zur camping.info-Community, werde auch du ein Teil von uns!

## DAS CAMPINGFÜHRER-TEAM

Nicole, Content

Carina, Content

Max, Projektmanagement

Martin, Sales

Henry, IT

# BEWERTUNGEN

## DAS HERZSTÜCK UNSERES CAMPINGFÜHRERS

Wir vertrauen auf die Meinung unserer Community, daher erstellen wir unsere Campingführer jährlich auf der Basis der abgegebenen Bewertungen auf camping.info. Das macht unseren Campingführer zu einem Produkt, das von Campern für Camper erstellt wurde und somit einzigartig ist.

## AUF EINEN BLICK:

**4,16**

Durchschnittsbewertung der Campingplätze in diesem Campingführer.

**43.052**

Camperbewertungen, die in diese Ausgabe geflossen sind.

### Was sagen Bewertungen aus?

Die Bewertungen bei camping.info stammen ausschließlich von Gästen. Dabei geben die Camper sowohl einen allgemeinen Gesamteindruck als auch eine Bewertung in Kategorien wie Lage, Ruhe, Sanitär, Sauberkeit, Freundlichkeit, Infrastruktur, Verpflegung, Freizeit oder Preis-Leistungs-Verhältnis ab.

### Achte auf die Anzahl

Nicht nur der Bewertungsdurchschnitt des Campingplatzes spielt eine Rolle, sondern auch die Anzahl der abgegebenen Bewertungen. Denn je mehr Camper diesen bewertet haben, desto objektiver ist das Ergebnis. Die Anzahl haben wir jeweils neben der Bewertung abgedruckt.

### 5,0 = Luxus-Campingplatz?

Ein Gesamteindruck von 4,9 bedeutet nicht automatisch, dass es sich um einen absoluten Luxuscampingplatz handelt. Auch kleine Naturcampingplätze ohne ausgefallene Infrastruktur können mit Freundlichkeit, Sauberkeit oder einer besonderen Lage begeistern. Andersrum kann ein Luxus-Campingplatz mit jeglichem Komfort durch fehlende Sauberkeit oder Unfreundlichkeit enttäuschen.

### Mehr Infos online

Noch ausführlichere Informationen findest du in den detaillierten Bewertungstexten der Gäste auf camping.info. Dazu findest du in jedem Eintrag einen Link (z. B. www.camping.info/19127), der dich auf die Detailseite des jeweiligen Platzes führt. Unter allen abgegebenen Bewertungen verlosen wir monatlich 3 x 100 €.

# WELCHE PLÄTZE HABEN WIR ABGEDRUCKT?

Wir versuchen grundsätzlich alle Campingplätze aufzunehmen. Es gibt keine Mindestanforderungen hinsichtlich der Größe oder Ausstattung; was für uns zählt, sind die Bewertungen. Je häufiger und besser ein Platz bewertet wurde, desto wahrscheinlicher ist es, dass er in unserem Campingführer zu finden ist. In der Regel nehmen wir nur Campingplätze auf, deren Bewertungsdurchschnitt bei 3,0 oder besser liegt.

## AUF EINEN BLICK:

✓

- Durchschnittsbewertung von mind. 3,0
- aktuelle Daten
- In weniger dicht besiedelten Regionen auch Plätze ohne Bewertung

×

- schlecht bewertete Plätze
- alte oder mangelhafte Daten
- Plätze, die keine Bewertungen akzeptieren

**Ist dein Lieblingsplatz nicht dabei?**
Sollte dein Lieblingsplatz nicht dabei sein, weil er zu wenig Bewertungen bekommen hat, kannst du dafür sorgen, dass es im nächsten Jahr anders ist: Animiere den Campingplatz bei deinem nächsten Besuch, seine Gäste auf uns hinzuweisen und eine Bewertung abzugeben – so klappt es bestimmt in der nächsten Ausgabe.

## WERDE AUCH DU TEIL DER CAMPING.INFO-COMMUNITY

Wir freuen uns sehr, wenn auch du die von dir besuchten Campingplätze bei uns bewertest. So einfach geht's:

# WARUM DU UNSEREN BEWERTUNGEN VERTRAUEN KANNST

© Adobe Stock/Mirko

Du hast sicher gemerkt, dass uns Bewertungen sehr wichtig sind. Daher investieren wir viel Zeit und Mühe dafür, dass nur echte Gästebewertungen abgegeben werden. Wie wir das sicherstellen, erfährst du hier.

## WIE WIR DABEI VORGEHEN:

**✕ Keine anonymen Bewertungen**
Nur registrierte Nutzer können Bewertungen abgeben. So kann der Betreiber im Zweifelsfall kontrollieren, ob der Bewerter bei ihm zu Gast war.

**✕ Keine Bevorzugung von Campingplätzen**
Ob Werbepartner oder nicht: Kein Betreiber kann Bewertungen grundlos entfernen. Diese werden nur gelöscht, wenn es sich um einen Richtlinienverstoß oder um illegalen Inhalt handelt.

**✕ Keine Bewertungen von Eigentümern, Mitarbeitern oder beauftragten Personen**
Sollte dies doch vorkommen, werden die Betreiber abgemahnt und bei Wiederholung aus unserem Verzeichnis gelöscht.

## WAS WIR FÜR GUTE QUALITÄT TUN:

**✓ Transparenz**
Redaktionelle Eingriffe werden sowohl mit dem Gast als auch mit dem Betreiber besprochen.

**✓ Inhaltliche Kontrollen**
Unsere jahrelange Erfahrung und einige technische Mittel helfen uns, Missbrauch aufzudecken. Zum Glück kommt dies nur selten vor.

**✓ Hinweise durch User**
Wir gehen regelmäßig Hinweisen von engagierten Nutzern nach, die uns auf unstimmige Bewertungen aufmerksam machen. Sollte auch dir etwas auffallen, sag uns gerne Bescheid.

**1.** Campingplatz auf camping.info suchen.

**2.** Bewertung abgeben & optional noch Bilder/Videos hochladen.

**3.** Anderen Campern bei der Auswahl des Campingplatzes helfen.

# DER CAMPING.INFO AWARD

Gewinner des camping.info Awards 2020: Robert und Maria Stainer vom Grubhof © Fam. Stainer

Seit 2012 vergeben wir jedes Jahr den camping.info Award an die 100 bestbewerteten Campingplätze Europas. Bei uns gibt es keine Jury, denn auch hier zählen ausschließlich die Bewertungen. Dabei erfolgt eine Gewichtung nach Aktualität der Bewertungen, deren Anzahl und nach der Vertrauenswürdigkeit des Bewerters. Je mehr Bewertungen ein Camper abgegeben hat und je nützlicher seine Bewertungen für andere User sind, desto vertrauenswürdiger wird er von uns eingestuft. Uns ist Transparenz äußerst wichtig, daher sind alle Faktoren sowie die Formel öffentlich einsehbar. Mehr Informationen dazu bekommst du unter camping.info/award.

### Auch Geheimtipps unter den Preisträgern

In den Top 100 findest du europaweit nicht nur bekannte Betriebe, sondern auch einige Geheimtipps. Andererseits kann der Award keine Vollständigkeit bieten: Es gibt viele Plätze, die es ebenfalls wert wären, eine solche Auszeichnung zu erhalten, aber nur knapp nicht in die Top 100 gerutscht sind. Denn die Werte liegen oft eng beisammen.

### Award-Gewinner in dieser Ausgabe

Alle Campingplätze, die mit dem camping.info Award ausgezeichnet wurden, sind mit einem entsprechenden Logo versehen, sodass du direkt auf einem Blick siehst, wer es unter die Top 100 geschafft hat. Auf camping.info/award findest du ab Januar 2021 auch die Preisträger aus dem Jahr 2021, die bei Redaktionsschluss des Campingführers leider noch nicht feststanden.

# 32 PREISTRÄGER RUND UM DIE ALPEN

Im Jahr 2020 gab es rund um die Alpen 32 Campingplätze, die mit dem camping.info Award ausgezeichnet wurden. Wir stellen dir hier die Top 5 etwas genauer vor:

S. 116

**Grubhof, Salzburg, Platz 1**

Der Grubhof liegt eingebettet in die herrliche Bergwelt der Berchtesgadener Alpen und der Loferer Steinberge. Top bewertet in den Kategorien „Freundlichkeit" & „Sauberkeit".

S. 457

**Luxury Camping Schlosshof Resort, Trentino, Platz 5**

Familiär geführtes Resort bei Meran im schönen Südtirol. Tradition & moderne Werte prägen diesen Campingplatz.

S. 401

**Camping Hopfensee, Bayern, Platz 6**

Der Platz im Allgäu bietet 5 Sterne Camping und bietet eine harmonische Verbindung zwischen Bewegung, Aktivität und Entspannung.

S. 242

**Camp MondSeeLand, Salzkammergut, Platz 8**

Idyllisch gelegener Campingplatz mitten in der Natur. Bekannt für seinen „natürlichen" Erholungswert und sehr familienfreundlich.

S. 185

**Campingpark Murinsel, Steiermark, Platz 9**

Komfortcamping in der Steiermark mit Ruhe und Erholung und einer hohen Wertung in der Kategorie Freundlichkeit.

# DU HAST NOCH NICHT GENUG?

## ENTDECKE NOCH MEHR CAMPING.INFO

**Newsletter**

In unserem Newsletter stellen wir dir regelmäßig verschiedene Campingplätze vor, informieren dich über Ratgeber-Themen oder geben Einblick in Neuigkeiten aus der Campingbranche. Außerdem verlosen wir immer wieder Gutscheine für einen Campingplatz-Aufenthalt.

## Camping.info FANCLUB

Der camping.info FANCLUB bietet dir gemeinsam mit starken Partnern tolle Angebote und Vergünstigungen, Gewinnspiele, Veranstaltungen, Tipps rund um das Thema Camping und die wohl größte Camping-Community im deutschsprachigen Raum. Unter dem Motto „WIR SIND CAMPEN." bringen wir im Club Campingfreunde zusammen. Sei dabei - natürlich kostenlos und unverbindlich.

## Social Media

Ob Facebook oder Instagram: Uns findest du natürlich auch in den sozialen Netzwerken. Lass dich von uns inspirieren und entdecke neue Campingplätze oder Reiseziele. Schau doch mal vorbei!.

## Magazin

Camping-Rezepte, Reiserouten oder Tipps für deinen ersten Camping-Urlaub gibt es in unserem Online-Magazin. Schau vorbei und werde zum echten Camping-Experten.

## camping.info App

Der Campingführer für die Hosentasche: Lade dir unsere kostenlose App für iOS oder Android herunter und suche den Campingplatz für deinen nächsten Urlaub einfach von unterwegs.

# GREEN CAMPING – WARUM CAMPING DER UMWELT GUT TUT

Camping bedeutet nicht nur Freiheit, Unabhängigkeit und Naturverbundenheit, sondern stellt darüber hinaus eine der umweltfreundlichsten und nachhaltigsten Urlaubsformen dar. Wer im Sommer eine Nacht im Wohnmobil auf einem Stellplatz verbringt, verbraucht z. B. nur 1,5 kg CO2-Äquivalente, während eine Hotelübernachtung mit 17,2 kg zu Buche schlägt. Wir zeigen dir, wie grün Camping wirklich ist und wie du deinen Urlaub noch nachhaltiger gestalten kannst.

## URLAUBSFORMEN IM VERGLEICH

**Vergleich CO2-Ausstoß je Unterkunft**

**Vergleich CO2-Ausstoß Rügen-Reise je nach Reiseart**

Quelle: https://www.oeko.de/uploads/oeko/oekodoc/1572/2013-428-de.pdf

© Adobe Stock/igishevamaria

# 5 TIPPS FÜR EINEN UMWELTFREUNDLICHEN CAMPINGURLAUB

**1 Kurze statt lange Strecken**
Statt in die Ferne zu schweifen vielleicht einfach mal die Natur in der näheren Umgebung erkunden. Wer in der Heimat campt, spart nicht nur Spritkosten, sondern tut auch der Umwelt etwas Gutes.

**2 Fahrrad statt Auto**
Ab auf die Fiets! Wer seinen PKW oder Wohnmobil auf dem Campingplatz lässt und stattdessen aufs Rad steigt, verbraucht kaum CO2 und hat den Frühsport gleich hinter sich.

**3 Müll vermeiden**
Beim Campen lässt es sich nicht immer vermeiden, Müll zu produzieren. Wenn du jedoch darauf achtest, so wenig Verpackungsmaterial, Einweg-Geschirr oder Plastikflaschen wie möglich zu benutzen, freut sich nicht nur die Umwelt, sondern bestimmt auch dein Geldbeutel.

**4 Achtsam mit Ressourcen umgehen**
Aufgrund von Duschmarken achten wir oft ganz automatisch darauf, nicht zu viel Wasser zu verbrauchen. Wenn wir auch außerhalb der Dusche darauf achten, nicht zu viel Wasser oder zu viel Strom für die Klimaanlage zu verwenden, sparen wir CO2 und campen grüner.

**5 Nachhaltige Campingplätze ansteuern**
Campingplätze mit besonders nachhaltigen Konzepten und einem Fokus auf den Umweltschutz sind in unserem Campingführer mit dem ECOCAMPING-Logo ausgezeichnet. Dazu gehören z. B. nachhaltige Konzepte zur Abfalltrennung, Angebote regionaler Produkte oder der Einsatz von wasser- und energiesparender Technik. Unser Partner ECOCAMPING unterstützt die Betreiber beim Erreichen der Ziele und bietet Vor-Ort-Checks, umfassende Analysen sowie Workshops. Und du kannst dir sicher sein, besonders nachhaltig zu campen, wenn du einen Platz mit der ECOCAMPING-Auszeichnung ansteuerst.

> i Weitere Informationen über unseren Partner ECOCAMPING findest du unter: www.ecocamping.de

MAKE CAMPING GREEN AGAIN

# GEBRAUCHSANWEISUNG

Wer liest schon Gebrauchsanweisungen? Wir haben unseren Campingführer so gestaltet, dass du sofort mit der Urlaubsplanung beginnen kannst. Es gibt fast keine Piktogramme oder Abkürzungen. Eigentlich sollte alles selbsterklärend sein. Um sicherzugehen, findest du hier die wichtigsten Punkte auf einen Blick:

**Liste aller Icons, Piktogramme und Abkürzungen:**

- Markernummer (Nummer auf der Karte)
- Geokoordinaten (im Format Latitude | Longitude)
- Bewertunganzeige
- FKK FKK
- camping.info Award Gewinner
- Auf www.camping.info online buchbar (Stand 10/2020)
- Ecocamping
- ✓ steht für „ja" oder „vorhanden"
- × steht für „nein" oder „nicht vorhanden"
- ✱ steht für „auch Wintercamping möglich"

**HS:** Hauptsaison **NS:** Nebensaison

**am P.:** am Platz

**nat. Gewässer:** natürliches Gewässer

**k. A.:** keine Angabe

**teilw.:** teilweise, nicht am ganzen Platz

**Vergleichspreis:** Preis für zwei Personen + Standard-Stellplatz + Strom + Taxe für eine Nacht

**Stellplätze vor Schranke:** Wohnmobilstellplätze vor der Schranke bzw. außerhalb des Campingplatzes (z. B. für nächtliche Ankünfte)

## €€€ Vergleichspreis

Der Vergleichspreis soll als grobe Richtlinie dienen, um das Preisniveau einschätzen zu können. Es handelt sich dabei um den Preis für zwei Personen + Standard-Stellplatz + Strom + Taxe für eine Nacht, jeweils für die Haupt- und die Nebensaison. Der tatsächliche Preis hängt von weiteren Faktoren, wie z. B. der Kategorie des Stellplatzes, von einmaligen Anschlussgebühren, Duschmünzen etc. ab. Zudem können sich die Preise für das kommende Jahr ändern. Denn manche Betreiber wussten bereits den Preis für 2021, einige beziehen sich noch auf 2020. Wer sichergehen möchte, schaut sich am besten die jeweilige Preisliste des Campingplatzes an.

## Karten & Lage der Campingplätze

Wir haben alle Länder in zahlreiche Karten-Regionen aufgeteilt. Achte bitte darauf, dass die Karten verschiedene Maßstäbe haben. Um die Darstellung der Karte zu optimieren, haben wir uns bei der Aufteilung in einzelne Kartenabschnitte nicht immer an offizielle Regionen-Grenzen gehalten. Wir haben alle Campingplätze direkt auf den Karten eingezeichnet. Die Nummern auf der Karte und der daneben stehenden Tabelle führen dich zu den detaillierten Infos des jeweiligen Campingplatzes. Dort findest du auch genaue Infos zur Lage sowie eine GPS-Angabe. Beachte bitte, dass diese Angaben vom Platzbetreiber stammen. Wir haben diese auf Plausibilität hin überprüft, trotzdem können wir keine Gewähr für die Korrektheit der Information übernehmen.

## Öffnungszeiten

Manche Plätze machen die Öffnung bzw. Schließung z. B. auch vom Wetter oder von bestimmten Feiertagen (insbesondere Ostern) abhängig. Falls du besonders früh oder spät unterwegs bist, frag am besten vorher beim Campingplatz nach.

## ANZEIGE von Campingplätzen

Die Einträge in unserem Campingführer sind für die Plätze kostenlos. Dadurch kann jeder Platz eingetragen werden - auch wenn er noch so klein ist. Campingplätze, die sich gerne umfassender darstellen, konnten eine Erweiterung auf eine volle Seite oder eine Doppelseite buchen.

# IMPRESSUM UND KLEINGEDRUCKTES

**Herausgeber**
Camping.info GmbH
Oranienburger Straße 27, D 10117 Berlin
www.camping.info | office@camping.info
Tel. +49 (0) 30 994 048 620
Fax +49 (0) 30 994 048 629

**Geschäftsführung**
Maximilian Möhrle

**Redaktion, Datenverwaltung und Korrektur**
Nicole Scheerschmidt, Henry Hesse,
Carina Hofmeister

**Anzeigenverwaltung**
vertrieb@camping.info

**Datapublishing**
co-operation design and system

**Titelbild**
Panorama Camping Sonnenberg, Seite 30

**Bilder**
camping.info, Roland Bamberger, Campingplatzbetreiber, nationale und regionale Tourismusorganisationen, istockphoto.com, shutterstock

**Kartografie**
mapz.com - Map Data: OpenStreetMap ODbL

**Druck und Herstellung**
Gutenberg-Werbering Gesellschaft m.b.H., Linz

**Haftungsausschluss**
Unsere Redaktion hat sich bemüht, alle Daten mit großer Sorgfalt zu recherchieren und zu verarbeiten. Die Daten stammen im Wesentlichen direkt von den Campingplatzbetreibern, die Daten zu den Bewertungen von tausenden Campinggästen. Jedoch können wir nicht ausschließen, dass Daten fehlerhaft oder nicht mehr aktuell sind.

Wir können für die Daten daher keine Gewähr übernehmen. Eine Haftung aufgrund von Fehlern oder Lücken in den Informationen wird ausgeschlossen. Der Inhalt von Anzeigen liegt außerhalb der Verantwortung der Redaktion.



5. Ausgabe / November 2020
ISBN: 978-3-9820880-6-8

# CAMPING IN ÖSTERREICH

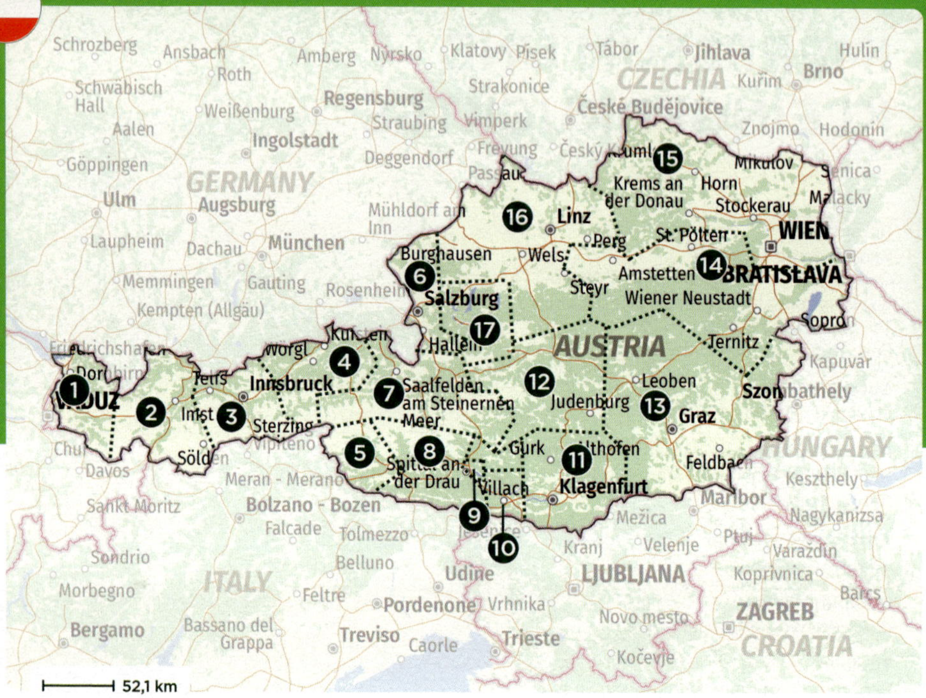


## REGIONEN

Das Land der Berge ist mit seinen zahlreichen Tourismusregionen für viele Camper ein beliebtes Urlaubsland. Sowohl die Seen im nördlichen und südlichen Alpenvorland als auch die Gebirgszüge der Ostalpen locken jährlich Millionen Besucher. Im Jahr 2018 verzeichnete Österreich mit 6,9 Millionen Campingübernachtungen einen neuen Rekord. Doch auch die Qualität der Campinganlagen ist rekordverdächtig. Mit einer durchschnittlichen Gästebewertung von 4,15 Sternen auf camping.info gehören die Campingplätze in Österreich zu den besten Europas, auch das Preis-Leistungs-Verhältnis ist im Europa-Vergleich sehr gut. Zwei Drittel des österreichischen Staatsgebiets liegen in den Alpen. Längere Steigungen, Höhenstraßen und Pässe sind also keine Seltenheit, das Straßennetz ist aber hervorragend ausgebaut. Trotzdem sollten Gespannfahrer Routen abseits der Hauptverkehrswege in den Bergen genauer planen. In den Ferienzeiten sind Reservierungen hilfreich, jedoch sind manche Campingplätze in Wintersportgebieten auch in der kalten Jahreszeit sehr gut gebucht.

## Länderinformationen:

- Hauptstadt: Wien
- Einwohner: 8,9 Millionen
- Währung: Euro
- gesprochene Sprachen: Deutsch,
- teilweise Kroatisch, Slowenisch und Ungarisch
- Österreich auf camping.info: www.camping.info/österreich

## Reise-Informationen:

| | | | | |
|---|---|---|---|---|
| PKW, Wohnmobil bis 3,5t | 50 | 100 | 100 | 130 |
| Mit leichtem Anhänger (bis 750 kg)* | 50 | 100 | 100 | 100 |
| Gespann mit schwerem Anhänger (Klasse B)* | 50 | 80 | 100 | 100 |
| Wohnmobil über 3,5 t | 50 | 70 | 80 | 80 |

* Hierbei gibt es Unterschiede, je nach Führerscheinklasse.

**Lichtpflicht am Tag:** nein (außer Motorräder)

**Im Auto/Wohnmobil mitzuführen:** Warndreieck, eine Warnweste (muss bei Verlassen des Fahrzeuges bei Panne oder Unfall getragen werden), Verbandszeug.

**Mautsystem und Straßengebühren:** Vignetten-System für Fahrzeuge bis 3,5 t; ab 3,5 t fahrleistungsabhängige Maut (GO-Box benötigt); Sondermaut an mehreren Tunneln und Alpenstraßen.

**Weitere Hinweise:** auf Autobahn und Schnellstraßen gilt die Rettungsgasse; Winterreifenpflicht bei winterlichen Fahrverhältnissen vom 1.11. bis 15.04.; für Fahrzeuge über 3,5 t gilt im selben Zeitraum allgemeine Winterreifenpflicht sowie Mitführpflicht von Schneeketten für mind. zwei Antriebsräder, Spikes sind erlaubt; Promillegrenze: 0,1 Promille für Fahranfänger, ansonsten 0,5.

**Einreise:** Österreich ist Mitglied des Schengen-Raums; Grenzkontrollen können trotzdem vorkommen. Mitzuführen ist ein Reisepass; für EWR-Bürger ist auch ein Personalausweis ausreichend. Kinder benötigen ein eigenes Ausweisdokument.

**Haustiere:** EU-Heimtierausweis mit Kennzeichnung des Tieres (durch Mikrochip oder Tätowierung) nötig, gültige Tollwutimpfung muss eingetragen sein; Regelungen bzgl. Leinen- und Maulkorbpflicht variieren je nach Bundesland und Gemeinde, daher sollte stets beides mitgeführt werden. In öffentlichen Verkehrsmitteln ist beides Pflicht.

## Notrufnummern:

- internationale Notrufnummer: 112
- Feuerwehr: 122
- Polizei: 133
- Rettung: 144

ÖSTERREICH

# ❶ Vorarlberg

| | Platz | Seite | Bewertung | Öffnungszeiten | |
|---|---|---|---|---|---|
| 1 | Camping Vorderboden | 24 | 4.8 | saisonal | Award |
| 2 | Campingplatz Jochum in Kleinwalsertal | 24 | 4.6 | k. A. | |
| 3 | Waldcamping Feldkirch | 24 | 4.2 | saisonal | |
| 4 | Camping Hochlitten | 24 | 4.6 | ganzjährig | Wintercamping |
| 5 | Waldcamping Batmund | 25 | 4.2 | saisonal | Wintercamping, Ecocamping |
| 6 | Auhof Camping | 25 | - | ganzjährig | Wintercamping |
| 7 | Campingplatz Salzmann Rohrspitz | 25 | 3.6 | saisonal | Ecocamping |
| 8 | Camping Zeinissee | 26 | 4.6 | saisonal | |
| 9 | Camping Zwerwald | 27 | 3.4 | saisonal | Wintercamping |
| 10 | Walch's Camping & Landhaus | 28 | 4.6 | saisonal | Wintercamping, Onlinebuchung |
| 11 | Alpencamping Nenzing | 27 | 4.4 | ganzjährig | Wintercamping |
| 12 | Camping Mexico am Bodensee | 27 | 4.4 | saisonal | Ecocamping |
| 13 | Wohnmobil-Stellplatz Mathis | 29 | 4.7 | ganzjährig | Wintercamping |
| 14 | Panorama Camping Sonnenberg | 30 | 4.8 | saisonal | Ecocamping, Award |
| 15 | Campingplatz Bezau | 29 | 3.5 | ganzjährig | Wintercamping |
| 16 | Camping TRAUBE BRAZ | 29 | - | ganzjährig | Wintercamping |
| 17 | Alpencamping Haller | 31 | 4.2 | saisonal | Wintercamping |

Bregenzerwald © Vorarlberg Tourismus/Popp, Hackner

## Zwischen Bodensee und majestätischen Bergen

Vorarlberg, im lokalen Dialekt auch Ländle genannt, ist das westlichste Bundesland Österreichs. Das Ländle ist vom Osten her nur über wenige hohe Passstraßen sowie durch den Arlbergtunnel zu erreichen. Nicht zuletzt deshalb hat sich Vorarlberg viele Eigenheiten und Besonderheiten erhalten. Das kleine Bundesland nimmt sowohl landschaftlich als auch touristisch eine wichtige Position ein. Sehenswürdigkeiten finden Camper insbesondere in den Altstädten von Feldkirch, Bludenz und Bregenz, außerdem stellen der Bregenzerwald und das Montafon zwei überaus interessante Reiseziele dar.

## VOM BREGENZERWALD ÜBER BREGENZ BIS NACH FELDKIRCH

Beim Begriff Bregenzerwald handelt es sich nicht nur um ein riesiges und wunderschön bewaldetes Naturgebiet im nordöstlichen Teil Vorarlbergs, sondern ebenfalls um eine beeindruckende Bergregion. Die Berge im Bregenzerwald reichen teilweise bis über 2.000 Meter und bieten hervorragende Sportmöglichkeiten sowie eine Infrastruktur auf höchstem Niveau. Die Marktgemeinde Bezau ist ein beliebtes Urlaubsziel, wohl auch aufgrund seiner sonnenreichen und windgeschützten Lage. Von hier aus fährt die historische Museumsbahn, das sogenannte „Wälderbähnle“, mehrmals pro Woche bis nach Schwarzenberg. Der Ort ist darüber hinaus für seine Bergbahnen, eine beleuchtete Naturrodelbahn und traumhafte Wanderrouten bekannt. Die Stadt Bregenz punktet durch seine Nähe zum Bodensee und ein überdurchschnittliches Kulturangebot, das zum Beispiel die Bregenzer Festspiele umfasst. Der Martinsturm ist als Wahrzeichen der Stadt ebenfalls einen Besuch wert. Weiter südlich gehören Dornbirn, Lustenau, Rankweil und Feldkirch zu den bekanntesten Städten der Region, wobei vor allem Feldkirch viele Besucher lockt. Ein Grund dafür ist der mittelalterliche Stadtkern, wo beispielsweise das Rathaus aus dem 15. Jahrhundert, der Dom St. Nikolaus und das Churer Tor besichtigt werden können. In Feldkirch befindet sich zudem die größte und besterhaltene Burg Vorarlbergs, die Schattenburg.

## VON BLUDENZ ÜBER DAS MONTAFON INS KLOSTERTAL

Die Stadt Bludenz ist von einer mächtigen Bergkulisse umgeben – sie wird umrahmt von den Lechtaler Alpen, dem Rätikon und der Verwallgruppe. Es gibt nur wenige Städte in den Alpen, die einen solchen urbanen und historischen Charme ausstrahlen und doch von nordalpinem Charakter geprägt sind. Von Bludenz aus sind das Klostertal, das Montafon, das Brandnertal, das Große Walsertal und der Walgau binnen kürzester Zeit zu erreichen. Rund 8 km nordwestlich von Bludenz liegt mit Nenzing ein weiterer bei Campern sehr beliebter Ort. Der Naturpark „Nenzinger Himmel" verzaubert seine Besucher durch die beeindruckende Alpenflora und eine Vielzahl an Wandermöglichkeiten. Eines der bekanntesten Alpentäler ist das Montafon, das mit sechs verschiedenen Skigebieten und 226 Pistenkilometern auch viele Wintercamper beeindruckt. Im Sommer zählt die Silvretta-Hochalpenstraße zu den beliebtesten Gebirgsstraßen der österreichischen Alpen. Auf einer Höhe von 2.032 Metern befindet sich der imposante Silvretta-Stausee, der auch umwandert werden kann. Auch das Klostertal ist bei Sommer- wie Winter-Urlaubern beliebt. Es beginnt in der Alpenstadt Bludenz und erstreckt sich rund 40 Kilometer nach Osten bis zum Arlberg und zur Landesgrenze zu Tirol.

Bregenz mit neuem Hafen
© Vorarlberg Tourismus/Andreas Uher, www.mediart.at

Langlauf am Bödele © Vorarlberg Tourismus/Dietmar Walser

TIPP DER REDAKTION

**Camping Vorderboden**

Mittelberg | Nr. 1 | Seite 24

Laut Gästen ideal geeignet zum:

- Wandern
- Mountainbiken
- Klettern

4.8

## 1 Camping Vorderboden

Vorderboden 1
6993 Mittelberg
0043 5517 6138
47.31214 | 10.13372
1250m ü.M.

24.05. - 13.10.
HS: 36,40 €
**Mehr Infos & Anfrage:**
www.camping.info/27067

| | |
|---|---|
| Baden in nat. Gewässer | k. A. |
| Pool/Hallenbad | 6km |
| Spielplatz am Platz | ✓ |
| Hunde erlaubt | ✓ |
| Skilift & Loipe | keine Angabe |
| WLAN | ✓ |
| Lebensmittel | ✓ |
| Brötchen am Platz | ✓ |
| Imbiss | ✓ |
| Ver-/Entsorgung Womo | ✓ |
| in den Ort | 1km |
| Touristenplätze | 80 |
| Mietunterkünfte | ✗ |
| Stellplätze vor Schranke | ✗ |

**4.8** SEHR GUT – 84 Bewertungen

| | |
|---|---|
| Lage | 4.9 |
| Ruhe | 4.7 |
| Sanitäranlagen | 4.7 |
| Sauberkeit Ø | 4.8 |
| Freundlichkeit | 4.9 |
| Stellplatz | 4.5 |
| Verpflegung | 4.2 |
| Freizeit | 4.6 |
| Preis-Leistung | 4.5 |
| Mietunterkünfte | - |

**Geeignet für**

| | |
|---|---|
| Kinder b. 6 J. | 4.2 |
| Kinder b. 12 J. | 4.4 |
| Kinder b. 18 J. | 4.2 |
| Paare | 4.9 |
| Senioren | 4.8 |
| Gäste mit Zelt | 4.8 |
| Gäste mit Hund | 4.6 |

**Empfohlene Aktivitäten**

- Wandern
- Mountainbiking
- Klettern

**AWARD 2020**

## 2 Campingplatz Jochum in Kleinwalsertal

Walserstr. 10
6991 Riezlern
+43 551 757 92
47.36251 | 10.19411

keine Angabe
keine Angabe
**Mehr Infos & Anfrage:**
www.camping.info/23214

| | |
|---|---|
| Baden in nat. Gewässer | k. A. |
| Pool & Hallenbad | ✗ |
| Spielplatz | keine Angabe |
| Hunde | ✗ |
| Skilift & Loipe | keine Angabe |
| WLAN | keine Angabe |
| Lebensmittel | k.A. |
| Brötchen | keine Angabe |
| Restaurant & Imbiss | ✗ |
| Ver-/Entsorgung Womo | ✗ |
| in den Ort | keine Angabe |
| Gesamt | keine Angabe |
| Mietunterkünfte | ✗ |
| Stellplätze vor Schranke | ✗ |

**4.6** SEHR GUT – 8 Bewertungen

| | |
|---|---|
| Lage | 4.5 |
| Ruhe | 4.6 |
| Sanitäranlagen | 5.0 |
| Sauberkeit Ø | 5.0 |
| Freundlichkeit | 5.0 |
| Stellplatz | 4.0 |
| Verpflegung | 3.5 |
| Freizeit | 4.7 |
| Preis-Leistung | 4.8 |
| Mietunterkünfte | - |

**Geeignet für**

| | |
|---|---|
| Kinder b. 6 J. | 2.3 |
| Kinder b. 12 J. | 2.3 |
| Kinder b. 18 J. | 3.0 |
| Paare | 4.7 |
| Senioren | 4.6 |
| Gäste mit Zelt | 1.7 |
| Hunde n. erlaubt | - |

**Empfohlene Aktivitäten**

- Wandern
- Mountainbiking
- Klettern

## 3 Waldcamping Feldkirch

Stadionstraße 9
6800 Feldkirch
+43 5522 7600 13190
47.25842 | 9.58297

01.04. - 31.10.
HS: 38,20 € | NS: 11,70 €
**Mehr Infos & Anfrage:**
www.camping.info/19402

| | |
|---|---|
| Baden im See | 3km |
| Pool/Hallenbad | ✓/7km |
| Spielplatz am Platz | ✓ |
| Hunde willkommen | ✓ |
| Skilift | 10km |
| WLAN | ✓ |
| Lebensmittel | 800m |
| Brötchen am Platz | nur HS |
| Restaurant/Imbiss | 1km |
| Ver-/Entsorgung Womo | ✓ |
| in den Ort | 500m |
| Gesamt/Touristen | 128/64 |
| Mietunterkünfte | ✗ |
| Stellplätze vor Schranke | ✗ |

**4.3** SEHR GUT – 23 Bewertungen

| | |
|---|---|
| Lage | 4.4 |
| Ruhe | 4.2 |
| Sanitäranlagen | 3.7 |
| Sauberkeit Ø | 4.8 |
| Freundlichkeit | 4.6 |
| Stellplatz | 4.2 |
| Verpflegung | 3.4 |
| Freizeit | 4.5 |
| Preis-Leistung | 4.3 |
| Mietunterkünfte | - |

**Geeignet für**

| | |
|---|---|
| Kinder b. 6 J. | 3.9 |
| Kinder b. 12 J. | 4.4 |
| Kinder b. 18 J. | 3.9 |
| Paare | 4.4 |
| Senioren | 4.5 |
| Gäste mit Zelt | 4.4 |
| Gäste mit Hund | 4.4 |

**Empfohlene Aktivitäten**

- Schwimmen
- Radfahren
- Wandern

## 4 Camping Hochlitten

Hochlitten 238
6943 Riefensberg
+43 55138291
47.5093 | 9.97875

ganzjährig
HS: 27,90 € | NS: 27,90 €
**Mehr Infos & Anfrage:**
www.camping.info/22151

| | |
|---|---|
| Baden im See | 30km |
| Pool/Hallenbad | 8km |
| Spielplatz am Platz | ✓ |
| Hunde willkommen | ✓ |
| Skilift/Loipe | ✓/8km |
| WLAN (gegen Gebühr) | ✓ |
| Lebensmittel | 2km |
| Brötchen am Platz | ✓ |
| Restaurant & Imbiss | ✓ |
| Ver-/Entsorgung Womo | ✓ |
| in den Ort | 2km |
| Gesamt/Touristen | 80/20 |
| Mietunterkünfte | ✓ |
| Stellplätze vor Schranke | ✗ |

**4.6** SEHR GUT – 11 Bewertungen

| | |
|---|---|
| Lage | 4.7 |
| Ruhe | 4.9 |
| Sanitäranlagen | 4.9 |
| Sauberkeit Ø | 4.8 |
| Freundlichkeit | 4.8 |
| Stellplatz | 3.9 |
| Verpflegung | 4.2 |
| Freizeit | 4.3 |
| Preis-Leistung | 4.6 |
| Mietunterkünfte | 4.2 |

**Geeignet für**

| | |
|---|---|
| Kinder b. 6 J. | 4.6 |
| Kinder b. 12 J. | 4.5 |
| Kinder b. 18 J. | 4.1 |
| Paare | 4.8 |
| Senioren | 4.7 |
| Gäste mit Zelt | 4.5 |
| Gäste mit Hund | 4.8 |

**Empfohlene Aktivitäten**

- Wandern
- Ski
- Mountainbiking

| | 5 Waldcamping Batmund | 6 Auhof Camping | 7 Campingplatz Salzmann Rohrspitz |
|---|---|---|---|
| Adresse | Silvretta-Bundesstraße 65c, 6791 St.Gallenkirch | Aulandweg 5, 6706 Bürs | Rohr 1, 6972 Fußach |
| Telefon | +43 5557 21893 | +43 5552 67044 | +43 5578 75708 28 |
| Koordinaten | 47.02998 \| 9.95699 | 47.14697 \| 9.81604 | 47.49743 \| 9.63226 |
| Höhe | | | 395m ü.M. |

Karte auf Seite 20

## Infos

| Infos | 5 Waldcamping Batmund | 6 Auhof Camping | 7 Campingplatz Salzmann Rohrspitz |
|---|---|---|---|
| Öffnungszeiten | 20.05. - 30.10.<br>04.12. - 30.04. | ganzjährig | 01.04. - 15.10. |
| Vergleichspreis | HS: 26,20 € \| NS: 21,20 € | HS: 24,00 € \| NS: 24,00 € | HS: 37,00 € \| NS: 37,00 € |
| Link | **Mehr Infos & Anfrage:** www.camping.info/23823 | **Mehr Infos & Anfrage:** www.camping.info/19391 | **Mehr Infos & Anfrage:** www.camping.info/25083 |

## Ausstattung

| Ausstattung | 5 Waldcamping Batmund | 6 Auhof Camping | 7 Campingplatz Salzmann Rohrspitz |
|---|---|---|---|
| Freizeit | Baden in nat. Gewässer ✗ | Baden im Fluss 500m | Baden im See am Platz ✓ |
| | Pool/Hallenbad 900m/20km | Pool/Hallenbad 12/2km | Pool & Hallenbad ✗ |
| | Spielplatz am Platz ✓ | Spielplatz am Platz ✓ | Spielplatz am Platz ✓ |
| Campingplatz | Hunde willkommen ✓ | Hunde willkommen ✓ | Hunde willkommen ✓ |
| | Skilift/Loipe 800m/1km | Skilift/Loipe 4km/✓ | Skilift & Loipe ✗ |
| | WLAN (gegen Gebühr) ✓ | WLAN (gratis) teilweise | WLAN ✓ |
| Versorgung | Lebensmittel 1km | Lebensmittel 300m | Lebensmittel ✗ |
| | Brötchen am Platz nur HS | Brötchen am Platz nur HS | Brötchen am Platz ✓ |
| | Restaurant/Imbiss 400m | Restaurant/Imbiss 300m | Restaurant & Imbiss ✓ |
| | Ver-/Entsorgung Womo ✗ | Ver-/Entsorgung Womo ✗ | Ver-/Entsorgung Womo ✓ |
| | in den Ort 1km | in den Ort 500m | in den Ort 3km |
| Anzahl der Plätze | Gesamt/Touristen 40/10 | Gesamt/Touristen 50/30 | Gesamt/Touristen 169/36 |
| | Mietunterkünfte ✗ | Mietunterkünfte ✗ | Mietunterkünfte ✗ |
| | Stellplätze vor Schranke ✗ | Stellplätze vor Schranke ✗ | Stellplätze vor Schranke ✗ |

## Bewertungen

| | 5 Waldcamping Batmund | 6 Auhof Camping | 7 Campingplatz Salzmann Rohrspitz |
|---|---|---|---|
| Gesamt | 4.4 SEHR GUT, 14 Bewertungen | 3.3 GUT, 3 Bewertungen | 3.6 GUT, 9 Bewertungen |
| Lage | 4.3 | 4.0 | 4.5 |
| Ruhe | 4.5 | 3.0 | 2.4 |
| Sanitäranlagen | 4.0 | 3.5 | 4.0 |
| Sauberkeit Ø | 4.9 | 4.0 | 4.0 |
| Freundlichkeit | 4.7 | 5.0 | 4.1 |
| Stellplatz | 3.9 | 4.0 | 3.0 |
| Verpflegung | 2.8 | 4.5 | 3.7 |
| Freizeit | 4.1 | 4.0 | 3.9 |
| Preis-Leistung | 4.4 | 4.5 | 3.9 |
| Mietunterkünfte | - | - | - |
| **Geeignet für** | | | |
| Kinder b. 6 J. | 3.0 | 5.0 | 3.2 |
| Kinder b. 12 J. | 3.8 | 5.0 | 3.8 |
| Kinder b. 18 J. | 4.1 | 5.0 | 3.3 |
| Paare | 4.6 | 5.0 | 3.7 |
| Senioren | 4.6 | 5.0 | 3.8 |
| Gäste mit Zelt | 4.4 | 5.0 | 3.0 |
| Gäste mit Hund | 4.4 | 5.0 | 5.0 |

**Empfohlene Aktivitäten** (5 Waldcamping Batmund): Wandern, Radfahren, Mountainbiking

**Empfohlene Aktivitäten** (7 Campingplatz Salzmann Rohrspitz): Radfahren, Schwimmen, Kayak/Kanu

ⓘ keine WOMOs über 8m (5 Waldcamping Batmund)

ⓘ Österreichisches Umweltzeichen - GreenCampings.at (7 Campingplatz Salzmann Rohrspitz)

# 8 Camping Zeinissee

Zeinisjoch 122a
6563 Galtür
+43 5443 8562
www.camping-galtuer.at
zeinissee@camping-galtuer.at

02.06. - 03.10.

HS: 35,60 € | NS: 33,60 €

**Mehr Infos & Anfrage:**
www.camping.info/22211

| | |
|---|---|
| Baden in nat. Gewässer | ✗ |
| Pool/Hallenbad | 8km |
| Spielplatz | 8km |
| Hunde willkommen | ✓ |
| Skilift & Loipe | ✗ |
| WLAN | ✓ |
| Lebensmittel | 6km |
| Brötchen am Platz | ✓ |
| Restaurant & Imbiss | ✓ |
| Ver-/Entsorgung Womo | ✓ |
| in den Ort | 6km |
| Gesamt/Touristen | 29/5 |
| Mietunterkünfte | ✓ |
| Stellplätze vor Schranke | ✓ |

46.97794 | 10.12698
1820m ü.M.

Camping Zeinissee mit dem Hausberg – der Ballunspitze.

## Lage & Stellplatz

Inmitten der Berge von Silvretta und Ferwall, direkt am Zeinissee, liegt dieser kleine aber feine Platz. Alle Stellplätze haben Blick auf die Berge – einige auch direkt zum See. Sie liegen angenehm gerade und sind gut befestigt. Fast alle liegen auf einer Wiese und verfügen über Stromanschlüsse.

## Verpflegung

Jeden Tag, außer an Sonn- und Feiertagen, gibt es frisches Brot. Warme Küche wird im benachbarten Restaurant von 11:00 bis 20:00 Uhr angeboten. Einkaufen können die Campinggäste in Galtür (8 km entfernt).

## Sanitär

Es gibt zwei Sanitäranlagen, die zum Teil mit großzügigen Duschen punkten. Die neuen Duschen und Toiletten werden Sie begeistern, ebenso der neu gestaltete Geschirrspülraum. Zusätzlich stehen Waschmaschine und Trockner für die Gäste mit Münzen bereit.

## Freizeit

Der ideale Ausgangspunkt für Wanderungen, Bergtouren, Mountainbike- und E-Bike-Touren. Einfach das Auto stehen lassen und stattdessen den kostenlosen Wanderbus nutzen. Viele Möglichkeiten mit der Silvrettacard Premium (z. B. kostenlose Fahrt mit den Bussen und Bergbahnen).

Duschen ist im Preis inklusive.

Blick auf die Versailspitze.

**4.6** SEHR GUT
36 Bewertungen

| | |
|---|---|
| Lage | 4.9 |
| Ruhe | 4.8 |
| Sanitäranlagen | 3.9 |
| Sauberkeit Ø | 4.7 |
| Freundlichkeit | 4.7 |
| Stellplatz | 4.2 |
| Verpflegung | 4.1 |
| Freizeit | 4.5 |
| Preis-Leistung | 4.3 |
| Mietunterkünfte | 4.4 |

**Geeignet für**

| | |
|---|---|
| Paare | 4.9 |
| Gäste mit Hund | 4.9 |
| Senioren | 4.5 |
| Gäste mit Zelt | 4.2 |
| Kinder b. 18 J. | 4.0 |
| Kinder b. 12 J. | 3.4 |
| Kinder b. 6 J. | 2.3 |

**Empfohlene Aktivitäten**

Wandern · Entspannen · Mountainbiking · Angeln · Klettern

Womo bis max. 7,50 m. Reserv. ab 3 Nächten. Plätze am See mind. 1 Woche.

| | 9 Camping Zwerwald | 11 Alpencamping Nenzing | 12 Camping Mexico am Bodensee |
|---|---|---|---|
| Adresse | Zwerwaldstr. 32<br>87567 Riezlern | Garfrenga 1<br>6710 Nenzing<br>+43 5525 62491 | Hechtweg 4<br>6900 Bregenz<br>+43 6607039430 |
| Koordinaten | 47.35007 \| 10.17923 | 47.18244 \| 9.68228 | 47.50408 \| 9.71353<br>400m ü.M. |

Karte auf Seite 20

**Infos**

| | Camping Zwerwald | Alpencamping Nenzing | Camping Mexico am Bodensee |
|---|---|---|---|
| Öffnungszeiten | 13.05. - 31.10.<br>10.12. - 23.04. | ganzjährig | 30.05. - 28.09. |
| Vergleichspreis | keine Angabe | HS: 43,40 € \| NS: 29,30 € | HS: 40,50 € \| NS: 38,50 € |
| Link | **Mehr Infos & Anfrage:** www.camping.info/25416 | **Mehr Infos & Anfrage:** www.camping.info/22289 | **Mehr Infos & Anfrage:** www.camping.info/25082 |

**Ausstattung**

| | Camping Zwerwald | Alpencamping Nenzing | Camping Mexico am Bodensee |
|---|---|---|---|
| Freizeit | Baden in nat. Gewässer: k. A.<br>Pool & Hallenbad: ✗<br>Spielplatz am Platz: ✓ | Baden im See: 5km<br>Pool & Hallenbad: ✓<br>Spielplatz am Platz: ✓ | Baden im See: 200m<br>Pool/Hallenbad: 2km<br>Spielplatz: 1km |
| Campingplatz | Hunde erlaubt: ✓<br>Skilift & Loipe: keine Angabe<br>WLAN: ✗ | Hunde willkommen: ✓<br>Skilift/Loipe: 2km/✓<br>WLAN (gegen Gebühr): ✓ | Hunde willkommen: ✓<br>Skilift & Loipe: ✗<br>WLAN (begrenzt gratis): ✓ |
| Versorgung | Lebensmittel: ✓<br>Brötchen am Platz: ✓<br>Restaurant & Imbiss: ✗<br>Ver-/Entsorgung Womo: ✓<br>in den Ort: keine Angabe | Lebensmittel: ✓<br>Brötchen am Platz: ✓<br>Restaurant & Imbiss: ✓<br>Ver-/Entsorgung Womo: ✓<br>in den Ort: 1km | Lebensmittel: 900m<br>Brötchen am Platz: ✓<br>Imbiss: ✓<br>Ver-/Entsorgung Womo: ✓<br>in den Ort: 3km |
| Anzahl der Plätze | Gesamt: keine Angabe<br>Mietunterkünfte: ✗<br>Stellplätze vor Schranke: ✗ | Touristenplätze: 164<br>Mietunterkünfte: ✓<br>Stellplätze vor Schranke: ✓ | Gesamt/Touristen: 36/25<br>Mietunterkünfte: ✗<br>Stellplätze vor Schranke: ✗ |

| Bewertung | Camping Zwerwald | Alpencamping Nenzing | Camping Mexico am Bodensee |
|---|---|---|---|
| Gesamt | 3.4 GUT, 7 Bewertungen | 4.3 SEHR GUT, 262 Bewertungen | 4.2 SEHR GUT, 13 Bewertungen |
| Lage | 4.9 | 4.5 | 4.3 |
| Ruhe | 4.5 | 4.4 | 4.2 |
| Sanitäranlagen | 3.0 | 4.7 | 4.1 |
| Sauberkeit Ø | 4.0 | 4.7 | 4.4 |
| Freundlichkeit | 3.8 | 4.3 | 4.6 |
| Stellplatz | 3.7 | 4.2 | 4.1 |
| Verpflegung | 2.8 | 4.3 | 3.5 |
| Freizeit | 4.3 | 4.1 | 4.0 |
| Preis-Leistung | 3.5 | 3.9 | 4.0 |
| Mietunterkünfte | - | 4.3 | - |

**Geeignet für**

| | Camping Zwerwald | Alpencamping Nenzing | Camping Mexico am Bodensee |
|---|---|---|---|
| Kinder b. 6 J. | 4.0 | 4.0 | 4.1 |
| Kinder b. 12 J. | 4.2 | 4.1 | 4.4 |
| Kinder b. 18 J. | 4.0 | 3.9 | 4.4 |
| Paare | 4.4 | 4.6 | 4.7 |
| Senioren | 4.4 | 4.6 | 4.7 |
| Gäste mit Zelt | 4.7 | 3.9 | 4.7 |
| Gäste mit Hund | 4.0 | 4.4 | 3.8 |

**Empfohlene Aktivitäten**

| Camping Zwerwald | Alpencamping Nenzing | Camping Mexico am Bodensee |
|---|---|---|
| Wandern | Wandern | Schwimmen |
| Mountainbiking | Wellness | Radfahren |
| Klettern | Entspannen | Entspannen |

Camping Mexico am Bodensee: Österreichisches Umweltzeichen - GreenCampings.at

# 10 Walch's Camping & Landhaus

Arlbergstraße 93
6751 Innerbraz
+43 5552 28102 0
www.campingplatz-arlberg.at
info@landhauswalch.at

01.01. - 11.04.
12.05. - 17.10.
HS: 43,80 € | NS: 38,80 €
**Mehr Infos & online buchen:**
www.camping.info/22281

| | |
|---|---|
| Baden in nat. Gewässer | k. A. |
| Pool/Hallenbad | 1/7km |
| Spielplatz am Platz | ✓ |
| Hunde willkommen | ✓ |
| Skilift/Loipe | 7km/✓ |
| WLAN (gegen Gebühr) | ✓ |
| Lebensmittel | 700m |
| Brötchen am Platz | ✓ |
| Restaurant/Imbiss | 700/500m |
| Ver-/Entsorgung Womo | ✓ |
| in den Ort | 500m |
| Gesamt/Touristen | 93/30 |
| Mietunterkünfte | ✓ |
| Stellplätze vor Schranke | ✗ |

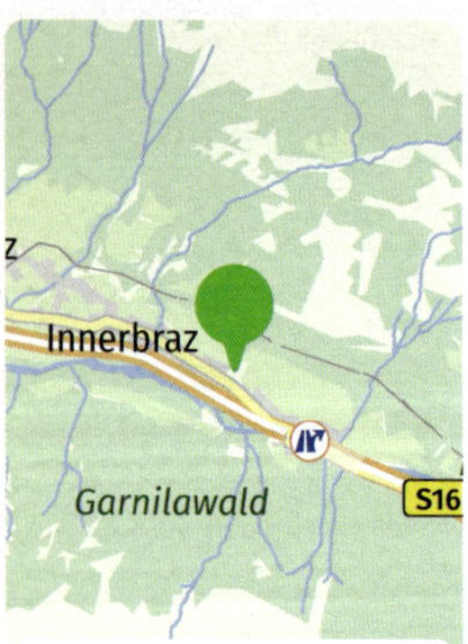


47.1421 | 9.92739
704m ü.M.

Sommerliches Campen im Grünen.

## Lage & Stellplatz

Im Süden Vorarlbergs, umgeben von den Bergketten der Lechtaler Alpen und des Verwalls, liegt Walch's Camping & Landhaus. Die Stellplätze sind 10 x 8 m groß, auf Grasboden und mit Stromanschlüssen (16 A) ausgestattet. In nur 45 Minuten erreicht man den Bodensee oder den Gletscher der Silvretta.

## Verpflegung

Einen täglichen Brötchenservice und die Möglichkeit zum ausgiebigen Frühstücken gibt es direkt am Platz. Nur 700 m entfernt findet man einen Lebensmittelladen für größere Einkäufe. Ausgezeichnete Restaurants, die ausschließlich mit heimischen Produkten arbeiten, befinden sich im Ort.

## Sanitär

Der als Top-Camping prämierte Platz verfügt u. a. über ausreichend Damen- und Herrentoiletten, Einzelwaschkabinen, ein Behinderten-WC, eine Babybadewanne, einen Spülbereich und eine Hundedusche. Ein weiteres Highlight ist die Wellnessanlage mit Ruheraum, Infrarotkabine, Solarium und zwei Saunas.

## Freizeit

Vor Ort sorgen ein 5.000 m² großer Erlebnisspielplatz, eine Grillstation sowie ein Kleinfußball- und Volleyballfeld für Spaß. Mit der Bludenz-Klostertal Brandnertal Gästekarte erhalten Sie viele Leistungen ermäßigt oder GRATIS wie die Freibäder in der Region oder Bus & Bergbahnen in ganz Vorarlberg.

Ausgezeichneter Sanitärbereich.

Wellness und Entspannung.

**4.6** SEHR GUT
24 Bewertungen

| | |
|---|---|
| Lage | 4.3 |
| Ruhe | 4.2 |
| Sanitäranlagen | 5.0 |
| Sauberkeit Ø | 5.0 |
| Freundlichkeit | 4.6 |
| Stellplatz | 4.7 |
| Verpflegung | 3.7 |
| Freizeit | 4.5 |
| Preis-Leistung | 4.1 |
| Mietunterkünfte | 4.5 |

**Geeignet für**

| | |
|---|---|
| 4.5 | Senioren |
| 4.4 | Paare |
| 4.0 | Gäste mit Hund |
| 3.9 | Kinder b. 12 J. |
| 3.8 | Kinder b. 6 J. |
| 3.8 | Kinder b. 18 J. |
| 3.7 | Gäste mit Zelt |

**Empfohlene Aktivitäten**

Wandern
Mountainbiking
Ski
Radfahren
Wellness

Reservierungen während der Wintermonate und Juli & August erforderderlich.

Karte auf Seite 20

## 13 Wohnmobil-Stellplatz Mathis

❄

Obere Härte 27
6850 Dornbirn
+43 660 555 9505
47.40483 | 9.72469

ganzjährig
HS: 19,20 € | NS: 19,20 €
**Mehr Infos & Anfrage:**
www.camping.info/23917

| | |
|---|---|
| Baden im Teich | 2km |
| Pool/Hallenbad | 2km |
| Spielplatz | 400m |
| Hunde erlaubt | ✓ |
| Skilift/Loipe | 10km |
| WLAN | ✓ |
| Lebensmittel | 1km |
| Brötchen am Platz | ✗ |
| Restaurant/Imbiss | 1km |
| Ver-/Entsorgung Womo | ✓ |
| im Ort | ✓ |
| Gesamt | 3 |
| Mietunterkünfte | ✓ |
| Stellplätze vor Schranke | ✗ |

**4.7** SEHR GUT
3 Bewertungen

| | |
|---|---|
| Lage | 5.0 |
| Ruhe | 4.7 |
| Sanitäranlagen | 3.0 |
| Sauberkeit Ø | 5.0 |
| Freundlichkeit | 5.0 |
| Stellplatz | 5.0 |
| Verpflegung | 5.0 |
| Freizeit | 5.0 |
| Preis-Leistung | 5.0 |
| Mietunterkünfte | - |

**Geeignet für**

| | |
|---|---|
| Kinder b. 6 J. | - |
| Kinder b. 12 J. | 5.0 |
| Kinder b. 18 J. | - |
| Paare | 5.0 |
| Senioren | 5.0 |
| Gäste mit Zelt | - |
| Gäste mit Hund | 5.0 |

**Empfohlene Aktivitäten**

- Wandern
- Radfahren
- Entspannen

## 15 Campingplatz Bezau

❄

Ach 206
6870 Bezau
+43 5514 2964
47.38047 | 9.88852
651m ü.M.

ganzjährig
HS: 24,50 € | NS: 24,50 €
**Mehr Infos & Anfrage:**
www.camping.info/19401

| | |
|---|---|
| Baden im Fluss | 100m |
| Pool/Hallenbad | 100m/2km |
| Spielplatz | 1km |
| Hunde willkommen | ✓ |
| Skilift/Loipe | 3km/500m |
| WLAN | ✓ |
| Lebensmittel | 500m |
| Brötchen am Platz | ✗ |
| Restaurant/Imbiss | 500/100m |
| Ver-/Entsorgung Womo | ✗ |
| in den Ort | 1km |
| Gesamt/Touristen | 45/30 |
| Mietunterkünfte | ✗ |
| Stellplätze vor Schranke | ✗ |

**3.4** GUT
8 Bewertungen

| | |
|---|---|
| Lage | 3.8 |
| Ruhe | 3.9 |
| Sanitäranlagen | 3.5 |
| Sauberkeit Ø | 3.0 |
| Freundlichkeit | 2.6 |
| Stellplatz | 3.4 |
| Verpflegung | 3.5 |
| Freizeit | 3.9 |
| Preis-Leistung | 3.8 |
| Mietunterkünfte | - |

**Geeignet für**

| | |
|---|---|
| Kinder b. 6 J. | 2.8 |
| Kinder b. 12 J. | 2.8 |
| Kinder b. 18 J. | 3.0 |
| Paare | 4.4 |
| Senioren | 4.8 |
| Gäste mit Zelt | 3.3 |
| Gäste mit Hund | 4.3 |

**Empfohlene Aktivitäten**

- Wandern
- Radfahren
- Mountainbiking

## 16 Camping TRAUBE BRAZ

❄

Klostertalerstraße 12
6751 Braz bei Bludenz
+43 555 228 103
47.1468 | 9.90258
750m ü.M.

ganzjährig
HS: 50,20 € | NS: 30,70 €
**Mehr Infos & Anfrage:**
www.camping.info/19393

| | |
|---|---|
| Baden im Fluss | 1km |
| Pool & Hallenbad | ✓ |
| Spielplatz | ✗ |
| Hunde | ✗ |
| Skilift/Loipe | 7km/300m |
| WLAN (begrenzt gratis) | ✓ |
| Lebensmittel | 1km |
| Brötchen am Platz | ✓ |
| Restaurant & Imbiss | ✓ |
| Ver-/Entsorgung Womo | ✓ |
| in den Ort | 500m |
| Gesamt/Touristen | 90/30 |
| Mietunterkünfte | ✓ |
| Stellplätze vor Schranke | ✗ |

**-** JETZT BEWERTEN!

Für diese Auswertung liegen leider noch nicht genügend Bewertungen vor.

Sei einer der Ersten, der diesen Campingplatz bewertet. Unter den Bewertern werden regelmäßig Gewinne verlost!

Mehr Infos dazu findest du in unserem allgemeinen Intro.

**Infos**

Öffnungszeiten
Vergleichspreis
Link

**Ausstattung**

Freizeit
Campingplatz
Versorgung
Anzahl der Plätze

# 14 Panorama Camping Sonnenberg

Hinteroferst 12
6714 Nüziders
+43 69910792813

www.camping-sonnenberg.com
info@camping-sonnenberg.com

30.04. - 26.09.

HS: 36,80 € | NS: 25,80 €

**Mehr Infos & Anfrage:**
www.camping.info/19403

| | |
|---|---|
| Baden im See | 15km |
| Pool/Hallenbad | 3km |
| Spielplatz am Platz | ✓ |
| Hunde willkommen | ✓ |
| Skilift & Loipe | ✗ |
| WLAN | ✓ |
| Lebensmittel | 1km |
| Brötchen am Platz | ✓ |
| Restaurant/Imbiss | 300m/1km |
| Ver-/Entsorgung Womo | ✓ |
| in den Ort | 500m |
| Touristenplätze | 116 |
| Mietunterkünfte | ✓ |
| Stellplätze vor Schranke | ✗ |

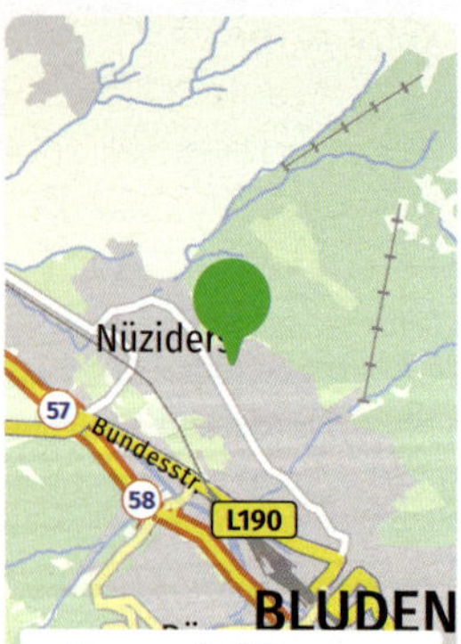


47.16993 | 9.80742
580m ü.M.

Camping in den Bergen mit beeindruckendem Panorama.

## Lage & Stellplatz

In sonniger, ruhiger Stadt- und Waldnähe mit beeindruckendem Blick auf die 3.000 m hohe Gebirgskulisse liegt das Panorama Camping Sonnenberg im Mittelpunkt von fünf Tälern. Die Stellplätze sind gepflegt, parzelliert, großzügig und teilweise mit direkten Wasser- und Abwasseranschlüssen versehen.

## Verpflegung

Jeden Morgen gibt es frische Brötchen und im Campingkiosk bekommt man frische Eier, regionale Schnäpse und gekühlte Getränke. Das nächste Restaurant ist 300 m und der nächste Supermarkt ca. 1 km entfernt.

## Sanitär

Das komfortable Sanitärgebäude mit Fußbodenheizung beeindruckt durch Geräumigkeit, Eleganz und Sauberkeit. Zur Ausstattung gehören 10 Duschen, 15 Toiletten, ein Babywickelraum, eine Behinderten- bzw. Familiendusche, drei Waschmaschinen, ein Trockner, ein Trockenraum sowie ein Spül- und Kosmetikraum.

## Freizeit

Am Platz gibt es einen Kinderspielplatz, Tischtennis, Musikabende, Alphornblasen, geführte Wanderungen und ein Kinderprogramm in der Hauptsaison. Die Alpenregion Bludenz ist zudem ein riesiges Wander- und Radfahr-Paradies für Jung und Alt, ein Eldorado für Mountainbiker und viele andere Sportarten.

Wöchentliches Alphornblasen.

Ausgezeichnet für Wanderungen.

**4.8** SEHR GUT
138 Bewertungen

| | |
|---|---|
| Lage | 4.7 |
| Ruhe | 4.7 |
| Sanitäranlagen | 4.9 |
| Sauberkeit Ø | 5.0 |
| Freundlichkeit | 5.0 |
| Stellplatz | 4.7 |
| Verpflegung | 3.7 |
| Freizeit | 4.5 |
| Preis-Leistung | 4.7 |
| Mietunterkünfte | 4.7 |

**Geeignet für**

- 4.9 Senioren
- 4.8 Paare
- 4.7 Gäste mit Zelt
- 4.5 Gäste mit Hund
- 4.4 Kinder b. 6 J.
- 4.2 Kinder b. 12 J.
- 3.7 Kinder b. 18 J.

**Empfohlene Aktivitäten**

Wandern · Mountainbiking · Entspannen · Radfahren · Klettern

ECO CAMPING

AWARD 2020

Pro Stellplatz ist nur ein Hund erlaubt. Keine Gruppen.

17

## Alpencamping Haller

Karte auf Seite 20

✱

Köpfleweg 10a
6991 Riezlern
+43 5517 5343

47.35642 | 10.18732
1100m ü.M.

### Infos

| | |
|---|---|
| Öffnungszeiten | 21.05. - 07.11.<br>15.12. - 11.04. |
| Vergleichspreis | HS: 45,10 € \| NS: 45,10 € |
| Link | **Mehr Infos & Anfrage:** www.camping.info/19098 |

### Ausstattung

| | | |
|---|---|---|
| Freizeit | Baden im See | 10km |
| | Pool/Hallenbad | 500m/10km |
| | Spielplatz am Platz | ✓ |
| Campingplatz | Hunde willkommen | ✓ |
| | Skilift/Loipe | ✓/3km |
| | WLAN | ✓ |
| Versorgung | Lebensmittel | 200m |
| | Brötchen am Platz | ✗ |
| | Restaurant/Imbiss | ✓/200m |
| | Ver-/Entsorgung Womo | ✓ |
| | in den Ort | 100m |
| Anzahl der Plätze | Gesamt/Touristen | 43/35 |
| | Mietunterkünfte | ✗ |
| | Stellplätze vor Schranke | ✗ |

**4.2** SEHR GUT
20 Bewertungen

| | |
|---|---|
| Lage | 4.8 |
| Ruhe | 4.5 |
| Sanitäranlagen | 3.9 |
| Sauberkeit Ø | 4.8 |
| Freundlichkeit | 4.8 |
| Stellplatz | 3.4 |
| Verpflegung | 2.8 |
| Freizeit | 4.3 |
| Preis-Leistung | 4.0 |
| Mietunterkünfte | - |

**Geeignet für**

| | |
|---|---|
| Kinder b. 6 J. | 3.8 |
| Kinder b. 12 J. | 4.1 |
| Kinder b. 18 J. | 4.2 |
| Paare | 4.4 |
| Senioren | 4.3 |
| Gäste mit Zelt | 3.8 |
| Gäste mit Hund | 4.4 |

**Empfohlene Aktivitäten**

- Wandern
- Ski
- Mountainbiking

keine WOMOs über 8 m; keine Gruppen über 10 Personen

ÖSTERREICH

# ❷ Tiroler Oberland und Außerfern

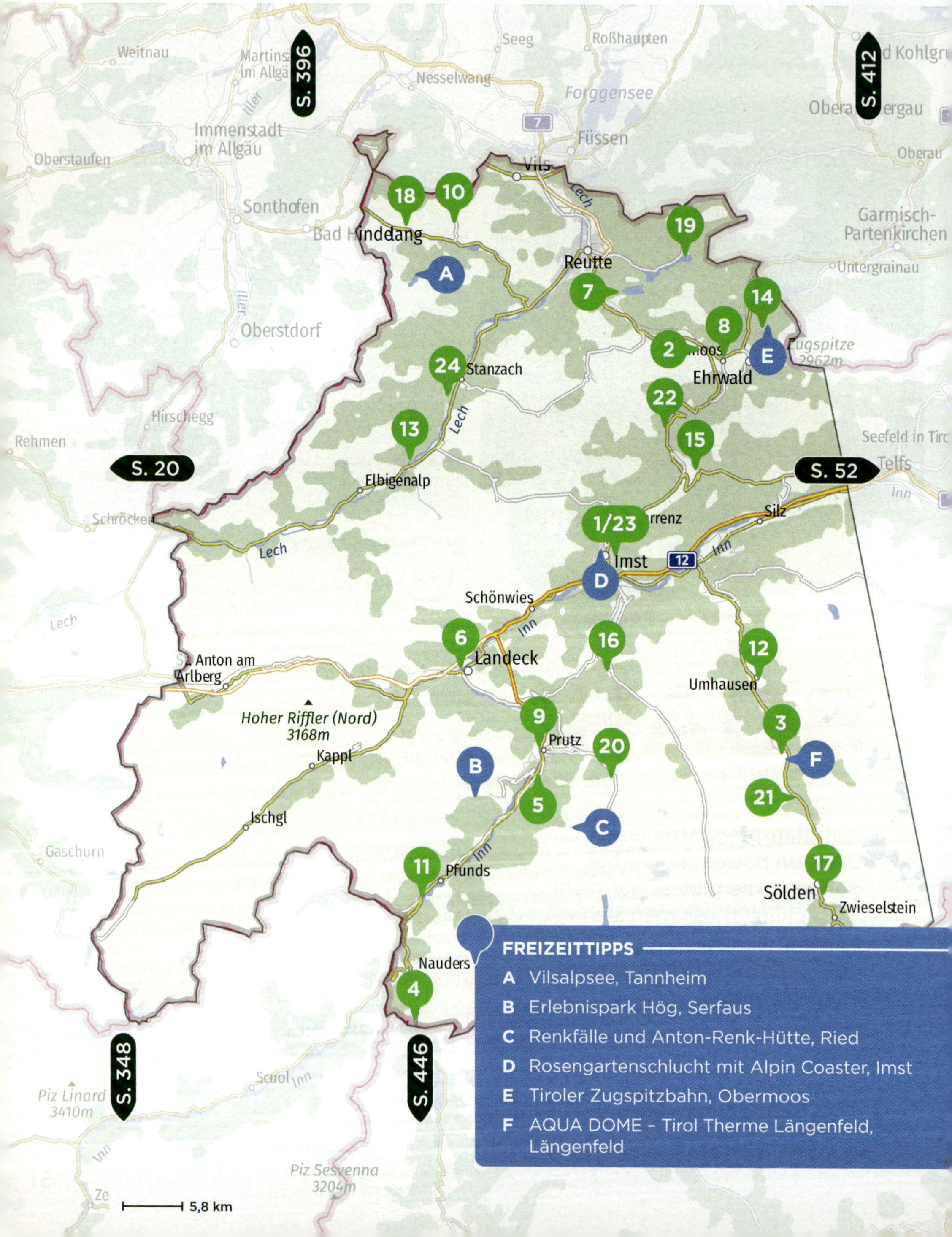


**FREIZEITTIPPS**

**A** Vilsalpsee, Tannheim
**B** Erlebnispark Hög, Serfaus
**C** Renkfälle und Anton-Renk-Hütte, Ried
**D** Rosengartenschlucht mit Alpin Coaster, Imst
**E** Tiroler Zugspitzbahn, Obermoos
**F** AQUA DOME – Tirol Therme Längenfeld, Längenfeld

| | Platz | Seite | Bewertung | Öffnungszeiten | |
|---|---|---|---|---|---|
| 1 | aktivCamping Imst | 39 | - | saisonal | |
| 2 | Camping Lärchenhof | 39 | - | ganzjährig | ✱ |
| 3 | Camping Ötztal Längenfeld | 36 | 4.8 | ganzjährig | ✱ 👍 |
| 4 | Alpencamping Nauders | 41 | - | saisonal | |
| 5 | Camping Dreiländereck Blockhütten & Apartments | 38 | 4.4 | saisonal | ✱ |
| 6 | Camping Riffler | 41 | 4.6 | saisonal | ✱ |
| 7 | Camping Heiterwangersee | 41 | - | ganzjährig | ✱ |
| 8 | Happy Camp KG | 43 | 2.9 | saisonal | ✱ |
| 9 | Aktiv Camping Prutz / Tirol | 40 | 4.5 | ganzjährig | ✱ |
| 10 | Comfortcamp Grän Tannheimertal | 42 | 4.7 | saisonal | ✱ 👍 |
| 11 | Camping Via Claudiasee | 43 | 3.3 | saisonal | ✱ |
| 12 | Camping Ötztal Arena **** | 43 | 4.7 | saisonal | ✱ |
| 13 | Lechtal-Camping Rudi | 45 | - | ganzjährig | ✱ |
| 14 | Zugspitz Resort | 44 | 4.6 | ganzjährig | ✱ |
| 15 | Camping Rossbach | 45 | - | ganzjährig | ✱ |
| 16 | Mountain Camp Pitztal | 45 | 3.7 | ganzjährig | ✱ |
| 17 | Camping Sölden | 46 | 4.8 | saisonal | ✱ |
| 18 | Camping Alpenwelt | 48 | 4.5 | saisonal | ✱ |
| 19 | Camping Sennalpe und Seespitz | 47 | 3.8 | ganzjährig | ✱ |
| 20 | Camping Kaunertal | 47 | 3.7 | saisonal | |
| 21 | Ötztaler Naturcamping | 49 | 4.6 | saisonal | ✱ |
| 22 | Romantik Camping Schloss Fernsteinsee | 49 | 3.8 | saisonal | |
| 23 | CampingPark Imst-West | 49 | - | ganzjährig | ✱ |
| 24 | Lechtal Camping Vorderhornbach | 50 | 4.9 | ganzjährig | ✱ |

✱ Wintercamping FKK Textilfrei (ganz/teilweise) Ecocamping 👍 Award Onlinebuchung

## Zwei Regionen mit vielen Optionen

Als Tiroler Oberland bezeichnet man den westlichen Teil des Bundeslandes Tirol. Das Oberland umfasst das Gebiet westlich von Innsbruck, ausgenommen ist davon allerdings das Außerfern im Nordwesten des Landes. Obwohl es sich um ein vom Tiroler Oberland abgegrenztes Gebiet handelt, werden die beiden Regionen in diesem Campingführer zusammengefasst. Sowohl im Sommer als auch im Winter findet man hier die passenden Urlaubsaktivitäten. Egal ob Skifahren, Langlaufen, Thermenbesuche, Wandern, Radfahren oder Kulturhighlights - im Tiroler Oberland und Außerfern finden Camper zu jeder Jahreszeit attraktive Freizeitmöglichkeiten.

Plansee Reutte © Tirol Werbung/Bernhard Aichner

## RUND UM DIE TIROLER ZUGSPITZ ARENA, LECHTAL UND TANNHEIMER TAL

Die Tiroler Zugspitz Arena liegt - wie könnte es anders sein - zu Füßen der Zugspitze im nordwestlichen Teil Tirols. Das beeindruckende Massiv der Zugspitze teilt sich Tirol mit dem benachbarten Bayern, wo touristisch vor allem das nahe gelegene Schloss Neuschwanstein lockt. Der Zugspitzgletscher ist der nördlichste Gletscher der Alpen und garantiert Schneesicherheit von Ende Oktober bis Anfang Mai. Am schnellsten ist das Skigebiet auf dem Zugspitzgletscher vom Ort Ehrwald aus zu erreichen. Am nordwestlichen Rand des Zugspitzgebiets befindet sich der Plansee, der nicht nur zu den größten Seen Tirols zählt, sondern auch von einer eindrucksvollen Bergwelt umrahmt wird. Ganz in der Nähe liegt die Burgenwelt Ehrenberg, die als eine der ältesten und bedeutendsten Festungsanlagen Mitteleuropas spannende Einblicke in vergangene Zeiten gewährt. Eines der ursprünglichsten Täler Tirols ist das Lechtal. Der Lech ist ein weitgehend naturbelassener Fluss und über die Landesgrenzen hinaus bei Naturliebhabern und Wassersportlern gleichermaßen beliebt. Unweit des Lechtals befindet sich eines der schönsten Hochtäler Europas - das Tannheimer Tal. Das romantische und weite Tal im Nordwesten Tirols be-

Winter in St. Anton © TVB St. Anton am Arlberg/Josef Mallaun

Ötztal Alm © Tirol Werbung

eindruckt seine Gäste mit einer einmaligen landschaftlichen Kulisse, zahlreichen Naturseen und der zum Teil seltenen Flora und Fauna.

## OBERINNTAL, ÖTZTAL UND PITZTAL

Das Oberinntal ist ein klimatisch begünstigtes Gebiet, das im Frühling durch den ausgedehnten Obstbau ein wahres Blütenmeer offenbart. Eine der bekanntesten Städte der Region ist Landeck. Das gut erhaltene Schloss Landeck ragt als Wahrzeichen der Stadt hoch über dem Inn. Rund 12 km südlich von Landeck liegt der Ort Prutz, der durch seine zentrale Lage und vielen Freizeitmöglichkeiten bei Touristen beliebt ist. Als wahrer Magnet für Camper präsentiert sich auch das Ötztal. Vorbei am bekannten Stuibenfall verläuft es bis tief hinein in die Gipfel- und Gletscherregionen rund um Sölden und Obergurgl. Bestens präparierte Pisten gepaart mit modernsten Liftanlagen lassen keine Wünsche offen. Ergänzt wird das umfassende Winterangebot durch 185 km Langlaufloipen und eine Vielzahl von urigen Hütten. Der Weltcup-Ort Sölden ist aufgrund seiner vielen Restaurants, Bars und Discos auch für sein Nachtleben bekannt. Alternativ dazu steht in der Gemeinde Längenfeld das topmoderne Thermenresort „Aqua Dome" mit 12 Innen- und Außenbecken bereit. Parallel zum Ötztal verläuft das Pitztal, das Skifahrern, Snowboardern und Langläufern ebenfalls pures Wintervergnügen auf höchstem Niveau bietet. Am Pitztaler Gletscher wartet zudem Österreichs höchstgelegenes Café auf 3.440 Metern.

TIPP DER REDAKTION

**Ötztaler Naturcamping**

Längenfeld | Nr. 23 | Seite 49

Laut Gästen ideal geeignet zum:

- Wandern
- Radfahren
- Entspannen

4.6

# 4 Camping Ötztal Längenfeld

Unterlängenfeld 220
6444 Längenfeld
+43 5253 5348
www.camping-oetztal.com
info@camping-oetztal.com

ganzjährig

HS: 40,60 € | NS: 32,00 €

**Mehr Infos & Anfrage:**
www.camping.info/19386

| | |
|---|---|
| Baden im See | 10km |
| Pool/Hallenbad | 150/250m |
| Spielplatz am Platz | ✓ |
| Hunde willkommen | ✓ |
| Skilift/Loipe | 4km/✓ |
| WLAN | ✓ |
| Lebensmittel | ✓ |
| Brötchen am Platz | ✓ |
| Restaurant & Imbiss | ✓ |
| Ver-/Entsorgung Womo | ✓ |
| in den Ort | 300m |
| Gesamt/Touristen | 210/170 |
| Mietunterkünfte | ✓ |
| Stellplätze vor Schranke | ✗ |

Campsite Award 2020 Winner – Sanitary facilities – Design

Campsite Award 2020 Winner – Location – Alps and Mountains

Campsite Award 2020 2. place – Restaurant Gastronomy

Campsite Award 2020 2. place – Sanitary facilities – Functionality

Camping Ötztal Längenfeld – idyllisch und ruhig am Waldrand gelegen.

## Lage & Stellplatz

Unvergleichlich ruhig und romantisch liegt Camping Ötztal Längenfeld. Mitten im Herzen des Ötztals, auf 1.180 m Seehöhe und eingerahmt von Bäumen, Bergen, kristallklarem Wasser und gesunder Luft offenbart sich eine Welt voller Freizeitmöglichkeiten. In das Ortszentrum von Längenfeld sind es ca. 500 m und auch die Therme „Aqua Dome Längenfeld" ist nur 250 m vom Platz entfernt. Auf 30.000 m² Gesamtfläche laden 160 Stellplätze (70 bis 100 m²) zum Verweilen ein. Alle Stellplätze sind mit Strom, SAT-TV und Internetanschluss sowie großteils mit Gas-, Wasser- und Abwasseranschluss ausgestattet.

## Sanitär

Im Sanitärhaus Bergquell befinden sich moderne und barrierefreie sanitäre Anlagen in 5-Sterne-Qualität, welche im Jahr 2018 erneuert wurden und zu den schönsten und luxuriösesten Sanitäranlagen Europas zählen. Neben den neuen Luxuskabinen mit Waschbecken und Regendusche, stehen ausreichend Einzel-Duschen, Toiletten und Einzelwaschkabinen sowie Kinderwaschräume, ein Kosmetikraum und ein Babybad zur Verfügung. Darüber hinaus stehen private Sanitärkabinen, ein Geschirrspülraum, Waschmaschinen und Wäschetrockner sowie ein Trockenraum mit Schuhtrockner und ein Tierpflegeraum zur Benutzung bereit.

Panoramablick Ötztal.

Restaurant „Infang".

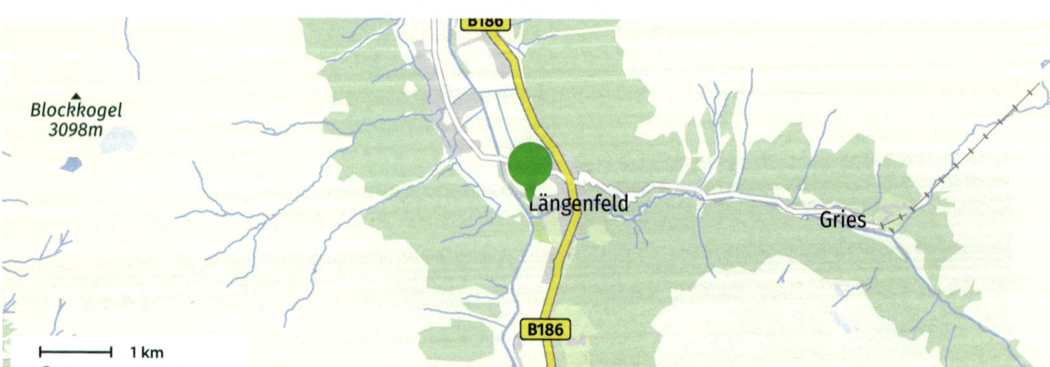


47.07318 | 10.96246
1162m ü.M.

AWARD 2020

Jugendgruppen können in der HS nicht aufgenommen werden

Ferien-, Kur- und Dauercamper sind herzlich willkommen.

## Verpflegung

Modern und einzigartig präsentiert sich das äußerst beliebte Restaurant „Infang“ direkt am Campingplatz. Das mehrfach ausgezeichnete Restaurant überzeugt mit internationalen Köstlichkeiten, ausgezeichneten Pizzen, gemütlicher Atmosphäre und einer umfangreichen Weinkarte. In den Sommermonaten können die Gerichte auf der großzügigen Sonnenterrasse genossen werden. Natürlich gibt es einen Großteil der Gerichte auch zum Mitnehmen. Im Kiosk können täglich frisches Brot und Gebäck, Getränke, Eis und Campingzubehör erworben werden. Der nächste große Supermarkt befindet sich nur 600 m entfernt.

## Freizeit

Umrahmt von 250 Dreitausendern gilt das Ötztal als Paradies für Wanderer, Bergsteiger, Biker, Langläufer und Skifahrer. Auf dem Campingplatz und in direkter Nähe findet man u. a. ein Indoor-Spieleparadies, eine Krabbelstube, zwei Kinderspielplätze, einen Fitnessraum, 3 Tennisplätze, 2 Beachvolleyballfelder, einen Fußballplatz, einen Street Soccer Platz, ein kostenloses Freischwimmbad und einen Wellnessbereich. Die einzigartige Therme Aqua Dome ist nur 2 Gehminuten vom Platz entfernt und auch die international bekannten Skiorte Sölden und Gurgl sind in nur 10 Minuten erreichbar (Gratis-Skibus).

**5.0**

*Wir waren das erste Mal auf diesem wunderschönen Campingplatz und kommen sicher wieder. Der Platz ist sehr gepflegt und sauber. Die Stellplätze sind sehr groß und nicht zu eng. Das Sanitärhaus ist ein Traum. Tolle Duschen und Toiletten die immer sauber waren. Außerdem ist am Platz ein Restaurant wo man Pizza to Go bestellen kann, die wunderbar schmeckt. Wir waren sehr begeistert. Es war für uns ein toller Urlaub. Wir können diesen Platz nur empfehlen.*

**Familie Klug**

Familie Klug campt bereits seit 2014 und war im Juli 2020 mit ihrem Wohnmobil auf dem Campingplatz Ötztal Längenfeld.

AquaDome Tirol Therme Längenfeld

Moderne 5-Sterne-Sanitäranlagen.

**4.8** **SEHR GUT**
776 Bewertungen

| | |
|---|---|
| Lage | 4.7 |
| Ruhe | 4.6 |
| Sanitäranlagen | 4.9 |
| Sauberkeit Ø | 4.9 |
| Freundlichkeit | 4.9 |
| Stellplatz | 4.5 |
| Verpflegung | 4.4 |
| Freizeit | 4.7 |
| Preis-Leistung | 4.6 |
| Mietunterkünfte | 4.5 |

**Geeignet für**

| | |
|---|---|
| Paare | 4.8 |
| Senioren | 4.8 |
| Gäste mit Hund | 4.6 |
| Kinder b. 18 J. | 4.5 |
| Kinder b. 12 J. | 4.6 |
| Kinder b. 6 J. | 4.5 |
| Gäste mit Zelt | 4.5 |

**Empfohlene Aktivitäten**

Wandern · Mountainbiking · Radfahren · Klettern · Wellness

# 5 Camping Dreiländereck Blockhütten & Apartments

*

Ried 37
6531 Ried
+43 5472 6025
www.tirolcamping.at
info@tirolcamping.at

01.01. - 31.10.
01.12. - 31.12.
HS: 43,00 € | NS: 35,00 €
**Mehr Infos & Anfrage:**
www.camping.info/19477

| | |
|---|---|
| Baden im See | 300m |
| Pool/Hallenbad | 1/10km |
| Spielplatz am Platz | ✓ |
| Hunde willkommen | ✓ |
| Skilift/Loipe | 250m/1km |
| WLAN (begrenzt gratis) | ✓ |
| Lebensmittel | ✓ |
| Brötchen am Platz | ✓ |
| Restaurant/Imbiss | 100m |
| Ver-/Entsorgung Womo | ✓ |
| in den Ort | 250m |
| Touristenplätze | 80 |
| Mietunterkünfte | ✓ |
| Stellplätze vor Schranke | ✗ |

1 km
47.05567 | 10.65742
876m ü.M.

Ansicht Campinggebäude und Platz.

## Lage & Stellplatz

Camping Dreiländereck ist eingebettet in das idyllische Feriendorf Ried, umgeben von einer traumhaften Berglandschaft. Eine sonnige und zentrale Lage sowie schöne Stellplätze auf gepflegtem Wiesengelände mit einigen schattenspendenden Bäumen bieten genügend Raum für Erholung und Ruhe.

## Verpflegung

Im platzeigenen Gastlokal werden neben einem umfangreichen „Campingfrühstück" auch warme und kalte Getränke angeboten. Ein kleiner Kiosk (inkl. Brötchenservice) befindet sich an der Rezeption. Im Umkreis von 250 m sind ein Supermarkt, ein Restaurant, eine Bar und ein Bistro zu finden.

## Sanitär

Die sauberen Komfort-Sanitäranlagen umfassen beheizte Einzelwaschkabinen und Familienduschräume mit Wickeltisch und Babybadewanne. Ein Wäsche- und Bügelraum mit Wasch- und Trockenmaschinen sowie eine chemische WC-Entsorgung sind ebenfalls vorhanden.

## Freizeit

Direkt vom Platz aus können Wander- und Radtouren sowie Trailtouren gestartet werden. Innerhalb von 250 m befinden sich ein Badesee mit Spielplatz, eine Raftingstation, ein Fußball- und Volleyballplatz sowie die Talstation vom Ski- und Wandergebiet Fendels. Nächster Camping zu Serfaus Fiss Ladis.

Blockhütte „Bergzauber".

Der Badesee Ried.

**4.4** SEHR GUT
96 Bewertungen

| | |
|---|---|
| Lage | 4.6 |
| Ruhe | 4.5 |
| Sanitäranlagen | 4.3 |
| Sauberkeit Ø | 4.5 |
| Freundlichkeit | 4.8 |
| Stellplatz | 4.1 |
| Verpflegung | 3.9 |
| Freizeit | 4.5 |
| Preis-Leistung | 4.4 |
| Mietunterkünfte | 4.7 |

### Geeignet für

4.7 Paare

4.6 Senioren
4.2 Kinder b. 12 J.
4.2 Kinder b. 18 J.
4.1 Gäste mit Hund
4.0 Gäste mit Zelt
3.9 Kinder b. 6 J.

### Empfohlene Aktivitäten

Wandern
Ski
Mountainbiking
Radfahren
Schwimmen

Große Camper oder Wohnwagen, zusätzliche Anhänger od. KFZ bitte anmelden.

Karte auf Seite 32

## 1 aktivCamping Imst

Schwimmbadweg 10
6460 Imst
+43 5412 21355

47.23988 | 10.74527
800m ü.M.

| | |
|---|---|
| **Öffnungszeiten** | 12.04. - 13.10. |
| **Vergleichspreis** | HS: 28,50 € \| NS: 24,50 € |
| **Link** | **Mehr Infos & Anfrage:** www.camping.info/26769 |

| | | |
|---|---|---|
| **Freizeit** | Baden im See | 2km |
| | Pool/Hallenbad | 30m/1km |
| | Spielplatz am Platz | ✓ |
| **Campingplatz** | Hunde willkommen | ✓ |
| | Skilift/Loipe | 3km |
| | WLAN | ✓ |
| **Versorgung** | Lebensmittel | 1km |
| | Brötchen am Platz | ✓ |
| | Restaurant/Imbiss | 300/500m |
| | Ver-/Entsorgung Womo | ✓ |
| | in den Ort | 1km |
| **Anzahl der Plätze** | Gesamt/Touristen | 64/45 |
| | Mietunterkünfte | ✗ |
| | Stellplätze vor Schranke | ✗ |

\- JETZT BEWERTEN!

Für diese Auswertung liegen leider noch nicht genügend Bewertungen vor.

Sei einer der Ersten, der diesen Campingplatz bewertet. Unter den Bewertern werden regelmäßig Gewinne verlost!

Mehr Infos dazu findest du in unserem allgemeinen Intro.

keine Gruppen in der HS

## 2 Camping Lärchenhof

❄

Gries 16
6631 Lermoos
+43 5673 2197

47.40703 | 10.86919

| | |
|---|---|
| **Öffnungszeiten** | ganzjährig |
| **Vergleichspreis** | HS: 27,10 € \| NS: 25,20 € |
| **Link** | **Mehr Infos & Anfrage:** www.camping.info/26817 |

| | | |
|---|---|---|
| **Freizeit** | Baden in nat. Gewässer | k. A. |
| | Pool/Hallenbad | 200m/1km |
| | Spielplatz | 1km |
| **Campingplatz** | Hunde willkommen | ✓ |
| | Skilift/Loipe | 1km/50m |
| | WLAN | ✓ |
| **Versorgung** | Lebensmittel | ✓ |
| | Brötchen am Platz | ✓ |
| | Restaurant | 200m |
| | Ver-/Entsorgung Womo | ✓ |
| | in den Ort | 800m |
| **Anzahl der Plätze** | Touristenplätze | 45 |
| | Mietunterkünfte | ✓ |
| | Stellplätze vor Schranke | ✗ |

\- JETZT BEWERTEN!

Für diese Auswertung liegen leider noch nicht genügend Bewertungen vor.

Sei einer der Ersten, der diesen Campingplatz bewertet. Unter den Bewertern werden regelmäßig Gewinne verlost!

Mehr Infos dazu findest du in unserem allgemeinen Intro.

# 9 Aktiv Camping Prutz / Tirol

❄

Pontlatzstrasse 22
6522 Prutz
+43 5472 2648
www.aktiv-camping.at
info@aktiv-camping.at

ganzjährig

HS: 37,00 € | NS: 24,60 €

**Mehr Infos & Anfrage:**
www.camping.info/19294

| | |
|---|---|
| Baden im Fluss am Platz | ✓ |
| Pool/Hallenbad | 800m/7km |
| Spielplatz am Platz | ✓ |
| Hunde willkommen | ✓ |
| Skilift/Loipe | 1/7km |
| WLAN (gegen Gebühr) | ✓ |
| Lebensmittel | ✓ |
| Brötchen am Platz | ✓ |
| Restaurant & Imbiss | ✓ |
| Ver-/Entsorgung Womo | ✓ |
| in den Ort | 300m |
| Gesamt/Touristen | 130/120 |
| Mietunterkünfte | ✗ |
| Stellplätze vor Schranke | ✓ |

Das moderne Hauptgebäude.

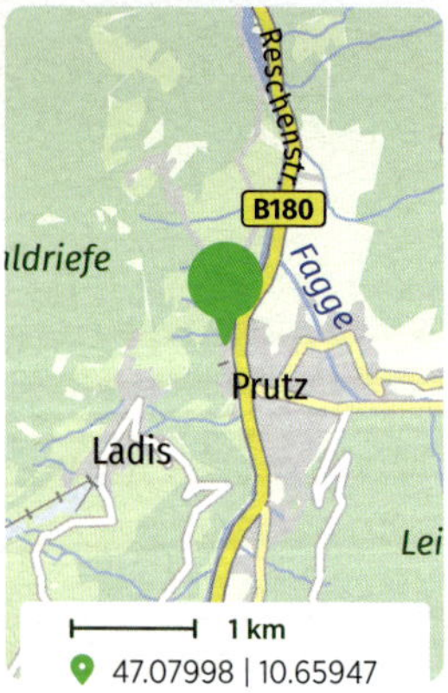


47.07998 | 10.65947
866m ü.M.

## Lage & Stellplatz

Die wunderbare Lage am Fuße des Kaunertaler Gletschers in der Familienregion Serfaus-Fiss-Ladis verleiht dem Campingplatz seine einzigartige Atmosphäre. Im Herzen des Tiroler Oberlands werden Stellplätze von Standard (mit Strom & Wasser) bis Luxus (mit Strom, Wasser, Abwasser & Kabel-TV) angeboten.

## Verpflegung

Das platzeigene Campingstüberl versorgt seine Gäste mit leckeren Imbissen und Getränken. Ein kleiner, aber gut sortierter Shop sowie ein täglicher Brötchen- und Zeitungsservice sind ebenfalls vorhanden. Im 300 m entfernten Ortskern stehen drei Supermärkte für größere Lebensmitteleinkäufe bereit.

## Sanitär

Die moderne und sehr gepflegte Sanitäranlage ist mit 12 Einzelwaschkabinen, 24 Waschbecken und 18 Toiletten großzügig ausgestattet. Darüber hinaus stehen ein Baby- bzw. Kinderbad sowie eine barrierefreie Dusche und Toilette zur Verfügung. Eine separate Hundedusche rundet das umfangreiche Angebot ab.

## Freizeit

Vor Ort sorgen etliche Freizeitmöglichkeiten wie eine natürliche Kletterwand, eine eigene Heilquelle („Sauerbrunnquelle"), ein Kinderanimationsprogramm u. v. m. für Unterhaltung. Die imposanten Wander-, Berg- und Radtouren (z. B. „Via Claudia") bieten sich zudem bestens für einen Aktivurlaub an.

Camping direkt am Inn.

Platzteil „Sauerbrunn".

**4.5** SEHR GUT
88 Bewertungen

| | |
|---|---|
| Lage | 4.3 |
| Ruhe | 3.6 |
| Sanitäranlagen | 4.7 |
| Sauberkeit Ø | 4.8 |
| Freundlichkeit | 4.7 |
| Stellplatz | 4.2 |
| Verpflegung | 3.9 |
| Freizeit | 4.7 |
| Preis-Leistung | 4.4 |
| Mietunterkünfte | - |

**Geeignet für**

| | |
|---|---|
| Gäste mit Hund | 4.7 |
| Paare | 4.6 |
| Senioren | 4.6 |
| Gäste mit Zelt | 4.6 |
| Kinder b. 12 J. | 4.5 |
| Kinder b. 6 J. | 4.3 |
| Kinder b. 18 J. | 4.3 |

**Empfohlene Aktivitäten**

Wandern | Mountainbiking | Klettern | Radfahren | Kayak/Kanu

Karte auf Seite 32

| | 4 Alpencamping Nauders | 6 Camping Riffler * | 7 Camping Heiterwangersee * |
|---|---|---|---|
| Adresse | Bundesstraße 247<br>6543 Nauders<br>+43 5473 87217<br>46.85113 \| 10.50426 | Bruggfeldstraße 2<br>6500 Landeck<br>+43 699 12670300<br>47.14259 \| 10.56144<br>860m ü.M. | Fischer am See 1<br>6611 Heiterwang<br>+43 5674 5116<br>47.45558 \| 10.75924 |
| **Infos** | | | |
| Öffnungszeiten | 01.01. - 31.10. | 01.06. - 30.09.<br>01.11. - 30.04. | ganzjährig |
| Vergleichspreis | keine Angabe | HS: 33,70 € \| NS: 31,90 € | HS: 37,00 € \| NS: 37,00 € |
| Link | **Mehr Infos & Anfrage:** www.camping.info/26807 | **Mehr Infos & Anfrage:** www.camping.info/19456 | **Mehr Infos & Anfrage:** www.camping.info/26816 |
| **Ausstattung** | | | |
| Freizeit | Baden in nat. Gewässer k. A.<br>Hallenbad 4km<br>Spielplatz keine Angabe | Baden im Teich 1km<br>Pool/Hallenbad 500m<br>Spielplatz 500m | Baden im See am Platz ✓<br>Pool & Hallenbad ✗<br>Spielplatz am Platz ✓ |
| Campingplatz | Hunde erlaubt ✓<br>Skilift 3km<br>WLAN keine Angabe | Hunde willkommen ✓<br>Skilift/Loipe 1km<br>WLAN ✓ | Hunde willkommen ✓<br>Skilift 5km<br>WLAN ✓ |
| Versorgung | Lebensmittel k.A.<br>Brötchen keine Angabe<br>Restaurant & Imbiss ✗<br>Ver-/Entsorgung Womo ✗<br>in den Ort 4km | Lebensmittel 10m<br>Brötchen am Platz ✗<br>Restaurant/Imbiss 20m<br>Ver-/Entsorgung Womo ✓<br>in den Ort 500m | Lebensmittel 1km<br>Brötchen am Platz ✓<br>Restaurant & Imbiss ✓<br>Ver-/Entsorgung Womo ✓<br>in den Ort 1km |
| Anzahl der Plätze | Gesamt 35<br>Mietunterkünfte ✗<br>Stellplätze vor Schranke ✗ | Touristenplätze 40<br>Mietunterkünfte ✗<br>Stellplätze vor Schranke ✗ | Gesamt/Touristen 60/30<br>Mietunterkünfte ✓<br>Stellplätze vor Schranke ✗ |

**Alpencamping Nauders**

- **JETZT BEWERTEN!**

Für diese Auswertung liegen leider noch nicht genügend Bewertungen vor.

Sei einer der Ersten, der diesen Campingplatz bewertet. Unter den Bewertern werden regelmäßig Gewinne verlost!

Mehr Infos dazu findest du in unserem allgemeinen Intro.

**Camping Riffler**

4.7 **SEHR GUT**
20 Bewertungen

| | |
|---|---|
| Lage | 4.3 |
| Ruhe | 3.9 |
| Sanitäranlagen | 4.2 |
| Sauberkeit Ø | 4.8 |
| Freundlichkeit | 4.9 |
| Stellplatz | 4.5 |
| Verpflegung | 4.2 |
| Freizeit | 4.4 |
| Preis-Leistung | 4.3 |
| Mietunterkünfte | - |

**Geeignet für**

| | |
|---|---|
| Kinder b. 6 J. | 3.8 |
| Kinder b. 12 J. | 4.2 |
| Kinder b. 18 J. | 4.5 |
| Paare | 4.9 |
| Senioren | 4.8 |
| Gäste mit Zelt | 5.0 |
| Gäste mit Hund | 4.7 |

**Empfohlene Aktivitäten**

- Wandern
- Radfahren
- Kayak/Kanu

weitere NS: 01.09. - 30.09.
(5-10% Nachlass)
Winter: 01.11. - 30.04.

**Camping Heiterwangersee**

- **JETZT BEWERTEN!**

Für diese Auswertung liegen leider noch nicht genügend Bewertungen vor.

Sei einer der Ersten, der diesen Campingplatz bewertet. Unter den Bewertern werden regelmäßig Gewinne verlost!

Mehr Infos dazu findest du in unserem allgemeinen Intro.

# 10 Comfortcamp Grän Tannheimertal

Engetalstraße 13
6673 Grän
+43 5675 6570
www.comfortcamp.eu
info@comfortcamp.at

01.01. - 11.04.
12.05. - 01.11.

HS: 47,00 € | NS: 47,00 €

**Mehr Infos & Anfrage:**
www.camping.info/19459

| | |
|---|---|
| Baden im See | 2km |
| Pool/Hallenbad | 2km/✓ |
| Spielplatz am Platz | ✓ |
| Hunde erlaubt | ✓ |
| Skilift/Loipe | 700m/✓ |
| WLAN (gegen Gebühr) | ✓ |
| Lebensmittel | ✓ |
| Brötchen am Platz | ✓ |
| Restaurant & Imbiss | ✓ |
| Ver-/Entsorgung Womo | ✓ |
| in den Ort | 800m |
| Gesamt/Touristen | 190/160 |
| Mietunterkünfte | ✓ |
| Stellplätze vor Schranke | ✓ |

47.51129 | 10.55469

Blick vom Platz aufs Geißhorn.

## Lage & Stellplatz

Eingebettet in die Bergwelt des Tannheimertales liegt der Campingplatz auf 1.150 m. Direkter Einstieg zu Rad-, Wanderweg und Loipe & kostenloser Skibus. Verschiedene Stellplatzkategorien 80 - 100 m². Alle Plätze mit Strom-, TV-, Abwasseranschluss. Wassersäulen im Sommer, teilweise Festgas im Winter.

## Verpflegung

Im Restaurant „Zum AchtalWirt" direkt am Platz findet jeder was für seinen Geschmack: Täglich außer montags gibt es Gutes von Schnitzel bis Kaiserschmarrn & Kässpatzen bis Pizza. Im Minimarkt werden täglich von 8-10 Uhr frische Brötchen vom lokalen Bäcker angeboten. Ein Supermarkt ist 2 km entfernt.

## Sanitär

Es gibt drei moderne, top-ausgestattete Sanitärgebäude mit barrierefreiem Familienbadezimmer inkl. Babywanne und Einzelwaschkabinen. Weiters gibt es ein Panoramahallenbad und Wellnessbereich mit Sauna, Dampfbad und Ruheraum sowie Trockenräume, Geschirrspülen, Skistall und mietbare Privatbadezimmer.

## Freizeit

Ausgezeichnete Infrastruktur im ganzen Tal: Sommerbergbahn, Wanderbus, Freibad, Loipen und Skibus INKL.! Für jedes Alter etwas dabei: Radwege, Winterwanderwege, Wanderwege auf 1900 m Höhe; Natursee mit Strandbad, Naturschutzgebiet Vilsalpsee, BikeStrecken, Tanni-Kinderclub, Boulderhalle, Loipennetz.

Herzlich Willkommen!

Panoramahallenbad mit Aussicht.

**4.7** SEHR GUT
218 Bewertungen

| | |
|---|---|
| Lage | 4.7 |
| Ruhe | 4.6 |
| Sanitäranlagen | 4.8 |
| Sauberkeit Ø | 4.8 |
| Freundlichkeit | 4.3 |
| Stellplatz | 4.5 |
| Verpflegung | 4.2 |
| Freizeit | 4.5 |
| Preis-Leistung | 4.3 |
| Mietunterkünfte | 4.2 |

**Geeignet für**

| | |
|---|---|
| Paare | 4.7 |
| Senioren | 4.7 |
| Gäste mit Hund | 4.5 |
| Kinder b. 12 J. | 4.3 |
| Kinder b. 6 J. | 4.1 |
| Kinder b. 18 J. | 4.0 |
| Gäste mit Zelt | 3.7 |

**Empfohlene Aktivitäten**

Wandern · Radfahren · Entspannen · Schwimmen · Langlauf

AWARD 2020

Hunde auf Anfrage, Keine WOMOs über 8,50m, Angebote auf www.comfortcamp.eu

Karte auf Seite 32

## 8 Happy Camp KG

Garmischer Straße 21
6631 Lermoos
+43 5673 2980
47.40237 | 10.8883
1000m ü.M.

01.05. - 30.10.
15.12. - 30.04.
HS: 31,50 € | NS: 19,90 €
**Mehr Infos & Anfrage:**
www.camping.info/19338

| | |
|---|---|
| Baden im See | 3km |
| Pool/Hallenbad | 500/200m |
| Spielplatz am Platz | ✓ |
| Hunde willkommen | ✓ |
| Skilift/Loipe | 200/100m |
| WLAN (gegen Gebühr) | ✓ |
| Lebensmittel | 100m |
| Brötchen am Platz | ✗ |
| Restaurant/Imbiss | ✓/100m |
| Ver-/Entsorgung Womo | ✓ |
| in den Ort | 200m |
| Gesamt/Touristen | 74/40 |
| Mietunterkünfte | ✓ |
| Stellplätze vor Schranke | ✓ |

**2.9** UNBEFRIEDIGEND
7 Bewertungen

| | |
|---|---|
| Lage | 3.6 |
| Ruhe | 3.0 |
| Sanitäranlagen | 2.6 |
| Sauberkeit Ø | 3.6 |
| Freundlichkeit | 3.3 |
| Stellplatz | 2.4 |
| Verpflegung | 2.2 |
| Freizeit | 3.4 |
| Preis-Leistung | 2.6 |
| Mietunterkünfte | 1.0 |

**Geeignet für**

| | |
|---|---|
| Kinder b. 6 J. | 2.5 |
| Kinder b. 12 J. | 2.2 |
| Kinder b. 18 J. | 2.0 |
| Paare | 3.3 |
| Senioren | 3.2 |
| Gäste mit Zelt | 2.0 |
| Gäste mit Hund | 2.8 |

**Empfohlene Aktivitäten**

- Wandern
- Mountainbiking
- Ski

## 11 Camping Via Claudiasee

Rauth 714
6542 Pfunds
+43 664 4012 740
46.95404 | 10.51307
980m ü.M.

01.05. - 31.10.
01.12. - 30.04.
HS: 25,00 € | NS: 19,00 €
**Mehr Infos & Anfrage:**
www.camping.info/22214

| | |
|---|---|
| Baden im See am Platz | ✓ |
| Pool/Hallenbad | 200m/2km |
| Spielplatz am Platz | ✓ |
| Hunde willkommen | ✓ |
| Skilift/Loipe | 12km/200m |
| WLAN | ✓ |
| Lebensmittel | ✓ |
| Brötchen am Platz | ✓ |
| Restaurant/Imbiss | 200m/✓ |
| Ver-/Entsorgung Womo | ✓ |
| in den Ort | 2km |
| Gesamt/Touristen | 120/60 |
| Mietunterkünfte | ✗ |
| Stellplätze vor Schranke | ✓ |

**3.4** GUT
14 Bewertungen

| | |
|---|---|
| Lage | 4.0 |
| Ruhe | 3.4 |
| Sanitäranlagen | 2.9 |
| Sauberkeit Ø | 4.1 |
| Freundlichkeit | 4.5 |
| Stellplatz | 3.4 |
| Verpflegung | 2.9 |
| Freizeit | 4.1 |
| Preis-Leistung | 3.5 |
| Mietunterkünfte | - |

**Geeignet für**

| | |
|---|---|
| Kinder b. 6 J. | 3.8 |
| Kinder b. 12 J. | 3.9 |
| Kinder b. 18 J. | 3.7 |
| Paare | 3.8 |
| Senioren | 3.7 |
| Gäste mit Zelt | 3.9 |
| Gäste mit Hund | 4.0 |

**Empfohlene Aktivitäten**

- Wandern
- Mountainbiking
- Radfahren

## 12 Camping Ötztal Arena ****

Mühlweg 32
6441 Umhausen
+43 5255 5390
47.13522 | 10.93196
1050m ü.M.

01.05. - 10.10.
15.12. - 30.04.
HS: 33,00 € | NS: 31,00 €
**Mehr Infos & Anfrage:**
www.camping.info/19352

| | |
|---|---|
| Baden im See | 200m |
| Pool/Hallenbad | 200m/6km |
| Spielplatz am Platz | ✓ |
| Hunde willkommen | ✓ |
| Skilift/Loipe | 6km/✓ |
| WLAN (gegen Gebühr) | ✓ |
| Lebensmittel | 200m |
| Brötchen am Platz | ✓ |
| Restaurant & Imbiss | ✓ |
| Ver-/Entsorgung Womo | ✓ |
| in den Ort | 200m |
| Gesamt/Touristen | 100/90 |
| Mietunterkünfte | ✓ |
| Stellplätze vor Schranke | ✗ |

**4.8** SEHR GUT
41 Bewertungen

| | |
|---|---|
| Lage | 4.8 |
| Ruhe | 4.7 |
| Sanitäranlagen | 4.7 |
| Sauberkeit Ø | 4.8 |
| Freundlichkeit | 4.8 |
| Stellplatz | 4.5 |
| Verpflegung | 4.5 |
| Freizeit | 4.7 |
| Preis-Leistung | 4.6 |
| Mietunterkünfte | 4.8 |

**Geeignet für**

| | |
|---|---|
| Kinder b. 6 J. | 4.6 |
| Kinder b. 12 J. | 4.6 |
| Kinder b. 18 J. | 4.7 |
| Paare | 4.9 |
| Senioren | 4.7 |
| Gäste mit Zelt | 4.8 |
| Gäste mit Hund | 4.6 |

**Empfohlene Aktivitäten**

- Wandern
- Klettern
- Mountainbiking

**Infos**

Öffnungszeiten
Vergleichspreis
Link

**Ausstattung**

Freizeit
Campingplatz
Versorgung
Anzahl der Plätze

# 14 Zugspitz Resort

Obermoos 1
6632 Ehrwald
+43 5673 2309
www.zugspitz-camping.at
welcome@zugspitz-resort.at

ganzjährig

HS: 82,60 € | NS: 72,60 €

**Mehr Infos & Anfrage:**
www.camping.info/19388

| | |
|---|---|
| Baden im See | 5km |
| Pool & Hallenbad | ✓ |
| Spielplatz am Platz | ✓ |
| Hunde willkommen | ✓ |
| Skilift/Loipe | ✓/500m |
| WLAN | ✓ |
| Lebensmittel | ✓ |
| Brötchen am Platz | ✓ |
| Restaurant & Imbiss | ✓ |
| Ver-/Entsorgung Womo | ✓ |
| in den Ort | 4km |
| Touristenplätze | 170 |
| Mietunterkünfte | ✓ |
| Stellplätze vor Schranke | × |

47.42635 | 10.93924
1250m ü.M.

Komfortcamping direkt an der Talstation der Tiroler Zugspitzbahn.

## Lage & Stellplatz

Das 5-Sterne-Campingresort bietet 100 Comfort-, 50 Deluxe- und 15 Zeltplätze mitten im Grünen, direkt an der Talstation der Tiroler Zugspitzbahn. Die Deluxe-Plätze befinden sich direkt am Badehaus und verfügen neben extragroßen Stellplätzen über Wasser-, Abwasser-, Strom- und SAT-Anschlüsse.

## Sanitär

Ein modern eingerichtetes Badehaus verfügt über 15 Baderäume mit Dusche und WC bzw. Bad und WC sowie eine bestens ausgestattete Küche mit Geschirrspülern, Kühlschränken und gemütlichem Esstisch. Zudem stehen im angegliederten Haupthaus des Resorts 20 neue private Baderäume zur Verfügung.

## Verpflegung

Frühstück, ein Nachmittagssnack und Abendessen können gerne in Form der Verwöhn-Halbpension im Restaurant des Resorts dazugebucht werden. Für jene, die sich lieber selbst versorgen möchten, findet sich ein neuer, großer Shop für alle Artikel des täglichen Bedarfs im Eingangsbereich des Resorts.

## Freizeit

Neben den Komfortleistungen am Platz stehen alle Annehmlichkeiten des angegliederten 4-Sterne-Hotels zur Verfügung: Saunalandschaft, Hallenbad, betreuter Kinderclub, Fahrradverleih, vielseitiges Aktivprogramm, Kinder-Erlebniswelten mit Aqualand, Kart-Bahn, Boulderwand, Softplayanlage, Kino u. v. m.

Kinder-Wasserwelten.

Moderner Baderaum mit Bad/WC.

**4.6** SEHR GUT
41 Bewertungen

| | |
|---|---|
| Lage | 4.8 |
| Ruhe | 4.5 |
| Sanitäranlagen | 4.7 |
| Sauberkeit Ø | 4.8 |
| Freundlichkeit | 4.5 |
| Stellplatz | 4.5 |
| Verpflegung | 4.1 |
| Freizeit | 4.6 |
| Preis-Leistung | 4.3 |
| Mietunterkünfte | 4.8 |

**Geeignet für**

| | |
|---|---|
| Kinder b. 6 J. | 4.8 |
| Kinder b. 12 J. | 4.8 |
| Paare | 4.8 |
| Senioren | 4.8 |
| Gäste mit Hund | 4.6 |
| Kinder b. 18 J. | 4.5 |
| Gäste mit Zelt | 3.9 |

**Empfohlene Aktivitäten**

Wandern · Wellness · Mountainbiking · Schwimmen · Radfahren

Preise gelten inklusive Wellnessbereich, Kinderbetreuung, Aktivprogramm etc

Karte auf Seite 32

## 13 Lechtal-Camping Rudi

✱
Luxnach 122
6651 Häselgehr
+43 5634 6425
47.31541 | 10.49859
1004m ü.M.

ganzjährig
HS: 26,00 € | NS: 26,00 €
**Mehr Infos & Anfrage:**
www.camping.info/19385

| | |
|---|---|
| Baden in nat. Gewässer | k. A. |
| Pool/Hallenbad | 400m/19km |
| Spielplatz | 500m |
| Hunde erlaubt | ✓ |
| Skilift/Loipe | 6km/100m |
| WLAN | ✓ |
| Lebensmittel | 5km |
| Brötchen am Platz | ✓ |
| Restaurant/Imbiss | 500m |
| Ver-/Entsorgung Womo | ✓ |
| in den Ort | 700m |
| Gesamt/Touristen | 50/40 |
| Mietunterkünfte | ✓ |
| Stellplätze vor Schranke | ✗ |

**4.5** SEHR GUT
4 Bewertungen

| | |
|---|---|
| Lage | 4.7 |
| Ruhe | 5.0 |
| Sanitäranlagen | 4.7 |
| Sauberkeit Ø | 4.8 |
| Freundlichkeit | 5.0 |
| Stellplatz | 4.3 |
| Verpflegung | 3.0 |
| Freizeit | 4.7 |
| Preis-Leistung | 4.3 |
| Mietunterkünfte | - |

**Geeignet für**

| | |
|---|---|
| Kinder b. 6 J. | 3.5 |
| Kinder b. 12 J. | 4.0 |
| Kinder b. 18 J. | 4.5 |
| Paare | 5.0 |
| Senioren | 4.5 |
| Gäste mit Zelt | 4.5 |
| Gäste mit Hund | 5.0 |

**Empfohlene Aktivitäten**
- Radfahren
- Wandern
- Kayak/Kanu

## 15 Camping Rossbach

✱
Roßbach 325
6465 Nassereith
+43 5265 5154
47.3106 | 10.85486

ganzjährig
HS: 21,50 € | NS: 20,50 €
**Mehr Infos & Anfrage:**
www.camping.info/26820

| | |
|---|---|
| Baden in nat. Gewässer | k. A. |
| Pool am Platz | ✓ |
| Spielplatz am Platz | ✓ |
| Hunde erlaubt | ✓ |
| Skilift/Loipe | 500/100m |
| WLAN | ✓ |
| Lebensmittel | 1km |
| Brötchen | keine Angabe |
| Restaurant & Imbiss | ✓ |
| Ver-/Entsorgung Womo | ✗ |
| in den Ort | 2km |
| Gesamt/Touristen | 88/80 |
| Mietunterkünfte | ✓ |
| Stellplätze vor Schranke | ✗ |

**-** JETZT BEWERTEN!

Für diese Auswertung liegen leider noch nicht genügend Bewertungen vor.

Sei einer der Ersten, der diesen Campingplatz bewertet. Unter den Bewertern werden regelmäßig Gewinne verlost!

Mehr Infos dazu findest du in unserem allgemeinen Intro.

## 16 Mountain Camp Pitztal

✱
Niederhof 206
6474 Jerzens
+43 5414 87571
47.14307 | 10.74621

ganzjährig
HS: 31,50 € | NS: 28,50 €
**Mehr Infos & Anfrage:**
www.camping.info/19326

| | |
|---|---|
| Baden im Teich am Platz | ✓ |
| Pool | 2km |
| Spielplatz am Platz | ✓ |
| Hunde willkommen | ✓ |
| Skilift/Loipe | 6km/✓ |
| WLAN | ✓ |
| Lebensmittel | ✗ |
| Brötchen am Platz | nur HS |
| Restaurant & Imbiss | ✓ |
| Ver-/Entsorgung Womo | ✓ |
| in den Ort | 2km |
| Touristenplätze | 38 |
| Mietunterkünfte | ✓ |
| Stellplätze vor Schranke | ✓ |

**3.9** GUT
7 Bewertungen

| | |
|---|---|
| Lage | 4.3 |
| Ruhe | 3.9 |
| Sanitäranlagen | 3.3 |
| Sauberkeit Ø | 3.8 |
| Freundlichkeit | 4.4 |
| Stellplatz | 3.7 |
| Verpflegung | 4.2 |
| Freizeit | 4.0 |
| Preis-Leistung | 3.7 |
| Mietunterkünfte | 3.0 |

**Geeignet für**

| | |
|---|---|
| Kinder b. 6 J. | 4.0 |
| Kinder b. 12 J. | 4.4 |
| Kinder b. 18 J. | 4.2 |
| Paare | 4.4 |
| Senioren | 4.0 |
| Gäste mit Zelt | 4.0 |
| Gäste mit Hund | 4.6 |

**Empfohlene Aktivitäten**
- Wandern
- Motorrad
- Mountainbiking

**Infos**
Öffnungszeiten
Vergleichspreis
Link

**Ausstattung**
Freizeit
Campingplatz
Versorgung
Anzahl der Plätze

ANZEIGE

# 17 Camping Sölden

*

Wohlfahrtstraße 22
6450 Sölden
+43 5254 2627
www.camping-soelden.com
info@camping-soelden.com

01.01. - 18.04.
10.06. - 31.12.

HS: 58,50 € | NS: 38,00 €

**Mehr Infos & Anfrage:**
www.camping.info/19387

| | |
|---|---|
| Baden im See | 21km |
| Pool/Hallenbad | 15km/700m |
| Spielplatz am Platz | ✓ |
| Hunde willkommen | ✓ |
| Skilift/Loipe | 200m |
| WLAN | ✓ |
| Lebensmittel | 50m |
| Brötchen am Platz | ✗ |
| Restaurant/Imbiss | 50/100m |
| Ver-/Entsorgung Womo | ✓ |
| im Ort | ✓ |
| Gesamt/Touristen | 97/94 |
| Mietunterkünfte | ✗ |
| Stellplätze vor Schranke | ✗ |

46:95761 | 11.01178
1368m ü.M.

Wintercamping in sonniger Premiumlage - nur 200 m von der Gondelbahn!

## Lage & Stellplatz

Der auf 1.400 m Höhe terrassierte Platz verfügt auf ca. 1,30 ha Fläche über 94 Stellplätze, davon 19 Komfort- und 6 Premium-Stellplätze. Alle Plätze sind mit Strom, Abwasser, Kabel-TV und WLAN ausgestattet. Die Komfort- und Premium-Plätze bieten zusätzlich einen winterfesten Wasseranschluss.

## Verpflegung

Zwei Restaurants, welche von Tiroler Küche, über Pizza und Pasta bis zur modernen Küche keine Wünsche offen lassen, befinden sich direkt neben dem Campingplatz. Eine Bushaltestelle (50 m), eine Bäckerei (80 m), ein Supermarkt (200 m) sowie Sportgeschäfte aller Art (200 m) sind ebenfalls angrenzend.

## Sanitär

Mehrfach ausgezeichnete Sanitäranlagen, Wasch- & Wickelraum für Babys, videoüberwachter sowie zutrittssicherer Bike- und Skiraum, Trockenraum mit Waschmaschinen und Trocknern, Aufenthalts- und Medienraum, vollautomatische CamperClean Toilettenreinigung sowie eine Hundedusche stehen zur Verfügung.

## Freizeit

Durch die nur 200 m von der Gondelbahn entfernte Lage ist Camping Sölden das ideale Basislager für Sommer- und Wintersportler jeglicher Art! Zusätzlich finden Sie eine Indoorkletterwand sowie einen SPA-Bereich mit finnischer Sauna, Dampfbad, Infrarotkabine, Ruhebereich sowie Fitnessraum vor.

Camping für Aktive.

Terrassencamping auf 1.400 m.

**4.8** SEHR GUT
232 Bewertungen

| | |
|---|---|
| Lage | 4.7 |
| Ruhe | 4.2 |
| Sanitäranlagen | 4.8 |
| Sauberkeit Ø | 4.8 |
| Freundlichkeit | 4.5 |
| Stellplatz | 4.5 |
| Verpflegung | 4.2 |
| Freizeit | 4.6 |
| Preis-Leistung | 4.2 |
| Mietunterkünfte | - |

**Geeignet für**

- 4.8 Paare
- 4.6 Senioren
- 4.3 Gäste mit Hund
- 4.1 Gäste mit Zelt
- 4.4 Kinder b. 18 J.
- 4.2 Kinder b. 12 J.
- 3.7 Kinder b. 6 J.

**Empfohlene Aktivitäten**

Wandern · Ski · Mountainbiking · Klettern · Radfahren

Stellplätze für Zelte, Wohnmobile, Camper und Caravans bis zu 100m²

Karte auf Seite 32

| Infos | 19 Camping Sennalpe und Seespitz | 20 Camping Kaunertal |
|---|---|---|
| | ❄ | |
| | Gemeindegut Agrargemeinschaft Breitenwang<br>6600 Breitenwang / Reutte<br>+43 5672 78115 | Platz 30<br>6524 Kaunertal<br>+43 5475316 |
| | 47.48718 \| 10.84036<br>980m ü.M. | 47.05271 \| 10.74968<br>1270m ü.M. |
| Öffnungszeiten | ganzjährig | 01.05. - 30.09. |
| Vergleichspreis | HS: 33,00 € \| NS: 33,00 € | HS: 29,80 € \| NS: 29,80 € |
| Link | **Mehr Infos & Anfrage:** www.camping.info/19339 | **Mehr Infos & Anfrage:** www.camping.info/24649 |

**Ausstattung**

| | Camping Sennalpe und Seespitz | | Camping Kaunertal | |
|---|---|---|---|---|
| Freizeit | Baden im See am Platz | ✓ | Baden im See | 11km |
| | Pool/Hallenbad | 4km | Pool/Hallenbad | 10/3km |
| | Spielplatz am Platz | ✓ | Spielplatz am Platz | ✓ |
| Campingplatz | Hunde willkommen | ✓ | Hunde willkommen | ✓ |
| | Skilift/Loipe | 10km/✓ | Skilift & Loipe | ✗ |
| | WLAN | ✓ | WLAN | ✓ |
| Versorgung | Lebensmittel | ✓ | Lebensmittel | 3km |
| | Brötchen am Platz | ✓ | Brötchen am Platz | ✓ |
| | Restaurant & Imbiss | ✓ | Restaurant am P. | ✓ |
| | Ver-/Entsorgung Womo | ✓ | Ver-/Entsorgung Womo | ✓ |
| | in den Ort | 4km | in den Ort | 3km |
| Anzahl der Plätze | Gesamt/Touristen | 400/250 | Gesamt/Touristen | 60/50 |
| | Mietunterkünfte | ✓ | Mietunterkünfte | ✗ |
| | Stellplätze vor Schranke | ✗ | Stellplätze vor Schranke | ✗ |

| Camping Sennalpe und Seespitz | 3.8 GUT<br>29 Bewertungen | Camping Kaunertal | 3.7 GUT<br>3 Bewertungen |
|---|---|---|---|
| Lage | 4.6 | Lage | 4.3 |
| Ruhe | 4.0 | Ruhe | 4.7 |
| Sanitäranlagen | 3.7 | Sanitäranlagen | 2.3 |
| Sauberkeit Ø | 4.3 | Sauberkeit Ø | 4.3 |
| Freundlichkeit | 3.8 | Freundlichkeit | 5.0 |
| Stellplatz | 3.5 | Stellplatz | 3.3 |
| Verpflegung | 3.0 | Verpflegung | - |
| Freizeit | 4.2 | Freizeit | - |
| Preis-Leistung | 3.7 | Preis-Leistung | 3.3 |
| Mietunterkünfte | 3.0 | Mietunterkünfte | - |
| **Geeignet für** | | **Geeignet für** | |
| Kinder b. 6 J. | 3.8 | Kinder b. 6 J. | 4.0 |
| Kinder b. 12 J. | 3.8 | Kinder b. 12 J. | 5.0 |
| Kinder b. 18 J. | 3.5 | Kinder b. 18 J. | 4.0 |
| Paare | 4.3 | Paare | 5.0 |
| Senioren | 3.9 | Senioren | 5.0 |
| Gäste mit Zelt | 4.0 | Gäste mit Zelt | 5.0 |
| Gäste mit Hund | 4.0 | Gäste mit Hund | 5.0 |
| **Empfohlene Aktivitäten** | | **Empfohlene Aktivitäten** | |
| Schwimmen | | Wandern | |
| Wandern | | Klettern | |
| Tauchen | | Motorrad | |

Camping Kaunertal: keine WOMOs über 8m; keine Jugendgruppen

# 18 Camping Alpenwelt

*

Kienzerle 3
6675 Tannheim
+43 5675 4307 0
www.alpenwelt.tirol
info@alpenwelt.tirol

14.12. - 22.04.
06.05. - 04.11.
HS: 31,90 € | NS: 26,90 €

**Mehr Infos & Anfrage:**
www.camping.info/19348

| | |
|---|---|
| Baden im See | 5km |
| Pool/Hallenbad | 5/25km |
| Spielplatz | 1km |
| Hunde willkommen | ✓ |
| Skilift/Loipe | 1km/500m |
| WLAN (begrenzt gratis) | ✓ |
| Lebensmittel | 1km |
| Brötchen am Platz | ✓ |
| Restaurant/Imbiss | 1km |
| Ver-/Entsorgung Womo | ✓ |
| in den Ort | 1km |
| Touristenplätze | 65 |
| Mietunterkünfte | ✓ |
| Stellplätze vor Schranke | ✗ |

Luftaufnahme und Lage des Campingplatzes - naturnah.

47.50809 | 10.4947
1110m ü.M.

## Lage & Stellplatz

Der am Südhang liegende Campingplatz befindet sich im Herzen des Tannheimer Tals. Terrassenförmig und mit Rasengittersteinen angelegt, findet jedes Wohnmobil und jeder Wohnwagen festen Halt - egal ob im Sommer oder Winter. Die begrünten Terrassen gewährleisten ein spektakuläres Alpenpanorama.

## Sanitär

Die sauberen Sanitäranlagen umfassen vier Einzelwaschkabinen, ausreichend Toiletten, Urinale, Duschkabinen sowie Handwaschbecken. Eine barrierefreie Toilette und Dusche für Damen und Herren sowie ein Babywaschraum sind ebenfalls vorhanden. Darüber hinaus stehen Spül- und Waschbecken zur Verfügung.

## Verpflegung

Im Wintergarten werden Sie bei schönstem Panoramablick mit einem reichhaltigen Frühstückstisch verwöhnt (auf Vorbestellung). Des Weiteren wird auf Bestellung ein Brötchenservice mit Lieferdienst an den Stellplatz oder die Zimmertür angeboten. Den lieben die Gäste und Sie können in Ruhe ausschlafen!

## Freizeit

Natur, Sport, Tradition und Genuss - kurzum Vielseitigkeit im Sommer und Winter, das erwartet die Urlauber im Tannheimer Tal. Es gibt zahlreiche Wanderwege, kristallklare Bergseen, reizvolle Höhenwege sowie abwechslungsreiche Strecken für Radsportler, Langläufer und Skifahrer zu erkunden.

Blick auf den Hausberg Einstein.

Winterliches Alpenpanorama.

**4.5** SEHR GUT
37 Bewertungen

| | |
|---|---|
| Lage | 4.6 |
| Ruhe | 4.4 |
| Sanitäranlagen | 4.6 |
| Sauberkeit Ø | 4.6 |
| Freundlichkeit | 4.8 |
| Stellplatz | 4.2 |
| Verpflegung | 3.9 |
| Freizeit | 4.3 |
| Preis-Leistung | 4.5 |
| Mietunterkünfte | 4.1 |

**Geeignet für**

- 4.7 Gäste mit Hund
- 4.6 Senioren
- 4.5 Paare
- 4.2 Gäste mit Zelt
- 3.9 Kinder b. 6 J.
- 3.9 Kinder b. 12 J.
- 3.6 Kinder b. 18 J.

**Empfohlene Aktivitäten**

Wandern | Radfahren | Entspannen | Mountainbiking | Klettern

keine WOMOs ab 9 m; Anreise im Winter bis 18 Uhr empfohlen

Karte auf Seite 32

## 21 Ötztaler Naturcamping

✱

Huben 241
6444 Längenfeld
+43 5253 5855

47.03715 | 10.97583
1200m ü.M.

01.06. - 07.10.
21.10. - 04.05.
HS: 30,00 € | NS: 25,00 €
**Mehr Infos & Anfrage:** www.camping.info/19473

| | |
|---|---|
| Baden im See | 10km |
| Pool/Hallenbad | 4km |
| Spielplatz am Platz | ✓ |
| Hunde willkommen | ✓ |
| Skilift/Loipe | 9km/✓ |
| WLAN | ✓ |
| Lebensmittel | 300m |
| Brötchen am Platz | ✓ |
| Restaurant/Imbiss | 200m/✓ |
| Ver-/Entsorgung Womo | ✓ |
| in den Ort | 200m |
| Touristenplätze | 120 |
| Mietunterkünfte | ✓ |
| Stellplätze vor Schranke | ✓ |

**4.7** SEHR GUT
43 Bewertungen

| | |
|---|---|
| Lage | 4.6 |
| Ruhe | 4.7 |
| Sanitäranlagen | 4.5 |
| Sauberkeit Ø | 4.9 |
| Freundlichkeit | 4.8 |
| Stellplatz | 4.3 |
| Verpflegung | 4.1 |
| Freizeit | 4.4 |
| Preis-Leistung | 4.3 |
| Mietunterkünfte | 4.3 |

**Geeignet für**

| | |
|---|---|
| Kinder b. 6 J. | 4.1 |
| Kinder b. 12 J. | 4.5 |
| Kinder b. 18 J. | 4.0 |
| Paare | 4.8 |
| Senioren | 4.6 |
| Gäste mit Zelt | 4.6 |
| Gäste mit Hund | 4.5 |

**Empfohlene Aktivitäten**

- Wandern
- Radfahren
- Entspannen

## 22 Romantik Camping Schloss Fernsteinsee

Fernstein 475
6465 Nassereith
+43 526 55210

47.34189 | 10.81602

08.05. - 16.09.
HS: 28,00 € | NS: 23,00 €
**Mehr Infos & Anfrage:** www.camping.info/23291

| | |
|---|---|
| Baden im See | 400m |
| Hallenbad | 33km |
| Spielplatz am Platz | ✓ |
| Hunde willkommen | ✓ |
| Skilift/Loipe | 14/1km |
| WLAN (begrenzt gratis) | ✓ |
| Lebensmittel | ✗ |
| Brötchen am Platz | ✓ |
| Restaurant/Imbiss | 300m/✓ |
| Ver-/Entsorgung Womo | ✗ |
| in den Ort | 3km |
| Touristenplätze | 95 |
| Mietunterkünfte | ✓ |
| Stellplätze vor Schranke | ✗ |

**3.8** GUT
15 Bewertungen

| | |
|---|---|
| Lage | 4.1 |
| Ruhe | 3.9 |
| Sanitäranlagen | 3.6 |
| Sauberkeit Ø | 3.9 |
| Freundlichkeit | 4.0 |
| Stellplatz | 3.7 |
| Verpflegung | 2.8 |
| Freizeit | 3.2 |
| Preis-Leistung | 3.6 |
| Mietunterkünfte | 5.0 |

**Geeignet für**

| | |
|---|---|
| Kinder b. 6 J. | 3.6 |
| Kinder b. 12 J. | 3.5 |
| Kinder b. 18 J. | 3.5 |
| Paare | 4.2 |
| Senioren | 4.2 |
| Gäste mit Zelt | 4.1 |
| Gäste mit Hund | 4.6 |

**Empfohlene Aktivitäten**

- Wandern
- Entspannen
- Mountainbiking

## 23 CampingPark Imst-West

✱

Langgasse 62
6460 Imst
+43 5412 66293

47.22881 | 10.74328

ganzjährig
HS: 27,00 € | NS: 23,00 €
**Mehr Infos & Anfrage:** www.camping.info/26822

| | |
|---|---|
| Baden in nat. Gewässer | k. A. |
| Pool/Hallenbad | 1/2km |
| Spielplatz am Platz | ✓ |
| Hunde erlaubt | ✓ |
| Skilift/Loipe | 3/1km |
| WLAN | ✓ |
| Lebensmittel | 100m |
| Brötchen am Platz | ✓ |
| Restaurant/Imbiss | 200m |
| Ver-/Entsorgung Womo | ✓ |
| in den Ort | 800m |
| Gesamt/Touristen | 76/71 |
| Mietunterkünfte | ✗ |
| Stellplätze vor Schranke | ✗ |

**4.5** SEHR GUT
4 Bewertungen

| | |
|---|---|
| Lage | 4.2 |
| Ruhe | 4.2 |
| Sanitäranlagen | 5.0 |
| Sauberkeit Ø | 5.0 |
| Freundlichkeit | 5.0 |
| Stellplatz | 4.8 |
| Verpflegung | 3.3 |
| Freizeit | 4.3 |
| Preis-Leistung | 4.5 |
| Mietunterkünfte | - |

**Geeignet für**

| | |
|---|---|
| Kinder b. 6 J. | 4.5 |
| Kinder b. 12 J. | - |
| Kinder b. 18 J. | - |
| Paare | 4.8 |
| Senioren | 4.7 |
| Gäste mit Zelt | 5.0 |
| Gäste mit Hund | 4.0 |

**Empfohlene Aktivitäten**

- Wandern
- Entspannen
- Spazieren

### Infos

Öffnungszeiten
Vergleichspreis
Link

### Ausstattung

Freizeit
Campingplatz
Versorgung
Anzahl der Plätze

# 24 Lechtal Camping Vorderhornbach

Vorderhornbach 113
6645 Vorderhornbach
0043-676-4308480
www.camping-vorderhornbach.at
lechtalcamping@gmail.com

ganzjährig

HS: 32,90 € | NS: 27,90 €

**Mehr Infos & Anfrage:**
www.camping.info/26687

| | |
|---|---|
| Baden in nat. Gewässer | × |
| Pool/Hallenbad | ✓/15km |
| Spielplatz am Platz | ✓ |
| Hunde erlaubt | nur NS |
| Skilift/Loipe | 2km/✓ |
| WLAN | ✓ |
| Lebensmittel | 2km |
| Brötchen am Platz | nur HS |
| Restaurant & Imbiss | ✓ |
| Ver-/Entsorgung Womo | ✓ |
| in den Ort | 400m |
| Touristenplätze | 40 |
| Mietunterkünfte | ✓ |
| Stellplätze vor Schranke | ✓ |

1 km
47.36724 | 10.54502
990m ü.M.

Idyllische Lage, eingebettet in eine herrliche Bergwelt.

## Lage & Stellplatz

Im Tiroler Lechtal liegt der Campingplatz Vorderhornbach in idyllischer und ruhiger Lage abseits von Hauptstraßen. Der Platz bietet 55 Stell- und Komfortplätze mit einer Fläche von 35 bis 130 m² sowie eine Zeltwiese. Der Eintritt ins angrenzende Vital-Naturerlebnisbad ist kostenfrei für Camper.

## Sanitär

Das barrierefreie, saubere Sanitärgebäude ist mit allem ausgerüstet, was für einen angenehmen Aufenthalt erforderlich ist: Duschen, Toiletten, Spülmöglichkeit, Waschmaschine, Trockner, Entsorgungsmöglichkeit für chemische Toiletten und Abwasser von Wohnmobilen.

## Verpflegung

Das Bistro mit seinen frischen Snacks, großer Außenterrasse, Duschen, Wickelraum und vielem mehr ist von 10 bis 22 Uhr geöffnet. Die Campinggäste genießen zusätzlich einen täglichen Brötchenservice. Supermarkt, Bank, Post, Fremdenverkehrsbüro u. v. m. befinden sich in 2 km Entfernung in Stanzach.

## Freizeit

Das Lechtal ist der ideale Ausgangspunkt für viele verschiedene Urlaubsvergnügen: Radfahren, Mountainbiken, Bergsteigen, Wandern, Canyoning, Rafting, Kanusport, Skifahren (Skibus kostenfrei) und Langlaufen. Der Lechtal Radweg sowie der Lechwanderweg führen unmittelbar am Campingplatz vorbei.

Einblick in die Campinganlage.

Naturerlebnisbad und Bistro.

**4.9** SEHR GUT
30 Bewertungen

| | |
|---|---|
| Lage | 4.8 |
| Ruhe | 4.9 |
| Sanitäranlagen | 4.8 |
| Sauberkeit Ø | 4.9 |
| Freundlichkeit | 4.9 |
| Stellplatz | 4.6 |
| Verpflegung | 4.5 |
| Freizeit | 4.5 |
| Preis-Leistung | 4.8 |
| Mietunterkünfte | 4.7 |

**Geeignet für**

| | |
|---|---|
| Kinder b. 12 J. | 4.9 |
| Paare | 4.9 |
| Senioren | 4.9 |
| Kinder b. 6 J. | 4.8 |
| Gäste mit Zelt | 4.8 |
| Kinder b. 18 J. | 4.4 |
| Gäste mit Hund | 3.3 |

**Empfohlene Aktivitäten**

Wandern, Mountainbiking, Kayak/Kanu, Radfahren, Klettern

Wintercamping wieder ab 25.12. - Hunde in der Hochsaison nicht erlaubt.

camping.info
FANCLUB
WIR SIND CAMPEN.

ÖSTERREICH

# ❸ Innsbruck und Umgebung

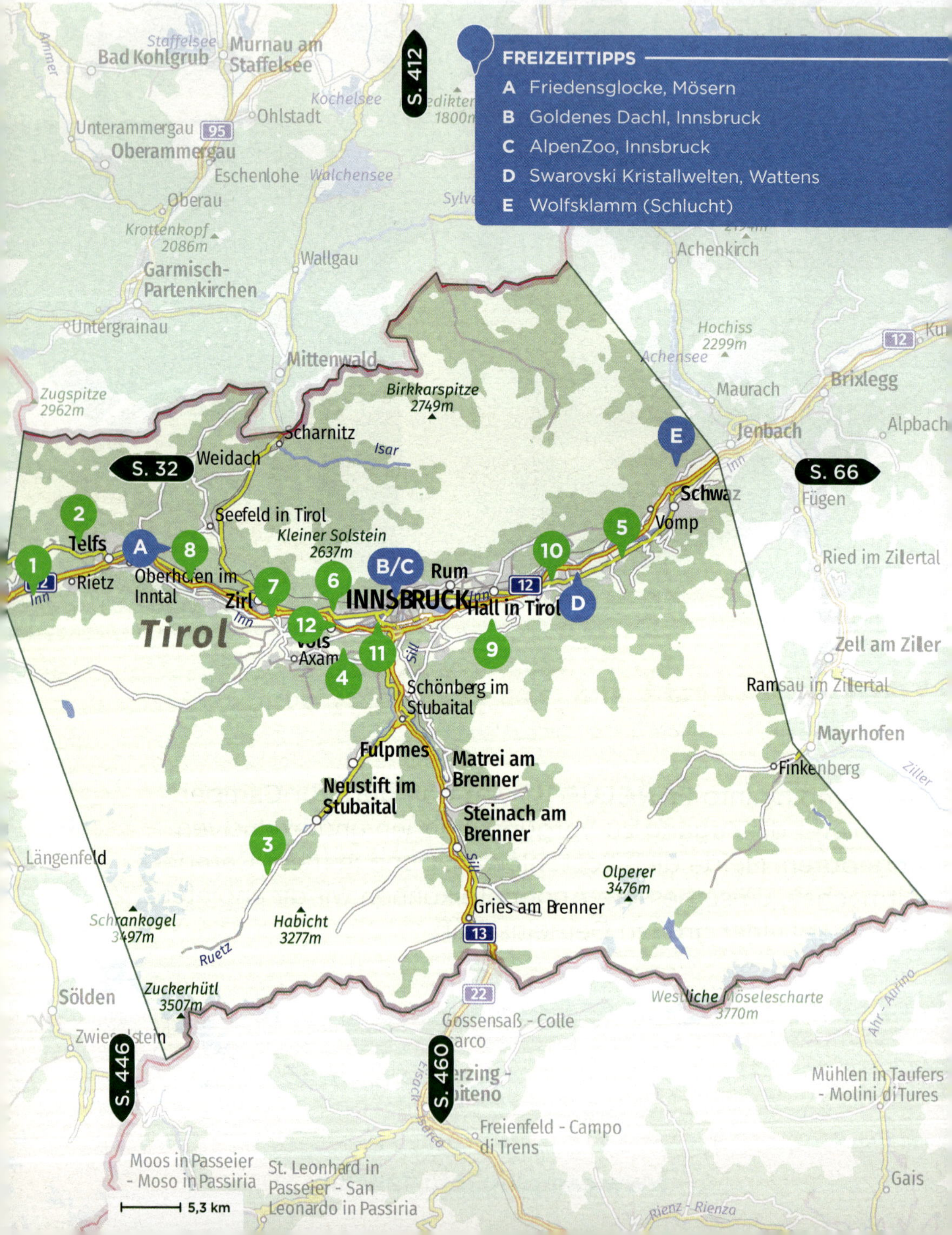

| | Platz | Seite | Bewertung | Öffnungszeiten | |
|---|---|---|---|---|---|
| 1 | Camping Eichenwald Stams | **56** | **4.2** | saisonal | ❄ ϟ |
| 2 | Sonnenplateau Camping Gerhardhof | **58** | **4.5** | saisonal | ❄ |
| 3 | Camping Edelweiß | **62** | **-** | ganzjährig | ❄ |
| 4 | Ferienparadies Natterer See | **60** | **4.6** | ganzjährig | ❄ 👍 |
| 5 | Alpencamping Mark | **62** | **-** | saisonal | |
| 6 | Camping Innsbruck - Kranebitterhof | **62** | **3.7** | ganzjährig | ❄ |
| 7 | Farmcamping Branger Alm | **63** | **-** | saisonal | |
| 8 | Camping Tiefental - Roppnerhof | **63** | **-** | saisonal | |
| 9 | Campingplatz Judenstein | **63** | **4.4** | saisonal | |
| 10 | Schloss Camping Aschach | **65** | **3.8** | k. A. | |
| 11 | Hafen Park Innsbruck | **65** | **-** | k. A. | ❄ |
| 12 | Camping Pizzeria Stigger | **65** | **-** | saisonal | |

❄ Wintercamping FKK Textilfrei (ganz/teilweise) Ecocamping 👍 Award ϟ Onlinebuchung

## DIE HAUPTSTADT DER ALPEN

Neben dem Ober- und dem Unterland hat Tirol natürlich auch sein Zentrum zu bieten: Camper erfreuen sich an der Landeshauptstadt Innsbruck und ihrer unmittelbaren Umgebung. Hier finden sich zahlreiche Sehenswürdigkeiten und Ausflugsziele, die im Rahmen eines Aufenthalts in Tirol auf jeden Fall besucht werden sollten.

## DIE LANDESHAUPTSTADT UND IHRE VIELSCHICHTIGKEIT

Die Landeshauptstadt Tirols ist wohl gleichzeitig die Winterhauptstadt Österreichs. Nirgends sonst lässt sich ein Stadtbesuch voller Events, Kulturprogramm und Sehenswürdigkeiten so einfach und eng mit einem Winterurlaub auf Pisten, Loipen und Bergen verbinden wie in Innsbruck. Inmitten der Natur riesiger Gebirgszüge ist diese Stadt mit seinem wunderschönen historischen Zentrum seit jeher ein Anziehungspunkt für Gäste aus aller Welt. Innsbruck liegt eingebettet zwischen der Nordkette mit dem Hafelekar (2.334 m) im Norden der Stadt und dem Patscherkofel (2.246 m) im Süden – ein perfekter Ausgangspunkt sowohl für Sommer- als auch für Wintersportler. Zu den wichtigsten Sehenswürdigkeiten der Stadt zählt zweifelsohne das Goldene Dachl: Das Wahrzeichen von Innsbruck ist ein Gebäude mit spätgotischem Prunkkerker, der mit 2.657 feuervergoldeten Kupferschindeln gedeckt wurde. Nur wenige Schritte davon entfernt liegt die Kaiserliche Hofburg, die zu den bedeutendsten Bauwerken Österreichs zählt. Ein weiteres beliebtes Ausflugsziel für die ganze Familie ist der Alpenzoo Innsbruck. Hier können rund 2.000 Alpentiere in bemerkenswerter Umgebung bestaunt werden.

Innsbruck, Patscherkofel, Blick auf Nordkette © Tirol Werbung/Verena Kathrein

Goldenes Dachl
© Tirol Werbung/Bernhard Aichner

Innsbruck, Schloss Ambras
© Tirol Werbung/Oliver Soulas

## KUNST UND GESCHICHTE RUND UM INNSBRUCK

Auch in der näheren Umgebung von Innsbruck gibt es zahlreiche lohnenswerte Ziele. In Wattens begeistern die „Swarovski Kristallwelten" jährlich hunderttausende Besucher aus aller Welt, unweit davon befindet sich die mittelalterlich geprägte Stadt Hall in Tirol. Neben einer der schönsten Altstädte Österreichs sind in Hall die Burg Hasegg, der Münzerturm samt Münzmuseum, das Bergbaumuseum, das alte Rathaus und die spätgotische Pfarrkirche St. Nikolaus zu bewundern. Nordwestlich von Innsbruck sind ebenfalls einige bekannte Orte zu finden, unter anderem das Städtchen Seefeld. Die Gemeinde besticht in erster Linie mit einer großzügigen Fußgängerzone, die mit Boutiquen, Lokalen und einem Casino für Unterhaltung sorgt. Durch die hervorragende Lage zwischen dem Naturschutzgebiet Karwendel und dem Landschaftsschutzgebiet Wildmoos findet man in Seefeld auch beste Bedingungen für einen schneesicheren Winterurlaub vor. Rund acht Kilometer nördlich des Städtchens liegt das Leutaschtal. Dieses wunderbar idyllische Tal lädt im Sommer zu ausgiebigen Wanderungen in unberührter Natur ein und ist im Winter als Langlaufparadies bekannt. Auf 1.200 Höhenmetern stehen über 271 km perfekt präparierte Loipen für unterschiedliche Anforderungen und Bedürfnisse parat.

### TIPP DER REDAKTION

**Campingplatz Judenstein**
Rinn | Nr. 9 | Seite 63

Laut Gästen ideal geeignet zum:
- Wandern
- Mountainbiking
- Sightseeing

4.5

# 1 Camping Eichenwald Stams

Schießstandweg 10
6422 Stams
+43 5263 6159

www.camping-eichenwald.at
info@camping-eichenwald.at

01.04. - 15.10.
20.12. - 31.12.

HS: 32,70 € | NS: 22,00 €

**Mehr Infos & online buchen:**
www.camping.info/19399

| | |
|---|---|
| Baden im Teich | 5km |
| Pool/Hallenbad | ✓/8km |
| Spielplatz am Platz | ✓ |
| Hunde willkommen | ✓ |
| Skilift/Loipe | 20/6km |
| WLAN (begrenzt gratis) | ✓ |
| Lebensmittel | 600m |
| Brötchen am Platz | ✓ |
| Restaurant & Imbiss | ✓ |
| Ver-/Entsorgung Womo | ✓ |
| in den Ort | 300m |
| Gesamt/Touristen | 100/80 |
| Mietunterkünfte | ✓ |
| Stellplätze vor Schranke | ✓ |

Jeder Platz mit einer schönen Aussicht, mit Ruhe zum Entspannen.

## Lage & Stellplatz

Hier am Camping Eichenwald Stams, der inmitten unberührter Natur liegt, können Sie auf einem der schönst gelegenen Campingplätze in Tirol den Alltag hinter sich lassen! Die großzügig in Terrassen angelegten Stellplätze von 100 bis 130 m² sowie Komfortzimmer, Bungalows und Mobilheime stellen sicher, dass Sie sich hier als Gast wohlfühlen. Die Aussicht von jedem Stellplatz ist einzigartig und eindrucksvoll. Wiesen, Wälder und die imposante Bergwelt so weit das Auge reicht. Auch für die Unterhaltung der kleinen Gäste ist am Platz mit Schwimmbad, Spielplätzen und dem Lagerfeuerplatz gesorgt.

## Sanitär

Auf saubere, großzügige und moderne Sanitäranlagen wird sehr viel Wert gelegt. Das Sanitärgebäude bietet optimale Bedingungen für einen erholsamen Campingurlaub. Das Besondere an den sanitären Einrichtungen des Platzes ist, dass keine lästigen Münzen oder Chips benötigt werden.

Der Spaß kommt nicht zu kurz.

Für jeden der richtige Platz.

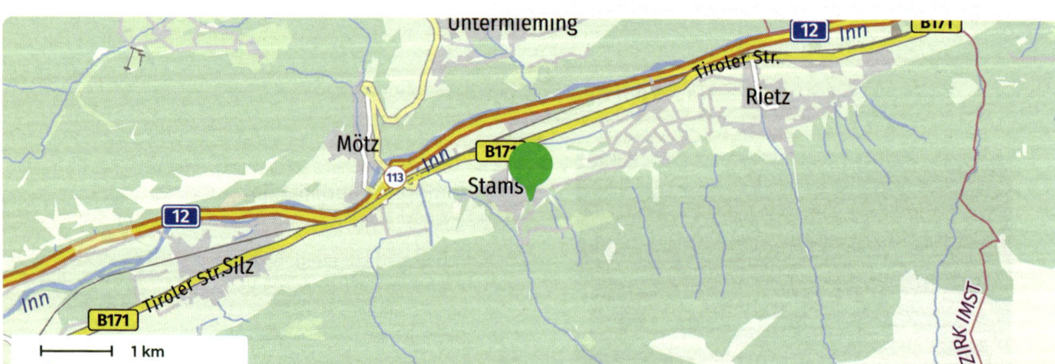


1 km
47.27471 | 10.98656
690m ü.M.

Eine optimale Verkehrsanbindung mit Auto, Zug und Bus.

Camping Eichenwald bietet vom ersten Augenblick an Erholung, Unterhaltung und gute Laune – in einer Umgebung, die Ihren Urlaub unvergessen macht.

## Verpflegung

Besonderer Wert wird auf das kulinarische Angebot im platzeigenen Gasthaus gelegt. Die Gäste werden mit gutbürgerlicher Küche, internationalen Speisen sowie echter Hausmannskost verwöhnt. Die schön gelegene Terrasse mit herrlichem Ausblick auf das Inntal mit den Tiroler Alpen im Hintergrund ist unvergesslich. Im Sommer lädt die Terrasse ein, den Abend bei einem guten Glas Wein und Livemusik zu genießen.

## Freizeit

Der Ort Stams liegt inmitten der Tiroler Alpen, 35 km westlich von Innsbruck und zählt mit seiner Lage zu einer der Top-Regionen. Für leidenschaftliche Aktivitäten wie Wandern, Klettern, Radfahren, Mountainbiken, Schwimmen, Tennis, Golfen, Angeln oder Skifahren sind Stams und der Campingplatz Eichenwald ideale Ausgangspunkte in der Region. Ein weiteres Highlight ist die AREA 47 in nur 10 Minuten Entfernung, die Abenteuer und Spaß garantiert. Im Winter finden Sie in der Umgebung schöne Winterwanderwege. Für Alpinisten liegen in der Umgebung mehrere Skigebiete wie Kühtai, Seefeld oder Hoch-Ötz.

**5.0**

*Der Campingplatz liegt sehr schön im Inntal. Er ist super zentral, um Tirol anzuschauen. Die Terrassen am Camping sind sehr schön und die Plätze sind wunderbar großzügig. Die Sanitäreinrichtungen modern und sehr sauber. Im Restaurant kann man gut essen und die Terrasse hat einen schönen Ausblick. Der Schnaps ist der Wahnsinn, muss jeder mal versuchen. Wir kommen wieder.*

**Rudi V.**

Rudi V. hat Camping Eichenwald Stams im Juli 2020 besucht.

Unterhaltung der kleinen Gäste.

Neue und moderne Sanitäranlagen.

**4.2** SEHR GUT
19 Bewertungen

| | |
|---|---|
| Lage | 4.6 |
| Ruhe | 4.4 |
| Sanitäranlagen | 4.2 |
| Sauberkeit Ø | 4.5 |
| Freundlichkeit | 4.3 |
| Stellplatz | 4.2 |
| Verpflegung | 3.9 |
| Freizeit | 3.9 |
| Preis-Leistung | 4.2 |
| Mietunterkünfte | 4.8 |

**Geeignet für**

| | |
|---|---|
| 4.5 | Paare |
| 4.5 | Senioren |
| 4.3 | Gäste mit Hund |
| 4.0 | Kinder b. 12 J. |
| 4.4 | Gäste mit Zelt |
| 4.1 | Kinder b. 6 J. |
| 3.8 | Kinder b. 18 J. |

**Empfohlene Aktivitäten**

Wandern · Mountainbiking · Entspannen · Radfahren · Angeln

# 2 Sonnenplateau Camping Gerhardhof

*

Gerhardhof 1
6413 Wildermieming
+43 5264 5240
www.gerhardhof.com
buchung@gerhardhof.at

01.01. - 31.10.
01.12. - 31.12.
HS: 39,50 € | NS: 34,50 €
**Mehr Infos & Anfrage:**
www.camping.info/30048

| | |
|---|---|
| Baden im See am Platz | ✓ |
| Pool/Hallenbad | 3km |
| Spielplatz am Platz | ✓ |
| Hunde erlaubt | ✓ |
| Skilift/Loipe | 15/3km |
| WLAN (begrenzt gratis) | ✓ |
| Lebensmittel | ✓ |
| Brötchen am Platz | ✓ |
| Restaurant & Imbiss | ✓ |
| Ver-/Entsorgung Womo | ✓ |
| in den Ort | 3km |
| Gesamt/Touristen | 101/96 |
| Mietunterkünfte | ✓ |
| Stellplätze vor Schranke | ✓ |

SONNENPLATEAU • WILDERMIEMING
gh Gerhardhof EINFACH GENIESSEN

Luxuriöse Glampingzelte mitten in der Natur der Berge.

## Lage & Stellplatz

Ankommen und dableiben wollen! Der Gerhardhof am Sonnenplateau Wildermieming bietet auf 33.000 m² Größe 101 Stellplätze in drei Kategorien, eine riesige Zeltwiese, 6 luxuriöse Glampingzelte, 8 Transitplätze, 9 Zimmer. Neu ab Sommer 2021: 10 Baumhäuser. Jeder Stellplatz ist mit Wasser- und Abwasseranschluss sowie 16A Stromanschluss ausgestattet, dazu gibt es WLAN am gesamten Gelände. Eingerahmt vom imposanten Bergpanorama und lichten Föhrenwäldern gruppiert sich die Anlage um den zentralen Naturteich. Schwimmen im See sowie die Benutzung der Freizeitanlagen ist für die Campinggäste frei.

## Sanitär

Zwei blitzsaubere Sanitärhäuser mit 16 verriegelbaren Familienbädern, 12 Handwaschbecken und zehn Toiletten stehen den Campinggästen zur freien Verfügung. Alle sanitären Einrichtungen sind technisch auf dem neuesten Stand und werden mehrmals täglich gereinigt. Beide Sanitärhäuser verfügen über Geschirrspüler und Waschmaschine, Waschmittel-Pads gibt es im Gerhardhof Laden zu kaufen. Der Gerhardhof hat zudem ein eigenes Umweltkonzept: Für die WC-Spülung wird aufbereitetes Abwasser aus der hofeigenen Grauwasseranlage verwendet und die Lüftungen sind mit Wärmerückgewinnung ausgestattet.

Traditionelle und moderne Küche.

Laden mit regionalen Produkten.

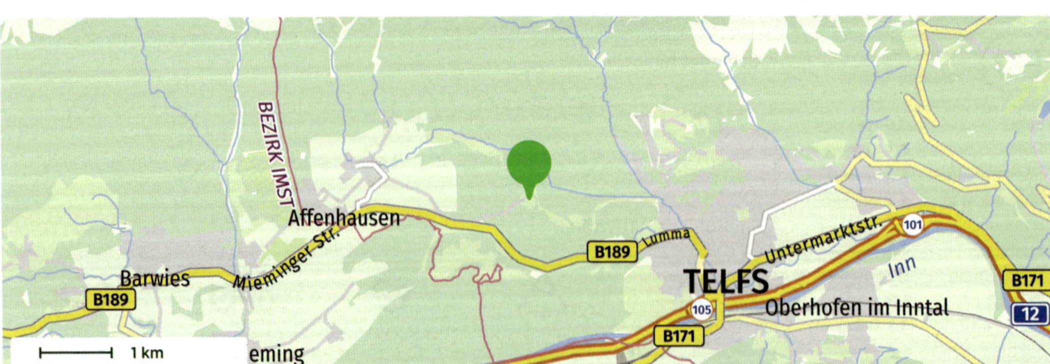


1 km
47.31435 | 11.03604
816m ü.M.

Der Badesee direkt an der Campinganlage misst 800 m² und ist mit Blick aufs Bergpanorama die perfekte Abkühlung für jeden Camper und Glamper!

## Verpflegung

Einfach genießen! Im Gasthaus Gerhardhof mit gemütlichen Stuben und lauschigem Gastgarten gibt's zu jeder Tageszeit Getränke und ideenreiche Speisen aus regionalen Zutaten: traditionelle Hausmannskost, feine Delikatessen und duftende Mehlspeisen. Selbstversorger finden im schönen Laden Lebensmittel, Tiroler Schmankerln, feine Weine, Säfte und Bier zum Selberzapfen. Dazu köstlich gefüllte Picknickkörbe, deftige Grillpakete, Frischfleisch zum Ladenpreis sowie das eine oder andere Gericht aus der Gasthausküche. Frisches Wasser aus der hofeigenen Quelle ist am Gerhardhof für alle Gäste gratis!

## Freizeit

Alles andere als langweilig! Hier gibt es zu jeder Jahreszeit Spannendes für die ganze Familie zu entdecken: Schwimmen, Wandern oder Radfahren. Yoga, Slackline, Fuß- und Beachvolleyball sowie Workshops warten auf Kinder und Erwachsene am Hof. Zusätzlich ist auch Europas größter Freizeitpark nur wenige Kilometer entfernt. Auch ruhige Ecken zum Lesen, einen Streichelzoo und den riesigen Spielplatz finden Sie hier. Im Winter können Sie Langlaufen, Rodeln, Schneeschuhwandern oder Eislaufen. Auch die nächste Skipiste ist nur 20 Minuten entfernt. Der Gerhardhof macht einfach Lust auf Urlaub.

**5.0**

*Wir haben den Gerhardhof zufällig entdeckt und sind gleich eine Woche geblieben. Der Platz ist großzügig, schöne Natur, super Ausstattung, alles sauber und sehr freundlich geführt. See, Slackline, Grillplätze, Wanderwege und Kinderprogramm waren für unsere Kinder (4 & 7) richtiges Abenteuer. Hatten einen sehr entspannten Wohlfühlurlaub und werden bald wiederkommen. Wegen dem guten Essen und weil wir den Gerhardhof im Winter sehen wollen.*

Anna S.

Anna S. war mit ihrer Familie im Juli 2020 auf diesem Platz.

Zwei hochmoderne Sanitärhäuser.

Natur pur inkl. Spaß zu Pferd.

**4.5** SEHR GUT
4 Bewertungen

| | |
|---|---|
| Lage | 4.5 |
| Ruhe | 4.8 |
| Sanitäranlagen | 4.8 |
| Sauberkeit Ø | 4.7 |
| Freundlichkeit | 4.0 |
| Stellplatz | 4.8 |
| Verpflegung | 4.5 |
| Freizeit | 4.2 |
| Preis-Leistung | 3.8 |
| Mietunterkünfte | 5.0 |

### Geeignet für

| | |
|---|---|
| Kinder b. 6 J. | 5.0 |
| Kinder b. 12 J. | 5.0 |
| Kinder b. 18 J. | 5.0 |
| Gäste mit Zelt | 5.0 |
| Paare | 4.8 |
| Senioren | 4.8 |
| Gäste mit Hund | 4.8 |

### Empfohlene Aktivitäten

Wandern · Radfahren · Mountainbiking · Reiten · Entspannen

# 4 Ferienparadies Natterer See

Natterer See 1
6161 Natters
+43 512 546732

www.natterersee.com
Info@natterersee.com

ganzjährig

HS: 52,00 € | NS: 38,00 €

**Mehr Infos & Anfrage:**
www.camping.info/19334

| | |
|---|---|
| Baden im See am Platz | ✓ |
| Pool/Hallenbad | 3/5km |
| Spielplatz am Platz | ✓ |
| Hunde erlaubt | nur NS |
| Skilift/Loipe | 2km/✓ |
| WLAN (gegen Gebühr) | ✓ |
| Lebensmittel | ✓ |
| Brötchen am Platz | ✓ |
| Restaurant & Imbiss | ✓ |
| Ver-/Entsorgung Womo | ✓ |
| in den Ort | 2km |
| Touristenplätze | 210 |
| Mietunterkünfte | ✓ |
| Stellplätze vor Schranke | ✗ |

TOP CAMPING AUSTRIA

camping.info AWARD 2019

DCC Europa-Preisträger 2017

Glamping STAR

Badespaß am eigenen Badesee.

## Lage & Stellplatz

Das Ferienparadies Natterer See bezaubert mit unberührter Natur am Tor in den Süden. Nur 7 km südwestlich der Alpenhauptstadt Innsbruck liegt auf einer Sonnenterrasse die vielfach ausgezeichnete 5-Sterne-Ferienanlage inmitten eines atemberaubenden Bergpanoramas. Das Resort verfügt über 180 Terrassen-Stellplätze sowie über Komfortzimmer, Schwimmhäuser, Mobilheime und Schlaffässer. Das Abenteuer „Glamping" erlebt man in den luxuriösen Woodlodges und Safari-Lodge-Zelten. Die Stellplätze sind in sonniger und halbschattiger Lage verfügbar. Für schwere Wohnmobile werden befestigte Plätze angeboten.

## Sanitär

Hier wird die tägliche Körperpflege zu einem Erlebnis: Der moderne Waschbereich im Hauptgebäude sowie die brandneu renovierte Sanitäranlage im Platzteil Süd punkten mit ihrer architektonisch einzigartigen Gestaltung. Zur Ausstattung gehören u. a. eigene Familienwaschzonen mit großzügigen Familienwasch- bzw. Duschräumen, Babybäder, das Kinderwaschland „Blitz & Donnergrotte", nach Geschlechtern getrennte Bereiche, sechs exklusive Privatbäder sowie die weltweit größte Caravan-Modell-Expo. Geschirrspül- und Wäschewaschbecken, gratis Geschirrspüler, Waschmaschinen und Wäschetrockner sind vorhanden.

Unterhaltung für Kinder.

Restaurant am See.

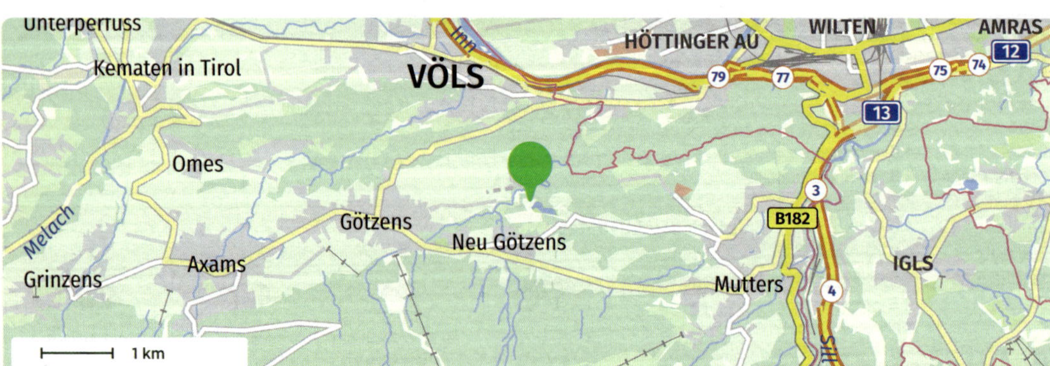


1 km
47.23833 | 11.33889
840m ü.M.

AWARD 2020

Hunde nur in der Nebensaison erlaubt

Luftaufnahme vom Ferienparadies Natterer See.

## Verpflegung

Die Auswahl an gastronomischen Betrieben vor Ort ist vielfältig: Inmitten der Ferienanlage befinden sich das Frühstücksbistro „SunSEEbar", das „Seerestaurant", die Pizzeria „da Giorgio" und ein brandneues SB-Restaurant mit Takeaway direkt am See. Ob für einen romantischen Abend zu zweit, eine gesellige Runde oder auch nur den kleinen Hunger zwischendurch – hier findet jeder das passende Angebot. Zusätzlich steht den Gästen ein Minimarkt zur Verfügung. Hier gibt es eine große Auswahl an Artikeln des täglichen Bedarfs sowie vieles Weitere, das für den Camping-Aufenthalt benötigt wird.

## Freizeit

Im Hinblick auf das Freizeitangebot hat das Ferienresort Natterer See einiges zu bieten. Ein Badesee mit Kinderbucht, Mega-Aqua-Park, Nichtschwimmerbereich und grünen Liegewiesen bildet das Zentrum der Ferienanlage. Zusätzlich sorgen in der Hochsaison professionell ausgebildete Animateure für grenzenlosen Spaß. Das vielfältige Angebot beinhaltet Aktivitäten für Kinder und Jugendliche, Sport, Wettbewerbe, Shows und musikalische Abendunterhaltung mit Livemusik. Gratis Bustransfers nach Innsbruck ab 2 Nächten und das hauseigene Mietauto bieten die Möglichkeit, die Erlebniswelt Tirols zu erkunden.

**5.0**

*Der Platz ist für Familien mit Kindern absolut empfehlenswert. Es wird ein angenehmes Programm angeboten oder es wird auf dem ordentlichen und modernen Platz super gespielt. Der Badesee ist megatoll, die Sanitäranlagen modern und sauber, der ganze Platz wirklich schön angelegt, die Aussicht auf die Berge traumhaft. Das Essen im Seerestaurant ist schmackhaft. Fazit: Viel Abwechslung in traumhafter Lage, angenehme Atmosphäre auf dem Platz.*

**Christiane W.**

Christiane W. hat das Ferienparadies Natterer See im Juli 2020 mit ihrer Familie besucht.

Glamping im Nature Resort.

Stellplätze mit Panoramablick.

**4.6** SEHR GUT
333 Bewertungen

| | |
|---|---|
| Lage | 4.6 |
| Ruhe | 4.0 |
| Sanitäranlagen | 4.6 |
| Sauberkeit Ø | 4.5 |
| Freundlichkeit | 4.6 |
| Stellplatz | 4.4 |
| Verpflegung | 3.9 |
| Freizeit | 4.3 |
| Preis-Leistung | 3.9 |
| Mietunterkünfte | 4.6 |

**Geeignet für**

| | |
|---|---|
| 4.6 | Kinder b. 12 J. |
| 4.5 | Paare |
| 4.4 | Kinder b. 6 J. |
| 4.4 | Senioren |
| 4.2 | Kinder b. 18 J. |
| 4.2 | Gäste mit Hund |
| 4.1 | Gäste mit Zelt |

**Empfohlene Aktivitäten**

Wandern · Schwimmen · Sightseeing · Radfahren · Entspannen

3

## Camping Edelweiß

❄

Volderau 29
6197 Neustift im Stubaital
+43 522 634 84
47.06841 | 11.2528

ganzjährig

keine Angabe

**Mehr Infos & Anfrage:**
www.camping.info/26811

| | |
|---|---|
| Baden in nat. Gewässer | k. A. |
| Pool & Hallenbad | ✗ |
| Spielplatz am Platz | ✓ |
| Hunde willkommen | ✓ |
| Skilift/Loipe | k. A./✓ |
| WLAN | ✓ |
| Lebensmittel | k.A. |
| Brötchen am Platz | ✓ |
| Restaurant am P. | ✓ |
| Ver-/Entsorgung Womo | ✗ |
| in den Ort | 6km |
| Gesamt | keine Angabe |
| Mietunterkünfte | ✗ |
| Stellplätze vor Schranke | ✗ |

- JETZT BEWERTEN!

Für diese Auswertung liegen leider noch nicht genügend Bewertungen vor.

Sei einer der Ersten, der diesen Campingplatz bewertet. Unter den Bewertern werden regelmäßig Gewinne verlost!

Mehr Infos dazu findest du in unserem allgemeinen Intro.

5

## Alpencamping Mark

Bundesstraße 12
6116 Weer
+43 522 468 146
47.30668 | 11.64935

01.04. - 31.10.

HS: 33,50 € | NS: 23,50 €

**Mehr Infos & Anfrage:**
www.camping.info/26806

| | |
|---|---|
| Baden im Teich | 4km |
| Pool am Platz | ✓ |
| Spielplatz am Platz | ✓ |
| Hunde erlaubt | ✓ |
| Skilift & Loipe | ✗ |
| WLAN | ✓ |
| Lebensmittel | 200m |
| Brötchen am Platz | ✓ |
| Restaurant & Imbiss | ✓ |
| Ver-/Entsorgung Womo | ✓ |
| in den Ort | 400m |
| Touristenplätze | 94 |
| Mietunterkünfte | ✓ |
| Stellplätze vor Schranke | ✗ |

- JETZT BEWERTEN!

Für diese Auswertung liegen leider noch nicht genügend Bewertungen vor.

Sei einer der Ersten, der diesen Campingplatz bewertet. Unter den Bewertern werden regelmäßig Gewinne verlost!

Mehr Infos dazu findest du in unserem allgemeinen Intro.

6

## Camping Innsbruck - Kranebitterhof

❄

Kranebitter Allee 216
6020 Innsbruck
+43 512 281958
47.26416 | 11.32584

ganzjährig

HS: 36,00 € | NS: 26,00 €

**Mehr Infos & Anfrage:**
www.camping.info/19279

| | |
|---|---|
| Baden im Fluss | 5km |
| Pool/Hallenbad | 2km |
| Spielplatz am Platz | ✓ |
| Hunde willkommen | ✓ |
| Skilift/Loipe | 5km |
| WLAN | ✓ |
| Lebensmittel | 3km |
| Brötchen am Platz | ✓ |
| Restaurant am P. | ✓ |
| Ver-/Entsorgung Womo | ✓ |
| in den Ort | 5km |
| Touristenplätze | 70 |
| Mietunterkünfte | ✓ |
| Stellplätze vor Schranke | ✗ |

3.8 GUT
50 Bewertungen

| | |
|---|---|
| Lage | 4.2 |
| Ruhe | 3.3 |
| Sanitäranlagen | 3.9 |
| Sauberkeit Ø | 3.5 |
| Freundlichkeit | 3.9 |
| Stellplatz | 3.9 |
| Verpflegung | 3.8 |
| Freizeit | 3.5 |
| Preis-Leistung | 3.6 |
| Mietunterkünfte | 3.5 |

**Geeignet für**

| | |
|---|---|
| Kinder b. 6 J. | 3.3 |
| Kinder b. 12 J. | 3.5 |
| Kinder b. 18 J. | 3.5 |
| Paare | 4.2 |
| Senioren | 4.2 |
| Gäste mit Zelt | 3.0 |
| Gäste mit Hund | 3.7 |

**Empfohlene Aktivitäten**

- Wandern
- Radfahren
- Mountainbiking

Karte auf Seite 52

**Infos:** Öffnungszeiten · Vergleichspreis · Link

**Ausstattung:** Freizeit · Campingplatz · Versorgung · Anzahl der Plätze

## 7 Farmcamping Branger Alm

Unterperfuss 32
6178 Unterperfuss
+43 5232 2209

47.26051 | 11.25652

01.04. - 31.10.

HS: 24,20 € | NS: 24,20 €

**Mehr Infos & Anfrage:**
www.camping.info/26825

| | |
|---|---|
| Baden in nat. Gewässer | k. A. |
| Pool | 1km |
| Spielplatz am Platz | ✓ |
| Hunde erlaubt | ✓ |
| Skilift | 4km |
| WLAN | keine Angabe |
| Lebensmittel | 400m |
| Brötchen | keine Angabe |
| Restaurant am P. | ✓ |
| Ver-/Entsorgung Womo | ✗ |
| in den Ort | 100m |
| Gesamt/Touristen | 110/60 |
| Mietunterkünfte | ✗ |
| Stellplätze vor Schranke | ✗ |

- JETZT BEWERTEN!

Für diese Auswertung liegen leider noch nicht genügend Bewertungen vor.

Sei einer der Ersten, der diesen Campingplatz bewertet. Unter den Bewertern werden regelmäßig Gewinne verlost!

Mehr Infos dazu findest du in unserem allgemeinen Intro.

## 8 Camping Tiefental - Roppnerhof

Tiroler Strasse 121
6410 Pettnau
0043 664 4663003

47.29006 | 11.16453
607m ü.M.

01.05. - 30.09.

HS: 26,00 € | NS: 19,00 €

**Mehr Infos & Anfrage:**
www.camping.info/26697

| | |
|---|---|
| Baden im See | 10km |
| Pool/Hallenbad | 5km |
| Spielplatz | 10m |
| Hunde willkommen | ✓ |
| Skilift & Loipe | keine Angabe |
| WLAN | ✓ |
| Lebensmittel | 500m |
| Brötchen am Platz | ✗ |
| Restaurant/Imbiss | 500/10m |
| Ver-/Entsorgung Womo | ✓ |
| in den Ort | 5km |
| Touristenplätze | 20 |
| Mietunterkünfte | ✗ |
| Stellplätze vor Schranke | ✓ |

- JETZT BEWERTEN!

Für diese Auswertung liegen leider noch nicht genügend Bewertungen vor.

Sei einer der Ersten, der diesen Campingplatz bewertet. Unter den Bewertern werden regelmäßig Gewinne verlost!

Mehr Infos dazu findest du in unserem allgemeinen Intro.

keine WOMOs ab 8 m; Gruppen ab 5 Personen auf Anfrage, Hunde auf Anfrage

## 9 Campingplatz Judenstein

Judenstein 40
6074 Rinn
+43 664 242 85 00

47.26021 | 11.5061
917m ü.M.

15.04. - 15.10.

HS: 24,30 € | NS: 24,30 €

**Mehr Infos & Anfrage:**
www.camping.info/19528

| | |
|---|---|
| Baden im See | 12km |
| Pool/Hallenbad | 10km |
| Spielplatz | 500m |
| Hunde willkommen | ✓ |
| Skilift/Loipe | 1km |
| WLAN | ✓ |
| Lebensmittel | 2km |
| Brötchen am Platz | ✓ |
| Restaurant/Imbiss | 5km/✓ |
| Ver-/Entsorgung Womo | ✓ |
| in den Ort | 1km |
| Gesamt/Touristen | 60/30 |
| Mietunterkünfte | ✗ |
| Stellplätze vor Schranke | ✗ |

4.5 SEHR GUT
8 Bewertungen

| | |
|---|---|
| Lage | 4.4 |
| Ruhe | 4.2 |
| Sanitäranlagen | 4.0 |
| Sauberkeit Ø | 4.5 |
| Freundlichkeit | 4.7 |
| Stellplatz | 4.1 |
| Verpflegung | 3.4 |
| Freizeit | 4.3 |
| Preis-Leistung | 4.8 |
| Mietunterkünfte | - |

**Geeignet für**

| | |
|---|---|
| Kinder b. 6 J. | 4.2 |
| Kinder b. 12 J. | 4.2 |
| Kinder b. 18 J. | 4.3 |
| Paare | 4.7 |
| Senioren | 4.7 |
| Gäste mit Zelt | 4.5 |
| Gäste mit Hund | 4.0 |

**Empfohlene Aktivitäten**

- Wandern
- Mountainbiking
- Sightseeing

keine WOMOs ab 8 m; Jugendgruppen werden beschränkt aufgenommen

Karte auf Seite 52

## 10 Schloss Camping Aschach

Hochschwarzweg 2
6111 Volders
+43 522 452 333
47.28731 | 11.5722

keine Angabe
keine Angabe
**Mehr Infos & Anfrage:**
www.camping.info/26826

| | |
|---|---|
| Baden in nat. Gewässer | k. A. |
| Pool & Hallenbad | × |
| Spielplatz | keine Angabe |
| Hunde | × |
| Skilift & Loipe | keine Angabe |
| WLAN | keine Angabe |
| Lebensmittel | k.A. |
| Brötchen | keine Angabe |
| Restaurant & Imbiss | × |
| Ver-/Entsorgung Womo | × |
| in den Ort | keine Angabe |
| Gesamt | keine Angabe |
| Mietunterkünfte | × |
| Stellplätze vor Schranke | × |

3.8 **GUT**
4 Bewertungen

| | |
|---|---|
| Lage | 4.8 |
| Ruhe | 3.5 |
| Sanitäranlagen | 3.8 |
| Sauberkeit Ø | 3.4 |
| Freundlichkeit | 3.5 |
| Stellplatz | 4.2 |
| Verpflegung | 4.0 |
| Freizeit | 3.5 |
| Preis-Leistung | 3.5 |
| Mietunterkünfte | - |

**Geeignet für**

| | |
|---|---|
| Kinder b. 6 J. | 3.0 |
| Kinder b. 12 J. | 3.0 |
| Kinder b. 18 J. | 3.0 |
| Paare | 3.8 |
| Senioren | 3.8 |
| Gäste mit Zelt | 3.3 |
| Hunde n. erlaubt | - |

**Empfohlene Aktivitäten**

- Klettern
- Radfahren
- Entspannen

## 11 Hafen Park Innsbruck

*

Innrain 149
6020 Innsbruck
47.2546 | 11.37704

keine Angabe
HS: 10,00 € | NS: 10,00 €
**Mehr Infos & Anfrage:**
www.camping.info/27568

| | |
|---|---|
| Baden in nat. Gewässer | k. A. |
| Pool/Hallenbad | 3km |
| Spielplatz | × |
| Hunde willkommen | ✓ |
| Skilift/Loipe | 3/8km |
| WLAN (begrenzt gratis) | ✓ |
| Lebensmittel | k.A. |
| Brötchen am Platz | × |
| Restaurant & Imbiss | × |
| Ver-/Entsorgung Womo | × |
| in den Ort | keine Angabe |
| Gesamt | keine Angabe |
| Mietunterkünfte | × |
| Stellplätze vor Schranke | × |

- **JETZT BEWERTEN!**

Für diese Auswertung liegen leider noch nicht genügend Bewertungen vor.

Sei einer der Ersten, der diesen Campingplatz bewertet. Unter den Bewertern werden regelmäßig Gewinne verlost!

Mehr Infos dazu findest du in unserem allgemeinen Intro.

## 12 Camping Pizzeria Stigger

Bahnhofstraße 10
6176 Völs
+43 512 303533
47.25322 | 11.32673

01.03. - 31.10.
keine Angabe
**Mehr Infos & Anfrage:**
www.camping.info/26818

| | |
|---|---|
| Baden in nat. Gewässer | k. A. |
| Pool | 400m |
| Spielplatz | keine Angabe |
| Hunde | × |
| Skilift & Loipe | keine Angabe |
| WLAN | keine Angabe |
| Lebensmittel | k.A. |
| Brötchen | keine Angabe |
| Restaurant & Imbiss | × |
| Ver-/Entsorgung Womo | × |
| in den Ort | keine Angabe |
| Gesamt | keine Angabe |
| Mietunterkünfte | × |
| Stellplätze vor Schranke | × |

- **JETZT BEWERTEN!**

Für diese Auswertung liegen leider noch nicht genügend Bewertungen vor.

Sei einer der Ersten, der diesen Campingplatz bewertet. Unter den Bewertern werden regelmäßig Gewinne verlost!

Mehr Infos dazu findest du in unserem allgemeinen Intro.

**Infos**
Öffnungszeiten
Vergleichspreis
Link

**Ausstattung**
Freizeit
Campingplatz
Versorgung
Anzahl der Plätze

ÖSTERREICH

# ❹ Tiroler Unterland

| | Platz | Seite | Bewertung | Öffnungszeiten | |
|---|---|---|---|---|---|
| 1 | Tirol-Camp-Fieberbrunn | 71 | 4.3 | saisonal | Wintercamping, Onlinebuchung |
| 2 | Camping & Appartements Seehof | 70 | 4.2 | ganzjährig | Wintercamping |
| 3 | Terrassencamping Schlossberg Itter | 71 | 4.4 | saisonal | Wintercamping |
| 4 | Camping Stadlerhof | 72 | 4.6 | ganzjährig | Wintercamping |
| 5 | Parkcamping Hager | 71 | 4.4 | ganzjährig | Wintercamping |
| 6 | See-Camping Wimmer | 76 | 4.3 | saisonal | Wintercamping |
| 7 | Camping Seeblick Toni | 74 | 4.4 | ganzjährig | Wintercamping, Award |
| 8 | Panoramacamping Westendorf | 78 | 4.0 | saisonal | Wintercamping |
| 9 | Camping Steinplatte | 73 | 4.4 | ganzjährig | Wintercamping |
| 10 | Alpen-Caravanpark Achensee | 73 | 4.5 | ganzjährig | Wintercamping, Award |
| 11 | Camping Inntal | 73 | 4.1 | saisonal | Wintercamping |
| 12 | Camping Seespitz | 77 | 3.9 | ganzjährig | Wintercamping |
| 13 | natürlich Hell. | 80 | 4.8 | saisonal | Wintercamping, Ecocamping, Award |
| 14 | Naturcamping Maurerhäusl | 77 | 4.5 | ganzjährig | Wintercamping |
| 15 | Euro-Camp Wilder Kaiser | 82 | 4.5 | saisonal | Wintercamping |
| 16 | Camping Seemühle | 77 | 4.4 | saisonal | |
| 17 | Karwendel-Camping und Achenseer Hüttendörfl | 79 | 4.3 | saisonal | Wintercamping |
| 18 | Camping Michelnhof | 79 | 4.5 | saisonal | Wintercamping |
| 19 | Camping Mayrhofen | 79 | 4.0 | saisonal | Wintercamping |
| 20 | Ferienpark Terrassencamping Süd-See | 84 | 4.0 | ganzjährig | Wintercamping |
| 21 | Wellness- und Sportcamp Schwarzsee | 87 | 3.7 | ganzjährig | Wintercamping |
| 22 | Campingdorf Hofer | 87 | 4.5 | ganzjährig | Wintercamping |
| 23 | Erlebnis-Comfort-Camping Aufenfeld GmbH | 87 | 4.6 | saisonal | Wintercamping, Award |
| 24 | Camping Reiterhof | 86 | 4.8 | ganzjährig | Wintercamping |

Wintercamping FKK Textilfrei (ganz/teilweise) Ecocamping Award Onlinebuchung

## CAMPING ZWISCHEN BERGEN UND TÄLERN

Als Tiroler Unterland wird der östliche Teil des Bundeslandes Tirol bezeichnet. Es reicht von Innsbruck flussabwärts - also dem Inn entlang - bis zur bayerischen Grenze, wobei natürlich nicht nur das Inntal, sondern auch alle nicht weniger bekannten Seitentäler dazugehören. Unterland bedeutet nicht, dass hier die Berge weniger hoch, die Täler weniger beeindruckend oder der Schnee weniger tief wäre, ganz im Gegenteil: Hier zeigt sich Tirol von seiner besten Seite - inmitten der herzlichen Gastfreundschaft seiner Bewohner.

Alpbach, Wiedersbergerhorn
© Ski Juwel Alpbachtal Wildschönau

## VOM KAISERWINKL ÜBER KITZBÜHEL BIS INS BRIXENTAL

Kaiserwinkl - so nennt sich das nordöstlichste Fleckchen Tirols nahe der bayerischen Grenze, auf der Südseite begrenzt durch den „Zahmen Kaiser". Hier wird Aktivurlaub großgeschrieben. Rund 200 km markierte Wanderwege, knapp 300 km ausgeschilderte Rad- und Mountainbike-Routen sowie diverse Wassersportarten auf dem Walchsee warten auf bewegungsfreudige Camper. Etwas weiter südlich sorgen die Orte Kitzbühel und Fieberbrunn für ausgelassene Stimmung. Fieberbrunn zählt zur Region des Pillerseetals: Ein idyllisches Tal, das bis zu den Loferer Steinbergen reicht und an dessen Fuß der namensgebende Pillersee liegt. Kitzbühel hingegen begeistert seine Besucher vor allem durch den Glamour, der die Stadtgemeinde umgibt. Internationale Bekanntheit erlangte Kitzbühel in erster Linie durch das jährliche Skirennen am Hahnenkamm. Neben faszinierenden Skihängen, Loipen und komfortablen Bergbahnen stehen hier auch das Nachtleben und Après-Ski im Fokus. Westlich von Kitzbühel liegt das Brixental, wo sich eines der größten zusammenhängenden Skigebiete befindet - die SkiWelt Wilder Kaiser-Brixental. Auf Wintersport-Fans warten nicht weniger als 280 Pistenkilometer und 90 Liftanlagen. Im Sommer zählen Wandern, Klettern, Bergsteigen, Biken und Baden in kristallklaren Bergseen zu den beliebtesten Aktivitäten in der Region.

Sommerpanorama Ersten Ferienregion im Zillertal © TVB Erste Ferienregion im Zillertal

## VON KUFSTEIN ÜBER DAS TIROLER SEENLAND BIS INS ZILLERTAL

Hoch über Kufstein thront die ehemalige Ritterfestung mit ihrer bewegten Geschichte. Heute begeistert die Festung Kufstein, eine der imposantesten mittelalterlichen Bauten Tirols, als eines der wichtigsten Ausflugsziele im Tiroler Unterland. Besonders beeindruckend ist die dortige Heldenorgel, die als größte Freiorgel der Welt gilt. Ein weiteres lohnenswertes Ausflugsziel im Inntal ist das Silberbergwerk Schwaz, das nach der 800 Meter tiefen Einfahrt mit der Grubenbahn eine spannende Reise in die Geschichte Europas verspricht. Im sogenannten Tiroler Seenland präsentiert sich der Ort Kramsach als guter Ausgangspunkt für alle Camper: Fünf Badeseen laden bei Kramsach zu einer Abkühlung ein, ihr erlebt Action im Hochseilgarten und auf Wandertouren mit unterschiedlichen Schwierigkeitsgraden und bestaunt die Welt der Bergbauern in Tirols größtem Freilichtmuseum, dem Museum der Tiroler Bauernhöfe. Zu den bekanntesten Tälern Österreichs gehört mit Sicherheit auch das Zillertal. Bereits seit mehr als 150 Jahren kommen Urlauber in dieses Tal, das beginnend vom Inn südlich bis zum Tuxer Hauptkamm mit seinem Gletschergebiet reicht. Das Zillertal besticht durch unzählige Schluchten, Almen, Wasserfälle, riesige Skigebiete und die lieblichen Ortsbilder seiner Dörfer. Zahlreiche Dreitausender laden im Sommer zum Wandern, Bergsteigen, Klettern und Biken ein. Im Winter bieten mehrere Skigebiete mit insgesamt 508 km präparierten Pisten und 179 Liftanlagen die besten Voraussetzungen für einen Winterurlaub der Extraklasse.

Achensee, Tretbootfahren am Achensee © Achensee Tourismus

### TIPP DER REDAKTION

**Tirol-Camp-Fieberbrunn**

Fieberbrunn | Nr. 1 | Seite 71

Laut Gästen ideal geeignet zum:

- Wandern
- Skifahren
- Wellness

4.3

# 2 Camping & Appartements Seehof

*

Moosen 42 am Reintalersee
6233 Kramsach
+43 5337 63541
www.camping-seehof.com
info@camping-seehof.com

ganzjährig

HS: 38,00 € | NS: 29,00 €

**Mehr Infos & Anfrage:**
www.camping.info/19300

| | |
|---|---|
| Baden im See am Platz | ✓ |
| Pool/Hallenbad | 5/12km |
| Spielplatz am Platz | ✓ |
| Hunde willkommen | ✓ |
| Skilift/Loipe | 4km/✓ |
| WLAN (gegen Gebühr) | ✓ |
| Lebensmittel | ✓ |
| Brötchen am Platz | ✓ |
| Restaurant & Imbiss | ✓ |
| Ver-/Entsorgung Womo | ✓ |
| in den Ort | 3km |
| Gesamt/Touristen | 170/130 |
| Mietunterkünfte | ✓ |
| Stellplätze vor Schranke | ✓ |

47.46206 | 11.90731
570m ü.M.

Stellplätze direkt am See – Große platzeigene Liegewiese.

## Lage & Stellplatz

Direkt am Reintalersee mit großer platzeigener Liegewiese und Seezugang. Großzügig parzellierte, gut befestigte, teilweise in Terrassen angelegte Panorama-Stellplätze mit Strom, TV-, Wasser- und Abwasseranschluss. Ab Sommer 2021: Neue Komfort-Terrassenplätze, Zeltwiese und neu angelegter Naturteich.

## Sanitär

Drei Sanitärgebäude mit Einzelwaschkabinen zur Gratisnutzung, Mietbadeeinheiten, geräumige Familienbäder, Kindersanitärbereich, Babybäder, behindertengerechte Sanitäreinheiten, Geschirrspülbereiche, sowie Wäscheräume mit Waschmaschinen, Trockner und Bügelbrett; Fitnessraum & Solarium; Hundedusche.

## Verpflegung

Im Restaurant Seehof und auf der herrlichen Sonnenterrasse werden Sie mit Tiroler Schmankerln, internationalen Spezialitäten, hausgemachten Kuchen und köstlichen Eisbechern verwöhnt. Ein Kiosk sorgt für den täglichen Einkauf und Imbisse. Frühstück im Restaurant. Gratis Shuttle zum Supermarkt (3 km).

## Freizeit

12.000 m² Liegewiese mit direktem Seezugang nur für platzeigene Gäste! Ausgangspunkt für Ausflüge, Radtouren, Wanderungen, Outdoor Aktivitäten. Sommerbergbahnen, Bus usw. gratis mit der Alpbachtal Card. Großzügig angelegter Spielplatz, Trampolin, Go-Karts, Streichelzoo, Kinderanimationsprogramm.

Einfahrt – Rezeption – Check-In.

Café-Restaurant Seehof / Kiosk.

**4.2** SEHR GUT
70 Bewertungen

| | |
|---|---|
| Lage | 4.7 |
| Ruhe | 4.3 |
| Sanitäranlagen | 3.7 |
| Sauberkeit Ø | 4.0 |
| Freundlichkeit | 4.5 |
| Stellplatz | 4.3 |
| Verpflegung | 3.8 |
| Freizeit | 4.3 |
| Preis-Leistung | 4.2 |
| Mietunterkünfte | 4.2 |

**Geeignet für**

4.7 Senioren

4.6 Paare
4.6 Gäste mit Hund
4.4 Gäste mit Zelt
4.3 Kinder b. 6 J.
4.2 Kinder b. 12 J.
3.8 Kinder b. 18 J.

**Empfohlene Aktivitäten**

Wandern
Schwimmen
Radfahren
Mountainbiking
Entspannen

Anfahrt über die Seen Straße, nicht über den Höhenweg

Karte auf Seite 66

## 1 Tirol-Camp-Fieberbrunn

Lindau 20
6391 Fieberbrunn
+43 5354 56666
47.46773 | 12.55282
820m ü.M.

19.05. - 03.11.
05.12. - 19.04.
HS: 51,10 € | NS: 49,60 €
**Mehr Infos & online buchen:**
www.camping.info/19286

| | |
|---|---|
| Baden im Teich am Platz | ✓ |
| Pool & Hallenbad | ✓ |
| Spielplatz am Platz | ✓ |
| Hunde willkommen | ✓ |
| Skilift & Loipe | ✓ |
| WLAN | ✓ |
| Lebensmittel | ✓ |
| Brötchen am Platz | ✓ |
| Restaurant & Imbiss | ✓ |
| Ver-/Entsorgung Womo | ✓ |
| in den Ort | 1km |
| Gesamt/Touristen | 327/200 |
| Mietunterkünfte | ✓ |
| Stellplätze vor Schranke | ✓ |

**4.3** SEHR GUT
179 Bewertungen

| | |
|---|---|
| Lage | 4.7 |
| Ruhe | 4.2 |
| Sanitäranlagen | 4.2 |
| Sauberkeit Ø | 4.2 |
| Freundlichkeit | 4.4 |
| Stellplatz | 4.4 |
| Verpflegung | 4.1 |
| Freizeit | 4.6 |
| Preis-Leistung | 3.8 |
| Mietunterkünfte | 4.3 |

**Geeignet für**

| | |
|---|---|
| Kinder b. 6 J. | 4.4 |
| Kinder b. 12 J. | 4.5 |
| Kinder b. 18 J. | 4.2 |
| Paare | 4.7 |
| Senioren | 4.5 |
| Gäste mit Zelt | 3.2 |
| Gäste mit Hund | 3.6 |

**Empfohlene Aktivitäten**

- Wandern
- Ski
- Wellness

## 3 Terrassencamping Schlossberg Itter

Brixentalerstrasse 11
6305 Itter
+43 5335 2181
47.46734 | 12.14075

01.01. - 15.11.
01.12. - 31.12.
HS: 39,00€ | NS: 30,00 €
**Mehr Infos & Anfrage:**
www.camping.info/19406

| | |
|---|---|
| Baden im See | 6km |
| Pool/Hallenbad | ✓/6km |
| Spielplatz am Platz | ✓ |
| Hunde willkommen | ✓ |
| Skilift/Loipe | 2km |
| WLAN (gegen Gebühr) | ✓ |
| Lebensmittel | 2km |
| Brötchen am Platz | nur HS |
| Restaurant & Imbiss | ✓ |
| Ver-/Entsorgung Womo | ✓ |
| in den Ort | 2km |
| Gesamt/Touristen | 200/140 |
| Mietunterkünfte | ✗ |
| Stellplätze vor Schranke | ✗ |

**4.4** SEHR GUT
87 Bewertungen

| | |
|---|---|
| Lage | 3.9 |
| Ruhe | 3.6 |
| Sanitäranlagen | 4.9 |
| Sauberkeit Ø | 4.8 |
| Freundlichkeit | 4.6 |
| Stellplatz | 4.4 |
| Verpflegung | 3.9 |
| Freizeit | 4.3 |
| Preis-Leistung | 4.4 |
| Mietunterkünfte | - |

**Geeignet für**

| | |
|---|---|
| Kinder b. 6 J. | 4.4 |
| Kinder b. 12 J. | 4.5 |
| Kinder b. 18 J. | 3.6 |
| Paare | 4.6 |
| Senioren | 4.5 |
| Gäste mit Zelt | 4.4 |
| Gäste mit Hund | 4.5 |

**Empfohlene Aktivitäten**

- Wandern
- Entspannen
- Radfahren

## 5 Parkcamping Hager

Kufsteiner Straße 38
6336 Langkampfen
+43 5372 64170
47.56578 | 12.12569

ganzjährig
HS: 28,00 € | NS: 28,00 €
**Mehr Infos & Anfrage:**
www.camping.info/23011

| | |
|---|---|
| Baden im See | 800m |
| Pool/Hallenbad | 500m/4km |
| Spielplatz am Platz | ✓ |
| Hunde erlaubt | ✓ |
| Skilift/Loipe | 15/2km |
| WLAN | ✓ |
| Lebensmittel | 500m |
| Brötchen am Platz | ✓ |
| Restaurant/Imbiss | ✓/500m |
| Ver-/Entsorgung Womo | ✓ |
| in den Ort | 1km |
| Gesamt/Touristen | 45/35 |
| Mietunterkünfte | ✗ |
| Stellplätze vor Schranke | ✗ |

**4.4** SEHR GUT
5 Bewertungen

| | |
|---|---|
| Lage | 4.0 |
| Ruhe | 4.6 |
| Sanitäranlagen | 3.8 |
| Sauberkeit Ø | 4.7 |
| Freundlichkeit | 4.6 |
| Stellplatz | 3.8 |
| Verpflegung | 3.0 |
| Freizeit | 3.0 |
| Preis-Leistung | 4.2 |
| Mietunterkünfte | - |

**Geeignet für**

| | |
|---|---|
| Kinder b. 6 J. | 2.0 |
| Kinder b. 12 J. | 2.0 |
| Kinder b. 18 J. | 3.0 |
| Paare | 4.3 |
| Senioren | 4.0 |
| Gäste mit Zelt | 4.5 |
| Gäste mit Hund | 5.0 |

**Empfohlene Aktivitäten**

- Wandern
- Sightseeing
- Klettern

**Infos**

Öffnungszeiten
Vergleichspreis
Link

**Ausstattung**

Freizeit
Campingplatz
Versorgung
Anzahl der Plätze

# 4 Camping Stadlerhof

*

Seebühel 14
6233 Kramsach
+43 533763371
www.camping-stadlerhof.at
office@camping-stadlerhof.at

ganzjährig

HS: 37,80 € | NS: 24,50 €

**Mehr Infos & Anfrage:**
www.camping.info/19372

| | |
|---|---|
| Baden im See | 550m |
| Pool/Hallenbad | ✓/15km |
| Spielplatz am Platz | ✓ |
| Hunde willkommen | ✓ |
| Skilift/Loipe | 8km/50m |
| WLAN | ✓ |
| Lebensmittel | 2km |
| Brötchen am Platz | ✓ |
| Restaurant am P. | ✓ |
| Ver-/Entsorgung Womo | ✓ |
| in den Ort | 2km |
| Gesamt/Touristen | 130/90 |
| Mietunterkünfte | ✓ |
| Stellplätze vor Schranke | ✓ |

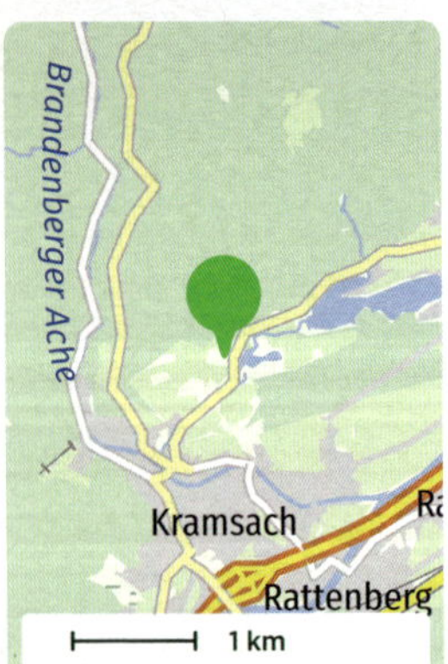


47.4567 | 11.88084
570m ü.M.

Panoramablick auf den Stadlerhof.

## Lage & Stellplatz

Camping Stadlerhof liegt in sehr sonniger und ruhiger Lage zwischen dem Krummsee und Frauensee. Die Stellplätze sind zwischen 60 und 150 m² groß, teils in Terrassen angelegt, mit Bäumen und Sträuchern bepflanzt und verfügen über Strom-, Gas-, TV-, Wasser- und Abwasseranschlüsse.

## Verpflegung

Das Restaurant „Genuss Schmied'n" bietet feine und regionale Küche in gemütlichem Ambiente. Die Sonnenterrasse mit traumhaftem Blick auf den Krummsee lädt am Nachmittag zu Kaffee und Kuchen oder einen Eisbecher ein. Ein kleiner Shop mit Artikeln des täglichen Bedarfs ist am Platz vorhanden.

## Sanitär

Der Sanitärbereich wurde in den letzten Jahren immer wieder renoviert und erneuert, um den Gästen einen modernen und erstklassigen Dusch- und Waschbereich zur Verfügung zu stellen. Zu den fünf Privat- und fünf Familien-Badezimmer ist 2020 ein neues Badehaus mit zehn Badezimmern hinzugekommen.

## Freizeit

Die platzeigene Freizeitanlage verfügt u. a. über ein Schwimmbad mit integriertem Whirlpool, ein neues Kinderplanschbecken, eine Saunaoase mit fünf verschiedenen Saunen, eine Therapieeinrichtung sowie ein Kinderspielzimmer und einen großen Abenteuerspielplatz.

Wellnessoase mit Pool und Sauna.

Badehaus mit zehn Badezimmern.

**4.6** SEHR GUT
120 Bewertungen

| | |
|---|---|
| Lage | 4.6 |
| Ruhe | 4.6 |
| Sanitäranlagen | 4.3 |
| Sauberkeit Ø | 4.5 |
| Freundlichkeit | 4.9 |
| Stellplatz | 4.4 |
| Verpflegung | 4.2 |
| Freizeit | 4.6 |
| Preis-Leistung | 4.4 |
| Mietunterkünfte | 4.5 |

**Geeignet für**

4.7 Paare

4.7 Senioren
4.5 Gäste mit Zelt
4.4 Gäste mit Hund
4.5 Kinder b. 12 J.
4.4 Kinder b. 6 J.
4.0 Kinder b. 18 J.

**Empfohlene Aktivitäten**

Wandern · Entspannen · Schwimmen · Radfahren · Wellness

i bei Res. WOMOs bis 11 m möglich; bei Gruppen Res. erforderlich

Karte auf Seite 66

## 9 Camping Steinplatte

Unterwasser 43
6384 Waidring
+43 5353 5345
47.58429 | 12.58386

ganzjährig
HS: 33,40 € | NS: 23,60 €
**Mehr Infos & Anfrage:**
www.camping.info/22120

| | |
|---|---|
| Baden im See am Platz | ✓ |
| Hallenbad | 4km |
| Spielplatz am Platz | ✓ |
| Hunde willkommen | ✓ |
| Skilift/Loipe | 1km/✓ |
| WLAN (gegen Gebühr) | ✓ |
| Lebensmittel | ✓ |
| Brötchen am Platz | ✓ |
| Restaurant & Imbiss | ✓ |
| Ver-/Entsorgung Womo | ✓ |
| in den Ort | 500m |
| Gesamt/Touristen | 350/150 |
| Mietunterkünfte | ✓ |
| Stellplätze vor Schranke | ✗ |

**4.4** SEHR GUT
8 Bewertungen

| | |
|---|---|
| Lage | 4.6 |
| Ruhe | 4.2 |
| Sanitäranlagen | 3.6 |
| Sauberkeit Ø | 4.2 |
| Freundlichkeit | 4.8 |
| Stellplatz | 4.1 |
| Verpflegung | 4.1 |
| Freizeit | 4.0 |
| Preis-Leistung | 4.4 |
| Mietunterkünfte | 4.3 |

**Geeignet für**

| | |
|---|---|
| Kinder b. 6 J. | 3.2 |
| Kinder b. 12 J. | 3.3 |
| Kinder b. 18 J. | 3.5 |
| Paare | 4.8 |
| Senioren | 4.7 |
| Gäste mit Zelt | 4.2 |
| Gäste mit Hund | 3.7 |

**Empfohlene Aktivitäten**

- Wandern
- Cross Country
- Ski

## 10 Alpen-Caravanpark Achensee

Achenkirch 17
6215 Achenkirch
+43 5246 6239
47.49938 | 11.70601
970m ü.M.

ganzjährig
HS: 49,50 € | NS: 36,00 €
**Mehr Infos & Anfrage:**
www.camping.info/22119

| | |
|---|---|
| Baden im See am Platz | ✓ |
| Pool/Hallenbad | 13/28km |
| Spielplatz am Platz | ✓ |
| Hunde willkommen | ✓ |
| Skilift/Loipe | 500m/✓ |
| WLAN | ✓ |
| Lebensmittel | ✓ |
| Brötchen am Platz | ✓ |
| Restaurant & Imbiss | ✓ |
| Ver-/Entsorgung Womo | ✓ |
| in den Ort | 1km |
| Gesamt/Touristen | 180/120 |
| Mietunterkünfte | ✓ |
| Stellplätze vor Schranke | ✓ |

**4.5** SEHR GUT
142 Bewertungen

| | |
|---|---|
| Lage | 4.8 |
| Ruhe | 4.2 |
| Sanitäranlagen | 4.8 |
| Sauberkeit Ø | 4.8 |
| Freundlichkeit | 4.6 |
| Stellplatz | 4.3 |
| Verpflegung | 4.2 |
| Freizeit | 4.6 |
| Preis-Leistung | 3.9 |
| Mietunterkünfte | 4.2 |

**Geeignet für**

| | |
|---|---|
| Kinder b. 6 J. | 4.7 |
| Kinder b. 12 J. | 4.7 |
| Kinder b. 18 J. | 4.2 |
| Paare | 4.7 |
| Senioren | 4.7 |
| Gäste mit Zelt | 4.1 |
| Gäste mit Hund | 4.5 |

**Empfohlene Aktivitäten**

- Wandern
- Schwimmen
- Radfahren

AWARD 2020

## 11 Camping Inntal

Wiesing 100
6210 Wiesing
+43 5244 62693
47.40593 | 11.8065
572m ü.M.

01.01. - 11.11.
01.12. - 31.12.
HS: 32,50 € | NS: 23,00 €
**Mehr Infos & Anfrage:**
www.camping.info/19397

| | |
|---|---|
| Baden in nat. Gewässer | k. A. |
| Pool/Hallenbad | ✓/5km |
| Spielplatz am Platz | ✓ |
| Hunde willkommen | ✓ |
| Skilift/Loipe | 8/1km |
| WLAN | ✓ |
| Lebensmittel | ✓ |
| Brötchen am Platz | ✓ |
| Restaurant & Imbiss | ✓ |
| Ver-/Entsorgung Womo | ✓ |
| in den Ort | 800m |
| Gesamt/Touristen | 160/90 |
| Mietunterkünfte | ✓ |
| Stellplätze vor Schranke | ✓ |

**4.1** SEHR GUT
18 Bewertungen

| | |
|---|---|
| Lage | 4.0 |
| Ruhe | 3.2 |
| Sanitäranlagen | 4.6 |
| Sauberkeit Ø | 4.4 |
| Freundlichkeit | 4.5 |
| Stellplatz | 4.2 |
| Verpflegung | 4.1 |
| Freizeit | 4.1 |
| Preis-Leistung | 4.2 |
| Mietunterkünfte | 4.7 |

**Geeignet für**

| | |
|---|---|
| Kinder b. 6 J. | 3.8 |
| Kinder b. 12 J. | 3.7 |
| Kinder b. 18 J. | 3.9 |
| Paare | 4.7 |
| Senioren | 4.5 |
| Gäste mit Zelt | 3.9 |
| Gäste mit Hund | 4.5 |

**Empfohlene Aktivitäten**

- Wandern
- Mountainbiking
- Radfahren

**Infos**

Öffnungszeiten
Vergleichspreis
Link

**Ausstattung**

Freizeit
Campingplatz
Versorgung
Anzahl der Plätze

# 7 Camping Seeblick Toni

Moosen - Am Reintaler See 46
6233 Kramsach
+43 5337 63544
www.camping-seeblick.at
info@camping-seeblick.at

ganzjährig

HS: 51,50 € | NS: 36,50 €

**Mehr Infos & Anfrage:**
www.camping.info/19360

| | |
|---|---|
| Baden im See am Platz | ✓ |
| Pool/Hallenbad | 2/10km |
| Spielplatz am Platz | ✓ |
| Hunde willkommen | ✓ |
| Skilift/Loipe | 10km/✓ |
| WLAN (gegen Gebühr) | ✓ |
| Lebensmittel | ✓ |
| Brötchen am Platz | ✓ |
| Restaurant & Imbiss | ✓ |
| Ver-/Entsorgung Womo | ✓ |
| in den Ort | 3km |
| Touristenplätze | 240 |
| Mietunterkünfte | ✓ |
| Stellplätze vor Schranke | ✓ |

TOP CAMPING AUSTRIA

ADAC Klassifikation 2020 TIPP 2020 PiNCAMPS ADAC

alp bach tal

Stellplätze mit Blick zum See.

## Lage & Stellplatz

Camping Seeblick Toni am Reintaler See in Kramsach ist ganzjährig geöffnet und zählt zu den attraktivsten Campingplätzen in der Urlaubsdestination Tirol. Die familiär geführte Ferienanlage verfügt über Stellplätze direkt am Seeufer und am Waldrand sowie über Appartements und Bungalows mit dem gehobenen Komfort eines 5-Sterne Platzes. Der Wellnessbereich „Tonis Relaxzone" bietet eine Bio-Kräutersauna, ein Aromadampfbad, eine finnische Sauna, eine großzügige Ruheoase und einen Wandkamin mit Feuerstelle. Neu ab 2021: Panorama Chalets mit eigenem Garten und Panorama Blick in die Tiroler Bergwelt.

## Sanitär

Die hygienischen und exklusiv ausgestatteten Sanitäranlagen für Komfortcamper bieten neben einem getrennten WC, Einzelwaschtisch und Dusche in einer Einheit auch Einzelwaschkabinen, einen Waschraum und einen Frisierraum in hochwertiger Ausführung. Das Kinderwaschland „Aquarium" ist speziell auf Kinder und Jugendliche abgestimmt und im entsprechenden Design gestaltet. Darüber hinaus sind alle Waschtische, Toiletten und Duscharmaturen auf die Körpermaße der Kleinen angepasst. Neu: Private Mietbäder für noch mehr Wohlfühlkomfort.

Wellness – „Tonis Relaxzone".

Restaurant „Der Brantlhof".

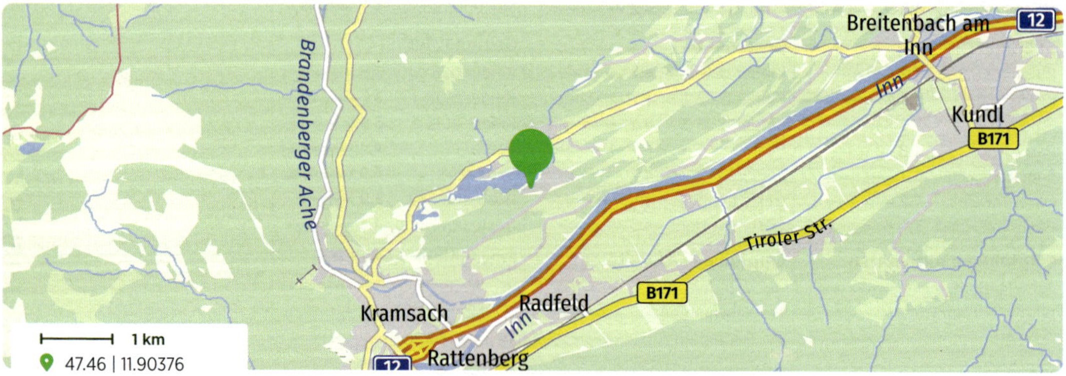


1 km
47.46 | 11.90376
560m ü.M.

AWARD 2020

Anfahrt: Folgen Sie der blauen Bodenmarkierung und dem Banner „EINFAHRT".

Der Platz aus der Luft.

## Verpflegung

Im urigen „Bauernladen" sind kulinarische Tiroler Spezialitäten zu erwerben und im Wirtshaus „Der Brantlhof" werden gehobene Gaumenfreuden und edle Weine serviert. Für passionierte Kenner gibt es im reich bestückten Weinkeller eine bunte Vielfalt an edlen Tropfen zu genießen. Die kulinarischen Themenbuffets sind ein beliebter und geschätzter Geheimtipp unter den Gästen. Von Schweinsripperl über italienische Küche, Schweinshaxen, Riesen-Wienerschnitzel aus der Butterschmalzpfanne bis zu Tiroler Spezialitäten kommen alle Schlemmer und Genießer hier ganz auf Ihre Kosten.

## Freizeit

Im Sommer kann der Reintaler See beim Schwimmen, Angeln und auf den gemütlichen Liegewiesen genossen werden. Direkt am Platz und in der näheren Umgebung eröffnet sich eine Vielzahl an Freizeitaktivitäten. Den Kindern steht beispielsweise in „Tonis Räuberland" eine kindergerechte Indoor-Einrichtung und in „Tonis Naturspielpark" ein Wasserspielplatz, eine Trampolinanlage, ein Kletterseilgarten u. v. m. zur Verfügung. Für Wanderer bietet sich das Alpbachtal mit seinem Naturerlebnisklammen und Almwanderungen ebenfalls optimal an. Neu ab 2020: Fun Court - Fußball, Volleyball, Basketball, Tennis.

**5.0**

*Unser erster Urlaub in Österreich und wir haben uns sehr wohl gefühlt. Der Campingplatz ist sehr kinderfreundlich und hat für Naturliebhaber allerhand zu bieten. Wir würden jederzeit wieder zu Toni fahren.*

**Sandra R.**

Sandra R. hat den Campingplatz Seeblick Toni im Juli 2020 besucht.

Schlaffässer aus Kieferholz.

Kinderwaschland „Aquarium".

**4.4** **SEHR GUT**
235 Bewertungen

| | |
|---|---|
| Lage | 4.3 |
| Ruhe | 4.2 |
| Sanitäranlagen | 4.5 |
| Sauberkeit Ø | 4.5 |
| Freundlichkeit | 4.5 |
| Stellplatz | 4.3 |
| Verpflegung | 4.5 |
| Freizeit | 4.4 |
| Preis-Leistung | 3.9 |
| Mietunterkünfte | 3.9 |

**Geeignet für**

- 4.6 Gäste mit Hund
- 4.5 Kinder b. 12 J.
- 4.4 Kinder b. 6 J.
- 4.4 Paare
- 4.3 Senioren
- 4.3 Gäste mit Zelt
- 4.0 Kinder b. 18 J.

**Empfohlene Aktivitäten**

Wandern · Schwimmen · Entspannen · Radfahren · Mountainbiking

# 6 See-Camping Wimmer

❄

Achenseestrasse 75
6212 Maurach
+43 5243 20238
www.achensee-camping.at
info@achensee-camping.at

15.04. - 26.10.
20.12. - 28.02.
HS: 37,00 € | NS: 30,00 €
**Mehr Infos & Anfrage:**
www.camping.info/26791

| | |
|---|---|
| Baden im See | 200m |
| Pool/Hallenbad | 100m |
| Spielplatz | 100m |
| Hunde willkommen | ✓ |
| Skilift/Loipe | 1km/✓ |
| WLAN (gegen Gebühr) | ✓ |
| Lebensmittel | 50m |
| Brötchen am Platz | ✓ |
| Restaurant & Imbiss | ✓ |
| Ver-/Entsorgung Womo | ✓ |
| in den Ort | 1km |
| Gesamt/Touristen | 95/90 |
| Mietunterkünfte | × |
| Stellplätze vor Schranke | × |

47.43309 | 11.73476
930m ü.M.

Der Platz liegt direkt am schönen Achensee.

## Lage & Stellplatz

Dank seiner zentralen Lage ist See Camping Wimmer ideal für den Familienurlaub. Der Platz liegt direkt am schönen Achensee mit zahlreichen Freizeitangeboten in unmittelbarer Nähe. Stromanschluss ist an jedem Stellplatz verfügbar.

## Sanitär

Am See-Camping Wimmer wird auf der gesamten Campinganlage sehr auf Sauberkeit geachtet. Dazu gehört auch die neu renovierte Sanitäreinrichtung, die mehrfach täglich gesäubert wird.

## Verpflegung

Frisches Gebäck und Brötchen können die Gäste täglich an der Rezeption vom heimischem Bäcker bestellen. Das Restaurant, welches direkt an der Anlage angrenzt, zeichnet sich durch Frische und Regionalität aus. Jung und Alt können sich kulinarisch vom Restaurant-Team verwöhnen lassen.

## Freizeit

Zahlreiche regionale Freizeitangebote und Einkaufsmöglichkeiten in unmittelbarer Nähe. Unter anderem das Bad „Atoll" mit Sauna, ein Badestrand und Kinderspielplatz in 100 m, das Wassersportzentrum Achensee in 100 m, die Schiffsanlegestelle Buchau in nur 250 m, die Rofanseilbahn in 1 km Entfernung.

Panoramaaufnahme vom Platz.

Wunderschöner Achensee.

**4.3** SEHR GUT
23 Bewertungen

| | |
|---|---|
| Lage | 4.5 |
| Ruhe | 3.7 |
| Sanitäranlagen | 4.0 |
| Sauberkeit Ø | 4.5 |
| Freundlichkeit | 4.5 |
| Stellplatz | 4.3 |
| Verpflegung | 3.7 |
| Freizeit | 4.6 |
| Preis-Leistung | 4.3 |
| Mietunterkünfte | - |

**Geeignet für**

4.7 Senioren

4.6 Gäste mit Zelt
4.6 Gäste mit Hund
4.5 Paare
4.1 Kinder b. 12 J.
4.1 Kinder b. 18 J.
3.7 Kinder b. 6 J.

**Empfohlene Aktivitäten**

Wandern
Schwimmen
Radfahren
Entspannen
Kayak/Kanu

Keine Jugendgruppen.

Karte auf Seite 66

**Infos**: Öffnungszeiten | Vergleichspreis | Link

**Ausstattung**: Freizeit | Campingplatz | Versorgung | Anzahl der Plätze

## 12 Camping Seespitz

✱

Seespitz 1
6344 Walchsee
+43 5374 5359

47.64822 | 12.31602
600m ü.M.

ganzjährig

HS: 35,70 € | NS: 31,20 €

**Mehr Infos & Anfrage:**
www.camping.info/19390

| | |
|---|---|
| Baden im See am Platz | ✓ |
| Hallenbad | 10km |
| Spielplatz am Platz | ✓ |
| Hunde willkommen | ✓ |
| Skilift/Loipe | 1km/✓ |
| WLAN | ✓ |
| Lebensmittel | 300m |
| Brötchen am Platz | nur HS |
| Restaurant & Imbiss | ✓ |
| Ver-/Entsorgung Womo | ✓ |
| in den Ort | 300m |
| Gesamt/Touristen | 250/180 |
| Mietunterkünfte | ✗ |
| Stellplätze vor Schranke | ✗ |

**3.9** GUT
38 Bewertungen

| | |
|---|---|
| Lage | 4.9 |
| Ruhe | 4.2 |
| Sanitäranlagen | 3.6 |
| Sauberkeit Ø | 4.0 |
| Freundlichkeit | 4.0 |
| Stellplatz | 3.7 |
| Verpflegung | 3.3 |
| Freizeit | 4.3 |
| Preis-Leistung | 3.6 |
| Mietunterkünfte | - |

**Geeignet für**

| | |
|---|---|
| Kinder b. 6 J. | 4.2 |
| Kinder b. 12 J. | 4.2 |
| Kinder b. 18 J. | 3.4 |
| Paare | 4.4 |
| Senioren | 4.3 |
| Gäste mit Zelt | 4.2 |
| Gäste mit Hund | 4.4 |

**Empfohlene Aktivitäten**

- Schwimmen
- Wandern
- Radfahren

## 14 Naturcamping Maurerhäusl

✱

Unterwarming 3
6395 Hochfilzen
+43 664 20 69 202

47.48708 | 12.61062
955m ü.M.

ganzjährig

HS: 30,40 € | NS: 27,90 €

**Mehr Infos & Anfrage:**
www.camping.info/25740

| | |
|---|---|
| Baden im See | 10km |
| Pool/Hallenbad | 10km |
| Spielplatz am Platz | ✓ |
| Hunde willkommen | ✓ |
| Skilift/Loipe | 500m/✓ |
| WLAN | ✓ |
| Lebensmittel | 2km |
| Brötchen am Platz | ✓ |
| Restaurant am P. | ✓ |
| Ver-/Entsorgung Womo | ✓ |
| in den Ort | 2km |
| Gesamt/Touristen | 36/18 |
| Mietunterkünfte | ✓ |
| Stellplätze vor Schranke | ✓ |

**4.5** SEHR GUT
26 Bewertungen

| | |
|---|---|
| Lage | 4.8 |
| Ruhe | 4.6 |
| Sanitäranlagen | 4.8 |
| Sauberkeit Ø | 4.8 |
| Freundlichkeit | 4.6 |
| Stellplatz | 4.4 |
| Verpflegung | 4.1 |
| Freizeit | 4.5 |
| Preis-Leistung | 4.4 |
| Mietunterkünfte | 4.7 |

**Geeignet für**

| | |
|---|---|
| Kinder b. 6 J. | 4.3 |
| Kinder b. 12 J. | 4.3 |
| Kinder b. 18 J. | 3.9 |
| Paare | 4.7 |
| Senioren | 4.7 |
| Gäste mit Zelt | 4.6 |
| Gäste mit Hund | 4.5 |

**Empfohlene Aktivitäten**

- Wandern
- Mountainbiking
- Radfahren

## 16 Camping Seemühle

Am See 3
6345 Kössen
+43 5374 5458

47.6492 | 12.34079
660m ü.M.

01.05. - 20.10.

HS: 32,80 € | NS: 28,50 €

**Mehr Infos & Anfrage:**
www.camping.info/26342

| | |
|---|---|
| Baden im Fluss am Platz | ✓ |
| Pool/Hallenbad | 5/7km |
| Spielplatz | 400m |
| Hunde willkommen | ✓ |
| Skilift | 3km |
| WLAN | ✗ |
| Lebensmittel | 400m |
| Brötchen am Platz | ✗ |
| Restaurant & Imbiss | ✓ |
| Ver-/Entsorgung Womo | ✓ |
| in den Ort | 1km |
| Gesamt/Touristen | 56/25 |
| Mietunterkünfte | ✗ |
| Stellplätze vor Schranke | ✗ |

**4.4** SEHR GUT
9 Bewertungen

| | |
|---|---|
| Lage | 4.7 |
| Ruhe | 4.8 |
| Sanitäranlagen | 3.6 |
| Sauberkeit Ø | 4.7 |
| Freundlichkeit | 4.9 |
| Stellplatz | 4.1 |
| Verpflegung | 2.6 |
| Freizeit | 4.5 |
| Preis-Leistung | 4.1 |
| Mietunterkünfte | - |

**Geeignet für**

| | |
|---|---|
| Kinder b. 6 J. | 3.8 |
| Kinder b. 12 J. | 4.3 |
| Kinder b. 18 J. | 4.2 |
| Paare | 4.5 |
| Senioren | 4.8 |
| Gäste mit Zelt | 4.9 |
| Gäste mit Hund | 4.9 |

**Empfohlene Aktivitäten**

- Schwimmen
- Wandern
- Mountainbiking

# 8 Panoramacamping Westendorf

Mühltal 70
6363 Westendorf
+43 53 34 61 66
www.panoramacamping.at
info@panoramacamping.at

01.01. - 16.10.
18.12. - 31.12.
HS: 32,00 € | NS: 25,50 €
**Mehr Infos & Anfrage:**
www.camping.info/19533

| | |
|---|---|
| Baden im See | 1km |
| Pool/Hallenbad | 500m/15km |
| Spielplatz am Platz | ✓ |
| Hunde willkommen | ✓ |
| Skilift/Loipe | 1km/✓ |
| WLAN | ✓ |
| Lebensmittel | 200m |
| Brötchen am Platz | ✓ |
| Restaurant & Imbiss | ✓ |
| Ver-/Entsorgung Womo | ✓ |
| in den Ort | 500m |
| Gesamt/Touristen | 140/90 |
| Mietunterkünfte | ✗ |
| Stellplätze vor Schranke | ✗ |

47.43263 | 12.20216
780m ü.M.

Willkommen beim Panoramacamping Westendorf.

## Lage & Stellplatz

Erholung im Herzen Tirols – ruhig, aber doch zentral – das ist Panoramacamping Westendorf. Die 140 Stellplätze sind mit Strom, Gas, TV, Wasser- und Abwasseranschluss ausgestattet. Egal ob Sommer oder Winter: Der Campingplatz ist stets die richtige Wahl für einen Urlaub in den Kitzbühler Alpen.

## Verpflegung

Genüssliche Stunden können im Restaurant „Campingstüberl“ mit herrlicher Sonnenterrasse verbracht werden. Hier werden Tiroler und internationale Küche, Frühstück, Eisbecher und Cocktails angeboten. Beliebt sind auch die Musikantentreffen und Grillabende, die gemütliche Bar und der Brötchenservice.

## Sanitär

Die moderne Sanitäranlage ist gepflegt und bietet einen Damen- und Herrenbereich mit großen Duschkabinen (Warmwasser gratis). Des Weiteren sind eine barrierefreie Kabine, eine Mietkabine, ein Trockenraum mit Bügelstation, ein Schließfachraum mit Tiefkühltruhe, ein Fahrradraum und Skiraum vorhanden.

## Freizeit

Während der Kinderspielplatz und die Spielräume mit TV Spaß garantieren, sorgt der Wohlfühlbereich mit Sauna, Solarium, Infrarotkabine, Ruheraum und Massagen für Entspannung. Wandern, Biken, Langlaufen und Skifahren in Europas größtem Skigebiet – direkt vom Platz aus kann die Natur genossen werden.

Blick auf die Stellplätze.

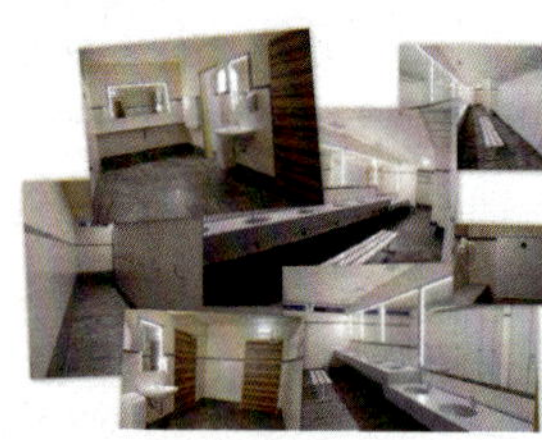

Gepflegte Sanitäranlagen.

**4.0** SEHR GUT
6 Bewertungen

| | |
|---|---|
| Lage | 3.8 |
| Ruhe | 3.7 |
| Sanitäranlagen | 5.0 |
| Sauberkeit Ø | 5.0 |
| Freundlichkeit | 4.8 |
| Stellplatz | 3.8 |
| Verpflegung | 4.2 |
| Freizeit | 4.2 |
| Preis-Leistung | 4.2 |
| Mietunterkünfte | - |

**Geeignet für**

- 4.6 Paare
- 4.5 Senioren
- 4.5 Gäste mit Zelt
- 4.4 Gäste mit Hund
- 3.8 Kinder b. 12 J.
- 3.7 Kinder b. 6 J.
- 3.7 Kinder b. 18 J.

**Empfohlene Aktivitäten**

Wandern | Radfahren | Ski | Langlauf | Mountainbiking

Karte auf Seite 66

## 17 Karwendel-Camping und Achenseer Hüttendörfl

*

Planbergstraße 23
6212 Maurach am Achensee
+43 5243 6116
47.42167 | 11.73972
940m ü.M.

01.05. - 05.11.
20.12. - 30.04.
HS: 33,50 € | NS: 27,50 €
**Mehr Infos & Anfrage:**
www.camping.info/22575

| | |
|---|---|
| Baden im See | 400m |
| Pool/Hallenbad | 5/3km |
| Spielplatz am Platz | ✓ |
| Hunde willkommen | ✓ |
| Skilift/Loipe | 1km/✓ |
| WLAN (gegen Gebühr) | ✓ |
| Lebensmittel | 1km |
| Brötchen am Platz | ✓ |
| Restaurant & Imbiss | ✓ |
| Ver-/Entsorgung Womo | ✓ |
| in den Ort | 500m |
| Gesamt/Touristen | 90/50 |
| Mietunterkünfte | ✓ |
| Stellplätze vor Schranke | ✗ |

**4.3** SEHR GUT
14 Bewertungen

| | |
|---|---|
| Lage | 4.2 |
| Ruhe | 4.4 |
| Sanitäranlagen | 3.6 |
| Sauberkeit Ø | 4.4 |
| Freundlichkeit | 4.4 |
| Stellplatz | 3.8 |
| Verpflegung | 4.0 |
| Freizeit | 4.5 |
| Preis-Leistung | 4.2 |
| Mietunterkünfte | 4.3 |

**Geeignet für**

| | |
|---|---|
| Kinder b. 6 J. | 3.6 |
| Kinder b. 12 J. | 3.8 |
| Kinder b. 18 J. | 3.7 |
| Paare | 4.6 |
| Senioren | 4.7 |
| Gäste mit Zelt | 4.2 |
| Gäste mit Hund | 4.7 |

**Empfohlene Aktivitäten**
- Wandern
- Radfahren
- Klettern

WOMOs über 9 m nur auf Anfrage; keine Jugendgruppen während der Hauptsaison

## 18 Camping Michelnhof

*

Weiberndorf 6
6380 St. Johann
+43 5352 62584
47.51071 | 12.4079

29.04. - 06.11.
03.12. - 03.04.
HS: 33,40 € | NS: 30,40 €
**Mehr Infos & Anfrage:**
www.camping.info/19400

| | |
|---|---|
| Baden im Fluss | 1km |
| Pool/Hallenbad | 1km |
| Spielplatz am Platz | ✓ |
| Hunde willkommen | ✓ |
| Skilift/Loipe | 1km |
| WLAN (gegen Gebühr) | ✓ |
| Lebensmittel | ✓ |
| Brötchen am Platz | ✓ |
| Restaurant & Imbiss | ✓ |
| Ver-/Entsorgung Womo | ✓ |
| in den Ort | 1km |
| Gesamt/Touristen | 120/60 |
| Mietunterkünfte | ✓ |
| Stellplätze vor Schranke | ✗ |

**4.5** SEHR GUT
31 Bewertungen

| | |
|---|---|
| Lage | 4.6 |
| Ruhe | 4.4 |
| Sanitäranlagen | 4.7 |
| Sauberkeit Ø | 4.8 |
| Freundlichkeit | 4.4 |
| Stellplatz | 4.3 |
| Verpflegung | 3.8 |
| Freizeit | 4.5 |
| Preis-Leistung | 4.3 |
| Mietunterkünfte | 5.0 |

**Geeignet für**

| | |
|---|---|
| Kinder b. 6 J. | 4.0 |
| Kinder b. 12 J. | 3.9 |
| Kinder b. 18 J. | 3.3 |
| Paare | 4.5 |
| Senioren | 4.6 |
| Gäste mit Zelt | 4.0 |
| Gäste mit Hund | 4.3 |

**Empfohlene Aktivitäten**
- Wandern
- Radfahren
- Mountainbiking

## 19 Camping Mayrhofen

*

Laubichl 125
6290 Mayrhofen
+43 5285 62580 51
47.17583 | 11.86905
620m ü.M.

01.01. - 19.10.
18.12. - 31.12.
HS: 32,50 € | NS: 28,90 €
**Mehr Infos & Anfrage:**
www.camping.info/19458

| | |
|---|---|
| Baden im See | 20km |
| Pool & Hallenbad | ✓ |
| Spielplatz am Platz | ✓ |
| Hunde willkommen | ✓ |
| Skilift/Loipe | 1km/✓ |
| WLAN (gegen Gebühr) | ✓ |
| Lebensmittel | ✓ |
| Brötchen am Platz | ✓ |
| Restaurant am P. | ✓ |
| Ver-/Entsorgung Womo | ✓ |
| in den Ort | 1km |
| Gesamt/Touristen | 200/150 |
| Mietunterkünfte | ✓ |
| Stellplätze vor Schranke | ✓ |

**4.0** SEHR GUT
40 Bewertungen

| | |
|---|---|
| Lage | 4.6 |
| Ruhe | 3.8 |
| Sanitäranlagen | 4.5 |
| Sauberkeit Ø | 4.3 |
| Freundlichkeit | 4.5 |
| Stellplatz | 3.7 |
| Verpflegung | 3.9 |
| Freizeit | 4.5 |
| Preis-Leistung | 4.0 |
| Mietunterkünfte | 4.3 |

**Geeignet für**

| | |
|---|---|
| Kinder b. 6 J. | 3.9 |
| Kinder b. 12 J. | 4.1 |
| Kinder b. 18 J. | 4.2 |
| Paare | 4.5 |
| Senioren | 4.6 |
| Gäste mit Zelt | 3.8 |
| Gäste mit Hund | 4.4 |

**Empfohlene Aktivitäten**
- Wandern
- Radfahren
- Ski

keine WOMOs über 12 m; max. 2 Hunde pro Stellplatz

**Infos**
Öffnungszeiten
Vergleichspreis
Link

**Ausstattung**
Freizeit
Campingplatz
Versorgung
Anzahl der Plätze

# 13 natürlich Hell.

Gageringerstraße 1
6263 Fügen
+43 5288 62203
www.hell-tirol.at
servus@hell-tirol.at

01.05. - 03.11.
01.12. - 30.04.
HS: 51,00 € | NS: 37,00 €

**Mehr Infos & Anfrage:**
www.camping.info/19379

| | |
|---|---|
| Baden im See | 2km |
| Pool & Hallenbad | ✓ |
| Spielplatz am Platz | ✓ |
| Hunde willkommen | ✓ |
| Skilift/Loipe | 2km |
| WLAN | ✓ |
| Lebensmittel | ✓ |
| Brötchen am Platz | ✓ |
| Restaurant & Imbiss | ✓ |
| Ver-/Entsorgung Womo | ✓ |
| in den Ort | 1km |
| Gesamt/Touristen | 190/160 |
| Mietunterkünfte | ✓ |
| Stellplätze vor Schranke | ✗ |

camping.info AWARD 2017

Großzügige Stellplätze eingebettet in eine herrliche Bergwelt.

## Lage & Stellplatz

Das Ferienresort zeichnet sich durch seine zentrale Lage am Anfang des Zillertals aus, die eine optimale Erreichbarkeit vieler Ausflugsziele gewährleistet. Mit dem herrlichen Bergpanorama vor Augen kann sowohl der Sommer- als auch der Winterurlaub ausgiebig genossen werden. Direkt am Radweg befindet sich das ebene, durch vielfältige Bepflanzung gestaltete Gelände, das 196 parzellierte Komfortstellplätze (70 bis 130 m$^2$ groß) beherbergt. Die Stellplätze sind zumeist durch Hecken abgetrennt und verfügen über WLAN, Strom- (16 A), Gas-, TV- sowie Wasser- und Abwasseranschlüsse.

## Sanitär

Das neue barrierefreie Sanitärgebäude lässt keine Wünsche offen. Großzügig und modern präsentieren sich die Sanitärräume mit Einzelwaschkabinen, privaten Badezimmern, Familienkabinen und einem Kinderwaschraum. Darüber hinaus gibt es eine Sanitärkabine für Rollstuhlfahrer, einen Wäschewaschraum, Trockenräume, einen Geschirrspülbereich und ein separates Hundesanitär.

Indoor-Schwimmbad.

Komfortable Gartenlodges.

1 km
47.35929 | 11.85158
530m ü.M.

AWARD 2020

Wasserspaß im Outdoor-Pool.

## Verpflegung

Im platzeigenen Restaurant werden traditionelle Gerichte und internationale Speisen serviert. Alle Gerichte können entweder in der rustikalen Stube genossen oder auch zum Platz mitgenommen werden. Der Minimarkt bietet täglich frisches Brot und Gebäck, Zeitungen und weitere Alltagsartikel. Ein großer Supermarkt befindet sich in einer Entfernung von etwa 1 km.

## Freizeit

Für Kinder stehen ein großer Spielplatz mit Naturbereich, ein Indoor-Spielraum mit Kleinkinderbereich und ein Freizeitprogramm während der Sommerferien bereit. Entspannung findet man in der platzeigenen Wellnessanlage. Zur Ausstattung gehören u. a. eine Saunalandschaft, ein Hallen- und Freibad (von Mai bis September), ein Solarium und mehrere Ruheräume. Außerdem stehen den Gästen ein Fitnessstudio und ein Gymnastikraum zur Verfügung. Geführte Wanderungen, Mountainbiketouren und spannende Ausflüge sind ebenfalls eine Empfehlung wert. Einen Auto- und Fahrradverleih gibt es direkt am Platz.

5.0

*Das Angebot ist einfach super, von Ausflügen, Indoor- & Outdoor-Spielplatz, Waschräume einfach top, Jugendraum super, Freibad und Hallenbad spitze, Sportplatz top, Parzellen sind toll angelegt, der Spielplatz für die Kinder toll, einfach alles klasse*

**Melanie K.**

Melanie K. war zusammen mit ihrer Familie im Juli 2020 auf dem Campingplatz „natürlich Hell".

Spielspaß für die Kleinen.

Restaurant mit Außenbereich.

**4.8** SEHR GUT
214 Bewertungen

| | |
|---|---|
| Lage | 4.1 |
| Ruhe | 3.9 |
| Sanitäranlagen | 4.9 |
| Sauberkeit Ø | 4.9 |
| Freundlichkeit | 4.9 |
| Stellplatz | 4.7 |
| Verpflegung | 4.3 |
| Freizeit | 4.7 |
| Preis-Leistung | 4.6 |
| Mietunterkünfte | 4.6 |

**Geeignet für**

| | |
|---|---|
| Paare | 4.8 |
| Senioren | 4.8 |
| Kinder b. 6 J. | 4.7 |
| Kinder b. 12 J. | 4.7 |
| Kinder b. 18 J. | 4.3 |
| Gäste mit Zelt | 4.3 |
| Gäste mit Hund | 4.3 |

**Empfohlene Aktivitäten**

Wandern · Radfahren · Wellness · Schwimmen · Entspannen

# 15 Euro-Camp Wilder Kaiser

*

Kranebittau 18
6345 Kössen
+43 5375 6444
www.eurocamp-koessen.com
info@eurocamp-koessen.com

01.01. - 09.11.
07.12. - 31.12.
HS: 43,70 € | NS: 31,70 €
**Mehr Infos & Anfrage:**
www.camping.info/19377

| | |
|---|---|
| Baden im See | 6km |
| Pool/Hallenbad | ✓/2km |
| Spielplatz am Platz | ✓ |
| Hunde willkommen | ✓ |
| Skilift/Loipe | 300m/✓ |
| WLAN | ✓ |
| Lebensmittel | ✓ |
| Brötchen am Platz | ✓ |
| Restaurant & Imbiss | ✓ |
| Ver-/Entsorgung Womo | ✓ |
| in den Ort | 2km |
| Gesamt/Touristen | 260/170 |
| Mietunterkünfte | ✓ |
| Stellplätze vor Schranke | ✗ |

Neues Schwimmbad mit Innen- und Außenbecken. Ganzjährig geöffnet.

## Lage & Stellplatz

Auf einem der wohl schönst gelegenen Campingplätze Europas kann man den Alltag weit hinter sich lassen. Inmitten der beliebten Tiroler Ferienregion Kaiserwinkel liegt das modern ausgestattete Euro-Camp Wilder Kaiser, das über Stellplätze in unterschiedlichen Ausstattungsvarianten und in verschiedenen Platzbereichen verfügt. Die 210 Komfortstellplätze weisen Strom-, Wasser-, Abwasser-, Kabel-TV- und Gasanschluss auf. Die restlichen 80 Stellplätze bieten je einen Strom- und Kabel-TV-Anschluss. Des Weiteren gibt es ein eigenes Areal für die mietbaren Mobilheime und Campingfässer.

## Sanitär

Das zentral gelegene Sanitärgebäude bietet neben modern ausgestatteten Dusch- und Waschmöglichkeiten auch ein Babybad, einen Geschirrspül- und Waschraum mit Waschmaschinen und Trocknern sowie Bügelmöglichkeit und einen Trocken- und Skiraum. Sämtliche Räume und Kabinen wurden großzügig konzipiert und bieten viel Bewegungsfreiheit und Komfort. Warmwasser steht den Campinggästen selbstverständlich kostenlos zur Verfügung. Für Menschen mit körperlicher Behinderung gibt es auch ein mit dem Rollstuhl leicht zu erreichendes Bad, das mit den modernsten Hilfseinrichtungen ausgestattet ist.

ADAC Empfehlung 2018 im ADAC Campingführer
TIPP 2018

Moderne Saunalandschaft.

Spaßige Kinderwasserwelt.

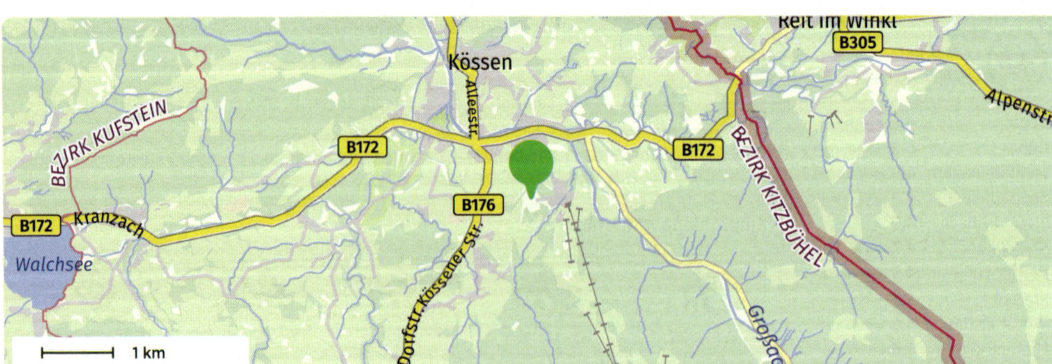


1 km
47.65377 | 12.4146
650m ü.M.

Großzügige Stellplätze am Euro-Camp Wilder Kaiser in Kössen mit Alpenpanorama.

## Verpflegung

Es befinden sich zwei Restaurants direkt am Platz. Das kleinere Restaurant, das „Campino“, liegt direkt am Abenteuerspielplatz. Das Größere, die „Kaiseralm“, wurde im Almhüttenstil nach Großvaters handwerklicher Methode erbaut. Tische und Bänke sind aus massivem Naturholz und auch die Speisekarte lässt keine Wünsche offen. Vom Almspieß über Ripperl, Burger und Pizza gibt es alles, was der Gaumen begehrt. In der Hauptsaison findet zusätzlich jeden Mittwoch ein Grillabend und jeden Freitag ein Almtanz mit Livemusik statt. Ein gut sortierter Minimarkt rundet das Angebot ab.

## Freizeit

Ob im Sommer oder im Winter – das Sport- und Freizeitangebot ist auf dem Campingplatz sowohl für die kleinen als auch für die großen Gäste nahezu grenzenlos. Kinder erfreuen sich am TOPI-Kidsclub im Juli und August, einem Indoor-Spielbereich mit Kletterwand und dem großflächigen Abenteuerspielplatz mit Riesenrutsche, Seilbahn, Trampolin u. v. m. Das beheizte Freischwimmbad und die Sauna steht den Gästen ebenfalls jederzeit zur Verfügung. Im Winter befindet sich der Einstieg in eine der zahlreichen Langlaufloipen direkt am Platz. Das Skigebiet Kaiserwinkel liegt ebenfalls nur 350 m entfernt.

**5.0**

*Der Empfang auf dem CP war freundlich und herzlich. Der Stellplatz war großzügig und sauber. Die Möglichkeiten auf dem Platz sind vielseitig (Schwimmbad, Sauna, Spielplatz indoor/outdoor). Auf dem Platz gibt es eine kleine Einkaufsmöglichkeit. Die Sanitäranlagen waren stets sauber. Das Essen im hauseigenen Restaurant war sehr lecker. Sehr empfehlenswert.*

**Fam. Hülskötter**

Familie Hülskötter hat 2017 Camping für sich wiederentdeckt. Mit ihrem Wohnmobil haben sie das Euro Camp Wilder Kaiser im Juni 2020 besucht.

Großer Abenteuerspielplatz.

Restaurant mit Tirolflair.

**4.5** **SEHR GUT**
122 Bewertungen

| | |
|---|---|
| Lage | 4.6 |
| Ruhe | 4.5 |
| Sanitäranlagen | 4.2 |
| Sauberkeit Ø | 4.6 |
| Freundlichkeit | 4.7 |
| Stellplatz | 4.3 |
| Verpflegung | 4.4 |
| Freizeit | 4.6 |
| Preis-Leistung | 4.3 |
| Mietunterkünfte | 4.6 |

**Geeignet für**

- 4.6 Kinder b. 12 J.
- 4.6 Paare
- 4.6 Senioren
- 4.5 Gäste mit Hund
- 4.4 Kinder b. 6 J.
- 4.2 Kinder b. 18 J.
- 4.2 Gäste mit Zelt

**Empfohlene Aktivitäten**

Wandern · Paragleiten · Mountainbiking · Radfahren · Entspannen

# 20 Ferienpark Terrassencamping Süd-See

*

Seestraße 76
6344 Walchsee
+43 5374 5339

www.terrassencamping.at
info@terrassencamping.at

ganzjährig

HS: 55,00 € | NS: 42,00 €

**Mehr Infos & Anfrage:**
www.camping.info/19454

| | |
|---|---|
| Baden im See am Platz | ✓ |
| Pool/Hallenbad | 2km |
| Spielplatz am Platz | ✓ |
| Hunde willkommen | ✓ |
| Skilift/Loipe | 1km/✓ |
| WLAN | ✓ |
| Lebensmittel | ✓ |
| Brötchen am Platz | ✓ |
| Restaurant & Imbiss | ✓ |
| Ver-/Entsorgung Womo | ✓ |
| in den Ort | 2km |
| Gesamt/Touristen | 300/150 |
| Mietunterkünfte | ✓ |
| Stellplätze vor Schranke | ✓ |

Tirol

Blick auf die terrassenförmig angelegten Stellplätze direkt am Seeufer.

## Lage & Stellplatz

Der ganzjährig geöffnete Ferienpark liegt in einer der reizvollsten Landschaften Tirols, im Tiroler Kaiserwinkl, und grenzt direkt an das sonnige Südufer des Walchsees. Nur 9 km von der Inntal-Autobahn entfernt finden Sie einen herrlichen Platz, der mit dem 24 Grad warmen See im Sommer zum Baden, Fischen und Wasserskifahren einlädt. Neben Urlauberstellplätzen werden auch großzügige Saison- und Ganzjahresplätze angeboten, die mit Strom-, Wasser- und Abwasseranschlüssen ausgestattet sind.

## Sanitär

Modern, hell und freundlich – so präsentieren sich die Sanitäranlagen. Für Wohlbehagen sorgen u. a. Tageslicht in allen Räumen, Fußbodenheizung, Komfort-Einzelkabinen, Warmwasserduschen, ein Babybad sowie ein Frisier- und Schminkbereich mit Haarföhn. Für kleine Camper stehen eigene Waschtische in geeigneter Höhe zur Verfügung. Zusätzlich finden Sie ein Ski- und Snowboarddepot mit Schuhtrockner, Wirtschaftsräume mit Geschirr- und Wäschebecken sowie Waschmaschine und Wäschetrockner.

Liegewiese am Seeufer.

Terrassenförmige Stellplätze.

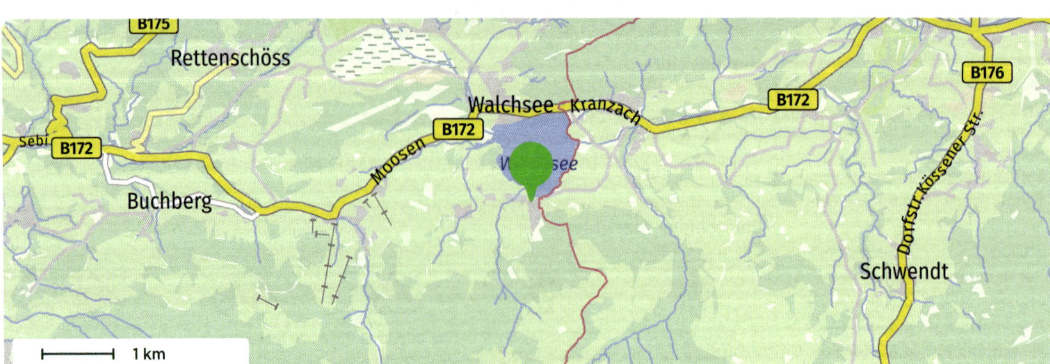


1 km
47.64032 | 12.3237
670m ü.M.

Fantastischer Panoramablick auf den Walchsee.

## Verpflegung

Das gemütliche Restaurant „Café am See“ mit Seeterrasse verwöhnt seine Gäste mit kulinarischen Köstlichkeiten aus Küche und Keller. Darüber hinaus sind diverse Campingartikel an der Camping-Rezeption erhältlich.

## Freizeit

Der Walchsee bietet optimale Möglichkeiten für Wassersport – vom Schwimmen übers Wasserskifahren bis hin zum Surfen. Auch die Kinderspielplätze, der Skater-Park und die Beachvolleyball-Anlage garantieren jede Menge Spaß. Für Pferdefreunde gibt es Reitschulen in unmittelbarer Umgebung. Im Winter locken perfekte Skigebiete für Anfänger und sportliche Hobbyfahrer. Weitere zahlreiche Ausflugsziele wie z. B. Kufstein, Kitzbühel, Wattens (Kristallwelten), Innsbruck und Salzburg sind vom Platz schnell zu erreichen.

5.0

*Die gestufte Anordnung der Plätze ist etwas Besonderes, kein Vorder- und Hinter-Nachbar! Immer gute Sicht auf den See, sehr schön abends! Saubere Sanitäranlagen und freundlicher Empfang. Ordentliches, schön gelegenes Restaurant am See mit freundlicher Bedienung. Wir waren sehr zufrieden :-)*

**Sepp Krimmer**

Sepp ist bereits seit 1966, genauer gesagt seit seinem 10. Lebensjahr passionierter Camper. Den Platz hat er im Juli 2020 besucht.

Restaurant „Café am See“.

Saubere Sanitäranlagen.

**4.0** SEHR GUT
61 Bewertungen

| | |
|---|---|
| Lage | 4.6 |
| Ruhe | 4.2 |
| Sanitäranlagen | 4.2 |
| Sauberkeit Ø | 4.2 |
| Freundlichkeit | 4.3 |
| Stellplatz | 3.8 |
| Verpflegung | 3.2 |
| Freizeit | 4.3 |
| Preis-Leistung | 3.3 |
| Mietunterkünfte | 3.8 |

**Geeignet für**

4.5 Paare

- 4.4 Senioren
- 4.0 Gäste mit Hund
- 3.7 Kinder b. 6 J.
- 4.0 Kinder b. 12 J.
- 3.9 Kinder b. 18 J.
- 2.8 Gäste mit Zelt

**Empfohlene Aktivitäten**

Schwimmen · Wandern · Radfahren · Entspannen · Mountainbiking

# 24 Camping Reiterhof

Kelchsauerstraße 49
6361 Hopfgarten
+43 5335 3512
www.campingreiterhof.at
info@campingreiterhof.at

ganzjährig

HS: 30,40 € | NS: 24,90 €

**Mehr Infos & Anfrage:**
www.camping.info/19362

| | |
|---|---|
| Baden im See | 100m |
| Pool/Hallenbad | 100m/10km |
| Spielplatz am Platz | ✓ |
| Hunde willkommen | ✓ |
| Skilift/Loipe | 1km/100m |
| WLAN (gegen Gebühr) | ✓ |
| Lebensmittel | 2km |
| Brötchen am Platz | ✓ |
| Restaurant | 100m |
| Ver-/Entsorgung Womo | ✓ |
| in den Ort | 2km |
| Gesamt/Touristen | 130/60 |
| Mietunterkünfte | ✗ |
| Stellplätze vor Schranke | ✗ |

1 km
47.43012 | 12.14938
640m ü.M.

Schöne Aussicht auf die Hohe Salve.

## Lage & Stellplatz

Die familienfreundliche Panoramaanlage ist idyllisch eingebettet, inmitten der herrlichen Bergwelt des Kelchsauer Tales, ca. 2 km von Hopfgarten entfernt. Der ganzjährig geöffnete Platz bietet 60 Touristenplätze zwischen 80 und 100 $m^2$, die terrassenförmig auf Wiesen / Schottergelände angelegt sind.

## Sanitär

Die modernen Sanitäranlagen verfügen über eine Ausstattung auf höchstem Niveau. Neben zehn geräumigen Duschkabinen, Babybad und behindertengerechtem Waschraum können auch die Wasch-, Trocken- & Bügelräume sowie der beheizte Skiraum mit Schuhtrockner und der gemütliche Aufenthaltsraum genutzt werden.

## Verpflegung

Während der Saison gibt es einen Brötchenservice für die Campinggäste. In Hopfgarten gibt es drei große Supermärkte (ca. 2 km entfernt). Unmittelbar neben dem Platz finden sich ein Gasthof / Pension und ein Restaurant.

## Freizeit

Ausgangspunkt unzähliger Wanderungen und Radtouren. Freizeitanlage „Salvenaland" mit beheiztem Schwimmbad und Badesee, Spielpark, Minigolf, Sommerrodelbahn, Kegelbahn. 2 km bis zur Gondelbahn, dem Einstieg zur Skiwelt Wilder Kaiser / Brixental. Im Winter Skifahren, Rodeln, Langlaufen und Skitouren.

Camping Reiterhof von oben.

Wintercamping in Hopfgarten.

**4.8** SEHR GUT
11 Bewertungen

| | |
|---|---|
| Lage | 4.5 |
| Ruhe | 3.9 |
| Sanitäranlagen | 4.7 |
| Sauberkeit Ø | 4.8 |
| Freundlichkeit | 4.7 |
| Stellplatz | 4.4 |
| Verpflegung | 2.6 |
| Freizeit | 3.9 |
| Preis-Leistung | 4.6 |
| Mietunterkünfte | - |

**Geeignet für**

- 4.7 Senioren
- 4.6 Paare
- 4.4 Gäste mit Zelt
- 3.7 Kinder b. 18 J.
- 4.5 Gäste mit Hund
- 3.7 Kinder b. 12 J.
- 3.6 Kinder b. 6 J.

**Empfohlene Aktivitäten**

Wandern · Ski · Mountainbiking · Schwimmen · Kayak/Kanu

für WOMOs bis 8,5 m geeignet

Karte auf Seite 66

## 21 Wellness- und Sportcamp Schwarzsee

*

Reitherstraße 24
6370 Kitzbühel
+43 5356 62806

47.45964 | 12.3618
800m ü.M.

ganzjährig
HS: 46,70 € | NS: 35,90 €
**Mehr Infos & Anfrage:**
www.camping.info/19384

| | |
|---|---|
| Baden im See am Platz | ✓ |
| Pool & Hallenbad | ✓ |
| Spielplatz am Platz | ✓ |
| Hunde willkommen | ✓ |
| Skilift/Loipe | 500m/✓ |
| WLAN | ✓ |
| Lebensmittel | ✓ |
| Brötchen am Platz | ✓ |
| Restaurant & Imbiss | ✓ |
| Ver-/Entsorgung Womo | ✓ |
| in den Ort | 2km |
| Gesamt/Touristen | 300/150 |
| Mietunterkünfte | ✓ |
| Stellplätze vor Schranke | ✗ |

**3.5** GUT
26 Bewertungen

| | |
|---|---|
| Lage | 4.2 |
| Ruhe | 4.0 |
| Sanitäranlagen | 2.9 |
| Sauberkeit Ø | 3.4 |
| Freundlichkeit | 3.9 |
| Stellplatz | 3.1 |
| Verpflegung | 3.5 |
| Freizeit | 4.2 |
| Preis-Leistung | 2.9 |
| Mietunterkünfte | 3.0 |

**Geeignet für**

| | |
|---|---|
| Kinder b. 6 J. | 3.6 |
| Kinder b. 12 J. | 3.6 |
| Kinder b. 18 J. | 3.4 |
| Paare | 4.2 |
| Senioren | 4.2 |
| Gäste mit Zelt | 3.6 |
| Gäste mit Hund | 4.1 |

**Empfohlene Aktivitäten**
- Wandern
- Schwimmen
- Wellness

## 22 Campingdorf Hofer

*

Gerlosstraße 33
6280 Zell am Ziller
+43 5282 2248

47.22851 | 11.8862
575m ü.M.

ganzjährig
HS: 36,10 € | NS: 32,10 €
**Mehr Infos & Anfrage:**
www.camping.info/22282

| | |
|---|---|
| Baden im See | 16km |
| Pool/Hallenbad | ✓/8km |
| Spielplatz am Platz | ✓ |
| Hunde willkommen | ✓ |
| Skilift/Loipe | 1km/100m |
| WLAN | ✓ |
| Lebensmittel | 500m |
| Brötchen am Platz | ✓ |
| Restaurant & Imbiss | ✓ |
| Ver-/Entsorgung Womo | ✓ |
| im Ort | ✓ |
| Touristenplätze | 100 |
| Mietunterkünfte | ✓ |
| Stellplätze vor Schranke | ✗ |

**4.5** SEHR GUT
54 Bewertungen

| | |
|---|---|
| Lage | 4.6 |
| Ruhe | 4.3 |
| Sanitäranlagen | 4.2 |
| Sauberkeit Ø | 4.5 |
| Freundlichkeit | 4.8 |
| Stellplatz | 4.2 |
| Verpflegung | 4.3 |
| Freizeit | 4.4 |
| Preis-Leistung | 4.6 |
| Mietunterkünfte | 4.8 |

**Geeignet für**

| | |
|---|---|
| Kinder b. 6 J. | 4.3 |
| Kinder b. 12 J. | 4.3 |
| Kinder b. 18 J. | 4.1 |
| Paare | 4.8 |
| Senioren | 4.7 |
| Gäste mit Zelt | 4.3 |
| Gäste mit Hund | 4.2 |

**Empfohlene Aktivitäten**
- Wandern
- Radfahren
- Entspannen

keine WOMOS ab 10 m

## 23 Erlebnis-Comfort-Camping Aufenfeld GmbH

*

Aufenfeldweg 10
6274 Aschau im Zillertal
+43 5282 2916

47.2631 | 11.90085
560m ü.M.

01.05. - 04.11.
14.12. - 30.04.
HS: 52,10 € | NS: 34,80 €
**Mehr Infos & Anfrage:**
www.camping.info/19361

| | |
|---|---|
| Baden im See am Platz | ✓ |
| Pool/Hallenbad | 3km/✓ |
| Spielplatz am Platz | ✓ |
| Hunde willkommen | ✓ |
| Skilift/Loipe | 3/1km |
| WLAN (begrenzt gratis) | ✓ |
| Lebensmittel | ✓ |
| Brötchen am Platz | ✗ |
| Restaurant & Imbiss | ✓ |
| Ver-/Entsorgung Womo | ✓ |
| in den Ort | 500m |
| Gesamt/Touristen | 350/250 |
| Mietunterkünfte | ✓ |
| Stellplätze vor Schranke | ✗ |

**4.6** SEHR GUT
628 Bewertungen

| | |
|---|---|
| Lage | 4.2 |
| Ruhe | 3.7 |
| Sanitäranlagen | 4.7 |
| Sauberkeit Ø | 4.5 |
| Freundlichkeit | 4.6 |
| Stellplatz | 4.4 |
| Verpflegung | 4.3 |
| Freizeit | 4.7 |
| Preis-Leistung | 4.1 |
| Mietunterkünfte | 4.6 |

**Geeignet für**

| | |
|---|---|
| Kinder b. 6 J. | 4.7 |
| Kinder b. 12 J. | 4.8 |
| Kinder b. 18 J. | 4.4 |
| Paare | 4.3 |
| Senioren | 4.1 |
| Gäste mit Zelt | 3.6 |
| Gäste mit Hund | 4.0 |

**Empfohlene Aktivitäten**
- Wandern
- Schwimmen
- Radfahren

In der Hauptsaison können nur beschränkt Jugendgruppen aufgenommen werden

**Infos**
Öffnungszeiten
Vergleichspreis
Link

**Ausstattung**
Freizeit
Campingplatz
Versorgung
Anzahl der Plätze

ÖSTERREICH

# 5 Osttirol

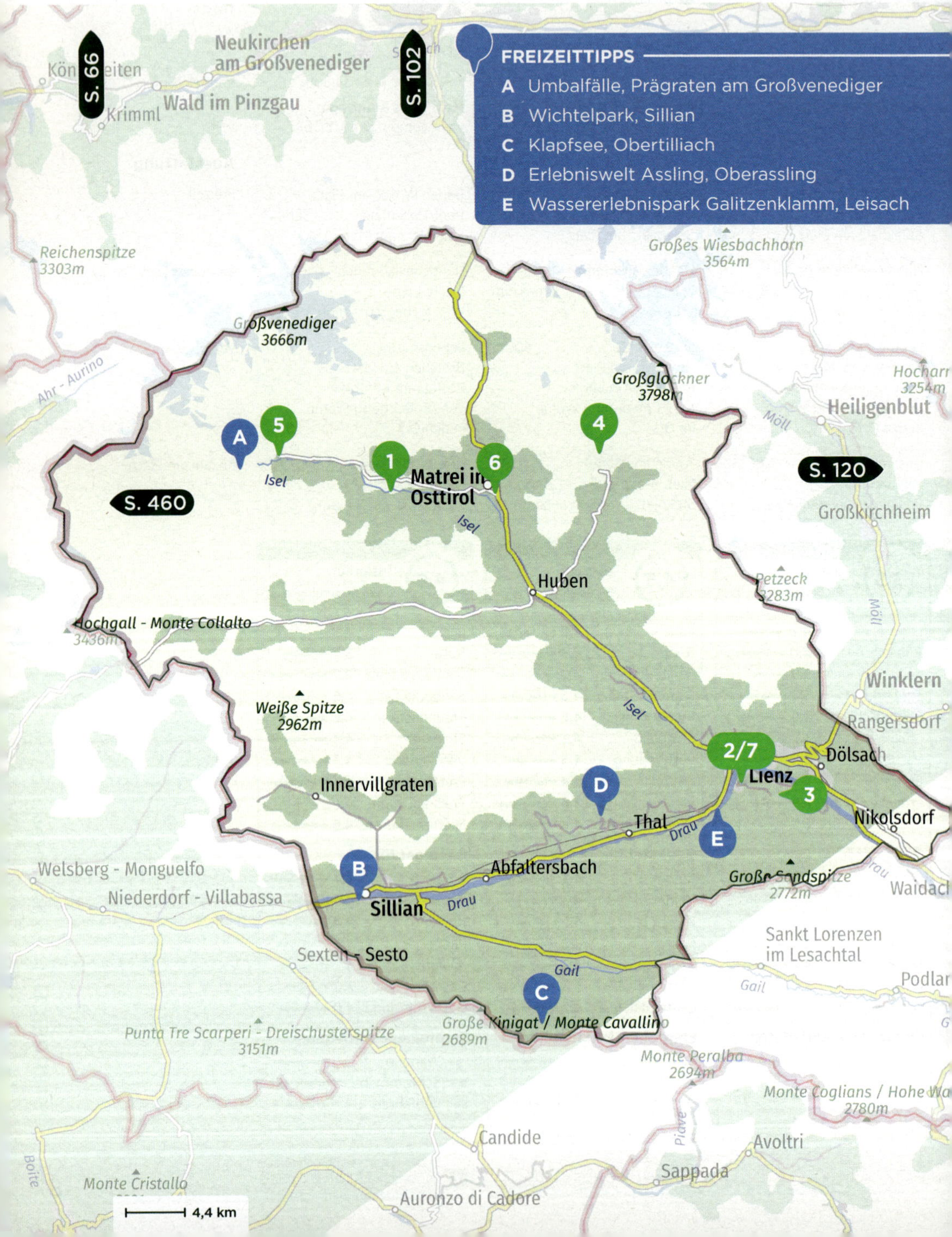

| | Platz | Seite | Bewertung | Öffnungszeiten | |
|---|---|---|---|---|---|
| 1 | Camping Habererhof | **92** | - | saisonal | |
| 2 | Comfort-Camping Falken | **92** | 4.5 | saisonal | |
| 3 | Camping Seewiese | **92** | 4.8 | saisonal | |
| 4 | Nationalpark Camping Kals am Großglockner | **92** | 4.5 | saisonal | ✱ |
| 5 | Camping Bergkristall Hinterbichl | **93** | - | saisonal | |
| 6 | Camping Edengarten | **93** | - | saisonal | |
| 7 | Dolomiten Camping Amlacherhof | **93** | 4.2 | saisonal | ✱ |

## CAMPEN INMITTEN GIGANTISCHER LANDSCHAFTEN

Die Tiroler Exklave zeichnet sich vor allem durch die traumhaften Gebirgszüge und sein leicht mediterranes Klima in den Tälern aus. Die Hohen Tauern mit dem höchsten Berg Österreichs, dem Großglockner, die Lienzer Dolomiten und der Karnische Hauptkamm kesseln die Region förmlich ein. 266 Dreitausender und über 2.500 Kilometer Wanderwege sprechen für den alpinen Charakter Osttirols, der eine bedeutende Rolle für den Tourismus spielt.

## AUTHENTISCH, URSPRÜNGLICH UND ECHT – DAS IST OSTTIROL

Während Skifans im Winter knapp 150 Pistenkilometer in sieben ausgezeichneten Skigebieten vorfinden, gehören im Sommer Wandern, Radfahren und Klettern zu den beliebtesten Aktivitäten. Ein Grund für die Beliebtheit Osttirols ist seine Ursprünglichkeit, die sich bis heute in etlichen Orten widerspiegelt. Wer Ruhe und Erholung fernab alltäglicher Hektik sucht, der wird sich in den Regionen Defereggental und Villgratental auf Anhieb wohlfühlen. Die beiden Täler gelten als absolute Geheimtipps unter Wanderern. Um die unglaubliche Kraft eines Gletscherflusses aus nächster Nähe zu bewundern, begibt man sich am besten ins hintere Virgental. Dort sorgen die imposanten Umbalfälle samt dazugehörigem Natur-Kraft-Weg für unvergessliche Momente auf Europas ersten Wasserschaupfad. Interessante Einblicke in die Welt des Nationalparks Hohe Tauern gewährt das „Nationalparkhaus Matrei“. Auf zwei Stockwerken gibt es hier allerhand Wissenswertes über die Landschaften, Pflanzen, Tiere und die Geschichte des Nationalparks zu entdecken.

Adlerweg Osttirol
© Tirol Werbung/Frank Bauer & Patrick Centurioni

Skitour Lienzer Dolomiten © Willi Seebacher

## SEHENS- UND ERLEBENSWERTES IN LIENZ UND UMGEBUNG

Ein besonderer Tipp ist der „Wassererlebnispark Galitzenklamm“ in Leisach. Der bekannte Erlebnispark bietet abenteuerlustigen Campern ab Mai packende Attraktionen. Dazu gehören unter anderem mehrere Klettersteige, eine Steinkugelmühle, ein Wasserspielplatz und ein Waldseilpark. Überdies präsentiert sich der „Osttirodler“, eine 2,7 km lange Ganzjahresrodelbahn in Lienz, als einmaliges Vergnügen. Während der rasanten Fahrt bergab offenbart sich eine sensationelle Panoramaaussicht auf die Sonnenstadt Lienz und den Lienzer Talboden. Zu den Sehenswürdigkeiten von Lienz zählen die historische Altstadt und das mittelalterliche Schloss Bruck im Westen der Stadt. Im 13. Jahrhundert auf einer Hügelkuppe erbaut, beheimatet die ehemalige Fürstenburg heute das städtische Museum. Osttirols einziger Naturbadesee, der Tristacher See, eignet sich nicht nur zum Baden, sondern auch um die einzigartige Naturku-

Klapfsee im Dorfertal, Obertilliach © TVB Osttirol/Carolina Trauner

lisse am Fuße der Lienzer Dolomiten zu genießen. Rund um den See führt ein romantischer Wanderweg, der ständig neue und überwältigende Perspektiven auf das Gewässer und die Berge zulässt. Ein ebenso außergewöhnliches Erlebnis ist das „Museum Aguntum“ in der Gemeinde Dölsach. Aguntum war eine römische Stadt, die von Archäologen seit dem Jahr 1912 nach und nach freigelegt wird. Ein 18 Meter hoher Aussichtsturm bietet den Besuchern einen guten Überblick über das gesamte Grabungsgelände. Auf der Pustertaler Sonnenterrasse lässt der „Wildpark Assling“ die Herzen aller Tierfreunde höherschlagen. Grund dafür sind sämtliche Arten heimischer Wildtiere, die in großräumigen Naturgehegen leben und teilweise sogar gestreichelt werden können.

## TIPP DER REDAKTION

**Nationalpark Camping Kals am Großglockner**

Kals am Großglockner | Nr. 4 | Seite 92

Laut Gästen ideal geeignet zum:

- Wandern
- Mountainbiken
- Klettern

4.7

## 1 Camping Habererhof

Niedermauern 9
9972 Virgen
+43 4874 5261
46.9979 | 12.44179

01.04. - 01.11.
HS: 28,00 € | NS: 24,00 €
**Mehr Infos & Anfrage:**
www.camping.info/19518

| | |
|---|---|
| Baden in nat. Gewässer | k. A. |
| Pool/Hallenbad | 2km |
| Spielplatz am Platz | ✓ |
| Hunde erlaubt | ✓ |
| Skilift | 7km |
| WLAN | ✓ |
| Lebensmittel | 1km |
| Brötchen am Platz | ✓ |
| Restaurant/Imbiss | 1km |
| Ver-/Entsorgung Womo | ✗ |
| in den Ort | 1km |
| Touristenplätze | 16 |
| Mietunterkünfte | ✓ |
| Stellplätze vor Schranke | ✗ |

- **JETZT BEWERTEN!**

Für diese Auswertung liegen leider noch nicht genügend Bewertungen vor.

Sei einer der Ersten, der diesen Campingplatz bewertet. Unter den Bewertern werden regelmäßig Gewinne verlost!

Mehr Infos dazu findest du in unserem allgemeinen Intro.

## 2 Comfort-Camping Falken

Falkenweg 7
9900 Lienz
+43 664 4107 973
46.82232 | 12.77146
675m ü.M.

04.04. - 12.10.
HS: 36,00 € | NS: 29,50 €
**Mehr Infos & Anfrage:**
www.camping.info/19511

| | |
|---|---|
| Baden im Fluss | 500m |
| Pool/Hallenbad | 500m |
| Spielplatz am Platz | ✓ |
| Hunde willkommen | ✓ |
| Skilift & Loipe | keine Angabe |
| WLAN (begrenzt gratis) | ✓ |
| Lebensmittel | ✓ |
| Brötchen am Platz | ✓ |
| Restaurant & Imbiss | ✓ |
| Ver-/Entsorgung Womo | ✓ |
| in den Ort | 700m |
| Gesamt/Touristen | 160/130 |
| Mietunterkünfte | ✓ |
| Stellplätze vor Schranke | ✗ |

**4.4** SEHR GUT
40 Bewertungen

| | |
|---|---|
| Lage | 4.7 |
| Ruhe | 4.3 |
| Sanitäranlagen | 4.8 |
| Sauberkeit Ø | 4.8 |
| Freundlichkeit | 4.6 |
| Stellplatz | 4.3 |
| Verpflegung | 4.2 |
| Freizeit | 4.5 |
| Preis-Leistung | 4.4 |
| Mietunterkünfte | 5.0 |

**Geeignet für**

| | |
|---|---|
| Kinder b. 6 J. | 3.7 |
| Kinder b. 12 J. | 3.8 |
| Kinder b. 18 J. | 4.0 |
| Paare | 4.7 |
| Senioren | 4.7 |
| Gäste mit Zelt | 4.9 |
| Gäste mit Hund | 4.6 |

**Empfohlene Aktivitäten**
- Radfahren
- Wandern
- Entspannen

## 3 Camping Seewiese

Tristachersee 2
9907 Lienz Tristach
+43 4852 69767
46.80631 | 12.80252

20.05. - 18.09.
HS: 41,40 € | NS: 26,00 €
**Mehr Infos & Anfrage:**
www.camping.info/19302

| | |
|---|---|
| Baden im See am Platz | ✓ |
| Pool/Hallenbad | 4km |
| Spielplatz am Platz | ✓ |
| Hunde willkommen | ✓ |
| Skilift & Loipe | ✗ |
| WLAN | ✓ |
| Lebensmittel | ✓ |
| Brötchen am Platz | ✓ |
| Imbiss | 200m |
| Ver-/Entsorgung Womo | ✓ |
| in den Ort | 2km |
| Touristenplätze | 115 |
| Mietunterkünfte | ✗ |
| Stellplätze vor Schranke | ✗ |

**4.9** SEHR GUT
16 Bewertungen

| | |
|---|---|
| Lage | 5.0 |
| Ruhe | 5.0 |
| Sanitäranlagen | 4.4 |
| Sauberkeit Ø | 4.8 |
| Freundlichkeit | 4.9 |
| Stellplatz | 4.2 |
| Verpflegung | 3.9 |
| Freizeit | 4.8 |
| Preis-Leistung | 4.6 |
| Mietunterkünfte | - |

**Geeignet für**

| | |
|---|---|
| Kinder b. 6 J. | 4.8 |
| Kinder b. 12 J. | 4.8 |
| Kinder b. 18 J. | 4.3 |
| Paare | 4.8 |
| Senioren | 4.9 |
| Gäste mit Zelt | 5.0 |
| Gäste mit Hund | 4.8 |

**Empfohlene Aktivitäten**
- Wandern
- Schwimmen
- Entspannen

## 4 Nationalpark Camping Kals am Großglockner

Burg 22
9981 Kals am Großglockner
+43/4852/67418
47.01972 | 12.6375
1450m ü.M.

01.01. - 14.04.
21.05. - 18.10.
HS: 33,10 € | NS: 27,70 €
**Mehr Infos & Anfrage:**
www.camping.info/27212

| | |
|---|---|
| Baden im Fluss am Platz | ✓ |
| Pool/Hallenbad | 20/35km |
| Spielplatz | 300m |
| Hunde willkommen | ✓ |
| Skilift/Loipe | 500m/✓ |
| WLAN (gratis) | teilweise |
| Lebensmittel | 2km |
| Brötchen am Platz | ✓ |
| Restaurant | 500m |
| Ver-/Entsorgung Womo | ✓ |
| in den Ort | 2km |
| Gesamt/Touristen | 109/105 |
| Mietunterkünfte | ✗ |
| Stellplätze vor Schranke | ✗ |

**4.7** SEHR GUT
6 Bewertungen

| | |
|---|---|
| Lage | 4.8 |
| Ruhe | 5.0 |
| Sanitäranlagen | 4.8 |
| Sauberkeit Ø | 4.8 |
| Freundlichkeit | 5.0 |
| Stellplatz | 4.2 |
| Verpflegung | 4.5 |
| Freizeit | 5.0 |
| Preis-Leistung | 5.0 |
| Mietunterkünfte | - |

**Geeignet für**

| | |
|---|---|
| Kinder b. 6 J. | - |
| Kinder b. 12 J. | 5.0 |
| Kinder b. 18 J. | 5.0 |
| Paare | 4.8 |
| Senioren | 5.0 |
| Gäste mit Zelt | 4.7 |
| Gäste mit Hund | 5.0 |

**Empfohlene Aktivitäten**
- Wandern
- Mountainbiking
- Klettern

## 5 Camping Bergkristall Hinterbichl

Hinterbichl 9a
9974 Prägraten am Großvenediger
+43 487 752 23
47.01738 | 12.34123

15.05. - 31.10.

HS: 25,00 €

**Mehr Infos & Anfrage:**
www.camping.info/26809

| | |
|---|---|
| Baden in nat. Gewässer | k. A. |
| Pool & Hallenbad | ✗ |
| Spielplatz | keine Angabe |
| Hunde erlaubt | ✓ |
| Skilift & Loipe | keine Angabe |
| WLAN | keine Angabe |
| Lebensmittel | k.A. |
| Brötchen am Platz | ✓ |
| Restaurant & Imbiss | ✗ |
| Ver-/Entsorgung Womo | ✓ |
| in den Ort | 3km |
| Gesamt | keine Angabe |
| Mietunterkünfte | ✓ |
| Stellplätze vor Schranke | ✗ |

- **JETZT BEWERTEN!**

Für diese Auswertung liegen leider noch nicht genügend Bewertungen vor.

Sei einer der Ersten, der diesen Campingplatz bewertet. Unter den Bewertern werden regelmäßig Gewinne verlost!

Mehr Infos dazu findest du in unserem allgemeinen Intro.

## 6 Camping Edengarten

Edenweg 15
9971 Matrei in Osttirol
+43 4875 5111
46.99522 | 12.53966

01.04. - 31.10.

HS: 32,00 € | NS: 22,00 €

**Mehr Infos & Anfrage:**
www.camping.info/26812

| | |
|---|---|
| Baden in nat. Gewässer | k. A. |
| Pool/Hallenbad | 1km/300m |
| Spielplatz am Platz | ✓ |
| Hunde erlaubt | ✓ |
| Skilift | 800m |
| WLAN | teilweise |
| Lebensmittel | 100m |
| Brötchen | keine Angabe |
| Restaurant & Imbiss | ✓ |
| Ver-/Entsorgung Womo | ✓ |
| in den Ort | 500m |
| Touristenplätze | 80 |
| Mietunterkünfte | ✓ |
| Stellplätze vor Schranke | ✗ |

**4.3** SEHR GUT
3 Bewertungen

| | |
|---|---|
| Lage | 4.0 |
| Ruhe | 3.3 |
| Sanitäranlagen | 3.7 |
| Sauberkeit Ø | 5.0 |
| Freundlichkeit | 4.7 |
| Stellplatz | 3.0 |
| Verpflegung | 3.5 |
| Freizeit | 4.3 |
| Preis-Leistung | 3.3 |
| Mietunterkünfte | - |

**Geeignet für**

| | |
|---|---|
| Kinder b. 6 J. | 3.0 |
| Kinder b. 12 J. | 3.0 |
| Kinder b. 18 J. | 3.0 |
| Paare | 4.0 |
| Senioren | 5.0 |
| Gäste mit Zelt | 5.0 |
| Gäste mit Hund | 5.0 |

**Empfohlene Aktivitäten**

- Wandern
- Kayak/Kanu
- Motorrad

## 7 Dolomiten Camping Amlacherhof

❄

Seestraße 20
9908 Lienz / Amlach
+43 69917 623171
46.81333 | 12.76372
687m ü.M.

01.04. - 31.10.

HS: 33,90 € | NS: 26,50 €

**Mehr Infos & Anfrage:**
www.camping.info/19415

| | |
|---|---|
| Baden im See | 3km |
| Pool/Hallenbad | ✓/1km |
| Spielplatz am Platz | ✓ |
| Hunde erlaubt | ✓ |
| Skilift/Loipe | 2km/100m |
| WLAN (begrenzt gratis) | ✓ |
| Lebensmittel | ✓ |
| Brötchen am Platz | ✓ |
| Restaurant & Imbiss | ✓ |
| Ver-/Entsorgung Womo | ✓ |
| im Ort | ✓ |
| Touristenplätze | 83 |
| Mietunterkünfte | ✓ |
| Stellplätze vor Schranke | ✓ |

**4.2** SEHR GUT
14 Bewertungen

| | |
|---|---|
| Lage | 4.6 |
| Ruhe | 4.4 |
| Sanitäranlagen | 4.4 |
| Sauberkeit Ø | 4.3 |
| Freundlichkeit | 4.4 |
| Stellplatz | 3.7 |
| Verpflegung | 2.6 |
| Freizeit | 4.3 |
| Preis-Leistung | 4.1 |
| Mietunterkünfte | 5.0 |

**Geeignet für**

| | |
|---|---|
| Kinder b. 6 J. | 4.6 |
| Kinder b. 12 J. | 4.4 |
| Kinder b. 18 J. | 4.2 |
| Paare | 4.8 |
| Senioren | 4.7 |
| Gäste mit Zelt | 5.0 |
| Gäste mit Hund | 3.9 |

**Empfohlene Aktivitäten**

- Wandern
- Radfahren
- Entspannen

Wintercamping auf Anfrage möglich.

Karte auf Seite 88

**Infos**

Öffnungszeiten

Vergleichspreis

Link

**Ausstattung**

Freizeit

Campingplatz

Versorgung

Anzahl der Plätze

ÖSTERREICH

# 6 Salzburg Nord

| | Platz | Seite | Bewertung | Öffnungszeiten | |
|---|---|---|---|---|---|
| 1 | Strandcamping Oitner | 98 | - | saisonal | |
| 2 | Bade- und Campingplatz Perwang am Grabensee | 98 | - | saisonal | |
| 3 | Camping Nord-Sam | 98 | 4.2 | saisonal | * |
| 4 | Naturcamping Seewirt | 98 | 4.6 | ganzjährig | * |
| 5 | Reisemobil-Stellplatz Salzburg | 99 | - | ganzjährig | * |
| 6 | Camping Auwirt | 99 | 3.8 | saisonal | * |
| 7 | Strandcamping Fenninger Spitz | 99 | 4.0 | saisonal | |
| 8 | Camping Seekirchen | 101 | 3.4 | saisonal | |
| 9 | Panoramacamping Stadtblick | 101 | 3.6 | saisonal | * |
| 10 | Wohnmobil Stellplatz Aqua Salza Golling | 101 | 3.6 | ganzjährig | |

Wallersee © Stadt Neumarkt am Wallersee

## IM BANN DER MALERISCHEN FESTSPIELSTADT

Der Norden des Salzburger Lands bietet seinen Campinggästen zahlreiche Besonderheiten. Salzburg zieht jedes Jahr hunderttausende Menschen aus aller Welt an, die sich an einem vielfältigen Angebot aus geschichtsträchtigen Bauwerken, glasklaren Seen, familienfreundlichen Ausflugszielen und umfassenden Rad- und Wanderwegen erfreuen. Kulturelle Vielfalt gepaart mit traditionellen Brauchtümern und reizvollen Naturlandschaften sorgen für den Charme, den die Gäste an der Region besonders schätzen. Aufgrund der geografischen Nähe umfasst der Ausschnitt „Salzburg Nord" in diesem Campingführer auch das Oberösterreichische Innviertel.

## SEEN, WIESEN UND WÄLDER IM FLACHGAU

Als nördlichster Teil des Bundeslandes grenzt der Flachgau an Oberösterreich, den Tennengau und das deutsche Bundesland Bayern. Zahlreiche Seen, Wiesen und Wälder spiegeln die landschaftliche Schönheit der Region eindrucksvoll wider. Im Flachgau dominiert eindeutig der sanfte Sommertourismus, und vor allem das Salzburger Seenland bildet einen attraktiven Rahmen für vielerlei Urlaubsvergnügen. Obertrumer See, Mattsee, Grabensee, Wallersee – eingebettet in eine malerische Landschaft bieten diese vier wunderbaren Seen jede Menge Badespaß. Schöne Wanderrouten und ein umfangreiches Netz an Radwegen sorgen zusätzlich dafür, dass Aktivurlauber auf ihre Kosten kommen. Gemächlicher geht es im sehenswerten Salzburger Freilichtmuseum in Großgmain zu, in dem das ländliche Bauen, Wohnen und Wirtschaften im Land Salzburg vom 16. bis zum 20. Jahrhundert dokumentiert wird. Momente der Entspannung erfährt man beispielsweise in der Therme Geinberg im angrenzenden Innviertel.

Blick zur Festung Hohensalzburg © SalzburgerLand Tourismus

## MOZART UND WELTKULTURERBE

Stille Nacht Kapelle © SalzburgerLand Tourismus

Eine traditionsreiche Geschichte sowie das architektonische Wechselspiel zwischen moderner und barocker Baukunst machen Salzburg zu einer der schönsten Städte der Welt. In erster Linie ist es die Altstadt, die mit ihren historischen Schätzen einen Touristenmagneten darstellt. Nicht ohne Grund wurde sie im Jahr 1997 von der UNESCO zum Weltkulturerbe ernannt. Neben einer zauberhaften Kulisse befinden sich in der Altstadt zahlreiche Sehenswürdigkeiten wie der Salzburger Dom, die Festung Hohensalzburg, Mozarts Geburts- sowie sein Wohnhaus, das Haus der Natur und das Schloss Mirabell inklusive Mirabellgarten. Darüber hinaus bietet die Festspielstadt seinen Gästen noch mehr: Wie wäre es mit einem idyllischen Spaziergang an der Salzach, einem Einkaufsbummel in der bekannten Getreidegasse oder einem Espresso in einem der berühmten Kaffeehäuser? Salzburg punktet mit einem hohen Wohlfühlfaktor und zahlreichen Campingplätzen rund um die Stadt.

## NATUR UND KULTUR IM TENNENGAU

Der Tennengau befindet sich südlich der Landeshauptstadt, direkt am Übergang zwischen den Salzburger Kalkalpen und dem Salzburger Becken. Am Fuße des Dachsteins und nur wenige Kilometer von Salzburg-Stadt entfernt, steht eine Fülle von Freizeitaktivitäten für die gesamte Familie bereit. Ein besonderes Highlight ist die Kelten-Erlebniswelt Tennengau: 26 Ausflugsziele haben sich zusammengeschlossen und bieten den Besuchern Unternehmungen und Erlebnisse in den Bereichen Sport, Natur, Kultur und Genuss. Im Mittelpunkt stehen dabei die einmaligen Kulturschätze, die von den Kelten vor fast 3.000 Jahren im Gebiet um Hallein hinterlassen wurden und noch heute bewundert werden können. Dazu zählen beispielsweise beliebte Ausflugsziele wie das Salzbergwerk am Dürrnberg und das Keltenmuseum in Hallein.

**TIPP DER REDAKTION**

**Camping Nord-Sam**

Salzburg | Nr. 3 | Seite 98

Laut Gästen ideal geeignet zum:

- Sightseeing
- Kultur
- Radfahren

4.2

## 1 Strandcamping Oitner

Seestraße 18
5162 Obertrum am See
+4362196442
47.94214 | 13.06894

01.05. - 30.09.
HS: 28,00 € | NS: 24,50 €
**Mehr Infos & Anfrage:**
www.camping.info/27313

| | |
|---|---|
| Baden im See am Platz | ✓ |
| Pool & Hallenbad | ✗ |
| Spielplatz | keine Angabe |
| Hunde | ✗ |
| Skilift & Loipe | keine Angabe |
| WLAN (gratis) | teilweise |
| Lebensmittel | k.A. |
| Brötchen | keine Angabe |
| Restaurant/Imbiss | 100m/✓ |
| Ver-/Entsorgung Womo | ✗ |
| in den Ort | 1km |
| Gesamt/Touristen | 60/30 |
| Mietunterkünfte | ✓ |
| Stellplätze vor Schranke | ✗ |

- **JETZT BEWERTEN!**

Für diese Auswertung liegen leider noch nicht genügend Bewertungen vor.

Sei einer der Ersten, der diesen Campingplatz bewertet. Unter den Bewertern werden regelmäßig Gewinne verlost!

Mehr Infos dazu findest du in unserem allgemeinen Intro.

## 2 Bade- und Campingplatz Perwang am Grabensee

Edt 4
5166 Perwang am Grabensee
+43 6217 8288
47.99704 | 13.09484
531m ü.M.

06.04. - 01.11.
HS: 29,00 € | NS: 29,00 €
**Mehr Infos & Anfrage:**
www.camping.info/19450

| | |
|---|---|
| Baden im See am Platz | ✓ |
| Pool & Hallenbad | ✗ |
| Spielplatz am Platz | ✓ |
| Hunde | ✗ |
| Skilift & Loipe | ✗ |
| WLAN | ✗ |
| Lebensmittel | 1km |
| Brötchen am Platz | nur HS |
| Restaurant & Imbiss | ✓ |
| Ver-/Entsorgung Womo | ✓ |
| in den Ort | 1km |
| Gesamt/Touristen | 85/10 |
| Mietunterkünfte | ✗ |
| Stellplätze vor Schranke | ✗ |

- **JETZT BEWERTEN!**

Für diese Auswertung liegen leider noch nicht genügend Bewertungen vor.

Sei einer der Ersten, der diesen Campingplatz bewertet. Unter den Bewertern werden regelmäßig Gewinne verlost!

Mehr Infos dazu findest du in unserem allgemeinen Intro.

## 3 Camping Nord-Sam

*
Samstraße 22a
5023 Salzburg
+43 662 660 494
47.82729 | 13.06258
450m ü.M.

04.04. - 05.10.
HS: 41,00 € | NS: 32,00 €
**Mehr Infos & Anfrage:**
www.camping.info/19486

| | |
|---|---|
| Baden im See | 14km |
| Pool/Hallenbad | ✓/4km |
| Spielplatz am Platz | ✓ |
| Hunde willkommen | ✓ |
| Skilift/Loipe | 35km |
| WLAN (gegen Gebühr) | ✓ |
| Lebensmittel | ✓ |
| Brötchen am Platz | ✓ |
| Restaurant/Imbiss | 200/300m |
| Ver-/Entsorgung Womo | ✓ |
| in den Ort | 3km |
| Touristenplätze | 100 |
| Mietunterkünfte | ✗ |
| Stellplätze vor Schranke | ✗ |

4.2 **SEHR GUT**
100 Bewertungen

| | |
|---|---|
| Lage | 4.6 |
| Ruhe | 3.8 |
| Sanitäranlagen | 4.1 |
| Sauberkeit Ø | 4.4 |
| Freundlichkeit | 4.5 |
| Stellplatz | 4.0 |
| Verpflegung | 3.6 |
| Freizeit | 3.9 |
| Preis-Leistung | 3.8 |
| Mietunterkünfte | - |

**Geeignet für**

| | |
|---|---|
| Kinder b. 6 J. | 4.2 |
| Kinder b. 12 J. | 4.2 |
| Kinder b. 18 J. | 4.2 |
| Paare | 4.6 |
| Senioren | 4.6 |
| Gäste mit Zelt | 4.2 |
| Gäste mit Hund | 4.0 |

**Empfohlene Aktivitäten**

- Sightseeing
- Kultur
- Radfahren

keine Jugendgruppen

## 4 Naturcamping Seewirt

*
Ibm 80
5142 Eggelsberg
+43 7748 2345
48.07263 | 12.9543

ganzjährig
HS: 26,40 € | NS: 26,40 €
**Mehr Infos & Anfrage:**
www.camping.info/19520

| | |
|---|---|
| Baden im See | 100m |
| Pool & Hallenbad | ✗ |
| Spielplatz am Platz | ✓ |
| Hunde erlaubt | ✓ |
| Skilift & Loipe | ✗ |
| WLAN | ✓ |
| Lebensmittel | 4km |
| Brötchen am Platz | ✓ |
| Restaurant & Imbiss | ✓ |
| Ver-/Entsorgung Womo | ✓ |
| in den Ort | 4km |
| Gesamt/Touristen | 80/30 |
| Mietunterkünfte | ✗ |
| Stellplätze vor Schranke | ✗ |

4.6 **SEHR GUT**
5 Bewertungen

| | |
|---|---|
| Lage | 4.8 |
| Ruhe | 5.0 |
| Sanitäranlagen | 3.8 |
| Sauberkeit Ø | 4.9 |
| Freundlichkeit | 5.0 |
| Stellplatz | 4.5 |
| Verpflegung | 4.3 |
| Freizeit | 4.0 |
| Preis-Leistung | 4.8 |
| Mietunterkünfte | - |

**Geeignet für**

| | |
|---|---|
| Kinder b. 6 J. | 5.0 |
| Kinder b. 12 J. | 4.0 |
| Kinder b. 18 J. | 3.5 |
| Paare | 4.5 |
| Senioren | 5.0 |
| Gäste mit Zelt | 5.0 |
| Gäste mit Hund | 5.0 |

**Empfohlene Aktivitäten**

- Wandern
- Schwimmen
- Radfahren

Karte auf Seite 94

## 5 Reisemobil-Stellplatz Salzburg

✻

Carl-Zuckmayer-Straße 26
5101 Salzburg
+43 (0) 676 911 4244
47.83578 | 13.06043

ganzjährig

HS: 22,00 €

**Mehr Infos & Anfrage:**
www.camping.info/27499

| | |
|---|---|
| Baden in nat. Gewässer | k. A. |
| Pool & Hallenbad | ✗ |
| Spielplatz | keine Angabe |
| Hunde willkommen | ✓ |
| Skilift/Loipe | 5km |
| WLAN (gegen Gebühr) | ✓ |
| Lebensmittel | 300m |
| Brötchen am Platz | ✓ |
| Restaurant/Imbiss | 10/150m |
| Ver-/Entsorgung Womo | ✓ |
| in den Ort | keine Angabe |
| Touristenplätze | 106 |
| Mietunterkünfte | ✗ |
| Stellplätze vor Schranke | ✗ |

- JETZT BEWERTEN!

Für diese Auswertung liegen leider noch nicht genügend Bewertungen vor.

Sei einer der Ersten, der diesen Campingplatz bewertet. Unter den Bewertern werden regelmäßig Gewinne verlost!

Mehr Infos dazu findest du in unserem allgemeinen Intro.

## 6 Camping Auwirt

✻

Salzburger Str. 42
5400 Hallein
+43 6245 80417
47.70417 | 13.06965
447m ü.M.

18.04. - 30.09.
01.12. - 02.01.

HS: 36,00 € | NS: 32,00 €

**Mehr Infos & Anfrage:**
www.camping.info/19337

| | |
|---|---|
| Baden im Fluss | 3km |
| Pool & Hallenbad | ✗ |
| Spielplatz am Platz | ✓ |
| Hunde willkommen | ✓ |
| Skilift/Loipe | ✗/k. A. |
| WLAN | ✓ |
| Lebensmittel | ✗ |
| Brötchen am Platz | ✓ |
| Restaurant am P. | ✓ |
| Ver-/Entsorgung Womo | ✓ |
| in den Ort | 3km |
| Touristenplätze | 40 |
| Mietunterkünfte | ✓ |
| Stellplätze vor Schranke | ✗ |

3.8 GUT
13 Bewertungen

| | |
|---|---|
| Lage | 3.9 |
| Ruhe | 3.5 |
| Sanitäranlagen | 3.5 |
| Sauberkeit Ø | 4.0 |
| Freundlichkeit | 3.8 |
| Stellplatz | 3.7 |
| Verpflegung | 3.4 |
| Freizeit | 3.0 |
| Preis-Leistung | 3.2 |
| Mietunterkünfte | 4.0 |

**Geeignet für**

| | |
|---|---|
| Kinder b. 6 J. | 2.7 |
| Kinder b. 12 J. | 2.8 |
| Kinder b. 18 J. | 3.1 |
| Paare | 4.4 |
| Senioren | 4.4 |
| Gäste mit Zelt | 3.8 |
| Gäste mit Hund | 3.7 |

**Empfohlene Aktivitäten**

- Radfahren
- Wandern
- Sightseeing

## 7 Strandcamping Fenninger Spitz

Fenning 120
5302 Henndorf
+43 664 4555705
47.8992 | 13.16866
520m ü.M.

01.04. - 31.10.

HS: 27,50 € | NS: 26,50 €

**Mehr Infos & Anfrage:**
www.camping.info/19524

| | |
|---|---|
| Baden im See am Platz | ✓ |
| Pool/Hallenbad | 1/15km |
| Spielplatz am Platz | ✓ |
| Hunde willkommen | ✓ |
| Skilift & Loipe | ✗ |
| WLAN (gratis) | teilweise |
| Lebensmittel | 1km |
| Brötchen am Platz | ✓ |
| Restaurant & Imbiss | ✓ |
| Ver-/Entsorgung Womo | ✓ |
| in den Ort | 1km |
| Gesamt/Touristen | 230/50 |
| Mietunterkünfte | ✗ |
| Stellplätze vor Schranke | ✓ |

3.7 GUT
9 Bewertungen

| | |
|---|---|
| Lage | 4.3 |
| Ruhe | 3.9 |
| Sanitäranlagen | 2.9 |
| Sauberkeit Ø | 3.5 |
| Freundlichkeit | 4.6 |
| Stellplatz | 3.4 |
| Verpflegung | 2.4 |
| Freizeit | 3.4 |
| Preis-Leistung | 3.9 |
| Mietunterkünfte | - |

**Geeignet für**

| | |
|---|---|
| Kinder b. 6 J. | 3.9 |
| Kinder b. 12 J. | 4.6 |
| Kinder b. 18 J. | 4.0 |
| Paare | 4.5 |
| Senioren | 4.2 |
| Gäste mit Zelt | 4.0 |
| Gäste mit Hund | 5.0 |

**Empfohlene Aktivitäten**

- Schwimmen
- Radfahren
- Wandern

**Infos**

Öffnungszeiten

Vergleichspreis

Link

**Ausstattung**

Freizeit

Campingplatz

Versorgung

Anzahl der Plätze

Karte auf Seite 94

## 8 Strandbad & Camping Seekirchen

Seestrasse 2
5201 Seekirchen am Wallersee
+43 6212 4088
47.90233 | 13.14334
600m ü.M.

| Infos | |
|---|---|
| Öffnungszeiten | 01.04. - 31.10. |
| Vergleichspreis | HS: 32,00 € \| NS: 26,00 € |
| Link | **Mehr Infos & Anfrage:** www.camping.info/23495 |

| Ausstattung | | |
|---|---|---|
| Freizeit | Baden im See am Platz | ✓ |
| | Pool & Hallenbad | ✗ |
| | Spielplatz am Platz | ✓ |
| Campingplatz | Hunde willkommen | ✓ |
| | Skilift & Loipe | ✗ |
| | WLAN | ✓ |
| Versorgung | Lebensmittel | ✓ |
| | Brötchen am Platz | ✓ |
| | Restaurant & Imbiss | ✓ |
| | Ver-/Entsorgung Womo | ✓ |
| | in den Ort | 1km |
| Anzahl der Plätze | Gesamt/Touristen | 108/30 |
| | Mietunterkünfte | ✗ |
| | Stellplätze vor Schranke | ✗ |

**4.4** SEHR GUT
37 Bewertungen

| | |
|---|---|
| Lage | 4.6 |
| Ruhe | 4.3 |
| Sanitäranlagen | 4.2 |
| Sauberkeit Ø | 4.2 |
| Freundlichkeit | 4.5 |
| Stellplatz | 4.1 |
| Verpflegung | 4.3 |
| Freizeit | 4.6 |
| Preis-Leistung | 4.6 |
| Mietunterkünfte | - |

**Geeignet für**

| | |
|---|---|
| Kinder b. 6 J. | 4.6 |
| Kinder b. 12 J. | 4.5 |
| Kinder b. 18 J. | 3.7 |
| Paare | 4.6 |
| Senioren | 4.6 |
| Gäste mit Zelt | 4.4 |
| Gäste mit Hund | 3.7 |

**Empfohlene Aktivitäten**

- Schwimmen
- Radfahren
- Wandern

## 9 Panoramacamping Stadtblick

❄

Rauchenbichler Strasse 21
5020 Salzburg
+43 662 450 652
47.82852 | 13.04883
360m ü.M.

| Infos | |
|---|---|
| Öffnungszeiten | 20.03. - 05.11.<br>27.12. - 06.01. |
| Vergleichspreis | HS: 37,00 € \| NS: 33,00 € |
| Link | **Mehr Infos & Anfrage:** www.camping.info/19521 |

| Ausstattung | | |
|---|---|---|
| Freizeit | Baden im See | 14km |
| | Pool/Hallenbad | 2km |
| | Spielplatz am Platz | ✓ |
| Campingplatz | Hunde willkommen | ✓ |
| | Skilift | 20km |
| | WLAN | ✓ |
| Versorgung | Lebensmittel | ✓ |
| | Brötchen am Platz | ✓ |
| | Restaurant & Imbiss | ✓ |
| | Ver-/Entsorgung Womo | ✓ |
| | in den Ort | 3km |
| Anzahl der Plätze | Touristenplätze | 70 |
| | Mietunterkünfte | ✓ |
| | Stellplätze vor Schranke | ✗ |

**3.6** GUT
39 Bewertungen

| | |
|---|---|
| Lage | 4.3 |
| Ruhe | 3.4 |
| Sanitäranlagen | 4.3 |
| Sauberkeit Ø | 4.0 |
| Freundlichkeit | 3.8 |
| Stellplatz | 3.3 |
| Verpflegung | 3.6 |
| Freizeit | 3.2 |
| Preis-Leistung | 3.1 |
| Mietunterkünfte | 4.0 |

**Geeignet für**

| | |
|---|---|
| Kinder b. 6 J. | 2.3 |
| Kinder b. 12 J. | 2.9 |
| Kinder b. 18 J. | 3.2 |
| Paare | 4.3 |
| Senioren | 4.3 |
| Gäste mit Zelt | 3.6 |
| Gäste mit Hund | 4.3 |

**Empfohlene Aktivitäten**

- Sightseeing
- Kultur
- Wandern

keine Jugendgruppen

## 10 Wohnmobil Stellplatz Aqua Salza Golling

Möslstraße 199
5440 Golling
+43 6244 200 40-10
47.59643 | 13.17409
476m ü.M.

| Infos | |
|---|---|
| Öffnungszeiten | ganzjährig |
| Vergleichspreis | HS: 11,90 € \| NS: 11,90 € |
| Link | **Mehr Infos & Anfrage:** www.camping.info/24382 |

| Ausstattung | | |
|---|---|---|
| Freizeit | Baden in nat. Gewässer | k. A. |
| | Pool & Hallenbad | ✓ |
| | Spielplatz | ✗ |
| Campingplatz | Hunde erlaubt | ✓ |
| | Skilift & Loipe | ✗ |
| | WLAN | ✗ |
| Versorgung | Lebensmittel | 600m |
| | Brötchen am Platz | ✗ |
| | Restaurant & Imbiss | ✓ |
| | Ver-/Entsorgung Womo | ✓ |
| | im Ort | ✓ |
| Anzahl der Plätze | Gesamt | 15 |
| | Mietunterkünfte | ✗ |
| | Stellplätze vor Schranke | ✗ |

**3.6** GUT
5 Bewertungen

| | |
|---|---|
| Lage | 3.6 |
| Ruhe | 3.2 |
| Sanitäranlagen | 3.0 |
| Sauberkeit Ø | 3.1 |
| Freundlichkeit | 3.8 |
| Stellplatz | 3.2 |
| Verpflegung | 3.2 |
| Freizeit | 4.2 |
| Preis-Leistung | 1.8 |
| Mietunterkünfte | - |

**Geeignet für**

| | |
|---|---|
| Kinder b. 6 J. | 3.3 |
| Kinder b. 12 J. | 3.3 |
| Kinder b. 18 J. | 3.7 |
| Paare | 4.2 |
| Senioren | 4.2 |
| Gäste mit Zelt | 1.0 |
| Gäste mit Hund | 3.0 |

**Empfohlene Aktivitäten**

- Schwimmen
- Wellness
- Wandern

ÖSTERREICH

# 7 Salzburg Innergebirg

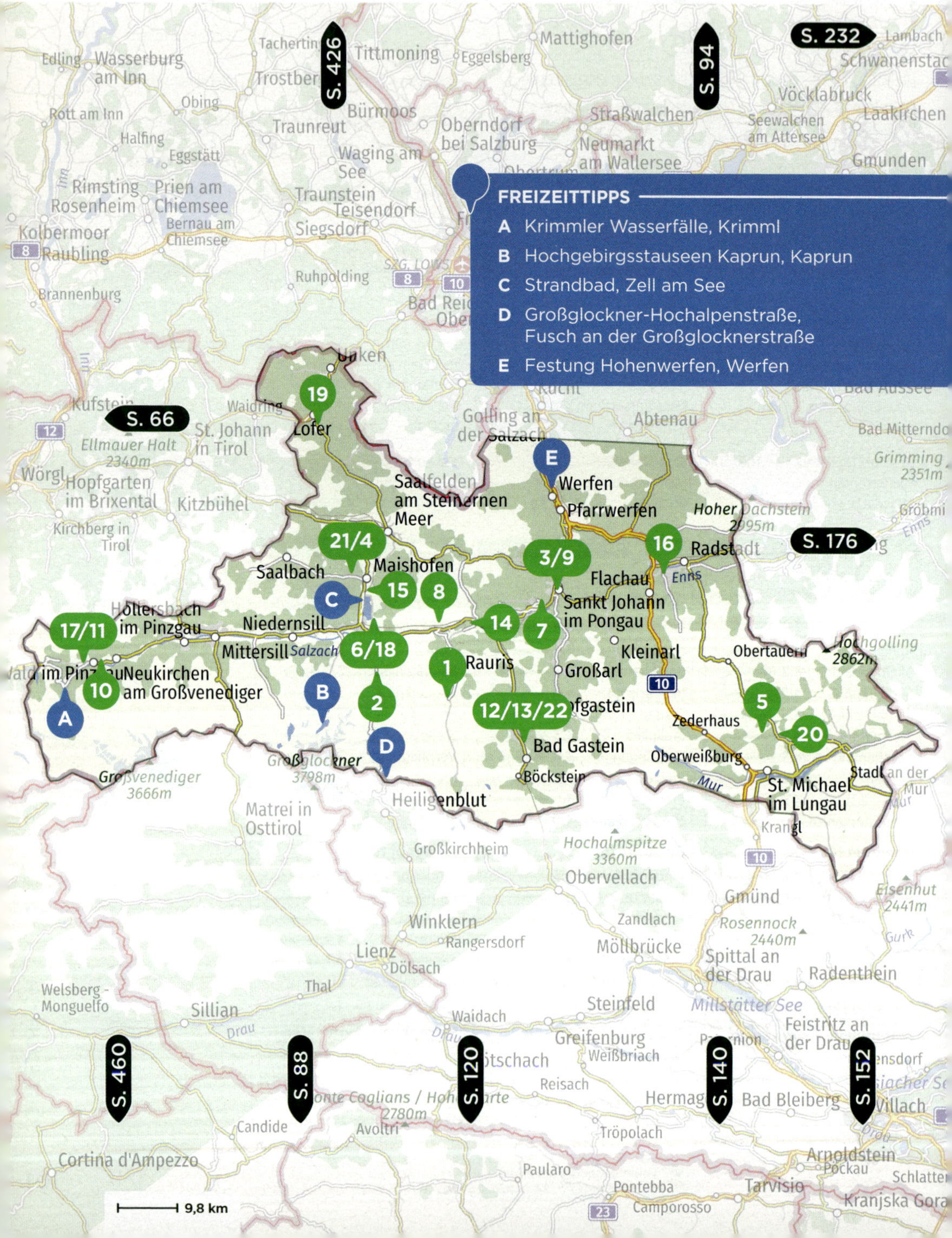

| | Platz | Seite | Bewertung | Öffnungszeiten | |
|---|---|---|---|---|---|
| 1 | Nationalpark Camping Andrelwirt | 107 | - | ganzjährig | ❄ |
| 2 | Camping Lampenhäusl | 107 | - | saisonal | |
| 3 | Camping & Appartements Wieshof | 106 | 4.2 | ganzjährig | ❄ |
| 4 | Camping Neunbrunnen am Waldsee | 107 | 4.6 | ganzjährig | ❄ |
| 5 | Wohnmobilstellplatz Kaiservilla | 110 | - | ganzjährig | ❄ |
| 6 | Sportcamp Woferlgut | 108 | 4.5 | ganzjährig | ❄ 👍 |
| 7 | Sonnenterrassen-Camping St. Veit | 110 | 4.5 | ganzjährig | ❄ |
| 8 | Camping Oberhasenberghof | 110 | 4.9 | saisonal | |
| 9 | Camping Kastenhof | 110 | 4.0 | ganzjährig | ❄ |
| 10 | Panoramastellplatz Friedburg | 111 | 4.8 | ganzjährig | ❄ |
| 11 | S.N.P. Camping | 112 | 4.8 | ganzjährig | ❄ |
| 12 | Camping-Bungalow-Appartement Erlengrund | 111 | 4.4 | ganzjährig | ❄ |
| 13 | Camping Pub Gastein | 111 | - | ganzjährig | ❄ |
| 14 | Camping Biohof Unteregg | 113 | 4.3 | ganzjährig | ❄ |
| 15 | Seecamp Zell am See | 113 | 4.5 | ganzjährig | ❄ |
| 16 | Camping & Gästehaus Passrucker | 113 | 4.6 | saisonal | ❄ |
| 17 | Camping Viktoria | 115 | 4.7 | saisonal | |
| 18 | Panorama Camp Zell am See | 114 | 4.5 | saisonal | ❄ |
| 19 | Grubhof | 116 | 4.9 | ganzjährig | ❄ 🍃 👍 |
| 20 | Camping Mauterndorf | 118 | 4.2 | ganzjährig | ❄ |
| 21 | Gasthof & Camping Glemmerhof | 115 | - | ganzjährig | ❄ |
| 22 | Camping Bertahof | 115 | 4.3 | ganzjährig | ❄ |

## DIE SALZBURGER BERGWELT

Der südliche Teil des Bundeslandes Salzburg wird auch als Innergebirg bezeichnet. Die Salzburger Gebirgsgaue Pongau, Pinzgau und Lungau sind alte, natürlich gewachsene Kulturlandschaften, topografisch zwar oft höchst verschieden, allerdings durch Eines vereint: die allgegenwärtige Salzburger Bergwelt. Im Sommer und Herbst als Bergwanderregionen beliebt, präsentieren sich die Gebirgsgaue zur kalten Jahreszeit als weltbekannte Wintersportgebiete. So zählen vor allem touristische Zentren wie Saalbach-Hinterglemm, Altenmarkt-Zauchensee oder Bad Gastein zu den Top-Wintersportdestinationen Europas.

## WANDER-, SKI- UND THERMENVERGNÜGEN IM PONGAU

Der Pongau ist weitum als Wintersportparadies bekannt, schließlich beheimatet die Region große Skigebiete. Sie alle gehören zu „Ski Amadé" – einem Verbund von fünf Wintersportregionen mit 760 Pistenkilometern und 270 Liftanlagen. Der Pongau hat jedoch auch abseits des Skisports Einiges zu bieten. Zahlreiche Thermalbäder wie die Therme Amadé in Altenmarkt oder die Alpentherme Gastein in Bad Hofgastein garantieren erholsame Tage außerhalb des Campingplatzes. In den wärmeren Jahreszeiten lädt die faszinierende Bergwelt zum Wandern ein. Ein Tipp ist das idyllische Großarltal, welches fast bis zur Kärntner Landesgrenze führt. Am Taleingang befindet sich die bekannte Liechtensteinklamm, die als eine der tiefsten Schluchten der Alpen gilt. Des Weiteren bieten sich die Burg Hohenwerfen und die Eisriesenwelt in Werfen für einen spannenden Tagesausflug an.

Skipiste Stubnerkogel

Rennradtour bei Sonnenuntergang


## PINZGAU: NATIONALPARK HOHE TAUERN UND SKISPORT

Neben der Stadt Salzburg stellt der Pinzgau den wichtigsten touristischen Bezirk im Bundesland dar. Das Zentrum bildet die Urlaubsregion Zell am See/Kaprun mit dem Zeller See und dem Skigebiet am Kitzsteinhorn. Das Glemmtal, das im Winter mit dem Skicircus Saalbach-Hinterglemm und im Sommer mit wunderbaren Wandermöglichkeiten in den Bergen reizt, zählt ebenfalls zu den interessantesten Zielen im Pinzgau. Eine einzigartige Attraktion ist zweifelsohne der Nationalpark Hohe Tauern. Unter seinen Sehenswürdigkeiten befinden sich unter anderem die Krimmler Wasserfälle und die Großglockner Hochalpenstraße, die zu den meistbesuchten Ausflugszielen Österreichs gehört. Ein weiteres Highlight ist die Kraftwerksanlage Kaprun mit ihren beiden Hochgebirgs-Stauseen und den übermächtigen, bis zu 120 Meter hohen Staumauern. Dieses imposante Bauwerk kann von Ende Mai bis Mitte Oktober mittels Europas größtem offenen Schrägaufzug besichtigt werden.

Wandern auf der Stuhlalm © SalzburgerLand Tourismus

## TRADITION, NATUR UND KULTUR IM LUNGAU

Der Lungau ist der südöstlichste Bezirk Salzburgs und mit dem restlichen Bundesland nur über den Radstädter Tauern bzw. den Tauerntunnel verbunden: Das abgeschiedene Talbecken kommt aber gerade deswegen bei vielen Campern gut an. Statt Hektik und Stress gibt es hier jede Menge Ruhe und Traditionsbewusstsein. Die schöne Landschaft mit ihren Besonderheiten, wie auch die vielfältigen kulturellen Möglichkeiten, sorgen für einen wunderbaren Aufenthalt. Hervorzuheben sind dabei die Burg Mauterndorf, das Schloss Moosham, die Wallfahrtskirche St. Leonhard ob Tamsweg, das Schaubergwerk Ramingstein und die Taurachbahn in Mauterndorf. Wanderer genießen den Naturpark Riedingtal. Mit hohen Gipfeln, sanften Tälern, klaren Bergseen und urigen Almen erweist sich dieses traumhafte Lungauer Tal als Juwel im Salzburger Land.

**TIPP DER REDAKTION**

**Camping Biohof Unteregg**
Embach | Nr. 14 | Seite 113

Laut Gästen ideal geeignet zum:
- Wandern
- Entspannen
- Mountainbiken

4.5

# 3 Camping & Appartements Wieshof

Wieshofgasse 8
5600 St. Johann im Pongau
004364128519
www.wieshof-stjohann.com
info@camping-wieshof.at

ganzjährig

HS: 36,00 € | NS: 34,00 €

**Mehr Infos & Anfrage:**
www.camping.info/22260

| | |
|---|---|
| Baden im See | 3km |
| Pool/Hallenbad | 2km |
| Spielplatz am Platz | ✓ |
| Hunde erlaubt | ✓ |
| Skilift/Loipe | 3km |
| WLAN | ✓ |
| Lebensmittel | 600m |
| Brötchen am Platz | ✓ |
| Restaurant & Imbiss | ✓ |
| Ver-/Entsorgung Womo | ✓ |
| in den Ort | 500m |
| Gesamt/Touristen | 140/50 |
| Mietunterkünfte | ✓ |
| Stellplätze vor Schranke | ✗ |

Herrliche Aussicht auf die umliegende Bergwelt.

1 km
47.34619 | 13.1924
600m ü.M.

## Lage & Stellplatz

Der Wieshof liegt an der Sonnenseite von Sankt Johann im Pongau mit Blick auf die Stadt mit dem Pongauer Dom und die umliegenden Berge. Das Zentrum von St. Johann in Salzburg liegt 15 Gehminuten entfernt, bis zum Skigebiet „SnowSpaceSalzburg" sind es 3 km. Neues Highlight: der Erlebnisspielplatz.

## Verpflegung

Täglich frisches Gebäck (auf Bestellung) oder Frühstücksbuffet. Das platzeigene Restaurant ist während der Hauptsaison abends geöffnet und bietet typisch österreichische Gerichte. Sollte es geschlossen haben, bekommen Sie gerne Tipps, wo man gut Essen gehen kann.

## Sanitär

Modernste, barrierefreie Sanitäranlagen im alpinen Lifestyle-Design. Ausgestattet mit Mietbädern, abgeschlossenen Einzelwaschkabinen und Duschen. Wellnessbereich mit finnischer Außensauna, Bio-Kräuter-Sauna sowie Infrarotkabine. Großzügiger Ruheraum sowie Fitnessraum.

## Freizeit

Im Sommer ist der Platz der ideale Ausgangspunkt für zahlreiche Ausflugsziele und Sehenswürdigkeiten im Salzburger Land. Auch die Berge rundum bieten ein attraktives Angebot an Wander- und Höhenwegen. Der Einstieg ins Skigebiet „Snow Space Salzburg" (Ski amadé) ist nur 3 km von der Anlage entfernt.

Dusche mit Steinwaschbecken.

Finnische Sauna mit Panorama.

**4.2** SEHR GUT
4 Bewertungen

| | |
|---|---|
| Lage | 4.5 |
| Ruhe | 4.0 |
| Sanitäranlagen | 4.2 |
| Sauberkeit Ø | 4.7 |
| Freundlichkeit | 5.0 |
| Stellplatz | 3.8 |
| Verpflegung | 3.7 |
| Freizeit | 4.0 |
| Preis-Leistung | 4.2 |
| Mietunterkünfte | 5.0 |

**Geeignet für**

- 5.0 Kinder b. 6 J.
- 5.0 Kinder b. 12 J.
- 5.0 Kinder b. 18 J.
- 5.0 Paare
- 4.7 Senioren
- 4.5 Gäste mit Zelt
- 4.5 Gäste mit Hund

**Empfohlene Aktivitäten**

Radfahren · Wandern · Entspannen · Langlauf · Kultur

Karte auf Seite 102

| | 1 Nationalpark Camping Andrelwirt | 2 Camping Lampenhäusl | 4 Camping Neunbrunnen am Waldsee |
|---|---|---|---|
| | ✱ | | ✱ |
| | Dorfstraße 19<br>5661 Rauris<br>+43/(0)6544/7168 | Zellerfusch 15<br>5672 Fusch am Großglockner<br>+43 6546 215 0 | Neunbrunnen 60<br>5751 Maishofen<br>+43 6542 68548 |
| | 47.19556 \| 12.97667 | 47.22519 \| 12.82714 | 47.37757 \| 12.79534<br>768m ü.M. |
| **Infos** | | | |
| Öffnungszeiten | ganzjährig | 15.05. - 20.10. | ganzjährig |
| Vergleichspreis | keine Angabe | HS: 25,30 € \| NS: 22,30 € | HS: 22,80 € \| NS: 19,50 € |
| Link | **Mehr Infos & Anfrage:** www.camping.info/19494 | **Mehr Infos & Anfrage:** www.camping.info/19441 | **Mehr Infos & Anfrage:** www.camping.info/19440 |
| **Ausstattung** | | | |
| Freizeit | Baden in nat. Gewässer k. A.<br>Pool/Hallenbad 5km<br>Spielplatz am Platz ✓ | Baden im See 10km<br>Pool/Hallenbad 700m/13km<br>Spielplatz am Platz ✓ | Baden im See am Platz ✓<br>Hallenbad 6km<br>Spielplatz am Platz ✓ |
| Campingplatz | Hunde erlaubt ✓<br>Skilift 5km<br>WLAN keine Angabe | Hunde willkommen ✓<br>Skilift/Loipe 300m<br>WLAN (gratis) teilweise | Hunde erlaubt ✓<br>Skilift/Loipe 8km/✓<br>WLAN ✓ |
| Versorgung | Lebensmittel ✓<br>Brötchen keine Angabe<br>Restaurant/Imbiss ✓/100m<br>Ver-/Entsorgung Womo ✓<br>in den Ort 500m | Lebensmittel ✓<br>Brötchen am Platz ✓<br>Restaurant & Imbiss ✓<br>Ver-/Entsorgung Womo ✗<br>im Ort ✓ | Lebensmittel 2km<br>Brötchen keine Angabe<br>Restaurant am P. ✓<br>Ver-/Entsorgung Womo ✓<br>im Ort ✓ |
| Anzahl der Plätze | Gesamt/Touristen 120/90<br>Mietunterkünfte ✓<br>Stellplätze vor Schranke ✗ | Touristenplätze 35<br>Mietunterkünfte ✓<br>Stellplätze vor Schranke ✗ | Gesamt/Touristen 100/60<br>Mietunterkünfte ✓<br>Stellplätze vor Schranke ✗ |

**1 Nationalpark Camping Andrelwirt**

- JETZT BEWERTEN!

Für diese Auswertung liegen leider noch nicht genugend Bewertungen vor.

Sei einer der Ersten, der diesen Campingplatz bewertet. Unter den Bewertern werden regelmäßig Gewinne verlost!

Mehr Infos dazu findest du in unserem allgemeinen Intro.

**2 Camping Lampenhäusl**

- JETZT BEWERTEN!

Für diese Auswertung liegen leider noch nicht genügend Bewertungen vor.

Sei einer der Ersten, der diesen Campingplatz bewertet. Unter den Bewertern werden regelmäßig Gewinne verlost!

Mehr Infos dazu findest du in unserem allgemeinen Intro.

**4 Camping Neunbrunnen am Waldsee**

4.7 SEHR GUT
15 Bewertungen

| | |
|---|---|
| Lage | 4.5 |
| Ruhe | 4.7 |
| Sanitäranlagen | 4.5 |
| Sauberkeit Ø | 4.8 |
| Freundlichkeit | 4.7 |
| Stellplatz | 4.3 |
| Verpflegung | 4.1 |
| Freizeit | 4.6 |
| Preis-Leistung | 4.8 |
| Mietunterkünfte | 4.0 |

**Geeignet für**

| | |
|---|---|
| Kinder b. 6 J. | 4.2 |
| Kinder b. 12 J. | 4.4 |
| Kinder b. 18 J. | 4.0 |
| Paare | 4.8 |
| Senioren | 4.6 |
| Gäste mit Zelt | 4.6 |
| Gäste mit Hund | 4.4 |

**Empfohlene Aktivitäten**

- Wandern
- Radfahren
- Entspannen

# 6 Sportcamp Woferlgut

Kroessenbachstr. 40
5671 Bruck/Grossglockner
+43 6545 7303 0

www.sportcamp.at
info@sportcamp.at

ganzjährig

HS: 46,10 € | NS: 34,30 €

**Mehr Infos & Anfrage:**
www.camping.info/19417

| | |
|---|---|
| Baden im See am Platz | ✓ |
| Pool & Hallenbad | ✓ |
| Spielplatz am Platz | ✓ |
| Hunde willkommen | ✓ |
| Skilift/Loipe | 2km/✓ |
| WLAN | ✓ |
| Lebensmittel | ✓ |
| Brötchen am Platz | ✓ |
| Restaurant am P. | ✓ |
| Ver-/Entsorgung Womo | ✓ |
| in den Ort | 500m |
| Gesamt/Touristen | 350/220 |
| Mietunterkünfte | ✓ |
| Stellplätze vor Schranke | ✗ |

TOP CAMPING AUSTRIA

LeadingCampings

ADAC Klassifikation 2020 SUPER 2020 ★★★★★ PINCAMP.DE ADAC

Sportcamp Woferlgut mit Badesee und schön angelegten Grünflächen.

## Lage & Stellplatz

Als Mitglied bei den Leading Campings of Europe und Top Camping Austria zählt das Woferlgut mit Camping und 4-Sterne-Hotel im Salzburger Land zu den absoluten Top-Plätzen in Europa. Der Luxus-Campingplatz bietet höchsten Komfort und zahlreiche Freizeitaktivitäten für einen echten Traumurlaub. Neben reichlich Platz und Erholung findet man auch Miet-Badehäuser, einen eigenen Supermarkt, ein Babybad, WLAN, Komfort- und Luxusstellplätze, Mietcaravans, Apartments und ein Hotel. Die zentrale Lage am Schnittpunkt von zwei Tälern gewährt kurze Anfahrten zu den zahlreichen Ausflugszielen der Region.

## Sanitär

In den drei stilvoll eingerichteten Badehäusern fehlt es den Campern definitiv an nichts. Kosmetikraum, Ski- und Schuhräume, ein Wäscheraum und noch vieles mehr sorgen für Wohlbefinden und Annehmlichkeiten. Für mehr Intimsphäre sorgen die Mietbäder, die problemlos mitreserviert werden können. Des Weiteren gehören ein Babyraum, ein Geschirrspülraum, ein barrierefreies Bad, Familienbäder sowie getrennte Waschbereiche für Damen und Herren (jeweils mit speziellem Kinderbereich) zur umfangreichen Ausstattung des Sportcamps.

Wintercampen im Salzburger Land.

Stellplätze in blühender Natur.

1 km
47.28364 | 12.81667
747m ü.M.

AWARD 2020

WLAN im gesamten Betriebsareal verfügbar und kostenfrei.

Das neue Badeparadies „Badewelten" auf dem Sportcamp Woferlgut.

## Verpflegung

Im Restaurant Woferlgut verwöhnt das Küchenteam seine Gäste mit vorwiegend regionalen Produkten und Schmankerln, sowie auch mit internationalen Spezialitäten. Kulinarische Themenabende sorgen für schmackhafte Gaumenfreuden. Nette Gastgärten und ein gemütlicher Sitzbereich im Freien erfreuen die Gäste. Die Bar mit zahlreichen Musikabenden lädt die Gäste zum gemütlichen Tagesausklang ein. Besonderer Beliebtheit erfreut sich auch das riesige Frühstücksbuffet. Darüber hinaus verfügt der eigene Campingsupermarkt über ein reichhaltiges Sortiment. Zwei Supermärkte sind fußläufig erreichbar.

## Freizeit

Familienurlaub für alle – der Kinderclub bietet ein kostenloses Kinder-Programm von Mitte Mai bis Mitte September. Die Sportbetreuung, geführte Rennrad-, Mountainbike- und Wandertouren durch das traumhafte Salzburger Land, Tennis, Beachvolleyball, Klettergarten, Fun- und Actionroom, Badesee, usw. sind „all-inclusive" und bringen Schwung in den Urlaub. Die neuen „Badewelten" bestehen aus fünf großzügigen Pools mit einer 100 m Wasserrutsche, großem Fitnessstudio sowie diversen Saunen, Massage und Physiotherapie. Highlight sind der 50 m-Trainingspool für Sportler sowie der ganzjährige Außenpool.

**5.0**

*Sehr freundliches Personal, absolut saubere Sanitäranlagen! Toller Wellnessbereich! Wir haben uns jede Minute wohlgefühlt.*

**Franz M.**

Franz war mit seiner Frau im Juni 2020 auf dem Sportcamp Woferlgut.

Fitness auf dem Campingplatz.

Restaurant mit Gastgarten.

**4.5** SEHR GUT
600 Bewertungen

| | |
|---|---|
| Lage | 4.4 |
| Ruhe | 4.0 |
| Sanitäranlagen | 4.5 |
| Sauberkeit Ø | 4.7 |
| Freundlichkeit | 4.6 |
| Stellplatz | 4.5 |
| Verpflegung | 4.3 |
| Freizeit | 4.6 |
| Preis-Leistung | 4.0 |
| Mietunterkünfte | 4.4 |

**Geeignet für**

| | |
|---|---|
| 4.7 | Kinder b. 12 J. |
| 4.6 | Kinder b. 6 J. |
| 4.6 | Senioren |
| 4.5 | Gäste mit Hund |
| 4.6 | Paare |
| 4.5 | Gäste mit Zelt |
| 4.3 | Kinder b. 18 J. |

**Empfohlene Aktivitäten**

Wandern · Radfahren · Schwimmen · Entspannen · Mountainbiking

## 5 Wohnmobilstellplatz Kaiservilla

❄

Götzstraße 9
4820 Bad Ischl

47.14615 | 13.62497

ganzjährig

HS: 8,00 €

**Mehr Infos & Anfrage:**
www.camping.info/27619

| | |
|---|---|
| Baden im Fluss am Platz | ✓ |
| Pool & Hallenbad | ✗ |
| Spielplatz | ✗ |
| Hunde willkommen | ✓ |
| Skilift & Loipe | ✗ |
| WLAN (begrenzt gratis) | ✓ |
| Lebensmittel | 50m |
| Brötchen am Platz | ✗ |
| Restaurant & Imbiss | ✓ |
| Ver-/Entsorgung Womo | ✓ |
| in den Ort | keine Angabe |
| Gesamt | keine Angabe |
| Mietunterkünfte | ✗ |
| Stellplätze vor Schranke | ✗ |

- **JETZT BEWERTEN!**

Für diese Auswertung liegen leider noch nicht genügend Bewertungen vor.

Sei einer der Ersten, der diesen Campingplatz bewertet. Unter den Bewertern werden regelmäßig Gewinne verlost!

Mehr Infos dazu findest du in unserem allgemeinen Intro.

## 7 Sonnenterrassen Camping St. Veit

❄

Bichlwirt 12
5621 St. Veit im Pongau
+43 6415 57333

47.32522 | 13.16535
600m ü.M.

ganzjährig

HS: 35,00 € | NS: 30,00 €

**Mehr Infos & Anfrage:**
www.camping.info/19442

| | |
|---|---|
| Baden im See | 2km |
| Pool/Hallenbad | 1/15km |
| Spielplatz am Platz | ✓ |
| Hunde erlaubt | ✓ |
| Skilift/Loipe | 5/1km |
| WLAN | ✓ |
| Lebensmittel | 1km |
| Brötchen am Platz | ✓ |
| Restaurant/Imbiss | 1km/✓ |
| Ver-/Entsorgung Womo | ✓ |
| in den Ort | 1km |
| Gesamt/Touristen | 104/60 |
| Mietunterkünfte | ✗ |
| Stellplätze vor Schranke | ✗ |

**4.6** SEHR GUT
12 Bewertungen

| | |
|---|---|
| Lage | 3.8 |
| Ruhe | 3.5 |
| Sanitäranlagen | 5.0 |
| Sauberkeit Ø | 5.0 |
| Freundlichkeit | 4.4 |
| Stellplatz | 4.5 |
| Verpflegung | 3.6 |
| Freizeit | 4.3 |
| Preis-Leistung | 4.7 |
| Mietunterkünfte | - |

**Geeignet für**

| | |
|---|---|
| Kinder b. 6 J. | 4.2 |
| Kinder b. 12 J. | 4.4 |
| Kinder b. 18 J. | 4.0 |
| Paare | 4.9 |
| Senioren | 5.0 |
| Gäste mit Zelt | 4.8 |
| Gäste mit Hund | 4.5 |

**Empfohlene Aktivitäten**

- Wandern
- Mountainbiking
- Sightseeing

## 8 Camping Oberhasenberghof

Taxberg 56 A
5660 Taxenbach
+43 664 866 9104

47.30097 | 12.94523
1150m ü.M.

28.05. - 20.10.

HS: 30,20 € | NS: 25,20 €

**Mehr Infos & Anfrage:**
www.camping.info/19366

| | |
|---|---|
| Baden im See | 19km |
| Pool/Hallenbad | ✓/20km |
| Spielplatz am Platz | ✓ |
| Hunde willkommen | ✓ |
| Skilift | 15km |
| WLAN | ✓ |
| Lebensmittel | 4km |
| Brötchen am Platz | nur HS |
| Restaurant/Imbiss | 4km |
| Ver-/Entsorgung Womo | ✓ |
| in den Ort | 4km |
| Touristenplätze | 15 |
| Mietunterkünfte | ✓ |
| Stellplätze vor Schranke | ✗ |

**4.9** SEHR GUT
35 Bewertungen

| | |
|---|---|
| Lage | 4.9 |
| Ruhe | 4.8 |
| Sanitäranlagen | 4.5 |
| Sauberkeit Ø | 4.9 |
| Freundlichkeit | 5.0 |
| Stellplatz | 4.6 |
| Verpflegung | 3.8 |
| Freizeit | 4.7 |
| Preis-Leistung | 4.8 |
| Mietunterkünfte | 4.9 |

**Geeignet für**

| | |
|---|---|
| Kinder b. 6 J. | 4.9 |
| Kinder b. 12 J. | 4.8 |
| Kinder b. 18 J. | 3.7 |
| Paare | 4.4 |
| Senioren | 4.1 |
| Gäste mit Zelt | 4.6 |
| Gäste mit Hund | 4.8 |

**Empfohlene Aktivitäten**

- Wandern
- Entspannen
- Mountainbiking

## 9 Camping Kastenhof

❄

Kastenhofweg 6
5600 St. Johann im Pongau
+43 6412 5490

47.34171 | 13.19705

ganzjährig

HS: 30,00 € | NS: 30,00 €

**Mehr Infos & Anfrage:**
www.camping.info/19368

| | |
|---|---|
| Baden im Teich | 2km |
| Pool/Hallenbad | 1km |
| Spielplatz am Platz | ✓ |
| Hunde erlaubt | ✓ |
| Skilift | 1km |
| WLAN (gratis) | teilweise |
| Lebensmittel | ✓ |
| Brötchen am Platz | nur HS |
| Restaurant & Imbiss | ✓ |
| Ver-/Entsorgung Womo | ✓ |
| im Ort | ✓ |
| Gesamt/Touristen | 70/30 |
| Mietunterkünfte | ✓ |
| Stellplätze vor Schranke | ✗ |

**4.0** SEHR GUT
3 Bewertungen

| | |
|---|---|
| Lage | 4.7 |
| Ruhe | 4.0 |
| Sanitäranlagen | 4.3 |
| Sauberkeit Ø | 4.5 |
| Freundlichkeit | 4.0 |
| Stellplatz | 4.0 |
| Verpflegung | 4.0 |
| Freizeit | 4.3 |
| Preis-Leistung | 4.3 |
| Mietunterkünfte | - |

**Geeignet für**

| | |
|---|---|
| Kinder b. 6 J. | 5.0 |
| Kinder b. 12 J. | 5.0 |
| Kinder b. 18 J. | 5.0 |
| Paare | 4.0 |
| Senioren | 5.0 |
| Gäste mit Zelt | 5.0 |
| Gäste mit Hund | 5.0 |

**Empfohlene Aktivitäten**

- Wandern
- Radfahren
- Ski

Karte auf Seite 102

## 10 Panoramastellplatz Friedburg

*

Scheffau 96
5741 Neukirchen am Grossvenediger
+43 656 564860
47.23873 | 12.24157

ganzjährig
HS: 12,00 € | NS: 11,00 €
**Mehr Infos & Anfrage:**
www.camping.info/24290

| | |
|---|---|
| Baden im See | 1km |
| Pool/Hallenbad | 1km |
| Spielplatz am Platz | ✓ |
| Hunde erlaubt | ✓ |
| Skilift/Loipe | 4/2km |
| WLAN | ✓ |
| Lebensmittel | 3km |
| Brötchen am Platz | ✓ |
| Restaurant & Imbiss | ✓ |
| Ver-/Entsorgung Womo | ✓ |
| in den Ort | 3km |
| Gesamt | 15 |
| Mietunterkünfte | ✓ |
| Stellplätze vor Schranke | ✗ |

**4.8** SEHR GUT
23 Bewertungen

| | |
|---|---|
| Lage | 4.8 |
| Ruhe | 4.8 |
| Sanitäranlagen | 3.9 |
| Sauberkeit Ø | 5.0 |
| Freundlichkeit | 4.8 |
| Stellplatz | 4.3 |
| Verpflegung | 4.8 |
| Freizeit | 4.3 |
| Preis-Leistung | 4.9 |
| Mietunterkünfte | 4.2 |

**Geeignet für**

| | |
|---|---|
| Kinder b. 6 J. | 4.3 |
| Kinder b. 12 J. | 4.5 |
| Kinder b. 18 J. | 4.2 |
| Paare | 4.9 |
| Senioren | 4.9 |
| Gäste mit Zelt | 3.6 |
| Gäste mit Hund | 4.6 |

**Empfohlene Aktivitäten**

- Wandern
- Entspannen
- Radfahren

Bei einem Essen im Restaurant gibt es 5 € Ermäßigung auf den Stellplatz!

## 12 Camping-Bungalow-Appartement Erlengrund

*

Erlengrundstrasse 6
5640 Bad Gastein
+43 643 430 205
47.13508 | 13.12979
854m ü.M.

ganzjährig
HS: 37,00 € | NS: 22,00 €
**Mehr Infos & Anfrage:**
www.camping.info/22116

| | |
|---|---|
| Baden im See | 1km |
| Pool/Hallenbad | ✓/4km |
| Spielplatz am Platz | ✓ |
| Hunde willkommen | ✓ |
| Skilift/Loipe | 4km/✓ |
| WLAN | ✓ |
| Lebensmittel | 3km |
| Brötchen am Platz | ✓ |
| Restaurant/Imbiss | 1km |
| Ver-/Entsorgung Womo | ✓ |
| in den Ort | 4km |
| Gesamt/Touristen | 100/80 |
| Mietunterkünfte | ✓ |
| Stellplätze vor Schranke | ✗ |

**4.4** SEHR GUT
39 Bewertungen

| | |
|---|---|
| Lage | 4.2 |
| Ruhe | 4.3 |
| Sanitäranlagen | 4.8 |
| Sauberkeit Ø | 4.8 |
| Freundlichkeit | 4.9 |
| Stellplatz | 4.4 |
| Verpflegung | 3.4 |
| Freizeit | 4.0 |
| Preis-Leistung | 4.7 |
| Mietunterkünfte | 4.5 |

**Geeignet für**

| | |
|---|---|
| Kinder b. 6 J. | 4.2 |
| Kinder b. 12 J. | 3.9 |
| Kinder b. 18 J. | 3.6 |
| Paare | 4.6 |
| Senioren | 4.6 |
| Gäste mit Zelt | 4.6 |
| Gäste mit Hund | 4.6 |

**Empfohlene Aktivitäten**

- Wandern
- Wellness
- Radfahren

## 13 Camping Pub Gastein

*

Waggerlgasse 9
5640 Bad Gastein
+43 6434 2178
47.1288 | 13.13415

ganzjährig
HS: 28,00 € | NS: 28,00 €
**Mehr Infos & Anfrage:**
www.camping.info/19438

| | |
|---|---|
| Baden im See | 1km |
| Hallenbad | 5km |
| Spielplatz am Platz | ✓ |
| Hunde willkommen | ✓ |
| Skilift/Loipe | 5km/✓ |
| WLAN (gratis) | teilweise |
| Lebensmittel | ✓ |
| Brötchen am Platz | ✓ |
| Restaurant & Imbiss | ✓ |
| Ver-/Entsorgung Womo | ✓ |
| in den Ort | 4km |
| Touristenplätze | 30 |
| Mietunterkünfte | ✗ |
| Stellplätze vor Schranke | ✓ |

**-** JETZT BEWERTEN!

Für diese Auswertung liegen leider noch nicht genügend Bewertungen vor.

Sei einer der Ersten, der diesen Campingplatz bewertet. Unter den Bewertern werden regelmäßig Gewinne verlost!

Mehr Infos dazu findest du in unserem allgemeinen Intro.

**Infos**

Öffnungszeiten
Vergleichspreis
Link

**Ausstattung**

Freizeit
Campingplatz
Versorgung
Anzahl der Plätze

# 11 S.N.P. Camping

Lahn 65
5742 Wald im Pinzgau
+43 6565 8446
www.snp-camping.at
info@snp-camping.at

ganzjährig

HS: 24,00 € | NS: 24,00 €

**Mehr Infos & Anfrage:**
www.camping.info/19495

| | |
|---|---|
| Baden im See | 10km |
| Pool/Hallenbad | 1km |
| Spielplatz am Platz | ✓ |
| Hunde erlaubt | ✓ |
| Skilift/Loipe | 5km/✓ |
| WLAN (gegen Gebühr) | ✓ |
| Lebensmittel | 500m |
| Brötchen am Platz | ✓ |
| Restaurant/Imbiss | 500m/✓ |
| Ver-/Entsorgung Womo | ✓ |
| in den Ort | 1km |
| Gesamt/Touristen | 50/40 |
| Mietunterkünfte | ✗ |
| Stellplätze vor Schranke | ✗ |

47.24346 | 12.21091
900m ü.M.

Gemütliches Stüberl mit neuer Terrasse.

## Lage & Stellplatz

Der komfortable und moderne Platz befindet sich in ruhiger Tallage am Fuße des Walder Sonnbergs. Im Norden grüßen die Pinzgauer Grasberge, im Osten die Gebirgsmassive der Reichenspitzgruppe und im Süden der Nationalpark „Hohe Tauern". Insgesamt werden 50 Stellplätze mit Stromanschluss geboten.

## Verpflegung

Am Platz steht ein gemütliches Stüberl mit Bar und 30 Sitzplätzen bereit. Darüber hinaus können ein Brotservice und in der Hauptsaison eine Frühstücksmöglichkeit in Anspruch genommen werden. Mehrere Restaurants befinden sich in der unmittelbaren Umgebung und ein Supermarkt ist ca. 1 km entfernt.

## Sanitär

Die gepflegten Sanitäranlagen punkten neben der Sauberkeit auch mit einer modernen Ausstattung. Dazu gehören beispielsweise eine Waschmaschine, ein Wäschetrockner, ein Trockenraum und ein Skiabstellplatz. Auch für die Ver- und Entsorgung für Wohnmobile ist gesorgt.

## Freizeit

Ein Kinderspielplatz und eine Tischtennisplatte stehen den Gästen auf dem Areal zur Verfügung. Der Tauernradweg führt nur wenige Meter am Platz vorbei und Wanderungen in die umliegenden Täler und Hütten sind ebenfalls zu empfehlen. Des Weiteren liegen die „Krimmler Wasserfälle" nur 6 km entfernt.

Blick auf die hohen Tauern.

Blick vom Sonnberg.

**4.8** SEHR GUT
13 Bewertungen

| | |
|---|---|
| Lage | 4.5 |
| Ruhe | 4.7 |
| Sanitäranlagen | 4.8 |
| Sauberkeit Ø | 4.9 |
| Freundlichkeit | 5.0 |
| Stellplatz | 4.8 |
| Verpflegung | 3.9 |
| Freizeit | 4.7 |
| Preis-Leistung | 4.8 |
| Mietunterkünfte | - |

**Geeignet für**

5.0 Paare

| | | |
|---|---|---|
| 5.0 Gäste mit Zelt | 4.8 Senioren | 4.2 Kinder b. 18 J. |
| 4.9 Gäste mit Hund | 4.3 Kinder b. 12 J. | 4.0 Kinder b. 6 J. |

**Empfohlene Aktivitäten**

Entspannen · Wandern · Radfahren · Motorrad · Ski

Preise von 2020

[Karte auf Seite 102]

| | 14 Camping Biohof Unteregg | 15 Seecamp Zell am See | 16 Camping & Gästehaus Passrucker |
|---|---|---|---|
| | ✱ | ✱ | ✱ |
| | Heuberg 6<br>5651 Embach<br>+43 664 558 1229 | Thumersbacherstraße 34<br>5700 Zell am See<br>+43 6542 72115 | Götschlau 33<br>5541 Altenmarkt<br>+43 6452 7328 |
| | 47.29696 \| 13.03043 | 47.33966 \| 12.80912 | 47.37033 \| 13.41928 |
| | 900m ü.M. | 757m ü.M. | 860m ü.M. |
| **Infos** | | | |
| Öffnungszeiten | ganzjährig | ganzjährig | 15.05. - 30.09.<br>01.11. - 30.04. |
| Vergleichspreis | HS: 20,00 € \| NS: 19,00 € | HS: 39,80 € \| NS: 32,60 € | HS: 37,00 € \| NS: 33,40 € |
| Link | **Mehr Infos & Anfrage:** www.camping.info/22204 | **Mehr Infos & Anfrage:** www.camping.info/19408 | **Mehr Infos & Anfrage:** www.camping.info/19426 |

**Ausstattung**

| | 14 | 15 | 16 |
|---|---|---|---|
| **Freizeit** | Baden in nat. Gewässer: k. A.<br>Pool/Hallenbad: ✓/2km<br>Spielplatz am Platz: ✓ | Baden im See am Platz: ✓<br>Pool/Hallenbad: 1km<br>Spielplatz am Platz: ✓ | Baden im See: 3km<br>Pool/Hallenbad: ✓/1km<br>Spielplatz am Platz: ✓ |
| **Campingplatz** | Hunde willkommen: ✓<br>Skilift: 2km<br>WLAN (begrenzt gratis): ✓ | Hunde willkommen: ✓<br>Skilift/Loipe: 2km/✓<br>WLAN: ✓ | Hunde willkommen: ✓<br>Skilift/Loipe: 1km/300m<br>WLAN: ✓ |
| **Versorgung** | Lebensmittel: 2km<br>Brötchen am Platz: nur HS<br>Restaurant/Imbiss: 2km<br>Ver-/Entsorgung Womo: ✓<br>in den Ort: 2km | Lebensmittel: ✓<br>Brötchen am Platz: ✓<br>Restaurant & Imbiss: ✓<br>Ver-/Entsorgung Womo: ✓<br>in den Ort: 1km | Lebensmittel: ✓<br>Brötchen am Platz: nur HS<br>Restaurant/Imbiss: 300m<br>Ver-/Entsorgung Womo: ✓<br>in den Ort: 800m |
| **Anzahl der Plätze** | Touristenplätze: 10<br>Mietunterkünfte: ✓<br>Stellplätze vor Schranke: ✗ | Touristenplätze: 160<br>Mietunterkünfte: ✓<br>Stellplätze vor Schranke: ✗ | Gesamt/Touristen: 80/55<br>Mietunterkünfte: ✓<br>Stellplätze vor Schranke: ✗ |

| | 14 | 15 | 16 |
|---|---|---|---|
| Gesamt | 4.5 SEHR GUT, 8 Bewertungen | 4.4 SEHR GUT, 47 Bewertungen | 4.6 SEHR GUT, 10 Bewertungen |
| Lage | 4.9 | 4.7 | 4.4 |
| Ruhe | 4.5 | 3.9 | 4.6 |
| Sanitäranlagen | 3.4 | 4.3 | 4.5 |
| Sauberkeit Ø | 4.5 | 4.5 | 4.8 |
| Freundlichkeit | 4.7 | 4.6 | 4.7 |
| Stellplatz | 4.5 | 4.2 | 3.9 |
| Verpflegung | 3.2 | 4.4 | 3.7 |
| Freizeit | 4.5 | 4.6 | 4.6 |
| Preis-Leistung | 4.2 | 4.3 | 4.6 |
| Mietunterkünfte | 5.0 | 4.8 | 4.6 |
| **Geeignet für** | | | |
| Kinder b. 6 J. | 4.8 | 4.1 | 3.8 |
| Kinder b. 12 J. | 4.4 | 4.4 | 3.9 |
| Kinder b. 18 J. | 3.7 | 4.6 | 4.2 |
| Paare | 4.7 | 4.8 | 4.3 |
| Senioren | 4.6 | 4.7 | 4.5 |
| Gäste mit Zelt | 5.0 | 4.1 | 4.3 |
| Gäste mit Hund | 4.5 | 4.4 | 4.5 |
| **Empfohlene Aktivitäten** | Wandern<br>Entspannen<br>Mountainbiking | Schwimmen<br>Wandern<br>Radfahren | Wandern<br>Radfahren<br>Mountainbiking |

# 18 Panorama Camp Zell am See

Seeuferstraße 196
5700 Zell am See
+43654256228
www.panoramacamp.at
info@panoramacamp.at

01.01. - 10.01.
20.03. - 20.10.
HS: 38,50 € | NS: 28,50 €

**Mehr Infos & Anfrage:**
www.camping.info/23098

| | |
|---|---|
| Baden im See | 500m |
| Pool/Hallenbad | 1/4km |
| Spielplatz am Platz | ✓ |
| Hunde willkommen | ✓ |
| Skilift/Loipe | 2km/✓ |
| WLAN (gegen Gebühr) | ✓ |
| Lebensmittel | 1km |
| Brötchen am Platz | ✓ |
| Restaurant/Imbiss | 1km/500m |
| Ver-/Entsorgung Womo | ✓ |
| in den Ort | 2km |
| Gesamt/Touristen | 65/60 |
| Mietunterkünfte | ✓ |
| Stellplätze vor Schranke | ✗ |

47.30174 | 12.81527

Panoramablick vom Mitterberghof in Richtung Zell am See-Kaprun.

## Lage & Stellplatz

Das Panorama Camp Zell am See besticht durch seine Lage in der Urlaubsregion Zell am See-Kaprun: Direkt am 200 ha großen Naturschutzgebiet und nur einen Katzensprung vom Südufer des Zeller Sees entfernt gelegen, bietet der Campingplatz den idealen Standort für einen Urlaub in und mit der Natur.

## Sanitär

Besonderer Wert wird am familiär geführten Campingplatz auf Sauberkeit gelegt. Die gepflegten Sanitäranlagen stehen den Gästen während ihres gesamten Campingurlaubs kostenlos zur Verfügung. Für Reisemobilisten steht eine Holiday Clean Wohnmobil Ver- und Entsorgungsstation bereit.

## Verpflegung

Frische Brötchen und Pizza zum Mitnehmen gibt es im platzeigenen Kiosk. Wer Lust auf Hausmannskost oder feine Gourmetküche hat, der findet in Zell am See-Kaprun eine große Auswahl vor. Zum Strandbuffet sind es nur 500 m und die ersten Restaurants befinden sich in 1,5 km Entfernung vom Panorama Camp.

## Freizeit

Das Erkunden des angrenzenden Naturschutzgebiets „Wiesenkönigreich", eine Radtour, eine Bergwanderung oder einfach entspannte Tage am See genießen – sämtliche Aktivitäten sind direkt vom Stellplatz aus möglich. Der Loipeneinstieg und der Gratisskibus vor Ort machen auch den Winterurlaub perfekt.

Luftaufnahme vom Panorama Camp.

Liebevoll gepflegte Anlage.

**4.5** SEHR GUT
65 Bewertungen

| | |
|---|---|
| Lage | 4.5 |
| Ruhe | 4.4 |
| Sanitäranlagen | 4.2 |
| Sauberkeit Ø | 4.8 |
| Freundlichkeit | 4.8 |
| Stellplatz | 4.4 |
| Verpflegung | 3.5 |
| Freizeit | 4.5 |
| Preis-Leistung | 4.2 |
| Mietunterkünfte | 4.4 |

**Geeignet für**

4.7 Paare

| | |
|---|---|
| 4.6 | Senioren |
| 4.5 | Kinder b. 12 J. |
| 4.4 | Gäste mit Zelt |
| 4.5 | Kinder b. 6 J. |
| 4.5 | Gäste mit Hund |
| 4.2 | Kinder b. 18 J. |

**Empfohlene Aktivitäten**

Radfahren · Wandern · Schwimmen · Entspannen · Mountainbiking

Beginn Zeitraum 3
(10.12.2021 bis 31.12.2021)

Karte auf Seite 102

## 17 Camping VIKTORIA

Lahn 46
5742 Wald im Pinzgau
0664 32 63 528
47.24218 | 12.21067
1000m ü.M.

01.04. - 31.10.
HS: 21,00 € | NS: 22,00 €
**Mehr Infos & Anfrage:**
www.camping.info/26964

| | |
|---|---|
| Baden im See | 5km |
| Pool/Hallenbad | 900/900m |
| Spielplatz | ✗ |
| Hunde willkommen | ✓ |
| Skilift/Loipe | 3km/✓ |
| WLAN | ✓ |
| Lebensmittel | 1km |
| Brötchen am Platz | ✓ |
| Imbiss | 300m |
| Ver-/Entsorgung Womo | ✓ |
| in den Ort | 1km |
| Touristenplätze | 25 |
| Mietunterkünfte | ✓ |
| Stellplätze vor Schranke | ✗ |

4.8 **SEHR GUT**
8 Bewertungen

| | |
|---|---|
| Lage | 4.4 |
| Ruhe | 3.9 |
| Sanitäranlagen | 5.0 |
| Sauberkeit Ø | 5.0 |
| Freundlichkeit | 5.0 |
| Stellplatz | 4.8 |
| Verpflegung | 4.8 |
| Freizeit | 4.5 |
| Preis-Leistung | 4.7 |
| Mietunterkünfte | 4.3 |

**Geeignet für**

| | |
|---|---|
| Kinder b. 6 J. | 4.2 |
| Kinder b. 12 J. | 4.2 |
| Kinder b. 18 J. | 4.4 |
| Paare | 4.7 |
| Senioren | 4.6 |
| Gäste mit Zelt | 4.9 |
| Gäste mit Hund | 4.2 |

**Empfohlene Aktivitäten**
- Mountainbiking
- Radfahren
- Wandern

## 21 Gasthof & Camping Glemmerhof

Glemmerstraße 52
5752 Viehhofen
+43 6542 68576
47.3649 | 12.76293

ganzjährig
HS: 30,00 € | NS: 30,00 €
**Mehr Infos & Anfrage:**
www.camping.info/19371

| | |
|---|---|
| Baden im See | 5km |
| Hallenbad | 7km |
| Spielplatz am Platz | ✓ |
| Hunde erlaubt | ✓ |
| Skilift/Loipe | 5km |
| WLAN (gegen Gebühr) | ✓ |
| Lebensmittel | ✓ |
| Brötchen am Platz | ✓ |
| Restaurant & Imbiss | ✓ |
| Ver-/Entsorgung Womo | ✗ |
| in den Ort | 2km |
| Touristenplätze | 30 |
| Mietunterkünfte | ✗ |
| Stellplätze vor Schranke | ✗ |

- **JETZT BEWERTEN!**

Für diese Auswertung liegen leider noch nicht genügend Bewertungen vor.

Sei einer der Ersten, der diesen Campingplatz bewertet. Unter den Bewertern werden regelmäßig Gewinne verlost!

Mehr Infos dazu findest du in unserem allgemeinen Intro.

## 22 Camping Bertahof

Vorderschneeberg 112
5630 Bad Hofgastein
+43 6432 6701
47.14403 | 13.11861
850m ü.M.

ganzjährig
HS: 30,85 € | NS: 26,50 €
**Mehr Infos & Anfrage:**
www.camping.info/19526

| | |
|---|---|
| Baden im See | 200m |
| Pool/Hallenbad | 2km |
| Spielplatz | 200m |
| Hunde willkommen | ✓ |
| Skilift/Loipe | 4km/100m |
| WLAN (begrenzt gratis) | ✓ |
| Lebensmittel | 1km |
| Brötchen am Platz | ✓ |
| Restaurant/Imbiss | ✓/200m |
| Ver-/Entsorgung Womo | ✓ |
| in den Ort | 1km |
| Gesamt/Touristen | 130/60 |
| Mietunterkünfte | ✗ |
| Stellplätze vor Schranke | ✓ |

4.3 **SEHR GUT**
7 Bewertungen

| | |
|---|---|
| Lage | 4.3 |
| Ruhe | 3.6 |
| Sanitäranlagen | 3.6 |
| Sauberkeit Ø | 4.0 |
| Freundlichkeit | 4.3 |
| Stellplatz | 4.3 |
| Verpflegung | 4.2 |
| Freizeit | 4.0 |
| Preis-Leistung | 4.0 |
| Mietunterkünfte | - |

**Geeignet für**

| | |
|---|---|
| Kinder b. 6 J. | 3.5 |
| Kinder b. 12 J. | 3.5 |
| Kinder b. 18 J. | 3.8 |
| Paare | 4.0 |
| Senioren | 4.3 |
| Gäste mit Zelt | 3.8 |
| Gäste mit Hund | 4.2 |

**Empfohlene Aktivitäten**
- Wandern
- Mountainbiking
- Cross Country

**Infos**
- Öffnungszeiten
- Vergleichspreis
- Link

**Ausstattung**
- Freizeit
- Campingplatz
- Versorgung
- Anzahl der Plätze

# 19 Grubhof

Grubhof 39
5092 St. Martin bei Lofer, Salzburger Saalachtal
+43 6588 8237
www.grubhof.com
home@grubhof.com

ganzjährig

HS: 46,40 € | NS: 33,40 €

**Mehr Infos & Anfrage:**
www.camping.info/19443

| | |
|---|---|
| Baden im Fluss am Platz | ✓ |
| Pool/Hallenbad | 2/15km |
| Spielplatz am Platz | ✓ |
| Hunde willkommen | ✓ |
| Skilift/Loipe | 2km/✓ |
| WLAN (gegen Gebühr) | ✓ |
| Lebensmittel | ✓ |
| Brötchen am Platz | ✓ |
| Restaurant & Imbiss | ✓ |
| Ver-/Entsorgung Womo | ✓ |
| in den Ort | 1km |
| Gesamt/Touristen | 225/220 |
| Mietunterkünfte | ✓ |
| Stellplätze vor Schranke | ✗ |

Bei Niedrigwasser ist die Saalach ein toller Abenteuerspielplatz.

## Lage & Stellplatz

Die idyllische Lage am Fluss und seine XXL-Stellplätze im ehemaligen Park des gleichnamigen Schlosses zeichnen diesen 4-Sterne-Platz im Salzburger Land aus. Das Herzstück des Platzes bildet eine riesige, unberührte Blumenwiese, um welche die auf die Bedürfnisse der Camper abgestimmten Stellplätze angeordnet sind. Es gibt Bereiche für Familien, Ruhesuchende, Camper mit und ohne Hund sowie eine große Zeltwiese. Der Campingplatz ist durch Fluss und Felder natürlich eingesäumt, uralte Baumriesen sorgen für ein parkähnliches Ambiente. Am Grubhof kann man Natur erleben und Komfort genießen.

## Sanitär

Die modernen und lichtdurchfluteten Sanitäranlagen am Grubhof werden von allen Campingführern mit 5 Sternen bewertet – und das zu Recht: Hier trifft modernes Design auf großzügiges Raumangebot und Funktionalität. In den letzten Jahren wurde immer wieder in den Komfort des Campingplatzes investiert. Es gibt drei topmoderne Anlagen aus den Jahren 2018, 2013 und 2006. Die Sanitäranlagen bieten XXL-Familienbäder mit Dusche und WC oder großzügige Duschen mit Waschtisch. Zwei Babybäder, ein barrierefreies Badezimmer, Trockenräume und eine Hundedusche runden das Angebot ab.

Wintercamping am Grubhof.

Wellness für Genießer.

1 km
47.57442 | 12.70556
640m ü.M.

AWARD 2020

Die XXL-Stellplätze bieten einen herrlichen Blick auf Fluss oder Berge.

## Verpflegung

Camping Grubhof liegt zwischen Lofer (2 km) und St. Martin (1 km). Beide Orte sowie Supermärkte und Geschäfte sind bequem zu Fuß oder mit dem Fahrrad erreichbar. Direkt am Platz befinden sich ein gemütliches Restaurant mit urigen Stuben, eine Terrasse am Teich inklusive herrlichem Bergblick sowie ein Shop mit Cafeteria. Der Campingshop bietet morgens frische Brötchen und Zeitungen und verfügt über ein kleines Warenangebot. Im Restaurant gibt es traditionell österreichische Küche. Pizzen und viele der Speisen auch als Takeaway erhältlich.

## Freizeit

Neben seiner traumhaften Lage inmitten alpiner Naturlandschaft und dem großzügigen Platzangebot punktet der Grubhof mit seinem umfangreichen Zusatzangebot wie Sauna, Wellness und Fitness. Der Platz ist der ideale Ausgangspunkt für eine Vielzahl an Aktivitäten. Wander-, Berg-, Rad- und Mountainbiketouren beginnen direkt am Platz. Im Juli und August ist das Schwimmbad sowie die Gondelbahnen gratis und im Winter kommt der Skibus alle 30 Minuten bis vor die Einfahrt. Wem das zu viel Action ist, der kann aber auch vom Stellplatz aus die Natur genießen und dem Rauschen der Saalach lauschen.

**5.0** 

*Lage ist perfekt. Ruhig und doch in ein paar Minuten im Dorf. Sanitäre Anlagen sensationell! Plätze großzügig und gut eingeteilt. Auch unsere Teenager fanden es toll. Der Fluss ist eher für größere Kinder / Schwimmer geeignet, ebenfalls ein Erlebnis. Ansonsten gibt es noch ein Freibad in der Nähe. Bisher der schönste Campingplatz, den wir besuchten!*

**Familie Bühlmann**

Familie Bühlmann campt seit 2018 und hat zusammen mit ihren beiden jugendlichen Kindern den Campingplatz Grubhof im Juli 2020 besucht.

Sanitär – modern & funktionell.

Österreichische Gastlichkeit.

**4.9** **SEHR GUT**
2230 Bewertungen

| | |
|---|---|
| Lage | 4.8 |
| Ruhe | 4.7 |
| Sanitäranlagen | 4.9 |
| Sauberkeit Ø | 4.9 |
| Freundlichkeit | 4.9 |
| Stellplatz | 4.8 |
| Verpflegung | 4.3 |
| Freizeit | 4.6 |
| Preis-Leistung | 4.6 |
| Mietunterkünfte | 4.6 |

**Geeignet für**

4.8 Paare

| | |
|---|---|
| 4.8 | Senioren |
| 4.8 | Gäste mit Zelt |
| 4.7 | Gäste mit Hund |
| 4.6 | Kinder b. 12 J. |
| 4.5 | Kinder b. 6 J. |
| 4.3 | Kinder b. 18 J. |

**Empfohlene Aktivitäten**

Wandern
Radfahren
Entspannen
Mountainbiking
Wellness

ANZEIGE

# 20 Camping Mauterndorf


Markt 145
5570 Mauterndorf
+43 6472 72023
www.auszeit-xl.at
info@camping-mauterndorf.at


ganzjährig

HS: 48,00 € | NS: 29,00 €

**Mehr Infos & Anfrage:**
www.camping.info/19412

| | |
|---|---|
| Baden in nat. Gewässer | k. A. |
| Pool/Hallenbad | ✓/10km |
| Spielplatz am Platz | ✓ |
| Hunde erlaubt | ✓ |
| Skilift/Loipe | ✓/50m |
| WLAN | ✓ |
| Lebensmittel | ✓ |
| Brötchen am Platz | ✓ |
| Restaurant & Imbiss | ✓ |
| Ver-/Entsorgung Womo | ✓ |
| in den Ort | 1km |
| Touristenplätze | 163 |
| Mietunterkünfte | ✓ |
| Stellplätze vor Schranke | ✗ |

Abkühlung im Pool nach einer schönen Wanderung.

## Lage & Stellplatz

Verbringen Sie einen unvergesslichen Urlaub mit der ganzen Familie auf dem 4-Sterne-Campingplatz in Mauterndorf. Campen können Sie hier an 365 Tagen im Jahr! Die 166 zentral gelegenen Stellplätze direkt an der Bergbahn ermöglichen Ihnen einen einfachen Einstieg ins Ski- und Wandergebiet Grosseck-Speiereck. Genießen Sie das faszinierende Bergpanorama im Lungau und erholen Sie sich in der herrlichen Natur der Alpen.

## Sanitär

Was andere Luxus nennen, ist hier Standard. Camping Mauterndorf bietet höchste Qualität im Sanitärbereich: Familien- und Komfortwaschräume, Baby-Dusche, Schmink-Ecken, abschließbare Wasch- und Duschkabinen, mietbare Bäder mit WC und Dusche, barrierefreie Duschen, Baby-, Wickel- und Waschraum. Zusätzlich ein Skischuhtrockenraum, Skiraum, eine Hundedusche, ein Ausguss für Chemietoiletten, sowie ein Wirtschaftsbereich mit Waschmaschinen, Trockner, Spülbecken und Geschirrspüler.

appartements WOHNEN

campingplatz 365 TAGE

pension WOHNEN

mobile homes WOHNEN

Einfach verwöhnen lassen.

Entspannung im Wellnessbereich.

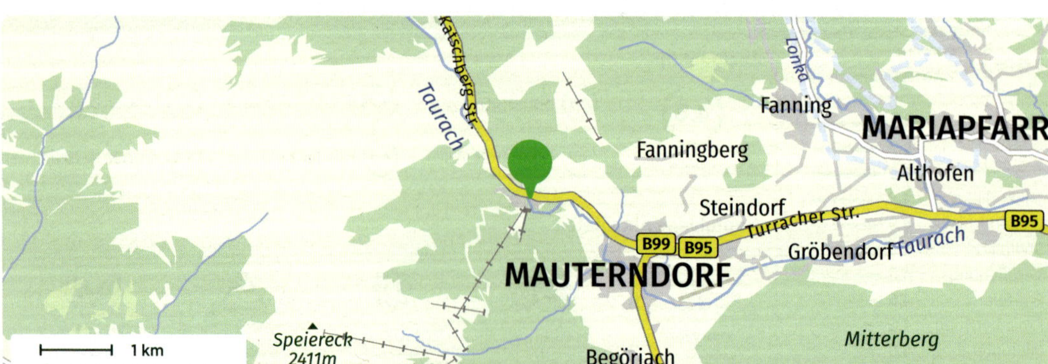


47.14278 | 13.66389
1100m ü.M.

Spezielle Angebote für Reiseveranstaltungen und Campingclubs auf Anfrage.

Der Platz liegt direkt an der Großeck Seilbahn. Von der Unterkunft ohne Auto direkt einsteigen in das Ski- und Wandervergnügen.

## Verpflegung

Direkt am Campingplatz gibt es ein Café und einen Shop. Gäste des Platzes können hier täglich frisches Frühstücksgebäck kaufen – oder sich verwöhnen lassen und direkt im Café frühstücken. Das Restaurant Schialm befindet sich nur 50 m entfernt und ist für seine kulinarischen Köstlichkeiten sowie für sein wechselndes Wochenprogramm bekannt und beliebt.

## Freizeit

Die Gäste freuen sich auf den schönen Wellnessbereich mit Sauna, Tepidarium, Dampfbad, Solarium, Wärmebank, Erlebnisdusche, Infrarot-Wärmekabine und Ruhebereich. Außerdem bietet der Platz die perfekte Lage für Outdooraktivitäten wie Wandern, Radfahren, Skifahren oder Langlaufen. Der Outdoorpool bietet an heißen Tagen eine willkommene Abkühlung.

**5.0**

*Dieser kleine und gemütliche Campingplatz liegt die direkt an der Gondel zum Skigebiet Grosseck Speiereck. Näher geht's kaum. Die Sanitäranlagen sind sauber und ansprechend. Insgesamt ein netter, kleiner und sicherlich erholsamer Campingplatz, den man durchaus weiterempfehlen kann.*

**Joachim L.**

Joachim L. hat diesen Platz im September 2019 besucht.

Kinderspielplatz im Sommer.

Auch für vierbeinige Freunde.

**4.2** SEHR GUT
36 Bewertungen

| | |
|---|---|
| Lage | 4.3 |
| Ruhe | 4.0 |
| Sanitäranlagen | 4.5 |
| Sauberkeit Ø | 4.7 |
| Freundlichkeit | 4.3 |
| Stellplatz | 4.2 |
| Verpflegung | 3.3 |
| Freizeit | 4.0 |
| Preis-Leistung | 3.8 |
| Mietunterkünfte | 2.0 |

**Geeignet für**

| | |
|---|---|
| Paare | 4.5 |
| Senioren | 4.5 |
| Gäste mit Hund | 4.4 |
| Kinder b. 6 J. | 4.3 |
| Kinder b. 12 J. | 4.3 |
| Kinder b. 18 J. | 3.9 |
| Gäste mit Zelt | 3.9 |

**Empfohlene Aktivitäten**

Wandern · Ski · Mountainbiking · Entspannen · Radfahren

ÖSTERREICH

# 8 Oberkärnten

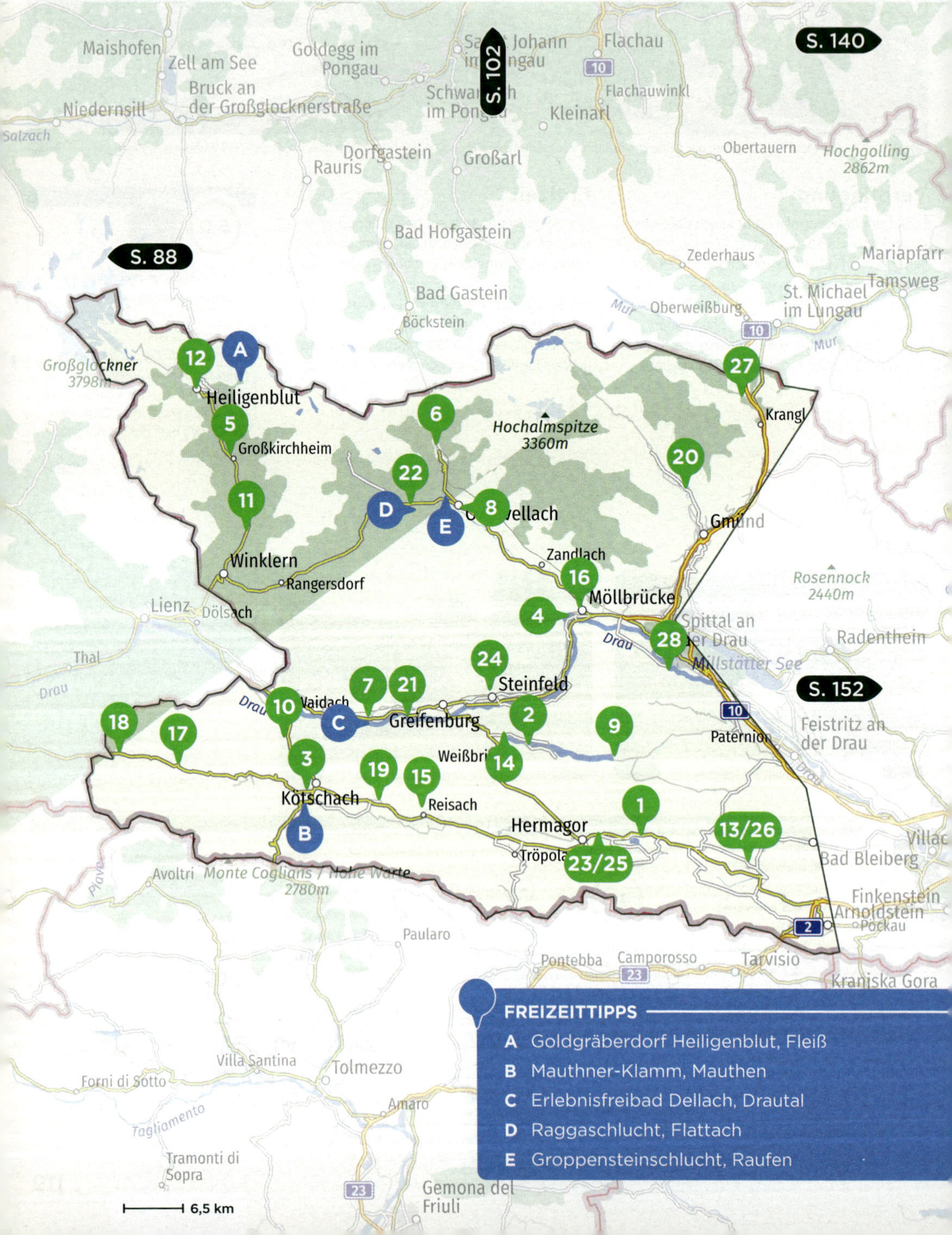

| | Platz | Seite | Bewertung | Öffnungszeiten | |
|---|---|---|---|---|---|
| 1 | Naturpark Schluga Seecamping | 136 | 4.5 | saisonal | |
| 2 | Camping Knaller Weissensee Süd | 125 | 4.2 | saisonal | ❄ |
| 3 | Alpencamp Kärnten | 124 | 4.8 | saisonal | ❄ |
| 4 | Drau-Camping Markt Sachsenburg | 125 | - | saisonal | ⚡ |
| 5 | Camping Gasthof Zirknitzer | 125 | 4.7 | saisonal | ❄ |
| 6 | HOCHoben Alpin Camping Mallnitz | 126 | 5.0 | saisonal | ❄ ⚡ |
| 7 | Camping am Waldbad | 128 | 4.1 | saisonal | |
| 8 | Aktiv-Sport-Erlebnis-Camp | 128 | 4.0 | saisonal | |
| 9 | Terrassencamping Ronacher | 128 | 4.6 | saisonal | |
| 10 | Caravan- und Reisemobilstellplatz Gailberghöhe | 128 | - | saisonal | ❄ |
| 11 | Camping am See Gut Lindlerhof | 129 | 4.4 | ganzjährig | ❄ |
| 12 | Nationalpark-Camping Grossglockner | 130 | 4.6 | saisonal | ❄ |
| 13 | Camping am Bauernhof | 129 | 4.8 | saisonal | |
| 14 | Seecamping Müller | 129 | 3.7 | saisonal | |
| 15 | Alpenferienpark Reisach | 132 | 4.7 | saisonal | |
| 16 | Möllcamping | 131 | - | saisonal | |
| 17 | Panorama-Camping Lesachtal | 131 | - | saisonal | |
| 18 | Lesachtal Camping | 131 | - | ganzjährig | ❄ |
| 19 | Camping Leifling | 133 | - | saisonal | |
| 20 | Maltatal Terrassencamping | 134 | 4.5 | saisonal | |
| 21 | Camping Berggruss | 135 | - | saisonal | ⚡ |
| 22 | Alpencamping Raggaschlucht | 135 | 4.6 | saisonal | |
| 23 | Schluga Camping Hermagor | 137 | 4.6 | ganzjährig | ❄ |
| 24 | Camping am Bauernhof Bergfriede | 138 | 4.2 | saisonal | |
| 25 | Sport Camping Flaschberger | 135 | 4.9 | ganzjährig | ❄ |
| 26 | Camping Alpenfreude | 139 | 4.2 | saisonal | |
| 27 | Sommer- und Wintercamping Ramsbacher | 139 | 4.1 | ganzjährig | ❄ |
| 28 | Camping Draufluss | 139 | 3.1 | saisonal | |

❄ Wintercamping  FKK Textilfrei (ganz/teilweise)  Ecocamping  Award  ⚡ Onlinebuchung

Nationalpark Hohe Tauern - Mohar Kapelle © Nationalpark Region Hohe Tauern/Tine Steinthaler

## CAMPING IN UNBERÜHRTER NATUR

Neben seiner Stellung als Top-Destination für Badeurlauber tritt das Bundesland Kärnten als Eldorado für Wanderer in Erscheinung. Traumpfade in einzigartiger Berg- und Seenlandschaft warten in allen erdenklichen Höhenlagen. Mit dem Drautal, dem Mölltal, dem Gailtal, dem Maltatal, dem Liesertal, dem Lesachtal und dem Nockgebiet bietet die Region Oberkärnten zahlreiche ansprechende Ziele. Vor allem für Naturliebhaber und unternehmungsfreudige Familien ist Oberkärnten sehr zu empfehlen.

Wandern in den Nockbergen am Alpe-Adria-Trail
© Kärnten Werbung/Franz Gerdl

## TÄLER, SCHLUCHTEN UND ETLICHE FAMILIEN-HIGHLIGHTS

Im Mölltal befindet sich die Raggaschlucht. Mit nur 800 Metern Länge ist sie zwar eine der kürzeren Schluchten, durch ihre besondere Enge und Tiefe von bis zu 200 Metern dabei aber eine der imposantesten. Nicht minder eindrucksvoll zeigt sich die Gemeinde Heiligenblut, die inmitten der wunderbaren Naturkulisse des Nationalparks Hohe Tauern liegt. Die Ortschaft auf knapp 1.300 Metern Seehöhe ist nicht nur ein Magnet für Wanderer und Bergsteiger, sondern erfreut sich aufgrund des originalgetreu rekonstruierten Goldgräberdorfs auch bei Familien großer Beliebtheit. Eine weitere attraktive Wandermöglichkeit liegt auf 1.933 Metern Höhe: Nach einer etwa 14 Kilometer langen Fahrt auf der Malta

Hochalmstraße erreicht man die Kölnbrein Staumauer, die höchste Talsperre Österreichs. Schwindelfreie Besucher wagen sich auf die Aussichtsplattform „Airwalk" und erfreuen sich am einmaligen Blick ins „Tal der stürzenden Wasser". Gemeinsam mit allen Anderen bewundern sie noch die vergletscherten 3.000er bei einer Wanderung entlang des tiefblauen Kölnbrein Stausees. Ebenfalls im Maltatal befindet sich auch ein wahres Kinderparadies: Unmittelbar unter Kärntens höchstem Wasserfall, dem Fallbach, liegt der „Wassererlebnispark Maltatal". Ein Klettergarten, mehrere Wasserlabyrinthe, eine Aussichtsplattform und unzählige Wasserspielgeräte sorgen für ein Naturerlebnis der besonderen Art.

## NATUR, KULTUR UND EIN GANZ BESONDERER BADESEE

Eingebettet zwischen den Gailtaler und den Karnischen Alpen befindet sich in der Grenzregion zum italienischen Friaul die Marktgemeinde Kötschach-Mauthen – ein Paradies für Wanderer, Bergsteiger, Mountainbiker und Wildwassersportler. Zudem präsentiert sich Kötschach-Mauthen als Mittelpunkt der weltweit ersten Slow Food Travel-Region, die sich regionalen, handwerklich hergestellten Lebensmitteln widmet. Das religiöse Zentrum des Lesachtals ist der weit über die Grenzen Kärntens hinaus bekannte Wallfahrtsort Maria Luggau. Neben der viel besuchten Wallfahrtskirche ist der sehenswerte Mühlenweg ein Erlebnis für jeden Kultur-affinen Camper.

Lesachtal © Kärnten Werbung/Franz Gerdl

Vielseitige Kulturangebote gibt es überdies in Spittal an der Drau zu entdecken – insbesondere das Schloss Porcia, das nicht nur zu den schönsten Renaissancebauten nördlich der Alpen zählt, sondern auch Schauplatz zahlreicher bekannter Veranstaltungen ist, wie den jährlich inszenierten Komödienspielen. Ein weiterer wundervoller Ort ist die Garnitzenklamm in Möderndorf. Die rund vier Kilometer lange Schlucht gilt aufgrund der frischen Luft, des glasklaren Gebirgsbachs und rustikaler Felsformationen als beliebtes Ausflugsziel für Jung und Alt. Die Region Weißensee ist ebenfalls ein wahres Naturjuwel: Der 6,5 km² große Badesee auf knapp 1.000 Metern Seehöhe besticht mit seiner ruhigen Lage sowie den größtenteils völlig naturbelassenen und weiß schimmernden Ufern.

**TIPP DER REDAKTION**

**Camping Alpenfreude**

St. Georgen/Gailtal | Nr. 26 | Seite 139

Laut Gästen ideal geeignet zum:

- Entspannen
- Schwimmen
- Wandern

4.2

# 3 Alpencamp Kärnten

*
Kötschach 284
9640 Kötschach-Mauthen
+43 4715 429
www.alpencamp.at
info@alpencamp.at

01.01. - 04.11.
15.12. - 31.12.
HS: 37,50 € | NS: 26,70 €
**Mehr Infos & Anfrage:**
www.camping.info/19320

| | |
|---|---|
| Baden im Fluss | 200m |
| Pool/Hallenbad | 500m |
| Spielplatz am Platz | ✓ |
| Hunde willkommen | ✓ |
| Skilift/Loipe | 500m |
| WLAN | ✓ |
| Lebensmittel | ✓ |
| Brötchen am Platz | ✓ |
| Restaurant & Imbiss | ✓ |
| Ver-/Entsorgung Womo | ✓ |
| in den Ort | 500m |
| Touristenplätze | 80 |
| Mietunterkünfte | ✓ |
| Stellplätze vor Schranke | ✗ |

1 km
46.66963 | 12.99109
715m ü.M.

Camping an der Sonnenseite zwischen Dolomiten und Karnischen Alpen.

## Lage & Stellplatz

Das Alpencamp liegt im Kärntner Gailtal, im heilklimatischen Luftkurort Kötschach-Mauthen. Umringt vom beeindruckenden Bergpanorama der Karnischen Alpen und der Lienzer Dolomiten wird ein Familien-, Kur- oder Abenteuerurlaub sowohl im Sommer wie auch im Winter zu einem ganz besonderen Erlebnis.

## Verpflegung

Im Wirtshaus mit herrlichem Gastgarten werden die Gäste in gemütlicher Atmosphäre mit Hausmannskost und Schmankerln verwöhnt. Die Kultur kommt bei diversen kulinarischen Musikveranstaltungen nicht zu kurz und in der Boutique „Gutes und Schönes“ gibt es verschiedenste regionale Erzeugnisse u. v. m.

## Sanitär

Der gemütliche Platz besticht durch komfortable, modern ausgestattete und zentral gelegene Sanitäranlagen. Ein Highlight ist der „Wohlfühlstadl“, die ca. 300 m² große Wellness- und Sauna-Erlebniswelt, die wohl zu den schönsten und exklusivsten Wellnessanlagen auf einem österr. Campingplatz zählt.

## Freizeit

„Aquarena“ Erlebnishallenbad und Freibadzentrum sowie Naturschwimmbad Waldbad Mauthen mit Upgrade. Frei zugänglicher Schwimm- und Erlebnisbereich am Gailfluss. Geführte Wander-, Berg-, Schneeschuh-, Rad-, Mountainbike- und Kajaktouren. Gratis Skibus für den Transfer in die „Skiarena Naßfeld“.

„Aquarena" Frei- und Hallenbad.

"Wohlfühlstadl" Entspannung pur.

**4.8** SEHR GUT
92 Bewertungen

| | |
|---|---|
| Lage | 4.7 |
| Ruhe | 4.6 |
| Sanitäranlagen | 4.5 |
| Sauberkeit Ø | 4.8 |
| Freundlichkeit | 5.0 |
| Stellplatz | 4.7 |
| Verpflegung | 4.3 |
| Freizeit | 4.6 |
| Preis-Leistung | 4.6 |
| Mietunterkünfte | 4.8 |

**Geeignet für**

4.9 Senioren

| | |
|---|---|
| Paare | 4.8 |
| Gäste mit Zelt | 4.7 |
| Gäste mit Hund | 4.7 |
| Kinder b. 6 J. | 4.4 |
| Kinder b. 12 J. | 4.4 |
| Kinder b. 18 J. | 4.1 |

**Empfohlene Aktivitäten**

Wandern, Wellness, Radfahren, Entspannen, Mountainbiking

Österreichisches Umweltzeichen - GreenCampings.at

Karte auf Seite 120

## 2 Camping Knaller Weissensee

Techendorf 61
9762 Weissensee
+43 4713 2234 50

46.71381 | 13.29639
930m ü.M.

05.05. - 10.10.
20.12. - 28.02.

HS: 39,60 € | NS: 22,50 €

**Mehr Infos & Anfrage:**
www.camping.info/19278

| | |
|---|---|
| Baden im See am Platz | ✓ |
| Hallenbad | 35km |
| Spielplatz am Platz | ✓ |
| Hunde erlaubt | nur NS |
| Skilift & Loipe | ✓ |
| WLAN | ✓ |
| Lebensmittel | 300m |
| Brötchen am Platz | nur HS |
| Restaurant/Imbiss | 100m/✓ |
| Ver-/Entsorgung Womo | ✓ |
| im Ort | ✓ |
| Gesamt/Touristen | 110/90 |
| Mietunterkünfte | ✗ |
| Stellplätze vor Schranke | ✓ |

**4.2** SEHR GUT
12 Bewertungen

| | |
|---|---|
| Lage | 4.7 |
| Ruhe | 3.8 |
| Sanitäranlagen | 4.0 |
| Sauberkeit Ø | 4.8 |
| Freundlichkeit | 4.5 |
| Stellplatz | 3.8 |
| Verpflegung | 3.6 |
| Freizeit | 4.8 |
| Preis-Leistung | 4.2 |
| Mietunterkünfte | - |

**Geeignet für**

| | |
|---|---|
| Kinder b. 6 J. | 3.8 |
| Kinder b. 12 J. | 3.9 |
| Kinder b. 18 J. | 3.6 |
| Paare | 4.6 |
| Senioren | 4.6 |
| Gäste mit Zelt | 4.8 |
| Gäste mit Hund | 4.1 |

**Empfohlene Aktivitäten**

- Schwimmen
- Wandern
- Mountainbiking

## 4 Drau-Camping Markt Sachsenburg

Ringmauergasse 8
9751 Sachsenburg
+43/(0)4769/3131

46.82867 | 13.34931

01.05. - 30.09.

HS: 27,00 €

**Mehr Infos & online buchen:**
www.camping.info/19527

| | |
|---|---|
| Baden in nat. Gewässer | k. A. |
| Pool/Hallenbad | 700m/13km |
| Spielplatz am Platz | ✓ |
| Hunde erlaubt | ✓ |
| Skilift/Loipe | ✗/k. A. |
| WLAN | keine Angabe |
| Lebensmittel | 200m |
| Brötchen | keine Angabe |
| Restaurant/Imbiss | 200m |
| Ver-/Entsorgung Womo | ✓ |
| in den Ort | 200m |
| Touristenplätze | 80 |
| Mietunterkünfte | ✗ |
| Stellplätze vor Schranke | ✗ |

**-** JETZT BEWERTEN!

Für diese Auswertung liegen leider noch nicht genügend Bewertungen vor.

Sei einer der Ersten, der diesen Campingplatz bewertet. Unter den Bewertern werden regelmäßig Gewinne verlost!

Mehr Infos dazu findest du in unserem allgemeinen Intro.

## 5 Camping Gasthof Zirknitzer

Döllach 107
9843 Großkirchheim
0664 49 29 624

46.97868 | 12.88561

01.05. - 31.10.
01.12. - 30.04.

HS: 24,40 € | NS: 22,40 €

**Mehr Infos & Anfrage:**
www.camping.info/25079

| | |
|---|---|
| Baden im Fluss am Platz | ✓ |
| Pool/Hallenbad | 300m/9km |
| Spielplatz | 300m |
| Hunde willkommen | ✓ |
| Skilift/Loipe | 1km/✓ |
| WLAN | ✓ |
| Lebensmittel | ✓ |
| Brötchen am Platz | ✓ |
| Restaurant & Imbiss | ✓ |
| Ver-/Entsorgung Womo | ✓ |
| in den Ort | 500m |
| Gesamt/Touristen | 35/30 |
| Mietunterkünfte | ✓ |
| Stellplätze vor Schranke | ✗ |

**4.8** SEHR GUT
4 Bewertungen

| | |
|---|---|
| Lage | 4.5 |
| Ruhe | 4.8 |
| Sanitäranlagen | 4.5 |
| Sauberkeit Ø | 4.8 |
| Freundlichkeit | 5.0 |
| Stellplatz | 5.0 |
| Verpflegung | 5.0 |
| Freizeit | 4.5 |
| Preis-Leistung | 4.8 |
| Mietunterkünfte | 5.0 |

**Geeignet für**

| | |
|---|---|
| Kinder b. 6 J. | 5.0 |
| Kinder b. 12 J. | 4.7 |
| Kinder b. 18 J. | 5.0 |
| Paare | 4.7 |
| Senioren | 4.8 |
| Gäste mit Zelt | 4.7 |
| Gäste mit Hund | 5.0 |

**Empfohlene Aktivitäten**

- Wandern
- Entspannen
- Radfahren

**Infos**

Öffnungszeiten
Vergleichspreis
Link

**Ausstattung**

Freizeit
Campingplatz
Versorgung
Anzahl der Plätze

# 6 HOCHoben Alpin Camping Mallnitz

Mallnitz 226
9822 Mallnitz
+43 (0)4784 21330
www.hochoben.at
reservierung@hochoben.at

12.05. - 17.10.
03.12. - 06.04.

HS: 36,00 € | NS: 31,00 €

**Mehr Infos & online buchen:**
www.camping.info/28151

| | |
|---|---|
| Baden im Fluss | 5km |
| Pool/Hallenbad | 8km/600m |
| Spielplatz am Platz | ✓ |
| Hunde willkommen | ✓ |
| Skilift & Loipe | ✓ |
| WLAN | ✓ |
| Lebensmittel | 600m |
| Brötchen am Platz | ✓ |
| Restaurant & Imbiss | ✓ |
| Ver-/Entsorgung Womo im Ort | ✓ |
| Touristenplätze | 94 |
| Mietunterkünfte | ✓ |
| Stellplätze vor Schranke | ✗ |

Blick auf unseren Hausberg, den Ankogel, und den nördlichen Campingteil.

## Lage & Stellplatz

Im HOCHoben Alpin Camping verbindet sich auf über 1.200 Metern Seehöhe Camping mit unberührter Natur. Auf 95 großzügigen Stellplätzen, vier winterfesten Mobilhomes oder in einem der sieben gemütlichen Chalets findet jeder mit Sicherheit das richtige Plätzchen. Der Campingplatz teilt sich in einen Nord- und einen Südbereich, in der Mitte liegt das Hauptgebäude, in dem sich die Rezeption, Gastronomie und Einkaufsmöglichkeiten befinden. Sanitäre Anlagen, Waschräume, eine Hundedusche und ein Ski- bzw. Fahrradkeller schließen sich hinter dem Hauptgebäude an.

## Sanitär

Die sanitären Einrichtungen befinden sich hinter dem Hauptgebäude und wurden nach modernsten Standards eingerichtet. Auch hier wurde vor allem auf die Beachtung ökologischer Gesichtspunkte großen Wert gelegt - so wird die Anlage direkt von der Biowärme Mallnitz (Holzschnitzelanlage) beheizt und mit Warmwasser versorgt. Eine Fußbodenheizung und großzügige Duschkabinen sorgen für ein besonderes Wohlfühlklima. Für all jene, die gerne ihr eigenes Bad während ihres Aufenthaltes nutzen wollen, stehen vier Mietbadezimmer mit Dusche, Waschbecken und WC zur Verfügung.

ÖSTERREICHISCHER CAMPING CLUB OCC

CROSS COUNTRY SKI HOLIDAYS

Alpine pearls

Der nördliche Campingbereich.

Haupt- und Sanitärgebäude.

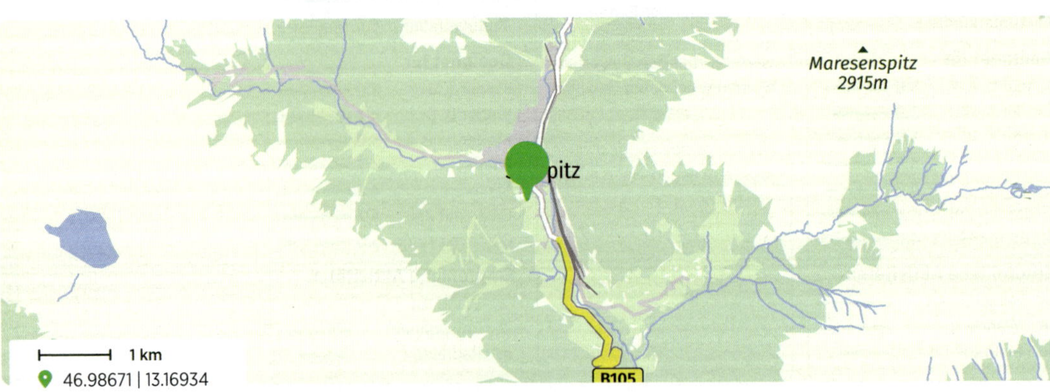


1 km
46.98671 | 13.16934
1200m ü.M.

Nachtruhe von 22:00 Uhr bis 07:00 Uhr. Keine Kampfhunde erlaubt.

Gesamtansicht auf das Areal mit insgesamt 96 Stellplätzen. Im Südbereich gesellen sich derzeit sieben von 17 geplanten Chalets dazu.

## Verpflegung

Im platzeigenen Restaurant verwöhnt Sie das Service- und Küchenpersonal mit leckeren, hausgemachten Speisen. Weiter wird den Camping-Gästen ein Semmelservice angeboten, bei dem sich die Besucher mit allerlei verschiedenen Leckereien eindecken können. Für die Gäste in den Chalets bzw. in den Mobilhomes gibt es einen Lieferservice, der das zuvor ausgewählte Frühstück direkt vor die Türe bringt. Sowohl das Restaurant als auch der Frühstückslieferservice stehen Ihnen also für genussvolle Momente zur Verfügung.

## Freizeit

Wer weiß, dass man naturverliebten Tatendrang und tiefenwirkende Entspannung verbinden kann, der ist hier genau richtig. Mallnitz liegt mitten im Nationalpark Hohe Tauern und hat einiges zu bieten. Durch die Nähe zum Ankogel findet man im Winter zahlreiche Möglichkeiten - Skifahren, Skitouren bis hin zum klassischen Langlauf. Im Sommer lockt die Tauernregion als Wanderparadies. Von bequemen Ausflügen bis hin zu anspruchsvollen Gipfelbesteigungen ist hier für alle etwas dabei. 150 km Wanderwege, Schluchtenwandern, Lamawanderungen, Mountainbike-Strecken und noch vieles mehr!

**5.0**

*Die Anlage ist komplett neu und bietet für bergbegeisterte Camper einen super Ausgangspunkt für verschiedene Touren. Wir haben den Platz das erste Mal im Winter für Skitouren genutzt. Der Nationalpark Hohe Tauern bietet schneesichere und traumhafte Möglichkeiten. Beim Retourkommen hat man eine klasse warme Dusche und einen kuscheligen Wohnwagen. Wir werden den Platz auch im Sommer nutzen, freuen uns schon sehr auf den Urlaub.*

**Fam. Bogner**

Familie Bogner campt bereits seit 2004 mit Wohnmobil und Hund und hat den Platz im Februar 2020 besucht.

Sanitärbereich der Damen.

Sanitärbereich der Herren.

**5.0** **AUSGEZEICHNET**
5 Bewertungen

| | |
|---|---|
| Lage | 4.8 |
| Ruhe | 5.0 |
| Sanitäranlagen | 5.0 |
| Sauberkeit Ø | 5.0 |
| Freundlichkeit | 4.6 |
| Stellplatz | 5.0 |
| Verpflegung | 4.0 |
| Freizeit | 4.2 |
| Preis-Leistung | 4.4 |
| Mietunterkünfte | 5.0 |

**Geeignet für**

| | |
|---|---|
| 5.0 | Kinder b. 18 J. |
| 5.0 | Paare |
| 5.0 | Senioren |
| 5.0 | Gäste mit Hund |
| 4.8 | Gäste mit Zelt |
| 4.7 | Kinder b. 6 J. |
| 4.7 | Kinder b. 12 J. |

**Empfohlene Aktivitäten**

Wandern · Mountainbiking · Entspannen · Radfahren · Langlauf

## 7 Camping am Waldbad

Raßnig 8
9772 Dellach im Drautal
+43 4714 234 18

46.73089 | 13.07742

17.04. - 01.10.

HS: 31,00 € | NS: 19,00 €

**Mehr Infos & Anfrage:**
www.camping.info/19471

| | |
|---|---|
| Baden im See | 10km |
| Pool/Hallenbad | ✓/25km |
| Spielplatz am Platz | ✓ |
| Hunde willkommen | ✓ |
| Skilift & Loipe | ✗ |
| WLAN (begrenzt gratis) | ✓ |
| Lebensmittel | ✓ |
| Brötchen am Platz | ✓ |
| Restaurant & Imbiss | ✓ |
| Ver-/Entsorgung Womo | ✓ |
| in den Ort | 500m |
| Touristenplätze | 220 |
| Mietunterkünfte | ✓ |
| Stellplätze vor Schranke | ✗ |

**4.1** SEHR GUT
10 Bewertungen

| | |
|---|---|
| Lage | 4.6 |
| Ruhe | 3.4 |
| Sanitäranlagen | 3.6 |
| Sauberkeit Ø | 4.2 |
| Freundlichkeit | 4.4 |
| Stellplatz | 3.7 |
| Verpflegung | 3.1 |
| Freizeit | 4.6 |
| Preis-Leistung | 4.2 |
| Mietunterkünfte | 4.2 |

**Geeignet für**

| | |
|---|---|
| Kinder b. 6 J. | 4.2 |
| Kinder b. 12 J. | 4.4 |
| Kinder b. 18 J. | 3.3 |
| Paare | 3.4 |
| Senioren | 3.1 |
| Gäste mit Zelt | 4.1 |
| Gäste mit Hund | 4.0 |

**Empfohlene Aktivitäten**

- Wandern
- Mountainbiking
- Radfahren

## 8 Aktiv-Sport-Erlebnis-Camp

Obervellach 175
9821 Obervellach
+43 4782 2727

46.92659 | 13.20191
650m ü.M.

01.05. - 30.09.

HS: 22,40 € | NS: 22,40 €

**Mehr Infos & Anfrage:**
www.camping.info/19487

| | |
|---|---|
| Baden im Fluss am Platz | ✓ |
| Pool/Hallenbad | 500m |
| Spielplatz am Platz | ✓ |
| Hunde willkommen | ✓ |
| Skilift | 8km |
| WLAN | ✓ |
| Lebensmittel | 800m |
| Brötchen am Platz | ✓ |
| Restaurant & Imbiss | ✓ |
| Ver-/Entsorgung Womo | ✓ |
| in den Ort | 500m |
| Touristenplätze | 120 |
| Mietunterkünfte | ✓ |
| Stellplätze vor Schranke | ✗ |

**4.0** SEHR GUT
3 Bewertungen

| | |
|---|---|
| Lage | 4.3 |
| Ruhe | 3.7 |
| Sanitäranlagen | 2.5 |
| Sauberkeit Ø | 4.2 |
| Freundlichkeit | 5.0 |
| Stellplatz | 4.0 |
| Verpflegung | 3.7 |
| Freizeit | 5.0 |
| Preis-Leistung | 4.0 |
| Mietunterkünfte | 4.0 |

**Geeignet für**

| | |
|---|---|
| Kinder b. 6 J. | 4.0 |
| Kinder b. 12 J. | 5.0 |
| Kinder b. 18 J. | 5.0 |
| Paare | 4.7 |
| Senioren | 4.7 |
| Gäste mit Zelt | 4.3 |
| Gäste mit Hund | - |

**Empfohlene Aktivitäten**

- Wandern
- Mountainbiking
- Klettern

## 9 Terrassencamping Ronacher

Mösel 6
9714 Stockenboi
+43 4761 256

46.70314 | 13.41355

06.05. - 07.10.

HS: 32,10 € | NS: 25,10 €

**Mehr Infos & Anfrage:**
www.camping.info/19549

| | |
|---|---|
| Baden im See am Platz | ✓ |
| Pool & Hallenbad | ✗ |
| Spielplatz am Platz | ✓ |
| Hunde erlaubt | ✓ |
| Skilift & Loipe | ✗ |
| WLAN | ✗ |
| Lebensmittel | ✓ |
| Brötchen am Platz | ✓ |
| Restaurant & Imbiss | ✓ |
| Ver-/Entsorgung Womo | ✓ |
| in den Ort | 10km |
| Touristenplätze | 135 |
| Mietunterkünfte | ✓ |
| Stellplätze vor Schranke | ✗ |

**4.6** SEHR GUT
20 Bewertungen

| | |
|---|---|
| Lage | 4.8 |
| Ruhe | 4.5 |
| Sanitäranlagen | 4.5 |
| Sauberkeit Ø | 4.8 |
| Freundlichkeit | 4.5 |
| Stellplatz | 4.4 |
| Verpflegung | 4.2 |
| Freizeit | 4.2 |
| Preis-Leistung | 4.3 |
| Mietunterkünfte | 3.5 |

**Geeignet für**

| | |
|---|---|
| Kinder b. 6 J. | 4.8 |
| Kinder b. 12 J. | 4.7 |
| Kinder b. 18 J. | 3.7 |
| Paare | 4.8 |
| Senioren | 4.7 |
| Gäste mit Zelt | 4.7 |
| Gäste mit Hund | 4.8 |

**Empfohlene Aktivitäten**

- Wandern
- Schwimmen
- Entspannen

## 10 Caravan- und Reisemobilstellplatz Gailberghöhe

Gailberg 3
9640 Kötschach-Mauthen
+43 4715 368

46.71776 | 12.96262
983m ü.M.

01.05. - 10.11.
20.12. - 31.03.

HS: 16,00 € | NS: 16,00 €

**Mehr Infos & Anfrage:**
www.camping.info/23441

| | |
|---|---|
| Baden im See | 7km |
| Pool/Hallenbad | 7km |
| Spielplatz am Platz | ✓ |
| Hunde willkommen | ✓ |
| Skilift/Loipe | 4/7km |
| WLAN (gratis) | teilweise |
| Lebensmittel | 7km |
| Brötchen am Platz | ✓ |
| Restaurant & Imbiss | ✓ |
| Ver-/Entsorgung Womo | ✓ |
| in den Ort | 7km |
| Touristenplätze | 36 |
| Mietunterkünfte | ✓ |
| Stellplätze vor Schranke | ✗ |

**-** JETZT BEWERTEN!

Für diese Auswertung liegen leider noch nicht genügend Bewertungen vor.

Sei einer der Ersten, der diesen Campingplatz bewertet. Unter den Bewertern werden regelmäßig Gewinne verlost!

Mehr Infos dazu findest du in unserem allgemeinen Intro.

Karte auf Seite 120

## 11 Camping am See Gut Lindlerhof

❄

Lassach 11
9842 Moertschach
+43 676 83555835

46.90861 | 12.91111
900m ü.M.

ganzjährig

HS: 28,00 € | NS: 25,20 €

**Mehr Infos & Anfrage:**
www.camping.info/22283

| | |
|---|---|
| Baden im See am Platz | ✓ |
| Pool & Hallenbad | ✗ |
| Spielplatz | 200m |
| Hunde willkommen | ✓ |
| Skilift/Loipe | 5km/✓ |
| WLAN | ✓ |
| Lebensmittel | ✓ |
| Brötchen am Platz | ✓ |
| Restaurant & Imbiss | ✓ |
| Ver-/Entsorgung Womo | ✓ |
| in den Ort | 2km |
| Touristenplätze | 60 |
| Mietunterkünfte | ✓ |
| Stellplätze vor Schranke | ✗ |

**4.4** SEHR GUT
25 Bewertungen

| | |
|---|---|
| Lage | 4.3 |
| Ruhe | 3.9 |
| Sanitäranlagen | 4.6 |
| Sauberkeit Ø | 4.7 |
| Freundlichkeit | 4.8 |
| Stellplatz | 4.1 |
| Verpflegung | 3.8 |
| Freizeit | 4.1 |
| Preis-Leistung | 4.3 |
| Mietunterkünfte | 4.9 |

**Geeignet für**

| | |
|---|---|
| Kinder b. 6 J. | 4.3 |
| Kinder b. 12 J. | 4.4 |
| Kinder b. 18 J. | 4.3 |
| Paare | 4.4 |
| Senioren | 4.2 |
| Gäste mit Zelt | 4.5 |
| Gäste mit Hund | 4.4 |

**Empfohlene Aktivitäten**

- Wandern
- Entspannen
- Radfahren

keine WOMOs ab 15 m; Jugendgruppen nur beschränkt erwünscht

## 13 Camping am Bauernhof

Wertschach 23
9612 St. Georgen/Gailtal
+43 699 8850 4498

46.60884 | 13.59035
760m ü.M.

01.05. - 31.10.

HS: 25,70 € | NS: 19,00 €

**Mehr Infos & Anfrage:**
www.camping.info/19282

| | |
|---|---|
| Baden im Fluss | 4km |
| Pool/Hallenbad | 200m/20km |
| Spielplatz am Platz | ✓ |
| Hunde willkommen | ✓ |
| Skilift & Loipe | ✗ |
| WLAN | ✓ |
| Lebensmittel | 4km |
| Brötchen am Platz | ✓ |
| Restaurant/Imbiss | 200m |
| Ver-/Entsorgung Womo | ✗ |
| im Ort | ✓ |
| Touristenplätze | 35 |
| Mietunterkünfte | ✗ |
| Stellplätze vor Schranke | ✗ |

**4.2** SEHR GUT
5 Bewertungen

| | |
|---|---|
| Lage | 4.2 |
| Ruhe | 4.2 |
| Sanitäranlagen | 4.0 |
| Sauberkeit Ø | 4.2 |
| Freundlichkeit | 5.0 |
| Stellplatz | 4.0 |
| Verpflegung | 3.0 |
| Freizeit | 4.0 |
| Preis-Leistung | 4.2 |
| Mietunterkünfte | - |

**Geeignet für**

| | |
|---|---|
| Kinder b. 6 J. | 4.0 |
| Kinder b. 12 J. | 4.5 |
| Kinder b. 18 J. | 2.0 |
| Paare | 5.0 |
| Senioren | 5.0 |
| Gäste mit Zelt | - |
| Gäste mit Hund | 5.0 |

**Empfohlene Aktivitäten**

- Wandern
- Entspannen

## 14 Seecamping Müller

Oberdorf
9762 Weissensee
+43 664 431 3078

46.71887 | 13.26157
930m ü.M.

01.05. - 02.10.

HS: 29,00 € | NS: 26,00 €

**Mehr Infos & Anfrage:**
www.camping.info/26324

| | |
|---|---|
| Baden im See am Platz | ✓ |
| Hallenbad | 8km |
| Spielplatz am Platz | ✓ |
| Hunde willkommen | ✓ |
| Skilift/Loipe | 3km/✓ |
| WLAN | ✗ |
| Lebensmittel | 3km |
| Brötchen am Platz | ✓ |
| Restaurant/Imbiss | 300m/✓ |
| Ver-/Entsorgung Womo | ✓ |
| in den Ort | 3km |
| Gesamt | 200 |
| Mietunterkünfte | ✓ |
| Stellplätze vor Schranke | ✗ |

**3.6** GUT
21 Bewertungen

| | |
|---|---|
| Lage | 4.7 |
| Ruhe | 4.1 |
| Sanitäranlagen | 2.6 |
| Sauberkeit Ø | 3.5 |
| Freundlichkeit | 4.5 |
| Stellplatz | 3.5 |
| Verpflegung | 2.5 |
| Freizeit | 4.5 |
| Preis-Leistung | 3.8 |
| Mietunterkünfte | 4.0 |

**Geeignet für**

| | |
|---|---|
| Kinder b. 6 J. | 4.4 |
| Kinder b. 12 J. | 4.2 |
| Kinder b. 18 J. | 4.1 |
| Paare | 4.4 |
| Senioren | 4.4 |
| Gäste mit Zelt | 4.5 |
| Gäste mit Hund | 4.5 |

**Empfohlene Aktivitäten**

- Schwimmen
- Wandern
- Radfahren

**Infos**

Öffnungszeiten

Vergleichspreis

Link

**Ausstattung**

Freizeit

Campingplatz

Versorgung

Anzahl der Plätze

# 12 Nationalpark-Camping Grossglockner

Hadergasse 11
9844 Heiligenblut
+43 4824 2048
www.nationalpark-camping.at
nationalpark-camping@heiligenblut.at

01.01. - 31.10.
01.12. - 31.12.

HS: 31,10 € | NS: 31,10 €

**Mehr Infos & Anfrage:**
www.camping.info/19483

| | |
|---|---|
| Baden im Teich | 2km |
| Hallenbad | 300m |
| Spielplatz am Platz | ✓ |
| Hunde willkommen | ✓ |
| Skilift/Loipe | 200m/✓ |
| WLAN | ✓ |
| Lebensmittel | 500m |
| Brötchen am Platz | nur HS |
| Restaurant & Imbiss | ✓ |
| Ver-/Entsorgung Womo | ✓ |
| in den Ort | 400m |
| Touristenplätze | 100 |
| Mietunterkünfte | ✓ |
| Stellplätze vor Schranke | ✗ |

47.03694 | 12.84074
1300m ü.M.

Camping in der großartigen Bergwelt Kärntens.

## Lage & Stellplatz

Mitten im Herzen des Nationalparks „Hohe Tauern" gelegen, bietet der ganzjährig geöffnete Campingplatz jenes Maß an Ruhe und Erholung, das man sich im Urlaub wünscht. Das weiträumige Areal befindet sich in ruhiger, aber zentrumsnaher Lage und verfügt über einen herrlichen Blick auf den Großglockner.

## Verpflegung

Das gemütliche Restaurant „Alm Casino" serviert seinen Gästen sowohl regionale als auch überregionale Köstlichkeiten direkt am Campingplatz. Außerdem können Lebensmittel für das Frühstück vor Ort gekauft werden. Die nächste Einkaufsmöglichkeit befindet in einer Entfernung von 500 m.

## Sanitär

Den Campinggästen stehen komfortable Sanitäranlagen zur Verfügung. Zur Ausstattung gehören Einzelwaschkabinen, Waschbecken, Toiletten und Warmwasserduschen. Darüber hinaus sind eine Waschmaschine und ein Wäschetrockner sowie eine Ver- und Entsorgungsmöglichkeit für Wohnmobile vorhanden.

## Freizeit

Der Platz eignet sich als idealer Ausgangspunkt vieler Wanderungen. Geführte Wanderungen und Goldwaschen werden ebenfalls angeboten. Im Winter können der beheizte Skistall und der kostenlose Skibus in Anspruch genommen werden. Zudem führt eine präparierte Langlaufloipe direkt am Campingplatz vorbei.

Großzügige Plätze im Grünen.

Winter in Heiligenblut.

**4.6** SEHR GUT
14 Bewertungen

| | |
|---|---|
| Lage | 4.7 |
| Ruhe | 4.9 |
| Sanitäranlagen | 4.2 |
| Sauberkeit Ø | 4.7 |
| Freundlichkeit | 4.7 |
| Stellplatz | 4.5 |
| Verpflegung | 4.3 |
| Freizeit | 4.1 |
| Preis-Leistung | 4.5 |
| Mietunterkünfte | 5.0 |

**Geeignet für**

- 4.8 Gäste mit Hund
- 4.6 Gäste mit Zelt
- 4.4 Paare
- 3.7 Kinder b. 6 J.
- 4.5 Senioren
- 4.1 Kinder b. 12 J.
- 3.6 Kinder b. 18 J.

**Empfohlene Aktivitäten**

Wandern | Entspannen | Klettern | Mountainbiking | Ski

## 16 Möllcamping

Hauptstraße 2
9813 Möllbrücke
+43 4769 2406
46.8385 | 13.3675

01.05. - 30.09.
HS: 23,00 € | NS: 20,00 €
**Mehr Infos & Anfrage:**
www.camping.info/22177

| | |
|---|---|
| Baden im Teich | 400m |
| Pool/Hallenbad | 100m/12km |
| Spielplatz am Platz | ✓ |
| Hunde willkommen | ✓ |
| Skilift & Loipe | keine Angabe |
| WLAN | ✓ |
| Lebensmittel | 500m |
| Brötchen am Platz | nur HS |
| Restaurant/Imbiss | 200m |
| Ver-/Entsorgung Womo | ✓ |
| in den Ort | keine Angabe |
| Touristenplätze | 33 |
| Mietunterkünfte | ✗ |
| Stellplätze vor Schranke | ✗ |

- JETZT BEWERTEN!

Für diese Auswertung liegen leider noch nicht genügend Bewertungen vor.

Sei einer der Ersten, der diesen Campingplatz bewertet. Unter den Bewertern werden regelmäßig Gewinne verlost!

Mehr Infos dazu findest du in unserem allgemeinen Intro.

## 17 Panorama-Camping Lesachtal

Klebas 30
9653 Liesing im Lesachtal
0043 (0)4716 / 200 76
46.69408 | 12.81358
1044m ü.M.

15.04. - 15.10.
HS: 25,00 € | NS: 25,00 €
**Mehr Infos & Anfrage:**
www.camping.info/19537

| | |
|---|---|
| Baden im Fluss | 500m |
| Pool/Hallenbad | ✓/20km |
| Spielplatz am Platz | ✓ |
| Hunde willkommen | ✓ |
| Skilift/Loipe | 15/2km |
| WLAN (gratis) | teilweise |
| Lebensmittel | 300m |
| Brötchen am Platz | ✗ |
| Restaurant & Imbiss | ✓ |
| Ver-/Entsorgung Womo | ✓ |
| in den Ort | 300m |
| Touristenplätze | 19 |
| Mietunterkünfte | ✗ |
| Stellplätze vor Schranke | ✓ |

- JETZT BEWERTEN!

Für diese Auswertung liegen leider noch nicht genügend Bewertungen vor.

Sei einer der Ersten, der diesen Campingplatz bewertet. Unter den Bewertern werden regelmäßig Gewinne verlost!

Mehr Infos dazu findest du in unserem allgemeinen Intro.

## 18 Lesachtal Camping

✱
Maria Luggau 34
9655 Maria Luggau
+43 4716 209
46.70518 | 12.7342

ganzjährig
HS: 22,00 € | NS: 22,00 €
**Mehr Infos & Anfrage:**
www.camping.info/22174

| | |
|---|---|
| Baden in nat. Gewässer | k. A. |
| Pool/Hallenbad | ✓/7km |
| Spielplatz am Platz | ✓ |
| Hunde erlaubt | ✓ |
| Skilift/Loipe | 10km/300m |
| WLAN (gratis) | teilweise |
| Lebensmittel | 300m |
| Brötchen am Platz | ✓ |
| Restaurant & Imbiss | ✓ |
| Ver-/Entsorgung Womo | ✓ |
| in den Ort | 300m |
| Touristenplätze | 18 |
| Mietunterkünfte | ✓ |
| Stellplätze vor Schranke | ✓ |

- JETZT BEWERTEN!

Für diese Auswertung liegen leider noch nicht genügend Bewertungen vor.

Sei einer der Ersten, der diesen Campingplatz bewertet. Unter den Bewertern werden regelmäßig Gewinne verlost!

Mehr Infos dazu findest du in unserem allgemeinen Intro.

Karte auf Seite 120

**Infos**
Öffnungszeiten
Vergleichspreis
Link

**Ausstattung**
Freizeit
Campingplatz
Versorgung
Anzahl der Plätze

# 15 Alpenferienpark Reisach



Schönboden 1
9633 Reisach
+43 428 430 1
www.alpenferienpark.com
info@alpenferienpark.com

01.05. - 03.10.

HS: 36,20 € | NS: 27,20 €

**Mehr Infos & Anfrage:**
www.camping.info/19544

| | |
|---|---|
| Baden im Teich am Platz | ✓ |
| Pool/Hallenbad | ✓/15km |
| Spielplatz am Platz | ✓ |
| Hunde willkommen | ✓ |
| Skilift/Loipe | 15/3km |
| WLAN | ✓ |
| Lebensmittel | ✓ |
| Brötchen am Platz | ✓ |
| Restaurant & Imbiss | ✓ |
| Ver-/Entsorgung Womo | ✗ |
| in den Ort | 1km |
| Touristenplätze | 60 |
| Mietunterkünfte | ✓ |
| Stellplätze vor Schranke | ✗ |

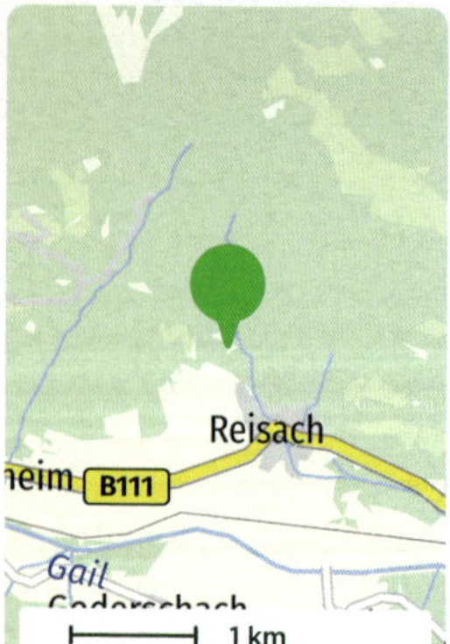


46.65485 | 13.14842
800m ü.M.

Das Juwel des Campingplatzes ist das Naturbad („genannt Biotop").

## Lage & Stellplatz

Der Alpenferienpark Reisach liegt auf dem sonnigen Südhang des Reißkofels auf 850 m Höhe mit herrlichem Panoramablick über die Karnischen Alpen und das Gailtal. Mit 60 Stellplätzen, 15 Blockhütten und 2 Mobilheimen wird auch in den Sommermonaten eine ruhige und erholsame Atmosphäre geboten.

## Verpflegung

Der Terrassencampingplatz verfügt über ein Restaurant (Essen auch zum Mitnehmen), einen Gebäckservice sowie einen kleinen Campingshop, wo man eine kleine Auswahl an Lebensmitteln kaufen kann. Der nächste Supermarkt befindet sich in der 3 km entfernten Ortschaft Kirchbach.

## Sanitär

Am Campingplatz stehen zwei saubere und modern ausgestattete Sanitärräume mit Fußbodenheizung zur Verfügung. Insgesamt gibt es acht Duschen und ausreichend Waschbecken und Waschinseln. Des Weiteren gibt es drei Geschirrspülplätze sowie einen Waschraum mit Waschmaschine und Trockner.

## Freizeit

Das Juwel des Campingplatzes ist das Naturschwimmbad mit Kinderbereich. Das klare Wasser kommt direkt aus den Bergen. Des Weiteren verfügt die Anlage über einen neuen Beachvolleyballplatz und einen Kinderspielplatz mit Tischtennisplatte. Aber auch Wanderer und Radfahrer kommen hier auf ihre Kosten.

Stellplätze im Grünen.

Restaurant mit Außenterrasse.

**4.7** SEHR GUT
9 Bewertungen

| | |
|---|---|
| Lage | 4.8 |
| Ruhe | 4.8 |
| Sanitäranlagen | 4.1 |
| Sauberkeit Ø | 4.6 |
| Freundlichkeit | 5.0 |
| Stellplatz | 4.4 |
| Verpflegung | 4.0 |
| Freizeit | 4.0 |
| Preis-Leistung | 4.8 |
| Mietunterkünfte | 4.3 |

**Geeignet für**

| | |
|---|---|
| 4.9 | Gäste mit Zelt |
| 4.8 | Kinder b. 6 J. |
| 4.8 | Paare |
| 4.7 | Kinder b. 12 J. |
| 4.5 | Senioren |
| 4.5 | Gäste mit Hund |
| 3.7 | Kinder b. 18 J. |

**Empfohlene Aktivitäten**

Wandern, Schwimmen, Mountainbiking, Entspannen, Radfahren

für WOMOs um die 7 m geeignet

19

## Camping Leifling

Karte auf Seite 120

Leifling 31
9635 Dellach an der Gail
+43 4718 364

46.66195 | 13.09265

### Infos

| | |
|---|---|
| Öffnungszeiten | 01.05. - 31.10. |
| Vergleichspreis | HS: 19,30 € \| NS: 19,30 € |
| Link | **Mehr Infos & Anfrage:** www.camping.info/22360 |

### Ausstattung

| | | |
|---|---|---|
| Freizeit | Baden in nat. Gewässer | k. A. |
| | Pool/Hallenbad | 8km |
| | Spielplatz | keine Angabe |
| Campingplatz | Hunde erlaubt | ✓ |
| | Skilift & Loipe | keine Angabe |
| | WLAN | ✗ |
| Versorgung | Lebensmittel | k.A. |
| | Brötchen am Platz | ✓ |
| | Restaurant/Imbiss | 700m |
| | Ver-/Entsorgung Womo | ✗ |
| | in den Ort | 1km |
| Anzahl der Plätze | Gesamt/Touristen | 40/10 |
| | Mietunterkünfte | ✓ |
| | Stellplätze vor Schranke | ✗ |

-

JETZT BEWERTEN!

Für diese Auswertung liegen leider noch nicht genügend Bewertungen vor.

Sei einer der Ersten, der diesen Campingplatz bewertet. Unter den Bewertern werden regelmäßig Gewinne verlost!

Mehr Infos dazu findest du in unserem allgemeinen Intro.

# 20 Maltatal Terrassencamping

Malta 6
9854 Malta
+43 4733 234
www.camping-maltatal.at
info@maltacamp.at

24.04. - 17.10.

HS: 37,00 € | NS: 29,40 €

**Mehr Infos & Anfrage:**
www.camping.info/19365

| | |
|---|---|
| Baden im Fluss | 500m |
| Pool/Hallenbad | ✓/20km |
| Spielplatz am Platz | ✓ |
| Hunde willkommen | ✓ |
| Skilift & Loipe | ✗ |
| WLAN | ✓ |
| Lebensmittel | ✓ |
| Brötchen am Platz | ✓ |
| Restaurant & Imbiss | ✓ |
| Ver-/Entsorgung Womo | ✓ |
| in den Ort | 500m |
| Gesamt/Touristen | 180/170 |
| Mietunterkünfte | ✓ |
| Stellplätze vor Schranke | ✗ |

46.9496 | 13.50981
800m ü.M.

Blick auf den Campingplatz mit schön angelegten Stellplätzen und Pool.

## Lage & Stellplatz

Der Campingplatz liegt zwischen dem Nationalpark Hohe Tauern und dem Biosphärenpark Nockberge. Seit über 50 Jahren in Familienbesitz befindend, bietet der schöne Platz in Terrassen angelegte Rasenplätze sowie Mobilheime und Zimmer mit hohem Komfort und garantiertem Wohlfühlfaktor.

## Verpflegung

Direkt am Platz befindet sich das Restaurant „Pfiff", das mit hausgemachten Holzofenpizzen und einer umfangreichen Auswahl an traditionellen Schmankerln lockt. Im kleinen Shop gibt es alles für den täglichen Bedarf, jeden Morgen frisches Gebäck sowie Zeitungen aus aller Welt.

## Sanitär

Inmitten des Platzes befindet sich das moderne, sonnendurchflutete Sanitär mit Panoramablick. Große und eigens kinderfreundliche Waschräume bieten uneingeschränkten Komfort. Weitere Extras wie die Infrarotkabine und ein zweites Sanitär stehen ebenfalls bereit.

## Freizeit

Die Umgebung bietet einzigartige Wander- und Klettermöglichkeiten. Ins Staunen versetzt werden Gäste auch von den beeindruckenden Wasserfällen der Region. Für Spiel und Spaß ist am Spielplatz des Restaurants bestens gesorgt. Eine Abkühlung an heißen Tagen verschafft das gemeindeeigene Freibad.

In wunderschöner Natur gelegen.

Moderne Sanitäranlagen.

**4.5** SEHR GUT
60 Bewertungen

| | |
|---|---|
| Lage | 4.5 |
| Ruhe | 4.0 |
| Sanitäranlagen | 4.8 |
| Sauberkeit Ø | 4.8 |
| Freundlichkeit | 4.7 |
| Stellplatz | 4.2 |
| Verpflegung | 4.3 |
| Freizeit | 4.3 |
| Preis-Leistung | 4.2 |
| Mietunterkünfte | 4.5 |

**Geeignet für**

- 4.6 Kinder b. 6 J.
- 4.6 Kinder b. 12 J.
- 4.5 Paare
- 4.5 Gäste mit Zelt
- 4.3 Senioren
- 4.3 Gäste mit Hund
- 3.7 Kinder b. 18 J.

**Empfohlene Aktivitäten**

Wandern, Radfahren, Mountainbiking, Schwimmen, Klettern



für WOMOs bis 12 m geeignet

Karte auf Seite 120

## 21 Camping Berggruss

Berg 49
9771 Berg im Drautal
+43 (0)650/8881159
46.7391 | 13.12871
600m ü.M.

01.05. - 30.09.
HS: 30,00 € | NS: 24,00 €
**Mehr Infos & online buchen:**
www.camping.info/22278

| | |
|---|---|
| Baden im Fluss | 1km |
| Pool/Hallenbad | ✓/30km |
| Spielplatz am Platz | ✓ |
| Hunde willkommen | ✓ |
| Skilift/Loipe | 5km/500m |
| WLAN | ✓ |
| Lebensmittel | 1km |
| Brötchen am Platz | ✓ |
| Restaurant/Imbiss | 500m/1km |
| Ver-/Entsorgung Womo | ✓ |
| in den Ort | 1km |
| Touristenplätze | 60 |
| Mietunterkünfte | ✗ |
| Stellplätze vor Schranke | ✗ |

**3.3** GUT
3 Bewertungen

| | |
|---|---|
| Lage | 4.5 |
| Ruhe | 4.0 |
| Sanitäranlagen | 4.5 |
| Sauberkeit Ø | 5.0 |
| Freundlichkeit | 5.0 |
| Stellplatz | 4.5 |
| Verpflegung | 3.0 |
| Freizeit | 5.0 |
| Preis-Leistung | 5.0 |
| Mietunterkünfte | - |

**Geeignet für**

| | |
|---|---|
| Kinder b. 6 J. | 3.0 |
| Kinder b. 12 J. | 5.0 |
| Kinder b. 18 J. | 3.0 |
| Paare | 5.0 |
| Senioren | 3.0 |
| Gäste mit Zelt | 5.0 |
| Gäste mit Hund | 2.5 |

## 22 Alpencamping Raggaschlucht

Schmelzhütten 24
9831 Flattach
+43 4785 213
46.93282 | 13.1368

15.05. - 01.10.
HS: 23,00 € | NS: 23,00 €
**Mehr Infos & Anfrage:**
www.camping.info/24447

| | |
|---|---|
| Baden im See | 10km |
| Pool/Hallenbad | 1/5km |
| Spielplatz | 500m |
| Hunde willkommen | ✓ |
| Skilift/Loipe | 2/10km |
| WLAN | ✓ |
| Lebensmittel | 1km |
| Brötchen am Platz | ✗ |
| Restaurant am P. | ✓ |
| Ver-/Entsorgung Womo | ✗ |
| in den Ort | 500m |
| Touristenplätze | 20 |
| Mietunterkünfte | ✓ |
| Stellplätze vor Schranke | ✗ |

**4.6** SEHR GUT
11 Bewertungen

| | |
|---|---|
| Lage | 4.4 |
| Ruhe | 4.9 |
| Sanitäranlagen | 4.7 |
| Sauberkeit Ø | 4.8 |
| Freundlichkeit | 4.9 |
| Stellplatz | 4.3 |
| Verpflegung | 4.0 |
| Freizeit | 4.1 |
| Preis-Leistung | 4.6 |
| Mietunterkünfte | 3.7 |

**Geeignet für**

| | |
|---|---|
| Kinder b. 6 J. | 3.5 |
| Kinder b. 12 J. | 3.9 |
| Kinder b. 18 J. | 3.9 |
| Paare | 4.8 |
| Senioren | 4.9 |
| Gäste mit Zelt | 4.8 |
| Gäste mit Hund | 4.7 |

**Empfohlene Aktivitäten**

- Wandern
- Entspannen
- Radfahren

## 25 Sport Camping Flaschberger

Obervellach 27
9620 Hermagor
+43 4282 2020
46.63252 | 13.39709
612m ü.M.

ganzjährig
HS: 28,70 € | NS: 21,90 €
**Mehr Infos & Anfrage:**
www.camping.info/19467

| | |
|---|---|
| Baden im See | 3km |
| Pool/Hallenbad | ✓/30km |
| Spielplatz am Platz | ✓ |
| Hunde willkommen | ✓ |
| Skilift/Loipe | 10km/150m |
| WLAN (gegen Gebühr) | ✓ |
| Lebensmittel | 150m |
| Brötchen am Platz | ✓ |
| Restaurant/Imbiss | 150m/✓ |
| Ver-/Entsorgung Womo | ✓ |
| in den Ort | 1km |
| Gesamt/Touristen | 87/80 |
| Mietunterkünfte | ✓ |
| Stellplätze vor Schranke | ✓ |

**4.9** SEHR GUT
7 Bewertungen

| | |
|---|---|
| Lage | 4.9 |
| Ruhe | 4.6 |
| Sanitäranlagen | 4.7 |
| Sauberkeit Ø | 4.7 |
| Freundlichkeit | 5.0 |
| Stellplatz | 4.6 |
| Verpflegung | 4.6 |
| Freizeit | 4.8 |
| Preis-Leistung | 4.7 |
| Mietunterkünfte | 4.7 |

**Geeignet für**

| | |
|---|---|
| Kinder b. 6 J. | 4.0 |
| Kinder b. 12 J. | 4.3 |
| Kinder b. 18 J. | 4.8 |
| Paare | 5.0 |
| Senioren | 5.0 |
| Gäste mit Zelt | 5.0 |
| Gäste mit Hund | 4.8 |

**Empfohlene Aktivitäten**

- Wandern
- Mountainbiking
- Radfahren

**Infos**

Öffnungszeiten
Vergleichspreis
Link

**Ausstattung**

Freizeit
Campingplatz
Versorgung
Anzahl der Plätze

# 1 Naturpark Schluga Seecamping

Presseggen 29
9620 Hermagor- Pressegger See
+43 4282 2760
www.schluga.com
camping@schluga.com

10.05. - 20.09.

HS: 51,00 € | NS: 31,10 €

**Mehr Infos & Anfrage:**
www.camping.info/19411

| | |
|---|---|
| Baden im See | 200m |
| Pool/Hallenbad | ✓/4km |
| Spielplatz am Platz | ✓ |
| Hunde willkommen | ✓ |
| Skilift & Loipe | ✗ |
| WLAN | ✓ |
| Lebensmittel | ✓ |
| Brötchen am Platz | ✓ |
| Restaurant & Imbiss | ✓ |
| Ver-/Entsorgung Womo | ✓ |
| in den Ort | 6km |
| Gesamt/Touristen | 342/301 |
| Mietunterkünfte | ✓ |
| Stellplätze vor Schranke | ✗ |

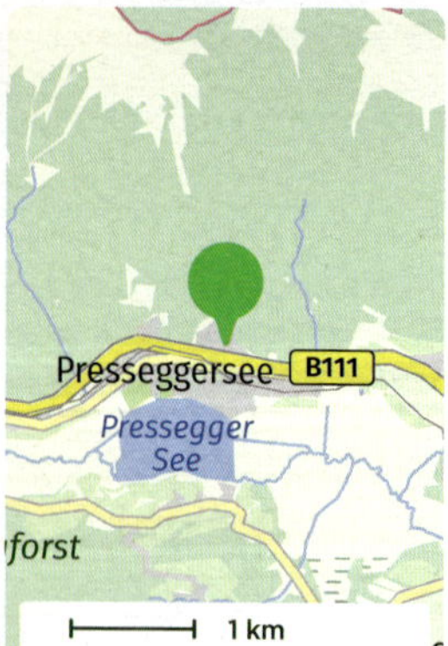


46.6325 | 13.44646
612m ü.M.

Terrassenförmig angelegte, großzügige Stellplätze in traumhafter Natur.

## Lage & Stellplatz

Naturpark Schluga Seecamping ist in der Sommersaison geöffnet. Er liegt in einem Naturpark inmitten eines idyllischen Waldes und ist nur 200 m vom Pressegger See entfernt. Der Platz bietet großzügige, terrassenförmige Stellplätze (120-150 m²) und einen beheizten Edelstahlpool mit Kleinkinderbecken.

## Verpflegung

Direkt am Platz befindet sich das Restaurant „Waldschenke" mit einer großen Terrasse und Panoramablick auf den Pressegger See. Außerdem werden im Camping-Shop frisches Brot, Zeitschriften und vieles mehr angeboten.

## Sanitär

Zwei große (eines davon frisch renoviert) und zwei weitere kleine, neue Sanitäranlagen sorgen für den nötigen Komfort für die Gäste. Es stehen auch Familien-Badezimmer zur Vermietung bereit. Eine barrierefreie Sanitäreinrichtung mit Dusche, Waschbecken und Toilette ist ebenfalls vorhanden.

## Freizeit

Seit 2016 gibt es am Platz einen beheizten, 120 m² großen Edelstahlpool mit Kleinkinderbecken und Liegewiese. Nur 200 m entfernt befindet sich der Privatstrand am Pressegger See, wo die Gäste seit 2018 bei Getränken an der neuen Beach-Bar mit Panoramablick auf die Karnischen Alpen entspannen können.

Beheizter Edestahlpool am Platz.

Schluga Strand – Pressegger See.

**4.5** SEHR GUT
50 Bewertungen

| | |
|---|---|
| Lage | 4.5 |
| Ruhe | 4.2 |
| Sanitäranlagen | 4.4 |
| Sauberkeit Ø | 4.7 |
| Freundlichkeit | 4.5 |
| Stellplatz | 4.5 |
| Verpflegung | 3.7 |
| Freizeit | 4.5 |
| Preis-Leistung | 4.0 |
| Mietunterkünfte | 4.0 |

**Geeignet für**

4.7 Paare

4.7 Gäste mit Hund | 4.6 Gäste mit Zelt | 4.3 Kinder b. 6 J.
4.6 Senioren | 4.5 Kinder b. 12 J. | 4.2 Kinder b. 18 J.

**Empfohlene Aktivitäten**

Wandern | Schwimmen | Radfahren | Mountainbiking | Entspannen

Neu seit 2020: neue Luxus Mobilheime und neue Standard Mobilheime

# 23 Schluga Camping Hermagor

Vellach 15
9620 Hermagor
+43 4282 2051
www.schluga.com
camping@schluga.com

ganzjährig

HS: 51,00 € | NS: 31,10 €

**Mehr Infos & Anfrage:**
www.camping.info/19407

| | |
|---|---|
| Baden im Teich am Platz | ✓ |
| Pool & Hallenbad | ✓ |
| Spielplatz am Platz | ✓ |
| Hunde willkommen | ✓ |
| Skilift/Loipe | 8km/200m |
| WLAN | ✓ |
| Lebensmittel | ✓ |
| Brötchen am Platz | ✓ |
| Restaurant & Imbiss | ✓ |
| Ver-/Entsorgung Womo | ✓ |
| in den Ort | 1km |
| Gesamt/Touristen | 250/215 |
| Mietunterkünfte | ✓ |
| Stellplätze vor Schranke | ✓ |

1 km
46.63195 | 13.39258
612m ü.M.

Der herrlich angelegte Platz bietet Erholung für die ganze Familie.

## Lage & Stellplatz

Der Platz ist zwischen den Karnischen und Gailtaler Alpen eingebettet und befindet sich östlich von Hermagor. Die 250 Stellplätze sind größtenteils mit Wasser-, Abwasser- sowie TV-Anschlüssen und Strom ausgestattet. Besonders hervorzuheben sind der Wellnessbereich und das neue Kinderspieleland.

## Verpflegung

Mietunterkünfte wie Luxus-Mobilheime, Schlaffässer und sechs neue Apartments runden das Angebot ab. Direkt am Platz befindet sich das Restaurant „Schluga's Wirtshaus", in dem Gäste mit traditioneller und internationaler Küche verwöhnt werden. Ein Camping-Shop ist ebenfalls vorhanden.

## Sanitär

Am Platz stehen drei modern ausgestattete Sanitäranlagen zur Verfügung. Es können Familien-Badezimmer und barrierefreie Einrichtungen in Anspruch genommen werden. Für die kleinen Camper gibt es eine Kindersanitäranlage und seit 2018 ein Spielehaus mit Kindergarten, Jugendraum und Indoorspielebox.

## Freizeit

Das AlpinSPA besteht aus einem beheizten Außen- sowie Innenpool, einem Kleinkinderbecken, Naturschwimmteich und vier Saunen mit Ruhebereich. Während der Ferienzeit gibt es ein abwechslungsreiches Wochenprogramm, das von Mountainbiketouren bis hin zu geführten Bergtouren diverse Aktivitäten umfasst.

AlpinSPA mit Freibad.

Freizeitvergnügen pur.

**4.6** SEHR GUT
128 Bewertungen

| | |
|---|---|
| Lage | 4.3 |
| Ruhe | 4.0 |
| Sanitäranlagen | 4.7 |
| Sauberkeit Ø | 4.7 |
| Freundlichkeit | 4.6 |
| Stellplatz | 4.5 |
| Verpflegung | 4.0 |
| Freizeit | 4.6 |
| Preis-Leistung | 4.3 |
| Mietunterkünfte | 4.5 |

**Geeignet für**

4.7 Paare

| | | |
|---|---|---|
| 4.7 Senioren | 4.6 Gäste mit Hund | 4.3 Gäste mit Zelt |
| 4.6 Kinder b. 12 J. | 4.5 Kinder b. 6 J. | 4.2 Kinder b. 18 J. |

**Empfohlene Aktivitäten**

Wandern · Schwimmen · Radfahren · Wellness · Mountainbiking

gratis WLAN (auch in der Hauptsaison).

# 24 Camping am Bauernhof Bergfriede

Mitterberg 3
9754 Steinfeld
+43 4717 401
www.camping-bergfriede.com
camping.bergfriede@aon.at

01.05. - 30.09.

HS: 26,20 € | NS: 20,20 €

**Mehr Infos & Anfrage:**
www.camping.info/22277

| | |
|---|---|
| Baden im Teich | 6km |
| Pool/Hallenbad | ✓/27km |
| Spielplatz am Platz | ✓ |
| Hunde willkommen | ✓ |
| Skilift/Loipe | 10/12km |
| WLAN | ✓ |
| Lebensmittel | 1km |
| Brötchen am Platz | ✓ |
| Restaurant & Imbiss | ✓ |
| Ver-/Entsorgung Womo | ✓ |
| in den Ort | 1km |
| Touristenplätze | 30 |
| Mietunterkünfte | ✓ |
| Stellplätze vor Schranke | ✗ |

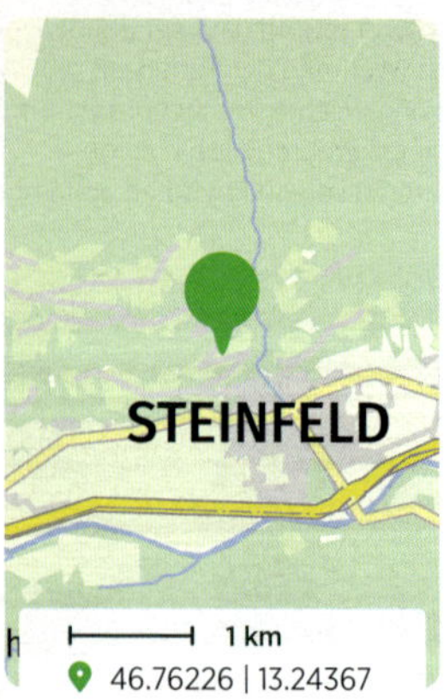

Der Campingplatz von oben, mit dem Bauernhof in der Mitte.

## Lage & Stellplatz

Gepflegte Stellplätze, die von Blumenwiesen und schattenspendenden Bäumen umgeben sind, machen das besondere Flair des „Bergfriede Campings" aus. Aufgrund der einzigartigen Lage bietet sich den Gästen ein fantastischer Ausblick über das idyllische Drautal und die umliegende Bergwelt.

## Verpflegung

Ein Restaurant, ein Imbiss und ein Brötchenservice befinden sich direkt am Platz und sind sieben Tage die Woche verfügbar. Der Traditionsgasthof punktet mit Spezialitäten und Produkten aus eigener Landwirtschaft. In ca. 1 km Entfernung sind zwei Supermärkte für alle nötigen Einkäufe zu finden.

## Sanitär

Modernste sanitäre Anlagen und die familiäre Atmosphäre sorgen für einen genussvollen Campingurlaub in den Kärntner Bergen. Duschen und Waschkabinen sind in ausreichender Anzahl vorhanden und die Benutzung der Duschen ist kostenlos. Eigene Waschplätze für Kinder stehen ebenfalls bereit.

## Freizeit

Camping am Bauernhof bietet zahlreiche gemeinsame Aktivitäten für die gesamte Familie. Grillen am Lagerfeuer oder Traktor-Rundfahrten sind bei den kleinen Gästen sehr beliebt. Des Weiteren stellt die Kärnten-Card eine kostengünstige Möglichkeit dar, um Kärnten und seine Attraktionen zu entdecken.

Herrliche Stellplätze im Grünen.

Viel Spaß für Groß und Klein.

**4.2** SEHR GUT
5 Bewertungen

| | |
|---|---|
| Lage | 4.6 |
| Ruhe | 4.0 |
| Sanitäranlagen | 3.8 |
| Sauberkeit Ø | 4.6 |
| Freundlichkeit | 4.8 |
| Stellplatz | 3.8 |
| Verpflegung | 4.0 |
| Freizeit | 3.8 |
| Preis-Leistung | 4.4 |
| Mietunterkünfte | 5.0 |

**Geeignet für**

4.8 Paare

| | |
|---|---|
| 4.5 | Gäste mit Zelt |
| 4.5 | Gäste mit Hund |
| 4.2 | Kinder b. 6 J. |
| 4.2 | Kinder b. 12 J. |
| 4.2 | Senioren |
| 2.8 | Kinder b. 18 J. |

**Empfohlene Aktivitäten**

Wandern · Mountainbiking · Entspannen · Paragleiten · Klettern

Schön gelegener Campingplatz, ideal für Familien mit kleineren Kindern.

Karte auf Seite 120

## 26 Camping Alpenfreude

Wertschach 27
9612 St. Georgen/Gailtal
+43 4256 2708
46.60625 | 13.59047

01.05. - 30.09.
HS: 25,00 € | NS: 20,00 €
**Mehr Infos & Anfrage:** www.camping.info/19546

| | |
|---|---|
| Baden im See | 4km |
| Pool/Hallenbad | ✓/10km |
| Spielplatz am Platz | ✓ |
| Hunde willkommen | ✓ |
| Skilift/Loipe | ✗/k. A. |
| WLAN | ✓ |
| Lebensmittel | ✓ |
| Brötchen am Platz | ✓ |
| Restaurant & Imbiss | ✓ |
| Ver-/Entsorgung Womo | ✓ |
| in den Ort | 4km |
| Gesamt/Touristen | 150/140 |
| Mietunterkünfte | ✓ |
| Stellplätze vor Schranke | ✓ |

**4.2** SEHR GUT – 10 Bewertungen

| | |
|---|---|
| Lage | 4.5 |
| Ruhe | 4.6 |
| Sanitäranlagen | 3.9 |
| Sauberkeit Ø | 4.5 |
| Freundlichkeit | 4.8 |
| Stellplatz | 4.0 |
| Verpflegung | 3.7 |
| Freizeit | 4.0 |
| Preis-Leistung | 4.8 |
| Mietunterkünfte | 4.0 |

**Geeignet für**

| | |
|---|---|
| Kinder b. 6 J. | 4.6 |
| Kinder b. 12 J. | 4.5 |
| Kinder b. 18 J. | 4.2 |
| Paare | 4.6 |
| Senioren | 4.7 |
| Gäste mit Zelt | 4.3 |
| Gäste mit Hund | 4.3 |

**Empfohlene Aktivitäten**
- Entspannen
- Schwimmen
- Wandern

## 27 Sommer- und Wintercamping Ramsbacher ❄

Gries 53
9863 Rennweg am Katschberg
+43 4734 663
47.03222 | 13.59056

ganzjährig
HS: 24,80 € | NS: 20,00 €
**Mehr Infos & Anfrage:** www.camping.info/19510

| | |
|---|---|
| Baden in nat. Gewässer | k. A. |
| Pool/Hallenbad | ✓/4km |
| Spielplatz am Platz | ✓ |
| Hunde erlaubt | ✓ |
| Skilift | 4km |
| WLAN (begrenzt gratis) | ✓ |
| Lebensmittel | 200m |
| Brötchen am Platz | ✓ |
| Restaurant & Imbiss | ✓ |
| Ver-/Entsorgung Womo | ✓ |
| in den Ort | 300m |
| Gesamt/Touristen | 65/50 |
| Mietunterkünfte | ✗ |
| Stellplätze vor Schranke | ✗ |

**4.1** SEHR GUT – 16 Bewertungen

| | |
|---|---|
| Lage | 4.4 |
| Ruhe | 4.6 |
| Sanitäranlagen | 3.9 |
| Sauberkeit Ø | 4.5 |
| Freundlichkeit | 4.4 |
| Stellplatz | 3.8 |
| Verpflegung | 4.3 |
| Freizeit | 3.9 |
| Preis-Leistung | 4.2 |
| Mietunterkünfte | - |

**Geeignet für**

| | |
|---|---|
| Kinder b. 6 J. | 3.6 |
| Kinder b. 12 J. | 3.7 |
| Kinder b. 18 J. | 3.4 |
| Paare | 4.6 |
| Senioren | 4.7 |
| Gäste mit Zelt | 4.2 |
| Gäste mit Hund | 4.8 |

**Empfohlene Aktivitäten**
- Wandern
- Schwimmen
- Entspannen

## 28 Camping Draufluss

Schwaig 10
9800 Spittal / Drau
+43 4762 2466
46.78275 | 13.48949

20.04. - 20.10.
HS: 27,80 € | NS: 22,80 €
**Mehr Infos & Anfrage:** www.camping.info/23749

| | |
|---|---|
| Baden im Fluss | 7km |
| Pool/Hallenbad | 500m |
| Spielplatz am Platz | ✓ |
| Hunde erlaubt | ✓ |
| Skilift/Loipe | 1km |
| WLAN (gratis) | teilweise |
| Lebensmittel | 500m |
| Brötchen am Platz | nur HS |
| Restaurant & Imbiss | ✓ |
| Ver-/Entsorgung Womo | ✗ |
| in den Ort | 1km |
| Touristenplätze | 40 |
| Mietunterkünfte | ✓ |
| Stellplätze vor Schranke | ✗ |

**3.1** GUT – 9 Bewertungen

| | |
|---|---|
| Lage | 3.7 |
| Ruhe | 3.3 |
| Sanitäranlagen | 3.1 |
| Sauberkeit Ø | 3.0 |
| Freundlichkeit | 3.6 |
| Stellplatz | 3.2 |
| Verpflegung | 1.9 |
| Freizeit | 3.4 |
| Preis-Leistung | 3.8 |
| Mietunterkünfte | 1.5 |

**Geeignet für**

| | |
|---|---|
| Kinder b. 6 J. | 2.7 |
| Kinder b. 12 J. | 2.7 |
| Kinder b. 18 J. | 3.3 |
| Paare | 3.4 |
| Senioren | 3.4 |
| Gäste mit Zelt | 3.7 |
| Gäste mit Hund | 3.6 |

**Empfohlene Aktivitäten**
- Mountainbiking
- Wandern
- Radfahren

**Infos**
- Öffnungszeiten
- Vergleichspreis
- Link

**Ausstattung**
- Freizeit
- Campingplatz
- Versorgung
- Anzahl der Plätze

ÖSTERREICH

# 9 Millstätter See

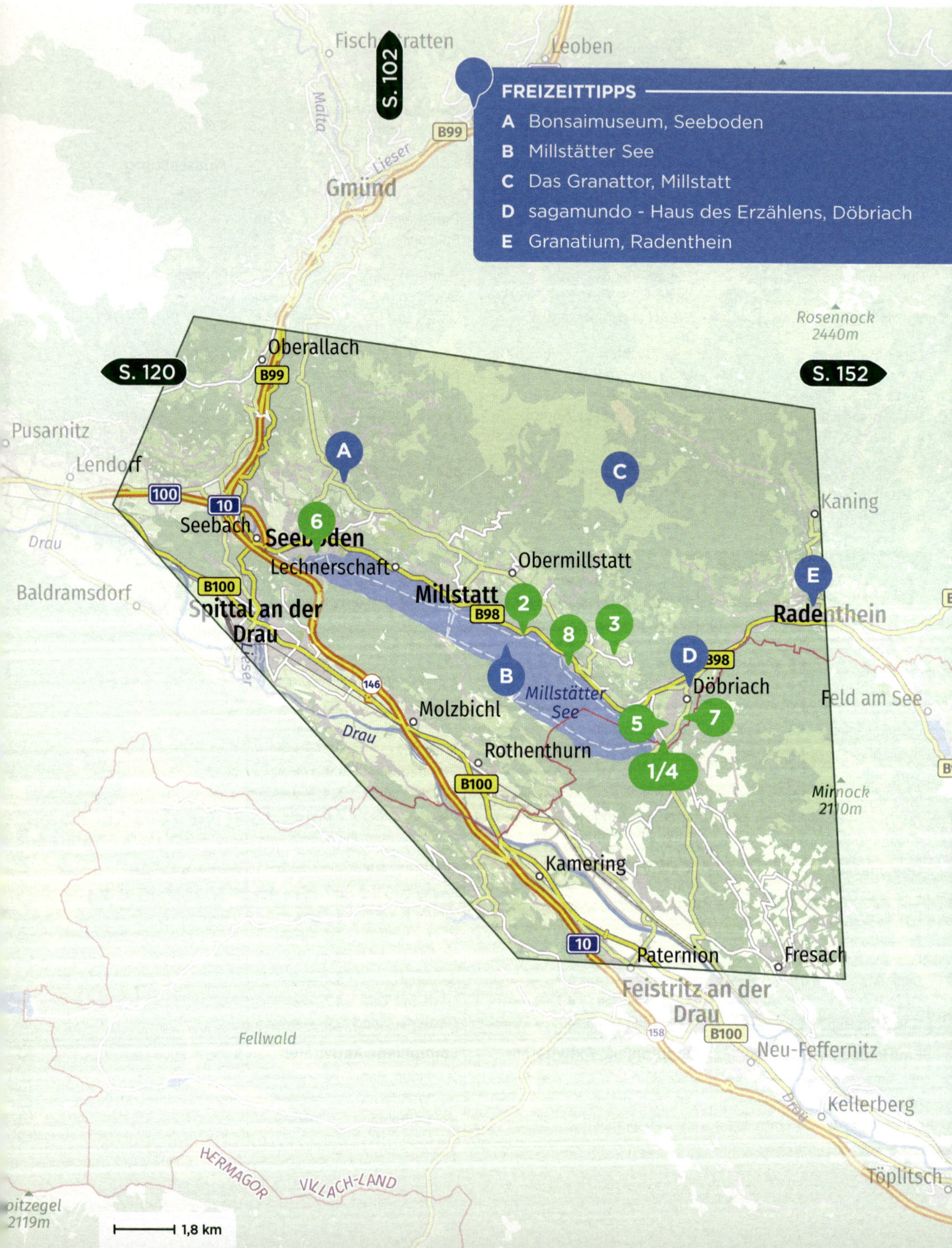

| | Platz | Seite | Bewertung | Öffnungszeiten | |
|---|---|---|---|---|---|
| 1 | Seecamping Mössler | 144 | 4.8 | saisonal | Ecocamping |
| 2 | FKK & Textil Camping - Strandbad Pesenthein | 144 | 4.2 | saisonal | FKK |
| 3 | Camping Gauglerhof | 145 | - | saisonal | |
| 4 | Camping Brunner am See | 146 | 4.7 | ganzjährig | Wintercamping, Award |
| 5 | Komfort-Campingpark Burgstaller | 148 | 4.7 | saisonal | Award |
| 6 | Strandcamping Winkler | 145 | 3.3 | saisonal | |
| 7 | Schwimmbad-Camping Mössler | 150 | 4.8 | saisonal | |
| 8 | Camping Neubauer | 145 | 4.7 | saisonal | |

Millstätter Alpe, Granattor © Kärnten Werbung/Franz Gerdl

## DAS KÄRNTNER JUWEL

In der Region des Millstätter Sees findet man, ähnlich wie auf vielen Campingplätzen, eine terrassenförmige Topografie vor: Auf 600 m Seehöhe bildet der See die erste Stufe. Auf 900 m befindet sich die zweite Stufe – das Hochplateau, welches sich vom Ost- bis zum Westufer des Sees erstreckt. Auf 2.000 m liegt mit der Millstätter Alpe schließlich die dritte Stufe. Für Camper scheint das Gebiet um den Millstätter See jedenfalls ein besonders guter Boden zu sein.

## DER SEE UND SEINE VORZÜGE

Der Millstätter See liegt nördlich des Drautals, nahe der Stadt Spittal an der Drau. Nach dem Wörthersee ist er der zweitgrößte See Kärntens und mit 142 Metern nicht nur der tiefste und wasserreichste, sondern auch einer der wärmsten Badeseen des Landes. Das milde Klima verdankt die Region der überdurchschnittlichen Anzahl an Sonnenstunden.
In den Sommermonaten laden insgesamt 12 Strandbäder rund um den Millstätter See zum Baden und zu diversen Wassersportarten ein. Darüber hinaus sind auch Angler gern gesehene Gäste. Wer hingegen die Ruhe des Sees genießen möchte, dem sei eine Schifffahrt wärmstens empfohlen.
Die drei größten Ortschaften Seeboden, Millstatt und Döbriach befinden sich allesamt am Nordufer des Sees. Eine weitere Möglichkeit zum Entspannen verspricht das „Kärnten Badehaus" direkt am See: Ein Spa-Bereich, mehrere Pools und Dampfbäder sowie individuelle „Seenwellness"-Behandlungen sorgen für eine angenehme Wohlfühlatmosphäre. Geübten Wanderern eröffnen sich mit dem 200 Kilometer langen „Millstätter See Höhensteig" verborgene Bergberührungen. Acht Etappen verbinden die Berge rund um den See und offenbaren einige Überraschungen auf dem Weg.

## FAMILIENFREUNDLICHE AKTIVITÄTEN IN DER UMGEBUNG

In der näheren Umgebung des Millstätter Sees gibt es besonders für Familien einige interessante Ausflugsziele. Die Stadtgemeinde Radenthein beheimatet das Granatium, eine beeindruckende Erlebniswelt rund um die bekannten

Granat-Edelsteine. Ein Indoor-Bereich mit außergewöhnlichen Ausstellungen, ein Granat-Stollen und eine Granat-Schlucht garantieren unterhaltsame Stunden. Auf dem eigenen Schürfgelände können Kinder außerdem die begehrten Edelsteine mit den zur Verfügung gestellten Werkzeugen und Geräten suchen, waschen und bearbeiten. Eine Zeitreise ins Mittelalter erlebt man auf der Burg Sommeregg in Seeboden am Millstätter See. Die Höhenburg erhebt sich auf einer der regionstypischen Kuppen und beherbergt gegenwärtig ein Restaurant und ein Foltermuseum. Die Dachfläche ist als Aussichtsplattform nutzbar – bei guter Sicht bietet sie einen umfassenden Rundblick, der bis zu den Karawanken reicht. Zudem finden im August drei Wochen lang die Ritterfestspiele im eigens errichteten Mittelalterdorf statt. In der Gemeinde Trebesing befindet sich die „Märchenwandermeile – Drachenschlucht". Dabei handelt es sich um einen 3 km langen Erlebniswanderweg mit der längsten Hängebrücke der Alpen (175 m Spannweite). Des Weiteren gibt es zahlreiche Märchen- und Spielestationen zu erkunden. Abgerundet wird das Angebot durch viele Rastplätze und Einkehrmöglichkeiten.

Motorradfahren am Millstätter See
© Kärnten Werbung/Franz Gerdl

Millstätter See © camping.info_olaf-842

TIPP DER REDAKTION

**Seecamping Mössler**
Döbriach a. Millst. See | Nr. 1 | Seite 144

Laut Gästen ideal geeignet zum:
- Schwimmen
- Wandern
- Entspannen

4.8

1

## Seecamping Mössler

Seefeldstraße 1
9873 Döbriach am Millstätter See
+43 4246 / 77 35

46.76861 | 13.64903
600m ü.M.

23.03. - 04.11.

HS: 48,20 € | NS: 27,90 €

**Mehr Infos & Anfrage:**
www.camping.info/19396

| | |
|---|---|
| Baden im See am Platz | ✓ |
| Pool/Hallenbad | ✓/10km |
| Spielplatz am Platz | ✓ |
| Hunde willkommen | ✓ |
| Skilift | 10km |
| WLAN | ✓ |
| Lebensmittel | ✓ |
| Brötchen am Platz | ✓ |
| Restaurant & Imbiss | ✓ |
| Ver-/Entsorgung Womo | ✓ |
| in den Ort | 1km |
| Touristenplätze | 70 |
| Mietunterkünfte | ✓ |
| Stellplätze vor Schranke | ✗ |

**4.8** SEHR GUT
127 Bewertungen

| | |
|---|---|
| Lage | 4.7 |
| Ruhe | 4.5 |
| Sanitäranlagen | 4.7 |
| Sauberkeit Ø | 4.8 |
| Freundlichkeit | 4.9 |
| Stellplatz | 4.6 |
| Verpflegung | 4.3 |
| Freizeit | 4.6 |
| Preis-Leistung | 4.5 |
| Mietunterkünfte | 4.4 |

**Geeignet für**

| | |
|---|---|
| Kinder b. 6 J. | 4.6 |
| Kinder b. 12 J. | 4.6 |
| Kinder b. 18 J. | 4.1 |
| Paare | 4.7 |
| Senioren | 4.7 |
| Gäste mit Zelt | 4.4 |
| Gäste mit Hund | 4.4 |

**Empfohlene Aktivitäten**

- Schwimmen
- Wandern
- Entspannen

Österreichisches Umweltzeichen - GreenCampings.at

2

## FKK & Textil Camping - Strandbad Pesenthein

FKK

Pesenthein 19
9872 Millstatt
+43 4766 2665

46.79554 | 13.59731

01.04. - 30.09.

HS: 42,60 € | NS: 32,10 €

**Mehr Infos & Anfrage:**
www.camping.info/19318

| | |
|---|---|
| Baden im See am Platz | ✓ |
| Pool/Hallenbad | 6/13km |
| Spielplatz am Platz | ✓ |
| Hunde willkommen | ✓ |
| Skilift & Loipe | ✗ |
| WLAN | ✓ |
| Lebensmittel | ✗ |
| Brötchen am Platz | ✓ |
| Restaurant/Imbiss | 100m/✓ |
| Ver-/Entsorgung Womo | ✓ |
| in den Ort | 1km |
| Gesamt/Touristen | 220/195 |
| Mietunterkünfte | ✗ |
| Stellplätze vor Schranke | ✗ |

**4.2** SEHR GUT
20 Bewertungen

| | |
|---|---|
| Lage | 4.6 |
| Ruhe | 3.6 |
| Sanitäranlagen | 3.5 |
| Sauberkeit Ø | 4.5 |
| Freundlichkeit | 4.6 |
| Stellplatz | 3.7 |
| Verpflegung | 2.6 |
| Freizeit | 4.5 |
| Preis-Leistung | 3.9 |
| Mietunterkünfte | - |

**Geeignet für**

| | |
|---|---|
| Kinder b. 6 J. | 3.7 |
| Kinder b. 12 J. | 3.7 |
| Kinder b. 18 J. | 3.7 |
| Paare | 4.8 |
| Senioren | 4.5 |
| Gäste mit Zelt | 4.4 |
| Gäste mit Hund | 4.2 |

**Empfohlene Aktivitäten**

- Wandern
- Schwimmen
- Radfahren

Karte auf Seite 140

## 3 Camping Gauglerhof

Matzelsdorf 2
9872 Millstatt
+43 4766 37178
46.78981 | 13.63131

25.04. - 01.10.
HS: 33,30 € | NS: 31,30 €
**Mehr Infos & Anfrage:** www.camping.info/22244

| | |
|---|---|
| Baden im See | 2km |
| Hallenbad | 20km |
| Spielplatz am Platz | ✓ |
| Hunde erlaubt | ✓ |
| Skilift/Loipe | 15km/✓ |
| WLAN (gegen Gebühr) | ✓ |
| Lebensmittel | 4km |
| Brötchen am Platz | ✓ |
| Restaurant/Imbiss | 300m |
| Ver-/Entsorgung Womo | ✗ |
| in den Ort | 4km |
| Touristenplätze | 50 |
| Mietunterkünfte | ✓ |
| Stellplätze vor Schranke | ✗ |

- JETZT BEWERTEN!

Für diese Auswertung liegen leider noch nicht genügend Bewertungen vor.

Sei einer der Ersten, der diesen Campingplatz bewertet. Unter den Bewertern werden regelmäßig Gewinne verlost!

Mehr Infos dazu findest du in unserem allgemeinen Intro.

## 6 Strandcamping Winkler

Seepromenade 33
9871 Seeboden
+43 4762 81927
46.81544 | 13.52013

01.05. - 01.10.
HS: 42,10 € | NS: 38,10 €
**Mehr Infos & Anfrage:** www.camping.info/19434

| | |
|---|---|
| Baden im See am Platz | ✓ |
| Pool/Hallenbad | 500m/4km |
| Spielplatz am Platz | ✓ |
| Hunde erlaubt | ✓ |
| Skilift & Loipe | ✗ |
| WLAN | ✗ |
| Lebensmittel | ✓ |
| Brötchen am Platz | ✓ |
| Restaurant & Imbiss | ✓ |
| Ver-/Entsorgung Womo | ✓ |
| im Ort | ✓ |
| Touristenplätze | 70 |
| Mietunterkünfte | ✗ |
| Stellplätze vor Schranke | ✗ |

**3.3** GUT
22 Bewertungen

| | |
|---|---|
| Lage | 4.0 |
| Ruhe | 3.5 |
| Sanitäranlagen | 3.8 |
| Sauberkeit Ø | 4.4 |
| Freundlichkeit | 4.0 |
| Stellplatz | 3.3 |
| Verpflegung | 2.7 |
| Freizeit | 4.1 |
| Preis-Leistung | 2.9 |
| Mietunterkünfte | - |

**Geeignet für**

| | |
|---|---|
| Kinder b. 6 J. | 4.0 |
| Kinder b. 12 J. | 4.4 |
| Kinder b. 18 J. | 4.2 |
| Paare | 4.5 |
| Senioren | 4.6 |
| Gäste mit Zelt | 4.6 |
| Gäste mit Hund | 4.8 |

**Empfohlene Aktivitäten**

- Schwimmen
- Wandern
- Radfahren

## 8 Camping Neubauer

Dellach 3
9872 Millstatt am See
+43 4766 2532
46.78772 | 13.61386
580m ü.M.

01.05. - 15.10.
HS: 30,50 € | NS: 23,50 €
**Mehr Infos & Anfrage:** www.camping.info/19436

| | |
|---|---|
| Baden im See am Platz | ✓ |
| Hallenbad | 13km |
| Spielplatz am Platz | ✓ |
| Hunde erlaubt | ✓ |
| Skilift & Loipe | ✗ |
| WLAN | ✓ |
| Lebensmittel | 4km |
| Brötchen am Platz | ✓ |
| Restaurant & Imbiss | ✓ |
| Ver-/Entsorgung Womo | ✗ |
| in den Ort | 4km |
| Touristenplätze | 100 |
| Mietunterkünfte | ✓ |
| Stellplätze vor Schranke | ✗ |

**4.7** SEHR GUT
90 Bewertungen

| | |
|---|---|
| Lage | 4.7 |
| Ruhe | 4.6 |
| Sanitäranlagen | 4.8 |
| Sauberkeit Ø | 4.8 |
| Freundlichkeit | 4.9 |
| Stellplatz | 4.3 |
| Verpflegung | 3.8 |
| Freizeit | 4.2 |
| Preis-Leistung | 4.7 |
| Mietunterkünfte | 4.8 |

**Geeignet für**

| | |
|---|---|
| Kinder b. 6 J. | 4.1 |
| Kinder b. 12 J. | 4.1 |
| Kinder b. 18 J. | 4.0 |
| Paare | 4.8 |
| Senioren | 4.7 |
| Gäste mit Zelt | 4.5 |
| Gäste mit Hund | 4.2 |

**Empfohlene Aktivitäten**

- Schwimmen
- Wandern
- Entspannen

**Infos**

Öffnungszeiten
Vergleichspreis
Link

**Ausstattung**

Freizeit
Campingplatz
Versorgung
Anzahl der Plätze

# 4 Camping Brunner am See

Glanzerstraße 108
9873 Döbriach
+43 4246 7189
www.camping-brunner.at
info@camping-brunner.at

ganzjährig

HS: 52,40 € | NS: 32,20 €

**Mehr Infos & Anfrage:**
www.camping.info/19333

| | |
|---|---|
| Baden im See am Platz | ✓ |
| Pool/Hallenbad | 8km |
| Spielplatz am Platz | ✓ |
| Hunde erlaubt | ✓ |
| Skilift/Loipe | 12km |
| WLAN | ✓ |
| Lebensmittel | ✓ |
| Brötchen am Platz | ✓ |
| Restaurant/Imbiss | 100m/✓ |
| Ver-/Entsorgung Womo | ✓ |
| im Ort | ✓ |
| Gesamt/Touristen | 210/200 |
| Mietunterkünfte | ✓ |
| Stellplätze vor Schranke | ✗ |

Platzeigener Badestrand am Millstätter See.

## Lage & Stellplatz

Traumlage direkt am See mit Blick auf die Berge. Einziger, direkt am Millstätter See gelegener Komfortcampingplatz mit Höchstauszeichnungen von camping.info, ADAC, ANWB u. v. m. Gewinner des DCC-Europapreis 2020. Der private Sandstrand garantiert ungetrübten Badespaß. Der kleine Platz punktet vor allem durch seine familiäre Atmosphäre. Camper können je nach Platzbedarf zwischen direkten Seeplätzen, XL-, L-, M-Plätzen (Strom-, Wasser- und Abwasseranschlüsse) und S-Plätzen (Stromanschluss) wählen. Eine Reservierung wird von Juni bis September empfohlen.

## Sanitär

Die Sanitäranlagen befinden sich auf höchstem hygienischen und technischen Niveau. Die Ausstattung zeichnet sich u. a. durch eine Fußbodenheizung, Familienwaschräume, verschließbare Wasch- und Duschräume sowie Kinderwaschräume mit Wickeltischen und Babywannen aus. Für Personen mit besonderen Bedürfnissen steht ein speziell eingerichteter Sanitärraum zur Verfügung. Des Weiteren sind Geschirrspülräume mit Geschirrspüler, ein Trockenraum und ein Wäschewaschraum mit Waschmaschinen, Trockner und Bügelmöglichkeit vorhanden. Die Infrarot-Wärmekabine kann ebenfalls kostenlos benutzt werden.

Millstätter See in Kärnten.

Badespaß für Groß und Klein.

1 km
46.76768 | 13.6485
580m ü.M.

AWARD 2020

No party people. Onlinebuchung möglich über www.camping-brunner.at

Camping Brunner in Döbriach liegt direkt am See.

## Verpflegung

Im Supermarkt nebenan können von Mai bis September Einkäufe zu ortsüblichen Preisen erledigt werden. Hier sind neben Kärntner Spezialitäten auch Brötchen, Zeitschriften, Getränke, Fleisch, Obst, Gemüse, eisgekühlte Getränke und ausgewählte Campingartikel erhältlich. In den Monaten Juli und August ist der Supermarkt auch an Sonn- und Feiertagen geöffnet. Weitere Geschäfte befinden sich im ca. 1,5 km entfernten Ortszentrum. Hervorragende Restaurants sind in nächster Nähe (z. B. Pizzeria, Kärntner Küche oder Eisspezialitäten). In der Nebensaison wird zudem ein Semmelservice angeboten.

## Freizeit

In den Ferienzeiten wird ein Aktivprogramm für Kinder, Jugendliche und Erwachsene angeboten. Ein Indoor-Spielplatz, 3 Outdoor-Spielplätze, ein Grillplatz und ein Privatstrand mit flachem Zugang zum Millstätter See ergänzen das umfangreiche Angebot perfekt. Zudem liegt Camping Brunner am Millstätter-See-Radweg und diverse Wanderwege sind vom Platz aus zugänglich. Mit dem Kauf der KärntenCard erhält man kostenlosen Zugang zu mehr als 100 Kärntner Ausflugszielen (z. B. Museen, Bäder, Bergbahnen, etc.). Die Karte kann direkt vor Ort erworben werden. Gutes Angebot an öffentlichen Verkehrsmitteln.

**5.0**

*Der Platz ist traumhaft gelegen direkt am Seeufer des Millstätter Sees. Mit eigener Liegewiese und Zugang zum See. Der Platz hat eine sehr angenehme Größe und es ist ruhig und erholsam. Sanitäranlagen sind gut zu erreichen und sind sehr sauber. Der Check-in lief super schnell und sehr angenehm und freundlich. In unmittelbarer Umgebung gibt es einen gut sortierten Supermarkt. Die Plätze sind nicht zu groß und nicht zu klein. Super Service!*

**Manuela M.**

Manuela hat Camping 2017 für sich entdeckt und diesen Campingplatz im Juni 2020 besucht.

Auch im Winter geöffnet.

In erster Reihe am See.

**4.7** **SEHR GUT**
945 Bewertungen

| | |
|---|---|
| Lage | 4.8 |
| Ruhe | 4.5 |
| Sanitäranlagen | 4.7 |
| Sauberkeit Ø | 4.8 |
| Freundlichkeit | 4.7 |
| Stellplatz | 4.4 |
| Verpflegung | 4.2 |
| Freizeit | 4.6 |
| Preis-Leistung | 4.4 |
| Mietunterkünfte | 4.7 |

**Geeignet für**

| | |
|---|---|
| Paare | 4.8 |
| Senioren | 4.8 |
| Kinder b. 6 J. | 4.7 |
| Kinder b. 12 J. | 4.7 |
| Gäste mit Zelt | 4.7 |
| Gäste mit Hund | 4.4 |
| Kinder b. 18 J. | 4.3 |

**Empfohlene Aktivitäten**

Schwimmen · Wandern · Radfahren · Entspannen · Mountainbiking

# 5 Komfort-Campingpark Burgstaller

Seefeldstr. 16
9873 Döbriach
+43 4246 7774

www.burgstaller.co.at
info@burgstaller.co.at

04.04. - 01.11.

HS: 40,90 € | NS: 30,50 €

**Mehr Infos & Anfrage:**
www.camping.info/19410

| | |
|---|---|
| Baden im See am Platz | ✓ |
| Hallenbad | 11km |
| Spielplatz am Platz | ✓ |
| Hunde erlaubt | ✓ |
| Skilift & Loipe | ✗ |
| WLAN | ✓ |
| Lebensmittel | ✓ |
| Brötchen am Platz | ✓ |
| Restaurant & Imbiss | ✓ |
| Ver-/Entsorgung Womo | ✓ |
| in den Ort | 1km |
| Gesamt/Touristen | 580/550 |
| Mietunterkünfte | ✓ |
| Stellplätze vor Schranke | ✗ |

TOP CAMPING AUSTRIA

Ein Wasserparadies für die Kleinen.

## Lage & Stellplatz

Nur 100 m vom Ufer des im Hochsommer bis zu 27 Grad warmen Millstätter Sees entfernt liegt der Komfort-Campingpark Burgstaller auf ca. 12 ha ebenem Wiesengelände. Neben dem eigenen sind zwei weitere angrenzende Strandbäder gratis zugänglich – so gehört die ganze Bucht den Gästen. Die Stellplätze sind mit Hecken und Bäumen parzelliert und in Kategorien von 45 bis 120 m² unterteilt. Alle Plätze verfügen über Direktanschlüsse für Strom, Wasser, Abwasser, TV und WLAN. Die Einrichtungen sind von sämtlichen Campingführern und Clubs mit Bestnoten bewertet und mit Preisen und Awards ausgezeichnet.

## Sanitär

Die drei Sanitärgebäude sind modern eingerichtet mit Einzelwaschkabinen, barrierefreien Einrichtungen, Babyraum, Kinderbereich, Waschmaschinen, Trockner, Geschirrspüler und vielem mehr und gelten mit ihren Computersteuerungen und TV-Bildschirmen auf jedem WC bis dato als die modernsten Europas. Sanitärblock 2 wurde mit dem ADAC-Innovationspreis ausgezeichnet. Auf die Kinder wartet in jedem ein eigenes Thema: Dschungelräume, ein lebensgroßes Piratenschiff und im nagelneuen San1 ein Kindersanitär im lebensgroßen U-Boot U 64. Doch auch die Erwachsenen werden überall die Liebe zum Detail sehen...

Topi-Kids-Club.

Burgstaller Express.

1 km
46.772 | 13.65
580m ü.M.

AWARD 2020

keine Jugendgruppen

Luftaufnahme mit Blick auf den Millstätter See und den Campingplatz.

## Verpflegung

Der Komfort-Campingpark verfügt über zwei Restaurants mit gutbürgerlicher Küche, von Pizza bis zu regionalen Spezialitäten. Tanzabende in den Gaststätten und Konzerte auf der großen Showbühne sorgen für die Abendunterhaltung. In der schalldichten Diskothek „Almstub'n" (erbaut aus den Teilen eines 400 Jahre alten Bauernhauses) tanzen Jung und Alt bis in die Morgenstunden. Am Strand gibt es ein Buffet für den kleinen Hunger. Der eigene Minimarkt versorgt die Gäste nicht nur mit dem täglichen Bedarf an Lebensmitteln, sondern hat auch eine eigene Abteilung für Campingzubehör.

## Freizeit

Sportler dürfen sich auf Tennisplätze, Outdoor-Fitness-Bereich, Segel- und Surfschule mit Bootsverleih, drei moderne Kegelbahnen, Tischtennis, Beachvolleyballplatz, Streetballplatz, Bocciabahn, Reitstall und Kunstrasen-Fußballplatz freuen. Ein großer und zwei kleinere Spielplätze, sowie ein Indoorbereich mit Bällebad über zwei Stockwerke, Gratis-Bimmelbahnen, Ponys und Hüpfburg stehen den Kindern zur Verfügung. Das Animationsprogramm reicht vom Kinder-Club über den Teens-Club für die Jugend bis hin zu einem bunten Familienprogramm mit Ausflügen und Wanderungen, das wohl seinesgleichen sucht.

5.0

*Ein echt super Platz, wo alles geboten wird für Jung und Alt. Vom Chef bis zur Putzfrau alle sehr nett und zuvorkommend. Am Platz gibt es alles, was man braucht, es wird für Kinder und Erwachsene sehr viel angeboten, ob Ausflüge, Ponyreiten, Westerndorf, Spielplatz, Wanderungen und das alles im Stellplatzpreis inbegriffen. Ich habe noch nie auf einen Campingplatz so toll ausgestattete Sanitäranlagen gesehen wie auf diesem, und dazu noch sehr, sehr sauber.*

**Fam. Wolf**

Für Familie Wolf gibt es keine schönere Urlaubsform als Camping. Seit 2016 sind sie mit der Tochter im eigenen Wohnwagen unterwegs. Auf dem Platz waren sie im Juni 2020.

Das neue U-Boot-Sanitärgebäude.

Einzigartige Sanitäranlagen.

4.7 **SEHR GUT**
690 Bewertungen

| | |
|---|---|
| Lage | 4.7 |
| Ruhe | 4.3 |
| Sanitäranlagen | 4.7 |
| Sauberkeit Ø | 4.7 |
| Freundlichkeit | 4.8 |
| Stellplatz | 4.5 |
| Verpflegung | 4.3 |
| Freizeit | 4.7 |
| Preis-Leistung | 4.4 |
| Mietunterkünfte | 4.5 |

**Geeignet für**

- 4.8 Kinder b. 6 J.
- 4.8 Kinder b. 12 J.
- 4.6 Gäste mit Zelt
- 4.5 Paare
- 4.5 Senioren
- 4.5 Gäste mit Hund
- 4.4 Kinder b. 18 J.

**Empfohlene Aktivitäten**

Schwimmen · Wandern · Radfahren · Entspannen · Mountainbiking

ANZEIGE

# 7 Schwimmbad-Camping Mössler

Glanzerstraße 24
9873 Döbriach am Millstätter See
+43 4246 7735
www.moessler.at
camping@moessler.at

26.03. - 02.11.

HS: 46,40 € | NS: 29,40 €

**Mehr Infos & Anfrage:**
www.camping.info/19395

| | |
|---|---|
| Baden im See | 500m |
| Pool/Hallenbad | ✓/12km |
| Spielplatz am Platz | ✓ |
| Hunde willkommen | ✓ |
| Skilift/Loipe | 10/12km |
| WLAN | ✓ |
| Lebensmittel | ✓ |
| Brötchen am Platz | ✓ |
| Restaurant & Imbiss | ✓ |
| Ver-/Entsorgung Womo | ✓ |
| in den Ort | 800m |
| Touristenplätze | 200 |
| Mietunterkünfte | ✓ |
| Stellplätze vor Schranke | ✓ |

Panoramablick auf den Millstätter See.

## Lage & Stellplatz

Der Campingplatz befindet sich in der Ortsmitte von Döbriach am Millstätter See auf 580 m Seehöhe. Umgeben von den sanften Nockbergen lädt die Umgebung zum Radfahren, Wandern und Entspannen ein. Die Stellplätze sind großzügig, durch Pflanzen (Sträucher/Bäume) parzelliert und verfügen über Strom-, Wasser-, Abwasser- und TV-Anschlüsse. Der Millstätter See ist ca. 500 m vom Campingplatz entfernt. Es können auch komplett ausgestattete Wohnwagen und Mobilheime gemietet werden. Einzigartig in der Region ist der unberührte, idyllische sowie Pkw-freie Süduferweg des Millstätter Sees.

## Sanitär

Auf dem Campinggelände gibt es zwei zentral gelegene, top ausgestattete Sanitärgebäude mit Geschirr- und Wäscheräumen (Waschmaschinen, Wäschetrockner). Beide Sanitärgebäude verfügen über 26 Einzelwaschkabinen, 20 Duschkabinen, ausreichend Toiletten, Kindertoiletten, drei Babybadewannen und Wickelmöglichkeiten, Fußwaschbecken sowie einen barrierefreien Sanitärraum. Im Untergeschoss gibt es acht mietbare Privatsanitärräume (vier mit Duschen und vier mit Badewanne). Die Sanitärräume sind rund um die Uhr zugänglich. Am Platz befinden sich mehrere chemische Toiletten und eine Camper-Servicestation.

Österreichisches Umweltzeichen GreenCampings.at

EU Ecolabel www.ecolabel.eu

KÄRNTEN Millstätter See

camping.info AWARD 2017

Komfortable Mobilheime.

Softplay für die Kids.

1 km
46.77448 | 13.6558
600m ü.M.

Beheizter Pool mit 30 °C von April bis Mitte Oktober in Betrieb.

Ein besonderes Highlight: Das neu errichtete Erlebnisschwimmbad (9 x 19 m) mit Thermalwassertemperatur (ca. 30° C) und Indoor-Einstieg.

## Verpflegung

Am Campingplatz befindet sich ein ausgezeichnetes Restaurant mit einer überdachten Terrasse und 120 Sitzplätzen. Das geschulte und freundliche Personal serviert Spezialitäten aus der Region sowie internationale Gerichte. Ein Minimarkt mit allen wichtigen Alltags- und Campinggegenständen befindet sich bei der Platzeinfahrt und bietet jeden Tag frisches Gebäck von der örtlichen Bäckerei. Jeden Mittwoch gibt es im Restaurant einen Grillabend mit Livemusik. Ein kulinarisches Highlight findet am zweiten Samstag im September statt - ein Galamenü- und Konzertabend mit einem klassischen Trio.

## Freizeit

Das Highlight am Platz ist der beheizte Pool mit einer Thermalwassertemperatur von 30° C und einem temperierten Indoor-Ein- und Ausstieg. Seit 2017 gibt es einen neuen Indoorspielbereich für Kinder und einen Aufenthaltsraum. Die Ausstattung umfasst drei Spielplätze, einen Fußball- und Beachvolleyballplatz sowie ein kostenloses und umfangreiches Sport- und Freizeitprogramm. Freien Auslauf für Hunde gibt es im Hunde-Agility-Parcours. Veranstaltungstipp: Strudelback- und Kräuter-Workshop mit der Chefin. Kostenloses WLAN mit 4 mbit am gesamten Platz sowie 20 mbit in den Mobilheimen.

**5.0** 

*Ein sehr sauberer und freundlicher Campingplatz. Es wird auf alle Wünsche eingegangen und die Familie bemüht sich sehr, alles möglich zu machen. Wir kommen sicher wieder.*

**Jürgen L.**

Jürgen L. war im August 2020 auf diesem Platz.

Ruheraum zum Entspannen.

Strudelbackworkshop.

**4.8** SEHR GUT

317 Bewertungen

| | |
|---|---|
| Lage | 4.6 |
| Ruhe | 4.6 |
| Sanitäranlagen | 4.5 |
| Sauberkeit Ø | 4.8 |
| Freundlichkeit | 5.0 |
| Stellplatz | 4.6 |
| Verpflegung | 4.6 |
| Freizeit | 4.6 |
| Preis-Leistung | 4.7 |
| Mietunterkünfte | 4.4 |

### Geeignet für

4.8 Senioren

4.7 Kinder b. 6 J.
4.7 Kinder b. 12 J.
4.7 Paare
4.7 Gäste mit Hund
4.6 Gäste mit Zelt
4.2 Kinder b. 18 J.

### Empfohlene Aktivitäten

Schwimmen · Wandern · Entspannen · Radfahren · Wellness

ÖSTERREICH

# ⑩ Kärnten – Villach, Ossiacher und Faaker See

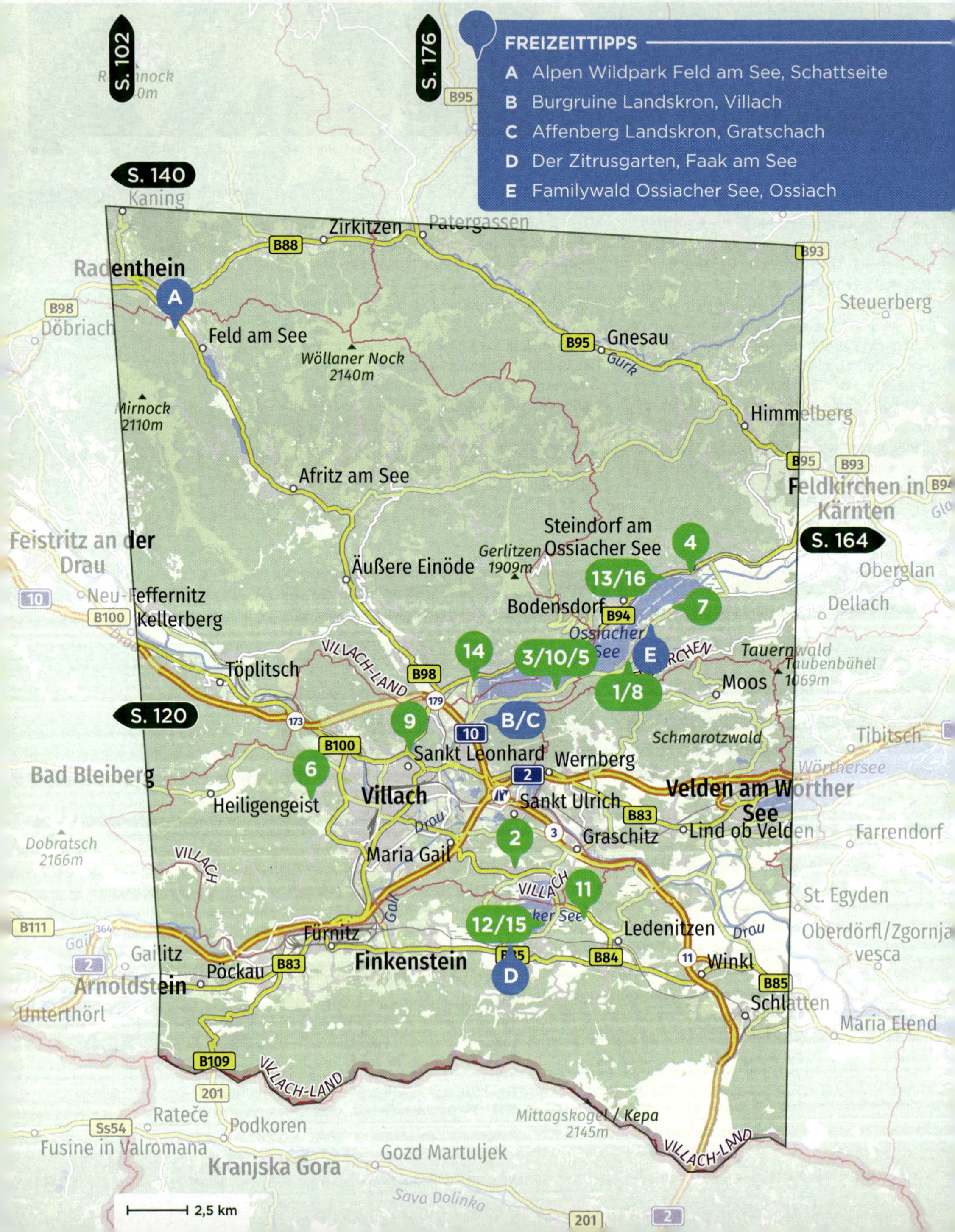

| | Platz | Seite | Bewertung | Öffnungszeiten | |
|---|---|---|---|---|---|
| 1 | Terrassen Camping Ossiacher See | 158 | 3.8 | saisonal | |
| 2 | Wiesencamping Marhof | 158 | 3.7 | saisonal | |
| 3 | Seecamping Berghof | 156 | 4.6 | saisonal | Award |
| 4 | Seecamping Laggner | 158 | 4.3 | saisonal | |
| 5 | Seecamping Plörz | 158 | 4.5 | saisonal | |
| 6 | Camping Gerli | 159 | 3.5 | ganzjährig | Wintercamping |
| 7 | Ideal Camping Lampele | 159 | 4.5 | saisonal | |
| 8 | Wellness Seecamping Parth | 159 | 4.7 | saisonal | |
| 9 | Camping Seehof | 162 | 4.2 | saisonal | |
| 10 | Seecamping Mentl | 160 | 4.8 | saisonal | Award |
| 11 | Familien-Camping Ferien am Walde | 162 | 4.4 | saisonal | |
| 12 | Strandcamping Anderwald | 162 | 4.8 | saisonal | |
| 13 | Seecamping Hoffmann | 162 | 4.3 | saisonal | |
| 14 | CampingBad Ossiachersee GmbH | 163 | 4.1 | saisonal | |
| 15 | Strandcamping Gruber | 163 | 4.2 | saisonal | |
| 16 | Camping Morgenfurt | 163 | 4.3 | saisonal | |

Wintercamping FKK Textilfrei (ganz/teilweise) Ecocamping Award Onlinebuchung

Villacher Kirchtag, Tanzgruppe
© Kärnten Werbung/Franz Gerdl

## MIT ALLEN WASSERN GEWASCHEN

Kärnten ist eines der sonnigsten Bundesländer Österreichs und die vielen Sonnenstunden sind einer der Hauptgründe, warum es so viele Camper hierherzieht. Klares Wasser, goldene Sonnenstrahlen und eine Prise südliche Leichtigkeit - das sind die Zutaten für einen genussvollen Seen-Urlaub in Kärnten. Eine Region sticht dabei noch einmal besonders hervor: Ob geografisch, verkehrstechnisch oder touristisch - die Gebiete um den Ossiacher See und den Faaker See liegen genau im Herzen des südlichsten Bundeslandes Österreichs, das von vielen Campern zurecht als DAS Campingland schlechthin bezeichnet wird.

## SO ABWECHSLUNGSREICH WIE KEIN ZWEITER

Ein wahres Zentrum der Campingkultur sind der Ossiacher See und sein Umland. Das pannonische Klima und das saubere, bis zu 28 Grad warme Wasser des Sees tragen definitiv ihren Teil dazu bei. Der drittgrößte Kärntner See ist geradezu ein Magnet für Camper aus aller Welt. Doch der See ist lange nicht das Einzige, mit dem die Region aufwarten kann. An seiner Nordseite erhebt sich die Gerlitzen auf 1.909 m - im Sommer ein großartiges Wandergebiet und im Winter beliebt bei Skifahrern. Ossiach, der Hauptort am Südufer, bietet zudem kulturelle Attraktionen. Das bekannte Stift Ossiach prägt nicht nur das charakteristische Ortsbild von Ossiach, sondern ist zugleich der Hauptveranstaltungsort des „Carinthischen Sommers“, einem jährlichen Festival für klassische Musik. Nicht weniger beliebt sind die zahlreichen Rad- und Wanderwege, die Sommerrodelbahn und das Erlebnisbad mit seiner 92 Meter langen Wasserrutsche. Südwestlich des Wörthersees bietet sich ein Besuch im Schaubergwerk „Terra Mystica“ in Bad Bleiberg für einen Besuch an, wo nach der Schließung des aktiven Bergbaus zwei faszinierende Schaubergwerke errichtet wurden. Mit der 68 Meter langen Bergmannsrutsche taucht man in eine geheimnisvolle, unterirdische Welt ein.

Blick über Villach © Kärnten Werbung/Franz Gerdl

## DER SÜDLICHSTE BADESEE ÖSTERREICHS

Auch am Faaker See bieten sich Campingmöglichkeiten in Hülle und Fülle. Knapp zehn Kilometer vor den Toren Villachs gelegen, fasziniert das türkisblaue Wasser des Sees mit der kleinen Insel seine Gäste bereits bei ihrer Ankunft. Österreichs südlichster Badesee sorgt mit glasklarem und bis zu 27 Grad warmen Wasser für grenzenlosen Badespaß. Rund um den Faaker See bieten sich zudem zahlreiche Möglichkeiten der Freizeitgestaltung. Ob bei Wanderungen um den beeindruckenden Mittagskogel (2.145 m) oder bei einem Aufstieg im Klettergarten Kanzianiberg – Langeweile kommt hier bestimmt nicht auf. Wer städtisches Ambiente sucht, fühlt sich in Villach bestens aufgehoben: Im Antlitz der umliegenden Ferienregionen bildet die Stadt mit dem südlichen Flair das Zentrum für Kultur, Einkauf und Unterhaltung. Ein Einkaufsbummel in der großen Fußgängerzone, eine Besichtigung der Stadtpfarrkirche St. Jakob oder ein Besuch in der bekannten Therme „Warmbad Villach" – die Möglichkeiten sind vielfältig. Nordöstlich von Villach befindet sich die Burg Landskron mit der Adler-Arena. In den Sommermonaten werden hier atemberaubende Greifvogelschauen abgehalten. Direkt unter der Burg Landskron liegt der spektakuläre Affenberg, Österreichs größtes Affenfreigehege mit rund 150 Japanmakaken.

Mountainbike Afritzer See © Kärnten Werbung/Edward Gröger

### TIPP DER REDAKTION

**Strandcamping Gruber**
Faak am See | Nr. 15 | Seite 163

Laut Gästen ideal geeignet zum:
- Schwimmen
- Wandern
- Radfahren

4.4

# 3 Seecamping Berghof

Ossiachersee Süduferstraße 241
9523 Villach / Landskron
+43 4242 41133
www.seecamping-berghof.at
office@seecamping-berghof.at

04.04. - 18.10.

HS: 45,00 € | NS: 30,00 €

**Mehr Infos & Anfrage:**
www.camping.info/19409

| | |
|---|---|
| Baden im See am Platz | ✓ |
| Hallenbad | 15km |
| Spielplatz am Platz | ✓ |
| Hunde erlaubt | nur NS |
| Skilift | 6km |
| WLAN (gegen Gebühr) | ✓ |
| Lebensmittel | ✓ |
| Brötchen am Platz | ✓ |
| Restaurant & Imbiss | ✓ |
| Ver-/Entsorgung Womo | ✓ |
| in den Ort | 4km |
| Gesamt/Touristen | 430/420 |
| Mietunterkünfte | ✓ |
| Stellplätze vor Schranke | × |

Die Umgebung ist ideal für Radtouren und Wanderungen.

## Lage & Stellplatz

Eingebettet zwischen Gerlitzen Alpe und Ossiacher Tauern, direkt am Südufer des Ossiacher Sees, liegt das Seecamping Berghof. Das 10 ha große Campinggelände mit ca. 1 km eigenem Seeufer lädt in Verbindung mit den fünf Sanitärgebäuden zum Wohlfühlen und Entspannen ein. Zur Auswahl stehen Superior- und klassische Stellplätze für Zelte, Caravans oder Wohnmobile sowie Mietcaravans, Mobilheime und hochwertige Ferienhäuser. Großzügige Stellplätze direkt am Seeufer, schattenspendende Bäume und herrliche Ausblicke lassen Urlaubsstimmung aufkommen.

## Sanitär

Die fünf Sanitäranlagen sind von jedem Stellplatz aus bequem zu erreichen. Sie glänzen nicht nur durch ihre moderne Ausstattung und viele Extras, sondern auch durch Sauberkeit, Frische und Hygiene. Neben ausreichend Duschen und Toiletten verfügen die Sanitäranlagen u. a. über einen Babywaschraum, einen Kinderwaschraum und eine barrierefreie Einrichtung. Darüber hinaus bieten 17 Mietbäder mit modernster Ausstattung absolut privaten Sanitärkomfort – wie in den eigenen vier Wänden.

Fittich und Wittich Spielplatz.

Essen am Berghof.

1 km
46.65325 | 13.93381
550m ü.M.

AWARD 2020

Hunde nur in den Nebensaisonen erlaubt. Keine Hunde im Juli und August.

Eingebettet zwischen Gerlitzen Alpe und Ossiacher Tauern, direkt am Südufer des Ossiacher Sees.

## Verpflegung

Im Landgasthaus Berghof wird man mit kulinarischen Leckerbissen aus der typischen Kärntner Küche, leichten mediterranen Speisen und knackigen Salaten verwöhnt. Außerdem stehen zarte Gerichte vom Rind aus den Ossiacher Tauern, Grillspezialitäten oder Pizzen direkt aus dem Holzofen auf der Speisekarte. Um den kleinen Hunger zwischendurch und den großen Durst kümmert sich in der Hochsaison der Strandpavillon. Der platzeigene Supermarkt versorgt die Gäste mit einem umfangreichen Sortiment frischer Lebensmittel und Getränke sowie mit einem gut sortierten Campingshop.

## Freizeit

Drei brandneue Spielplätze und zwei Indoor-Spielbereiche sorgen dafür, dass auch bei den kleinen Campinggästen keine Langeweile aufkommt. Am See bieten zwei Badebereiche, verschiedene Wasserspielzeuge im See, die Wasserskistation mit Banane und Reifen und die Wassersportstation mit Surfen, SUP und Kanu Action-Spaß für alle Altersgruppen. Sportlich aktiv geht es auch bei den Touren zum Canyoning, Raften und Mountainbiken oder auf dem ca. 5 ha großen Sportgelände mit Beachvolleyball, Tennisplätzen, Fußballplatz, Skatearena und dem ebenfalls neu angelegten Adventure Minigolf zu.

**5.0**

*Wir waren sehr begeistert von diesem schönen Platz. Wir hatten einen Platz direkt am See mit einem tollen See-Panoramablick. Es war alles da, was man braucht. Baden ein paar Meter, ein Bistro für kleine Erfrischungen, sehr saubere Sanitäranlagen und ein sehr schönes Restaurant mit netten Mitarbeitern. Es hat uns sehr gut gefallen, wir kommen in den nächsten Jahren bestimmt wieder!*

**Heike Hoffmann**

Heike ist Neu-Camperin und seit 2020 mit eigenem Wohnmobil unterwegs. Zusammen mit ihrem Partner hat sie den Platz im August 2020 besucht.

Stellplätze direkt am See.

Feriendorf Berghof.

**4.6** SEHR GUT
597 Bewertungen

| | |
|---|---|
| Lage | 4.8 |
| Ruhe | 4.3 |
| Sanitäranlagen | 4.6 |
| Sauberkeit Ø | 4.6 |
| Freundlichkeit | 4.7 |
| Stellplatz | 4.5 |
| Verpflegung | 4.3 |
| Freizeit | 4.6 |
| Preis-Leistung | 4.3 |
| Mietunterkünfte | 4.4 |

**Geeignet für**

| | |
|---|---|
| Kinder b. 6 J. | 4.7 |
| Kinder b. 12 J. | 4.7 |
| Paare | 4.6 |
| Gäste mit Zelt | 4.6 |
| Senioren | 4.5 |
| Kinder b. 18 J. | 4.2 |
| Gäste mit Hund | 3.7 |

**Empfohlene Aktivitäten**

Schwimmen
Wandern
Radfahren
Entspannen
Mountainbiking

## 1 Terrassen Camping Ossiacher See

Ostriach 67
9570 Ossiach
+43 4243 436

46.66378 | 13.97474
501m ü.M.

01.05. - 30.09.

HS: 41,10 € | NS: 27,60 €

**Mehr Infos & Anfrage:**
www.camping.info/19364

| | |
|---|---|
| Baden im See am Platz | ✓ |
| Pool/Hallenbad | 1/10km |
| Spielplatz am Platz | ✓ |
| Hunde willkommen | ✓ |
| Skilift | 7km |
| WLAN | ✓ |
| Lebensmittel | ✓ |
| Brötchen am Platz | ✓ |
| Restaurant & Imbiss | ✓ |
| Ver-/Entsorgung Womo | ✓ |
| in den Ort | 1km |
| Gesamt/Touristen | 500/300 |
| Mietunterkünfte | ✓ |
| Stellplätze vor Schranke | ✓ |

**3.7** GUT
95 Bewertungen

| | |
|---|---|
| Lage | 4.5 |
| Ruhe | 3.9 |
| Sanitäranlagen | 3.2 |
| Sauberkeit Ø | 3.8 |
| Freundlichkeit | 4.1 |
| Stellplatz | 3.9 |
| Verpflegung | 3.9 |
| Freizeit | 4.2 |
| Preis-Leistung | 3.7 |
| Mietunterkünfte | 4.0 |

**Geeignet für**

| | |
|---|---|
| Kinder b. 6 J. | 4.2 |
| Kinder b. 12 J. | 4.4 |
| Kinder b. 18 J. | 3.8 |
| Paare | 4.3 |
| Senioren | 4.3 |
| Gäste mit Zelt | 4.4 |
| Gäste mit Hund | 3.0 |

**Empfohlene Aktivitäten**

- Schwimmen
- Wandern
- Radfahren

## 2 Wiesencamping Marhof

Greutherweg 19
9580 Drobollach
+43 4254 2888

46.59051 | 13.91296

01.05. - 01.10.

HS: 23,50 € | NS: 17,50 €

**Mehr Infos & Anfrage:**
www.camping.info/19476

| | |
|---|---|
| Baden im See | 800m |
| Pool/Hallenbad | ✓/10km |
| Spielplatz am Platz | ✓ |
| Hunde erlaubt | ✓ |
| Skilift & Loipe | ✗ |
| WLAN | ✓ |
| Lebensmittel | 600m |
| Brötchen am Platz | ✓ |
| Restaurant/Imbiss | 600m |
| Ver-/Entsorgung Womo | ✓ |
| in den Ort | 600m |
| Touristenplätze | 80 |
| Mietunterkünfte | ✓ |
| Stellplätze vor Schranke | ✗ |

**3.7** GUT
11 Bewertungen

| | |
|---|---|
| Lage | 4.3 |
| Ruhe | 4.4 |
| Sanitäranlagen | 3.2 |
| Sauberkeit Ø | 4.1 |
| Freundlichkeit | 4.6 |
| Stellplatz | 3.7 |
| Verpflegung | 3.5 |
| Freizeit | 4.1 |
| Preis-Leistung | 4.6 |
| Mietunterkünfte | 4.0 |

**Geeignet für**

| | |
|---|---|
| Kinder b. 6 J. | 4.1 |
| Kinder b. 12 J. | 4.7 |
| Kinder b. 18 J. | 3.9 |
| Paare | 3.9 |
| Senioren | 4.1 |
| Gäste mit Zelt | 4.4 |
| Gäste mit Hund | 4.6 |

**Empfohlene Aktivitäten**

- Wandern
- Entspannen
- Radfahren

## 4 Seecamping Laggner

Strandweg 3
9552 Steindorf am Ossiacher See
+43 650 7300 706

46.69444 | 14.00954
512m ü.M.

01.05. - 22.09.

HS: 35,50 €

**Mehr Infos & Anfrage:**
www.camping.info/23245

| | |
|---|---|
| Baden im See am Platz | ✓ |
| Hallenbad | 19km |
| Spielplatz | 70m |
| Hunde willkommen | ✓ |
| Skilift/Loipe | 7km |
| WLAN | ✓ |
| Lebensmittel | 500m |
| Brötchen am Platz | nur HS |
| Restaurant & Imbiss | ✓ |
| Ver-/Entsorgung Womo | ✗ |
| in den Ort | 300m |
| Gesamt/Touristen | 60/30 |
| Mietunterkünfte | ✓ |
| Stellplätze vor Schranke | ✓ |

**4.1** SEHR GUT
12 Bewertungen

| | |
|---|---|
| Lage | 4.0 |
| Ruhe | 4.5 |
| Sanitäranlagen | 4.7 |
| Sauberkeit Ø | 4.9 |
| Freundlichkeit | 4.6 |
| Stellplatz | 4.4 |
| Verpflegung | 3.5 |
| Freizeit | 3.9 |
| Preis-Leistung | 4.4 |
| Mietunterkünfte | 4.0 |

**Geeignet für**

| | |
|---|---|
| Kinder b. 6 J. | 4.2 |
| Kinder b. 12 J. | 3.7 |
| Kinder b. 18 J. | 3.0 |
| Paare | 4.8 |
| Senioren | 4.8 |
| Gäste mit Zelt | 3.8 |
| Gäste mit Hund | 2.4 |

**Empfohlene Aktivitäten**

- Wandern
- Schwimmen
- Radfahren

keine WOMOs ab 8 m; keine Jugendgruppen, andere Gruppen nur auf Anfrage

## 5 Seecamping Plörz

Süduferstraße 289
9523 Landskron
+43 676 322 14 94

46.65554 | 13.93976

01.05. - 15.10.

HS: 31,30 € | NS: 24,40 €

**Mehr Infos & Anfrage:**
www.camping.info/19416

| | |
|---|---|
| Baden im See am Platz | ✓ |
| Hallenbad | 6km |
| Spielplatz am Platz | ✓ |
| Hunde willkommen | ✓ |
| Skilift & Loipe | ✗ |
| WLAN (gegen Gebühr) | ✓ |
| Lebensmittel | ✗ |
| Brötchen am Platz | ✓ |
| Restaurant/Imbiss | 500m/✓ |
| Ver-/Entsorgung Womo | ✓ |
| im Ort | ✓ |
| Touristenplätze | 100 |
| Mietunterkünfte | ✓ |
| Stellplätze vor Schranke | ✗ |

**4.5** SEHR GUT
28 Bewertungen

| | |
|---|---|
| Lage | 4.7 |
| Ruhe | 4.5 |
| Sanitäranlagen | 4.3 |
| Sauberkeit Ø | 4.5 |
| Freundlichkeit | 4.7 |
| Stellplatz | 4.1 |
| Verpflegung | 4.0 |
| Freizeit | 4.4 |
| Preis-Leistung | 4.2 |
| Mietunterkünfte | 4.5 |

**Geeignet für**

| | |
|---|---|
| Kinder b. 6 J. | 3.8 |
| Kinder b. 12 J. | 4.1 |
| Kinder b. 18 J. | 3.9 |
| Paare | 4.6 |
| Senioren | 4.6 |
| Gäste mit Zelt | 4.5 |
| Gäste mit Hund | 4.9 |

**Empfohlene Aktivitäten**

- Schwimmen
- Wandern
- Radfahren

Karte auf Seite 152

**Infos:** Öffnungszeiten · Vergleichspreis · Link

**Ausstattung:** Freizeit · Campingplatz · Versorgung · Anzahl der Plätze

## 6 Camping Gerli

❄

Badstraße 23
9500 Villach
+43 4242 57402

46.61539 | 13.8061
600m ü.M.

ganzjährig

HS: 22,00 € | NS: 17,80 €

**Mehr Infos & Anfrage:**
www.camping.info/19423

| | |
|---|---|
| Baden im See | 3km |
| Pool/Hallenbad | ✓/3km |
| Spielplatz am Platz | ✓ |
| Hunde erlaubt | ✓ |
| Loipe | 1km |
| WLAN | ✓ |
| Lebensmittel | ✓ |
| Brötchen am Platz | ✓ |
| Restaurant & Imbiss | ✓ |
| Ver-/Entsorgung Womo | ✓ |
| im Ort | ✓ |
| Gesamt/Touristen | 100/80 |
| Mietunterkünfte | ✓ |
| Stellplätze vor Schranke | ✗ |

**3.5** GUT
26 Bewertungen

| | |
|---|---|
| Lage | 4.0 |
| Ruhe | 4.3 |
| Sanitäranlagen | 3.0 |
| Sauberkeit Ø | 3.5 |
| Freundlichkeit | 4.7 |
| Stellplatz | 3.1 |
| Verpflegung | 3.5 |
| Freizeit | 3.7 |
| Preis-Leistung | 4.0 |
| Mietunterkünfte | 3.7 |

**Geeignet für**

| | |
|---|---|
| Kinder b. 6 J. | 3.8 |
| Kinder b. 12 J. | 3.6 |
| Kinder b. 18 J. | 3.2 |
| Paare | 3.9 |
| Senioren | 4.1 |
| Gäste mit Zelt | 3.6 |
| Gäste mit Hund | 3.9 |

**Empfohlene Aktivitäten**

- Wandern
- Radfahren
- Mountainbiking

## 7 Ideal Camping Lampele

Alt Ossiach 57
9570 Ossiach
+43 4243 529

46.68322 | 13.99832
545m ü.M.

01.05. - 30.09.

HS: 40,90 € | NS: 28,60 €

**Mehr Infos & Anfrage:**
www.camping.info/19405

| | |
|---|---|
| Baden im See am Platz | ✓ |
| Pool/Hallenbad | 100m |
| Spielplatz am Platz | ✓ |
| Hunde willkommen | ✓ |
| Skilift | 10km |
| WLAN | ✓ |
| Lebensmittel | ✓ |
| Brötchen am Platz | ✓ |
| Restaurant & Imbiss | ✓ |
| Ver-/Entsorgung Womo | ✓ |
| in den Ort | 1km |
| Gesamt/Touristen | 250/171 |
| Mietunterkünfte | ✓ |
| Stellplätze vor Schranke | ✓ |

**4.4** SEHR GUT
115 Bewertungen

| | |
|---|---|
| Lage | 4.6 |
| Ruhe | 4.3 |
| Sanitäranlagen | 4.3 |
| Sauberkeit Ø | 4.6 |
| Freundlichkeit | 4.6 |
| Stellplatz | 4.2 |
| Verpflegung | 3.9 |
| Freizeit | 4.2 |
| Preis-Leistung | 4.2 |
| Mietunterkünfte | 4.3 |

**Geeignet für**

| | |
|---|---|
| Kinder b. 6 J. | 4.4 |
| Kinder b. 12 J. | 4.5 |
| Kinder b. 18 J. | 3.8 |
| Paare | 4.4 |
| Senioren | 4.4 |
| Gäste mit Zelt | 4.5 |
| Gäste mit Hund | 3.9 |

**Empfohlene Aktivitäten**

- Schwimmen
- Wandern
- Radfahren

ⓘ keine WOMOs ab 10 m; keine Jugendgruppen

## 8 Wellness Seecamping Parth

ϟ

Ostriach 10
9570 Ossiach
+43 4243 2744 0

46.66577 | 13.97633
550m ü.M.

12.04. - 12.10.

HS: 36,30 € | NS: 27,50 €

**Mehr Infos & online buchen:**
www.camping.info/19404

| | |
|---|---|
| Baden im See am Platz | ✓ |
| Pool/Hallenbad | ✓/3km |
| Spielplatz am Platz | ✓ |
| Hunde willkommen | ✓ |
| Skilift/Loipe | 6/4km |
| WLAN (begrenzt gratis) | ✓ |
| Lebensmittel | ✓ |
| Brötchen am Platz | ✓ |
| Restaurant & Imbiss | ✓ |
| Ver-/Entsorgung Womo | ✓ |
| in den Ort | 1km |
| Gesamt/Touristen | 150/130 |
| Mietunterkünfte | ✓ |
| Stellplätze vor Schranke | ✓ |

**4.7** SEHR GUT
115 Bewertungen

| | |
|---|---|
| Lage | 4.8 |
| Ruhe | 4.7 |
| Sanitäranlagen | 4.6 |
| Sauberkeit Ø | 4.8 |
| Freundlichkeit | 5.0 |
| Stellplatz | 4.4 |
| Verpflegung | 4.4 |
| Freizeit | 4.5 |
| Preis-Leistung | 4.5 |
| Mietunterkünfte | 4.6 |

**Geeignet für**

| | |
|---|---|
| Kinder b. 6 J. | 4.6 |
| Kinder b. 12 J. | 4.6 |
| Kinder b. 18 J. | 4.1 |
| Paare | 4.9 |
| Senioren | 4.9 |
| Gäste mit Zelt | 4.5 |
| Gäste mit Hund | 4.4 |

**Empfohlene Aktivitäten**

- Schwimmen
- Wandern
- Entspannen

ⓘ keine WOMOs über 8 m; Gruppen nur mit Reservierung

# 10 Seecamping Mentl

Ossiachersee Süduferstraße 265,267
9523 Landskron - Heiligen Gestade
+43 4242 41886
www.camping-mentl.at
info@camping-mentl.at

01.05. - 01.10.

HS: 42,90 € | NS: 29,00 €

**Mehr Infos & Anfrage:**
www.camping.info/19418

| | |
|---|---|
| Baden im See am Platz | ✓ |
| Hallenbad | 12km |
| Spielplatz am Platz | ✓ |
| Hunde erlaubt | nur NS |
| Skilift & Loipe | ✗ |
| WLAN | ✓ |
| Lebensmittel | ✓ |
| Brötchen am Platz | ✓ |
| Restaurant/Imbiss | 100m/✓ |
| Ver-/Entsorgung Womo | ✓ |
| in den Ort | 5km |
| Gesamt/Touristen | 180/176 |
| Mietunterkünfte | ✓ |
| Stellplätze vor Schranke | ✓ |

camping.info AWARD 2019

Liegewiese am Ufer des Ossiacher Sees.

## Lage & Stellplatz

Seecamping Mentl befindet sich direkt am Südufer des Ossiacher Sees, eingebettet in die herrliche Landschaft zwischen Gerlitzen Alpe und Ossiacher Tauern. Das zum See hin in Terrassen angelegte Gelände ist teils mit Schatten spendenden Bäumen sowie blühenden Hecken und Sträuchern aufgelockert und weist einen parkähnlichen Charakter auf. Die Stellplätze sind mit Wasser-, Abwasser-, Strom- und teilweise SAT-Anschlüssen ausgestattet. Vom Platz aus genießt man den Blick auf die 1.909 m hohe Gerlitzen Alpe und den smaragdgrünen Ossiacher See.

## Sanitär

Der Campingplatz verfügt über ein lichtdurchflutetes, liebevoll gestaltetes Sanitärgebäude mit neuen Duschen (teils Regenduschen), Babybad, einem barrierefreien Bad für Menschen mit Beeinträchtigung, Waschmaschinen, Trockner und einer Bügelmöglichkeit. Die Gäste schätzen den hohen Komfort und die Sauberkeit der Anlagen. Auch die wohltuenden und gesundheitsfördernden Massageangebote der platzeigenen Heilmasseurin werden gerne in Anspruch genommen.

Gepflegte Anlage.

Moderne Sanitäranlagen.

1 km
46.65452 | 13.93709
505m ü.M.

AWARD 2020

für WOMOs bis ca. 7,5 m geeignet; Jugengruppen nur beschränkt zugelassen

Der See-Camping Mentl liegt direkt am idyllischen Ossiacher See und ist eingebettet zwischen der Gerlitzen und den Ossiacher Tauern.

## Verpflegung

Ein Minimarkt mit Brötchenservice und ein gemütliches Café mit Frühstücksangebot sorgen genauso für das leibliche Wohl wie das reichhaltige Frühstücksbuffet im Stüberl. „Tamara's Restaurant" befindet sich nur 50 m vom Campingplatz entfernt und verwöhnt seine Gäste kulinarisch mit hervorragenden Produkten aus der Region. Den nächsten Supermarkt findet man ca. 200 m entfernt.

## Freizeit

Der Spielplatz lädt die Kleinen zum Spielen und Spaß haben ein. Im Knusperhäuschen warten lustige Spiele und Bastelmöglichkeiten auf die Kids. Der Atlantis Express rollt leise (E-Motor) über das Campinggelände und erfreut Groß und Klein. Das Banana Boat zieht seine Runden über den glasklaren See. Ein Zauberer, das Kasperletheater und auch ein eigener Wald-Abenteuer Trail für Familien begeistert die Kinder. Der Sportplatz bietet einen Beachvolleyball- und einen Badmintonplatz.

**5.0**

*Wir (2 Personen) waren 9 Tage auf diesem wunderschönen Campingplatz. Sehr zuvorkommende und freundliche Belegschaft. Sehr liebevoll gepflegter, sauberer und ruhiger Campingplatz, auf dem wir uns sehr willkommen und wohlgefühlt haben. Es sind vom Standort viele schöne Ausflugsziele zu erreichen, der Badestrand direkt am Platz lädt aber auch zum Entspannen und Schwimmen ein. Die Stellplätze sind sehr großzügig und sowohl mit Schatten, als auch sonnig wählbar.*

**Fam. Witzel Grünewald**

Familie Witzel-Grünewald hat das Campen wieder neu für sich entdeckt und den Platz im Juli 2020 besucht.

Wasserspaß für alle.

Atlantis Express.

**4.8** SEHR GUT
282 Bewertungen

| | |
|---|---|
| Lage | 4.9 |
| Ruhe | 4.8 |
| Sanitäranlagen | 4.8 |
| Sauberkeit Ø | 4.9 |
| Freundlichkeit | 4.9 |
| Stellplatz | 4.6 |
| Verpflegung | 4.1 |
| Freizeit | 4.7 |
| Preis-Leistung | 4.6 |
| Mietunterkünfte | 4.6 |

**Geeignet für**

| | |
|---|---|
| Kinder b. 6 J. | 4.8 |
| Kinder b. 12 J. | 4.8 |
| Paare | 4.8 |
| Senioren | 4.8 |
| Gäste mit Zelt | 4.8 |
| Kinder b. 18 J. | 4.1 |
| Gäste mit Hund | 3.2 |

**Empfohlene Aktivitäten**

Schwimmen · Wandern · Radfahren · Entspannen · Paragleiten

## 9 Camping Seehof

Campingweg 12
9500 Villach
+43 676 55843740713
46.63292 | 13.8578

01.05. - 30.09.

keine Angabe

**Mehr Infos & Anfrage:**
www.camping.info/25518

| | |
|---|---|
| Baden in nat. Gewässer | k. A. |
| Pool & Hallenbad | ✗ |
| Spielplatz | keine Angabe |
| Hunde | ✗ |
| Skilift & Loipe | keine Angabe |
| WLAN | keine Angabe |
| Lebensmittel | k.A. |
| Brötchen | keine Angabe |
| Restaurant & Imbiss | ✗ |
| Ver-/Entsorgung Womo | ✗ |
| in den Ort | keine Angabe |
| Gesamt | keine Angabe |
| Mietunterkünfte | ✗ |
| Stellplätze vor Schranke | ✗ |

**4.3** SEHR GUT
15 Bewertungen

| | |
|---|---|
| Lage | 4.4 |
| Ruhe | 3.9 |
| Sanitäranlagen | 4.7 |
| Sauberkeit Ø | 4.7 |
| Freundlichkeit | 4.7 |
| Stellplatz | 4.0 |
| Verpflegung | 4.1 |
| Freizeit | 3.7 |
| Preis-Leistung | 4.0 |
| Mietunterkünfte | - |

**Geeignet für**

| | |
|---|---|
| Kinder b. 6 J. | 4.2 |
| Kinder b. 12 J. | 4.3 |
| Kinder b. 18 J. | 4.1 |
| Paare | 4.6 |
| Senioren | 4.5 |
| Gäste mit Zelt | 4.9 |
| Hunde n. erlaubt | - |

**Empfohlene Aktivitäten**

- Schwimmen
- Radfahren
- Wandern

## 11 Familien-Camping Ferien am Walde

Sportplatzweg 3
9581 Ledenitzen / Faaker See
+43 4254 2670
46.57032 | 13.95169
535m ü.M.

01.05. - 30.09.

HS: 32,40 € | NS: 23,40 €

**Mehr Infos & Anfrage:**
www.camping.info/19319

| | |
|---|---|
| Baden im See | 800m |
| Hallenbad | 12km |
| Spielplatz am Platz | ✓ |
| Hunde willkommen | ✓ |
| Skilift & Loipe | ✗ |
| WLAN | ✓ |
| Lebensmittel | ✓ |
| Brötchen am Platz | ✓ |
| Restaurant/Imbiss | 200m/✓ |
| Ver-/Entsorgung Womo | ✓ |
| in den Ort | 300m |
| Touristenplätze | 230 |
| Mietunterkünfte | ✗ |
| Stellplätze vor Schranke | ✗ |

**4.4** SEHR GUT
17 Bewertungen

| | |
|---|---|
| Lage | 4.1 |
| Ruhe | 4.8 |
| Sanitäranlagen | 3.9 |
| Sauberkeit Ø | 4.5 |
| Freundlichkeit | 4.5 |
| Stellplatz | 4.2 |
| Verpflegung | 3.5 |
| Freizeit | 4.2 |
| Preis-Leistung | 3.5 |
| Mietunterkünfte | - |

**Geeignet für**

| | |
|---|---|
| Kinder b. 6 J. | 4.1 |
| Kinder b. 12 J. | 4.1 |
| Kinder b. 18 J. | 3.1 |
| Paare | 4.7 |
| Senioren | 5.0 |
| Gäste mit Zelt | 4.6 |
| Gäste mit Hund | 4.6 |

**Empfohlene Aktivitäten**

- Wandern
- Entspannen
- Radfahren

## 12 Strandcamping Anderwald

Strand Nord 4
9583 Faak am See
+43 4254 2297
46.57364 | 13.93213

01.04. - 31.10.

HS: 42,40 € | NS: 31,10 €

**Mehr Infos & Anfrage:**
www.camping.info/19475

| | |
|---|---|
| Baden im See am Platz | ✓ |
| Hallenbad | 7km |
| Spielplatz am Platz | ✓ |
| Hunde erlaubt | ✓ |
| Skilift & Loipe | keine Angabe |
| WLAN | ✓ |
| Lebensmittel | ✓ |
| Brötchen am Platz | ✓ |
| Restaurant & Imbiss | ✓ |
| Ver-/Entsorgung Womo | ✓ |
| in den Ort | 1km |
| Touristenplätze | 191 |
| Mietunterkünfte | ✓ |
| Stellplätze vor Schranke | ✗ |

**4.8** SEHR GUT
77 Bewertungen

| | |
|---|---|
| Lage | 4.9 |
| Ruhe | 4.3 |
| Sanitäranlagen | 4.5 |
| Sauberkeit Ø | 4.7 |
| Freundlichkeit | 4.9 |
| Stellplatz | 4.4 |
| Verpflegung | 4.6 |
| Freizeit | 4.7 |
| Preis-Leistung | 4.4 |
| Mietunterkünfte | 4.6 |

**Geeignet für**

| | |
|---|---|
| Kinder b. 6 J. | 4.6 |
| Kinder b. 12 J. | 4.8 |
| Kinder b. 18 J. | 4.6 |
| Paare | 4.7 |
| Senioren | 4.6 |
| Gäste mit Zelt | 4.8 |
| Gäste mit Hund | 4.4 |

**Empfohlene Aktivitäten**

- Schwimmen
- Wandern
- Radfahren

## 13 Seecamping Hoffmann

Uferweg 61
9552 Steindorf
+43 4243 8704
46.69427 | 13.99457
504m ü.M.

01.05. - 30.09.

HS: 36,80 € | NS: 24,60 €

**Mehr Infos & Anfrage:**
www.camping.info/22272

| | |
|---|---|
| Baden im See am Platz | ✓ |
| Hallenbad | 20km |
| Spielplatz am Platz | ✓ |
| Hunde willkommen | ✓ |
| Skilift & Loipe | ✗ |
| WLAN | ✓ |
| Lebensmittel | 1km |
| Brötchen am Platz | ✓ |
| Restaurant & Imbiss | ✓ |
| Ver-/Entsorgung Womo | ✓ |
| in den Ort | 1km |
| Touristenplätze | 40 |
| Mietunterkünfte | ✓ |
| Stellplätze vor Schranke | ✗ |

**4.3** SEHR GUT
34 Bewertungen

| | |
|---|---|
| Lage | 4.5 |
| Ruhe | 4.1 |
| Sanitäranlagen | 4.4 |
| Sauberkeit Ø | 4.7 |
| Freundlichkeit | 4.7 |
| Stellplatz | 3.9 |
| Verpflegung | 3.7 |
| Freizeit | 4.3 |
| Preis-Leistung | 4.3 |
| Mietunterkünfte | 5.0 |

**Geeignet für**

| | |
|---|---|
| Kinder b. 6 J. | 4.5 |
| Kinder b. 12 J. | 4.5 |
| Kinder b. 18 J. | 4.5 |
| Paare | 4.8 |
| Senioren | 4.8 |
| Gäste mit Zelt | 4.5 |
| Gäste mit Hund | 4.5 |

**Empfohlene Aktivitäten**

- Schwimmen
- Wandern
- Radfahren

keine WOMOs ab 8 m

Karte auf Seite 152

## 14 CampingBad Ossiachersee GmbH

Seeuferstraße 109
9520 Annenheim
+43 4248 2757
46.65713 | 13.89275
501m ü.M.

01.04. - 15.10.
HS: 35,60 € | NS: 27,40 €
**Mehr Infos & Anfrage:**
www.camping.info/19281

| | |
|---|---|
| Baden im See am Platz | ✓ |
| Hallenbad | 10km |
| Spielplatz am Platz | ✓ |
| Hunde | ✗ |
| Skilift & Loipe | keine Angabe |
| WLAN | ✓ |
| Lebensmittel | ✓ |
| Brötchen am Platz | ✓ |
| Restaurant & Imbiss | ✓ |
| Ver-/Entsorgung Womo | ✓ |
| in den Ort | 500m |
| Touristenplätze | 290 |
| Mietunterkünfte | ✗ |
| Stellplätze vor Schranke | ✗ |

**4.1** SEHR GUT
138 Bewertungen

| | |
|---|---|
| Lage | 4.6 |
| Ruhe | 3.9 |
| Sanitäranlagen | 3.7 |
| Sauberkeit Ø | 4.0 |
| Freundlichkeit | 4.0 |
| Stellplatz | 4.1 |
| Verpflegung | 4.0 |
| Freizeit | 4.4 |
| Preis-Leistung | 4.0 |
| Mietunterkünfte | - |

**Geeignet für**

| | |
|---|---|
| Kinder b. 6 J. | 4.4 |
| Kinder b. 12 J. | 4.4 |
| Kinder b. 18 J. | 3.9 |
| Paare | 4.4 |
| Senioren | 4.5 |
| Gäste mit Zelt | 4.3 |
| Hunde n. erlaubt | - |

**Empfohlene Aktivitäten**

- Schwimmen
- Wandern
- Radfahren

## 15 Strandcamping Gruber

Strand Nord 3
9583 Faak am See
+43 676 7065197
46.56859 | 13.92975
550m ü.M.

01.05. - 20.09.
HS: 43,70 € | NS: 32,50 €
**Mehr Infos & Anfrage:**
www.camping.info/22171

| | |
|---|---|
| Baden im See am Platz | ✓ |
| Pool/Hallenbad | 8km |
| Spielplatz am Platz | ✓ |
| Hunde willkommen | ✓ |
| Skilift & Loipe | ✗ |
| WLAN | ✓ |
| Lebensmittel | ✓ |
| Brötchen am Platz | ✓ |
| Restaurant & Imbiss | ✓ |
| Ver-/Entsorgung Womo | ✓ |
| in den Ort | 2km |
| Touristenplätze | 140 |
| Mietunterkünfte | ✓ |
| Stellplätze vor Schranke | ✗ |

**4.3** SEHR GUT
42 Bewertungen

| | |
|---|---|
| Lage | 4.7 |
| Ruhe | 4.2 |
| Sanitäranlagen | 4.0 |
| Sauberkeit Ø | 4.4 |
| Freundlichkeit | 4.8 |
| Stellplatz | 4.1 |
| Verpflegung | 4.3 |
| Freizeit | 4.6 |
| Preis-Leistung | 4.1 |
| Mietunterkünfte | 4.9 |

**Geeignet für**

| | |
|---|---|
| Kinder b. 6 J. | 4.6 |
| Kinder b. 12 J. | 4.7 |
| Kinder b. 18 J. | 4.3 |
| Paare | 4.8 |
| Senioren | 4.8 |
| Gäste mit Zelt | 4.6 |
| Gäste mit Hund | 4.4 |

**Empfohlene Aktivitäten**

- Schwimmen
- Wandern
- Radfahren

keine WOMOs ab 8 m und Jugendgruppen im Juli und August

## 16 Camping Morgenfurt

Uferweg 73
9552 Steindorf
+43 650 662 2299
46.69339 | 13.99102
504m ü.M.

01.06. - 30.09.
HS: 30,40 € | NS: 22,90 €
**Mehr Infos & Anfrage:**
www.camping.info/24322

| | |
|---|---|
| Baden im See am Platz | ✓ |
| Hallenbad | 20km |
| Spielplatz am Platz | ✓ |
| Hunde willkommen | ✓ |
| Skilift & Loipe | keine Angabe |
| WLAN | ✓ |
| Lebensmittel | 2km |
| Brötchen am Platz | ✗ |
| Restaurant | 500m |
| Ver-/Entsorgung Womo | ✗ |
| in den Ort | 2km |
| Gesamt/Touristen | 110/90 |
| Mietunterkünfte | ✗ |
| Stellplätze vor Schranke | ✗ |

**4.4** SEHR GUT
17 Bewertungen

| | |
|---|---|
| Lage | 4.5 |
| Ruhe | 4.1 |
| Sanitäranlagen | 4.4 |
| Sauberkeit Ø | 4.8 |
| Freundlichkeit | 4.8 |
| Stellplatz | 4.1 |
| Verpflegung | 3.6 |
| Freizeit | 4.3 |
| Preis-Leistung | 4.7 |
| Mietunterkünfte | - |

**Geeignet für**

| | |
|---|---|
| Kinder b. 6 J. | 4.5 |
| Kinder b. 12 J. | 4.6 |
| Kinder b. 18 J. | 4.3 |
| Paare | 4.4 |
| Senioren | 4.7 |
| Gäste mit Zelt | 4.8 |
| Gäste mit Hund | 4.1 |

**Empfohlene Aktivitäten**

- Schwimmen
- Wandern
- Radfahren

**Infos**

Öffnungszeiten
Vergleichspreis
Link

**Ausstattung**

Freizeit
Campingplatz
Versorgung
Anzahl der Plätze

# 11 Wörthersee und Südkärnten

| | Platz | Seite | Bewertung | | Öffnungszeiten | |
|---|---|---|---|---|---|---|
| 1 | Relax Camping Maltschacher Seewirt | 168 | 4.7 | | saisonal | Onlinebuchung |
| 2 | Strandcamping Süd | 169 | 4.3 | | saisonal | |
| 3 | FKK-Camping Müllerhof | 170 | 4.7 | | saisonal | FKK |
| 4 | Camping Village Wörthersee | 169 | 3.9 | | saisonal | |
| 5 | Juritz - Camping & Restaurant | 172 | 4.8 | | saisonal | |
| 6 | Rutar Lido FKK-See-Camping | 169 | 3.8 | | saisonal | FKK Wintercamping |
| 7 | Camping Rosental Rož | 173 | 4.6 | | saisonal | Ecocamping |
| 8 | Camping Klagenfurt am Wörthersee | 173 | 4.0 | | saisonal | |
| 9 | Terrassencamping Ilsenhof am Turnersee | 174 | 4.5 | | saisonal | |
| 10 | Strandcamping Brückler Nord | 173 | 4.3 | | saisonal | |
| 11 | FKK-Grosscamping Sabotnik | 175 | 3.4 | | saisonal | FKK |
| 12 | Camping Reichmann - Pächter Hassler Günter | 175 | 4.0 | | saisonal | |
| 13 | Camping Breznik - Turnersee | 175 | 4.1 | | saisonal | |

## DER SONNIGE SÜDEN

Im Süden des Bundeslandes Kärnten gibt es nicht nur gut ausgestattete Campingplätze, sondern auch jede Menge zu unternehmen. Neben einigen der wärmsten Badeseen des Landes warten hier interessante Ausflugsziele sowie optimale Voraussetzungen zum Wandern und Radfahren.

Pyramidenkogel © Kärnten Werbung/Tine Steinthaler

## SUN & FUN AM WÖRTHERSEE

Der Wörthersee ist der bekannteste und meistbesuchte See Kärntens. Vielfältige Wassersportmöglichkeiten wie Wasserski, Wakeboarden oder Parasailing versprechen spannende Stunden an warmen Sommertagen. Rund um den See befinden sich außerdem viele Top-Restaurants, In-Lokale und das Casino in Velden. Einen fantastischen Rundblick über das Kärntner Seenland erlebt man aus einer Höhe von 905 Metern am Aussichtsturm „Pyramidenkogel" in Keutschach am See. Hier, etwas südlich des Wörthersees, findet man auch eine größere Auswahl an Campingplätzen. Weitere Highlights der Region befinden sich in der Landeshauptstadt Klagenfurt: Die prachtvolle Altstadt weiß mit hervorragend restaurierten Gebäuden, Innenhöfen und Plätzen zu überzeugen. Das Wahrzeichen der Stadt, der Lindwurm, kann auf dem Neuen Platz bewundert werden. Im Klagenfurter „Minimundus" lassen sich über 150 Gebäude aus allen fünf Kontinenten im detailgetreuen Miniaturformat besichtigen und im Reptilienzoo Happ warten Schlangen, Echsen und Reptilien aus aller Welt auf wissbegierige Besucher. Im Ort Launsdorf, in der Nähe von Klagenfurt, liegt die traumhafte Burg Hochosterwitz. Mit ihren 14 Burgtoren und der imposanten Lage auf einem 175 m hohen Felsen gehört sie definitiv zu den eindrucksvollsten Burganlagen Österreichs.

Langlaufen im Bodental © Kärnten Werbung/Franz Gerdl

Burg Hochosterwitz Panorama © Kärnten Werbung/Gert Steinthaler

## SÜDKÄRNTEN: BADESEEN, WANDERREGIONEN UND BERGKULISSEN

Im Südosten Kärntens gibt es neben dem Wörthersee noch viele weitere bekannte Badeseen zu entdecken. Hervorzuheben sind dabei der Turnersee, der Gösselsdorfer See und der Klopeiner See. Urlaubsstimmung kommt allerdings nicht nur im kühlen Nass auf. Die beiden Ferienregionen Rosental und Lavanttal sind vor allem für Wanderer ein wahrer Genuss. Die herrliche Bergkulisse der Karawanken, sanfte Hügel und glasklare Wildbäche prägen das Rosental. In der Tscheppaschlucht kann die Urgewalt des Wassers in seiner schönsten Form bestaunt werden. Tiefe Schluchten, tosende Wasserfälle und ein beschaulicher Mischwald – einem unvergesslichen Naturerlebnis steht nichts mehr im Weg. Der absolute Höhepunkt der Wanderung ist der Tschaukofall mit dem Felsentor und der berüchtigten Teufelsbrücke. Fernab des Kärntner Massentourismus liegt das Lavanttal. In einem der reizvollsten Täler des Landes stehen mehr als 1.000 km Wanderwege und ca. 220 km Familien-Radwege zur Verfügung. Zu den kulturellen Sehenswürdigkeiten des Lavanttales zählen der Benediktinerstift St. Paul und das majestätische Schloss Wolfsberg. Ganz im Süden, nahe der slowenischen Grenze, befindet sich der Hochobir (2.139 m). Doch die eigentliche Attraktion ist nicht das höchste Bergmassiv der Nord-Karawanken, sondern die bekannten Obir-Tropfsteinhöhlen. Die Führung zu den faszinierenden Tropfsteinhöhlen startet im Kurort Eisenkappel und führt durch einen 240 Meter langen Stollen ins Innere des Berges.

Drauradweg © Kärnten Werbung/Gert Steinthaler

### TIPP DER REDAKTION

**Camping Rosental Rož**

St. Margareten | Nr. 7 | Seite 173

Laut Gästen ideal geeignet zum:

- Wandern
- Schwimmen
- Radfahren

4.6

# 1 Relax Camping Maltschacher Seewirt

Maltschach am See 2
9560 Feldkirchen
+43 4277 2637
www.seewirt-spiess.com
office@seewirt-spiess.com

01.05. - 30.09.

HS: 35,00 € | NS: 25,00 €

**Mehr Infos & online buchen:**
www.camping.info/22118

| | |
|---|---|
| Baden im See am Platz | ✓ |
| Hallenbad | 300m |
| Spielplatz am Platz | ✓ |
| Hunde willkommen | ✓ |
| Skilift & Loipe | ✗ |
| WLAN (begrenzt gratis) | ✓ |
| Lebensmittel | 300m |
| Brötchen am Platz | ✓ |
| Restaurant & Imbiss | ✓ |
| Ver-/Entsorgung Womo | ✓ |
| in den Ort | 2km |
| Gesamt/Touristen | 60/35 |
| Mietunterkünfte | ✓ |
| Stellplätze vor Schranke | ✗ |

Klein und fein: Kärntens wohl familiärster Campingplatz direkt am Wasser.

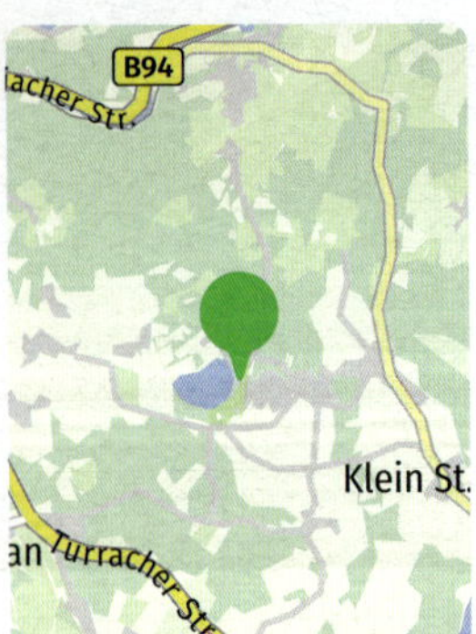


1 km

46.70376 | 14.14566

580m ü.M.

## Lage & Stellplatz

Einfach abschalten und die Ruhe genießen! Der familiäre Campingplatz (55 Stellplätze) befindet sich direkt am idyllischen Maltschacher See, einem der wärmsten Seen in Österreich. Dank der zentralen Lage liegt Ihnen ganz Kärnten praktisch zu Füßen – optimal für Entdeckungstouren für Groß und Klein.

## Sanitär

Gepflegte und komfortable Sanitäranlage – voll ausgestattet mit Einzelwasch- und Duschkabinen, barrierefreiem WC und Dusche, sowie Geschirrspülbecken, Waschmaschine und Wäschetrockner. Dank der zentralen Lage ist das Sanitärgebäude vom gesamten Platzgelände aus bequem erreichbar.

## Verpflegung

Angefangen vom Frühstück, das jeden Tag frisch vom Bäcker geliefert wird, über leichte Mittagsgerichte auf der Seeterrasse bis hin zu einem Genussmenü mit Blick auf den romantischen Sonnenuntergang am Abend, verwöhnt das Küchenteam die Gäste mit regionalen Produkten von höchster Qualität.

## Freizeit

Vom Vorzelt direkt ins Wasser – der perfekte Start für einen Tag am See. Schwimmen, Kajak, Windsurfen, Segeln und vieles mehr machen Ihren Urlaub zum Aktiv-Erlebnis. Mountainbike- und Wanderstrecken sind wie viele der wichtigsten Ausflugsziele Kärntens nur einen Steinwurf entfernt.

Blick über den Maltschacher See.

Perfekt für die ganze Familie.

**4.7** SEHR GUT
23 Bewertungen

| | |
|---|---|
| Lage | 4.8 |
| Ruhe | 4.6 |
| Sanitäranlagen | 3.8 |
| Sauberkeit Ø | 4.7 |
| Freundlichkeit | 5.0 |
| Stellplatz | 4.6 |
| Verpflegung | 4.3 |
| Freizeit | 4.3 |
| Preis-Leistung | 4.7 |
| Mietunterkünfte | 4.6 |

**Geeignet für**

4.9 Paare

| | |
|---|---|
| 4.9 | Senioren |
| 4.4 | Kinder b. 12 J. |
| 4.4 | Gäste mit Hund |
| 4.8 | Kinder b. 6 J. |
| 4.4 | Gäste mit Zelt |
| 4.2 | Kinder b. 18 J. |

**Empfohlene Aktivitäten**

Wandern · Schwimmen · Entspannen · Radfahren · Kulinarik

Wohnwagen bei Anreise bitte am Tor abstellen & zu Fuß zur Rezeption gehen.

Karte auf Seite 164

## 2 Strandcamping Süd

Dobeinitz 30
9074 Keutschach am See
+43 699 124 24 403
46.58512 | 14.17225

01.05. - 30.09.

HS: 31,20 € | NS: 26,80 €
**Mehr Infos & Anfrage:**
www.camping.info/19532

| | |
|---|---|
| Baden im See am Platz | ✓ |
| Hallenbad | 12km |
| Spielplatz am Platz | ✓ |
| Hunde erlaubt | ✓ |
| Skilift & Loipe | ✗ |
| WLAN | ✓ |
| Lebensmittel | 900m |
| Brötchen am Platz | ✓ |
| Restaurant & Imbiss | ✓ |
| Ver-/Entsorgung Womo | ✓ |
| in den Ort | 1km |
| Touristenplätze | 150 |
| Mietunterkünfte | ✗ |
| Stellplätze vor Schranke | ✗ |

**4.2** SEHR GUT
12 Bewertungen

| | |
|---|---|
| Lage | 4.8 |
| Ruhe | 4.6 |
| Sanitäranlagen | 3.5 |
| Sauberkeit Ø | 4.0 |
| Freundlichkeit | 4.7 |
| Stellplatz | 3.8 |
| Verpflegung | 3.1 |
| Freizeit | 3.8 |
| Preis-Leistung | 4.2 |
| Mietunterkünfte | - |

**Geeignet für**

| | |
|---|---|
| Kinder b. 6 J. | 4.4 |
| Kinder b. 12 J. | 4.1 |
| Kinder b. 18 J. | 2.8 |
| Paare | 4.6 |
| Senioren | 4.7 |
| Gäste mit Zelt | 4.2 |
| Gäste mit Hund | 4.3 |

**Empfohlene Aktivitäten**

- Schwimmen
- Radfahren
- Entspannen

## 4 Camping Village Wörthersee

Auenstraße 47
9535 Auen - Schiefling
+43 4274 2898
46.619 | 14.10558
750m ü.M.

24.03. - 03.11.

HS: 34,10 € | NS: 18,00 €
**Mehr Infos & Anfrage:**
www.camping.info/19509

| | |
|---|---|
| Baden im See | 200m |
| Pool/Hallenbad | 19km |
| Spielplatz am Platz | ✓ |
| Hunde willkommen | ✓ |
| Skilift & Loipe | ✗ |
| WLAN | ✓ |
| Lebensmittel | ✓ |
| Brötchen am Platz | ✓ |
| Restaurant & Imbiss | ✓ |
| Ver-/Entsorgung Womo | ✓ |
| in den Ort | 3km |
| Touristenplätze | 150 |
| Mietunterkünfte | ✓ |
| Stellplätze vor Schranke | ✓ |

**4.0** SEHR GUT
16 Bewertungen

| | |
|---|---|
| Lage | 3.8 |
| Ruhe | 4.0 |
| Sanitäranlagen | 3.9 |
| Sauberkeit Ø | 4.0 |
| Freundlichkeit | 4.9 |
| Stellplatz | 3.6 |
| Verpflegung | 3.4 |
| Freizeit | 4.0 |
| Preis-Leistung | 3.8 |
| Mietunterkünfte | 3.5 |

**Geeignet für**

| | |
|---|---|
| Kinder b. 6 J. | 3.1 |
| Kinder b. 12 J. | 3.8 |
| Kinder b. 18 J. | 3.9 |
| Paare | 4.3 |
| Senioren | 4.0 |
| Gäste mit Zelt | 4.4 |
| Gäste mit Hund | 4.3 |

**Empfohlene Aktivitäten**

- Schwimmen
- Wandern
- Radfahren

## 6 Rutar Lido FKK-See-Camping

FKK

Lido 1
9141 Eberndorf
+43 4236 2262 0
46.58461 | 14.62411
470m ü.M.

01.03. - 31.10.
04.12. - 28.02.

HS: 37,50 € | NS: 29,00 €
**Mehr Infos & Anfrage:**
www.camping.info/19370

| | |
|---|---|
| Baden im See am Platz | ✓ |
| Pool & Hallenbad | ✓ |
| Spielplatz am Platz | ✓ |
| Hunde willkommen | ✓ |
| Skilift/Loipe | 15km |
| WLAN (gegen Gebühr) | ✓ |
| Lebensmittel | ✓ |
| Brötchen am Platz | ✓ |
| Restaurant & Imbiss | ✓ |
| Ver-/Entsorgung Womo | ✓ |
| in den Ort | 700m |
| Gesamt/Touristen | 365/220 |
| Mietunterkünfte | ✓ |
| Stellplätze vor Schranke | ✗ |

**3.9** GUT
27 Bewertungen

| | |
|---|---|
| Lage | 4.7 |
| Ruhe | 4.7 |
| Sanitäranlagen | 3.0 |
| Sauberkeit Ø | 3.5 |
| Freundlichkeit | 4.3 |
| Stellplatz | 4.2 |
| Verpflegung | 3.8 |
| Freizeit | 3.9 |
| Preis-Leistung | 3.8 |
| Mietunterkünfte | 4.0 |

**Geeignet für**

| | |
|---|---|
| Kinder b. 6 J. | 3.7 |
| Kinder b. 12 J. | 3.8 |
| Kinder b. 18 J. | 3.2 |
| Paare | 4.4 |
| Senioren | 4.6 |
| Gäste mit Zelt | 4.1 |
| Gäste mit Hund | 4.3 |

**Empfohlene Aktivitäten**

- Wandern
- Schwimmen
- Radfahren

keine WOMOs ab 14 m

**Infos**

Öffnungszeiten
Vergleichspreis
Link

**Ausstattung**

Freizeit
Campingplatz
Versorgung
Anzahl der Plätze

# 3 FKK-Camping Müllerhof

**FKK**

Dobein 10
9074 Keutschach am See
+43 4273 2517

www.fkk-camping.at
muellerhof@fkk-camping.at

01.05. - 19.09.

HS: 39,90 € | NS: 31,60 €

**Mehr Infos & Anfrage:**
www.camping.info/19472

| | |
|---|---|
| Baden im See am Platz | ✓ |
| Hallenbad | 15km |
| Spielplatz am Platz | ✓ |
| Hunde | ✗ |
| Skilift & Loipe | ✗ |
| WLAN | ✓ |
| Lebensmittel | ✓ |
| Brötchen am Platz | ✓ |
| Restaurant & Imbiss | ✓ |
| Ver-/Entsorgung Womo | ✓ |
| in den Ort | 2km |
| Gesamt/Touristen | 300/250 |
| Mietunterkünfte | ✓ |
| Stellplätze vor Schranke | ✗ |

Traumhafte Lage – direkt am Keutschacher See in der Region Wörthersee.

## Lage & Stellplatz

Ein idealer Platz für einen traumhaften Camping- und Badeurlaub inmitten herrlicher Natur. Der familiengeführte FKK-Campingplatz liegt direkt am Keutschacher See im sonnenverwöhnten Kärnten. Gleich drei malerische Badestrände laden zum Schwimmen zwischen Seerosen und Schilfgürtel ein. Die Stellplätze (mit WLAN, Strom- und TV-Anschlüssen) sind großzügig parzelliert und liegen auf einer gepflegten Wiese mit schattenspendenden Bäumen. Komfortable Mobilheime und Mietwohnwagen runden das Angebot ab. Der Müllerhof ist übrigens ausgezeichnet – mit dem Qualitätssiegel des Landes Kärnten.

## Sanitär

Die Sanitäranlagen heißen auf dem Platz auch liebevoll „Auffrischungsinseln“. Sie sind stets sauber und gepflegt und wurden 2017 generalsaniert. Das Sauna- und Massageangebot sorgt für die ultimative Urlaubsentspannung – Masseurin Stella ist gerne für die Gäste da. Neben den Dusch- und Waschräumen gibt es auch eigene Babywickelräume. Eigene erhöhte Babybadewannen sorgen für mehr Komfort und Badespaß. Geschirrwaschplätze, Waschmaschine und Wäschetrockner sind ebenfalls vorhanden.

Grillabende im Seerestaurant.

Freiheit pur – beim Müllerhof.

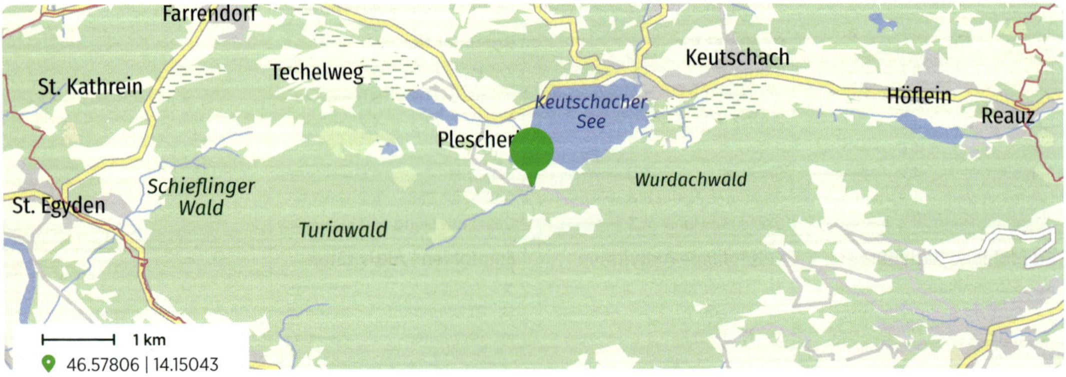


1 km
46.57806 | 14.15043
495m ü.M.

Ausgezeichneter FKK-Camping-Urlaub. Ein Paradies auf der Sonnenseite der Alpen, in einer vielseitigen Landschaft: Wandern, Radfahren, Schwimmen ...

## Verpflegung

Im Seerestaurant können die Gäste sich den Urlaub auf der Zunge zergehen lassen. Küchenchef Erwin zaubert regionale Spezialitäten, die auf der Terrasse mit Seeblick genossen werden können. Auch Fisch- und Grillabende werden angeboten. Selbstversorger bekommen alltägliche Kleinigkeiten wie frisches Kleingebäck, Mehlspeisen, Wurst und Käse, Zeitschriften etc. im kleinen, platzeigenen Laden. Für ausführlichere Einkäufe bietet sich der nur 4 km entfernte SPAR-Supermarkt in Keutschach an, der im Sommer auch an Sonn- und Feiertagen geöffnet hat.

## Freizeit

Kärnten bietet eine große Vielfalt an Freizeitmöglichkeiten: Bergerlebnisse in grandiosen Natur- und Nationalparks, Radtouren entlang der Flüsse und Seen, Golfvergnügen auf 21 der schönsten Plätze der Alpen-Adria-Region u. v. m. Auch Reiter und Pferdefreunde kommen hier voll auf ihre Kosten – direkt neben dem Müllerhof befindet sich der Reithof Safron mit seinen Huzulenpferden. Gäste des Campingplatzes erhalten außerdem die kostenlose Wörthersee Plus Card, die viele Vorteile (Gratiseintritte zu Ausflugszielen, Rabatte etc.) in der Region bietet.

**5.0**

*Top Campingplatz mit sehr gepflegten Stellplätzen. Sehr gutes Restaurant und der See ist einfach nur WOW.*

**Ernst M.**

Ernst M. war im Juni 2020 zu Besuch auf dem FKK-Camping Müllerhof.

Gepflegtes Wohlbefinden.

Kinderanimation mit viel Fun.

**4.7** SEHR GUT

379 Bewertungen

| | |
|---|---|
| Lage | 4.8 |
| Ruhe | 4.7 |
| Sanitäranlagen | 4.6 |
| Sauberkeit Ø | 4.8 |
| Freundlichkeit | 4.8 |
| Stellplatz | 4.4 |
| Verpflegung | 4.0 |
| Freizeit | 4.3 |
| Preis-Leistung | 4.4 |
| Mietunterkünfte | 4.6 |

**Geeignet für**

- 4.8 Paare
- 4.8 Senioren
- 4.5 Gäste mit Zelt
- 4.4 Kinder b. 6 J.
- 4.3 Kinder b. 12 J.
- 3.7 Kinder b. 18 J.
- - Gäste mit Hund nicht erlaubt

**Empfohlene Aktivitäten**

Schwimmen · Wandern · Radfahren · Entspannen · Mountainbiking

# 5 Juritz - Camping & Restaurant

Unterfeistritzerstrasse 41
9181 Feistritz im Rosental
+4342282115
www.camping-juritz.com
office@camping-juritz.com

01.05. - 30.09.

HS: 32,10 € | NS: 25,00 €

**Mehr Infos & Anfrage:**
www.camping.info/19469

| | |
|---|---|
| Baden im See | 2km |
| Pool & Hallenbad | ✓ |
| Spielplatz am Platz | ✓ |
| Hunde willkommen | ✓ |
| Skilift | 20km |
| WLAN (gegen Gebühr) | ✓ |
| Lebensmittel | 800m |
| Brötchen am Platz | ✓ |
| Restaurant & Imbiss | ✓ |
| Ver-/Entsorgung Womo | ✓ |
| in den Ort | 500m |
| Touristenplätze | 80 |
| Mietunterkünfte | ✓ |
| Stellplätze vor Schranke | ✗ |

1 km
46.5291 | 14.1725
549m ü.M.

Außenpool, Campingplatz & Sanitärhaus – viel Platz für Ihren Urlaub.

## Lage & Stellplatz

Die erholsame Lage inmitten eines großen Naturschutzgebietes garantiert nicht nur einen hohen Erholungswert, sondern lädt zu Entschleunigung pur ein. Lassen Sie die Uhren langsamer ticken – und erleben Sie Baden, Wandern, Wassersport oder einfach Ruhe und Geborgenheit.

## Verpflegung

Legeren Lifestyle mit absoluter Frische und köstlicher Kulinarik kombinieren. Deshalb bietet unsere Camping-Speisekarte mit einfacheren Schmankerln höchste Qualität und gehobene Genusskultur. Genauso wie unsere Spezialitätenküche, die immer wieder zu lukullischen Reisen rundum die Welt einlädt.

## Sanitär

Beheiztes Sanitärhaus: Einzelwaschkabinen mit Warmwasser, Waschbecken mit Kalt- und Warmwasser, Toilette und Waschbecken, Toilette und Warmdusche für Rollstuhlfahrer, Ausguss für Kassettentoiletten, Entleerungsstation für Wohnmobil-Abwassertanks, eigene Kinderwaschbecken, Babybad und Wickeltisch.

## Freizeit

Campingzeit ist Familienzeit! Während die Eltern sich entspannen und die Beine hochlegen, geht's für die kleinsten Gäste so richtig zur Sache: Auf Kids & Co. wartet ein großzügiger Erlebnispark mit zahlreichen Freizeiteinrichtungen (Pool, Tischtennis, Beachvolleyball, Trampolin u. v. m.).

Beheiztes Sanitärhaus.

Erlebnispark für Groß & Klein.

**4.8** SEHR GUT
19 Bewertungen

| | |
|---|---|
| Lage | 4.4 |
| Ruhe | 4.7 |
| Sanitäranlagen | 4.6 |
| Sauberkeit Ø | 4.7 |
| Freundlichkeit | 4.8 |
| Stellplatz | 4.3 |
| Verpflegung | 4.7 |
| Freizeit | 4.3 |
| Preis-Leistung | 4.6 |
| Mietunterkünfte | 5.0 |

**Geeignet für**

- 4.8 Kinder b. 6 J.
- 4.8 Kinder b. 12 J.
- 4.7 Senioren
- 4.5 Kinder b. 18 J.
- 4.7 Paare
- 4.7 Gäste mit Hund
- 4.5 Gäste mit Zelt

**Empfohlene Aktivitäten**

Wandern · Radfahren · Entspannen · Schwimmen · Mountainbiking

für WOMOs bis max. 6 m geeignet

Karte auf Seite 164

## 7 Camping Rosental Rož

Gotschuchen 34
9173 St. Margareten
+43 4226 8100

46.5439 | 14.39067
430m ü.M.

15.04. - 15.10.

HS: 34,40 € | NS: 25,60 €
**Mehr Infos & Anfrage:**
www.camping.info/19542

| | |
|---|---|
| Baden im Teich am Platz | ✓ |
| Pool & Hallenbad | ✗ |
| Spielplatz am Platz | ✓ |
| Hunde willkommen | ✓ |
| Skilift & Loipe | ✗ |
| WLAN | ✓ |
| Lebensmittel | ✓ |
| Brötchen am Platz | ✓ |
| Restaurant & Imbiss | ✓ |
| Ver-/Entsorgung Womo | ✓ |
| in den Ort | 2km |
| Touristenplätze | 430 |
| Mietunterkünfte | ✓ |
| Stellplätze vor Schranke | ✗ |

**4.6** SEHR GUT
137 Bewertungen

| | |
|---|---|
| Lage | 4.6 |
| Ruhe | 4.6 |
| Sanitäranlagen | 4.4 |
| Sauberkeit Ø | 4.5 |
| Freundlichkeit | 4.8 |
| Stellplatz | 4.5 |
| Verpflegung | 4.4 |
| Freizeit | 4.5 |
| Preis-Leistung | 4.4 |
| Mietunterkünfte | 4.5 |

**Geeignet für**

| | |
|---|---|
| Kinder b. 6 J. | 4.8 |
| Kinder b. 12 J. | 4.8 |
| Kinder b. 18 J. | 4.0 |
| Paare | 4.5 |
| Senioren | 4.7 |
| Gäste mit Zelt | 4.8 |
| Gäste mit Hund | 4.9 |

**Empfohlene Aktivitäten**

- Wandern
- Schwimmen
- Radfahren

## 8 Camping Klagenfurt am Wörthersee

Metnitzstrand 5
9020 Klagenfurt am Wörthersee
+43 463 287810

46.61851 | 14.2568

18.04. - 03.10.

HS: 38,90 € | NS: 29,90 €
**Mehr Infos & Anfrage:**
www.camping.info/22274

| | |
|---|---|
| Baden im See | 20m |
| Hallenbad | 4km |
| Spielplatz am Platz | ✓ |
| Hunde willkommen | ✓ |
| Skilift & Loipe | ✗ |
| WLAN (gegen Gebühr) | teilweise |
| Lebensmittel | ✓ |
| Brötchen am Platz | nur HS |
| Restaurant & Imbiss | ✓ |
| Ver-/Entsorgung Womo | ✓ |
| in den Ort | 4km |
| Touristenplätze | 340 |
| Mietunterkünfte | ✗ |
| Stellplätze vor Schranke | ✗ |

**4.0** SEHR GUT
41 Bewertungen

| | |
|---|---|
| Lage | 4.5 |
| Ruhe | 3.5 |
| Sanitäranlagen | 3.9 |
| Sauberkeit Ø | 3.8 |
| Freundlichkeit | 4.6 |
| Stellplatz | 4.2 |
| Verpflegung | 4.0 |
| Freizeit | 4.6 |
| Preis-Leistung | 3.9 |
| Mietunterkünfte | - |

**Geeignet für**

| | |
|---|---|
| Kinder b. 6 J. | 4.5 |
| Kinder b. 12 J. | 4.6 |
| Kinder b. 18 J. | 4.4 |
| Paare | 4.6 |
| Senioren | 4.1 |
| Gäste mit Zelt | 4.6 |
| Gäste mit Hund | 4.7 |

**Empfohlene Aktivitäten**

- Schwimmen
- Radfahren
- Sightseeing

## 10 Strandcamping Brückler Nord

Keutschach 5
9074 Keutschach am See
+43 4273 2384

46.59146 | 14.16828
506m ü.M.

01.05. - 30.09.

HS: 36,50 € | NS: 29,20 €
**Mehr Infos & Anfrage:**
www.camping.info/19517

| | |
|---|---|
| Baden im See am Platz | ✓ |
| Pool & Hallenbad | ✗ |
| Spielplatz am Platz | ✓ |
| Hunde willkommen | ✓ |
| Skilift & Loipe | ✗ |
| WLAN | ✓ |
| Lebensmittel | ✓ |
| Brötchen am Platz | ✗ |
| Restaurant/Imbiss | 1km/✓ |
| Ver-/Entsorgung Womo | ✓ |
| in den Ort | 2km |
| Gesamt/Touristen | 180/130 |
| Mietunterkünfte | ✓ |
| Stellplätze vor Schranke | ✗ |

**4.2** SEHR GUT
16 Bewertungen

| | |
|---|---|
| Lage | 4.6 |
| Ruhe | 4.2 |
| Sanitäranlagen | 3.6 |
| Sauberkeit Ø | 4.2 |
| Freundlichkeit | 4.4 |
| Stellplatz | 3.9 |
| Verpflegung | 3.7 |
| Freizeit | 4.2 |
| Preis-Leistung | 4.3 |
| Mietunterkünfte | 4.8 |

**Geeignet für**

| | |
|---|---|
| Kinder b. 6 J. | 4.4 |
| Kinder b. 12 J. | 4.5 |
| Kinder b. 18 J. | 4.0 |
| Paare | 4.6 |
| Senioren | 4.5 |
| Gäste mit Zelt | 4.8 |
| Gäste mit Hund | 4.7 |

**Empfohlene Aktivitäten**

- Schwimmen
- Radfahren
- Wandern

### Infos

Öffnungszeiten
Vergleichspreis
Link

### Ausstattung

Freizeit
Campingplatz
Versorgung
Anzahl der Plätze

# 9 Terrassencamping Ilsenhof am Turnersee

Obersammelsdorf 54
9122 St. Kanzian
+43 676 33 155 32
www.ilsenhof.at
urlaub@ilsenhof.at

01.05. - 31.10.

HS: 42,00 € | NS: 30,70 €

**Mehr Infos & Anfrage:**
www.camping.info/19344

| | |
|---|---|
| Baden im See am Platz | ✓ |
| Hallenbad | 20km |
| Spielplatz am Platz | ✓ |
| Hunde willkommen | ✓ |
| Skilift & Loipe | ✗ |
| WLAN | ✓ |
| Lebensmittel | 3km |
| Brötchen am Platz | ✓ |
| Restaurant & Imbiss | ✓ |
| Ver-/Entsorgung Womo | ✓ |
| in den Ort | 3km |
| Gesamt/Touristen | 100/60 |
| Mietunterkünfte | ✓ |
| Stellplätze vor Schranke | ✗ |

1 km
46.58559 | 14.57991
468m ü.M.

Die Stellplätze liegen auf einem terrassenförmig ausgebauten Südhang.

## Lage & Stellplatz

Naturnah und unkompliziert – das sind die beiden Campingplätze Terrassencamping & Panoramacamping am Turnersee. Egal ob direkt am See oder in absolut ruhiger Lage – hier findet man immer den passenden Stellplatz mit herrlichem Blick auf den See und die Bergkulisse der Karawanken.

## Verpflegung

Im Strandrestaurant werden unter anderem Grillgerichte, hausgemachte Pizza, herrliche Burger, leichte Salatkreationen und köstliche Eisbecher angeboten. Außerdem werden die Campinggäste mit frischem Frühstücksgebäck und Milchprodukten versorgt.

## Sanitär

Beide Campingplätze verfügen über saubere und gepflegte sanitäre Anlagen mit Kinderbad und separaten barrierefreien Duschen und WCs. Eine Entsorgungsstation für Campingtoiletten sowie ein Wäscheraum mit Waschmaschinen und Wäschetrockner sind ebenfalls vorhanden.

## Freizeit

Sportbegeisterte finden hier die ideale Umgebung zum Wandern, Radfahren, Schwimmen, Golfen, Reiten u. v. m. Das Strandbad mit großer Liegewiese, Badesteg und Seerestaurant sowie der Ilsenhof-Reitstall runden das Freizeitangebot ab. Die Aktiv-Card-Südkärnten ist für alle Gäste kostenlos mit dabei.

... mit direktem Seezugang.

... und Blick auf den See.

**4.5** SEHR GUT
17 Bewertungen

| | |
|---|---|
| Lage | 4.7 |
| Ruhe | 4.6 |
| Sanitäranlagen | 4.0 |
| Sauberkeit Ø | 4.2 |
| Freundlichkeit | 4.2 |
| Stellplatz | 4.2 |
| Verpflegung | 3.4 |
| Freizeit | 4.2 |
| Preis-Leistung | 4.2 |
| Mietunterkünfte | 4.2 |

**Geeignet für**

| | |
|---|---|
| Senioren | 5.0 |
| Kinder b. 12 J. | 4.7 |
| Kinder b. 6 J. | 4.6 |
| Paare | 4.6 |
| Gäste mit Zelt | 4.6 |
| Gäste mit Hund | 4.0 |
| Kinder b. 18 J. | 3.5 |

**Empfohlene Aktivitäten**

Schwimmen · Radfahren · Entspannen · Wandern · Reiten

Karte auf Seite 164

## 11 FKK-Grosscamping Sabotnik

FKK

Dobein 9
9074 Keutschach am See
+43 4273 2509

46.57861 | 14.15458
517m ü.M.

01.05. - 30.09.

HS: 28,50 € | NS: 23,80 €
**Mehr Infos & Anfrage:**
www.camping.info/19398

| | |
|---|---|
| Baden im See am Platz | ✓ |
| Hallenbad | 15km |
| Spielplatz am Platz | ✓ |
| Hunde erlaubt | ✓ |
| Skilift & Loipe | ✗ |
| WLAN (begrenzt gratis) | teilweise |
| Lebensmittel | ✓ |
| Brötchen am Platz | ✓ |
| Restaurant & Imbiss | ✓ |
| Ver-/Entsorgung Womo | ✓ |
| in den Ort | 2km |
| Gesamt/Touristen | 700/500 |
| Mietunterkünfte | ✓ |
| Stellplätze vor Schranke | ✗ |

**3.2** GUT
20 Bewertungen

| | |
|---|---|
| Lage | 4.4 |
| Ruhe | 4.2 |
| Sanitäranlagen | 2.7 |
| Sauberkeit Ø | 3.5 |
| Freundlichkeit | 3.2 |
| Stellplatz | 3.1 |
| Verpflegung | 3.4 |
| Freizeit | 3.8 |
| Preis-Leistung | 3.4 |
| Mietunterkünfte | 3.0 |

**Geeignet für**

| | |
|---|---|
| Kinder b. 6 J. | 3.5 |
| Kinder b. 12 J. | 3.6 |
| Kinder b. 18 J. | 3.2 |
| Paare | 4.4 |
| Senioren | 4.6 |
| Gäste mit Zelt | 3.9 |
| Gäste mit Hund | 2.5 |

**Empfohlene Aktivitäten**

- Schwimmen
- Wandern
- Entspannen

## 12 Camping Reichmann - Pächter Hassler Günter

Reauz 5
9074 Keutschach am See
+43 664 1430 437

46.58334 | 14.22765

01.05. - 22.09.

HS: 35,00 € | NS: 25,00 €
**Mehr Infos & Anfrage:**
www.camping.info/19516

| | |
|---|---|
| Baden im See am Platz | ✓ |
| Hallenbad | 10km |
| Spielplatz am Platz | ✓ |
| Hunde erlaubt | ✓ |
| Skilift/Loipe | ✗/k. A. |
| WLAN | ✓ |
| Lebensmittel | ✓ |
| Brötchen am Platz | ✓ |
| Restaurant & Imbiss | ✓ |
| Ver-/Entsorgung Womo | ✓ |
| in den Ort | 4km |
| Touristenplätze | 170 |
| Mietunterkünfte | ✓ |
| Stellplätze vor Schranke | ✗ |

**3.7** GUT
7 Bewertungen

| | |
|---|---|
| Lage | 4.9 |
| Ruhe | 4.9 |
| Sanitäranlagen | 2.7 |
| Sauberkeit Ø | 3.2 |
| Freundlichkeit | 3.3 |
| Stellplatz | 3.9 |
| Verpflegung | 3.7 |
| Freizeit | 4.5 |
| Preis-Leistung | 3.6 |
| Mietunterkünfte | 3.7 |

**Geeignet für**

| | |
|---|---|
| Kinder b. 6 J. | 4.4 |
| Kinder b. 12 J. | 4.5 |
| Kinder b. 18 J. | 3.7 |
| Paare | 4.5 |
| Senioren | 4.2 |
| Gäste mit Zelt | 4.8 |
| Gäste mit Hund | 4.0 |

**Empfohlene Aktivitäten**

- Schwimmen
- Wandern
- Angeln

## 13 Camping Breznik - Turnersee

Unternarrach 21
9122 St. Kanzian
+43 4239/2350

46.58567 | 14.56638
450m ü.M.

08.04. - 30.09.

HS: 35,50 € | NS: 23,70 €
**Mehr Infos & Anfrage:**
www.camping.info/19394

| | |
|---|---|
| Baden im See am Platz | ✓ |
| Pool/Hallenbad | 8/20km |
| Spielplatz am Platz | ✓ |
| Hunde willkommen | ✓ |
| Skilift & Loipe | ✗ |
| WLAN | ✓ |
| Lebensmittel | ✓ |
| Brötchen am Platz | ✗ |
| Restaurant am P. | ✓ |
| Ver-/Entsorgung Womo | ✓ |
| in den Ort | 1km |
| Gesamt/Touristen | 440/180 |
| Mietunterkünfte | ✓ |
| Stellplätze vor Schranke | ✗ |

**4.1** SEHR GUT
38 Bewertungen

| | |
|---|---|
| Lage | 4.7 |
| Ruhe | 4.4 |
| Sanitäranlagen | 3.9 |
| Sauberkeit Ø | 4.3 |
| Freundlichkeit | 4.4 |
| Stellplatz | 4.3 |
| Verpflegung | 4.1 |
| Freizeit | 4.2 |
| Preis-Leistung | 4.4 |
| Mietunterkünfte | 4.5 |

**Geeignet für**

| | |
|---|---|
| Kinder b. 6 J. | 4.4 |
| Kinder b. 12 J. | 4.4 |
| Kinder b. 18 J. | 4.0 |
| Paare | 4.7 |
| Senioren | 4.6 |
| Gäste mit Zelt | 4.4 |
| Gäste mit Hund | 4.3 |

**Empfohlene Aktivitäten**

- Schwimmen
- Wandern
- Radfahren

**Infos**

Öffnungszeiten
Vergleichspreis
Link

**Ausstattung**

Freizeit
Campingplatz
Versorgung
Anzahl der Plätze

ÖSTERREICH

# ⓬ Weststeiermark

| | Platz | Seite | Bewertung | Öffnungszeiten | |
|---|---|---|---|---|---|
| 1 | Naturpark- & Wandercamping am Badesee | 180 | 4.9 | saisonal | |
| 2 | Camping Olachgut | 181 | 4.8 | ganzjährig | Wintercamping, Ecocamping |
| 3 | Camping Dachstein | 181 | 4.7 | saisonal | Wintercamping |
| 4 | Panorama Camping | 181 | 3.7 | ganzjährig | Wintercamping |
| 5 | 50plus Campingpark Fisching | 182 | 4.8 | saisonal | Award |
| 6 | Camping da Bräuhauser | 183 | 4.2 | ganzjährig | Wintercamping |
| 7 | Campingplatz Unzmarkt-Frauenburg | 183 | 4.0 | saisonal | |
| 8 | Ferienanlage Im Dörfl - Anno 1873 | 183 | 4.4 | saisonal | Wintercamping |
| 9 | Freizeitpark Ramsau-Beach-Camping | 185 | 3.8 | ganzjährig | Wintercamping |
| 10 | Camping Zirngast | 184 | 3.6 | saisonal | Wintercamping |
| 11 | Camping Bella Austria | 185 | 3.9 | saisonal | |
| 12 | Camping Murinsel | 185 | 4.9 | ganzjährig | Wintercamping, Award |

Wintercamping FKK Textilfrei (ganz/teilweise) Ecocamping Award Onlinebuchung

Verschneiter Radmerbach, Rotmoos
© Steiermark Tourismus/Rainer Mirau

## EIN ERLEBNIS ZU JEDER JAHRESZEIT

Im Volksmund wird die Steiermark häufig als die „Grüne Mark" oder das „Grüne Herz Österreichs" bezeichnet. Zu Recht, denn etwa 61 Prozent der Bodenfläche hier ist bewaldet und ein weiteres Viertel wird von Wiesen, Weiden sowie Obst- und Weingärten eingenommen. Im Norden präsentiert sich das Bundesland durch das Ennstal mit seinen schroffen Felsen eher alpin, während der Süden durch sanftes Hügelland geprägt ist. Egal wo und zu welcher Jahreszeit, die Steiermark ist auf jeden Fall ein idealer Ort, um seine Zelte aufzuschlagen.

## AKTIV IM GRÜNEN HERZEN ÖSTERREICHS

Topografisch ist die westliche Steiermark ein Abbild des gesamten Bundeslandes: im Norden gebirgig, im Süden bestimmt sanft gewelltes Hügelland das Bild. Der Süden wird auch gerne „österreichische Toskana" genannt. Zu den Hauptattraktionen der Region gehört eindeutig das Gestüt der Spanischen Hofreitschule Wien in Piber bei Köflach. Hier erfolgt nicht nur die Grundausbildung der weißen Hengste, zusätzlich werden regelmäßige Führungen, Kutschfahrten, ein Kindererlebnisweg u. v. m. angeboten. Eine große Bedeutung hat der Radtourismus in der westlichen Steiermark, nicht zuletzt aufgrund des Murradwegs. Der bedeutendste Radweg des Bundeslandes führt von Predlitz an der Grenze zum Lungau bis zur steirisch-slowenischen Grenze bei Bad Radkersburg. Ein weiteres Highlight ist die Murtalbahn, die bereits seit 120 Jahren den steirischen Bezirk Murau mit dem Salzburger Lungau verbindet. Die 65 Kilometer lange Schmalspurstrecke verläuft romantisch entlang des Oberlaufs der Mur und gefällt nicht nur Nostalgikern. Als weitere Sehenswürdigkeiten der Region empfehlen sich die von Friedensreich Hundertwasser gestaltete Barbarakirche in Bärnbach, die Historischen Silbergruben im Schaubergwerk Oberzeiring und das Wandergebiet Krakautal mit unzähligen Gipfeln, Almen und Bergseen.

Duisitzkar, Rohrmoos-Schladming
© Steiermark Tourismus/photo-austria.at

Skifahrer auf der Grebenzen, Urlaubsregion Murtal
© Steiermark Tourismus/ikarus.cc

## GLETSCHER, ALMEN UND ERZE

Im nördlichen Teil der Weststeiermark gibt es drei große Anziehungspunkte für alle Camper. Der Dachsteingletscher bietet ein Allround-Angebot für Sommer- wie Wintersportler. Egal ob Skifahren, Snowboarden, Langlaufen, Klettern, Wandern, Bergsteigen oder einfach die Aussicht genießen - am Dachstein ist vieles möglich. Neben dem Skywalk, einer spektakulären Aussichtsplattform mit Glasboden, können der Eispalast, die Hängebrücke und die „Treppe ins Nichts" bestaunt werden. Im Winter garantiert die Skiregion Schladming-Dachstein pures Skivergnügen. Schladming ist eines der bedeutendsten Wintersportzentren Österreichs und die Heimat der Planai, einer bekannten Weltcup-Rennstrecke des Alpinen Skisports. Weiter östlich befindet sich der „Nationalpark Gesäuse", der sich auf rund 11.000 Hektar Fläche den Lebensräumen Wasser, Wald, Alm und Fels widmet. Das Kernstück des Nationalparks bildet das 16 km lange Durchbruchstal der Enns zwischen Admont und Hieflau. Als dritte

Frauenalpe, Murau © Steiermark Tourismus/ikarus.cc

große Attraktion der Region lockt das Abenteuer Erzberg - hier wird seit mehr als 1.300 Jahren Eisenerz abgebaut. Der Erzberg dient heute nicht nur als Arbeitsstätte für Bergleute, sondern auch als einmaliges Abenteuer für Besucher: Das unterirdische Schaubergwerk vermittelt ein realistisches Gefühl für die Arbeitswelt der Knappen. Einmal pro Woche kann zusätzlich eine Live-Sprengung sowie der damit verbundene Erzabbau hautnah miterlebt werden.

Rohrmoos mit beleuchteter Hochwurzen bei Vollmond © Steiermark Tourismus/Andreas Kocher

TIPP DER REDAKTION

**Camping Olachgut**

St. Georgen ob Murau | Nr. 2 | Seite 181

Laut Gästen ideal geeignet zum:

- Wandern
- Radfahren
- Reiten

4.7

# 1 Naturpark- & Wandercamping am Badesee

Hitzmannsdorf 2
8822 Mühlen
+43 3586 2418
www.camping-am-badesee.at
office@camping-am-badesee.at

30.04. - 26.09.

HS: 30,00 € | NS: 25,00 €

**Mehr Infos & Anfrage:**
www.camping.info/19536

| | |
|---|---|
| Baden im See am Platz | ✓ |
| Pool/Hallenbad | 7/12km |
| Spielplatz am Platz | ✓ |
| Hunde willkommen | ✓ |
| Skilift & Loipe | ✗ |
| WLAN | ✓ |
| Lebensmittel | 1km |
| Brötchen am Platz | ✓ |
| Restaurant & Imbiss | ✓ |
| Ver-/Entsorgung Womo | ✗ |
| in den Ort | 1km |
| Gesamt/Touristen | 65/40 |
| Mietunterkünfte | ✓ |
| Stellplätze vor Schranke | ✗ |

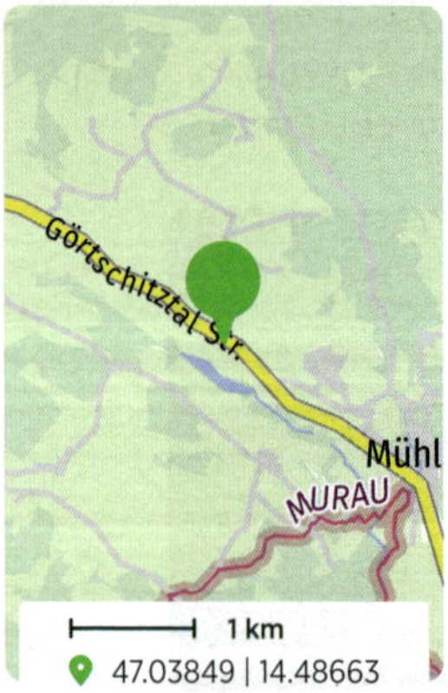


1 km
47.03849 | 14.48663
960m ü.M.

Blick auf ein kleines Paradies direkt am See.

## Lage & Stellplatz

Der Familien- und Wandercampingplatz liegt direkt am 7 ha großen Badesee. An der Sonnenseite der Seetaler Alpen mit Zirbitzkogel (2.396 m) – mitten im Naturpark, bietet er einen erholsamen und spannenden Urlaub. Es gibt 40 Stellplätze mit je 100 m² und eine Zeltwiese direkt am privaten Badestrand.

## Verpflegung

Im gemütlichen Gasthaus mit Sonnenterrasse wird man mit frischem Frühstücksgebäck, Pizzen, Eisbechern, hausgemachten Säften und Jausen sowie gemütlichen Kesselgulasch- und Grillabenden verwöhnt. Ein Genuss sind auch die Bio-Zirbitzlamm- und Hofprodukte. Das nächste Geschäft liegt 2 km entfernt.

## Sanitär

Die neuen Sanitäranlagen (2020/2021) sind großzügig und stets gepflegt. Es stehen jeweils 4 WCs, 3 Duschen und eine Einzelwaschkabine zur Verfügung. Des Weiteren sind ein Wickelraum, Waschmaschinen und Wäschetrockner sowie eine gut sortierte Ferien- und Wanderbibliothek vorhanden.

## Freizeit

Am ersten Campingplatz mit dem Wandergütesiegel Österreichs stehen entsprechende Leistungen parat, z. B. gratis Wanderbus (2 x wöchentlich), Wandertipps, Lektüren u. v. m. Perfekt abgerundet wird das Angebot durch eine abwechslungsreiche Natur-Kinderanimation und das Baden und Angeln im Mühlner See.

Geführte Wanderungen.

Hausgemachte Jause genießen.

**4.9** SEHR GUT
27 Bewertungen

| | |
|---|---|
| Lage | 4.9 |
| Ruhe | 4.6 |
| Sanitäranlagen | 4.7 |
| Sauberkeit Ø | 5.0 |
| Freundlichkeit | 5.0 |
| Stellplatz | 4.7 |
| Verpflegung | 4.8 |
| Freizeit | 4.5 |
| Preis-Leistung | 4.9 |
| Mietunterkünfte | 5.0 |

**Geeignet für**

5.0 Paare

| | |
|---|---|
| 4.9 | Kinder b. 6 J. |
| 4.9 | Kinder b. 12 J. |
| 4.9 | Gäste mit Zelt |
| 4.9 | Gäste mit Hund |
| 4.8 | Senioren |
| 4.1 | Kinder b. 18 J. |

**Empfohlene Aktivitäten**

Wandern · Schwimmen · Entspannen · Angeln · Radfahren

Jugendgruppen nur beschränkt erwünscht

Karte auf Seite 176

| | 2 Camping Olachgut | 3 Camping Dachstein | 4 Panorama Camping |
|---|---|---|---|
| Adresse | Kaindorf 90<br>8861 St. Georgen am Kreischberg<br>+43 3532 2162 | Hierzegg 26<br>8972 Ramsau am Dachstein<br>+43 664 7503 8183 | Berg 21<br>8962 Mitterberg - Sankt Martin<br>+43 3684 6036 |
| Koordinaten | 47.10764 \| 14.13958 | 47.4295 \| 13.58239 | 47.46107 \| 13.96389 |
| Höhe | 850m ü.M. | 1150m ü.M. | 900m ü.M. |
| **Infos** | | | |
| Öffnungszeiten | 01.05. - 16.10.<br>06.12. - 06.04. | 12.05. - 01.10.<br>20.12. - 14.03. | ganzjährig |
| Vergleichspreis | HS: 34,40 € \| NS: 28,40 € | HS: 36,00 € \| NS: 30,00 € | HS: 33,40 € \| NS: 31,40 € |
| Link | **Mehr Infos & Anfrage:** www.camping.info/19504 | **Mehr Infos & Anfrage:** www.camping.info/24368 | **Mehr Infos & Anfrage:** www.camping.info/24732 |
| **Ausstattung** | | | |
| Freizeit | Baden im Teich am Platz ✓<br>Pool/Hallenbad 2km<br>Spielplatz am Platz ✓ | Baden im See 3km<br>Pool/Hallenbad 14/6km<br>Spielplatz am Platz ✓ | Baden im See 12km<br>Pool/Hallenbad ✓/20km<br>Spielplatz am Platz ✓ |
| Campingplatz | Hunde willkommen ✓<br>Skilift/Loipe 3/4km<br>WLAN ✓ | Hunde willkommen ✓<br>Skilift/Loipe 3km/✓<br>WLAN (gegen Gebühr) ✓ | Hunde willkommen ✓<br>Skilift/Loipe 15km/✓<br>WLAN ✓ |
| Versorgung | Lebensmittel ✓<br>Brötchen am Platz ✓<br>Restaurant & Imbiss ✓<br>Ver-/Entsorgung Womo ✓<br>in den Ort 2km | Lebensmittel 7km<br>Brötchen am Platz ✓<br>Restaurant 3km<br>Ver-/Entsorgung Womo ✓<br>in den Ort 6km | Lebensmittel ✓<br>Brötchen am Platz ✓<br>Restaurant & Imbiss ✓<br>Ver-/Entsorgung Womo ✓<br>in den Ort 3km |
| Anzahl der Plätze | Gesamt/Touristen 100/60<br>Mietunterkünfte ✓<br>Stellplätze vor Schranke ✓ | Touristenplätze 30<br>Mietunterkünfte ✓<br>Stellplätze vor Schranke ✗ | Touristenplätze 20<br>Mietunterkünfte ✓<br>Stellplätze vor Schranke ✗ |

| Bewertung | Camping Olachgut | Camping Dachstein | Panorama Camping |
|---|---|---|---|
| Gesamt | 4.7 SEHR GUT, 29 Bewertungen | 4.6 SEHR GUT, 28 Bewertungen | 3.7 GUT, 3 Bewertungen |
| Lage | 4.7 | 4.7 | 4.7 |
| Ruhe | 4.5 | 4.9 | 5.0 |
| Sanitäranlagen | 4.8 | 4.4 | 2.7 |
| Sauberkeit Ø | 4.8 | 4.9 | 3.4 |
| Freundlichkeit | 4.9 | 4.9 | 4.7 |
| Stellplatz | 4.4 | 4.3 | 3.0 |
| Verpflegung | 4.4 | 3.5 | 3.3 |
| Freizeit | 4.6 | 4.5 | 3.7 |
| Preis-Leistung | 4.6 | 4.4 | 3.0 |
| Mietunterkünfte | 4.7 | 4.7 | - |
| **Geeignet für** | | | |
| Kinder b. 6 J. | 4.9 | 4.2 | 4.5 |
| Kinder b. 12 J. | 4.8 | 4.4 | 4.0 |
| Kinder b. 18 J. | 4.3 | 4.4 | 2.5 |
| Paare | 4.8 | 4.8 | 4.0 |
| Senioren | 4.9 | 4.6 | 1.0 |
| Gäste mit Zelt | 5.0 | 4.6 | 5.0 |
| Gäste mit Hund | 4.9 | 4.4 | 5.0 |
| **Empfohlene Aktivitäten** | Wandern<br>Radfahren<br>Reiten | Wandern<br>Mountainbiking<br>Entspannen | Wandern<br>Reiten<br>Mountainbiking |

Camping Dachstein: keine WOMOs ab 8 m; keine Gruppen

# 5 50plus Campingpark Fisching

Best FOR ADULT HOLIDAYS

Fisching 9
8741 Weisskirchen
+43 3577 82 2 84
www.camping50plus.at
info@camping50plus.at

15.04. - 15.10.

HS: 33,40 € | NS: 27,90 €

**Mehr Infos & Anfrage:**
www.camping.info/19299

| | |
|---|---|
| Baden in nat. Gewässer am P. | ✓ |
| Pool/Hallenbad | ✓/4km |
| Spielplatz | ✗ |
| Hunde | ✗ |
| Skilift & Loipe | ✗ |
| WLAN | ✓ |
| Lebensmittel | 400m |
| Brötchen am Platz | ✓ |
| Restaurant & Imbiss | ✓ |
| Ver-/Entsorgung Womo | ✓ |
| in den Ort | 500m |
| Touristenplätze | 62 |
| Mietunterkünfte | ✓ |
| Stellplätze vor Schranke | ✗ |

47.16319 | 14.73828
681m ü.M.

Ruhig gelegen inmitten grüner Wiesen und schattenspendenden Bäumen.

## Lage & Stellplatz

Im malerischen Zirbenland liegt der 15 ha große 50plus Campingpark mitten im Grünen und eingebettet zwischen Feldern und blühende Wiesen. Die 62 Komfortstellplätze wurden großzügig angelegt (100 bis 130 m²) und verfügen über Strom-, Wasser-, Abwasser- und TV-Kabel-Anschlüsse sowie gratis WLAN.

## Verpflegung

Das platzeigene Gasthaus „Plaschkothek" serviert täglich am Abend regionale Schmankerl und österreichische Küche. Ab 16 Uhr gibt es Eisspezialitäten auf der Terrasse. Besonders beliebt ist der wöchentliche Grillabend mit steirischer Livemusik. Steirisches Kernöl und Zirbenschnaps sind erhältlich.

## Sanitär

Das mehrfach ausgezeichnete Sanitärgebäude bietet Einzelduschkabinen, eine moderne Toilettenanlage sowie Abwasch- und Waschmaschinenräume. Die Räume sind liebevoll mit frischen Blumen und freundlichen Bildern dekoriert. Ein zusätzliches Toilettenhäuschen am Platz dient als perfekte Ergänzung.

## Freizeit

Sport, Brauchtum, Ausflugsziele, Natur oder Genuss – für alles gibt es das passende Angebot. Die gesamte Gegend mit flachem Murtal und bergigen Seetaler Alpen hat sowohl für Radler mit dem neuen Radknotensystem, als auch für Wanderer gute Strecken auf Lager. Online Rad- und Wandertouren vorhanden.

„Nimm's Radl".

220 m² großer Naturschwimmteich.

**4.8** SEHR GUT
255 Bewertungen

| | |
|---|---|
| Lage | 4.4 |
| Ruhe | 4.8 |
| Sanitäranlagen | 4.7 |
| Sauberkeit Ø | 4.9 |
| Freundlichkeit | 4.9 |
| Stellplatz | 4.8 |
| Verpflegung | 4.4 |
| Freizeit | 4.3 |
| Preis-Leistung | 4.7 |
| Mietunterkünfte | 4.5 |

**Geeignet für**

4.9 Senioren

4.8 Paare

4.2 Gäste mit Zelt

**Empfohlene Aktivitäten**

Radfahren · Wandern · Entspannen · Schwimmen · Mountainbiking

AWARD 2020

Adults only – keine Kinder/ Jugendlichen – keine Hunde – E-Tankstelle.

Karte auf Seite 176

## 6 Camping da Bräuhauser

✻

Steindorf 23a
8862 Stadl - Predlitz
+43 3534 2338

47.08896 | 13.98854
895m ü.M.

ganzjährig

HS: 23,90 € | NS: 20,90 €

**Mehr Infos & Anfrage:**
www.camping.info/22126

| | |
|---|---|
| Baden im Teich | 600m |
| Pool/Hallenbad | 8/16km |
| Spielplatz am Platz | ✓ |
| Hunde erlaubt | ✓ |
| Skilift/Loipe | 6km/✓ |
| WLAN | ✓ |
| Lebensmittel | 500m |
| Brötchen | keine Angabe |
| Restaurant & Imbiss | ✓ |
| Ver-/Entsorgung Womo | ✓ |
| in den Ort | 2km |
| Gesamt/Touristen | 20/15 |
| Mietunterkünfte | ✓ |
| Stellplätze vor Schranke | ✗ |

**4.2** SEHR GUT
10 Bewertungen

| | |
|---|---|
| Lage | 3.9 |
| Ruhe | 4.4 |
| Sanitäranlagen | 3.6 |
| Sauberkeit Ø | 4.8 |
| Freundlichkeit | 5.0 |
| Stellplatz | 4.3 |
| Verpflegung | 4.4 |
| Freizeit | 3.8 |
| Preis-Leistung | 5.0 |
| Mietunterkünfte | 4.0 |

**Geeignet für**

| | |
|---|---|
| Kinder b. 6 J. | 4.5 |
| Kinder b. 12 J. | 4.6 |
| Kinder b. 18 J. | 3.6 |
| Paare | 4.8 |
| Senioren | 4.9 |
| Gäste mit Zelt | 4.8 |
| Gäste mit Hund | 4.8 |

**Empfohlene Aktivitäten**

- Wandern
- Entspannen
- Radfahren

## 7 Campingplatz Unzmarkt-Frauenburg

Am Sportplatz 26
8800 Unzmarkt
+43 3583 2204

47.19888 | 14.44146
745m ü.M.

01.05. - 15.09.

HS: 22,40 € | NS: 22,40 €

**Mehr Infos & Anfrage:**
www.camping.info/25730

| | |
|---|---|
| Baden in nat. Gewässer | k. A. |
| Pool/Hallenbad | ✓/25km |
| Spielplatz am Platz | ✓ |
| Hunde | ✗ |
| Skilift & Loipe | ✗ |
| WLAN | ✓ |
| Lebensmittel | 500m |
| Brötchen am Platz | ✗ |
| Restaurant/Imbiss | 500m/✓ |
| Ver-/Entsorgung Womo | ✗ |
| in den Ort | 5km |
| Touristenplätze | 10 |
| Mietunterkünfte | ✗ |
| Stellplätze vor Schranke | ✗ |

**4.2** SEHR GUT
4 Bewertungen

| | |
|---|---|
| Lage | 4.2 |
| Ruhe | 4.5 |
| Sanitäranlagen | 4.2 |
| Sauberkeit Ø | 4.5 |
| Freundlichkeit | 4.8 |
| Stellplatz | 4.2 |
| Verpflegung | 3.7 |
| Freizeit | 4.0 |
| Preis-Leistung | 4.5 |
| Mietunterkünfte | - |

**Geeignet für**

| | |
|---|---|
| Kinder b. 6 J. | 4.7 |
| Kinder b. 12 J. | 4.3 |
| Kinder b. 18 J. | 4.0 |
| Paare | 5.0 |
| Senioren | 5.0 |
| Gäste mit Zelt | 5.0 |
| Hunde n. erlaubt | - |

**Empfohlene Aktivitäten**

- Radfahren
- Wandern
- Entspannen

## 8 Ferienanlage Im Dörfl - Anno 1873

✻

Falkenburg - Dörfl 273
8952 Irdning
+43 3682 22022

47.50998 | 14.09631

22.03. - 29.10.
29.11. - 05.03.

HS: 25,40 € | NS: 24,40 €

**Mehr Infos & Anfrage:**
www.camping.info/22143

| | |
|---|---|
| Baden im Teich am Platz | ✓ |
| Hallenbad | 15km |
| Spielplatz am Platz | ✓ |
| Hunde erlaubt | ✓ |
| Skilift/Loipe | 9km/✓ |
| WLAN | ✓ |
| Lebensmittel | 300m |
| Brötchen am Platz | ✓ |
| Restaurant & Imbiss | ✓ |
| Ver-/Entsorgung Womo | ✓ |
| in den Ort | 300m |
| Touristenplätze | 45 |
| Mietunterkünfte | ✓ |
| Stellplätze vor Schranke | ✗ |

**4.4** SEHR GUT
18 Bewertungen

| | |
|---|---|
| Lage | 4.2 |
| Ruhe | 3.7 |
| Sanitäranlagen | 4.3 |
| Sauberkeit Ø | 4.6 |
| Freundlichkeit | 4.7 |
| Stellplatz | 4.2 |
| Verpflegung | 4.0 |
| Freizeit | 4.3 |
| Preis-Leistung | 4.5 |
| Mietunterkünfte | 4.4 |

**Geeignet für**

| | |
|---|---|
| Kinder b. 6 J. | 4.4 |
| Kinder b. 12 J. | 4.5 |
| Kinder b. 18 J. | 3.9 |
| Paare | 4.5 |
| Senioren | 4.6 |
| Gäste mit Zelt | 4.1 |
| Gäste mit Hund | 3.6 |

**Empfohlene Aktivitäten**

- Wandern
- Radfahren
- Entspannen

**Infos**

Öffnungszeiten
Vergleichspreis
Link

**Ausstattung**

Freizeit
Campingplatz
Versorgung
Anzahl der Plätze

# 10 Camping Zirngast

*

Linke Ennsau 633
8970 Schladming
+43 3687 23195
www.zirngast.at
office@zirngast.at

01.01. - 18.04.
27.05. - 18.10.

HS: 37,00 € | NS: 34,00 €

**Mehr Infos & Anfrage:**
www.camping.info/19501

| | |
|---|---|
| Baden in nat. Gewässer | k. A. |
| Pool/Hallenbad | 300m |
| Spielplatz | 500m |
| Hunde erlaubt | ✓ |
| Skilift | 700m |
| WLAN | ✓ |
| Lebensmittel | 200m |
| Brötchen am Platz | ✓ |
| Restaurant & Imbiss | ✓ |
| Ver-/Entsorgung Womo im Ort | ✓ |
| Gesamt/Touristen | 130/50 |
| Mietunterkünfte | ✓ |
| Stellplätze vor Schranke | ✗ |

1 km

47.39856 | 13.69374

Sommercamping inmitten herrlicher Bergwelt.

## Lage & Stellplatz

Camper-Herzen werden auf diesem familiär geführten Campingplatz höherschlagen: Ein Campingurlaub der Extra-Klasse wird durch gepflegte Stellplätze, die heimelige Atmosphäre und eine Top-Ausstattung des Geländes garantiert. Der Platz ist nur wenige Gehminuten vom Ortszentrum und der Piste entfernt.

## Verpflegung

Mit ideenreichen Gerichten aus hochwertigen heimischen und internationalen Zutaten werden die Gäste des modernen À-la-carte-Restaurants Zirngast verwöhnt. Frische Kräuter und hochqualitative Produkte treffen jeden Geschmack. Die kulinarischen Genüsse werden optimal durch ausgesuchte Weine ergänzt.

## Sanitär

Der Campingplatz verfügt über komplett renovierte und modernisierte Sanitäranlagen. Diese umfassen helle Waschräume mit Fußbodenheizung, großzügige Einzelduschkabinen, einen Wäscheraum mit Waschmaschine, einen Geschirrspülraum mit Tiefkühlmöglichkeit sowie einen beheizten Ski- und Schuhtrockenraum.

## Freizeit

Mit der Sommercard zahlt sich der Urlaub doppelt aus – Campinggäste genießen beinahe alle Freizeiteinrichtungen der Urlaubsregion im Sommer gratis (z. B. Bergbahn, Badeseen, Museen u. v. m.). Im Winter befindet sich die Skibus-Haltestelle direkt vor dem Platz und sorgt für den Transfer zur „Planai“.

Winterurlaub in Schladming.

Moderne Sanitäranlagen.

**3.6** GUT
23 Bewertungen

| | |
|---|---|
| Lage | 4.0 |
| Ruhe | 3.3 |
| Sanitäranlagen | 3.9 |
| Sauberkeit Ø | 4.3 |
| Freundlichkeit | 4.2 |
| Stellplatz | 3.1 |
| Verpflegung | 3.3 |
| Freizeit | 4.5 |
| Preis-Leistung | 3.3 |
| Mietunterkünfte | 5.0 |

**Geeignet für**

| | |
|---|---|
| 4.5 | Gäste mit Hund |
| 4.4 | Paare |
| 4.4 | Senioren |
| 3.8 | Kinder b. 18 J. |
| 3.8 | Gäste mit Zelt |
| 3.4 | Kinder b. 12 J. |
| 2.8 | Kinder b. 6 J. |

**Empfohlene Aktivitäten**

Wandern, Mountainbiking, Radfahren, Klettern, Paragleiten

Sommerpreise inkl. Sommercard. HS 45 € / NS 42 € www.sommercard.info.

Karte auf Seite 176

## 9 Freizeitpark Ramsau-Beach-Camping

Schildlehen 128
8972 Ramsau am Dachstein
+43 3687 21010
47.42382 | 13.62465

ganzjährig
HS: 27,00 € | NS: 27,00 €
**Mehr Infos & Anfrage:**
www.camping.info/19502

| | |
|---|---|
| Baden im See am Platz | ✓ |
| Pool/Hallenbad | 2km |
| Spielplatz am Platz | ✓ |
| Hunde erlaubt | ✓ |
| Skilift & Loipe | ✓ |
| WLAN | ✓ |
| Lebensmittel | ✓ |
| Brötchen am Platz | ✓ |
| Restaurant & Imbiss | ✓ |
| Ver-/Entsorgung Womo | ✓ |
| in den Ort | 2km |
| Gesamt/Touristen | 35/27 |
| Mietunterkünfte | ✓ |
| Stellplätze vor Schranke | ✗ |

**3.8** GUT
13 Bewertungen

| | |
|---|---|
| Lage | 4.8 |
| Ruhe | 3.5 |
| Sanitäranlagen | 3.1 |
| Sauberkeit Ø | 3.5 |
| Freundlichkeit | 4.2 |
| Stellplatz | 3.2 |
| Verpflegung | 3.2 |
| Freizeit | 4.6 |
| Preis-Leistung | 4.1 |
| Mietunterkünfte | 3.0 |

**Geeignet für**

| | |
|---|---|
| Kinder b. 6 J. | 4.2 |
| Kinder b. 12 J. | 4.5 |
| Kinder b. 18 J. | 4.4 |
| Paare | 4.3 |
| Senioren | 3.6 |
| Gäste mit Zelt | 4.1 |
| Gäste mit Hund | 3.9 |

**Empfohlene Aktivitäten**

- Wandern
- Mountainbiking
- Klettern

## 11 Camping Bella Austria

Peterdorf 100
8842 St. Peter am Kammersberg
0043 3536 739 02
47.18061 | 14.21548
846m ü.M.

14.04. - 24.09.
HS: 27,40 € | NS: 22,40 €
**Mehr Infos & Anfrage:**
www.camping.info/19507

| | |
|---|---|
| Baden im See | 21km |
| Pool/Hallenbad | ✓/25km |
| Spielplatz am Platz | ✓ |
| Hunde willkommen | ✓ |
| Skilift & Loipe | keine Angabe |
| WLAN | ✓ |
| Lebensmittel | ✓ |
| Brötchen am Platz | ✓ |
| Restaurant & Imbiss | ✓ |
| Ver-/Entsorgung Womo | ✓ |
| in den Ort | 2km |
| Gesamt/Touristen | 220/45 |
| Mietunterkünfte | ✓ |
| Stellplätze vor Schranke | ✗ |

**4.2** SEHR GUT
4 Bewertungen

| | |
|---|---|
| Lage | 4.0 |
| Ruhe | 3.8 |
| Sanitäranlagen | 4.2 |
| Sauberkeit Ø | 4.2 |
| Freundlichkeit | 4.0 |
| Stellplatz | 3.5 |
| Verpflegung | 3.8 |
| Freizeit | 3.5 |
| Preis-Leistung | 3.8 |
| Mietunterkünfte | 4.7 |

**Geeignet für**

| | |
|---|---|
| Kinder b. 6 J. | 4.0 |
| Kinder b. 12 J. | 4.3 |
| Kinder b. 18 J. | 4.3 |
| Paare | 4.7 |
| Senioren | 5.0 |
| Gäste mit Zelt | 4.0 |
| Gäste mit Hund | 4.0 |

**Empfohlene Aktivitäten**

- Wandern
- Radfahren
- Entspannen

## 12 Camping Murinsel

Teichweg 1
8734 Großlobming
+43 3512 60088
47.19431 | 14.80446
650m ü.M.

ganzjährig
HS: 32,50 € | NS: 23,50 €
**Mehr Infos & Anfrage:**
www.camping.info/19285

| | |
|---|---|
| Baden im Teich am Platz | ✓ |
| Pool/Hallenbad | 4km |
| Spielplatz am Platz | ✓ |
| Hunde willkommen | ✓ |
| Skilift/Loipe | 4km/500m |
| WLAN | ✓ |
| Lebensmittel | 800m |
| Brötchen am Platz | ✓ |
| Restaurant am P. | ✓ |
| Ver-/Entsorgung Womo | ✓ |
| in den Ort | 800m |
| Gesamt/Touristen | 100/50 |
| Mietunterkünfte | ✓ |
| Stellplätze vor Schranke | ✗ |

**4.9** SEHR GUT
509 Bewertungen

| | |
|---|---|
| Lage | 4.8 |
| Ruhe | 4.8 |
| Sanitäranlagen | 4.9 |
| Sauberkeit Ø | 5.0 |
| Freundlichkeit | 5.0 |
| Stellplatz | 4.8 |
| Verpflegung | 4.4 |
| Freizeit | 4.5 |
| Preis-Leistung | 4.8 |
| Mietunterkünfte | 4.8 |

**Geeignet für**

| | |
|---|---|
| Kinder b. 6 J. | 4.3 |
| Kinder b. 12 J. | 4.5 |
| Kinder b. 18 J. | 4.3 |
| Paare | 4.9 |
| Senioren | 4.9 |
| Gäste mit Zelt | 4.7 |
| Gäste mit Hund | 4.9 |

**Empfohlene Aktivitäten**

- Radfahren
- Wandern
- Schwimmen

AWARD 2020

**Infos**

Öffnungszeiten
Vergleichspreis
Link

**Ausstattung**

Freizeit
Campingplatz
Versorgung
Anzahl der Plätze

ÖSTERREICH

# 13 Oststeiermark und Südburgenland

**FREIZEITTIPPS**

- **A** Bärenschützklamm, Mixnitz
- **B** Grazer Uhrturm, Graz
- **C** Freistritztalbahn, Weiz
- **D** Kräftereich St. Jakob im Walde, Kirchenviertel
- **E** Kirchenburg Schloss Festenburg, St. Lorenzen am Wechsel

| | Platz | Seite | Bewertung | Öffnungszeiten | |
|---|---|---|---|---|---|
| 1 | 1. Reisemobil-Stellplatz Graz | 191 | 4.0 | ganzjährig | ✻ |
| 2 | Reisemobil & Wohnwagen - Stellplatz Mureck | 191 | 4.3 | saisonal | |
| 3 | Camping am Röcksee | 191 | 4.3 | saisonal | |
| 4 | Campingplatz der Parktherme Bad Radkersburg | 193 | 4.5 | saisonal | |
| 5 | Südsteirisches Weinland-Camping | 190 | 4.7 | saisonal | |
| 6 | Weinberg-Naturparkcamping Sausalerland | 192 | 5.0 | saisonal | ✻ |
| 7 | Almenland Camping | 193 | 5.0 | saisonal | |
| 8 | Camping Lanzmaierhof | 193 | 3.8 | saisonal | |
| 9 | Thermenland Camping Fürstenfeld | 194 | 4.4 | saisonal | |
| 10 | Camping Schloss Burgau | 194 | - | saisonal | ϟ |
| 11 | Campingplatz Leibnitz | 194 | 4.3 | saisonal | |
| 12 | Camping Hirschegg | 194 | - | ganzjährig | ✻ |
| 13 | Camping im Thermen und Vulkanland | 195 | 4.3 | ganzjährig | ✻ |
| 14 | Ölspur Camping | 195 | 4.9 | saisonal | |
| 15 | Camping Rosskogler | 195 | 4.7 | ganzjährig | ✻ |
| 16 | Winzerhof Camping Strablegg | 197 | - | ganzjährig | ✻ |
| 17 | Thermenland Camping Bad Waltersdorf | 196 | 4.9 | ganzjährig | ✻ 👍 |
| 18 | Camping Wildalpen | 197 | 3.6 | saisonal | |
| 19 | Sulmtal Camping & Appartements | 197 | 4.1 | ganzjährig | ✻ |
| 20 | Campingplatz Rauchwart | 199 | 3.4 | saisonal | |
| 21 | Internationaler Campingplatz nahe am Röcksee | 199 | - | saisonal | |
| 22 | Holiday-Fun-Camping | 199 | - | k. A. | |

✻ Wintercamping FKK Textilfrei (ganz/teilweise) Ecocamping 👍 Award ϟ Onlinebuchung

Grüner See, Tragöss © Steiermark Tourismus/Michael Weberberger

## WELLNESS UND ENTSPANNUNG PAR EXCELLENCE

Camper erwartet in der östlichen Steiermark ein umfangreiches Angebot an Freizeitmöglichkeiten, denn Sport-, Natur-, Wellness- und Kulturliebhaber kommen hier gleichermaßen auf ihre Kosten. Der Südosten des Bundeslandes umfasst ein flachwelliges Hügelland und die Thermenregion. Zudem befindet sich mit Graz die zweitgrößte Stadt Österreichs in dieser Region und besticht mit ihrem sehenswerten Stadtkern. Aber auch die geografische Nähe zum Südburgenland und zu Slowenien bietet interessante Möglichkeiten.

## WOHLFÜHLMOMENTE IN DER OSTSTEIERMARK

Die Landeshauptstadt Graz setzt im Tourismus vor allem auf seine historische Altstadt. Diese wurde im Jahr 1999 als besterhaltener Stadtkern Mitteleuropas zum UNESCO-Weltkulturerbe erklärt. Ein Großteil der Grazer Innenstadt ist als Fußgängerzone ausgewiesen, weshalb es sich anbietet, die vielen Sehenswürdigkeiten auf eigene Faust zu erkunden. Beispielsweise den Grazer Schlossberg: Er bildet den Kern der Altstadt und beheimatet unter anderem den Uhrturm, das Wahrzeichen der Stadt. Besucher können entweder mit der Schlossbergbahn, dem Schlossberglift oder über die 260 Treppenstufen auf den Berg gelangen. Wer es vorzieht moderne Architektur zu betrachten, bestaunt das Kunsthaus Graz sowie die Murinsel. Am Rande des Stadtzentrums, inmitten eines traumhaften Parks, liegt das Schloss Eggenberg: Im 17. Jahrhundert erbaut, stellt es heute mit mehr als einer Million Besuchern eine der zentralen Attraktionen von Graz dar. Doch auch außerhalb der Landeshauptstadt gibt es vieles zu entdecken: Zu den lohnenswertesten Zielen der Oststeiermark zählen die Basilika Mariazell, das Schloss Herberstein und die Riegersburg. Unternehmungslustige Camper erfreuen sich überwiegend an der traumhaften Natur der Region. Schöne und gemütliche Wanderrouten gibt es zur Genüge, beispielsweise um den Grünen See in Tragöß-Sankt Katharein oder durch die Bärenschützklamm in Pernegg an der Mur. Als wahrer Touristenmagnet gilt die Thermenregion. Kein Wunder, denn hier versammeln sich einige der bekanntesten Thermen Österreichs – darunter die Therme Loipersdorf, Bad Waltersdorf oder die Parktherme Bad Radkersburg. Im Südosten des Landes gewährleisten insgesamt sechs Thermalbäder einen unvergesslichen Wellness- und Wohlfühlaufenthalt.

## GENUSS UND ERHOLUNG IM SÜDLICHEN BURGENLAND

Naturpark Raab © Burgenland Tourismus

Der südliche Teil des Burgenlands grenzt im Osten an Ungarn und im Süden an Slowenien. Diese Region ist vor allem für ruhesuchende Camper ein lohnendes Ziel, da sich die idyllische Hügellandschaft bestens für ausgedehnte Wanderungen oder Radtouren eignet. Mit der Sonnentherme Lutzmannsburg, der AVITA Therme Bad Tatzmannsdorf und der Allegria Familientherme Stegersbach findet ihr hier außerdem einige der besten Wellness-Oasen Österreichs vor. Für einen Ausflug bietet sich die Burg Lockenhaus an. Die mittelalterliche Hochburg befindet sich im Günser Gebirge und blickt auf eine geschichtsträchtige Vergangenheit zurück. Heute dient sie als kulturelles Zentrum, das mit diversen Ausstellungen aufwartet. Abgerundet wird das erholsame Campingerlebnis im Südburgenland durch einen Hauch Ursprünglichkeit, der in der gesamten Region vorzufinden ist. Regionale Weine und weitere regionale Spezialitäten, die ihr gesamtes Aroma erst in einer der urigen Buschenschenken entfalten, gehören zu jedem Aufenthalt im Burgenland dazu.

Südsteirische Weinstraße, nahe Ratsch © Steiermark Tourismus/Rainer Mirau

### TIPP DER REDAKTION

**Campingplatz der Parktherme Bad Radkersburg**

Bad Radkersburg | Nr. 4 | Seite 193

Laut Gästen ideal geeignet zum:

- Wellness
- Radfahren
- Schwimmen

4.5

# 5 Südsteirisches Weinland-Camping

Luftaufnahme vom Weinland-Campingplatz mit Naturbadesee.

Gleinstätten 230
8443 Gleinstätten
+43 3457 3344

www.weinland-camping.at
info@weinland-camping.at

25.03. - 12.11.

HS: 22,40 € | NS: 22,40 €

**Mehr Infos & Anfrage:**
www.camping.info/19287

| | |
|---|---|
| Baden im See am Platz | ✓ |
| Pool/Hallenbad | 7/15km |
| Spielplatz am Platz | ✓ |
| Hunde willkommen | ✓ |
| Skilift & Loipe | ✗ |
| WLAN | ✓ |
| Lebensmittel | 1km |
| Brötchen am Platz | ✓ |
| Restaurant & Imbiss | ✓ |
| Ver-/Entsorgung Womo | ✓ |
| in den Ort | 200m |
| Gesamt/Touristen | 40/35 |
| Mietunterkünfte | ✓ |
| Stellplätze vor Schranke | ✗ |

46.75192 | 15.36092
303m ü.M.

## Lage & Stellplatz

Inmitten des Südsteirischen Weinlandes, umgeben von vier Weinstraßen, befindet sich der Campingplatz mit großem Naturbadesee. Radwege führen direkt am Campingplatz vorbei. Der parkähnliche Platz bietet 40 Stellplätze mit Stromanschluss und WLAN. Direkte Busverbindung in die Landeshauptstadt Graz.

## Verpflegung

Direkt vor Ort gibt es ein Gasthaus mit großer Seeterrasse. Zahlreiche andere Gasthäuser, Cafés, Buschen- und Mostschänken sind zu Fuß & per Rad erreichbar und runden das große kulinarische Angebot ab. Der Bäcker kommt täglich. In unmittelbarer Umgebung befinden sich drei Lebensmittelgeschäfte.

## Sanitär

Das barrierefreie und beheizte Sanitärgebäude wurde 2018 komplett neu errichtet und auf den neuesten Stand umgebaut. Vom ADAC, dem DCC und dem ANWB wurde es mit der Bestnote ausgezeichnet. Zur Verfügung stehen Einzelwaschkabinen, Mietbadezimmer, Waschmaschine, Trockner, Kaffeemaschine und mehr.

## Freizeit

Das Südsteirische Weinland ist abwechslungsreich, die Umgebung lädt zum Schwimmen, Radfahren, Walken und Wandern ein. Für Kulturinteressierte gibt es ein großes Angebot und auch die Kulinarik kommt in der Region nicht zu kurz. Trekkingbikes, E-Bikes und ein Auto stehen zum Verleih zur Verfügung.

Herzlich willkommen im Weinland.

Blick von oben auf See & Platz.

**4.7** SEHR GUT
193 Bewertungen

| | |
|---|---|
| Lage | 4.5 |
| Ruhe | 4.3 |
| Sanitäranlagen | 4.5 |
| Sauberkeit Ø | 4.8 |
| Freundlichkeit | 4.8 |
| Stellplatz | 4.5 |
| Verpflegung | 4.2 |
| Freizeit | 4.5 |
| Preis-Leistung | 4.7 |
| Mietunterkünfte | 4.9 |

**Geeignet für**

| | |
|---|---|
| Paare | 4.8 |
| Senioren | 4.8 |
| Gäste mit Hund | 4.6 |
| Kinder b. 6 J. | 4.3 |
| Gäste mit Zelt | 4.6 |
| Kinder b. 12 J. | 4.5 |
| Kinder b. 18 J. | 4.2 |

**Empfohlene Aktivitäten**

Radfahren · Schwimmen · Wandern · Entspannen · Kulinarik

Karte auf Seite 186

## 1 – 1. Reisemobil-Stellplatz Graz

❄

Martinhofstraße 3
8054 Graz
+43 676 3785 102

47.02465 | 15.39659

| Infos | |
|---|---|
| Öffnungszeiten | ganzjährig |
| Vergleichspreis | HS: 22,00 € \| NS: 22,00 € |
| Link | **Mehr Infos & Anfrage:** www.camping.info/19492 |

| Ausstattung | | |
|---|---|---|
| Freizeit | Baden in nat. Gewässer | k. A. |
| | Pool/Hallenbad | 10m/4km |
| | Spielplatz | ✗ |
| Campingplatz | Hunde willkommen | ✓ |
| | Skilift & Loipe | ✗ |
| | WLAN (gegen Gebühr) | ✓ |
| Versorgung | Lebensmittel | 250m |
| | Brötchen am Platz | ✓ |
| | Restaurant/Imbiss | 250m |
| | Ver-/Entsorgung Womo | ✓ |
| | in den Ort | 6km |
| Anzahl der Plätze | Touristenplätze | 160 |
| | Mietunterkünfte | ✗ |
| | Stellplätze vor Schranke | ✗ |

**3.9** GUT – 37 Bewertungen

| | |
|---|---|
| Lage | 4.0 |
| Ruhe | 3.8 |
| Sanitäranlagen | 4.3 |
| Sauberkeit Ø | 4.6 |
| Freundlichkeit | 4.5 |
| Stellplatz | 3.7 |
| Verpflegung | 3.3 |
| Freizeit | 4.2 |
| Preis-Leistung | 4.1 |
| Mietunterkünfte | - |

**Geeignet für**

| | |
|---|---|
| Kinder b. 6 J. | 3.3 |
| Kinder b. 12 J. | 3.6 |
| Kinder b. 18 J. | 4.0 |
| Paare | 4.4 |
| Senioren | 4.4 |
| Gäste mit Zelt | 2.2 |
| Gäste mit Hund | 4.3 |

**Empfohlene Aktivitäten**

- Schwimmen
- Sightseeing
- Kultur

## 2 – Reisemobil & Wohnwagen – Stellplatz Mureck

Austraße 9
8480 Mureck
+43 (0) 676 911 4011

46.70482 | 15.77247
237m ü.M.

| Infos | |
|---|---|
| Öffnungszeiten | 01.04. - 31.10. |
| Vergleichspreis | HS: 21,00 € |
| Link | **Mehr Infos & Anfrage:** www.camping.info/19493 |

| Ausstattung | | |
|---|---|---|
| Freizeit | Baden in nat. Gewässer | k. A. |
| | Pool | 10m |
| | Spielplatz | keine Angabe |
| Campingplatz | Hunde willkommen | ✓ |
| | Skilift & Loipe | keine Angabe |
| | WLAN (gegen Gebühr) | ✓ |
| Versorgung | Lebensmittel | 200m |
| | Brötchen am Platz | ✓ |
| | Restaurant/Imbiss | 50m |
| | Ver-/Entsorgung Womo | ✓ |
| | in den Ort | 200m |
| Anzahl der Plätze | Touristenplätze | 82 |
| | Mietunterkünfte | ✗ |
| | Stellplätze vor Schranke | ✗ |

**4.3** SEHR GUT – 18 Bewertungen

| | |
|---|---|
| Lage | 4.4 |
| Ruhe | 4.2 |
| Sanitäranlagen | 4.4 |
| Sauberkeit Ø | 4.6 |
| Freundlichkeit | 4.7 |
| Stellplatz | 4.1 |
| Verpflegung | 3.2 |
| Freizeit | 4.4 |
| Preis-Leistung | 4.4 |
| Mietunterkünfte | - |

**Geeignet für**

| | |
|---|---|
| Kinder b. 6 J. | 4.7 |
| Kinder b. 12 J. | 4.4 |
| Kinder b. 18 J. | 4.4 |
| Paare | 4.2 |
| Senioren | 4.5 |
| Gäste mit Zelt | 4.3 |
| Gäste mit Hund | 4.7 |

**Empfohlene Aktivitäten**

- Schwimmen
- Radfahren
- Wandern

## 3 – Camping am Röcksee

Misselsdorf 40
8480 Mureck
+43 3472 2292

46.71779 | 15.79968
230m ü.M.

| Infos | |
|---|---|
| Öffnungszeiten | 01.04. - 31.10. |
| Vergleichspreis | HS: 27,50 € \| NS: 27,50 € |
| Link | **Mehr Infos & Anfrage:** www.camping.info/19506 |

| Ausstattung | | |
|---|---|---|
| Freizeit | Baden im See am Platz | ✓ |
| | Pool | 3km |
| | Spielplatz am Platz | ✓ |
| Campingplatz | Hunde erlaubt | ✓ |
| | Skilift & Loipe | ✗ |
| | WLAN | ✓ |
| Versorgung | Lebensmittel | 1km |
| | Brötchen am Platz | ✓ |
| | Restaurant & Imbiss | ✓ |
| | Ver-/Entsorgung Womo | ✗ |
| | in den Ort | 1km |
| Anzahl der Plätze | Gesamt/Touristen | 110/20 |
| | Mietunterkünfte | ✓ |
| | Stellplätze vor Schranke | ✗ |

**3.8** GUT – 6 Bewertungen

| | |
|---|---|
| Lage | 3.8 |
| Ruhe | 4.5 |
| Sanitäranlagen | 3.0 |
| Sauberkeit Ø | 4.5 |
| Freundlichkeit | 4.2 |
| Stellplatz | 3.3 |
| Verpflegung | 4.0 |
| Freizeit | 2.8 |
| Preis-Leistung | 3.5 |
| Mietunterkünfte | 3.0 |

**Geeignet für**

| | |
|---|---|
| Kinder b. 6 J. | 3.8 |
| Kinder b. 12 J. | 3.8 |
| Kinder b. 18 J. | 3.5 |
| Paare | 4.8 |
| Senioren | 4.2 |
| Gäste mit Zelt | 4.8 |
| Gäste mit Hund | 3.8 |

**Empfohlene Aktivitäten**

- Schwimmen
- Radfahren
- Wandern

ⓘ keine WOMOs ab 13 m

# 6 Weinberg-Naturparkcamping Sausalerland

✻

Höch 93
8444 St.Andrä-Höch
+43 664 75442905

uhlbeton@gmail.com

01.04. - 30.11.
28.12. - 06.01.
HS: 25,00 € | NS: 22,00 €

**Mehr Infos & Anfrage:**
www.camping.info/27579

| | |
|---|---|
| Baden im See | 3km |
| Pool am Platz | ✓ |
| Spielplatz | 500m |
| Hunde willkommen | ✓ |
| Loipe | 40km |
| WLAN | ✓ |
| Lebensmittel | 3km |
| Brötchen am Platz | nur HS |
| Restaurant/Imbiss | 200/500m |
| Ver-/Entsorgung Womo | ✓ |
| in den Ort | 4km |
| Touristenplätze | 15 |
| Mietunterkünfte | ✓ |
| Stellplätze vor Schranke | ✓ |

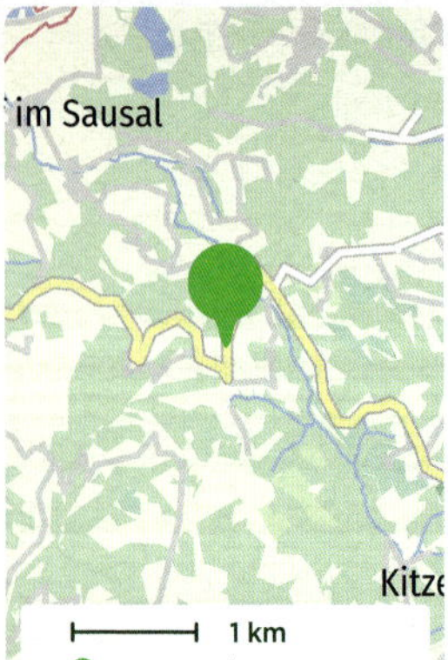


46.7976 | 15.42324
600m ü.M.

Die beeindruckende Aussicht vom Campingplatz.

## Lage & Stellplatz

Der Campingplatz befindet sich in der Naturpark-Gemeinde St. Andrä im Sausal an der Sausaler Weinstraße. Die Anlage ist umgeben von Weingärten, guten Buschenschenken und einem Hotelrestaurant. Der wunderschöne Ausblick ist Aushängeschild des Platzes und kann von jedem Stellplatz genossen werden.

## Sanitär

Die Sanitäranlagen haben jeweils ein Abteil für Männer und Frauen, das jeweils mit vier Duschkabinen, drei Waschbecken sowie zwei Toiletten ausgestattet ist. Ein Geschirrspülbereich sowie Waschmaschinen und Wäschetrockner sind ebenfalls vorhanden.

## Verpflegung

Den Gästen steht ein Hotelrestaurant zur Verfügung. Es gibt zudem einen gemütlichen, rustikalen Aufenthaltsraum. In der Umgebung gibt es außerdem einige Buschenschenken für einen gemütlichen Abend mit österreichischen Köstlichkeiten.

## Freizeit

Im Sommer sorgt ein kleiner Pool für Abkühlung, zu kälteren Jahreszeiten können ein Whirlpool und eine Sauna kostenlos benutzt werden. Es gibt viele Freizeitmöglichkeiten in der Nähe, wie z. B. eine Aussichtswarte, die Schmetterlingswiese und die Hubertusgrotte mit dem beliebten Weinlehrpfad.

Jeder Platz hat vollen Ausblick.

Whirlpool und Sauna.

**5.0** AUSGEZEICHNET
4 Bewertungen

| | |
|---|---|
| Lage | 5.0 |
| Ruhe | 5.0 |
| Sanitäranlagen | 4.7 |
| Sauberkeit Ø | 5.0 |
| Freundlichkeit | 5.0 |
| Stellplatz | 5.0 |
| Verpflegung | 5.0 |
| Freizeit | 4.8 |
| Preis-Leistung | 5.0 |
| Mietunterkünfte | 5.0 |

**Geeignet für**

5.0 Paare

| | |
|---|---|
| 5.0 | Senioren |
| 5.0 | Gäste mit Hund |
| 4.5 | Kinder b. 18 J. |
| 4.5 | Gäste mit Zelt |
| 4.3 | Kinder b. 6 J. |
| 4.3 | Kinder b. 12 J. |

**Empfohlene Aktivitäten**

Radfahren · Wandern · Entspannen · Kulinarik · Mountainbiking

Karte auf Seite 186

## 4 Campingplatz der Parktherme Bad Radkersburg

Thermenstraße 30
8490 Bad Radkersburg
+43 3476 2677 556

46.68686 | 15.97869
205m ü.M.

01.03. - 15.12.

HS: 30,00 € | NS: 22,00 €
**Mehr Infos & Anfrage:**
www.camping.info/19374

| | |
|---|---|
| Baden in nat. Gewässer | k. A. |
| Pool/Hallenbad | 200m |
| Spielplatz am Platz | ✓ |
| Hunde willkommen | ✓ |
| Skilift & Loipe | ✗ |
| WLAN | ✓ |
| Lebensmittel | 500m |
| Brötchen am Platz | ✓ |
| Restaurant/Imbiss | 200m |
| Ver-/Entsorgung Womo | ✓ |
| in den Ort | 500m |
| Gesamt/Touristen | 76/57 |
| Mietunterkünfte | ✗ |
| Stellplätze vor Schranke | ✗ |

**4.5** SEHR GUT
63 Bewertungen

| | |
|---|---|
| Lage | 4.7 |
| Ruhe | 4.5 |
| Sanitäranlagen | 4.4 |
| Sauberkeit Ø | 4.6 |
| Freundlichkeit | 4.7 |
| Stellplatz | 4.3 |
| Verpflegung | 3.5 |
| Freizeit | 4.5 |
| Preis-Leistung | 4.2 |
| Mietunterkünfte | - |

**Geeignet für**

| | |
|---|---|
| Kinder b. 6 J. | 4.1 |
| Kinder b. 12 J. | 4.2 |
| Kinder b. 18 J. | 4.2 |
| Paare | 4.8 |
| Senioren | 4.8 |
| Gäste mit Zelt | 4.4 |
| Gäste mit Hund | 4.2 |

**Empfohlene Aktivitäten**

- Wellness
- Radfahren
- Schwimmen

## 7 Almenland Camping

Tober 32
8162 Passail
+43 3179 23888

47.2875 | 15.49216
700m ü.M.

01.03. - 30.11.

HS: 35,00 € | NS: 35,00 €
**Mehr Infos & Anfrage:**
www.camping.info/19541

| | |
|---|---|
| Baden im See | 2km |
| Pool/Hallenbad | 1km |
| Spielplatz am Platz | ✓ |
| Hunde erlaubt | ✓ |
| Skilift/Loipe | 8/15km |
| WLAN | ✓ |
| Lebensmittel | 2km |
| Brötchen am Platz | ✓ |
| Restaurant/Imbiss | 100m |
| Ver-/Entsorgung Womo | ✓ |
| in den Ort | 2km |
| Touristenplätze | 10 |
| Mietunterkünfte | ✓ |
| Stellplätze vor Schranke | ✗ |

**5.0** AUSGEZEICHNET
7 Bewertungen

| | |
|---|---|
| Lage | 4.7 |
| Ruhe | 5.0 |
| Sanitäranlagen | 5.0 |
| Sauberkeit Ø | 4.7 |
| Freundlichkeit | 5.0 |
| Stellplatz | 4.7 |
| Verpflegung | 4.2 |
| Freizeit | 5.0 |
| Preis-Leistung | 4.9 |
| Mietunterkünfte | - |

**Geeignet für**

| | |
|---|---|
| Kinder b. 6 J. | 5.0 |
| Kinder b. 12 J. | 5.0 |
| Kinder b. 18 J. | 5.0 |
| Paare | 4.7 |
| Senioren | 4.7 |
| Gäste mit Zelt | 5.0 |
| Gäste mit Hund | 5.0 |

**Empfohlene Aktivitäten**

- Wandern
- Reiten
- Entspannen

## 8 Camping Lanzmaierhof

Ungersdorf 16
8130 Frohnleiten
+43 3126 2360

47.25239 | 15.31848
420m ü.M.

01.04. - 20.10.

HS: 26,40 € | NS: 23,80 €
**Mehr Infos & Anfrage:**
www.camping.info/19500

| | |
|---|---|
| Baden im See | 10km |
| Pool/Hallenbad | 500m/4km |
| Spielplatz am Platz | ✓ |
| Hunde erlaubt | ✓ |
| Skilift & Loipe | ✗ |
| WLAN (gratis) | teilweise |
| Lebensmittel | 2km |
| Brötchen am Platz | ✓ |
| Restaurant & Imbiss | ✓ |
| Ver-/Entsorgung Womo | ✓ |
| in den Ort | 2km |
| Gesamt/Touristen | 30/27 |
| Mietunterkünfte | ✓ |
| Stellplätze vor Schranke | ✓ |

**3.8** GUT
10 Bewertungen

| | |
|---|---|
| Lage | 4.1 |
| Ruhe | 4.2 |
| Sanitäranlagen | 3.4 |
| Sauberkeit Ø | 4.4 |
| Freundlichkeit | 4.2 |
| Stellplatz | 3.8 |
| Verpflegung | 3.8 |
| Freizeit | 3.7 |
| Preis-Leistung | 3.7 |
| Mietunterkünfte | 5.0 |

**Geeignet für**

| | |
|---|---|
| Kinder b. 6 J. | 3.6 |
| Kinder b. 12 J. | 3.1 |
| Kinder b. 18 J. | 2.3 |
| Paare | 4.5 |
| Senioren | 4.9 |
| Gäste mit Zelt | 4.8 |
| Gäste mit Hund | 4.7 |

**Empfohlene Aktivitäten**

- Radfahren
- Wandern
- Entspannen

**Infos**

Öffnungszeiten
Vergleichspreis
Link

**Ausstattung**

Freizeit
Campingplatz
Versorgung
Anzahl der Plätze

## 9 Thermenland Camping Fürstenfeld

Badstraße 3
8280 Fürstenfeld
+43 3382 54940

47.05615 | 16.06202

01.04. - 15.11.

HS: 28,90 € | NS: 20,00 €

**Mehr Infos & Anfrage:**
www.camping.info/19464

| | |
|---|---|
| Baden im Teich am Platz | ✓ |
| Pool | 100m |
| Spielplatz | 100m |
| Hunde willkommen | ✓ |
| Skilift & Loipe | ✗ |
| WLAN | ✓ |
| Lebensmittel | 500m |
| Brötchen am Platz | ✓ |
| Restaurant/Imbiss | 200m |
| Ver-/Entsorgung Womo | ✗ |
| in den Ort | 1km |
| Touristenplätze | 50 |
| Mietunterkünfte | ✗ |
| Stellplätze vor Schranke | ✓ |

**4.4** SEHR GUT
22 Bewertungen

| | |
|---|---|
| Lage | 4.6 |
| Ruhe | 4.0 |
| Sanitäranlagen | 4.3 |
| Sauberkeit Ø | 4.7 |
| Freundlichkeit | 4.7 |
| Stellplatz | 4.1 |
| Verpflegung | 3.3 |
| Freizeit | 4.7 |
| Preis-Leistung | 4.7 |
| Mietunterkünfte | - |

**Geeignet für**

| | |
|---|---|
| Kinder b. 6 J. | 4.4 |
| Kinder b. 12 J. | 4.6 |
| Kinder b. 18 J. | 4.6 |
| Paare | 4.6 |
| Senioren | 4.7 |
| Gäste mit Zelt | 4.7 |
| Gäste mit Hund | 3.9 |

**Empfohlene Aktivitäten**

- Schwimmen
- Radfahren
- Wandern

## 10 Camping Schloss Burgau

Schlossweg 296
8291 Burgau
0664-4158429

47.14602 | 16.09876
275m ü.M.

01.04. - 31.10.

HS: 26,20 € | NS: 26, 20 €

**Mehr Infos & online buchen:**
www.camping.info/19547

| | |
|---|---|
| Baden im Teich | 100m |
| Pool/Hallenbad | 100m/4km |
| Spielplatz | 20m |
| Hunde erlaubt | ✓ |
| Skilift & Loipe | ✗ |
| WLAN | ✗ |
| Lebensmittel | 300m |
| Brötchen am Platz | ✓ |
| Restaurant/Imbiss | 300m |
| Ver-/Entsorgung Womo | ✓ |
| in den Ort | 300m |
| Gesamt/Touristen | 48/35 |
| Mietunterkünfte | ✓ |
| Stellplätze vor Schranke | ✗ |

**-** JETZT BEWERTEN!

Für diese Auswertung liegen leider noch nicht genügend Bewertungen vor.

Sei einer der Ersten, der diesen Campingplatz bewertet. Unter den Bewertern werden regelmäßig Gewinne verlost!

Mehr Infos dazu findest du in unserem allgemeinen Intro.

## 11 Campingplatz Leibnitz

Rudolf-Hans-Bartsch-Gasse 33
8430 Leibnitz
+43 3452 82463

46.7783 | 15.53077
275m ü.M.

01.05. - 15.10.

HS: 23,40 € | NS: 23,40 €

**Mehr Infos & Anfrage:**
www.camping.info/19447

| | |
|---|---|
| Baden im Fluss | 2km |
| Pool am Platz | ✓ |
| Spielplatz | 100m |
| Hunde willkommen | ✓ |
| Skilift & Loipe | ✗ |
| WLAN (gegen Gebühr) | ✓ |
| Lebensmittel | 500m |
| Brötchen am Platz | ✓ |
| Restaurant/Imbiss | 600m/✓ |
| Ver-/Entsorgung Womo | ✓ |
| in den Ort | 500m |
| Touristenplätze | 60 |
| Mietunterkünfte | ✗ |
| Stellplätze vor Schranke | ✗ |

**4.3** SEHR GUT
31 Bewertungen

| | |
|---|---|
| Lage | 4.4 |
| Ruhe | 4.1 |
| Sanitäranlagen | 4.3 |
| Sauberkeit Ø | 4.5 |
| Freundlichkeit | 4.7 |
| Stellplatz | 4.1 |
| Verpflegung | 3.1 |
| Freizeit | 4.3 |
| Preis-Leistung | 4.3 |
| Mietunterkünfte | - |

**Geeignet für**

| | |
|---|---|
| Kinder b. 6 J. | 4.2 |
| Kinder b. 12 J. | 4.6 |
| Kinder b. 18 J. | 4.3 |
| Paare | 4.3 |
| Senioren | 4.4 |
| Gäste mit Zelt | 4.3 |
| Gäste mit Hund | 3.8 |

**Empfohlene Aktivitäten**

- Schwimmen
- Radfahren
- Wandern

keine WOMOs über 10 m

## 12 Camping Hirschegg

Hirschegg 53
8584 Hirschegg
+43 3141 2201

47.01889 | 14.9602

ganzjährig

HS: 26,50 € | NS: 19,50 €

**Mehr Infos & Anfrage:**
www.camping.info/22251

| | |
|---|---|
| Baden im Teich | 200m |
| Pool & Hallenbad | ✗ |
| Spielplatz am Platz | ✓ |
| Hunde erlaubt | ✓ |
| Skilift | 500m |
| WLAN (gratis) | teilweise |
| Lebensmittel | 100m |
| Brötchen am Platz | ✓ |
| Restaurant/Imbiss | 300m |
| Ver-/Entsorgung Womo | ✓ |
| in den Ort | 300m |
| Gesamt/Touristen | 60/25 |
| Mietunterkünfte | ✓ |
| Stellplätze vor Schranke | ✗ |

**4.8** SEHR GUT
4 Bewertungen

| | |
|---|---|
| Lage | 5.0 |
| Ruhe | 5.0 |
| Sanitäranlagen | 4.8 |
| Sauberkeit Ø | 4.9 |
| Freundlichkeit | 5.0 |
| Stellplatz | 4.8 |
| Verpflegung | 2.7 |
| Freizeit | 3.7 |
| Preis-Leistung | 5.0 |
| Mietunterkünfte | - |

**Geeignet für**

| | |
|---|---|
| Kinder b. 6 J. | 4.5 |
| Kinder b. 12 J. | 4.5 |
| Kinder b. 18 J. | 4.0 |
| Paare | 5.0 |
| Senioren | 4.8 |
| Gäste mit Zelt | 5.0 |
| Gäste mit Hund | 5.0 |

**Empfohlene Aktivitäten**

- Wandern
- Motorrad
- Entspannen

Karte auf Seite 186

## 13 Camping im Thermen und Vulkanland

Bairisch Kölldorf 240
8344 Bad Gleichenberg
+43 3159 3941

46.87555 | 15.93446
280m ü.M.

ganzjährig

HS: 22,90 € | NS: 18,00 €

**Mehr Infos & Anfrage:**
www.camping.info/19444

| | |
|---|---|
| Baden im See | 20km |
| Pool/Hallenbad | ✓/4km |
| Spielplatz am Platz | ✓ |
| Hunde willkommen | ✓ |
| Skilift & Loipe | ✗ |
| WLAN | ✓ |
| Lebensmittel | 2km |
| Brötchen am Platz | ✓ |
| Restaurant & Imbiss | ✓ |
| Ver-/Entsorgung Womo | ✓ |
| in den Ort | 500m |
| Gesamt/Touristen | 95/70 |
| Mietunterkünfte | ✓ |
| Stellplätze vor Schranke | ✗ |

**4.3** SEHR GUT
11 Bewertungen

| | |
|---|---|
| Lage | 4.5 |
| Ruhe | 4.5 |
| Sanitäranlagen | 4.6 |
| Sauberkeit Ø | 4.7 |
| Freundlichkeit | 4.3 |
| Stellplatz | 4.4 |
| Verpflegung | 4.4 |
| Freizeit | 4.0 |
| Preis-Leistung | 4.5 |
| Mietunterkünfte | 4.0 |

**Geeignet für**

| | |
|---|---|
| Kinder b. 6 J. | 3.0 |
| Kinder b. 12 J. | 3.4 |
| Kinder b. 18 J. | 2.7 |
| Paare | 4.6 |
| Senioren | 4.8 |
| Gäste mit Zelt | 4.2 |
| Gäste mit Hund | 4.3 |

**Empfohlene Aktivitäten**

- Wandern
- Entspannen
- Kulinarik

## 14 Ölspur Camping

Eibiswald 127
8552 Eibiswald
+43 660 3490810

46.69306 | 15.25337
360m ü.M.

15.04. - 31.10.

HS: 25,00 € | NS: 25,00 €

**Mehr Infos & Anfrage:**
www.camping.info/25115

| | |
|---|---|
| Baden im See | 25km |
| Pool am Platz | ✓ |
| Spielplatz am Platz | ✓ |
| Hunde willkommen | ✓ |
| Skilift | 30km |
| WLAN | ✓ |
| Lebensmittel | 500m |
| Brötchen am Platz | ✓ |
| Restaurant/Imbiss | 500m |
| Ver-/Entsorgung Womo | ✓ |
| in den Ort | 2km |
| Touristenplätze | 49 |
| Mietunterkünfte | ✓ |
| Stellplätze vor Schranke | ✓ |

**5.0** AUSGEZEICHNET
40 Bewertungen

| | |
|---|---|
| Lage | 4.5 |
| Ruhe | 4.5 |
| Sanitäranlagen | 5.0 |
| Sauberkeit Ø | 5.0 |
| Freundlichkeit | 5.0 |
| Stellplatz | 4.7 |
| Verpflegung | 4.1 |
| Freizeit | 4.7 |
| Preis-Leistung | 5.0 |
| Mietunterkünfte | 4.4 |

**Geeignet für**

| | |
|---|---|
| Kinder b. 6 J. | 4.5 |
| Kinder b. 12 J. | 4.6 |
| Kinder b. 18 J. | 4.5 |
| Paare | 4.8 |
| Senioren | 4.9 |
| Gäste mit Zelt | 4.9 |
| Gäste mit Hund | 4.8 |

**Empfohlene Aktivitäten**

- Radfahren
- Wandern
- Schwimmen

## 15 Camping Rosskogler

Seebach 62
8624 Aflenz-Land
+43 676 757 6131

47.55449 | 15.31319

ganzjährig

HS: 23,50 € | NS: 23,50 €

**Mehr Infos & Anfrage:**
www.camping.info/19288

| | |
|---|---|
| Baden im See am Platz | ✓ |
| Hallenbad | 5km |
| Spielplatz am Platz | ✓ |
| Hunde willkommen | ✓ |
| Skilift/Loipe | 4km |
| WLAN (gegen Gebühr) | ✓ |
| Lebensmittel | 5km |
| Brötchen am Platz | ✓ |
| Restaurant & Imbiss | ✓ |
| Ver-/Entsorgung Womo | ✓ |
| in den Ort | 1km |
| Gesamt/Touristen | 50/30 |
| Mietunterkünfte | ✓ |
| Stellplätze vor Schranke | ✗ |

**4.6** SEHR GUT
5 Bewertungen

| | |
|---|---|
| Lage | 4.6 |
| Ruhe | 4.4 |
| Sanitäranlagen | 4.4 |
| Sauberkeit Ø | 4.2 |
| Freundlichkeit | 4.6 |
| Stellplatz | 4.4 |
| Verpflegung | 4.4 |
| Freizeit | 5.0 |
| Preis-Leistung | 4.6 |
| Mietunterkünfte | 5.0 |

**Geeignet für**

| | |
|---|---|
| Kinder b. 6 J. | 4.3 |
| Kinder b. 12 J. | 4.7 |
| Kinder b. 18 J. | 3.3 |
| Paare | 4.8 |
| Senioren | 4.8 |
| Gäste mit Zelt | 5.0 |
| Gäste mit Hund | 5.0 |

**Empfohlene Aktivitäten**

- Wandern
- Radfahren
- Entspannen

**Infos**

Öffnungszeiten
Vergleichspreis
Link

**Ausstattung**

Freizeit
Campingplatz
Versorgung
Anzahl der Plätze

# 17 Thermenland Camping Bad Waltersdorf

Campingweg 316
8271 Bad Waltersdorf
+436643117000
www.camping-bad-waltersdorf.at
thermenland@camping-bad-waltersdorf.at

ganzjährig

HS: 31,50 € | NS: 24,40 €

**Mehr Infos & Anfrage:**
www.camping.info/19291

| | |
|---|---|
| Baden im Fluss am Platz | ✓ |
| Pool/Hallenbad | 1km/800m |
| Spielplatz am Platz | ✓ |
| Hunde willkommen | ✓ |
| Skilift/Loipe | 30km |
| WLAN | ✓ |
| Lebensmittel | ✓ |
| Brötchen am Platz | ✓ |
| Restaurant/Imbiss | 800/500m |
| Ver-/Entsorgung Womo | ✓ |
| in den Ort | 1km |
| Gesamt/Touristen | 98/80 |
| Mietunterkünfte | ✓ |
| Stellplätze vor Schranke | ✓ |

1 km
47.16256 | 16.02227
290m ü.M.

Nur 5 km entfernt: Hundertwasser-Therme Rogner Bad Blumau.

## Lage & Stellplatz

Inmitten des oststeirischen und südburgenländischen Thermenlandes liegt der familiäre Campingplatz in Bad Waltersdorf. In der Umgebung befinden sich die Heiltherme Bad Waltesdorf (800 m), die $H^{2}O$ Familientherme Bad Waltersdorf (2,5 km) und die Hundertwasser-Therme Bad Blumau (5 km).

## Verpflegung

In der unmittelbaren Umgebung gibt es sehr günstige und gute Heurige / Buschenschänken (0,3 km) und Gasthäuser (0,8 km). Ein täglicher Brötchenservice und ein kleiner Shop befinden sich direkt am Platz. Der nächste Supermarkt liegt in ca. 1 km Entfernung. Ein 1 €uro-Taxi steht zur Verfügung.

## Sanitär

Top ausgestattet und gepflegt präsentieren sich die Sanitäranlagen, die über ausgesprochen großzügige Waschräume mit Einzelwaschkabinen und Duschkabinen verfügen. Außerdem sind ein barrierefreies Bad, ein Familienbad, ein Geschirrwaschraum und ein Wäscheraum mit Waschmaschine und Trockner vorhanden.

## Freizeit

Campinggäste erhalten kostenlosen Eintritt in das nahe gelegene Erlebnisfreibad. Es gibt unvergessliche Ausflüge mit dem Oldtimerautobus und dem Oldtimertraktor. Empfehlenswert sind auch Besuche in einem der vielen Thermalbäder, in den Steirischen Weinstraßen oder eine gemütliche Fahrradtour.

Thermenland Camping.

Eigener Oldtimerfuhrpark.

**4.9** SEHR GUT
406 Bewertungen

| | |
|---|---|
| Lage | 4.6 |
| Ruhe | 4.6 |
| Sanitäranlagen | 4.8 |
| Sauberkeit Ø | 4.9 |
| Freundlichkeit | 5.0 |
| Stellplatz | 4.6 |
| Verpflegung | 4.1 |
| Freizeit | 4.7 |
| Preis-Leistung | 4.8 |
| Mietunterkünfte | 4.5 |

**Geeignet für**

| | |
|---|---|
| Senioren | 4.9 |
| Paare | 4.8 |
| Gäste mit Hund | 4.6 |
| Gäste mit Zelt | 4.5 |
| Kinder b. 12 J. | 4.4 |
| Kinder b. 6 J. | 4.3 |
| Kinder b. 18 J. | 4.3 |

**Empfohlene Aktivitäten**

Radfahren · Wellness · Wandern · Entspannen · Schwimmen

AWARD 2020

für WOMOs bis 12 m empfohlen

Karte auf Seite 186

## 16 Winzerhof Camping Strablegg

✻

Narrath 10
8452 Narrath
+43 664 2837128

46.7253 | 15.42508
340m ü.M.

**Infos**

| | |
|---|---|
| Öffnungszeiten | ganzjährig |
| Vergleichspreis | HS: 20,00 € \| NS: 20,00 € |
| Link | **Mehr Infos & Anfrage:** www.camping.info/28020 |

**Ausstattung**

| | | |
|---|---|---|
| Freizeit | Baden im Teich am Platz | ✓ |
| | Pool | 7km |
| | Spielplatz am Platz | ✓ |
| Campingplatz | Hunde willkommen | ✓ |
| | Skilift/Loipe | 43km |
| | WLAN | ✓ |
| Versorgung | Lebensmittel | 2km |
| | Brötchen am Platz | ✓ |
| | Restaurant/Imbiss | 2km |
| | Ver-/Entsorgung Womo | ✓ |
| | in den Ort | 2km |
| Anzahl der Plätze | Gesamt/Touristen | 10/9 |
| | Mietunterkünfte | ✓ |
| | Stellplätze vor Schranke | ✗ |

- JETZT BEWERTEN!

Für diese Auswertung liegen leider noch nicht genügend Bewertungen vor.

Sei einer der Ersten, der diesen Campingplatz bewertet. Unter den Bewertern werden regelmäßig Gewinne verlost!

Mehr Infos dazu findest du in unserem allgemeinen Intro.

## 18 Camping Wildalpen

Hopfgarten 298
8924 Wildalpen
+43 3636 342

47.66523 | 14.98797
600m ü.M.

| | |
|---|---|
| Öffnungszeiten | 01.04. - 15.10. |
| Vergleichspreis | HS: 23,90 € \| NS: 23,90 € |
| Link | **Mehr Infos & Anfrage:** www.camping.info/19375 |

| | | |
|---|---|---|
| Freizeit | Baden im Fluss am Platz | ✓ |
| | Pool/Hallenbad | 6/1km |
| | Spielplatz | 1km |
| Campingplatz | Hunde willkommen | ✓ |
| | Skilift | 1km |
| | WLAN | ✓ |
| Versorgung | Lebensmittel | ✓ |
| | Brötchen am Platz | ✓ |
| | Restaurant | 500m |
| | Ver-/Entsorgung Womo | ✓ |
| | in den Ort | 10m |
| Anzahl der Plätze | Gesamt/Touristen | 80/10 |
| | Mietunterkünfte | ✗ |
| | Stellplätze vor Schranke | ✗ |

3.6 GUT
5 Bewertungen

| | |
|---|---|
| Lage | 4.0 |
| Ruhe | 2.6 |
| Sanitäranlagen | 3.6 |
| Sauberkeit Ø | 4.0 |
| Freundlichkeit | 3.6 |
| Stellplatz | 3.4 |
| Verpflegung | 2.6 |
| Freizeit | 4.6 |
| Preis-Leistung | 3.2 |
| Mietunterkünfte | - |

**Geeignet für**

| | |
|---|---|
| Kinder b. 6 J. | 2.0 |
| Kinder b. 12 J. | 2.8 |
| Kinder b. 18 J. | 3.2 |
| Paare | 3.6 |
| Senioren | 2.5 |
| Gäste mit Zelt | 3.8 |
| Gäste mit Hund | 3.2 |

**Empfohlene Aktivitäten**

- Wandern
- Kayak/Kanu
- Radfahren

## 19 Sulmtal Camping & Appartements

✻

Badstraße 20
8544 Pölfing-Brunn
+43 664 8546670

46.72419 | 15.29237

| | |
|---|---|
| Öffnungszeiten | ganzjährig |
| Vergleichspreis | HS: 22,90 € \| NS: 22,90 € |
| Link | **Mehr Infos & Anfrage:** www.camping.info/23819 |

| | | |
|---|---|---|
| Freizeit | Baden im Teich am Platz | ✓ |
| | Pool | 6km |
| | Spielplatz am Platz | ✓ |
| Campingplatz | Hunde willkommen | ✓ |
| | Skilift & Loipe | ✗ |
| | WLAN | ✓ |
| Versorgung | Lebensmittel | 800m |
| | Brötchen am Platz | ✓ |
| | Imbiss | ✓ |
| | Ver-/Entsorgung Womo | ✓ |
| | in den Ort | 800m |
| Anzahl der Plätze | Touristenplätze | 40 |
| | Mietunterkünfte | ✓ |
| | Stellplätze vor Schranke | ✗ |

4.0 SEHR GUT
11 Bewertungen

| | |
|---|---|
| Lage | 4.2 |
| Ruhe | 4.2 |
| Sanitäranlagen | 3.4 |
| Sauberkeit Ø | 4.1 |
| Freundlichkeit | 4.5 |
| Stellplatz | 4.2 |
| Verpflegung | 3.8 |
| Freizeit | 4.1 |
| Preis-Leistung | 4.3 |
| Mietunterkünfte | - |

**Geeignet für**

| | |
|---|---|
| Kinder b. 6 J. | 4.6 |
| Kinder b. 12 J. | 4.9 |
| Kinder b. 18 J. | 4.3 |
| Paare | 4.6 |
| Senioren | 4.6 |
| Gäste mit Zelt | 3.5 |
| Gäste mit Hund | 5.0 |

**Empfohlene Aktivitäten**

- Schwimmen
- Radfahren
- Wandern

Karte auf Seite 186

## 20 Campingplatz Rauchwart

7535 Rauchwart
+43 3327 25155
47.1329 | 16.22213

15.05. - 15.09.
HS: 25,50 € | NS: 25,50 €
**Mehr Infos & Anfrage:** www.camping.info/19290

| | |
|---|---|
| Baden im See am Platz | ✓ |
| Pool/Hallenbad | 9/40km |
| Spielplatz am Platz | ✓ |
| Hunde willkommen | ✓ |
| Skilift & Loipe | ✗ |
| WLAN | ✗ |
| Lebensmittel | 500m |
| Brötchen am Platz | ✓ |
| Restaurant & Imbiss | ✓ |
| Ver-/Entsorgung Womo | ✓ |
| im Ort | ✓ |
| Gesamt/Touristen | 90/20 |
| Mietunterkünfte | ✗ |
| Stellplätze vor Schranke | ✗ |

**3.6** GUT – 8 Bewertungen

| | |
|---|---|
| Lage | 4.2 |
| Ruhe | 3.2 |
| Sanitäranlagen | 3.2 |
| Sauberkeit Ø | 3.3 |
| Freundlichkeit | 3.6 |
| Stellplatz | 3.1 |
| Verpflegung | 2.9 |
| Freizeit | 3.5 |
| Preis-Leistung | 3.4 |
| Mietunterkünfte | - |

**Geeignet für**

| | |
|---|---|
| Kinder b. 6 J. | 3.7 |
| Kinder b. 12 J. | 3.6 |
| Kinder b. 18 J. | 3.3 |
| Paare | 4.2 |
| Senioren | 3.6 |
| Gäste mit Zelt | 3.9 |
| Gäste mit Hund | 3.3 |

**Empfohlene Aktivitäten**
- Radfahren
- Schwimmen
- Entspannen

## 21 Internationaler Campingplatz nahe am Röcksee

Misselsdorf 73
8480 Gosdorf
+43 3472 21110
46.71804 | 15.79913
230m ü.M.

01.04. - 31.10.
HS: 28,90 € | NS: 28,90 €
**Mehr Infos & Anfrage:** www.camping.info/19429

| | |
|---|---|
| Baden im See am Platz | ✓ |
| Pool/Hallenbad | 3/18km |
| Spielplatz am Platz | ✓ |
| Hunde erlaubt | ✓ |
| Skilift | 3km |
| WLAN (gegen Gebühr) | ✓ |
| Lebensmittel | 800m |
| Brötchen am Platz | ✗ |
| Restaurant/Imbiss | 50m |
| Ver-/Entsorgung Womo | ✓ |
| in den Ort | 1km |
| Gesamt/Touristen | 120/20 |
| Mietunterkünfte | ✗ |
| Stellplätze vor Schranke | ✗ |

- JETZT BEWERTEN!

Für diese Auswertung liegen leider noch nicht genügend Bewertungen vor.

Sei einer der Ersten, der diesen Campingplatz bewertet. Unter den Bewertern werden regelmäßig Gewinne verlost!

Mehr Infos dazu findest du in unserem allgemeinen Intro.

## 22 Holiday-Fun-Camping

Mühlweg 2
7341 Markt Sankt Martin
+43 664 5176601
47.56283 | 16.4387

keine Angabe
keine Angabe
**Mehr Infos & Anfrage:** www.camping.info/30029

| | |
|---|---|
| Baden in nat. Gewässer | k. A. |
| Pool & Hallenbad | ✗ |
| Spielplatz | keine Angabe |
| Hunde willkommen | ✓ |
| Skilift & Loipe | keine Angabe |
| WLAN | keine Angabe |
| Lebensmittel | k.A. |
| Brötchen | keine Angabe |
| Restaurant & Imbiss | ✗ |
| Ver-/Entsorgung Womo | ✗ |
| in den Ort | keine Angabe |
| Gesamt | keine Angabe |
| Mietunterkünfte | ✓ |
| Stellplätze vor Schranke | ✗ |

- JETZT BEWERTEN!

Für diese Auswertung liegen leider noch nicht genügend Bewertungen vor.

Sei einer der Ersten, der diesen Campingplatz bewertet. Unter den Bewertern werden regelmäßig Gewinne verlost!

Mehr Infos dazu findest du in unserem allgemeinen Intro.

**Infos**
Öffnungszeiten
Vergleichspreis
Link

**Ausstattung**
Freizeit
Campingplatz
Versorgung
Anzahl der Plätze

ÖSTERREICH

# ⑭ Niederösterreich Süd

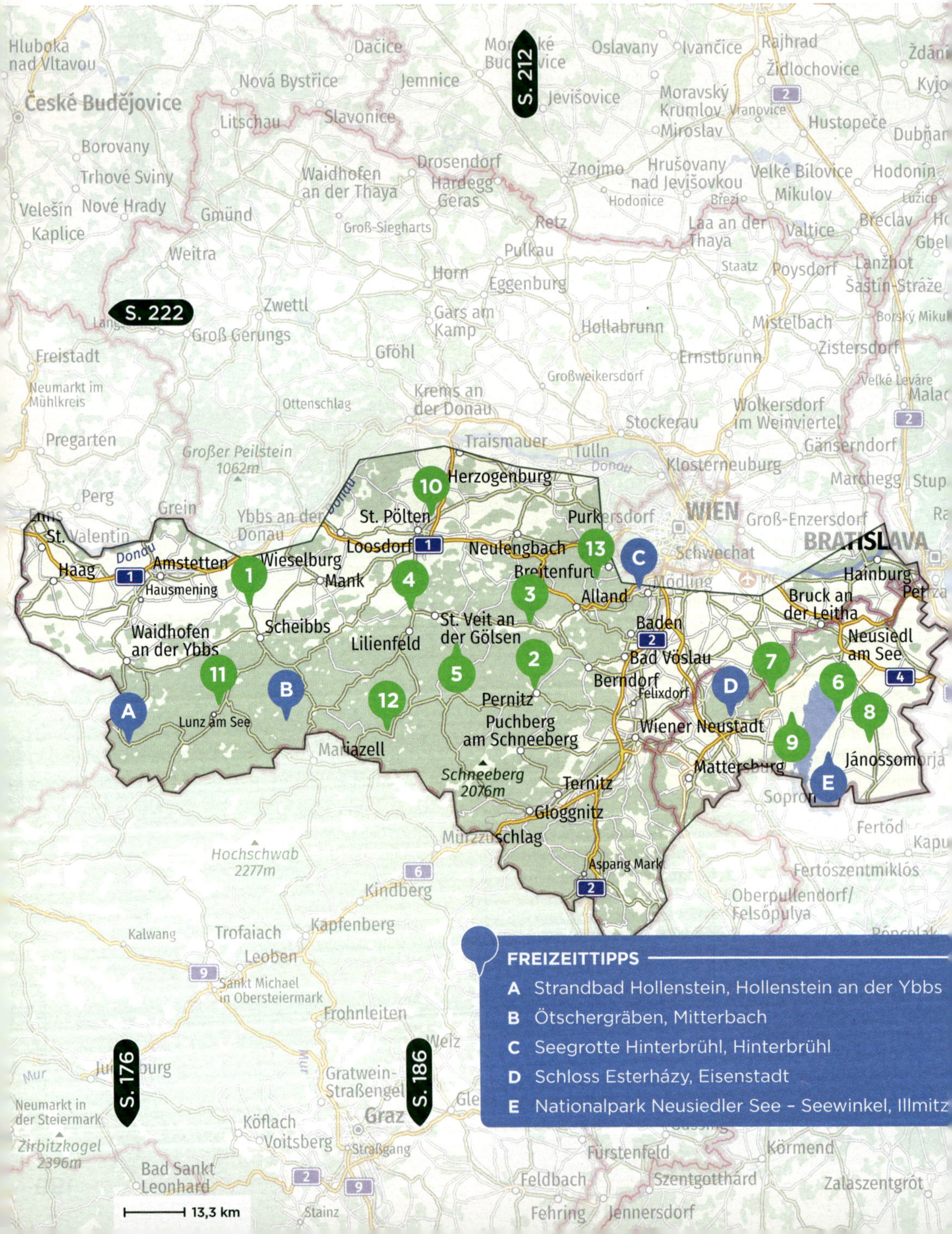

| | Platz | Seite | Bewertung | Öffnungszeiten | |
|---|---|---|---|---|---|
| 1 | Aktiv Camp Purgstall - Camping und Ferienpark | **204** | **4.8** | saisonal | Ecocamping, Onlinebuchung |
| 2 | Kohlhofmühl Camping | **207** | **-** | k. A. | |
| 3 | Paradise-Garden Camping | **206** | **3.4** | saisonal | |
| 4 | Terrassen Camping Traisen | **208** | **4.8** | saisonal | |
| 5 | Voralpencamping Kleinzell | **207** | **-** | ganzjährig | Wintercamping |
| 6 | Strandcamping Podersdorf am See | **207** | **3.3** | saisonal | |
| 7 | Camping Sonnenwaldbad Donnerskirchen | **209** | **3.3** | saisonal | |
| 8 | Campingplatz am Zicksee | **209** | **4.3** | saisonal | |
| 9 | Camping Oggau | **209** | **3.8** | saisonal | |
| 10 | Camping am See | **211** | **4.6** | saisonal | |
| 11 | Ötscherland Camping | **210** | **4.4** | ganzjährig | Wintercamping |
| 12 | Camping Gippelblick Kernhof | **211** | **4.9** | ganzjährig | Wintercamping, Onlinebuchung |
| 13 | Camping Wienerwald | **211** | **-** | k. A. | |

## SÜDLICH DER DONAU

Drei wunderbare Regionen südlich der Donau in Niederösterreich sind das Mostviertel, der Wienerwald und die Wiener Alpen. Genussfreudige Camper werden im Mostviertel mit sortenreinen Mosten, Spezialitäten aus Wildfrüchten und einzigartigen Naturlandschaften verwöhnt. Die Regionen Wienerwald und Wiener Alpen verzaubern ihre Gäste mit kulturellen und alpinen Highlights. Wer wiederum einen familiären Badeurlaub in einem der bekanntesten Weinbaugebiete Österreichs bevorzugt, wird sich insbesondere im angrenzenden Nordburgenland wohlfühlen.

Semmering, 20-Schilling-Blick © Niederösterreich-Werbung/Michael Liebert

## MOSTVIERTEL, WIENERWALD UND WIENER ALPEN

Typisch für das Mostviertel sind die ausgedehnten Streuobstwiesen sowie die leicht hügelige Landschaft des Alpenvorlandes. Im westlichen Teil des Mostviertels befindet sich die 200 km lange Moststraße: Die gut ausgeschilderte Erlebnisstraße führt vorbei an unzähligen Mostheurigen, bäuerlichen Betrieben, Aussichtspunkten und Lehrpfaden. Aktive Camper erfreuen sich an einem Wanderwegenetz von über 3.000 km Länge. Eine außerordentliche Route startet im Naturpark Ötscher-Tormäuer: Der Wanderweg führt durch die eindrucksvollen Schluchten der Ötschergräben und vorbei an drei imposanten Wasserfällen. Weitere Sehenswürdigkeiten der Region sind das Schloss Schallaburg, das Benediktinerkloster Stift Melk und der Tierpark Stadt Haag. Östlich vom Mostviertel findet man den Wienerwald, die Bucklige Welt und das Wiener Becken bzw. die Wiener Alpen. Neben dem Stift Heiligenkreuz aus dem Jahre 1133 gehört die Schneebergbahn als eine von nur drei in Österreich existierenden Zahnradbahnen zu den Highlights dieses Gebiets. Aber auch Attraktionen wie die 1854 als erste Hochgebirgsbahn Europas eröffnete Semmeringbahn, den Schlosspark Laxenburg oder den Archäologiepark Carnuntum sollte man auf keinen Fall missen.

Ötscher im Frühling © Mostviertel Tourismus/Weinfranz

## NORDBURGENLAND – CAMPING AM MEER DER WIENER

Charakteristisch für das nördliche Burgenland sind seine ebenen Weinbaugebiete und die pannonische Tiefebene im Seewinkel. Der Neusiedler See samt dazugehörigem Nationalpark zählt zu den interessantesten Steppengebieten Europas. Der „Nationalpark Neusiedler See-Seewinkel" erstreckt sich bis nach Ungarn und gehört seit dem Jahr 2001 zum Welterbe der UNESCO. Die Region Neusiedler See ist eines der begehrtesten Sommerziele im Burgenland – dafür sorgen mehr als 2.000 Sonnenstunden pro Jahr und sieben Bäder direkt am See, wie das Strandbad Illmitz oder das Naturseebad Breitenbrunn. Unumstrittener Hotspot für alle Surfer ist die Gemeinde Podersdorf am See. Währenddessen amüsieren sich Familien im „Familypark Neusiedler See", Österreichs größtem Freizeit- und Familienpark. Radfahrer können sich auf 39 Radwegen mit einer Gesamtlänge von über 1.000 km gebührend auspowern. Des Weiteren warten mit dem Schloss Esterházy in Eisenstadt, den Seefestspielen Mörbisch und den Opernfestspielen St. Margarethen mehrere reizvolle Ziele auf kulturinteressierte Camper. Die edelsten Tropfen der Region genießt ihr am besten bei einer Weinverkostung.

Eislaufen am Neusiedler See
© Burgenland Tourismus/steve.haider.com

Seehütten bei Rust © Burgenland Tourismus/Lunardi

### TIPP DER REDAKTION

**Camping Gippelblick Kernhof**

Kernhof | Nr. 12 | Seite 211

Laut Gästen ideal geeignet zum:
- Wandern
- Radfahren
- Entspannen

4.8

# 1 Aktiv Camp Purgstall - Camping und Ferienpark

Augasse 8
3251 Purgstall/Erlauf
+43 7489 2015
www.topcamp.at
info@topcamp.at

01.04. - 31.10.

HS: 39,50 € | NS: 29,90 €

**Mehr Infos & online buchen:**
www.camping.info/19349

| | |
|---|---|
| Baden im Teich am Platz | ✓ |
| Pool/Hallenbad | 400m/7km |
| Spielplatz am Platz | ✓ |
| Hunde erlaubt | ✓ |
| Skilift & Loipe | ✗ |
| WLAN | ✓ |
| Lebensmittel | 300m |
| Brötchen am Platz | ✓ |
| Restaurant & Imbiss | ✓ |
| Ver-/Entsorgung Womo | ✓ |
| in den Ort | 200m |
| Gesamt/Touristen | 50/47 |
| Mietunterkünfte | ✓ |
| Stellplätze vor Schranke | ✗ |

Natur-Badebiotop mit Liegewiese.

## Lage & Stellplatz

Mit nur 50 Stellplätzen zählt der Platz zu den Kleinsten, aber komfortabelsten Campingplätzen Österreichs. „Klein und Fein" ist hierbei die Devise des Teams. Den größten Stellenwert genießt dabei der persönliche Gästeservice, denn Gastfreundschaft ist die Basis für einen schönen Aufenthalt. Die großzügig angelegten Komfortstellplätze sind alle mit Wasser-, Strom- und Abwasseranschlüssen ausgestattet. Die Anlage liegt ideal zwischen Linz und Wien, mitten im Mostviertel, 15 km südlich der Donauregion Wachau.

## Sanitär

Der Sanitärbereich ist stets sauber und gepflegt. Jede Duschkabine verfügt über Kopf- und Handbrause, einen eigenen Vorraum mit Waschbecken, Spiegel, Steckdose und Badehocker. Zusätzlich sind Einzelwaschbecken mit Spiegel, Ablagen, Stromanschlüssen und Haartrockner verfügbar. Das Gästehaus ist durchgehend barrierefrei und verfügt über ein ÖNORM zertifiziertes Behinderten-Sanitär sowie ein Babysanitär mit Badewanne, Wickeltisch und Flaschenwärmer. Im Geschirrabwasch- und Wäscheraum sind Geschirrspüler, Waschmaschine, Wäschetrockner und ein Leihbügelbrett und Leihbügeleisen verfügbar.

Erlaufschlucht.

Minizoo am Platz.

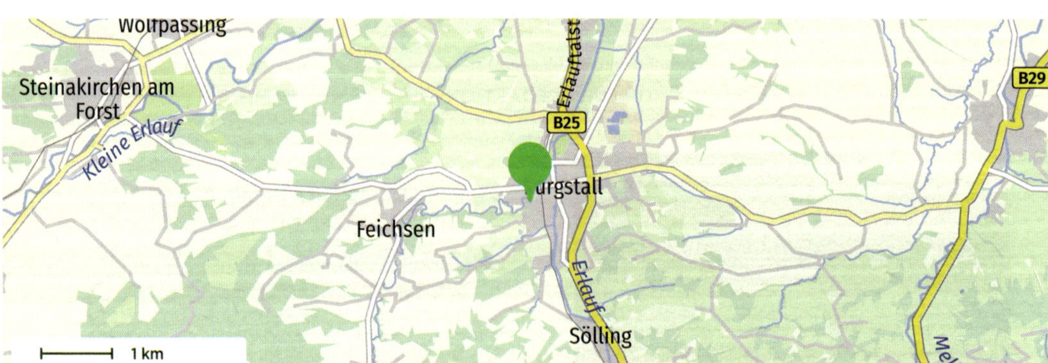


1 km
48.05581 | 15.12898
300m ü.M.

keine WOMOs ab 9,5 m

Zeltwiese mit Blick auf das Gästehaus.

## Verpflegung

In Purgstall genießen die Produkte der ortsansässigen Bauern hervorragenden Ruf. Fleisch, Käse, Brot, Honig, köstliche Mehlspeisen und vieles mehr sind jeden Freitag am Bauernmarkt erhältlich. Und überhaupt: Fast alle Einkäufe kann man zu Fuß erledigen. Oder man nutzt einfach die gratis Einkaufsleihräder für die Besorgung in den nahen Supermärkten. Heute keine Lust zum selber Grillen? Im „Restaurant am Campingplatz" kann man beim Chef – Speisekarte und Koch in einer Person – sein individuelles Abendmenü bestellen. Täglich Brötchenservice!

## Freizeit

Bereits beim Check-in erhält man erste Tipps. Eine Bachwanderung im angrenzenden Feichsenbach: ein Traum für jeden Naturliebhaber. Oder eine Abkühlung im Badebiotop nach einem Radausflug, einer ausgedehnten Wanderung am Tut Gut Wanderweg, der Erlaufschlucht oder einem professionellen Fitnesslauf in der Bewegungsarena. Für Kinder gibt es viel Freiraum mit Spielplatz und Minizoo. Dazu Boccia, Tischtennis, Volleyball und eine kleine Fußballwiese, die Vielfalt der Freizeit- und Ausflugsmöglichkeiten rund um den Campingplatz scheinen unerschöpflich zu sein. Perfekt für die ganze Familie!

**5.0**

*Ein kleiner, familiär geführter Campingplatz mit wenigen Dauercampern und großen Stellplätzen. Der Platz selber liegt zwar direkt im Ort Purgstall, ab durch die Tallage eher am Rand. Die Plätze sind gut gepflegt und teilweise mit Hecken getrennt. Das Personal ist sehr freundlich, hilfsbereit und immer ansprechbar. Insgesamt ein Geheimtipp für Camper, die die Ruhe suchen, ein wenig Fahrrad fahren oder nicht zu bergig wandern wollen.*

**Kai R.**

Kai R. ist seit 2017 aktiver Camper und hat diesen Platz im Juli 2020 besucht.

Spielplatz im Grünen.

Einzelduschkabine.

**4.8** **SEHR GUT**
88 Bewertungen

| | |
|---|---|
| Lage | 4.5 |
| Ruhe | 4.8 |
| Sanitäranlagen | 4.8 |
| Sauberkeit Ø | 4.9 |
| Freundlichkeit | 5.0 |
| Stellplatz | 4.7 |
| Verpflegung | 4.3 |
| Freizeit | 4.4 |
| Preis-Leistung | 4.5 |
| Mietunterkünfte | 4.4 |

**Geeignet für**

- 4.9 Senioren
- 4.8 Paare
- 4.8 Gäste mit Zelt
- 4.8 Gäste mit Hund
- 4.6 Kinder b. 6 J.
- 4.6 Kinder b. 12 J.
- 3.9 Kinder b. 18 J.

**Empfohlene Aktivitäten**

Wandern · Entspannen · Radfahren · Schwimmen · Motorrad

# 3 Paradise-Garden Camping

Höfnergraben 2
2572 Kaumberg
+43 676 474 1966
www.camping-noe.at
grandl@camping-noe.at

15.04. - 15.10.

HS: 24,00 € | NS: 24,00 €

**Mehr Infos & Anfrage:**
www.camping.info/19449

| | |
|---|---|
| Baden in nat. Gewässer | k. A. |
| Pool/Hallenbad | 8/10km |
| Spielplatz am Platz | ✓ |
| Hunde willkommen | ✓ |
| Skilift | 3km |
| WLAN | teilweise |
| Lebensmittel | 3km |
| Brötchen am Platz | ✓ |
| Restaurant/Imbiss | 4km/✓ |
| Ver-/Entsorgung Womo | ✓ |
| in den Ort | 3km |
| Gesamt/Touristen | 110/50 |
| Mietunterkünfte | ✓ |
| Stellplätze vor Schranke | ✗ |

1 km
48.01972 | 15.9425

Gemütlicher Reisemobilplatz im Grünen.

## Lage & Stellplatz

Komfortplatz im Wienerwald: „Mit allen Sinnen fühlen" ist das Motto im Wienerwald. Der Campingplatz ist eingebettet in einem Seitental, wo jeder absolute Ruhe fern jeglicher Geräuschkulissen findet. Und das nur 30 km vor Wien. Wunderschöne Rad- und Wanderwege im Schutzgebiet. Ideal für Wienbesuche.

## Sanitär

Die gepflegte Sanitäranlage wurde vom ADAC mit 3 Sternen ausgezeichnet. Die Anlage ist sehr geräumig, zweckmäßig und komfortabel gestaltet. Von den Gästen wird die Sauberkeit durchgängig als gut bewertet.

## Verpflegung

Verpflegung ca. 1 km vom Platz entfernt: Bäckerei und Supermarkt sowie einige top Restaurants & Mostheurige (Cidre, Birnen- und Apfelwein) mit bester regionaler Küche. Die platzeigene Schnapsbrennerei bietet einzigartigen Kirsch-, Apfel-, Zwetschgen- und Weintraubenbrand aus Isabella-Trauben.

## Freizeit

Eine Vielzahl von Wanderwegen im Voralpengebiet des Wienerwaldes, gut markierte Mountainbike-Strecken und Radwege empfehlen sich für tolle Tagestouren. Wien ist schnell zu erreichen und in Kernhof können Gäste weiße Tiger bestaunen. Angler finden in 1 km Entfernung eine geeignete Stelle zum Fischen.

Dirndl (Kornelkirsche).

Weiße Tigerbabys.

**3.4** GUT
9 Bewertungen

| | |
|---|---|
| Lage | 3.9 |
| Ruhe | 4.4 |
| Sanitäranlagen | 4.4 |
| Sauberkeit Ø | 4.7 |
| Freundlichkeit | 3.8 |
| Stellplatz | 4.0 |
| Verpflegung | 1.4 |
| Freizeit | 2.3 |
| Preis-Leistung | 4.0 |
| Mietunterkünfte | - |

**Geeignet für**

| | |
|---|---|
| 4.7 | Gäste mit Hund |
| 4.4 | Senioren |
| 3.8 | Paare |
| 3.3 | Gäste mit Zelt |
| 3.0 | Kinder b. 18 J. |
| 2.0 | Kinder b. 12 J. |
| 1.7 | Kinder b. 6 J. |

**Empfohlene Aktivitäten**

Wandern · Radfahren · Entspannen · Klettern · Mountainbiking

Karte auf Seite 200

2

## Kohlhofmühl Camping

Hauptstraße 2
2763 Neusiedl bei Pernitz
00436765334397
47.8916 | 15.95575

keine Angabe

keine Angabe
**Mehr Infos & Anfrage:**
www.camping.info/30054

| | |
|---|---|
| Baden in nat. Gewässer | k. A. |
| Pool & Hallenbad | ✗ |
| Spielplatz | keine Angabe |
| Hunde | ✗ |
| Skilift & Loipe | keine Angabe |
| WLAN | keine Angabe |
| Lebensmittel | k.A. |
| Brötchen | keine Angabe |
| Restaurant & Imbiss | ✗ |
| Ver-/Entsorgung Womo | ✗ |
| in den Ort | keine Angabe |
| Gesamt | keine Angabe |
| Mietunterkünfte | ✗ |
| Stellplätze vor Schranke | ✗ |

- JETZT BEWERTEN!

Für diese Auswertung liegen leider noch nicht genügend Bewertungen vor.

Sei einer der Ersten, der diesen Campingplatz bewertet. Unter den Bewertern werden regelmäßig Gewinne verlost!

Mehr Infos dazu findest du in unserem allgemeinen Intro.

5

## Voralpencamping Kleinzell

❄

Kleinzell 14
3171 Kleinzell
+43 664 2340 933
47.9794 | 15.73164

ganzjährig

HS: 20,00 € | NS: 20,00 €
**Mehr Infos & Anfrage:**
www.camping.info/19296

| | |
|---|---|
| Baden im Teich | 10km |
| Pool/Hallenbad | 14/35km |
| Spielplatz am Platz | ✓ |
| Hunde willkommen | ✓ |
| Skilift/Loipe | 10/6km |
| WLAN | ✗ |
| Lebensmittel | 300m |
| Brötchen am Platz | ✗ |
| Restaurant/Imbiss | 400/300m |
| Ver-/Entsorgung Womo | ✓ |
| in den Ort | 300m |
| Gesamt/Touristen | 120/15 |
| Mietunterkünfte | ✗ |
| Stellplätze vor Schranke | ✗ |

- JETZT BEWERTEN!

Für diese Auswertung liegen leider noch nicht genügend Bewertungen vor.

Sei einer der Ersten, der diesen Campingplatz bewertet. Unter den Bewertern werden regelmäßig Gewinne verlost!

Mehr Infos dazu findest du in unserem allgemeinen Intro.

6

## Strandcamping Podersdorf am See

Strandplatz 19
7141 Podersdorf am See
+43 2177 2279
47.8541 | 16.8263
116m ü.M.

23.03. - 26.10.

HS: 32,00 € | NS: 28,80 €
**Mehr Infos & Anfrage:**
www.camping.info/19369

| | |
|---|---|
| Baden im See am Platz | ✓ |
| Hallenbad | 7km |
| Spielplatz am Platz | ✓ |
| Hunde erlaubt | ✓ |
| Skilift & Loipe | ✗ |
| WLAN | ✓ |
| Lebensmittel | ✓ |
| Brötchen am Platz | ✓ |
| Restaurant & Imbiss | ✓ |
| Ver-/Entsorgung Womo | ✓ |
| im Ort | ✓ |
| Gesamt/Touristen | 490/285 |
| Mietunterkünfte | ✓ |
| Stellplätze vor Schranke | ✓ |

3.3 GUT
51 Bewertungen

| | |
|---|---|
| Lage | 4.5 |
| Ruhe | 3.0 |
| Sanitäranlagen | 3.8 |
| Sauberkeit Ø | 3.4 |
| Freundlichkeit | 3.9 |
| Stellplatz | 3.4 |
| Verpflegung | 3.2 |
| Freizeit | 4.0 |
| Preis-Leistung | 3.2 |
| Mietunterkünfte | 3.7 |

**Geeignet für**

| | |
|---|---|
| Kinder b. 6 J. | 3.9 |
| Kinder b. 12 J. | 4.2 |
| Kinder b. 18 J. | 3.8 |
| Paare | 3.6 |
| Senioren | 3.5 |
| Gäste mit Zelt | 3.8 |
| Gäste mit Hund | 3.3 |

**Empfohlene Aktivitäten**

- Surfen
- Radfahren
- Segeln

**Infos**

Öffnungszeiten
Vergleichspreis
Link

**Ausstattung**

Freizeit
Campingplatz
Versorgung
Anzahl der Plätze

# 4 Terrassen Camping Traisen

Kulmhof 1
3160 Traisen
+43 2762 62900
www.camping-traisen.at
info@camping-traisen.at

01.03. - 30.06.
01.07. - 31.08.
HS: 30,00 € | NS: 25,50 €

**Mehr Infos & Anfrage:**
www.camping.info/19445

| | |
|---|---|
| Baden im Fluss | 800m |
| Pool/Hallenbad | ✓/20km |
| Spielplatz am Platz | ✓ |
| Hunde willkommen | ✓ |
| Skilift & Loipe | ✗ |
| WLAN | ✓ |
| Lebensmittel | ✓ |
| Brötchen am Platz | nur HS |
| Restaurant/Imbiss | 500m/✓ |
| Ver-/Entsorgung Womo | ✓ |
| in den Ort | 500m |
| Gesamt/Touristen | 100/40 |
| Mietunterkünfte | ✓ |
| Stellplätze vor Schranke | ✗ |

1 km
48.04267 | 15.60234
415m ü.M.

Camping-Insel im Grünen.

## Lage & Stellplatz

Der schöne Blick auf die Voralpen zeichnet diesen terrassenförmig angelegten Platz aus. Die gepflegte Anlage verfügt über individuelle Stellplätze, einen solarbeheizten Pool, einen Gruppenplatz mit Lagerfeuerstelle, Tagräume und kostenloses WLAN. Der Platz ist eine knappe Stunde von Wien entfernt.

## Sanitär

Das saubere, zentrale Sanitärgebäude ist mit Duschen, Toiletten, Waschkabinen, Babybad, Geschirr- und Wäschewaschbecken sowie einer Waschmaschine und einem Trockner ausgestattet. Des Weiteren steht eine Camper-Servicestation für Wohnmobile bereit. Das Wasser am Platz weist Trinkwasserqualität auf.

## Verpflegung

Direkt vor Ort gibt es einen kleinen Shop und ein gemütliches Café-Bistro, welches von Mitte Mai bis Mitte September geöffnet ist. In der Hauptreisezeit wird außerdem ein täglicher Brötchenservice angeboten. Verschiedene Restaurants befinden sich im nahe gelegenen Ortszentrum von Traisen.

## Freizeit

Auf dem Campinggelände sorgen ein Kinderspielplatz, ein Trampolin, Tischtennis, Tischfußball und ein Ballspielplatz für Unterhaltung. Zahlreiche gut markierte Wanderwege und der Traisental-Radweg laden zur Bewegung in der Natur ein. Beliebte Ausflugsziele sind u. a. Wien, Mariazell und Wachau.

Frühstück mit Fernsicht.

Abkühlung im Pool.

**4.8** SEHR GUT
37 Bewertungen

| | |
|---|---|
| Lage | 4.6 |
| Ruhe | 4.7 |
| Sanitäranlagen | 4.4 |
| Sauberkeit Ø | 4.8 |
| Freundlichkeit | 4.9 |
| Stellplatz | 4.6 |
| Verpflegung | 4.2 |
| Freizeit | 4.5 |
| Preis-Leistung | 4.7 |
| Mietunterkünfte | 4.9 |

**Geeignet für**

4.9 Gäste mit Zelt

4.9 Gäste mit Hund
4.7 Kinder b. 12 J.
4.7 Senioren
4.7 Kinder b. 6 J.
4.7 Paare
4.2 Kinder b. 18 J.

**Empfohlene Aktivitäten**

Wandern
Entspannen
Radfahren
Mountainbiking
Schwimmen

Ab 1. September Nebensaison 25,50 €.

Karte auf Seite 200

## 7 Camping Sonnenwaldbad Donnerskirchen

Badstraße 25
7082 Donnerskirchen
+43 (0)2683 / 8670
47.89262 | 16.6309
134m ü.M.

01.05. - 30.09.
HS: 28,00 € | NS: 28,00 €
**Mehr Infos & Anfrage:**
www.camping.info/27342

| | |
|---|---|
| Baden im See | 10km |
| Pool/Hallenbad | ✓/15km |
| Spielplatz am Platz | ✓ |
| Hunde erlaubt | ✓ |
| Loipe | 5km |
| WLAN | ✓ |
| Lebensmittel | 2km |
| Brötchen | keine Angabe |
| Restaurant & Imbiss | ✓ |
| Ver-/Entsorgung Womo | ✓ |
| in den Ort | 5km |
| Gesamt | 30 |
| Mietunterkünfte | ✗ |
| Stellplätze vor Schranke | ✗ |

**3.3** GUT
3 Bewertungen

| | |
|---|---|
| Lage | 2.7 |
| Ruhe | 3.0 |
| Sanitäranlagen | 2.0 |
| Sauberkeit Ø | 2.9 |
| Freundlichkeit | 2.7 |
| Stellplatz | 2.7 |
| Verpflegung | 2.3 |
| Freizeit | 3.3 |
| Preis-Leistung | 2.3 |
| Mietunterkünfte | - |

**Geeignet für**

| | |
|---|---|
| Kinder b. 6 J. | 2.3 |
| Kinder b. 12 J. | 3.0 |
| Kinder b. 18 J. | 3.0 |
| Paare | 3.3 |
| Senioren | 3.7 |
| Gäste mit Zelt | 3.7 |
| Gäste mit Hund | 2.0 |

**Empfohlene Aktivitäten**

- Radfahren
- Entspannen
- Schwimmen

## 8 Campingplatz am Zicksee

Uferpromenade
7161 St. Andrä am Zicksee
+43 2176 2144
47.79454 | 16.91339

01.04. - 15.10.
HS: 21,40 € | NS: 21,40 €
**Mehr Infos & Anfrage:**
www.camping.info/26023

| | |
|---|---|
| Baden im See am Platz | ✓ |
| Pool & Hallenbad | ✗ |
| Spielplatz am Platz | ✓ |
| Hunde | ✗ |
| Skilift & Loipe | ✗ |
| WLAN | ✓ |
| Lebensmittel | 400m |
| Brötchen am Platz | ✗ |
| Restaurant/Imbiss | 50m/✓ |
| Ver-/Entsorgung Womo | ✓ |
| in den Ort | keine Angabe |
| Gesamt/Touristen | 335/235 |
| Mietunterkünfte | ✗ |
| Stellplätze vor Schranke | ✓ |

**4.3** SEHR GUT
26 Bewertungen

| | |
|---|---|
| Lage | 4.6 |
| Ruhe | 4.4 |
| Sanitäranlagen | 4.1 |
| Sauberkeit Ø | 4.5 |
| Freundlichkeit | 4.6 |
| Stellplatz | 4.3 |
| Verpflegung | 3.5 |
| Freizeit | 4.0 |
| Preis-Leistung | 4.2 |
| Mietunterkünfte | - |

**Geeignet für**

| | |
|---|---|
| Kinder b. 6 J. | 4.5 |
| Kinder b. 12 J. | 4.2 |
| Kinder b. 18 J. | 3.4 |
| Paare | 4.7 |
| Senioren | 4.7 |
| Gäste mit Zelt | 4.2 |
| Hunde n. erlaubt | - |

**Empfohlene Aktivitäten**

- Radfahren
- Entspannen
- Wandern

## 9 Camping Oggau

Seegasse
7063 Oggau
+43 2685 7271
47.84372 | 16.68707

01.04. - 31.10.
HS: 30,40 € | NS: 28,90 €
**Mehr Infos & Anfrage:**
www.camping.info/19482

| | |
|---|---|
| Baden im See | 8km |
| Pool/Hallenbad | 100m/15km |
| Spielplatz am Platz | ✓ |
| Hunde erlaubt | ✓ |
| Skilift & Loipe | ✗ |
| WLAN | ✓ |
| Lebensmittel | ✓ |
| Brötchen am Platz | ✓ |
| Restaurant & Imbiss | ✓ |
| Ver-/Entsorgung Womo | ✓ |
| in den Ort | 1km |
| Gesamt/Touristen | 470/155 |
| Mietunterkünfte | ✗ |
| Stellplätze vor Schranke | ✗ |

**3.8** GUT
36 Bewertungen

| | |
|---|---|
| Lage | 3.8 |
| Ruhe | 4.0 |
| Sanitäranlagen | 3.8 |
| Sauberkeit Ø | 3.8 |
| Freundlichkeit | 4.1 |
| Stellplatz | 3.8 |
| Verpflegung | 3.5 |
| Freizeit | 3.5 |
| Preis-Leistung | 3.7 |
| Mietunterkünfte | - |

**Geeignet für**

| | |
|---|---|
| Kinder b. 6 J. | 3.7 |
| Kinder b. 12 J. | 3.7 |
| Kinder b. 18 J. | 3.5 |
| Paare | 4.1 |
| Senioren | 4.5 |
| Gäste mit Zelt | 3.6 |
| Gäste mit Hund | 3.6 |

**Empfohlene Aktivitäten**

- Radfahren
- Schwimmen
- Entspannen

**Infos**

Öffnungszeiten
Vergleichspreis
Link

**Ausstattung**

Freizeit
Campingplatz
Versorgung
Anzahl der Plätze

# 11 Ötscherland Camping

✱

Zellerhofstraße 23
3293 Lunz am See
+43 664 738 605 98

www.oetscherlandcamping.at
info@oetscherlandcamping.at

ganzjährig

HS: 30,00 € | NS: 30,00 €

**Mehr Infos & Anfrage:**
www.camping.info/19446

| | |
|---|---|
| Baden im See | 1km |
| Pool/Hallenbad | 11km |
| Spielplatz am Platz | ✓ |
| Hunde willkommen | ✓ |
| Skilift/Loipe | 3km/500m |
| WLAN | ✓ |
| Lebensmittel | 500m |
| Brötchen am Platz | ✓ |
| Restaurant/Imbiss | 300/500m |
| Ver-/Entsorgung Womo | ✓ |
| in den Ort | 500m |
| Gesamt/Touristen | 80/40 |
| Mietunterkünfte | ✓ |
| Stellplätze vor Schranke | ✗ |

47.8621 | 15.0363
600m ü.M.

Am Ortsrand eingebettet zwischen Wiesen und Ybbs.

## Lage & Stellplatz

Der familiengeführte Campingplatz befindet sich im alpinen Mostviertel, eingebettet von der Ybbs und sanften Bergen. Auf gepflegten Wiesen- und Schotterbereichen mit schattenspendenden Hecken und Bäumen finden die Gäste einen schönen Platz. Strom, Gas und WLAN sind am gesamten Platz verfügbar.

## Sanitär

Das Campinghaus bietet einen Aufenthaltsraum mit Kühlschrank und Kaffeeautomat, sanitäre Anlagen mit WC und Duschen, Waschbecken, Einzelwaschkabine mit Wickeltisch, Geschirrspülbecken sowie Waschmaschine und Trockner. Hier legt man großen Wert auf Sauberkeit.

## Verpflegung

Nur wenige Gehminuten entfernt befinden sich verschiedene Restaurants mit regionalen und saisonalen Köstlichkeiten, ein Supermarkt, Bioladen sowie ein Café. Frisches Gebäck vom regionalen Bäcker sowie Butter, Marmelade und Getränke werden in der Sommersaison täglich am Campingplatz angeboten.

## Freizeit

Der Lunzersee (10 bis 15 Gehminuten) bietet Badespaß und kulturelle Angebote auf der Seebühne. Idealer Ausgangspunkt für Wandertouren und Ausflugsziele in und um Lunz am See, die auch mit der NÖ-Card genutzt werden. Zum Ybbstalradweg sind es nur ca. 500 m. Der Platz hat auch im Winter geöffnet.

Pferdebesuch am Campingplatz.

Ein feines Wohnmobil-Platzerl.

**4.4** SEHR GUT
18 Bewertungen

| | |
|---|---|
| Lage | 4.4 |
| Ruhe | 4.2 |
| Sanitäranlagen | 4.2 |
| Sauberkeit Ø | 4.8 |
| Freundlichkeit | 4.8 |
| Stellplatz | 4.0 |
| Verpflegung | 3.4 |
| Freizeit | 4.4 |
| Preis-Leistung | 4.3 |
| Mietunterkünfte | 4.7 |

**Geeignet für**

- 4.7 Gäste mit Zelt
- 4.6 Kinder b. 18 J.
- 4.5 Gäste mit Hund
- 4.3 Kinder b. 12 J.
- 4.5 Paare
- 4.4 Senioren
- 4.2 Kinder b. 6 J.

**Empfohlene Aktivitäten**

Wandern · Radfahren · Mountainbiking · Entspannen · Schwimmen

Zwischen Ötscher und Hochkar gelegen – Winterpauschale im Angebot!

Karte auf Seite 200

## 10 Camping am See

Bimbo-Binder-Promenade 15
3100 St. Pölten
+43 676 898 798 898
48.22466 | 15.65877

**Infos**

- Öffnungszeiten: 15.04. - 31.10.
- Vergleichspreis: HS: 35,10 € | NS: 35,10 €
- Link: **Mehr Infos & Anfrage:** www.camping.info/23192

**Ausstattung**

| | |
|---|---|
| **Freizeit** | |
| Baden im See am Platz | ✓ |
| Pool/Hallenbad | 5km |
| Spielplatz am Platz | ✓ |
| **Campingplatz** | |
| Hunde willkommen | ✓ |
| Skilift/Loipe | 50km |
| WLAN | ✓ |
| **Versorgung** | |
| Lebensmittel | 1km |
| Brötchen am Platz | ✓ |
| Restaurant/Imbiss | 300m |
| Ver-/Entsorgung Womo | ✓ |
| in den Ort | 500m |
| **Anzahl der Plätze** | |
| Gesamt/Touristen | 91/46 |
| Mietunterkünfte | ✓ |
| Stellplätze vor Schranke | ✗ |

**4.1** SEHR GUT
0 Bewertungen

| | |
|---|---|
| Lage | 4.5 |
| Ruhe | 4.2 |
| Sanitäranlagen | 4.5 |
| Sauberkeit Ø | 4.8 |
| Freundlichkeit | 4.5 |
| Stellplatz | 4.8 |
| Verpflegung | 3.0 |
| Freizeit | 4.4 |
| Preis-Leistung | 3.8 |
| Mietunterkünfte | - |

**Geeignet für**

| | |
|---|---|
| Kinder b. 6 J. | 4.0 |
| Kinder b. 12 J. | 4.0 |
| Kinder b. 18 J. | 3.5 |
| Paare | 4.8 |
| Senioren | 4.8 |
| Gäste mit Zelt | 3.8 |
| Gäste mit Hund | 4.5 |

**Empfohlene Aktivitäten**

- Entspannen
- Schwimmen
- Radfahren

## 12 Camping Gippelblick Kernhof

Oberkeer 1
3195 Kernhof
+43 664 5035 981
47.81802 | 15.532
800m ü.M.

**Infos**

- Öffnungszeiten: ganzjährig
- Vergleichspreis: HS: 20,20 € | NS: 20,20 €
- Link: **Mehr Infos & online buchen:** www.camping.info/19335

**Ausstattung**

| | |
|---|---|
| **Freizeit** | |
| Baden in nat. Gewässer | k. A. |
| Pool/Hallenbad | 5/20km |
| Spielplatz am Platz | ✓ |
| **Campingplatz** | |
| Hunde willkommen | ✓ |
| Skilift/Loipe | 4km/✓ |
| WLAN | ✓ |
| **Versorgung** | |
| Lebensmittel | 500m |
| Brötchen am Platz | ✗ |
| Restaurant/Imbiss | 200m/✓ |
| Ver-/Entsorgung Womo | ✓ |
| in den Ort | 1km |
| **Anzahl der Plätze** | |
| Gesamt/Touristen | 65/45 |
| Mietunterkünfte | ✗ |
| Stellplätze vor Schranke | ✗ |

**4.8** SEHR GUT
10 Bewertungen

| | |
|---|---|
| Lage | 4.9 |
| Ruhe | 5.0 |
| Sanitäranlagen | 4.6 |
| Sauberkeit Ø | 4.8 |
| Freundlichkeit | 4.9 |
| Stellplatz | 4.2 |
| Verpflegung | 3.1 |
| Freizeit | 4.4 |
| Preis-Leistung | 4.9 |
| Mietunterkünfte | - |

**Geeignet für**

| | |
|---|---|
| Kinder b. 6 J. | 4.5 |
| Kinder b. 12 J. | 4.0 |
| Kinder b. 18 J. | 4.2 |
| Paare | 4.4 |
| Senioren | 4.4 |
| Gäste mit Zelt | 5.0 |
| Gäste mit Hund | 4.9 |

**Empfohlene Aktivitäten**

- Wandern
- Radfahren
- Entspannen

## 13 Camping Wienerwald

Leopoldigasse 2
2392 Sulz im Wienerwald
00436507379334
48.1049 | 16.1339

**Infos**

- Öffnungszeiten: keine Angabe
- Vergleichspreis: HS: 24,00 € | NS: 20,00 €
- Link: **Mehr Infos & Anfrage:** www.camping.info/27569

**Ausstattung**

| | |
|---|---|
| **Freizeit** | |
| Baden in nat. Gewässer | k. A. |
| Pool/Hallenbad | 10km |
| Spielplatz | 1km |
| **Campingplatz** | |
| Hunde | ✗ |
| Skilift & Loipe | ✗ |
| WLAN | ✓ |
| **Versorgung** | |
| Lebensmittel | 1km |
| Brötchen am Platz | ✓ |
| Restaurant | 1km |
| Ver-/Entsorgung Womo | ✓ |
| in den Ort | 9km |
| **Anzahl der Plätze** | |
| Gesamt | keine Angabe |
| Mietunterkünfte | ✗ |
| Stellplätze vor Schranke | ✗ |

**-** JETZT BEWERTEN!

Für diese Auswertung liegen leider noch nicht genügend Bewertungen vor.

Sei einer der Ersten, der diesen Campingplatz bewertet. Unter den Bewertern werden regelmäßig Gewinne verlost!

Mehr Infos dazu findest du in unserem allgemeinen Intro.

ÖSTERREICH

# ⓯ Niederösterreich Nord

| | Platz | Seite | Bewertung | | Öffnungszeiten | |
|---|---|---|---|---|---|---|
| 1 | Reisemobil Stellplatz Wien | 216 | 4.4 | | ganzjährig | ✻ |
| 2 | Erster Waldviertler Kinderbauernhof Camping | 216 | 4.3 | | ganzjährig | ✻ |
| 3 | Camping Ettenauer | 216 | 4.4 | | ganzjährig | ✻ |
| 4 | Camping Krenn | 216 | 4.2 | | saisonal | |
| 5 | Campingplatz St. Martin | 217 | 4.7 | | saisonal | |
| 6 | Marbacher Freizeitzentrum | 217 | 3.6 | | saisonal | |
| 7 | Donaupark Camping Klosterneuburg | 217 | 4.3 | | saisonal | 👍 |
| 8 | Waldviertel Camping \| Familie Einfalt | 218 | 4.9 | | saisonal | |
| 9 | Campingplatz Thayapark | 218 | 4.0 | | saisonal | |
| 10 | Veltlinerland-Camping Poysdorf | 218 | 4.8 | | saisonal | |
| 11 | Campingplatz Rossatz | 218 | 4.5 | | saisonal | |
| 12 | Haarstubencampingplatz Reingers | 219 | 4.6 | | saisonal | |
| 13 | Camping Stumpfer | 220 | 3.7 | | saisonal | |
| 14 | Waldcamping Hubertus | 219 | 4.6 | | saisonal | |
| 15 | Campingplatz Lichtenfels am Stausee Ottenstein | 219 | 3.8 | | saisonal | |
| 16 | Donau Camping Krems | 221 | 3.9 | | saisonal | |
| 17 | Donaupark Camping Tulln | 221 | 4.0 | | saisonal | |
| 18 | Camping Waldenstein | 221 | 4.7 | | saisonal | |

## WALD- UND WEINVIERTEL, DIE WACHAU UND WIEN

Niederösterreich - das Land rund um Wien - ist nicht nur landschaftlich reizvoll, sondern auch kulturell sehenswert. Der Charakter des Waldviertels wird von einem nordischen Klima, dunklen Wäldern und beschaulichen Hochmooren geprägt. Das Weinviertel hingegen präsentiert sich mit hügeligen Gebieten und rund 14.000 Winzern. Mitten in Niederösterreich liegt die Bundeshauptstadt Wien, Österreichs Hauptstadt und einzige Millionenstadt.

Kellergasse am Galgenberg © Niederösterreich-Werbung/Michael Liebert

## NATUR UND GENUSS IM WALD- UND WEINVIERTEL

Im Waldviertel, dem nördlichsten Teil Österreichs, sorgt die besondere Kombination aus Landschaftsvielfalt und Kulturgütern für einen Campingurlaub der besonderen Art. Faszinierende Naturerlebnisse sind im „Naturpark Heidenreichsteiner Moor“, im „Naturpark Hochmoor-UnterWasserReich“ in Schrems oder an den Kampstauseen zu finden. Kulturinteressierte Camper kommen in bekannten Stiften wie dem Stift Altenburg auf ihre Kosten. Im Nordosten Niederösterreichs befindet sich das Weinviertel. Wie der Name bereits erahnen lässt, handelt es sich dabei um Österreichs größtes Weinbaugebiet. Hier warten sanfte Hügellandschaften, ein gutes Radwegenetz und Wein in den unterschiedlichsten Ausprägungen - beste Voraussetzungen also, um die malerischen Kellergassen und Weingärten zu erkunden. Zu den bekanntesten Kellergassen zählen die Öhlbergkellergasse in Pillersdorf, der Zipf in Mailberg und die Gstetten in Poysdorf. Auch die „Amethyst Welt Maissau“, der „Naturpark Leiser Berge“ und das Schloss Hof in Engelhartstetten gehören zu den gut besuchten Attraktionen der Region.

Dürnstein in der Wachau © Niederösterreich-Werbung/Michael Liebert

## MIT RAD ODER CARAVAN DURCH DIE WACHAU

Die Wachau, das Donautal zwischen Melk und Krems, ist für seine reizvolle Landschaft, die Weinberge und die Marillenblüte international bekannt. Die Wachau ist UNESCO Weltkultur- und Naturerbe. Highlights sind die Ruine Dürnstein, auf welcher der englische König Richard Löwenherz gefangen war, die Ruine Aggstein und das Stift Melk. Die Wachau wird vor allem im Sommer von Campern gerne besucht, ist aber durch seine klimatisch begünstigte Lage auch in den kühleren Jahreszeiten ein interessantes Ziel.

Stift Melk © Niederösterreich-Werbung/Michael Liebert

## WIEN: FACETTENREICHE METROPOLE

Mit mehr als fünf Millionen Touristen pro Jahr zählt Wien zu den zehn meistbesuchten Städten Europas. Kein Wunder, versammeln sich hier doch einige der bekanntesten Attraktionen des Landes. Beginnend beim Stephansdom, der mit seinem 137 m hohen Turm das Wahrzeichen der Stadt darstellt. Als bequeme Alternative zur Dombesteigung präsentiert sich das Riesenrad. Es bildet das Tor zum Wiener Prater, einem riesigen Freizeitareal mit Wiens größtem Vergnügungspark. Nicht weniger sehenswert ist das Schloss Schönbrunn. Eines der größten und schönsten Prunkbauten der Stadt weiß unter anderem durch den riesigen Park und den angrenzenden Tiergarten Schönbrunn zu überzeugen. Ein Tipp für Tierfreunde ist auch das Haus des Meeres. In einem Flakturm aus dem 2. Weltkrieg wurden hinter meterdicken Betonwänden riesige Aquarien geschaffen. Außerdem verfügt Wien über mehr als 100 Museen, dazu kommt eine außergewöhnliche Auswahl an regelmäßigen Veranstaltungen, Märkten, Heurigen und Kaffeehäusern. Bade-Tipp: Eines der bekanntesten Wiener Freibäder ist das Gänsehäufel an der Alten Donau, eines der größten Süßwasserfreibäder Europas.

### TIPP DER REDAKTION

**Campingplatz Rossatz**

Rossatz | Nr. 11 | Seite 218

Laut Gästen ideal geeignet zum:

- Wandern
- Radfahren
- Entspannen

4.5

## 1 Reisemobil Stellplatz Wien

*

Perfektastraße 49 - 53
1230 Wien
+43 664 433 7271

48.13673 | 16.31645
172m ü.M.

ganzjährig

HS: 22,00 € | NS: 22,00 €

**Mehr Infos & Anfrage:**
www.camping.info/26770

| | |
|---|---|
| Baden in nat. Gewässer | k. A. |
| Pool/Hallenbad | 3/5km |
| Spielplatz | 1km |
| Hunde willkommen | ✓ |
| Skilift & Loipe | ✗ |
| WLAN (gratis) | teilweise |
| Lebensmittel | 50m |
| Brötchen am Platz | ✓ |
| Restaurant/Imbiss | 50m |
| Ver-/Entsorgung Womo | ✓ |
| in den Ort | 5km |
| Touristenplätze | 167 |
| Mietunterkünfte | ✗ |
| Stellplätze vor Schranke | ✗ |

**4.4** SEHR GUT
16 Bewertungen

| | |
|---|---|
| Lage | 4.7 |
| Ruhe | 3.5 |
| Sanitäranlagen | 4.0 |
| Sauberkeit Ø | 4.5 |
| Freundlichkeit | 4.9 |
| Stellplatz | 4.6 |
| Verpflegung | 2.9 |
| Freizeit | 4.1 |
| Preis-Leistung | 4.2 |
| Mietunterkünfte | - |

**Geeignet für**

| | |
|---|---|
| Kinder b. 6 J. | 3.7 |
| Kinder b. 12 J. | 3.9 |
| Kinder b. 18 J. | 3.9 |
| Paare | 5.0 |
| Senioren | 5.0 |
| Gäste mit Zelt | 1.0 |
| Gäste mit Hund | 4.6 |

**Empfohlene Aktivitäten**

- Sightseeing
- Kultur
- Spazieren

## 2 Erster Waldviertler Kinderbauernhof Camping

*

Kamles 4
3914 Waldhausen
+43 2877 7508

48.50571 | 15.22889

ganzjährig

HS: 27,00 € | NS: 27,00 €

**Mehr Infos & Anfrage:**
www.camping.info/22137

| | |
|---|---|
| Baden im Teich | 700m |
| Pool/Hallenbad | 13km |
| Spielplatz am Platz | ✓ |
| Hunde erlaubt | ✓ |
| Skilift/Loipe | 15km |
| WLAN (gratis) | teilweise |
| Lebensmittel | ✓ |
| Brötchen am Platz | ✓ |
| Restaurant/Imbiss | 1/1km |
| Ver-/Entsorgung Womo | ✓ |
| im Ort | ✓ |
| Touristenplätze | 5 |
| Mietunterkünfte | ✓ |
| Stellplätze vor Schranke | ✗ |

**4.3** SEHR GUT
7 Bewertungen

| | |
|---|---|
| Lage | 4.3 |
| Ruhe | 4.9 |
| Sanitäranlagen | 4.1 |
| Sauberkeit Ø | 4.2 |
| Freundlichkeit | 4.7 |
| Stellplatz | 4.0 |
| Verpflegung | 3.8 |
| Freizeit | 4.3 |
| Preis-Leistung | 4.5 |
| Mietunterkünfte | - |

**Geeignet für**

| | |
|---|---|
| Kinder b. 6 J. | 4.6 |
| Kinder b. 12 J. | 4.7 |
| Kinder b. 18 J. | 3.0 |
| Paare | 2.5 |
| Senioren | 2.8 |
| Gäste mit Zelt | 4.4 |
| Gäste mit Hund | 4.3 |

**Empfohlene Aktivitäten**

- Wandern
- Entspannen
- Radfahren

## 3 Camping Ettenauer

*

Untere Hauptstraße 35
3495 Rohrendorf
+43 664 1164808

48.41833 | 15.66171
150m ü.M.

15.05. - 31.10.

HS: 26,20 € | NS: 26,20 €

**Mehr Infos & Anfrage:**
www.camping.info/24798

| | |
|---|---|
| Baden im Fluss | 3km |
| Pool/Hallenbad | 2km |
| Spielplatz am Platz | ✓ |
| Hunde willkommen | ✓ |
| Skilift/Loipe | 40/30km |
| WLAN (gratis) | teilweise |
| Lebensmittel | 300m |
| Brötchen am Platz | ✗ |
| Restaurant/Imbiss | 300/100m |
| Ver-/Entsorgung Womo | ✓ |
| im Ort | ✓ |
| Touristenplätze | 5 |
| Mietunterkünfte | ✓ |
| Stellplätze vor Schranke | ✗ |

**4.5** SEHR GUT
12 Bewertungen

| | |
|---|---|
| Lage | 4.5 |
| Ruhe | 5.0 |
| Sanitäranlagen | 4.0 |
| Sauberkeit Ø | 4.8 |
| Freundlichkeit | 5.0 |
| Stellplatz | 4.3 |
| Verpflegung | 3.6 |
| Freizeit | 4.5 |
| Preis-Leistung | 4.7 |
| Mietunterkünfte | 4.2 |

**Geeignet für**

| | |
|---|---|
| Kinder b. 6 J. | 4.3 |
| Kinder b. 12 J. | 4.1 |
| Kinder b. 18 J. | 3.9 |
| Paare | 4.8 |
| Senioren | 5.0 |
| Gäste mit Zelt | 4.7 |
| Gäste mit Hund | 4.5 |

**Empfohlene Aktivitäten**

- Radfahren
- Wandern
- Kulinarik

WOMOs ab 7m mit Reservierung, max. Höhe 3,2 m; für Gruppen nicht geeignet

## 4 Camping Krenn

Willersbach 40
3323 Neustadtl an der Donau
+43 741 252 678

48.19589 | 14.97808
230m ü.M.

01.04. - 30.09.

HS: 22,00 € | NS: 22,00 €

**Mehr Infos & Anfrage:**
www.camping.info/19431

| | |
|---|---|
| Baden im Fluss am Platz | ✓ |
| Pool/Hallenbad | 6km |
| Spielplatz | 30m |
| Hunde willkommen | ✓ |
| Skilift | 6km |
| WLAN | ✗ |
| Lebensmittel | 6km |
| Brötchen am Platz | ✓ |
| Restaurant/Imbiss | 30m |
| Ver-/Entsorgung Womo | ✗ |
| in den Ort | 30m |
| Gesamt/Touristen | 53/15 |
| Mietunterkünfte | ✓ |
| Stellplätze vor Schranke | ✓ |

**4.2** SEHR GUT
4 Bewertungen

| | |
|---|---|
| Lage | 4.5 |
| Ruhe | 4.0 |
| Sanitäranlagen | 3.2 |
| Sauberkeit Ø | 4.8 |
| Freundlichkeit | 4.7 |
| Stellplatz | 3.8 |
| Verpflegung | 5.0 |
| Freizeit | 4.0 |
| Preis-Leistung | 4.2 |
| Mietunterkünfte | - |

**Geeignet für**

| | |
|---|---|
| Kinder b. 6 J. | - |
| Kinder b. 12 J. | - |
| Kinder b. 18 J. | - |
| Paare | 4.5 |
| Senioren | 5.0 |
| Gäste mit Zelt | 5.0 |
| Gäste mit Hund | 4.5 |

**Empfohlene Aktivitäten**

- Radfahren
- Wandern
- Kultur

Karte auf Seite 212

## 5 Campingplatz St. Martin

St. Martin 1
3971 St. Martin
+43 2857 2262
48.66433 | 14.81735

01.05. - 30.09.
HS: 23,20 € | NS: 23,20 €
**Mehr Infos & Anfrage:**
www.camping.info/19295

| | |
|---|---|
| Baden im Teich am Platz | ✓ |
| Hallenbad | 5km |
| Spielplatz | 5km |
| Hunde | ✗ |
| Skilift | 4km |
| WLAN | ✗ |
| Lebensmittel | 5km |
| Brötchen | keine Angabe |
| Restaurant/Imbiss | 5km/✓ |
| Ver-/Entsorgung Womo | ✓ |
| in den Ort | 5km |
| Touristenplätze | 9 |
| Mietunterkünfte | ✗ |
| Stellplätze vor Schranke | ✗ |

**4.7** SEHR GUT
7 Bewertungen

| | |
|---|---|
| Lage | 4.7 |
| Ruhe | 4.9 |
| Sanitäranlagen | 4.3 |
| Sauberkeit Ø | 4.8 |
| Freundlichkeit | 5.0 |
| Stellplatz | 4.1 |
| Verpflegung | 3.5 |
| Freizeit | 4.4 |
| Preis-Leistung | 4.7 |
| Mietunterkünfte | - |

**Geeignet für**

| | |
|---|---|
| Kinder b. 6 J. | 4.0 |
| Kinder b. 12 J. | 3.8 |
| Kinder b. 18 J. | 3.5 |
| Paare | 4.7 |
| Senioren | 4.8 |
| Gäste mit Zelt | 4.7 |
| Hunde n. erlaubt | - |

**Empfohlene Aktivitäten**

- Wandern
- Entspannen
- Schwimmen

## 6 Marbacher Freizeit-zentrum

Marktstraße 1
3671 Marbach an der Donau
+43 7413 20733
48.21288 | 15.13779
220m ü.M.

01.04. - 15.10.
HS: 30,20 € | NS: 30,20 €
**Mehr Infos & Anfrage:**
www.camping.info/19382

| | |
|---|---|
| Baden im Fluss am Platz | ✓ |
| Pool | 1km |
| Spielplatz | 500m |
| Hunde erlaubt | ✓ |
| Skilift & Loipe | ✗ |
| WLAN | ✓ |
| Lebensmittel | 500m |
| Brötchen am Platz | nur HS |
| Restaurant/Imbiss | 500m |
| Ver-/Entsorgung Womo | ✓ |
| in den Ort | 500m |
| Touristenplätze | 50 |
| Mietunterkünfte | ✓ |
| Stellplätze vor Schranke | ✗ |

**3.6** GUT
8 Bewertungen

| | |
|---|---|
| Lage | 4.0 |
| Ruhe | 2.6 |
| Sanitäranlagen | 3.4 |
| Sauberkeit Ø | 3.8 |
| Freundlichkeit | 4.0 |
| Stellplatz | 3.1 |
| Verpflegung | 1.6 |
| Freizeit | 3.8 |
| Preis-Leistung | 4.1 |
| Mietunterkünfte | - |

**Geeignet für**

| | |
|---|---|
| Kinder b. 6 J. | 2.0 |
| Kinder b. 12 J. | 3.0 |
| Kinder b. 18 J. | 3.0 |
| Paare | 4.2 |
| Senioren | 4.4 |
| Gäste mit Zelt | 5.0 |
| Gäste mit Hund | 5.0 |

**Empfohlene Aktivitäten**

- Radfahren
- Wandern
- Motorboot

## 7 Donaupark Camping Klosterneuburg

In der Au 1
3400 Klosterneuburg
+43 2243 25877
48.31084 | 16.32759
192m ü.M.

15.03. - 16.11.
HS: 40,10 € | NS: 35,10 €
**Mehr Infos & Anfrage:**
www.camping.info/19421

| | |
|---|---|
| Baden im Fluss | 1km |
| Pool/Hallenbad | 100m |
| Spielplatz am Platz | ✓ |
| Hunde willkommen | ✓ |
| Skilift & Loipe | ✗ |
| WLAN | ✓ |
| Lebensmittel | ✓ |
| Brötchen am Platz | ✓ |
| Restaurant & Imbiss | ✓ |
| Ver-/Entsorgung Womo | ✓ |
| im Ort | ✓ |
| Touristenplätze | 120 |
| Mietunterkünfte | ✓ |
| Stellplätze vor Schranke | ✗ |

**4.3** SEHR GUT
79 Bewertungen

| | |
|---|---|
| Lage | 4.7 |
| Ruhe | 3.8 |
| Sanitäranlagen | 4.3 |
| Sauberkeit Ø | 4.5 |
| Freundlichkeit | 4.7 |
| Stellplatz | 4.1 |
| Verpflegung | 3.8 |
| Freizeit | 4.3 |
| Preis-Leistung | 4.3 |
| Mietunterkünfte | 4.2 |

**Geeignet für**

| | |
|---|---|
| Kinder b. 6 J. | 3.8 |
| Kinder b. 12 J. | 3.8 |
| Kinder b. 18 J. | 4.0 |
| Paare | 4.6 |
| Senioren | 4.6 |
| Gäste mit Zelt | 4.5 |
| Gäste mit Hund | 4.0 |

**Empfohlene Aktivitäten**

- Sightseeing
- Radfahren
- Kultur

AWARD 2020

### Infos

Öffnungszeiten
Vergleichspreis
Link

### Ausstattung

Freizeit
Campingplatz
Versorgung
Anzahl der Plätze

## 8 Waldviertel Camping | Familie Einfalt

Kinzenschlag 11
3920 Groß Gerungs
+43 281 283 20

48.54544 | 14.93958
820m ü.M.

15.04. - 31.10.

HS: 24,20 € | NS: 24,20 €

**Mehr Infos & Anfrage:**
www.camping.info/22222

| | |
|---|---|
| Baden im Teich | 500m |
| Pool/Hallenbad | 4km |
| Spielplatz am Platz | ✓ |
| Hunde erlaubt | ✓ |
| Skilift/Loipe | 20km/✓ |
| WLAN | ✓ |
| Lebensmittel | 4km |
| Brötchen am Platz | ✓ |
| Restaurant & Imbiss | ✓ |
| Ver-/Entsorgung Womo | ✓ |
| in den Ort | 4km |
| Touristenplätze | 20 |
| Mietunterkünfte | ✓ |
| Stellplätze vor Schranke | ✗ |

**4.8** SEHR GUT
17 Bewertungen

| | |
|---|---|
| Lage | 4.7 |
| Ruhe | 4.9 |
| Sanitäranlagen | 4.9 |
| Sauberkeit Ø | 5.0 |
| Freundlichkeit | 4.9 |
| Stellplatz | 4.4 |
| Verpflegung | 4.4 |
| Freizeit | 3.9 |
| Preis-Leistung | 4.6 |
| Mietunterkünfte | 5.0 |

**Geeignet für**

| | |
|---|---|
| Kinder b. 6 J. | 4.1 |
| Kinder b. 12 J. | 4.4 |
| Kinder b. 18 J. | 3.5 |
| Paare | 4.9 |
| Senioren | 4.9 |
| Gäste mit Zelt | 4.7 |
| Gäste mit Hund | 4.8 |

**Empfohlene Aktivitäten**

- Wandern
- Radfahren
- Entspannen

Jugendgruppen nur auf Anfrage

## 9 Campingplatz Thayapark

Badgasse 9
3830 Waidhofen an der Thaya
+43 2842 503 81

48.81091 | 15.2902

01.05. - 30.09.

HS: 21,90 € | NS: 21,90 €

**Mehr Infos & Anfrage:**
www.camping.info/19453

| | |
|---|---|
| Baden im Fluss am Platz | ✓ |
| Pool/Hallenbad | 300/800m |
| Spielplatz am Platz | ✓ |
| Hunde willkommen | ✓ |
| Skilift | 5km |
| WLAN | ✓ |
| Lebensmittel | 500m |
| Brötchen am Platz | ✓ |
| Restaurant/Imbiss | 500m |
| Ver-/Entsorgung Womo | ✓ |
| im Ort | ✓ |
| Gesamt/Touristen | 60/56 |
| Mietunterkünfte | ✓ |
| Stellplätze vor Schranke | ✗ |

**4.1** SEHR GUT
7 Bewertungen

| | |
|---|---|
| Lage | 4.1 |
| Ruhe | 4.4 |
| Sanitäranlagen | 3.4 |
| Sauberkeit Ø | 4.2 |
| Freundlichkeit | 4.6 |
| Stellplatz | 4.0 |
| Verpflegung | 3.2 |
| Freizeit | 3.7 |
| Preis-Leistung | 4.1 |
| Mietunterkünfte | 5.0 |

**Geeignet für**

| | |
|---|---|
| Kinder b. 6 J. | 2.7 |
| Kinder b. 12 J. | 3.0 |
| Kinder b. 18 J. | 2.5 |
| Paare | 4.2 |
| Senioren | 4.5 |
| Gäste mit Zelt | 5.0 |
| Gäste mit Hund | 5.0 |

**Empfohlene Aktivitäten**

- Radfahren
- Entspannen
- Wandern

## 10 Veltlinerland-Camping Poysdorf

Laaer Straße 106
2170 Poysdorf
+43 664 97 93 465

48.66463 | 16.6115

01.05. - 31.10.

HS: 19,50 € | NS: 19,50 €

**Mehr Infos & Anfrage:**
www.camping.info/19432

| | |
|---|---|
| Baden im See am Platz | ✓ |
| Pool/Hallenbad | 15km |
| Spielplatz am Platz | ✓ |
| Hunde willkommen | ✓ |
| Skilift & Loipe | ✗ |
| WLAN (begrenzt gratis) | ✓ |
| Lebensmittel | 1km |
| Brötchen am Platz | ✓ |
| Restaurant/Imbiss | 2km/✓ |
| Ver-/Entsorgung Womo | ✓ |
| in den Ort | 1km |
| Gesamt/Touristen | 44/22 |
| Mietunterkünfte | ✗ |
| Stellplätze vor Schranke | ✓ |

**4.8** SEHR GUT
15 Bewertungen

| | |
|---|---|
| Lage | 4.1 |
| Ruhe | 3.9 |
| Sanitäranlagen | 4.7 |
| Sauberkeit Ø | 4.8 |
| Freundlichkeit | 4.7 |
| Stellplatz | 4.3 |
| Verpflegung | 3.2 |
| Freizeit | 4.3 |
| Preis-Leistung | 4.8 |
| Mietunterkünfte | - |

**Geeignet für**

| | |
|---|---|
| Kinder b. 6 J. | 4.3 |
| Kinder b. 12 J. | 4.4 |
| Kinder b. 18 J. | 4.0 |
| Paare | 4.9 |
| Senioren | 4.8 |
| Gäste mit Zelt | 4.2 |
| Gäste mit Hund | 4.7 |

**Empfohlene Aktivitäten**

- Schwimmen
- Radfahren
- Wandern

## 11 Campingplatz Rossatz

Rossatzbach 21
3602 Rossatz
+43 676 8488 14800

48.39115 | 15.51634

01.04. - 31.10.

HS: 36,40 € | NS: 32,20 €

**Mehr Infos & Anfrage:**
www.camping.info/19280

| | |
|---|---|
| Baden im Fluss am Platz | ✓ |
| Pool/Hallenbad | 1/10km |
| Spielplatz am Platz | ✓ |
| Hunde willkommen | ✓ |
| Skilift | 25km |
| WLAN (gegen Gebühr) | ✓ |
| Lebensmittel | 500m |
| Brötchen am Platz | ✓ |
| Restaurant am P. | ✓ |
| Ver-/Entsorgung Womo | ✓ |
| in den Ort | 500m |
| Touristenplätze | 50 |
| Mietunterkünfte | ✗ |
| Stellplätze vor Schranke | ✗ |

**4.5** SEHR GUT
47 Bewertungen

| | |
|---|---|
| Lage | 4.8 |
| Ruhe | 4.2 |
| Sanitäranlagen | 4.6 |
| Sauberkeit Ø | 4.6 |
| Freundlichkeit | 4.5 |
| Stellplatz | 4.2 |
| Verpflegung | 4.1 |
| Freizeit | 4.4 |
| Preis-Leistung | 4.3 |
| Mietunterkünfte | - |

**Geeignet für**

| | |
|---|---|
| Kinder b. 6 J. | 3.5 |
| Kinder b. 12 J. | 3.8 |
| Kinder b. 18 J. | 3.7 |
| Paare | 4.8 |
| Senioren | 4.8 |
| Gäste mit Zelt | 4.3 |
| Gäste mit Hund | 4.5 |

**Empfohlene Aktivitäten**

- Wandern
- Radfahren
- Entspannen

Karte auf Seite 212

## 12 Haarstubencampingplatz Reingers

Reingers 106
3863 Reingers
+43 2863 8208

48.97167 | 15.15331
600m ü.M.

01.04. - 30.10.

HS: 21,60 € | NS: 21,60 €

**Mehr Infos & Anfrage:**
www.camping.info/19485

| | |
|---|---|
| Baden im Teich | 200m |
| Pool/Hallenbad | 200m/10km |
| Spielplatz am Platz | ✓ |
| Hunde willkommen | ✓ |
| Skilift & Loipe | ✗ |
| WLAN | ✓ |
| Lebensmittel | ✓ |
| Brötchen am Platz | ✓ |
| Restaurant/Imbiss | 200m |
| Ver-/Entsorgung Womo | ✓ |
| in den Ort | 500m |
| Touristenplätze | 30 |
| Mietunterkünfte | ✗ |
| Stellplätze vor Schranke | ✗ |

**4.6** SEHR GUT
10 Bewertungen

| | |
|---|---|
| Lage | 4.2 |
| Ruhe | 5.0 |
| Sanitäranlagen | 4.5 |
| Sauberkeit Ø | 4.8 |
| Freundlichkeit | 5.0 |
| Stellplatz | 4.1 |
| Verpflegung | 3.1 |
| Freizeit | 3.9 |
| Preis-Leistung | 4.6 |
| Mietunterkünfte | - |

**Geeignet für**

| | |
|---|---|
| Kinder b. 6 J. | 3.8 |
| Kinder b. 12 J. | 4.0 |
| Kinder b. 18 J. | 3.4 |
| Paare | 4.5 |
| Senioren | 4.9 |
| Gäste mit Zelt | 4.7 |
| Gäste mit Hund | 4.9 |

**Empfohlene Aktivitäten**

- Radfahren
- Wandern
- Entspannen

## 14 Waldcamping Hubertus

Waldstraße 54
2070 Oberretzbach
+43294220057

48.78886 | 15.96765
259m ü.M.

01.04. - 31.10.

HS: 22,70 € | NS: 22,70 €

**Mehr Infos & Anfrage:**
www.camping.info/26994

| | |
|---|---|
| Baden im Teich | 20m |
| Pool/Hallenbad | 4km |
| Spielplatz | 200m |
| Hunde willkommen | ✓ |
| Skilift & Loipe | ✗ |
| WLAN | ✓ |
| Lebensmittel | 1km |
| Brötchen am Platz | nur HS |
| Restaurant/Imbiss | 4/1km |
| Ver-/Entsorgung Womo | ✓ |
| in den Ort | 500m |
| Touristenplätze | 30 |
| Mietunterkünfte | ✗ |
| Stellplätze vor Schranke | ✗ |

**4.7** SEHR GUT
9 Bewertungen

| | |
|---|---|
| Lage | 4.7 |
| Ruhe | 4.9 |
| Sanitäranlagen | 4.1 |
| Sauberkeit Ø | 4.8 |
| Freundlichkeit | 5.0 |
| Stellplatz | 4.3 |
| Verpflegung | 2.5 |
| Freizeit | 4.7 |
| Preis-Leistung | 4.9 |
| Mietunterkünfte | - |

**Geeignet für**

| | |
|---|---|
| Kinder b. 6 J. | 3.4 |
| Kinder b. 12 J. | 3.6 |
| Kinder b. 18 J. | 4.2 |
| Paare | 4.8 |
| Senioren | 4.8 |
| Gäste mit Zelt | 4.5 |
| Gäste mit Hund | 4.5 |

**Empfohlene Aktivitäten**

- Radfahren
- Wandern
- Kultur

## 15 Campingplatz Lichtenfels am Stausee Ottenstein

Forsthaus Lichtenfels Friedersbach 69
3533 Friedersbach
+43 2826 7492

48.58992 | 15.31836
560m ü.M.

01.05. - 30.09.

HS: 24,60 € | NS: 24,60 €

**Mehr Infos & Anfrage:**
www.camping.info/19481

| | |
|---|---|
| Baden im See am Platz | ✓ |
| Pool & Hallenbad | ✗ |
| Spielplatz am Platz | ✓ |
| Hunde willkommen | ✓ |
| Skilift & Loipe | ✗ |
| WLAN | ✓ |
| Lebensmittel | 3km |
| Brötchen am Platz | ✓ |
| Restaurant/Imbiss | 3km |
| Ver-/Entsorgung Womo | ✗ |
| in den Ort | 3km |
| Gesamt/Touristen | 100/30 |
| Mietunterkünfte | ✓ |
| Stellplätze vor Schranke | ✗ |

**3.9** GUT
20 Bewertungen

| | |
|---|---|
| Lage | 4.5 |
| Ruhe | 3.4 |
| Sanitäranlagen | 3.5 |
| Sauberkeit Ø | 4.1 |
| Freundlichkeit | 3.6 |
| Stellplatz | 3.6 |
| Verpflegung | 3.4 |
| Freizeit | 3.7 |
| Preis-Leistung | 3.8 |
| Mietunterkünfte | 3.7 |

**Geeignet für**

| | |
|---|---|
| Kinder b. 6 J. | 3.8 |
| Kinder b. 12 J. | 4.3 |
| Kinder b. 18 J. | 4.4 |
| Paare | 4.7 |
| Senioren | 4.2 |
| Gäste mit Zelt | 4.3 |
| Gäste mit Hund | 4.9 |

**Empfohlene Aktivitäten**

- Schwimmen
- Kayak/Kanu
- Wandern

**Infos**

Öffnungszeiten

Vergleichspreis

Link

**Ausstattung**

Freizeit

Campingplatz

Versorgung

Anzahl der Plätze

ANZEIGE

# 13 Camping Stumpfer

Schönbühel 7
3392 Schönbühel
+43 2752 8510
www.stumpfer.com
office@stumpfer.com

04.04. - 30.10.

HS: 35,00 € | NS: 32,00 €

**Mehr Infos & Anfrage:**
www.camping.info/19346

| | |
|---|---|
| Baden im Fluss am Platz | ✓ |
| Pool/Hallenbad | 5/25km |
| Spielplatz am Platz | ✓ |
| Hunde erlaubt | ✓ |
| Skilift & Loipe | ✗ |
| WLAN | ✓ |
| Lebensmittel | ✓ |
| Brötchen am Platz | ✓ |
| Restaurant & Imbiss | ✓ |
| Ver-/Entsorgung Womo | ✓ |
| in den Ort | 100m |
| Gesamt/Touristen | 60/50 |
| Mietunterkünfte | ✓ |
| Stellplätze vor Schranke | ✗ |

1 km
48.254 | 15.37013
210m ü.M.

Camping in der Wachau, direkt an der schönen blauen Donau.

## Lage & Stellplatz

Camping Stumpfer liegt direkt an der schönen blauen Donau am rechten Ufer der Wachau. Auf 10.000 m² werden 60 optimal für Wohnmobile ausgestattete Stellplätze für Urlaubs- und Dauercamper angeboten. Dichte Wälder, weite Wiesen, Obstkulturen und das milde Klima sind ein Garant für Ruhe und Erholung.

## Sanitär

Die Sanitäranlagen befinden sich im zentral gelegenen Haupthaus und sind mit Einzelwaschkabinen, Duschen, Waschbecken und Toiletten ausgestattet. Darüber hinaus sind Wäschewaschbecken, Geschirrspülbecken, eine Waschmaschine, ein Trockner und eine Ver- und Entsorgungsstation für Wohnmobile vorhanden.

## Verpflegung

Der Gasthof Stumpfer bietet eine behaglich-ländliche Atmosphäre mit traumhaftem Donaublick. In den rustikal-gemütlichen Stuben, im hellen Wintergarten und auf der Terrasse werden von der klassischen, niederösterreichischen Wirtshausküche inspirierte regional-kreativ-moderne Gerichte serviert.

## Freizeit

Zahlreiche Ausflugsmöglichkeiten wie Stift Melk, Schloss Schallaburg, Burg Aggstein u. v. m. lassen sich vom Platz aus einfach erreichen. Außerdem hält die Region weitere interessante Freizeitaktivitäten wie Radfahren, Donauschifffahrten oder Wandern am Jakobsweg und im Dunkelsteinerwald bereit.

Donauplätze mit Schlossblick.

Susanne und Harald Stumpfer.

**3.7** GUT
44 Bewertungen

| | |
|---|---|
| Lage | 4.4 |
| Ruhe | 4.0 |
| Sanitäranlagen | 3.0 |
| Sauberkeit Ø | 3.9 |
| Freundlichkeit | 4.3 |
| Stellplatz | 3.7 |
| Verpflegung | 4.0 |
| Freizeit | 3.4 |
| Preis-Leistung | 3.6 |
| Mietunterkünfte | 3.8 |

**Geeignet für**

4.4 Senioren

| | | | |
|---|---|---|---|
| 4.3 | Paare | 3.9 | Gäste mit Hund |
| 3.3 | Kinder b. 18 J. | 4.0 | Gäste mit Zelt |
| 3.3 | Kinder b. 12 J. | 3.1 | Kinder b. 6 J. |

**Empfohlene Aktivitäten**

Radfahren · Wandern · Entspannen · Kulinarik · Kultur

Karte auf Seite 212

## 16 Donau Camping Krems

Yachthafenstrasse 19
3504 Krems-Stein
+43 2732/84455

48.40349 | 15.59248

23.03. - 28.10.

HS: 30,30 € | NS: 30,30 €

**Mehr Infos & Anfrage:**
www.camping.info/26718

| | |
|---|---|
| Baden im Fluss | 500m |
| Pool/Hallenbad | 500m |
| Spielplatz | 500m |
| Hunde willkommen | ✓ |
| Skilift & Loipe | ✗ |
| WLAN (gratis) | teilweise |
| Lebensmittel | 500m |
| Brötchen am Platz | ✓ |
| Restaurant/Imbiss | 500m/✓ |
| Ver-/Entsorgung Womo | ✓ |
| in den Ort | 500m |
| Touristenplätze | 60 |
| Mietunterkünfte | ✓ |
| Stellplätze vor Schranke | ✗ |

**3.9** GUT
22 Bewertungen

| | |
|---|---|
| Lage | 4.2 |
| Ruhe | 3.6 |
| Sanitäranlagen | 4.2 |
| Sauberkeit Ø | 4.5 |
| Freundlichkeit | 4.5 |
| Stellplatz | 4.1 |
| Verpflegung | 3.5 |
| Freizeit | 4.4 |
| Preis-Leistung | 4.1 |
| Mietunterkünfte | 5.0 |

**Geeignet für**

| | |
|---|---|
| Kinder b. 6 J. | 3.5 |
| Kinder b. 12 J. | 3.8 |
| Kinder b. 18 J. | 4.1 |
| Paare | 4.7 |
| Senioren | 4.8 |
| Gäste mit Zelt | 4.8 |
| Gäste mit Hund | 4.6 |

**Empfohlene Aktivitäten**

- Radfahren
- Wandern
- Kultur

## 17 Donaupark Camping Tulln

Donaulände 76
3430 Tulln an der Donau
+43 2272 65200

48.33217 | 16.07065
176m ü.M.

01.04. - 17.10.

HS: 40,10 € | NS: 35,10 €

**Mehr Infos & Anfrage:**
www.camping.info/19419

| | |
|---|---|
| Baden im See | 100m |
| Pool/Hallenbad | 100/500m |
| Spielplatz am Platz | ✓ |
| Hunde willkommen | ✓ |
| Skilift & Loipe | ✗ |
| WLAN | ✓ |
| Lebensmittel | 690m |
| Brötchen am Platz | ✓ |
| Restaurant & Imbiss | ✓ |
| Ver-/Entsorgung Womo | ✓ |
| im Ort | ✓ |
| Gesamt/Touristen | 150/120 |
| Mietunterkünfte | ✓ |
| Stellplätze vor Schranke | ✗ |

**4.0** SEHR GUT
27 Bewertungen

| | |
|---|---|
| Lage | 4.7 |
| Ruhe | 4.0 |
| Sanitäranlagen | 3.7 |
| Sauberkeit Ø | 3.9 |
| Freundlichkeit | 4.4 |
| Stellplatz | 3.9 |
| Verpflegung | 3.9 |
| Freizeit | 4.5 |
| Preis-Leistung | 3.9 |
| Mietunterkünfte | 4.2 |

**Geeignet für**

| | |
|---|---|
| Kinder b. 6 J. | 4.0 |
| Kinder b. 12 J. | 4.2 |
| Kinder b. 18 J. | 4.1 |
| Paare | 4.5 |
| Senioren | 4.3 |
| Gäste mit Zelt | 4.2 |
| Gäste mit Hund | 4.3 |

**Empfohlene Aktivitäten**

- Radfahren
- Schwimmen
- Kultur

## 18 Camping Waldenstein

Waldenstein 100
3961 Waldenstein
+43 664 4355532

48.72466 | 15.02162
570m ü.M.

29.05. - 31.10.

HS: 24,50 € | NS: 24,50 €

**Mehr Infos & Anfrage:**
www.camping.info/27237

| | |
|---|---|
| Baden in nat. Gewässer am P. | ✓ |
| Pool/Hallenbad | 5km |
| Spielplatz | 500m |
| Hunde | ✗ |
| Skilift & Loipe | ✗ |
| WLAN | ✓ |
| Lebensmittel | 500m |
| Brötchen am Platz | ✗ |
| Restaurant am P. | ✓ |
| Ver-/Entsorgung Womo | ✓ |
| in den Ort | 500m |
| Touristenplätze | 12 |
| Mietunterkünfte | ✗ |
| Stellplätze vor Schranke | ✗ |

**4.7** SEHR GUT
3 Bewertungen

| | |
|---|---|
| Lage | 4.7 |
| Ruhe | 4.3 |
| Sanitäranlagen | 4.0 |
| Sauberkeit Ø | 4.7 |
| Freundlichkeit | 5.0 |
| Stellplatz | 4.3 |
| Verpflegung | 4.0 |
| Freizeit | 5.0 |
| Preis-Leistung | 5.0 |
| Mietunterkünfte | - |

**Geeignet für**

| | |
|---|---|
| Kinder b. 6 J. | 4.0 |
| Kinder b. 12 J. | 4.3 |
| Kinder b. 18 J. | 3.0 |
| Paare | 4.7 |
| Senioren | 4.7 |
| Gäste mit Zelt | 1.0 |
| Hunde n. erlaubt | - |

**Empfohlene Aktivitäten**

- Radfahren
- Wandern
- Schwimmen

Check-in im Sportrestaurant Stefan Hinger, montags nur mit tel. Anmeldung

**Infos**

Öffnungszeiten

Vergleichspreis

Link

**Ausstattung**

Freizeit

Campingplatz

Versorgung

Anzahl der Plätze

ÖSTERREICH

# ⑯ Oberösterreich

**FREIZEITTIPPS**

- **A** Baumkronenweg, Knechtelsdorf
- **B** Grottenbahn, Linz
- **C** voestalpine Stahlwelt, Linz
- **D** Nationalpark Kalkalpen, Molln
- **E** Burg Clam, Klam bei Grein

| | Platz | Seite | Bewertung | Öffnungszeiten | |
|---|---|---|---|---|---|
| 1 | Böhmerwaldcamp Klaffer am Hochficht | 226 | 4.0 | ganzjährig | ✱ |
| 2 | Camping an der Donau | 228 | 3.8 | saisonal | |
| 3 | Campingplatz Pyhrn-Priel | 227 | 4.1 | saisonal | ✱ |
| 4 | Camping Hofmühle | 227 | 4.0 | ganzjährig | ✱ |
| 5 | Camping Puchner | 227 | 4.8 | saisonal | |
| 6 | Camping Au an der Donau | 229 | 4.8 | saisonal | Ecocamping |
| 7 | Camping Schatzlmühle | 231 | 4.6 | saisonal | |
| 8 | Almtal Camp Pettenbach | 230 | 4.4 | ganzjährig | |
| 9 | Ausee Zeltplatz und Campingplatz | 231 | 3.8 | saisonal | |
| 10 | Camping Unterbuchschachner | 231 | - | saisonal | |

## ZENTRALRAUM, DONAU UND MÜHLVIERTEL

Oberösterreich, das Land „ob der Enns", wird traditionell in Viertel unterteilt: Innviertel, Traunviertel, Hausruckviertel und Mühlviertel. Das Innviertel und Teile des Traunviertels (Salzkammergut) werden aus geografischen Gründen in diesem Buch auf einer anderen Karte dargestellt.

Hochficht Skifahren © OÖ.Tourismus/Erber

## DIE LANDESHAUPTSTADT LINZ

Die schönsten Seiten von Linz lassen sich bei einer Stadtbesichtigung, einem Rundgang im Botanischen Garten oder einer Fahrt mit der historischen Pöstlingbergbahn entdecken. Das pulsierende Leben der Stadt erlebt man vor allem in der Landstraße, wo neben diversen Einkaufsmöglichkeiten und Gastronomiebetrieben auch architektonische Werke vom Mittelalter bis zur Neuzeit zu finden sind. Am südlichen Ende des Hauptplatzes befindet sich der Alte Dom aus dem 17. Jahrhundert. Unweit des Alten Doms liegt der Linzer Mariendom (Neuer Dom), flächenmäßig die größte Kirche Österreichs. Ebenfalls nur wenige Schritte vom Hauptplatz entfernt, bewundert ihr im „Ars Electronica Center" wechselnde Themenausstellungen zum Thema Kunst, Technologie und Gesellschaft. Das Museum animiert seine Besucher dabei zur aktiven Erkundung – überall gibt es Ausstellungsstücke zum Anfassen und Ausprobieren. Linz hat außerdem eine lange industrielle Tradition. Bei einem Besuch in der „voestalpine Stahlwelt" erhaltet ihr Einblick in die Stahlerzeugung einer der größten Industrieanlagen Österreichs.

Wandern in Pyhrn-Priel © OÖ.Tourismus/Erber

## DONAURADWEG, KULTUR UND ERHOLUNG

Ein großer Teil des Donauradweges, einer der beliebtesten Fernradwege Europas, verläuft durch Oberösterreich. Wie kein Zweiter bietet dieser Radweg die Möglichkeit, teils enorme Strecken ohne größere Steigungen quer durch das Land zurückzulegen. In der Stadt Steyr ist vor allem die historische Altstadt mit dem Stadtplatz und der gotischen Stadtpfarrkirche eine Empfehlung wert. Generell gilt: Wer gerne Klöster, Stifte und Burgen besichtigt, der wird sich in Oberösterreich wohlfühlen. Die Stifte St. Florian, Wilhering und Kremsmünster gehören zweifelsohne zu den bekanntesten ihrer Art und liegen allesamt im Umkreis der großen Städte Linz, Wels und

Donauradweg in Oberösterreich © OÖ.Tourismus/Erber

Steyr. Zu den bedeutendsten Burgen des Landes zählen die Burg Clam in der Marktgemeinde Klam und die Burg Altpernstein in Micheldorf. Naturliebhaber geraten bei den umfassenden Wanderangeboten im Mühlviertel sowie im Nationalparkzentrum Kalkalpen in Molln ins Schwärmen. Für einen entspannenden und gleichzeitig amüsanten Thermenaufenthalt bietet sich beispielsweise das „EurothermenResort Bad Schallerbach" mit der Farblichttherme Colorama, dem Wasserpark Aquapulco und der Saunawelt Relaxium an.

Nationalpark Kalkalpen Große Schlucht im Reichraminger Hintergebirge © OÖ.Tourismus Marketing/Popp

TIPP DER REDAKTION

**Camping Schatzlmühle**

Scharnstein | Nr. 7 | Seite 231

Laut Gästen ideal geeignet zum:

- Wandern
- Radfahren
- Entspannen

4.6

ANZEIGE

# 1 Böhmerwaldcamp Klaffer am Hochficht

*

Seeweg 1
4163 Klaffer am Hochficht
+43 7288 6318

www.boehmerwaldcamp.at
gemeinde@klaffer.ooe.gv.at

ganzjährig

HS: 24,50 € | NS: 24,50 €

**Mehr Infos & Anfrage:**
www.camping.info/27218

| | |
|---|---|
| Baden im See am Platz | ✓ |
| Pool/Hallenbad | 5/5km |
| Spielplatz am Platz | ✓ |
| Hunde willkommen | ✓ |
| Skilift/Loipe | 8km/✓ |
| WLAN (gegen Gebühr) | ✓ |
| Lebensmittel | 1km |
| Brötchen am Platz | ✓ |
| Restaurant & Imbiss | ✓ |
| Ver-/Entsorgung Womo | ✓ |
| in den Ort | 1km |
| Gesamt/Touristen | 66/20 |
| Mietunterkünfte | ✓ |
| Stellplätze vor Schranke | ✗ |

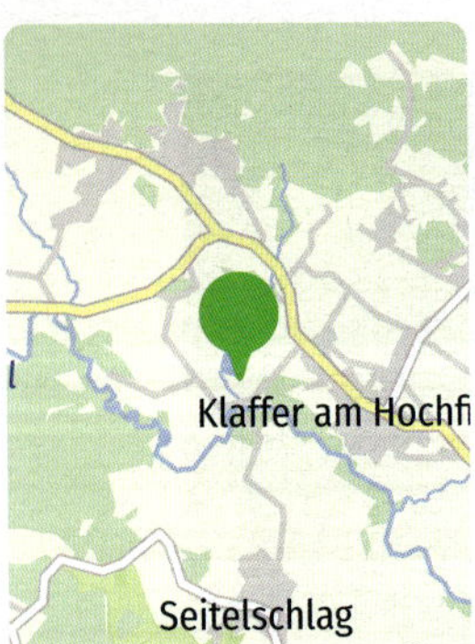


48.69736 | 13.86719
638m ü.M.

Böhmerwaldcamp Klaffer am Hochficht.

## Lage & Stellplatz

Campen und Zelten in der herrlichen Mittelgebirgslandschaft, am Südhang des 1.337 m hohen Böhmerwaldes und direkt am Ufer des 4 ha großen Badesees – das ist Böhmerwald-Camp Klaffer am Hochficht. Neben 50 Dauerstellplätzen gibt es 30 Touristenparzellen mit Strom-, Wasser- und Abwasseranschluss.

## Verpflegung

Besonders geschätzt wird die Küche des angrenzenden Seerestaurants, wo auf der Sonnenterrasse beim erholsamen Blick über den See regionale und nationale Köstlichkeiten serviert werden. Lassen Sie sich vom hervorragenden Service verwöhnen. Ein Lebensmittelgeschäft mit Bäcker befindet sich im Ort.

## Sanitär

Im Badehaus befinden sich auch die sanitären Einrichtungen. Diese sind mit Duschräumen, Toiletten, Waschmaschinen, Trockner sowie einem eigenen Trockenraum für den Winter ausgestattet. Das Team des Campingplatzes legt hohen Wert auf Sauberkeit.

## Freizeit

Am See laden herrliche Liegewiesen, schön angelegte Stege, Wasserspielgeräte und ausleihbare Tretboote zum gemütlichen Badetag für die ganze Familie ein. Für Kinder und Jugendliche gibt es einen Spielplatz mit Tarzan-Rutsche, Beachvolleyballplatz, Skaterpark, Schaukel und Kletterhaus.

Camping- und Stellplätze.

Spielplatz und Seerestaurant.

**4.0** SEHR GUT
5 Bewertungen

| | |
|---|---|
| Lage | 3.8 |
| Ruhe | 4.0 |
| Sanitäranlagen | 3.0 |
| Sauberkeit Ø | 4.3 |
| Freundlichkeit | 3.4 |
| Stellplatz | 3.8 |
| Verpflegung | 4.0 |
| Freizeit | 4.6 |
| Preis-Leistung | 4.8 |
| Mietunterkünfte | - |

**Geeignet für**

5.0 Paare

| | |
|---|---|
| 5.0 | Senioren |
| 4.8 | Kinder b. 6 J. |
| 4.8 | Kinder b. 12 J. |
| 4.8 | Gäste mit Zelt |
| 4.7 | Gäste mit Hund |
| 4.0 | Kinder b. 18 J. |

**Empfohlene Aktivitäten**

Schwimmen · Wandern · Mountainbiking · Entspannen · Langlauf

Zusätzlich stehen 3 neue Mobilheime inkl. Einrichtung zur Verfügung!

Karte auf Seite 222

**Infos**: Öffnungszeiten · Vergleichspreis · Link

**Ausstattung**: Freizeit · Campingplatz · Versorgung · Anzahl der Plätze

## 3 Campingplatz Pyhrn-Priel

❄

Gleinkerau 34
4582 Spital am Pyhrn
+436607773614

47.69098 | 14.32619
806m ü.M.

01.04. - 31.10.
25.12. - 31.03.
HS: 29,00 €
**Mehr Infos & Anfrage:**
www.camping.info/25066

| | |
|---|---|
| Baden im See | 3km |
| Pool/Hallenbad | 3km |
| Spielplatz am Platz | ✓ |
| Hunde willkommen | ✓ |
| Skilift/Loipe | 7km/✓ |
| WLAN | ✓ |
| Lebensmittel | 3km |
| Brötchen am Platz | nur HS |
| Restaurant & Imbiss | ✓ |
| Ver-/Entsorgung Womo | ✓ |
| in den Ort | 3km |
| Gesamt/Touristen | 35/25 |
| Mietunterkünfte | ✗ |
| Stellplätze vor Schranke | ✗ |

**4.2** SEHR GUT
42 Bewertungen

| | |
|---|---|
| Lage | 4.5 |
| Ruhe | 4.5 |
| Sanitäranlagen | 3.6 |
| Sauberkeit Ø | 4.5 |
| Freundlichkeit | 4.7 |
| Stellplatz | 4.0 |
| Verpflegung | 4.0 |
| Freizeit | 4.0 |
| Preis-Leistung | 4.0 |
| Mietunterkünfte | - |

**Geeignet für**

| | |
|---|---|
| Kinder b. 6 J. | 4.2 |
| Kinder b. 12 J. | 4.2 |
| Kinder b. 18 J. | 4.1 |
| Paare | 4.6 |
| Senioren | 4.6 |
| Gäste mit Zelt | 4.6 |
| Gäste mit Hund | 4.7 |

**Empfohlene Aktivitäten**

- Wandern
- Radfahren
- Mountainbiking

## 4 Camping Hofmühle

❄

Höflein 20
4100 Ottensheim
+43 7234 82418

48.33594 | 14.16097
274m ü.M.

ganzjährig
HS: 18,50 € | NS: 18,50 €
**Mehr Infos & Anfrage:**
www.camping.info/19307

| | |
|---|---|
| Baden im Fluss am Platz | ✓ |
| Hallenbad | 10km |
| Spielplatz | 1km |
| Hunde willkommen | ✓ |
| Skilift & Loipe | ✗ |
| WLAN | ✓ |
| Lebensmittel | 500m |
| Brötchen am Platz | ✗ |
| Restaurant & Imbiss | ✓ |
| Ver-/Entsorgung Womo | ✓ |
| in den Ort | 1km |
| Gesamt/Touristen | 70/50 |
| Mietunterkünfte | ✓ |
| Stellplätze vor Schranke | ✗ |

**3.9** GUT
7 Bewertungen

| | |
|---|---|
| Lage | 3.9 |
| Ruhe | 4.0 |
| Sanitäranlagen | 3.4 |
| Sauberkeit Ø | 4.7 |
| Freundlichkeit | 5.0 |
| Stellplatz | 3.6 |
| Verpflegung | 4.6 |
| Freizeit | 4.0 |
| Preis-Leistung | 4.7 |
| Mietunterkünfte | - |

**Geeignet für**

| | |
|---|---|
| Kinder b. 6 J. | 5.0 |
| Kinder b. 12 J. | 5.0 |
| Kinder b. 18 J. | 5.0 |
| Paare | 4.2 |
| Senioren | 3.8 |
| Gäste mit Zelt | 4.3 |
| Gäste mit Hund | 4.3 |

**Empfohlene Aktivitäten**

- Kultur
- Radfahren
- Wandern

## 5 Camping Puchner

Golfplatzstraße 21
4101 Feldkirchen an der Donau
+43 7233 7268

48.3332 | 14.06482

01.05. - 30.09.
HS: 27,50 € | NS: 25,50 €
**Mehr Infos & Anfrage:**
www.camping.info/19310

| | |
|---|---|
| Baden im See | 100m |
| Hallenbad | 20km |
| Spielplatz am Platz | ✓ |
| Hunde willkommen | ✓ |
| Skilift & Loipe | ✗ |
| WLAN | ✓ |
| Lebensmittel | 2km |
| Brötchen am Platz | ✓ |
| Restaurant/Imbiss | 200m/✓ |
| Ver-/Entsorgung Womo | ✓ |
| in den Ort | 2km |
| Gesamt/Touristen | 87/45 |
| Mietunterkünfte | ✗ |
| Stellplätze vor Schranke | ✗ |

**4.7** SEHR GUT
14 Bewertungen

| | |
|---|---|
| Lage | 4.8 |
| Ruhe | 4.8 |
| Sanitäranlagen | 4.4 |
| Sauberkeit Ø | 4.8 |
| Freundlichkeit | 4.9 |
| Stellplatz | 4.2 |
| Verpflegung | 4.3 |
| Freizeit | 4.5 |
| Preis-Leistung | 4.6 |
| Mietunterkünfte | - |

**Geeignet für**

| | |
|---|---|
| Kinder b. 6 J. | 4.6 |
| Kinder b. 12 J. | 4.6 |
| Kinder b. 18 J. | 4.6 |
| Paare | 4.8 |
| Senioren | 4.8 |
| Gäste mit Zelt | 4.9 |
| Gäste mit Hund | 4.8 |

**Empfohlene Aktivitäten**

- Schwimmen
- Radfahren
- Entspannen

# 2 Camping an der Donau

Nibelungenstraße 113
4090 Engelhartszell
+43 664 87 087 87 (Campingplatz)
www.camping-engelhartszell.at
tourismus@engelhartszell.ooe.gv.at

01.05. - 01.10.

HS: 27,00 € | NS: 27,00 €

**Mehr Infos & Anfrage:**
www.camping.info/19317

| | |
|---|---|
| Baden in nat. Gewässer | k. A. |
| Pool am Platz | ✓ |
| Spielplatz am Platz | ✓ |
| Hunde willkommen | ✓ |
| Loipe | 10km |
| WLAN | ✓ |
| Lebensmittel | 500m |
| Brötchen am Platz | ✓ |
| Restaurant/Imbiss | 500m/✓ |
| Ver-/Entsorgung Womo im Ort | ✓ |
| Touristenplätze | 10 |
| Mietunterkünfte | ✓ |
| Stellplätze vor Schranke | ✗ |

1 km
48.51222 | 13.72437
295m ü.M.

Blick auf Engelhartszell direkt an der Donau.

## Lage & Stellplatz

Camping an der Donau liegt idyllisch direkt am Fluss und ist dem öffentlichen Freibad mit Buffet und Kinderspielplatz angeschlossen. Die 10 Stellplätze sind mit Strom und teilweise Wasseranschluss ausgestattet. Auch im gemütlichen „Camping-Schlafhaus" sind Übernachtungen möglich.

## Verpflegung

Es gibt einen freundlichen und gut sortierten Imbiss mit allerlei Snacks und kleinen Köstlichkeiten für den leeren Magen. Auch ein Brötchenservice für unsere Gäste rundet das Angebot am Platz ab.

## Sanitär

Ihnen stehen neue sanitäre Anlagen zur Verfügung. Auch eine Waschmaschine und Trockner sind selbstverständlich vorhanden. Des Weiteren gibt es auch eine Entsorgungsmöglichkeit für Wohnmobil-Chemietoiletten.

## Freizeit

Für Gäste stehen Freibad und Volleyballplatz zur Verfügung. Rund um Engelhartszell gibt es zahlreiche Freizeitmöglichkeiten wie Radfahren und Wandern. Versäumen Sie nicht Stift Engelszell, das einzige Trappistenkloster Österreichs (Klosterliköre, Trappistenbiere) und weitere Erlebnisse an der Donau.

Das schöne „Camping-Schlafhaus".

Freibad direkt neben dem Platz.

**3.8** GUT
5 Bewertungen

| | |
|---|---|
| Lage | 4.2 |
| Ruhe | 3.0 |
| Sanitäranlagen | 3.5 |
| Sauberkeit Ø | 4.1 |
| Freundlichkeit | 5.0 |
| Stellplatz | 4.0 |
| Verpflegung | 4.0 |
| Freizeit | 4.5 |
| Preis-Leistung | 4.5 |
| Mietunterkünfte | - |

**Geeignet für**

| | |
|---|---|
| 4.0 | Kinder b. 6 J. |
| 4.0 | Kinder b. 12 J. |
| 4.0 | Paare |
| 4.0 | Gäste mit Zelt |
| 3.0 | Kinder b. 18 J. |
| 3.0 | Senioren |
| 2.0 | Gäste mit Hund |

**Empfohlene Aktivitäten**

Schwimmen · Radfahren · Wandern · Kayak/Kanu · Klettern

# 6 Camping Au an der Donau

Hafenstraße 1
4332 Au an der Donau
+43 726 253 090
www.camping-audonau.at
info@camping-audonau.at

01.04. - 30.09.

HS: 39,00 € | NS: 30,00 €

**Mehr Infos & online buchen:**
www.camping.info/19380

| | |
|---|---|
| Baden im Fluss am Platz | ✓ |
| Pool/Hallenbad | 5/6km |
| Spielplatz | 10m |
| Hunde erlaubt | ✓ |
| Skilift & Loipe | ✗ |
| WLAN | ✓ |
| Lebensmittel | 2km |
| Brötchen am Platz | ✓ |
| Restaurant & Imbiss | ✓ |
| Ver-/Entsorgung Womo | ✓ |
| in den Ort | 200m |
| Touristenplätze | 45 |
| Mietunterkünfte | ✓ |
| Stellplätze vor Schranke | ✗ |

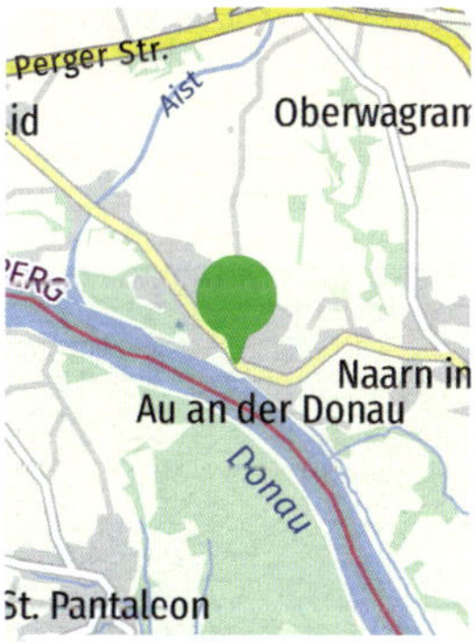


1 km
48.2276 | 14.57827
245m ü.M.

Campingidylle am Naturteich, direkt an der Donau.

## Lage & Stellplatz

Direkt am Donauradweg, ruhig, natürlich, mit traumhaftem Blick. Parkähnliches Gelände mit 45 parzellierten Standplätzen und idyllischer Zeltwiese mit Grillplatz, Tischen und Bänken sowie einem praktischen Unterstand. Übernachten können Gäste auch in gemütlichen Schlaf-Fässern, Holzhütten oder in der Frühstückspension.

## Sanitär

Ein modernes, barrierefreies Sanitärgebäude ist von jedem Teil des Platzes bequem erreichbar. Es verfügt über Waschmaschine und Trockner. Für Wohnmobile ist eine Ver- und Entsorgungs-Station vorhanden.

## Verpflegung

Das „DonAu-Standl" mit angrenzendem Erlebnisspielplatz und regionaler Kulturbühne ist ein beliebter Treff für Urlauber und Einheimische. Freuen Sie sich auf ein Glaserl G'spritzten mit Donaublick, ein leckeres Frühstück, hausgemachtes Softeis, gegrillten Fisch, Henderl, Flammkuchen und vieles mehr.

## Freizeit

Sei schlau, komm nach Au! Hier ist der optimale Start fürs Radfahren, Inlineskaten, Bootfahren, Strandbaden, Wandern oder für einen Ausflug in mittelalterliche Altstadtgassen. Tipp: Gehen Sie doch am Sonntagnachmittag zur Kulturbühne, auf der regelmäßig Künstler unterschiedlicher Genres auftreten.

Internationale Kulturbühne.

Schlemmen im Gastgarten.

**4.8** SEHR GUT
97 Bewertungen

| | |
|---|---|
| Lage | 4.8 |
| Ruhe | 4.6 |
| Sanitäranlagen | 4.6 |
| Sauberkeit Ø | 4.7 |
| Freundlichkeit | 4.9 |
| Stellplatz | 4.6 |
| Verpflegung | 4.1 |
| Freizeit | 4.4 |
| Preis-Leistung | 4.6 |
| Mietunterkünfte | 4.8 |

**Geeignet für**

- 4.8 Gäste mit Zelt
- 4.8 Senioren
- 4.7 Paare
- 4.7 Gäste mit Hund
- 4.5 Kinder b. 12 J.
- 4.4 Kinder b. 6 J.
- 4.3 Kinder b. 18 J.

**Empfohlene Aktivitäten**

Radfahren · Wandern · Schwimmen · Entspannen · Angeln

Österreichisches Umweltzeichen - GreenCampings.at

# 8 Almtal Camp Pettenbach

Enengl 2
4643 Pettenbach
0043 664 1664028
www.almtal-camp.at
office@almtalcamp.at

ganzjährig

HS: 33,00 € | NS: 29,00 €

**Mehr Infos & Anfrage:**
www.camping.info/19480

| | |
|---|---|
| Baden im Fluss | 5km |
| Pool/Hallenbad | ✓/25km |
| Spielplatz am Platz | ✓ |
| Hunde willkommen | ✓ |
| Skilift/Loipe | 30km |
| WLAN | ✓ |
| Lebensmittel | ✓ |
| Brötchen am Platz | ✓ |
| Restaurant & Imbiss | ✓ |
| Ver-/Entsorgung Womo | ✓ |
| in den Ort | 4km |
| Touristenplätze | 90 |
| Mietunterkünfte | ✓ |
| Stellplätze vor Schranke | ✗ |

Blick auf den Platz mit schönen Sonnen- und Schattenplätzen.

## Lage & Stellplatz

Das familien- und tierfreundliche Almtal Camp liegt am Eingang zum Almtal / Salzkammergut. Die Anlage verfügt über großzügige, parzellierte Rasenstellplätze mit Wasser-, Strom- und Kabel-TV-Anschlüssen sowie kostenfreies WLAN. In der Region befinden sich schöne Ausflugsmöglichkeiten und Seen.

## Sanitär

Die neue Sanitäranlage verfügt unter anderem über eine eigene Hundedusche, Wickelraum, Barrierefreiheit, Spülbecken, Waschmaschinen und Trockner, Chemie- und Grauwasserentsorgung sowie Geschirrspüler. Es besteht ebenfalls die Möglichkeit, sich ein privates Bad mit Badewanne, Dusche und WC zu mieten.

## Verpflegung

Kulinarisch verwöhnt Familie Hochbrugger die Campinggäste im Gasthaus „Floriani Stube". Der Minimarkt, geöffnet von Mai bis September, präsentiert sich gut sortiert und bietet neben ofenfrischem Gebäck – auch bequem zum Vorbestellen – Tageszeitungen und viele Artikel des täglichen Bedarfs an.

## Freizeit

Auf der Anlage gibt es ein Fußballfeld, Volleyballplatz, Tischtennis, Tennis, Boccia, einen Erlebnisspielplatz und ein beheiztes Schwimmbad mit separatem Kinderbereich. Zudem können Gäste kostenlos Fahrräder ausleihen. In ca. 5 km Entfernung liegt der Almfluss mit tollen Rad- und Wanderwegen.

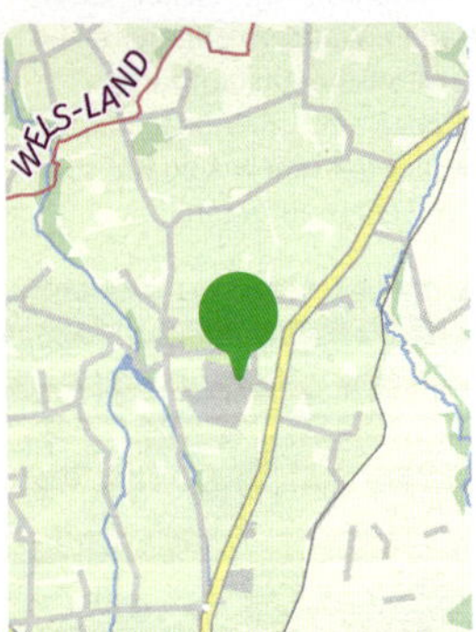


1 km
47.99145 | 14.02208
516m ü.M.

Neue, moderne Sanitäranlagen.

Pool mit Kinderbereich.

**4.4** SEHR GUT
99 Bewertungen

| | |
|---|---|
| Lage | 4.6 |
| Ruhe | 4.4 |
| Sanitäranlagen | 4.6 |
| Sauberkeit Ø | 4.6 |
| Freundlichkeit | 4.8 |
| Stellplatz | 4.3 |
| Verpflegung | 4.4 |
| Freizeit | 4.3 |
| Preis-Leistung | 4.5 |
| Mietunterkünfte | 4.4 |

**Geeignet für**

| | |
|---|---|
| 4.6 | Kinder b. 12 J. |
| 4.6 | Paare |
| 4.6 | Gäste mit Hund |
| 4.5 | Kinder b. 6 J. |
| 4.5 | Senioren |
| 4.4 | Gäste mit Zelt |
| 4.2 | Kinder b. 18 J. |

**Empfohlene Aktivitäten**

Radfahren · Wandern · Entspannen · Schwimmen · Mountainbiking

Nebensaisonangebot:
7 Nächte bleiben und 6 bezahlen.

## 7 Camping Schatzlmühle

Viechtwang 1a
4644 Scharnstein
+43 7615 20269

47.916 | 13.97348
500m ü.M.

01.04. - 31.10.

HS: 28,00 € | NS: 28,00 €

**Mehr Infos & Anfrage:**
www.camping.info/19470

| | |
|---|---|
| Baden im Fluss am Platz | ✓ |
| Pool/Hallenbad | 1/15km |
| Spielplatz am Platz | ✓ |
| Hunde willkommen | ✓ |
| Skilift/Loipe | 10/2km |
| WLAN | ✓ |
| Lebensmittel | ✓ |
| Brötchen am Platz | ✓ |
| Restaurant & Imbiss | ✓ |
| Ver-/Entsorgung Womo | ✓ |
| in den Ort | 1km |
| Touristenplätze | 49 |
| Mietunterkünfte | ✗ |
| Stellplätze vor Schranke | ✗ |

**4.6** SEHR GUT
36 Bewertungen

| | |
|---|---|
| Lage | 4.3 |
| Ruhe | 4.1 |
| Sanitäranlagen | 4.7 |
| Sauberkeit Ø | 4.7 |
| Freundlichkeit | 4.8 |
| Stellplatz | 4.6 |
| Verpflegung | 4.4 |
| Freizeit | 4.2 |
| Preis-Leistung | 4.7 |
| Mietunterkünfte | - |

**Geeignet für**

| | |
|---|---|
| Kinder b. 6 J. | 4.5 |
| Kinder b. 12 J. | 4.4 |
| Kinder b. 18 J. | 3.7 |
| Paare | 4.5 |
| Senioren | 4.7 |
| Gäste mit Zelt | 4.4 |
| Gäste mit Hund | 4.6 |

**Empfohlene Aktivitäten**

- Wandern
- Radfahren
- Entspannen

Aufenthalt außerhalb der Öffnungszeiten auf Anfrage

## 9 Ausee Zeltplatz und Campingplatz

Auseestraße
4481 Asten
+43(0)664 88188684

48.24972 | 14.42034
210m ü.M.

01.04. - 10.10.

HS: 24,00 € | NS: 24,00 €

**Mehr Infos & Anfrage:**
www.camping.info/26568

| | |
|---|---|
| Baden im See am Platz | ✓ |
| Pool & Hallenbad | ✗ |
| Spielplatz | 200m |
| Hunde | ✗ |
| Skilift | ✓ |
| WLAN | ✓ |
| Lebensmittel | 2km |
| Brötchen am Platz | ✓ |
| Restaurant/Imbiss | 200/500m |
| Ver-/Entsorgung Womo | ✓ |
| in den Ort | 3km |
| Touristenplätze | 15 |
| Mietunterkünfte | ✓ |
| Stellplätze vor Schranke | ✗ |

**3.8** GUT
5 Bewertungen

| | |
|---|---|
| Lage | 4.8 |
| Ruhe | 4.0 |
| Sanitäranlagen | 3.8 |
| Sauberkeit Ø | 4.0 |
| Freundlichkeit | 4.0 |
| Stellplatz | 3.4 |
| Verpflegung | 3.6 |
| Freizeit | 5.0 |
| Preis-Leistung | 3.6 |
| Mietunterkünfte | 4.7 |

**Geeignet für**

| | |
|---|---|
| Kinder b. 6 J. | 4.5 |
| Kinder b. 12 J. | 4.8 |
| Kinder b. 18 J. | 4.8 |
| Paare | 4.8 |
| Senioren | 5.0 |
| Gäste mit Zelt | 5.0 |
| Hunde n. erlaubt | - |

**Empfohlene Aktivitäten**

- Radfahren
- Schwimmen
- Angeln

## 10 Camping Unterbuchschachner

Buchschachen 13
4443 Maria Neustift
+43 7250475

47.93274 | 14.59298
490m ü.M.

01.04. - 30.11.

HS: 20,10 € | NS: 20,10 €

**Mehr Infos & Anfrage:**
www.camping.info/26663

| | |
|---|---|
| Baden im Fluss | 15km |
| Pool/Hallenbad | 200m/18km |
| Spielplatz | 200m |
| Hunde erlaubt | ✓ |
| Skilift/Loipe | 4/2km |
| WLAN (gratis) | teilweise |
| Lebensmittel | 4km |
| Brötchen am Platz | ✗ |
| Restaurant/Imbiss | 4km/200m |
| Ver-/Entsorgung Womo | ✓ |
| in den Ort | 4km |
| Touristenplätze | 10 |
| Mietunterkünfte | ✓ |
| Stellplätze vor Schranke | ✗ |

**-** JETZT BEWERTEN!

Für diese Auswertung liegen leider noch nicht genügend Bewertungen vor.

Sei einer der Ersten, der diesen Campingplatz bewertet. Unter den Bewertern werden regelmäßig Gewinne verlost!

Mehr Infos dazu findest du in unserem allgemeinen Intro.

Karte auf Seite 222

**Infos**

Öffnungszeiten
Vergleichspreis
Link

**Ausstattung**

Freizeit
Campingplatz
Versorgung
Anzahl der Plätze

ÖSTERREICH

# 17 Salzkammergut

| | Platz | Seite | Bewertung | Öffnungszeiten | |
|---|---|---|---|---|---|
| 1 | Seecamping Primus | 239 | 4.3 | saisonal | |
| 2 | Berau am Wolfgangsee | 236 | 4.5 | ganzjährig | * |
| 3 | Seecamping Wolfgangblick | 239 | 4.0 | saisonal | |
| 4 | Camping Grabner | 238 | 4.3 | saisonal | |
| 5 | AustriaCamp Mondsee | 239 | 3.7 | saisonal | * |
| 6 | Seeterrassencamping Ried | 240 | 4.5 | saisonal | |
| 7 | Camping Gössl | 241 | 4.7 | saisonal | |
| 8 | Camp MondSeeLand | 242 | 4.8 | saisonal | Award |
| 9 | Inselcamp | 241 | 3.8 | saisonal | |
| 10 | Seecamping Appesbach | 244 | 4.2 | saisonal | |
| 11 | Camping Seewinkl | 241 | - | saisonal | |
| 12 | Campingpark Abersee | 245 | 3.7 | saisonal | |
| 13 | Camping an der Traun | 245 | - | saisonal | |
| 14 | Paradiescamping Wolfgangsee Birkenstrand | 246 | 4.6 | saisonal | |
| 15 | Camping & Pension Grimmingsicht | 245 | 4.9 | ganzjährig | * |
| 16 | Campingplatz Temel | 247 | - | saisonal | |
| 17 | Romantik-Camping Wolfgangsee Lindenstrand | 247 | 4.7 | saisonal | |

Blick vom Loser aufs Ausseerland © Steiermark Tourismus/ikarus.cc

## CAMPING IM HERZEN ÖSTERREICHS

Das Salzkammergut gilt als landschaftlich und historisch geprägter Kulturraum am Nordrand der Alpen. Gleich drei Bundesländer teilen sich diese einzigartige Region im Herzen Österreichs: Oberösterreich, Salzburg und die Steiermark haben Anteil an diesem Fleckchen Erde, das sicher zu den landschaftlichen Höhepunkten im Alpenraum zählt. Auch touristisch gehört die Region zu den am besten erschlossenen Gebieten Österreichs. Die Freizeitmöglichkeiten umfassen neben Baden und Wassersport an zahlreichen Seen ebenso Wander- und Bergsport, Radsport, Wintersport sowie kulturelle Veranstaltungen.

## DER SOMMER IM MONDSEE-LAND UND AM WOLFGANGSEE

Mit seinen Wander- und Radwandernetzen, Tennisplätzen und 18-Loch-Golfanlagen bietet das Mondseeland für nahezu jede Altersgruppe interessante und abwechslungsreiche Freizeitangebote. In erster Linie besticht das Mondseeland jedoch durch die beiden herrlichen Badeseen Mondsee und Irrsee. Gerade der Ort Mondsee weist auch abseits des Badevergnügens einige Sehenswürdigkeiten auf. Erwähnenswert sind das Freilichtmuseum Mondseer Rauchhaus und das Kloster Mondsee, das älteste Kloster Österreichs. Einen weiteren traumhaften Badesee und Camping-Hotspot in der Region stellt der Wolfgangsee dar. Direkt an der Grenze zwischen den Bundesländern Salzburg und Oberösterreich umringen die Berge des Salzkammergutes dieses berühmte Gewässer. Am Nordufer liegt der beliebte Tourismusort St. Wolfgang. In dieser malerischen Gemeinde sollten auf jeden Fall die denkmalgeschützte Pfarrkirche mit dem weltbekannten Pacher-Altar sowie das namhafte Hotel „Weißes Rössl" auf dem Sightseeing-Programm stehen. Darüber

Wandern im Salzkammergut © OÖ.Tourismus/Röbl

hinaus befindet sich in St. Wolfgang die Talstation der über 100 Jahre alten Schafbergbahn. Die Zahnradbahn fährt bis zum 1.783 m hoch gelegenen Gipfel des Schafbergs, von wo aus man einen traumhaften Ausblick auf bis zu 14 Seen genießt. Unweit der Talstation der Schafbergbahn gibt es übrigens eine der zahlreichen Schiffsanlegestellen der Wolfgangsee-Schifffahrt.

Advent in Bad Ischl © STMG/Wolfgang Stadler

Fischerei Wolfgangsee © SalzburgerLand Tourismus

## VOM ATTERSEE DURCHS INNERE SALZKAMMERGUT INS AUSSEERLAND

Der Attersee ist Österreichs größter Binnensee und erfreut sich besonders bei Anglern, Seglern und Tauchern großer Beliebtheit. Ein Tipp für alle begeisterten Wanderer ist das Örtchen Burgau am Südufer des Attersees. Hier beginnt ein Wanderweg durch eine der schönsten Schluchten des Salzkammergutes: den Burggrabenklamm, wo es unter anderem einen 18 Meter hohen Wasserfall zu bestaunen gibt. Wenige Kilometer weiter östlich liegt der Traunsee, wo sich mit dem Schloss Ort in Gmunden und dem Traunstein weitere Highlights der Region befinden. Im „Inneren Salzkammergut", im Grenzgebiet zur Steiermark, sticht vor allem der Ort Hallstatt hervor. Hallstatt zeichnet sich besonders durch die steile Hangbauweise, viele denkmalgeschützte Gebäude und das bekannte Salzbergwerk aus. Im benachbarten Obertraun sollte man auf keinen Fall die Dachstein-Eishöhlen verpassen: Die dortige Rieseneishöhle zählt geologisch zu den größten Eishöhlen der Welt. Beide Orte sind außerdem tragende Säulen des UNESCO-Welterbes „Kulturlandschaft Hallstatt-Dachstein/Salzkammergut". Im steirischen Salzkammergut ist es das Ausseerland, das mit einer traumhaften Bergkulisse, kristallklaren Seen und gelebtem Brauchtum viele Camper lockt. Zu den beliebtesten Zielen gehören die drei Orte Bad Aussee, Altaussee und Grundlsee. Jedes Jahr Anfang Juni findet dort das bekannte Narzissenfest statt.

**TIPP DER REDAKTION**

**Camping und Pension Grimmingsicht**

Bad Mitterndorf | Nr. 15 | Seite 245

Laut Gästen ideal geeignet zum:

- Radfahren
- Wandern
- Entspannen

4.9

ANZEIGE

# 2 Berau am Wolfgangsee


Schwarzenbach 16
5360 St. Wolfgang
+43 6138 25430

www.berau.at
office@berau.at


ganzjährig

HS: 40,50 € | NS: 24,00 €

**Mehr Infos & Anfrage:**
www.camping.info/19313

| | |
|---|---|
| Baden im See am Platz | ✓ |
| Hallenbad | 5km |
| Spielplatz am Platz | ✓ |
| Hunde | ✗ |
| Skilift/Loipe | 15/1km |
| WLAN | ✓ |
| Lebensmittel | ✓ |
| Brötchen am Platz | ✓ |
| Restaurant & Imbiss | ✓ |
| Ver-/Entsorgung Womo | ✓ |
| in den Ort | 2km |
| Gesamt/Touristen | 180/140 |
| Mietunterkünfte | ✓ |
| Stellplätze vor Schranke | ✗ |

Gemütliche Liegewiese am türkisblauen Wolfgangsee.

## Lage & Stellplatz

Auf dem Komfortcampingplatz Berau direkt am Wolfgangsee können Camper sich auf großzügige Stellplätze (bis zu 100 m²) inmitten eines Parks freuen – jeder Teil fügt sich zu einem harmonischen Ganzen mit großer Liebe zum Detail. Wasser-, Strom- (6 A) und WLAN-Anschlüsse sind auf allen Plätzen verfügbar. Die Komfortplätze sind außerdem mit einem Abwasseranschluss versehen.

## Sanitär

Den Campinggästen stehen zwei gepflegte Sanitäranlagen, ein Kinder- und ein barrierefreier Bereich, zwei private Mietbäder, ein eigenes Fitnessstudio und eine Sauna zur Verfügung. Auch für eine Waschmaschine und einen Trockner ist natürlich gesorgt.

Dachterrasse mit Seeblick.

Pizzeria mit Seeblick.

Jetzt neu: großer Spiel- und Bewegungspark für Klein & Groß!

Luftaufnahme Camping Berau.

## Verpflegung

Direkt zum Campingplatz gehören das Restaurant „Schmankerlstubn" mit klassisch österreichischer Küche inklusive Dachterrasse mit Seeblick, eine Holzofenpizzeria mit Pasta- und Salatspezialitäten und großem Veranstaltungssaal sowie Frühstücksangebot im Juli und August. Außerdem bietet der Campingplatz einen Lebensmittelladen mit eigener Bäckerei. Im Sommer steht den Gästen die Beach Bar mit Erfrischungen und Sportverleih zur Verfügung.

## Freizeit

Der Campingplatz Berau ist der ideale Ausgangspunkt für zahlreiche Wanderungen sowie Radtouren für Jung und Alt. Durch zwei Privatstrände direkt am Platz steht dem Wasservergnügen nichts im Wege – ein eigener Sportverleih mit SUPs, Kajaks, Fahrrädern und Vespas, sowie der Bootsverleih direkt beim Nachbarn runden des Angebot ab. Im Sommer finden zahlreiche Veranstaltungen statt und im Juli und August gibt es von montags bis freitags zusätzlich eine Kinderbetreuung. Jetzt neu: großer Spiel- und Bewegungspark für Klein & Groß!

4.5

*Schöner Platz direkt am Wolfgangsee. Top saubere Sanitärhäuser und stets freundliche Mitarbeiter in allen Bereichen! Die Pizza ist eine der besten, die ich gegessen habe!*

**Anita W.**

Anita W. war im August 2020 auf dem Campingplatz Berau am Wolfgangsee.

Stellplatz am See.

Gemütlichkeit am Campingplatz.

**4.5** **SEHR GUT**
157 Bewertungen

| | |
|---|---|
| Lage | 4.5 |
| Ruhe | 3.9 |
| Sanitäranlagen | 4.3 |
| Sauberkeit Ø | 4.3 |
| Freundlichkeit | 4.7 |
| Stellplatz | 4.1 |
| Verpflegung | 4.4 |
| Freizeit | 4.4 |
| Preis-Leistung | 4.1 |
| Mietunterkünfte | 4.6 |

**Geeignet für**

| | |
|---|---|
| 4.6 | Paare |
| 4.6 | Senioren |
| 4.3 | Kinder b. 6 J. |
| 4.3 | Kinder b. 12 J. |
| 4.2 | Kinder b. 18 J. |
| 4.2 | Gäste mit Zelt |
| - | Gäste mit Hund nicht erlaubt |

**Empfohlene Aktivitäten**

Schwimmen
Wandern
Radfahren
Entspannen
Mountainbiking

# 4 Camping Grabner

Seefeld 47
4853 Steinbach am Attersee
+43 7663 8940
www.camping-grabner.at
office@camping-grabner.at

01.04. - 15.10.

HS: 33,90 € | NS: 28,50 €

**Mehr Infos & Anfrage:**
www.camping.info/19331

| | |
|---|---|
| Baden im See am Platz | ✓ |
| Pool/Hallenbad | 300m/20km |
| Spielplatz am Platz | ✓ |
| Hunde willkommen | ✓ |
| Skilift & Loipe | ✗ |
| WLAN (begrenzt gratis) | ✓ |
| Lebensmittel | ✓ |
| Brötchen am Platz | ✓ |
| Restaurant & Imbiss | ✓ |
| Ver-/Entsorgung Womo | ✓ |
| in den Ort | 500m |
| Gesamt/Touristen | 200/90 |
| Mietunterkünfte | ✓ |
| Stellplätze vor Schranke | ✗ |

47.83737 | 13.54535
500m ü.M.

Camping am Salzkammergut, direkt am Ufer des Attersees.

## Lage & Stellplatz

Der Campingplatz befindet sich an einer einzigartigen Badebucht im südlichen Teil von Seefeld. Ein hervorragender Ausgangspunkt, um in die fantastische Bergwelt des Salzkammergutes einzutauchen. Auf der 3,2 ha großen Anlage findet bestimmt jeder das passende Plätzchen, um seinen Urlaub zu genießen.

## Verpflegung

Das Restaurant und der Minimarkt haben vom 01.05. bis 15.09. täglich geöffnet (in der HS von 7:45 bis 22:00 Uhr). Hier sind Artikel des täglichen Bedarfs, frisches Gebäck, Getränke, Eis und warme Speisen erhältlich. Für größere Einkäufe gibt es einen Supermarkt im Ort.

## Sanitär

Die zentral gelegenen Sanitäranlagen sind von allen Plätzen in 2-3 Minuten erreichbar. Teilsanierte Abteilungen stehen den Gästen rund um die Uhr zur Verfügung. Zur Einrichtung gehören auch neue Duscharmaturen und Desinfektionsmittelspender auf den WCs. Das Warmwasser ist im gesamten Bereich frei.

## Freizeit

Umgeben vom Höllengebirge ist der südliche Teil des Attersees ein guter Ausgangspunkt für zahlreiche Aktivitäten. Wandern, Biken, Klettern, Wassersport oder Kultur – die Region hält einige Highlights bereit (z. B. die Langbathseen). Außerdem findet man die schönsten Tauchspots in unmittelbarer Nähe.

Blick auf den Campingplatz.

Steg ins Wasser.

**4.3** SEHR GUT
90 Bewertungen

| | |
|---|---|
| Lage | 4.7 |
| Ruhe | 4.2 |
| Sanitäranlagen | 3.2 |
| Sauberkeit Ø | 4.3 |
| Freundlichkeit | 4.8 |
| Stellplatz | 4.1 |
| Verpflegung | 3.8 |
| Freizeit | 4.2 |
| Preis-Leistung | 4.5 |
| Mietunterkünfte | 4.4 |

**Geeignet für**

4.5 Paare

| | |
|---|---|
| 4.5 | Senioren |
| 4.4 | Kinder b. 12 J. |
| 4.2 | Kinder b. 6 J. |
| 4.5 | Gäste mit Zelt |
| 4.4 | Gäste mit Hund |
| 4.2 | Kinder b. 18 J. |

**Empfohlene Aktivitäten**

Schwimmen · Wandern · Tauchen · Entspannen · Segeln

Ruhiger Campingplatz, für Familien gut geeignet. Neu: 4 Ferienwohnungen.

| | 1 | 3 | 5 |
|---|---|---|---|
| | **Seecamping Primus** | **Seecamping Wolfgangblick** | **AustriaCamp Mondsee** |
| | | | ❄ |
| | Schwand 39<br>5342 Abersee<br>+43 6227 3228 0 | Seestraße 115<br>5342 Abersee<br>+43 650 5934 297 | Achort 60<br>5310 St. Lorenz<br>+43 664 832 63 27 |
| | 47.74212 \| 13.40731 | 47.73647 \| 13.43208 | 47.83039 \| 13.36459<br>486m ü.M. |
| **Infos** | | | |
| Öffnungszeiten | 01.05. - 30.09. | 01.05. - 30.09. | 15.03. - 30.10. |
| Vergleichspreis | HS: 32,00 € \| NS: 27,00 € | HS: 31,10 € \| NS: 25,90 € | HS: 35,70 € \| NS: 32,70 € |
| Link | **Mehr Infos & Anfrage:** www.camping.info/19305 | **Mehr Infos & Anfrage:** www.camping.info/19323 | **Mehr Infos & Anfrage:** www.camping.info/19325 |
| **Ausstattung** | | | |
| Freizeit | Baden im See am Platz ✓<br>Hallenbad 4km<br>Spielplatz am Platz ✓ | Baden im See am Platz ✓<br>Pool & Hallenbad ✗<br>Spielplatz am Platz ✓ | Baden im See am Platz ✓<br>Pool & Hallenbad ✗<br>Spielplatz am Platz ✓ |
| Campingplatz | Hunde willkommen ✓<br>Skilift/Loipe 4km/700m<br>WLAN ✓ | Hunde erlaubt ✓<br>Skilift & Loipe ✗<br>WLAN ✓ | Hunde willkommen ✓<br>Skilift/Loipe 35/1km<br>WLAN ✓ |
| Versorgung | Lebensmittel 300m<br>Brötchen am Platz ✗<br>Restaurant/Imbiss 800/500m<br>Ver-/Entsorgung Womo ✓<br>in den Ort 4km | Lebensmittel ✓<br>Brötchen am Platz ✓<br>Restaurant/Imbiss 300m/✓<br>Ver-/Entsorgung Womo ✓<br>in den Ort 400m | Lebensmittel 4km<br>Brötchen am Platz ✓<br>Restaurant & Imbiss ✓<br>Ver-/Entsorgung Womo ✓<br>in den Ort 2km |
| Anzahl der Plätze | Gesamt/Touristen 135/75<br>Mietunterkünfte ✓<br>Stellplätze vor Schranke ✗ | Gesamt/Touristen 130/80<br>Mietunterkünfte ✗<br>Stellplätze vor Schranke ✗ | Gesamt/Touristen 140/100<br>Mietunterkünfte ✗<br>Stellplätze vor Schranke ✗ |
| | 4.4 SEHR GUT<br>11 Bewertungen | 4.2 SEHR GUT<br>10 Bewertungen | 3.6 GUT<br>32 Bewertungen |
| Lage | 5.0 | 4.8 | 4.6 |
| Ruhe | 4.9 | 4.4 | 3.6 |
| Sanitäranlagen | 4.4 | 3.6 | 3.8 |
| Sauberkeit Ø | 4.7 | 4.8 | 3.8 |
| Freundlichkeit | 4.7 | 5.0 | 3.7 |
| Stellplatz | 4.4 | 4.1 | 3.3 |
| Verpflegung | 2.6 | 3.8 | 3.3 |
| Freizeit | 4.5 | 4.5 | 3.9 |
| Preis-Leistung | 4.6 | 4.5 | 3.3 |
| Mietunterkünfte | 5.0 | - | - |
| **Geeignet für** | | | |
| Kinder b. 6 J. | 4.4 | 4.4 | 4.0 |
| Kinder b. 12 J. | 4.2 | 4.5 | 4.0 |
| Kinder b. 18 J. | 4.1 | 4.5 | 3.4 |
| Paare | 4.8 | 4.7 | 3.9 |
| Senioren | 5.0 | 4.8 | 3.9 |
| Gäste mit Zelt | 4.9 | 4.5 | 3.8 |
| Gäste mit Hund | 4.3 | 4.0 | 3.4 |
| **Empfohlene Aktivitäten** | Schwimmen<br>Radfahren<br>Wandern | Schwimmen<br>Wandern<br>Radfahren | Schwimmen<br>Radfahren<br>Wandern |
| | | | keine WOMOs ab 7,5 m |

Karte auf Seite 232

# 6 Seeterrassencamping Ried

Ried 18
5360 St. Wolfgang
+43 6138 3201
www.seeterrassencamping-ried.at
camping-ried@aon.at

01.04. - 31.10.

HS: 33,00 € | NS: 29,50 €

**Mehr Infos & Anfrage:**
www.camping.info/19292

| | |
|---|---|
| Baden im See am Platz | ✓ |
| Pool/Hallenbad | ✓/800m |
| Spielplatz | 800m |
| Hunde willkommen | ✓ |
| Loipe | 300m |
| WLAN (begrenzt gratis) | ✓ |
| Lebensmittel | ✓ |
| Brötchen am Platz | ✓ |
| Restaurant & Imbiss | ✓ |
| Ver-/Entsorgung Womo | ✓ |
| in den Ort | 800m |
| Touristenplätze | 40 |
| Mietunterkünfte | ✓ |
| Stellplätze vor Schranke | ✗ |

47.74253 | 13.43337
535m ü.M.

Herrliche Lage direkt am See inmitten der Bergwelt.

## Lage & Stellplatz

Der Platz liegt ruhig an einer Sackgasse und ist nur wenige Gehminuten vom Zentrum von St. Wolfgang, der Schafbergbahn und der Schiffsanlegestelle entfernt. Befestigte Schotter-Grasplätze auf sonnigen, mit Büschen oder Bäumen bepflanzten Terrassen weisen allesamt einen herrlichen Ausblick auf.

## Verpflegung

Ein Brötchenservice zum Wohnwagen, ein Seeterrassencafé, ein Imbiss sowie ein Shop zur Grundversorgung befinden sich direkt am Platz. In nächster Nachbarschaft gibt es eine Jausenstation, ein Fischrestaurant und ein Wirtshaus. Im Ortszentrum sind zudem weitere Restaurants und Geschäfte zu finden.

## Sanitär

Das neue, gepflegte Sanitärgebäude verfügt über Duschen, Einzelwaschkabinen, Toiletten und eine Babyecke. Außerdem stehen ein überdachter Abwaschbereich, eine Kochgelegenheit, eine Waschmaschine, ein Trockner und Wäscheleinen zur Verfügung. Eine neue Wohnmobilservicestation ist ebenfalls vorhanden.

## Freizeit

Ein eigener Badeplatz mit separatem Hundebereich steht zur Nutzung bereit. An den Platz angeschlossen ist ein modernes Wassersportzentrum mit Aktivitäten wie Segeln, Surfen, Wasserski etc. Außerdem ist die Therme „Wellness-Alm" nur 800 m entfernt. Hier erhalten Campinggäste eine Ermäßigung von 10 %.

Ruhe und Entspannung.

Die gemütliche Terrasse.

**4.5** SEHR GUT
59 Bewertungen

| | |
|---|---|
| Lage | 4.8 |
| Ruhe | 4.7 |
| Sanitäranlagen | 4.3 |
| Sauberkeit Ø | 4.8 |
| Freundlichkeit | 4.2 |
| Stellplatz | 4.7 |
| Verpflegung | 4.0 |
| Freizeit | 4.6 |
| Preis-Leistung | 4.4 |
| Mietunterkünfte | 4.8 |

**Geeignet für**

4.8 Senioren
4.6 Paare
4.6 Gäste mit Zelt
4.6 Gäste mit Hund
3.7 Kinder b. 18 J.
3.0 Kinder b. 12 J.
2.6 Kinder b. 6 J.

**Empfohlene Aktivitäten**

Schwimmen
Wandern
Entspannen
Radfahren
Segeln

keine Gruppen über 4 Personen

Karte auf Seite 232

## 7 Camping Gössl

Gössl 17
8993 Grundlsee
+43 3622 20155

47.63809 | 13.90341
712m ü.M.

| | |
|---|---|
| Öffnungszeiten | 01.05. - 31.10. |
| Vergleichspreis | HS: 22,90 € \| NS: 22,90 € |
| Link | **Mehr Infos & Anfrage:** www.camping.info/19304 |

| | |
|---|---|
| Baden im See | 50m |
| Hallenbad | 10km |
| Spielplatz | 200m |
| Hunde willkommen | ✓ |
| Skilift & Loipe | ✗ |
| WLAN | ✓ |
| Lebensmittel | 50m |
| Brötchen am Platz | ✓ |
| Restaurant/Imbiss | 50/200m |
| Ver-/Entsorgung Womo | ✓ |
| in den Ort | 4km |
| Gesamt/Touristen | 80/70 |
| Mietunterkünfte | ✓ |
| Stellplätze vor Schranke | ✗ |

**4.7** SEHR GUT
22 Bewertungen

| | |
|---|---|
| Lage | 4.8 |
| Ruhe | 4.7 |
| Sanitäranlagen | 4.7 |
| Sauberkeit Ø | 4.7 |
| Freundlichkeit | 4.8 |
| Stellplatz | 4.4 |
| Verpflegung | 3.8 |
| Freizeit | 4.5 |
| Preis-Leistung | 4.8 |
| Mietunterkünfte | 4.6 |

**Geeignet für**

| | |
|---|---|
| Kinder b. 6 J. | 4.2 |
| Kinder b. 12 J. | 4.4 |
| Kinder b. 18 J. | 4.2 |
| Paare | 5.0 |
| Senioren | 4.9 |
| Gäste mit Zelt | 4.9 |
| Gäste mit Hund | 4.9 |

**Empfohlene Aktivitäten**

- Wandern
- Schwimmen
- Entspannen

## 9 Inselcamp

Unterburgau 37
4866 Unterach am Attersee
+43 7665 8311

47.80103 | 13.48229
478m ü.M.

| | |
|---|---|
| Öffnungszeiten | 01.05. - 15.09. |
| Vergleichspreis | HS: 28,80 € \| NS: 24,90 € |
| Link | **Mehr Infos & Anfrage:** www.camping.info/19329 |

| | |
|---|---|
| Baden im See am Platz | ✓ |
| Hallenbad | 25km |
| Spielplatz am Platz | ✓ |
| Hunde willkommen | ✓ |
| Skilift & Loipe | ✗ |
| WLAN | ✓ |
| Lebensmittel | 500m |
| Brötchen am Platz | ✓ |
| Restaurant/Imbiss | 200/100m |
| Ver-/Entsorgung Womo | ✓ |
| in den Ort | 500m |
| Gesamt/Touristen | 140/100 |
| Mietunterkünfte | ✗ |
| Stellplätze vor Schranke | ✗ |

**3.8** GUT
88 Bewertungen

| | |
|---|---|
| Lage | 4.6 |
| Ruhe | 3.8 |
| Sanitäranlagen | 3.4 |
| Sauberkeit Ø | 3.8 |
| Freundlichkeit | 4.1 |
| Stellplatz | 4.0 |
| Verpflegung | 3.3 |
| Freizeit | 4.2 |
| Preis-Leistung | 4.1 |
| Mietunterkünfte | - |

**Geeignet für**

| | |
|---|---|
| Kinder b. 6 J. | 3.8 |
| Kinder b. 12 J. | 4.2 |
| Kinder b. 18 J. | 4.0 |
| Paare | 4.3 |
| Senioren | 4.5 |
| Gäste mit Zelt | 4.2 |
| Gäste mit Hund | 3.8 |

**Empfohlene Aktivitäten**

- Schwimmen
- Wandern
- Entspannen

keine WOMOs über 7 m; keine Doppelachser; keine Gruppen

## 11 Camping Seewinkl

Gschwendt 31
5342 Abersee

47.72278 | 13.43973
544m ü.M.

| | |
|---|---|
| Öffnungszeiten | 01.05. - 15.10. |
| Vergleichspreis | HS: 24,80 € \| NS: 24,80 € |
| Link | **Mehr Infos & Anfrage:** www.camping.info/22257 |

| | |
|---|---|
| Baden im See am Platz | ✓ |
| Hallenbad | 16km |
| Spielplatz am Platz | ✓ |
| Hunde willkommen | ✓ |
| Skilift/Loipe | 12km/✓ |
| WLAN | ✓ |
| Lebensmittel | 4km |
| Brötchen am Platz | ✓ |
| Restaurant/Imbiss | 500m |
| Ver-/Entsorgung Womo | ✗ |
| in den Ort | 4km |
| Gesamt/Touristen | 35/10 |
| Mietunterkünfte | ✓ |
| Stellplätze vor Schranke | ✗ |

**-** JETZT BEWERTEN!

Für diese Auswertung liegen leider noch nicht genügend Bewertungen vor.

Sei einer der Ersten, der diesen Campingplatz bewertet. Unter den Bewertern werden regelmäßig Gewinne verlost!

Mehr Infos dazu findest du in unserem allgemeinen Intro.

**Infos**: Öffnungszeiten, Vergleichspreis, Link

**Ausstattung**: Freizeit, Campingplatz, Versorgung, Anzahl der Plätze

# 8 Camp MondSeeLand

Punzau 21
5310 Mondsee/Tiefgraben
+43 6232 2600
www.campmondsee.at
austria@campmondsee.at

01.04. - 03.10.

HS: 40,40 € | NS: 29,90 €

**Mehr Infos & Anfrage:**
www.camping.info/19327

| | |
|---|---|
| Baden im See | 3km |
| Pool/Hallenbad | ✓/3km |
| Spielplatz am Platz | ✓ |
| Hunde willkommen | ✓ |
| Skilift & Loipe | ✗ |
| WLAN (gegen Gebühr) | ✓ |
| Lebensmittel | ✓ |
| Brötchen am Platz | ✓ |
| Restaurant & Imbiss | ✓ |
| Ver-/Entsorgung Womo | ✓ |
| in den Ort | 3km |
| Gesamt/Touristen | 180/90 |
| Mietunterkünfte | ✓ |
| Stellplätze vor Schranke | ✗ |

Panoramablick ins Mondseeland, auf die umliegenden Berge und den Mondsee.

## Lage & Stellplatz

Das Camp MondSeeLand liegt ruhig und harmonisch zwischen dem Mondsee und Irrsee. Von Mai bis September herrscht täglicher Badebetrieb im beheizten und überdachten Schwimmbad mit anschließender Lounge. Die komfortablen parzellierten Stellplätze (80-120 m²) sind terrassenförmig angelegt und mit einer leistungsfähigen Stromversorgung (16 A) sowie mit Wasser- und Abwasseranschlüssen ausgestattet. Das leistungsstarke WLAN steht auf dem gesamten Touristengelände zur Verfügung. Des Weiteren verfügt das Camp über 3 gemütliche, beheizbare und im österreichischen Landhausstil eingerichtete Ferienhütten.

## Sanitär

Die neuen, stets sauberen Sanitäranlagen sind auf dem neuesten Stand der Technik und verfügen u. a. über helle, beheizte Duschräume, einen Baby-Wickelraum sowie eine barrierefreie Toilette/Dusche. Die Mietbäder sind geräumig mit zwei Duschen, Doppelwaschbecken, Haarföhn und separater Toilette ausgestattet. Selbstverständlich unterliegt der Verbrauch von Warmwasser keiner Beschränkung. Darüber hinaus befinden sich im Wäschebereich Waschmaschinen, Wäschetrockner und ein Bügelbrett mit Bügeleisen. Die voll eingerichtete Küche mit Herd und Spülbecken wird ebenfalls gerne genutzt.

Platzeigener Swimmingpool.

Abenteuerspielplatz.

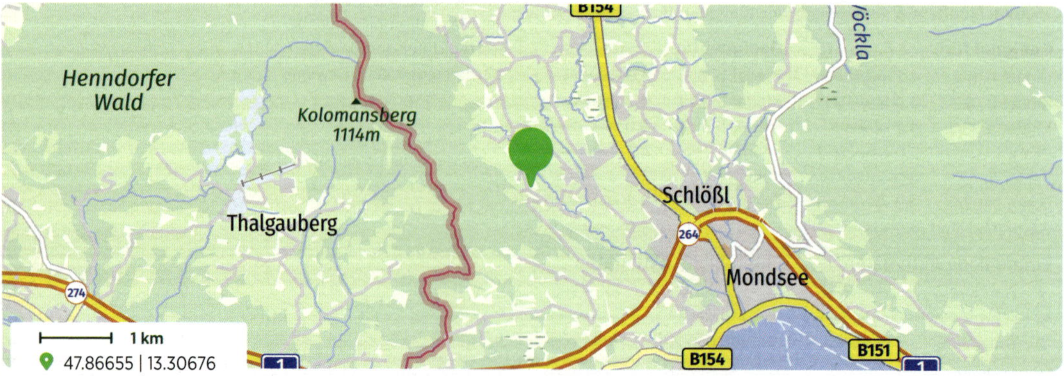


1 km
47.86655 | 13.30676
520m ü.M.

AWARD 2020

für Jugendgruppen nicht geeignet

Großzügige Stellplätze mit sämtlichen Anschlüssen im Grünen gelegen.

## Verpflegung

Direkt am Campinggelände befindet sich der platzeigene Gasthof „Fohlenhof". Ob im schattigen Gastgarten, an der Bar oder in der gemütlichen Gaststube, das Wirtshaus bietet traditionell österreichische Gastlichkeit mit bodenständiger Hausmannskost und kulinarischen Schmankerln. Pizza und andere Speisen sind auch zum Mitnehmen erhältlich. In den Sommermonaten finden regelmäßig beliebte All-You-Can-Eat Grillabende statt. Sämtliche Artikel des täglichen Bedarfs – vom Sonnenöl bis zu frischen Semmeln – sind im Kiosk erhältlich. Ein täglicher Brötchendienst rundet das kulinarische Angebot ab.

## Freizeit

Die Campinggäste erwartet ein umfangreiches Outdoor-Freizeitangebot. Badespaß ist im überdachten Schwimmbad von Mai bis September garantiert. Für Kinder gibt es einen Abenteuerwald und ein riesiges Spieleparadies mit Seile-Dschungel, Rutsche, Seilbahn, Nestschaukel, Sandbaustelle u. v. m. In den Monaten Juli und August wird ein Ferienprogramm mit Angelausflug, Radtouren und wöchentlichem Lagerfeuer mit Würstelbraten am Stock im Robinsontal angeboten. Zudem bietet das Salzkammergut die optimalen Voraussetzungen für ausgiebige Wanderungen, ausgedehnte Badetage oder erlebnisreiche Ausflüge.

**5.0** 

*Mega nettes Personal - nach über 20 Jahren campen noch nie so einen netten „Hausmeister" gesehen! Super schöne Anlage, sehr ruhige Umgebung! Kein Straßenverkehr etc.! Sanitäranlagen sehr sauber! Pool und Liegefläche rundherum wunderschön! Ein toller Aufenthaltsraum ist auch nebenan. Auch das Gasthaus „Fohlenhof" nebenan ist sehr zu empfehlen - lecker Essen und sehr sympathisches, nettes Personal. Rundherum eine wunderschöne Umgebung mitten in der Natur.*

**Sabrina A.**

Sabrina A. ist bereits seit über 20 Jahren leidenschaftliche Camperin. Den Campingplatz MondSeeLand hat sie im Juli 2020 bereist.

Ferienhütte „Drachenwand".

Animation für Kinder.

**4.8** SEHR GUT
1199 Bewertungen

| | |
|---|---|
| Lage | 4.5 |
| Ruhe | 4.7 |
| Sanitäranlagen | 4.8 |
| Sauberkeit Ø | 4.9 |
| Freundlichkeit | 4.9 |
| Stellplatz | 4.6 |
| Verpflegung | 4.2 |
| Freizeit | 4.4 |
| Preis-Leistung | 4.6 |
| Mietunterkünfte | 4.6 |

**Geeignet für**

| | |
|---|---|
| 4.7 | Kinder b. 6 J. |
| 4.7 | Paare |
| 4.7 | Senioren |
| 4.7 | Gäste mit Hund |
| 4.6 | Kinder b. 12 J. |
| 4.6 | Gäste mit Zelt |
| 4.1 | Kinder b. 18 J. |

**Empfohlene Aktivitäten**

Wandern · Entspannen · Radfahren · Schwimmen · Mountainbiking

# 10 Seecamping Appesbach

Au 99
5360 St. Wolfgang
+43 6138 2206

www.appesbach.at
camping@appesbach.at

23.04. - 19.12.

HS: 38,50 € | NS: 31,50 €

**Mehr Infos & Anfrage:**
www.camping.info/19321

| | |
|---|---|
| Baden im See am Platz | ✓ |
| Pool/Hallenbad | 2/4km |
| Spielplatz am Platz | ✓ |
| Hunde willkommen | ✓ |
| Skilift/Loipe | 17/1km |
| WLAN | ✓ |
| Lebensmittel | ✓ |
| Brötchen am Platz | ✓ |
| Restaurant & Imbiss | ✓ |
| Ver-/Entsorgung Womo | ✓ |
| in den Ort | 1km |
| Gesamt/Touristen | 150/100 |
| Mietunterkünfte | ✓ |
| Stellplätze vor Schranke | ✓ |

1 km
47.73234 | 13.46357
545m ü.M.

Camping direkt am Wolfgangsee, nur 1 km ins Ortszentrum von St. Wolfgang.

## Lage & Stellplatz

Die großzügigen Stellplätze laden ein, die Naturwelt in vollen Zügen zu genießen. Direkt am See gelegene Komfortplätze mit Wasseranschluss, befestigte Plätze speziell für Wohnmobile, schattige Wiesenplätze, Familienpauschale sowie mietbare Tiny Houses. Nur 1 km ins Ortszentrum von St. Wolfgang.

## Verpflegung

Der Platz bietet einen kleinen Lebensmittel-Shop für den täglichen Bedarf sowie ein Restaurant mit gemütlichem Gastgarten. Vom Verwöhn-Frühstück über Klassiker der österreichischen Küche bis zu hausgemachten Kuchen ist für jeden etwas dabei! Dabei wird Wert auf regionale Produkte gelegt.

## Sanitär

Die gepflegten Sanitäranlagen mit modernen Duschkabinen, Föhn, Kinder-Waschbecken und Wickeltisch sind für die Gäste jederzeit frei nutzbar. Es gibt ein barrierefreies Bad mit Dusche, Wanne und WC. Waschmaschinen und Trockner mit Münzeinwurf sowie eine Bügelmöglichkeit stehen zur Verfügung.

## Freizeit

Direkt am Platz gibt es Badestrände, Stand Up Paddling, Bootsverleih, Trampolin, Tischtennis, Spielplätze, eine Indoor-Spielecke sowie Sommerkino unter Sternen. Ein Islandpferdehof ist direkt nebenan. Idealer Ausgangspunkt für Wanderungen, Fahrradtouren & diverse Ausflugsziele im Salzkammergut.

Tinyhouses für 2-4 Personen.

Wasserspaß für alle garantiert.

**4.2** SEHR GUT
51 Bewertungen

| | |
|---|---|
| Lage | 4.7 |
| Ruhe | 3.9 |
| Sanitäranlagen | 3.8 |
| Sauberkeit Ø | 4.2 |
| Freundlichkeit | 4.2 |
| Stellplatz | 3.9 |
| Verpflegung | 4.1 |
| Freizeit | 4.4 |
| Preis-Leistung | 4.1 |
| Mietunterkünfte | 3.8 |

**Geeignet für**

| | |
|---|---|
| Kinder b. 12 J. | 4.3 |
| Paare | 4.3 |
| Senioren | 4.3 |
| Gäste mit Zelt | 4.3 |
| Gäste mit Hund | 4.2 |
| Kinder b. 18 J. | 4.1 |
| Kinder b. 6 J. | 4.0 |

**Empfohlene Aktivitäten**

Schwimmen · Wandern · Radfahren · Entspannen · Kayak/Kanu

Auch für größere Fahrzeuge geeignet, Hunde sind am Platz willkommen.

## 12 Campingpark Abersee

Reith 22
5342 Abersee
+43 6227 3512
47.73446 | 13.4275

01.05. - 31.10.

HS: 26,90 € | NS: 26,90 €

**Mehr Infos & Anfrage:** www.camping.info/19497

| | |
|---|---|
| Baden im See | 300m |
| Hallenbad | 6km |
| Spielplatz am Platz | ✓ |
| Hunde erlaubt | ✓ |
| Skilift & Loipe | ✗ |
| WLAN | keine Angabe |
| Lebensmittel | 300m |
| Brötchen am Platz | ✗ |
| Restaurant/Imbiss | 300m |
| Ver-/Entsorgung Womo | ✓ |
| in den Ort | 100m |
| Gesamt/Touristen | 40/35 |
| Mietunterkünfte | ✗ |
| Stellplätze vor Schranke | ✓ |

3.7 GUT
3 Bewertungen

| | |
|---|---|
| Lage | 4.3 |
| Ruhe | 5.0 |
| Sanitäranlagen | 4.0 |
| Sauberkeit Ø | 4.3 |
| Freundlichkeit | 4.3 |
| Stellplatz | 3.3 |
| Verpflegung | 2.0 |
| Freizeit | 4.0 |
| Preis-Leistung | 4.3 |
| Mietunterkünfte | - |

**Geeignet für**

| | |
|---|---|
| Kinder b. 6 J. | 3.0 |
| Kinder b. 12 J. | 3.5 |
| Kinder b. 18 J. | 3.5 |
| Paare | 4.7 |
| Senioren | 4.7 |
| Gäste mit Zelt | 5.0 |
| Gäste mit Hund | 5.0 |

**Empfohlene Aktivitäten**

- Radfahren
- Wandern
- Schwimmen

## 13 Camping an der Traun

Grundlseer Str. 21
8990 Bad Aussee
+43 3622 54565
47.61664 | 13.81202

01.04. - 30.09.

HS: 25,40 € | NS: 25,40 €

**Mehr Infos & Anfrage:** www.camping.info/27587

| | |
|---|---|
| Baden im See | 1km |
| Pool & Hallenbad | ✗ |
| Spielplatz am Platz | ✓ |
| Hunde willkommen | ✓ |
| Skilift & Loipe | ✗ |
| WLAN (begrenzt gratis) | ✓ |
| Lebensmittel | 2km |
| Brötchen am Platz | ✗ |
| Restaurant & Imbiss | ✓ |
| Ver-/Entsorgung Womo | ✓ |
| in den Ort | 2km |
| Gesamt | keine Angabe |
| Mietunterkünfte | ✗ |
| Stellplätze vor Schranke | ✗ |

- JETZT BEWERTEN!

Für diese Auswertung liegen leider noch nicht genügend Bewertungen vor.

Sei einer der Ersten, der diesen Campingplatz bewertet. Unter den Bewertern werden regelmäßig Gewinne verlost!

Mehr Infos dazu findest du in unserem allgemeinen Intro.

## 15 Camping & Pension Grimmingsicht

*

Bad Mitterndorf 338
8983 Bad Mitterndorf
+43 664 214 8361
47.55533 | 13.92222
812m ü.M.

ganzjährig

HS: 27,50 € | NS: 23,50 €

**Mehr Infos & Anfrage:** www.camping.info/23326

| | |
|---|---|
| Baden im See | 4km |
| Pool/Hallenbad | 2km |
| Spielplatz am Platz | ✓ |
| Hunde willkommen | ✓ |
| Skilift/Loipe | 3km/✓ |
| WLAN | ✓ |
| Lebensmittel | 500m |
| Brötchen am Platz | ✓ |
| Restaurant | 500m |
| Ver-/Entsorgung Womo | ✗ |
| in den Ort | 500m |
| Gesamt/Touristen | 36/26 |
| Mietunterkünfte | ✓ |
| Stellplätze vor Schranke | ✗ |

4.9 SEHR GUT
11 Bewertungen

| | |
|---|---|
| Lage | 4.7 |
| Ruhe | 4.5 |
| Sanitäranlagen | 4.6 |
| Sauberkeit Ø | 5.0 |
| Freundlichkeit | 5.0 |
| Stellplatz | 4.3 |
| Verpflegung | 3.6 |
| Freizeit | 4.6 |
| Preis-Leistung | 4.8 |
| Mietunterkünfte | 5.0 |

**Geeignet für**

| | |
|---|---|
| Kinder b. 6 J. | 3.5 |
| Kinder b. 12 J. | 3.5 |
| Kinder b. 18 J. | 3.8 |
| Paare | 5.0 |
| Senioren | 5.0 |
| Gäste mit Zelt | 5.0 |
| Gäste mit Hund | 4.8 |

**Empfohlene Aktivitäten**

- Radfahren
- Wandern
- Entspannen

Karte auf Seite 232

**Infos**

Öffnungszeiten

Vergleichspreis

Link

**Ausstattung**

Freizeit

Campingplatz

Versorgung

Anzahl der Plätze

ANZEIGE

# 14 Paradiescamping Wolfgangsee Birkenstrand

Schwand 17a
5342 Abersee/St.Gilgen
0043 664 94 048 79
www.birkenstrand.at
camp@birkenstrand.at

01.04. - 15.10.

HS: 29,80 € | NS: 26,80 €

**Mehr Infos & Anfrage:**
www.camping.info/19514

| | |
|---|---|
| Baden im See am Platz | ✓ |
| Pool | 4km |
| Spielplatz am Platz | ✓ |
| Hunde erlaubt | ✓ |
| Skilift & Loipe | ✗ |
| WLAN | ✓ |
| Lebensmittel | ✓ |
| Brötchen am Platz | ✓ |
| Restaurant/Imbiss | 500m |
| Ver-/Entsorgung Womo | ✗ |
| in den Ort | 4km |
| Gesamt/Touristen | 110/85 |
| Mietunterkünfte | ✓ |
| Stellplätze vor Schranke | ✗ |

1 km
47.73903 | 13.40032
540m ü.M.

Atemberaubende Atmosphäre.

## Lage & Stellplatz

Der familiär geführte Campingplatz liegt direkt am Ufer des glasklaren Wolfgangsees, inmitten eines atemberaubenden Bergpanoramas. Die windgeschützten Komfortstellplätze sind mit ebenem, festem Grasboden ausgestattet. Das leistungsstarke WLAN steht am gesamten Campinggelände zur Verfügung.

## Verpflegung

In der modernen Rezeption findet man einen kleinen Shop, in dem man täglich mit frischen Brötchen und Süßem vom lokalen Bäcker verwöhnt wird. Für den größeren Hunger findet man in der unmittelbaren Nähe des Campingplatzes einige Restaurants vor, die typisch österreichische Kulinarik anbieten.

## Sanitär

Die modernen Sanitäranlagen befinden sich auf dem neuesten technischen und hygienischen Stand. Sie verfügen über Fußbodenheizung, Regenduschen, Einzelwaschkabinen, Waschmaschinen & Trockner, Bügelmöglichkeit, Grillplatz und Sauna. Ein besonderes Extra ist der kostenlos benutzbare Geschirrspüler.

## Freizeit

Der Campingplatz ist ein perfekter Ausgangspunkt für Ausflüge aller Art – ob zu Fuß, Fahrrad oder mit dem Auto. Die flachen Fahrradwege führen in die beliebten Ortschaften. Der Campingplatz bietet einen Fahrrad-, Kajak- sowie einen SUP-Verleih an, somit kann man den See noch besser entdecken.

Aufregende Ausflüge.

Moderne, saubere Sanitäranlagen.

**4.6** SEHR GUT
52 Bewertungen

| | |
|---|---|
| Lage | 4.7 |
| Ruhe | 4.2 |
| Sanitäranlagen | 4.6 |
| Sauberkeit Ø | 4.8 |
| Freundlichkeit | 4.8 |
| Stellplatz | 4.3 |
| Verpflegung | 3.4 |
| Freizeit | 4.3 |
| Preis-Leistung | 4.5 |
| Mietunterkünfte | 4.7 |

**Geeignet für**

| | |
|---|---|
| 4.9 | Senioren |
| 4.7 | Paare |
| 4.4 | Kinder b. 12 J. |
| 4.4 | Gäste mit Zelt |
| 4.3 | Kinder b. 6 J. |
| 4.0 | Kinder b. 18 J. |
| 3.6 | Gäste mit Hund |

**Empfohlene Aktivitäten**

Schwimmen
Wandern
Radfahren
Entspannen
Kayak/Kanu

Jugendgruppen nicht zugelassen.

Karte auf Seite 232

16

### Campingplatz Temel

Puchen 137
8992 Altaussee

47.62876 | 13.77387

**Öffnungszeiten:** 01.05. - 30.09.

**Vergleichspreis:** HS: 25,00 € | NS: 25,00 €

**Mehr Infos & Anfrage:**
www.camping.info/27588

**Ausstattung**

| | | |
|---|---|---|
| Freizeit | Baden in nat. Gewässer | k. A. |
| | Pool & Hallenbad | × |
| | Spielplatz | × |
| Campingplatz | Hunde | × |
| | Skilift & Loipe | × |
| | WLAN (begrenzt gratis) | ✓ |
| Versorgung | Lebensmittel | 1km |
| | Brötchen am Platz | nur HS |
| | Restaurant & Imbiss | × |
| | Ver-/Entsorgung Womo | ✓ |
| | in den Ort | 1km |
| Anzahl der Plätze | Gesamt | keine Angabe |
| | Mietunterkünfte | × |
| | Stellplätze vor Schranke | × |

**-** JETZT BEWERTEN!

Für diese Auswertung liegen leider noch nicht genügend Bewertungen vor.

Sei einer der Ersten, der diesen Campingplatz bewertet. Unter den Bewertern werden regelmäßig Gewinne verlost!

Mehr Infos dazu findest du in unserem allgemeinen Intro.

17

### Romantik-Camping Wolfgangsee Lindenstrand

Schwand 19
5342 Abersee
+43 6227 3205

47.73968 | 13.4025
540m ü.M.

**Öffnungszeiten:** 01.04. - 15.10.

**Vergleichspreis:** HS: 30,20 € | NS: 22,50 €

**Mehr Infos & Anfrage:**
www.camping.info/19324

**Ausstattung**

| | | |
|---|---|---|
| Freizeit | Baden im See am Platz | ✓ |
| | Hallenbad | 15km |
| | Spielplatz am Platz | ✓ |
| Campingplatz | Hunde erlaubt | ✓ |
| | Skilift & Loipe | × |
| | WLAN | ✓ |
| Versorgung | Lebensmittel | ✓ |
| | Brötchen am Platz | ✓ |
| | Restaurant/Imbiss | 500/100m |
| | Ver-/Entsorgung Womo | ✓ |
| | in den Ort | 4km |
| Anzahl der Plätze | Gesamt/Touristen | 210/150 |
| | Mietunterkünfte | × |
| | Stellplätze vor Schranke | ✓ |

**4.7** SEHR GUT
39 Bewertungen

| | |
|---|---|
| Lage | 4.9 |
| Ruhe | 4.3 |
| Sanitäranlagen | 4.7 |
| Sauberkeit Ø | 4.8 |
| Freundlichkeit | 4.9 |
| Stellplatz | 4.4 |
| Verpflegung | 4.0 |
| Freizeit | 4.7 |
| Preis-Leistung | 4.7 |
| Mietunterkünfte | - |

**Geeignet für**

| | |
|---|---|
| Kinder b. 6 J. | 4.6 |
| Kinder b. 12 J. | 4.7 |
| Kinder b. 18 J. | 4.4 |
| Paare | 4.9 |
| Senioren | 4.8 |
| Gäste mit Zelt | 4.4 |
| Gäste mit Hund | 4.3 |

**Empfohlene Aktivitäten**

- Schwimmen
- Wandern
- Radfahren

# CAMPING IN DER SCHWEIZ

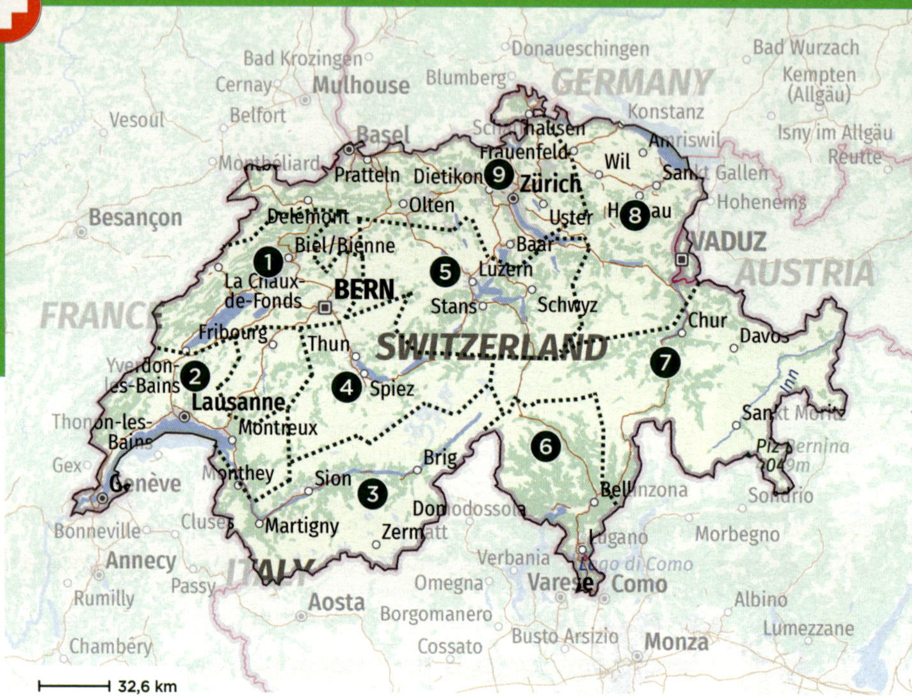


## REGIONEN

Die Schweiz ist der Inbegriff für entschleunigten Urlaub in den Alpen. Zahlreiche hohe Gipfel, verträumte Ortschaften und eine Vielzahl an warmen Badeseen machen die Schweiz zu einem beliebten Urlaubsziel. Teils sind zahlreiche Campingplätze an den touristischen Hotspots zu finden. Im Jahr 2018 konnten 3,6 Millionen Campingnächtigungen verzeichnet werden – das bedeutet einen Zuwachs um 12,8 % im Vergleich zum Vorjahr und zusätzlich einen neuen Rekordwert. Achtung: Die Vergleichspreise in diesem Buch sind in Euro angegeben, bitte den aktuellen Wechselkurs beachten! Die meisten Campinganlagen verfügen über hohe Standards und werden auch dementsprechend gut bewertet. Gäste beurteilen die Schweizer Campingplätze auf camping.info durchschnittlich mit 3,88 Sternen. Durch die zahlreichen Gebirgszüge und hohen Pässe ist beim Fahren mit einem Wohnwagengespann die vorherige Planung der Route wichtig.

## Länderinformationen:

- Hauptstadt: Bern
- Einwohner: 8,5 Millionen
- Währung: 1 Schweizer Franken (CHF) = ca. 0,93 € (Stand Oktober 2020)
- gesprochene Sprachen: Deutsch, Französisch, Italienisch und Rätoromanisch
- Schweiz auf camping.info: www.camping.info/schweiz

## Reise-Informationen:

| | | | | |
|---|---|---|---|---|
| PKW, Wohnmobil bis 3,5t | 50 | 80 | 100 | 120 |
| Gespann mit schwerem Anhänger (Klasse B)* | 50 | 80 | 80 | 80 |
| Wohnmobil über 3,5 t | 50 | 80 | 100 | 100 |

* Hierbei gibt es Unterschiede, je nach Führerscheinklasse.

**Lichtpflicht am Tag:** ganzjährig

**Im Auto/Wohnmobil mitzuführen:** Warndreieck griffbereit; Warnweste empfohlen

**Mautsystem und Straßengebühren:** Vignetten-System für Fahrzeuge bis 3,5 t; Anhänger benötigen eine eigene Vignette; ab 3,5 t ist eine Schwerverkehrsabgabe zu entrichten; Sondermaut an mehreren Tunneln, teilweise mit Autoverladung.

**Weitere Hinweise:** auf der Autobahn gilt die Rettungsgasse; keine generelle Winterreifenpflicht, aber bei ungeeigneter Bereifung sind Geldbußen bzw. Haftung möglich, teilweise Schneekettenpflicht für mind. zwei Antriebsräder, Spikes sind vom 1.11. bis 30.04. erlaubt; Promillegrenze: 0,1 Promille für Fahranfänger (Führerscheinbesitz unter 3 Jahre); ansonsten 0,5 Promille; GPS-Navigationsgeräte mit Radarwarnfunktion werden den verbotenen Radarwarngeräten gleichgestellt und sind daher nicht erlaubt.

**Einreise:** Schweiz ist Mitglied des Schengen-Raums, Grenzkontrollen können trotzdem vorkommen. Mitzuführen ist ein Reisepass oder gültiger Personalausweis; Kinder benötigen ein eigenes Ausweisdokument.

**Haustiere:** EU-Heimtierausweis mit Kennzeichnung des Tieres (durch Mikrochip oder Tätowierung) nötig, gültige Tollwutimpfung muss eingetragen sein; jedes Tier muss beim Zoll gemeldet werden.

## Notrufnummern:

- internationale Notrufnummer: 112
- Feuerwehr: 118
- Polizei: 117
- Rettung: 144

SCHWEIZ

# ❶ Jura und Drei-Seen-Land

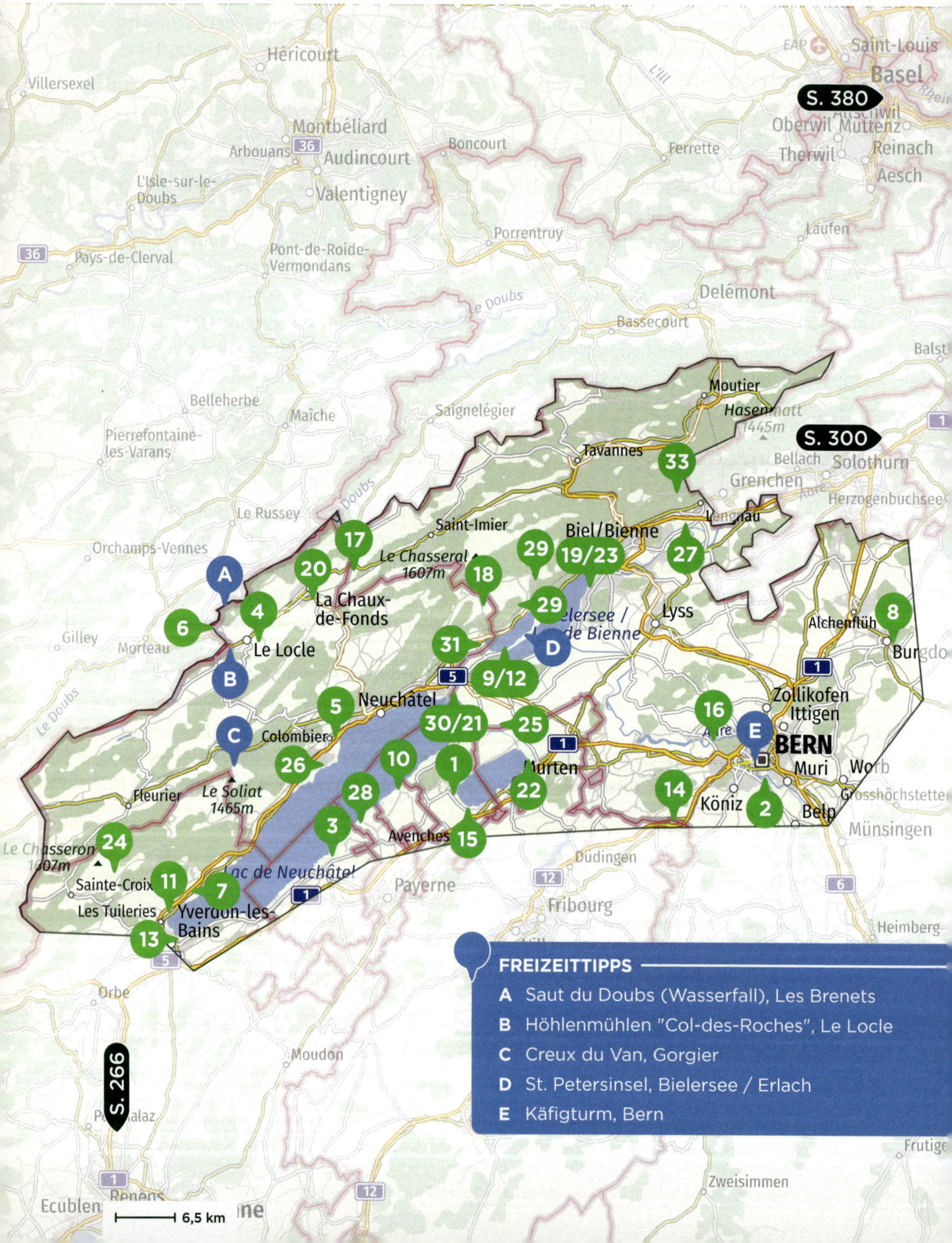


**FREIZEITTIPPS**

- **A** Saut du Doubs (Wasserfall), Les Brenets
- **B** Höhlenmühlen "Col-des-Roches", Le Locle
- **C** Creux du Van, Gorgier
- **D** St. Petersinsel, Bielersee / Erlach
- **E** Käfigturm, Bern

| | Platz | Seite | Bewertung | Öffnungszeiten | |
|---|---|---|---|---|---|
| 1 | TCS Camping Salavaux Plage | 254 | 3.8 | saisonal | |
| 2 | Camping Eichholz | 254 | 4.5 | ganzjährig | |
| 3 | Camping à la Ferme | 254 | 3.7 | saisonal | |
| 4 | Camping La Belle Verte | 254 | 3.7 | saisonal | |
| 5 | Camping Paradis Plage | 255 | 3.4 | saisonal | |
| 6 | Camping Lac des Brenets | 255 | 4.0 | ganzjährig | |
| 7 | Camping les Pins | 255 | - | saisonal | |
| 8 | Camping Waldegg | 256 | 4.1 | saisonal | |
| 9 | Camping mon plaisir | 256 | - | k. A. | |
| 10 | Camping Nacelle | 256 | - | saisonal | |
| 11 | Camping Pécos-Grandson | 256 | - | saisonal | |
| 12 | Gemeindecamping | 257 | 4.1 | saisonal | |
| 13 | Camping Yverdon Plage | 257 | 4.5 | saisonal | |
| 14 | Freizeitzentrum Campingplatz | 257 | 3.8 | saisonal | |
| 15 | Camping Port Plage Avenches | 258 | 3.8 | saisonal | |
| 16 | TCS Camping Bern - Eymatt | 259 | 4.5 | saisonal | |
| 17 | Camping La Cibourg | 259 | 4.5 | ganzjährig | ✻ |
| 18 | Camping Fraso-Ranch | 259 | 4.3 | saisonal | ✻ |
| 19 | Camping Lindenhof | 260 | 4.1 | saisonal | 🍃 |
| 20 | Camping Bois du Couvent | 260 | - | saisonal | |
| 21 | TCS Camping Gampelen Neuenburgersee | 260 | 4.0 | saisonal | |
| 22 | Camping Munteller | 260 | 3.8 | saisonal | |
| 23 | Camping Sutz | 262 | 3.3 | ganzjährig | |
| 24 | Camping VD 28 Les Cluds | 261 | - | ganzjährig | ✻ |
| 25 | Camping les 3 lacs | 261 | 3.3 | saisonal | |
| 26 | Camping Petit-Cortaillod | 261 | 4.7 | saisonal | |
| 27 | Seeland-Camp | 263 | - | saisonal | |
| 28 | Camping de Chevroux | 263 | - | k. A. | |
| 29 | Ranch und Camping Fortys-little-mill | 263 | - | saisonal | ✻ |
| 30 | Camping La Tene-Plage | 265 | 3.0 | saisonal | |
| 31 | Camping des Pêches | 264 | 4.3 | saisonal | |
| 32 | Camping Prêles | 265 | 3.3 | saisonal | |
| 33 | Camping Caravaning Club Grenchen | 265 | - | saisonal | |

✻ Wintercamping FKK Textilfrei (ganz/teilweise) 🍃 Ecocamping Award Onlinebuchung

St. Petersinsel und die Berner Alpen © swiss-image.ch/Andreas Gerth

## SANFTE HÄNGE UND HOCHEBENEN

Der Nordwesten der Schweiz wird neben den Kantonen Solothurn, Aargau und Basel vor allem durch den Kanton Jura geprägt. Hier an der Grenze zu Frankreich zeigt sich das andere Gesicht der Schweiz: Nicht massive Bergketten prägen die Landschaft, sondern Hochebenen, hügelige Landschaften mit charmanten Städtchen und das vergleichsweise niedrige Gebirge Jura. Von hier aus ist es nicht mehr weit zu den drei Seen, die das gleichnamige Land für Camper zu einem Hotspot machen. Auch Bern liegt nur knapp über eine Fahrstunde vom Jura entfernt und sollte bei einem Aufenthalt in dieser Gegend unbedingt besucht werden.

## ALPENROMANTIK IN DER HAUPTSTADT

In Bern ticken die Uhren etwas langsamer, Hektik und Unruhe haben hier keine Chance. Nicht nur im Ausland, sondern auch bei ihren Landsmännern aus den anderen Teilen der Schweiz haben die Menschen aus Bern den Ruf, alles etwas gemächlicher anzugehen und sich Zeit für die Dinge zu nehmen, die ihnen wirklich wichtig sind. Beste Voraussetzungen also für einen entspannten Urlaub im Zelt oder Wohnmobil. Die Altstadt von Bern mit ihrem mittelalterlichen Flair, den langen Laubengängen und dem Zytglogge, dem Zeitglockenturm, macht es dem Besucher leicht, sich auf das entschleunigte Leben einzulassen. Beim Bummel durch die malerischen Gassen

Kramgasse mit Fahnen und Beleuchtung, Bern
© swiss-image.ch/Jan Geerk

entdeckt man gemütliche Bars und Cafés, aber auch noble Geschäfte, in denen so manche Spezialität zu bekommen ist. Kein Wunder, dass die UNESCO zu dem Entschluss kam, die Berner Altstadt zum Weltkulturerbe zu erklären. Wem es trotz der entspannten Stimmung in der Stadt zu viele Menschen gibt, findet in der direkten Umgebung die Möglichkeit, die beeindruckende Natur zu genießen.

Steinbock am winterlichen Creux du Van
© swiss-image.ch/Martin Maegli

## SEEN MIT GESCHICHTE UND BERÜHMTEN GÄSTEN

Mit einer Fläche von knapp 218 Quadratkilometern ist der Neuenburgersee der größte Binnensee, der komplett in der Schweiz liegt. Besonders interessant sind hier die prähistorischen Pfahlbauten und die malerischen Weinberge, in denen Spätburgunder und Gutedel angebaut werden. Der Bielersee im Kanton Bern kann an seinem linken Ufer ebenfalls mit einem Weinanbaugebiet punkten. Mit der St. Petersinsel hat er eine weitere touristische Attraktion zu bieten: Ein im Mittelalter auf der Halbinsel errichtetes Cluniazenser-Kloster beherbergt heute ein Gasthaus, in dem neben den Weinen auch die typischen Gerichte der Region serviert werden. Große Denker wie Goethe und Rousseau waren auf der Insel ebenso zu Gast wie gekrönte Häupter aus Preußen, Bayern oder Schweden. Der Dritte im Bunde Ist der Murtensee, der in den Kantonen Freiburg und Waadt liegt. Obwohl er der kleinste der drei großen Seen am Schweizer Jura-Rand ist, spielt Wassersport hier eine wichtige Rolle. Neben dem einzigen Schweizer Wasserskilift sind hier eine Segel- und eine Surfschule ebenso zu finden wie zwei Wakeboardschulen. Für Kitesurfer ist der Murtensee ebenfalls freigegeben.

Die Neuenburger Altstadt mit dem Tour de Diesse
© swiss-image.ch/Andreas Gerth

### TIPP DER REDAKTION

**Camping Yverdon Plage**
Yverdon-les-Bains | Nr. 13 | Seite 257

Laut Gästen ideal geeignet zum:
- Schwimmen
- Radfahren
- Wandern

4.5

## 1 TCS Camping Salavaux Plage

Chemin de la Plage 10
1585 Salavaux
+41 26 677 14 76

46.91373 | 7.02873
430m ü.M.

02.04. - 25.10.

HS: 60,00 € | NS: 44,00 €

**Mehr Infos & Anfrage:**
www.camping.info/17277

| | |
|---|---|
| Baden im See | 100m |
| Pool | 10km |
| Spielplatz am Platz | ✓ |
| Hunde willkommen | ✓ |
| Skilift & Loipe | ✗ |
| WLAN | ✓ |
| Lebensmittel | ✓ |
| Brötchen am Platz | ✓ |
| Restaurant & Imbiss | ✓ |
| Ver-/Entsorgung Womo | ✓ |
| in den Ort | 500m |
| Gesamt/Touristen | 550/115 |
| Mietunterkünfte | ✓ |
| Stellplätze vor Schranke | ✗ |

**3.8** GUT – 22 Bewertungen

| | |
|---|---|
| Lage | 4.5 |
| Ruhe | 3.1 |
| Sanitäranlagen | 3.7 |
| Sauberkeit Ø | 4.0 |
| Freundlichkeit | 4.2 |
| Stellplatz | 3.6 |
| Verpflegung | 3.2 |
| Freizeit | 3.7 |
| Preis-Leistung | 3.4 |
| Mietunterkünfte | 4.6 |

**Geeignet für**

| | |
|---|---|
| Kinder b. 6 J. | 4.3 |
| Kinder b. 12 J. | 4.3 |
| Kinder b. 18 J. | 4.2 |
| Paare | 3.8 |
| Senioren | 4.0 |
| Gäste mit Zelt | 3.9 |
| Gäste mit Hund | 4.5 |

**Empfohlene Aktivitäten**

- Schwimmen
- Radfahren
- Wandern

## 2 Camping Eichholz

Strandweg 49
3084 Wabern
+41 31 961 26 02

46.93266 | 7.45383

ganzjährig

HS: 43,00 € | NS: 43,00 €

**Mehr Infos & Anfrage:**
www.camping.info/22000

| | |
|---|---|
| Baden im Fluss am Platz | ✓ |
| Pool/Hallenbad | 1/3km |
| Spielplatz am Platz | ✓ |
| Hunde erlaubt | ✓ |
| Skilift & Loipe | ✗ |
| WLAN | ✓ |
| Lebensmittel | 600m |
| Brötchen am Platz | nur HS |
| Restaurant & Imbiss | ✓ |
| Ver-/Entsorgung Womo | ✓ |
| in den Ort | 5km |
| Touristenplätze | 250 |
| Mietunterkünfte | ✓ |
| Stellplätze vor Schranke | ✗ |

**4.5** SEHR GUT – 24 Bewertungen

| | |
|---|---|
| Lage | 4.9 |
| Ruhe | 4.2 |
| Sanitäranlagen | 4.4 |
| Sauberkeit Ø | 4.6 |
| Freundlichkeit | 4.9 |
| Stellplatz | 4.0 |
| Verpflegung | 3.7 |
| Freizeit | 4.5 |
| Preis-Leistung | 4.0 |
| Mietunterkünfte | 4.5 |

**Geeignet für**

| | |
|---|---|
| Kinder b. 6 J. | 3.7 |
| Kinder b. 12 J. | 4.3 |
| Kinder b. 18 J. | 4.6 |
| Paare | 4.4 |
| Senioren | 4.1 |
| Gäste mit Zelt | 4.9 |
| Gäste mit Hund | 3.7 |

**Empfohlene Aktivitäten**

- Sightseeing
- Kultur
- Radfahren

Winterstellplätze pauschal € 20,-/Nacht

## 3 Camping à la Ferme

La corbière 2
1470 Estavayer-le-Lac
+41 26 663 36 19

46.86023 | 6.86369

01.04. - 30.09.

HS: 30,50 € | NS: 30,50 €

**Mehr Infos & Anfrage:**
www.camping.info/24302

| | |
|---|---|
| Baden in nat. Gewässer | k. A. |
| Pool/Hallenbad | 25km |
| Spielplatz am Platz | ✓ |
| Hunde erlaubt | ✓ |
| Skilift | 3km |
| WLAN | ✓ |
| Lebensmittel | 2km |
| Brötchen am Platz | nur HS |
| Restaurant/Imbiss | 2km/✓ |
| Ver-/Entsorgung Womo | ✓ |
| in den Ort | 2km |
| Touristenplätze | 10 |
| Mietunterkünfte | ✓ |
| Stellplätze vor Schranke | ✓ |

**3.8** GUT – 4 Bewertungen

| | |
|---|---|
| Lage | 4.2 |
| Ruhe | 4.8 |
| Sanitäranlagen | 3.7 |
| Sauberkeit Ø | 4.6 |
| Freundlichkeit | 4.3 |
| Stellplatz | 4.3 |
| Verpflegung | 2.5 |
| Freizeit | 3.5 |
| Preis-Leistung | 4.3 |
| Mietunterkünfte | - |

**Geeignet für**

| | |
|---|---|
| Kinder b. 6 J. | 3.3 |
| Kinder b. 12 J. | 4.7 |
| Kinder b. 18 J. | 3.7 |
| Paare | 4.0 |
| Senioren | 4.3 |
| Gäste mit Zelt | 4.7 |
| Gäste mit Hund | 4.0 |

**Empfohlene Aktivitäten**

- Radfahren
- Entspannen
- Sightseeing

## 4 Camping La Belle Verte

Mont-pugin 6
2400 Le Locle
+41 78 812 26 97

47.05191 | 6.76132

01.05. - 25.10.

HS: 37,00 €

**Mehr Infos & Anfrage:**
www.camping.info/17257

| | |
|---|---|
| Baden im See | 6km |
| Pool/Hallenbad | ✓/10km |
| Spielplatz am Platz | ✓ |
| Hunde willkommen | ✓ |
| Skilift & Loipe | ✗ |
| WLAN | ✓ |
| Lebensmittel | ✗ |
| Brötchen | keine Angabe |
| Restaurant/Imbiss | 500m/✓ |
| Ver-/Entsorgung Womo | ✓ |
| in den Ort | 500m |
| Gesamt/Touristen | 70/30 |
| Mietunterkünfte | ✓ |
| Stellplätze vor Schranke | ✗ |

**3.7** GUT – 3 Bewertungen

| | |
|---|---|
| Lage | 4.0 |
| Ruhe | 4.0 |
| Sanitäranlagen | 3.3 |
| Sauberkeit Ø | 4.0 |
| Freundlichkeit | 5.0 |
| Stellplatz | 3.3 |
| Verpflegung | 2.0 |
| Freizeit | 4.0 |
| Preis-Leistung | 3.0 |
| Mietunterkünfte | - |

**Geeignet für**

| | |
|---|---|
| Kinder b. 6 J. | 4.5 |
| Kinder b. 12 J. | 4.0 |
| Kinder b. 18 J. | 3.0 |
| Paare | 5.0 |
| Senioren | 5.0 |
| Gäste mit Zelt | 4.0 |
| Gäste mit Hund | 5.0 |

Karte auf Seite 250

## 5 Camping Paradis Plage

Allée du Port 8
2013 Colombier
+41 32 8412446

46.9675 | 6.86944
360m ü.M.

01.03. - 31.10.

HS: 52,00 € | NS: 45,00 €

**Mehr Infos & Anfrage:**
www.camping.info/17245

| | |
|---|---|
| Baden in nat. Gewässer | k. A. |
| Pool/Hallenbad | ✓/5km |
| Spielplatz am Platz | ✓ |
| Hunde willkommen | ✓ |
| Skilift & Loipe | ✗ |
| WLAN | ✓ |
| Lebensmittel | ✓ |
| Brötchen am Platz | ✓ |
| Restaurant & Imbiss | ✓ |
| Ver-/Entsorgung Womo | ✓ |
| in den Ort | 1km |
| Gesamt/Touristen | 350/145 |
| Mietunterkünfte | ✓ |
| Stellplätze vor Schranke | ✗ |

**3.3** GUT
23 Bewertungen

| | |
|---|---|
| Lage | 3.9 |
| Ruhe | 2.9 |
| Sanitäranlagen | 3.0 |
| Sauberkeit Ø | 3.0 |
| Freundlichkeit | 3.5 |
| Stellplatz | 3.3 |
| Verpflegung | 3.5 |
| Freizeit | 4.0 |
| Preis-Leistung | 3.1 |
| Mietunterkünfte | 3.3 |

**Geeignet für**

| | |
|---|---|
| Kinder b. 6 J. | 3.7 |
| Kinder b. 12 J. | 3.6 |
| Kinder b. 18 J. | 3.3 |
| Paare | 3.9 |
| Senioren | 3.8 |
| Gäste mit Zelt | 3.3 |
| Gäste mit Hund | 3.0 |

**Empfohlene Aktivitäten**

- Schwimmen
- Radfahren
- Wandern

## 6 Camping Lac des Brenets

Champ de la Fontaine
2416 Les Brenets
+41 41 535 70 82

47.06554 | 6.6972
780m ü.M.

ganzjährig

HS: 34,00 € | NS: 30,50 €

**Mehr Infos & online buchen:**
www.camping.info/17258

| | |
|---|---|
| Baden im See | 800m |
| Pool/Hallenbad | 7/10km |
| Spielplatz am Platz | ✓ |
| Hunde willkommen | ✓ |
| Loipe | 15km |
| WLAN | ✓ |
| Lebensmittel | 800m |
| Brötchen am Platz | ✓ |
| Restaurant am P. | ✓ |
| Ver-/Entsorgung Womo | ✓ |
| in den Ort | 1km |
| Gesamt/Touristen | 140/34 |
| Mietunterkünfte | ✓ |
| Stellplätze vor Schranke | ✗ |

**4.1** SEHR GUT
10 Bewertungen

| | |
|---|---|
| Lage | 4.3 |
| Ruhe | 4.1 |
| Sanitäranlagen | 4.0 |
| Sauberkeit Ø | 4.3 |
| Freundlichkeit | 4.8 |
| Stellplatz | 4.0 |
| Verpflegung | 3.8 |
| Freizeit | 4.1 |
| Preis-Leistung | 4.4 |
| Mietunterkünfte | 5.0 |

**Geeignet für**

| | |
|---|---|
| Kinder b. 6 J. | 4.5 |
| Kinder b. 12 J. | 4.7 |
| Kinder b. 18 J. | 4.5 |
| Paare | 4.2 |
| Senioren | 4.7 |
| Gäste mit Zelt | 4.4 |
| Gäste mit Hund | 4.0 |

**Empfohlene Aktivitäten**

- Wandern
- Kayak/Kanu
- Angeln

WOMOs ab 8 m nur mit Reservierung

## 7 Camping les Pins

Aux Viaules
1422 Grandson

46.82064 | 6.67311

01.04. - 30.09.

keine Angabe

**Mehr Infos & Anfrage:**
www.camping.info/27156

| | |
|---|---|
| Baden im See am Platz | ✓ |
| Pool & Hallenbad | ✗ |
| Spielplatz am Platz | ✓ |
| Hunde | ✗ |
| Skilift & Loipe | keine Angabe |
| WLAN | keine Angabe |
| Lebensmittel | k.A. |
| Brötchen | keine Angabe |
| Restaurant am P. | ✓ |
| Ver-/Entsorgung Womo | ✗ |
| in den Ort | keine Angabe |
| Gesamt | keine Angabe |
| Mietunterkünfte | ✗ |
| Stellplätze vor Schranke | ✗ |

**-** JETZT BEWERTEN!

Für diese Auswertung liegen leider noch nicht genügend Bewertungen vor.

Sei einer der Ersten, der diesen Campingplatz bewertet. Unter den Bewertern werden regelmäßig Gewinne verlost!

Mehr Infos dazu findest du in unserem allgemeinen Intro.

### Infos

Öffnungszeiten
Vergleichspreis
Link

### Ausstattung

Freizeit
Campingplatz
Versorgung
Anzahl der Plätze

## 8 Camping Waldegg

Waldegg 7a
3400 Burgdorf
034 /422 24 60

47.0538 | 7.63236

04.04. - 17.10.

HS: 32,50 € | NS: 32,50 €

**Mehr Infos & Anfrage:**
www.camping.info/22003

| | |
|---|---|
| Baden im Fluss am Platz | ✓ |
| Pool/Hallenbad | 250m |
| Spielplatz am Platz | ✓ |
| Hunde erlaubt | ✓ |
| Skilift & Loipe | ✗ |
| WLAN | ✓ |
| Lebensmittel | 300m |
| Brötchen am Platz | ✓ |
| Restaurant/Imbiss | 100m/✓ |
| Ver-/Entsorgung Womo | ✓ |
| in den Ort | 500m |
| Gesamt/Touristen | 45/36 |
| Mietunterkünfte | ✗ |
| Stellplätze vor Schranke | ✗ |

**4.2** SEHR GUT
13 Bewertungen

| | |
|---|---|
| Lage | 4.3 |
| Ruhe | 4.8 |
| Sanitäranlagen | 4.0 |
| Sauberkeit Ø | 4.7 |
| Freundlichkeit | 4.8 |
| Stellplatz | 3.8 |
| Verpflegung | 3.1 |
| Freizeit | 3.6 |
| Preis-Leistung | 4.2 |
| Mietunterkünfte | - |

**Geeignet für**

| | |
|---|---|
| Kinder b. 6 J. | 3.8 |
| Kinder b. 12 J. | 3.9 |
| Kinder b. 18 J. | 3.7 |
| Paare | 4.4 |
| Senioren | 4.3 |
| Gäste mit Zelt | 4.0 |
| Gäste mit Hund | 5.0 |

**Empfohlene Aktivitäten**

- Wandern
- Radfahren
- Entspannen

## 9 Camping mon plaisir

Galsstrasse 26
3235 Erlach

47.04535 | 7.09421

keine Angabe

keine Angabe

**Mehr Infos & Anfrage:**
www.camping.info/27257

| | |
|---|---|
| Baden in nat. Gewässer | k. A. |
| Pool & Hallenbad | ✗ |
| Spielplatz | 200m |
| Hunde | ✗ |
| Skilift & Loipe | keine Angabe |
| WLAN | keine Angabe |
| Lebensmittel | k.A. |
| Brötchen | keine Angabe |
| Restaurant & Imbiss | ✗ |
| Ver-/Entsorgung Womo | ✗ |
| in den Ort | keine Angabe |
| Gesamt | keine Angabe |
| Mietunterkünfte | ✓ |
| Stellplätze vor Schranke | ✗ |

- JETZT BEWERTEN!

Für diese Auswertung liegen leider noch nicht genügend Bewertungen vor.

Sei einer der Ersten, der diesen Campingplatz bewertet. Unter den Bewertern werden regelmäßig Gewinne verlost!

Mehr Infos dazu findest du in unserem allgemeinen Intro.

## 10 Camping Nacelle

1568 Portalban

46.92064 | 6.95328

01.04. - 31.10.

keine Angabe

**Mehr Infos & Anfrage:**
www.camping.info/27122

| | |
|---|---|
| Baden in nat. Gewässer | k. A. |
| Pool & Hallenbad | ✗ |
| Spielplatz am Platz | ✓ |
| Hunde | ✗ |
| Skilift & Loipe | keine Angabe |
| WLAN | keine Angabe |
| Lebensmittel | k.A. |
| Brötchen | keine Angabe |
| Restaurant & Imbiss | ✗ |
| Ver-/Entsorgung Womo | ✗ |
| in den Ort | keine Angabe |
| Gesamt/Touristen | 415/60 |
| Mietunterkünfte | ✗ |
| Stellplätze vor Schranke | ✗ |

- JETZT BEWERTEN!

Für diese Auswertung liegen leider noch nicht genügend Bewertungen vor.

Sei einer der Ersten, der diesen Campingplatz bewertet. Unter den Bewertern werden regelmäßig Gewinne verlost!

Mehr Infos dazu findest du in unserem allgemeinen Intro.

## 11 Camping Pécos-Grandson

1422 Grandson
+41 24 445 49 69

46.80297 | 6.63538

26.03. - 02.10.

HS: 35,00 € | NS: 35,00 €

**Mehr Infos & Anfrage:**
www.camping.info/22028

| | |
|---|---|
| Baden im See am Platz | ✓ |
| Pool & Hallenbad | ✗ |
| Spielplatz | keine Angabe |
| Hunde | ✗ |
| Skilift & Loipe | keine Angabe |
| WLAN | keine Angabe |
| Lebensmittel | k.A. |
| Brötchen | keine Angabe |
| Restaurant & Imbiss | ✗ |
| Ver-/Entsorgung Womo | ✗ |
| in den Ort | 1km |
| Gesamt/Touristen | 150/100 |
| Mietunterkünfte | ✓ |
| Stellplätze vor Schranke | ✗ |

- JETZT BEWERTEN!

Für diese Auswertung liegen leider noch nicht genügend Bewertungen vor.

Sei einer der Ersten, der diesen Campingplatz bewertet. Unter den Bewertern werden regelmäßig Gewinne verlost!

Mehr Infos dazu findest du in unserem allgemeinen Intro.

Karte auf Seite 250

## 12 Gemeindecamping

Stadtgraben 23
3235 Erlach
+41 32 338 16 46

47.04661 | 7.09787

28.03. - 14.10.

HS: 56,50 € | NS: 34,80 €

**Mehr Infos & Anfrage:** www.camping.info/23062

| | |
|---|---|
| Baden im See am Platz | ✓ |
| Pool | 5km |
| Spielplatz am Platz | ✓ |
| Hunde willkommen | ✓ |
| Skilift & Loipe | ✗ |
| WLAN | ✓ |
| Lebensmittel | ✓ |
| Brötchen am Platz | ✓ |
| Restaurant/Imbiss | 500m/✓ |
| Ver-/Entsorgung Womo | ✓ |
| in den Ort | 500m |
| Gesamt/Touristen | 200/60 |
| Mietunterkünfte | ✓ |
| Stellplätze vor Schranke | ✗ |

**3.7** GUT – 21 Bewertungen

| | |
|---|---|
| Lage | 4.5 |
| Ruhe | 3.2 |
| Sanitäranlagen | 3.7 |
| Sauberkeit Ø | 3.9 |
| Freundlichkeit | 3.7 |
| Stellplatz | 3.2 |
| Verpflegung | 3.4 |
| Freizeit | 4.1 |
| Preis-Leistung | 3.2 |
| Mietunterkünfte | 2.0 |

**Geeignet für**

| | |
|---|---|
| Kinder b. 6 J. | 4.3 |
| Kinder b. 12 J. | 4.2 |
| Kinder b. 18 J. | 3.7 |
| Paare | 4.2 |
| Senioren | 4.1 |
| Gäste mit Zelt | 3.3 |
| Gäste mit Hund | 3.2 |

**Empfohlene Aktivitäten**

- Radfahren
- Schwimmen
- Wandern

## 13 Camping Yverdon Plage

Avenue des Iris 57
1400 Yverdon-les-Bains
+41 244 251 089

46.78484 | 6.64884
430m ü.M.

04.04. - 06.10.

HS: 46,00 € | NS: 35,00 €

**Mehr Infos & Anfrage:** www.camping.info/26185

| | |
|---|---|
| Baden im See | 50m |
| Pool/Hallenbad | 200m |
| Spielplatz am Platz | ✓ |
| Hunde willkommen | ✓ |
| Skilift & Loipe | ✗ |
| WLAN (gegen Gebühr) | ✓ |
| Lebensmittel | ✓ |
| Brötchen am Platz | ✓ |
| Restaurant/Imbiss | 500m/✓ |
| Ver-/Entsorgung Womo | ✓ |
| in den Ort | 1km |
| Gesamt/Touristen | 240/130 |
| Mietunterkünfte | ✓ |
| Stellplätze vor Schranke | ✗ |

**4.5** SEHR GUT – 16 Bewertungen

| | |
|---|---|
| Lage | 4.8 |
| Ruhe | 4.1 |
| Sanitäranlagen | 4.3 |
| Sauberkeit Ø | 4.6 |
| Freundlichkeit | 4.5 |
| Stellplatz | 3.8 |
| Verpflegung | 3.3 |
| Freizeit | 4.2 |
| Preis-Leistung | 4.0 |
| Mietunterkünfte | 4.0 |

**Geeignet für**

| | |
|---|---|
| Kinder b. 6 J. | 4.5 |
| Kinder b. 12 J. | 4.5 |
| Kinder b. 18 J. | 4.2 |
| Paare | 4.1 |
| Senioren | 4.3 |
| Gäste mit Zelt | 4.5 |
| Gäste mit Hund | 3.8 |

**Empfohlene Aktivitäten**

- Schwimmen
- Radfahren
- Wandern

## 14 Freizeitzentrum Campingplatz

Strandheimstraße 20
3174 Thörishaus
+41 31 889 02 71

46.89373 | 7.33191

01.04. - 31.10.

HS: 35,50 € | NS: 35,50 €

**Mehr Infos & Anfrage:** www.camping.info/22001

| | |
|---|---|
| Baden im Fluss am Platz | ✓ |
| Pool & Hallenbad | ✗ |
| Spielplatz am Platz | ✓ |
| Hunde erlaubt | Nur HS |
| Skilift & Loipe | ✗ |
| WLAN (gegen Gebühr) | ✓ |
| Lebensmittel | ✓ |
| Brötchen am Platz | ✓ |
| Restaurant & Imbiss | ✓ |
| Ver-/Entsorgung Womo | ✗ |
| in den Ort | 1km |
| Gesamt/Touristen | 320/70 |
| Mietunterkünfte | ✓ |
| Stellplätze vor Schranke | ✗ |

**4.0** SEHR GUT – 5 Bewertungen

| | |
|---|---|
| Lage | 4.5 |
| Ruhe | 4.5 |
| Sanitäranlagen | 3.8 |
| Sauberkeit Ø | 3.8 |
| Freundlichkeit | 5.0 |
| Stellplatz | 3.8 |
| Verpflegung | 4.0 |
| Freizeit | 4.0 |
| Preis-Leistung | 4.0 |
| Mietunterkünfte | - |

**Geeignet für**

| | |
|---|---|
| Kinder b. 6 J. | 3.3 |
| Kinder b. 12 J. | 3.3 |
| Kinder b. 18 J. | 3.3 |
| Paare | 3.8 |
| Senioren | 3.7 |
| Gäste mit Zelt | 3.0 |
| Gäste mit Hund | 3.0 |

**Empfohlene Aktivitäten**

- Wandern
- Entspannen
- Schwimmen

**Infos**

Öffnungszeiten
Vergleichspreis
Link

**Ausstattung**

Freizeit
Campingplatz
Versorgung
Anzahl der Plätze

# 15 Camping Port Plage Avenches

Vers l'Eau Noire
1580 Avenches
+41 26 675 17 50

www.camping-avenches.com
camping@avenches.ch

01.04. - 30.09.

HS: 43,50 € | NS: 36,50 €

**Mehr Infos & Anfrage:**
www.camping.info/22147

| | |
|---|---|
| Baden im See am Platz | ✓ |
| Hallenbad | 3km |
| Spielplatz am Platz | ✓ |
| Hunde willkommen | ✓ |
| Skilift & Loipe | ✗ |
| WLAN | ✓ |
| Lebensmittel | 1km |
| Brötchen am Platz | ✓ |
| Restaurant & Imbiss | ✓ |
| Ver-/Entsorgung Womo | ✓ |
| in den Ort | 3km |
| Gesamt/Touristen | 300/70 |
| Mietunterkünfte | ✗ |
| Stellplätze vor Schranke | ✗ |

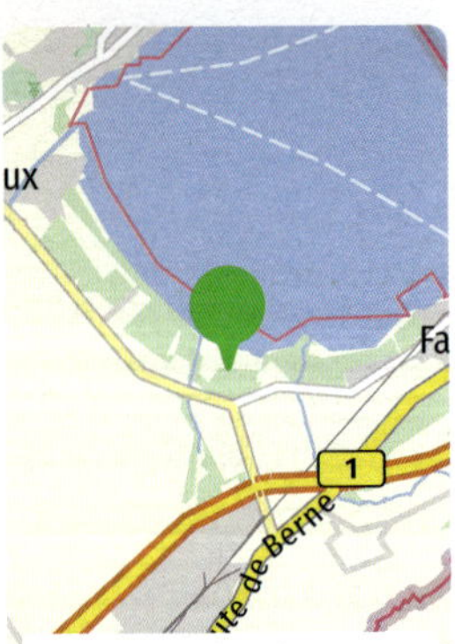


1 km

46.90358 | 7.04908

430m ü.M.

Wunderschön am Murtensee gelegen.

## Lage & Stellplatz

Der Campingplatz von Avenches mit seinem feinen Sandstrand, der zu Badespaß und Strandvergnügen einlädt, bietet mit seiner privilegierten Lage am Murtenseeufer moderne, komfortable Infrastrukturen, ein gastfreundliches Ambiente und eine reizvolle Aussicht auf den Vully Weinberg.

## Verpflegung

Die Region bietet viele Möglichkeiten frisches Obst und Gemüse direkt vom Bauernhof zu kaufen. Ein kleines Lebensmittelgeschäft im Herzen des Campingplatzes und Supermärkte in der Nähe komplettieren das Angebot. Das Restaurant „de la Plage" bietet eine Speisekarte mit lokalen Produkten und Weinen.

## Sanitär

Im Jahr 2016 komplett renoviert, garantieren moderne Sanitäranlagen, ein Geschirrbereich und mehrere Waschmaschinen und Trockner den nötigen Komfort für den Camping-Aufenthalt. Eltern-Kind-Badezimmer, Kindertoiletten und Wickeltische sind ideal für Familien mit kleinen Campinggästen geeignet.

## Freizeit

Ein Kids-Team empfängt die Kinder mit vielen lustigen Aktivitäten. Spielplatz, Tischtennis und Beachvolleyballfeld befinden sich direkt am See. Der Platz bietet mit SUP, Kanus und Pedalos Abwechslung auf dem Wasser und liegt ideal für Wanderungen, Radtouren oder Tagesausflüge für Bewegungshungrige.

Tolle Plätze nah am Wasser.

Gute Lage für Radtouren.

**3.8** GUT
20 Bewertungen

| | |
|---|---|
| Lage | 4.5 |
| Ruhe | 3.6 |
| Sanitäranlagen | 3.9 |
| Sauberkeit Ø | 4.2 |
| Freundlichkeit | 3.5 |
| Stellplatz | 3.5 |
| Verpflegung | 4.1 |
| Freizeit | 4.1 |
| Preis-Leistung | 3.9 |
| Mietunterkünfte | - |

**Geeignet für**

| | |
|---|---|
| Gäste mit Hund | 4.3 |
| Senioren | 4.2 |
| Kinder b. 12 J. | 4.0 |
| Kinder b. 18 J. | 3.6 |
| Kinder b. 6 J. | 4.0 |
| Paare | 3.8 |
| Gäste mit Zelt | 3.3 |

**Empfohlene Aktivitäten**

Schwimmen · Radfahren · Entspannen · Wandern · Segeln

Karte auf Seite 250

## 16 TCS Camping Bern - Eymatt

Wohlenstrasse 62c
3032 Hinterkappelen/Bern
+41 31 901 10 07
46.96406 | 7.38365
540m ü.M.

| | |
|---|---|
| Öffnungszeiten | 21.03. - 02.11. |
| Vergleichspreis | HS: 51,20 € \| NS: 43,50 € |
| Mehr Infos & Anfrage | www.camping.info/23063 |

| | |
|---|---|
| Baden im See am Platz | ✓ |
| Hallenbad | 3km |
| Spielplatz am Platz | ✓ |
| Hunde willkommen | ✓ |
| Skilift & Loipe | ✗ |
| WLAN | ✓ |
| Lebensmittel | ✓ |
| Brötchen am Platz | ✓ |
| Restaurant & Imbiss | ✓ |
| Ver-/Entsorgung Womo | ✓ |
| in den Ort | 1km |
| Gesamt/Touristen | 153/104 |
| Mietunterkünfte | ✓ |
| Stellplätze vor Schranke | ✓ |

**4.5 SEHR GUT** – 67 Bewertungen

| | |
|---|---|
| Lage | 4.6 |
| Ruhe | 4.1 |
| Sanitäranlagen | 4.5 |
| Sauberkeit Ø | 4.6 |
| Freundlichkeit | 4.8 |
| Stellplatz | 4.4 |
| Verpflegung | 4.3 |
| Freizeit | 4.2 |
| Preis-Leistung | 4.0 |
| Mietunterkünfte | 4.6 |

**Geeignet für**

| | |
|---|---|
| Kinder b. 6 J. | 4.4 |
| Kinder b. 12 J. | 4.6 |
| Kinder b. 18 J. | 4.4 |
| Paare | 4.6 |
| Senioren | 4.5 |
| Gäste mit Zelt | 4.5 |
| Gäste mit Hund | 4.6 |

**Empfohlene Aktivitäten**

- Radfahren
- Wandern
- Sightseeing

## 17 Camping La Cibourg

Clermont 157
2616 La Cibourg
+41 032 968 39 37
47.12002 | 6.89276

| | |
|---|---|
| Öffnungszeiten | ganzjährig |
| Vergleichspreis | HS: 27,10 € \| NS: 27,10 € |
| Mehr Infos & Anfrage | www.camping.info/17252 |

| | |
|---|---|
| Baden im See | 30km |
| Pool/Hallenbad | 6km |
| Spielplatz am Platz | ✓ |
| Hunde erlaubt | ✓ |
| Skilift | 6km |
| WLAN | ✗ |
| Lebensmittel | ✓ |
| Brötchen am Platz | ✓ |
| Restaurant & Imbiss | ✓ |
| Ver-/Entsorgung Womo | ✓ |
| in den Ort | 2km |
| Gesamt/Touristen | 100/30 |
| Mietunterkünfte | ✓ |
| Stellplätze vor Schranke | ✗ |

**4.5 SEHR GUT** – 4 Bewertungen

| | |
|---|---|
| Lage | 4.5 |
| Ruhe | 4.5 |
| Sanitäranlagen | 3.8 |
| Sauberkeit Ø | 3.9 |
| Freundlichkeit | 4.2 |
| Stellplatz | 3.8 |
| Verpflegung | 4.0 |
| Freizeit | 4.0 |
| Preis-Leistung | 4.2 |
| Mietunterkünfte | - |

**Geeignet für**

| | |
|---|---|
| Kinder b. 6 J. | 3.0 |
| Kinder b. 12 J. | 3.0 |
| Kinder b. 18 J. | - |
| Paare | 4.2 |
| Senioren | 4.2 |
| Gäste mit Zelt | 4.5 |
| Gäste mit Hund | 5.0 |

**Empfohlene Aktivitäten**

- Radfahren
- Wandern
- Entspannen

## 18 Camping Fraso-Ranch

2523 Lignieres
+41 32 751 46 16
47.08621 | 7.07084

| | |
|---|---|
| Öffnungszeiten | 01.05. - 31.10.<br>21.12. - 30.04. |
| Vergleichspreis | HS: 30,50 € \| NS: 30,50 € |
| Mehr Infos & Anfrage | www.camping.info/17260 |

| | |
|---|---|
| Baden im See | 2km |
| Pool/Hallenbad | ✓/20km |
| Spielplatz am Platz | ✓ |
| Hunde erlaubt | ✓ |
| Skilift & Loipe | ✗ |
| WLAN | ✓ |
| Lebensmittel | ✓ |
| Brötchen am Platz | ✓ |
| Restaurant & Imbiss | ✓ |
| Ver-/Entsorgung Womo | ✓ |
| in den Ort | 500m |
| Gesamt/Touristen | 426/48 |
| Mietunterkünfte | ✗ |
| Stellplätze vor Schranke | ✗ |

**4.3 SEHR GUT** – 6 Bewertungen

| | |
|---|---|
| Lage | 4.4 |
| Ruhe | 4.8 |
| Sanitäranlagen | 4.8 |
| Sauberkeit Ø | 5.0 |
| Freundlichkeit | 4.0 |
| Stellplatz | 4.2 |
| Verpflegung | 3.2 |
| Freizeit | 4.6 |
| Preis-Leistung | 4.4 |
| Mietunterkünfte | - |

**Geeignet für**

| | |
|---|---|
| Kinder b. 6 J. | 5.0 |
| Kinder b. 12 J. | 4.4 |
| Kinder b. 18 J. | 4.6 |
| Paare | 4.4 |
| Senioren | 4.7 |
| Gäste mit Zelt | 3.0 |
| Gäste mit Hund | 4.0 |

**Empfohlene Aktivitäten**

- Wandern
- Schwimmen
- Radfahren

### Infos

Öffnungszeiten
Vergleichspreis
Link

### Ausstattung

Freizeit
Campingplatz
Versorgung
Anzahl der Plätze

## 19 Camping Lindenhof

Mörigenweg 2
2572 Sutz-Lattrigen
+41 32 397 10 77
47.09389 | 7.21028
450m ü.M.

01.04. - 30.09.

HS: 43,00 € | NS: 43,00 €
**Mehr Infos & Anfrage:**
www.camping.info/17349

| | |
|---|---|
| Baden im See | 300m |
| Pool/Hallenbad | 5/7km |
| Spielplatz | 400m |
| Hunde willkommen | ✓ |
| Skilift/Loipe | ✗/k. A. |
| WLAN | ✗ |
| Lebensmittel | 500m |
| Brötchen am Platz | nur HS |
| Restaurant/Imbiss | 800/400m |
| Ver-/Entsorgung Womo | ✓ |
| in den Ort | 300m |
| Touristenplätze | 50 |
| Mietunterkünfte | ✗ |
| Stellplätze vor Schranke | ✗ |

**4.1** SEHR GUT
21 Bewertungen

| | |
|---|---|
| Lage | 4.4 |
| Ruhe | 4.4 |
| Sanitäranlagen | 3.6 |
| Sauberkeit Ø | 4.4 |
| Freundlichkeit | 4.2 |
| Stellplatz | 3.9 |
| Verpflegung | 3.2 |
| Freizeit | 3.9 |
| Preis-Leistung | 3.7 |
| Mietunterkünfte | - |

**Geeignet für**

| | |
|---|---|
| Kinder b. 6 J. | 4.5 |
| Kinder b. 12 J. | 4.1 |
| Kinder b. 18 J. | 3.4 |
| Paare | 4.5 |
| Senioren | 4.3 |
| Gäste mit Zelt | 4.6 |
| Gäste mit Hund | 4.7 |

**Empfohlene Aktivitäten**

- Radfahren
- Schwimmen
- Wandern

## 20 Camping Bois du Couvent

Bois du Couvent 108
2300 La-Chaux-de-Fonds
+41 79 240 50 39
47.09416 | 6.83713

01.05. - 30.09.

HS: 18,00 € | NS: 18,00 €
**Mehr Infos & Anfrage:**
www.camping.info/17254

| | |
|---|---|
| Baden im See | 30km |
| Pool/Hallenbad | 1km |
| Spielplatz am Platz | ✓ |
| Hunde erlaubt | ✓ |
| Skilift | 1km |
| WLAN | ✓ |
| Lebensmittel | 1km |
| Brötchen am Platz | ✓ |
| Restaurant/Imbiss | ✓/1km |
| Ver-/Entsorgung Womo | ✓ |
| in den Ort | 1km |
| Gesamt/Touristen | 120/40 |
| Mietunterkünfte | ✓ |
| Stellplätze vor Schranke | ✗ |

**5.0** AUSGEZEICHNET
3 Bewertungen

| | |
|---|---|
| Lage | 4.7 |
| Ruhe | 4.3 |
| Sanitäranlagen | 4.0 |
| Sauberkeit Ø | 5.0 |
| Freundlichkeit | 5.0 |
| Stellplatz | 4.7 |
| Verpflegung | 4.0 |
| Freizeit | 3.7 |
| Preis-Leistung | 5.0 |
| Mietunterkünfte | 5.0 |

**Geeignet für**

| | |
|---|---|
| Kinder b. 6 J. | 4.3 |
| Kinder b. 12 J. | 4.7 |
| Kinder b. 18 J. | 5.0 |
| Paare | 5.0 |
| Senioren | 5.0 |
| Gäste mit Zelt | 5.0 |
| Gäste mit Hund | 5.0 |

**Empfohlene Aktivitäten**

- Kultur
- Radfahren
- Wandern

## 21 TCS Camping Gampelen Neuenburgersee

Seestrasse 50
3236 Gampelen
+41 32 313 23 33
47.00134 | 7.03973
430m ü.M.

02.04. - 25.10.

HS: 50,20 € | NS: 41,10 €
**Mehr Infos & Anfrage:**
www.camping.info/17346

| | |
|---|---|
| Baden im See am Platz | ✓ |
| Pool/Hallenbad | 15km |
| Spielplatz am Platz | ✓ |
| Hunde willkommen | ✓ |
| Skilift & Loipe | ✗ |
| WLAN | ✓ |
| Lebensmittel | ✓ |
| Brötchen am Platz | ✓ |
| Restaurant & Imbiss | ✓ |
| Ver-/Entsorgung Womo | ✓ |
| in den Ort | 2km |
| Gesamt/Touristen | 860/140 |
| Mietunterkünfte | ✓ |
| Stellplätze vor Schranke | ✗ |

**3.9** GUT
43 Bewertungen

| | |
|---|---|
| Lage | 4.5 |
| Ruhe | 3.9 |
| Sanitäranlagen | 4.0 |
| Sauberkeit Ø | 4.2 |
| Freundlichkeit | 4.1 |
| Stellplatz | 3.9 |
| Verpflegung | 3.5 |
| Freizeit | 3.9 |
| Preis-Leistung | 3.6 |
| Mietunterkünfte | 4.2 |

**Geeignet für**

| | |
|---|---|
| Kinder b. 6 J. | 4.3 |
| Kinder b. 12 J. | 4.3 |
| Kinder b. 18 J. | 4.0 |
| Paare | 4.1 |
| Senioren | 4.3 |
| Gäste mit Zelt | 4.1 |
| Gäste mit Hund | 4.2 |

**Empfohlene Aktivitäten**

- Radfahren
- Schwimmen
- Entspannen

## 22 Camping Muntelier

Campingweg 1
3286 Muntelier
+41 26 670 48 82
46.94223 | 7.1335
435m ü.M.

01.04. - 31.10.

HS: 33,00 € | NS: 33,00 €
**Mehr Infos & Anfrage:**
www.camping.info/22002

| | |
|---|---|
| Baden im See am Platz | ✓ |
| Pool & Hallenbad | ✗ |
| Spielplatz am Platz | ✓ |
| Hunde erlaubt | ✓ |
| Skilift & Loipe | ✗ |
| WLAN | ✓ |
| Lebensmittel | ✓ |
| Brötchen am Platz | ✓ |
| Imbiss | ✓ |
| Ver-/Entsorgung Womo | ✗ |
| in den Ort | 1km |
| Touristenplätze | 125 |
| Mietunterkünfte | ✗ |
| Stellplätze vor Schranke | ✗ |

**3.8** GUT
5 Bewertungen

| | |
|---|---|
| Lage | 4.6 |
| Ruhe | 4.6 |
| Sanitäranlagen | 3.8 |
| Sauberkeit Ø | 4.5 |
| Freundlichkeit | 4.3 |
| Stellplatz | 3.8 |
| Verpflegung | 3.6 |
| Freizeit | 3.5 |
| Preis-Leistung | 3.4 |
| Mietunterkünfte | - |

**Geeignet für**

| | |
|---|---|
| Kinder b. 6 J. | 3.2 |
| Kinder b. 12 J. | 3.4 |
| Kinder b. 18 J. | 3.8 |
| Paare | 4.2 |
| Senioren | 3.5 |
| Gäste mit Zelt | 4.7 |
| Gäste mit Hund | 4.0 |

**Empfohlene Aktivitäten**

- Radfahren
- Schwimmen
- Surfen

## 24 Camping VD 28 Les Cluds

❄

1453 Bullet

46.84272 | 6.55969

ganzjährig

keine Angabe

**Mehr Infos & Anfrage:** www.camping.info/27157

| | |
|---|---|
| Baden in nat. Gewässer | k. A. |
| Pool | 15km |
| Spielplatz | keine Angabe |
| Hunde | ✗ |
| Skilift/Loipe | 10km/✓ |
| WLAN (gegen Gebühr) | ✓ |
| Lebensmittel | k.A. |
| Brötchen | keine Angabe |
| Restaurant am P. | ✓ |
| Ver-/Entsorgung Womo | ✗ |
| in den Ort | keine Angabe |
| Gesamt/Touristen | 100/35 |
| Mietunterkünfte | ✗ |
| Stellplätze vor Schranke | ✗ |

**-** JETZT BEWERTEN!

Für diese Auswertung liegen leider noch nicht genügend Bewertungen vor.

Sei einer der Ersten, der diesen Campingplatz bewertet. Unter den Bewertern werden regelmäßig Gewinne verlost!

Mehr Infos dazu findest du in unserem allgemeinen Intro.

## 25 Camping les 3 lacs

Route du Canal 2
1786 Sugiez
+41 26 673 19 93

46.97591 | 7.09345
431m ü.M.

01.05. - 30.09.

HS: 38,00 € | NS: 38,00 €

**Mehr Infos & Anfrage:** www.camping.info/24870

| | |
|---|---|
| Baden im Fluss am Platz | ✓ |
| Pool & Hallenbad | ✓ |
| Spielplatz am Platz | ✓ |
| Hunde willkommen | ✓ |
| Skilift & Loipe | ✗ |
| WLAN | ✓ |
| Lebensmittel | 2km |
| Brötchen am Platz | ✓ |
| Restaurant & Imbiss | ✓ |
| Ver-/Entsorgung Womo | ✓ |
| in den Ort | 1km |
| Gesamt/Touristen | 360/30 |
| Mietunterkünfte | ✓ |
| Stellplätze vor Schranke | ✗ |

**3.3** GUT
3 Bewertungen

| | |
|---|---|
| Lage | 5.0 |
| Ruhe | 5.0 |
| Sanitäranlagen | 4.7 |
| Sauberkeit Ø | 4.8 |
| Freundlichkeit | 4.0 |
| Stellplatz | 4.5 |
| Verpflegung | 3.3 |
| Freizeit | 4.0 |
| Preis-Leistung | 3.7 |
| Mietunterkünfte | 2.5 |

**Geeignet für**

| | |
|---|---|
| Kinder b. 6 J. | 4.7 |
| Kinder b. 12 J. | 4.7 |
| Kinder b. 18 J. | 3.3 |
| Paare | 5.0 |
| Senioren | 5.0 |
| Gäste mit Zelt | 4.5 |
| Gäste mit Hund | 4.5 |

**Empfohlene Aktivitäten**

- Schwimmen
- Radfahren
- Wandern

## 26 Camping Petit-Cortaillod

Petit-Cortaillod 23
2016 Cortaillod
+41 32 841 40 31

46.93979 | 6.85109

30.03. - 24.10.

HS: 18,50 €

**Mehr Infos & Anfrage:** www.camping.info/17246

| | |
|---|---|
| Baden in nat. Gewässer | k. A. |
| Pool/Hallenbad | 11km |
| Spielplatz | 100m |
| Hunde | ✗ |
| Skilift/Loipe | ✗/k. A. |
| WLAN | ✓ |
| Lebensmittel | 1km |
| Brötchen | keine Angabe |
| Restaurant/Imbiss | 100m |
| Ver-/Entsorgung Womo | ✗ |
| in den Ort | 1km |
| Gesamt/Touristen | 35/13 |
| Mietunterkünfte | ✗ |
| Stellplätze vor Schranke | ✗ |

**4.6** SEHR GUT
7 Bewertungen

| | |
|---|---|
| Lage | 5.0 |
| Ruhe | 4.0 |
| Sanitäranlagen | 3.9 |
| Sauberkeit Ø | 4.4 |
| Freundlichkeit | 4.7 |
| Stellplatz | 4.1 |
| Verpflegung | 2.6 |
| Freizeit | 3.9 |
| Preis-Leistung | 4.1 |
| Mietunterkünfte | - |

**Geeignet für**

| | |
|---|---|
| Kinder b. 6 J. | 4.2 |
| Kinder b. 12 J. | 3.8 |
| Kinder b. 18 J. | 3.2 |
| Paare | 4.5 |
| Senioren | 4.8 |
| Gäste mit Zelt | 4.4 |
| Hunde n. erlaubt | - |

**Empfohlene Aktivitäten**

- Radfahren
- Schwimmen
- Wandern

Karte auf Seite 250

**Infos**

Öffnungszeiten
Vergleichspreis
Link

**Ausstattung**

Freizeit
Campingplatz
Versorgung
Anzahl der Plätze

# 23 Camping Sutz

Kirchrain 40
2572 Sutz
+41 32 397 13 45
www.hotel-camping-sutz.ch
mail@camping-sutz.ch

ganzjährig

HS: 43,00 € | NS: 43,00 €

**Mehr Infos & Anfrage:**
www.camping.info/23061

| | |
|---|---|
| Baden im See am Platz | ✓ |
| Pool/Hallenbad | 4/5km |
| Spielplatz am Platz | ✓ |
| Hunde erlaubt | ✓ |
| Skilift & Loipe | ✗ |
| WLAN | ✓ |
| Lebensmittel | ✓ |
| Brötchen am Platz | ✓ |
| Restaurant & Imbiss | ✓ |
| Ver-/Entsorgung Womo | ✓ |
| in den Ort | 1km |
| Touristenplätze | 55 |
| Mietunterkünfte | ✓ |
| Stellplätze vor Schranke | ✗ |

47.10694 | 7.21807
430m ü.M.

hotel camping sutz
am bielersee

Campingareal mit direktem Zugang zum öffentlichen Badestrand.

## Lage & Stellplatz

Der Campingplatz liegt am Südufer des Bielersees und bietet einen Strand mit Beachvolleyballfeld, Spielplatz und geselligen Grillstellen. Die großzügige Badewiese lädt an sonnigen Tagen zum Verweilen ein. Die Stellplätze sind in den Kategorien „Standard" und „Deluxe" verfügbar.

## Verpflegung

Auf dem Campingplatz befindet sich ein gemütliches Restaurant mit einfachen Spezialitäten aus dem Bielersee. Im Campingladen können kleine Einkäufe für den alltäglichen Bedarf getätigt sowie frische Brötchen für ein reichhaltiges Frühstück erworben werden.

## Sanitär

Die Sanitäranlagen verfügen über Einzelduschkabinen mit Warmwasser, einen Babywickelraum und behindertengerechte Einrichtungen. Des Weiteren stehen zwei Waschmaschinen und ein Wäschetrockner sowie Geschirrspülbecken und vier Herdplatten zur Verfügung. Geschirr und Pfannen sind ebenfalls vorhanden.

## Freizeit

Ein Fahrrad- und Stand Up Paddle-Verleih, ein Käse-Zelt, eine Bocciabahn, ein Disc-Golf-Parcour, ein Barfußpfad und ein wöchentlicher Schnitzkurs sorgen während des Sommers für Spaß und Unterhaltung vor Ort. Der Campingplatz ist außerdem ein idealer Ausgangspunkt für Radtouren und Wanderungen.

Gemütliche Fasshütten.

Doppelzimmer mit Bad und Balkon.

**3.3** GUT
9 Bewertungen

| | |
|---|---|
| Lage | 3.8 |
| Ruhe | 3.4 |
| Sanitäranlagen | 4.1 |
| Sauberkeit Ø | 3.8 |
| Freundlichkeit | 3.6 |
| Stellplatz | 3.4 |
| Verpflegung | 2.6 |
| Freizeit | 3.9 |
| Preis-Leistung | 2.9 |
| Mietunterkünfte | 4.5 |

**Geeignet für**

| | |
|---|---|
| 4.3 | Paare |
| 4.2 | Senioren |
| 3.9 | Kinder b. 12 J. |
| 3.6 | Kinder b. 18 J. |
| 3.3 | Kinder b. 6 J. |
| 3.2 | Gäste mit Zelt |
| 2.7 | Gäste mit Hund |

**Empfohlene Aktivitäten**

Schwimmen · Radfahren · Wandern · Segeln · Angeln

Karte auf Seite 250

## 27 Seeland-Camp

Berg 5
2554 Meinisberg
+41 32 377 26 86
47.16219 | 7.34617

01.04. - 30.09.
HS: 35,10 € | NS: 31,40 €
**Mehr Infos & Anfrage:**
www.camping.info/17347

| | |
|---|---|
| Baden im Fluss | 1km |
| Pool/Hallenbad | ✓/8km |
| Spielplatz am Platz | ✓ |
| Hunde willkommen | ✓ |
| Skilift & Loipe | keine Angabe |
| WLAN (gratis) | teilweise |
| Lebensmittel | ✓ |
| Brötchen am Platz | ✓ |
| Restaurant am P. | ✓ |
| Ver-/Entsorgung Womo | ✓ |
| in den Ort | 500m |
| Gesamt/Touristen | 75/20 |
| Mietunterkünfte | ✓ |
| Stellplätze vor Schranke | ✓ |

\- JETZT BEWERTEN!

Für diese Auswertung liegen leider noch nicht genügend Bewertungen vor.

Sei einer der Ersten, der diesen Campingplatz bewertet. Unter den Bewertern werden regelmäßig Gewinne verlost!

Mehr Infos dazu findest du in unserem allgemeinen Intro.

## 28 Camping de Chevroux

1545 Chevroux
46.89139 | 6.90207

keine Angabe
keine Angabe
**Mehr Infos & Anfrage:**
www.camping.info/27158

| | |
|---|---|
| Baden im See am Platz | ✓ |
| Pool & Hallenbad | ✗ |
| Spielplatz | keine Angabe |
| Hunde | ✗ |
| Skilift & Loipe | keine Angabe |
| WLAN | keine Angabe |
| Lebensmittel | k.A. |
| Brötchen | keine Angabe |
| Restaurant & Imbiss | ✗ |
| Ver-/Entsorgung Womo | ✗ |
| in den Ort | keine Angabe |
| Gesamt | keine Angabe |
| Mietunterkünfte | ✓ |
| Stellplätze vor Schranke | ✗ |

\- JETZT BEWERTEN!

Für diese Auswertung liegen leider noch nicht genügend Bewertungen vor.

Sei einer der Ersten, der diesen Campingplatz bewertet. Unter den Bewertern werden regelmäßig Gewinne verlost!

Mehr Infos dazu findest du in unserem allgemeinen Intro.

## 29 Ranch und Camping Fortys-little-mill

❄

Les Moulins 7
2516 Lamboing
+41 79 829 37 81
47.11018 | 7.14046

01.04. - 31.10.
HS: 8,00 €
**Mehr Infos & Anfrage:**
www.camping.info/24282

| | |
|---|---|
| Baden im See | 5km |
| Hallenbad | 500m |
| Spielplatz | ✗ |
| Hunde erlaubt | ✓ |
| Skilift | 10km |
| WLAN | ✗ |
| Lebensmittel | 1km |
| Brötchen am Platz | ✗ |
| Restaurant | 200m |
| Ver-/Entsorgung Womo | ✗ |
| in den Ort | keine Angabe |
| Gesamt/Touristen | 30/12 |
| Mietunterkünfte | ✓ |
| Stellplätze vor Schranke | ✗ |

\- JETZT BEWERTEN!

Für diese Auswertung liegen leider noch nicht genügend Bewertungen vor.

Sei einer der Ersten, der diesen Campingplatz bewertet. Unter den Bewertern werden regelmäßig Gewinne verlost!

Mehr Infos dazu findest du in unserem allgemeinen Intro.

**Infos**

Öffnungszeiten
Vergleichspreis
Link

**Ausstattung**

Freizeit
Campingplatz
Versorgung
Anzahl der Plätze

# 31 Camping des Pêches

Rue du Port 6
2525 Le Landeron
+41 32 7512900
www.camping-lelanderon.ch
info@camping-lelanderon.ch

01.04. - 15.10.

HS: 41,00 € | NS: 41,00 €

**Mehr Infos & Anfrage:**
www.camping.info/17256

| | |
|---|---|
| Baden im See | 300m |
| Pool | 400m |
| Spielplatz am Platz | ✓ |
| Hunde willkommen | ✓ |
| Skilift/Loipe | 100km |
| WLAN | ✓ |
| Lebensmittel | ✓ |
| Brötchen am Platz | ✓ |
| Restaurant/Imbiss | ✓/400m |
| Ver-/Entsorgung Womo | ✓ |
| in den Ort | 600m |
| Gesamt/Touristen | 430/150 |
| Mietunterkünfte | ✓ |
| Stellplätze vor Schranke | ✗ |

Der Campingplatz liegt wunderschön am Bielersee.

1 km
47.05192 | 7.06989
432m ü.M.

## Lage & Stellplatz

Im Herzen des Drei-Seen-Landes liegt Camping des Pêches direkt am Ufer des wunderschönen Bielersees. Die Anreise ist per Auto, Zug oder Schiff möglich. Das Rasengelände ist angenehm beschattet und flach. Die Stellplätze verfügen allesamt über einen Stromanschluss.

## Sanitär

Die Sanitäranlagen sind mit Dusch- und Waschkabinen sowie WCs, Babywickelraum und barrierefreien Räumen ausgestattet. Waschmaschinen, Wäschetrockner, ein Küchenbereich, Geschirrspüler sowie Kühl- und Gefrierschränke stehen ebenfalls zur Verfügung.

## Verpflegung

Das Camping-Restaurant zeichnet sich durch eine herzliche und gemütliche Atmosphäre aus. In der Nachbarschaft gibt es weitere Restaurants am Hafen, am Schwimmbad oder im Dorf. Einen gut ausgestatteten Laden findet man am Campingplatz, weitere Einkaufsmöglichkeiten wiederum im Dorf.

## Freizeit

Wasserspiel, Kinderspielplatz, Trampolin, Beachvolleyball, Badminton oder Tennis – am Campingplatz gibt es vieles zu erleben. Aber auch die direkte Umgebung hat es in sich: Ein Schwimmbad mit Rutsche, der Strand, eine Bootsstation, der Hafen und diverse Rad- und Wanderwege sorgen für Unterhaltung.

Herrlich angelegte Plätze.

Wasserspiel und Spielplatz.

**4.3** SEHR GUT
27 Bewertungen

| | |
|---|---|
| Lage | 4.3 |
| Ruhe | 4.4 |
| Sanitäranlagen | 4.6 |
| Sauberkeit Ø | 4.7 |
| Freundlichkeit | 4.9 |
| Stellplatz | 4.3 |
| Verpflegung | 4.2 |
| Freizeit | 4.6 |
| Preis-Leistung | 4.5 |
| Mietunterkünfte | 3.6 |

**Geeignet für**

| | |
|---|---|
| 4.6 | Kinder b. 6 J. |
| 4.6 | Paare |
| 4.5 | Kinder b. 12 J. |
| 4.4 | Senioren |
| 4.4 | Gäste mit Zelt |
| 4.4 | Gäste mit Hund |
| 3.9 | Kinder b. 18 J. |

**Empfohlene Aktivitäten**

Radfahren · Schwimmen · Entspannen · Wandern · Angeln

keine WOMOs über 8 m;

## 30 Camping La Tene-Plage

Route de la Tene 106
2074 Marin-Epagnier
+41 32 753 73 40
47.00462 | 7.02042

01.04. - 30.09.
HS: 37,00 € | NS: 37,00 €
**Mehr Infos & Anfrage:**
www.camping.info/17261

| | |
|---|---|
| Baden im See am Platz | ✓ |
| Pool/Hallenbad | 6km |
| Spielplatz am Platz | ✓ |
| Hunde erlaubt | ✓ |
| Skilift & Loipe | × |
| WLAN | × |
| Lebensmittel | ✓ |
| Brötchen am Platz | ✓ |
| Restaurant am P. | ✓ |
| Ver-/Entsorgung Womo | ✓ |
| in den Ort | 1km |
| Gesamt/Touristen | 170/50 |
| Mietunterkünfte | × |
| Stellplätze vor Schranke | × |

**3.0** GUT
3 Bewertungen

| | |
|---|---|
| Lage | 4.7 |
| Ruhe | 2.0 |
| Sanitäranlagen | 3.3 |
| Sauberkeit Ø | 4.2 |
| Freundlichkeit | 3.5 |
| Stellplatz | 2.3 |
| Verpflegung | 3.3 |
| Freizeit | 3.0 |
| Preis-Leistung | 3.0 |
| Mietunterkünfte | - |

**Geeignet für**

| | |
|---|---|
| Kinder b. 6 J. | 3.0 |
| Kinder b. 12 J. | 3.0 |
| Kinder b. 18 J. | 3.0 |
| Paare | 1.0 |
| Senioren | 1.0 |
| Gäste mit Zelt | 3.0 |
| Gäste mit Hund | 4.0 |

**Empfohlene Aktivitäten**
- Schwimmen
- Angeln
- Kayak/Kanu

## 32 Camping Prêles

Route de la Neuveville 61
2515 Prêles
+41 32 315 17 16
47.08472 | 7.1175

01.04. - 15.10.
HS: 39,50 € | NS: 39,50 €
**Mehr Infos & Anfrage:**
www.camping.info/17265

| | |
|---|---|
| Baden im See | 4km |
| Pool/Hallenbad | ✓/2km |
| Spielplatz am Platz | ✓ |
| Hunde erlaubt | ✓ |
| Skilift & Loipe | × |
| WLAN | teilweise |
| Lebensmittel | ✓ |
| Brötchen am Platz | ✓ |
| Restaurant & Imbiss | ✓ |
| Ver-/Entsorgung Womo | ✓ |
| in den Ort | 500m |
| Gesamt/Touristen | 282/60 |
| Mietunterkünfte | ✓ |
| Stellplätze vor Schranke | × |

**3.3** GUT
3 Bewertungen

| | |
|---|---|
| Lage | 4.7 |
| Ruhe | 5.0 |
| Sanitäranlagen | 4.3 |
| Sauberkeit Ø | 4.5 |
| Freundlichkeit | 4.3 |
| Stellplatz | 3.7 |
| Verpflegung | 3.3 |
| Freizeit | 2.7 |
| Preis-Leistung | 3.7 |
| Mietunterkünfte | 2.0 |

**Geeignet für**

| | |
|---|---|
| Kinder b. 6 J. | 3.0 |
| Kinder b. 12 J. | 3.0 |
| Kinder b. 18 J. | 2.5 |
| Paare | 4.3 |
| Senioren | 4.0 |
| Gäste mit Zelt | 4.0 |
| Gäste mit Hund | 4.0 |

**Empfohlene Aktivitäten**
- Wandern
- Mountainbiking
- Entspannen

## 33 Camping Caravaning Club Grenchen

2538 Romont
+41 432 96 21
47.19051 | 7.33353

20.04. - 25.10.
keine Angabe
**Mehr Infos & Anfrage:**
www.camping.info/27068

| | |
|---|---|
| Baden im Fluss | 5km |
| Pool/Hallenbad | 5/12km |
| Spielplatz am Platz | ✓ |
| Hunde willkommen | ✓ |
| Skilift & Loipe | × |
| WLAN | × |
| Lebensmittel | × |
| Brötchen am Platz | × |
| Restaurant | 500m |
| Ver-/Entsorgung Womo | × |
| in den Ort | keine Angabe |
| Gesamt | keine Angabe |
| Mietunterkünfte | ✓ |
| Stellplätze vor Schranke | × |

**-** JETZT BEWERTEN!

Für diese Auswertung liegen leider noch nicht genügend Bewertungen vor.

Sei einer der Ersten, der diesen Campingplatz bewertet. Unter den Bewertern werden regelmäßig Gewinne verlost!

Mehr Infos dazu findest du in unserem allgemeinen Intro.

Karte auf Seite 250

**Infos**
Öffnungszeiten
Vergleichspreis
Link

**Ausstattung**
Freizeit
Campingplatz
Versorgung
Anzahl der Plätze

SCHWEIZ

# ❷ Genferseegebiet und Waadt

| | Platz | Seite | Bewertung | Öffnungszeiten | |
|---|---|---|---|---|---|
| 1 | Camping de Vidy | 270 | 2.8 | ganzjährig | ✻ |
| 2 | Camping Le Nozon | 271 | - | saisonal | |
| 3 | Camping Les Cheseaux | 271 | - | ganzjährig | ✻ |
| 4 | Camping Les Frassettes | 271 | - | ganzjährig | ✻ |
| 5 | Camping Le Berceau | 272 | - | ganzjährig | ✻ |
| 6 | Camping Pré Sous Ville | 272 | - | saisonal | FKK |
| 7 | Camping Forêt du Bois Noir | 272 | - | saisonal | |
| 8 | Camping La Murée | 272 | - | ganzjährig | ✻ |
| 9 | Camping des Cases à Forel | 273 | - | saisonal | |
| 10 | Camping Clos de la George | 273 | - | ganzjährig | ✻ |
| 11 | Camping à la Ferme | 273 | - | k. A. | |
| 12 | Camping de la Pichette | 274 | - | k. A. | |
| 13 | Camping Les Horizons Bleus | 274 | 3.1 | ganzjährig | ✻ |
| 14 | TCS Camping Genf Vésenaz | 274 | 3.5 | saisonal | |
| 15 | TCS Camping Morges | 274 | 3.5 | saisonal | |
| 16 | Camping Les Grangettes | 275 | 3.9 | ganzjährig | ✻ |
| 17 | Camping du Lac de Joux | 275 | 3.8 | ganzjährig | ✻ |
| 18 | TCS Camping Orbe | 275 | 3.8 | saisonal | |
| 19 | Camping de Rolle Aux Vernes | 277 | 4.1 | saisonal | |
| 20 | Camping de la piscine | 277 | 4.2 | saisonal | |
| 21 | Camping De Moratel | 277 | - | saisonal | |

✻ Wintercamping FKK Textilfrei (ganz/teilweise) Ecocamping Award Onlinebuchung

## DAS MULTIKULTURELLE GENF

Genf ist mit seinen gut 200.000 Einwohnern nicht nur die zweitgrößte Stadt der Schweiz, sondern auch die mit dem größten multikulturellen Flair des Landes. Zahlreiche internationale Organisationen wie die UNO oder das Rote Kreuz sind mit ihren Mitarbeitern hier vertreten und prägen das Bild der Stadt nachhaltig. Die attraktive Lage am Südufer des Genfer Sees, der die Schweiz mit Frankreich verbindet, trägt ebenso zur Beliebtheit der Stadt bei, wie die hohe Lebensqualität.

Alphütte unterhalb des Moleson, Gruyeres, Fribourg © swiss-image.ch/Martin Maegli

## INTERNATIONAL UND ELEGANT

Einen erstklassigen Blick über die Stadt vermittelt ein Besuch auf dem Hausberg, dem Mont Salève, der sich am Grand Piton bis auf eine Höhe von 1.380 m über den Meeresspiegel erhebt. Zurück in der Stadt erwarten Campinggäste attraktive Sehenswürdigkeiten wie die Kathedrale St. Peter, die nach einer fast 100-jährigen Bauzeit 1232 fertiggestellt wurde. Zum gepflegten Flanieren trifft man sich im Botanischen Garten oder im „Jardin Anglais". Doch auch die Promenade am Genfer See, von der aus das Wahrzeichen der Stadt, der „Jet d'eau", eine 140 m hohe Wasserfontäne, besonders gut zu sehen ist, empfiehlt sich für einen entspannten Spaziergang. Zu den wichtigsten Stationen bei einem Rundgang durch die Stadt gehören auch der Völkerbundpalast, in dem die UNO ihren europäischen Sitz hat, und die malerischen Gassen der Altstadt. Zum Shoppen geht es dann in die Rue du Rhône, auf der alle großen Luxusmarken mit ihren noblen Boutiquen vertreten sind. Wer sich für die Wissenschaft interessiert, sollte sich einen Besuch im Forschungszentrum CERN nicht entgehen lassen. Sportler finden dagegen auf dem Mont Salève beste Bedingungen zum Gleitschirmfliegen oder Moutainbiken vor. Im Winter locken gut gespurte Loipen zum Skilanglauf. Als Ausgleich zu den sportlichen Aktivitäten geht es dann auf eine Minikreuzfahrt über den Genfer See oder durch das Tal der Rhône.

## BURGEN UND ERSTKLASSIGER JAZZ

Schloss Chillon © swiss-image.ch/Ivo Scholz

Am nördlichen Ufer des Genfer Sees ist eine weitere Schweizer Großstadt zu finden. Lausanne ist die Hauptstadt des Kantons Waadt, der sich wie die Stadt selbst durch eine große Dichte an Schlössern und Burgen auszeichnet. Das Château St. Maire in der oberen Altstadt von Lausanne ist ebenso sehenswert wie das Château d'Ouchy. Aber auch das Rathaus der Stadt, die Kathedrale sowie der 61 m hohe Bel-Air-Turm, der 1932 fertiggestellt wurde und als erstes Hochhaus der Schweiz gilt, sollten bei einer Stadtbesichtigung nicht fehlen. Auch Montreux, das für sein alljährliches Jazz Festival bekannt ist, sowie die zahlreichen attraktiven Kleinstädte und die Dörfer der Region sind immer einen Besuch wert. Zu den beliebtesten Freizeitaktivitäten zählen im Kanton Waadt Wanderungen durch die grandiose Landschaft, auf denen man in eines der urigen Gasthäuser einkehren kann, um die typischen Waadtländer Spezialitäten zu probieren. Die Saucisson, eine deftige Wurst, die auch gern in Verbindung mit Kohl auf den Tisch kommt, steht ebenso für die kulinarischen Besonderheiten der Region wie der Beinschinken Jambon à l'os. Dazu gibt es einen Pinot-Noir oder einen Chasselas, deren Trauben an den Ufern des Neuenburgersees und am Murtensee angebaut werden.

Winzerdorf St-Saphorin am Genfersee © swiss-image.ch/Marcus Gyger

**TIPP DER REDAKTION**

**Camping de la piscine**

Aigle | Nr. 20 | Seite 277

Laut Gästen ideal geeignet zum:

- Wandern
- Schwimmen
- Radfahren

4.3

# 1 Camping de Vidy

*
Chemin du Camping 3
1007 Lausanne
+41 21 622 5000
www.campinglausannevidy.ch
info@clv.ch

ganzjährig

HS: 47,00 € | NS: 46,00 €

**Mehr Infos & Anfrage:**
www.camping.info/23069

| | |
|---|---|
| Baden im See am Platz | ✓ |
| Pool | 1km |
| Spielplatz am Platz | ✓ |
| Hunde erlaubt | ✓ |
| Skilift & Loipe | ✗ |
| WLAN (gegen Gebühr) | ✓ |
| Lebensmittel | ✓ |
| Brötchen am Platz | ✓ |
| Restaurant & Imbiss | ✓ |
| Ver-/Entsorgung Womo | ✓ |
| in den Ort | 3km |
| Gesamt/Touristen | 380/315 |
| Mietunterkünfte | ✓ |
| Stellplätze vor Schranke | ✓ |

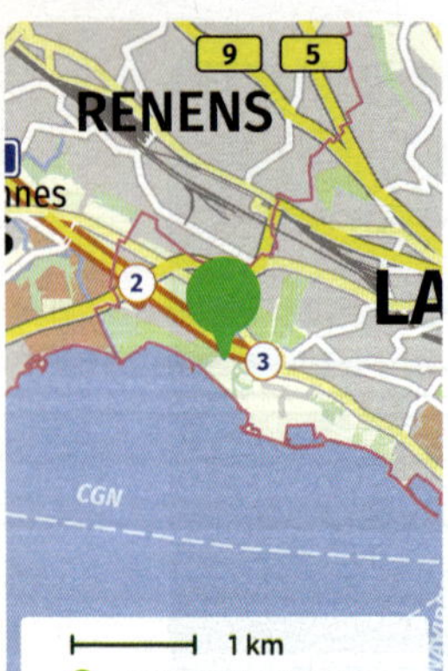


1 km
46.51722 | 6.59805
375m ü.M.

Sehr schöner Campingplatz direkt am Genfersee.

## Lage & Stellplatz

Sehr schöner Campingplatz direkt am Genfersee. Lausanne, eine Stadt umgeben von Reben, Wäldern und Bergen, bietet ein ideales Ferienziel für einen abwechslungsreichen, erholsamen Urlaub. Nahe der Alpen und direkt am schönen Genfersee ist die charmante Stadt ein idealer Ort für tolle Ausflüge.

## Sanitär

Der Platz punktet mit einer hervorragenden Infrastruktur seiner praktischen Sanitäranlagen mit Waschmaschinen, Wäschetrockner und sogar Bügeleisen. Auch barrierefreie Duschen und WCs stehen zur Verfügung. Ebenso ist eine Entsorgungs- und Servicestation mit Parkplätzen für Camper vorhanden.

## Verpflegung

Das Restaurant mit seiner schönen Terrasse befindet sich direkt am See und lädt zum gemütlichen Beisammensein ein. „Les Berges de Vidy" bietet seinen Gästen diverse frische Spezialitäten aus der Region. Auch verfügt der Campingplatz über einen Supermarkt mit allen Produkten des täglichen Bedarfs.

## Freizeit

Wasserspaß direkt vor der Haustür: Der Campingplatz liegt direkt am Genfersee. Auch ein großer Spielplatz mit Schaukeln und Kletterwand bietet Spiel und Spaß. Ideal für lohnenswerte Ausflüge im nahe gelegenen Jura – die sehr schönen Städte Lausanne und Fribourg befinden sich in unmittelbarer Nähe.

Eingang Camping de Vidy.

Blick auf die Stellplätze.

**2.8** **UNBEFRIEDIGEND**
11 Bewertungen

| | |
|---|---|
| Lage | 3.7 |
| Ruhe | 3.1 |
| Sanitäranlagen | 2.3 |
| Sauberkeit Ø | 3.5 |
| Freundlichkeit | 4.4 |
| Stellplatz | 2.6 |
| Verpflegung | 2.8 |
| Freizeit | 4.0 |
| Preis-Leistung | 2.3 |
| Mietunterkünfte | - |

**Geeignet für**

4.0 Gäste mit Hund

| | |
|---|---|
| 3.5 | Gäste mit Zelt |
| 3.3 | Paare |
| 3.2 | Senioren |
| 3.4 | Kinder b. 6 J. |
| 3.2 | Kinder b. 12 J. |
| 3.0 | Kinder b. 18 J. |

**Empfohlene Aktivitäten**

Schwimmen
Radfahren
Wandern
Sightseeing
Kultur

| | 2 | 3 | 4 | |
|---|---|---|---|---|
| | **Camping Le Nozon** | **Camping Les Cheseaux** | **Camping Les Frassettes** | Karte auf Seite 266 |
| | | ❄ | ❄ | |
| | Chemin du Signal<br>1323 Romainmôtier<br>+41 24 453 13 70 | Route du Télésiège 12<br>1264 Saint-Cergue<br>+41 223 601 898 | Chemin du Bloz 2<br>1882 Villars-Gryon<br>+41 214 981 088 | |
| | 46.69027 \| 6.46693 | 46.44664 \| 6.14355<br>1074m ü.M. | 46.283 \| 7.07684<br>1114m ü.M. | |
| **Infos** | | | | |
| Öffnungszeiten | 01.04. - 23.09. | ganzjährig | ganzjährig | |
| Vergleichspreis | HS: 34,90 € \| NS: 34,90 € | HS: 35,40 € \| NS: 35,40 € | HS: 29,60 € | |
| Link | **Mehr Infos & Anfrage:** www.camping.info/22027 | **Mehr Infos & Anfrage:** www.camping.info/22026 | **Mehr Infos & Anfrage:** www.camping.info/24644 | |
| **Ausstattung** | | | | |
| Freizeit | Baden in nat. Gewässer: k. A.<br>Pool am Platz: ✓<br>Spielplatz am Platz: ✓ | Baden in nat. Gewässer: k. A.<br>Pool & Hallenbad: ✗<br>Spielplatz am Platz: ✓ | Baden im See: 5km<br>Pool/Hallenbad: 3km<br>Spielplatz am Platz: ✓ | |
| Campingplatz | Hunde erlaubt: ✓<br>Skilift & Loipe: ✗<br>WLAN: keine Angabe | Hunde erlaubt: ✓<br>Skilift/Loipe: 5/1km<br>WLAN: ✓ | Hunde erlaubt: ✓<br>Skilift/Loipe: 300m<br>WLAN: ✓ | |
| Versorgung | Lebensmittel: ✓<br>Brötchen am Platz: ✓<br>Imbiss: ✓<br>Ver-/Entsorgung Womo: ✓<br>in den Ort: keine Angabe | Lebensmittel: 2km<br>Brötchen am Platz: ✗<br>Restaurant/Imbiss: 1km<br>Ver-/Entsorgung Womo: ✓<br>in den Ort: 1km | Lebensmittel: 700m<br>Brötchen am Platz: ✓<br>Restaurant: 300m<br>Ver-/Entsorgung Womo: ✓<br>in den Ort: 500m | |
| Anzahl der Plätze | Gesamt/Touristen: 150/50<br>Mietunterkünfte: ✗<br>Stellplätze vor Schranke: ✗ | Gesamt/Touristen: 63/31<br>Mietunterkünfte: ✓<br>Stellplätze vor Schranke: ✗ | Gesamt/Touristen: 70/37<br>Mietunterkünfte: ✓<br>Stellplätze vor Schranke: ✗ | |
| | - **JETZT BEWERTEN!**<br>Für diese Auswertung liegen leider noch nicht genügend Bewertungen vor.<br>Sei einer der Ersten, der diesen Campingplatz bewertet. Unter den Bewertern werden regelmäßig Gewinne verlost!<br>Mehr Infos dazu findest du in unserem allgemeinen Intro. | - **JETZT BEWERTEN!**<br>Für diese Auswertung liegen leider noch nicht genügend Bewertungen vor.<br>Sei einer der Ersten, der diesen Campingplatz bewertet. Unter den Bewertern werden regelmäßig Gewinne verlost!<br>Mehr Infos dazu findest du in unserem allgemeinen Intro. | - **JETZT BEWERTEN!**<br>Für diese Auswertung liegen leider noch nicht genügend Bewertungen vor.<br>Sei einer der Ersten, der diesen Campingplatz bewertet. Unter den Bewertern werden regelmäßig Gewinne verlost!<br>Mehr Infos dazu findest du in unserem allgemeinen Intro. | |
| | | keine WOMOs ab 9 m | | |

## 5 Camping Le Berceau

*

Route des Mosses 16
1660 Château-d'oex
+41 26 924 62 34

46.46674 | 7.12465

ganzjährig

HS: 25,00 € | NS: 25,00 €

**Mehr Infos & Anfrage:**
www.camping.info/17272

| | |
|---|---|
| Baden in nat. Gewässer | k. A. |
| Pool/Hallenbad | ✓/12km |
| Spielplatz am Platz | ✓ |
| Hunde erlaubt | ✓ |
| Skilift/Loipe | 1km |
| WLAN | ✓ |
| Lebensmittel | ✓ |
| Brötchen am Platz | ✓ |
| Restaurant & Imbiss | ✓ |
| Ver-/Entsorgung Womo | ✓ |
| in den Ort | keine Angabe |
| Gesamt/Touristen | 100/50 |
| Mietunterkünfte | ✓ |
| Stellplätze vor Schranke | ✗ |

- JETZT BEWERTEN!

Für diese Auswertung liegen leider noch nicht genügend Bewertungen vor.

Sei einer der Ersten, der diesen Campingplatz bewertet. Unter den Bewertern werden regelmäßig Gewinne verlost!

Mehr Infos dazu findest du in unserem allgemeinen Intro.

## 6 Camping Pré Sous Ville

FKK

Rue des fontaines 10
1337 Vallorbe
+41 (0)21 843 23 09

46.71194 | 6.375

15.04. - 15.10.

keine Angabe

**Mehr Infos & Anfrage:**
www.camping.info/17278

| | |
|---|---|
| Baden in nat. Gewässer | k. A. |
| Pool & Hallenbad | ✗ |
| Spielplatz | keine Angabe |
| Hunde | ✗ |
| Skilift & Loipe | keine Angabe |
| WLAN | ✓ |
| Lebensmittel | 200m |
| Brötchen | keine Angabe |
| Restaurant/Imbiss | 300/50m |
| Ver-/Entsorgung Womo | ✗ |
| in den Ort | 150m |
| Gesamt/Touristen | 60/44 |
| Mietunterkünfte | ✓ |
| Stellplätze vor Schranke | ✗ |

- JETZT BEWERTEN!

Für diese Auswertung liegen leider noch nicht genügend Bewertungen vor.

Sei einer der Ersten, der diesen Campingplatz bewertet. Unter den Bewertern werden regelmäßig Gewinne verlost!

Mehr Infos dazu findest du in unserem allgemeinen Intro.

## 7 Camping Forêt du Bois Noir

Route cantonale
1890 St-Maurice
+41 27 767 12 52

46.19241 | 7.02634

01.04. - 30.10.

HS: 38,80 € | NS: 38,80 €

**Mehr Infos & Anfrage:**
www.camping.info/17313

| | |
|---|---|
| Baden in nat. Gewässer | k. A. |
| Pool am Platz | ✓ |
| Spielplatz am Platz | ✓ |
| Hunde erlaubt | ✓ |
| Skilift/Loipe | ✗/k. A. |
| WLAN | keine Angabe |
| Lebensmittel | ✓ |
| Brötchen am Platz | ✓ |
| Restaurant & Imbiss | ✓ |
| Ver-/Entsorgung Womo | ✓ |
| in den Ort | 2km |
| Gesamt/Touristen | 105/50 |
| Mietunterkünfte | ✓ |
| Stellplätze vor Schranke | ✗ |

- JETZT BEWERTEN!

Für diese Auswertung liegen leider noch nicht genügend Bewertungen vor.

Sei einer der Ersten, der diesen Campingplatz bewertet. Unter den Bewertern werden regelmäßig Gewinne verlost!

Mehr Infos dazu findest du in unserem allgemeinen Intro.

## 8 Camping La Murée

*

Ch. des Planches 3
1865 1864 Vers-l'Eglise
+41 79 401 99 15

46.35523 | 7.12705

ganzjährig

HS: 18,00 €

**Mehr Infos & Anfrage:**
www.camping.info/22034

| | |
|---|---|
| Baden in nat. Gewässer | k. A. |
| Pool | 3km |
| Spielplatz am Platz | ✓ |
| Hunde erlaubt | ✓ |
| Skilift/Loipe | 1km |
| WLAN | keine Angabe |
| Lebensmittel | 3km |
| Brötchen | keine Angabe |
| Restaurant/Imbiss | 100m/3km |
| Ver-/Entsorgung Womo | ✓ |
| in den Ort | 500m |
| Gesamt/Touristen | 80/50 |
| Mietunterkünfte | ✓ |
| Stellplätze vor Schranke | ✗ |

- JETZT BEWERTEN!

Für diese Auswertung liegen leider noch nicht genügend Bewertungen vor.

Sei einer der Ersten, der diesen Campingplatz bewertet. Unter den Bewertern werden regelmäßig Gewinne verlost!

Mehr Infos dazu findest du in unserem allgemeinen Intro.

Karte auf Seite 266

| | 9 | 10 | 11 |
|---|---|---|---|
| | **Camping des Cases à Forel** | **Camping Clos de la George** ❄ | **Camping à la Ferme** |
| | Chemin des Cases 2<br>1072 Forel | Les Ecots 3<br>1852 Roche VD<br>+41 24 466 58 28 | Chez Grosjean 40<br>1346 Les Bioux<br>+41 21 845 48 15 |
| | 46.52861 \| 6.76527 | 46.34694 \| 6.9425 | 46.62591 \| 6.27904 |
| **Infos** | | | |
| Öffnungszeiten | 01.04. - 15.10. | ganzjährig | keine Angabe |
| Vergleichspreis | keine Angabe | HS: 37,70 € \| NS: 31,40 € | HS: 26,50 € \| NS: 26,50 € |
| Link | **Mehr Infos & Anfrage:** www.camping.info/23066 | **Mehr Infos & Anfrage:** www.camping.info/23068 | **Mehr Infos & Anfrage:** www.camping.info/26674 |
| **Ausstattung** | | | |
| Freizeit | Baden in nat. Gewässer k. A.<br>Pool am Platz ✓<br>Spielplatz am Platz ✓ | Baden in nat. Gewässer k. A.<br>Pool am Platz ✓<br>Spielplatz am Platz ✓ | Baden im See am Platz ✓<br>Pool & Hallenbad ✗<br>Spielplatz keine Angabe |
| Campingplatz | Hunde ✗<br>Skilift & Loipe keine Angabe<br>WLAN (gegen Gebühr) ✓ | Hunde erlaubt ✓<br>Skilift & Loipe ✗<br>WLAN keine Angabe | Hunde ✗<br>Skilift & Loipe ✗<br>WLAN keine Angabe |
| Versorgung | Lebensmittel k.A.<br>Brötchen keine Angabe<br>Restaurant & Imbiss ✓<br>Ver-/Entsorgung Womo ✗<br>in den Ort keine Angabe | Lebensmittel ✓<br>Brötchen am Platz ✓<br>Imbiss ✓<br>Ver-/Entsorgung Womo ✓<br>in den Ort 2km | Lebensmittel ✗<br>Brötchen keine Angabe<br>Restaurant & Imbiss ✗<br>Ver-/Entsorgung Womo ✓<br>in den Ort keine Angabe |
| Anzahl der Plätze | Touristenplätze 44<br>Mietunterkünfte ✓<br>Stellplätze vor Schranke ✗ | Gesamt/Touristen 200/70<br>Mietunterkünfte ✗<br>Stellplätze vor Schranke ✗ | Gesamt keine Angabe<br>Mietunterkünfte ✓<br>Stellplätze vor Schranke ✗ |

**9 – Camping des Cases à Forel**

- JETZT BEWERTEN!

Für diese Auswertung liegen leider noch nicht genügend Bewertungen vor.

Sei einer der Ersten, der diesen Campingplatz bewertet. Unter den Bewertern werden regelmäßig Gewinne verlost!

Mehr Infos dazu findest du in unserem allgemeinen Intro.

**10 – Camping Clos de la George**

- JETZT BEWERTEN!

Für diese Auswertung liegen leider noch nicht genügend Bewertungen vor.

Sei einer der Ersten, der diesen Campingplatz bewertet. Unter den Bewertern werden regelmäßig Gewinne verlost!

Mehr Infos dazu findest du in unserem allgemeinen Intro.

**11 – Camping à la Ferme**

- JETZT BEWERTEN!

Für diese Auswertung liegen leider noch nicht genügend Bewertungen vor.

Sei einer der Ersten, der diesen Campingplatz bewertet. Unter den Bewertern werden regelmäßig Gewinne verlost!

Mehr Infos dazu findest du in unserem allgemeinen Intro.

## 12 Camping de la Pichette

Chemin de la Paix 37
1802 Corseaux

46.46985 | 6.809

keine Angabe

keine Angabe
**Mehr Infos & Anfrage:**
www.camping.info/27159

| | |
|---|---|
| Baden im See am Platz | ✓ |
| Pool & Hallenbad | ✗ |
| Spielplatz | keine Angabe |
| Hunde | ✗ |
| Skilift & Loipe | keine Angabe |
| WLAN | keine Angabe |
| Lebensmittel | k.A. |
| Brötchen | keine Angabe |
| Restaurant & Imbiss | ✗ |
| Ver-/Entsorgung Womo | ✗ |
| in den Ort | keine Angabe |
| Gesamt | keine Angabe |
| Mietunterkünfte | ✗ |
| Stellplätze vor Schranke | ✗ |

- JETZT BEWERTEN!

Für diese Auswertung liegen leider noch nicht genügend Bewertungen vor.

Sei einer der Ersten, der diesen Campingplatz bewertet. Unter den Bewertern werden regelmäßig Gewinne verlost!

Mehr Infos dazu findest du in unserem allgemeinen Intro.

## 13 Camping Les Horizons Bleus

✻

du Quai 11
1844 Montreux-Région
+41 219 601 547

46.39536 | 6.92062
440m ü.M.

ganzjährig

HS: 33,50 €
**Mehr Infos & Anfrage:**
www.camping.info/24643

| | |
|---|---|
| Baden im See | 300m |
| Pool | 500m |
| Spielplatz am Platz | ✓ |
| Hunde erlaubt | ✓ |
| Skilift/Loipe | 20km/150m |
| WLAN (gegen Gebühr) | ✓ |
| Lebensmittel | 300m |
| Brötchen am Platz | ✓ |
| Restaurant & Imbiss | ✓ |
| Ver-/Entsorgung Womo | ✓ |
| in den Ort | 200m |
| Gesamt/Touristen | 64/44 |
| Mietunterkünfte | ✓ |
| Stellplätze vor Schranke | ✗ |

**3.1** GUT
8 Bewertungen

| | |
|---|---|
| Lage | 4.1 |
| Ruhe | 3.3 |
| Sanitäranlagen | 3.8 |
| Sauberkeit Ø | 3.8 |
| Freundlichkeit | 4.2 |
| Stellplatz | 3.2 |
| Verpflegung | 3.2 |
| Freizeit | 3.8 |
| Preis-Leistung | 3.5 |
| Mietunterkünfte | 2.0 |

**Geeignet für**

| | |
|---|---|
| Kinder b. 6 J. | 3.5 |
| Kinder b. 12 J. | 3.3 |
| Kinder b. 18 J. | 3.3 |
| Paare | 4.0 |
| Senioren | 4.0 |
| Gäste mit Zelt | 3.7 |
| Gäste mit Hund | 4.0 |

**Empfohlene Aktivitäten**
- Radfahren
- Schwimmen
- Wandern

keine WOMOs ab 8 m

## 14 TCS Camping Genf Vésenaz

Chemin de la Bise
1222 Vésenaz
+41 22 752 12 96

46.24553 | 6.19279
375m ü.M.

02.04. - 25.10.

HS: 61,20 € | NS: 44,90 €
**Mehr Infos & Anfrage:**
www.camping.info/17273

| | |
|---|---|
| Baden im See am Platz | ✓ |
| Pool am Platz | ✓ |
| Spielplatz am Platz | ✓ |
| Hunde willkommen | ✓ |
| Skilift & Loipe | keine Angabe |
| WLAN | ✓ |
| Lebensmittel | ✓ |
| Brötchen am Platz | ✓ |
| Restaurant am P. | ✓ |
| Ver-/Entsorgung Womo | ✓ |
| in den Ort | 1km |
| Gesamt/Touristen | 195/140 |
| Mietunterkünfte | ✓ |
| Stellplätze vor Schranke | ✗ |

**3.4** GUT
28 Bewertungen

| | |
|---|---|
| Lage | 4.3 |
| Ruhe | 3.8 |
| Sanitäranlagen | 3.1 |
| Sauberkeit Ø | 3.5 |
| Freundlichkeit | 3.5 |
| Stellplatz | 3.6 |
| Verpflegung | 2.7 |
| Freizeit | 3.3 |
| Preis-Leistung | 2.5 |
| Mietunterkünfte | 3.2 |

**Geeignet für**

| | |
|---|---|
| Kinder b. 6 J. | 3.1 |
| Kinder b. 12 J. | 3.3 |
| Kinder b. 18 J. | 3.4 |
| Paare | 3.7 |
| Senioren | 3.5 |
| Gäste mit Zelt | 3.6 |
| Gäste mit Hund | 3.1 |

**Empfohlene Aktivitäten**
- Schwimmen
- Sightseeing
- Radfahren

## 15 TCS Camping Morges

Promenade du Petit-Bois 15
1110 Morges
+41 21 801 12 70

46.505 | 6.49111
375m ü.M.

02.04. - 25.10.

HS: 55,50 € | NS: 42,70 €
**Mehr Infos & Anfrage:**
www.camping.info/17274

| | |
|---|---|
| Baden im See am Platz | ✓ |
| Pool | 100m |
| Spielplatz am Platz | ✓ |
| Hunde willkommen | ✓ |
| Skilift & Loipe | ✗ |
| WLAN | ✓ |
| Lebensmittel | ✓ |
| Brötchen am Platz | ✓ |
| Restaurant & Imbiss | ✓ |
| Ver-/Entsorgung Womo | ✓ |
| in den Ort | 600m |
| Gesamt/Touristen | 220/167 |
| Mietunterkünfte | ✓ |
| Stellplätze vor Schranke | ✗ |

**3.4** GUT
14 Bewertungen

| | |
|---|---|
| Lage | 4.2 |
| Ruhe | 3.1 |
| Sanitäranlagen | 2.8 |
| Sauberkeit Ø | 3.8 |
| Freundlichkeit | 3.9 |
| Stellplatz | 3.4 |
| Verpflegung | 2.7 |
| Freizeit | 3.9 |
| Preis-Leistung | 3.4 |
| Mietunterkünfte | 3.5 |

**Geeignet für**

| | |
|---|---|
| Kinder b. 6 J. | 2.8 |
| Kinder b. 12 J. | 3.3 |
| Kinder b. 18 J. | 3.1 |
| Paare | 4.0 |
| Senioren | 3.7 |
| Gäste mit Zelt | 3.2 |
| Gäste mit Hund | 2.8 |

**Empfohlene Aktivitäten**
- Schwimmen
- Radfahren
- Spazieren

Karte auf Seite 266

## 16 Camping Les Grangettes

*

Les Grangettes 31
1845 Noville
+41 21 960 15 03

46.39361 | 6.89416
375m ü.M.

ganzjährig

HS: 30,30 €

**Mehr Infos & Anfrage:**
www.camping.info/22038

| | |
|---|---|
| Baden im See am Platz | ✓ |
| Pool/Hallenbad | 3km |
| Spielplatz am Platz | ✓ |
| Hunde willkommen | ✓ |
| Skilift/Loipe | 14/15km |
| WLAN (gegen Gebühr) | ✓ |
| Lebensmittel | 3km |
| Brötchen am Platz | nur HS |
| Restaurant & Imbiss | ✓ |
| Ver-/Entsorgung Womo | ✓ |
| in den Ort | 1km |
| Gesamt/Touristen | 300/100 |
| Mietunterkünfte | ✓ |
| Stellplätze vor Schranke | ✗ |

**3.6** GUT
15 Bewertungen

| | |
|---|---|
| Lage | 4.1 |
| Ruhe | 3.8 |
| Sanitäranlagen | 2.6 |
| Sauberkeit Ø | 2.6 |
| Freundlichkeit | 3.5 |
| Stellplatz | 3.3 |
| Verpflegung | 2.4 |
| Freizeit | 3.6 |
| Preis-Leistung | 3.1 |
| Mietunterkünfte | 2.3 |

**Geeignet für**

| | |
|---|---|
| Kinder b. 6 J. | 3.6 |
| Kinder b. 12 J. | 3.9 |
| Kinder b. 18 J. | 3.5 |
| Paare | 3.8 |
| Senioren | 3.8 |
| Gäste mit Zelt | 3.7 |
| Gäste mit Hund | 3.7 |

**Empfohlene Aktivitäten**

- Radfahren
- Schwimmen
- Wandern

## 17 Camping du Lac de Joux

*

Rocheray 37
1347 Le Sentier
+41 218 455 174

46.62626 | 6.2528
1108m ü.M.

ganzjährig

HS: 36,70 € | NS: 32,10 €

**Mehr Infos & Anfrage:**
www.camping.info/22148

| | |
|---|---|
| Baden im See | 300m |
| Pool/Hallenbad | 3km |
| Spielplatz am Platz | ✓ |
| Hunde erlaubt | ✓ |
| Skilift/Loipe | 15/2km |
| WLAN | ✓ |
| Lebensmittel | 2km |
| Brötchen am Platz | nur HS |
| Restaurant & Imbiss | ✓ |
| Ver-/Entsorgung Womo | ✗ |
| in den Ort | 2km |
| Gesamt/Touristen | 50/25 |
| Mietunterkünfte | ✓ |
| Stellplätze vor Schranke | ✗ |

**3.7** GUT
7 Bewertungen

| | |
|---|---|
| Lage | 4.3 |
| Ruhe | 4.0 |
| Sanitäranlagen | 3.5 |
| Sauberkeit Ø | 4.2 |
| Freundlichkeit | 4.5 |
| Stellplatz | 3.3 |
| Verpflegung | 2.2 |
| Freizeit | 4.0 |
| Preis-Leistung | 4.3 |
| Mietunterkünfte | 4.0 |

**Geeignet für**

| | |
|---|---|
| Kinder b. 6 J. | 5.0 |
| Kinder b. 12 J. | 4.5 |
| Kinder b. 18 J. | 5.0 |
| Paare | 4.2 |
| Senioren | 4.0 |
| Gäste mit Zelt | 4.3 |
| Gäste mit Hund | 5.0 |

**Empfohlene Aktivitäten**

- Radfahren
- Wandern
- Mountainbiking

## 18 TCS Camping Orbe

Route du Signal 9
1350 Orbe
+41 24 441 38 57

46.73694 | 6.5325
480m ü.M.

02.04. - 25.10.

HS: 41,80 € | NS: 32,70 €

**Mehr Infos & Anfrage:**
www.camping.info/17275

| | |
|---|---|
| Baden in nat. Gewässer | k. A. |
| Pool am Platz | ✓ |
| Spielplatz am Platz | ✓ |
| Hunde willkommen | ✓ |
| Skilift & Loipe | keine Angabe |
| WLAN | ✓ |
| Lebensmittel | ✓ |
| Brötchen am Platz | ✓ |
| Imbiss | ✓ |
| Ver-/Entsorgung Womo | ✓ |
| in den Ort | 500m |
| Gesamt/Touristen | 160/80 |
| Mietunterkünfte | ✓ |
| Stellplätze vor Schranke | ✗ |

**4.1** SEHR GUT
8 Bewertungen

| | |
|---|---|
| Lage | 4.5 |
| Ruhe | 4.5 |
| Sanitäranlagen | 4.0 |
| Sauberkeit Ø | 4.3 |
| Freundlichkeit | 4.7 |
| Stellplatz | 3.7 |
| Verpflegung | 3.2 |
| Freizeit | 4.0 |
| Preis-Leistung | 3.9 |
| Mietunterkünfte | 5.0 |

**Geeignet für**

| | |
|---|---|
| Kinder b. 6 J. | 4.5 |
| Kinder b. 12 J. | 4.2 |
| Kinder b. 18 J. | 3.2 |
| Paare | 4.2 |
| Senioren | 4.2 |
| Gäste mit Zelt | 3.8 |
| Gäste mit Hund | 4.0 |

**Empfohlene Aktivitäten**

- Wandern
- Schwimmen
- Kultur

**Infos**

Öffnungszeiten
Vergleichspreis
Link

**Ausstattung**

Freizeit
Campingplatz
Versorgung
Anzahl der Plätze

Karte auf Seite 266

## 19 Camping de Rolle Aux Vernes

Chemin de la Plage 4
1180 Rolle
+41 218 25 1239
46.46171 | 6.34695

01.04. - 30.09.
HS: 44,90 € | NS: 37,60 €
**Mehr Infos & Anfrage:**
www.camping.info/17276

| | |
|---|---|
| Baden im See am Platz | ✓ |
| Hallenbad | 1km |
| Spielplatz am Platz | ✓ |
| Hunde willkommen | ✓ |
| Skilift & Loipe | ✗ |
| WLAN | ✓ |
| Lebensmittel | ✓ |
| Brötchen am Platz | ✓ |
| Restaurant & Imbiss | ✓ |
| Ver-/Entsorgung Womo | ✓ |
| in den Ort | 1km |
| Gesamt/Touristen | 160/120 |
| Mietunterkünfte | ✗ |
| Stellplätze vor Schranke | ✓ |

**4.1** SEHR GUT
15 Bewertungen

| | |
|---|---|
| Lage | 4.9 |
| Ruhe | 4.1 |
| Sanitäranlagen | 4.1 |
| Sauberkeit Ø | 4.1 |
| Freundlichkeit | 4.5 |
| Stellplatz | 3.7 |
| Verpflegung | 3.7 |
| Freizeit | 3.9 |
| Preis-Leistung | 3.5 |
| Mietunterkünfte | - |

**Geeignet für**

| | |
|---|---|
| Kinder b. 6 J. | 4.2 |
| Kinder b. 12 J. | 4.2 |
| Kinder b. 18 J. | 3.8 |
| Paare | 4.6 |
| Senioren | 4.3 |
| Gäste mit Zelt | 4.2 |
| Gäste mit Hund | 3.8 |

**Empfohlene Aktivitäten**

- Schwimmen
- Radfahren
- Surfen

## 20 Camping de la piscine

1860 Aigle
+41 24 466 26 60
46.3237 | 6.96146

02.04. - 16.11.
HS: 36,60 € | NS: 30,20 €
**Mehr Infos & Anfrage:**
www.camping.info/17271

| | |
|---|---|
| Baden in nat. Gewässer | k. A. |
| Pool am Platz | ✓ |
| Spielplatz | keine Angabe |
| Hunde willkommen | ✓ |
| Skilift & Loipe | ✗ |
| WLAN | ✓ |
| Lebensmittel | k.A. |
| Brötchen | keine Angabe |
| Restaurant & Imbiss | ✗ |
| Ver-/Entsorgung Womo | ✗ |
| in den Ort | 1km |
| Gesamt | 100 |
| Mietunterkünfte | ✗ |
| Stellplätze vor Schranke | ✗ |

**4.3** SEHR GUT
6 Bewertungen

| | |
|---|---|
| Lage | 4.0 |
| Ruhe | 4.3 |
| Sanitäranlagen | 4.5 |
| Sauberkeit Ø | 4.4 |
| Freundlichkeit | 4.5 |
| Stellplatz | 3.7 |
| Verpflegung | 2.8 |
| Freizeit | 4.2 |
| Preis-Leistung | 4.0 |
| Mietunterkünfte | - |

**Geeignet für**

| | |
|---|---|
| Kinder b. 6 J. | 5.0 |
| Kinder b. 12 J. | 4.7 |
| Kinder b. 18 J. | 4.7 |
| Paare | 4.5 |
| Senioren | 4.2 |
| Gäste mit Zelt | 5.0 |
| Gäste mit Hund | 5.0 |

**Empfohlene Aktivitäten**

- Wandern
- Schwimmen
- Radfahren

## 21 Camping De Moratel

Moratel 2
1096 Cully
+41 21 799 19 14
46.48952 | 6.73738

21.03. - 20.10.
keine Angabe
**Mehr Infos & Anfrage:**
www.camping.info/26484

| | |
|---|---|
| Baden im See am Platz | ✓ |
| Pool & Hallenbad | ✗ |
| Spielplatz | keine Angabe |
| Hunde erlaubt | ✓ |
| Skilift & Loipe | ✗ |
| WLAN | ✓ |
| Lebensmittel | ✓ |
| Brötchen am Platz | ✓ |
| Restaurant | 200m |
| Ver-/Entsorgung Womo | ✗ |
| in den Ort | 500m |
| Touristenplätze | 31 |
| Mietunterkünfte | ✗ |
| Stellplätze vor Schranke | ✗ |

**-** JETZT BEWERTEN!

Für diese Auswertung liegen leider noch nicht genügend Bewertungen vor.

Sei einer der Ersten, der diesen Campingplatz bewertet. Unter den Bewertern werden regelmäßig Gewinne verlost!

Mehr Infos dazu findest du in unserem allgemeinen Intro.

**Infos**

Öffnungszeiten
Vergleichspreis
Link

**Ausstattung**

Freizeit
Campingplatz
Versorgung
Anzahl der Plätze

SCHWEIZ

# ❸ Wallis

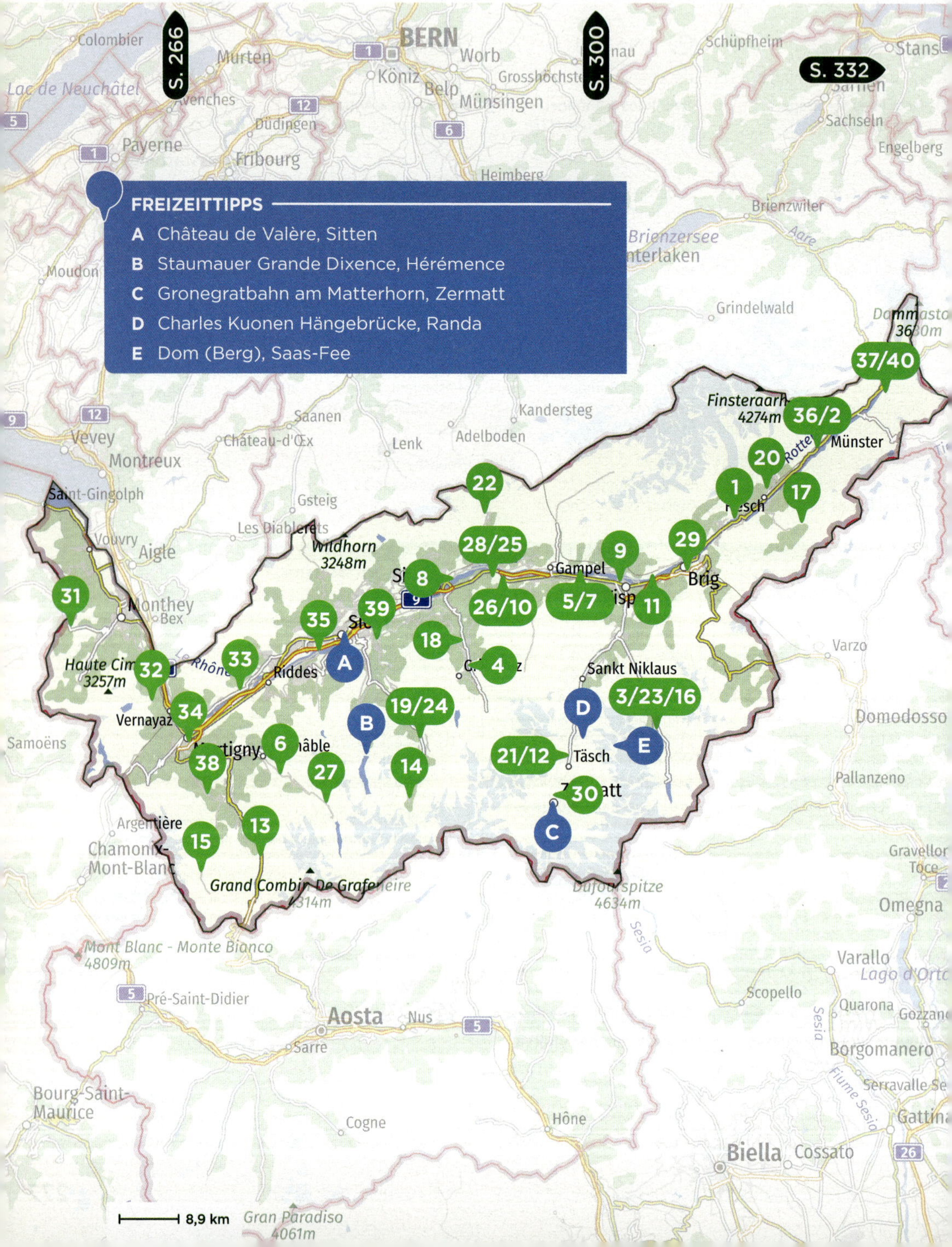

| | Platz | Seite | Bewertung | Öffnungszeiten | |
|---|---|---|---|---|---|
| 1 | Campingplatz Aletsch | 283 | - | k. A. | |
| 2 | Camping Augenstern | 283 | 3.7 | k. A. | ❄ |
| 3 | Camping Am Kapellenweg | 283 | 4.0 | saisonal | |
| 4 | Camping du Pont d'Anniviers | 285 | - | ganzjährig | ❄ |
| 5 | Camping Simplonblick | 285 | 3.4 | saisonal | ⚡ |
| 6 | Camping de Champsec | 285 | - | saisonal | |
| 7 | Camping Santa Monica | 284 | 4.1 | saisonal | |
| 8 | Camping Swiss Plage | 287 | 3.5 | saisonal | |
| 9 | Camping & Schwimmbad Mühleye | 286 | 4.1 | saisonal | ❄ |
| 10 | Camping Gemmi "Agarn" | 288 | 4.4 | saisonal | |
| 11 | Thermal Camping Brigerbad | 290 | 3.7 | saisonal | |
| 12 | Camping Alphubel | 287 | 3.6 | saisonal | |
| 13 | Camping Grand St-Bernard | 289 | - | saisonal | |
| 14 | Camping Arolla | 289 | 4.8 | saisonal | |
| 15 | Camping des Glaciers | 289 | 4.2 | saisonal | |
| 16 | Camping Schönblick | 291 | - | saisonal | |
| 17 | Camping Giessen | 291 | 4.0 | saisonal | |
| 18 | Camping d'Anniviers | 291 | - | k. A. | ❄ |
| 19 | Camping Evolène | 292 | 3.3 | saisonal | ❄ |
| 20 | Camping Eggishorn | 292 | 3.6 | ganzjährig | ❄ |
| 21 | Camping Attermenzen | 292 | 4.0 | saisonal | ❄ |
| 22 | Camping Sportarena | 292 | - | saisonal | |
| 23 | Camping Mischabel | 293 | - | saisonal | |
| 24 | Camping Molignon | 293 | 5.0 | ganzjährig | ❄ |
| 25 | Camping Bella-Tola | 293 | 3.4 | saisonal | |
| 26 | Camping Torrent | 294 | 3.3 | k. A. | |
| 27 | Camping Forêt des Mélèzes | 294 | - | saisonal | |
| 28 | Camping Monument | 294 | - | saisonal | |
| 29 | Camping Geschina | 294 | 4.2 | saisonal | |
| 30 | Camping Matterhorn | 295 | - | saisonal | |
| 31 | Camping La Mare au Diable | 295 | - | k. A. | |
| 32 | Camping Van d'en Haut | 295 | - | saisonal | |
| 33 | Camping de la Sarvaz | 296 | 4.3 | ganzjährig | ❄ |

❄ Wintercamping  FKK Textilfrei (ganz/teilweise)  Ecocamping  Award  ⚡ Onlinebuchung

| | Platz | Seite | Bewertung | Öffnungszeiten | |
|---|---|---|---|---|---|
| 34 | TCS Camping Martigny | 297 | 4.2 | saisonal | |
| 35 | TCS Camping Sion | 297 | 4.2 | saisonal | * |
| 36 | Camping Brigga | 297 | 3.0 | saisonal | |
| 37 | Forest-Lodge & Camping | 298 | - | k. A. | |
| 38 | Camping Les Rocailles | 299 | - | k. A. | |
| 39 | Camping Grand-Paradis | 299 | - | k. A. | |
| 40 | Forest Lodge & Camping | 299 | - | k. A. | |

## CAMPING AM FUSSE VON VIERTAUSENDERN

Unglaubliche 41 Viertausender befinden sich auf dem Gebiet des Wallis, 22 davon sogar komplett. Damit ist die Frage nach den schönsten Sehenswürdigkeiten der Region eigentlich schon beantwortet: Die Natur ist der große Star des Wallis. Die Berggipfel, allen vor das Matterhorn, sorgen ganzjährig für beste Freizeitmöglichkeiten und bieten zudem einzigartige Sehenswürdigkeiten. So begeistern der Gletscher-Palast am Matterhorn, die Top of Europe-Aussichtsplattform am Jungfraujoch oder die Gornergrat-Bahn, die durch eine atemberaubende Landschaft führt, kleine und große Camper gleichermaßen.

Lac Bleu im Val d'Arolla
© swiss-image.ch/Roland Gerth

Kelchbach-Sessellift über der Kühmatte in Belalp
© swiss-image.ch/Photopress-Martin Ruetschi

## SCHWEIZER WAHRZEICHEN

Mit dem Matterhorn befindet sich eines der Wahrzeichen der Schweiz auf dem Gebiet des Wallis. Der Berg mit seiner markanten Gestalt zählt zu den bekanntesten Gipfeln der Welt. Absolutes Highlight des Matterhorns ist die Aussichtsplattform auf der höchstgelegenen Bergbahnstation Europas, von wo aus sich ein atemberaubender Ausblick auf die mächtigsten Gipfel der Alpen bietet. Ein besonderes Erlebnis wartet im 15 Meter unter der Eisoberfläche gelegenen Gletscher-Palast (Matterhorn Glacier Paradise). Der Spaziergang durch Eistunnel vorbei an schillernden Eisskulpturen und die Fahrt auf der Eisrutschbahn lassen Urlauberherzen höherschlagen. Im bekannten Ferienort Zermatt, der am Fuße des Berges liegt, bietet das Matterhorn Museum Zermatlantis einen wunderbaren Einblick in die Geschichte der Erstbesteigung.

Schweizer Alpen Jungfrau-Aletsch, UNESCO-Welterbe
© swiss-image.ch/Christian Perret

Wandergebiet Aletschwald - Grosser Aletschgletscher
© swiss-image.ch/Andreas Gerth

## SUPERLATIVEN EN MASSE

Unweit des Matterhorns erhebt sich der Gornergrat. Mit der höchsten im Freien gelegenen Zahnradbahn Europas geht es durch Tunnel, Wälder und Schluchten über eindrucksvolle Brücken direkt hinauf zum Gipfel. Das sich hier bietende Panorama ist einmalig: Die Dufourspitze, der Gornergletscher und das Matterhorn wirken zum Greifen nah. Beeindruckend präsentiert sich auch der weltgrößte Eispavillon am Feegletscher: Mit der höchstgelegenen U-Bahn der Welt wird nicht nur die 5.500 m² große Grotte erreicht, sondern auch das höchstgelegene Drehrestaurant der Welt. Das Jungfraujoch kann ebenfalls mit einem Superlativ aufwarten. Der höchstgelegene Bahnhof des Kontinents und die Aussichtsplattform Top of Europe, inmitten des UNESCO-Welterbes Schweizer Alpen Jungfrau-Aletsch gelegen, eröffnen dem Besucher einmalige Ausblicke auf die hochalpine Umgebung.

## FÜR NATURLIEBHABER UND SPORTLER

Das Wallis ist der perfekte Ort zum Aktivwerden. Die beeindruckende Bergwelt bietet sich im Sommer wie im Winter als einmalige Kulisse zum Wandern, Klettern, Mountainbiken, Skifahren, Langlaufen oder Rodeln an. Abenteuerlustige Camper können beim River Rafting, Canyoning oder Gleitschirmfliegen ihren Mut beweisen. In den Tälern sorgen warme Quellen für ausreichend Erholung. Das heilende Wasser aus den Tiefen der Walliser Bergwelt wirkt anregend auf den Kreislauf und tut den Gelenken und der Muskulatur gut. Im Riederalp wartet die einzigartige Flora und Fauna des UNESCO-Weltnaturerbes rund um den Aletschgletscher, in Pfyn-Finges die vielfältige Auenlandschaft.

## TRADITION UND KULINARIK

Das ganze Jahr über werden im Wallis die Bräuche der Urahnen gepflegt. Kuhkämpfe und Alpaufzüge gehören ebenso zum Leben in der Region wie religiöse Feste. Großgeschrieben wird Tradition auch beim Essen: Kulinarische Leckerbissen wie der über dem Holzfeuer geschmolzene Raclettekäse oder das üppige, üblicherweise im Herbst servierte, Brisoleé werden nach althergebrachten Rezepten zubereitet. Eine wahre Gaumenfreude sind zudem die Walliser Weine - Fendant, Johannisberg oder Pinot Noir können in den malerischen Weinorten des Wallis direkt beim Weinbauern verkostet werden.

### TIPP DER REDAKTION

**Camping des Glaciers**

La Fouly | Nr. 16 | Seite 289

Laut Gästen ideal geeignet zum:
- Wandern
- Entspannen
- Mountainbiken

**4.2**

Karte auf Seite 278

## 1 Campingplatz Aletsch

Guldersand 5
3993 Grengiols
+41 27 927 11 54
46.37299 | 8.08462

| Infos | |
|---|---|
| Öffnungszeiten | keine Angabe |
| Vergleichspreis | keine Angabe |
| Link | **Mehr Infos & Anfrage:** www.camping.info/25539 |

| Ausstattung | | |
|---|---|---|
| Freizeit | Baden in nat. Gewässer | k. A. |
| | Pool & Hallenbad | ✗ |
| | Spielplatz | keine Angabe |
| Campingplatz | Hunde | ✗ |
| | Skilift & Loipe | keine Angabe |
| | WLAN | keine Angabe |
| Versorgung | Lebensmittel | k.A. |
| | Brötchen | keine Angabe |
| | Restaurant & Imbiss | ✗ |
| | Ver-/Entsorgung Womo | ✗ |
| | in den Ort | keine Angabe |
| Anzahl der Plätze | Gesamt | keine Angabe |
| | Mietunterkünfte | ✗ |
| | Stellplätze vor Schranke | ✗ |

**-** JETZT BEWERTEN!

Für diese Auswertung liegen leider noch nicht genügend Bewertungen vor.

Sei einer der Ersten, der diesen Campingplatz bewertet. Unter den Bewertern werden regelmäßig Gewinne verlost!

Mehr Infos dazu findest du in unserem allgemeinen Intro.

## 2 Camping Augenstern

✱

Ellbogen 21
3998 Reckingen
+41 27 973 13 95
46.46514 | 8.24473

| Infos | |
|---|---|
| Öffnungszeiten | keine Angabe |
| Vergleichspreis | HS: 36,70 € \| NS: 36,70 € |
| Link | **Mehr Infos & Anfrage:** www.camping.info/17303 |

| Ausstattung | | |
|---|---|---|
| Freizeit | Baden in nat. Gewässer | k. A. |
| | Pool | 200m |
| | Spielplatz am Platz | ✓ |
| Campingplatz | Hunde erlaubt | ✓ |
| | Skilift & Loipe | keine Angabe |
| | WLAN | ✗ |
| Versorgung | Lebensmittel | ✓ |
| | Brötchen am Platz | ✓ |
| | Restaurant am P. | ✓ |
| | Ver-/Entsorgung Womo | ✗ |
| | in den Ort | keine Angabe |
| Anzahl der Plätze | Gesamt/Touristen | 150/50 |
| | Mietunterkünfte | ✗ |
| | Stellplätze vor Schranke | ✗ |

**3.7** GUT
9 Bewertungen

| | |
|---|---|
| Lage | 4.5 |
| Ruhe | 4.6 |
| Sanitäranlagen | 3.4 |
| Sauberkeit Ø | 4.0 |
| Freundlichkeit | 3.8 |
| Stellplatz | 3.5 |
| Verpflegung | 3.1 |
| Freizeit | 3.8 |
| Preis-Leistung | 3.4 |
| Mietunterkünfte | - |

**Geeignet für**

| | |
|---|---|
| Kinder b. 6 J. | 3.0 |
| Kinder b. 12 J. | 4.0 |
| Kinder b. 18 J. | 4.5 |
| Paare | 4.3 |
| Senioren | 4.2 |
| Gäste mit Zelt | 4.0 |
| Gäste mit Hund | 4.0 |

**Empfohlene Aktivitäten**

- Wandern
- Mountainbiking
- Entspannen

## 3 Camping Am Kapellenweg

3910 Sass Grund
+41 27 957 4997
46.11608 | 7.93805

| Infos | |
|---|---|
| Öffnungszeiten | 01.05. - 15.10. |
| Vergleichspreis | HS: 48,00 € \| NS: 48,00 € |
| Link | **Mehr Infos & Anfrage:** www.camping.info/17308 |

| Ausstattung | | |
|---|---|---|
| Freizeit | Baden in nat. Gewässer | k. A. |
| | Pool/Hallenbad | 25/4km |
| | Spielplatz | 1km |
| Campingplatz | Hunde willkommen | ✓ |
| | Skilift/Loipe | 2km/✓ |
| | WLAN | ✓ |
| Versorgung | Lebensmittel | ✓ |
| | Brötchen am Platz | ✓ |
| | Restaurant/Imbiss | 1km/✓ |
| | Ver-/Entsorgung Womo | ✓ |
| | in den Ort | 11km |
| Anzahl der Plätze | Touristenplätze | 100 |
| | Mietunterkünfte | ✓ |
| | Stellplätze vor Schranke | ✗ |

**4.0** SEHR GUT
5 Bewertungen

| | |
|---|---|
| Lage | 4.6 |
| Ruhe | 4.8 |
| Sanitäranlagen | 3.0 |
| Sauberkeit Ø | 4.5 |
| Freundlichkeit | 4.0 |
| Stellplatz | 3.6 |
| Verpflegung | 3.0 |
| Freizeit | 4.0 |
| Preis-Leistung | 4.0 |
| Mietunterkünfte | 3.0 |

**Geeignet für**

| | |
|---|---|
| Kinder b. 6 J. | 3.5 |
| Kinder b. 12 J. | 3.0 |
| Kinder b. 18 J. | 3.0 |
| Paare | 4.0 |
| Senioren | 4.0 |
| Gäste mit Zelt | 3.0 |
| Gäste mit Hund | 2.0 |

**Empfohlene Aktivitäten**

- Wandern
- Mountainbiking
- Klettern

# 7 Camping Santa Monica

Kantonsstrasse 56
3942 Raron/Turtig
+41 27 934 24 24
www.santa-monica.ch
info@santa-monica.ch

01.04. - 17.10.

HS: 31,00 € | NS: 26,00 €

**Mehr Infos & Anfrage:**
www.camping.info/17301

| | |
|---|---|
| Baden im Fluss am Platz | ✓ |
| Pool/Hallenbad | ✓/4km |
| Spielplatz am Platz | ✓ |
| Hunde willkommen | ✓ |
| Skilift/Loipe | 1/10km |
| WLAN | ✓ |
| Lebensmittel | ✓ |
| Brötchen am Platz | ✓ |
| Restaurant & Imbiss | ✓ |
| Ver-/Entsorgung Womo | ✓ |
| in den Ort | 200m |
| Gesamt/Touristen | 340/140 |
| Mietunterkünfte | ✓ |
| Stellplätze vor Schranke | × |

1 km
46.30321 | 7.80262
640m ü.M.

Der moderne Platz liegt wundervoll eingebettet zwischen Natur & Bergen.

## Lage & Stellplatz

Im sonnigen Wallis befindet sich Camping Santa Monica in Raron, dem Rilkedorf. Neben Zeltplätzen werden auch Stellplätze mit Wasser- und Abwasseranschluss sowie Luxusplätze mit eigener Sanitärkabine direkt auf dem Stellplatz angeboten. Auch Bungalows, Mobilheime und Woodlodges stehen zur Verfügung.

## Sanitär

Santa Monica bietet seinen Gästen mehr als nur großzügige Stellplätze mit Strom-, Wasser- und Abwasseranschlüssen. Erstklassige, saubere Sanitäranlagen, lauschige Plätze unter Bäumen und Luxusplätze mit eigenen Sanitärkabinen direkt auf dem Stellplatz finden Gäste ebenfalls im Angebot.

## Verpflegung

Für das kulinarische Angebot auf dem Platz sorgen ein gemütliches Restaurant mit großer Sonnenterrasse, ein kleiner Supermarkt mit frischen, regionalen Produkten und natürlich der tägliche Brötchenservice.

## Freizeit

Großer Spielplatz, Schach, Trampolin, solargeheiztes Schwimmbad und ein Erholungspark mit kleinem Bach bieten Spiel, Spaß und Abwechslung. Fahrradweg (Rhone-Route), Bus und Bahnhof sind in 5 Minuten erreichbar. Nur zwei Gehminuten sind es vom Campingplatz zu den Seilbahnstationen Unterbäch/Eischoll.

Toller Bach bietet Spiel & Spaß.

Großzügige Stellplätze.

**4.1** SEHR GUT
21 Bewertungen

| | |
|---|---|
| Lage | 4.4 |
| Ruhe | 3.9 |
| Sanitäranlagen | 3.8 |
| Sauberkeit Ø | 4.5 |
| Freundlichkeit | 4.4 |
| Stellplatz | 4.0 |
| Verpflegung | 3.8 |
| Freizeit | 4.2 |
| Preis-Leistung | 4.0 |
| Mietunterkünfte | 1.0 |

**Geeignet für**

4.6 Paare

| | |
|---|---|
| 4.6 | Gäste mit Zelt |
| 4.5 | Senioren |
| 4.2 | Kinder b. 6 J. |
| 4.2 | Kinder b. 12 J. |
| 4.2 | Gäste mit Hund |
| 4.1 | Kinder b. 18 J. |

**Empfohlene Aktivitäten**

Wandern
Radfahren
Sightseeing
Klettern
Mountainbiking

keine WOMOs über 11 m; Jugendgruppen werden nur beschränkt aufgenommen

Karte auf Seite 278

| Infos | 4 Camping du Pont d'Anniviers | 5 Camping Simplonblick | 6 Camping de Champsec |
|---|---|---|---|
| | le Pont de Mission<br>3961 Ayer<br>+ 41 27 475 14 09<br>46.18843 \| 7.58933 | Kantonstrasse 12<br>3942 Raron<br>+41 27 934 32 05<br>46.30408 \| 7.79482<br>638m ü.M. | Chemin de la Sasse 2<br>1947 Champsec<br>46.05582 \| 7.24585<br>912m ü.M. |
| Öffnungszeiten | ganzjährig | 01.04. - 20.10. | 01.06. - 30.09. |
| Vergleichspreis | HS: 34,20 € \| NS: 34,20 € | HS: 29,00 € \| NS: 27,00 € | keine Angabe |
| Link | **Mehr Infos & Anfrage:** www.camping.info/17319 | **Mehr Infos & online buchen:** www.camping.info/17302 | **Mehr Infos & Anfrage:** www.camping.info/27249 |

**Ausstattung**

| | 4 | 5 | 6 |
|---|---|---|---|
| **Freizeit** | Baden in nat. Gewässer: k. A. | Baden im Fluss: 500m | Baden in nat. Gewässer: k. A. |
| | Pool & Hallenbad: ✗ | Pool/Hallenbad: ✓/5km | Pool & Hallenbad: ✗ |
| | Spielplatz: keine Angabe | Spielplatz am Platz: ✓ | Spielplatz: keine Angabe |
| **Campingplatz** | Hunde erlaubt: ✓ | Hunde willkommen: ✓ | Hunde: ✗ |
| | Skilift & Loipe: keine Angabe | Skilift/Loipe: 3/25km | Skilift & Loipe: keine Angabe |
| | WLAN: keine Angabe | WLAN: ✓ | WLAN: keine Angabe |
| **Versorgung** | Lebensmittel: k.A. | Lebensmittel: ✓ | Lebensmittel: k.A. |
| | Brötchen: keine Angabe | Brötchen am Platz: ✓ | Brötchen: keine Angabe |
| | Restaurant & Imbiss: ✗ | Restaurant/Imbiss: 500m | Restaurant & Imbiss: ✗ |
| | Ver-/Entsorgung Womo: ✗ | Ver-/Entsorgung Womo: ✗ | Ver-/Entsorgung Womo: ✗ |
| | in den Ort: 500m | in den Ort: 500m | in den Ort: keine Angabe |
| **Anzahl der Plätze** | Gesamt: keine Angabe | Gesamt/Touristen: 180/80 | Gesamt: keine Angabe |
| | Mietunterkünfte: ✗ | Mietunterkünfte: ✓ | Mietunterkünfte: ✓ |
| | Stellplätze vor Schranke: ✗ | Stellplätze vor Schranke: ✗ | Stellplätze vor Schranke: ✗ |

**Camping du Pont d'Anniviers**

- JETZT BEWERTEN!

Für diese Auswertung liegen leider noch nicht genügend Bewertungen vor.

Sei einer der Ersten, der diesen Campingplatz bewertet. Unter den Bewertern werden regelmäßig Gewinne verlost!

Mehr Infos dazu findest du in unserem allgemeinen Intro.

**Camping Simplonblick**

3.4 GUT
5 Bewertungen

| | |
|---|---|
| Lage | 4.2 |
| Ruhe | 3.6 |
| Sanitäranlagen | 3.2 |
| Sauberkeit Ø | 3.5 |
| Freundlichkeit | 3.7 |
| Stellplatz | 3.8 |
| Verpflegung | 3.4 |
| Freizeit | 3.6 |
| Preis-Leistung | 3.6 |
| Mietunterkünfte | - |

**Geeignet für**

| | |
|---|---|
| Kinder b. 6 J. | 3.8 |
| Kinder b. 12 J. | 4.0 |
| Kinder b. 18 J. | 2.7 |
| Paare | 4.2 |
| Senioren | 4.0 |
| Gäste mit Zelt | 4.0 |
| Gäste mit Hund | 4.3 |

**Empfohlene Aktivitäten**

- Wandern
- Entspannen
- Sightseeing

**Camping de Champsec**

- JETZT BEWERTEN!

Für diese Auswertung liegen leider noch nicht genügend Bewertungen vor.

Sei einer der Ersten, der diesen Campingplatz bewertet. Unter den Bewertern werden regelmäßig Gewinne verlost!

Mehr Infos dazu findest du in unserem allgemeinen Intro.

# 9 Camping & Schwimmbad Mühleye

Mühleye 7
3930 Visp
+41 27 946 2084
www.camping-visp.ch
info@camping-visp.ch

01.04. - 31.10.

HS: 27,00 € | NS: 27,00 €

**Mehr Infos & Anfrage:**
www.camping.info/17318

| | |
|---|---|
| Baden im See | 20km |
| Pool/Hallenbad | ✓/5km |
| Spielplatz am Platz | ✓ |
| Hunde willkommen | ✓ |
| Skilift/Loipe | 10km |
| WLAN | ✓ |
| Lebensmittel | 1km |
| Brötchen am Platz | ✓ |
| Restaurant & Imbiss | ✓ |
| Ver-/Entsorgung Womo | ✓ |
| in den Ort | 1km |
| Touristenplätze | 190 |
| Mietunterkünfte | ✓ |
| Stellplätze vor Schranke | ✓ |

1 km
46.29808 | 7.87283
658m ü.M.

Öffentl. Schwimmbad Mühleye mit Wasserrutsche und schattiger Liegewiese.

## Lage & Stellplatz

Der Campingplatz Mühleye liegt abseits vom Verkehrslärm im Westen des Ortseingangs von Visp in zentraler Lage im Oberwallis. Die Stellplätze sind groß, offen angelegt und befinden sich je nach Wunsch des Gastes in schattiger oder sonniger Lage. Alle Plätze verfügen über einen Stromanschluss.

## Verpflegung

Die neue, windgeschützte Gartenterrasse des Restaurants und Kiosks direkt im Eingangsgebäude ist ein gemütlicher Platz zum Verweilen und Genießen. Das Restaurant hat während der Badesaison täglich geöffnet. Frisches Brot kann beim Bäcker täglich für den nächsten Tag vorbestellt werden.

## Sanitär

Das neue Sanitärgebäude umfasst Duschen, Waschräume, Toiletten, eine barrierefreie Dusche und Toilette sowie Geschirr- und Kleiderwaschräume. Im Eingangsbereich des Campingplatzes befindet sich eine zweite Sanitäranlage mit Duschen, Toiletten u. Geschirrwaschstation. Das Warmwasser ist gratis.

## Freizeit

Das Schwimmbad Mühleye mit Rutsche und Sprungturm ist das perfekte Freibad für die ganze Familie (freier Eintritt für Kinder unter 6 Jahren). Der Platz ist zudem ein ideales Basislager für alle Natur- und Bergfreunde, die abwechslungsreiche Bergtouren, Wanderungen und Ausflüge unternehmen wollen.

Camping in ruhiger Natur.

Großzügige Plätze.

**4.1** SEHR GUT
15 Bewertungen

| | |
|---|---|
| Lage | 4.2 |
| Ruhe | 3.6 |
| Sanitäranlagen | 4.1 |
| Sauberkeit Ø | 4.1 |
| Freundlichkeit | 4.8 |
| Stellplatz | 3.9 |
| Verpflegung | 3.3 |
| Freizeit | 4.0 |
| Preis-Leistung | 4.3 |
| Mietunterkünfte | 4.5 |

**Geeignet für**

4.7 Gäste mit Zelt
4.2 Paare
4.2 Senioren
3.8 Kinder b. 12 J.
3.8 Kinder b. 18 J.
3.8 Gäste mit Hund
3.5 Kinder b. 6 J.

**Empfohlene Aktivitäten**

Wandern
Schwimmen
Mountainbiking
Radfahren
Motorrad

Karte auf Seite 278

| | 8 Camping Swiss Plage | 12 Camping Alphubel |
|---|---|---|
| Adresse | Campingweg 2<br>3970 Salgesch<br>+41 27 455 66 08 | 3929 Täsch<br>+41 279 673 635 |
| Koordinaten | 46.30161 \| 7.56442 | 46.06481 \| 7.77458 |
| Höhe | 580m ü.M. | |

**Infos**

| | Camping Swiss Plage | Camping Alphubel |
|---|---|---|
| Öffnungszeiten | 23.03. - 20.10. | 15.05. - 15.10. |
| Vergleichspreis | HS: 37,00 € \| NS: 30,00 € | HS: 35,00 € \| NS: 35,00 € |
| Link | **Mehr Infos & Anfrage:** www.camping.info/17306 | **Mehr Infos & Anfrage:** www.camping.info/17315 |

**Ausstattung**

| | Camping Swiss Plage | | Camping Alphubel | |
|---|---|---|---|---|
| Freizeit | Baden im See am Platz | ✓ | Baden im Teich | 300m |
| | Pool/Hallenbad | 2km | Pool/Hallenbad | 500/100m |
| | Spielplatz am Platz | ✓ | Spielplatz am Platz | ✓ |
| Campingplatz | Hunde willkommen | ✓ | Hunde erlaubt | ✓ |
| | Skilift/Loipe | 20/15km | Skilift & Loipe | ✗ |
| | WLAN | ✓ | WLAN (gegen Gebühr) | ✓ |
| Versorgung | Lebensmittel | ✓ | Lebensmittel | 100m |
| | Brötchen am Platz | nur HS | Brötchen am Platz | ✓ |
| | Restaurant & Imbiss | ✓ | Restaurant & Imbiss | ✓ |
| | Ver-/Entsorgung Womo | ✓ | Ver-/Entsorgung Womo | ✓ |
| | in den Ort | 1km | in den Ort | 100m |
| Anzahl der Plätze | Gesamt/Touristen | 350/100 | Gesamt/Touristen | 150/100 |
| | Mietunterkünfte | ✓ | Mietunterkünfte | ✓ |
| | Stellplätze vor Schranke | ✗ | Stellplätze vor Schranke | ✗ |

**Bewertungen**

| | Camping Swiss Plage | Camping Alphubel |
|---|---|---|
| Gesamt | 3.5 GUT, 17 Bewertungen | 3.4 GUT, 12 Bewertungen |
| Lage | 4.2 | 4.4 |
| Ruhe | 4.1 | 3.1 |
| Sanitäranlagen | 2.7 | 2.8 |
| Sauberkeit Ø | 3.2 | 3.5 |
| Freundlichkeit | 3.5 | 4.1 |
| Stellplatz | 3.7 | 3.4 |
| Verpflegung | 2.6 | 2.9 |
| Freizeit | 4.0 | 4.2 |
| Preis-Leistung | 3.1 | 3.4 |
| Mietunterkünfte | 4.0 | 4.0 |

**Geeignet für**

| | Camping Swiss Plage | Camping Alphubel |
|---|---|---|
| Kinder b. 6 J. | 3.9 | 3.6 |
| Kinder b. 12 J. | 4.2 | 4.3 |
| Kinder b. 18 J. | 4.0 | 3.6 |
| Paare | 4.3 | 4.7 |
| Senioren | 4.3 | 4.4 |
| Gäste mit Zelt | 4.1 | 4.4 |
| Gäste mit Hund | 3.9 | 4.4 |

**Empfohlene Aktivitäten**

| Camping Swiss Plage | Camping Alphubel |
|---|---|
| Wandern | Wandern |
| Radfahren | Klettern |
| Mountainbiking | Mountainbiking |

Camping Swiss Plage: keine WOMOs ab 10 m

# 10 Camping Gemmi "Agarn"

Briannenstrasse 8
3952 Leuk-Susten
+41 27 473 11 54

info@campgemmi.ch

02.04. - 03.10.

HS: 37,80 € | NS: 35,10 €

**Mehr Infos & Anfrage:**
www.camping.info/23072

| | |
|---|---|
| Baden in nat. Gewässer | k. A. |
| Pool/Hallenbad | 1/8km |
| Spielplatz am Platz | ✓ |
| Hunde willkommen | ✓ |
| Skilift & Loipe | ✗ |
| WLAN | ✓ |
| Lebensmittel | ✓ |
| Brötchen am Platz | ✓ |
| Restaurant & Imbiss | ✓ |
| Ver-/Entsorgung Womo | ✓ |
| in den Ort | 400m |
| Gesamt/Touristen | 67/60 |
| Mietunterkünfte | ✓ |
| Stellplätze vor Schranke | ✗ |

1 km
46.29767 | 7.65919
636m ü.M.

Eingangsbereich des Campingplatzes.

## Lage & Stellplatz

Camping Gemmi liegt im Tal der jungen Rhone, idyllisch eingerahmt von den Walliser Bergen auf meist flachem, gepflegtem Grasgelände. Die Stellplätze verfügen über 16-Ampere-Anschlüsse und 52 haben Abwasser- und teilweise auch einen Wasseranschluss. Der Camping ist übersichtlich und nicht zu groß.

## Verpflegung

Das Camping-Restaurant ist während der gesamten Saison geöffnet. Die Küche lädt abends von 17:30 bis 19:30 Uhr zum Schmaus ein, ab 17:00 Uhr gibt es Pommes-Frites zum Mitnehmen. Dank der großen Fenster hat man einen herrlichen Blick über das Campingtreiben und das wunderschöne Bergpanorama.

## Sanitär

Moderne, gepflegte und vor allem saubere sanitäre Einrichtungen sind das Wichtigste, was man von einem zeitgemäßen Camping erwarten darf. Deshalb wird bei Camping Gemmi auf Sauberkeit und Hygiene größter Wert gelegt. Auf Wunsch gibt es auch private Bäder mit Dusche, Lavabo und Toilette zu mieten.

## Freizeit

Für die Kleinen gibt es ein Trampolin sowie einen kleinen Spielplatz und Tischtennisplatz. Die Rezeption hält tolle Wandervorschläge für Sie bereit. Die zentrale Lage macht den Ort zum idealen Ausgangspunkt für sportliche Aktivitäten, Wellness und Kultur.

Schöner, grüner Rasen.

Sanfte Beschattung durch Bäume.

**4.4** SEHR GUT
14 Bewertungen

| | |
|---|---|
| Lage | 4.2 |
| Ruhe | 4.4 |
| Sanitäranlagen | 4.1 |
| Sauberkeit Ø | 4.8 |
| Freundlichkeit | 4.3 |
| Stellplatz | 4.6 |
| Verpflegung | 4.0 |
| Freizeit | 4.0 |
| Preis-Leistung | 4.0 |
| Mietunterkünfte | 4.4 |

**Geeignet für**

4.8 Senioren

| | |
|---|---|
| 4.8 | Gäste mit Hund |
| 4.5 | Gäste mit Zelt |
| 3.7 | Kinder b. 12 J. |
| 4.7 | Paare |
| 3.8 | Kinder b. 6 J. |
| 3.6 | Kinder b. 18 J. |

**Empfohlene Aktivitäten**

Wandern, Radfahren, Entspannen, Mountainbiking, Golf

Karte auf Seite 278

## 13 Camping Grand St-Bernard

1946 Bourg-St-Pierre
+41 7937 09822
45.95281 | 7.20746

15.05. - 15.10.
HS: 33,10 € | NS: 33,10 €
**Mehr Infos & Anfrage:**
www.camping.info/17282

| | |
|---|---|
| Baden in nat. Gewässer | k. A. |
| Pool/Hallenbad | 100m |
| Spielplatz am Platz | ✓ |
| Hunde | ✗ |
| Skilift & Loipe | ✗ |
| WLAN | ✓ |
| Lebensmittel | ✓ |
| Brötchen am Platz | ✓ |
| Restaurant/Imbiss | 100m |
| Ver-/Entsorgung Womo | ✓ |
| in den Ort | 100m |
| Gesamt/Touristen | 74/60 |
| Mietunterkünfte | ✗ |
| Stellplätze vor Schranke | ✗ |

- **JETZT BEWERTEN!**

Für diese Auswertung liegen leider noch nicht genügend Bewertungen vor.

Sei einer der Ersten, der diesen Campingplatz bewertet. Unter den Bewertern werden regelmäßig Gewinne verlost!

Mehr Infos dazu findest du in unserem allgemeinen Intro.

## 14 Camping Arolla

Route de Tsalion
1986 Arolla
+41 27 283 22 95
46.02691 | 7.48606

01.06. - 20.09.
HS: 31,70 € | NS: 31,70 €
**Mehr Infos & Anfrage:**
www.camping.info/17279

| | |
|---|---|
| Baden in nat. Gewässer | k. A. |
| Pool & Hallenbad | ✗ |
| Spielplatz | keine Angabe |
| Hunde erlaubt | ✓ |
| Skilift & Loipe | ✗ |
| WLAN | ✗ |
| Lebensmittel | ✓ |
| Brötchen am Platz | ✓ |
| Restaurant/Imbiss | 1km |
| Ver-/Entsorgung Womo | ✓ |
| in den Ort | 1km |
| Touristenplätze | 80 |
| Mietunterkünfte | ✓ |
| Stellplätze vor Schranke | ✗ |

4.8 **SEHR GUT**
4 Bewertungen

| | |
|---|---|
| Lage | 5.0 |
| Ruhe | 5.0 |
| Sanitäranlagen | 4.0 |
| Sauberkeit Ø | 4.7 |
| Freundlichkeit | 4.8 |
| Stellplatz | 4.8 |
| Verpflegung | 3.5 |
| Freizeit | 4.7 |
| Preis-Leistung | 4.8 |
| Mietunterkünfte | - |

**Geeignet für**

| | |
|---|---|
| Kinder b. 6 J. | 5.0 |
| Kinder b. 12 J. | 5.0 |
| Kinder b. 18 J. | 5.0 |
| Paare | 5.0 |
| Senioren | 5.0 |
| Gäste mit Zelt | 5.0 |
| Gäste mit Hund | 5.0 |

**Empfohlene Aktivitäten**

- Klettern
- Wandern
- Entspannen

## 15 Camping des Glaciers SA

Route de Tsamodet 36
1944 La Fouly
+41 27 783 1826
45.93349 | 7.09669
1600m ü.M.

12.05. - 03.10.
HS: 35,00 € | NS: 28,70 €
**Mehr Infos & Anfrage:**
www.camping.info/17290

| | |
|---|---|
| Baden im See | 20km |
| Pool/Hallenbad | 20/35km |
| Spielplatz am Platz | ✓ |
| Hunde willkommen | ✓ |
| Skilift/Loipe | 500m/✓ |
| WLAN | ✓ |
| Lebensmittel | ✓ |
| Brötchen am Platz | ✓ |
| Restaurant/Imbiss | 500m/✓ |
| Ver-/Entsorgung Womo | ✓ |
| in den Ort | 300m |
| Gesamt/Touristen | 318/298 |
| Mietunterkünfte | ✓ |
| Stellplätze vor Schranke | ✗ |

4.1 **SEHR GUT**
7 Bewertungen

| | |
|---|---|
| Lage | 5.0 |
| Ruhe | 4.7 |
| Sanitäranlagen | 3.7 |
| Sauberkeit Ø | 4.2 |
| Freundlichkeit | 4.2 |
| Stellplatz | 4.2 |
| Verpflegung | 3.3 |
| Freizeit | 4.5 |
| Preis-Leistung | 4.3 |
| Mietunterkünfte | - |

**Geeignet für**

| | |
|---|---|
| Kinder b. 6 J. | 3.5 |
| Kinder b. 12 J. | 4.0 |
| Kinder b. 18 J. | 4.3 |
| Paare | 4.8 |
| Senioren | 4.2 |
| Gäste mit Zelt | 4.7 |
| Gäste mit Hund | 5.0 |

**Empfohlene Aktivitäten**

- Wandern
- Entspannen
- Mountainbiking

**Infos**

Öffnungszeiten
Vergleichspreis
Link

**Ausstattung**

Freizeit
Campingplatz
Versorgung
Anzahl der Plätze

# 11 Thermal Camping Brigerbad

Thermalbadstrasse 1
3900 Brigerbad
+41 27 948 48 37
www.thermalbad-wallis.ch
camping@brigerbad.ch

01.05. - 30.10.

HS: 36,00 € | NS: 32,00 €

**Mehr Infos & Anfrage:**
www.camping.info/17285

| | |
|---|---|
| Baden im See | 100km |
| Pool/Hallenbad | 100m |
| Spielplatz am Platz | ✓ |
| Hunde | ✗ |
| Skilift/Loipe | 20/50km |
| WLAN (gratis) | teilweise |
| Lebensmittel | ✓ |
| Brötchen am Platz | ✓ |
| Restaurant & Imbiss | ✓ |
| Ver-/Entsorgung Womo | ✓ |
| in den Ort | 3km |
| Gesamt/Touristen | 400/200 |
| Mietunterkünfte | ✓ |
| Stellplätze vor Schranke | ✓ |

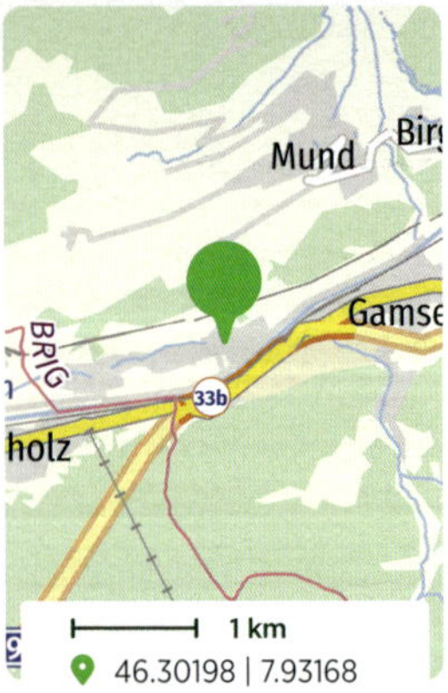


1 km
46.30198 | 7.93168
681m ü.M.

Der 4-Sterne-Platz liegt direkt neben den neugestalteten Thermalbädern.

## Lage & Stellplatz

Direkt neben den neu gestalteten Thermalbädern liegt der 4-Sterne-Campingplatz. Die 400 Stellplätze in unterschiedlichen Größen (bis >10 m Wohnmobil) sind komfortabel ausgestattet. Alter Baumbestand trennt die einzelnen Grasparzellen voneinander. Daneben verfügt der Campingplatz über Mietobjekte.

## Verpflegung

Die „Buvette La Pergola", die den Campingplatz und das Schwimmbad verbindet, bietet den ganzen Tag über ein vielseitiges Speisen- und Getränkeangebot. Das Restaurant Cécile ist täglich geöffnet und verwöhnt seine Gäste mit hausgemachten, regionalen Produkten.

## Sanitär

Zur Ausstattung der Sanitäranlagen gehören unter anderem Waschbecken und Duschen mit Warmwasser, Haartrockner, Waschmaschinen, Trockner sowie eine Küche mit Kochplatten und Kühlschrank. Darüber hinaus ist eine Servicestation für Wohnmobile vorhanden.

## Freizeit

Neben Kinderspielplätzen, einem Sportgelände, einem Grillplatz, Tischtennis, dem kleinen Lebensmittelgeschäft und einem Teich profitieren Campinggäste vom vergünstigten Badeeintritt in die größte Freiluft-Thermalanlage der Alpen und in die brandneue Spa- und Saunalandschaft für Jung und Alt.

Stellplätze mit viel Grün.

Größte Freiluft-Therme d. Alpen.

**3.7** GUT
16 Bewertungen

| | |
|---|---|
| Lage | 3.7 |
| Ruhe | 3.1 |
| Sanitäranlagen | 3.7 |
| Sauberkeit Ø | 4.2 |
| Freundlichkeit | 3.8 |
| Stellplatz | 3.7 |
| Verpflegung | 3.2 |
| Freizeit | 4.2 |
| Preis-Leistung | 3.6 |
| Mietunterkünfte | 4.0 |

**Geeignet für**

| | |
|---|---|
| 4.6 | Senioren |
| 4.3 | Paare |
| 4.1 | Kinder b. 12 J. |
| 4.0 | Kinder b. 6 J. |
| 3.6 | Kinder b. 18 J. |
| 3.4 | Gäste mit Zelt |
| - | Gäste mit Hund nicht erlaubt |

**Empfohlene Aktivitäten**

Wandern · Schwimmen · Wellness · Radfahren · Entspannen

## 16 Camping Schönblick

Rue
3910 Saas Grund
+41 27 957 22 67
46.11137 | 7.942

01.06. - 30.09.

HS: 18,00 € | NS: 18,00 €
**Mehr Infos & Anfrage:**
www.camping.info/17304

| | |
|---|---|
| Baden in nat. Gewässer | k. A. |
| Hallenbad | 5km |
| Spielplatz am Platz | ✓ |
| Hunde erlaubt | ✓ |
| Skilift | 2km |
| WLAN | ✗ |
| Lebensmittel | 2km |
| Brötchen | keine Angabe |
| Restaurant & Imbiss | ✗ |
| Ver-/Entsorgung Womo | ✓ |
| in den Ort | 2km |
| Gesamt/Touristen | 50/30 |
| Mietunterkünfte | ✓ |
| Stellplätze vor Schranke | ✗ |

- JETZT BEWERTEN!

Für diese Auswertung liegen leider noch nicht genügend Bewertungen vor.

Sei einer der Ersten, der diesen Campingplatz bewertet. Unter den Bewertern werden regelmäßig Gewinne verlost!

Mehr Infos dazu findest du in unserem allgemeinen Intro.

## 17 Camping Giessen

Giessen
3996 Binn
+41 27 971 46 19
46.36954 | 8.20354
1450m ü.M.

01.05. - 15.10.

HS: 29,30 € | NS: 29,30 €
**Mehr Infos & Anfrage:**
www.camping.info/17280

| | |
|---|---|
| Baden in nat. Gewässer | k. A. |
| Pool/Hallenbad | 30/13km |
| Spielplatz | 2km |
| Hunde erlaubt | ✓ |
| Skilift & Loipe | keine Angabe |
| WLAN | ✗ |
| Lebensmittel | 2km |
| Brötchen am Platz | ✓ |
| Restaurant | 1km |
| Ver-/Entsorgung Womo | ✗ |
| in den Ort | 1km |
| Gesamt/Touristen | 110/100 |
| Mietunterkünfte | ✓ |
| Stellplätze vor Schranke | ✗ |

4.0 SEHR GUT
9 Bewertungen

| | |
|---|---|
| Lage | 4.8 |
| Ruhe | 4.9 |
| Sanitäranlagen | 3.4 |
| Sauberkeit Ø | 4.0 |
| Freundlichkeit | 5.0 |
| Stellplatz | 3.9 |
| Verpflegung | 3.4 |
| Freizeit | 4.2 |
| Preis-Leistung | 4.4 |
| Mietunterkünfte | - |

**Geeignet für**

| | |
|---|---|
| Kinder b. 6 J. | 3.2 |
| Kinder b. 12 J. | 3.8 |
| Kinder b. 18 J. | 3.4 |
| Paare | 4.6 |
| Senioren | 4.4 |
| Gäste mit Zelt | 4.8 |
| Gäste mit Hund | 4.7 |

**Empfohlene Aktivitäten**

- Wandern
- Mountainbiking
- Entspannen

## 18 Camping d'Anniviers

✻

3961 Vissoie

46.21791 | 7.58259
1200m ü.M.

keine Angabe

keine Angabe
**Mehr Infos & Anfrage:**
www.camping.info/27252

| | |
|---|---|
| Baden in nat. Gewässer | k. A. |
| Pool & Hallenbad | ✗ |
| Spielplatz | keine Angabe |
| Hunde | ✗ |
| Skilift & Loipe | keine Angabe |
| WLAN | keine Angabe |
| Lebensmittel | k.A. |
| Brötchen | keine Angabe |
| Restaurant & Imbiss | ✗ |
| Ver-/Entsorgung Womo | ✗ |
| in den Ort | 200m |
| Gesamt | keine Angabe |
| Mietunterkünfte | ✗ |
| Stellplätze vor Schranke | ✗ |

- JETZT BEWERTEN!

Für diese Auswertung liegen leider noch nicht genügend Bewertungen vor.

Sei einer der Ersten, der diesen Campingplatz bewertet. Unter den Bewertern werden regelmäßig Gewinne verlost!

Mehr Infos dazu findest du in unserem allgemeinen Intro.

Karte auf Seite 278

**Infos**

Öffnungszeiten
Vergleichspreis
Link

**Ausstattung**

Freizeit
Campingplatz
Versorgung
Anzahl der Plätze

## 19 Camping Evolène

❄

route de Lannaz
1983 Evolène
+41 27 283 1144

46.111 | 7.49611

01.05. - 31.10.
15.12. - 30.04.

HS: 32,00 € | NS: 32,00 €

**Mehr Infos & Anfrage:**
www.camping.info/17288

| | |
|---|---|
| Baden in nat. Gewässer | k. A. |
| Pool/Hallenbad | ✓/20km |
| Spielplatz am Platz | ✓ |
| Hunde erlaubt | ✓ |
| Skilift | 2km |
| WLAN | ✓ |
| Lebensmittel | 500m |
| Brötchen | keine Angabe |
| Restaurant | 500m |
| Ver-/Entsorgung Womo | ✓ |
| in den Ort | 100m |
| Gesamt | 80 |
| Mietunterkünfte | ✓ |
| Stellplätze vor Schranke | ✗ |

**3.3** GUT
3 Bewertungen

| | |
|---|---|
| Lage | 5.0 |
| Ruhe | 4.0 |
| Sanitäranlagen | 2.0 |
| Sauberkeit Ø | 4.1 |
| Freundlichkeit | 5.0 |
| Stellplatz | 3.3 |
| Verpflegung | - |
| Freizeit | 4.0 |
| Preis-Leistung | 3.3 |
| Mietunterkünfte | 5.0 |

**Geeignet für**

| | |
|---|---|
| Kinder b. 6 J. | 5.0 |
| Kinder b. 12 J. | 5.0 |
| Kinder b. 18 J. | 4.0 |
| Paare | 4.5 |
| Senioren | 5.0 |
| Gäste mit Zelt | 4.5 |
| Gäste mit Hund | 5.0 |

**Empfohlene Aktivitäten**

- Wandern
- Spazieren
- Klettern

## 20 Camping Eggishorn

❄

Fieschertalstrasse 50
3984 Fiesch
+41 27 971 03 16

46.41007 | 8.1396

ganzjährig

HS: 37,70 € | NS: 37,70 €

**Mehr Infos & Anfrage:**
www.camping.info/17289

| | |
|---|---|
| Baden in nat. Gewässer | k. A. |
| Pool/Hallenbad | ✓/1km |
| Spielplatz am Platz | ✓ |
| Hunde erlaubt | ✓ |
| Skilift/Loipe | 500/50m |
| WLAN (begrenzt gratis) | ✓ |
| Lebensmittel | 500m |
| Brötchen am Platz | ✓ |
| Restaurant & Imbiss | ✓ |
| Ver-/Entsorgung Womo | ✓ |
| in den Ort | 400m |
| Gesamt/Touristen | 140/30 |
| Mietunterkünfte | ✓ |
| Stellplätze vor Schranke | ✗ |

**3.6** GUT
21 Bewertungen

| | |
|---|---|
| Lage | 4.5 |
| Ruhe | 4.4 |
| Sanitäranlagen | 3.3 |
| Sauberkeit Ø | 3.6 |
| Freundlichkeit | 3.4 |
| Stellplatz | 4.0 |
| Verpflegung | 3.2 |
| Freizeit | 4.5 |
| Preis-Leistung | 3.1 |
| Mietunterkünfte | 4.0 |

**Geeignet für**

| | |
|---|---|
| Kinder b. 6 J. | 4.3 |
| Kinder b. 12 J. | 4.4 |
| Kinder b. 18 J. | 4.2 |
| Paare | 4.3 |
| Senioren | 4.3 |
| Gäste mit Zelt | 4.3 |
| Gäste mit Hund | 4.2 |

**Empfohlene Aktivitäten**

- Wandern
- Klettern
- Mountainbiking

## 21 Camping Attermenzen

❄

Kantonsstrasse
3928 Randa
+41 27 967 25 55

46.08556 | 7.78201
1401m ü.M.

ganzjährig

HS: 34,00 € | NS: 34,00 €

**Mehr Infos & Anfrage:**
www.camping.info/17300

| | |
|---|---|
| Baden im See | 2km |
| Pool/Hallenbad | 30/5km |
| Spielplatz am Platz | ✓ |
| Hunde willkommen | ✓ |
| Skilift/Loipe | 5/1km |
| WLAN | ✓ |
| Lebensmittel | ✓ |
| Brötchen am Platz | ✓ |
| Restaurant/Imbiss | 2km/✓ |
| Ver-/Entsorgung Womo | ✓ |
| in den Ort | 2km |
| Gesamt/Touristen | 510/500 |
| Mietunterkünfte | ✓ |
| Stellplätze vor Schranke | ✗ |

**4.0** SEHR GUT
14 Bewertungen

| | |
|---|---|
| Lage | 4.4 |
| Ruhe | 4.2 |
| Sanitäranlagen | 3.5 |
| Sauberkeit Ø | 4.2 |
| Freundlichkeit | 4.8 |
| Stellplatz | 3.5 |
| Verpflegung | 3.4 |
| Freizeit | 4.4 |
| Preis-Leistung | 4.5 |
| Mietunterkünfte | 4.7 |

**Geeignet für**

| | |
|---|---|
| Kinder b. 6 J. | 3.8 |
| Kinder b. 12 J. | 4.4 |
| Kinder b. 18 J. | 4.4 |
| Paare | 4.6 |
| Senioren | 4.0 |
| Gäste mit Zelt | 4.7 |
| Gäste mit Hund | 4.7 |

**Empfohlene Aktivitäten**

- Wandern
- Klettern
- Mountainbiking

## 22 Camping Sportarena

Lichtenstrasse 37
3954 Leukerbad
+41 2747 01037

46.38156 | 7.62306
1411m ü.M.

15.04. - 15.11.

HS: 44,00 € | NS: 44,00 €

**Mehr Infos & Anfrage:**
www.camping.info/17295

| | |
|---|---|
| Baden in nat. Gewässer | k. A. |
| Pool/Hallenbad | 200m |
| Spielplatz am Platz | ✓ |
| Hunde erlaubt | ✓ |
| Skilift & Loipe | ✗ |
| WLAN | keine Angabe |
| Lebensmittel | 200m |
| Brötchen am Platz | ✗ |
| Restaurant am P. | ✓ |
| Ver-/Entsorgung Womo | ✓ |
| in den Ort | 500m |
| Gesamt/Touristen | 100/90 |
| Mietunterkünfte | ✗ |
| Stellplätze vor Schranke | ✗ |

**-** JETZT BEWERTEN!

Für diese Auswertung liegen leider noch nicht genügend Bewertungen vor.

Sei einer der Ersten, der diesen Campingplatz bewertet. Unter den Bewertern werden regelmäßig Gewinne verlost!

Mehr Infos dazu findest du in unserem allgemeinen Intro.

Karte auf Seite 278

## 23 Camping Mischabel

3910 Saas-Grund
+41 279 571 608
46.11321 | 7.93997

**Infos**

| | |
|---|---|
| Öffnungszeiten | 01.06. - 30.09. |
| Vergleichspreis | HS: 34,50 € \| NS: 34,50 € |
| Link | **Mehr Infos & Anfrage:** www.camping.info/23070 |

**Ausstattung**

| | | |
|---|---|---|
| Freizeit | Baden in nat. Gewässer | k. A. |
| | Pool/Hallenbad | 20/2km |
| | Spielplatz | 500m |
| Campingplatz | Hunde erlaubt | ✓ |
| | Skilift | 2km |
| | WLAN | ✓ |
| Versorgung | Lebensmittel | ✓ |
| | Brötchen am Platz | ✓ |
| | Restaurant | 50m |
| | Ver-/Entsorgung Womo | ✗ |
| | in den Ort | 2km |
| Anzahl der Plätze | Touristenplätze | 130 |
| | Mietunterkünfte | ✓ |
| | Stellplätze vor Schranke | ✗ |

**-** JETZT BEWERTEN!

Für diese Auswertung liegen leider noch nicht genügend Bewertungen vor.

Sei einer der Ersten, der diesen Campingplatz bewertet. Unter den Bewertern werden regelmäßig Gewinne verlost!

Mehr Infos dazu findest du in unserem allgemeinen Intro.

## 24 Camping Molignon

*

1984 Les Haudères
+41 79 658 63 36
46.09093 | 7.50611

| | |
|---|---|
| Öffnungszeiten | ganzjährig |
| Vergleichspreis | HS: 33,00 € \| NS: 27,50 € |
| Link | **Mehr Infos & Anfrage:** www.camping.info/17292 |

| | | |
|---|---|---|
| Freizeit | Baden in nat. Gewässer | k. A. |
| | Pool am Platz | ✓ |
| | Spielplatz am Platz | ✓ |
| Campingplatz | Hunde erlaubt | ✓ |
| | Skilift/Loipe | 3km/✓ |
| | WLAN | ✓ |
| Versorgung | Lebensmittel | ✓ |
| | Brötchen am Platz | ✓ |
| | Restaurant & Imbiss | ✓ |
| | Ver-/Entsorgung Womo | ✓ |
| | in den Ort | 25km |
| Anzahl der Plätze | Gesamt/Touristen | 130/100 |
| | Mietunterkünfte | ✓ |
| | Stellplätze vor Schranke | ✗ |

**5.0** AUSGEZEICHNET
3 Bewertungen

| | |
|---|---|
| Lage | 5.0 |
| Ruhe | 5.0 |
| Sanitäranlagen | 4.7 |
| Sauberkeit Ø | 4.7 |
| Freundlichkeit | 5.0 |
| Stellplatz | 4.7 |
| Verpflegung | 4.0 |
| Freizeit | 4.0 |
| Preis-Leistung | 4.3 |
| Mietunterkünfte | - |

**Geeignet für**

| | |
|---|---|
| Kinder b. 6 J. | 3.0 |
| Kinder b. 12 J. | 4.0 |
| Kinder b. 18 J. | 4.0 |
| Paare | 5.0 |
| Senioren | 5.0 |
| Gäste mit Zelt | 4.0 |
| Gäste mit Hund | - |

**Empfohlene Aktivitäten**

- Wandern
- Mountainbiking
- Klettern

## 25 Camping Bella-Tola

Waldstrasse 133
3952 Susten
+41 27 473 14 91
46.29884 | 7.63685
750m ü.M.

| | |
|---|---|
| Öffnungszeiten | 25.04. - 11.10. |
| Vergleichspreis | HS: 37,00 € \| NS: 30,00 € |
| Link | **Mehr Infos & Anfrage:** www.camping.info/17314 |

| | | |
|---|---|---|
| Freizeit | Baden in nat. Gewässer | k. A. |
| | Pool/Hallenbad | ✓/15km |
| | Spielplatz am Platz | ✓ |
| Campingplatz | Hunde willkommen | ✓ |
| | Skilift/Loipe | 15/60km |
| | WLAN | ✓ |
| Versorgung | Lebensmittel | ✓ |
| | Brötchen am Platz | ✓ |
| | Restaurant & Imbiss | ✓ |
| | Ver-/Entsorgung Womo | ✓ |
| | in den Ort | 2km |
| Anzahl der Plätze | Gesamt/Touristen | 250/180 |
| | Mietunterkünfte | ✓ |
| | Stellplätze vor Schranke | ✗ |

**3.4** GUT
9 Bewertungen

| | |
|---|---|
| Lage | 4.1 |
| Ruhe | 4.5 |
| Sanitäranlagen | 3.0 |
| Sauberkeit Ø | 3.4 |
| Freundlichkeit | 2.8 |
| Stellplatz | 3.2 |
| Verpflegung | 3.6 |
| Freizeit | 3.8 |
| Preis-Leistung | 3.2 |
| Mietunterkünfte | 4.5 |

**Geeignet für**

| | |
|---|---|
| Kinder b. 6 J. | 3.7 |
| Kinder b. 12 J. | 4.4 |
| Kinder b. 18 J. | 3.7 |
| Paare | 4.2 |
| Senioren | 4.3 |
| Gäste mit Zelt | 4.0 |
| Gäste mit Hund | 3.6 |

**Empfohlene Aktivitäten**

- Wandern
- Mountainbiking
- Entspannen

26

## Camping Torrent

Kreuzmattenstrasse 24a
3952 Susten
079 327 63 12

46.30027 | 7.65834
633m ü.M.

keine Angabe

HS: 30,00 € | NS: 30,00 €

**Mehr Infos & Anfrage:**
www.camping.info/27467

| | |
|---|---|
| Baden in nat. Gewässer | k. A. |
| Pool & Hallenbad | ✗ |
| Spielplatz am Platz | ✓ |
| Hunde willkommen | ✓ |
| Skilift | 9km |
| WLAN (gegen Gebühr) | ✓ |
| Lebensmittel | k.A. |
| Brötchen am Platz | ✓ |
| Restaurant & Imbiss | ✓ |
| Ver-/Entsorgung Womo | ✓ |
| in den Ort | 2km |
| Gesamt | keine Angabe |
| Mietunterkünfte | ✓ |
| Stellplätze vor Schranke | ✗ |

3.8 **GUT**
4 Bewertungen

| | |
|---|---|
| Lage | 4.0 |
| Ruhe | 3.8 |
| Sanitäranlagen | 4.0 |
| Sauberkeit Ø | 4.0 |
| Freundlichkeit | 4.0 |
| Stellplatz | 3.5 |
| Verpflegung | 3.8 |
| Freizeit | 3.8 |
| Preis-Leistung | 4.0 |
| Mietunterkünfte | 3.8 |

**Geeignet für**

| | |
|---|---|
| Kinder b. 6 J. | 3.7 |
| Kinder b. 12 J. | 4.0 |
| Kinder b. 18 J. | 3.7 |
| Paare | 3.5 |
| Senioren | 3.3 |
| Gäste mit Zelt | 3.8 |
| Gäste mit Hund | 4.7 |

**Empfohlene Aktivitäten**

- Klettern
- Radfahren
- Wandern

27

## Camping Forêt des Mélèzes

Route de Mauvoisin 450
CH-1948 Fionnay/ Bonatchiesse
+41 2777 81240

46.02083 | 7.328

01.05. - 15.09.

HS: 32,10 € | NS: 22,90 €

**Mehr Infos & Anfrage:**
www.camping.info/17281

| | |
|---|---|
| Baden in nat. Gewässer | k. A. |
| Pool & Hallenbad | ✗ |
| Spielplatz am Platz | ✓ |
| Hunde erlaubt | ✓ |
| Skilift | 12km |
| WLAN (gegen Gebühr) | ✓ |
| Lebensmittel | ✗ |
| Brötchen am Platz | ✓ |
| Restaurant am P. | ✓ |
| Ver-/Entsorgung Womo | ✗ |
| in den Ort | keine Angabe |
| Gesamt/Touristen | 85/5 |
| Mietunterkünfte | ✓ |
| Stellplätze vor Schranke | ✗ |

- **JETZT BEWERTEN!**

Für diese Auswertung liegen leider noch nicht genügend Bewertungen vor.

Sei einer der Ersten, der diesen Campingplatz bewertet. Unter den Bewertern werden regelmäßig Gewinne verlost!

Mehr Infos dazu findest du in unserem allgemeinen Intro.

28

## Camping Monument

Kantonsstrasse
3952 Susten
+41 27 473 18 27

46.30759 | 7.61087

05.05. - 15.09.

HS: 35,00 € | NS: 30,40 €

**Mehr Infos & Anfrage:**
www.camping.info/26138

| | |
|---|---|
| Baden in nat. Gewässer | k. A. |
| Pool am Platz | ✓ |
| Spielplatz am Platz | ✓ |
| Hunde erlaubt | ✓ |
| Skilift & Loipe | keine Angabe |
| WLAN | keine Angabe |
| Lebensmittel | ✓ |
| Brötchen am Platz | ✓ |
| Imbiss | ✓ |
| Ver-/Entsorgung Womo | ✗ |
| in den Ort | 2km |
| Touristenplätze | 180 |
| Mietunterkünfte | ✗ |
| Stellplätze vor Schranke | ✗ |

- **JETZT BEWERTEN!**

Für diese Auswertung liegen leider noch nicht genügend Bewertungen vor.

Sei einer der Ersten, der diesen Campingplatz bewertet. Unter den Bewertern werden regelmäßig Gewinne verlost!

Mehr Infos dazu findest du in unserem allgemeinen Intro.

29

## Camping Geschina

Geschinaweg 41
3900 Brig
+41 2792 306 88

46.30888 | 7.99332
680m ü.M.

29.04. - 19.10.

HS: 27,90 € | NS: 27,90 €

**Mehr Infos & Anfrage:**
www.camping.info/17284

| | |
|---|---|
| Baden im Fluss | 500m |
| Pool/Hallenbad | 250m/5km |
| Spielplatz am Platz | ✓ |
| Hunde willkommen | ✓ |
| Loipe | ✓ |
| WLAN | ✓ |
| Lebensmittel | ✓ |
| Brötchen am Platz | ✓ |
| Restaurant/Imbiss | 300m |
| Ver-/Entsorgung Womo | ✓ |
| in den Ort | 500m |
| Gesamt/Touristen | 90/30 |
| Mietunterkünfte | ✗ |
| Stellplätze vor Schranke | ✗ |

4.2 **SEHR GUT**
11 Bewertungen

| | |
|---|---|
| Lage | 4.4 |
| Ruhe | 4.2 |
| Sanitäranlagen | 4.1 |
| Sauberkeit Ø | 4.7 |
| Freundlichkeit | 3.9 |
| Stellplatz | 4.0 |
| Verpflegung | 3.6 |
| Freizeit | 4.6 |
| Preis-Leistung | 4.6 |
| Mietunterkünfte | - |

**Geeignet für**

| | |
|---|---|
| Kinder b. 6 J. | 4.7 |
| Kinder b. 12 J. | 4.5 |
| Kinder b. 18 J. | 4.2 |
| Paare | 4.8 |
| Senioren | 4.6 |
| Gäste mit Zelt | 4.4 |
| Gäste mit Hund | 4.8 |

**Empfohlene Aktivitäten**

- Wandern
- Schwimmen
- Sightseeing

Karte auf Seite 278

| | 30 Camping Matterhorn | 31 Camping La Mare au Diable | 32 Camping Van d'en Haut |
|---|---|---|---|
| Adresse | Waidmansheil<br>3920 Zermatt<br>+41 27 967 39 21 | Case postale 33<br>1875 Morgins | Van d'en Haut 80<br>1922 Salvan<br>+41 277 612 661 |
| Koordinaten | 46.02609 \| 7.75022 | 46.24053 \| 6.85074 | 46.14007 \| 6.99824 |

**Infos**

| | 30 | 31 | 32 |
|---|---|---|---|
| Öffnungszeiten | 01.06. - 30.09. | keine Angabe | 19.05. - 17.09. |
| Vergleichspreis | HS: 10,20 € \| NS: 10,20 € | keine Angabe | HS: 22,20 € \| NS: 22,20 € |
| Link | **Mehr Infos & Anfrage:** www.camping.info/17320 | **Mehr Infos & Anfrage:** www.camping.info/27160 | **Mehr Infos & Anfrage:** www.camping.info/17307 |

**Ausstattung**

| | 30 | 31 | 32 |
|---|---|---|---|
| Freizeit | Baden in nat. Gewässer: k. A.<br>Pool & Hallenbad: ✗<br>Spielplatz: keine Angabe | Baden in nat. Gewässer: k. A.<br>Pool & Hallenbad: ✗<br>Spielplatz: keine Angabe | Baden im See: 3km<br>Pool/Hallenbad: 6km<br>Spielplatz am Platz: ✓ |
| Campingplatz | Hunde erlaubt: ✓<br>Skilift & Loipe: keine Angabe<br>WLAN: keine Angabe | Hunde: ✗<br>Skilift & Loipe: keine Angabe<br>WLAN: keine Angabe | Hunde erlaubt: ✓<br>Skilift & Loipe: keine Angabe<br>WLAN: keine Angabe |
| Versorgung | Lebensmittel: k.A.<br>Brötchen: keine Angabe<br>Restaurant & Imbiss: ✗<br>Ver-/Entsorgung Womo: ✗<br>im Ort: ✓ | Lebensmittel: k.A.<br>Brötchen: keine Angabe<br>Restaurant & Imbiss: ✗<br>Ver-/Entsorgung Womo: ✗<br>in den Ort: keine Angabe | Lebensmittel: ✓<br>Brötchen am Platz: ✓<br>Restaurant/Imbiss: 2km/✓<br>Ver-/Entsorgung Womo: ✗<br>in den Ort: 6km |
| Anzahl der Plätze | Gesamt: keine Angabe<br>Mietunterkünfte: ✗<br>Stellplätze vor Schranke: ✗ | Gesamt: keine Angabe<br>Mietunterkünfte: ✗<br>Stellplätze vor Schranke: ✗ | Gesamt/Touristen: 75/55<br>Mietunterkünfte: ✓<br>Stellplätze vor Schranke: ✗ |

**30 – JETZT BEWERTEN!** -

Für diese Auswertung liegen leider noch nicht genugend Bewertungen vor.

Sei einer der Ersten, der diesen Campingplatz bewertet. Unter den Bewertern werden regelmäßig Gewinne verlost!

Mehr Infos dazu findest du in unserem allgemeinen Intro.

**31 – JETZT BEWERTEN!** -

Für diese Auswertung liegen leider noch nicht genügend Bewertungen vor.

Sei einer der Ersten, der diesen Campingplatz bewertet. Unter den Bewertern werden regelmäßig Gewinne verlost!

Mehr Infos dazu findest du in unserem allgemeinen Intro.

**32 – JETZT BEWERTEN!** -

Für diese Auswertung liegen leider noch nicht genügend Bewertungen vor.

Sei einer der Ersten, der diesen Campingplatz bewertet. Unter den Bewertern werden regelmäßig Gewinne verlost!

Mehr Infos dazu findest du in unserem allgemeinen Intro.

# 33 Camping de la Sarvaz

*

Route de Fully 100
1913 Saillon
+41 277 441 389
www.sarvaz.ch
info@sarvaz.ch

ganzjährig

HS: 38,00 € | NS: 38,00 €

**Mehr Infos & Anfrage:**
www.camping.info/17305

| | |
|---|---|
| Baden im Teich | 10km |
| Pool & Hallenbad | ✓ |
| Spielplatz am Platz | ✓ |
| Hunde willkommen | ✓ |
| Skilift/Loipe | 10km |
| WLAN | ✓ |
| Lebensmittel | ✓ |
| Brötchen am Platz | ✓ |
| Restaurant am P. | ✓ |
| Ver-/Entsorgung Womo | ✓ |
| in den Ort | 2km |
| Gesamt/Touristen | 93/60 |
| Mietunterkünfte | ✓ |
| Stellplätze vor Schranke | ✗ |

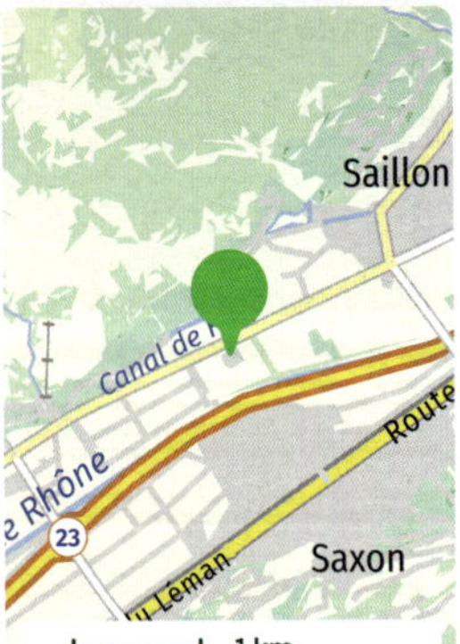


46.15922 | 7.16762
300m ü.M.

Im beheizten, halb-offenen Schwimmbad treffen sich Jung und Alt.

## Lage & Stellplatz

Zwischen Sitten und Martigny, umgeben von Obstplantagen und Weinreben, liegt im Herzen des Wallis das Relais de la Sarvaz. Neben den 120 grünen Stellplätzen bietet der Campingplatz ebenfalls Luxus- und Premiumstellplätze sowie beheizte Mobilheime zur Miete.

## Sanitär

Dank der beheizten Anlagen sind die Sanitäranlagen stets angenehm warm. Die Anlagen sind modern und freundlich gestaltet und werden stets sauber gehalten. Eine Geschirrspülmaschine ist von den Gästen ebenfalls kostenlos nutzbar.

## Verpflegung

Im beheizten Camper-Haus befindet sich eine Küchenecke mit Kühlschrank und Gefriertruhe. Wer sich im Urlaub jedoch lieber verwöhnen lassen möchte, findet leckere Speisen auf der Karte des Restaurants mit seiner schönen Terrasse im Innenhof. Ein Frühstücksbuffet ist ebenso vorhanden wie ein Kiosk.

## Freizeit

Der Platz bietet ein beheiztes Schwimmbad, Minigolf, Tischtennis, Beachvolleyball, Fußball, Fahrradverleih, einen großen Spielplatz mit Trampolin & Kletterbaum, Aufenthaltsraum mit Bibliothek und Gameroom. Die Umgebung reizt zum Wandern, Radfahren und Stadtbummel in Saillon, Martigny oder Ovronnaz.

100 m² Luxusplatz.

Malerische Gartenlaube.

**4.3** SEHR GUT
12 Bewertungen

| | |
|---|---|
| Lage | 3.9 |
| Ruhe | 3.9 |
| Sanitäranlagen | 4.3 |
| Sauberkeit Ø | 4.7 |
| Freundlichkeit | 4.7 |
| Stellplatz | 4.6 |
| Verpflegung | 4.5 |
| Freizeit | 4.2 |
| Preis-Leistung | 4.0 |
| Mietunterkünfte | 4.3 |

**Geeignet für**

- 4.6 Kinder b. 6 J.
- 4.6 Kinder b. 12 J.
- 4.1 Kinder b. 18 J.
- 4.1 Paare
- 4.0 Senioren
- 3.8 Gäste mit Hund
- 3.6 Gäste mit Zelt

**Empfohlene Aktivitäten**

Wandern | Radfahren | Schwimmen | Mountainbiking | Entspannen

Karte auf Seite 278

## Infos
Öffnungszeiten | Vergleichspreis | Link

## Ausstattung
Freizeit | Campingplatz | Versorgung | Anzahl der Plätze

## 34 TCS Camping Martigny

Rue du Levant 68
1920 Martigny
+41 27 722 45 44
46.09472 | 7.07666
476m ü.M.

02.04. - 25.10.
HS: 43,70 € | NS: 36,40 €
**Mehr Infos & Anfrage:**
www.camping.info/17296

| | |
|---|---|
| Baden in nat. Gewässer | k. A. |
| Pool/Hallenbad | ✓/1km |
| Spielplatz am Platz | ✓ |
| Hunde willkommen | ✓ |
| Skilift & Loipe | ✗ |
| WLAN | ✓ |
| Lebensmittel | 500m |
| Brötchen am Platz | ✓ |
| Restaurant/Imbiss | 500m/✓ |
| Ver-/Entsorgung Womo | ✓ |
| in den Ort | 300m |
| Gesamt/Touristen | 124/72 |
| Mietunterkünfte | ✓ |
| Stellplätze vor Schranke | ✗ |

**4.2** SEHR GUT
5 Bewertungen

| | |
|---|---|
| Lage | 4.8 |
| Ruhe | 4.0 |
| Sanitäranlagen | 4.0 |
| Sauberkeit Ø | 4.7 |
| Freundlichkeit | 4.6 |
| Stellplatz | 4.2 |
| Verpflegung | 3.3 |
| Freizeit | 4.5 |
| Preis-Leistung | 3.4 |
| Mietunterkünfte | 5.0 |

**Geeignet für**

| | |
|---|---|
| Kinder b. 6 J. | 4.0 |
| Kinder b. 12 J. | 4.0 |
| Kinder b. 18 J. | 3.7 |
| Paare | 4.5 |
| Senioren | 4.3 |
| Gäste mit Zelt | 4.7 |
| Gäste mit Hund | 4.3 |

**Empfohlene Aktivitäten**
- Wandern
- Radfahren
- Spazieren

## 35 TCS Camping Sion

❄

Chemin du Camping 6
1950 Sitten
+41 27 346 43 47
46.21111 | 7.315
480m ü.M.

02.04. - 25.10.
11.12. - 01.04.
HS: 49,50 € | NS: 40,40 €
**Mehr Infos & Anfrage:**
www.camping.info/17312

| | |
|---|---|
| Baden im See am Platz | ✓ |
| Pool/Hallenbad | ✓/8km |
| Spielplatz am Platz | ✓ |
| Hunde willkommen | ✓ |
| Skilift/Loipe | 10km |
| WLAN | ✓ |
| Lebensmittel | ✓ |
| Brötchen am Platz | ✓ |
| Restaurant & Imbiss | ✓ |
| Ver-/Entsorgung Womo | ✓ |
| in den Ort | 4km |
| Gesamt/Touristen | 650/500 |
| Mietunterkünfte | ✓ |
| Stellplätze vor Schranke | ✗ |

**4.1** SEHR GUT
49 Bewertungen

| | |
|---|---|
| Lage | 4.3 |
| Ruhe | 3.4 |
| Sanitäranlagen | 3.5 |
| Sauberkeit Ø | 4.0 |
| Freundlichkeit | 4.3 |
| Stellplatz | 3.9 |
| Verpflegung | 3.1 |
| Freizeit | 4.3 |
| Preis-Leistung | 3.7 |
| Mietunterkünfte | 4.5 |

**Geeignet für**

| | |
|---|---|
| Kinder b. 6 J. | 4.4 |
| Kinder b. 12 J. | 4.4 |
| Kinder b. 18 J. | 4.0 |
| Paare | 4.5 |
| Senioren | 4.4 |
| Gäste mit Zelt | 4.1 |
| Gäste mit Hund | 4.2 |

**Empfohlene Aktivitäten**
- Wandern
- Schwimmen
- Radfahren

## 36 Camping Brigga

Campingstraße 35
3989 Ritzingen
+41 27 973 16 31
46.45533 | 8.22597
1320m ü.M.

01.05. - 31.10.
HS: 24,50 € | NS: 24,50 €
**Mehr Infos & Anfrage:**
www.camping.info/26544

| | |
|---|---|
| Baden im See | 7km |
| Pool | 3km |
| Spielplatz am Platz | ✓ |
| Hunde willkommen | ✓ |
| Skilift & Loipe | ✗ |
| WLAN | ✓ |
| Lebensmittel | 1km |
| Brötchen am Platz | nur HS |
| Imbiss | ✓ |
| Ver-/Entsorgung Womo | ✓ |
| in den Ort | 500m |
| Gesamt/Touristen | 350/300 |
| Mietunterkünfte | ✓ |
| Stellplätze vor Schranke | ✗ |

**3.0** GUT
5 Bewertungen

| | |
|---|---|
| Lage | 5.0 |
| Ruhe | 3.8 |
| Sanitäranlagen | 2.0 |
| Sauberkeit Ø | 3.3 |
| Freundlichkeit | 3.4 |
| Stellplatz | 3.6 |
| Verpflegung | 3.7 |
| Freizeit | 4.2 |
| Preis-Leistung | 3.2 |
| Mietunterkünfte | 5.0 |

**Geeignet für**

| | |
|---|---|
| Kinder b. 6 J. | 4.3 |
| Kinder b. 12 J. | 4.7 |
| Kinder b. 18 J. | 5.0 |
| Paare | 5.0 |
| Senioren | 4.5 |
| Gäste mit Zelt | 5.0 |
| Gäste mit Hund | 5.0 |

**Empfohlene Aktivitäten**
- Radfahren
- Wandern
- Mountainbiking

37

## Forest-Lodge & Camping

Im Sand 1
CH-3999 Oberwald

46.53637 | 8.36024

keine Angabe

keine Angabe

**Mehr Infos & Anfrage:**
www.camping.info/27607

| | |
|---|---|
| Baden in nat. Gewässer | k. A. |
| Pool & Hallenbad | × |
| Spielplatz | keine Angabe |
| Hunde | × |
| Skilift & Loipe | keine Angabe |
| WLAN | keine Angabe |
| Lebensmittel | k.A. |
| Brötchen | keine Angabe |
| Restaurant & Imbiss | × |
| Ver-/Entsorgung Womo | × |
| in den Ort | keine Angabe |
| Gesamt | keine Angabe |
| Mietunterkünfte | × |
| Stellplätze vor Schranke | × |

-

**JETZT BEWERTEN!**

Für diese Auswertung liegen leider noch nicht genügend Bewertungen vor.

Sei einer der Ersten, der diesen Campingplatz bewertet. Unter den Bewertern werden regelmäßig Gewinne verlost!

Mehr Infos dazu findest du in unserem allgemeinen Intro.

| | 38 Camping Les Rocailles | 39 Camping Grand-Paradis | 40 Forest Lodge & Camping |
|---|---|---|---|
| Adresse | 1938 Champex-Lac | 1973 Nax<br>+41 7860 724 78 | Im Sand 1<br>3999 Oberwald |
| Koordinaten | 46.03209 \| 7.10865 | 46.22348 \| 7.42431 | 46.53652 \| 8.36041 |

Karte auf Seite 278

**Infos**

| | 38 Camping Les Rocailles | 39 Camping Grand-Paradis | 40 Forest Lodge & Camping |
|---|---|---|---|
| Öffnungszeiten | keine Angabe | keine Angabe | keine Angabe |
| Vergleichspreis | keine Angabe | HS: 18,50 € \| NS: 18,50 € | keine Angabe |
| Link | **Mehr Infos & Anfrage:** www.camping.info/22024 | **Mehr Infos & Anfrage:** www.camping.info/17299 | **Mehr Infos & Anfrage:** www.camping.info/27349 |

**Ausstattung**

| | 38 Camping Les Rocailles | 39 Camping Grand-Paradis | 40 Forest Lodge & Camping |
|---|---|---|---|
| **Freizeit** | | | |
| Baden in nat. Gewässer | k. A. | k. A. | k. A. |
| Pool & Hallenbad / Pool am Platz | Pool & Hallenbad ✗ | Pool am Platz ✓ | Pool & Hallenbad ✗ |
| Spielplatz | keine Angabe | keine Angabe | keine Angabe |
| **Campingplatz** | | | |
| Hunde | ✗ | ✗ | ✗ |
| Skilift & Loipe | keine Angabe | keine Angabe | keine Angabe |
| WLAN | keine Angabe | keine Angabe | keine Angabe |
| **Versorgung** | | | |
| Lebensmittel | k.A. | k.A. | k.A. |
| Brötchen | keine Angabe | keine Angabe | keine Angabe |
| Restaurant & Imbiss / Restaurant am P. | Restaurant & Imbiss ✗ | Restaurant am P. ✓ | Restaurant & Imbiss ✗ |
| Ver-/Entsorgung Womo | ✗ | ✗ | ✗ |
| in den Ort | keine Angabe | 2km | keine Angabe |
| **Anzahl der Plätze** | | | |
| Gesamt | keine Angabe | keine Angabe | keine Angabe |
| Mietunterkünfte | ✗ | ✗ | ✗ |
| Stellplätze vor Schranke | ✗ | ✗ | ✗ |

**Camping Les Rocailles**

- JETZT BEWERTEN!

Für diese Auswertung liegen leider noch nicht genügend Bewertungen vor.

Sei einer der Ersten, der diesen Campingplatz bewertet. Unter den Bewertern werden regelmäßig Gewinne verlost!

Mehr Infos dazu findest du in unserem allgemeinen Intro.

**Camping Grand-Paradis**

- JETZT BEWERTEN!

Für diese Auswertung liegen leider noch nicht genügend Bewertungen vor.

Sei einer der Ersten, der diesen Campingplatz bewertet. Unter den Bewertern werden regelmäßig Gewinne verlost!

Mehr Infos dazu findest du in unserem allgemeinen Intro.

**Forest Lodge & Camping**

- JETZT BEWERTEN!

Für diese Auswertung liegen leider noch nicht genügend Bewertungen vor.

Sei einer der Ersten, der diesen Campingplatz bewertet. Unter den Bewertern werden regelmäßig Gewinne verlost!

Mehr Infos dazu findest du in unserem allgemeinen Intro.

SCHWEIZ

# ❹ Berner Oberland

**FREIZEITTIPPS**

- **A** Hängebrücke Leiternwaeide, Oberwil im Simmental
- **B** Schloss Thun, Thun
- **C** Blausee, Kandergrund
- **D** Trümmelbachfälle, Stechelberg
- **E** Eiger (Berg), Grindelwald

| | Platz | Seite | Bewertung | Öffnungszeiten | |
|---|---|---|---|---|---|
| 1 | Camping Balmweid | 305 | 3.0 | saisonal | |
| 2 | TCS Camping Thunersee | 305 | 4.0 | saisonal | |
| 3 | Camping Grund | 305 | 4.8 | ganzjährig | * |
| 4 | Camping Vermeille | 307 | 4.5 | ganzjährig | * |
| 5 | Camping Hasenweide | 307 | 4.6 | ganzjährig | * |
| 6 | Camping Jungfrau Lauterbrunnen | 304 | 4.3 | saisonal | * |
| 7 | TCS Camping Bönigen-Interlaken | 307 | 4.6 | saisonal | |
| 8 | MANOR FARM 1 | 306 | 4.0 | ganzjährig | * |
| 9 | Alpencamping | 308 | 4.2 | saisonal | * |
| 10 | Camping Hofstatt-Derfli | 308 | 4.6 | saisonal | * |
| 11 | TCS Camping Interlaken | 308 | 3.7 | saisonal | |
| 12 | Camping Saanen"beim Kappeli" | 308 | 3.5 | saisonal | * |
| 13 | Camping Eigernordwand | 309 | 3.4 | ganzjährig | * |
| 14 | Camping Alpenblick GmbH | 309 | 4.0 | ganzjährig | * |
| 15 | Camping Gletscherdorf | 309 | 3.9 | saisonal | * |
| 16 | Camping Stuhlegg | 310 | 3.8 | ganzjährig | * |
| 17 | Camping Hobby 3 | 310 | 4.8 | saisonal | |
| 18 | Camping Grimselblick | 310 | 4.4 | ganzjährig | |
| 19 | Frutigresort | 310 | 3.8 | ganzjährig | * |
| 20 | Camping Fankhauser | 311 | 5.0 | ganzjährig | * |
| 21 | Camping Breithorn | 311 | 4.4 | ganzjährig | * |
| 22 | Camping Lazy Rancho | 311 | 4.9 | saisonal | |
| 23 | Camping Aaregg | 312 | 4.6 | saisonal | |
| 24 | Camping Blüemlisalp | 313 | 4.2 | ganzjährig | * |
| 25 | Camping Talacker | 313 | 4.9 | saisonal | * |
| 26 | Camping Bellerive | 313 | 3.3 | ganzjährig | * |
| 27 | Camping Rendez-Vous | 315 | 4.1 | ganzjährig | * |
| 28 | Camping Rütti | 315 | 4.3 | saisonal | |
| 29 | Camping Grassi | 315 | 4.0 | ganzjährig | * |
| 30 | Camping Seegarten | 314 | 3.0 | saisonal | * |

* Wintercamping   FKK Textilfrei (ganz/teilweise)   Ecocamping   Award   Onlinebuchung

## SCHWEIZER POSTKARTEN-IDYLLE

Wer die Ruhe und alpenländische Schönheit der Hauptstadt Bern hinter sich lässt und weiter in den Süden fährt, entdeckt das Berner Oberland. An jeder Ecke wartet hier ein Abziehbild des Schweizer Postkartenidylls. Genau das ist auch der Grund, warum diese Region zu den touristisch stärksten des Landes gehört und sich hier eine Vielzahl an Campingplätzen befindet. Große Seen und Berge sowie typisch schweizerische Dörfer prägen das Landschaftsbild.

Moosfluh, Aletsch Arena © swiss-image.ch/Dolores Rupa

## CAMPING-HOTSPOTS: THUNERSEE UND BRIENZERSEE

Von Bern kommend, finden Camper schon nach nur 30 Kilometern tolle Urlaubsmöglichkeiten vor. Am Nordufer des Thunersees beginnt das Campinggebiet rund um die zwei großen Seen. Die Stadt Thun mit ihrer historischen Altstadt und dem Schloss aus dem 12. Jahrhundert bietet dabei ein erstes Ziel, perfekt für einen Tagesausflug. Zwischen Thuner- und Brienzersee befindet sich die Gemeinde Interlaken. Eingebettet in Berge und umgeben vom See zieht dieser Ort den Fokus des dortigen Tourismus auf sich. Mit rund zehn Campingplätzen rund um Interlaken findet jeder Camper genau den richtigen für sich.

## VON BERGEN UND IHREN GESCHICHTEN

Mönch und Jungfrau, aber besonders die berühmte Nordwand des Eiger, gelten unter Bergsteigern als besondere Herausforderung. Wer diese Berge erkunden will, findet vor allem entlang der imposanten Gipfel alpine Campingplätze vor. Doch auch wer weniger ambitioniert im Berner Oberland unterwegs ist, wird garantiert von der Faszination erfasst, die von den schneebedeckten Gipfeln ausgeht. Denn nicht nur in der kalten Jahreszeit, wenn Wintersportler die Pisten und Wintercamping-Areale der Berner Alpen bevölkern, auch im Sommer hat die Region eine Menge zu bieten. Ausgedehnte Wandertouren und spannende Ausflüge mit dem Mountainbike sind hier ebenso möglich wie der extra Adrenalinkick beim River-Rafting und Paragliding. Auch für jene Gäste, die lieber die kulturelle und historische Bedeutung des Berner Oberlandes erkunden möchten, gibt es so einiges zu entdecken. Sei es bei einem Besuch im Talmuseum Lauterbrunnen oder bei einem Dorfrundgang in Meiringen mit Degustation von Haslitaler Spezialitäten. Selbst Fans großer Kriminalliteratur kommen dabei auf ihre Kosten: Das Sherlock Holmes Museum bietet einen umfassenden Einblick in das Leben des Meisterdetektivs.

Blick vom Rebberg auf Spiez
© swiss-image.ch/Andreas Gerth

## FEIERN UND GENIESSEN

Wer einmal ein typisches Dorffest in den Schweizer Bergen erleben möchte, sollte sich am ersten Sonntag im August nach Mürren aufmachen. Beim großen Festumzug am Nachmittag sind nicht nur außergewöhnliche Gestalten, sondern auch prächtig geschmückte Rinder zu bestaunen. Ein solches Fest bietet auch die ideale Gelegenheit, einmal die kulinarischen Spezialitäten der Region zu probieren. Eine deftige Berner Platte oder ein leckerer Zwiebelkuchen sind eine gute Alternative zum Grillen auf dem Campingplatz. Zum Nachtisch oder Kaffee gibt es dann echte Berner Lebkuchen mit Haselnüssen oder süße Meitschibei, die aus einem Hefeteig und einer Füllung aus Nüssen hergestellt werden.

Saanenland im Berner Oberland © swiss-image.ch/Christof Sonderegger

TIPP DER REDAKTION

**Camping Talacker**

Ringgenberg b. Interla. | Nr. 25 | Seite 313

Laut Gästen ideal geeignet zum:
- Wandern
- Entspannen
- Mountainbiken

4.9

# 6 Camping Jungfrau Lauterbrunnen

❄

Weid 406
3822 Lauterbrunnen
+41 33 856 20 10
www.campingjungfrau.swiss
info@camping-jungfrau.ch

01.01. - 31.10.
18.12. - 31.12.

HS: 51,70 € | NS: 45,50 €

**Mehr Infos & Anfrage:**
www.camping.info/17233

| | |
|---|---|
| Baden in nat. Gewässer | k. A. |
| Pool | 800m |
| Spielplatz am Platz | ✓ |
| Hunde willkommen | ✓ |
| Skilift & Loipe | ✓ |
| WLAN | ✓ |
| Lebensmittel | ✓ |
| Brötchen | keine Angabe |
| Restaurant & Imbiss | ✓ |
| Ver-/Entsorgung Womo | ✓ |
| in den Ort | 500m |
| Gesamt/Touristen | 270/200 |
| Mietunterkünfte | ✓ |
| Stellplätze vor Schranke | ✗ |

1 km
46.58874 | 7.90826
800m ü.M.

Willkommen im Lauterbrunnental im Herzen der Jungfrauregion.

## Lage & Stellplatz

Camping Jungfrau befindet sich am Dorfrand von Lauterbrunnen direkt unter dem 300 Meter hohen Staubbach Wasserfall. Am Fuße von Eiger, Mönch, Jungfrau und des Schilthorn Piz Gloria gelegen, ist der Platz der ideale Ausgangspunkt für herrliche Aktivferien in der Jungfrauregion.

## Verpflegung

Am Platz gibt es einen kleinen Supermarkt für die Dinge des täglichen Bedarfs. Aber auch die Kulinarik kommt nicht zu kurz, denn im schönen Schweizer Restaurant „Weidstübli" mit Après Skibar finden Sie ganzjährig ein attraktives und umfassendes Angebot an traditionellen Speisen und Getränken.

## Sanitär

Die Gäste nutzen die praktisch und komfortabel ausgerüsteten Sanitäranlagen, die alles bieten, was man benötigt. Babywickelraum, Waschmaschine und Trockner sowie barrierefreie WCs und Duschen sind vorhanden. Auf Sauberkeit wird bei den modernen Anlagen großer Wert gelegt.

## Freizeit

Wanderwege und Mountainbikestrecken aller Schwierigkeitsklassen führen Sie zu Gipfeln und Seen. Die Region ist bekannt für zahlreiche Adventure Aktivitäten, wie Gleitschirmfliegen, Riverrafting und mehr. Im Winter können Sie Skifahren, Snowboarden, Winterwandern, Langlaufen und Schneeschuhlaufen.

Einkehr im urigen Restaurant.

Perfekt auch für Wintercamping!

**4.3** SEHR GUT
23 Bewertungen

| | |
|---|---|
| Lage | 4.4 |
| Ruhe | 3.3 |
| Sanitäranlagen | 4.3 |
| Sauberkeit Ø | 4.3 |
| Freundlichkeit | 4.4 |
| Stellplatz | 4.2 |
| Verpflegung | 4.3 |
| Freizeit | 4.3 |
| Preis-Leistung | 3.6 |
| Mietunterkünfte | 2.0 |

**Geeignet für**

| | |
|---|---|
| 4.5 | Gäste mit Hund |
| 4.4 | Paare |
| 4.2 | Senioren |
| 4.1 | Kinder b. 12 J. |
| 4.1 | Kinder b. 18 J. |
| 3.8 | Gäste mit Zelt |
| 3.5 | Kinder b. 6 J. |

**Empfohlene Aktivitäten**

Wandern | Paragleiten | Mountainbiking | Ski | Klettern

Karte auf Seite 300

## 1 Camping Balmweid

Balmweidstraße 22
3860 Meiringen
+41 33 971 51 15
46.72548 | 8.17161
597m ü.M.

## 2 TCS Camping Thunersee

Gwattstrasse 103
3645 Gwatt-Thun
+41 33 336 40 67
46.72806 | 7.62806
558m ü.M.

## 3 Camping Grund

❄
Grundstrasse 44
3862 Innertkirchen
+41 33 971 44 09
46.7024 | 8.22692

### Infos

| Infos | Camping Balmweid | TCS Camping Thunersee | Camping Grund |
|---|---|---|---|
| Öffnungszeiten | 01.04. - 31.10. | 21.05. - 25.10. | ganzjährig |
| Vergleichspreis | HS: 39,90 € \| NS: 39,90 € | HS: 55,50 € \| NS: 45,50 € | HS: 34,90 € \| NS: 29,60 € |
| Link | **Mehr Infos & Anfrage:** www.camping.info/17237 | **Mehr Infos & Anfrage:** www.camping.info/17214 | **Mehr Infos & Anfrage:** www.camping.info/17218 |

### Ausstattung

| Ausstattung | Camping Balmweid | | TCS Camping Thunersee | | Camping Grund | |
|---|---|---|---|---|---|---|
| Freizeit | Baden im See | 4km | Baden im See am Platz | ✓ | Baden im See | 6km |
| | Pool/Hallenbad | 1km | Pool & Hallenbad | ✗ | Pool/Hallenbad | 6km |
| | Spielplatz am Platz | ✓ | Spielplatz am Platz | ✓ | Spielplatz | 300m |
| Campingplatz | Hunde willkommen | ✓ | Hunde willkommen | ✓ | Hunde erlaubt | ✓ |
| | Skilift/Loipe | 1km/✓ | Skilift & Loipe | ✗ | Skilift/Loipe | 6/8km |
| | WLAN (gratis) | teilweise | WLAN | ✓ | WLAN (gegen Gebühr) | ✓ |
| Versorgung | Lebensmittel | ✓ | Lebensmittel | ✓ | Lebensmittel | 300m |
| | Brötchen am Platz | ✓ | Brötchen am Platz | ✓ | Brötchen am Platz | ✗ |
| | Restaurant & Imbiss | ✓ | Restaurant & Imbiss | ✓ | Restaurant/Imbiss | 300m |
| | Ver-/Entsorgung Womo | ✓ | Ver-/Entsorgung Womo | ✓ | Ver-/Entsorgung Womo | ✓ |
| | in den Ort | 1km | in den Ort | 100m | in den Ort | 1km |
| Anzahl der Plätze | Gesamt/Touristen | 160/100 | Gesamt/Touristen | 112/70 | Gesamt/Touristen | 80/40 |
| | Mietunterkünfte | ✓ | Mietunterkünfte | ✓ | Mietunterkünfte | ✓ |
| | Stellplätze vor Schranke | ✗ | Stellplätze vor Schranke | ✗ | Stellplätze vor Schranke | ✗ |

### Bewertungen

| | Camping Balmweid | TCS Camping Thunersee | Camping Grund |
|---|---|---|---|
| Gesamt | 3.0 GUT, 9 Bewertungen | 4.0 SEHR GUT, 20 Bewertungen | 4.4 SEHR GUT, 5 Bewertungen |
| Lage | 3.7 | 4.7 | 4.6 |
| Ruhe | 3.9 | 3.9 | 5.0 |
| Sanitäranlagen | 3.9 | 3.7 | 3.8 |
| Sauberkeit Ø | 3.2 | 4.4 | 4.7 |
| Freundlichkeit | 3.1 | 4.6 | 5.0 |
| Stellplatz | 3.4 | 3.9 | 4.0 |
| Verpflegung | 2.0 | 3.9 | 4.3 |
| Freizeit | 3.8 | 4.4 | 4.8 |
| Preis-Leistung | 2.6 | 3.4 | 4.2 |
| Mietunterkünfte | 1.0 | 4.6 | 4.5 |
| **Geeignet für** | | | |
| Kinder b. 6 J. | 3.8 | 4.5 | 5.0 |
| Kinder b. 12 J. | 3.8 | 4.3 | 5.0 |
| Kinder b. 18 J. | 3.3 | 3.9 | 5.0 |
| Paare | 3.8 | 4.3 | 4.7 |
| Senioren | 3.7 | 4.5 | 4.7 |
| Gäste mit Zelt | 3.3 | 4.7 | 5.0 |
| Gäste mit Hund | 3.0 | 4.6 | 5.0 |

**Empfohlene Aktivitäten**

| Camping Balmweid | TCS Camping Thunersee | Camping Grund |
|---|---|---|
| Radfahren | Schwimmen | Wandern |
| Wandern | Wandern | Klettern |
| Ski | Radfahren | Radfahren |

# 8 MANOR FARM 1

✱

Seestraße 201
CH-3800 Interlaken-Thunersee
+41 33 8222264
www.manorfarm.ch
info@manorfarm.ch

ganzjährig

HS: 55,00 € | NS: 40,00 €

**Mehr Infos & Anfrage:**
www.camping.info/17222

| | |
|---|---|
| Baden im See am Platz | ✓ |
| Pool/Hallenbad | 3km |
| Spielplatz am Platz | ✓ |
| Hunde willkommen | ✓ |
| Skilift/Loipe | 10km |
| WLAN (begrenzt gratis) | ✓ |
| Lebensmittel | ✓ |
| Brötchen am Platz | ✓ |
| Restaurant & Imbiss | ✓ |
| Ver-/Entsorgung Womo | ✓ |
| in den Ort | 2km |
| Gesamt/Touristen | 530/220 |
| Mietunterkünfte | ✓ |
| Stellplätze vor Schranke | ✓ |

1 km
46.68166 | 7.81555
558m ü.M.

Am Ufer des Thunersees, umgeben von einer herrlichen Bergwelt.

## Lage & Stellplatz

Der Campingplatz liegt direkt am Ufer des Thunersees, umgeben von einer herrlichen Bergwelt. Sämtliche Stellplätze verfügen über Stromanschlüsse, ein Großteil über Wasser- und Abwasseranschlüsse. Mit der Gästekarte erhält man kostenlosen Eintritt in das Freiluft- und Hallenbad in Interlaken (3 km).

## Verpflegung

Im platzeigenen Laden findet man täglich ein breites Sortiment an nützlichen Artikeln sowie frisches Brot vom Dorfbäcker. Zum Betrieb gehören ferner zwei Restaurants, eines direkt am Areal und eines in 500 m Entfernung am See. Während der Hochsaison gibt es außerdem einen Imbiss.

## Sanitär

Von April bis Oktober sind insgesamt fünf gepflegte Sanitärgebäude mit einem umfassenden Angebot an sanitären Einrichtungen geöffnet. Im Winter steht den Gästen das geheizte Hauptgebäude zur Verfügung.

## Freizeit

Am Platz gibt es Kinderspielplätze, Tischtennis und Minigolf. Zudem genießt man gratis Zugang zu vier Stränden (Gras und Kies). In 500 m Entfernung befindet sich ein Verleih von Rädern, Kajaks und SUPs. Direkt vom Platz aus verläuft ein gut ausgebautes Wandernetz entlang des Sees, Bachs und Waldes.

Idyllisch gelegen.

Bade- und Ruderspaß pur.

**4.0** SEHR GUT
27 Bewertungen

| | |
|---|---|
| Lage | 4.6 |
| Ruhe | 4.0 |
| Sanitäranlagen | 3.7 |
| Sauberkeit Ø | 3.9 |
| Freundlichkeit | 4.0 |
| Stellplatz | 4.1 |
| Verpflegung | 3.7 |
| Freizeit | 4.3 |
| Preis-Leistung | 3.5 |
| Mietunterkünfte | 3.2 |

**Geeignet für**

| | |
|---|---|
| Kinder b. 12 J. | 4.5 |
| Paare | 4.5 |
| Senioren | 4.4 |
| Gäste mit Zelt | 4.4 |
| Kinder b. 18 J. | 4.2 |
| Kinder b. 6 J. | 4.0 |
| Gäste mit Hund | 4.0 |

**Empfohlene Aktivitäten**

Wandern · Schwimmen · Radfahren · Kayak/Kanu · Mountainbiking

Karte auf Seite 300

| | 4 | 5 | 7 |
|---|---|---|---|
| | **Camping Vermeille** | **Camping Hasenweide** | **TCS Camping Bönigen-Interlaken** |
| | ❄ | ❄ | |
| | Ey-Gässli 2<br>3770 Zweisimmen<br>+41 33 722 19 40 | Hasenweide 1<br>3775 Lenk<br>+41 33 7332647 | Campingstrasse 14<br>3806 Bönigen<br>+41 33 822 11 43 |
| | 46.3345 \| 7.224<br>950m ü.M. | 46.42834 \| 7.47748 | 46.69194 \| 7.89361<br>568m ü.M. |
| **Infos** | | | |
| Öffnungszeiten | ganzjährig | ganzjährig | 02.04. - 01.11. |
| Vergleichspreis | HS: 29,00 € \| NS: 29,00 € | HS: 29,40 € \| NS: 29,40 € | HS: 52,30 € \| NS: 41,50 € |
| Link | **Mehr Infos & Anfrage:** www.camping.info/17243 | **Mehr Infos & Anfrage:** www.camping.info/17234 | **Mehr Infos & Anfrage:** www.camping.info/17208 |
| **Ausstattung** | | | |
| Freizeit | Baden im Fluss am Platz ✓<br>Pool/Hallenbad ✓/15km<br>Spielplatz am Platz ✓ | Baden in nat. Gewässer k. A.<br>Pool/Hallenbad 5km<br>Spielplatz am Platz ✓ | Baden im See am Platz ✓<br>Pool/Hallenbad ✓/2km<br>Spielplatz am Platz ✓ |
| Campingplatz | Hunde willkommen ✓<br>Skilift/Loipe 1km<br>WLAN ✓ | Hunde erlaubt ✓<br>Skilift/Loipe 2km/✓<br>WLAN (gegen Gebühr) ✓ | Hunde willkommen ✓<br>Skilift & Loipe keine Angabe<br>WLAN ✓ |
| Versorgung | Lebensmittel 300m<br>Brötchen am Platz ✗<br>Restaurant/Imbiss 300m<br>Ver-/Entsorgung Womo ✓<br>in den Ort 1km | Lebensmittel ✓<br>Brötchen am Platz ✓<br>Restaurant/Imbiss ✓/5km<br>Ver-/Entsorgung Womo ✓<br>in den Ort 5km | Lebensmittel ✓<br>Brötchen am Platz ✓<br>Restaurant & Imbiss ✓<br>Ver-/Entsorgung Womo ✓<br>in den Ort 300m |
| Anzahl der Plätze | Gesamt/Touristen 95/25<br>Mietunterkünfte ✓<br>Stellplätze vor Schranke ✗ | Gesamt/Touristen 110/55<br>Mietunterkünfte ✓<br>Stellplätze vor Schranke ✗ | Gesamt/Touristen 133/120<br>Mietunterkünfte ✓<br>Stellplätze vor Schranke ✗ |

| | Camping Vermeille | Camping Hasenweide | TCS Camping Bönigen-Interlaken |
|---|---|---|---|
| | 4.5 SEHR GUT<br>4 Bewertungen | 4.6 SEHR GUT<br>5 Bewertungen | 4.6 SEHR GUT<br>111 Bewertungen |
| Lage | 4.5 | 4.4 | 4.8 |
| Ruhe | 4.2 | 5.0 | 4.6 |
| Sanitäranlagen | 4.8 | 4.2 | 4.4 |
| Sauberkeit Ø | 5.0 | 4.7 | 4.7 |
| Freundlichkeit | 5.0 | 5.0 | 4.8 |
| Stellplatz | 4.2 | 4.0 | 4.4 |
| Verpflegung | 3.0 | 3.2 | 4.1 |
| Freizeit | 5.0 | 3.8 | 4.7 |
| Preis-Leistung | 5.0 | 4.8 | 4.3 |
| Mietunterkünfte | - | 3.5 | 4.8 |
| **Geeignet für** | | | |
| Kinder b. 6 J. | 4.5 | 3.7 | 4.4 |
| Kinder b. 12 J. | 4.3 | 4.2 | 4.5 |
| Kinder b. 18 J. | 4.5 | 3.3 | 4.2 |
| Paare | 5.0 | 4.8 | 4.6 |
| Senioren | 5.0 | 4.8 | 4.7 |
| Gäste mit Zelt | 5.0 | 5.0 | 4.7 |
| Gäste mit Hund | 5.0 | 5.0 | 4.5 |
| **Empfohlene Aktivitäten** | Wandern<br>Mountainbiking<br>Ski | Wandern<br>Klettern<br>Mountainbiking | Wandern<br>Schwimmen<br>Radfahren |

## 9 Alpencamping

❄

Brünigstr. 47
3860 Meiringen
+41 339 713 676

46.73442 | 8.17146
600m ü.M.

01.05. - 30.10.
01.12. - 30.04.

HS: 44,80 € | NS: 38,20 €

**Mehr Infos & Anfrage:**
www.camping.info/23175

| | |
|---|---|
| Baden im See | 2km |
| Pool/Hallenbad | ✓/1km |
| Spielplatz am Platz | ✓ |
| Hunde erlaubt | ✓ |
| Skilift/Loipe | 1/2km |
| WLAN | ✓ |
| Lebensmittel | ✓ |
| Brötchen am Platz | ✓ |
| Imbiss | ✓ |
| Ver-/Entsorgung Womo | ✓ |
| im Ort | ✓ |
| Gesamt/Touristen | 86/54 |
| Mietunterkünfte | ✗ |
| Stellplätze vor Schranke | ✓ |

**4.2** SEHR GUT
16 Bewertungen

| | |
|---|---|
| Lage | 4.2 |
| Ruhe | 3.9 |
| Sanitäranlagen | 4.8 |
| Sauberkeit Ø | 4.7 |
| Freundlichkeit | 4.3 |
| Stellplatz | 4.2 |
| Verpflegung | 3.6 |
| Freizeit | 4.4 |
| Preis-Leistung | 4.0 |
| Mietunterkünfte | - |

**Geeignet für**

| | |
|---|---|
| Kinder b. 6 J. | 3.2 |
| Kinder b. 12 J. | 3.4 |
| Kinder b. 18 J. | 3.3 |
| Paare | 4.5 |
| Senioren | 4.9 |
| Gäste mit Zelt | 3.8 |
| Gäste mit Hund | 3.4 |

**Empfohlene Aktivitäten**

- Wandern
- Radfahren
- Mountainbiking

## 10 Camping Hofstatt-Derfli

❄

Hofstatt 302e
6085 Hasliberg Goldern
+41 33 971 37 07

46.73734 | 8.19564
1050m ü.M.

01.06. - 15.10.
25.12. - 15.04.

HS: 39,00 € | NS: 39,00 €

**Mehr Infos & Anfrage:**
www.camping.info/17215

| | |
|---|---|
| Baden im See | 1km |
| Pool/Hallenbad | 14km |
| Spielplatz am Platz | ✓ |
| Hunde willkommen | ✓ |
| Skilift/Loipe | 1km/✓ |
| WLAN (begrenzt gratis) | ✓ |
| Lebensmittel | ✓ |
| Brötchen am Platz | ✓ |
| Restaurant/Imbiss | 300m/✓ |
| Ver-/Entsorgung Womo | ✓ |
| in den Ort | 300m |
| Gesamt/Touristen | 40/30 |
| Mietunterkünfte | ✓ |
| Stellplätze vor Schranke | ✗ |

**4.6** SEHR GUT
8 Bewertungen

| | |
|---|---|
| Lage | 4.8 |
| Ruhe | 4.4 |
| Sanitäranlagen | 4.9 |
| Sauberkeit Ø | 4.9 |
| Freundlichkeit | 4.9 |
| Stellplatz | 4.9 |
| Verpflegung | 3.9 |
| Freizeit | 4.8 |
| Preis-Leistung | 4.4 |
| Mietunterkünfte | 5.0 |

**Geeignet für**

| | |
|---|---|
| Kinder b. 6 J. | 4.6 |
| Kinder b. 12 J. | 4.8 |
| Kinder b. 18 J. | 3.8 |
| Paare | 4.8 |
| Senioren | 4.7 |
| Gäste mit Zelt | 4.6 |
| Gäste mit Hund | 4.0 |

**Empfohlene Aktivitäten**

- Wandern
- Entspannen
- Ski

## 11 TCS Camping Interlaken

Brienzstrasse 24
3800 Interlaken-Ost
+41 33 822 44 34

46.69282 | 7.86835
566m ü.M.

02.04. - 25.10.

HS: 50,50 € | NS: 41,50 €

**Mehr Infos & Anfrage:**
www.camping.info/23242

| | |
|---|---|
| Baden im Fluss am Platz | ✓ |
| Pool/Hallenbad | 700m |
| Spielplatz am Platz | ✓ |
| Hunde willkommen | ✓ |
| Skilift & Loipe | keine Angabe |
| WLAN | ✓ |
| Lebensmittel | 800m |
| Brötchen am Platz | ✓ |
| Restaurant/Imbiss | 500m |
| Ver-/Entsorgung Womo | ✓ |
| in den Ort | 500m |
| Gesamt/Touristen | 110/90 |
| Mietunterkünfte | ✓ |
| Stellplätze vor Schranke | ✗ |

**3.7** GUT
10 Bewertungen

| | |
|---|---|
| Lage | 4.5 |
| Ruhe | 3.2 |
| Sanitäranlagen | 3.6 |
| Sauberkeit Ø | 3.9 |
| Freundlichkeit | 4.3 |
| Stellplatz | 3.5 |
| Verpflegung | 3.3 |
| Freizeit | 4.3 |
| Preis-Leistung | 3.8 |
| Mietunterkünfte | 4.3 |

**Geeignet für**

| | |
|---|---|
| Kinder b. 6 J. | 2.6 |
| Kinder b. 12 J. | 2.8 |
| Kinder b. 18 J. | 3.8 |
| Paare | 4.8 |
| Senioren | 4.3 |
| Gäste mit Zelt | 4.2 |
| Gäste mit Hund | 4.0 |

**Empfohlene Aktivitäten**

- Wandern
- Paragleiten
- Radfahren

## 12 Camping Saanen "beim Kappeli"

❄

Campingstrasse 15
3792 Saanen
+41 33 744 61 91

46.4869 | 7.26516
1020m ü.M.

01.04. - 30.10.
01.12. - 30.03.

HS: 36,50 € | NS: 34,50 €

**Mehr Infos & Anfrage:**
www.camping.info/17239

| | |
|---|---|
| Baden im See | 10km |
| Pool/Hallenbad | 500m/3km |
| Spielplatz am Platz | ✓ |
| Hunde willkommen | ✓ |
| Skilift/Loipe | 500m |
| WLAN (gegen Gebühr) | ✓ |
| Lebensmittel | 300m |
| Brötchen am Platz | ✗ |
| Restaurant/Imbiss | 3km/300m |
| Ver-/Entsorgung Womo | ✓ |
| in den Ort | 300m |
| Gesamt/Touristen | 60/20 |
| Mietunterkünfte | ✓ |
| Stellplätze vor Schranke | ✗ |

**3.6** GUT
5 Bewertungen

| | |
|---|---|
| Lage | 3.8 |
| Ruhe | 3.4 |
| Sanitäranlagen | 3.6 |
| Sauberkeit Ø | 4.2 |
| Freundlichkeit | 4.0 |
| Stellplatz | 3.4 |
| Verpflegung | 1.0 |
| Freizeit | 4.4 |
| Preis-Leistung | 3.4 |
| Mietunterkünfte | - |

**Geeignet für**

| | |
|---|---|
| Kinder b. 6 J. | - |
| Kinder b. 12 J. | - |
| Kinder b. 18 J. | 2.0 |
| Paare | 4.0 |
| Senioren | 3.8 |
| Gäste mit Zelt | 3.0 |
| Gäste mit Hund | 3.0 |

**Empfohlene Aktivitäten**

- Wandern
- Mountainbiking
- Radfahren

Karte auf Seite 300

| Infos | 13 Camping Eigernordwand | 14 Camping Alpenblick GmbH | 15 Camping Gletscherdorf |
|---|---|---|---|
| Adresse | Bodenstrasse 4<br>3818 Grindelwald<br>+41 33 853 12 42 | Seestrasse 130<br>3800 Unterseen-Interlaken<br>+41 33 822 77 57 | Locherbodenstrasse 29<br>3818 Grindelwald<br>+41 33 853 14 29 |
| Koordinaten | 46.62257 \| 8.01639 | 46.68008 \| 7.81858 | 46.62066 \| 8.04405 |
| Höhe | 970m ü.M. | 540m ü.M. | 1000m ü.M. |
| Öffnungszeiten | ganzjährig | ganzjährig | 01.05. - 20.10.<br>15.12. - 15.04. |
| Vergleichspreis | HS: 43,10 € \| NS: 43,10 € | HS: 66,00 € \| NS: 49,00 € | HS: 48,00 € \| NS: 48,00 € |
| Link | **Mehr Infos & Anfrage:** www.camping.info/23064 | **Mehr Infos & Anfrage:** www.camping.info/17224 | **Mehr Infos & Anfrage:** www.camping.info/17211 |
| **Ausstattung** | | | |
| Freizeit | Baden in nat. Gewässer k. A.<br>Pool/Hallenbad 1/2km<br>Spielplatz am Platz ✓ | Baden im See 80m<br>Pool/Hallenbad 2km<br>Spielplatz am Platz ✓ | Baden im See 20km<br>Pool/Hallenbad 1km<br>Spielplatz ✗ |
| Campingplatz | Hunde erlaubt nur NS<br>Skilift/Loipe 200/100m<br>WLAN ✓ | Hunde willkommen ✓<br>Skilift/Loipe 8km<br>WLAN ✓ | Hunde willkommen ✓<br>Skilift/Loipe 1km/✓<br>WLAN ✓ |
| Versorgung | Lebensmittel ✓<br>Brötchen am Platz ✓<br>Restaurant am P. ✓<br>Ver-/Entsorgung Womo ✓<br>in den Ort 3km | Lebensmittel ✓<br>Brötchen am Platz ✓<br>Restaurant & Imbiss ✓<br>Ver-/Entsorgung Womo ✓<br>in den Ort 2km | Lebensmittel ✗<br>Brötchen am Platz nur HS<br>Restaurant/Imbiss 1km<br>Ver-/Entsorgung Womo ✓<br>in den Ort 500m |
| Anzahl der Plätze | Gesamt/Touristen 80/60<br>Mietunterkünfte ✓<br>Stellplätze vor Schranke ✗ | Gesamt/Touristen 220/120<br>Mietunterkünfte ✓<br>Stellplätze vor Schranke ✗ | Gesamt/Touristen 92/40<br>Mietunterkünfte ✗<br>Stellplätze vor Schranke ✗ |

| Bewertung | 13 | 14 | 15 |
|---|---|---|---|
| Gesamt | 3.4 GUT, 8 Bewertungen | 4.0 SEHR GUT, 13 Bewertungen | 3.7 GUT, 16 Bewertungen |
| Lage | 4.8 | 3.6 | 4.3 |
| Ruhe | 4.0 | 3.1 | 4.0 |
| Sanitäranlagen | 3.6 | 4.8 | 3.6 |
| Sauberkeit Ø | 4.0 | 4.8 | 4.3 |
| Freundlichkeit | 3.8 | 4.5 | 3.6 |
| Stellplatz | 2.7 | 4.0 | 3.7 |
| Verpflegung | 2.8 | 3.3 | 2.8 |
| Freizeit | 4.4 | 4.3 | 4.6 |
| Preis-Leistung | 3.0 | 3.8 | 3.3 |
| Mietunterkünfte | - | 3.0 | - |
| **Geeignet für** | | | |
| Kinder b. 6 J. | 3.5 | 3.9 | 3.2 |
| Kinder b. 12 J. | 4.2 | 4.2 | 3.8 |
| Kinder b. 18 J. | 4.2 | 4.1 | 4.1 |
| Paare | 4.2 | 4.7 | 4.7 |
| Senioren | 4.0 | 4.8 | 4.3 |
| Gäste mit Zelt | 5.0 | 4.5 | 3.9 |
| Gäste mit Hund | - | 4.2 | 3.8 |
| **Empfohlene Aktivitäten** | Wandern<br>Klettern<br>Mountainbiking | Wandern<br>Schwimmen<br>Sightseeing | Wandern<br>Klettern<br>Mountainbiking |

keine WOMOs ab 10 m; schmale Einfahrt; Jugendl. unter 16 nur mit Erwachsene

## 16 Camping Stuhlegg

Stueleggstr. 7
3704 Krattigen
+41 33 654 27 23
46.65822 | 7.71777
780m ü.M.

ganzjährig
HS: 34,00 € | NS: 30,30 €
**Mehr Infos & Anfrage:**
www.camping.info/17231

| | |
|---|---|
| Baden im Teich am Platz | ✓ |
| Pool & Hallenbad | ✗ |
| Spielplatz am Platz | ✓ |
| Hunde erlaubt | ✓ |
| Skilift/Loipe | 5km |
| WLAN | ✓ |
| Lebensmittel | ✓ |
| Brötchen am Platz | ✓ |
| Restaurant/Imbiss | 5km/✓ |
| Ver-/Entsorgung Womo | ✓ |
| in den Ort | 1km |
| Gesamt/Touristen | 150/60 |
| Mietunterkünfte | ✓ |
| Stellplätze vor Schranke | ✗ |

**3.8** GUT
10 Bewertungen

| | |
|---|---|
| Lage | 4.2 |
| Ruhe | 4.4 |
| Sanitäranlagen | 3.5 |
| Sauberkeit Ø | 4.1 |
| Freundlichkeit | 4.2 |
| Stellplatz | 3.7 |
| Verpflegung | 3.3 |
| Freizeit | 4.0 |
| Preis-Leistung | 3.7 |
| Mietunterkünfte | 3.0 |

**Geeignet für**

| | |
|---|---|
| Kinder b. 6 J. | 4.0 |
| Kinder b. 12 J. | 4.2 |
| Kinder b. 18 J. | 4.0 |
| Paare | 4.6 |
| Senioren | 4.4 |
| Gäste mit Zelt | 4.5 |
| Gäste mit Hund | 3.8 |

**Empfohlene Aktivitäten**
- Wandern
- Entspannen
- Schwimmen

## 17 Camping Hobby 3

Lehnweg 16
3800 Interlaken-Unterseen
+41 33 822 96 52
46.68423 | 7.8298
565m ü.M.

01.04. - 30.09.
HS: 43,40 € | NS: 33,50 €
**Mehr Infos & Anfrage:**
www.camping.info/17225

| | |
|---|---|
| Baden im See | 1km |
| Pool/Hallenbad | ✓/3km |
| Spielplatz am Platz | ✓ |
| Hunde willkommen | ✓ |
| Skilift & Loipe | ✗ |
| WLAN | ✓ |
| Lebensmittel | ✓ |
| Brötchen am Platz | ✓ |
| Restaurant/Imbiss | 300m |
| Ver-/Entsorgung Womo | ✓ |
| in den Ort | 1km |
| Gesamt/Touristen | 130/80 |
| Mietunterkünfte | ✗ |
| Stellplätze vor Schranke | ✗ |

**4.8** SEHR GUT
5 Bewertungen

| | |
|---|---|
| Lage | 4.8 |
| Ruhe | 5.0 |
| Sanitäranlagen | 4.6 |
| Sauberkeit Ø | 5.0 |
| Freundlichkeit | 5.0 |
| Stellplatz | 4.6 |
| Verpflegung | 3.8 |
| Freizeit | 4.0 |
| Preis-Leistung | 4.8 |
| Mietunterkünfte | - |

**Geeignet für**

| | |
|---|---|
| Kinder b. 6 J. | 4.0 |
| Kinder b. 12 J. | 4.3 |
| Kinder b. 18 J. | 3.5 |
| Paare | 5.0 |
| Senioren | 5.0 |
| Gäste mit Zelt | 4.5 |
| Gäste mit Hund | 5.0 |

**Empfohlene Aktivitäten**
- Radfahren
- Mountainbiking
- Wandern

## 18 Camping Grimselblick

Stapfenweg 5
3862 Innertkirchen
+41 33 971 82 87
46.70681 | 8.22593
625m ü.M.

ganzjährig
HS: 28,00 € | NS: 26,00 €
**Mehr Infos & Anfrage:**
www.camping.info/17216

| | |
|---|---|
| Baden im Fluss | 8km |
| Pool/Hallenbad | 6km |
| Spielplatz am Platz | ✓ |
| Hunde | ✗ |
| Skilift/Loipe | 6km |
| WLAN (gegen Gebühr) | ✓ |
| Lebensmittel | 200m |
| Brötchen | keine Angabe |
| Restaurant/Imbiss | 100m |
| Ver-/Entsorgung Womo | ✓ |
| in den Ort | 100m |
| Gesamt | keine Angabe |
| Mietunterkünfte | ✓ |
| Stellplätze vor Schranke | ✗ |

**4.5** SEHR GUT
6 Bewertungen

| | |
|---|---|
| Lage | 4.7 |
| Ruhe | 4.3 |
| Sanitäranlagen | 4.5 |
| Sauberkeit Ø | 4.8 |
| Freundlichkeit | 5.0 |
| Stellplatz | 4.5 |
| Verpflegung | 4.0 |
| Freizeit | 4.2 |
| Preis-Leistung | 4.3 |
| Mietunterkünfte | 5.0 |

**Geeignet für**

| | |
|---|---|
| Kinder b. 6 J. | 3.7 |
| Kinder b. 12 J. | 4.2 |
| Kinder b. 18 J. | 4.7 |
| Paare | 4.5 |
| Senioren | 4.7 |
| Gäste mit Zelt | 5.0 |
| Hunde n. erlaubt | - |

**Empfohlene Aktivitäten**
- Wandern
- Mountainbiking
- Klettern

## 19 Frutigresort

Sportweg 5
3714 Frutigen
0336726060
46.59346 | 7.65466
800m ü.M.

ganzjährig
HS: 39,00 € | NS: 32,00 €
**Mehr Infos & Anfrage:**
www.camping.info/27580

| | |
|---|---|
| Baden im Fluss | 2km |
| Pool & Hallenbad | ✓ |
| Spielplatz am Platz | ✓ |
| Hunde erlaubt | ✓ |
| Skilift/Loipe | 8/16km |
| WLAN | ✓ |
| Lebensmittel | ✓ |
| Brötchen | keine Angabe |
| Restaurant & Imbiss | ✓ |
| Ver-/Entsorgung Womo | ✓ |
| in den Ort | 1km |
| Touristenplätze | 75 |
| Mietunterkünfte | ✓ |
| Stellplätze vor Schranke | ✗ |

**3.8** GUT
5 Bewertungen

| | |
|---|---|
| Lage | 4.2 |
| Ruhe | 3.2 |
| Sanitäranlagen | 2.8 |
| Sauberkeit Ø | 4.6 |
| Freundlichkeit | 5.0 |
| Stellplatz | 3.0 |
| Verpflegung | 3.6 |
| Freizeit | 4.4 |
| Preis-Leistung | 4.8 |
| Mietunterkünfte | - |

**Geeignet für**

| | |
|---|---|
| Kinder b. 6 J. | 4.4 |
| Kinder b. 12 J. | 4.8 |
| Kinder b. 18 J. | 4.8 |
| Paare | 4.2 |
| Senioren | 4.2 |
| Gäste mit Zelt | 4.0 |
| Gäste mit Hund | 3.5 |

**Empfohlene Aktivitäten**
- Wandern
- Schwimmen
- Radfahren

Karte auf Seite 300

| | 20 Camping Fankhauser | 21 Camping Breithorn | 22 Camping Lazy Rancho |
|---|---|---|---|
| | * | * | |
| | 3770 Zweisimmen<br>+41 33 722 13 56 | Sandbach<br>3824 Stechelberg<br>+41 33 855 12 25 | Lehnweg 6<br>3800 Interlaken-Unterseen<br>+41 338 228 716 |
| | 46.56334 \| 7.37742 | 46.56797 \| 7.90927 | 46.68556 \| 7.83028<br>560m ü.M. |
| **Infos** | | | |
| Öffnungszeiten | ganzjährig | ganzjährig | 18.04. - 13.10. |
| Vergleichspreis | HS: 32,90 € \| NS: 32,90 € | HS: 28,50 € | HS: 45,60 € \| NS: 30,60 € |
| Link | **Mehr Infos & Anfrage:** www.camping.info/17244 | **Mehr Infos & Anfrage:** www.camping.info/17241 | **Mehr Infos & Anfrage:** www.camping.info/17223 |
| **Ausstattung** | | | |
| Freizeit | Baden im See am Platz ✓<br>Pool & Hallenbad ✗<br>Spielplatz am Platz ✓ | Baden in nat. Gewässer k. A.<br>Pool/Hallenbad 4/20km<br>Spielplatz am Platz ✓ | Baden im Fluss 500m<br>Pool/Hallenbad ✓/1km<br>Spielplatz am Platz ✓ |
| Campingplatz | Hunde erlaubt ✓<br>Skilift/Loipe 500m<br>WLAN ✓ | Hunde willkommen ✓<br>Skilift/Loipe 3km/✓<br>WLAN ✓ | Hunde willkommen ✓<br>Skilift/Loipe k. A./10km<br>WLAN ✓ |
| Versorgung | Lebensmittel 50m<br>Brötchen keine Angabe<br>Restaurant 500m<br>Ver-/Entsorgung Womo ✓<br>in den Ort 500m | Lebensmittel ✓<br>Brötchen am Platz ✓<br>Restaurant/Imbiss 2km<br>Ver-/Entsorgung Womo ✓<br>in den Ort 3km | Lebensmittel ✓<br>Brötchen am Platz ✓<br>Restaurant/Imbiss 500m/1km<br>Ver-/Entsorgung Womo ✓<br>in den Ort 1km |
| Anzahl der Plätze | Gesamt keine Angabe<br>Mietunterkünfte ✗<br>Stellplätze vor Schranke ✗ | Gesamt/Touristen 80/35<br>Mietunterkünfte ✓<br>Stellplätze vor Schranke ✗ | Gesamt/Touristen 145/90<br>Mietunterkünfte ✓<br>Stellplätze vor Schranke ✗ |

| | Camping Fankhauser | Camping Breithorn | Camping Lazy Rancho |
|---|---|---|---|
| Gesamt | 5.0 AUSGEZEICHNET, 4 Bewertungen | 4.5 SEHR GUT, 13 Bewertungen | 4.9 SEHR GUT, 15 Bewertungen |
| Lage | 4.8 | 4.7 | 4.9 |
| Ruhe | 5.0 | 4.9 | 4.7 |
| Sanitäranlagen | 5.0 | 4.2 | 4.9 |
| Sauberkeit Ø | 5.0 | 4.8 | 5.0 |
| Freundlichkeit | 5.0 | 4.6 | 5.0 |
| Stellplatz | 4.5 | 4.2 | 4.8 |
| Verpflegung | 5.0 | 3.8 | 4.2 |
| Freizeit | 4.0 | 4.4 | 4.8 |
| Preis-Leistung | 5.0 | 4.8 | 4.5 |
| Mietunterkünfte | - | - | 5.0 |
| **Geeignet für** | | | |
| Kinder b. 6 J. | 4.7 | 5.0 | 4.6 |
| Kinder b. 12 J. | 5.0 | 5.0 | 4.6 |
| Kinder b. 18 J. | 4.0 | 5.0 | 4.7 |
| Paare | 5.0 | 4.9 | 5.0 |
| Senioren | 5.0 | 4.9 | 5.0 |
| Gäste mit Zelt | 4.5 | 4.7 | 5.0 |
| Gäste mit Hund | 5.0 | 4.7 | 5.0 |
| **Empfohlene Aktivitäten** | Wandern<br>Entspannen<br>Angeln | Wandern<br>Paragleiten<br>Radfahren | Wandern<br>Paragleiten<br>Mountainbiking |

# 23 Camping Aaregg

Seestraße 28a
3855 Brienz
+41 33 951 18 43
www.aaregg.ch
mail@aaregg.ch

01.04. - 31.10.

HS: 62,00 € | NS: 53,00 €

**Mehr Infos & Anfrage:**
www.camping.info/17207

| | |
|---|---|
| Baden im See am Platz | ✓ |
| Pool & Hallenbad | ✗ |
| Spielplatz am Platz | ✓ |
| Hunde willkommen | ✓ |
| Skilift & Loipe | keine Angabe |
| WLAN | ✓ |
| Lebensmittel | ✓ |
| Brötchen am Platz | ✓ |
| Restaurant & Imbiss | ✓ |
| Ver-/Entsorgung Womo | ✓ |
| in den Ort | 1km |
| Gesamt/Touristen | 220/160 |
| Mietunterkünfte | ✓ |
| Stellplätze vor Schranke | ✓ |

46.74837 | 8.04862

Der Familiencampingplatz liegt idyllisch am Brienzersee.

## Lage & Stellplatz

Der Familiencampingplatz Aaregg liegt am östlichen Ufer des Brienzersees, idyllisch auf einer Halbinsel nahe Brienz. Der Platz bietet 40 Dauer-, 25 Saison- und 180 Touristenplätze. Die gepflegte Anlage ist ein kleines Paradies für Familien und Gäste, die gerne erholsame Ferien verbringen möchten.

## Verpflegung

Für das leibliche Wohl sorgen das Restaurant „Aareggstube" mit Sonnenterrasse sowie der Campingshop mit einer Vielfalt an nützlichen Produkten. Zudem können in der Cafeteria jeden Morgen frische „Gipfeli" vom Bäcker genossen werden.

## Sanitär

Modernste Sanitäranlagen mit freier Warmwasserbenutzung, Familienkabinen (Dusche, WC und Waschbecken), Babyraum mit Wickeltisch und Badewanne sowie liebevoll eingerichtete Kinderabteile mit Elefantenduschen bieten absoluten Komfort. Außerdem vorhanden: Waschmaschinen, Trockner und Spülmaschinen.

## Freizeit

Für kleine Gäste gibt es einen großzügigen, fantasievollen Kinderspielplatz, Tischtennis, Kinderkino und einen Wasserspielplatz. Stand-up-Paddling-Boards können vor Ort gemietet werden. In naher Umgebung locken die Ausflugsziele Ballenberg, Brienzer Rothorn und eine Schifffahrt auf dem Brienzersee.

Erholsame Ferien.

Gepflegte Anlage.

**4.6** SEHR GUT
58 Bewertungen

| | |
|---|---|
| Lage | 4.9 |
| Ruhe | 3.9 |
| Sanitäranlagen | 4.8 |
| Sauberkeit Ø | 4.7 |
| Freundlichkeit | 4.7 |
| Stellplatz | 4.3 |
| Verpflegung | 3.7 |
| Freizeit | 4.6 |
| Preis-Leistung | 3.9 |
| Mietunterkünfte | 4.4 |

**Geeignet für**

- 4.7 Kinder b. 12 J.
- 4.6 Gäste mit Zelt
- 4.5 Kinder b. 6 J.
- 4.5 Paare
- 4.5 Senioren
- 4.4 Gäste mit Hund
- 4.0 Kinder b. 18 J.

**Empfohlene Aktivitäten**

Wandern · Schwimmen · Kayak/Kanu · Radfahren · Mountainbiking

Karte auf Seite 300

## 24 Camping Blüemlisalp

Griesalpstrasse
3723 Kiental
+41 33 676 12 35

46.5811 | 7.7286
950m ü.M.

ganzjährig
keine Angabe
**Mehr Infos & Anfrage:**
www.camping.info/17230

| | |
|---|---|
| Baden in nat. Gewässer | k. A. |
| Pool & Hallenbad | ✗ |
| Spielplatz am Platz | ✓ |
| Hunde erlaubt | Nur HS |
| Skilift & Loipe | ✓ |
| WLAN | ✓ |
| Lebensmittel | 500m |
| Brötchen | keine Angabe |
| Restaurant am P. | ✓ |
| Ver-/Entsorgung Womo | ✗ |
| in den Ort | 1km |
| Gesamt | keine Angabe |
| Mietunterkünfte | ✗ |
| Stellplätze vor Schranke | ✗ |

**4.3** SEHR GUT
7 Bewertungen

| | |
|---|---|
| Lage | 4.7 |
| Ruhe | 5.0 |
| Sanitäranlagen | 3.7 |
| Sauberkeit Ø | 4.8 |
| Freundlichkeit | 4.3 |
| Stellplatz | 4.2 |
| Verpflegung | 4.6 |
| Freizeit | 4.2 |
| Preis-Leistung | 4.3 |
| Mietunterkünfte | - |

**Geeignet für**

| | |
|---|---|
| Kinder b. 6 J. | 4.3 |
| Kinder b. 12 J. | 4.2 |
| Kinder b. 18 J. | 3.0 |
| Paare | 5.0 |
| Senioren | 5.0 |
| Gäste mit Zelt | 5.0 |
| Gäste mit Hund | 5.0 |

**Empfohlene Aktivitäten**

- Wandern
- Entspannen
- Mountainbiking

WOMOs über 9m nicht möglich

## 25 Camping Talacker

Rosswaldstrasse
3852 Ringgenberg bei Interlaken
+41 33 822 11 28

46.7075 | 7.9075
620m ü.M.

01.04. - 31.10.
01.11. - 31.12.
HS: 41,00 € | NS: 39,00 €
**Mehr Infos & Anfrage:**
www.camping.info/17238

| | |
|---|---|
| Baden im See | 500m |
| Pool/Hallenbad | 2/6km |
| Spielplatz am Platz | ✓ |
| Hunde willkommen | ✓ |
| Skilift/Loipe | 25/22km |
| WLAN | ✓ |
| Lebensmittel | ✓ |
| Brötchen am Platz | nur HS |
| Restaurant/Imbiss | 2km/✓ |
| Ver-/Entsorgung Womo | ✓ |
| im Ort | ✓ |
| Gesamt/Touristen | 60/40 |
| Mietunterkünfte | ✗ |
| Stellplätze vor Schranke | ✗ |

**4.9** SEHR GUT
29 Bewertungen

| | |
|---|---|
| Lage | 4.5 |
| Ruhe | 4.9 |
| Sanitäranlagen | 4.8 |
| Sauberkeit Ø | 5.0 |
| Freundlichkeit | 5.0 |
| Stellplatz | 4.6 |
| Verpflegung | 4.4 |
| Freizeit | 4.7 |
| Preis-Leistung | 4.7 |
| Mietunterkünfte | - |

**Geeignet für**

| | |
|---|---|
| Kinder b. 6 J. | 4.8 |
| Kinder b. 12 J. | 4.5 |
| Kinder b. 18 J. | 4.1 |
| Paare | 4.8 |
| Senioren | 4.8 |
| Gäste mit Zelt | 4.9 |
| Gäste mit Hund | 4.8 |

**Empfohlene Aktivitäten**

- Wandern
- Entspannen
- Mountainbiking

keine WOMOs über 10 m; keine Jugendgruppen

## 26 Camping Bellerive

Bellerivestr.38 38
3780 Gstaad
+41 33 744 63 30

46.4799 | 7.27439

ganzjährig
HS: 35,50 € | NS: 35,50 €
**Mehr Infos & Anfrage:**
www.camping.info/17212

| | |
|---|---|
| Baden in nat. Gewässer | k. A. |
| Pool/Hallenbad | 1/1km |
| Spielplatz | keine Angabe |
| Hunde willkommen | ✓ |
| Skilift/Loipe | 500/200m |
| WLAN | teilweise |
| Lebensmittel | 600m |
| Brötchen am Platz | ✗ |
| Restaurant/Imbiss | 100/500m |
| Ver-/Entsorgung Womo | ✗ |
| in den Ort | 700m |
| Gesamt/Touristen | 60/40 |
| Mietunterkünfte | ✓ |
| Stellplätze vor Schranke | ✗ |

**3.3** GUT
6 Bewertungen

| | |
|---|---|
| Lage | 4.2 |
| Ruhe | 3.0 |
| Sanitäranlagen | 2.2 |
| Sauberkeit Ø | 2.9 |
| Freundlichkeit | 3.8 |
| Stellplatz | 3.3 |
| Verpflegung | 2.3 |
| Freizeit | 4.3 |
| Preis-Leistung | 3.2 |
| Mietunterkünfte | 3.5 |

**Geeignet für**

| | |
|---|---|
| Kinder b. 6 J. | 2.6 |
| Kinder b. 12 J. | 3.2 |
| Kinder b. 18 J. | 3.6 |
| Paare | 3.4 |
| Senioren | 3.4 |
| Gäste mit Zelt | 3.2 |
| Gäste mit Hund | 3.0 |

**Empfohlene Aktivitäten**

- Wandern
- Mountainbiking
- Klettern

**Infos**

Öffnungszeiten
Vergleichspreis
Link

**Ausstattung**

Freizeit
Campingplatz
Versorgung
Anzahl der Plätze

# 30 Camping Seegarten

❄

Seestrasse 2
3775 Lenk
+41 337 331 616

www.campingseegarten.ch
lenk@campingseegarten.ch

01.01. - 15.04.
23.05. - 30.10.

HS: 31,00 € | NS: 31,00 €

**Mehr Infos & Anfrage:**
www.camping.info/17235

| | |
|---|---|
| Baden in nat. Gewässer | k. A. |
| Pool/Hallenbad | 1km |
| Spielplatz | 200m |
| Hunde willkommen | ✓ |
| Loipe | 200m |
| WLAN | ✓ |
| Lebensmittel | 400m |
| Brötchen am Platz | ✓ |
| Restaurant/Imbiss | 400/300m |
| Ver-/Entsorgung Womo | ✓ |
| in den Ort | 500m |
| Gesamt/Touristen | 70/25 |
| Mietunterkünfte | ✓ |
| Stellplätze vor Schranke | ✗ |

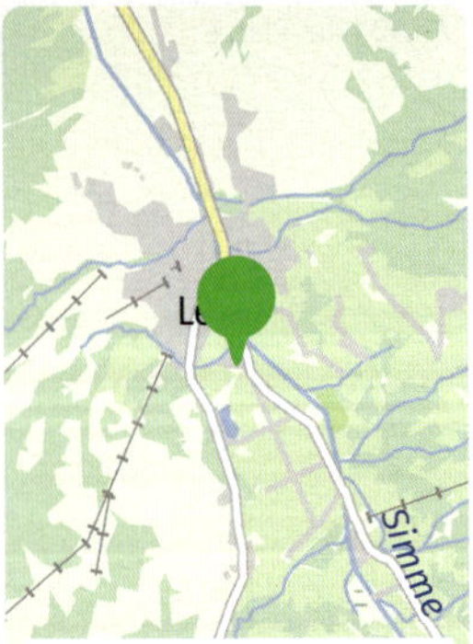


46.45224 | 7.44398
1065m ü.M.

Wundervolle Aussicht auf die Bergwelt.

## Lage & Stellplatz

Der ruhige und schön gelegene Campingplatz Seegarten liegt auf 1060 m ü. N. N. im Berner Oberland am Fuße des Wildstrubelmassivs nahe dem Dorf Lenk. Alle Stellplätze verfügen über 10-A-Stromanschlüsse und sind auf einer grünen, ebenen Wiese angelegt. Verschiedene Mietwohnwagen stehen zur Verfügung.

## Verpflegung

Im großen Aufenthaltsraum gibt es eine gut ausgestattete Küche mit Backofen, Mikrowelle und Kaffeemaschine. Einkaufsmöglichkeiten finden Sie nur wenige Gehminuten entfernt. Eine feine Bäckerei, ein gut sortierter Lebensmittelladen sowie tolle Restaurants befinden sich im nahe gelegenen Dorf.

## Sanitär

Der Campingplatz verfügt über komfortable Duschen, Einzelwaschkabinen, eine Waschmaschine & Wäschetrockner, Entsorgungsstation für Wohnmobile, einen großen Kleidertrockenraum, Trockenraum für Skischuhe, Abstellraum für Skis, Küche sowie eine Internetstation im Aufenthaltsraum inklusive gratis WLAN.

## Freizeit

Ein toller Spielplatz mit Schaukel, Rutsche, Basketballkorb, Trampolin, Tischtennis und großem Gartenschach versprechen viel Spaß und Action. Der Standort eignet sich gut für Wanderungen und Fahrradtouren. Im Winter bieten sich Skisport im schneesicheren Skigebiet von Adelboden/Lenk und Langlauf an.

Blick in nordwestliche Richtung.

Großzügiges Sanitärgebäude.

**3.0** GUT
5 Bewertungen

| | |
|---|---|
| Lage | 4.2 |
| Ruhe | 4.0 |
| Sanitäranlagen | 2.8 |
| Sauberkeit Ø | 4.0 |
| Freundlichkeit | 3.5 |
| Stellplatz | 2.8 |
| Verpflegung | 2.0 |
| Freizeit | 3.7 |
| Preis-Leistung | 4.3 |
| Mietunterkünfte | - |

**Geeignet für**

| | |
|---|---|
| 4.0 | Paare |
| 4.0 | Senioren |
| 3.0 | Kinder b. 18 J. |
| 3.0 | Gäste mit Hund |
| 3.2 | Kinder b. 12 J. |
| 3.0 | Gäste mit Zelt |
| 2.7 | Kinder b. 6 J. |

**Empfohlene Aktivitäten**

Wandern · Mountainbiking · Entspannen · Ski · Langlauf

Mietobjekte: Vier komfortable Wohnwagen in unterschiedlicher Grösse.

Karte auf Seite 300

## 27 Camping Rendez-Vous

✱

Hubleweg
3718 Kandersteg
+41 33 675 15 34

46.49686 | 7.68359
1200m ü.M.

ganzjährig

HS: 40,00 € | NS: 30,00 €
**Mehr Infos & Anfrage:**
www.camping.info/17229

| | |
|---|---|
| Baden im See | 3km |
| Pool/Hallenbad | 800m/13km |
| Spielplatz am Platz | ✓ |
| Hunde willkommen | ✓ |
| Skilift & Loipe | ✓ |
| WLAN | ✓ |
| Lebensmittel | ✓ |
| Brötchen am Platz | ✓ |
| Restaurant & Imbiss | ✓ |
| Ver-/Entsorgung Womo | ✓ |
| in den Ort | 800m |
| Gesamt/Touristen | 60/40 |
| Mietunterkünfte | ✗ |
| Stellplätze vor Schranke | ✗ |

**4.1** SEHR GUT
11 Bewertungen

| | |
|---|---|
| Lage | 4.5 |
| Ruhe | 4.9 |
| Sanitäranlagen | 3.9 |
| Sauberkeit Ø | 4.8 |
| Freundlichkeit | 5.0 |
| Stellplatz | 3.8 |
| Verpflegung | 3.9 |
| Freizeit | 4.6 |
| Preis-Leistung | 4.4 |
| Mietunterkünfte | - |

**Geeignet für**

| | |
|---|---|
| Kinder b. 6 J. | 3.9 |
| Kinder b. 12 J. | 4.3 |
| Kinder b. 18 J. | 4.7 |
| Paare | 4.6 |
| Senioren | 4.2 |
| Gäste mit Zelt | 5.0 |
| Gäste mit Hund | 4.8 |

**Empfohlene Aktivitäten**

- Wandern
- Cross Country
- Mountainbiking

## 28 Camping Rütti

Rütti
3824 Stechelberg
+41 33 855 28 85

46.54632 | 7.90143

01.05. - 30.09.

HS: 26,50 € | NS: 26,50 €
**Mehr Infos & Anfrage:**
www.camping.info/17242

| | |
|---|---|
| Baden in nat. Gewässer | k. A. |
| Pool & Hallenbad | ✗ |
| Spielplatz am Platz | ✓ |
| Hunde erlaubt | ✓ |
| Skilift & Loipe | keine Angabe |
| WLAN | keine Angabe |
| Lebensmittel | ✓ |
| Brötchen am Platz | ✓ |
| Restaurant & Imbiss | ✗ |
| Ver-/Entsorgung Womo | ✓ |
| in den Ort | keine Angabe |
| Gesamt/Touristen | 105/100 |
| Mietunterkünfte | ✗ |
| Stellplätze vor Schranke | ✗ |

**4.3** SEHR GUT
12 Bewertungen

| | |
|---|---|
| Lage | 4.9 |
| Ruhe | 4.4 |
| Sanitäranlagen | 3.6 |
| Sauberkeit Ø | 4.5 |
| Freundlichkeit | 4.4 |
| Stellplatz | 4.1 |
| Verpflegung | 3.3 |
| Freizeit | 4.6 |
| Preis-Leistung | 4.5 |
| Mietunterkünfte | - |

**Geeignet für**

| | |
|---|---|
| Kinder b. 6 J. | 3.4 |
| Kinder b. 12 J. | 3.8 |
| Kinder b. 18 J. | 4.6 |
| Paare | 4.8 |
| Senioren | 4.2 |
| Gäste mit Zelt | 4.5 |
| Gäste mit Hund | 2.8 |

**Empfohlene Aktivitäten**

- Wandern
- Klettern
- Mountainbiking

## 29 Camping Grassi

✱

Grassiweg 60
3714 Frutigen
+41 33 671 11 49

46.58135 | 7.64102
800m ü.M.

01.04. - 31.10.

HS: 37,50 € | NS: 32,00 €
**Mehr Infos & Anfrage:**
www.camping.info/17209

| | |
|---|---|
| Baden im Fluss | 1km |
| Pool/Hallenbad | 2km |
| Spielplatz am Platz | ✓ |
| Hunde erlaubt | ✓ |
| Skilift | 12km |
| WLAN | ✓ |
| Lebensmittel | 1km |
| Brötchen am Platz | ✓ |
| Restaurant/Imbiss | 1km |
| Ver-/Entsorgung Womo | ✓ |
| in den Ort | 1km |
| Gesamt/Touristen | 140/65 |
| Mietunterkünfte | ✓ |
| Stellplätze vor Schranke | ✗ |

**4.0** SEHR GUT
6 Bewertungen

| | |
|---|---|
| Lage | 4.7 |
| Ruhe | 4.8 |
| Sanitäranlagen | 3.5 |
| Sauberkeit Ø | 4.4 |
| Freundlichkeit | 4.3 |
| Stellplatz | 3.7 |
| Verpflegung | 1.7 |
| Freizeit | 4.4 |
| Preis-Leistung | 4.3 |
| Mietunterkünfte | 3.0 |

**Geeignet für**

| | |
|---|---|
| Kinder b. 6 J. | 4.0 |
| Kinder b. 12 J. | 4.0 |
| Kinder b. 18 J. | 2.3 |
| Paare | 4.7 |
| Senioren | 4.5 |
| Gäste mit Zelt | 4.2 |
| Gäste mit Hund | 4.6 |

**Empfohlene Aktivitäten**

- Wandern
- Entspannen
- Mountainbiking

**Infos**
Öffnungszeiten
Vergleichspreis
Link

**Ausstattung**
Freizeit
Campingplatz
Versorgung
Anzahl der Plätze

SCHWEIZ

# 5 Zentralschweiz

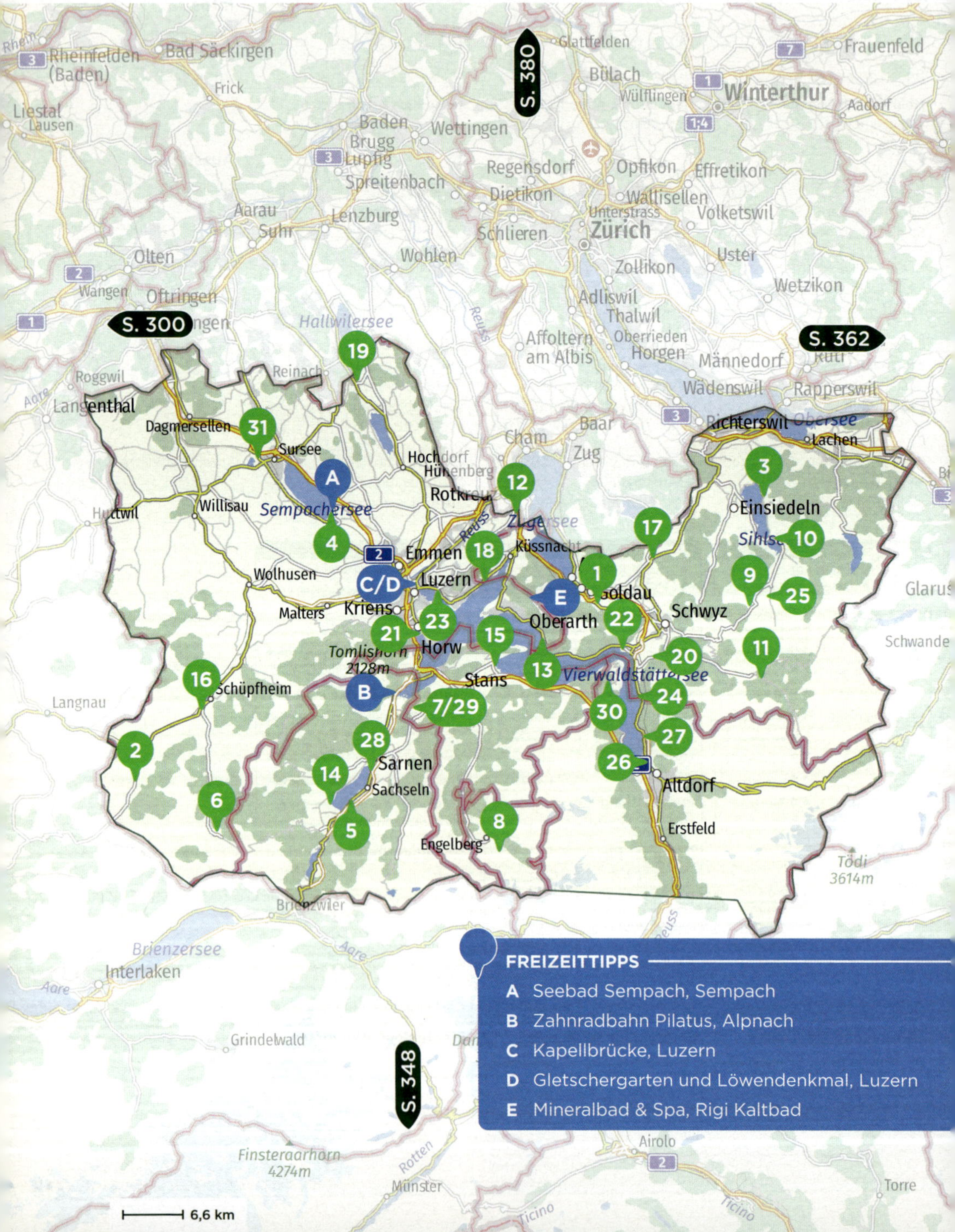


FREIZEITTIPPS

- **A** Seebad Sempach, Sempach
- **B** Zahnradbahn Pilatus, Alpnach
- **C** Kapellbrücke, Luzern
- **D** Gletschergarten und Löwendenkmal, Luzern
- **E** Mineralbad & Spa, Rigi Kaltbad

| | Platz | Seite | Bewertung | Öffnungszeiten | |
|---|---|---|---|---|---|
| 1 | Camping Buosingen | 320 | - | ganzjährig | ✻ |
| 2 | Camping Sternen | 320 | - | ganzjährig | ✻ |
| 3 | Camping Grüene Aff | 320 | 3.7 | ganzjährig | ✻ |
| 4 | TCS Camping Sempach | 320 | 4.5 | saisonal | Award |
| 5 | Camping Ewil | 321 | 4.7 | saisonal | ✻ |
| 6 | Camping Rischli | 321 | - | k. A. | |
| 7 | Camping Ebnet | 321 | - | k. A. | ✻ |
| 8 | Camping Eienwäldli | 322 | 4.4 | ganzjährig | ✻ |
| 9 | Camping Oberiberg | 322 | - | ganzjährig | ✻ |
| 10 | Camping Euthal | 322 | - | saisonal | |
| 11 | Camping Husky-Lodge | 322 | - | saisonal | |
| 12 | Erlebnisbauernhof & Camping Gerbe | 324 | 3.1 | saisonal | |
| 13 | Camping Vitznau | 323 | 4.5 | saisonal | |
| 14 | Camping International Giswil-Sarnersee | 323 | 4.2 | saisonal | |
| 15 | TCS Camping Buochs Vierwaldstättersee | 323 | 4.1 | saisonal | |
| 16 | Campingplatz Bad | 325 | - | k. A. | |
| 17 | Camping Kronematt | 325 | - | ganzjährig | ✻ |
| 18 | Seecamping Vierwaldstättersee Luzern Merlischachen | 325 | 4.3 | saisonal | |
| 19 | Camping-Seeblick | 327 | 3.0 | saisonal | |
| 20 | Ferienhof-Rüti | 327 | 4.9 | saisonal | |
| 21 | TCS Camping Luzern - Horw | 327 | 3.5 | saisonal | |
| 22 | Camping Hopfräben | 328 | 3.4 | saisonal | |
| 23 | Camping International Lido Luzern | 326 | 3.6 | ganzjährig | ✻ |
| 24 | Camping Bucheli | 328 | - | saisonal | |
| 25 | Camping Forellenhof | 328 | - | saisonal | ✻ |
| 26 | Remo Camping | 328 | 4.3 | ganzjährig | ✻ |
| 27 | Camping Windsurfing Urnersee | 329 | - | saisonal | |
| 28 | Camping Seefeld ***** | 330 | 3.9 | ganzjährig | ✻ |
| 29 | Camping Hostetten | 331 | 4.0 | saisonal | |
| 30 | Campingplatz Seeli | 331 | - | k. A. | |
| 31 | Camping Sursee Waldheim | 331 | 4.2 | saisonal | |

✻ Wintercamping FKK Textilfrei (ganz/teilweise) Ecocamping Award Onlinebuchung

Blick zum Reussdelta bei Seedorf am Urnersee © swiss-image.ch/Marcus Gyger

## DER SCHÖNSTE SEE DER SCHWEIZ

Der Vierwaldstättersee liegt im Herzen der Schweiz und zählt zu den schönsten Flecken der Schweiz. Die Region rund um den See gilt als die Wiege der Eidgenossenschaft, schließlich wurde hier der Bund zwischen Urner, Schwyzer und Unterwaldner geschlossen. Camper sind vor allem vom herrlichen See begeistert, der von eindrucksvollen Bergen umgeben ist und mit besonders mildem Klima punktet. Die größte Stadt am See und kulturelles Zentrum der Region ist Luzern, das mit zahlreichen Sehenswürdigkeiten, Museen und Veranstaltungen lockt.

## AKTIVE STUNDEN

Benannt nach den vier angrenzenden Waldstätten Uri, Unterwalden, Schwyz und Luzern, begeistert der Vierwaldstättersee mit seiner herrlichen Natur und den unzähligen Freizeitmöglichkeiten. Im Winter locken in der Umgebung die schönsten Skigebiete des Landes. Hunderte Pisten- und Loipen-Kilometer, Winterwanderwege und Rodelbahnen warten auf Wintersportfreunde. Im Sommer dient vor allem der See, dem Trinkwasserqualität bescheinigt wurde, der Erholung. Camper genießen wunderbare Stunden an den Stränden oder sie entdecken die spektakuläre Seenlandschaft mit dem Kanu. Taucher kommen am Vierwaldstättersee ebenfalls auf ihre Kosten: Zerklüftete Steilwände, Canyons und die abwechslungsreiche Unterwasserwelt laden zu ausgedehnten Tauchgängen ein. Unvergessen bleibt ein Schiffsausflug über den Vierwaldstättersee, der gut mit einer Wanderung oder einer Radtour in der malerischen Umgebung kombiniert werden kann.

Matterhorn Gotthard Bahn bei Grossboden, Andermatt
© swiss-image.ch/Jan Geerk

## LUZERN – KULTURELLES ZENTRUM DER ZENTRALSCHWEIZ

Sehenswürdigkeiten gibt es rund um den Vierwaldstättersee zur Genüge. Eine besonders große Dichte ist dabei in Luzern zu finden: Wahrzeichen der Stadt ist die berühmte Kapellbrücke, die als älteste Holzbrücke Europas gilt. Am Ende des Bauwerks steht der Wasserturm aus dem 14. Jahrhundert, der in seiner langen Vergangenheit unter anderem als Folterraum und Gefängnis genutzt wurde und heute zu den meistfotografierten Denkmälern der Schweiz zählt. Unzählige Male abgelichtet wurden auch der in natürlichen Stein gehauene „Sterbende Löwe von Luzern", die barocke Jesuitenkirche, das im italienischen Renaissancestil erbaute Rathaus und das Kongresszentrum Luzern (KKL). Sehenswert sind zudem die Museen der Stadt, allen voran die Sammlung Rosengart, die Werke von Künstlern der klassischen Moderne zeigt, und das Verkehrshaus, das meistbesuchte Museum der Schweiz.

## DIE STEILSTE ZAHNRADBAHN DER WELT

Seit 1889 führt die Pilatusbahn auf den berühmten Hausberg von Luzern, den Pilatus. Die maximale Steigung beträgt 48 Prozent und macht die Fahrt mit der Zahnradbahn zu einem einmaligen Erlebnis. Alternativ kann der Berg in weniger als vier Minuten mit der Luftseilbahn erklommen werden. Ein besonderes Highlight sind die Panorama-Sitzplätze im vorderen und hinteren Teil der Kabine, die ein Gefühl wie in einem Helikopter vermitteln. Am Gipfel angekommen stehen den Sportbegeisterten alle Wege offen: Wandern, Klettern, Mountainbiken sowie die Sommerrodelbahn sorgen für bestes Freizeitvergnügen. Großartige Ausblicke auf Luzern und die umliegende Bergwelt bietet die Aussichtsplattform, die sich direkt an der Bergstation befindet.

Nachtpanorama von Andermatt, Richtung Furkapass © swiss-image.ch/Jan Geerk

**TIPP DER REDAKTION**

**Camping Eienwäldli**

Engelberg | Nr. 8 | Seite 322

Laut Gästen ideal geeignet zum:

- Wandern
- Entspannen
- Wellness

4.6

## 1 Camping Buosingen

❄

Gotthardstr. 84
6410 Goldau
+41 795 856 586

47.03787 | 8.56066

ganzjährig

HS: 18,30 € | NS: 18,30 €

**Mehr Infos & Anfrage:**
www.camping.info/22043

| | |
|---|---|
| Baden im See | 2km |
| Pool & Hallenbad | × |
| Spielplatz am Platz | ✓ |
| Hunde | × |
| Skilift & Loipe | keine Angabe |
| WLAN | keine Angabe |
| Lebensmittel | ✓ |
| Brötchen | keine Angabe |
| Restaurant & Imbiss | × |
| Ver-/Entsorgung Womo | × |
| in den Ort | 2km |
| Gesamt | 170 |
| Mietunterkünfte | × |
| Stellplätze vor Schranke | × |

- JETZT BEWERTEN!

Für diese Auswertung liegen leider noch nicht genügend Bewertungen vor.

Sei einer der Ersten, der diesen Campingplatz bewertet. Unter den Bewertern werden regelmäßig Gewinne verlost!

Mehr Infos dazu findest du in unserem allgemeinen Intro.

## 2 Camping Sternen

❄

6196 Marbach

46.8732 | 7.908
852m ü.M.

ganzjährig

keine Angabe

**Mehr Infos & Anfrage:**
www.camping.info/25102

| | |
|---|---|
| Baden in nat. Gewässer | k. A. |
| Pool & Hallenbad | × |
| Spielplatz | keine Angabe |
| Hunde willkommen | ✓ |
| Skilift & Loipe | keine Angabe |
| WLAN | keine Angabe |
| Lebensmittel | k.A. |
| Brötchen | keine Angabe |
| Restaurant & Imbiss | × |
| Ver-/Entsorgung Womo | × |
| in den Ort | 1km |
| Gesamt/Touristen | 175/15 |
| Mietunterkünfte | × |
| Stellplätze vor Schranke | × |

- JETZT BEWERTEN!

Für diese Auswertung liegen leider noch nicht genügend Bewertungen vor.

Sei einer der Ersten, der diesen Campingplatz bewertet. Unter den Bewertern werden regelmäßig Gewinne verlost!

Mehr Infos dazu findest du in unserem allgemeinen Intro.

## 3 Camping Grüene Aff

❄

Sulzelstraße 10
8846 Willerzell
+41 55 412 41 31

47.13924 | 8.792

ganzjährig

HS: 30,20 € | NS: 30,20 €

**Mehr Infos & Anfrage:**
www.camping.info/17196

| | |
|---|---|
| Baden im See am Platz | ✓ |
| Pool & Hallenbad | × |
| Spielplatz am Platz | ✓ |
| Hunde erlaubt | ✓ |
| Skilift & Loipe | × |
| WLAN (gegen Gebühr) | ✓ |
| Lebensmittel | ✓ |
| Brötchen am Platz | ✓ |
| Restaurant & Imbiss | ✓ |
| Ver-/Entsorgung Womo | ✓ |
| in den Ort | 500m |
| Gesamt | keine Angabe |
| Mietunterkünfte | × |
| Stellplätze vor Schranke | × |

3.0 GUT
4 Bewertungen

| | |
|---|---|
| Lage | 3.5 |
| Ruhe | 3.2 |
| Sanitäranlagen | 5.0 |
| Sauberkeit Ø | 5.0 |
| Freundlichkeit | 4.3 |
| Stellplatz | 2.5 |
| Verpflegung | 4.3 |
| Freizeit | 3.0 |
| Preis-Leistung | 3.0 |
| Mietunterkünfte | - |

**Geeignet für**

| | |
|---|---|
| Kinder b. 6 J. | 3.0 |
| Kinder b. 12 J. | 3.0 |
| Kinder b. 18 J. | 3.0 |
| Paare | 4.0 |
| Senioren | 4.0 |
| Gäste mit Zelt | 3.0 |
| Gäste mit Hund | 5.0 |

**Empfohlene Aktivitäten**

- Wandern
- Schwimmen
- Kulinarik

## 4 TCS Camping Sempach

👍

Seelandstrasse 6
6204 Sempach
+41 41 460 14 66

47.12456 | 8.1895
508m ü.M.

23.03. - 25.10.

HS: 61,50 € | NS: 44,80 €

**Mehr Infos & Anfrage:**
www.camping.info/17189

| | |
|---|---|
| Baden im See am Platz | ✓ |
| Pool & Hallenbad | × |
| Spielplatz am Platz | ✓ |
| Hunde willkommen | ✓ |
| Skilift & Loipe | × |
| WLAN | ✓ |
| Lebensmittel | ✓ |
| Brötchen am Platz | ✓ |
| Restaurant & Imbiss | ✓ |
| Ver-/Entsorgung Womo | ✓ |
| in den Ort | 1km |
| Gesamt/Touristen | 430/230 |
| Mietunterkünfte | ✓ |
| Stellplätze vor Schranke | × |

4.5 SEHR GUT
123 Bewertungen

| | |
|---|---|
| Lage | 4.7 |
| Ruhe | 4.1 |
| Sanitäranlagen | 4.4 |
| Sauberkeit Ø | 4.7 |
| Freundlichkeit | 4.6 |
| Stellplatz | 4.3 |
| Verpflegung | 3.8 |
| Freizeit | 4.2 |
| Preis-Leistung | 3.9 |
| Mietunterkünfte | 4.7 |

**Geeignet für**

| | |
|---|---|
| Kinder b. 6 J. | 4.6 |
| Kinder b. 12 J. | 4.6 |
| Kinder b. 18 J. | 4.3 |
| Paare | 4.7 |
| Senioren | 4.6 |
| Gäste mit Zelt | 4.6 |
| Gäste mit Hund | 4.2 |

**Empfohlene Aktivitäten**

- Schwimmen
- Radfahren
- Entspannen

AWARD 2020

Karte auf Seite 316

## 5 Camping Ewil

✱

Brünigstrasse 258
6072 Sachseln
+41 41 666 32 70

46.8558 | 8.21517

01.05. - 30.09.

HS: 35,60 €

**Mehr Infos & Anfrage:**
www.camping.info/25600

| | |
|---|---|
| Baden im See am Platz | ✓ |
| Pool & Hallenbad | ✗ |
| Spielplatz | ✗ |
| Hunde erlaubt | ✓ |
| Skilift & Loipe | ✗ |
| WLAN (begrenzt gratis) | ✓ |
| Lebensmittel | ✓ |
| Brötchen am Platz | nur HS |
| Restaurant/Imbiss | 50m/✓ |
| Ver-/Entsorgung Womo | ✓ |
| im Ort | ✓ |
| Gesamt | keine Angabe |
| Mietunterkünfte | ✗ |
| Stellplätze vor Schranke | ✗ |

**4.7** SEHR GUT
3 Bewertungen

| | |
|---|---|
| Lage | 4.3 |
| Ruhe | 4.0 |
| Sanitäranlagen | 4.3 |
| Sauberkeit Ø | 5.0 |
| Freundlichkeit | 5.0 |
| Stellplatz | 4.0 |
| Verpflegung | 3.0 |
| Freizeit | 4.0 |
| Preis-Leistung | 4.7 |
| Mietunterkünfte | - |

**Geeignet für**

| | |
|---|---|
| Kinder b. 6 J. | 4.0 |
| Kinder b. 12 J. | 4.0 |
| Kinder b. 18 J. | 4.0 |
| Paare | 5.0 |
| Senioren | 5.0 |
| Gäste mit Zelt | 4.0 |
| Gäste mit Hund | 4.5 |

**Empfohlene Aktivitäten**

- Radfahren
- Wandern
- Schwimmen

## 6 Camping Rischli

6174 Sörenberg

46.82629 | 8.024

keine Angabe

keine Angabe

**Mehr Infos & Anfrage:**
www.camping.info/17192

| | |
|---|---|
| Baden in nat. Gewässer | k. A. |
| Pool & Hallenbad | ✗ |
| Spielplatz | keine Angabe |
| Hunde | ✗ |
| Skilift & Loipe | keine Angabe |
| WLAN | keine Angabe |
| Lebensmittel | k.A. |
| Brötchen | keine Angabe |
| Restaurant & Imbiss | ✗ |
| Ver-/Entsorgung Womo | ✗ |
| in den Ort | keine Angabe |
| Gesamt | keine Angabe |
| Mietunterkünfte | ✗ |
| Stellplätze vor Schranke | ✗ |

- JETZT BEWERTEN!

Für diese Auswertung liegen leider noch nicht genügend Bewertungen vor.

Sei einer der Ersten, der diesen Campingplatz bewertet. Unter den Bewertern werden regelmäßig Gewinne verlost!

Mehr Infos dazu findest du in unserem allgemeinen Intro.

## 7 Camping Ebnet

✱

Ebnet 1
6372 Ennetmoos

46.93663 | 8.29874

keine Angabe

HS: 20,00 € | NS: 20,00 €

**Mehr Infos & Anfrage:**
www.camping.info/26072

| | |
|---|---|
| Baden in nat. Gewässer | k. A. |
| Pool/Hallenbad | 8/3km |
| Spielplatz | ✗ |
| Hunde erlaubt | ✓ |
| Skilift/Loipe | 12km |
| WLAN | ✓ |
| Lebensmittel | 2km |
| Brötchen am Platz | ✗ |
| Restaurant/Imbiss | 1/2km |
| Ver-/Entsorgung Womo | ✗ |
| in den Ort | 8km |
| Gesamt/Touristen | 8/5 |
| Mietunterkünfte | ✓ |
| Stellplätze vor Schranke | ✗ |

- JETZT BEWERTEN!

Für diese Auswertung liegen leider noch nicht genügend Bewertungen vor.

Sei einer der Ersten, der diesen Campingplatz bewertet. Unter den Bewertern werden regelmäßig Gewinne verlost!

Mehr Infos dazu findest du in unserem allgemeinen Intro.

**Infos**

Öffnungszeiten
Vergleichspreis
Link

**Ausstattung**

Freizeit
Campingplatz
Versorgung
Anzahl der Plätze

## 8 Camping Eienwäldli

❄

Wasserfallstraße 108
6390 Engelberg
+41 41 637 19 49

46.80944 | 8.4225
1000m ü.M.

ganzjährig

HS: 37,10 € | NS: 33,70 €

**Mehr Infos & Anfrage:**
www.camping.info/17179

| | |
|---|---|
| Baden in nat. Gewässer | k. A. |
| Pool/Hallenbad | 2km/✓ |
| Spielplatz am Platz | ✓ |
| Hunde willkommen | ✓ |
| Skilift/Loipe | 500m/✓ |
| WLAN | ✓ |
| Lebensmittel | ✓ |
| Brötchen am Platz | ✓ |
| Restaurant & Imbiss | ✓ |
| Ver-/Entsorgung Womo | ✓ |
| in den Ort | 1km |
| Gesamt/Touristen | 220/120 |
| Mietunterkünfte | ✓ |
| Stellplätze vor Schranke | ✗ |

**4.6** SEHR GUT
29 Bewertungen

| | |
|---|---|
| Lage | 4.6 |
| Ruhe | 4.6 |
| Sanitäranlagen | 4.6 |
| Sauberkeit Ø | 4.8 |
| Freundlichkeit | 4.6 |
| Stellplatz | 4.5 |
| Verpflegung | 4.6 |
| Freizeit | 4.7 |
| Preis-Leistung | 4.2 |
| Mietunterkünfte | 5.0 |

**Geeignet für**

| | |
|---|---|
| Kinder b. 6 J. | 4.7 |
| Kinder b. 12 J. | 4.7 |
| Kinder b. 18 J. | 4.3 |
| Paare | 4.8 |
| Senioren | 4.7 |
| Gäste mit Zelt | 4.8 |
| Gäste mit Hund | 4.5 |

**Empfohlene Aktivitäten**

- Wandern
- Entspannen
- Wellness

keine WOMOs über 10 m

## 9 Camping Oberiberg

❄

Laucherenstrasse 30
8843 Oberiberg
+41 79 414 21 99

47.0362 | 8.77348

ganzjährig

HS: 30,00 € | NS: 30,00 €

**Mehr Infos & Anfrage:**
www.camping.info/17187

| | |
|---|---|
| Baden in nat. Gewässer | k. A. |
| Pool & Hallenbad | ✗ |
| Spielplatz am Platz | ✓ |
| Hunde erlaubt | ✓ |
| Skilift | 1km |
| WLAN (gegen Gebühr) | ✓ |
| Lebensmittel | ✓ |
| Brötchen am Platz | ✗ |
| Restaurant & Imbiss | ✓ |
| Ver-/Entsorgung Womo | ✓ |
| in den Ort | 500m |
| Touristenplätze | 8 |
| Mietunterkünfte | ✓ |
| Stellplätze vor Schranke | ✗ |

- JETZT BEWERTEN!

Für diese Auswertung liegen leider noch nicht genügend Bewertungen vor.

Sei einer der Ersten, der diesen Campingplatz bewertet. Unter den Bewertern werden regelmäßig Gewinne verlost!

Mehr Infos dazu findest du in unserem allgemeinen Intro.

## 10 Camping Euthal

Euthalerstr. 10
8844 Euthal
+41 795 017 673

47.09696 | 8.81194

01.05. - 31.10.

HS: 35,00 € | NS: 35,00 €

**Mehr Infos & Anfrage:**
www.camping.info/17180

| | |
|---|---|
| Baden im See am Platz | ✓ |
| Hallenbad | 3km |
| Spielplatz am Platz | ✓ |
| Hunde | ✗ |
| Skilift/Loipe | 4km |
| WLAN | ✓ |
| Lebensmittel | 200m |
| Brötchen am Platz | ✗ |
| Restaurant/Imbiss | 100m |
| Ver-/Entsorgung Womo | ✓ |
| in den Ort | 3km |
| Gesamt/Touristen | 75/5 |
| Mietunterkünfte | ✗ |
| Stellplätze vor Schranke | ✗ |

- JETZT BEWERTEN!

Für diese Auswertung liegen leider noch nicht genügend Bewertungen vor.

Sei einer der Ersten, der diesen Campingplatz bewertet. Unter den Bewertern werden regelmäßig Gewinne verlost!

Mehr Infos dazu findest du in unserem allgemeinen Intro.

## 11 Camping Husky-Lodge

Balm 40
6436 Muotathal
+41 41 831 81 50

46.97064 | 8.78863
650m ü.M.

01.05. - 31.10.

HS: 45,00 € | NS: 45,00 €

**Mehr Infos & Anfrage:**
www.camping.info/26419

| | |
|---|---|
| Baden in nat. Gewässer | k. A. |
| Hallenbad | 3km |
| Spielplatz am Platz | ✓ |
| Hunde willkommen | ✓ |
| Skilift/Loipe | 10/3km |
| WLAN | ✓ |
| Lebensmittel | 1km |
| Brötchen am Platz | ✗ |
| Restaurant am P. | ✓ |
| Ver-/Entsorgung Womo | ✗ |
| in den Ort | 10km |
| Gesamt | keine Angabe |
| Mietunterkünfte | ✓ |
| Stellplätze vor Schranke | ✗ |

- JETZT BEWERTEN!

Für diese Auswertung liegen leider noch nicht genügend Bewertungen vor.

Sei einer der Ersten, der diesen Campingplatz bewertet. Unter den Bewertern werden regelmäßig Gewinne verlost!

Mehr Infos dazu findest du in unserem allgemeinen Intro.

Karte auf Seite 316

Infos: Öffnungszeiten, Vergleichspreis, Link

Ausstattung: Freizeit, Campingplatz, Versorgung, Anzahl der Plätze

## 13 Camping Vitznau

Altdorfstraße 34
6354 Vitznau
+41 41 397 12 80

47.00592 | 8.48659
440m ü.M.

28.03. - 04.10.

HS: 44,00 € | NS: 37,00 €

**Mehr Infos & Anfrage:** www.camping.info/17193

| | |
|---|---|
| Baden im See | 500m |
| Pool/Hallenbad | ✓/5km |
| Spielplatz | 10m |
| Hunde willkommen | ✓ |
| Skilift/Loipe | 20km |
| WLAN | ✓ |
| Lebensmittel | ✓ |
| Brötchen am Platz | ✓ |
| Restaurant/Imbiss | 500m/✓ |
| Ver-/Entsorgung Womo | ✓ |
| in den Ort | 10m |
| Gesamt/Touristen | 150/80 |
| Mietunterkünfte | ✓ |
| Stellplätze vor Schranke | ✗ |

**4.4** SEHR GUT
24 Bewertungen

| | |
|---|---|
| Lage | 4.6 |
| Ruhe | 4.4 |
| Sanitäranlagen | 4.5 |
| Sauberkeit Ø | 4.8 |
| Freundlichkeit | 4.6 |
| Stellplatz | 4.1 |
| Verpflegung | 3.6 |
| Freizeit | 4.5 |
| Preis-Leistung | 4.1 |
| Mietunterkünfte | 5.0 |

**Geeignet für**

| | |
|---|---|
| Kinder b. 6 J. | 3.9 |
| Kinder b. 12 J. | 4.1 |
| Kinder b. 18 J. | 3.9 |
| Paare | 4.8 |
| Senioren | 4.7 |
| Gäste mit Zelt | 4.6 |
| Gäste mit Hund | 4.2 |

**Empfohlene Aktivitäten**

- Wandern
- Schwimmen
- Entspannen

## 14 Camping International Giswil-Sarnersee

Campingstrasse 11
6074 Giswil

46.85377 | 8.1882

01.04. - 15.10.

keine Angabe

**Mehr Infos & Anfrage:** www.camping.info/27101

| | |
|---|---|
| Baden im See am Platz | ✓ |
| Pool & Hallenbad | ✗ |
| Spielplatz am Platz | ✓ |
| Hunde willkommen | ✓ |
| Skilift & Loipe | keine Angabe |
| WLAN | keine Angabe |
| Lebensmittel | ✓ |
| Brötchen am Platz | ✓ |
| Restaurant & Imbiss | ✓ |
| Ver-/Entsorgung Womo | ✗ |
| in den Ort | 2km |
| Gesamt | keine Angabe |
| Mietunterkünfte | ✓ |
| Stellplätze vor Schranke | ✗ |

**4.2** SEHR GUT
5 Bewertungen

| | |
|---|---|
| Lage | 4.4 |
| Ruhe | 4.0 |
| Sanitäranlagen | 4.6 |
| Sauberkeit Ø | 4.8 |
| Freundlichkeit | 5.0 |
| Stellplatz | 4.2 |
| Verpflegung | 3.8 |
| Freizeit | 4.2 |
| Preis-Leistung | 4.0 |
| Mietunterkünfte | - |

**Geeignet für**

| | |
|---|---|
| Kinder b. 6 J. | 3.5 |
| Kinder b. 12 J. | 4.5 |
| Kinder b. 18 J. | 4.0 |
| Paare | 4.8 |
| Senioren | 4.3 |
| Gäste mit Zelt | 3.0 |
| Gäste mit Hund | 4.3 |

**Empfohlene Aktivitäten**

- Radfahren
- Schwimmen
- Wandern

## 15 TCS Camping Buochs Vierwaldstättersee

Seefeld 4
6374 Buochs-Ennetbürgen
+41 41 620 34 74

46.97956 | 8.41842
465m ü.M.

02.04. - 25.10.

HS: 52,70 € | NS: 40,00 €

**Mehr Infos & Anfrage:** www.camping.info/17178

| | |
|---|---|
| Baden im See | 200m |
| Pool & Hallenbad | ✗ |
| Spielplatz am Platz | ✓ |
| Hunde willkommen | ✓ |
| Skilift & Loipe | ✗ |
| WLAN | ✓ |
| Lebensmittel | 200m |
| Brötchen am Platz | ✓ |
| Restaurant/Imbiss | 100m |
| Ver-/Entsorgung Womo | ✓ |
| in den Ort | 800m |
| Gesamt/Touristen | 220/120 |
| Mietunterkünfte | ✓ |
| Stellplätze vor Schranke | ✗ |

**4.1** SEHR GUT
39 Bewertungen

| | |
|---|---|
| Lage | 4.3 |
| Ruhe | 3.8 |
| Sanitäranlagen | 4.5 |
| Sauberkeit Ø | 4.6 |
| Freundlichkeit | 4.6 |
| Stellplatz | 4.0 |
| Verpflegung | 3.2 |
| Freizeit | 4.5 |
| Preis-Leistung | 3.9 |
| Mietunterkünfte | 3.9 |

**Geeignet für**

| | |
|---|---|
| Kinder b. 6 J. | 4.1 |
| Kinder b. 12 J. | 4.2 |
| Kinder b. 18 J. | 3.8 |
| Paare | 4.2 |
| Senioren | 4.3 |
| Gäste mit Zelt | 4.0 |
| Gäste mit Hund | 4.2 |

**Empfohlene Aktivitäten**

- Schwimmen
- Wandern
- Kayak/Kanu

# 12 Erlebnisbauernhof & Camping Gerbe

Gerbe 1
6344 Meierskappel
+41417904534
www.swiss-bauernhof.ch
info@swiss-bauernhof.ch

01.03. - 31.10.

HS: 28,80 € | NS: 28,80 €
**Mehr Infos & Anfrage:**
www.camping.info/22042

| | |
|---|---|
| Baden im See | 1km |
| Pool/Hallenbad | ✓/10km |
| Spielplatz am Platz | ✓ |
| Hunde willkommen | ✓ |
| Skilift/Loipe | 10/25km |
| WLAN | ✓ |
| Lebensmittel | ✓ |
| Brötchen am Platz | ✓ |
| Restaurant & Imbiss | ✓ |
| Ver-/Entsorgung Womo | ✓ |
| in den Ort | 300m |
| Gesamt/Touristen | 80/60 |
| Mietunterkünfte | ✗ |
| Stellplätze vor Schranke | ✗ |

47.12136 | 8.44586
450m ü.M.

Idyllischer Erlebnisbauernhof inmitten der Zentralschweiz. Blick auf Rigi.

## Lage & Stellplatz

Der Erlebnisbauernhof Gerbe liegt in Meierskappel (Luzern) inmitten der Zentralschweiz und ist somit ein idealer Ausgangspunkt, um die gesamte Schweiz zu entdecken. Zwischen dem Zuger- und Vierwaldstättersee, am Fuße des Hausbergs Rigi, genießt man entspannende Ferien in der idyllischen Natur.

## Verpflegung

Für die Verpflegung am Platz sorgen das gemütliche Restaurant mit hofeigenen, regionalen Produkten sowie der Hofladen mit Produkten des täglichen Bedarfs. Auch frisches Brot oder tolles Frühstück werden auf Bestellung geliefert. Die ländliche Atmosphäre genießt man am besten auf der großen Terrasse.

## Sanitär

Der Campingplatz verfügt über neue, moderne und barrierefreie Sanitäranlagen. Diese umfassen unter anderem eine Waschmaschine, einen Trockner und kostenloses Warmwasser. Des Weiteren wird eine Ver- und Entsorgungsstation für Wohnmobile geboten.

## Freizeit

Der Platz liegt zentral mitten in der Schweiz, in bester Verkehrslage. Von hier aus kann man die ganze Schweiz mit Tagesausflügen entdecken. Auf dem Erlebnisbauernhof wird es niemals langweilig – das Schwimmbad, der große Spielplatz mit Feuerstelle und viele Tiere bieten erlebnisreiche Urlaubstage.

Neue, moderne Sanitäranlagen.

Großes Schwimmbad am Platz.

**3.1** GUT
16 Bewertungen

| | |
|---|---|
| Lage | 3.6 |
| Ruhe | 3.5 |
| Sanitäranlagen | 2.6 |
| Sauberkeit Ø | 3.3 |
| Freundlichkeit | 3.9 |
| Stellplatz | 3.2 |
| Verpflegung | 3.1 |
| Freizeit | 3.5 |
| Preis-Leistung | 3.8 |
| Mietunterkünfte | - |

**Geeignet für**

4.3 Gäste mit Hund

4.2 Gäste mit Zelt
4.0 Kinder b. 6 J.
3.3 Senioren
4.1 Kinder b. 12 J.
3.5 Paare
2.6 Kinder b. 18 J.

**Empfohlene Aktivitäten**

Wandern
Entspannen
Radfahren
Motorrad
Mountainbiking

Geniessen Sie den Luxus der Natur, Produkte vom Hof im Hofladen erhältlich

Karte auf Seite 316

## 16 Campingplatz Bad

6170 Schüpfheim

46.94139 | 8.0069

| | |
|---|---|
| keine Angabe | |
| keine Angabe | |
| **Mehr Infos & Anfrage:** www.camping.info/25652 | |

| | |
|---|---|
| Baden in nat. Gewässer | k. A. |
| Pool & Hallenbad | ✗ |
| Spielplatz | keine Angabe |
| Hunde | ✗ |
| Skilift & Loipe | keine Angabe |
| WLAN | keine Angabe |
| Lebensmittel | k.A. |
| Brötchen | keine Angabe |
| Restaurant & Imbiss | ✗ |
| Ver-/Entsorgung Womo | ✗ |
| in den Ort | keine Angabe |
| Gesamt | keine Angabe |
| Mietunterkünfte | ✗ |
| Stellplätze vor Schranke | ✗ |

- JETZT BEWERTEN!

Für diese Auswertung liegen leider noch nicht genügend Bewertungen vor.

Sei einer der Ersten, der diesen Campingplatz bewertet. Unter den Bewertern werden regelmäßig Gewinne verlost!

Mehr Infos dazu findest du in unserem allgemeinen Intro.

## 17 Camping Kronematt

✻

Schlagstraße 60
6417 Sattel
+41 835 13 13

47.08131 | 8.6348

| | |
|---|---|
| ganzjährig | |
| HS: 28,00 € \| NS: 28,00 € | |
| **Mehr Infos & Anfrage:** www.camping.info/25770 | |

| | |
|---|---|
| Baden in nat. Gewässer | k. A. |
| Pool & Hallenbad | ✗ |
| Spielplatz am Platz | ✓ |
| Hunde erlaubt | ✓ |
| Skilift & Loipe | ✓ |
| WLAN (gegen Gebühr) | ✓ |
| Lebensmittel | ✓ |
| Brötchen am Platz | ✗ |
| Restaurant & Imbiss | ✓ |
| Ver-/Entsorgung Womo | ✓ |
| im Ort | ✓ |
| Gesamt | keine Angabe |
| Mietunterkünfte | ✗ |
| Stellplätze vor Schranke | ✗ |

- JETZT BEWERTEN!

Für diese Auswertung liegen leider noch nicht genügend Bewertungen vor.

Sei einer der Ersten, der diesen Campingplatz bewertet. Unter den Bewertern werden regelmäßig Gewinne verlost!

Mehr Infos dazu findest du in unserem allgemeinen Intro.

## 18 Seecamping Vierwaldstättersee Luzern Merlischachen

Luzernerstrasse 271
6402 Merlischachen / Luzern
+41 41 8500804

47.0618 | 8.40285
435m ü.M.

| | |
|---|---|
| 08.06. - 30.09. | |
| HS: 48,00 € \| NS: 42,00 € | |
| **Mehr Infos & Anfrage:** www.camping.info/17184 | |

| | |
|---|---|
| Baden im See am Platz | ✓ |
| Pool & Hallenbad | ✗ |
| Spielplatz | ✗ |
| Hunde | ✗ |
| Skilift & Loipe | ✗ |
| WLAN | ✗ |
| Lebensmittel | 600m |
| Brötchen am Platz | ✗ |
| Restaurant | 500m |
| Ver-/Entsorgung Womo | ✗ |
| in den Ort | 600m |
| Gesamt/Touristen | 30/20 |
| Mietunterkünfte | ✗ |
| Stellplätze vor Schranke | ✗ |

4.3 SEHR GUT
11 Bewertungen

| | |
|---|---|
| Lage | 4.6 |
| Ruhe | 3.9 |
| Sanitäranlagen | 4.1 |
| Sauberkeit Ø | 5.0 |
| Freundlichkeit | 5.0 |
| Stellplatz | 4.1 |
| Verpflegung | 2.8 |
| Freizeit | 4.0 |
| Preis-Leistung | 3.8 |
| Mietunterkünfte | - |

**Geeignet für**

| | |
|---|---|
| Kinder b. 6 J. | 3.7 |
| Kinder b. 12 J. | 4.0 |
| Kinder b. 18 J. | 4.0 |
| Paare | 4.6 |
| Senioren | 4.4 |
| Gäste mit Zelt | 4.5 |
| Hunde n. erlaubt | - |

**Empfohlene Aktivitäten**

- Radfahren
- Wandern
- Kayak/Kanu

**Infos**

Öffnungszeiten

Vergleichspreis

Link

**Ausstattung**

Freizeit

Campingplatz

Versorgung

Anzahl der Plätze

# 23 Camping International Lido Luzern

*
Lidostrasse 19
6006 Luzern
+41 (0)41 370 21 46
www.camping-international.ch
luzern@camping-international.ch

ganzjährig

HS: 57,00 € | NS: 57,00 €

**Mehr Infos & Anfrage:**
www.camping.info/27107

| | |
|---|---|
| Baden im See | 100m |
| Pool/Hallenbad | 100m/5km |
| Spielplatz | 100m |
| Hunde willkommen | ✓ |
| Skilift/Loipe | 15km |
| WLAN | ✓ |
| Lebensmittel | 500m |
| Brötchen am Platz | nur HS |
| Restaurant/Imbiss | 200m/✓ |
| Ver-/Entsorgung Womo | ✓ |
| im Ort | ✓ |
| Gesamt | 250 |
| Mietunterkünfte | ✓ |
| Stellplätze vor Schranke | ✗ |

1 km
47.04998 | 8.33811
435m ü.M.

Der parkähnliche 4-Sterne-Campingplatz liegt abseits von Straßenlärm.

## Lage & Stellplatz

Der parkähnlich angelegte 4-Sterne-Campingplatz liegt abseits von Straßenlärm, nur wenige Autominuten vom Stadtkern Luzern (direkte Busverbindung) und 3 Gehminuten vom wunderschönen Vierwaldstättersee und Strandbad entfernt. Der Platz ist ganzjährig geöffnet und verfügt über tolle Stellplätze.

## Verpflegung

Für das leibliche Wohl sorgt das Bistro auf dem Platz mit feinen Snacks und erfrischenden Getränken. Das Bistro verfügt innen und außen über genügend gemütliche Plätze. In unmittelbarer Nähe (0,3 km) gibt es einen Shop (6–22 Uhr) und einen Supermarkt mit einer großen Auswahl an Köstlichkeiten.

## Sanitär

Der Platz verfügt über modernste sanitäre Anlagen mit guter Beleuchtung. Camper profitieren von genügend Waschbecken, einer Einzelwaschkabine sowie Duschen. Des Weiteren stehen Waschbecken, Föhne, Waschmaschinen und Trockner zur Verfügung. Die Betreiber legen großen Wert auf Sauberkeit und Hygiene.

## Freizeit

Die zentrale Lage des Platzes ist ideal für Tagesausflüge in die Berge, zu Seen oder für einen Stadtbummel. In unmittelbarer Nähe locken das Verkehrshaus und das Strandbad Lido. Auch für sportliche Aktivitäten ist der Platz ideal. Vor Ort gibt es eine Tischtennisplatte und eine Grillstelle.

Großzügiger Zeltplatz.

Geselliger Grillplatz.

**3.6** GUT
14 Bewertungen

| | |
|---|---|
| Lage | 4.3 |
| Ruhe | 4.1 |
| Sanitäranlagen | 3.6 |
| Sauberkeit Ø | 4.2 |
| Freundlichkeit | 3.4 |
| Stellplatz | 3.9 |
| Verpflegung | 2.5 |
| Freizeit | 4.4 |
| Preis-Leistung | 3.0 |
| Mietunterkünfte | 3.0 |

**Geeignet für**

- 4.8 Gäste mit Zelt
- 4.4 Kinder b. 12 J.
- 4.3 Senioren
- 4.1 Kinder b. 6 J.
- 4.4 Paare
- 4.2 Kinder b. 18 J.
- 3.8 Gäste mit Hund

**Empfohlene Aktivitäten**

Schwimmen · Sightseeing · Wandern · Kultur · Radfahren

Karte auf Seite 316

## 19 Camping-Seeblick

Campingstr. 5
6295 Mosen
+41 41 917 16 66
47.24554 | 8.22375
450m ü.M.

| Infos | |
|---|---|
| Öffnungszeiten | 01.03. - 31.10. |
| Vergleichspreis | HS: 41,20 € \| NS: 41,20 € |
| Link | **Mehr Infos & Anfrage:** www.camping.info/17185 |

| Ausstattung | | |
|---|---|---|
| Freizeit | Baden im See am Platz | ✓ |
| | Hallenbad | 3km |
| | Spielplatz am Platz | ✓ |
| Campingplatz | Hunde willkommen | ✓ |
| | Skilift & Loipe | ✗ |
| | WLAN (gegen Gebühr) | ✓ |
| Versorgung | Lebensmittel | ✓ |
| | Brötchen am Platz | ✓ |
| | Restaurant | 2km |
| | Ver-/Entsorgung Womo | ✓ |
| | in den Ort | 500m |
| Anzahl der Plätze | Gesamt/Touristen | 173/70 |
| | Mietunterkünfte | ✓ |
| | Stellplätze vor Schranke | ✗ |

**3.0** GUT
8 Bewertungen

| | |
|---|---|
| Lage | 3.8 |
| Ruhe | 2.7 |
| Sanitäranlagen | 3.8 |
| Sauberkeit Ø | 4.3 |
| Freundlichkeit | 4.5 |
| Stellplatz | 3.4 |
| Verpflegung | 2.6 |
| Freizeit | 3.2 |
| Preis-Leistung | 3.2 |
| Mietunterkünfte | - |

**Geeignet für**

| | |
|---|---|
| Kinder b. 6 J. | 3.8 |
| Kinder b. 12 J. | 3.8 |
| Kinder b. 18 J. | 2.0 |
| Paare | 4.0 |
| Senioren | 4.5 |
| Gäste mit Zelt | 4.5 |
| Gäste mit Hund | 4.0 |

**Empfohlene Aktivitäten**

- Schwimmen
- Wandern
- Radfahren

keine WOMOs ab 7 m und über 3,5 t; Jugendliche unter 18 nur mit Elternteil

## 20 Ferienhof-Rüti

Rüti 4
6443 Morschach
+41 41 820 53 09
46.99045 | 8.6339
800m ü.M.

| Infos | |
|---|---|
| Öffnungszeiten | 28.04. - 20.10. |
| Vergleichspreis | HS: 26,50 € \| NS: 26,50 € |
| Link | **Mehr Infos & Anfrage:** www.camping.info/23929 |

| Ausstattung | | |
|---|---|---|
| Freizeit | Baden im See | 5km |
| | Pool/Hallenbad | 1km |
| | Spielplatz am Platz | ✓ |
| Campingplatz | Hunde | ✗ |
| | Skilift & Loipe | ✓ |
| | WLAN | ✓ |
| Versorgung | Lebensmittel | ✓ |
| | Brötchen am Platz | ✓ |
| | Restaurant | 500m |
| | Ver-/Entsorgung Womo | ✓ |
| | in den Ort | 1km |
| Anzahl der Plätze | Touristenplätze | 20 |
| | Mietunterkünfte | ✓ |
| | Stellplätze vor Schranke | ✗ |

**4.9** SEHR GUT
17 Bewertungen

| | |
|---|---|
| Lage | 4.6 |
| Ruhe | 4.6 |
| Sanitäranlagen | 4.1 |
| Sauberkeit Ø | 4.9 |
| Freundlichkeit | 5.0 |
| Stellplatz | 4.4 |
| Verpflegung | 3.5 |
| Freizeit | 4.2 |
| Preis-Leistung | 4.4 |
| Mietunterkünfte | 5.0 |

**Geeignet für**

| | |
|---|---|
| Kinder b. 6 J. | 4.7 |
| Kinder b. 12 J. | 4.7 |
| Kinder b. 18 J. | 3.7 |
| Paare | 4.4 |
| Senioren | 4.3 |
| Gäste mit Zelt | 4.7 |
| Hunde n. erlaubt | - |

**Empfohlene Aktivitäten**

- Wandern
- Entspannen
- Mountainbiking

keine Gruppen über 8 P.; schmale Bergstraße bei Anreise via Schwyz - Ibach

## 21 TCS Camping Luzern - Horw

Seefeldstrasse
6048 Horw
+41 41 340 35 58
47.01158 | 8.31118
441m ü.M.

| Infos | |
|---|---|
| Öffnungszeiten | 02.04. - 25.10. |
| Vergleichspreis | HS: 50,00 € \| NS: 39,10 € |
| Link | **Mehr Infos & Anfrage:** www.camping.info/17182 |

| Ausstattung | | |
|---|---|---|
| Freizeit | Baden im See | 200m |
| | Pool/Hallenbad | 3km |
| | Spielplatz am Platz | ✓ |
| Campingplatz | Hunde willkommen | ✓ |
| | Skilift & Loipe | ✗ |
| | WLAN | ✓ |
| Versorgung | Lebensmittel | 1km |
| | Brötchen am Platz | ✓ |
| | Restaurant & Imbiss | ✓ |
| | Ver-/Entsorgung Womo | ✓ |
| | in den Ort | 500m |
| Anzahl der Plätze | Gesamt/Touristen | 150/100 |
| | Mietunterkünfte | ✓ |
| | Stellplätze vor Schranke | ✗ |

**3.5** GUT
25 Bewertungen

| | |
|---|---|
| Lage | 4.1 |
| Ruhe | 3.8 |
| Sanitäranlagen | 3.4 |
| Sauberkeit Ø | 4.0 |
| Freundlichkeit | 4.1 |
| Stellplatz | 3.3 |
| Verpflegung | 2.7 |
| Freizeit | 3.5 |
| Preis-Leistung | 3.1 |
| Mietunterkünfte | 3.8 |

**Geeignet für**

| | |
|---|---|
| Kinder b. 6 J. | 3.5 |
| Kinder b. 12 J. | 3.8 |
| Kinder b. 18 J. | 3.8 |
| Paare | 4.5 |
| Senioren | 4.6 |
| Gäste mit Zelt | 4.1 |
| Gäste mit Hund | 4.2 |

**Empfohlene Aktivitäten**

- Wandern
- Schwimmen
- Radfahren

## 22 Camping Hopfräben

Hopfräbenstrasse 6
6440 Brunnen
0041 41 820 18 73

46.997 | 8.59333

15.04. - 30.09.

HS: 47,50 € | NS: 36,00 €

**Mehr Infos & Anfrage:**
www.camping.info/23327

| | |
|---|---|
| Baden in nat. Gewässer | k. A. |
| Pool & Hallenbad | ✗ |
| Spielplatz | keine Angabe |
| Hunde willkommen | ✓ |
| Skilift & Loipe | keine Angabe |
| WLAN | keine Angabe |
| Lebensmittel | k.A. |
| Brötchen | keine Angabe |
| Restaurant/Imbiss | 1km/✓ |
| Ver-/Entsorgung Womo | ✗ |
| in den Ort | keine Angabe |
| Gesamt | keine Angabe |
| Mietunterkünfte | ✗ |
| Stellplätze vor Schranke | ✗ |

**3.2** GUT
10 Bewertungen

| | |
|---|---|
| Lage | 4.5 |
| Ruhe | 4.3 |
| Sanitäranlagen | 3.2 |
| Sauberkeit Ø | 3.6 |
| Freundlichkeit | 3.0 |
| Stellplatz | 3.6 |
| Verpflegung | 3.0 |
| Freizeit | 3.8 |
| Preis-Leistung | 2.9 |
| Mietunterkünfte | - |

**Geeignet für**

| | |
|---|---|
| Kinder b. 6 J. | 3.4 |
| Kinder b. 12 J. | 3.0 |
| Kinder b. 18 J. | 2.8 |
| Paare | 3.9 |
| Senioren | 3.5 |
| Gäste mit Zelt | 2.7 |
| Gäste mit Hund | 3.4 |

**Empfohlene Aktivitäten**

- Schwimmen
- Wandern
- Kayak/Kanu

## 24 Camping Bucheli

Campingstrasse 2
6452 Sisikon
+41 79 387 07 51

46.94938 | 8.61944

01.04. - 31.10.

HS: 34,00 € | NS: 34,00 €

**Mehr Infos & Anfrage:**
www.camping.info/25092

| | |
|---|---|
| Baden im See am Platz | ✓ |
| Pool & Hallenbad | ✗ |
| Spielplatz am Platz | ✓ |
| Hunde erlaubt | ✓ |
| Skilift & Loipe | ✗ |
| WLAN (gegen Gebühr) | ✓ |
| Lebensmittel | ✓ |
| Brötchen am Platz | ✓ |
| Restaurant & Imbiss | ✓ |
| Ver-/Entsorgung Womo | ✓ |
| im Ort | ✓ |
| Gesamt | keine Angabe |
| Mietunterkünfte | ✗ |
| Stellplätze vor Schranke | ✗ |

**4.3** SEHR GUT
3 Bewertungen

| | |
|---|---|
| Lage | 4.7 |
| Ruhe | 3.7 |
| Sanitäranlagen | 4.3 |
| Sauberkeit Ø | 5.0 |
| Freundlichkeit | 4.7 |
| Stellplatz | 2.3 |
| Verpflegung | 1.0 |
| Freizeit | 3.3 |
| Preis-Leistung | 3.7 |
| Mietunterkünfte | - |

**Geeignet für**

| | |
|---|---|
| Kinder b. 6 J. | 2.0 |
| Kinder b. 12 J. | 2.5 |
| Kinder b. 18 J. | 3.0 |
| Paare | 4.7 |
| Senioren | 4.7 |
| Gäste mit Zelt | 3.7 |
| Gäste mit Hund | 4.0 |

**Empfohlene Aktivitäten**

- Schwimmen
- Wandern
- Kayak/Kanu

## 25 Camping Forellenhof

❄

Waagtalstrasse 94
8842 Unteriberg
+41 55 414 31 61

47.04461 | 8.80012

01.06. - 22.09.
01.10. - 31.12.

HS: 18,50 € | NS: 18,50 €

**Mehr Infos & Anfrage:**
www.camping.info/24603

| | |
|---|---|
| Baden im See | 10km |
| Pool/Hallenbad | 1km |
| Spielplatz | keine Angabe |
| Hunde | ✗ |
| Skilift/Loipe | 2km |
| WLAN (gegen Gebühr) | ✓ |
| Lebensmittel | 1km |
| Brötchen | keine Angabe |
| Restaurant/Imbiss | 600m/1km |
| Ver-/Entsorgung Womo | ✓ |
| in den Ort | 1km |
| Gesamt/Touristen | 55/10 |
| Mietunterkünfte | ✗ |
| Stellplätze vor Schranke | ✗ |

**-** JETZT BEWERTEN!

Für diese Auswertung liegen leider noch nicht genügend Bewertungen vor.

Sei einer der Ersten, der diesen Campingplatz bewertet. Unter den Bewertern werden regelmäßig Gewinne verlost!

Mehr Infos dazu findest du in unserem allgemeinen Intro.

## 26 Remo Camping

❄

Flüelerstrasse 112
6460 Altdorf
+41 41 870 85 41

46.89285 | 8.62792
480m ü.M.

ganzjährig

HS: 27,50 € | NS: 27,50 €

**Mehr Infos & Anfrage:**
www.camping.info/17177

| | |
|---|---|
| Baden im See | 2km |
| Pool/Hallenbad | 10m |
| Spielplatz | ✗ |
| Hunde willkommen | ✓ |
| Skilift | 500m |
| WLAN | ✓ |
| Lebensmittel | 1km |
| Brötchen am Platz | ✓ |
| Restaurant/Imbiss | ✓/100m |
| Ver-/Entsorgung Womo | ✓ |
| in den Ort | 1km |
| Gesamt/Touristen | 50/25 |
| Mietunterkünfte | ✗ |
| Stellplätze vor Schranke | ✗ |

**4.3** SEHR GUT
17 Bewertungen

| | |
|---|---|
| Lage | 4.1 |
| Ruhe | 2.8 |
| Sanitäranlagen | 4.5 |
| Sauberkeit Ø | 4.8 |
| Freundlichkeit | 4.9 |
| Stellplatz | 4.1 |
| Verpflegung | 3.8 |
| Freizeit | 3.6 |
| Preis-Leistung | 4.5 |
| Mietunterkünfte | - |

**Geeignet für**

| | |
|---|---|
| Kinder b. 6 J. | 4.0 |
| Kinder b. 12 J. | 4.1 |
| Kinder b. 18 J. | 4.0 |
| Paare | 4.6 |
| Senioren | 4.5 |
| Gäste mit Zelt | 4.5 |
| Gäste mit Hund | 4.8 |

**Empfohlene Aktivitäten**

- Wandern
- Radfahren
- Sightseeing

27

## Camping Windsurfing Urnersee

Karte auf Seite 316

Unterer Winkel 11
6454 Flüelen
+41 870 92 22
46.91527 | 8.62281

### Infos

| | |
|---|---|
| Öffnungszeiten | 10.04. - 31.10. |
| Vergleichspreis | keine Angabe |
| Link | **Mehr Infos & Anfrage:** www.camping.info/25099 |

### Ausstattung

| | | |
|---|---|---|
| Freizeit | Baden im See am Platz | ✓ |
| | Pool & Hallenbad | ✗ |
| | Spielplatz am Platz | ✓ |
| Campingplatz | Hunde willkommen | ✓ |
| | Skilift & Loipe | keine Angabe |
| | WLAN | keine Angabe |
| Versorgung | Lebensmittel | k.A. |
| | Brötchen | keine Angabe |
| | Restaurant & Imbiss | ✗ |
| | Ver-/Entsorgung Womo | ✗ |
| | in den Ort | 1km |
| Anzahl der Plätze | Touristenplätze | 15 |
| | Mietunterkünfte | ✗ |
| | Stellplätze vor Schranke | ✗ |

-

**JETZT BEWERTEN!**

Für diese Auswertung liegen leider noch nicht genügend Bewertungen vor.

Sei einer der Ersten, der diesen Campingplatz bewertet. Unter den Bewertern werden regelmäßig Gewinne verlost!

Mehr Infos dazu findest du in unserem allgemeinen Intro.

# 28 Camping Seefeld *****

Seestrasse 20
6060 Sarnen
+41 41 666 57 88
www.seefeldpark.ch
welcome@seefeldpark.ch

ganzjährig

HS: 58,00 € | NS: 45,00 €

**Mehr Infos & Anfrage:**
www.camping.info/23930

| | |
|---|---|
| Baden im See am Platz | ✓ |
| Pool/Hallenbad | ✓/4km |
| Spielplatz | 500m |
| Hunde erlaubt | nur NS |
| Skilift/Loipe | 17/20km |
| WLAN (begrenzt gratis) | ✓ |
| Lebensmittel | ✓ |
| Brötchen am Platz | ✓ |
| Restaurant/Imbiss | ✓/500m |
| Ver-/Entsorgung Womo | ✓ |
| im Ort | ✓ |
| Gesamt/Touristen | 182/94 |
| Mietunterkünfte | ✓ |
| Stellplätze vor Schranke | ✓ |

1 km
46.88377 | 8.24354
470m ü.M.

Einfach Gast sein... im Camping Seefeld Sarnen, usinnig scheen!!!

## Lage & Stellplatz

Einfach Gast sein - nach diesem Leitbild strebt das Team des Platzes, damit Sie sich rundum wohlfühlen. Die moderne Gesamtanlage, direkt am schönen Sarnersee gelegen, wurde 2011 neu eröffnet. Knapp 100 Touristenplätze, eine schöne Zeltwiese und über 15 Mietobjekte lassen keine Wünsche offen.

## Verpflegung

Im Camping Shop finden Sie alles für den täglichen Bedarf, frisches Brot und Spezialitäten aus der Region. Von April bis Oktober ist das Restaurant Seefeld für Sie geöffnet. In der frei zugänglichen Campinglounge kann die Küche inkl. Gasgrill benutzt werden. Schöne Grillplätze sind frei zugänglich.

## Sanitär

Ein großzügiges Sanitärgebäude und eine Beautyzone im Hauptgebäude inkl. Rollstuhl Dusche/WC, Kinder-WC, Wickelraum, Hundedusche und Chemieausguss decken alle persönlichen Bedürfnisse bestens ab und sind im Preis inklusive. Waschmaschine und Trockner/Trocknungsraum gegen Gebühr.

## Freizeit

Das solarbeheizte Erlebnisbad ist von Mai bis September geöffnet, als Campinggast haben Sie freien Eintritt. Campen - baden - paddeln - relaxen - fischen - wandern - biken - klettern - spielen... Das Freizeitparadies Obwalden wartet auf Sie, und alles direkt vor der Campingschranke vom Seefeld Park.

Beheiztes Erlebnisbad inklusive.

Grillstellen direkt am See.

**3.9** GUT
49 Bewertungen

| | |
|---|---|
| Lage | 4.7 |
| Ruhe | 3.7 |
| Sanitäranlagen | 4.0 |
| Sauberkeit Ø | 4.3 |
| Freundlichkeit | 3.8 |
| Stellplatz | 3.9 |
| Verpflegung | 3.5 |
| Freizeit | 4.5 |
| Preis-Leistung | 3.4 |
| Mietunterkünfte | 2.7 |

**Geeignet für**

| | |
|---|---|
| Kinder b. 6 J. | 4.3 |
| Paare | 4.3 |
| Senioren | 4.3 |
| Kinder b. 12 J. | 4.2 |
| Kinder b. 18 J. | 4.0 |
| Gäste mit Zelt | 4.0 |
| Gäste mit Hund | 3.0 |

**Empfohlene Aktivitäten**

Schwimmen, Wandern, Radfahren, Entspannen, Kayak/Kanu

Karte auf Seite 316

## 29 Camping Hostetten

Hostetten
6372 Ennetmoos

46.9464 | 8.3113

01.04. - 31.10.
HS: 23,00 €
**Mehr Infos & Anfrage:**
www.camping.info/24150

| | |
|---|---|
| Baden in nat. Gewässer | k. A. |
| Pool & Hallenbad | ✗ |
| Spielplatz | keine Angabe |
| Hunde erlaubt | Nur HS |
| Skilift & Loipe | keine Angabe |
| WLAN | ✓ |
| Lebensmittel | k.A. |
| Brötchen am Platz | ✗ |
| Restaurant & Imbiss | ✗ |
| Ver-/Entsorgung Womo | ✗ |
| in den Ort | keine Angabe |
| Gesamt | keine Angabe |
| Mietunterkünfte | ✗ |
| Stellplätze vor Schranke | ✗ |

**4.0** SEHR GUT
4 Bewertungen

| | |
|---|---|
| Lage | 4.7 |
| Ruhe | 5.0 |
| Sanitäranlagen | 3.7 |
| Sauberkeit Ø | 4.8 |
| Freundlichkeit | 5.0 |
| Stellplatz | 3.0 |
| Verpflegung | 1.7 |
| Freizeit | 3.3 |
| Preis-Leistung | 4.3 |
| Mietunterkünfte | - |

**Geeignet für**

| | |
|---|---|
| Kinder b. 6 J. | 1.0 |
| Kinder b. 12 J. | 4.0 |
| Kinder b. 18 J. | 3.0 |
| Paare | 5.0 |
| Senioren | 4.0 |
| Gäste mit Zelt | 4.3 |
| Gäste mit Hund | 4.3 |

**Empfohlene Aktivitäten**

- Wandern
- Entspannen
- Mountainbiking

## 30 Campingplatz Seeli

Strandbad 4
6377 Seelisberg
+41 820 35 96

46.96011 | 8.57469

keine Angabe
keine Angabe
**Mehr Infos & Anfrage:**
www.camping.info/25091

| | |
|---|---|
| Baden in nat. Gewässer | k. A. |
| Pool & Hallenbad | ✗ |
| Spielplatz | keine Angabe |
| Hunde | ✗ |
| Skilift & Loipe | keine Angabe |
| WLAN | keine Angabe |
| Lebensmittel | k.A. |
| Brötchen | keine Angabe |
| Restaurant & Imbiss | ✗ |
| Ver-/Entsorgung Womo | ✗ |
| in den Ort | keine Angabe |
| Gesamt | keine Angabe |
| Mietunterkünfte | ✗ |
| Stellplätze vor Schranke | ✗ |

**-** JETZT BEWERTEN!

Für diese Auswertung liegen leider noch nicht genügend Bewertungen vor.

Sei einer der Ersten, der diesen Campingplatz bewertet. Unter den Bewertern werden regelmäßig Gewinne verlost!

Mehr Infos dazu findest du in unserem allgemeinen Intro.

## 31 Camping Sursee Waldheim

Waldheim 1
6210 Sursee
+41 41 921 11 61

47.17491 | 8.08738
518m ü.M.

28.03. - 25.10.
HS: 29,00 € | NS: 26,50 €
**Mehr Infos & Anfrage:**
www.camping.info/17191

| | |
|---|---|
| Baden im See | 4km |
| Pool/Hallenbad | 12km |
| Spielplatz am Platz | ✓ |
| Hunde willkommen | ✓ |
| Skilift & Loipe | ✗ |
| WLAN (gegen Gebühr) | ✓ |
| Lebensmittel | ✓ |
| Brötchen am Platz | ✓ |
| Restaurant/Imbiss | 1km/✓ |
| Ver-/Entsorgung Womo | ✓ |
| in den Ort | 2km |
| Gesamt/Touristen | 105/30 |
| Mietunterkünfte | ✓ |
| Stellplätze vor Schranke | ✗ |

**4.3** SEHR GUT
27 Bewertungen

| | |
|---|---|
| Lage | 4.5 |
| Ruhe | 4.5 |
| Sanitäranlagen | 4.1 |
| Sauberkeit Ø | 4.5 |
| Freundlichkeit | 4.7 |
| Stellplatz | 4.1 |
| Verpflegung | 3.5 |
| Freizeit | 3.6 |
| Preis-Leistung | 4.1 |
| Mietunterkünfte | 4.5 |

**Geeignet für**

| | |
|---|---|
| Kinder b. 6 J. | 4.1 |
| Kinder b. 12 J. | 3.9 |
| Kinder b. 18 J. | 3.3 |
| Paare | 4.5 |
| Senioren | 4.4 |
| Gäste mit Zelt | 4.6 |
| Gäste mit Hund | 4.5 |

**Empfohlene Aktivitäten**

- Wandern
- Entspannen
- Radfahren

**Infos**

Öffnungszeiten
Vergleichspreis
Link

**Ausstattung**

Freizeit
Campingplatz
Versorgung
Anzahl der Plätze

SCHWEIZ

# 6 Tessin

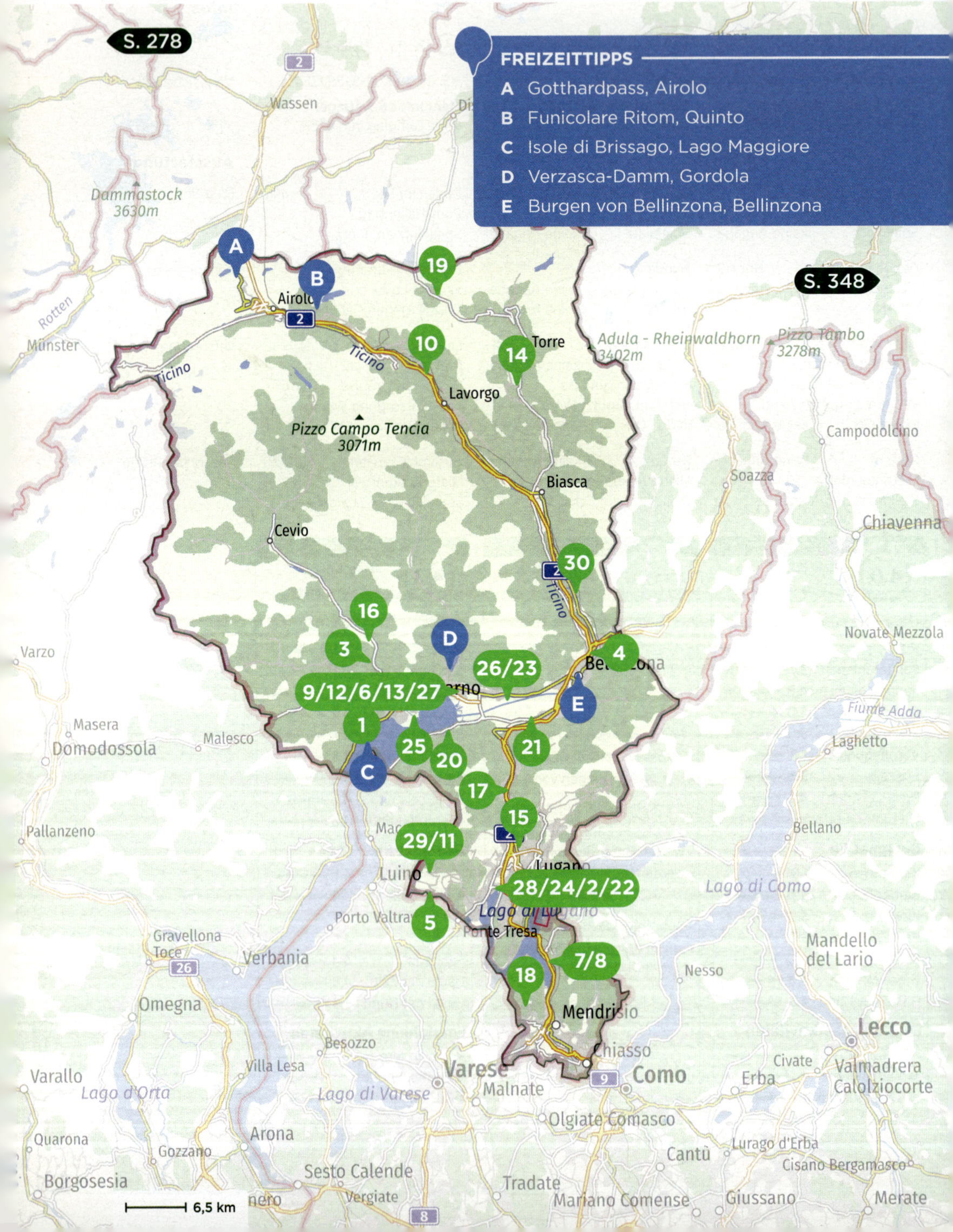

| | Platz | Seite | Bewertung | Öffnungszeiten | |
|---|---|---|---|---|---|
| 1 | Camping Melezza | **337** | **4.5** | saisonal | |
| 2 | Camping Lugano Lake | **337** | **4.8** | saisonal | |
| 3 | Camping Piccolo Paradiso | **337** | **3.7** | saisonal | |
| 4 | Camping Bellinzona | **339** | **3.6** | saisonal | |
| 5 | Camping Tresiana | **339** | **3.9** | saisonal | |
| 6 | Caravan Camping Miralago SA | **339** | **4.1** | ganzjährig | ❄ |
| 7 | Camping Paradiso Lago | **336** | **3.6** | saisonal | |
| 8 | Camping Monte Generoso | **338** | **3.5** | saisonal | |
| 9 | Campeggio Lido Mappo | **340** | **3.9** | saisonal | 🍃 |
| 10 | Camping Gottardo | **340** | **3.0** | ganzjährig | ❄ |
| 11 | Campeggio al parco d'oro | **340** | **-** | saisonal | |
| 12 | CAMPING TAMARO RESORT | **340** | **4.0** | saisonal | |
| 13 | Camping Lago Maggiore | **341** | **3.9** | saisonal | |
| 14 | Camping Aquarossa | **341** | **4.3** | ganzjährig | ❄ |
| 15 | Camping Moretto | **341** | **3.9** | saisonal | |
| 16 | TCS Camping Gordevio - Maggiatal | **342** | **4.4** | saisonal | |
| 17 | Camping Palazzina | **342** | **-** | saisonal | |
| 18 | Camping Monte San Giorgio | **342** | **3.5** | saisonal | |
| 19 | Camping Ai Cembri | **342** | **-** | saisonal | |
| 20 | Camping Bellavista (Vira-Tessin) | **343** | **4.0** | saisonal | |
| 21 | Camping & Pool Joghi e Bubu | **343** | **3.3** | saisonal | ❄ |
| 22 | TCS Camping Lugano | **343** | **3.7** | ganzjährig | ❄ |
| 23 | Camping Isola | **345** | **3.6** | saisonal | ❄ |
| 24 | Camping La Palma | **345** | **3.6** | k. A. | |
| 25 | Camping Delta | **345** | **3.5** | saisonal | |
| 26 | Camping Riarena | **344** | **4.2** | saisonal | |
| 27 | Campofelice Camping Village | **346** | **4.5** | saisonal | 🍃 |
| 28 | Camping Molinazzo | **347** | **3.0** | saisonal | |
| 29 | Camping Al Laghetto | **347** | **-** | saisonal | |
| 30 | Camping Al Censo | **347** | **3.6** | saisonal | |

❄ Wintercamping FKK Textilfrei (ganz/teilweise) 🍃 Ecocamping 👍 Award ⚡ Onlinebuchung

Kleiner Hafen mit farbiger Häuserzeile am Lago Maggiore © swiss-image.ch/Jan Geerk

## EIN HAUCH VON MITTELMEER IM SÜDEN DER SCHWEIZ

Das Tessin versprüht nicht nur klimatisch ein südliches Ambiente, auch die Amtssprache dieses Kantons ist Italienisch. Das camping-touristische Herzstück des Tessins bilden der Luganersee, auch Lago di Lugano, und der Lago Maggiore. Im Tessin findet man aber auch viele Dörfer, die sich durch einfache Bauweise und eine ländliche, ruhige Lebensart einen sehr ursprünglichen Charme erhalten. Das mediterrane Klima sorgt für warme Sommer und milde Winter und bietet so zu jeder Jahreszeit Sport- und Freizeitmöglichkeiten für jeden Geschmack. Neben den herrlichen Gewässern locken auch die Hausberge der Stadt Lugano, der Monte San Salvatore und der Monte Brè, die Camper an. Ein Highlight für Naturliebhaber ist der Monte San Giorgio, der von der UNESCO zum Weltnaturerbe ernannt wurde.

## HISTORISCHE STADTZENTREN UND MITTELALTERLICHE FESTUNGEN

Die größte Stadt des Tessins ist Lugano, das sich äußerst charmant präsentiert. Das italienische Flair, der historische Stadtkern, die exklusiven Museen und die schönen Bauten im lombardischen Stil laden zum Verweilen ein. Als bauliches Highlight der Stadt gilt die Kathedrale San Lorenzo, die mit ihrer lombardischen Renaissance-Fassade und den zahlreichen Fresken begeistert. Beeindruckend sind auch die Burgen von Bellinzona, die im gleichnamigen Hauptort des Tessins liegen. Die mittelalterlichen Bauten zählen zu den wichtigsten Befestigungsanlagen in den Alpen und wurden von der UNESCO zum Welterbe ernannt. Besonders imposant präsentiert sich das Castelgrande, das über Bellinzona thront und herrliche Ausblicke verspricht. Historische Gebäude prägen auch Ascona, den tiefstgelegenen Ort der Schweiz am Nordufer des Lago Maggiore. In der Altstadt warten kleine Gassen, wunderschöne Gebäude und die aus dem 16. Jahrhundert stammende San Pietro e Paolo-Kirche darauf, entdeckt zu werden.

Brunnen vor Hintergrund dem Pizzo di campello
© swiss-image.ch/Jan Geerk

Villa Bedretto, Bedrettotal © swiss-image.ch/Jan Geerk

## VERZASCATAL

Eine ausgewaschene Felslandschaft, ein smaragdgrüner Fluss und üppige Wälder – mit diesen Attributen punktet das Verzascatal. Dank der abwechslungsreichen Wege, die an rustikalen Gebäuden, kleinen Kapellen, romantischen Wasserfällen und weiten Blumenwiesen vorbeiführen, kommt hier garantiert keine Langeweile auf. Unterwegs laden kleine Naturpools mit kristallklarem Wasser zum Baden und Planschen ein. Besonders wagemutige Besucher können an der Verzasca-Staumauer den „007-Bungy-Jump" wagen.

## FESTIVALS UND SCHWEIZERISCH-ITALIENISCHE KÜCHE

Lugano ist das kulturelle Zentrum des Tessins und lockt das ganze Jahr über mit verschiedensten Veranstaltungen. Das Lugano Festival, das von April bis Juni stattfindet, widmet sich in erster Linie der klassischen Musik, während das im Sommer stattfindende „Lugano Estival Jazz" zahlreiche Open-Air-Konzerte des gleichnamigen Musikstils bietet. Ganz im Zeichen der Ess- und Weinkultur der Region steht das Festa d'Autunno im Oktober, im Zuge dessen die typischen Produkte der Region präsentiert werden. Dazu zählen natürlich diverse Käsesorten, aber auch die traditionellen Wurstwaren, das Trockenfleisch, der fette Speck Lardo oder der Tessiner Wein, der zum größten Teil aus Rotweintrauben gekeltert ist.

### TIPP DER REDAKTION

**Camping Lugano Lake**
Agno | Nr. 2 | Seite 337

Laut Gästen ideal geeignet zum:
- Wandern
- Radfahren
- Schwimmen

4.7

# 7 Camping Paradiso Lago

via Pedreta 26
6818 Melano
+41 91 6482979
www.camping-paradiso.ch
info@camping-paradiso.ch

06.04. - 29.10.

HS: 54,00 € | NS: 48,00 €

**Mehr Infos & Anfrage:**
www.camping.info/23075

| | |
|---|---|
| Baden in nat. Gewässer | k. A. |
| Pool/Hallenbad | 5/10km |
| Spielplatz am Platz | ✓ |
| Hunde | × |
| Skilift & Loipe | × |
| WLAN | ✓ |
| Lebensmittel | ✓ |
| Brötchen am Platz | ✓ |
| Restaurant/Imbiss | ✓/1km |
| Ver-/Entsorgung Womo | ✓ |
| in den Ort | 100m |
| Gesamt/Touristen | 200/140 |
| Mietunterkünfte | × |
| Stellplätze vor Schranke | × |

45.92379 | 8.97944
272m ü.M.

Wunderschön und direkt am Luganersee gelegener Campingplatz.

## Lage & Stellplatz

Der familienfreundliche Platz mit lockerem Baumbestand und Stellplätzen direkt am Wasser liegt am bezaubernden Ufer des Luganersees. Somit ist er der ideale Platz für Familien und Touristen mit Wunsch nach erholsamen ebenso wie sportlichen Ferien. Auch ein Stopp auf dem Weg nach Italien lohnt sich.

## Verpflegung

Direkt vor Ort gibt es einen kleinen Einkaufsladen mit Verkauf von Getränken, Brot, Wein und Souvenirs. Auf dem Platz befinden sich auch eine Bar und ein Restaurant mit feinen und vielfältigen Menüs. Das Restaurant verfügt innen und außen über gemütliche Sitzplätze mit tollem Seeblick.

## Sanitär

Der Campingplatz verfügt über zwei gepflegte, saubere Sanitäranlagen mit Duschen, Waschbecken, Spülbecken (mit Warm- und Kaltwasser), Waschmaschine, Trockner sowie chemischen Toiletten. Warmwasser ist kostenlos. Eine komplette Camper-Service Station ist ebenfalls vorhanden.

## Freizeit

Zahlreiche regionale Freizeitangebote, die unmittelbare Nähe zu einem großen Wandergebiet und der direkte Seezugang bieten den Campinggästen abwechslungsreiche und unvergessliche Ferien. Der Platz trumpft mit Stand Up Paddling, Vermietung von E-Bikes, schönem Kinderspielplatz und Gleitschirmfliegen.

Abwechslungsreicher Spielplatz.

Viele Wassersportmöglichkeiten.

**3.6** GUT
19 Bewertungen

| | |
|---|---|
| Lage | 3.9 |
| Ruhe | 2.4 |
| Sanitäranlagen | 3.8 |
| Sauberkeit Ø | 4.6 |
| Freundlichkeit | 4.3 |
| Stellplatz | 4.0 |
| Verpflegung | 3.2 |
| Freizeit | 3.8 |
| Preis-Leistung | 3.2 |
| Mietunterkünfte | - |

**Geeignet für**

- 4.6 Senioren
- 4.5 Gäste mit Zelt
- 4.2 Paare
- 4.1 Kinder b. 12 J.
- 4.0 Kinder b. 6 J.
- 3.3 Kinder b. 18 J.
- - Gäste mit Hund nicht erlaubt

**Empfohlene Aktivitäten**

Schwimmen | Wandern | Motorboot | Entspannen | Segeln

Karte auf Seite 332

## 1 Camping Melezza

Arbigo 88
6616 Losone
+41 791 6563

46.17738 | 8.72921
200m ü.M.

23.03. - 26.10.
HS: 54,00 € | NS: 41,00 €
**Mehr Infos & Anfrage:**
www.camping.info/17332

| | |
|---|---|
| Baden im Fluss am Platz | ✓ |
| Pool/Hallenbad | ✓/5km |
| Spielplatz am Platz | ✓ |
| Hunde willkommen | ✓ |
| Skilift & Loipe | ✗ |
| WLAN | ✓ |
| Lebensmittel | ✓ |
| Brötchen am Platz | ✓ |
| Restaurant & Imbiss | ✓ |
| Ver-/Entsorgung Womo | ✓ |
| in den Ort | 1km |
| Gesamt/Touristen | 213/146 |
| Mietunterkünfte | ✓ |
| Stellplätze vor Schranke | ✗ |

**4.5** SEHR GUT
21 Bewertungen

| | |
|---|---|
| Lage | 4.4 |
| Ruhe | 3.7 |
| Sanitäranlagen | 4.4 |
| Sauberkeit Ø | 4.7 |
| Freundlichkeit | 4.8 |
| Stellplatz | 4.3 |
| Verpflegung | 4.4 |
| Freizeit | 4.5 |
| Preis-Leistung | 4.2 |
| Mietunterkünfte | 4.8 |

**Geeignet für**

| | |
|---|---|
| Kinder b. 6 J. | 4.5 |
| Kinder b. 12 J. | 4.6 |
| Kinder b. 18 J. | 4.3 |
| Paare | 4.5 |
| Senioren | 4.5 |
| Gäste mit Zelt | 4.4 |
| Gäste mit Hund | 4.9 |

**Empfohlene Aktivitäten**

- Wandern
- Radfahren
- Schwimmen

keine WOMOs über 8.5 m; keine Party- oder Jugendgruppen

## 2 Camping Lugano Lake

Via Molinazzo 9
6982 Agno
+41 79 695 78 94

45.99576 | 8.90683
280m ü.M.

01.04. - 31.10.
HS: 50,00 € | NS: 43,00 €
**Mehr Infos & Anfrage:**
www.camping.info/23074

| | |
|---|---|
| Baden im See am Platz | ✓ |
| Pool & Hallenbad | ✗ |
| Spielplatz am Platz | ✓ |
| Hunde erlaubt | ✓ |
| Skilift & Loipe | ✗ |
| WLAN | ✓ |
| Lebensmittel | ✓ |
| Brötchen am Platz | ✓ |
| Imbiss | ✓ |
| Ver-/Entsorgung Womo | ✓ |
| im Ort | ✓ |
| Gesamt/Touristen | 270/180 |
| Mietunterkünfte | ✗ |
| Stellplätze vor Schranke | ✗ |

**4.7** SEHR GUT
9 Bewertungen

| | |
|---|---|
| Lage | 4.7 |
| Ruhe | 3.7 |
| Sanitäranlagen | 4.8 |
| Sauberkeit Ø | 4.8 |
| Freundlichkeit | 5.0 |
| Stellplatz | 4.6 |
| Verpflegung | 4.6 |
| Freizeit | 4.6 |
| Preis-Leistung | 4.6 |
| Mietunterkünfte | - |

**Geeignet für**

| | |
|---|---|
| Kinder b. 6 J. | 4.1 |
| Kinder b. 12 J. | 4.1 |
| Kinder b. 18 J. | 4.6 |
| Paare | 4.7 |
| Senioren | 4.6 |
| Gäste mit Zelt | 4.8 |
| Gäste mit Hund | 4.6 |

**Empfohlene Aktivitäten**

- Schwimmen
- Radfahren
- Kayak/Kanu

## 3 Camping Piccolo Paradiso

Via Cantonale 13
6670 Avegno
+41 91 796 15 81

46.20077 | 8.74374
290m ü.M.

23.03. - 31.10.
HS: 52,00 € | NS: 41,00 €
**Mehr Infos & Anfrage:**
www.camping.info/17324

| | |
|---|---|
| Baden im Fluss am Platz | ✓ |
| Pool/Hallenbad | 7km |
| Spielplatz am Platz | ✓ |
| Hunde willkommen | ✓ |
| Skilift & Loipe | ✗ |
| WLAN | ✓ |
| Lebensmittel | ✓ |
| Brötchen am Platz | ✓ |
| Restaurant & Imbiss | ✓ |
| Ver-/Entsorgung Womo | ✓ |
| in den Ort | 5km |
| Gesamt/Touristen | 300/250 |
| Mietunterkünfte | ✓ |
| Stellplätze vor Schranke | ✗ |

**3.8** GUT
20 Bewertungen

| | |
|---|---|
| Lage | 4.4 |
| Ruhe | 3.5 |
| Sanitäranlagen | 3.5 |
| Sauberkeit Ø | 4.0 |
| Freundlichkeit | 3.9 |
| Stellplatz | 3.7 |
| Verpflegung | 3.8 |
| Freizeit | 4.4 |
| Preis-Leistung | 3.6 |
| Mietunterkünfte | 3.6 |

**Geeignet für**

| | |
|---|---|
| Kinder b. 6 J. | 3.6 |
| Kinder b. 12 J. | 3.9 |
| Kinder b. 18 J. | 3.7 |
| Paare | 4.0 |
| Senioren | 3.5 |
| Gäste mit Zelt | 4.0 |
| Gäste mit Hund | 4.4 |

**Empfohlene Aktivitäten**

- Wandern
- Entspannen
- Klettern

**Infos**
Öffnungszeiten
Vergleichspreis
Link

**Ausstattung**
Freizeit
Campingplatz
Versorgung
Anzahl der Plätze

# 8 Camping Monte Generoso

Via Tannini 12
6818 Melano
+41 91 649 83 33
www.campingmontegeneroso.ch
camping@montegeneroso.ch

28.03. - 24.10.

HS: 54,00 € | NS: 48,00 €

**Mehr Infos & Anfrage:**
www.camping.info/17334

| | |
|---|---|
| Baden im See am Platz | ✓ |
| Pool/Hallenbad | 3/20km |
| Spielplatz am Platz | ✓ |
| Hunde willkommen | ✓ |
| Skilift/Loipe | 90/87km |
| WLAN | ✓ |
| Lebensmittel | ✓ |
| Brötchen am Platz | ✓ |
| Restaurant/Imbiss | ✓/500m |
| Ver-/Entsorgung Womo | ✓ |
| in den Ort | 1km |
| Gesamt/Touristen | 142/90 |
| Mietunterkünfte | ✓ |
| Stellplätze vor Schranke | ✗ |

1 km
45.92811 | 8.97667
270m ü.M.

Direkt am Ufer des wunderschönen Luganersees gelegen.

## Lage & Stellplatz

Camping Monte Generoso liegt in einem schönen und schattigen Naturpark auf einer Fläche von ca. 20.000 m² am Ufer des Luganersees in der Gemeinde Melano und das WLAN reicht über das ganze Areal. Nur 10 km südlich von Lugano entfernt, gut und schnell mit dem ÖPNV und über die Autobahn erreichbar.

## Verpflegung

Während die Sonne ihre letzten Strahlen über den See schickt, bietet der Chef einfache, aber schmackhafte Speisen und Pizza in der freundlichen und informellen Atmosphäre bei Bar & Grill. Dazu verfügt das Campingplatz über ein Laden mit Lebensmitteln, Getränken und Bedarfsgütern für Campinggäste.

## Sanitär

Der Platz zeichnet sich durch die Sauberkeit der Sanitäranlagen mit abschließbaren Warmwasserduschen (kostenpflichtig), einem rollstuhlgerechten Badezimmer, Geschirrwaschbecken und im Außenbereich Kaltwasserduschen aus. Ein Waschraum mit Waschmaschinen und Trocknern steht auch zur Verfügung.

## Freizeit

Die vorzügliche Lage am Seeufer lädt zu allen möglichen Wassersportarten ein und Mieträder, -kanus und -boote stehen zur Verfügung. Der Campingplatz, der vor dem bekannten Berg Monte Generoso liegt, ist zudem der perfekte Ausgangspunkt für zahlreiche Ausflüge in der Natur für Wanderer und für Biker.

Restaurant, Bar & Grill.

Diverse Wassersportarten.

**3.5** GUT
17 Bewertungen

| | |
|---|---|
| Lage | 4.3 |
| Ruhe | 2.9 |
| Sanitäranlagen | 2.9 |
| Sauberkeit Ø | 4.5 |
| Freundlichkeit | 4.6 |
| Stellplatz | 3.8 |
| Verpflegung | 3.1 |
| Freizeit | 3.0 |
| Preis-Leistung | 3.1 |
| Mietunterkünfte | 4.0 |

**Geeignet für**

4.5 Gäste mit Hund

4.4 Senioren
4.3 Paare
4.2 Gäste mit Zelt
3.5 Kinder b. 6 J.
3.5 Kinder b. 12 J.
3.2 Kinder b. 18 J.

**Empfohlene Aktivitäten**

Schwimmen
Wandern
Entspannen
Kayak/Kanu
Motorboot

Für WOMOs bis ca. 9 m geeignet; keine Minderjährigen ohne Begleitung

Karte auf Seite 332

## 4 Camping Bellinzona

Via San Gottardo 131
6500 Bellinzona
+41 91 829 11 18

46.21193 | 9.03827
350m ü.M.

04.04. - 01.11.

HS: 50,00 € | NS: 40,00 €

**Mehr Infos & Anfrage:**
www.camping.info/17325

| | |
|---|---|
| Baden in nat. Gewässer | k. A. |
| Pool/Hallenbad | ✓/2km |
| Spielplatz am Platz | ✓ |
| Hunde willkommen | ✓ |
| Skilift & Loipe | ✗ |
| WLAN | ✓ |
| Lebensmittel | ✓ |
| Brötchen am Platz | ✓ |
| Restaurant & Imbiss | ✓ |
| Ver-/Entsorgung Womo | ✓ |
| in den Ort | 500m |
| Gesamt/Touristen | 65/38 |
| Mietunterkünfte | ✓ |
| Stellplätze vor Schranke | ✗ |

**3.6** GUT
10 Bewertungen

| | |
|---|---|
| Lage | 3.7 |
| Ruhe | 2.6 |
| Sanitäranlagen | 3.8 |
| Sauberkeit Ø | 4.3 |
| Freundlichkeit | 4.8 |
| Stellplatz | 3.7 |
| Verpflegung | 3.9 |
| Freizeit | 3.4 |
| Preis-Leistung | 2.7 |
| Mietunterkünfte | - |

**Geeignet für**

| | |
|---|---|
| Kinder b. 6 J. | 3.2 |
| Kinder b. 12 J. | 3.4 |
| Kinder b. 18 J. | 3.3 |
| Paare | 4.0 |
| Senioren | 4.0 |
| Gäste mit Zelt | 4.5 |
| Gäste mit Hund | 4.5 |

**Empfohlene Aktivitäten**

- Wandern
- Sightseeing
- Kultur

## 5 Camping Tresiana

Via Cantonale 21
6998 Montéggio
+41 91 608 33 42

45.99081 | 8.81596
255m ü.M.

06.04. - 20.10.

HS: 46,00 € | NS: 38,80 €

**Mehr Infos & Anfrage:**
www.camping.info/23073

| | |
|---|---|
| Baden im Fluss am Platz | ✓ |
| Pool/Hallenbad | ✓/5km |
| Spielplatz am Platz | ✓ |
| Hunde willkommen | ✓ |
| Skilift & Loipe | ✗ |
| WLAN (gegen Gebühr) | teilweise |
| Lebensmittel | ✓ |
| Brötchen am Platz | ✓ |
| Restaurant & Imbiss | ✓ |
| Ver-/Entsorgung Womo | ✓ |
| in den Ort | 200m |
| Gesamt/Touristen | 120/85 |
| Mietunterkünfte | ✓ |
| Stellplätze vor Schranke | ✗ |

**4.0** SEHR GUT
35 Bewertungen

| | |
|---|---|
| Lage | 4.2 |
| Ruhe | 4.3 |
| Sanitäranlagen | 4.1 |
| Sauberkeit Ø | 4.5 |
| Freundlichkeit | 4.4 |
| Stellplatz | 3.7 |
| Verpflegung | 3.3 |
| Freizeit | 4.1 |
| Preis-Leistung | 3.6 |
| Mietunterkünfte | 4.0 |

**Geeignet für**

| | |
|---|---|
| Kinder b. 6 J. | 4.2 |
| Kinder b. 12 J. | 4.5 |
| Kinder b. 18 J. | 3.6 |
| Paare | 4.6 |
| Senioren | 4.6 |
| Gäste mit Zelt | 4.4 |
| Gäste mit Hund | 4.7 |

**Empfohlene Aktivitäten**

- Wandern
- Entspannen
- Radfahren

keine WOMOs über 10 m

## 6 Caravan Camping Miralago SA

✻

Via Roncaccio 20
6598 Tenero
+41 91 745 12 55

46.17288 | 8.84663

ganzjährig

HS: 50,00 € | NS: 40,00 €

**Mehr Infos & Anfrage:**
www.camping.info/17339

| | |
|---|---|
| Baden im See am Platz | ✓ |
| Pool/Hallenbad | ✓/6km |
| Spielplatz am Platz | ✓ |
| Hunde willkommen | ✓ |
| Skilift & Loipe | ✗ |
| WLAN | ✓ |
| Lebensmittel | ✓ |
| Brötchen am Platz | ✓ |
| Restaurant & Imbiss | ✓ |
| Ver-/Entsorgung Womo | ✓ |
| in den Ort | 1km |
| Touristenplätze | 108 |
| Mietunterkünfte | ✓ |
| Stellplätze vor Schranke | ✓ |

**4.1** SEHR GUT
59 Bewertungen

| | |
|---|---|
| Lage | 4.6 |
| Ruhe | 3.8 |
| Sanitäranlagen | 4.2 |
| Sauberkeit Ø | 4.7 |
| Freundlichkeit | 4.4 |
| Stellplatz | 4.2 |
| Verpflegung | 3.9 |
| Freizeit | 4.1 |
| Preis-Leistung | 3.4 |
| Mietunterkünfte | 4.3 |

**Geeignet für**

| | |
|---|---|
| Kinder b. 6 J. | 4.2 |
| Kinder b. 12 J. | 4.3 |
| Kinder b. 18 J. | 4.0 |
| Paare | 4.4 |
| Senioren | 4.3 |
| Gäste mit Zelt | 4.3 |
| Gäste mit Hund | 4.5 |

**Empfohlene Aktivitäten**

- Schwimmen
- Wandern
- Radfahren

**Infos**

Öffnungszeiten
Vergleichspreis
Link

**Ausstattung**

Freizeit
Campingplatz
Versorgung
Anzahl der Plätze

## 9 Campeggio Lido Mappo

Via Mappo
6598 Tenero
+41 91 745 14 37
46.17703 | 8.84434

23.03. - 21.10.
HS: 50,00 € | NS: 32,00 €
**Mehr Infos & Anfrage:**
www.camping.info/22206

| | |
|---|---|
| Baden im See am Platz | ✓ |
| Pool/Hallenbad | 500m |
| Spielplatz am Platz | ✓ |
| Hunde | × |
| Skilift & Loipe | keine Angabe |
| WLAN | ✓ |
| Lebensmittel | ✓ |
| Brötchen am Platz | ✓ |
| Restaurant & Imbiss | ✓ |
| Ver-/Entsorgung Womo | ✓ |
| in den Ort | 500m |
| Gesamt/Touristen | 450/357 |
| Mietunterkünfte | ✓ |
| Stellplätze vor Schranke | × |

**3.9** GUT
33 Bewertungen

| | |
|---|---|
| Lage | 4.7 |
| Ruhe | 3.6 |
| Sanitäranlagen | 3.9 |
| Sauberkeit Ø | 4.0 |
| Freundlichkeit | 3.9 |
| Stellplatz | 3.9 |
| Verpflegung | 3.9 |
| Freizeit | 3.9 |
| Preis-Leistung | 3.7 |
| Mietunterkünfte | 3.7 |

**Geeignet für**

| | |
|---|---|
| Kinder b. 6 J. | 4.2 |
| Kinder b. 12 J. | 4.0 |
| Kinder b. 18 J. | 3.3 |
| Paare | 4.4 |
| Senioren | 4.6 |
| Gäste mit Zelt | 4.0 |
| Hunde n. erlaubt | - |

**Empfohlene Aktivitäten**
- Wandern
- Schwimmen
- Radfahren

## 10 Camping Gottardo

*

Fusnengo
6764 Chiggiogna
+41 091 866 15 62
46.47039 | 8.81632
685m ü.M.

ganzjährig
HS: 35,00 € | NS: 35,00 €
**Mehr Infos & Anfrage:**
www.camping.info/25137

| | |
|---|---|
| Baden in nat. Gewässer | k. A. |
| Pool am Platz | ✓ |
| Spielplatz | keine Angabe |
| Hunde willkommen | ✓ |
| Skilift & Loipe | × |
| WLAN | teilweise |
| Lebensmittel | ✓ |
| Brötchen am Platz | ✓ |
| Restaurant am P. | ✓ |
| Ver-/Entsorgung Womo | ✓ |
| in den Ort | 2km |
| Gesamt/Touristen | 50/40 |
| Mietunterkünfte | ✓ |
| Stellplätze vor Schranke | × |

**3.0** GUT
3 Bewertungen

| | |
|---|---|
| Lage | 3.7 |
| Ruhe | 2.7 |
| Sanitäranlagen | 2.7 |
| Sauberkeit Ø | 3.9 |
| Freundlichkeit | 3.7 |
| Stellplatz | 3.0 |
| Verpflegung | 3.0 |
| Freizeit | 3.0 |
| Preis-Leistung | 3.0 |
| Mietunterkünfte | - |

**Geeignet für**

| | |
|---|---|
| Kinder b. 6 J. | - |
| Kinder b. 12 J. | - |
| Kinder b. 18 J. | - |
| Paare | 3.0 |
| Senioren | 5.0 |
| Gäste mit Zelt | - |
| Gäste mit Hund | - |

**Empfohlene Aktivitäten**
- Wandern
- Radfahren
- Mountainbiking

## 11 Campeggio al parco d'oro

Strada Cantonale
6999 Astano
+41 91 608 12 82
46.00826 | 8.8226

01.05. - 16.10.
HS: 34,00 € | NS: 34,00 €
**Mehr Infos & Anfrage:**
www.camping.info/22158

| | |
|---|---|
| Baden im See | 1km |
| Pool/Hallenbad | 3/18km |
| Spielplatz am Platz | ✓ |
| Hunde erlaubt | ✓ |
| Skilift & Loipe | × |
| WLAN | ✓ |
| Lebensmittel | ✓ |
| Brötchen am Platz | ✓ |
| Imbiss | ✓ |
| Ver-/Entsorgung Womo | ✓ |
| in den Ort | 1km |
| Gesamt/Touristen | 72/60 |
| Mietunterkünfte | ✓ |
| Stellplätze vor Schranke | × |

**-** JETZT BEWERTEN!

Für diese Auswertung liegen leider noch nicht genügend Bewertungen vor.

Sei einer der Ersten, der diesen Campingplatz bewertet. Unter den Bewertern werden regelmäßig Gewinne verlost!

Mehr Infos dazu findest du in unserem allgemeinen Intro.

## 12 CAMPING TAMARO RESORT

Via Mappo 32
6598 Tenero
+41 91 745 21 61
46.17516 | 8.84436

16.03. - 03.11.
HS: 81,00 € | NS: 32,00 €
**Mehr Infos & Anfrage:**
www.camping.info/17341

| | |
|---|---|
| Baden im See am Platz | ✓ |
| Pool/Hallenbad | ✓/5km |
| Spielplatz am Platz | ✓ |
| Hunde | × |
| Skilift/Loipe | 50km |
| WLAN | ✓ |
| Lebensmittel | ✓ |
| Brötchen am Platz | ✓ |
| Restaurant & Imbiss | ✓ |
| Ver-/Entsorgung Womo | ✓ |
| in den Ort | 1km |
| Gesamt/Touristen | 430/301 |
| Mietunterkünfte | ✓ |
| Stellplätze vor Schranke | × |

**4.0** SEHR GUT
83 Bewertungen

| | |
|---|---|
| Lage | 4.5 |
| Ruhe | 3.6 |
| Sanitäranlagen | 4.1 |
| Sauberkeit Ø | 4.3 |
| Freundlichkeit | 3.8 |
| Stellplatz | 4.0 |
| Verpflegung | 4.1 |
| Freizeit | 4.1 |
| Preis-Leistung | 3.4 |
| Mietunterkünfte | 2.8 |

**Geeignet für**

| | |
|---|---|
| Kinder b. 6 J. | 4.1 |
| Kinder b. 12 J. | 4.1 |
| Kinder b. 18 J. | 3.9 |
| Paare | 4.2 |
| Senioren | 4.2 |
| Gäste mit Zelt | 3.8 |
| Hunde n. erlaubt | - |

**Empfohlene Aktivitäten**
- Schwimmen
- Radfahren
- Entspannen

ECO CAMPING

Karte auf Seite 332

## 13 Camping Lago Maggiore

Via Lido 4
6598 Tenero
+41 91 745 1848
46.16912 | 8.85348

15.03. - 31.10.
HS: 47,50 € | NS: 31,10 €
**Mehr Infos & Anfrage:**
www.camping.info/17340

| | |
|---|---|
| Baden im See am Platz | ✓ |
| Pool/Hallenbad | 2/5km |
| Spielplatz am Platz | ✓ |
| Hunde | ✗ |
| Skilift & Loipe | keine Angabe |
| WLAN | ✓ |
| Lebensmittel | k.A. |
| Brötchen am Platz | ✓ |
| Restaurant & Imbiss | ✓ |
| Ver-/Entsorgung Womo | ✓ |
| in den Ort | 2km |
| Gesamt/Touristen | 400/280 |
| Mietunterkünfte | ✓ |
| Stellplätze vor Schranke | ✗ |

**3.8** GUT
17 Bewertungen

| | |
|---|---|
| Lage | 4.6 |
| Ruhe | 3.4 |
| Sanitäranlagen | 3.5 |
| Sauberkeit Ø | 4.4 |
| Freundlichkeit | 4.3 |
| Stellplatz | 3.8 |
| Verpflegung | 3.7 |
| Freizeit | 3.8 |
| Preis-Leistung | 3.6 |
| Mietunterkünfte | 2.5 |

**Geeignet für**

| | |
|---|---|
| Kinder b. 6 J. | 3.5 |
| Kinder b. 12 J. | 3.9 |
| Kinder b. 18 J. | 3.2 |
| Paare | 4.4 |
| Senioren | 4.1 |
| Gäste mit Zelt | 4.0 |
| Hunde n. erlaubt | - |

**Empfohlene Aktivitäten**

- Entspannen
- Radfahren
- Wandern

## 14 Camping Aquarossa

✻

6716 Aquarossa
+41 91 871 16 03
46.45966 | 8.9422

ganzjährig
HS: 40,20 € | NS: 40,20 €
**Mehr Infos & Anfrage:**
www.camping.info/22021

| | |
|---|---|
| Baden in nat. Gewässer | k. A. |
| Pool & Hallenbad | ✗ |
| Spielplatz am Platz | ✓ |
| Hunde erlaubt | ✓ |
| Skilift & Loipe | keine Angabe |
| WLAN | keine Angabe |
| Lebensmittel | 2km |
| Brötchen | keine Angabe |
| Restaurant | 2km |
| Ver-/Entsorgung Womo | ✓ |
| in den Ort | 1km |
| Gesamt/Touristen | 70/40 |
| Mietunterkünfte | ✓ |
| Stellplätze vor Schranke | ✗ |

**4.3** SEHR GUT
6 Bewertungen

| | |
|---|---|
| Lage | 4.3 |
| Ruhe | 4.7 |
| Sanitäranlagen | 4.0 |
| Sauberkeit Ø | 4.8 |
| Freundlichkeit | 4.6 |
| Stellplatz | 4.2 |
| Verpflegung | 3.8 |
| Freizeit | 3.8 |
| Preis-Leistung | 4.2 |
| Mietunterkünfte | 3.8 |

**Geeignet für**

| | |
|---|---|
| Kinder b. 6 J. | 4.0 |
| Kinder b. 12 J. | 4.0 |
| Kinder b. 18 J. | 3.8 |
| Paare | 4.3 |
| Senioren | 4.2 |
| Gäste mit Zelt | 4.2 |
| Gäste mit Hund | 4.2 |

**Empfohlene Aktivitäten**

- Wandern
- Mountainbiking
- Entspannen

## 15 Camping Moretto

Via Moretto 3
6944 Cureglia
+41 91 966 76 62
46.03247 | 8.94102

05.04. - 31.10.
HS: 42,00 € | NS: 35,80 €
**Mehr Infos & Anfrage:**
www.camping.info/17329

| | |
|---|---|
| Baden im See | 5km |
| Pool/Hallenbad | 5/2km |
| Spielplatz | ✗ |
| Hunde willkommen | ✓ |
| Skilift & Loipe | ✗ |
| WLAN (gegen Gebühr) | ✓ |
| Lebensmittel | 500m |
| Brötchen am Platz | nur HS |
| Restaurant/Imbiss | ✓/400m |
| Ver-/Entsorgung Womo | ✓ |
| in den Ort | 300m |
| Gesamt/Touristen | 100/60 |
| Mietunterkünfte | ✓ |
| Stellplätze vor Schranke | ✗ |

**3.9** GUT
13 Bewertungen

| | |
|---|---|
| Lage | 4.0 |
| Ruhe | 4.4 |
| Sanitäranlagen | 3.4 |
| Sauberkeit Ø | 4.5 |
| Freundlichkeit | 4.8 |
| Stellplatz | 3.4 |
| Verpflegung | 3.5 |
| Freizeit | 3.4 |
| Preis-Leistung | 3.6 |
| Mietunterkünfte | 3.3 |

**Geeignet für**

| | |
|---|---|
| Kinder b. 6 J. | 3.0 |
| Kinder b. 12 J. | 3.0 |
| Kinder b. 18 J. | 3.1 |
| Paare | 4.8 |
| Senioren | 4.5 |
| Gäste mit Zelt | 4.2 |
| Gäste mit Hund | 4.0 |

**Empfohlene Aktivitäten**

- Mountainbiking
- Wandern
- Radfahren

**Infos**

Öffnungszeiten
Vergleichspreis
Link

**Ausstattung**

Freizeit
Campingplatz
Versorgung
Anzahl der Plätze

16

## TCS Camping Gordevio - Maggiatal

6672 Gordevio
+41 91 753 14 44

46.22102 | 8.74199
290m ü.M.

02.04. - 25.10.

HS: 64,00 € | NS: 46,80 €
**Mehr Infos & Anfrage:**
www.camping.info/17330

| | |
|---|---|
| Baden im Fluss am Platz | ✓ |
| Pool/Hallenbad | ✓/9km |
| Spielplatz am Platz | ✓ |
| Hunde willkommen | ✓ |
| Skilift & Loipe | ✗ |
| WLAN | ✓ |
| Lebensmittel | ✓ |
| Brötchen am Platz | ✓ |
| Restaurant am P. | ✓ |
| Ver-/Entsorgung Womo | ✓ |
| in den Ort | 500m |
| Gesamt/Touristen | 238/208 |
| Mietunterkünfte | ✓ |
| Stellplätze vor Schranke | ✗ |

**4.4** SEHR GUT
36 Bewertungen

| | |
|---|---|
| Lage | 4.6 |
| Ruhe | 4.1 |
| Sanitäranlagen | 4.4 |
| Sauberkeit Ø | 4.5 |
| Freundlichkeit | 4.6 |
| Stellplatz | 4.1 |
| Verpflegung | 4.2 |
| Freizeit | 4.3 |
| Preis-Leistung | 4.1 |
| Mietunterkünfte | 4.8 |

**Geeignet für**

| | |
|---|---|
| Kinder b. 6 J. | 4.3 |
| Kinder b. 12 J. | 4.5 |
| Kinder b. 18 J. | 4.2 |
| Paare | 4.5 |
| Senioren | 4.1 |
| Gäste mit Zelt | 4.8 |
| Gäste mit Hund | 4.1 |

**Empfohlene Aktivitäten**

- Wandern
- Schwimmen
- Entspannen

17

## Camping Palazzina

6805 Mezzovico

46.08541 | 8.92073

19.03. - 30.11.

keine Angabe
**Mehr Infos & Anfrage:**
www.camping.info/27253

| | |
|---|---|
| Baden in nat. Gewässer | k. A. |
| Hallenbad | 8km |
| Spielplatz | keine Angabe |
| Hunde | ✗ |
| Skilift & Loipe | keine Angabe |
| WLAN | keine Angabe |
| Lebensmittel | k.A. |
| Brötchen | keine Angabe |
| Restaurant am P. | ✓ |
| Ver-/Entsorgung Womo | ✗ |
| in den Ort | keine Angabe |
| Gesamt | keine Angabe |
| Mietunterkünfte | ✗ |
| Stellplätze vor Schranke | ✗ |

**-** JETZT BEWERTEN!

Für diese Auswertung liegen leider noch nicht genügend Bewertungen vor.

Sei einer der Ersten, der diesen Campingplatz bewertet. Unter den Bewertern werden regelmäßig Gewinne verlost!

Mehr Infos dazu findest du in unserem allgemeinen Intro.

18

## Camping Monte San Giorgio

Via ala Caraa 2
6866 Meride
+41 91 646 43 30

45.88801 | 8.94962
585m ü.M.

10.04. - 22.09.

HS: 47,50 €
**Mehr Infos & Anfrage:**
www.camping.info/17335

| | |
|---|---|
| Baden in nat. Gewässer | k. A. |
| Pool/Hallenbad | ✓/15km |
| Spielplatz am Platz | ✓ |
| Hunde willkommen | ✓ |
| Skilift & Loipe | ✗ |
| WLAN | ✓ |
| Lebensmittel | 2km |
| Brötchen am Platz | ✓ |
| Restaurant & Imbiss | ✗ |
| Ver-/Entsorgung Womo | ✓ |
| in den Ort | 1km |
| Touristenplätze | 95 |
| Mietunterkünfte | ✗ |
| Stellplätze vor Schranke | ✗ |

**3.8** GUT
5 Bewertungen

| | |
|---|---|
| Lage | 3.4 |
| Ruhe | 4.2 |
| Sanitäranlagen | 3.8 |
| Sauberkeit Ø | 4.2 |
| Freundlichkeit | 4.2 |
| Stellplatz | 3.4 |
| Verpflegung | 2.8 |
| Freizeit | 3.3 |
| Preis-Leistung | 2.8 |
| Mietunterkünfte | - |

**Geeignet für**

| | |
|---|---|
| Kinder b. 6 J. | 5.0 |
| Kinder b. 12 J. | 4.3 |
| Kinder b. 18 J. | 4.5 |
| Paare | 3.5 |
| Senioren | 3.5 |
| Gäste mit Zelt | 4.3 |
| Gäste mit Hund | 3.5 |

**Empfohlene Aktivitäten**

- Wandern
- Entspannen
- Mountainbiking

19

## Camping Ai Cembri

Strada del Lucomagno
6718 Olivone-Acquacalda
+41 91 872 26 10

46.53772 | 8.83413
1750m ü.M.

05.05. - 15.10.

HS: 33,90 € | NS: 33,90 €
**Mehr Infos & Anfrage:**
www.camping.info/17337

| | |
|---|---|
| Baden im Fluss am Platz | ✓ |
| Pool & Hallenbad | ✗ |
| Spielplatz | keine Angabe |
| Hunde willkommen | ✓ |
| Skilift & Loipe | ✗ |
| WLAN | ✓ |
| Lebensmittel | 13km |
| Brötchen am Platz | ✓ |
| Restaurant am P. | ✓ |
| Ver-/Entsorgung Womo | ✗ |
| in den Ort | 13km |
| Touristenplätze | 20 |
| Mietunterkünfte | ✓ |
| Stellplätze vor Schranke | ✓ |

**-** JETZT BEWERTEN!

Für diese Auswertung liegen leider noch nicht genügend Bewertungen vor.

Sei einer der Ersten, der diesen Campingplatz bewertet. Unter den Bewertern werden regelmäßig Gewinne verlost!

Mehr Infos dazu findest du in unserem allgemeinen Intro.

Karte auf Seite 332

## 20 Camping Bellavista (Vira-Tessin)

Via Cantonale 88
6574 Vira
+41 91 795 14 77
46.14277 | 8.83865
200m ü.M.

**Infos**

| | |
|---|---|
| Öffnungszeiten | 12.04. - 13.10.<br>21.06. - 18.08. |
| Vergleichspreis | HS: 50,00 € \| NS: 40,00 € |
| Link | **Mehr Infos & Anfrage:** www.camping.info/17343 |

**Ausstattung**

| | | |
|---|---|---|
| Freizeit | Baden im See am Platz | ✓ |
| | Pool/Hallenbad | 6km |
| | Spielplatz | 100m |
| Campingplatz | Hunde erlaubt | nur NS |
| | Skilift & Loipe | ✗ |
| | WLAN | ✓ |
| Versorgung | Lebensmittel | 200m |
| | Brötchen am Platz | ✓ |
| | Restaurant/Imbiss | 100m |
| | Ver-/Entsorgung Womo | ✓ |
| | in den Ort | 200m |
| Anzahl der Plätze | Touristenplätze | 28 |
| | Mietunterkünfte | ✗ |
| | Stellplätze vor Schranke | ✗ |

**4.0** SEHR GUT
4 Bewertungen

| | |
|---|---|
| Lage | 4.2 |
| Ruhe | 2.8 |
| Sanitäranlagen | 4.0 |
| Sauberkeit Ø | 5.0 |
| Freundlichkeit | 5.0 |
| Stellplatz | 4.0 |
| Verpflegung | 4.3 |
| Freizeit | 4.0 |
| Preis-Leistung | 4.2 |
| Mietunterkünfte | - |

**Geeignet für**

| | |
|---|---|
| Kinder b. 6 J. | 3.5 |
| Kinder b. 12 J. | 3.5 |
| Kinder b. 18 J. | 3.0 |
| Paare | 4.0 |
| Senioren | 4.0 |
| Gäste mit Zelt | 4.0 |
| Gäste mit Hund | 4.0 |

**Empfohlene Aktivitäten**

- Radfahren
- Kayak/Kanu
- Schwimmen

Gruppen nur in der NS ab mind. 3 Nächte, ideal für WOMOs mit max. 6 m

## 21 Camping & Pool Joghi e Bubu

Ai Lischèe 2
6593 Cadenazzo
+41 79 209 50 41
46.15319 | 8.95746
250m ü.M.

**Infos**

| | |
|---|---|
| Öffnungszeiten | 01.01. - 30.10. |
| Vergleichspreis | HS: 40,00 € \| NS: 35,00 € |
| Link | **Mehr Infos & Anfrage:** www.camping.info/916 |

**Ausstattung**

| | | |
|---|---|---|
| Freizeit | Baden im See | 8km |
| | Pool/Hallenbad | ✓/2km |
| | Spielplatz am Platz | ✓ |
| Campingplatz | Hunde willkommen | ✓ |
| | Skilift | 15km |
| | WLAN (gegen Gebühr) | ✓ |
| Versorgung | Lebensmittel | 800m |
| | Brötchen am Platz | nur HS |
| | Restaurant/Imbiss | 7km/800m |
| | Ver-/Entsorgung Womo | ✓ |
| | in den Ort | 500m |
| Anzahl der Plätze | Gesamt/Touristen | 21/20 |
| | Mietunterkünfte | ✓ |
| | Stellplätze vor Schranke | ✗ |

**3.3** GUT
6 Bewertungen

| | |
|---|---|
| Lage | 3.4 |
| Ruhe | 4.0 |
| Sanitäranlagen | 3.2 |
| Sauberkeit Ø | 5.0 |
| Freundlichkeit | 5.0 |
| Stellplatz | 4.4 |
| Verpflegung | 4.5 |
| Freizeit | 3.2 |
| Preis-Leistung | 4.0 |
| Mietunterkünfte | 5.0 |

**Geeignet für**

| | |
|---|---|
| Kinder b. 6 J. | 4.3 |
| Kinder b. 12 J. | 4.3 |
| Kinder b. 18 J. | 3.0 |
| Paare | 4.3 |
| Senioren | 5.0 |
| Gäste mit Zelt | 4.0 |
| Gäste mit Hund | - |

**Empfohlene Aktivitäten**

- Radfahren
- Motorrad
- Mountainbiking

## 22 TCS Camping Lugano

Via alla Foce 14
6933 Muzzano
+41 91 994 77 88
45.99472 | 8.90916
365m ü.M.

**Infos**

| | |
|---|---|
| Öffnungszeiten | ganzjährig |
| Vergleichspreis | HS: 66,80 € \| NS: 52,20 € |
| Link | **Mehr Infos & Anfrage:** www.camping.info/17336 |

**Ausstattung**

| | | |
|---|---|---|
| Freizeit | Baden im See am Platz | ✓ |
| | Pool/Hallenbad | ✓/6km |
| | Spielplatz am Platz | ✓ |
| Campingplatz | Hunde willkommen | ✓ |
| | Skilift & Loipe | ✗ |
| | WLAN | ✓ |
| Versorgung | Lebensmittel | ✓ |
| | Brötchen am Platz | ✓ |
| | Restaurant & Imbiss | ✓ |
| | Ver-/Entsorgung Womo | ✓ |
| | in den Ort | 1km |
| Anzahl der Plätze | Gesamt/Touristen | 250/210 |
| | Mietunterkünfte | ✓ |
| | Stellplätze vor Schranke | ✗ |

**3.8** GUT
56 Bewertungen

| | |
|---|---|
| Lage | 4.1 |
| Ruhe | 3.4 |
| Sanitäranlagen | 3.7 |
| Sauberkeit Ø | 4.2 |
| Freundlichkeit | 4.1 |
| Stellplatz | 3.8 |
| Verpflegung | 3.5 |
| Freizeit | 3.8 |
| Preis-Leistung | 3.2 |
| Mietunterkünfte | 4.4 |

**Geeignet für**

| | |
|---|---|
| Kinder b. 6 J. | 4.2 |
| Kinder b. 12 J. | 4.1 |
| Kinder b. 18 J. | 3.5 |
| Paare | 3.9 |
| Senioren | 4.2 |
| Gäste mit Zelt | 4.0 |
| Gäste mit Hund | 4.4 |

**Empfohlene Aktivitäten**

- Schwimmen
- Wandern
- Entspannen

# 26 Camping Riarena

Via Campeggio 1
6516 Cugnasco
+41 (0)91 859 16 88
www.campingriarena.ch
info@campingriarena.ch

19.03. - 24.10.

HS: 55,00 € | NS: 38,00 €

**Mehr Infos & Anfrage:**
www.camping.info/17328

| | |
|---|---|
| Baden im See | 7km |
| Pool/Hallenbad | ✓/5km |
| Spielplatz am Platz | ✓ |
| Hunde | ✗ |
| Skilift & Loipe | ✗ |
| WLAN | ✓ |
| Lebensmittel | ✓ |
| Brötchen am Platz | ✓ |
| Restaurant & Imbiss | ✓ |
| Ver-/Entsorgung Womo | ✓ |
| in den Ort | keine Angabe |
| Gesamt/Touristen | 210/105 |
| Mietunterkünfte | ✓ |
| Stellplätze vor Schranke | ✗ |

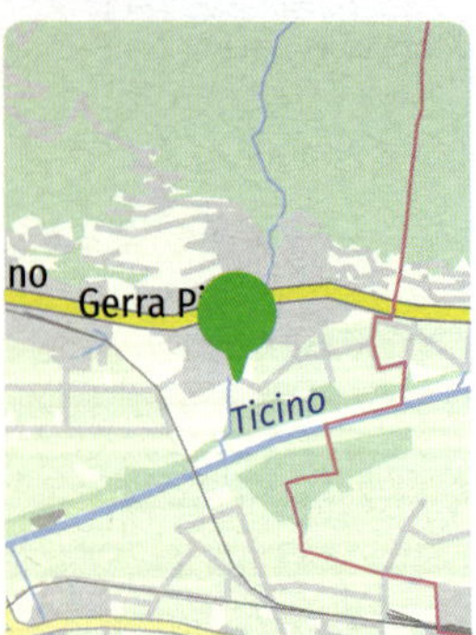


46.16973 | 8.914
205m ü.M.

Camping Riarena ist ein naturnaher, ruhiger und familienfreundlicher Platz.

## Lage & Stellplatz

Camping Riarena liegt im schönen Tessin zwischen Bellinzona und Tenero, nahe einem Naturschutzgebiet und herrlichen Spazierwegen. Der zentral gelegene Campingplatz ist gut erreichbar und befindet sich direkt am Bach „Riarena". Der Fluss „Ticino" ist ebenfalls nur ein paar Schritte entfernt.

## Verpflegung

Camper genießen den exklusiven Brötchenservice. Das platzeigene Restaurant mit schöner Sonnenterrasse bietet verschiedenste Köstlichkeiten (z. B. auch glutenfreie Menüs) – für jeden Geschmack ist garantiert das Passende dabei. Im Campingladen gibt es alles für einen gelungenen Urlaub.

## Sanitär

Die sanitären Anlagen umfassen u. a. geschlechtergetrennte WC- und Duschräume, einen separaten Wickel- und Badebereich für Babys und Kinder sowie ein barrierefreies WC und Dusche. Ein Wasseranschluss für Leitungswasser, ein Abfluss für Abwasser und Chemie-WCs stehen ebenfalls zur Verfügung.

## Freizeit

Langeweile? Nicht auf Camping Riarena! Dank der großzügigen Poolanlage und dem schönen Spielplatz kommen alle auf ihre Kosten. Zudem hat Tessin einiges zu bieten – von Kanufahren, über Fahrradtouren und Wanderungen bis zum Klettern oder Canyoning ist für jeden die richtige Aktivität dabei.

Großzügiger Poolbereich mit Bar.

Restaurant, Rezeption und Shop.

**4.2** SEHR GUT
40 Bewertungen

| | |
|---|---|
| Lage | 4.0 |
| Ruhe | 3.7 |
| Sanitäranlagen | 4.1 |
| Sauberkeit Ø | 4.4 |
| Freundlichkeit | 4.3 |
| Stellplatz | 3.8 |
| Verpflegung | 4.2 |
| Freizeit | 4.2 |
| Preis-Leistung | 4.3 |
| Mietunterkünfte | 3.8 |

**Geeignet für**

- 4.1 Kinder b. 6 J.
- 4.1 Senioren
- 4.0 Kinder b. 12 J.
- 4.0 Gäste mit Zelt
- 4.0 Paare
- 3.5 Kinder b. 18 J.
- 2.8 Jugendgruppen

**Empfohlene Aktivitäten**

Wandern · Radfahren · Schwimmen · Entspannen · Mountainbiking

Jugendliche ohne Begleitung (Lehrer, Eltern, Lagerleiter) nicht gestattet

Karte auf Seite 332

## 23 Camping Isola

Al Gaggioletto 3
6515 Gudo
+41 91 859 3244
46.17033 | 8.93214

15.01. - 15.12.

HS: 32,00 € | NS: 32,00 €
**Mehr Infos & Anfrage:**
www.camping.info/22019

| | |
|---|---|
| Baden im See | 7km |
| Pool am Platz | ✓ |
| Spielplatz am Platz | ✓ |
| Hunde erlaubt | ✓ |
| Skilift/Loipe | ✗/k. A. |
| WLAN | ✓ |
| Lebensmittel | ✓ |
| Brötchen am Platz | ✓ |
| Restaurant am P. | ✓ |
| Ver-/Entsorgung Womo | ✓ |
| in den Ort | 1km |
| Gesamt/Touristen | 250/175 |
| Mietunterkünfte | ✓ |
| Stellplätze vor Schranke | ✗ |

**3.6** GUT
10 Bewertungen

| | |
|---|---|
| Lage | 3.9 |
| Ruhe | 4.0 |
| Sanitäranlagen | 2.7 |
| Sauberkeit Ø | 3.3 |
| Freundlichkeit | 4.0 |
| Stellplatz | 3.6 |
| Verpflegung | 3.7 |
| Freizeit | 3.9 |
| Preis-Leistung | 3.6 |
| Mietunterkünfte | 5.0 |

**Geeignet für**

| | |
|---|---|
| Kinder b. 6 J. | 3.5 |
| Kinder b. 12 J. | 3.6 |
| Kinder b. 18 J. | 3.4 |
| Paare | 4.2 |
| Senioren | 3.8 |
| Gäste mit Zelt | 4.2 |
| Gäste mit Hund | 4.8 |

**Empfohlene Aktivitäten**

- Radfahren
- Schwimmen
- Wandern

## 24 Camping La Palma

Via Molinazzo 21
6982 Agno
+41 91 605 25 61
45.99506 | 8.90434

keine Angabe

keine Angabe
**Mehr Infos & Anfrage:**
www.camping.info/17322

| | |
|---|---|
| Baden in nat. Gewässer | k. A. |
| Pool & Hallenbad | ✗ |
| Spielplatz | keine Angabe |
| Hunde | ✗ |
| Skilift & Loipe | keine Angabe |
| WLAN | keine Angabe |
| Lebensmittel | k.A. |
| Brötchen | keine Angabe |
| Restaurant & Imbiss | ✗ |
| Ver-/Entsorgung Womo | ✗ |
| in den Ort | keine Angabe |
| Gesamt | keine Angabe |
| Mietunterkünfte | ✗ |
| Stellplätze vor Schranke | ✗ |

**3.6** GUT
9 Bewertungen

| | |
|---|---|
| Lage | 4.0 |
| Ruhe | 3.2 |
| Sanitäranlagen | 3.8 |
| Sauberkeit Ø | 4.0 |
| Freundlichkeit | 3.7 |
| Stellplatz | 3.7 |
| Verpflegung | 3.1 |
| Freizeit | 3.4 |
| Preis-Leistung | 2.6 |
| Mietunterkünfte | - |

**Geeignet für**

| | |
|---|---|
| Kinder b. 6 J. | 3.2 |
| Kinder b. 12 J. | 3.6 |
| Kinder b. 18 J. | 3.2 |
| Paare | 4.0 |
| Senioren | 3.5 |
| Gäste mit Zelt | 3.8 |
| Hunde n. erlaubt | - |

**Empfohlene Aktivitäten**

- Motorboot
- Entspannen
- Schwimmen

## 25 Camping Delta

Via Respini 27
6600 Locarno
+41 (0)91 751 60 81
46.15566 | 8.80071
193m ü.M.

01.03. - 31.10.

HS: 77,00 € | NS: 49,00 €
**Mehr Infos & Anfrage:**
www.camping.info/17331

| | |
|---|---|
| Baden im See am Platz | ✓ |
| Pool/Hallenbad | 500m |
| Spielplatz am Platz | ✓ |
| Hunde | ✗ |
| Skilift/Loipe | 3/30km |
| WLAN | ✓ |
| Lebensmittel | ✓ |
| Brötchen am Platz | ✓ |
| Restaurant & Imbiss | ✓ |
| Ver-/Entsorgung Womo | ✓ |
| in den Ort | 1km |
| Gesamt/Touristen | 300/255 |
| Mietunterkünfte | ✓ |
| Stellplätze vor Schranke | ✗ |

**3.4** GUT
48 Bewertungen

| | |
|---|---|
| Lage | 4.5 |
| Ruhe | 3.7 |
| Sanitäranlagen | 3.6 |
| Sauberkeit Ø | 3.6 |
| Freundlichkeit | 3.2 |
| Stellplatz | 3.5 |
| Verpflegung | 3.6 |
| Freizeit | 3.7 |
| Preis-Leistung | 2.3 |
| Mietunterkünfte | 3.2 |

**Geeignet für**

| | |
|---|---|
| Kinder b. 6 J. | 3.6 |
| Kinder b. 12 J. | 3.8 |
| Kinder b. 18 J. | 3.3 |
| Paare | 3.8 |
| Senioren | 3.9 |
| Gäste mit Zelt | 3.3 |
| Hunde n. erlaubt | - |

**Empfohlene Aktivitäten**

- Schwimmen
- Radfahren
- Wandern

Unbegleitete Jugendliche erst ab 18 J.; keine Schulen und Gruppen in HS

**Infos**

Öffnungszeiten
Vergleichspreis
Link

**Ausstattung**

Freizeit
Campingplatz
Versorgung
Anzahl der Plätze

# 27 Campofelice Camping Village

Via Brere 7
6598 Tenero
+41 91 745 14 17
www.campofelice.ch
info@campofelice.ch

25.03. - 14.11.

HS: 63,00 € | NS: 45,00 €

**Mehr Infos & Anfrage:**
www.camping.info/17342

| | |
|---|---|
| Baden im See am Platz | ✓ |
| Pool & Hallenbad | ✓ |
| Spielplatz am Platz | ✓ |
| Hunde | ✗ |
| Skilift & Loipe | ✗ |
| WLAN | ✓ |
| Lebensmittel | ✓ |
| Brötchen am Platz | ✓ |
| Restaurant & Imbiss | ✓ |
| Ver-/Entsorgung Womo | ✓ |
| in den Ort | 1km |
| Gesamt/Touristen | 712/583 |
| Mietunterkünfte | ✓ |
| Stellplätze vor Schranke | ✗ |

46.1675 | 8.855
196m ü.M.

Traumhafte Lage am Ufer des Lago Maggiore.

## Lage & Stellplatz

Der Platz liegt direkt am Lago Maggiore, in unmittelbarer Nähe der Mündung des Flusses Verzasca und des Naturschutzgebiets. Alle 707 Stellplätze verfügen über Strom und kostenloses WLAN, 371 davon über Wasser- und Abwasseranschlüsse sowie Kabel-TV. Zudem gibt es über 90 neue Mieteinrichtungen.

## Sanitär

Die Gäste schätzen besonders die moderne, gepflegte und geheizte Sanitäranlage. Es stehen Ihnen behindertengerechte Einrichtungen, Babywickelräume mit Badewanne und ein Familienbereich zur Verfügung. Waschmaschinen, Wäschetrockner und Spülmaschinen können gegen Gebühr genutzt werden.

## Verpflegung

Auf dem Campingareal befindet sich ein Restaurant/Pizzeria, welches mediterrane Spezialitäten und Holzofenpizzen serviert. Des Weiteren stehen den Campern eine Snackbar, ein Strand-Kiosk, eine Pool-Bar, eine Gelateria sowie ein Lebensmittelmarkt mit vielen lokalen Produkten zur Verfügung.

## Freizeit

Campofelice bietet ein vielseitiges Unterhaltungsprogramm für alle Generationen. Neben dem 400 m langen Sandstrand, einem Bootshafen, dem Aquapark, dem Sportareal, der Vermietung von Wassersportausrüstung und Minigolf erwartet die Gäste die neue Pool- und Wellnesslandschaft mit Fitnessraum.

Neue Pool- & Wellnesslandschaft.

Stellplätze direkt am See.

**4.5** SEHR GUT
102 Bewertungen

| | |
|---|---|
| Lage | 4.7 |
| Ruhe | 3.7 |
| Sanitäranlagen | 4.7 |
| Sauberkeit Ø | 4.8 |
| Freundlichkeit | 4.6 |
| Stellplatz | 4.6 |
| Verpflegung | 4.0 |
| Freizeit | 4.5 |
| Preis-Leistung | 3.7 |
| Mietunterkünfte | 4.7 |

### Geeignet für

- 4.6 Kinder b. 6 J.
- 4.6 Kinder b. 12 J.
- 4.6 Gäste mit Zelt
- 4.3 Paare
- 4.3 Senioren
- 4.0 Kinder b. 18 J.
- - Gäste mit Hund nicht erlaubt

### Empfohlene Aktivitäten

Schwimmen · Wandern · Radfahren · Kayak/Kanu · Entspannen

für WOMOs bis 12 m geeignet; keine Gruppen, keine Hunde erlaubt.

## 28 Camping Molinazzo

Via Acquacalda 15
6982 Agno
+41 91 605 17 57
45.99393 | 8.90164

01.04. - 31.10.
HS: 45,90 € | NS: 45,90 €
**Mehr Infos & Anfrage:** www.camping.info/17323

| | |
|---|---|
| Baden im See am Platz | ✓ |
| Pool & Hallenbad | ✗ |
| Spielplatz am Platz | ✓ |
| Hunde willkommen | ✓ |
| Skilift/Loipe | ✗/k. A. |
| WLAN (gegen Gebühr) | ✓ |
| Lebensmittel | ✗ |
| Brötchen am Platz | ✓ |
| Restaurant & Imbiss | ✓ |
| Ver-/Entsorgung Womo | ✓ |
| in den Ort | 500m |
| Touristenplätze | 100 |
| Mietunterkünfte | ✗ |
| Stellplätze vor Schranke | ✗ |

**3.0** GUT
4 Bewertungen

| | |
|---|---|
| Lage | 4.2 |
| Ruhe | 3.0 |
| Sanitäranlagen | 3.2 |
| Sauberkeit Ø | 2.8 |
| Freundlichkeit | 4.0 |
| Stellplatz | 2.8 |
| Verpflegung | 3.0 |
| Freizeit | 2.7 |
| Preis-Leistung | 2.2 |
| Mietunterkünfte | - |

**Geeignet für**

| | |
|---|---|
| Kinder b. 6 J. | 4.2 |
| Kinder b. 12 J. | 4.7 |
| Kinder b. 18 J. | 4.3 |
| Paare | 4.3 |
| Senioren | 4.7 |
| Gäste mit Zelt | 3.0 |
| Gäste mit Hund | 4.0 |

## 29 Camping Al Laghetto

via al Laghetto 1
6999 Astano
+41 91 608 12 46
46.01325 | 8.80801
685m ü.M.

04.04. - 15.10.
HS: 36,30 € | NS: 36,30 €
**Mehr Infos & Anfrage:** www.camping.info/22157

| | |
|---|---|
| Baden im See am Platz | ✓ |
| Pool & Hallenbad | ✗ |
| Spielplatz | ✗ |
| Hunde willkommen | ✓ |
| Skilift & Loipe | ✗ |
| WLAN | ✓ |
| Lebensmittel | 10km |
| Brötchen am Platz | ✓ |
| Restaurant/Imbiss | 5km |
| Ver-/Entsorgung Womo | ✗ |
| in den Ort | 700m |
| Gesamt/Touristen | 35/10 |
| Mietunterkünfte | ✓ |
| Stellplätze vor Schranke | ✗ |

- JETZT BEWERTEN!

Für diese Auswertung liegen leider noch nicht genügend Bewertungen vor.

Sei einer der Ersten, der diesen Campingplatz bewertet. Unter den Bewertern werden regelmäßig Gewinne verlost!

Mehr Infos dazu findest du in unserem allgemeinen Intro.

## 30 Camping Al Censo

al campeggio 2
6702 Claro
+41 91 863 17 53
46.26583 | 9.01805

20.03. - 15.10.
HS: 47,30 € | NS: 42,00 €
**Mehr Infos & Anfrage:** www.camping.info/22020

| | |
|---|---|
| Baden in nat. Gewässer | k. A. |
| Pool am Platz | ✓ |
| Spielplatz am Platz | ✓ |
| Hunde erlaubt | ✓ |
| Skilift & Loipe | ✗ |
| WLAN | ✓ |
| Lebensmittel | ✓ |
| Brötchen am Platz | ✓ |
| Restaurant am P. | ✓ |
| Ver-/Entsorgung Womo | ✓ |
| in den Ort | 1km |
| Gesamt/Touristen | 120/90 |
| Mietunterkünfte | ✗ |
| Stellplätze vor Schranke | ✓ |

**3.6** GUT
7 Bewertungen

| | |
|---|---|
| Lage | 4.6 |
| Ruhe | 3.7 |
| Sanitäranlagen | 3.0 |
| Sauberkeit Ø | 3.8 |
| Freundlichkeit | 3.8 |
| Stellplatz | 3.3 |
| Verpflegung | 2.9 |
| Freizeit | 3.3 |
| Preis-Leistung | 3.1 |
| Mietunterkünfte | - |

**Geeignet für**

| | |
|---|---|
| Kinder b. 6 J. | 3.2 |
| Kinder b. 12 J. | 3.5 |
| Kinder b. 18 J. | 3.2 |
| Paare | 4.2 |
| Senioren | 4.2 |
| Gäste mit Zelt | 4.3 |
| Gäste mit Hund | 4.0 |

**Empfohlene Aktivitäten**

- Wandern
- Entspannen
- Radfahren

Karte auf Seite 332

**Infos**

Öffnungszeiten
Vergleichspreis
Link

**Ausstattung**

Freizeit
Campingplatz
Versorgung
Anzahl der Plätze

SCHWEIZ

# 7 Graubünden

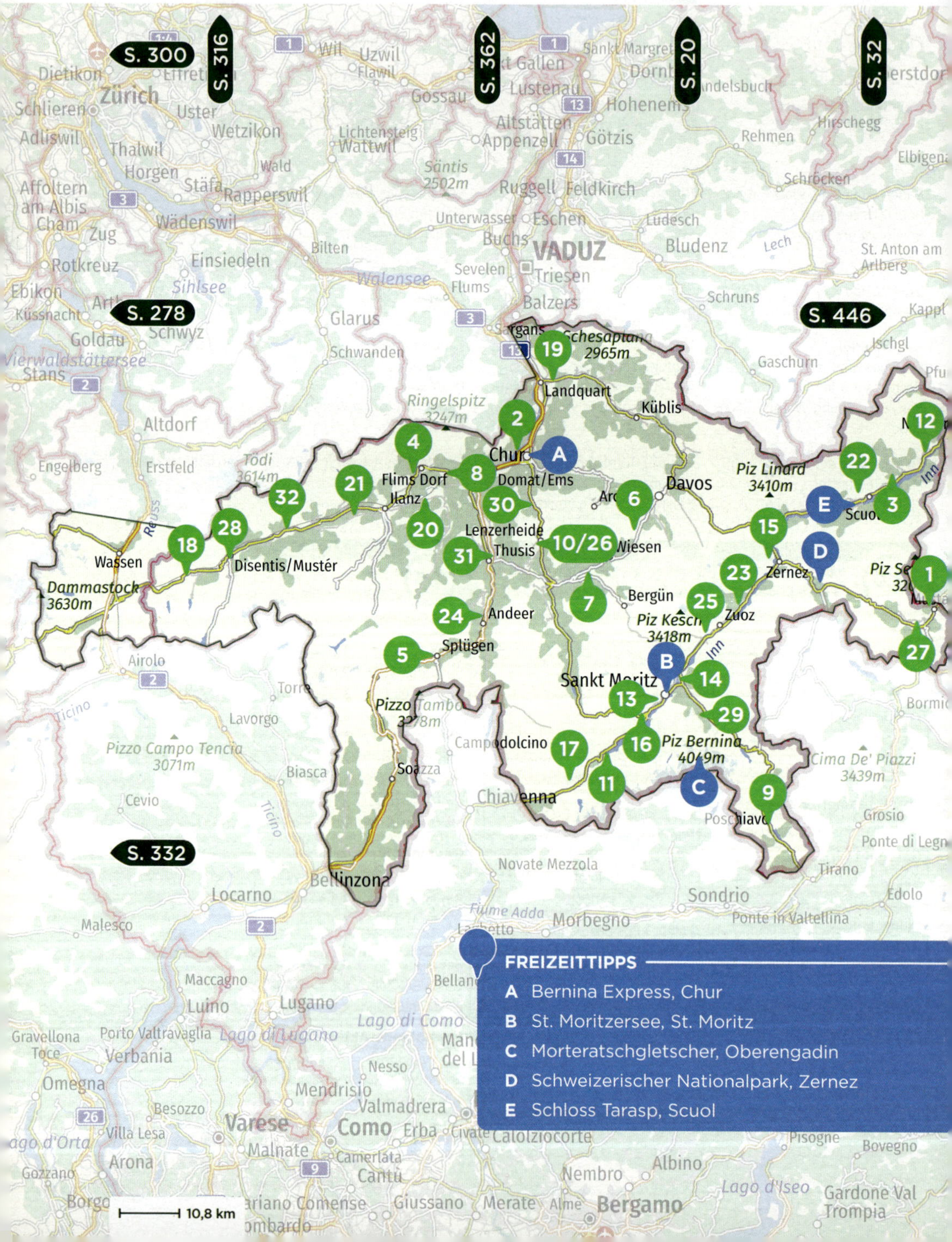

| | Platz | Seite | Bewertung | Öffnungszeiten | |
|---|---|---|---|---|---|
| 1 | Camping Muglin | 352 | 4.8 | saisonal | |
| 2 | Camping Obere Au | 353 | 3.2 | ganzjährig | ✻ |
| 3 | Camping Sur En | 353 | 3.3 | ganzjährig | ✻ |
| 4 | Camping Flims | 353 | 3.9 | ganzjährig | ✻ |
| 5 | Camping Splügen | 354 | 3.5 | ganzjährig | ✻ |
| 6 | RinerLodge Camping | 354 | 3.8 | ganzjährig | ✻ |
| 7 | Camping Islas Filisur | 354 | 4.1 | saisonal | |
| 8 | Camping Trin | 354 | 4.0 | ganzjährig | ✻ |
| 9 | Camping Cavresc | 355 | 4.2 | ganzjährig | ✻ |
| 10 | Camping Gravas | 355 | 4.0 | ganzjährig | ✻ |
| 11 | Camping Plan Curtinac | 355 | 4.0 | saisonal | |
| 12 | Camping Arina | 356 | 4.0 | saisonal | |
| 13 | TCS Camping St. Mortiz | 356 | 4.4 | saisonal | |
| 14 | TCS Camping Samedan | 356 | 4.2 | saisonal | ✻ |
| 15 | Camping Cul | 356 | 4.2 | saisonal | |
| 16 | Camping Silvaplana | 357 | 4.4 | saisonal | |
| 17 | Camping Mulina | 357 | 4.2 | saisonal | |
| 18 | Rheincamping Sedrun | 357 | 4.2 | ganzjährig | ✻ |
| 19 | Waldcamping Landquart | 358 | 4.3 | saisonal | ✻ |
| 20 | Camping Carrera | 358 | 4.3 | saisonal | |
| 21 | Panorama - Camping Surcuolm | 358 | 4.3 | ganzjährig | ✻ |
| 22 | TCS Camping Scuol | 358 | 4.4 | saisonal | ✻ |
| 23 | Camping Chapella | 359 | 4.4 | saisonal | |
| 24 | Camping Andeer | 359 | 4.4 | ganzjährig | ✻ |
| 25 | Camping Madulain | 359 | 4.6 | saisonal | ✻ ϟ |
| 26 | Camping St. Cassian | 360 | 4.4 | ganzjährig | ✻ |
| 27 | Camping Pè da Munt | 360 | 4.4 | saisonal | |
| 28 | TCS Camping Disentis | 360 | 4.6 | saisonal | |
| 29 | Camping Morteratsch | 360 | 4.7 | saisonal | ✻ |
| 30 | Camping Pradafenz | 361 | 4.6 | saisonal | ✻ |
| 31 | TCS Camping Thusis-Viamala | 361 | 4.7 | ganzjährig | ✻ |
| 32 | Camping Trun | 361 | 4.8 | saisonal | |

✻ Wintercamping FKK Textilfrei (ganz/teilweise) Ecocamping Award ϟ Onlinebuchung

Silvaplanersees in Richtung Piz Corvatsch
© swiss-image.ch/Stefan Gruenig

## MALERISCHE BERGDÖRFER UND MONDÄNE PROMI-ORTE

Majestätische Berge, idyllische Täler und kristallklare Seen - eine Kulisse wie geschaffen für romantische Heimatfilme und weltberühmte Romane. So präsentiert sich Graubünden seinen Campinggästen. Doch die Region zwischen Maienfeld im Norden und Poschiavo im Süden hat weitaus mehr zu bieten als Heidi-Romantik und Hüttenzauber.

So vielfältig und abwechslungsreich wie die eindrucksvolle Landschaft mit ihren 937 Gipfeln, 615 Seen und 150 Tälern sind auch die Bewohner des größten Kantons der Schweiz. Die etwa 195.000 Bündner leben nicht nur in abgeschiedenen, malerischen Bergdörfern, sondern auch in mondänen Skiorten wie Davos und St. Moritz. Besonders im Winter, wenn Menschen aus aller Welt in die Region strömen, vermischen sich hier die drei Amtssprachen Graubündens - Deutsch, Italienisch und Rätoromanisch - mit allerlei anderen Idiomen.

Graubünden hat jedoch nicht nur im Winter, sondern auch im Sommer eine Menge zu bieten: Wanderer und Bergsteiger kommen in den Schweizer Alpen ebenso auf ihre Kosten wie Mountainbiker und Golfer. Und natürlich werden auch all diejenigen nicht enttäuscht, die nach der guten alten Zeit suchen und auf den Spuren von Heidi und Geissenpeter wandeln möchten.

Snowboarden im Neuschnee, Laax, Graubünden © swiss-image.ch/Pierre Ekmann

## URLAUB BEI HEIDI IN DEN BERGEN

Auf dem Heidipfad von Pardiel und im Heididorf in Maienfeld erhalten die Besucher einen authentischen Eindruck vom Leben in einem Schweizer Bergdorf des 19. Jahrhunderts. Mindestens genauso viel Flair wie die touristischen Heidi-Hotspots haben jedoch so malerische Bergdörfer wie Tschlin oder Splügen zu bieten. Auch wenn hier auf den ersten Blick die Zeit ebenfalls stehen geblieben zu sein scheint - hinter den historischen Fassaden verstecken sich nicht selten moderne Einrichtungen. Deshalb muss auch auf den Campingplätzen in Graubünden auf zeitgemäße Standards nicht verzichtet werden. Ruhe und Entspannung bei hohem Komfort sind in dieser Umgebung garantiert. Die einzigartige Natur auf ausgedehnten Wandertouren zu erkunden, ist ein ebenso aufregendes Erlebnis, wie eine Fahrt mit der Rhätischen Bahn auf einer ihrer spektakulären Strecken.

## KULTURELLE UND NATÜRLICHE SCHÄTZE

Richtung Viamala Schlucht © swiss-image.ch/Nico Schaerer

Gleich drei Attraktionen Graubündens wurden von der UNESCO in die Liste des Welterbes aufgenommen. Neben den kühnen Bahn-Viadukten auf der Albula- und der Berninalinie zählt dazu auch das Benediktinerinnenkloster St. Johann in Müstair. Das mittelalterliche Kloster aus der Karolingerzeit besticht durch den hervorragenden Erhaltungszustand seiner über 1.200 Jahre alten Fresken. Eine weltweit einzigartige geologische Formation ist oberhalb von Flims Laax zu bewundern. Die Tschingelhörner mit ihren deutlich zu erkennenden Zacken und Linien geben einen eindrucksvollen Einblick in die geologischen Prozesse bei der Entstehung von Gebirgen. Auch dies war der UNESCO eine Auszeichnung wert.

Wer bei so viel Natur und Kultur hungrig wird, für den hält Graubünden eine beeindruckende kulinarische Vielfalt bereit. Unbedingt probieren sollte man Capuns, ein traditionelles Gericht, bei dem eine Füllung aus Spätzleteig und Fleisch in Mangoldblätter gewickelt und in Milch gekocht wird. Nicht weniger schmackhaft sind die Pizzoccheri, eine Pasta-Art aus Buchweizen, die besonders im Puschlav auf den Tisch kommen und bei einem Campingurlaub in Graubünden nicht verschmäht werden sollten.

**TIPP DER REDAKTION**

**Camping Silvaplana**

Silvaplana | Nr. 16 | Seite 357

Laut Gästen ideal geeignet zum:

- Surfen
- Wandern
- Kayak

4.3

# 1 Camping Muglin

Via Muglin 223
7537 Müstair
+41 81 858 59 90
www.campingmuglin.ch
info@campingmuglin.ch

08.05. - 25.10.

HS: 32,00 € | NS: 32,00 €

**Mehr Infos & Anfrage:**
www.camping.info/24662

| | |
|---|---|
| Baden im Fluss am Platz | ✓ |
| Pool/Hallenbad | 12km/500m |
| Spielplatz am Platz | ✓ |
| Hunde willkommen | ✓ |
| Skilift/Loipe | 600m/5km |
| WLAN | ✓ |
| Lebensmittel | 400m |
| Brötchen am Platz | ✓ |
| Restaurant/Imbiss | 400m/✓ |
| Ver-/Entsorgung Womo | ✓ |
| in den Ort | 300m |
| Gesamt/Touristen | 92/65 |
| Mietunterkünfte | ✓ |
| Stellplätze vor Schranke | × |

46.62416 | 10.4493

Die großzügigen Standplätze bieten einen herrlichen Ausblick auf die Berge.

## Lage & Stellplatz

Natur pur im UNESCO-Biosphärenreservat Val Müstair: Am Fuße des schweizerischen Nationalparks ist aus dem alten Bauernhof der Familie Zangerle ein idyllischer Campingplatz am Ufer des Rambachs entstanden. Die Standplätze sind großzügig und mit Wasser- und Abwasser, Strom und WLAN ausgestattet.

## Verpflegung

Im gemütlichen Bistro werden typische Bistrospeisen und Getränke serviert. Auf der schönen Sonnenterrasse können Campinggäste die ruhige Lage am Rambach genießen. Im Dorf gibt es gute Einkaufsmöglichkeiten sowie mehrere Restaurants mit einheimischen Spezialitäten.

## Sanitär

Die modernen Sanitäranlagen beinhalten geschlechtergetrennte Bereiche mit Duschen, Waschkabinen, Waschbecken und Toiletten. Des Weiteren verfügt der Platz über eine behindertengerechte Dusche sowie WC, einen Wickelraum, Spülbecken, Waschmaschine, Trockner, Servicestation und Ausguss.

## Freizeit

Der Campingplatz ist der ideale Ausgangspunkt zum Wandern, Biken, Spazieren oder um das UNESCO-Welterbe Kloster St. Johann zu besuchen. Eine besondere Attraktion ist die authentische Saunalandschaft auf dem ehemaligen Heustock. Auch ein sehr schöner Kinderspielplatz befindet sich auf dem Platz.

Kinderpielplatz.

Der Alpabzug im Dorf.

**4.8** SEHR GUT
28 Bewertungen

| | |
|---|---|
| Lage | 4.7 |
| Ruhe | 4.6 |
| Sanitäranlagen | 4.7 |
| Sauberkeit Ø | 5.0 |
| Freundlichkeit | 4.9 |
| Stellplatz | 4.7 |
| Verpflegung | 4.0 |
| Freizeit | 4.4 |
| Preis-Leistung | 4.6 |
| Mietunterkünfte | - |

**Geeignet für**

4.8 Paare

| | | |
|---|---|---|
| 4.7 Senioren | 4.6 Gäste mit Zelt | 4.5 Kinder b. 6 J. |
| 4.6 Kinder b. 12 J. | 4.6 Gäste mit Hund | 4.1 Kinder b. 18 J. |

**Empfohlene Aktivitäten**

Wandern · Radfahren · Entspannen · Mountainbiking · Klettern

Karte auf Seite 348

## 2 Camping Obere Au

❄

Felsenaustrass 61
7000 Chur
+41 81 284 22 83
46.8619 | 9.5073

ganzjährig
HS: 39,20 € | NS: 39,20 €
**Mehr Infos & Anfrage:** www.camping.info/17130

| | |
|---|---|
| Baden im Fluss | 500m |
| Pool & Hallenbad | ✗ |
| Spielplatz am Platz | ✓ |
| Hunde erlaubt | ✓ |
| Skilift & Loipe | ✗ |
| WLAN (gegen Gebühr) | ✓ |
| Lebensmittel | ✓ |
| Brötchen am Platz | ✓ |
| Restaurant & Imbiss | ✓ |
| Ver-/Entsorgung Womo | ✓ |
| in den Ort | 600m |
| Gesamt/Touristen | 140/100 |
| Mietunterkünfte | ✗ |
| Stellplätze vor Schranke | ✓ |

**3.2** GUT – 21 Bewertungen

| | |
|---|---|
| Lage | 3.4 |
| Ruhe | 3.1 |
| Sanitäranlagen | 4.2 |
| Sauberkeit Ø | 4.2 |
| Freundlichkeit | 3.7 |
| Stellplatz | 3.2 |
| Verpflegung | 3.3 |
| Freizeit | 3.2 |
| Preis-Leistung | 3.2 |
| Mietunterkünfte | - |

**Geeignet für**

| | |
|---|---|
| Kinder b. 6 J. | 2.8 |
| Kinder b. 12 J. | 2.9 |
| Kinder b. 18 J. | 3.1 |
| Paare | 3.8 |
| Senioren | 3.9 |
| Gäste mit Zelt | 5.0 |
| Gäste mit Hund | 2.0 |

**Empfohlene Aktivitäten**
- Wandern
- Radfahren
- Sightseeing

## 3 Camping Sur En

❄

Sur En 336
7554 Sent
+41 818 663 544
46.81857 | 10.36667
1120m ü.M.

ganzjährig
HS: 35,20 € | NS: 31,40 €
**Mehr Infos & Anfrage:** www.camping.info/17146

| | |
|---|---|
| Baden im Fluss am Platz | ✓ |
| Pool/Hallenbad | ✓/7km |
| Spielplatz am Platz | ✓ |
| Hunde willkommen | ✓ |
| Skilift/Loipe | 7km/✓ |
| WLAN | ✓ |
| Lebensmittel | ✓ |
| Brötchen am Platz | ✓ |
| Restaurant & Imbiss | ✓ |
| Ver-/Entsorgung Womo | ✓ |
| in den Ort | 4km |
| Gesamt/Touristen | 120/80 |
| Mietunterkünfte | ✓ |
| Stellplätze vor Schranke | ✓ |

**3.3** GUT – 26 Bewertungen

| | |
|---|---|
| Lage | 4.2 |
| Ruhe | 3.8 |
| Sanitäranlagen | 4.2 |
| Sauberkeit Ø | 4.7 |
| Freundlichkeit | 3.2 |
| Stellplatz | 3.4 |
| Verpflegung | 3.3 |
| Freizeit | 4.2 |
| Preis-Leistung | 3.1 |
| Mietunterkünfte | 5.0 |

**Geeignet für**

| | |
|---|---|
| Kinder b. 6 J. | 4.0 |
| Kinder b. 12 J. | 4.3 |
| Kinder b. 18 J. | 4.2 |
| Paare | 4.1 |
| Senioren | 4.4 |
| Gäste mit Zelt | 4.5 |
| Gäste mit Hund | 5.0 |

**Empfohlene Aktivitäten**
- Wandern
- Entspannen
- Mountainbiking

## 4 Camping Flims

❄

via Prau la Selva 4
7018 Flims-Waldhaus
+41 81 911 15 75
46.82443 | 9.28198
1100m ü.M.

ganzjährig
HS: 40,00 € | NS: 35,00 €
**Mehr Infos & Anfrage:** www.camping.info/17135

| | |
|---|---|
| Baden im See | 1km |
| Pool/Hallenbad | 10/2km |
| Spielplatz am Platz | ✓ |
| Hunde willkommen | ✓ |
| Skilift/Loipe | 1km |
| WLAN | ✓ |
| Lebensmittel | ✓ |
| Brötchen am Platz | ✓ |
| Restaurant/Imbiss | 200m/✓ |
| Ver-/Entsorgung Womo | ✓ |
| in den Ort | 200m |
| Gesamt/Touristen | 140/60 |
| Mietunterkünfte | ✓ |
| Stellplätze vor Schranke | ✓ |

**3.4** GUT – 11 Bewertungen

| | |
|---|---|
| Lage | 4.2 |
| Ruhe | 3.6 |
| Sanitäranlagen | 3.7 |
| Sauberkeit Ø | 4.1 |
| Freundlichkeit | 4.1 |
| Stellplatz | 3.3 |
| Verpflegung | 2.8 |
| Freizeit | 4.6 |
| Preis-Leistung | 3.3 |
| Mietunterkünfte | 3.3 |

**Geeignet für**

| | |
|---|---|
| Kinder b. 6 J. | 4.2 |
| Kinder b. 12 J. | 4.5 |
| Kinder b. 18 J. | 4.5 |
| Paare | 4.7 |
| Senioren | 3.1 |
| Gäste mit Zelt | 4.0 |
| Gäste mit Hund | 4.2 |

**Empfohlene Aktivitäten**
- Wandern
- Mountainbiking
- Klettern

ℹ für WOMOs bis 7,5 m empfohlen; im Winter Schneeketten mitführen

**Infos**
Öffnungszeiten
Vergleichspreis
Link

**Ausstattung**
Freizeit
Campingplatz
Versorgung
Anzahl der Plätze

## 5 Camping Splügen

*

Campingstrasse 18
7435 Splügen
+41 81 664 14 76

46.54908 | 9.31365
1457m ü.M.

ganzjährig

HS: 40,00 € | NS: 35,00 €

**Mehr Infos & Anfrage:**
www.camping.info/17147

| | |
|---|---|
| Baden im Fluss | 200m |
| Pool/Hallenbad | 10km |
| Spielplatz am Platz | ✓ |
| Hunde willkommen | ✓ |
| Skilift/Loipe | 500m/✓ |
| WLAN | ✓ |
| Lebensmittel | ✓ |
| Brötchen am Platz | ✓ |
| Restaurant/Imbiss | 500m/✓ |
| Ver-/Entsorgung Womo | ✓ |
| in den Ort | 500m |
| Gesamt/Touristen | 90/35 |
| Mietunterkünfte | ✓ |
| Stellplätze vor Schranke | × |

**3.5** GUT
8 Bewertungen

| | |
|---|---|
| Lage | 3.6 |
| Ruhe | 3.6 |
| Sanitäranlagen | 3.6 |
| Sauberkeit Ø | 3.8 |
| Freundlichkeit | 4.0 |
| Stellplatz | 3.2 |
| Verpflegung | 2.7 |
| Freizeit | 4.0 |
| Preis-Leistung | 3.4 |
| Mietunterkünfte | 4.0 |

**Geeignet für**

| | |
|---|---|
| Kinder b. 6 J. | 4.0 |
| Kinder b. 12 J. | 4.0 |
| Kinder b. 18 J. | 4.0 |
| Paare | - |
| Senioren | 3.5 |
| Gäste mit Zelt | 4.0 |
| Gäste mit Hund | 5.0 |

**Empfohlene Aktivitäten**

- Wandern
- Ski
- Klettern

## 6 RinerLodge Camping

*

Landwasserstrasse 64
7277 Davos Glaris
+41 81 417 00 33

46.74402 | 9.77919
1450m ü.M.

ganzjährig

HS: 46,00 € | NS: 40,00 €

**Mehr Infos & Anfrage:**
www.camping.info/24493

| | |
|---|---|
| Baden im See | 10km |
| Hallenbad | 8km |
| Spielplatz am Platz | ✓ |
| Hunde willkommen | ✓ |
| Skilift/Loipe | 100m/1km |
| WLAN (gratis) | teilweise |
| Lebensmittel | 8km |
| Brötchen am Platz | ✓ |
| Restaurant & Imbiss | ✓ |
| Ver-/Entsorgung Womo | ✓ |
| in den Ort | 3km |
| Gesamt/Touristen | 100/84 |
| Mietunterkünfte | ✓ |
| Stellplätze vor Schranke | ✓ |

**3.8** GUT
6 Bewertungen

| | |
|---|---|
| Lage | 3.7 |
| Ruhe | 3.2 |
| Sanitäranlagen | 3.5 |
| Sauberkeit Ø | 3.2 |
| Freundlichkeit | 4.7 |
| Stellplatz | 3.0 |
| Verpflegung | 3.0 |
| Freizeit | 4.8 |
| Preis-Leistung | 3.5 |
| Mietunterkünfte | - |

**Geeignet für**

| | |
|---|---|
| Kinder b. 6 J. | 5.0 |
| Kinder b. 12 J. | 5.0 |
| Kinder b. 18 J. | 5.0 |
| Paare | 4.5 |
| Senioren | 4.0 |
| Gäste mit Zelt | 2.0 |
| Gäste mit Hund | 4.5 |

**Empfohlene Aktivitäten**

- Wandern
- Mountainbiking
- Ski

## 7 Camping Islas Filisur

Via Prasairas 1
7477 Filisur GR
+41 814 041 647

46.67179 | 9.67465
980m ü.M.

01.04. - 31.10.

HS: 31,00 € | NS: 31,00 €

**Mehr Infos & Anfrage:**
www.camping.info/17134

| | |
|---|---|
| Baden in nat. Gewässer | k. A. |
| Pool/Hallenbad | ✓/3km |
| Spielplatz am Platz | ✓ |
| Hunde willkommen | ✓ |
| Skilift & Loipe | × |
| WLAN | ✓ |
| Lebensmittel | 2km |
| Brötchen am Platz | ✓ |
| Restaurant & Imbiss | ✓ |
| Ver-/Entsorgung Womo | ✓ |
| in den Ort | 2km |
| Gesamt/Touristen | 100/50 |
| Mietunterkünfte | ✓ |
| Stellplätze vor Schranke | × |

**3.9** GUT
8 Bewertungen

| | |
|---|---|
| Lage | 4.4 |
| Ruhe | 4.3 |
| Sanitäranlagen | 3.9 |
| Sauberkeit Ø | 4.2 |
| Freundlichkeit | 4.4 |
| Stellplatz | 3.8 |
| Verpflegung | 3.6 |
| Freizeit | 4.1 |
| Preis-Leistung | 3.9 |
| Mietunterkünfte | 4.0 |

**Geeignet für**

| | |
|---|---|
| Kinder b. 6 J. | 4.0 |
| Kinder b. 12 J. | 4.3 |
| Kinder b. 18 J. | 4.4 |
| Paare | 4.6 |
| Senioren | 4.4 |
| Gäste mit Zelt | 3.8 |
| Gäste mit Hund | 5.0 |

**Empfohlene Aktivitäten**

- Entspannen
- Wandern
- Mountainbiking

## 8 Camping Trin

*

Via Geraglia 2
7016 Trin-Mulin
+41 76 440 19 93

46.82776 | 9.34715
800m ü.M.

ganzjährig

HS: 36,70 € | NS: 36,70 €

**Mehr Infos & Anfrage:**
www.camping.info/24630

| | |
|---|---|
| Baden im See am Platz | ✓ |
| Pool & Hallenbad | × |
| Spielplatz am Platz | ✓ |
| Hunde willkommen | ✓ |
| Skilift/Loipe | 5km/✓ |
| WLAN | ✓ |
| Lebensmittel | ✓ |
| Brötchen am Platz | nur HS |
| Restaurant & Imbiss | ✓ |
| Ver-/Entsorgung Womo | ✓ |
| in den Ort | 1km |
| Gesamt/Touristen | 120/100 |
| Mietunterkünfte | ✓ |
| Stellplätze vor Schranke | × |

**3.9** GUT
10 Bewertungen

| | |
|---|---|
| Lage | 4.4 |
| Ruhe | 4.1 |
| Sanitäranlagen | 4.0 |
| Sauberkeit Ø | 3.4 |
| Freundlichkeit | 4.3 |
| Stellplatz | 3.7 |
| Verpflegung | 3.3 |
| Freizeit | 3.7 |
| Preis-Leistung | 3.7 |
| Mietunterkünfte | 3.5 |

**Geeignet für**

| | |
|---|---|
| Kinder b. 6 J. | 4.1 |
| Kinder b. 12 J. | 4.4 |
| Kinder b. 18 J. | 4.3 |
| Paare | 3.8 |
| Senioren | 3.6 |
| Gäste mit Zelt | 4.7 |
| Gäste mit Hund | 4.8 |

**Empfohlene Aktivitäten**

- Wandern
- Mountainbiking
- Radfahren

Karte auf Seite 348

## 9 Camping Cavresc

❄

Via dal Canton
7746 Le Prese
+41 81 844 02 59

46.29472 | 10.08

| Infos | |
|---|---|
| Öffnungszeiten | ganzjährig |
| Vergleichspreis | HS: 45,50 € \| NS: 38,20 € |
| Link | **Mehr Infos & Anfrage:** www.camping.info/17138 |

| Ausstattung | | |
|---|---|---|
| Freizeit | Baden im See | 1km |
| | Pool/Hallenbad | ✓/5km |
| | Spielplatz am Platz | ✓ |
| Campingplatz | Hunde erlaubt | ✓ |
| | Skilift & Loipe | ✗ |
| | WLAN | ✓ |
| Versorgung | Lebensmittel | ✓ |
| | Brötchen am Platz | ✓ |
| | Restaurant & Imbiss | ✓ |
| | Ver-/Entsorgung Womo | ✓ |
| | in den Ort | keine Angabe |
| Anzahl der Plätze | Gesamt/Touristen | 80/60 |
| | Mietunterkünfte | ✓ |
| | Stellplätze vor Schranke | ✗ |

**4.0** SEHR GUT
8 Bewertungen

| | |
|---|---|
| Lage | 4.5 |
| Ruhe | 4.6 |
| Sanitäranlagen | 4.4 |
| Sauberkeit Ø | 4.8 |
| Freundlichkeit | 4.9 |
| Stellplatz | 4.0 |
| Verpflegung | 3.7 |
| Freizeit | 4.1 |
| Preis-Leistung | 4.1 |
| Mietunterkünfte | - |

**Geeignet für**

| | |
|---|---|
| Kinder b. 6 J. | 3.8 |
| Kinder b. 12 J. | 4.3 |
| Kinder b. 18 J. | 4.0 |
| Paare | 4.6 |
| Senioren | 4.9 |
| Gäste mit Zelt | 4.2 |
| Gäste mit Hund | 3.7 |

**Empfohlene Aktivitäten**

- Wandern
- Mountainbiking
- Entspannen

## 10 Camping Gravas

❄

Voa Nova 6
7078 Lenzerheide
+41 81 384 23 35

46.7225 | 9.555
1473m ü.M.

| Infos | |
|---|---|
| Öffnungszeiten | ganzjährig |
| Vergleichspreis | HS: 47,00 € \| NS: 46,00 € |
| Link | **Mehr Infos & Anfrage:** www.camping.info/17139 |

| Ausstattung | | |
|---|---|---|
| Freizeit | Baden in nat. Gewässer | k. A. |
| | Pool/Hallenbad | 8/1km |
| | Spielplatz am Platz | ✓ |
| Campingplatz | Hunde willkommen | ✓ |
| | Skilift & Loipe | ✓ |
| | WLAN | ✓ |
| Versorgung | Lebensmittel | 500m |
| | Brötchen am Platz | nur HS |
| | Restaurant/Imbiss | 500m |
| | Ver-/Entsorgung Womo | ✗ |
| | in den Ort | 1km |
| Anzahl der Plätze | Gesamt/Touristen | 110/35 |
| | Mietunterkünfte | ✗ |
| | Stellplätze vor Schranke | ✗ |

**4.0** SEHR GUT
7 Bewertungen

| | |
|---|---|
| Lage | 4.4 |
| Ruhe | 3.8 |
| Sanitäranlagen | 3.9 |
| Sauberkeit Ø | 4.8 |
| Freundlichkeit | 4.8 |
| Stellplatz | 3.7 |
| Verpflegung | 2.8 |
| Freizeit | 4.3 |
| Preis-Leistung | 3.8 |
| Mietunterkünfte | - |

**Geeignet für**

| | |
|---|---|
| Kinder b. 6 J. | 3.5 |
| Kinder b. 12 J. | 3.7 |
| Kinder b. 18 J. | 4.0 |
| Paare | 5.0 |
| Senioren | 5.0 |
| Gäste mit Zelt | 5.0 |
| Gäste mit Hund | 5.0 |

**Empfohlene Aktivitäten**

- Wandern
- Mountainbiking
- Radfahren

## 11 Camping Plan Curtinac

Isola 8
7516 Maloja
+41 818243181

46.40541 | 9.71017
1817m ü.M.

| Infos | |
|---|---|
| Öffnungszeiten | 01.06. - 30.09. |
| Vergleichspreis | HS: 41,00 € \| NS: 41,00 € |
| Link | **Mehr Infos & Anfrage:** www.camping.info/21995 |

| Ausstattung | | |
|---|---|---|
| Freizeit | Baden im See am Platz | ✓ |
| | Hallenbad | 15km |
| | Spielplatz | 1km |
| Campingplatz | Hunde erlaubt | ✓ |
| | Skilift & Loipe | ✗ |
| | WLAN | ✓ |
| Versorgung | Lebensmittel | 1km |
| | Brötchen am Platz | ✓ |
| | Restaurant & Imbiss | ✓ |
| | Ver-/Entsorgung Womo | ✓ |
| | in den Ort | 1km |
| Anzahl der Plätze | Gesamt/Touristen | 110/100 |
| | Mietunterkünfte | ✓ |
| | Stellplätze vor Schranke | ✗ |

**4.0** SEHR GUT
7 Bewertungen

| | |
|---|---|
| Lage | 4.6 |
| Ruhe | 4.7 |
| Sanitäranlagen | 4.0 |
| Sauberkeit Ø | 4.4 |
| Freundlichkeit | 4.7 |
| Stellplatz | 2.7 |
| Verpflegung | 3.3 |
| Freizeit | 3.9 |
| Preis-Leistung | 3.4 |
| Mietunterkünfte | - |

**Geeignet für**

| | |
|---|---|
| Kinder b. 6 J. | 2.8 |
| Kinder b. 12 J. | 3.4 |
| Kinder b. 18 J. | 3.6 |
| Paare | 4.3 |
| Senioren | 3.0 |
| Gäste mit Zelt | 3.7 |
| Gäste mit Hund | 4.0 |

**Empfohlene Aktivitäten**

- Wandern
- Mountainbiking
- Angeln

## 12 Camping Arina

Hauptstraße 153
7558 Strada
+41 81 866 32 24

46.86286 | 10.43432
1075m ü.M.

01.05. - 31.10.

HS: 32,00 € | NS: 24,10 €

**Mehr Infos & Anfrage:**
www.camping.info/17150

| | |
|---|---|
| Baden im Fluss | 200m |
| Pool/Hallenbad | ✓/15km |
| Spielplatz am Platz | ✓ |
| Hunde willkommen | ✓ |
| Skilift/Loipe | 15km/✓ |
| WLAN | ✓ |
| Lebensmittel | 100m |
| Brötchen am Platz | nur HS |
| Restaurant/Imbiss | 100m |
| Ver-/Entsorgung Womo | ✓ |
| in den Ort | 300m |
| Touristenplätze | 40 |
| Mietunterkünfte | ✓ |
| Stellplätze vor Schranke | ✓ |

**4.0** SEHR GUT
5 Bewertungen

| | |
|---|---|
| Lage | 4.2 |
| Ruhe | 4.2 |
| Sanitäranlagen | 3.2 |
| Sauberkeit Ø | 4.0 |
| Freundlichkeit | 4.0 |
| Stellplatz | 3.8 |
| Verpflegung | 3.5 |
| Freizeit | 3.2 |
| Preis-Leistung | 4.0 |
| Mietunterkünfte | 3.0 |

**Geeignet für**

| | |
|---|---|
| Kinder b. 6 J. | 3.3 |
| Kinder b. 12 J. | 4.0 |
| Kinder b. 18 J. | 3.3 |
| Paare | 4.3 |
| Senioren | 4.7 |
| Gäste mit Zelt | 4.0 |
| Gäste mit Hund | 4.0 |

**Empfohlene Aktivitäten**

- Radfahren
- Wandern
- Entspannen

## 13 TCS Camping St. Mortiz

Via San Gian 55
7500 St. Moritz
+41 81 833 40 90

46.4782 | 9.82548
1800m ü.M.

21.05. - 20.09.

HS: 47,10 € | NS: 38,00 €

**Mehr Infos & Anfrage:**
www.camping.info/17148

| | |
|---|---|
| Baden im See | 500m |
| Hallenbad | 1km |
| Spielplatz am Platz | ✓ |
| Hunde willkommen | ✓ |
| Skilift & Loipe | keine Angabe |
| WLAN | ✓ |
| Lebensmittel | ✓ |
| Brötchen am Platz | ✓ |
| Restaurant/Imbiss | 2km/✓ |
| Ver-/Entsorgung Womo | ✓ |
| in den Ort | 700m |
| Touristenplätze | 199 |
| Mietunterkünfte | ✓ |
| Stellplätze vor Schranke | ✗ |

**4.4** SEHR GUT
16 Bewertungen

| | |
|---|---|
| Lage | 4.9 |
| Ruhe | 4.4 |
| Sanitäranlagen | 4.0 |
| Sauberkeit Ø | 4.5 |
| Freundlichkeit | 4.5 |
| Stellplatz | 4.1 |
| Verpflegung | 3.5 |
| Freizeit | 4.6 |
| Preis-Leistung | 3.6 |
| Mietunterkünfte | 3.0 |

**Geeignet für**

| | |
|---|---|
| Kinder b. 6 J. | 4.5 |
| Kinder b. 12 J. | 4.5 |
| Kinder b. 18 J. | 4.2 |
| Paare | 4.8 |
| Senioren | 4.8 |
| Gäste mit Zelt | 4.5 |
| Gäste mit Hund | 5.0 |

**Empfohlene Aktivitäten**

- Wandern
- Radfahren
- Mountainbiking

Gruppen nur mit Reservierung

## 14 TCS Camping Samedan

Via da Puntraschigna 56
7503 Samedan
+41 81 842 81 97

46.51042 | 9.87901
1740m ü.M.

21.05. - 11.10.
27.11. - 13.04.

HS: 46,40 € | NS: 38,20 €

**Mehr Infos & Anfrage:**
www.camping.info/17143

| | |
|---|---|
| Baden im See | 3km |
| Pool & Hallenbad | ✗ |
| Spielplatz am Platz | ✓ |
| Hunde willkommen | ✓ |
| Skilift/Loipe | 3km/✓ |
| WLAN | ✓ |
| Lebensmittel | ✓ |
| Brötchen am Platz | ✓ |
| Restaurant/Imbiss | 2km/✓ |
| Ver-/Entsorgung Womo | ✓ |
| in den Ort | 2km |
| Gesamt/Touristen | 110/60 |
| Mietunterkünfte | ✓ |
| Stellplätze vor Schranke | ✗ |

**4.2** SEHR GUT
13 Bewertungen

| | |
|---|---|
| Lage | 4.3 |
| Ruhe | 3.5 |
| Sanitäranlagen | 3.9 |
| Sauberkeit Ø | 4.5 |
| Freundlichkeit | 4.8 |
| Stellplatz | 4.0 |
| Verpflegung | 3.0 |
| Freizeit | 4.5 |
| Preis-Leistung | 3.7 |
| Mietunterkünfte | 4.0 |

**Geeignet für**

| | |
|---|---|
| Kinder b. 6 J. | 4.3 |
| Kinder b. 12 J. | 4.4 |
| Kinder b. 18 J. | 4.1 |
| Paare | 4.7 |
| Senioren | 4.6 |
| Gäste mit Zelt | 4.3 |
| Gäste mit Hund | 4.7 |

**Empfohlene Aktivitäten**

- Wandern
- Mountainbiking
- Radfahren

## 15 Camping Cul

Madinas s/n
7530 Zernez
+41 818 561 462

46.69758 | 10.08694

15.05. - 18.10.

HS: 35,30 € | NS: 33,00 €

**Mehr Infos & Anfrage:**
www.camping.info/23053

| | |
|---|---|
| Baden im Fluss am Platz | ✓ |
| Pool/Hallenbad | 500m |
| Spielplatz am Platz | ✓ |
| Hunde willkommen | ✓ |
| Skilift & Loipe | ✗ |
| WLAN | ✓ |
| Lebensmittel | ✓ |
| Brötchen am Platz | ✓ |
| Restaurant & Imbiss | ✓ |
| Ver-/Entsorgung Womo | ✓ |
| in den Ort | 500m |
| Gesamt/Touristen | 340/300 |
| Mietunterkünfte | ✓ |
| Stellplätze vor Schranke | ✗ |

**4.2** SEHR GUT
21 Bewertungen

| | |
|---|---|
| Lage | 4.8 |
| Ruhe | 4.7 |
| Sanitäranlagen | 3.9 |
| Sauberkeit Ø | 4.3 |
| Freundlichkeit | 4.6 |
| Stellplatz | 4.2 |
| Verpflegung | 3.5 |
| Freizeit | 4.2 |
| Preis-Leistung | 3.9 |
| Mietunterkünfte | 4.0 |

**Geeignet für**

| | |
|---|---|
| Kinder b. 6 J. | 3.7 |
| Kinder b. 12 J. | 3.7 |
| Kinder b. 18 J. | 3.3 |
| Paare | 4.6 |
| Senioren | 4.7 |
| Gäste mit Zelt | 4.5 |
| Gäste mit Hund | 4.1 |

**Empfohlene Aktivitäten**

- Wandern
- Radfahren
- Mountainbiking

Karte auf Seite 348

## 16 Camping Silvaplana

via bos-cha
7513 Silvaplana
+41 81 8288492
46.45572 | 9.79274
1800m ü.M.

13.05. - 16.10.
HS: 42,00 € | NS: 42,00 €
**Mehr Infos & Anfrage:**
www.camping.info/21994

| | |
|---|---|
| Baden im See am Platz | ✓ |
| Pool & Hallenbad | ✗ |
| Spielplatz am Platz | ✓ |
| Hunde willkommen | ✓ |
| Skilift & Loipe | ✗ |
| WLAN | ✓ |
| Lebensmittel | ✓ |
| Brötchen am Platz | ✓ |
| Restaurant & Imbiss | ✓ |
| Ver-/Entsorgung Womo | ✓ |
| im Ort | ✓ |
| Gesamt/Touristen | 220/130 |
| Mietunterkünfte | ✗ |
| Stellplätze vor Schranke | ✗ |

**4.2** SEHR GUT
13 Bewertungen

| | |
|---|---|
| Lage | 4.5 |
| Ruhe | 3.9 |
| Sanitäranlagen | 4.4 |
| Sauberkeit Ø | 4.5 |
| Freundlichkeit | 4.6 |
| Stellplatz | 3.6 |
| Verpflegung | 3.9 |
| Freizeit | 4.6 |
| Preis-Leistung | 4.3 |
| Mietunterkünfte | - |

**Geeignet für**

| | |
|---|---|
| Kinder b. 6 J. | 3.8 |
| Kinder b. 12 J. | 4.1 |
| Kinder b. 18 J. | 4.4 |
| Paare | 4.4 |
| Senioren | 4.1 |
| Gäste mit Zelt | 3.9 |
| Gäste mit Hund | 4.1 |

**Empfohlene Aktivitäten**

- Surfen
- Wandern
- Kayak/Kanu

## 17 Camping Mulina

7603 Vicosoprano
+41 81 822 10 35
46.35674 | 9.63065

01.05. - 31.10.
HS: 27,50 € | NS: 27,50 €
**Mehr Infos & Anfrage:**
www.camping.info/21997

| | |
|---|---|
| Baden in nat. Gewässer | k. A. |
| Pool & Hallenbad | ✗ |
| Spielplatz | keine Angabe |
| Hunde erlaubt | ✓ |
| Skilift & Loipe | keine Angabe |
| WLAN | keine Angabe |
| Lebensmittel | ✓ |
| Brötchen am Platz | nur HS |
| Imbiss | ✓ |
| Ver-/Entsorgung Womo | ✓ |
| in den Ort | 600m |
| Gesamt | keine Angabe |
| Mietunterkünfte | ✗ |
| Stellplätze vor Schranke | ✗ |

**4.2** SEHR GUT
5 Bewertungen

| | |
|---|---|
| Lage | 4.8 |
| Ruhe | 4.4 |
| Sanitäranlagen | 4.0 |
| Sauberkeit Ø | 4.9 |
| Freundlichkeit | 5.0 |
| Stellplatz | 4.2 |
| Verpflegung | 3.0 |
| Freizeit | 3.2 |
| Preis-Leistung | 4.0 |
| Mietunterkünfte | - |

**Geeignet für**

| | |
|---|---|
| Kinder b. 6 J. | 4.2 |
| Kinder b. 12 J. | 4.2 |
| Kinder b. 18 J. | 3.8 |
| Paare | 4.8 |
| Senioren | 4.0 |
| Gäste mit Zelt | 5.0 |
| Gäste mit Hund | - |

**Empfohlene Aktivitäten**

- Klettern
- Wandern
- Entspannen

## 18 Rheincamping Sedrun

Via Milar 11
7189 Rueras/Sedrun
+41 79 126 80 61
46.67269 | 8.75347
1400m ü.M.

ganzjährig
HS: 42,00 € | NS: 34,00 €
**Mehr Infos & Anfrage:**
www.camping.info/25602

| | |
|---|---|
| Baden im See | 1km |
| Pool/Hallenbad | 3km |
| Spielplatz am Platz | ✓ |
| Hunde willkommen | ✓ |
| Skilift/Loipe | 1km/✓ |
| WLAN | ✓ |
| Lebensmittel | 2km |
| Brötchen am Platz | ✓ |
| Restaurant & Imbiss | ✓ |
| Ver-/Entsorgung Womo | ✓ |
| in den Ort | 1km |
| Gesamt/Touristen | 45/30 |
| Mietunterkünfte | ✓ |
| Stellplätze vor Schranke | ✗ |

**4.2** SEHR GUT
5 Bewertungen

| | |
|---|---|
| Lage | 4.8 |
| Ruhe | 4.6 |
| Sanitäranlagen | 3.6 |
| Sauberkeit Ø | 4.1 |
| Freundlichkeit | 4.8 |
| Stellplatz | 3.4 |
| Verpflegung | 3.8 |
| Freizeit | 4.2 |
| Preis-Leistung | 4.0 |
| Mietunterkünfte | - |

**Geeignet für**

| | |
|---|---|
| Kinder b. 6 J. | 5.0 |
| Kinder b. 12 J. | 5.0 |
| Kinder b. 18 J. | 4.0 |
| Paare | 4.3 |
| Senioren | 4.0 |
| Gäste mit Zelt | 4.0 |
| Gäste mit Hund | 4.0 |

**Empfohlene Aktivitäten**

- Wandern
- Mountainbiking
- Cross Country

Zwischensaison geschlossen: 01.04. - 08.05 und 26.10 - 04.12.

### Infos
Öffnungszeiten
Vergleichspreis
Link

### Ausstattung
Freizeit
Campingplatz
Versorgung
Anzahl der Plätze

## 19 Waldcamping Landquart

❄

Ganda 21
7302 Landquart
+41 (0) 81 322 39 55

46.97051 | 9.59341
555m ü.M.

18.03. - 28.10.
05.12. - 17.03.

HS: 42,80 € | NS: 35,40 €

**Mehr Infos & Anfrage:**
www.camping.info/17136

| | |
|---|---|
| Baden im See | 25km |
| Pool/Hallenbad | ✓/9km |
| Spielplatz am Platz | ✓ |
| Hunde willkommen | ✓ |
| Skilift/Loipe | 3km |
| WLAN | ✓ |
| Lebensmittel | 200m |
| Brötchen am Platz | ✓ |
| Restaurant & Imbiss | ✓ |
| Ver-/Entsorgung Womo | ✓ |
| in den Ort | 3km |
| Gesamt/Touristen | 130/33 |
| Mietunterkünfte | ✓ |
| Stellplätze vor Schranke | ✓ |

**4.3** SEHR GUT
25 Bewertungen

| | |
|---|---|
| Lage | 4.1 |
| Ruhe | 3.5 |
| Sanitäranlagen | 4.5 |
| Sauberkeit Ø | 4.8 |
| Freundlichkeit | 4.7 |
| Stellplatz | 3.9 |
| Verpflegung | 3.2 |
| Freizeit | 3.5 |
| Preis-Leistung | 4.2 |
| Mietunterkünfte | 5.0 |

**Geeignet für**

| | |
|---|---|
| Kinder b. 6 J. | 4.0 |
| Kinder b. 12 J. | 4.0 |
| Kinder b. 18 J. | 3.7 |
| Paare | 4.3 |
| Senioren | 4.2 |
| Gäste mit Zelt | 4.3 |
| Gäste mit Hund | 4.6 |

**Empfohlene Aktivitäten**

- Radfahren
- Wandern
- Mountainbiking

## 20 Camping Carrera

Carrera
7122 Valendas
+41 79 442 97 01

46.78685 | 9.29732

22.04. - 23.10.

HS: 39,20 € | NS: 36,20 €

**Mehr Infos & Anfrage:**
www.camping.info/24512

| | |
|---|---|
| Baden in nat. Gewässer | k. A. |
| Pool & Hallenbad | ✗ |
| Spielplatz | 2km |
| Hunde erlaubt | ✓ |
| Skilift & Loipe | ✗ |
| WLAN | ✗ |
| Lebensmittel | 2km |
| Brötchen am Platz | ✗ |
| Restaurant | 2km |
| Ver-/Entsorgung Womo | ✓ |
| in den Ort | keine Angabe |
| Touristenplätze | 60 |
| Mietunterkünfte | ✗ |
| Stellplätze vor Schranke | ✗ |

**4.3** SEHR GUT
7 Bewertungen

| | |
|---|---|
| Lage | 4.7 |
| Ruhe | 5.0 |
| Sanitäranlagen | 4.1 |
| Sauberkeit Ø | 4.8 |
| Freundlichkeit | 4.6 |
| Stellplatz | 4.0 |
| Verpflegung | 1.8 |
| Freizeit | 4.5 |
| Preis-Leistung | 4.3 |
| Mietunterkünfte | - |

**Geeignet für**

| | |
|---|---|
| Kinder b. 6 J. | 3.5 |
| Kinder b. 12 J. | 4.0 |
| Kinder b. 18 J. | 4.2 |
| Paare | 4.3 |
| Senioren | 3.6 |
| Gäste mit Zelt | 4.0 |
| Gäste mit Hund | 3.3 |

**Empfohlene Aktivitäten**

- Wandern
- Mountainbiking
- Kayak/Kanu

## 21 Panorama - Camping Surcuolm

❄

Via Prinzipala 11
7138 Surcuolm
+41 81 933 32 23

46.7605 | 9.14398

ganzjährig

HS: 42,00 € | NS: 42,00 €

**Mehr Infos & Anfrage:**
www.camping.info/23127

| | |
|---|---|
| Baden in nat. Gewässer | k. A. |
| Hallenbad | 9km |
| Spielplatz am Platz | ✓ |
| Hunde erlaubt | ✓ |
| Skilift | ✓ |
| WLAN | ✓ |
| Lebensmittel | ✓ |
| Brötchen am Platz | ✓ |
| Restaurant & Imbiss | ✓ |
| Ver-/Entsorgung Womo | ✓ |
| in den Ort | 9km |
| Gesamt | 60 |
| Mietunterkünfte | ✓ |
| Stellplätze vor Schranke | ✗ |

**4.3** SEHR GUT
6 Bewertungen

| | |
|---|---|
| Lage | 4.7 |
| Ruhe | 5.0 |
| Sanitäranlagen | 4.3 |
| Sauberkeit Ø | 4.7 |
| Freundlichkeit | 4.8 |
| Stellplatz | 3.8 |
| Verpflegung | 3.6 |
| Freizeit | 4.3 |
| Preis-Leistung | 3.8 |
| Mietunterkünfte | 5.0 |

**Geeignet für**

| | |
|---|---|
| Kinder b. 6 J. | 3.7 |
| Kinder b. 12 J. | 4.0 |
| Kinder b. 18 J. | 4.0 |
| Paare | 4.2 |
| Senioren | 4.7 |
| Gäste mit Zelt | 1.0 |
| Gäste mit Hund | 4.3 |

**Empfohlene Aktivitäten**

- Mountainbiking
- Wandern
- Ski

## 22 TCS Camping Scuol

❄

Gurlaina
7550 Scuol
+41 81 864 15 01

46.79605 | 10.2898
1215m ü.M.

21.05. - 11.10.
12.12. - 13.04.

HS: 52,40 € | NS: 43,30 €

**Mehr Infos & Anfrage:**
www.camping.info/17145

| | |
|---|---|
| Baden im Fluss | 1km |
| Pool/Hallenbad | 1km |
| Spielplatz am Platz | ✓ |
| Hunde willkommen | ✓ |
| Skilift/Loipe | 3/1km |
| WLAN | ✓ |
| Lebensmittel | ✓ |
| Brötchen am Platz | ✓ |
| Restaurant & Imbiss | ✓ |
| Ver-/Entsorgung Womo | ✓ |
| in den Ort | 500m |
| Gesamt/Touristen | 250/190 |
| Mietunterkünfte | ✓ |
| Stellplätze vor Schranke | ✓ |

**4.4** SEHR GUT
41 Bewertungen

| | |
|---|---|
| Lage | 4.5 |
| Ruhe | 4.6 |
| Sanitäranlagen | 4.9 |
| Sauberkeit Ø | 4.7 |
| Freundlichkeit | 4.4 |
| Stellplatz | 4.4 |
| Verpflegung | 3.7 |
| Freizeit | 4.7 |
| Preis-Leistung | 4.0 |
| Mietunterkünfte | 4.5 |

**Geeignet für**

| | |
|---|---|
| Kinder b. 6 J. | 4.5 |
| Kinder b. 12 J. | 4.5 |
| Kinder b. 18 J. | 4.5 |
| Paare | 4.7 |
| Senioren | 4.3 |
| Gäste mit Zelt | 4.4 |
| Gäste mit Hund | 4.1 |

**Empfohlene Aktivitäten**

- Wandern
- Mountainbiking
- Wellness

## 23 Camping Chapella

Chapella
7526 Cinuos-chel
+41 81 854 12 06
46.6325 | 10.015

01.05. - 31.10.
HS: 30,50 € | NS: 30,50 €
**Mehr Infos & Anfrage:**
www.camping.info/17132

## 24 Camping Andeer

Sut Baselgia 120 c
7440 Andeer
+41 81 661 14 53
46.6064 | 9.42634
1000m ü.M.

ganzjährig
HS: 38,00 € | NS: 38,00 €
**Mehr Infos & Anfrage:**
www.camping.info/17127

## 25 Camping Madulain

Via Vallatscha 115
7523 Madulain
+41 (0)81 8540161
46.58762 | 9.93998
1697m ü.M.

30.05. - 20.10.
21.12. - 13.04.
HS: 37,30 € | NS: 33,70 €
**Mehr Infos & online buchen:**
www.camping.info/21996

Karte auf Seite 348

**Infos**: Öffnungszeiten / Vergleichspreis / Link

**Ausstattung**

| | Camping Chapella | Camping Andeer | Camping Madulain |
|---|---|---|---|
| **Freizeit** | Baden im Fluss am Platz ✓ | Baden im Fluss 200m | Baden im See 15km |
| | Pool/Hallenbad 8km | Pool/Hallenbad 100m | Pool/Hallenbad 14/9km |
| | Spielplatz am Platz ✓ | Spielplatz 500m | Spielplatz 200m |
| **Campingplatz** | Hunde willkommen ✓ | Hunde willkommen ✓ | Hunde willkommen ✓ |
| | Skilift & Loipe ✗ | Skilift/Loipe 10km | Skilift/Loipe 1km/300m |
| | WLAN ✓ | WLAN ✓ | WLAN ✓ |
| **Versorgung** | Lebensmittel 2km | Lebensmittel 300m | Lebensmittel 1km |
| | Brötchen am Platz nur HS | Brötchen am Platz ✗ | Brötchen am Platz ✓ |
| | Restaurant/Imbiss 1km/✓ | Restaurant/Imbiss 300m/✓ | Restaurant/Imbiss 1km/✓ |
| | Ver-/Entsorgung Womo ✓ | Ver-/Entsorgung Womo ✓ | Ver-/Entsorgung Womo ✓ |
| | in den Ort keine Angabe | im Ort ✓ | im Ort ✓ |
| **Anzahl der Plätze** | Gesamt/Touristen 100/80 | Gesamt/Touristen 100/40 | Gesamt/Touristen 40/30 |
| | Mietunterkünfte ✓ | Mietunterkünfte ✓ | Mietunterkünfte ✓ |
| | Stellplätze vor Schranke ✗ | Stellplätze vor Schranke ✗ | Stellplätze vor Schranke ✗ |

| | Camping Chapella | Camping Andeer | Camping Madulain |
|---|---|---|---|
| Gesamt | 4.4 SEHR GUT, 11 Bewertungen | 4.4 SEHR GUT, 10 Bewertungen | 4.5 SEHR GUT, 20 Bewertungen |
| Lage | 4.6 | 4.2 | 4.5 |
| Ruhe | 4.6 | 4.1 | 4.3 |
| Sanitäranlagen | 4.5 | 4.0 | 4.6 |
| Sauberkeit Ø | 4.8 | 4.4 | 4.7 |
| Freundlichkeit | 4.9 | 4.5 | 4.9 |
| Stellplatz | 4.3 | 4.0 | 4.1 |
| Verpflegung | 2.9 | 3.7 | 3.1 |
| Freizeit | 4.3 | 4.7 | 4.3 |
| Preis-Leistung | 4.8 | 4.3 | 4.2 |
| Mietunterkünfte | - | - | 4.7 |
| **Geeignet für** | | | |
| Kinder b. 6 J. | 4.2 | 4.8 | 3.2 |
| Kinder b. 12 J. | 4.4 | 4.8 | 3.8 |
| Kinder b. 18 J. | 4.0 | 4.5 | 3.8 |
| Paare | 4.4 | 4.2 | 4.4 |
| Senioren | 4.3 | 4.8 | 4.4 |
| Gäste mit Zelt | 4.8 | 4.5 | 4.8 |
| Gäste mit Hund | 4.6 | 5.0 | 5.0 |

**Empfohlene Aktivitäten**

- Camping Chapella: Wandern, Mountainbiking, Radfahren
- Camping Andeer: Wandern, Wellness, Radfahren
- Camping Madulain: Wandern, Mountainbiking, Entspannen

Camping Madulain: für große WOMOs Reservierung empfohlen; keine Jugendgruppen

## 26 Camping St. Cassian

*

Voia Principal 106
7083 Lenz /bei LENZERHEIDE
+41 81 384 24 72

46.69858 | 9.55827
1420m ü.M.

ganzjährig

HS: 34,90 € | NS: 34,90 €

**Mehr Infos & Anfrage:**
www.camping.info/17137

| | |
|---|---|
| Baden im See | 3km |
| Pool/Hallenbad | 2km |
| Spielplatz am Platz | ✓ |
| Hunde willkommen | ✓ |
| Skilift/Loipe | 1km/✓ |
| WLAN (begrenzt gratis) | ✓ |
| Lebensmittel | 1km |
| Brötchen am Platz | ✓ |
| Restaurant & Imbiss | ✓ |
| Ver-/Entsorgung Womo | ✓ |
| in den Ort | 1km |
| Gesamt/Touristen | 170/70 |
| Mietunterkünfte | ✓ |
| Stellplätze vor Schranke | ✓ |

**4.5** SEHR GUT
11 Bewertungen

| | |
|---|---|
| Lage | 4.4 |
| Ruhe | 4.6 |
| Sanitäranlagen | 3.5 |
| Sauberkeit Ø | 4.7 |
| Freundlichkeit | 4.7 |
| Stellplatz | 3.9 |
| Verpflegung | 3.9 |
| Freizeit | 4.6 |
| Preis-Leistung | 4.5 |
| Mietunterkünfte | 4.0 |

**Geeignet für**

| | |
|---|---|
| Kinder b. 6 J. | 3.9 |
| Kinder b. 12 J. | 4.6 |
| Kinder b. 18 J. | 4.1 |
| Paare | 4.8 |
| Senioren | 4.4 |
| Gäste mit Zelt | 4.2 |
| Gäste mit Hund | 4.8 |

**Empfohlene Aktivitäten**

- Wandern
- Entspannen
- Cross Country

## 27 Camping Pè da Munt

Via Umbrail
7536 Sta. Maria - Val Müstair
+41 81 858 71 33

46.59688 | 10.42574
1440m ü.M.

19.05. - 06.10.

HS: 34,00 € | NS: 34,00 €

**Mehr Infos & Anfrage:**
www.camping.info/17149

| | |
|---|---|
| Baden im Fluss am Platz | ✓ |
| Pool/Hallenbad | 10/5km |
| Spielplatz am Platz | ✓ |
| Hunde willkommen | ✓ |
| Skilift & Loipe | ✗ |
| WLAN | ✓ |
| Lebensmittel | ✓ |
| Brötchen am Platz | ✓ |
| Restaurant & Imbiss | ✓ |
| Ver-/Entsorgung Womo | ✓ |
| in den Ort | 500m |
| Gesamt | 50 |
| Mietunterkünfte | ✗ |
| Stellplätze vor Schranke | ✗ |

**4.5** SEHR GUT
11 Bewertungen

| | |
|---|---|
| Lage | 4.6 |
| Ruhe | 4.6 |
| Sanitäranlagen | 4.0 |
| Sauberkeit Ø | 4.7 |
| Freundlichkeit | 4.7 |
| Stellplatz | 4.2 |
| Verpflegung | 3.3 |
| Freizeit | 4.0 |
| Preis-Leistung | 4.2 |
| Mietunterkünfte | - |

**Geeignet für**

| | |
|---|---|
| Kinder b. 6 J. | 4.0 |
| Kinder b. 12 J. | 4.2 |
| Kinder b. 18 J. | 3.6 |
| Paare | 4.3 |
| Senioren | 3.6 |
| Gäste mit Zelt | 5.0 |
| Gäste mit Hund | 5.0 |

**Empfohlene Aktivitäten**

- Wandern
- Motorrad
- Mountainbiking

## 28 TCS Camping Disentis

Via Fontanivas 9
7180 Disentis
+41 81 947 44 22

46.69649 | 8.85364
1100m ü.M.

24.04. - 27.09.

HS: 53,30 € | NS: 42,40 €

**Mehr Infos & Anfrage:**
www.camping.info/17133

| | |
|---|---|
| Baden im Fluss am Platz | ✓ |
| Hallenbad | 8km |
| Spielplatz am Platz | ✓ |
| Hunde willkommen | ✓ |
| Skilift & Loipe | ✗ |
| WLAN | ✓ |
| Lebensmittel | ✓ |
| Brötchen am Platz | ✓ |
| Restaurant & Imbiss | ✓ |
| Ver-/Entsorgung Womo | ✓ |
| in den Ort | 2km |
| Gesamt/Touristen | 173/134 |
| Mietunterkünfte | ✓ |
| Stellplätze vor Schranke | ✗ |

**4.6** SEHR GUT
56 Bewertungen

| | |
|---|---|
| Lage | 4.7 |
| Ruhe | 4.3 |
| Sanitäranlagen | 4.4 |
| Sauberkeit Ø | 4.6 |
| Freundlichkeit | 4.9 |
| Stellplatz | 4.5 |
| Verpflegung | 4.5 |
| Freizeit | 4.6 |
| Preis-Leistung | 4.2 |
| Mietunterkünfte | 4.6 |

**Geeignet für**

| | |
|---|---|
| Kinder b. 6 J. | 4.6 |
| Kinder b. 12 J. | 4.7 |
| Kinder b. 18 J. | 4.4 |
| Paare | 4.6 |
| Senioren | 4.4 |
| Gäste mit Zelt | 4.7 |
| Gäste mit Hund | 4.7 |

**Empfohlene Aktivitäten**

- Wandern
- Mountainbiking
- Entspannen

## 29 Camping Morteratsch

*

Plauns 13
7504 Pontresina
+41 81 842 62 85

46.46078 | 9.93498
1860m ü.M.

28.05. - 24.10.
18.12. - 15.04.

HS: 39,00 € | NS: 39,00 €

**Mehr Infos & Anfrage:**
www.camping.info/17142

| | |
|---|---|
| Baden im See am Platz | ✓ |
| Pool/Hallenbad | 3km |
| Spielplatz am Platz | ✓ |
| Hunde willkommen | ✓ |
| Skilift/Loipe | 3km/✓ |
| WLAN | ✓ |
| Lebensmittel | ✓ |
| Brötchen am Platz | ✓ |
| Restaurant/Imbiss | 1km/✓ |
| Ver-/Entsorgung Womo | ✓ |
| in den Ort | 3km |
| Gesamt/Touristen | 280/200 |
| Mietunterkünfte | ✓ |
| Stellplätze vor Schranke | ✗ |

**4.6** SEHR GUT
42 Bewertungen

| | |
|---|---|
| Lage | 4.8 |
| Ruhe | 4.7 |
| Sanitäranlagen | 4.6 |
| Sauberkeit Ø | 4.7 |
| Freundlichkeit | 4.7 |
| Stellplatz | 4.3 |
| Verpflegung | 4.1 |
| Freizeit | 4.6 |
| Preis-Leistung | 4.4 |
| Mietunterkünfte | 4.6 |

**Geeignet für**

| | |
|---|---|
| Kinder b. 6 J. | 4.2 |
| Kinder b. 12 J. | 4.6 |
| Kinder b. 18 J. | 4.4 |
| Paare | 4.8 |
| Senioren | 4.6 |
| Gäste mit Zelt | 4.6 |
| Gäste mit Hund | 4.3 |

**Empfohlene Aktivitäten**

- Wandern
- Mountainbiking
- Entspannen

WOMOs ab 8 m nur mit Reservierung

| | 30 Camping Pradafenz | 31 TCS Camping Thusis-Viamala | 32 Camping Trun |
|---|---|---|---|
| | * | * | |
| | Girabodawäg 24<br>7075 Churwalden<br>+41 81 382 19 21 | Pantunweg<br>7430 Thusis<br>+41 81651 24 72 | Via Campadi 2<br>7166 Trun<br>+41 81 544 56 97 |
| | 46.77739 \| 9.53999 | 46.69881 \| 9.44496 | 46.74107 \| 8.99423 |
| | 1250m ü.M. | 720m ü.M. | 861m ü.M. |
| **Infos** | | | |
| Öffnungszeiten | 25.05. - 31.10.<br>15.12. - 10.04. | 03.03. - 25.10. | 29.03. - 31.10. |
| Vergleichspreis | HS: 34,80 € \| NS: 34,80 € | HS: 42,00 € \| NS: 48,00 € | HS: 38,60 € \| NS: 33,50 € |
| Link | **Mehr Infos & Anfrage:** www.camping.info/17131 | **Mehr Infos & Anfrage:** www.camping.info/17151 | **Mehr Infos & Anfrage:** www.camping.info/21992 |
| **Ausstattung** | | | |
| Freizeit | Baden im See 3km<br>Pool/Hallenbad 100m/3km<br>Spielplatz 100m | Baden in nat. Gewässer k. A.<br>Pool/Hallenbad 500m/15km<br>Spielplatz am Platz ✓ | Baden im Fluss am Platz ✓<br>Hallenbad 1km<br>Spielplatz 500m |
| Campingplatz | Hunde willkommen ✓<br>Skilift/Loipe ✓/3km<br>WLAN ✓ | Hunde willkommen ✓<br>Skilift/Loipe 10/15km<br>WLAN ✓ | Hunde willkommen ✓<br>Skilift/Loipe 10/2km<br>WLAN ✓ |
| Versorgung | Lebensmittel 100m<br>Brötchen am Platz ✓<br>Restaurant & Imbiss ✓<br>Ver-/Entsorgung Womo ✓<br>in den Ort 300m | Lebensmittel 500m<br>Brötchen keine Angabe<br>Restaurant & Imbiss ✓<br>Ver-/Entsorgung Womo ✓<br>in den Ort 800m | Lebensmittel 1km<br>Brötchen am Platz ✓<br>Restaurant & Imbiss ✓<br>Ver-/Entsorgung Womo ✓<br>in den Ort 1km |
| Anzahl der Plätze | Gesamt/Touristen 160/50<br>Mietunterkünfte ✗<br>Stellplätze vor Schranke ✗ | Gesamt/Touristen 100/78<br>Mietunterkünfte ✓<br>Stellplätze vor Schranke ✓ | Gesamt/Touristen 120/40<br>Mietunterkünfte ✓<br>Stellplätze vor Schranke ✗ |

| | 30 Camping Pradafenz | 31 TCS Camping Thusis-Viamala | 32 Camping Trun |
|---|---|---|---|
| Gesamt | 4.6 SEHR GUT, 14 Bewertungen | 4.7 SEHR GUT, 74 Bewertungen | 4.8 SEHR GUT, 5 Bewertungen |
| Lage | 4.7 | 4.4 | 4.8 |
| Ruhe | 4.2 | 4.3 | 4.8 |
| Sanitäranlagen | 5.0 | 4.8 | 4.6 |
| Sauberkeit Ø | 5.0 | 4.9 | 5.0 |
| Freundlichkeit | 4.9 | 4.9 | 5.0 |
| Stellplatz | 4.3 | 4.4 | 4.4 |
| Verpflegung | 3.8 | 4.0 | 4.6 |
| Freizeit | 4.2 | 4.5 | 4.4 |
| Preis-Leistung | 4.5 | 4.4 | 4.4 |
| Mietunterkünfte | - | 4.6 | 5.0 |
| **Geeignet für** | | | |
| Kinder b. 6 J. | 4.3 | 4.4 | 4.3 |
| Kinder b. 12 J. | 4.2 | 4.6 | 5.0 |
| Kinder b. 18 J. | 4.2 | 4.5 | 5.0 |
| Paare | 4.7 | 4.8 | 4.8 |
| Senioren | 4.6 | 4.7 | 5.0 |
| Gäste mit Zelt | 3.5 | 4.5 | 5.0 |
| Gäste mit Hund | 5.0 | 4.6 | 4.5 |
| **Empfohlene Aktivitäten** | Wandern<br>Mountainbiking<br>Ski | Wandern<br>Entspannen<br>Radfahren | Wandern<br>Radfahren<br>Mountainbiking |

Karte auf Seite 348

keine WOMOs ab 10m; Schlepphilfe bei eisigen Straßen,Gruppen nur beschränkt

SCHWEIZ

# 8 Ostschweiz und Liechtenstein

| | Platz | Seite | Bewertung | Öffnungszeiten | |
|---|---|---|---|---|---|
| 1 | Camping Leutswil | 367 | - | saisonal | |
| 2 | Camping Aumühle | 367 | 4.8 | saisonal | |
| 3 | Camping Schönengrund | 367 | - | ganzjährig | Wintercamping |
| 4 | Camping Mittagsspitz | 366 | 3.4 | saisonal | Wintercamping |
| 5 | Camping Giessenpark | 369 | 3.6 | ganzjährig | Wintercamping |
| 6 | Camping Fischerhaus | 368 | 3.6 | saisonal | |
| 7 | Camping Güntlenau | 369 | 4.1 | saisonal | |
| 8 | Camping Vorauen | 369 | 3.9 | saisonal | |
| 9 | Camping Eischen | 370 | 2.9 | ganzjährig | Wintercamping |
| 10 | Camping Seehorn | 372 | 4.8 | saisonal | |
| 11 | Camping Bächli | 371 | 3.4 | ganzjährig | Wintercamping |
| 12 | Campingplatz Buchhorn | 371 | 3.3 | saisonal | |
| 13 | Camping Sonnensee | 371 | - | saisonal | |
| 14 | Camping Läui | 373 | - | saisonal | |
| 15 | Camping St.Gallen-Wittenbach | 373 | 3.4 | saisonal | |
| 16 | See-Camping | 373 | 3.7 | saisonal | |
| 17 | Camping beim Bauer Manser | 374 | 4.7 | saisonal | Ecocamping |
| 18 | Campingplatz Amriswil | 374 | - | k. A. | |
| 19 | Camping am Walensee | 374 | 3.8 | saisonal | |
| 20 | Camping Guldifuss | 374 | 4.2 | k. A. | |
| 21 | Camping Hüttenberg | 375 | 4.8 | saisonal | Award |
| 22 | Camping Bruggerhorn | 375 | 3.3 | saisonal | |
| 23 | Camping Jakobsbad | 375 | 4.4 | ganzjährig | Wintercamping |
| 24 | Camping Chämihütte | 377 | - | saisonal | |
| 25 | Camping Höfli | 377 | - | ganzjährig | Wintercamping |
| 26 | Campingplatz Hechler | 377 | - | saisonal | |
| 27 | Camping Ruderbaum | 379 | 3.2 | saisonal | Ecocamping |
| 28 | Camping Wagenhausen | 378 | 4.4 | saisonal | |
| 29 | Campingplatz Schafbergblick | 379 | - | ganzjährig | Wintercamping |
| 30 | Camping Atzmännig | 379 | 3.8 | ganzjährig | Wintercamping |

Stauberenkanzel im Appenzellerland © swiss-image.ch/Thomas Senf

## CAMPING SÜDLICH DES BODENSEES

Die Region der Ostschweiz und Liechtensteins hat viele Gesichter. Die Region um Schaffhausen mit dem berühmten Rheinfall gehört ebenso dazu wie St. Gallen mit dem Bodensee oder die sanften Hügel des Appenzellerlandes. So vielfältig wie die Landschaften der Region sind auch die Aktivitäten, die dafür sorgen, dass bei einem Campingurlaub so schnell keine Langeweile aufkommt. Wanderfreunde genießen im Sommer spektakuläre Ausblicke auf dem Alpenpanorama-Weg oder freuen sich über kulturelle Kleinode, die sie auf der „Kulturspur" Appenzellerland entdecken. Wer statt auf Schusters Rappen lieber auf dem Drahtesel oder mit echter Pferdestärke unterwegs ist, wird hier ebenfalls nicht enttäuscht. Sowohl die Ostschweiz als auch Liechtenstein halten nicht nur in der warmen Jahreszeit, sondern auch im Winter viele Überraschungen bereit. Rasante Abfahrten in der Region Toggenburg oder im Heidiland sorgen bei Alpin-Skifans für Begeisterung.

Rheinfall bei Schaffhausen © swiss-image.ch/Beat Mueller

## HOHE WASSERFÄLLE UND TIEFE SCHLUCHTEN

Ähnlich vielfältig wie die Freizeitangebote sind auch die kulturellen und natürlichen Schätze der Ostschweiz. Zu den beeindruckendsten Naturschauspielen, nicht nur der Schweiz, zählt der Rheinfall bei Neuhausen, der größte Wasserfall Europas. Pro Sekunde stürzen hier 700.000 Liter Wasser über eine 150 m breite Klippe in die Tiefe. Auch bei einem Besuch in der Taminaschlucht in Pfäfers spielt Wasser eine entscheidende Rolle. Eine warme Thermalquelle sorgt bereits seit ihrer Entdeckung im Jahr 1240 dafür, dass die Menschen gerne hierherkommen. Schon der berühmte Arzt Paracelsus war von der heilenden Wirkung des Wassers überzeugt und wurde deshalb zum ersten Badearzt in Pfäfers.

Kathedrale St.Gallen © swiss-image.ch

## DEN BODENSEE ZU FÜSSEN

Nicht nur an Wasserfällen und in tiefen Schluchten, sondern auch über den Wolken hat die Ostschweiz ihren ganz besonderen Reiz. Wer mit der Schwebebahn auf den 2.502 hohen Säntis fährt, dem liegt die Bodenseeregion im wahrsten Sinne des Wortes zu Füßen. Nach einer 10-minütigen Reise durch die Wolken erwarten euch als Besucher spektakuläre Aussichten. Der NaturErlebnispark Schwägalp/Säntis ermöglicht nicht nur die Begegnung mit einer eindrucksvollen Landschaft, sondern auch mit der Kultur und den Traditionen der Region, die auf fünf verschiedenen Themenwegen eindrucksvoll dargestellt wird.

## NICHTS FÜR KALORIENZÄHLER

Bei einem Urlaub in der Ostschweiz kann die Campingküche durchaus öfter mal kalt bleiben. Die kulinarischen Highlights der Region sind es wert, ausgiebig probiert zu werden. Die St. Galler Bratwurst aus zartem Kalbfleisch und Schweinespeck gehört bereits seit 1432 zu den bevorzugten Spezialitäten, nicht nur in der Bodenseeregion. Aber auch der berühmte, würzige Appenzeller Käse sorgt nicht erst seit gestern für Begeisterung. In jedem Fall besser als fettige Kartoffelchips sind die Thurgauer Öpfelringli – die luftgetrockneten Apfelringe sind der ideale Snack für den kleinen Hunger zwischendurch.

### TIPP DER REDAKTION

**Camping Beim Bauer Manser**

Winden | Nr. 17 | Seite 374

Laut Gästen ideal geeignet zum:

- Entspannen
- Radfahren
- Wandern

4.7

# 4 Camping Mittagsspitz

*

Sägästrasse 29
9495 Triesen
+423 392 36 77
www.campingtriesen.li
info@campingtriesen.li

01.04. - 31.10.

HS: 45,00 € | NS: 41,00 €

**Mehr Infos & Anfrage:**
www.camping.info/22018

| | |
|---|---|
| Baden in nat. Gewässer | k. A. |
| Pool/Hallenbad | ✓/3km |
| Spielplatz am Platz | ✓ |
| Hunde erlaubt | ✓ |
| Skilift/Loipe | 8/6km |
| WLAN | ✓ |
| Lebensmittel | 1km |
| Brötchen am Platz | nur HS |
| Restaurant am P. | ✓ |
| Ver-/Entsorgung Womo | ✓ |
| in den Ort | 3km |
| Touristenplätze | 50 |
| Mietunterkünfte | ✓ |
| Stellplätze vor Schranke | ✗ |

47.08611 | 9.52583

Am Fuße von der Mittagsspitze gelegen befinden sich die Sonnenterrassen.

## Lage & Stellplatz

Der Campingplatz liegt am Fuße des Berges Mittagsspitze, mitten in der Natur, umgeben von zahlreichen Wander- und Radwegen. Die Stellplätze befinden sich auf Terrassen mit Grasuntergrund und Gras-Kiesuntergrund. Fast alle Stellplätze haben eine hervorragende Sicht auf die umliegenden Berge.

## Sanitär

Es gibt zwei gepflegte Sanitäranlagen. Jede Anlage ist ausgestattet mit Waschbecken, WCs, Duschen, Waschmaschinen, Trockner, Abwaschzeile und Ablagefläche.

## Verpflegung

Vor Ort gibt es einen Campingshop mit Brotservice am Morgen und den wichtigsten Lebensmitteln. Zudem befindet sich ein Restaurant mit wunderbarer Terrasse auf dem Platz. Ein größerer Supermarkt ist in Gehdistanz (25 Minuten) zu finden.

## Freizeit

Der Campingplatz bietet die perfekte Ausgangslage für Wanderungen, Fahrrad- und Bikerouten. Direkt vor Ort gibt es ein Freibad (Sommersaison) sowie zwei Spielplätze. In Gehdistanz (10 Minuten zu Fuß) befindet sich zudem ein großer Erlebnisspielplatz, ein Seilpark sowie eine Tennisanlage.

Freibad mit Alpenpanorama.

Jede Terrasse bietet Aussicht.

**3.4** GUT
10 Bewertungen

| | |
|---|---|
| Lage | 3.8 |
| Ruhe | 3.3 |
| Sanitäranlagen | 3.0 |
| Sauberkeit Ø | 3.5 |
| Freundlichkeit | 3.3 |
| Stellplatz | 3.3 |
| Verpflegung | 2.7 |
| Freizeit | 3.0 |
| Preis-Leistung | 2.8 |
| Mietunterkünfte | 1.0 |

**Geeignet für**

| | |
|---|---|
| Paare | 3.9 |
| Senioren | 3.8 |
| Gäste mit Zelt | 3.5 |
| Kinder b. 6 J. | 3.3 |
| Kinder b. 18 J. | 3.3 |
| Kinder b. 12 J. | 3.2 |
| Gäste mit Hund | 3.0 |

**Empfohlene Aktivitäten**

Wandern · Radfahren · Kultur · Mountainbiking · Sightseeing

Karte auf Seite 362

| | 1 Camping Leutswil | 2 Camping Aumühle | 3 Camping Schönengrund ❄ |
|---|---|---|---|
| Adresse | 9220 Leutswil b. Bischofszell<br>+41 71 422 63 98<br>47.50209 \| 9.27506<br>400m ü.M. | Aumühle<br>8500 Frauenfeld<br>+41 52 721 08 68<br>47.54081 \| 8.8989<br>417m ü.M. | Hauptstr. 43<br>9105 Schönengrund<br>+41 797 007 392<br>47.32918 \| 9.22413<br>840m ü.M. |
| **Infos** | | | |
| Öffnungszeiten | 01.04. - 31.10. | 01.04. - 31.10. | ganzjährig |
| Vergleichspreis | HS: 26,00 € \| NS: 26,00 € | HS: 27,00 € \| NS: 27,00 € | HS: 30,00 € \| NS: 30,00 € |
| Link | **Mehr Infos & Anfrage:** www.camping.info/22014 | **Mehr Infos & Anfrage:** www.camping.info/22012 | **Mehr Infos & Anfrage:** www.camping.info/26115 |
| **Ausstattung** | | | |
| Freizeit | Baden im Fluss am Platz ✓<br>Pool/Hallenbad 3/25km<br>Spielplatz am Platz ✓ | Baden im Fluss am Platz ✓<br>Pool/Hallenbad 5km<br>Spielplatz am Platz ✓ | Baden in nat. Gewässer k. A.<br>Pool & Hallenbad ✗<br>Spielplatz am Platz ✓ |
| Campingplatz | Hunde willkommen ✓<br>Skilift/Loipe 42km<br>WLAN (begrenzt gratis) ✓ | Hunde willkommen ✓<br>Skilift/Loipe 20/53km<br>WLAN ✓ | Hunde erlaubt ✓<br>Skilift 1km<br>WLAN ✓ |
| Versorgung | Lebensmittel 3km<br>Brötchen am Platz ✗<br>Restaurant/Imbiss 3km/✓<br>Ver-/Entsorgung Womo ✓<br>in den Ort 3km | Lebensmittel 2km<br>Brötchen am Platz ✓<br>Restaurant/Imbiss 2km/✓<br>Ver-/Entsorgung Womo ✗<br>in den Ort 2km | Lebensmittel 100m<br>Brötchen am Platz ✗<br>Restaurant/Imbiss 300/100m<br>Ver-/Entsorgung Womo ✗<br>im Ort ✓ |
| Anzahl der Plätze | Gesamt/Touristen 55/15<br>Mietunterkünfte ✓<br>Stellplätze vor Schranke ✗ | Gesamt/Touristen 35/14<br>Mietunterkünfte ✗<br>Stellplätze vor Schranke ✗ | Gesamt/Touristen 60/20<br>Mietunterkünfte ✓<br>Stellplätze vor Schranke ✗ |

**Camping Leutswil**

- JETZT BEWERTEN!

Für diese Auswertung liegen leider noch nicht genügend Bewertungen vor.

Sei einer der Ersten, der diesen Campingplatz bewertet. Unter den Bewertern werden regelmäßig Gewinne verlost!

Mehr Infos dazu findest du in unserem allgemeinen Intro.

**Camping Aumühle**

4.8 SEHR GUT
4 Bewertungen

| | |
|---|---|
| Lage | 4.8 |
| Ruhe | 4.8 |
| Sanitäranlagen | 4.2 |
| Sauberkeit Ø | 5.0 |
| Freundlichkeit | 5.0 |
| Stellplatz | 4.5 |
| Verpflegung | 4.8 |
| Freizeit | 4.5 |
| Preis-Leistung | 4.8 |
| Mietunterkünfte | - |

**Geeignet für**

| | |
|---|---|
| Kinder b. 6 J. | 5.0 |
| Kinder b. 12 J. | 5.0 |
| Kinder b. 18 J. | 5.0 |
| Paare | 5.0 |
| Senioren | 5.0 |
| Gäste mit Zelt | 5.0 |
| Gäste mit Hund | 5.0 |

**Empfohlene Aktivitäten**

- Radfahren
- Entspannen
- Kultur

**Camping Schönengrund**

- JETZT BEWERTEN!

Für diese Auswertung liegen leider noch nicht genügend Bewertungen vor.

Sei einer der Ersten, der diesen Campingplatz bewertet. Unter den Bewertern werden regelmäßig Gewinne verlost!

Mehr Infos dazu findest du in unserem allgemeinen Intro.

# 6 Camping Fischerhaus

Promenadenstraße 52
8280 Kreuzlingen
+41 71 688 49 03
www.camping-fischerhaus.ch
info@camping-fischerhaus.ch

31.03. - 17.10.

HS: 42,00 € | NS: 42,00 €

**Mehr Infos & Anfrage:**
www.camping.info/17165

| | |
|---|---|
| Baden im See am Platz | ✓ |
| Pool/Hallenbad | 100m/1km |
| Spielplatz am Platz | ✓ |
| Hunde | ✗ |
| Skilift/Loipe | 30km |
| WLAN | ✓ |
| Lebensmittel | ✓ |
| Brötchen am Platz | ✓ |
| Restaurant & Imbiss | ✓ |
| Ver-/Entsorgung Womo | ✓ |
| in den Ort | 100m |
| Gesamt/Touristen | 225/120 |
| Mietunterkünfte | ✓ |
| Stellplätze vor Schranke | ✗ |

1 km
47.6471 | 9.19891
400m ü.M.

Der Camping Fischerhaus liegt wunderschön am Bodensee.

## Lage & Stellplatz

Ein Platz mit speziellem Ambiente – direkt am Wasser. Seine einmalige Lage direkt am Bodensee hat diesen Platz zu einem Geheimtipp unter Campern gemacht. Der neu angegliederte Grillplatz sorgt für echte Campingatmosphäre. Duschen, WLAN, Strom und der Eintritt ins Freibad Hörnli: alles inklusive!

## Verpflegung

Im umfangreichen Camping-Shop finden Sie alles Notwendige zur Verpflegung, Snacks sowie auch Gas. Nach einem ereignisreichen Tag können Sie den Abend auf der Terrasse des Restaurants „Fischerhaus" mit attraktivem Biergarten am See ausklingen lassen.

## Sanitär

Der Campingplatz Fischerhaus hat 2019 sein neues Sanitärgebäude eröffnet. Der Platz verfügt über gratis Warmwasserduschen, WCs mit Behinderten-WC, Waschräume, Geschirr- & Textilwaschbecken, Waschmaschine und Trockner, Stromnetz für Sanitärtrakt und Wohnwagen sowie eine Entsorgungsstation für Camper.

## Freizeit

Die attraktive Lage ist für Wassersportler ein besonderes Highlight und das große Angebot reicht von Segeln, Tauchen, Schwimmen bis zu Kanu-, Surf- und Wasserski. Der spannende Naturspielplatz im Bachbereich ist ein Highlight für Familien und Kinder. Das Strandbad „Hörnli" liegt direkt nebenan.

Großzügiger Spielplatz.

Neu: 5 gemütliche Fischerhäuser.

**3.6** GUT
17 Bewertungen

| | |
|---|---|
| Lage | 4.0 |
| Ruhe | 3.4 |
| Sanitäranlagen | 3.5 |
| Sauberkeit Ø | 4.0 |
| Freundlichkeit | 3.8 |
| Stellplatz | 3.4 |
| Verpflegung | 3.1 |
| Freizeit | 4.2 |
| Preis-Leistung | 3.9 |
| Mietunterkünfte | 4.0 |

**Geeignet für**

- 4.5 Senioren
- 4.4 Kinder b. 6 J.
- 4.2 Kinder b. 12 J.
- 4.2 Paare
- 3.8 Kinder b. 18 J.
- 3.6 Gäste mit Zelt
- - Gäste mit Hund nicht erlaubt

**Empfohlene Aktivitäten**

Radfahren · Schwimmen · Spazieren · Kulinarik · Sightseeing

Neu: 5 gemütliche Fischerhäuser.

Karte auf Seite 362

## 5 Camping Giessenpark

✱

Seestrasse 41
7310 Bad Ragaz
+41 81 661 23 45
47.0052 | 9.51268

ganzjährig
HS: 44,10 € | NS: 40,10 €
**Mehr Infos & Anfrage:**
www.camping.info/17155

| | |
|---|---|
| Baden im See | 21km |
| Pool/Hallenbad | ✓/2km |
| Spielplatz am Platz | ✓ |
| Hunde erlaubt | ✓ |
| Skilift/Loipe | 3/8km |
| WLAN | ✓ |
| Lebensmittel | 400m |
| Brötchen am Platz | nur HS |
| Restaurant & Imbiss | ✓ |
| Ver-/Entsorgung Womo | ✓ |
| in den Ort | 400m |
| Gesamt/Touristen | 85/48 |
| Mietunterkünfte | ✓ |
| Stellplätze vor Schranke | ✗ |

**3.2** GUT
19 Bewertungen

| | |
|---|---|
| Lage | 3.9 |
| Ruhe | 3.2 |
| Sanitäranlagen | 4.1 |
| Sauberkeit Ø | 4.5 |
| Freundlichkeit | 3.7 |
| Stellplatz | 3.0 |
| Verpflegung | 2.8 |
| Freizeit | 3.9 |
| Preis-Leistung | 2.6 |
| Mietunterkünfte | 4.0 |

**Geeignet für**

| | |
|---|---|
| Kinder b. 6 J. | 4.1 |
| Kinder b. 12 J. | 3.9 |
| Kinder b. 18 J. | 3.1 |
| Paare | 3.5 |
| Senioren | 3.6 |
| Gäste mit Zelt | 3.2 |
| Gäste mit Hund | 4.3 |

**Empfohlene Aktivitäten**

- Schwimmen
- Wandern
- Radfahren

## 7 Camping Güntlenau

8750 Klöntal
0041 55 640 44 08
47.03035 | 9.00239

01.05. - 30.09.
HS: 28,80 € | NS: 28,80 €
**Mehr Infos & Anfrage:**
www.camping.info/24092

| | |
|---|---|
| Baden im See am Platz | ✓ |
| Hallenbad | 7km |
| Spielplatz am Platz | ✓ |
| Hunde willkommen | ✓ |
| Skilift & Loipe | ✗ |
| WLAN | ✗ |
| Lebensmittel | k.A. |
| Brötchen am Platz | ✓ |
| Restaurant & Imbiss | ✓ |
| Ver-/Entsorgung Womo | ✓ |
| in den Ort | keine Angabe |
| Gesamt/Touristen | 120/40 |
| Mietunterkünfte | ✗ |
| Stellplätze vor Schranke | ✗ |

**4.1** SEHR GUT
11 Bewertungen

| | |
|---|---|
| Lage | 4.7 |
| Ruhe | 4.5 |
| Sanitäranlagen | 4.2 |
| Sauberkeit Ø | 4.5 |
| Freundlichkeit | 4.2 |
| Stellplatz | 3.5 |
| Verpflegung | 4.1 |
| Freizeit | 3.9 |
| Preis-Leistung | 4.4 |
| Mietunterkünfte | - |

**Geeignet für**

| | |
|---|---|
| Kinder b. 6 J. | 4.0 |
| Kinder b. 12 J. | 4.2 |
| Kinder b. 18 J. | 4.0 |
| Paare | 4.0 |
| Senioren | 3.7 |
| Gäste mit Zelt | 4.4 |
| Gäste mit Hund | 4.7 |

**Empfohlene Aktivitäten**

- Wandern
- Kayak/Kanu
- Schwimmen

## 8 Camping Vorauen

hinten am See
8750 Klöntal
+41 55 640 48 59
47.02485 | 8.94561

01.05. - 30.09.
HS: 29,00 € | NS: 25,00 €
**Mehr Infos & Anfrage:**
www.camping.info/24091

| | |
|---|---|
| Baden im See am Platz | ✓ |
| Pool & Hallenbad | ✗ |
| Spielplatz am Platz | ✓ |
| Hunde erlaubt | ✓ |
| Skilift & Loipe | ✗ |
| WLAN | ✗ |
| Lebensmittel | ✓ |
| Brötchen am Platz | ✓ |
| Restaurant & Imbiss | ✓ |
| Ver-/Entsorgung Womo | ✓ |
| in den Ort | keine Angabe |
| Gesamt/Touristen | 120/30 |
| Mietunterkünfte | ✓ |
| Stellplätze vor Schranke | ✗ |

**3.9** GUT
31 Bewertungen

| | |
|---|---|
| Lage | 4.6 |
| Ruhe | 4.0 |
| Sanitäranlagen | 3.5 |
| Sauberkeit Ø | 3.8 |
| Freundlichkeit | 3.5 |
| Stellplatz | 3.6 |
| Verpflegung | 3.5 |
| Freizeit | 3.6 |
| Preis-Leistung | 3.7 |
| Mietunterkünfte | 2.8 |

**Geeignet für**

| | |
|---|---|
| Kinder b. 6 J. | 4.2 |
| Kinder b. 12 J. | 4.1 |
| Kinder b. 18 J. | 3.5 |
| Paare | 4.1 |
| Senioren | 4.0 |
| Gäste mit Zelt | 4.1 |
| Gäste mit Hund | 3.8 |

**Empfohlene Aktivitäten**

- Wandern
- Schwimmen
- Angeln

**Infos**

Öffnungszeiten
Vergleichspreis
Link

**Ausstattung**

Freizeit
Campingplatz
Versorgung
Anzahl der Plätze

ANZEIGE

# 9 Camping Eischen

Kaustrasse 123
9050 Appenzell
+41 71 787 50 30
www.eischen.ch
info@eischen.ch

ganzjährig

HS: 32,00 € | NS: 32,00 €

**Mehr Infos & Anfrage:**
www.camping.info/17154

| | |
|---|---|
| Baden in nat. Gewässer | k. A. |
| Pool & Hallenbad | ✓ |
| Spielplatz am Platz | ✓ |
| Hunde willkommen | ✓ |
| Skilift/Loipe | 250m/✓ |
| WLAN | ✓ |
| Lebensmittel | ✓ |
| Brötchen am Platz | ✓ |
| Restaurant & Imbiss | ✓ |
| Ver-/Entsorgung Womo | ✓ |
| in den Ort | 3km |
| Gesamt/Touristen | 100/40 |
| Mietunterkünfte | ✓ |
| Stellplätze vor Schranke | ✗ |

47.3224 | 9.38668
1040m ü.M.

Wundervolle Aussicht auf das Appenzellerland.

## Lage & Stellplatz

Der Campingplatz befindet sich 3 km oberhalb von Appenzell auf 1040 m über Meer. Das ganze Jahr über bietet der gepflegte Platz eine wundervolle Sicht über das ganze Appenzellerland, Vorarlberg und den Säntis. Tanken Sie abseits von Lärm und Stress wieder Energie für den Alltag.

## Verpflegung

Der Landgasthof Eischen begrüßt Sie mit einem traditionellen Appenzeller Restaurant mit einer einladenden Terrasse am Fuße des Säntismassives und des Kronbergs. In 8 Minuten erreichen Sie das Appenzell mit diversen Einkaufmöglichkeiten.

## Sanitär

Top ausgestattet mit gepflegten Sanitärbereich, Trockner, Waschmaschinen, Geschirrspüler, freies WLAN auf dem ganzen Areal, Chemietoilettenausguss, etc. Ein toller Wellnessbereich mit Bio-Sauna, Finnen-Sauna, Dampfbad, Ruheraum, Schwimmbad mit Panoramaverglasung und einen Outdoor Whirlpool.

## Freizeit

Das Appenzellerland hat viel zu bieten. Hier wird noch Tradition gepflegt und die sanfte Landschaft lädt zu vielerlei Aktivitäten ein, die der ganzen Familie oder Freunden von Aktivferien Spaß machen. Auf dem vielfältigen Spielplatz können die Kinder toben und Spaß haben.

Landgasthof und Wellnessbereich.

Großzügiger Spielplatz.

**2.9** UNBEFRIEDIGEND
14 Bewertungen

| | |
|---|---|
| Lage | 4.2 |
| Ruhe | 3.8 |
| Sanitäranlagen | 3.6 |
| Sauberkeit Ø | 4.0 |
| Freundlichkeit | 3.4 |
| Stellplatz | 2.3 |
| Verpflegung | 3.5 |
| Freizeit | 3.4 |
| Preis-Leistung | 2.7 |
| Mietunterkünfte | 1.0 |

**Geeignet für**

4.0 Senioren

| | | |
|---|---|---|
| 3.8 Paare | 3.4 Gäste mit Hund | 3.2 Kinder b. 6 J. |
| 3.6 Gäste mit Zelt | 3.3 Kinder b. 12 J. | 2.7 Kinder b. 18 J. |

**Empfohlene Aktivitäten**

Wandern · Mountainbiking · Wellness · Kulinarik · Entspannen

| | 11 | 12 | 13 |
|---|---|---|---|
| | **Camping Bächli** | **Campingplatz Buchhorn** | **Camping Sonnensee** |
| | ❄ | | |
| | Wisstrasse 9<br>9633 Bächli - Hemberg<br>+41 71 377 11 47 | Philosophenweg 17<br>9320 Arbon<br>+41 71 446 65 45 | Auenstraße 45<br>9451 Kriessern<br>+41 71 755 21 35 |
| | 47.30656 \| 9.19485<br>850m ü.M. | 47.52433 \| 9.42061 | 47.36202 \| 9.61129 |
| **Infos** | | | |
| Öffnungszeiten | ganzjährig | 01.04. - 01.10. | 01.05. - 30.09. |
| Vergleichspreis | HS: 26,00 € \| NS: 26,00 € | HS: 32,10 € \| NS: 32,10 € | HS: 42,00 € \| NS: 42,00 € |
| Link | **Mehr Infos & Anfrage:** www.camping.info/23056 | **Mehr Infos & Anfrage:** www.camping.info/23054 | **Mehr Infos & Anfrage:** www.camping.info/17166 |
| **Ausstattung** | | | |
| Freizeit | Baden im Fluss 800m<br>Pool & Hallenbad ×<br>Spielplatz am Platz ✓ | Baden im See am Platz ✓<br>Pool am Platz ✓<br>Spielplatz am Platz ✓ | Baden im See am Platz ✓<br>Pool & Hallenbad ×<br>Spielplatz am Platz ✓ |
| Campingplatz | Hunde willkommen ✓<br>Skilift/Loipe 5/4km<br>WLAN ✓ | Hunde ×<br>Skilift & Loipe ×<br>WLAN (gegen Gebühr) ✓ | Hunde ×<br>Skilift & Loipe keine Angabe<br>WLAN (gegen Gebühr) ✓ |
| Versorgung | Lebensmittel 200m<br>Brötchen am Platz ✓<br>Restaurant 100m<br>Ver-/Entsorgung Womo ✓<br>in den Ort 4km | Lebensmittel ✓<br>Brötchen am Platz ✓<br>Restaurant/Imbiss 300m/✓<br>Ver-/Entsorgung Womo ✓<br>in den Ort 2km | Lebensmittel ✓<br>Brötchen am Platz ✓<br>Restaurant & Imbiss ✓<br>Ver-/Entsorgung Womo ✓<br>im Ort ✓ |
| Anzahl der Plätze | Gesamt/Touristen 70/40<br>Mietunterkünfte ✓<br>Stellplätze vor Schranke × | Gesamt/Touristen 80/47<br>Mietunterkünfte ×<br>Stellplätze vor Schranke × | Gesamt/Touristen 79/5<br>Mietunterkünfte ×<br>Stellplätze vor Schranke × |

| | 11 | 12 | 13 |
|---|---|---|---|
| | **4.9** SEHR GUT 7 Bewertungen | **3.3** GUT 26 Bewertungen | **-** JETZT BEWERTEN! |
| Lage | 4.1 | 4.5 | Für diese Auswertung liegen leider noch nicht genügend Bewertungen vor. |
| Ruhe | 4.5 | 3.4 | Sei einer der Ersten, der diesen Campingplatz bewertet. Unter den Bewertern werden regelmäßig Gewinne verlost! |
| Sanitäranlagen | 4.7 | 3.7 | Mehr Infos dazu findest du in unserem allgemeinen Intro. |
| Sauberkeit Ø | 5.0 | 4.5 | |
| Freundlichkeit | 4.9 | 3.1 | |
| Stellplatz | 4.4 | 3.2 | |
| Verpflegung | 4.0 | 2.7 | |
| Freizeit | 4.2 | 3.5 | |
| Preis-Leistung | 4.5 | 3.0 | |
| Mietunterkünfte | - | - | |
| **Geeignet für** | | | |
| Kinder b. 6 J. | 4.8 | 3.3 | |
| Kinder b. 12 J. | 4.0 | 3.8 | |
| Kinder b. 18 J. | 3.7 | 3.0 | |
| Paare | 4.5 | 3.4 | |
| Senioren | 4.2 | 4.1 | |
| Gäste mit Zelt | 4.5 | 4.2 | |
| Gäste mit Hund / Hunde n. erlaubt | Gäste mit Hund 4.3 | Hunde n. erlaubt - | |

| **Empfohlene Aktivitäten** | 11 | 12 |
|---|---|---|
| | Wandern | Schwimmen |
| | Mountainbiking | Radfahren |
| | Entspannen | Kayak/Kanu |

Karte auf Seite 362

# 10 Camping Seehorn

Wiedehorn 9
9322 Egnach
+41 71 477 10 06
www.seehorn.ch
info@seehorn.ch

01.03. - 31.10.

HS: 45,00 € | NS: 34,00 €

**Mehr Infos & Anfrage:**
www.camping.info/17158

| | |
|---|---|
| Baden im See am Platz | ✓ |
| Pool/Hallenbad | 5/10km |
| Spielplatz am Platz | ✓ |
| Hunde willkommen | ✓ |
| Skilift & Loipe | ✗ |
| WLAN (gegen Gebühr) | ✓ |
| Lebensmittel | ✓ |
| Brötchen am Platz | ✓ |
| Restaurant/Imbiss | 200m/✓ |
| Ver-/Entsorgung Womo | ✓ |
| in den Ort | 1km |
| Gesamt/Touristen | 250/80 |
| Mietunterkünfte | ✓ |
| Stellplätze vor Schranke | ✓ |

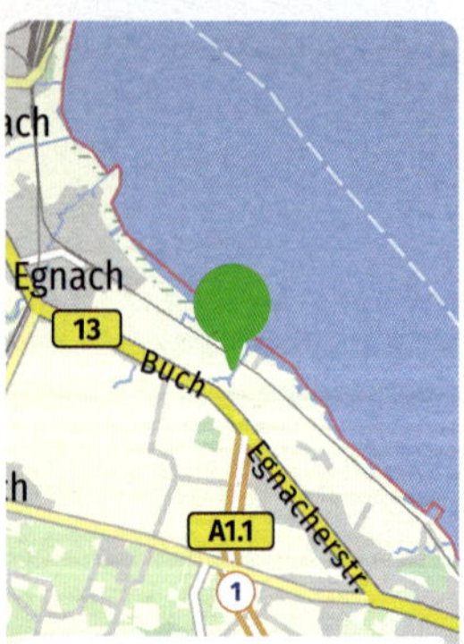


1 km
47.53664 | 9.39859
400m ü.M.

Traumhaft am Ufer des Bodensees gelegen.

## Lage & Stellplatz

Camping Seehorn liegt in der Oberthurgauer-Ferienregion direkt am schönen Bodensee unweit von St. Gallen und dem Appenzellerland. Auf die Gäste warten Ferienplätze, Mobilheime sowie POD-Houses auf einer großzügigen Anlage, direkter Seezugang, moderne Infrastruktur und eine ideale Verkehrsanbindung.

## Verpflegung

Feine Köstlichkeiten genießen die Gäste in den umliegenden Restaurants Seehuus, Seelust und Seegarten. Es gibt Snacks, köstliches Mittag- und Abendessen, Kaffee mit Kuchen oder Kochkunst auf hohem Niveau. Im Camping-Shop gibt es alles für den täglichen Bedarf sowie frische Produkte aus der Umgebung.

## Sanitär

Im großzügigen, beheizten Sanitärbereich fühlt man sich wie zu Hause – geräumige Badezimmer mit Toilette, Lavabo und Dusche stehen hier zur Verfügung. Im Wohlfühlbad mit großer Wanne entspannt man gegen kleine Gebühr bei einem Bad. Auch ein geräumiges, rollstuhlgerechtes Sanitär steht zur Verfügung.

## Freizeit

Der Holzbach fließt beschaulich durch das Campingplatz-Areal und ist mit den Feuerstellen und dem Naturspielplatz der Treffpunkt für Groß und Klein. Eine willkommene Abwechslung bieten der Aufenthaltsraum mit TV, die gemütliche Leseecke und das geräumige Spielzimmer mit Billardtisch und Tischkicker.

Gemütliche Zeltplatzwiese.

Naturnaher Spielplatz.

**4.8** SEHR GUT
79 Bewertungen

| | |
|---|---|
| Lage | 4.5 |
| Ruhe | 4.4 |
| Sanitäranlagen | 5.0 |
| Sauberkeit Ø | 4.9 |
| Freundlichkeit | 4.7 |
| Stellplatz | 4.7 |
| Verpflegung | 4.1 |
| Freizeit | 4.3 |
| Preis-Leistung | 4.6 |
| Mietunterkünfte | 5.0 |

**Geeignet für**

4.7 Paare

| | |
|---|---|
| 4.6 | Kinder b. 6 J. |
| 4.6 | Gäste mit Zelt |
| 4.4 | Gäste mit Hund |
| 4.6 | Senioren |
| 4.5 | Kinder b. 12 J. |
| 4.0 | Kinder b. 18 J. |

**Empfohlene Aktivitäten**

Radfahren
Schwimmen
Entspannen
Wandern
Kayak/Kanu

Karte auf Seite 362

## 14 Camping Läui

Steinerstrasse 501
8253 Diessenhofen

47.67751 | 8.78035

| Infos | |
|---|---|
| Öffnungszeiten | 01.04. - 30.09. |
| Vergleichspreis | keine Angabe |
| Link | **Mehr Infos & Anfrage:** www.camping.info/26652 |

**Ausstattung**

| | | |
|---|---|---|
| Freizeit | Baden im Fluss am Platz | ✓ |
| | Pool & Hallenbad | ✗ |
| | Spielplatz am Platz | ✓ |
| Campingplatz | Hunde erlaubt | ✓ |
| | Skilift & Loipe | ✗ |
| | WLAN (gegen Gebühr) | ✓ |
| Versorgung | Lebensmittel | ✓ |
| | Brötchen am Platz | ✓ |
| | Restaurant & Imbiss | ✓ |
| | Ver-/Entsorgung Womo | ✗ |
| | in den Ort | 1km |
| Anzahl der Plätze | Gesamt | keine Angabe |
| | Mietunterkünfte | ✗ |
| | Stellplätze vor Schranke | ✗ |

- JETZT BEWERTEN!

Für diese Auswertung liegen leider noch nicht genügend Bewertungen vor.

Sei einer der Ersten, der diesen Campingplatz bewertet. Unter den Bewertern werden regelmäßig Gewinne verlost!

Mehr Infos dazu findest du in unserem allgemeinen Intro.

## 15 Camping St.Gallen-Wittenbach

Leebrücke
9304 Bernhardzell
+41 71 298 49 69

47.46129 | 9.36554

| Infos | |
|---|---|
| Öffnungszeiten | 01.04. - 01.10. |
| Vergleichspreis | HS: 32,00 € \| NS: 30,50 € |
| Link | **Mehr Infos & Anfrage:** www.camping.info/23055 |

**Ausstattung**

| | | |
|---|---|---|
| Freizeit | Baden im Fluss am Platz | ✓ |
| | Pool/Hallenbad | 2km |
| | Spielplatz am Platz | ✓ |
| Campingplatz | Hunde willkommen | ✓ |
| | Skilift & Loipe | ✗ |
| | WLAN (gratis) | teilweise |
| Versorgung | Lebensmittel | 2km |
| | Brötchen am Platz | ✓ |
| | Restaurant/Imbiss | 2km/✓ |
| | Ver-/Entsorgung Womo | ✓ |
| | in den Ort | 2km |
| Anzahl der Plätze | Gesamt/Touristen | 90/70 |
| | Mietunterkünfte | ✓ |
| | Stellplätze vor Schranke | ✗ |

**3.5** GUT – 8 Bewertungen

| | |
|---|---|
| Lage | 3.2 |
| Ruhe | 4.6 |
| Sanitäranlagen | 3.8 |
| Sauberkeit Ø | 4.7 |
| Freundlichkeit | 4.6 |
| Stellplatz | 3.1 |
| Verpflegung | 2.7 |
| Freizeit | 2.9 |
| Preis-Leistung | 3.5 |
| Mietunterkünfte | 4.0 |

**Geeignet für**

| | |
|---|---|
| Kinder b. 6 J. | 4.0 |
| Kinder b. 12 J. | 4.3 |
| Kinder b. 18 J. | 4.3 |
| Paare | 4.5 |
| Senioren | 4.2 |
| Gäste mit Zelt | 4.5 |
| Gäste mit Hund | 4.5 |

**Empfohlene Aktivitäten**

- Kultur
- Wandern
- Entspannen

## 16 See-Camping

Walenseestraße 50
8880 Walenstadt
+41 81 735 18 96

47.11725 | 9.3005

| Infos | |
|---|---|
| Öffnungszeiten | 30.03. - 30.09. |
| Vergleichspreis | HS: 35,00 € \| NS: 30,00 € |
| Link | **Mehr Infos & Anfrage:** www.camping.info/17170 |

**Ausstattung**

| | | |
|---|---|---|
| Freizeit | Baden im See am Platz | ✓ |
| | Pool/Hallenbad | 25km |
| | Spielplatz am Platz | ✓ |
| Campingplatz | Hunde | ✗ |
| | Skilift | 25km |
| | WLAN (begrenzt gratis) | teilweise |
| Versorgung | Lebensmittel | ✗ |
| | Brötchen am Platz | nur HS |
| | Restaurant | 1km |
| | Ver-/Entsorgung Womo | ✓ |
| | in den Ort | 1km |
| Anzahl der Plätze | Gesamt/Touristen | 170/70 |
| | Mietunterkünfte | ✗ |
| | Stellplätze vor Schranke | ✓ |

**3.7** GUT – 7 Bewertungen

| | |
|---|---|
| Lage | 4.6 |
| Ruhe | 3.7 |
| Sanitäranlagen | 3.6 |
| Sauberkeit Ø | 3.5 |
| Freundlichkeit | 2.5 |
| Stellplatz | 3.7 |
| Verpflegung | 2.4 |
| Freizeit | 3.5 |
| Preis-Leistung | 4.0 |
| Mietunterkünfte | - |

**Geeignet für**

| | |
|---|---|
| Kinder b. 6 J. | 3.5 |
| Kinder b. 12 J. | 4.0 |
| Kinder b. 18 J. | 4.2 |
| Paare | 4.0 |
| Senioren | 4.2 |
| Gäste mit Zelt | 3.3 |
| Hunde n. erlaubt | - |

**Empfohlene Aktivitäten**

- Wandern
- Schwimmen
- Segeln

## 17 Camping beim Bauer Manser

Täschliberg 5
9315 Winden
+41 71 477 22 91

47.51038 | 9.36155
470m ü.M.

01.04. - 31.10.

HS: 33,50 € | NS: 33,50 €

**Mehr Infos & Anfrage:**
www.camping.info/22155

| | |
|---|---|
| Baden im See | 5km |
| Pool/Hallenbad | 10km |
| Spielplatz am Platz | ✓ |
| Hunde willkommen | ✓ |
| Skilift & Loipe | ✗ |
| WLAN | ✓ |
| Lebensmittel | ✓ |
| Brötchen am Platz | ✓ |
| Restaurant | 1km |
| Ver-/Entsorgung Womo | ✓ |
| in den Ort | 2km |
| Touristenplätze | 30 |
| Mietunterkünfte | ✓ |
| Stellplätze vor Schranke | ✗ |

**4.7** SEHR GUT
36 Bewertungen

| | |
|---|---|
| Lage | 4.6 |
| Ruhe | 4.9 |
| Sanitäranlagen | 4.7 |
| Sauberkeit Ø | 4.9 |
| Freundlichkeit | 4.9 |
| Stellplatz | 4.6 |
| Verpflegung | 3.8 |
| Freizeit | 4.4 |
| Preis-Leistung | 4.5 |
| Mietunterkünfte | 4.8 |

**Geeignet für**

| | |
|---|---|
| Kinder b. 6 J. | 4.9 |
| Kinder b. 12 J. | 4.8 |
| Kinder b. 18 J. | 3.5 |
| Paare | 4.5 |
| Senioren | 4.5 |
| Gäste mit Zelt | 4.9 |
| Gäste mit Hund | 4.7 |

**Empfohlene Aktivitäten**

- Entspannen
- Radfahren
- Wandern

keine WOMOs über 12 m; keine Jugend- oder Partygruppen

## 18 Campingplatz Amriswil

Stranbadstrasse
8592 Uttwil

47.58938 | 9.33367

keine Angabe

keine Angabe

**Mehr Infos & Anfrage:**
www.camping.info/27094

| | |
|---|---|
| Baden im See am Platz | ✓ |
| Pool & Hallenbad | ✗ |
| Spielplatz am Platz | ✓ |
| Hunde | ✗ |
| Skilift & Loipe | keine Angabe |
| WLAN | keine Angabe |
| Lebensmittel | k.A. |
| Brötchen | keine Angabe |
| Restaurant am P. | ✓ |
| Ver-/Entsorgung Womo | ✗ |
| in den Ort | keine Angabe |
| Gesamt | keine Angabe |
| Mietunterkünfte | ✓ |
| Stellplätze vor Schranke | ✗ |

**-** JETZT BEWERTEN!

Für diese Auswertung liegen leider noch nicht genügend Bewertungen vor.

Sei einer der Ersten, der diesen Campingplatz bewertet. Unter den Bewertern werden regelmäßig Gewinne verlost!

Mehr Infos dazu findest du in unserem allgemeinen Intro.

## 19 Camping am Walensee

Strandbodenstrasse 16
8877 Murg
+41 81 738 15 30

47.11516 | 9.21513
422m ü.M.

01.04. - 15.10.

HS: 51,50 € | NS: 37,50 €

**Mehr Infos & Anfrage:**
www.camping.info/22013

| | |
|---|---|
| Baden im See am Platz | ✓ |
| Hallenbad | 16km |
| Spielplatz | 300m |
| Hunde erlaubt | ✓ |
| Skilift/Loipe | ✗/k. A. |
| WLAN | ✓ |
| Lebensmittel | 300m |
| Brötchen am Platz | ✓ |
| Restaurant/Imbiss | 300m/✓ |
| Ver-/Entsorgung Womo | ✓ |
| in den Ort | 10m |
| Gesamt/Touristen | 42/21 |
| Mietunterkünfte | ✗ |
| Stellplätze vor Schranke | ✗ |

**3.8** GUT
21 Bewertungen

| | |
|---|---|
| Lage | 4.8 |
| Ruhe | 3.7 |
| Sanitäranlagen | 3.8 |
| Sauberkeit Ø | 3.9 |
| Freundlichkeit | 3.6 |
| Stellplatz | 3.8 |
| Verpflegung | 3.2 |
| Freizeit | 3.7 |
| Preis-Leistung | 3.2 |
| Mietunterkünfte | - |

**Geeignet für**

| | |
|---|---|
| Kinder b. 6 J. | 3.3 |
| Kinder b. 12 J. | 3.7 |
| Kinder b. 18 J. | 3.2 |
| Paare | 4.4 |
| Senioren | 4.3 |
| Gäste mit Zelt | 4.1 |
| Gäste mit Hund | 3.2 |

**Empfohlene Aktivitäten**

- Schwimmen
- Wandern
- Kayak/Kanu

## 20 Camping Guldifuss

Guldifussstraße 1
8265 Mammern
+41 52 741 13 20

47.64575 | 8.92392

keine Angabe

HS: 22,00 €

**Mehr Infos & Anfrage:**
www.camping.info/17168

| | |
|---|---|
| Baden in nat. Gewässer | k. A. |
| Pool & Hallenbad | ✗ |
| Spielplatz | ✗ |
| Hunde erlaubt | ✓ |
| Skilift/Loipe | ✗/k. A. |
| WLAN | ✓ |
| Lebensmittel | 600m |
| Brötchen | keine Angabe |
| Restaurant & Imbiss | ✓ |
| Ver-/Entsorgung Womo | ✗ |
| in den Ort | 600m |
| Gesamt/Touristen | 105/11 |
| Mietunterkünfte | ✗ |
| Stellplätze vor Schranke | ✗ |

**4.2** SEHR GUT
6 Bewertungen

| | |
|---|---|
| Lage | 4.7 |
| Ruhe | 3.7 |
| Sanitäranlagen | 3.5 |
| Sauberkeit Ø | 3.9 |
| Freundlichkeit | 4.4 |
| Stellplatz | 4.0 |
| Verpflegung | 4.0 |
| Freizeit | 3.5 |
| Preis-Leistung | 3.8 |
| Mietunterkünfte | - |

**Geeignet für**

| | |
|---|---|
| Kinder b. 6 J. | 4.0 |
| Kinder b. 12 J. | 4.0 |
| Kinder b. 18 J. | 3.3 |
| Paare | 4.3 |
| Senioren | 4.0 |
| Gäste mit Zelt | 4.7 |
| Gäste mit Hund | 4.0 |

**Empfohlene Aktivitäten**

- Schwimmen
- Radfahren
- Segeln

Karte auf Seite 362

## 21 Camping Hüttenberg

Hüttenberg 3
8264 Eschenz
+41 527412337
47.6444 | 8.86
478m ü.M.

12.04. - 18.10.
HS: 38,50 € | NS: 34,80 €
**Mehr Infos & Anfrage:**
www.camping.info/17160

| | |
|---|---|
| Baden im See | 3km |
| Pool/Hallenbad | ✓/20km |
| Spielplatz am Platz | ✓ |
| Hunde willkommen | ✓ |
| Skilift & Loipe | ✗ |
| WLAN (gratis) | teilweise |
| Lebensmittel | ✓ |
| Brötchen am Platz | ✓ |
| Restaurant & Imbiss | ✓ |
| Ver-/Entsorgung Womo | ✓ |
| in den Ort | 2km |
| Gesamt/Touristen | 330/60 |
| Mietunterkünfte | ✓ |
| Stellplätze vor Schranke | ✓ |

**4.8** SEHR GUT
987 Bewertungen

| | |
|---|---|
| Lage | 4.5 |
| Ruhe | 4.7 |
| Sanitäranlagen | 4.6 |
| Sauberkeit Ø | 4.9 |
| Freundlichkeit | 4.9 |
| Stellplatz | 4.7 |
| Verpflegung | 4.3 |
| Freizeit | 4.4 |
| Preis-Leistung | 4.5 |
| Mietunterkünfte | 4.9 |

**Geeignet für**

| | |
|---|---|
| Kinder b. 6 J. | 4.7 |
| Kinder b. 12 J. | 4.7 |
| Kinder b. 18 J. | 4.2 |
| Paare | 4.7 |
| Senioren | 4.7 |
| Gäste mit Zelt | 4.5 |
| Gäste mit Hund | 4.4 |

**Empfohlene Aktivitäten**

- Entspannen
- Radfahren
- Wandern

WOMOs bis 8 m; vor Schranke WOMOs bis 10 m

## 22 Camping Bruggerhorn

Bruggerhorn 1
9430 St. Margarethen
+41 71 744 2201
47.45105 | 9.65691
402m ü.M.

01.04. - 31.10.
HS: 33,00 € | NS: 33,00 €
**Mehr Infos & Anfrage:**
www.camping.info/22015

| | |
|---|---|
| Baden im See am Platz | ✓ |
| Pool am Platz | ✓ |
| Spielplatz am Platz | ✓ |
| Hunde | ✗ |
| Skilift & Loipe | ✗ |
| WLAN | teilweise |
| Lebensmittel | ✗ |
| Brötchen am Platz | ✗ |
| Restaurant & Imbiss | ✓ |
| Ver-/Entsorgung Womo | ✗ |
| in den Ort | 2km |
| Touristenplätze | 30 |
| Mietunterkünfte | ✗ |
| Stellplätze vor Schranke | ✗ |

**3.3** GUT
6 Bewertungen

| | |
|---|---|
| Lage | 3.8 |
| Ruhe | 3.2 |
| Sanitäranlagen | 2.5 |
| Sauberkeit Ø | 3.0 |
| Freundlichkeit | 3.5 |
| Stellplatz | 2.8 |
| Verpflegung | 2.8 |
| Freizeit | 3.6 |
| Preis-Leistung | 3.4 |
| Mietunterkünfte | - |

**Geeignet für**

| | |
|---|---|
| Kinder b. 6 J. | 3.0 |
| Kinder b. 12 J. | 3.6 |
| Kinder b. 18 J. | 3.4 |
| Paare | 3.0 |
| Senioren | 2.8 |
| Gäste mit Zelt | 1.5 |
| Hunde n. erlaubt | - |

**Empfohlene Aktivitäten**

- Radfahren
- Schwimmen
- Cross Country

12-14 Uhr keine Einfahrt möglich

## 23 Camping Jakobsbad

Anker
9108 Gonten
+41 71 794 11 31
47.32042 | 9.32892

ganzjährig
HS: 28,20 € | NS: 28,20 €
**Mehr Infos & Anfrage:**
www.camping.info/17163

| | |
|---|---|
| Baden in nat. Gewässer | k. A. |
| Pool & Hallenbad | ✗ |
| Spielplatz am Platz | ✓ |
| Hunde erlaubt | ✓ |
| Skilift | ✓ |
| WLAN (gegen Gebühr) | ✓ |
| Lebensmittel | ✓ |
| Brötchen am Platz | ✓ |
| Restaurant & Imbiss | ✗ |
| Ver-/Entsorgung Womo | ✗ |
| in den Ort | 1km |
| Gesamt | keine Angabe |
| Mietunterkünfte | ✗ |
| Stellplätze vor Schranke | ✓ |

**4.5** SEHR GUT
22 Bewertungen

| | |
|---|---|
| Lage | 4.6 |
| Ruhe | 4.6 |
| Sanitäranlagen | 4.3 |
| Sauberkeit Ø | 5.0 |
| Freundlichkeit | 5.0 |
| Stellplatz | 4.3 |
| Verpflegung | 3.2 |
| Freizeit | 4.6 |
| Preis-Leistung | 4.9 |
| Mietunterkünfte | - |

**Geeignet für**

| | |
|---|---|
| Kinder b. 6 J. | 4.0 |
| Kinder b. 12 J. | 4.2 |
| Kinder b. 18 J. | 3.9 |
| Paare | 4.8 |
| Senioren | 4.7 |
| Gäste mit Zelt | 4.8 |
| Gäste mit Hund | 4.6 |

**Empfohlene Aktivitäten**

- Wandern
- Mountainbiking
- Radfahren

**Infos**

Öffnungszeiten
Vergleichspreis
Link

**Ausstattung**

Freizeit
Campingplatz
Versorgung
Anzahl der Plätze

50 1970 2020
FENDT
CARAVAN
WO WIR SIND IST URLAUB
Wir bieten Caravanern seit 50 Jahren
ein perfektes Zuhause für unterwegs
Unser aktuelles Programm 2021 unter www.fendt-caravan.com
SAPHIR • BIANCO • TENDENZA • OPAL• DIAMANT
concept & design: www.sewald.com - foto: www.zuckerfabrik.com

Karte auf Seite 362

## 24 Camping Chämihütte

Unterer Giger
8259 Kaltenbach
+41 52 741 19 42
47.64623 | 8.84554

| Infos | |
|---|---|
| Öffnungszeiten | 01.04. - 31.10. |
| Vergleichspreis | keine Angabe |
| Link | **Mehr Infos & Anfrage:** www.camping.info/17164 |

| Ausstattung | | |
|---|---|---|
| Freizeit | Baden in nat. Gewässer | k. A. |
| | Pool am Platz | ✓ |
| | Spielplatz am Platz | ✓ |
| Campingplatz | Hunde erlaubt | ✓ |
| | Skilift & Loipe | ✗ |
| | WLAN | keine Angabe |
| Versorgung | Lebensmittel | ✗ |
| | Brötchen am Platz | ✗ |
| | Restaurant & Imbiss | ✓ |
| | Ver-/Entsorgung Womo | ✗ |
| | in den Ort | 1km |
| Anzahl der Plätze | Gesamt | keine Angabe |
| | Mietunterkünfte | ✗ |
| | Stellplätze vor Schranke | ✗ |

- JETZT BEWERTEN!

Für diese Auswertung liegen leider noch nicht genügend Bewertungen vor.

Sei einer der Ersten, der diesen Campingplatz bewertet. Unter den Bewertern werden regelmäßig Gewinne verlost!

Mehr Infos dazu findest du in unserem allgemeinen Intro.

## 25 Camping Höfli

❄

8896 Flumserberg
+41 81 733 19 40
47.05079 | 9.29415

| Infos | |
|---|---|
| Öffnungszeiten | ganzjährig |
| Vergleichspreis | HS: 16,50 € \| NS: 16,50 € |
| Link | **Mehr Infos & Anfrage:** www.camping.info/17161 |

| Ausstattung | | |
|---|---|---|
| Freizeit | Baden im See | 20km |
| | Pool/Hallenbad | 25/3km |
| | Spielplatz | keine Angabe |
| Campingplatz | Hunde willkommen | ✓ |
| | Skilift/Loipe | 3km |
| | WLAN (gegen Gebühr) | ✓ |
| Versorgung | Lebensmittel | k.A. |
| | Brötchen am Platz | ✗ |
| | Restaurant | 200m |
| | Ver-/Entsorgung Womo | ✗ |
| | in den Ort | keine Angabe |
| Anzahl der Plätze | Gesamt/Touristen | 80/5 |
| | Mietunterkünfte | ✗ |
| | Stellplätze vor Schranke | ✗ |

- JETZT BEWERTEN!

Für diese Auswertung liegen leider noch nicht genügend Bewertungen vor.

Sei einer der Ersten, der diesen Campingplatz bewertet. Unter den Bewertern werden regelmäßig Gewinne verlost!

Mehr Infos dazu findest du in unserem allgemeinen Intro.

## 26 Campingplatz Hechler

Hechlerstrasse
8265 Mammern
47.6466 | 8.91273
400m ü.M.

| Infos | |
|---|---|
| Öffnungszeiten | 01.05. - 30.09. |
| Vergleichspreis | keine Angabe |
| Link | **Mehr Infos & Anfrage:** www.camping.info/27065 |

| Ausstattung | | |
|---|---|---|
| Freizeit | Baden in nat. Gewässer | k. A. |
| | Pool & Hallenbad | ✗ |
| | Spielplatz | 1km |
| Campingplatz | Hunde willkommen | ✓ |
| | Skilift & Loipe | ✗ |
| | WLAN | keine Angabe |
| Versorgung | Lebensmittel | ✓ |
| | Brötchen am Platz | nur HS |
| | Restaurant/Imbiss | 1km/500m |
| | Ver-/Entsorgung Womo | ✗ |
| | im Ort | ✓ |
| Anzahl der Plätze | Gesamt | 80 |
| | Mietunterkünfte | ✓ |
| | Stellplätze vor Schranke | ✗ |

- JETZT BEWERTEN!

Für diese Auswertung liegen leider noch nicht genügend Bewertungen vor.

Sei einer der Ersten, der diesen Campingplatz bewertet. Unter den Bewertern werden regelmäßig Gewinne verlost!

Mehr Infos dazu findest du in unserem allgemeinen Intro.

# 28 Camping Wagenhausen

Hauptstrasse 82
8259 Wagenhausen
+41 52 741 42 71
www.campingwagenhausen.ch
info@campingwagenhausen.ch

26.03. - 31.10.

HS: 41,00 € | NS: 32,00 €

**Mehr Infos & Anfrage:**
www.camping.info/17169

| | |
|---|---|
| Baden im Fluss am Platz | ✓ |
| Pool/Hallenbad | ✓/20km |
| Spielplatz am Platz | ✓ |
| Hunde willkommen | ✓ |
| Skilift & Loipe | ✗ |
| WLAN | ✓ |
| Lebensmittel | ✓ |
| Brötchen am Platz | ✓ |
| Restaurant & Imbiss | ✓ |
| Ver-/Entsorgung Womo | ✓ |
| in den Ort | 1km |
| Gesamt/Touristen | 280/40 |
| Mietunterkünfte | ✓ |
| Stellplätze vor Schranke | ✗ |

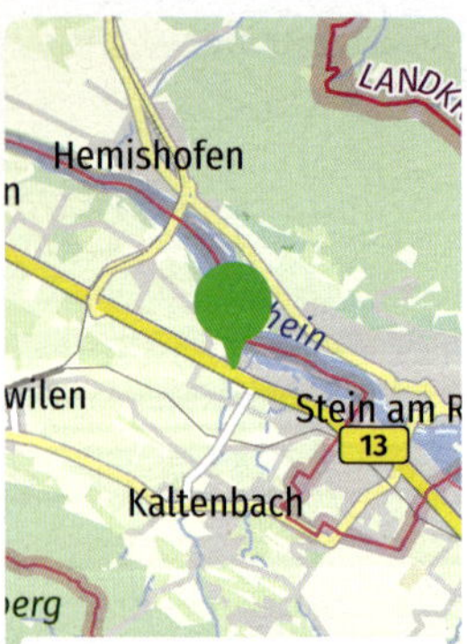


1 km
47.66235 | 8.8406
405m ü.M.

Camping Wagenhausen aus der Luft, direkt am Rhein.

## Lage & Stellplatz

Der moderne Campingplatz liegt im Kanton Thurgau direkt am wunderschönen Rhein, ganz in der Nähe des Bodensees. Für Gäste stehen neben den 240 Dauerplätzen 40 schön gestaltete Touristenstellplätze auf grüner Wiese mit Stromanschluss für Mobilheime bereit.

## Sanitär

Der Campingplatz ist bekannt für seine moderne und großzügige Infrastruktur und sehr saubere, beheizte Sanitäranlagen mit Einzelduschkabinen. Zudem stehen Waschmaschinen, Wäschetrockner sowie Ausgüsse für chemische Toiletten zur Verfügung. Auf dem Platz können sich alle Gäste wie Zuhause fühlen.

## Verpflegung

Auf dem Camping Wagenhausen erlebt man Camping von seiner attraktivsten Seite mit modernster Infrastruktur, vielfältiger Gastronomie und unzähligen Übernachtungsmöglichkeiten. Der Platz verfügt über ein eigenes, regional bekanntes Restaurant und einen Shop mit frischem Brot vom lokalen Bäcker.

## Freizeit

Der Platz verfügt über eine großzügige Poolanlage, einen eigenen Minigolfplatz und kostenloses WLAN. Zudem ist er Ausgangspunkt für verschiedenste Freizeitaktivitäten wie Biken, Wandern, Besuchen von Sehenswürdigkeiten, Rudern, Joggen, Schifffahrten, Baden, Grillen, Skaten, Segeln oder Reiten.

Urige Zirkuswagen zum Schlafen.

Moderne, beheizte Poolanlage.

**4.4** SEHR GUT
9 Bewertungen

| | |
|---|---|
| Lage | 4.6 |
| Ruhe | 4.0 |
| Sanitäranlagen | 4.7 |
| Sauberkeit Ø | 4.8 |
| Freundlichkeit | 4.6 |
| Stellplatz | 4.2 |
| Verpflegung | 4.6 |
| Freizeit | 4.3 |
| Preis-Leistung | 4.1 |
| Mietunterkünfte | 3.7 |

**Geeignet für**

- 5.0 Senioren
- 4.7 Paare
- 4.0 Gäste mit Zelt
- 4.0 Gäste mit Hund
- 3.9 Kinder b. 12 J.
- 3.6 Kinder b. 6 J.
- 3.2 Kinder b. 18 J.

**Empfohlene Aktivitäten**

Radfahren | Schwimmen | Entspannen | Kayak/Kanu | Spazieren

Karte auf Seite 362

## 27 Camping Ruderbaum

Im Ruderbaum 3
8595 Altnau
+41 71 695 29 65
47.62281 | 9.26468

01.04. - 31.10.
HS: 29,00 € | NS: 29,00 €
**Mehr Infos & Anfrage:**
www.camping.info/17153

| | |
|---|---|
| Baden im See | 500m |
| Pool & Hallenbad | ✗ |
| Spielplatz am Platz | ✓ |
| Hunde willkommen | ✓ |
| Skilift & Loipe | ✗ |
| WLAN | teilweise |
| Lebensmittel | 2km |
| Brötchen am Platz | nur HS |
| Restaurant | 100m |
| Ver-/Entsorgung Womo | ✗ |
| in den Ort | 2km |
| Gesamt/Touristen | 330/50 |
| Mietunterkünfte | ✓ |
| Stellplätze vor Schranke | ✗ |

**3.4** GUT
9 Bewertungen

| | |
|---|---|
| Lage | 4.4 |
| Ruhe | 3.1 |
| Sanitäranlagen | 4.2 |
| Sauberkeit Ø | 3.8 |
| Freundlichkeit | 3.6 |
| Stellplatz | 2.8 |
| Verpflegung | 2.6 |
| Freizeit | 4.1 |
| Preis-Leistung | 3.0 |
| Mietunterkünfte | 3.7 |

**Geeignet für**

| | |
|---|---|
| Kinder b. 6 J. | 3.4 |
| Kinder b. 12 J. | 3.7 |
| Kinder b. 18 J. | 3.7 |
| Paare | 3.9 |
| Senioren | 3.9 |
| Gäste mit Zelt | 3.5 |
| Gäste mit Hund | 4.6 |

**Empfohlene Aktivitäten**

- Radfahren
- Schwimmen
- Angeln

## 29 Campingplatz Schafbergblick

Hauptrrasse 160
9658 Wildhaus
+41 71 999 19 34
47.20021 | 9.36098
1050m ü.M.

ganzjährig
HS: 22,20 € | NS: 22,20 €
**Mehr Infos & Anfrage:**
www.camping.info/25187

| | |
|---|---|
| Baden im See | 1km |
| Pool/Hallenbad | 4/15km |
| Spielplatz am Platz | ✓ |
| Hunde willkommen | ✓ |
| Skilift/Loipe | 1km/500m |
| WLAN (gratis) | teilweise |
| Lebensmittel | 1km |
| Brötchen am Platz | ✓ |
| Restaurant/Imbiss | 500m/1km |
| Ver-/Entsorgung Womo | ✓ |
| in den Ort | 1km |
| Gesamt/Touristen | 90/20 |
| Mietunterkünfte | ✗ |
| Stellplätze vor Schranke | ✗ |

**-** JETZT BEWERTEN!

Für diese Auswertung liegen leider noch nicht genügend Bewertungen vor.

Sei einer der Ersten, der diesen Campingplatz bewertet. Unter den Bewertern werden regelmäßig Gewinne verlost!

Mehr Infos dazu findest du in unserem allgemeinen Intro.

## 30 Camping Atzmännig

Atzmännigstraße
8638 Goldingen
+41 55 284 64 34
47.28528 | 8.99561

ganzjährig
HS: 26,50 € | NS: 26,50 €
**Mehr Infos & Anfrage:**
www.camping.info/17162

| | |
|---|---|
| Baden im See | 10km |
| Pool/Hallenbad | 5km |
| Spielplatz am Platz | ✓ |
| Hunde erlaubt | ✓ |
| Skilift/Loipe | ✓/9km |
| WLAN | ✗ |
| Lebensmittel | 2km |
| Brötchen am Platz | ✓ |
| Restaurant & Imbiss | ✓ |
| Ver-/Entsorgung Womo | ✓ |
| in den Ort | 2km |
| Gesamt/Touristen | 200/10 |
| Mietunterkünfte | ✓ |
| Stellplätze vor Schranke | ✗ |

**3.8** GUT
4 Bewertungen

| | |
|---|---|
| Lage | 3.5 |
| Ruhe | 4.0 |
| Sanitäranlagen | 3.8 |
| Sauberkeit Ø | 4.5 |
| Freundlichkeit | 4.7 |
| Stellplatz | 3.2 |
| Verpflegung | 2.5 |
| Freizeit | 4.0 |
| Preis-Leistung | 3.8 |
| Mietunterkünfte | - |

**Geeignet für**

| | |
|---|---|
| Kinder b. 6 J. | 3.2 |
| Kinder b. 12 J. | 3.8 |
| Kinder b. 18 J. | 3.7 |
| Paare | 4.0 |
| Senioren | 3.5 |
| Gäste mit Zelt | - |
| Gäste mit Hund | - |

**Empfohlene Aktivitäten**

- Wandern
- Cross Country
- Radfahren

**Infos**

Öffnungszeiten
Vergleichspreis
Link

**Ausstattung**

Freizeit
Campingplatz
Versorgung
Anzahl der Plätze

SCHWEIZ

# 9 Nordwestschweiz

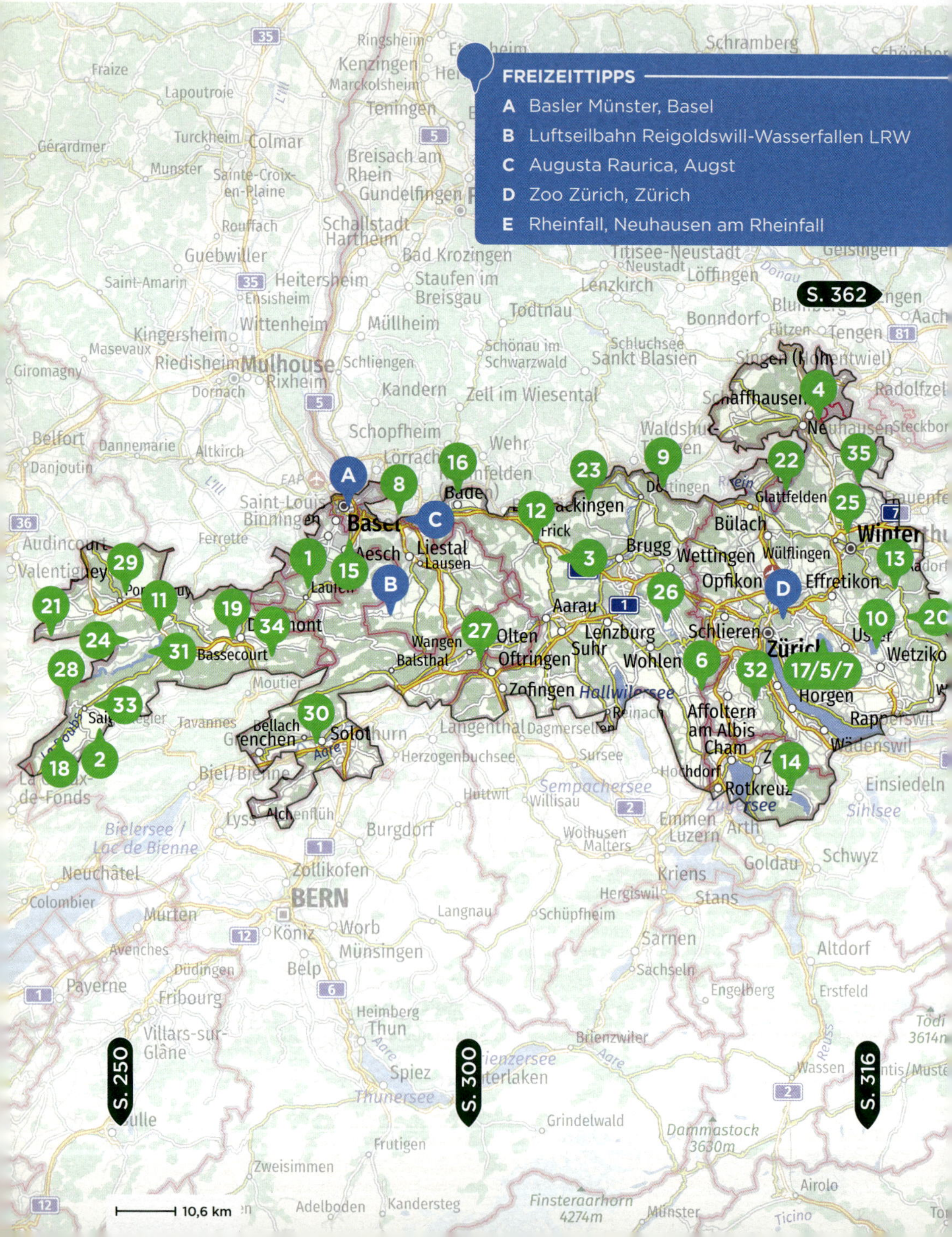

| | Platz | Seite | Bewertung | Öffnungszeiten | |
|---|---|---|---|---|---|
| 1 | Camping Rank | 384 | - | ganzjährig | |
| 2 | Camping Les Cerneux | 384 | 3.9 | saisonal | * |
| 3 | Camping Eichhof | 384 | 4.7 | saisonal | |
| 4 | Camping Schaffhausen | 384 | 4.0 | saisonal | |
| 5 | Naturfreunde Zeltplatz am Greifensee / Aschbach | 385 | - | saisonal | |
| 6 | Camping Reussbrücke | 385 | 3.8 | saisonal | |
| 7 | Campingplatz Rausenbach | 385 | 4.9 | saisonal | |
| 8 | Camping und Schwimmbad am Rhein | 386 | 3.0 | saisonal | |
| 9 | Campingplatz Oberfeld | 386 | - | saisonal | |
| 10 | Campingplatz Auslikon | 386 | - | saisonal | |
| 11 | Camping Le Chandelier | 386 | - | ganzjährig | * |
| 12 | Camping Frick | 387 | - | saisonal | |
| 13 | Camping Wildberg | 387 | 3.3 | ganzjährig | * |
| 14 | Camping Unteraegeri | 387 | 4.1 | ganzjährig | * |
| 15 | Camping Waldhort | 388 | 4.4 | saisonal | |
| 16 | Camping Bachtalen | 388 | - | saisonal | |
| 17 | Camping Maurholz | 388 | 4.2 | saisonal | |
| 18 | Camping le Creux-des-Biches | 388 | - | saisonal | |
| 19 | Camping La Grande Ecluse | 389 | 3.7 | saisonal | |
| 20 | Camping Saland | 389 | - | ganzjährig | * |
| 21 | Camping Les Grottes | 389 | 4.7 | saisonal | |
| 22 | TCS Camping Flaach am Rhein | 390 | 4.4 | saisonal | |
| 23 | Camping Waldesruh | 390 | 4.2 | saisonal | |
| 24 | Camping Moulin du Doubs | 390 | 3.0 | saisonal | |
| 25 | Camping am Schützenweiher | 390 | 4.4 | ganzjährig | * |
| 26 | Campingplatz Sulz | 391 | 4.4 | saisonal | |
| 27 | Camping Wiggerspitz | 391 | 3.5 | saisonal | |
| 28 | Camping Municipal | 391 | 3.3 | saisonal | |
| 29 | Camping de l'Allaine | 392 | - | saisonal | |
| 30 | TCS Camping Solothurn | 392 | 4.2 | ganzjährig | * |
| 31 | Camping Tariche | 392 | 4.6 | ganzjährig | |
| 32 | Camping Türlersee | 392 | 4.7 | saisonal | |
| 33 | Camping Sous-la-Neuvevie | 393 | 4.3 | k. A. | |
| 34 | Camping du Raimeux | 393 | - | k. A. | |
| 35 | Campingplatz Gütighausen | 393 | 5.0 | saisonal | |

* Wintercamping FKK Textilfrei (ganz/teilweise) Ecocamping Award Onlinebuchung

## ZÜRICH – DAS WISSENSCHAFTLICHE ZENTRUM DES LANDES

Zürich mit seinen rund 400.000 Einwohnern ist nicht nur die größte Stadt der Schweiz, sondern auch das wirtschaftliche, gesellschaftliche und wissenschaftliche Zentrum des Landes. Darüber hinaus hat die Stadt an der Limmat auch kulturell eine ganze Menge zu bieten.

Bei einem Rundgang durch die malerische Altstadt fällt besonders das idyllische Niederdörfli auf. Die urigen Cafés in den schmalen Gassen und auf den kleinen Plätzen mit ihren Brunnen sind beliebte Orte für eine kurze Rast nach einem Einkaufsbummel auf der Bahnhofstraße oder einer Besichtigungstour durch die Stadt. Ebenfalls recht beliebt bei Besuchern und Einheimischen ist das Bauschänzli, das zu den Überresten der alten Stadtbefestigung gehört. Heute gibt es hier eine gemütliche Gartenwirtschaft, in der man Zürcher Spezialitäten und den Blick über den Fluss genießen kann.

## STADT MIT HOHER LEBENSQUALITÄT

Zürich ist regelmäßig auf der Liste der lebenswertesten Städte des Globus zu finden. Dazu trägt nicht zuletzt auch die attraktive Landschaft der Umgebung bei. Vom Hausberg der Stadt, dem 871 m hohen Uetliberg, genießen Wanderer einen fantastischen Blick über die Stadt und den gleichnamigen See bis hin zu den beeindruckenden Gipfeln der Alpen. Neben Wanderern sind hier auch Mountainbiker und Hobbyastronomen anzutreffen, die sich auf dem Planetenweg über die Besonderheiten unseres Sonnensystems informieren. Nach solch einer Erkundungstour ist ein entspannter Schiffsausflug auf dem Zürichsee genau das Richtige. An heißen Sommertagen bringt ein Sprung in die kühlen Fluten die ersehnte Abkühlung. In den Abendstunden lockt dann das vielfältige kulturelle Leben der Stadt: Ganz nach dem persönlichen Geschmack stehen vielleicht eine Aufführung im eleganten Opernhaus oder ein Poetry-Slam im alternativen Kulturzentrum „Rote Fabrik" auf dem Programm.

Sonnenuntergang beim Passwang, Ramiswil
© swiss-image.ch/Jan Geerk

Limmat mit Schipfe im Fruehling © swiss-image.ch/Jan Geerk

## BASEL, DIE PERLE DER NORDWESTSCHWEIZ

Neben den zahlreichen Burgen im Kanton Aargau, wie etwa dem Schloss Lenzburg oder der Habsburg, bietet besonders die Stadt Basel in der Nordwestschweiz zahlreiche Sehenswürdigkeiten. Aufgrund ihrer Lage im Dreiländereck Deutschland, Frankreich und der Schweiz herrscht in Basel eine kosmopolitische Atmosphäre. Diese ist nicht nur während der berühmten Basler Fasnacht zu spüren, sondern auch tagtäglich in den zahlreichen Restaurants und Cafés der malerischen Altstadt. Bei einem Stadtrundgang entdecken die Besucher neben historischen Gebäuden wie dem Münster, dem Rathaus und der Barfüsserkirche auch Bauten moderner Architekten, die sich harmonisch in das Stadtbild einfügen, sowie gut erhaltene Häuser aus dem 15. Jahrhundert. Ebenso bunt präsentiert sich die gastronomische Szene der Stadt. Besonders in den alten Zunfthäusern kommen traditionelle Gerichte wie der Lummelbraten oder die Basler Mehlsuppe auf den Tisch. Ein guter Grund, die Camping-Küche einmal kalt zu lassen.

### TIPP DER REDAKTION

**Camping am Schützenweiher**

Winterthur | Nr. 25 | Seite 390

Laut Gästen ideal geeignet zum:
- Sightseeing
- Kultur
- Wandern

4.3

## 1 Camping Rank

Baselstr. 5
4243 Dittingen
+41 794 179 282

47.43065 | 7.51101

ganzjährig

HS: 34,40 € | NS: 34,40 €

**Mehr Infos & Anfrage:**
www.camping.info/22005

| | |
|---|---|
| Baden in nat. Gewässer | k. A. |
| Pool/Hallenbad | 2/10km |
| Spielplatz am Platz | ✓ |
| Hunde | ✗ |
| Skilift & Loipe | ✗ |
| WLAN (gegen Gebühr) | ✓ |
| Lebensmittel | ✓ |
| Brötchen am Platz | ✓ |
| Restaurant/Imbiss | 100m/✓ |
| Ver-/Entsorgung Womo | ✗ |
| in den Ort | 500m |
| Gesamt | keine Angabe |
| Mietunterkünfte | ✓ |
| Stellplätze vor Schranke | ✗ |

- JETZT BEWERTEN!

Für diese Auswertung liegen leider noch nicht genügend Bewertungen vor.

Sei einer der Ersten, der diesen Campingplatz bewertet. Unter den Bewertern werden regelmäßig Gewinne verlost!

Mehr Infos dazu findest du in unserem allgemeinen Intro.

## 2 Camping Les Cerneux

*

2345 Les Breuleux
+41 32 486 96 66

47.21216 | 7.03343
1006m ü.M.

01.04. - 01.11.
18.12. - 31.03.

HS: 42,00 € | NS: 35,00 €

**Mehr Infos & Anfrage:**
www.camping.info/17259

| | |
|---|---|
| Baden im Teich am Platz | ✓ |
| Pool/Hallenbad | 10/9km |
| Spielplatz am Platz | ✓ |
| Hunde willkommen | ✓ |
| Skilift/Loipe | 2km/✓ |
| WLAN | ✗ |
| Lebensmittel | ✓ |
| Brötchen am Platz | ✓ |
| Restaurant & Imbiss | ✓ |
| Ver-/Entsorgung Womo | ✓ |
| in den Ort | 3km |
| Gesamt/Touristen | 90/45 |
| Mietunterkünfte | ✓ |
| Stellplätze vor Schranke | ✓ |

**3.9** GUT
19 Bewertungen

| | |
|---|---|
| Lage | 4.6 |
| Ruhe | 4.8 |
| Sanitäranlagen | 3.7 |
| Sauberkeit Ø | 3.8 |
| Freundlichkeit | 3.9 |
| Stellplatz | 3.8 |
| Verpflegung | 3.7 |
| Freizeit | 4.1 |
| Preis-Leistung | 3.8 |
| Mietunterkünfte | 3.5 |

**Geeignet für**

| | |
|---|---|
| Kinder b. 6 J. | 4.2 |
| Kinder b. 12 J. | 4.2 |
| Kinder b. 18 J. | 3.7 |
| Paare | 4.5 |
| Senioren | 4.2 |
| Gäste mit Zelt | 4.6 |
| Gäste mit Hund | 4.8 |

**Empfohlene Aktivitäten**

- Wandern
- Reiten
- Radfahren

## 3 Camping Eichhof

Eichhof 161
5027 Herznach
+41 78 710 75 34

47.47406 | 8.07523
500m ü.M.

01.04. - 31.10.

HS: 20,00 € | NS: 20,00 €

**Mehr Infos & Anfrage:**
www.camping.info/25093

| | |
|---|---|
| Baden im See | 20km |
| Pool/Hallenbad | 7km |
| Spielplatz am Platz | ✓ |
| Hunde willkommen | ✓ |
| Skilift & Loipe | ✗ |
| WLAN | ✓ |
| Lebensmittel | 700m |
| Brötchen am Platz | nur HS |
| Restaurant/Imbiss | 700m |
| Ver-/Entsorgung Womo | ✓ |
| in den Ort | 700m |
| Gesamt | 8 |
| Mietunterkünfte | ✓ |
| Stellplätze vor Schranke | ✓ |

**4.7** SEHR GUT
3 Bewertungen

| | |
|---|---|
| Lage | 4.7 |
| Ruhe | 5.0 |
| Sanitäranlagen | 3.5 |
| Sauberkeit Ø | 5.0 |
| Freundlichkeit | 5.0 |
| Stellplatz | 3.5 |
| Verpflegung | - |
| Freizeit | 4.0 |
| Preis-Leistung | 5.0 |
| Mietunterkünfte | - |

**Geeignet für**

| | |
|---|---|
| Kinder b. 6 J. | 5.0 |
| Kinder b. 12 J. | 5.0 |
| Kinder b. 18 J. | 5.0 |
| Paare | 5.0 |
| Senioren | 4.5 |
| Gäste mit Zelt | 5.0 |
| Gäste mit Hund | 5.0 |

**Empfohlene Aktivitäten**

- Wandern
- Entspannen
- Radfahren

## 4 Camping Schaffhausen

Hauptstrasse 96 c
8246 Langwiesen
+41 52 659 3300

47.68709 | 8.65628

07.05. - 14.10.

HS: 40,00 € | NS: 32,50 €

**Mehr Infos & Anfrage:**
www.camping.info/22009

| | |
|---|---|
| Baden im Fluss am Platz | ✓ |
| Pool am Platz | ✓ |
| Spielplatz am Platz | ✓ |
| Hunde | ✗ |
| Skilift & Loipe | ✗ |
| WLAN | ✓ |
| Lebensmittel | 1km |
| Brötchen am Platz | ✓ |
| Restaurant & Imbiss | ✓ |
| Ver-/Entsorgung Womo | ✓ |
| in den Ort | 800m |
| Gesamt/Touristen | 108/70 |
| Mietunterkünfte | ✗ |
| Stellplätze vor Schranke | ✗ |

**4.0** SEHR GUT
21 Bewertungen

| | |
|---|---|
| Lage | 4.6 |
| Ruhe | 4.0 |
| Sanitäranlagen | 3.8 |
| Sauberkeit Ø | 3.9 |
| Freundlichkeit | 4.2 |
| Stellplatz | 3.9 |
| Verpflegung | 3.3 |
| Freizeit | 3.9 |
| Preis-Leistung | 3.6 |
| Mietunterkünfte | - |

**Geeignet für**

| | |
|---|---|
| Kinder b. 6 J. | 4.1 |
| Kinder b. 12 J. | 4.3 |
| Kinder b. 18 J. | 4.2 |
| Paare | 4.6 |
| Senioren | 4.3 |
| Gäste mit Zelt | 4.3 |
| Hunde n. erlaubt | - |

**Empfohlene Aktivitäten**

- Radfahren
- Schwimmen
- Kayak/Kanu

Karte auf Seite 380

## 5 Naturfreunde Zeltplatz am Greifensee / Aschbach

Aschbach 20
8124 Maur
+41 77 447 16 38
47.35319 | 8.66353
430m ü.M.

01.05. - 31.08.
HS: 24,00 € | NS: 24,00 €
**Mehr Infos & Anfrage:**
www.camping.info/24099

| | |
|---|---|
| Baden im See am Platz | ✓ |
| Pool/Hallenbad | 8km |
| Spielplatz | ✗ |
| Hunde | ✗ |
| Skilift & Loipe | ✗ |
| WLAN | ✗ |
| Lebensmittel | 3km |
| Brötchen am Platz | ✗ |
| Restaurant/Imbiss | 3/2km |
| Ver-/Entsorgung Womo | ✗ |
| in den Ort | 3km |
| Gesamt/Touristen | 40/8 |
| Mietunterkünfte | ✗ |
| Stellplätze vor Schranke | ✗ |

**-** JETZT BEWERTEN!

Für diese Auswertung liegen leider noch nicht genügend Bewertungen vor.

Sei einer der Ersten, der diesen Campingplatz bewertet. Unter den Bewertern werden regelmäßig Gewinne verlost!

Mehr Infos dazu findest du in unserem allgemeinen Intro.

## 6 Camping Reussbrücke

Muristrasse 34
8913 Ottenbach
+41 44 761 20 22
47.28 | 8.395

04.04. - 10.10.
HS: 41,50 € | NS: 31,00 €
**Mehr Infos & Anfrage:**
www.camping.info/17174

| | |
|---|---|
| Baden im Fluss am Platz | ✓ |
| Pool/Hallenbad | ✓/1km |
| Spielplatz am Platz | ✓ |
| Hunde willkommen | ✓ |
| Skilift & Loipe | ✗ |
| WLAN (gegen Gebühr) | ✓ |
| Lebensmittel | ✓ |
| Brötchen am Platz | ✓ |
| Restaurant & Imbiss | ✓ |
| Ver-/Entsorgung Womo | ✓ |
| in den Ort | 700m |
| Gesamt/Touristen | 105/25 |
| Mietunterkünfte | ✓ |
| Stellplätze vor Schranke | ✗ |

**3.6** GUT
7 Bewertungen

| | |
|---|---|
| Lage | 3.6 |
| Ruhe | 3.6 |
| Sanitäranlagen | 3.1 |
| Sauberkeit Ø | 3.9 |
| Freundlichkeit | 4.3 |
| Stellplatz | 3.1 |
| Verpflegung | 4.2 |
| Freizeit | 3.2 |
| Preis-Leistung | 3.1 |
| Mietunterkünfte | 5.0 |

**Geeignet für**

| | |
|---|---|
| Kinder b. 6 J. | 3.5 |
| Kinder b. 12 J. | 4.5 |
| Kinder b. 18 J. | 4.5 |
| Paare | 4.8 |
| Senioren | 4.5 |
| Gäste mit Zelt | 4.7 |
| Gäste mit Hund | 4.3 |

**Empfohlene Aktivitäten**
- Radfahren
- Wandern
- Entspannen

## 7 Campingplatz Rausenbach

Rausenbachweg 8
8124 Maur
+41 44 98 00 959
47.34619 | 8.67069
435m ü.M.

01.04. - 31.10.
HS: 30,00 € | NS: 30,00 €
**Mehr Infos & Anfrage:**
www.camping.info/25528

| | |
|---|---|
| Baden im See am Platz | ✓ |
| Pool | 300m |
| Spielplatz am Platz | ✓ |
| Hunde willkommen | ✓ |
| Skilift & Loipe | ✗ |
| WLAN | ✓ |
| Lebensmittel | 1km |
| Brötchen am Platz | ✓ |
| Restaurant & Imbiss | ✓ |
| Ver-/Entsorgung Womo | ✓ |
| in den Ort | 1km |
| Gesamt/Touristen | 110/30 |
| Mietunterkünfte | ✓ |
| Stellplätze vor Schranke | ✗ |

**4.9** SEHR GUT
8 Bewertungen

| | |
|---|---|
| Lage | 4.7 |
| Ruhe | 4.9 |
| Sanitäranlagen | 4.7 |
| Sauberkeit Ø | 4.8 |
| Freundlichkeit | 5.0 |
| Stellplatz | 4.4 |
| Verpflegung | 4.6 |
| Freizeit | 4.4 |
| Preis-Leistung | 4.7 |
| Mietunterkünfte | 4.7 |

**Geeignet für**

| | |
|---|---|
| Kinder b. 6 J. | 4.8 |
| Kinder b. 12 J. | 4.8 |
| Kinder b. 18 J. | 3.8 |
| Paare | 4.8 |
| Senioren | 5.0 |
| Gäste mit Zelt | 5.0 |
| Gäste mit Hund | 4.2 |

**Empfohlene Aktivitäten**
- Radfahren
- Schwimmen
- Entspannen

**Infos**
Öffnungszeiten
Vergleichspreis
Link

**Ausstattung**
Freizeit
Campingplatz
Versorgung
Anzahl der Plätze

8

## Camping und Schwimmbad am Rhein

Kraftwerkstrasse
4303 Kaiseraugst

47.53973 | 7.71701

23.03. - 18.09.

HS: 27,50 € | NS: 27,50 €

**Mehr Infos & Anfrage:**
www.camping.info/24464

| | |
|---|---|
| Baden im Fluss am Platz | ✓ |
| Pool am Platz | ✓ |
| Spielplatz | keine Angabe |
| Hunde | ✗ |
| Skilift & Loipe | ✗ |
| WLAN (gegen Gebühr) | ✓ |
| Lebensmittel | ✓ |
| Brötchen am Platz | ✓ |
| Restaurant am P. | ✓ |
| Ver-/Entsorgung Womo | ✗ |
| im Ort | ✓ |
| Touristenplätze | 85 |
| Mietunterkünfte | ✗ |
| Stellplätze vor Schranke | ✗ |

**3.0** GUT
10 Bewertungen

| | |
|---|---|
| Lage | 4.0 |
| Ruhe | 3.0 |
| Sanitäranlagen | 2.2 |
| Sauberkeit Ø | 2.6 |
| Freundlichkeit | 3.0 |
| Stellplatz | 2.7 |
| Verpflegung | 3.0 |
| Freizeit | 3.2 |
| Preis-Leistung | 3.4 |
| Mietunterkünfte | - |

**Geeignet für**

| | |
|---|---|
| Kinder b. 6 J. | 2.9 |
| Kinder b. 12 J. | 3.2 |
| Kinder b. 18 J. | 3.0 |
| Paare | 2.9 |
| Senioren | 2.9 |
| Gäste mit Zelt | 3.6 |
| Hunde n. erlaubt | - |

**Empfohlene Aktivitäten**

- Kayak/Kanu
- Schwimmen
- Radfahren

9

## Campingplatz Oberfeld

Talacherweg 5
5330 Bad Zurzach
+41 79 909 68 49

47.58239 | 8.30813

01.04. - 31.10.

HS: 33,00 € | NS: 33,00 €

**Mehr Infos & Anfrage:**
www.camping.info/23058

| | |
|---|---|
| Baden im Fluss am Platz | ✓ |
| Pool & Hallenbad | ✗ |
| Spielplatz | keine Angabe |
| Hunde willkommen | ✓ |
| Skilift & Loipe | ✗ |
| WLAN | ✓ |
| Lebensmittel | ✓ |
| Brötchen am Platz | ✓ |
| Restaurant am P. | ✓ |
| Ver-/Entsorgung Womo | ✗ |
| in den Ort | 1km |
| Gesamt/Touristen | 150/17 |
| Mietunterkünfte | ✗ |
| Stellplätze vor Schranke | ✗ |

- JETZT BEWERTEN!

Für diese Auswertung liegen leider noch nicht genügend Bewertungen vor.

Sei einer der Ersten, der diesen Campingplatz bewertet. Unter den Bewertern werden regelmäßig Gewinne verlost!

Mehr Infos dazu findest du in unserem allgemeinen Intro.

10

## Campingplatz Auslikon

8331 Auslikon

47.34312 | 8.79105

01.04. - 31.10.

keine Angabe

**Mehr Infos & Anfrage:**
www.camping.info/27097

| | |
|---|---|
| Baden im See am Platz | ✓ |
| Pool & Hallenbad | ✗ |
| Spielplatz am Platz | ✓ |
| Hunde | ✗ |
| Skilift & Loipe | keine Angabe |
| WLAN | ✓ |
| Lebensmittel | ✓ |
| Brötchen | keine Angabe |
| Restaurant & Imbiss | ✗ |
| Ver-/Entsorgung Womo | ✗ |
| in den Ort | keine Angabe |
| Gesamt | 300 |
| Mietunterkünfte | ✗ |
| Stellplätze vor Schranke | ✗ |

- JETZT BEWERTEN!

Für diese Auswertung liegen leider noch nicht genügend Bewertungen vor.

Sei einer der Ersten, der diesen Campingplatz bewertet. Unter den Bewertern werden regelmäßig Gewinne verlost!

Mehr Infos dazu findest du in unserem allgemeinen Intro.

11

## Camping Le Chandelier

*

Lorette 1
2882 St. Ursanne
+41 79 251 24 32

47.36573 | 7.1668
420m ü.M.

ganzjährig

HS: 35,10 € | NS: 35,10 €

**Mehr Infos & Anfrage:**
www.camping.info/17269

| | |
|---|---|
| Baden im Fluss am Platz | ✓ |
| Pool & Hallenbad | ✗ |
| Spielplatz am Platz | ✓ |
| Hunde erlaubt | ✓ |
| Skilift & Loipe | ✗ |
| WLAN | ✓ |
| Lebensmittel | ✗ |
| Brötchen | keine Angabe |
| Restaurant am P. | ✓ |
| Ver-/Entsorgung Womo | ✗ |
| in den Ort | 800m |
| Gesamt/Touristen | 15/6 |
| Mietunterkünfte | ✓ |
| Stellplätze vor Schranke | ✓ |

- JETZT BEWERTEN!

Für diese Auswertung liegen leider noch nicht genügend Bewertungen vor.

Sei einer der Ersten, der diesen Campingplatz bewertet. Unter den Bewertern werden regelmäßig Gewinne verlost!

Mehr Infos dazu findest du in unserem allgemeinen Intro.

Karte auf Seite 380

**Infos:** Öffnungszeiten · Vergleichspreis · Link

**Ausstattung:** Freizeit · Campingplatz · Versorgung · Anzahl der Plätze

## 12 Camping Frick

Juraweg 21
5070 Frick
+41 628 713 700

47.50068 | 8.01901
350m ü.M.

01.04. - 31.10.

HS: 26,50 € | NS: 26,50 €

**Mehr Infos & Anfrage:**
www.camping.info/17198

| | |
|---|---|
| Baden im See | 5km |
| Pool & Hallenbad | ✓ |
| Spielplatz am Platz | ✓ |
| Hunde erlaubt | ✓ |
| Skilift & Loipe | ✗ |
| WLAN | ✗ |
| Lebensmittel | ✓ |
| Brötchen am Platz | ✓ |
| Restaurant/Imbiss | 100m/✓ |
| Ver-/Entsorgung Womo | ✓ |
| in den Ort | 1km |
| Gesamt/Touristen | 100/27 |
| Mietunterkünfte | ✓ |
| Stellplätze vor Schranke | ✗ |

- **JETZT BEWERTEN!**

Für diese Auswertung liegen leider noch nicht genügend Bewertungen vor.

Sei einer der Ersten, der diesen Campingplatz bewertet. Unter den Bewertern werden regelmäßig Gewinne verlost!

Mehr Infos dazu findest du in unserem allgemeinen Intro.

## 13 Camping Wildberg

*

In der Weid
8489 Wildberg
+41 52 385 33 88

47.43428 | 8.82762

ganzjährig

HS: 25,00 € | NS: 25,00 €

**Mehr Infos & Anfrage:**
www.camping.info/17176

| | |
|---|---|
| Baden im See | 10km |
| Pool | 5km |
| Spielplatz am Platz | ✓ |
| Hunde erlaubt | ✓ |
| Skilift & Loipe | keine Angabe |
| WLAN | keine Angabe |
| Lebensmittel | ✓ |
| Brötchen am Platz | ✓ |
| Restaurant | 2km |
| Ver-/Entsorgung Womo | ✗ |
| in den Ort | 15km |
| Gesamt/Touristen | 145/30 |
| Mietunterkünfte | ✓ |
| Stellplätze vor Schranke | ✗ |

**3.3 GUT** – 3 Bewertungen

| | |
|---|---|
| Lage | 5.0 |
| Ruhe | 3.3 |
| Sanitäranlagen | 5.0 |
| Sauberkeit Ø | 5.0 |
| Freundlichkeit | 3.7 |
| Stellplatz | 3.3 |
| Verpflegung | 4.5 |
| Freizeit | 3.0 |
| Preis-Leistung | 3.7 |
| Mietunterkünfte | - |

**Geeignet für**

| | |
|---|---|
| Kinder b. 6 J. | 5.0 |
| Kinder b. 12 J. | 5.0 |
| Kinder b. 18 J. | 5.0 |
| Paare | 5.0 |
| Senioren | 5.0 |
| Gäste mit Zelt | 5.0 |
| Gäste mit Hund | 5.0 |

**Empfohlene Aktivitäten**

- Wandern
- Mountainbiking
- Entspannen

## 14 Camping Unteraegeri

*

Wilbrunnenstrasse 81
6314 Unteraegeri
+41 41 750 39 28

47.1276 | 8.59215
740m ü.M.

ganzjährig

HS: 38,00 € | NS: 32,50 €

**Mehr Infos & Anfrage:**
www.camping.info/22041

| | |
|---|---|
| Baden im See am Platz | ✓ |
| Pool/Hallenbad | 1/6km |
| Spielplatz am Platz | ✓ |
| Hunde | ✗ |
| Skilift | 12km |
| WLAN | ✓ |
| Lebensmittel | ✓ |
| Brötchen am Platz | ✓ |
| Restaurant & Imbiss | ✓ |
| Ver-/Entsorgung Womo | ✓ |
| in den Ort | 1km |
| Gesamt/Touristen | 280/150 |
| Mietunterkünfte | ✗ |
| Stellplätze vor Schranke | ✗ |

**4.2 SEHR GUT** – 24 Bewertungen

| | |
|---|---|
| Lage | 4.7 |
| Ruhe | 4.4 |
| Sanitäranlagen | 4.0 |
| Sauberkeit Ø | 4.8 |
| Freundlichkeit | 4.7 |
| Stellplatz | 3.9 |
| Verpflegung | 3.9 |
| Freizeit | 4.1 |
| Preis-Leistung | 4.2 |
| Mietunterkünfte | - |

**Geeignet für**

| | |
|---|---|
| Kinder b. 6 J. | 3.8 |
| Kinder b. 12 J. | 4.2 |
| Kinder b. 18 J. | 3.6 |
| Paare | 4.6 |
| Senioren | 4.8 |
| Gäste mit Zelt | 4.6 |
| Hunde n. erlaubt | - |

**Empfohlene Aktivitäten**

- Schwimmen
- Radfahren
- Wandern

keine WOMOs ab 9 m; Jugendgruppen nur mit schriftl. Erlaubnis Erwachsener

## 15 Camping Waldhort

Heideweg 16
4153 Reinach BL
+41 61 711 64 29

47.49921 | 7.60296

01.03. - 27.10.

HS: 47,00 € | NS: 47,00 €

**Mehr Infos & Anfrage:**
www.camping.info/22004

| | |
|---|---|
| Baden in nat. Gewässer | k. A. |
| Pool/Hallenbad | ✓/8km |
| Spielplatz am Platz | ✓ |
| Hunde willkommen | ✓ |
| Skilift & Loipe | ✗ |
| WLAN | ✓ |
| Lebensmittel | ✓ |
| Brötchen am Platz | ✓ |
| Restaurant/Imbiss | 300m/✓ |
| Ver-/Entsorgung Womo | ✓ |
| in den Ort | 1km |
| Gesamt/Touristen | 230/95 |
| Mietunterkünfte | ✗ |
| Stellplätze vor Schranke | ✗ |

**4.3** SEHR GUT
16 Bewertungen

| | |
|---|---|
| Lage | 4.5 |
| Ruhe | 4.1 |
| Sanitäranlagen | 4.1 |
| Sauberkeit Ø | 4.3 |
| Freundlichkeit | 4.7 |
| Stellplatz | 4.6 |
| Verpflegung | 3.9 |
| Freizeit | 4.5 |
| Preis-Leistung | 4.1 |
| Mietunterkünfte | - |

**Geeignet für**

| | |
|---|---|
| Kinder b. 6 J. | 4.7 |
| Kinder b. 12 J. | 4.5 |
| Kinder b. 18 J. | 4.6 |
| Paare | 4.8 |
| Senioren | 4.9 |
| Gäste mit Zelt | 4.4 |
| Gäste mit Hund | 4.3 |

**Empfohlene Aktivitäten**

- Sightseeing
- Entspannen
- Kultur

## 16 Camping Bachtalen

4313 Möhlin
0041 79 407 99 71

47.57556 | 7.83778

01.04. - 31.10.

HS: 33,90 € | NS: 33,90 €

**Mehr Infos & Anfrage:**
www.camping.info/22006

| | |
|---|---|
| Baden in nat. Gewässer | k. A. |
| Hallenbad | ✓ |
| Spielplatz am Platz | ✓ |
| Hunde erlaubt | ✓ |
| Skilift & Loipe | ✗ |
| WLAN (gratis) | teilweise |
| Lebensmittel | 500m |
| Brötchen | keine Angabe |
| Imbiss | ✓ |
| Ver-/Entsorgung Womo | ✓ |
| in den Ort | keine Angabe |
| Gesamt/Touristen | 70/20 |
| Mietunterkünfte | ✗ |
| Stellplätze vor Schranke | ✗ |

**-** JETZT BEWERTEN!

Für diese Auswertung liegen leider noch nicht genügend Bewertungen vor.

Sei einer der Ersten, der diesen Campingplatz bewertet. Unter den Bewertern werden regelmäßig Gewinne verlost!

Mehr Infos dazu findest du in unserem allgemeinen Intro.

## 17 Camping Maurholz

Murholz 1
8124 Maur
+41 44 980 0266

47.35541 | 8.65886

01.04. - 20.10.

HS: 42,00 € | NS: 37,00 €

**Mehr Infos & Anfrage:**
www.camping.info/17173

| | |
|---|---|
| Baden im See am Platz | ✓ |
| Hallenbad | 10km |
| Spielplatz am Platz | ✓ |
| Hunde willkommen | ✓ |
| Skilift & Loipe | ✗ |
| WLAN | ✓ |
| Lebensmittel | ✓ |
| Brötchen am Platz | ✓ |
| Restaurant/Imbiss | 1km/✓ |
| Ver-/Entsorgung Womo | ✓ |
| in den Ort | 1km |
| Gesamt/Touristen | 50/25 |
| Mietunterkünfte | ✓ |
| Stellplätze vor Schranke | ✗ |

**4.2** SEHR GUT
22 Bewertungen

| | |
|---|---|
| Lage | 4.2 |
| Ruhe | 3.9 |
| Sanitäranlagen | 3.8 |
| Sauberkeit Ø | 4.5 |
| Freundlichkeit | 4.1 |
| Stellplatz | 3.9 |
| Verpflegung | 4.3 |
| Freizeit | 4.2 |
| Preis-Leistung | 3.9 |
| Mietunterkünfte | 3.8 |

**Geeignet für**

| | |
|---|---|
| Kinder b. 6 J. | 4.0 |
| Kinder b. 12 J. | 4.2 |
| Kinder b. 18 J. | 3.8 |
| Paare | 4.3 |
| Senioren | 4.0 |
| Gäste mit Zelt | 4.1 |
| Gäste mit Hund | 3.9 |

**Empfohlene Aktivitäten**

- Radfahren
- Kayak/Kanu
- Schwimmen

## 18 Camping le Creux-des-Biches

Creux-des-Biches
2340 Le Noirmont
+41 79 449 12 32

47.20546 | 6.94538

01.05. - 31.10.

HS: 23,00 € | NS: 23,00 €

**Mehr Infos & Anfrage:**
www.camping.info/26223

| | |
|---|---|
| Baden in nat. Gewässer | k. A. |
| Pool & Hallenbad | ✗ |
| Spielplatz | keine Angabe |
| Hunde | ✗ |
| Skilift & Loipe | ✗ |
| WLAN | keine Angabe |
| Lebensmittel | k.A. |
| Brötchen | keine Angabe |
| Restaurant & Imbiss | ✗ |
| Ver-/Entsorgung Womo | ✗ |
| in den Ort | 1km |
| Gesamt | keine Angabe |
| Mietunterkünfte | ✗ |
| Stellplätze vor Schranke | ✗ |

**-** JETZT BEWERTEN!

Für diese Auswertung liegen leider noch nicht genügend Bewertungen vor.

Sei einer der Ersten, der diesen Campingplatz bewertet. Unter den Bewertern werden regelmäßig Gewinne verlost!

Mehr Infos dazu findest du in unserem allgemeinen Intro.

Karte auf Seite 380

## 19 Camping La Grande Ecluse

2800 Delémont
+41 32 422 75 98
47.356 | 7.336

01.04. - 05.10.
HS: 30,10 € | NS: 30,10 €
**Mehr Infos & Anfrage:**
www.camping.info/17248

| | |
|---|---|
| Baden im Teich am Platz | ✓ |
| Pool & Hallenbad | ✗ |
| Spielplatz | keine Angabe |
| Hunde erlaubt | ✓ |
| Skilift & Loipe | keine Angabe |
| WLAN | keine Angabe |
| Lebensmittel | ✓ |
| Brötchen am Platz | ✓ |
| Restaurant am P. | ✓ |
| Ver-/Entsorgung Womo | ✓ |
| in den Ort | keine Angabe |
| Gesamt/Touristen | 65/35 |
| Mietunterkünfte | ✗ |
| Stellplätze vor Schranke | ✗ |

**3.7** GUT
3 Bewertungen

| | |
|---|---|
| Lage | 4.0 |
| Ruhe | 2.7 |
| Sanitäranlagen | 3.7 |
| Sauberkeit Ø | 4.2 |
| Freundlichkeit | 3.3 |
| Stellplatz | 3.5 |
| Verpflegung | 5.0 |
| Freizeit | 4.0 |
| Preis-Leistung | 3.5 |
| Mietunterkünfte | - |

**Geeignet für**

| | |
|---|---|
| Kinder b. 6 J. | - |
| Kinder b. 12 J. | 3.0 |
| Kinder b. 18 J. | 5.0 |
| Paare | 5.0 |
| Senioren | 5.0 |
| Gäste mit Zelt | 5.0 |
| Gäste mit Hund | 5.0 |

**Empfohlene Aktivitäten**

- Wandern
- Reiten
- Motorrad

## 20 Camping Saland

Auwisstraße 35
8493 Saland
47.39069 | 8.85921

ganzjährig
HS: 33,50 € | NS: 33,50 €
**Mehr Infos & Anfrage:**
www.camping.info/17175

| | |
|---|---|
| Baden im Fluss am Platz | ✓ |
| Pool & Hallenbad | ✗ |
| Spielplatz am Platz | ✓ |
| Hunde erlaubt | ✓ |
| Skilift & Loipe | ✗ |
| WLAN (gegen Gebühr) | ✓ |
| Lebensmittel | ✓ |
| Brötchen am Platz | ✓ |
| Restaurant & Imbiss | ✓ |
| Ver-/Entsorgung Womo | ✓ |
| in den Ort | 1km |
| Gesamt | keine Angabe |
| Mietunterkünfte | ✗ |
| Stellplätze vor Schranke | ✗ |

**-** JETZT BEWERTEN!

Für diese Auswertung liegen leider noch nicht genügend Bewertungen vor.

Sei einer der Ersten, der diesen Campingplatz bewertet. Unter den Bewertern werden regelmäßig Gewinne verlost!

Mehr Infos dazu findest du in unserem allgemeinen Intro.

## 21 Camping Les Grottes

Les Grottes 78C
2912 Réclère-Roche-d'Or
+41 324 766 155
47.35925 | 6.91701
650m ü.M.

01.04. - 15.11.
HS: 30,00 € | NS: 30,00 €
**Mehr Infos & Anfrage:**
www.camping.info/17266

| | |
|---|---|
| Baden im Fluss | 1km |
| Pool/Hallenbad | 16km |
| Spielplatz am Platz | ✓ |
| Hunde willkommen | ✓ |
| Skilift & Loipe | ✗ |
| WLAN (gratis) | teilweise |
| Lebensmittel | 2km |
| Brötchen am Platz | nur HS |
| Restaurant & Imbiss | ✓ |
| Ver-/Entsorgung Womo | ✓ |
| in den Ort | 1km |
| Gesamt/Touristen | 30/20 |
| Mietunterkünfte | ✓ |
| Stellplätze vor Schranke | ✗ |

**4.7** SEHR GUT
3 Bewertungen

| | |
|---|---|
| Lage | 4.0 |
| Ruhe | 5.0 |
| Sanitäranlagen | 4.7 |
| Sauberkeit Ø | 5.0 |
| Freundlichkeit | 4.3 |
| Stellplatz | 3.0 |
| Verpflegung | 2.7 |
| Freizeit | 3.7 |
| Preis-Leistung | 4.7 |
| Mietunterkünfte | 5.0 |

**Geeignet für**

| | |
|---|---|
| Kinder b. 6 J. | 5.0 |
| Kinder b. 12 J. | 4.0 |
| Kinder b. 18 J. | 3.5 |
| Paare | 4.5 |
| Senioren | 4.5 |
| Gäste mit Zelt | 5.0 |
| Gäste mit Hund | 5.0 |

**Empfohlene Aktivitäten**

- Radfahren
- Wandern
- Mountainbiking

### Infos

Öffnungszeiten
Vergleichspreis
Link

### Ausstattung

Freizeit
Campingplatz
Versorgung
Anzahl der Plätze

## 22 TCS Camping Flaach am Rhein

Steubisallmend 4
8416 Flaach
+41 52 318 14 13

47.57926 | 8.58123
350m ü.M.

02.04. - 25.10.

HS: 52,70 € | NS: 43,70 €

**Mehr Infos & Anfrage:**
www.camping.info/17172

| | |
|---|---|
| Baden im Fluss am Platz | ✓ |
| Pool/Hallenbad | ✓/8km |
| Spielplatz am Platz | ✓ |
| Hunde willkommen | ✓ |
| Skilift & Loipe | ✗ |
| WLAN | ✓ |
| Lebensmittel | ✓ |
| Brötchen am Platz | ✓ |
| Restaurant & Imbiss | ✓ |
| Ver-/Entsorgung Womo | ✓ |
| in den Ort | 3km |
| Gesamt/Touristen | 250/140 |
| Mietunterkünfte | ✓ |
| Stellplätze vor Schranke | ✗ |

**4.3** SEHR GUT
41 Bewertungen

| | |
|---|---|
| Lage | 4.6 |
| Ruhe | 4.3 |
| Sanitäranlagen | 4.5 |
| Sauberkeit Ø | 4.6 |
| Freundlichkeit | 4.4 |
| Stellplatz | 4.4 |
| Verpflegung | 3.4 |
| Freizeit | 4.2 |
| Preis-Leistung | 3.6 |
| Mietunterkünfte | 4.6 |

**Geeignet für**

| | |
|---|---|
| Kinder b. 6 J. | 4.4 |
| Kinder b. 12 J. | 4.5 |
| Kinder b. 18 J. | 4.2 |
| Paare | 4.4 |
| Senioren | 4.4 |
| Gäste mit Zelt | 4.5 |
| Gäste mit Hund | 4.4 |

**Empfohlene Aktivitäten**

- Radfahren
- Schwimmen
- Wandern

## 23 Camping Waldesruh

Hintere Egg 115
5276 Wil AG / Mettauertal
+41 62 875 22 63

47.56326 | 8.1371
450m ü.M.

15.03. - 15.11.

HS: 30,90 € | NS: 30,90 €

**Mehr Infos & Anfrage:**
www.camping.info/17200

| | |
|---|---|
| Baden im Fluss | 3km |
| Pool/Hallenbad | 9/15km |
| Spielplatz am Platz | ✓ |
| Hunde erlaubt | ✓ |
| Skilift/Loipe | 21/40km |
| WLAN (begrenzt gratis) | ✓ |
| Lebensmittel | ✓ |
| Brötchen am Platz | ✓ |
| Restaurant & Imbiss | ✓ |
| Ver-/Entsorgung Womo | ✓ |
| in den Ort | 1km |
| Gesamt/Touristen | 90/30 |
| Mietunterkünfte | ✓ |
| Stellplätze vor Schranke | ✗ |

**4.0** SEHR GUT
8 Bewertungen

| | |
|---|---|
| Lage | 4.8 |
| Ruhe | 4.6 |
| Sanitäranlagen | 4.5 |
| Sauberkeit Ø | 4.4 |
| Freundlichkeit | 3.9 |
| Stellplatz | 3.8 |
| Verpflegung | 3.5 |
| Freizeit | 3.9 |
| Preis-Leistung | 3.9 |
| Mietunterkünfte | 2.0 |

**Geeignet für**

| | |
|---|---|
| Kinder b. 6 J. | 2.5 |
| Kinder b. 12 J. | 3.0 |
| Kinder b. 18 J. | 3.0 |
| Paare | 3.5 |
| Senioren | 3.3 |
| Gäste mit Zelt | 3.4 |
| Gäste mit Hund | 3.2 |

**Empfohlene Aktivitäten**

- Wandern
- Radfahren
- Motorrad

## 24 Camping Moulin du Doubs

Casa Postale 11
2889 Ocourt
+41 79 608 19 82

47.34957 | 7.08946

01.04. - 31.10.

HS: 35,00 €

**Mehr Infos & Anfrage:**
www.camping.info/17263

| | |
|---|---|
| Baden im Fluss am Platz | ✓ |
| Pool & Hallenbad | ✗ |
| Spielplatz | ✗ |
| Hunde erlaubt | ✓ |
| Skilift & Loipe | ✗ |
| WLAN (gratis) | teilweise |
| Lebensmittel | ✓ |
| Brötchen am Platz | ✓ |
| Restaurant & Imbiss | ✗ |
| Ver-/Entsorgung Womo | ✓ |
| in den Ort | 7km |
| Gesamt/Touristen | 45/10 |
| Mietunterkünfte | ✗ |
| Stellplätze vor Schranke | ✗ |

**3.0** GUT
8 Bewertungen

| | |
|---|---|
| Lage | 3.2 |
| Ruhe | 4.2 |
| Sanitäranlagen | 2.8 |
| Sauberkeit Ø | 3.3 |
| Freundlichkeit | 2.9 |
| Stellplatz | 2.9 |
| Verpflegung | 1.5 |
| Freizeit | 2.6 |
| Preis-Leistung | 1.7 |
| Mietunterkünfte | - |

**Geeignet für**

| | |
|---|---|
| Kinder b. 6 J. | 3.0 |
| Kinder b. 12 J. | 3.2 |
| Kinder b. 18 J. | 3.0 |
| Paare | 4.2 |
| Senioren | 3.5 |
| Gäste mit Zelt | 2.0 |
| Gäste mit Hund | 2.3 |

**Empfohlene Aktivitäten**

- Radfahren
- Wandern
- Kayak/Kanu

## 25 Camping am Schützenweiher

Eichliwaldstraße 4
8400 Winterthur
+41 52 212 52 60

47.51971 | 8.71635
500m ü.M.

ganzjährig

HS: 34,00 € | NS: 34,00 €

**Mehr Infos & Anfrage:**
www.camping.info/22011

| | |
|---|---|
| Baden im Teich | 1km |
| Pool/Hallenbad | 900m/2km |
| Spielplatz am Platz | ✓ |
| Hunde willkommen | ✓ |
| Skilift & Loipe | ✗ |
| WLAN | ✓ |
| Lebensmittel | 200m |
| Brötchen am Platz | ✗ |
| Restaurant/Imbiss | 100m |
| Ver-/Entsorgung Womo | ✓ |
| in den Ort | 200m |
| Gesamt/Touristen | 70/40 |
| Mietunterkünfte | ✗ |
| Stellplätze vor Schranke | ✗ |

**4.4** SEHR GUT
21 Bewertungen

| | |
|---|---|
| Lage | 4.5 |
| Ruhe | 3.9 |
| Sanitäranlagen | 4.0 |
| Sauberkeit Ø | 4.7 |
| Freundlichkeit | 4.8 |
| Stellplatz | 4.0 |
| Verpflegung | 2.5 |
| Freizeit | 4.2 |
| Preis-Leistung | 4.2 |
| Mietunterkünfte | - |

**Geeignet für**

| | |
|---|---|
| Kinder b. 6 J. | 3.9 |
| Kinder b. 12 J. | 4.0 |
| Kinder b. 18 J. | 3.8 |
| Paare | 4.5 |
| Senioren | 4.5 |
| Gäste mit Zelt | 4.3 |
| Gäste mit Hund | 4.4 |

**Empfohlene Aktivitäten**

- Kultur
- Sightseeing
- Wandern

keine WOMOs ab 9 m

Karte auf Seite 380

## 26 Campingplatz Sulz

Reussstrasse 5
5444 Sulz
+41 79 6607 426
47.37658 | 8.3108
345m ü.M.

15.03. - 31.10.
HS: 26,60 € | NS: 26,60 €
**Mehr Infos & Anfrage:**
www.camping.info/23059

| | |
|---|---|
| Baden im Fluss am Platz | ✓ |
| Pool am Platz | ✓ |
| Spielplatz am Platz | ✓ |
| Hunde willkommen | ✓ |
| Skilift & Loipe | ✗ |
| WLAN (gegen Gebühr) | ✓ |
| Lebensmittel | ✓ |
| Brötchen am Platz | ✓ |
| Restaurant am P. | ✓ |
| Ver-/Entsorgung Womo | ✓ |
| in den Ort | 2km |
| Gesamt/Touristen | 190/35 |
| Mietunterkünfte | ✓ |
| Stellplätze vor Schranke | ✗ |

**4.3** SEHR GUT
6 Bewertungen

| | |
|---|---|
| Lage | 4.5 |
| Ruhe | 4.8 |
| Sanitäranlagen | 4.0 |
| Sauberkeit Ø | 4.2 |
| Freundlichkeit | 5.0 |
| Stellplatz | 4.2 |
| Verpflegung | 4.5 |
| Freizeit | 3.8 |
| Preis-Leistung | 4.4 |
| Mietunterkünfte | 5.0 |

**Geeignet für**

| | |
|---|---|
| Kinder b. 6 J. | 3.8 |
| Kinder b. 12 J. | 3.8 |
| Kinder b. 18 J. | 4.0 |
| Paare | 4.2 |
| Senioren | 4.0 |
| Gäste mit Zelt | 4.5 |
| Gäste mit Hund | 5.0 |

**Empfohlene Aktivitäten**

- Entspannen
- Schwimmen
- Radfahren

## 27 Camping Wiggerspitz

Hofmattstr. 40
4663 Aarburg
+41 62 791 58 10
47.31619 | 7.89486

30.03. - 15.10.
keine Angabe
**Mehr Infos & Anfrage:**
www.camping.info/22007

| | |
|---|---|
| Baden im Fluss am Platz | ✓ |
| Pool am Platz | ✓ |
| Spielplatz am Platz | ✓ |
| Hunde willkommen | ✓ |
| Skilift & Loipe | ✗ |
| WLAN (gegen Gebühr) | ✓ |
| Lebensmittel | ✓ |
| Brötchen am Platz | ✗ |
| Restaurant & Imbiss | ✓ |
| Ver-/Entsorgung Womo | ✓ |
| in den Ort | 500m |
| Gesamt/Touristen | 85/50 |
| Mietunterkünfte | ✓ |
| Stellplätze vor Schranke | ✗ |

**3.5** GUT
8 Bewertungen

| | |
|---|---|
| Lage | 3.4 |
| Ruhe | 2.5 |
| Sanitäranlagen | 3.5 |
| Sauberkeit Ø | 4.3 |
| Freundlichkeit | 4.1 |
| Stellplatz | 3.5 |
| Verpflegung | 3.2 |
| Freizeit | 2.5 |
| Preis-Leistung | 3.2 |
| Mietunterkünfte | 1.0 |

**Geeignet für**

| | |
|---|---|
| Kinder b. 6 J. | 2.5 |
| Kinder b. 12 J. | 2.5 |
| Kinder b. 18 J. | 2.3 |
| Paare | 3.4 |
| Senioren | 3.8 |
| Gäste mit Zelt | 4.0 |
| Gäste mit Hund | 3.9 |

**Empfohlene Aktivitäten**

- Radfahren
- Wandern
- Sightseeing

## 28 Camping Municipal

2354 Goumois
+41 79 314 19 38
47.26156 | 6.95175

01.04. - 31.10.
HS: 10,10 € | NS: 10,10 €
**Mehr Infos & Anfrage:**
www.camping.info/17251

| | |
|---|---|
| Baden im Fluss am Platz | ✓ |
| Pool & Hallenbad | ✗ |
| Spielplatz | ✗ |
| Hunde erlaubt | ✓ |
| Skilift & Loipe | ✗ |
| WLAN | ✗ |
| Lebensmittel | 600m |
| Brötchen | keine Angabe |
| Restaurant | 400m |
| Ver-/Entsorgung Womo | ✗ |
| in den Ort | 400m |
| Gesamt/Touristen | 35/17 |
| Mietunterkünfte | ✓ |
| Stellplätze vor Schranke | ✗ |

**3.3** GUT
3 Bewertungen

| | |
|---|---|
| Lage | 4.0 |
| Ruhe | 4.3 |
| Sanitäranlagen | 2.3 |
| Sauberkeit Ø | 3.1 |
| Freundlichkeit | 4.0 |
| Stellplatz | 2.7 |
| Verpflegung | 1.5 |
| Freizeit | 3.5 |
| Preis-Leistung | 4.7 |
| Mietunterkünfte | - |

**Geeignet für**

| | |
|---|---|
| Kinder b. 6 J. | 1.5 |
| Kinder b. 12 J. | 3.0 |
| Kinder b. 18 J. | 3.0 |
| Paare | 4.0 |
| Senioren | 4.5 |
| Gäste mit Zelt | 2.0 |
| Gäste mit Hund | 5.0 |

**Empfohlene Aktivitäten**

- Radfahren
- Angeln
- Kayak/Kanu

**Infos**

Öffnungszeiten
Vergleichspreis
Link

**Ausstattung**

Freizeit
Campingplatz
Versorgung
Anzahl der Plätze

## 29 Camping de l'Allaine

Chemin des Bains
2900 Porrentruy
+41 32 466 93 32

47.41707 | 7.08852

01.04. - 31.10.

HS: 19,00 € | NS: 19,00 €

**Mehr Infos & Anfrage:**
www.camping.info/17264

| | |
|---|---|
| Baden in nat. Gewässer | k. A. |
| Pool/Hallenbad | ✓/500m |
| Spielplatz am Platz | ✓ |
| Hunde erlaubt | nur NS |
| Skilift & Loipe | ✗ |
| WLAN | ✗ |
| Lebensmittel | 100m |
| Brötchen am Platz | ✗ |
| Restaurant/Imbiss | 200m |
| Ver-/Entsorgung Womo | ✓ |
| in den Ort | 200m |
| Gesamt/Touristen | 25/12 |
| Mietunterkünfte | ✓ |
| Stellplätze vor Schranke | ✗ |

**-** JETZT BEWERTEN!

Für diese Auswertung liegen leider noch nicht genügend Bewertungen vor.

Sei einer der Ersten, der diesen Campingplatz bewertet. Unter den Bewertern werden regelmäßig Gewinne verlost!

Mehr Infos dazu findest du in unserem allgemeinen Intro.

## 30 TCS Camping Solothurn

*

Glutzenhofstrasse 5
4500 Solothurn
+41 32 621 89 35

47.19833 | 7.52305
400m ü.M.

ganzjährig

HS: 56,40 € | NS: 43,70 €

**Mehr Infos & Anfrage:**
www.camping.info/17199

| | |
|---|---|
| Baden im Fluss am Platz | ✓ |
| Pool/Hallenbad | 300m/3km |
| Spielplatz am Platz | ✓ |
| Hunde willkommen | ✓ |
| Loipe | 10km |
| WLAN | ✓ |
| Lebensmittel | ✓ |
| Brötchen am Platz | ✓ |
| Restaurant & Imbiss | ✓ |
| Ver-/Entsorgung Womo | ✓ |
| in den Ort | 2km |
| Gesamt/Touristen | 200/150 |
| Mietunterkünfte | ✓ |
| Stellplätze vor Schranke | ✗ |

**4.2** SEHR GUT
54 Bewertungen

| | |
|---|---|
| Lage | 4.6 |
| Ruhe | 3.9 |
| Sanitäranlagen | 4.3 |
| Sauberkeit Ø | 4.5 |
| Freundlichkeit | 4.4 |
| Stellplatz | 4.2 |
| Verpflegung | 4.0 |
| Freizeit | 4.3 |
| Preis-Leistung | 3.8 |
| Mietunterkünfte | 4.9 |

**Geeignet für**

| | |
|---|---|
| Kinder b. 6 J. | 3.9 |
| Kinder b. 12 J. | 4.1 |
| Kinder b. 18 J. | 4.1 |
| Paare | 4.3 |
| Senioren | 4.3 |
| Gäste mit Zelt | 4.3 |
| Gäste mit Hund | 4.5 |

**Empfohlene Aktivitäten**

- Schwimmen
- Wandern
- Radfahren

## 31 Camping Tariche

Route de Tariche
2883 Saint-Ursanne
+41 32 433 46 19

47.33412 | 7.14067
448m ü.M.

ganzjährig

HS: 29,30 € | NS: 29,30 €

**Mehr Infos & Anfrage:**
www.camping.info/17262

| | |
|---|---|
| Baden im Fluss am Platz | ✓ |
| Hallenbad | 15km |
| Spielplatz am Platz | ✓ |
| Hunde erlaubt | ✓ |
| Skilift & Loipe | ✗ |
| WLAN | ✓ |
| Lebensmittel | 6km |
| Brötchen am Platz | ✓ |
| Restaurant & Imbiss | ✓ |
| Ver-/Entsorgung Womo | ✓ |
| in den Ort | 6km |
| Gesamt/Touristen | 33/15 |
| Mietunterkünfte | ✓ |
| Stellplätze vor Schranke | ✓ |

**4.6** SEHR GUT
8 Bewertungen

| | |
|---|---|
| Lage | 4.9 |
| Ruhe | 4.8 |
| Sanitäranlagen | 4.0 |
| Sauberkeit Ø | 4.7 |
| Freundlichkeit | 5.0 |
| Stellplatz | 4.2 |
| Verpflegung | 4.2 |
| Freizeit | 4.7 |
| Preis-Leistung | 4.5 |
| Mietunterkünfte | 4.5 |

**Geeignet für**

| | |
|---|---|
| Kinder b. 6 J. | 3.8 |
| Kinder b. 12 J. | 4.2 |
| Kinder b. 18 J. | 4.2 |
| Paare | 5.0 |
| Senioren | 5.0 |
| Gäste mit Zelt | 4.8 |
| Gäste mit Hund | 4.2 |

**Empfohlene Aktivitäten**

- Kayak/Kanu
- Wandern
- Entspannen

## 32 Camping Türlersee

8915 Hausen

47.26793 | 8.50974

01.04. - 07.10.

keine Angabe

**Mehr Infos & Anfrage:**
www.camping.info/27096

| | |
|---|---|
| Baden im See am Platz | ✓ |
| Pool & Hallenbad | ✗ |
| Spielplatz am Platz | ✓ |
| Hunde | ✗ |
| Skilift & Loipe | keine Angabe |
| WLAN | keine Angabe |
| Lebensmittel | k.A. |
| Brötchen | keine Angabe |
| Restaurant & Imbiss | ✓ |
| Ver-/Entsorgung Womo | ✗ |
| in den Ort | keine Angabe |
| Gesamt | keine Angabe |
| Mietunterkünfte | ✗ |
| Stellplätze vor Schranke | ✗ |

**4.7** SEHR GUT
3 Bewertungen

| | |
|---|---|
| Lage | 4.3 |
| Ruhe | 4.0 |
| Sanitäranlagen | 4.0 |
| Sauberkeit Ø | 4.3 |
| Freundlichkeit | 4.7 |
| Stellplatz | 4.3 |
| Verpflegung | 4.7 |
| Freizeit | 4.7 |
| Preis-Leistung | 4.7 |
| Mietunterkünfte | - |

**Geeignet für**

| | |
|---|---|
| Kinder b. 6 J. | 5.0 |
| Kinder b. 12 J. | 4.3 |
| Kinder b. 18 J. | 5.0 |
| Paare | 4.5 |
| Senioren | 4.5 |
| Gäste mit Zelt | 4.7 |
| Hunde n. erlaubt | - |

**Empfohlene Aktivitäten**

- Schwimmen
- Radfahren
- Wandern

Karte auf Seite 380

## 33 Camping Sous-la-Neuvevie

2350 Saignelégier
+41 32 951 10 82
47.25357 | 7.01883

| | |
|---|---|
| Öffnungszeiten | keine Angabe |
| Vergleichspreis | HS: 34,80 € \| NS: 34,80 € |
| Link | **Mehr Infos & Anfrage:** www.camping.info/17267 |

| | | |
|---|---|---|
| Freizeit | Baden in nat. Gewässer | k. A. |
| | Pool & Hallenbad | ✗ |
| | Spielplatz | keine Angabe |
| Campingplatz | Hunde erlaubt | ✓ |
| | Skilift & Loipe | keine Angabe |
| | WLAN | keine Angabe |
| Versorgung | Lebensmittel | k.A. |
| | Brötchen | keine Angabe |
| | Restaurant & Imbiss | ✗ |
| | Ver-/Entsorgung Womo | ✗ |
| | in den Ort | 3km |
| Anzahl der Plätze | Gesamt | keine Angabe |
| | Mietunterkünfte | ✓ |
| | Stellplätze vor Schranke | ✗ |

**4.3** SEHR GUT
6 Bewertungen

| | |
|---|---|
| Lage | 4.6 |
| Ruhe | 4.6 |
| Sanitäranlagen | 3.4 |
| Sauberkeit Ø | 4.3 |
| Freundlichkeit | 4.8 |
| Stellplatz | 3.6 |
| Verpflegung | 2.7 |
| Freizeit | 4.4 |
| Preis-Leistung | 4.6 |
| Mietunterkünfte | 4.0 |

**Geeignet für**

| | |
|---|---|
| Kinder b. 6 J. | 4.8 |
| Kinder b. 12 J. | 4.2 |
| Kinder b. 18 J. | 4.0 |
| Paare | 4.6 |
| Senioren | 4.0 |
| Gäste mit Zelt | 5.0 |
| Gäste mit Hund | 5.0 |

**Empfohlene Aktivitäten**

- Wandern
- Radfahren
- Reiten

## 34 Camping du Raimeux

Rte de Vermes 8
2832 Rebeuvelier
+41 32 435 57 17
47.32394 | 7.41776

| | |
|---|---|
| Öffnungszeiten | keine Angabe |
| Vergleichspreis | HS: 25,70 € \| NS: 25,70 € |
| Link | **Mehr Infos & Anfrage:** www.camping.info/26222 |

| | | |
|---|---|---|
| Freizeit | Baden in nat. Gewässer | k. A. |
| | Pool & Hallenbad | ✗ |
| | Spielplatz | keine Angabe |
| Campingplatz | Hunde erlaubt | ✓ |
| | Skilift & Loipe | keine Angabe |
| | WLAN | ✓ |
| Versorgung | Lebensmittel | ✓ |
| | Brötchen am Platz | ✓ |
| | Restaurant & Imbiss | ✗ |
| | Ver-/Entsorgung Womo | ✓ |
| | in den Ort | keine Angabe |
| Anzahl der Plätze | Gesamt | keine Angabe |
| | Mietunterkünfte | ✓ |
| | Stellplätze vor Schranke | ✗ |

**-** JETZT BEWERTEN!

Für diese Auswertung liegen leider noch nicht genügend Bewertungen vor.

Sei einer der Ersten, der diesen Campingplatz bewertet. Unter den Bewertern werden regelmäßig Gewinne verlost!

Mehr Infos dazu findest du in unserem allgemeinen Intro.

## 35 Campingplatz Gütighausen

8478 Gütighausen
+41 792 918 907
47.58834 | 8.74071

| | |
|---|---|
| Öffnungszeiten | 02.04. - 30.10. |
| Vergleichspreis | HS: 27,00 € \| NS: 27,00 € |
| Link | **Mehr Infos & Anfrage:** www.camping.info/26438 |

| | | |
|---|---|---|
| Freizeit | Baden in nat. Gewässer | k. A. |
| | Pool & Hallenbad | ✗ |
| | Spielplatz am Platz | ✓ |
| Campingplatz | Hunde willkommen | ✓ |
| | Skilift & Loipe | keine Angabe |
| | WLAN | ✗ |
| Versorgung | Lebensmittel | 1km |
| | Brötchen am Platz | ✓ |
| | Restaurant & Imbiss | ✗ |
| | Ver-/Entsorgung Womo | ✗ |
| | in den Ort | 1km |
| Anzahl der Plätze | Touristenplätze | 60 |
| | Mietunterkünfte | ✗ |
| | Stellplätze vor Schranke | ✗ |

**5.0** AUSGEZEICHNET
5 Bewertungen

| | |
|---|---|
| Lage | 5.0 |
| Ruhe | 5.0 |
| Sanitäranlagen | 3.8 |
| Sauberkeit Ø | 4.6 |
| Freundlichkeit | 5.0 |
| Stellplatz | 4.0 |
| Verpflegung | 3.2 |
| Freizeit | 4.4 |
| Preis-Leistung | 5.0 |
| Mietunterkünfte | - |

**Geeignet für**

| | |
|---|---|
| Kinder b. 6 J. | 4.8 |
| Kinder b. 12 J. | 5.0 |
| Kinder b. 18 J. | 5.0 |
| Paare | 5.0 |
| Senioren | 4.8 |
| Gäste mit Zelt | 5.0 |
| Gäste mit Hund | 3.5 |

**Empfohlene Aktivitäten**

- Radfahren
- Kayak/Kanu
- Entspannen

# CAMPING IN DEN BAYERISCHEN ALPEN

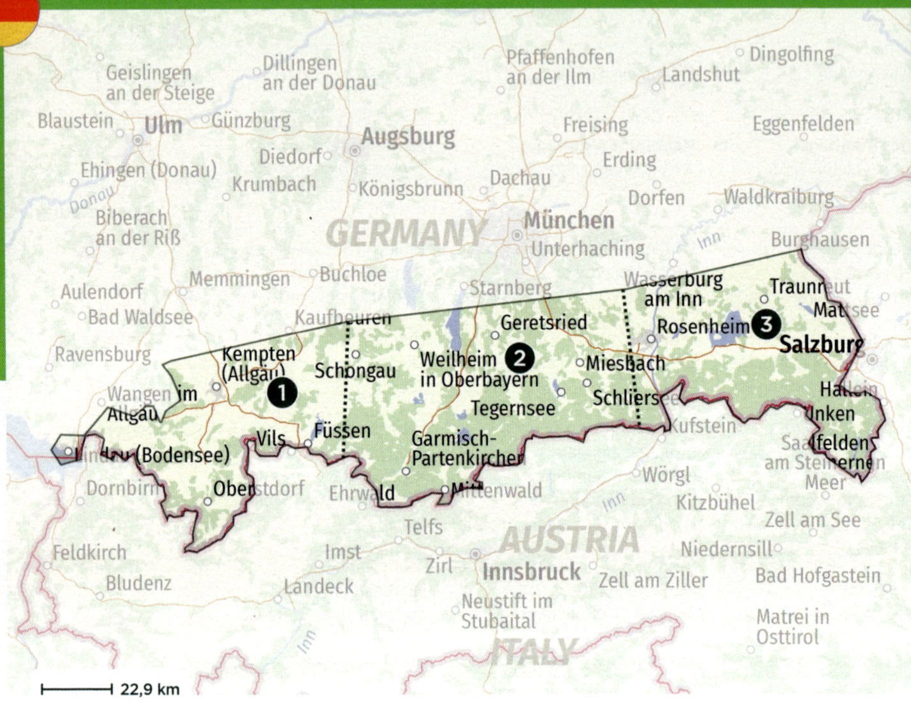


## REGIONEN

Das Gebiet der Alpen auf deutschem Boden erstreckt sich von den Allgäuer Alpen im Westen bis zu den Berchtesgadener Alpen im Osten. Entlang der österreichischen Grenze befinden sich die höchsten Gipfel Deutschlands, allen voran die Zugspitze. Aber auch die Seen im bayerischen Alpenvorland ziehen Camper stark an. Von den 6,4 Millionen Campingnächtigungen in Bayern im Jahr 2019, welches damit zum beliebtesten Bundesland für Camper in Deutschland zählt, fällt ein beträchtlicher Teil in das Alpengebiet. Mit über einem Drittel der Campingplätze des gesamten Bundeslandes ist das Gebiet vom Königssee bis zum Bodensee für Camper bestens erschlossen. Die Ausstattung der dortigen Camping-Areale zählt europaweit zu den hochwertigsten. Mit einer durchschnittlichen Gästebewertung auf camping.info von 4,11 spiegelt sich diese Qualität wider. Dank gut ausgebauter Autobahnen und Straßen sind die Bayerischen Alpen von allen Seiten bestens erreichbar.

## Länderinformationen:

- Hauptstadt: Berlin (Bayern: München)
- Einwohner: 83 Mio. (Bayern: 13 Mio.)
- Währung: Euro
- Sprache: Deutsch
- Bayern auf camping.info: www.camping.info/deutschland/bayern

## Reise-Informationen:

| Höchstgeschwindigkeiten | | | |
|---|---|---|---|
| PKW, Wohnmobil bis 3,5t | 50 | 100 | 130 |
| Wohnmobil bis 7,5 t | 50 | 80 | 100 |
| Wohnmobil über 7,5 t | 50 | 60 | 80 |
| Gespann* | 50 | 80 | 80 |

* 100 km/h auf Autobahnen für Gespanne, die die 9. Ausnahmeverordnung zur Straßenverkehrs-Ordnung erfüllen.

**Lichtpflicht am Tag:** Abblendlicht am Tag keine Pflicht, wird aber empfohlen (Pflicht für Motorräder); in Tunneln herrscht Lichtpflicht für alle Fahrer.

**Im Auto/Wohnmobil mitzuführen:** Warndreieck, eine Warnweste pro Person (muss bei Verlassen des Fahrzeuges bei Panne oder Unfall getragen werden), Verbandskasten.

**Mautsystem und Straßengebühren:** Maut für LKW ab 7,5 t und teilweise in Tunneln; Umweltzonen in den Zentren vieler deutscher Städte mit Fahrverbot je nach Beschilderung; Schadstoffausstoß des Fahrzeugs bestimmt Erhalt einer grünen, gelben oder roten Plakette.

**Weitere Hinweise:** auf der Autobahn gilt die Rettungsgasse; bei winterlichen Witterungsbedingungen darf nur mit Winterreifen gefahren werden; Schneeketten erlaubt (max. 50 km/h); Spikes sind verboten; Promillegrenze: 0,5 Promille; absolutes Alkoholverbot (0,0 Promille) für Fahranfänger in der Probezeit und Fahrer bis einschl. 21 Jahre.

**Einreise:** Deutschland ist Mitglied des Schengen-Raums; Grenzkontrollen können trotzdem stattfinden. Mitzuführen ist ein Reisepass oder ein gültiger Personalausweis, Kinder benötigen ein eigenes Ausweisdokument.

**Haustiere:** EU-Heimtierausweis mit Kennzeichnung des Tieres (durch Mikrochip oder Tätowierung) nötig, gültige Tollwutimpfung muss eingetragen sein; max. Aufenthaltsdauer mit Kampfhunden 4 Wochen (Maulkorbpflicht).

## Notrufnummern:

- internationale Notrufnummer: 112
- Feuerwehr: 112
- Polizei: 110
- Rettung: 112

DEUTSCHLAND

# ❶ Allgäuer Alpen

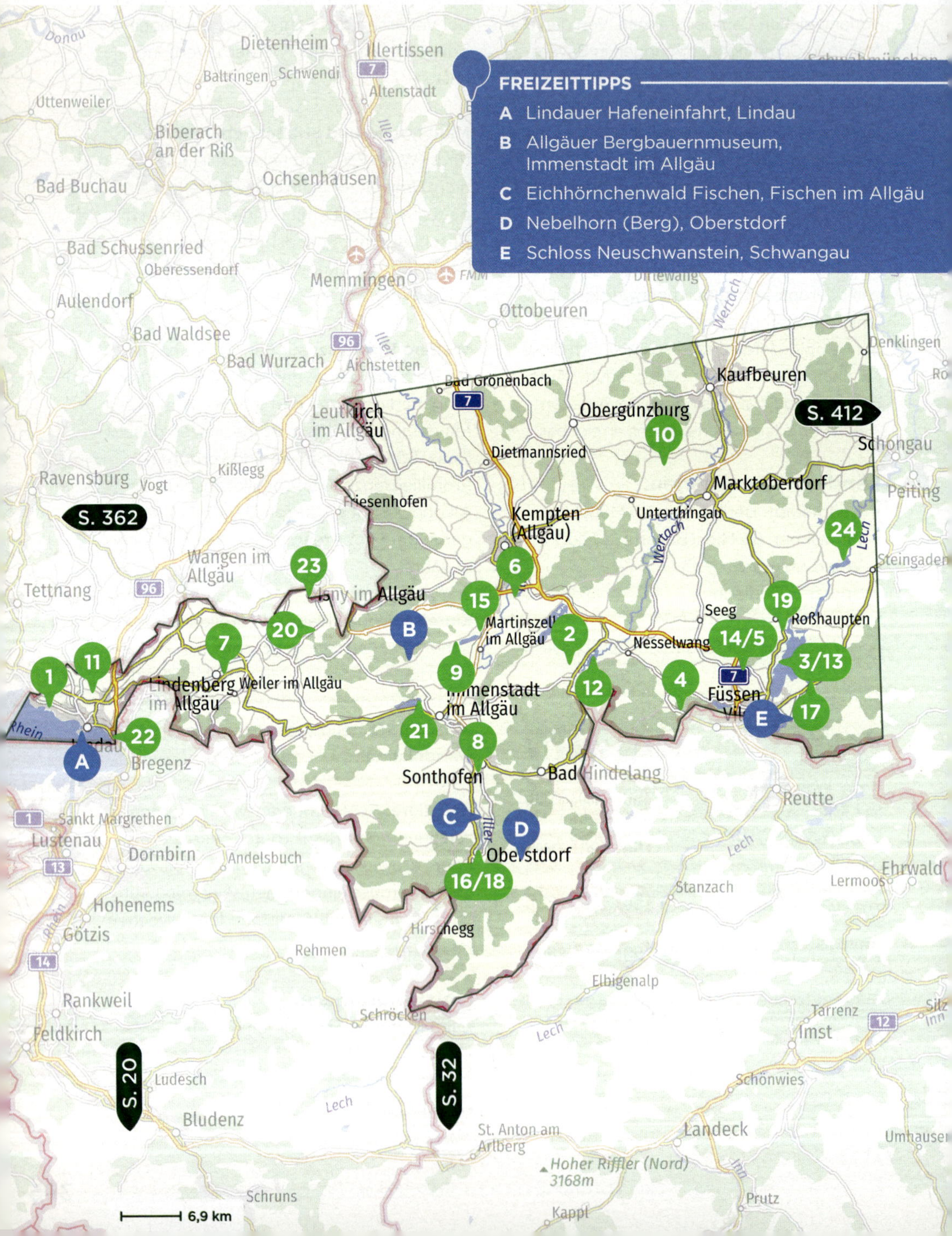

| | Platz | Seite | Bewertung | Öffnungszeiten | |
|---|---|---|---|---|---|
| 1 | Camping Eschbach | 400 | 4.0 | saisonal | |
| 2 | Camping Waldesruh | 400 | 4.2 | saisonal | ✻ |
| 3 | Camping Magdalena | 400 | 4.2 | saisonal | |
| 4 | Camping Pfronten | 400 | 4.7 | saisonal | |
| 5 | Camping Hopfensee | 401 | 4.8 | saisonal | ✻ 👍 |
| 6 | Camping Öschlesee | 401 | 4.0 | ganzjährig | ✻ |
| 7 | Camping Alpenblick | 401 | 4.2 | ganzjährig | ✻ ⚡ |
| 8 | IllerCamping | 402 | 3.9 | saisonal | ✻ |
| 9 | Camping Zeh am See / Allgäu | 407 | 4.4 | ganzjährig | ✻ 🍃 |
| 10 | Camping Elbsee | 404 | 4.6 | ganzjährig | ✻ |
| 11 | Campingpark Gitzenweiler Hof | 407 | 4.1 | ganzjährig | ✻ 🍃 |
| 12 | Camping-Grüntensee-International | 406 | 4.0 | ganzjährig | ✻ |
| 13 | Camping Brunnen | 408 | 4.4 | ganzjährig | ✻ |
| 14 | Camping Guggemos | 407 | 4.0 | saisonal | |
| 15 | Insel Camping am See mit Ferienwohnung / Allgäu | 409 | 4.7 | ganzjährig | ✻ 🍃 |
| 16 | Camping Oberstdorf | 409 | 4.2 | ganzjährig | ✻ |
| 17 | Camping Bannwaldsee | 409 | 3.8 | ganzjährig | ✻ |
| 18 | rubi-camp Oberstdorf | 410 | 4.1 | saisonal | ✻ |
| 19 | Campingplatz Seewang | 410 | 4.5 | ganzjährig | ✻ |
| 20 | Camping Sonnenbuckl | 410 | 4.7 | saisonal | ✻ |
| 21 | Alpsee Camping | 410 | 3.9 | saisonal | ✻ |
| 22 | Park-Camping Lindau am See | 411 | 4.2 | saisonal | 🍃 |
| 23 | Waldbad Camping Isny | 411 | 4.3 | saisonal | ⚡ |
| 24 | Via Claudia Camping | 411 | 4.5 | ganzjährig | ✻ 🍃 👍 |

✻ Wintercamping FKK Textilfrei (ganz/teilweise) 🍃 Ecocamping 👍 Award ⚡ Onlinebuchung

## EINE URIGE OASE FÜR CAMPINGLIEBHABER

„De Esel kennt ma an de Ohre, de Ochs am Brülla." Traditionell, bodenständig und humorvoll bringen die Allgäuer vieles auf den Punkt. So eigenständig wie der Dialekt, so unverwechselbar stellt sich dieses Urlaubsziel im Süden Deutschlands dar. Die Allgäuer Alpen befinden sich im idyllischen Länderdreieck zwischen Bayern, Tirol und Vorarlberg, was eine geschmackvolle Melange an ländertypischen Einflüssen erahnen lässt. Hier erwarten Naturfreunde herrlich grüne Täler, imposante Berggipfel und glasklare Gewässer, die zu einem ruhevollen Stelldichein bitten. Wer würde eine solche Einladung ins bayerische Paradies ausschlagen wollen?

## NATÜRLICHE SCHÄTZE UND KULTURELLE KLEINODE

In sechs weitläufigen Naturschutzgebieten ist es ein Leichtes, mit allen Sinnen in die hiesige Flora und Fauna einzutauchen. Naturdenkmäler wie der Lechfall oder die Scheidegger Wasserfälle im Westallgäu bieten beeindruckende Anblicke und sind ideal für kurzweilige Wanderungen. Als Raststätten auf dem Weg durch das Allgäuer Grün bieten sich die prunkvollen Schlösser und Burgen an, die Touristen aus aller Welt zu begeistern verstehen. Zu diesen altertümlichen Hotspots zählt beispielsweise die Waldburg nahe der gleichnamigen Ortschaft, das Schloss Meersburg am Bodensee und die Bachritterburg in der Gemeinde Kanzach. Selbstverständlich darf im Rahmen dieser Aufzählung das sagenumwobene Schloss Neuschwanstein bei Füssen im Schwangau nicht fehlen, welches zusammen mit dem Schloss Hohenschwangau als eine der beliebtesten Sehenswürdigkeiten Bayerns und ganz Deutschlands gilt. Hier residierte einst der Märchenkönig des Freistaates, König Ludwig der II. von Bayern, um dessen Tod im Starnberger See sich bis heute zahlreiche Mythen und Legenden ranken.

St. Coloman Kirche © Dominik Haf

## GENUSS UND ERHOLUNG

Schloss Neuschwanstein im Winter
© BAYERN TOURISMUS Marketing GmbH

Campingurlauber finden in den Allgäuer Alpen neben unzähligen Angeboten und Sehenswürdigkeiten auch viele Möglichkeiten zum Genießen und Erholen vor. Wellnessbehandlungen mit bayerischem Bier, der Genuss von Moorbädern oder das Abtauchen in heilende Thermalbäder eignen sich hierfür besonders gut. Sorgsam gepflegte Wanderwege laden zu ausgedehnten Spaziergängen und Touren ein, während Gipfelstürmer das Erklimmen von Kletterpfaden nicht missen werden. In der kalten Jahreszeit warten unzählige Loipen und Pisten auf begeisterte Wintercamper. Althergebrachte Brauchtümer wie beispielsweise der Fasnatziestag in Staufen oder das Egga Spiel in Sonthofen stehen stellvertretend für die Fülle an Festen in dieser traditionsreichen Region. Gourmets lassen sich im Allgäu gerne von einem bunt gemischtes Potpourri aus Kässpatzen, Krautkrapfen, Knöpfle und Maultaschen überzeugen – und genießen dazu natürlich ein gemütliches Weißbier.

Lindauer Hafen © BAYERN TOURISMUS Marketing GmbH

### TIPP DER REDAKTION

**Campingplatz Seewang**

Rieden | Nr. 19 | Seite 410

Laut Gästen ideal geeignet zum:

- Schwimmen
- Wandern
- Radfahren

4.5

## 1 Camping Eschbach

Höhenstrasse 16
88142 Wasserburg
+49 8382 887715

47.56848 | 9.63912

18.05. - 20.09.

HS: 42,00 € | NS: 42,00 €

**Mehr Infos & Anfrage:**
www.camping.info/19115

| | |
|---|---|
| Baden im See | 80m |
| Pool | 200m |
| Spielplatz | 80m |
| Hunde | ✗ |
| Skilift/Loipe | k. A./✗ |
| WLAN | ✗ |
| Lebensmittel | 100m |
| Brötchen | keine Angabe |
| Restaurant/Imbiss | 100m |
| Ver-/Entsorgung Womo | ✓ |
| im Ort | ✓ |
| Gesamt/Touristen | 52/42 |
| Mietunterkünfte | ✗ |
| Stellplätze vor Schranke | ✗ |

**4.0** SEHR GUT
33 Bewertungen

| | |
|---|---|
| Lage | 4.6 |
| Ruhe | 4.3 |
| Sanitäranlagen | 4.4 |
| Sauberkeit Ø | 4.8 |
| Freundlichkeit | 4.4 |
| Stellplatz | 4.0 |
| Verpflegung | 2.8 |
| Freizeit | 3.8 |
| Preis-Leistung | 3.7 |
| Mietunterkünfte | - |

**Geeignet für**

| | |
|---|---|
| Kinder b. 6 J. | 3.8 |
| Kinder b. 12 J. | 3.4 |
| Kinder b. 18 J. | 3.0 |
| Paare | 4.1 |
| Senioren | 4.5 |
| Gäste mit Zelt | 4.0 |
| Hunde n. erlaubt | - |

**Empfohlene Aktivitäten**

- Radfahren
- Schwimmen
- Entspannen

## 2 Camping Waldesruh

Bahnhofstraße 19
87497 Wertach
+49 8365 1004

47.609 | 10.41755
915m ü.M.

01.01. - 08.11.
25.11. - 31.12.

HS: 27,60 € | NS: 26,10 €

**Mehr Infos & Anfrage:**
www.camping.info/19090

| | |
|---|---|
| Baden im See | 1km |
| Pool/Hallenbad | 1/7km |
| Spielplatz am Platz | ✓ |
| Hunde willkommen | ✓ |
| Skilift/Loipe | 1km/✓ |
| WLAN (begrenzt gratis) | ✓ |
| Lebensmittel | 500m |
| Brötchen am Platz | ✓ |
| Restaurant/Imbiss | 500m |
| Ver-/Entsorgung Womo | ✓ |
| in den Ort | 500m |
| Gesamt/Touristen | 150/40 |
| Mietunterkünfte | ✓ |
| Stellplätze vor Schranke | ✗ |

**4.2** SEHR GUT
21 Bewertungen

| | |
|---|---|
| Lage | 4.5 |
| Ruhe | 4.7 |
| Sanitäranlagen | 4.3 |
| Sauberkeit Ø | 4.8 |
| Freundlichkeit | 4.9 |
| Stellplatz | 4.0 |
| Verpflegung | 3.1 |
| Freizeit | 4.3 |
| Preis-Leistung | 4.6 |
| Mietunterkünfte | 5.0 |

**Geeignet für**

| | |
|---|---|
| Kinder b. 6 J. | 4.0 |
| Kinder b. 12 J. | 4.2 |
| Kinder b. 18 J. | 3.8 |
| Paare | 4.7 |
| Senioren | 4.7 |
| Gäste mit Zelt | 3.6 |
| Gäste mit Hund | 4.6 |

**Empfohlene Aktivitäten**

- Wandern
- Radfahren
- Entspannen

keine WOMOs ab 8,5 m; Jugendgruppen nur mit Erwachsenen

## 3 Camping Magdalena

Bachtalstraße 10
87669 Osterreinen
+49 8362 49 31

47.61568 | 10.72371
814m ü.M.

01.04. - 31.10.

HS: 25,40 € | NS: 22,90 €

**Mehr Infos & Anfrage:**
www.camping.info/19105

| | |
|---|---|
| Baden im See am Platz | ✓ |
| Pool/Hallenbad | 8km |
| Spielplatz am Platz | ✓ |
| Hunde willkommen | ✓ |
| Loipe | 500m |
| WLAN (begrenzt gratis) | ✓ |
| Lebensmittel | 100m |
| Brötchen am Platz | ✓ |
| Restaurant & Imbiss | ✓ |
| Ver-/Entsorgung Womo | ✓ |
| in den Ort | 1km |
| Gesamt/Touristen | 120/80 |
| Mietunterkünfte | ✓ |
| Stellplätze vor Schranke | ✗ |

**4.2** SEHR GUT
28 Bewertungen

| | |
|---|---|
| Lage | 4.7 |
| Ruhe | 4.2 |
| Sanitäranlagen | 4.3 |
| Sauberkeit Ø | 4.4 |
| Freundlichkeit | 4.5 |
| Stellplatz | 3.7 |
| Verpflegung | 3.9 |
| Freizeit | 4.2 |
| Preis-Leistung | 4.3 |
| Mietunterkünfte | 4.3 |

**Geeignet für**

| | |
|---|---|
| Kinder b. 6 J. | 4.1 |
| Kinder b. 12 J. | 4.2 |
| Kinder b. 18 J. | 3.8 |
| Paare | 4.5 |
| Senioren | 4.0 |
| Gäste mit Zelt | 4.3 |
| Gäste mit Hund | 4.3 |

**Empfohlene Aktivitäten**

- Schwimmen
- Wandern
- Segeln

## 4 Camping Pfronten

Tiroler Straße 184
87459 Pfronten-Steinach
08363 8353

47.56357 | 10.57839
850m ü.M.

11.05. - 04.10.

HS: 25,50 € | NS: 25,50 €

**Mehr Infos & Anfrage:**
www.camping.info/19088

| | |
|---|---|
| Baden in nat. Gewässer | k. A. |
| Pool/Hallenbad | 3km |
| Spielplatz am Platz | ✓ |
| Hunde willkommen | ✓ |
| Skilift & Loipe | keine Angabe |
| WLAN (gratis) | teilweise |
| Lebensmittel | ✓ |
| Brötchen am Platz | ✓ |
| Restaurant | 250m |
| Ver-/Entsorgung Womo | ✓ |
| in den Ort | 2km |
| Touristenplätze | 100 |
| Mietunterkünfte | ✗ |
| Stellplätze vor Schranke | ✗ |

**4.7** SEHR GUT
38 Bewertungen

| | |
|---|---|
| Lage | 4.8 |
| Ruhe | 4.6 |
| Sanitäranlagen | 4.0 |
| Sauberkeit Ø | 4.8 |
| Freundlichkeit | 4.8 |
| Stellplatz | 4.0 |
| Verpflegung | 3.4 |
| Freizeit | 4.3 |
| Preis-Leistung | 4.7 |
| Mietunterkünfte | - |

**Geeignet für**

| | |
|---|---|
| Kinder b. 6 J. | 3.8 |
| Kinder b. 12 J. | 3.7 |
| Kinder b. 18 J. | 3.7 |
| Paare | 4.7 |
| Senioren | 4.8 |
| Gäste mit Zelt | 4.1 |
| Gäste mit Hund | 4.7 |

**Empfohlene Aktivitäten**

- Wandern
- Radfahren
- Mountainbiking

| | 5 | 6 | 7 |
|---|---|---|---|
| | **Camping Hopfensee** | **Camping Öschlesee** | **Camping Alpenblick** |
| | Fischerbichl 17<br>87629 Füssen - Hopfen am See<br>+49 8362 917710 | Moos 1<br>87477 Sulzberg<br>+49 8376 93040 | Schreckenmanklitz 18<br>88171 Weiler-Simmerberg<br>+49 8381 3447 |
| | 47.5994 \| 10.68318<br>800m ü.M. | 47.675 \| 10.33444<br>715m ü.M. | 47.59936 \| 9.90097 |
| **Infos** | | | |
| Öffnungszeiten | 15.12. - 03.11. | ganzjährig | ganzjährig |
| Vergleichspreis | keine Angabe | HS: 27,00 € \| NS: 27,00 € | HS: 26,70 € \| NS: 22,10 € |
| Link | **Mehr Infos & Anfrage:** www.camping.info/19101 | **Mehr Infos & Anfrage:** www.camping.info/19089 | **Mehr Infos & online buchen:** www.camping.info/19117 |
| **Ausstattung** | | | |
| Freizeit | Baden im See am Platz ✓<br>Hallenbad ✓<br>Spielplatz am Platz ✓ | Baden im See 250m<br>Pool/Hallenbad 7km<br>Spielplatz am Platz ✓ | Baden in nat. Gewässer k. A.<br>Pool/Hallenbad 2/1km<br>Spielplatz am Platz ✓ |
| Campingplatz | Hunde willkommen ✓<br>Skilift & Loipe ✓<br>WLAN ✓ | Hunde willkommen ✓<br>Skilift 13km<br>WLAN ✓ | Hunde erlaubt ✓<br>Skilift 2km<br>WLAN ✓ |
| Versorgung | Lebensmittel ✓<br>Brötchen am Platz ✓<br>Restaurant & Imbiss ✓<br>Ver-/Entsorgung Womo ✓<br>im Ort ✓ | Lebensmittel 1km<br>Brötchen am Platz nur HS<br>Restaurant & Imbiss ✓<br>Ver-/Entsorgung Womo ✓<br>in den Ort 1km | Lebensmittel 500m<br>Brötchen am Platz ✓<br>Restaurant & Imbiss ✓<br>Ver-/Entsorgung Womo ✓<br>in den Ort 500m |
| Anzahl der Plätze | Touristenplätze 376<br>Mietunterkünfte ✓<br>Stellplätze vor Schranke ✗ | Gesamt/Touristen 250/100<br>Mietunterkünfte ✗<br>Stellplätze vor Schranke ✗ | Gesamt/Touristen 190/90<br>Mietunterkünfte ✓<br>Stellplätze vor Schranke ✗ |

| | Camping Hopfensee | Camping Öschlesee | Camping Alpenblick |
|---|---|---|---|
| Bewertung | 4.8 SEHR GUT, 548 Bewertungen | 4.0 SEHR GUT, 41 Bewertungen | 4.2 SEHR GUT, 65 Bewertungen |
| Lage | 4.8 | 4.2 | 4.4 |
| Ruhe | 4.3 | 3.8 | 4.3 |
| Sanitäranlagen | 4.8 | 4.2 | 3.6 |
| Sauberkeit Ø | 4.8 | 4.2 | 4.4 |
| Freundlichkeit | 4.8 | 4.6 | 4.5 |
| Stellplatz | 4.6 | 3.8 | 4.0 |
| Verpflegung | 4.1 | 3.6 | 3.7 |
| Freizeit | 4.7 | 3.8 | 4.2 |
| Preis-Leistung | 4.3 | 4.0 | 4.3 |
| Mietunterkünfte | 4.7 | - | 4.8 |
| **Geeignet für** | | | |
| Kinder b. 6 J. | 4.8 | 4.0 | 4.6 |
| Kinder b. 12 J. | 4.8 | 4.2 | 4.4 |
| Kinder b. 18 J. | 4.4 | 3.8 | 3.5 |
| Paare | 4.8 | 4.5 | 4.5 |
| Senioren | 4.7 | 4.4 | 4.2 |
| Gäste mit Zelt | 2.8 | 4.2 | 4.1 |
| Gäste mit Hund | 4.7 | 4.2 | 4.3 |
| **Empfohlene Aktivitäten** | Wandern<br>Schwimmen<br>Radfahren | Wandern<br>Radfahren<br>Schwimmen | Wandern<br>Entspannen<br>Mountainbiking |

Camping Hopfensee: AWARD 2020

Camping Öschlesee: Schranke in HS 12-14 Uhr und 22-7 Uhr geschlossen, keine Partygruppen

Karte auf Seite 396

# 8 IllerCamping

❄

Sinwagstraße 2
87527 Sonthofen
+49 8321 2350
www.illercamping.de
info@illercamping.de

01.01. - 01.11.
15.12. - 31.12.

HS: 26,00 € | NS: 26,00 €

**Mehr Infos & Anfrage:**
www.camping.info/19093

| | |
|---|---|
| Baden im See | 1km |
| Pool/Hallenbad | 500m |
| Spielplatz am Platz | ✓ |
| Hunde willkommen | ✓ |
| Skilift/Loipe | 4km/500m |
| WLAN | ✓ |
| Lebensmittel | 300m |
| Brötchen am Platz | ✓ |
| Restaurant & Imbiss | ✓ |
| Ver-/Entsorgung Womo | ✗ |
| im Ort | ✓ |
| Gesamt/Touristen | 70/40 |
| Mietunterkünfte | ✓ |
| Stellplätze vor Schranke | ✗ |

Spaß für die Kleinen am „platzeigenen" Wasserlauf.

## Lage & Stellplatz

„IllerCamping" befindet sich in Sonthofen und ist vom 01.01. bis 01.11. und vom 15. bis 31.12. p.a. geöffnet. Sonthofen ist die südlichste Stadt Deutschlands. Direkt an der Iller und der Sinwag gelegen, verfügt der Campingplatz über 70 Stellplätze, die eine Größe von ca. 70 bis 140 m² aufweisen. Die Stellplätze haben Wasser-, Abwasser- sowie Stromanschluss (230 V/10 A) und sind eben und großzügig bemessen, sodass selbst große Campingfahrzeuge abgestellt werden können. In unmittelbarer Nähe ist das Freizeitbad „Wonnemar", das von den Campinggästen zum ermäßigten Eintritt benutzt werden kann.

## Sanitär

Die Sanitäranlagen sind sowohl bei den Damen als auch bei den Herren ausreichend mit Duschen, Einzelwaschkabinen und Waschbecken bemessen. Im Damenbereich gibt es außerdem einen Babywickeltisch. Die Toilettenräume sind von den Dusch- und Waschräumen getrennt. Darüber hinaus existiert ein großer behindertengerechter Dusch- und Waschraum mit WC und separatem Zugang. Ein Wasch- und Trockenraum mit Waschmaschine und Trockner sowie ein „Hauswirtschaftsraum" mit Spüle und Kochgelegenheiten runden das umfassende Angebot ab.

Baden im Sonthofer See.

Blick auf die Allgäuer Berge.

keine WOMOs ab 9 m

Luftaufnahme des südlichen Platzteils mit Blick auf die Hörnerkette.

## Verpflegung

Das Bistro des Campingplatzes bietet Speisen (Tagesangebote) und Getränke, die auch hervorragend auf der Terrasse genossen werden können. In lediglich 5 Gehminuten erreicht man einen Supermarkt, einen Metzger, eine Apotheke und ein medizinisches Versorgungszentrum mit diversen Fachärzten. Nur wenige Schritte weiter befindet sich bereits die Sonthofer Fußgängerzone mit umfassenden Einkaufsmöglichkeiten sowie vielfältigen Gastronomiebetrieben der Oberallgäuer Kreisstadt.

## Freizeit

Das „Freizeitland Sonthofen" bietet eine Sportarena, ein Freizeitbad, die Kinder- und Jugendfreizeitanlage „Biberhof" und eine Tennisanlage. Den 18-Loch-Golfplatz der Sonnenalp – einer der schönsten in Deutschland – erreicht man mit dem Auto in 10 Minuten. Auf dem Campingplatz ist die Canyoning- und Raftingstation „Splashing A" integriert. Unmittelbar am Platz beginnen auch die Wander- und Radlmöglichkeiten auf dem Illerdamm, der ausschließlich für Wanderer und Radler geschaffen wurde. Nordische und alpine Wintersportler können in der Umgebung außerdem zahlreiche Loipen und Skipisten erkunden.

**4.0**

*Ein einfacher Platz in zentraler Lage. Gut für Ausflüge nach Sonthofen und Umgebung.*

**Helmut S.**

Helmut S. hat den Campingplatz IllerCamping im September 2019 besucht.

Übernachten im Fass.

Abenteuerliches Rafting.

**3.9** **GUT**
39 Bewertungen

| | |
|---|---|
| Lage | 4.2 |
| Ruhe | 3.6 |
| Sanitäranlagen | 4.2 |
| Sauberkeit Ø | 4.2 |
| Freundlichkeit | 4.0 |
| Stellplatz | 3.6 |
| Verpflegung | 3.7 |
| Freizeit | 4.4 |
| Preis-Leistung | 4.1 |
| Mietunterkünfte | 4.7 |

**Geeignet für**

- 4.7 Senioren
- 4.4 Paare
- 4.4 Gäste mit Hund
- 3.7 Kinder b. 18 J.
- 3.6 Kinder b. 12 J.
- 3.4 Gäste mit Zelt
- 3.2 Kinder b. 6 J.

**Empfohlene Aktivitäten**

Wandern · Radfahren · Mountainbiking · Kayak/Kanu · Schwimmen

ANZEIGE

# 10 Camping Elbsee

*

Am Elbsee 3
87648 Aitrang
+49 8343 248

www.elbsee.eu
info@elbsee.de

ganzjährig

HS: 38,10 € | NS: 31,70 €

**Mehr Infos & Anfrage:**
www.camping.info/19104

| | |
|---|---|
| Baden im See | 200m |
| Pool/Hallenbad | 12km |
| Spielplatz am Platz | ✓ |
| Hunde willkommen | ✓ |
| Skilift/Loipe | 30km/✓ |
| WLAN (gegen Gebühr) | ✓ |
| Lebensmittel | ✓ |
| Brötchen am Platz | ✓ |
| Restaurant/Imbiss | 200m/✓ |
| Ver-/Entsorgung Womo | ✓ |
| in den Ort | 2km |
| Gesamt/Touristen | 300/120 |
| Mietunterkünfte | ✓ |
| Stellplätze vor Schranke | ✓ |

5-Sterne-Camping, Hotel und Ferienwohnungen für Groß, Klein, Jung und Alt.

## Lage & Stellplatz

Idyllisch liegt der 5-Sterne-Campingplatz im Allgäuer Voralpenland in einem Moor-Landschaftsschutzgebiet zwischen Wiesen und Wäldern direkt am Ufer des Elbsees. Der Platz ist teilweise in Terrassen angelegt und mit Büschen, Bäumen und Hecken naturnah gestaltet. Die großzügigen Komfort-Stellplätze verfügen über Wasser- und Abwasseranschluss sowie Strom. Für längere Aufenthalte bietet der Platz auch Saison-Camping an. Tipp: Im angrenzenden 3-Sterne-Superior-Hotel und den Ferienwohnungen können Sie zusammen mit Familie und Freunden Urlaub machen, auch wenn diese keine Camper sind.

## Sanitär

In den zwei Sanitärgebäuden sorgen hochwertige, komfortable und moderne Sanitäranlagen für eine richtige Wohlfühlatmosphäre. Auch für Familien ist gesorgt: Ein Kinderbad und Familienkabinen sowie Wickelraum und Babybadewanne machen den Aufenthalt noch angenehmer. Möchten Sie Ihr eigenes Bad? Hierfür gibt es die beliebten Mietbäder für die Zeit Ihres Aufenthalts - bitte rechtzeitig reservieren! Selbstverständlich sind die Sanitärgebäude auch barrierefrei. Hundebesitzer können ihre Vierbeiner bequem in einer separaten Hundedusche waschen. Waschmaschine und Trockner sind auch vorhanden.

Entspannen im Wellnessbereich.

3-Sterne-Hotel direkt am Platz.

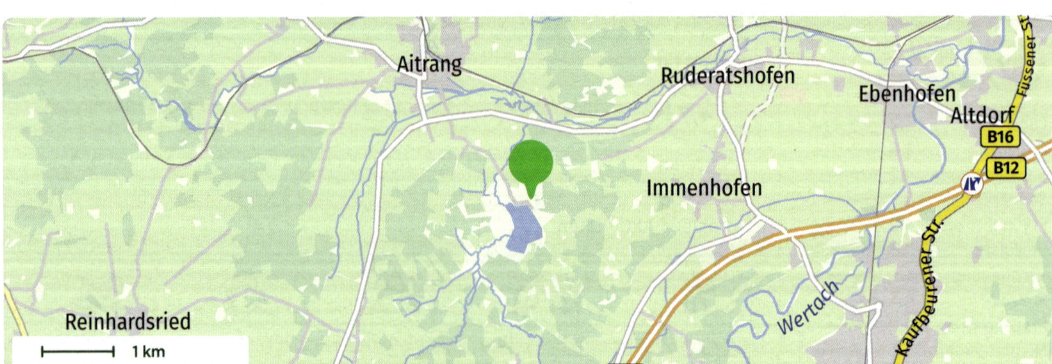


1 km
47.80321 | 10.55409
751m ü.M.

Jugendgruppen nur beschränkt zugelassen.

Der Campingplatz, idyllisch mit Alpenpanorama, im Herzen des Allgäus am wunderschönen Elbsee gelegen.

## Verpflegung

Für einen guten Start in den Tag sorgt das kulinarische Schlemmerfrühstück. Zur Stärkung am Morgen haben Sie eine breite Auswahl an frischen und teilweise auch regionalen Produkten. Nur ein paar Schritte entfernt auf der Seeterrasse gibt es tagsüber und am Abend die Möglichkeit, im nahe gelegenen „Elbsee Restaurant" stets frisch zubereitete Köstlichkeiten zu genießen. Alle Selbstversorger können sich im platzeigenen Laden mit vielen leckeren, regionalen Produkten eindecken. Tipp: Am Restaurant gibt es einen Ruderbootverleih für eine gemütliche Ausfahrt auf den See.

## Freizeit

Besonders beliebt ist der Wellnessbereich mit Sauna, Dampfbad, Salzgrotte und Ruhebereich. Dem Alltag können Sie mit einer entspannenden Massage oder einer Kosmetikbehandlung entfliehen und die Seele baumeln lassen. Wer aktiver sein möchte, der kann direkt vom Platz aus in das ausgedehnte Rad- und Wanderwegenetz starten. Kinder haben mit einem großen Spielplatz und den Sportbereichen viel Freude. In der Umgebung gibt es auch viel zu entdecken: z. B. Schloss Neuschwanstein, Wieskirche Steingaden, Käsereien, Freizeitparks, Ski- und Snowboardgebiete oder einfach das bezaubernde Allgäu.

5.0

*Sehr sauberer gepflegter Platz. Hier wird sich wirklich viel Mühe gegeben. Toller Spielplatz, daher für Kinder top. Super Gassiwege für Hunde, man ist sofort in der Natur.*

**Claudia T.**

Claudia hat mit Familie und Hund den Platz im Juni 2020 besucht.

Ferienwohnungen am Platz.

Wintercamping mit Flair.

**4.6** SEHR GUT
136 Bewertungen

| | |
|---|---|
| Lage | 4.4 |
| Ruhe | 4.8 |
| Sanitäranlagen | 4.6 |
| Sauberkeit Ø | 4.8 |
| Freundlichkeit | 4.7 |
| Stellplatz | 4.4 |
| Verpflegung | 4.1 |
| Freizeit | 4.1 |
| Preis-Leistung | 4.4 |
| Mietunterkünfte | 4.2 |

**Geeignet für**

4.8 Senioren
4.7 Gäste mit Hund
4.6 Paare
4.4 Kinder b. 6 J.
4.3 Kinder b. 12 J.
4.3 Gäste mit Zelt
3.7 Kinder b. 18 J.

**Empfohlene Aktivitäten**

Wandern · Schwimmen · Entspannen · Radfahren · Wellness

# 12 Camping-Grüntensee-International

Grüntenseestraße 41
87497 Wertach
+49 8365 375
www.camping-gruentensee.de
info@camping-gruentensee.de

ganzjährig

HS: 35,60 € | NS: 35,60 €

**Mehr Infos & Anfrage:**
www.camping.info/19091

| | |
|---|---|
| Baden im See am Platz | ✓ |
| Pool/Hallenbad | 3km |
| Spielplatz am Platz | ✓ |
| Hunde willkommen | ✓ |
| Skilift/Loipe | 100m/✓ |
| WLAN | ✓ |
| Lebensmittel | ✓ |
| Brötchen am Platz | ✓ |
| Restaurant & Imbiss | ✓ |
| Ver-/Entsorgung Womo | ✓ |
| in den Ort | 3km |
| Gesamt/Touristen | 320/180 |
| Mietunterkünfte | ✓ |
| Stellplätze vor Schranke | ✓ |

1 km
47.61055 | 10.44611
887m ü.M.

Camping-Erlebnis in den Allgäuer Bergen mit Gipfelglück und Badespaß.

## Lage & Stellplatz

Ganzjährig Gipfelglück und Campingspaß in der grandiosen Bergwelt des Oberallgäus. Direkt am Grüntenseeufer liegt mit großer, grüner Badewiese der idyllische, großzügige und von zahlreichen Bäumen bewachsene Campingplatz, ideal für Sommer- und Wintercamping. Inklusive Zeltplatz und Ferienwohnungen.

## Verpflegung

Hier können Sie sich bester Küche und feinem hausgemachten Kuchen im gemütlichen Restaurant mit großer Sonnenterrasse hingeben, ebenso wie der Gelassenheit und dem kleinen Hunger zwischendurch am gemütlichen See-Kiosk. Brötchen und weitere Lebensmittel bekommen Sie im Campingshop direkt am Platz.

## Sanitär

Echte Wohlfühlatmosphäre herrscht in dem top 5-Sterne-Sanitärgebäude mit viel Platz, willkommenen Service und kinderfreundlicher Ausrichtung. Es gibt zwei Familienduschen, Haartrockner, eine Schminkecke, Waschmaschinen und Wäschetrockner, einen geräumigen Spülraum, Entsorgungsbecken und Hundebad.

## Freizeit

Alles für die ganze Familie: Großer Spiel- u. Fußballplatz, Fernseh-, Jugendraum, Tretboot- & SUP-Verleih, neuer Grillplatz am See mit offener Feuerstelle sowie Aktivmöglichkeiten wie Wandern, Walken, Schwimmen, Segeln, Angeln, Surfen, Klettern. Langlaufloipe direkt ab Platz und Skilifte in 100 m.

Weitläufige Liegewiese am See.

Im Igluhut schlafen & saunieren.

**4.0** SEHR GUT
99 Bewertungen

| | |
|---|---|
| Lage | 4.5 |
| Ruhe | 4.0 |
| Sanitäranlagen | 4.2 |
| Sauberkeit Ø | 4.2 |
| Freundlichkeit | 4.3 |
| Stellplatz | 3.7 |
| Verpflegung | 3.7 |
| Freizeit | 4.2 |
| Preis-Leistung | 3.7 |
| Mietunterkünfte | 3.7 |

**Geeignet für**

4.4 Gäste mit Hund

4.3 Kinder b. 6 J.
4.3 Paare
4.2 Gäste mit Zelt
4.3 Kinder b. 12 J.
4.2 Senioren
3.7 Kinder b. 18 J.

**Empfohlene Aktivitäten**

Wandern · Radfahren · Schwimmen · Angeln · Entspannen



Außerdem Wohnmobilstellplatz am Wildbach; Zeltplatz; Ferienwohnungen.

Karte auf Seite 396

## 9 Camping Zeh am See / Allgäu

Burgstraße 27
87448 Niedersonthofen
+49 8379 7077
47.63009 | 10.24572
730m ü.M.

| | |
|---|---|
| Öffnungszeiten | ganzjährig |
| Vergleichspreis | HS: 25,50 € \| NS: 23,40 € |
| Link | **Mehr Infos & Anfrage:** www.camping.info/19086 |

| Ausstattung | | |
|---|---|---|
| Freizeit | Baden im See am Platz | ✓ |
| | Pool/Hallenbad | 10/7km |
| | Spielplatz am Platz | ✓ |
| Campingplatz | Hunde willkommen | ✓ |
| | Skilift/Loipe | 10km/✓ |
| | WLAN | ✓ |
| Versorgung | Lebensmittel | ✓ |
| | Brötchen am Platz | nur HS |
| | Restaurant & Imbiss | ✓ |
| | Ver-/Entsorgung Womo | ✓ |
| | in den Ort | 400m |
| Anzahl der Plätze | Gesamt/Touristen | 110/60 |
| | Mietunterkünfte | ✗ |
| | Stellplätze vor Schranke | ✗ |

**4.4** SEHR GUT – 113 Bewertungen

| | |
|---|---|
| Lage | 4.6 |
| Ruhe | 4.7 |
| Sanitäranlagen | 4.6 |
| Sauberkeit Ø | 4.7 |
| Freundlichkeit | 4.5 |
| Stellplatz | 4.0 |
| Verpflegung | 3.7 |
| Freizeit | 4.3 |
| Preis-Leistung | 4.3 |
| Mietunterkünfte | - |

**Geeignet für**

| | |
|---|---|
| Kinder b. 6 J. | 4.2 |
| Kinder b. 12 J. | 4.2 |
| Kinder b. 18 J. | 3.8 |
| Paare | 4.6 |
| Senioren | 4.6 |
| Gäste mit Zelt | 4.3 |
| Gäste mit Hund | 4.4 |

**Empfohlene Aktivitäten**

- Wandern
- Schwimmen
- Radfahren

keine WOMOs ab 8 m

## 11 Campingpark Gitzenweiler Hof

Gitzenweiler 88
88131 Lindau (Bodensee)
+49 8382 / 9494-0
47.58457 | 9.70472
450m ü.M.

| | |
|---|---|
| Öffnungszeiten | ganzjährig |
| Vergleichspreis | HS: 36,00 € \| NS: 31,00 € |
| Link | **Mehr Infos & Anfrage:** www.camping.info/19113 |

| Ausstattung | | |
|---|---|---|
| Freizeit | Baden in nat. Gewässer | k. A. |
| | Pool/Hallenbad | ✓/5km |
| | Spielplatz am Platz | ✓ |
| Campingplatz | Hunde willkommen | ✓ |
| | Skilift/Loipe | 30/17km |
| | WLAN (gegen Gebühr) | teilweise |
| Versorgung | Lebensmittel | ✓ |
| | Brötchen am Platz | ✓ |
| | Restaurant & Imbiss | ✓ |
| | Ver-/Entsorgung Womo | ✓ |
| | in den Ort | 1km |
| Anzahl der Plätze | Gesamt/Touristen | 700/350 |
| | Mietunterkünfte | ✓ |
| | Stellplätze vor Schranke | ✓ |

**4.1** SEHR GUT – 482 Bewertungen

| | |
|---|---|
| Lage | 4.0 |
| Ruhe | 3.6 |
| Sanitäranlagen | 4.1 |
| Sauberkeit Ø | 4.2 |
| Freundlichkeit | 4.4 |
| Stellplatz | 3.9 |
| Verpflegung | 4.1 |
| Freizeit | 4.3 |
| Preis-Leistung | 3.9 |
| Mietunterkünfte | 4.2 |

**Geeignet für**

| | |
|---|---|
| Kinder b. 6 J. | 4.6 |
| Kinder b. 12 J. | 4.5 |
| Kinder b. 18 J. | 3.8 |
| Paare | 3.8 |
| Senioren | 3.6 |
| Gäste mit Zelt | 4.3 |
| Gäste mit Hund | 4.3 |

**Empfohlene Aktivitäten**

- Wandern
- Schwimmen
- Radfahren

keine WOMOs ab 10 Meter; keine Jugendgruppen

## 14 Camping Guggemos

Uferstr. 42
87629 Füssen
+49 8362 3334
47.60947 | 10.66851

| | |
|---|---|
| Öffnungszeiten | 01.04. - 01.11. |
| Vergleichspreis | HS: 24,40 € \| NS: 24,40 € |
| Link | **Mehr Infos & Anfrage:** www.camping.info/23801 |

| Ausstattung | | |
|---|---|---|
| Freizeit | Baden im See am Platz | ✓ |
| | Pool & Hallenbad | ✗ |
| | Spielplatz | keine Angabe |
| Campingplatz | Hunde | ✗ |
| | Skilift & Loipe | keine Angabe |
| | WLAN | keine Angabe |
| Versorgung | Lebensmittel | ✗ |
| | Brötchen am Platz | ✓ |
| | Restaurant & Imbiss | ✗ |
| | Ver-/Entsorgung Womo | ✓ |
| | in den Ort | keine Angabe |
| Anzahl der Plätze | Gesamt | keine Angabe |
| | Mietunterkünfte | ✓ |
| | Stellplätze vor Schranke | ✗ |

**4.0** SEHR GUT – 19 Bewertungen

| | |
|---|---|
| Lage | 4.5 |
| Ruhe | 4.4 |
| Sanitäranlagen | 3.3 |
| Sauberkeit Ø | 4.2 |
| Freundlichkeit | 4.1 |
| Stellplatz | 4.2 |
| Verpflegung | 2.8 |
| Freizeit | 4.2 |
| Preis-Leistung | 4.0 |
| Mietunterkünfte | 5.0 |

**Geeignet für**

| | |
|---|---|
| Kinder b. 6 J. | 3.8 |
| Kinder b. 12 J. | 4.2 |
| Kinder b. 18 J. | 3.1 |
| Paare | 4.3 |
| Senioren | 4.3 |
| Gäste mit Zelt | 3.9 |
| Hunde n. erlaubt | - |

**Empfohlene Aktivitäten**

- Wandern
- Radfahren
- Schwimmen

# 13 Camping Brunnen

❄

Seestraße 81
87645 Brunnen
+49 8362 8273
www.camping-brunnen.de
info@camping-brunnen.de

ganzjährig

HS: 42,00 € | NS: 36,00 €

**Mehr Infos & Anfrage:**
www.camping.info/19103

| | |
|---|---|
| Baden im See am Platz | ✓ |
| Pool/Hallenbad | 3km |
| Spielplatz am Platz | ✓ |
| Hunde willkommen | ✓ |
| Skilift/Loipe | 3km/✓ |
| WLAN | ✓ |
| Lebensmittel | ✓ |
| Brötchen am Platz | ✓ |
| Restaurant & Imbiss | ✓ |
| Ver-/Entsorgung Womo | ✓ |
| in den Ort | 2km |
| Gesamt/Touristen | 330/275 |
| Mietunterkünfte | ✗ |
| Stellplätze vor Schranke | ✗ |

1 km
47.59741 | 10.73741
800m ü.M.

Campingplatz direkt am Forggensee. Lädt zum Baden und Wassersport ein!

## Lage & Stellplatz

Beeindruckende Lage unmittelbar am Forggensee mit Panoramablick zum weltberühmten Königsschloss Neuschwanstein. Im Sommer wie Winter geöffnet, bieten die 300 Stellplätze des 5-Sterne-Campingplatzes ideale Urlaubsmöglichkeiten im Königswinkel zu Füßen der Allgäuer Berge.

## Verpflegung

Entdecken Sie bayerische Gemütlichkeit im Restaurant mit Biergarten! Lassen Sie sich mit einheimischen Spezialitäten aus dem Allgäu sowie bayerischen Schmankerln herzhaft verwöhnen. Backwaren, Lebensmittel und alle Artikel des täglichen Bedarfs erhalten Sie im Minimarkt direkt am Platz.

## Sanitär

Die Sanitärbereiche sind neu gebaut, zeichnen sich durch höchsten Komfort aus und umfassen Fußbodenheizung, Einzelduschen, Mietkabinen mit Endreinigung, behindertengerechte Ausstattung, Babybad, Wickelraum, Waschmaschinen, Trockner, Spülküche mit Spülmaschine und ein Hundebad mit Hundedusche.

## Freizeit

Das Allgäu verspricht Freizeitspaß vom Feinsten, das ganze Jahr hindurch für Aktive, Ruhesuchende und Familien: Baden, Stand-up-Paddling, Segeln, Angeln, Radfahren, Bergwandern, Reiten, Gleitschirmfliegen, Golf, Thermal- und Schwimmbäder sowie alle Skisportarten im Winter lassen keine Wünsche offen.

365 Tage im Jahr geöffnet.

Schöner, uriger Wellnessbereich.

**4.4** SEHR GUT
239 Bewertungen

| | |
|---|---|
| Lage | 4.8 |
| Ruhe | 4.4 |
| Sanitäranlagen | 4.3 |
| Sauberkeit Ø | 4.5 |
| Freundlichkeit | 4.4 |
| Stellplatz | 4.3 |
| Verpflegung | 3.8 |
| Freizeit | 4.5 |
| Preis-Leistung | 4.0 |
| Mietunterkünfte | - |

### Geeignet für

4.6 Paare

| | |
|---|---|
| 4.6 | Senioren |
| 4.5 | Gäste mit Hund |
| 4.2 | Kinder b. 12 J. |
| 4.1 | Kinder b. 6 J. |
| 3.9 | Gäste mit Zelt |
| 3.7 | Kinder b. 18 J. |

### Empfohlene Aktivitäten

Wandern · Radfahren · Schwimmen · Entspannen · Mountainbiking

Wellnessbereich, Mietkabinen, Zelthügel, Kinder bis 1 Jahr campen gratis.

Karte auf Seite 396

## 15 Insel Camping am See mit Ferienwohnung / Allgäu

Insel 32 3/4
87448 Waltenhofen / Memhölz
+49 8379 881

47.6404 | 10.2786
745m ü.M.

ganzjährig

HS: 23,00 € | NS: 19,00 €

**Mehr Infos & Anfrage:**
www.camping.info/19087

| | |
|---|---|
| Baden im See am Platz | ✓ |
| Pool/Hallenbad | 8km |
| Spielplatz am Platz | ✓ |
| Hunde erlaubt | nur NS |
| Skilift/Loipe | 10km/✓ |
| WLAN | ✓ |
| Lebensmittel | ✓ |
| Brötchen am Platz | ✓ |
| Restaurant & Imbiss | ✓ |
| Ver-/Entsorgung Womo | ✓ |
| in den Ort | 4km |
| Gesamt/Touristen | 100/60 |
| Mietunterkünfte | ✓ |
| Stellplätze vor Schranke | ✓ |

**4.7** SEHR GUT
168 Bewertungen

| | |
|---|---|
| Lage | 4.8 |
| Ruhe | 4.7 |
| Sanitäranlagen | 4.4 |
| Sauberkeit Ø | 4.8 |
| Freundlichkeit | 4.9 |
| Stellplatz | 4.5 |
| Verpflegung | 3.7 |
| Freizeit | 4.4 |
| Preis-Leistung | 4.7 |
| Mietunterkünfte | 4.8 |

**Geeignet für**

| | |
|---|---|
| Kinder b. 6 J. | 4.7 |
| Kinder b. 12 J. | 4.6 |
| Kinder b. 18 J. | 4.1 |
| Paare | 4.8 |
| Senioren | 4.8 |
| Gäste mit Zelt | 4.6 |
| Gäste mit Hund | 4.4 |

**Empfohlene Aktivitäten**

- Wandern
- Schwimmen
- Entspannen

## 16 Camping Oberstdorf

Rubingerstraße 16
87561 Oberstdorf
+49 8322 6525

47.42307 | 10.27691
813m ü.M.

ganzjährig

HS: 26,10 €

**Mehr Infos & Anfrage:**
www.camping.info/19095

| | |
|---|---|
| Baden im See | 1km |
| Pool/Hallenbad | 5/1km |
| Spielplatz am Platz | ✓ |
| Hunde willkommen | ✓ |
| Skilift/Loipe | 1km/500m |
| WLAN | ✓ |
| Lebensmittel | 1km |
| Brötchen am Platz | nur HS |
| Restaurant & Imbiss | ✓ |
| Ver-/Entsorgung Womo | ✓ |
| in den Ort | 1km |
| Gesamt/Touristen | 150/100 |
| Mietunterkünfte | ✗ |
| Stellplätze vor Schranke | ✗ |

**4.2** SEHR GUT
46 Bewertungen

| | |
|---|---|
| Lage | 4.1 |
| Ruhe | 3.2 |
| Sanitäranlagen | 4.3 |
| Sauberkeit Ø | 4.7 |
| Freundlichkeit | 4.8 |
| Stellplatz | 4.0 |
| Verpflegung | 4.0 |
| Freizeit | 4.5 |
| Preis-Leistung | 4.5 |
| Mietunterkünfte | - |

**Geeignet für**

| | |
|---|---|
| Kinder b. 6 J. | 3.9 |
| Kinder b. 12 J. | 3.9 |
| Kinder b. 18 J. | 4.0 |
| Paare | 4.7 |
| Senioren | 4.7 |
| Gäste mit Zelt | 4.4 |
| Gäste mit Hund | 4.7 |

**Empfohlene Aktivitäten**

- Wandern
- Klettern
- Mountainbiking

## 17 Camping Bannwaldsee

Münchener Straße 151
87645 Schwangau
+49 8362 93000

47.59241 | 10.77196
800m ü.M.

ganzjährig

HS: 33,80 € | NS: 28,80 €

**Mehr Infos & Anfrage:**
www.camping.info/19102

| | |
|---|---|
| Baden im See am Platz | ✓ |
| Pool/Hallenbad | 3km |
| Spielplatz am Platz | ✓ |
| Hunde willkommen | ✓ |
| Skilift/Loipe | 2km/✓ |
| WLAN | ✓ |
| Lebensmittel | ✓ |
| Brötchen am Platz | ✓ |
| Restaurant & Imbiss | ✓ |
| Ver-/Entsorgung Womo | ✓ |
| in den Ort | 3km |
| Gesamt/Touristen | 650/450 |
| Mietunterkünfte | ✓ |
| Stellplätze vor Schranke | ✓ |

**3.8** GUT
216 Bewertungen

| | |
|---|---|
| Lage | 4.5 |
| Ruhe | 3.3 |
| Sanitäranlagen | 3.4 |
| Sauberkeit Ø | 3.6 |
| Freundlichkeit | 3.9 |
| Stellplatz | 3.7 |
| Verpflegung | 3.9 |
| Freizeit | 4.2 |
| Preis-Leistung | 3.5 |
| Mietunterkünfte | 3.7 |

**Geeignet für**

| | |
|---|---|
| Kinder b. 6 J. | 4.0 |
| Kinder b. 12 J. | 4.1 |
| Kinder b. 18 J. | 3.8 |
| Paare | 4.3 |
| Senioren | 4.2 |
| Gäste mit Zelt | 3.8 |
| Gäste mit Hund | 3.9 |

**Empfohlene Aktivitäten**

- Wandern
- Schwimmen
- Radfahren

**Infos**

Öffnungszeiten
Vergleichspreis
Link

**Ausstattung**

Freizeit
Campingplatz
Versorgung
Anzahl der Plätze

## 18 rubi-camp Oberstdorf

*

Rubinger Straße 34
87561 Oberstdorf
+49 8322 959202

47.42379 | 10.27782
800m ü.M.

01.05. - 10.11.
15.12. - 30.04.

HS: 40,00 € | NS: 32,00 €

**Mehr Infos & Anfrage:**
www.camping.info/19096

| | |
|---|---|
| Baden in nat. Gewässer | k. A. |
| Pool/Hallenbad | 2/1km |
| Spielplatz am Platz | ✓ |
| Hunde erlaubt | ✓ |
| Skilift/Loipe | 1km/✓ |
| WLAN (begrenzt gratis) | ✓ |
| Lebensmittel | ✓ |
| Brötchen am Platz | ✓ |
| Restaurant am P. | ✓ |
| Ver-/Entsorgung Womo | ✓ |
| in den Ort | 1km |
| Touristenplätze | 100 |
| Mietunterkünfte | ✗ |
| Stellplätze vor Schranke | ✗ |

**4.1** SEHR GUT
148 Bewertungen

| | |
|---|---|
| Lage | 4.5 |
| Ruhe | 4.3 |
| Sanitäranlagen | 4.3 |
| Sauberkeit Ø | 4.3 |
| Freundlichkeit | 4.2 |
| Stellplatz | 4.3 |
| Verpflegung | 3.4 |
| Freizeit | 4.4 |
| Preis-Leistung | 3.8 |
| Mietunterkünfte | - |

**Geeignet für**

| | |
|---|---|
| Kinder b. 6 J. | 3.6 |
| Kinder b. 12 J. | 3.5 |
| Kinder b. 18 J. | 3.7 |
| Paare | 4.6 |
| Senioren | 4.7 |
| Gäste mit Zelt | 3.9 |
| Gäste mit Hund | 4.5 |

**Empfohlene Aktivitäten**

- Wandern
- Radfahren
- Entspannen

Strom nach Verbrauch 0,70 €/kWh. Anschlusswert 16 A

## 19 Campingplatz Seewang

*

Tiefental 1
87669 Rieden
+49 8367 406

47.64332 | 10.73127
788m ü.M.

ganzjährig

HS: 31,90 € | NS: 27,90 €

**Mehr Infos & Anfrage:**
www.camping.info/24645

| | |
|---|---|
| Baden im See am Platz | ✓ |
| Pool & Hallenbad | ✗ |
| Spielplatz am Platz | ✓ |
| Hunde willkommen | ✓ |
| Skilift/Loipe | 20km/✓ |
| WLAN (gegen Gebühr) | ✓ |
| Lebensmittel | ✓ |
| Brötchen am Platz | ✓ |
| Restaurant & Imbiss | ✓ |
| Ver-/Entsorgung Womo | ✓ |
| in den Ort | 1km |
| Touristenplätze | 108 |
| Mietunterkünfte | ✓ |
| Stellplätze vor Schranke | ✓ |

**4.5** SEHR GUT
62 Bewertungen

| | |
|---|---|
| Lage | 4.7 |
| Ruhe | 4.5 |
| Sanitäranlagen | 4.3 |
| Sauberkeit Ø | 4.6 |
| Freundlichkeit | 4.7 |
| Stellplatz | 4.3 |
| Verpflegung | 3.6 |
| Freizeit | 4.5 |
| Preis-Leistung | 4.4 |
| Mietunterkünfte | 4.7 |

**Geeignet für**

| | |
|---|---|
| Kinder b. 6 J. | 3.7 |
| Kinder b. 12 J. | 4.0 |
| Kinder b. 18 J. | 3.8 |
| Paare | 4.7 |
| Senioren | 4.7 |
| Gäste mit Zelt | 4.4 |
| Gäste mit Hund | 4.2 |

**Empfohlene Aktivitäten**

- Schwimmen
- Wandern
- Radfahren

## 20 Camping Sonnenbuckl

*

Riedholz 16
88167 Riedholz bei Maierhöfen
+49 8383 383

47.64219 | 10.03915
750m ü.M.

01.06. - 31.10.
06.12. - 31.05.

HS: 27,60 € | NS: 27,60 €

**Mehr Infos & Anfrage:**
www.camping.info/19116

| | |
|---|---|
| Baden in nat. Gewässer | k. A. |
| Pool am Platz | ✓ |
| Spielplatz | ✗ |
| Hunde willkommen | ✓ |
| Skilift | 500m |
| WLAN | ✓ |
| Lebensmittel | ✓ |
| Brötchen am Platz | nur HS |
| Restaurant am P. | ✓ |
| Ver-/Entsorgung Womo | ✓ |
| in den Ort | 3km |
| Gesamt/Touristen | 37/13 |
| Mietunterkünfte | ✓ |
| Stellplätze vor Schranke | ✓ |

**4.7** SEHR GUT
12 Bewertungen

| | |
|---|---|
| Lage | 4.8 |
| Ruhe | 4.9 |
| Sanitäranlagen | 4.2 |
| Sauberkeit Ø | 4.8 |
| Freundlichkeit | 5.0 |
| Stellplatz | 4.3 |
| Verpflegung | 4.5 |
| Freizeit | 4.8 |
| Preis-Leistung | 4.6 |
| Mietunterkünfte | 5.0 |

**Geeignet für**

| | |
|---|---|
| Kinder b. 6 J. | 4.2 |
| Kinder b. 12 J. | 4.4 |
| Kinder b. 18 J. | 4.2 |
| Paare | 5.0 |
| Senioren | 5.0 |
| Gäste mit Zelt | 4.9 |
| Gäste mit Hund | 4.6 |

**Empfohlene Aktivitäten**

- Wandern
- Mountainbiking
- Entspannen

## 21 Alpsee Camping

*

Seestraße 25
87509 Immenstadt-Bühl
+49 8323 7726

47.57257 | 10.19321
720m ü.M.

07.04. - 08.01.

keine Angabe

**Mehr Infos & Anfrage:**
www.camping.info/19092

| | |
|---|---|
| Baden im See am Platz | ✓ |
| Pool/Hallenbad | 1/3km |
| Spielplatz am Platz | ✓ |
| Hunde willkommen | ✓ |
| Skilift/Loipe | 3km/✓ |
| WLAN | ✓ |
| Lebensmittel | ✓ |
| Brötchen am Platz | ✓ |
| Restaurant/Imbiss | 500m |
| Ver-/Entsorgung Womo | ✓ |
| in den Ort | 2km |
| Touristenplätze | 180 |
| Mietunterkünfte | ✗ |
| Stellplätze vor Schranke | ✗ |

**3.9** GUT
176 Bewertungen

| | |
|---|---|
| Lage | 4.6 |
| Ruhe | 4.1 |
| Sanitäranlagen | 4.6 |
| Sauberkeit Ø | 4.3 |
| Freundlichkeit | 4.4 |
| Stellplatz | 3.7 |
| Verpflegung | 3.2 |
| Freizeit | 4.3 |
| Preis-Leistung | 3.7 |
| Mietunterkünfte | - |

**Geeignet für**

| | |
|---|---|
| Kinder b. 6 J. | 3.8 |
| Kinder b. 12 J. | 4.0 |
| Kinder b. 18 J. | 3.9 |
| Paare | 4.5 |
| Senioren | 4.6 |
| Gäste mit Zelt | 3.5 |
| Gäste mit Hund | 4.5 |

**Empfohlene Aktivitäten**

- Wandern
- Schwimmen
- Radfahren

Karte auf Seite 396

## 22 Park-Camping Lindau am See

Fraunhoferstraße 20
88131 Lindau-Zech
+49 8382 72236
47.53684 | 9.72989

19.03. - 05.11.
HS: 35,00 € | NS: 28,00 €
**Mehr Infos & Anfrage:**
www.camping.info/19114

| | |
|---|---|
| Baden im See am Platz | ✓ |
| Pool/Hallenbad | 2km |
| Spielplatz am Platz | ✓ |
| Hunde erlaubt | ✓ |
| Skilift & Loipe | keine Angabe |
| WLAN (begrenzt gratis) | ✓ |
| Lebensmittel | ✓ |
| Brötchen am Platz | ✓ |
| Restaurant & Imbiss | ✓ |
| Ver-/Entsorgung Womo | ✓ |
| in den Ort | 500m |
| Gesamt/Touristen | 330/280 |
| Mietunterkünfte | ✗ |
| Stellplätze vor Schranke | ✓ |

**4.2** SEHR GUT
238 Bewertungen

| | |
|---|---|
| Lage | 4.6 |
| Ruhe | 3.9 |
| Sanitäranlagen | 4.4 |
| Sauberkeit Ø | 4.5 |
| Freundlichkeit | 4.2 |
| Stellplatz | 4.0 |
| Verpflegung | 4.2 |
| Freizeit | 4.4 |
| Preis-Leistung | 4.1 |
| Mietunterkünfte | - |

**Geeignet für**

| | |
|---|---|
| Kinder b. 6 J. | 4.3 |
| Kinder b. 12 J. | 4.3 |
| Kinder b. 18 J. | 4.0 |
| Paare | 4.6 |
| Senioren | 4.6 |
| Gäste mit Zelt | 4.6 |
| Gäste mit Hund | 4.3 |

**Empfohlene Aktivitäten**

- Radfahren
- Schwimmen
- Wandern

keine WOMOs ab 9 m

## 23 Waldbad Camping Isny

Lohbauerstraße 59 - 69
88316 Isny
+49 7562 2389
47.67782 | 10.0301
750m ü.M.

15.03. - 15.10.
HS: 32,50 € | NS: 29,50 €
**Mehr Infos & online buchen:**
www.camping.info/19120

| | |
|---|---|
| Baden im See am Platz | ✓ |
| Pool/Hallenbad | 15/5km |
| Spielplatz am Platz | ✓ |
| Hunde willkommen | ✓ |
| Skilift & Loipe | keine Angabe |
| WLAN (gegen Gebühr) | ✓ |
| Lebensmittel | 1km |
| Brötchen am Platz | ✓ |
| Restaurant & Imbiss | ✓ |
| Ver-/Entsorgung Womo | ✓ |
| in den Ort | 1km |
| Touristenplätze | 50 |
| Mietunterkünfte | ✓ |
| Stellplätze vor Schranke | ✗ |

**4.3** SEHR GUT
53 Bewertungen

| | |
|---|---|
| Lage | 4.6 |
| Ruhe | 4.6 |
| Sanitäranlagen | 4.0 |
| Sauberkeit Ø | 4.3 |
| Freundlichkeit | 4.4 |
| Stellplatz | 4.2 |
| Verpflegung | 3.3 |
| Freizeit | 3.9 |
| Preis-Leistung | 4.2 |
| Mietunterkünfte | 4.2 |

**Geeignet für**

| | |
|---|---|
| Kinder b. 6 J. | 4.4 |
| Kinder b. 12 J. | 4.5 |
| Kinder b. 18 J. | 3.8 |
| Paare | 4.6 |
| Senioren | 4.6 |
| Gäste mit Zelt | 4.4 |
| Gäste mit Hund | 4.7 |

**Empfohlene Aktivitäten**

- Wandern
- Schwimmen
- Entspannen

## 24 Via Claudia Camping

Via Claudia 6
86983 Lechbruck
+49 8862 8426
47.71198 | 10.81834
737m ü.M.

ganzjährig
HS: 33,90 € | NS: 26,90 €
**Mehr Infos & Anfrage:**
www.camping.info/19085

| | |
|---|---|
| Baden im See am Platz | ✓ |
| Pool/Hallenbad | 12/20km |
| Spielplatz am Platz | ✓ |
| Hunde willkommen | ✓ |
| Skilift/Loipe | 10/1km |
| WLAN (gegen Gebühr) | ✓ |
| Lebensmittel | ✓ |
| Brötchen am Platz | ✓ |
| Restaurant & Imbiss | ✓ |
| Ver-/Entsorgung Womo | ✓ |
| in den Ort | 1km |
| Gesamt/Touristen | 800/500 |
| Mietunterkünfte | ✓ |
| Stellplätze vor Schranke | ✓ |

**4.5** SEHR GUT
561 Bewertungen

| | |
|---|---|
| Lage | 4.6 |
| Ruhe | 4.5 |
| Sanitäranlagen | 4.5 |
| Sauberkeit Ø | 4.5 |
| Freundlichkeit | 4.7 |
| Stellplatz | 4.4 |
| Verpflegung | 3.8 |
| Freizeit | 4.3 |
| Preis-Leistung | 4.2 |
| Mietunterkünfte | 4.4 |

**Geeignet für**

| | |
|---|---|
| Kinder b. 6 J. | 4.4 |
| Kinder b. 12 J. | 4.5 |
| Kinder b. 18 J. | 4.1 |
| Paare | 4.7 |
| Senioren | 4.5 |
| Gäste mit Zelt | 4.5 |
| Gäste mit Hund | 4.7 |

**Empfohlene Aktivitäten**

- Wandern
- Radfahren
- Entspannen

AWARD 2020

**Infos**

Öffnungszeiten
Vergleichspreis
Link

**Ausstattung**

Freizeit
Campingplatz
Versorgung
Anzahl der Plätze

DEUTSCHLAND

# ❷ Bayerische Voralpen – rund um den Starnberger See

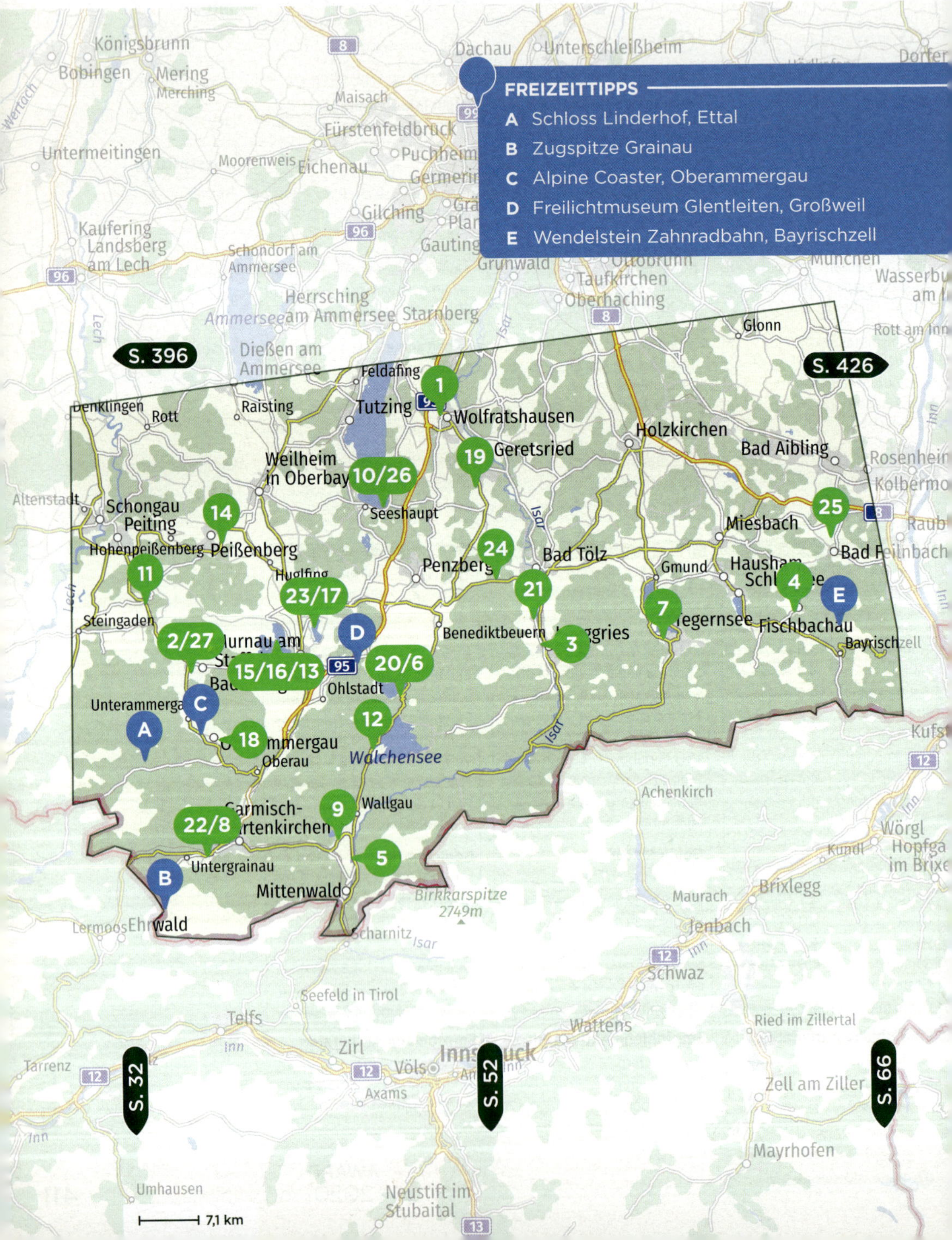

| | Platz | Seite | Bewertung | Öffnungszeiten | |
|---|---|---|---|---|---|
| 1 | Campingplatz Wolfratshausen | 416 | 4.1 | ganzjährig | ❄ |
| 2 | Naturfreundehaus Saulgrub | 416 | - | saisonal | |
| 3 | Lenggrieser Bergcamping | 416 | 4.6 | ganzjährig | ❄ ⚡ |
| 4 | Camping Wolfsee | 416 | 3.2 | saisonal | ❄ |
| 5 | Naturcampingpark Isarhorn | 417 | 3.9 | saisonal | ❄ 🌿 |
| 6 | Campingplatz Renken am Kochelsee | 417 | 4.7 | saisonal | |
| 7 | Camping Wallberg | 417 | 3.0 | ganzjährig | ❄ |
| 8 | Camping Resort Zugspitze | 418 | 4.6 | ganzjährig | ❄ 👍 |
| 9 | Alpen-Caravanpark Tennsee | 420 | 4.4 | saisonal | ❄ 🌿 |
| 10 | Camping Seeshaupt | 419 | 4.4 | saisonal | |
| 11 | Terrassen-Camping am Richterbichl | 419 | 3.6 | ganzjährig | ❄ 🌿 |
| 12 | Camping Walchensee e. K. | 419 | 4.2 | saisonal | |
| 13 | Camping Halbinsel Burg | 421 | 4.2 | saisonal | |
| 14 | Campingplatz Ammertal | 421 | 3.8 | ganzjährig | ❄ |
| 15 | Camping Aichalehof | 421 | 3.8 | saisonal | |
| 16 | Camping Insel Buchau | 422 | - | saisonal | |
| 17 | Campingplatz Riegsee | 422 | 3.2 | saisonal | |
| 18 | Campingpark Oberammergau | 422 | 4.1 | saisonal | ❄ |
| 19 | Campingplatz Königsdorf am Bibisee | 422 | 4.0 | ganzjährig | ❄ 🌿 |
| 20 | Camping Kesselberg | 423 | 4.1 | saisonal | |
| 21 | Alpen-Camping Arzbach | 423 | 3.8 | k. A. | ❄ |
| 22 | Camping Erlebnis Zugspitze | 423 | 3.1 | ganzjährig | ❄ |
| 23 | Camping Brugger am Riegsee | 424 | 4.1 | saisonal | 🌿 |
| 24 | Campingplatz Demmelhof | 424 | 4.8 | ganzjährig | ❄ 👍 |
| 25 | Kaiser Camping Outdoor Resort | 425 | 4.5 | saisonal | ❄ 👍 |
| 26 | Campingplatz beim Fischer | 425 | 4.1 | saisonal | |
| 27 | Campingoase Fam. Reindl Bad Kohlgrub | 425 | 4.3 | ganzjährig | ❄ |

❄ Wintercamping FKK Textilfrei (ganz/teilweise) 🌿 Ecocamping 👍 Award ⚡ Onlinebuchung

Der Eibsee am Fuße der Zugspitze © BAYERN TOURISMUS Marketing GmbH

## EIN BELIEBTER NATURSCHATZ

Nur wenige Kilometer von der Landeshauptstadt München entfernt liegt ein Naturschatz verborgen, der viele Camper lockt. Dieses grüne Gebiet umfasst einige der beliebtesten süddeutschen Urlaubsziele, wie den glasklaren Tegernsee, das Ski-Eldorado Garmisch-Partenkirchen, den Starnberger See und das majestätische Ammergebirge, das ambitionierte Bergsteiger frohlocken lässt.

## BAYERISCHER CHARME

Die Ferienregion Tegernsee-Schliersee zeichnet sich durch malerische Landschaften, idyllische Gemeinden und eine reichhaltige Kultur aus. Selbstverständlich eignet sich die Umgebung hervorragend für sportliche Aktivitäten, die Wanderungen, Wassersport, Kletterausflüge sowie Rad- und Mountainbiketouren einschließen. Skifahrer und Langläufer dürfen sich auf bestens präparierte Pisten und Loipen freuen. Garmisch-Partenkirchen gilt als besonderes Highlight für Sportsfreunde: Als unverzichtbarer Austragungsort hochrangiger Events, wie dem jährlichen Neujahrsspringen oder dem Alpinen Skiweltcup, hat der Ort internationalen

Ruf. Gleichzeitig beheimatete diese Gemeinde bedeutende Künstler und große Denker – zahlreiche Institutionen und Anlagen, wie der Michael-Ende-Kurpark oder das Richard-Strauss-Konservatorium, stellen hierfür stille Zeugen dar.

Der Waxenstein bei Grainau
© BAYERN TOURISMUS Marketing GmbH

## STARNBERGER SEE

Der Starnberger See ist Deutschlands zweitwasserreichster See. 20 Kilometer seines Ufers sind öffentlich zugänglich, die Campingplätze befinden sich auf der südlichen Seite. Bei klarer Sicht steht einem herrlichen Blick weit über die angrenzenden Gebirgsketten bis hin zur Zugspitze nichts im Wege. Neben diesem Idyll hütet der See auch ein legendenumwobenes Geheimnis: In seinen Fluten verstarb einst König Ludwig II. von Bayern, der als Märchenkönig in die Geschichte einging. Bis heute sind dessen Bauten einzigartig und deren Besuch ein Muss für alle Architektur- und Geschichtsliebhaber.

## AMMERGEBIRGE UND WETTERSTEINGEBIRGE

Unweit des Starnberger Sees befindet sich das Ammergebirge, das neben einer prächtigen Natur zahlreiche Destinationen für alle Altersklassen beheimatet. Gleiches gilt für das Wettersteingebirge, das beispielsweise mit dem Königshaus am Schachen ein ideales Wanderziel bietet. Wer aufregende Gebirgsschluchten sucht, dem wird die imposante Partnachklamm gefallen. Gegen knurrende Mägen wirkt das reichhaltige kulinarische Angebot in den urig eingerichteten Berghütten oder Wirtshäusern Wunder. Dabei mundet das vor Ort gebraute Bier in Verbindung mit regionalen Köstlichkeiten wie Sauerkraut, Kartoffelsalat, Schweinsripperl und Haxen ganz besonders.

Zugspitze © BAYERN TOURISMUS Marketing GmbH

**TIPP DER REDAKTION**

**Campingplatz Lenggrieser Bergcamping**
Lenggries | Nr. 3 | Seite 416

Laut Gästen ideal geeignet zum:
- Wandern
- Radfahren
- Mountainbiken

4.6

## 1 Campingplatz Wolfratshausen

❄

Badstraße 2
82515 Wolfratshausen
+49 8171 78795

47.90824 | 11.41834

ganzjährig

HS: 26,00 € | NS: 26,00 €

**Mehr Infos & Anfrage:**
www.camping.info/19026

| | |
|---|---|
| Baden im Teich am Platz | ✓ |
| Pool & Hallenbad | ✗ |
| Spielplatz am Platz | ✓ |
| Hunde erlaubt | ✓ |
| Skilift & Loipe | keine Angabe |
| WLAN | ✓ |
| Lebensmittel | 2km |
| Brötchen | keine Angabe |
| Restaurant am P. | ✓ |
| Ver-/Entsorgung Womo | ✓ |
| in den Ort | 500m |
| Gesamt/Touristen | 45/30 |
| Mietunterkünfte | ✓ |
| Stellplätze vor Schranke | ✗ |

**4.1** SEHR GUT
25 Bewertungen

| | |
|---|---|
| Lage | 4.0 |
| Ruhe | 4.4 |
| Sanitäranlagen | 4.1 |
| Sauberkeit Ø | 4.3 |
| Freundlichkeit | 4.7 |
| Stellplatz | 3.7 |
| Verpflegung | 3.8 |
| Freizeit | 3.9 |
| Preis-Leistung | 4.1 |
| Mietunterkünfte | 4.7 |

**Geeignet für**

| | |
|---|---|
| Kinder b. 6 J. | 3.8 |
| Kinder b. 12 J. | 3.6 |
| Kinder b. 18 J. | 3.7 |
| Paare | 4.4 |
| Senioren | 4.5 |
| Gäste mit Zelt | 4.5 |
| Gäste mit Hund | 4.4 |

**Empfohlene Aktivitäten**

- Sightseeing
- Radfahren
- Wandern

## 2 Naturfreundehaus Saulgrub

Achelestraße 11
82442 Saulgrub
+49 88451715

47.66414 | 11.02038

01.05. - 31.10.

HS: 22,50 €

**Mehr Infos & Anfrage:**
www.camping.info/23803

| | |
|---|---|
| Baden in nat. Gewässer | k. A. |
| Hallenbad | 8km |
| Spielplatz am Platz | ✓ |
| Hunde erlaubt | ✓ |
| Skilift & Loipe | keine Angabe |
| WLAN | keine Angabe |
| Lebensmittel | 1km |
| Brötchen | keine Angabe |
| Restaurant am P. | ✓ |
| Ver-/Entsorgung Womo | ✗ |
| in den Ort | 1km |
| Gesamt | keine Angabe |
| Mietunterkünfte | ✗ |
| Stellplätze vor Schranke | ✗ |

**-** JETZT BEWERTEN!

Für diese Auswertung liegen leider noch nicht genügend Bewertungen vor.

Sei einer der Ersten, der diesen Campingplatz bewertet. Unter den Bewertern werden regelmäßig Gewinne verlost!

Mehr Infos dazu findest du in unserem allgemeinen Intro.

## 3 Lenggrieser Bergcamping

❄ ⚡

Gilgenhöfe 4
83661 Lenggries
080425640602

47.68037 | 11.5631
750m ü.M.

ganzjährig

HS: 30,00 € | NS: 30,00 €

**Mehr Infos & online buchen:**
www.camping.info/27492

| | |
|---|---|
| Baden im Fluss | 500m |
| Pool/Hallenbad | 1km |
| Spielplatz am Platz | ✓ |
| Hunde willkommen | ✓ |
| Skilift/Loipe | 800m/✓ |
| WLAN | ✓ |
| Lebensmittel | 500m |
| Brötchen am Platz | ✓ |
| Restaurant am P. | ✓ |
| Ver-/Entsorgung Womo | ✓ |
| in den Ort | 500m |
| Touristenplätze | 24 |
| Mietunterkünfte | ✓ |
| Stellplätze vor Schranke | ✗ |

**4.6** SEHR GUT
16 Bewertungen

| | |
|---|---|
| Lage | 4.6 |
| Ruhe | 4.8 |
| Sanitäranlagen | 4.8 |
| Sauberkeit Ø | 4.8 |
| Freundlichkeit | 4.8 |
| Stellplatz | 4.0 |
| Verpflegung | 4.4 |
| Freizeit | 4.4 |
| Preis-Leistung | 4.1 |
| Mietunterkünfte | 5.0 |

**Geeignet für**

| | |
|---|---|
| Kinder b. 6 J. | 3.7 |
| Kinder b. 12 J. | 3.8 |
| Kinder b. 18 J. | 3.6 |
| Paare | 4.8 |
| Senioren | 4.2 |
| Gäste mit Zelt | 2.9 |
| Gäste mit Hund | 5.0 |

**Empfohlene Aktivitäten**

- Wandern
- Radfahren
- Mountainbiking

## 4 Camping Wolfsee

❄

Wolfsee 10
83730 Fischbachau
+49 8028 868

47.71204 | 11.9469

15.12. - 31.10.

HS: 25,50 € | NS: 23,10 €

**Mehr Infos & Anfrage:**
www.camping.info/19071

| | |
|---|---|
| Baden im See am Platz | ✓ |
| Pool/Hallenbad | 2/7km |
| Spielplatz am Platz | ✓ |
| Hunde erlaubt | ✓ |
| Skilift | 9km |
| WLAN | ✗ |
| Lebensmittel | ✓ |
| Brötchen am Platz | ✓ |
| Imbiss | ✓ |
| Ver-/Entsorgung Womo | ✓ |
| in den Ort | 1km |
| Gesamt/Touristen | 330/90 |
| Mietunterkünfte | ✗ |
| Stellplätze vor Schranke | ✗ |

**3.2** GUT
12 Bewertungen

| | |
|---|---|
| Lage | 4.6 |
| Ruhe | 4.1 |
| Sanitäranlagen | 2.6 |
| Sauberkeit Ø | 3.2 |
| Freundlichkeit | 3.9 |
| Stellplatz | 3.9 |
| Verpflegung | 2.5 |
| Freizeit | 4.0 |
| Preis-Leistung | 3.4 |
| Mietunterkünfte | - |

**Geeignet für**

| | |
|---|---|
| Kinder b. 6 J. | 3.7 |
| Kinder b. 12 J. | 3.8 |
| Kinder b. 18 J. | 3.1 |
| Paare | 4.0 |
| Senioren | 4.9 |
| Gäste mit Zelt | 4.5 |
| Gäste mit Hund | 3.8 |

**Empfohlene Aktivitäten**

- Wandern
- Entspannen
- Schwimmen

Karte auf Seite 412

## 5 Naturcampingpark Isarhorn

Am Horn 4
82481 Mittenwald
+49 8823 5216
47.47322 | 11.27604

## 6 Campingplatz Renken am Kochelsee

Mittenwalder Strasse 106
82431 Kochel am See
+49 8851 615505
47.63968 | 11.35422
605m ü.M.

## 7 Camping Wallberg

Rainerweg 10
83700 Rottach-Weißach
+49 8022 5371
47.68847 | 11.74818

### Infos

| | 5 Naturcampingpark Isarhorn | 6 Campingplatz Renken am Kochelsee | 7 Camping Wallberg |
|---|---|---|---|
| Öffnungszeiten | 16.12. - 31.10. | 30.05. - 01.11. | ganzjährig |
| Vergleichspreis | HS: 28,00 € \| NS: 25,90 € | HS: 26,00 € \| NS: 26,00 € | HS: 27,70 € \| NS: 25,20 € |
| Link | **Mehr Infos & Anfrage:** www.camping.info/17855 | **Mehr Infos & Anfrage:** www.camping.info/22183 | **Mehr Infos & Anfrage:** www.camping.info/19070 |

### Ausstattung

| | 5 Naturcampingpark Isarhorn | 6 Campingplatz Renken am Kochelsee | 7 Camping Wallberg |
|---|---|---|---|
| Freizeit | Baden im Fluss am Platz ✓ | Baden im See am Platz ✓ | Baden im See 500m |
| | Pool/Hallenbad 4km | Pool/Hallenbad 2km | Pool/Hallenbad 1km |
| | Spielplatz am Platz ✓ | Spielplatz am Platz ✓ | Spielplatz am Platz ✓ |
| Campingplatz | Hunde willkommen ✓ | Hunde willkommen ✓ | Hunde erlaubt ✓ |
| | Skilift/Loipe 4/10km | Skilift/Loipe 2/1km | Skilift 3km |
| | WLAN ✓ | WLAN (gratis) teilweise | WLAN ✓ |
| Versorgung | Lebensmittel ✓ | Lebensmittel 2km | Lebensmittel 300m |
| | Brötchen am Platz ✓ | Brötchen am Platz ✓ | Brötchen keine Angabe |
| | Restaurant & Imbiss ✓ | Restaurant/Imbiss 1km/✓ | Restaurant am P. ✓ |
| | Ver-/Entsorgung Womo ✓ | Ver-/Entsorgung Womo ✓ | Ver-/Entsorgung Womo ✓ |
| | in den Ort 3km | in den Ort 2km | in den Ort 200m |
| Anzahl der Plätze | Gesamt/Touristen 300/180 | Gesamt/Touristen 50/40 | Gesamt/Touristen 250/150 |
| | Mietunterkünfte ✓ | Mietunterkünfte ✓ | Mietunterkünfte ✓ |
| | Stellplätze vor Schranke ✗ | Stellplätze vor Schranke ✗ | Stellplätze vor Schranke ✗ |

### Bewertungen

| | 5 Naturcampingpark Isarhorn | 6 Campingplatz Renken am Kochelsee | 7 Camping Wallberg |
|---|---|---|---|
| Gesamt | 3.9 GUT (97 Bewertungen) | 4.7 SEHR GUT (34 Bewertungen) | 3.0 GUT (63 Bewertungen) |
| Lage | 4.4 | 4.2 | 3.8 |
| Ruhe | 3.8 | 3.5 | 3.5 |
| Sanitäranlagen | 3.8 | 4.2 | 2.6 |
| Sauberkeit Ø | 3.7 | 4.7 | 3.0 |
| Freundlichkeit | 3.8 | 5.0 | 3.4 |
| Stellplatz | 3.7 | 4.5 | 3.0 |
| Verpflegung | 3.4 | 4.4 | 3.4 |
| Freizeit | 4.2 | 4.8 | 3.9 |
| Preis-Leistung | 3.8 | 4.7 | 3.2 |
| Mietunterkünfte | 4.1 | 3.9 | 2.3 |
| **Geeignet für** | | | |
| Kinder b. 6 J. | 3.7 | 4.4 | 3.1 |
| Kinder b. 12 J. | 3.9 | 4.6 | 3.2 |
| Kinder b. 18 J. | 3.9 | 4.2 | 3.2 |
| Paare | 4.5 | 4.6 | 3.7 |
| Senioren | 4.1 | 4.3 | 3.8 |
| Gäste mit Zelt | 4.2 | 4.7 | 3.8 |
| Gäste mit Hund | 3.8 | 4.8 | 3.8 |

### Empfohlene Aktivitäten

| 5 Naturcampingpark Isarhorn | 6 Campingplatz Renken am Kochelsee | 7 Camping Wallberg |
|---|---|---|
| Wandern | Wandern | Wandern |
| Klettern | Schwimmen | Radfahren |
| Radfahren | Radfahren | Mountainbiking |

# 8 Camping Resort Zugspitze

Griesener Straße 9
82491 Grainau
+49 8821 94 39 115
www.perfect-camping.de
office@perfect-camping.de

ganzjährig

HS: 50,00 € | NS: 36,00 €

**Mehr Infos & Anfrage:**
www.camping.info/25531

| | |
|---|---|
| Baden im See | 8km |
| Pool/Hallenbad | 2km |
| Spielplatz am Platz | ✓ |
| Hunde willkommen | ✓ |
| Skilift/Loipe | 3km |
| WLAN | ✓ |
| Lebensmittel | ✓ |
| Brötchen am Platz | ✓ |
| Restaurant/Imbiss | 250m/✓ |
| Ver-/Entsorgung Womo | ✓ |
| in den Ort | 500m |
| Gesamt | 125 |
| Mietunterkünfte | ✓ |
| Stellplätze vor Schranke | ✗ |

1 km
47.47736 | 11.05353
760m ü.M.

Panorama-Aussicht auf das Wettersteingebirge im Camping Resort Zugspitze.

## Lage & Stellplatz

Top ausgestatteter 5-Sterne-Platz mit 125 großen Komfort-Stellplätzen mit Ver-/Entsorgung, auf Wunsch Privatbad, bayr. Berghütten und Schlaffässern. Für Kinder gibt es Babybad, Wickeltisch & einen Spielplatz. Hunde sind willkommen. Wellness vom Feinsten in der modernen Sauna- und Fitnesslandschaft.

## Verpflegung

Besuchen Sie das Bistro Alpspitzblick für Frühstück, Kaffee und Kuchen und gemütliche Grillabende oder lassen Sie sich kulinarische Schmankerl im Restaurant Schmölzer Wirt schmecken. Genießen Sie das stilvolle Angebot und erleben Sie gemütliches alpenländisches und doch modernes Ambiente.

## Sanitär

Den Gästen stehen hochmoderne Sanitäranlagen mit großzügigen Einzelduschen und Umkleidemöglichkeit, ein barrierefreies Bad, Waschmaschine und Trockner, eine Spülküche mit Gästekühlschrank zur Verfügung oder 50 Premiumstellplätze mit Privatbad (Dusche, WC, Waschbecken; beheizbar) zur Alleinbenutzung.

## Freizeit

Grainau bietet eine Vielfalt an Rad- und Wanderwegen, Pisten und Loipen für jeden Anspruch. Höhepunkte sind die Zugspitze, die Aussichtsplattform AlpSpix oder Höllental- und Partnachklamm. Viele Vorteile und Vergünstigungen mit der Gästekarte von Grainau. Hauseigener Skishuttle zur Kreuzeckbahn.

Entspannung in der Sauna.

Gemütliche Schlaffässer.

**4.6** SEHR GUT
448 Bewertungen

| | |
|---|---|
| Lage | 4.6 |
| Ruhe | 4.2 |
| Sanitäranlagen | 4.7 |
| Sauberkeit Ø | 4.7 |
| Freundlichkeit | 4.8 |
| Stellplatz | 4.6 |
| Verpflegung | 4.3 |
| Freizeit | 4.6 |
| Preis-Leistung | 4.1 |
| Mietunterkünfte | 4.7 |

**Geeignet für**

4.8 Paare

| | |
|---|---|
| 4.7 | Senioren |
| 4.2 | Gäste mit Hund |
| 4.0 | Kinder b. 18 J. |
| 3.8 | Kinder b. 12 J. |
| 3.6 | Kinder b. 6 J. |
| 3.1 | Gäste mit Zelt |

**Empfohlene Aktivitäten**

Wandern
Entspannen
Mountainbiking
Ski
Radfahren

AWARD 2020

Karte auf Seite 412

## 10 Camping Seeshaupt

St.-Heinricher-Straße 127
82402 Seeshaupt
+49 880 191 468 80

47.82058 | 11.32355
597m ü.M.

| | |
|---|---|
| Öffnungszeiten | 01.04. - 30.09. |
| Vergleichspreis | HS: 46,50 € \| NS: 39,50 € |
| Link | **Mehr Infos & Anfrage:** www.camping.info/19017 |

| | |
|---|---|
| Baden im See am Platz | ✓ |
| Hallenbad | 9km |
| Spielplatz | keine Angabe |
| Hunde willkommen | ✓ |
| Skilift & Loipe | ✗ |
| WLAN (gegen Gebühr) | ✓ |
| Lebensmittel | 2km |
| Brötchen am Platz | nur HS |
| Restaurant/Imbiss | 500m/✓ |
| Ver-/Entsorgung Womo | ✓ |
| in den Ort | 2km |
| Gesamt/Touristen | 130/70 |
| Mietunterkünfte | ✓ |
| Stellplätze vor Schranke | ✗ |

**4.4** SEHR GUT – 174 Bewertungen

| | |
|---|---|
| Lage | 4.6 |
| Ruhe | 4.4 |
| Sanitäranlagen | 4.6 |
| Sauberkeit Ø | 4.6 |
| Freundlichkeit | 4.5 |
| Stellplatz | 4.5 |
| Verpflegung | 3.9 |
| Freizeit | 4.2 |
| Preis-Leistung | 4.1 |
| Mietunterkünfte | 4.6 |

**Geeignet für**

| | |
|---|---|
| Kinder b. 6 J. | 4.2 |
| Kinder b. 12 J. | 4.2 |
| Kinder b. 18 J. | 4.0 |
| Paare | 4.6 |
| Senioren | 4.7 |
| Gäste mit Zelt | 4.0 |
| Gäste mit Hund | 3.5 |

**Empfohlene Aktivitäten**

- Schwimmen
- Radfahren
- Segeln

keine Jugendgruppen ab 5 Personen

## 11 Terrassen-Camping am Richterbichl

Solder 1
82401 Rottenbuch
+49 8867 1500

47.72709 | 10.96623
763m ü.M.

| | |
|---|---|
| Öffnungszeiten | ganzjährig |
| Vergleichspreis | HS: 22,00 € \| NS: 22,00 € |
| Link | **Mehr Infos & Anfrage:** www.camping.info/19016 |

| | |
|---|---|
| Baden im Teich am Platz | ✓ |
| Pool/Hallenbad | 4/8km |
| Spielplatz am Platz | ✓ |
| Hunde erlaubt | ✓ |
| Skilift/Loipe | 6km/✓ |
| WLAN (gegen Gebühr) | ✓ |
| Lebensmittel | ✓ |
| Brötchen am Platz | nur HS |
| Restaurant/Imbiss | 500m/✓ |
| Ver-/Entsorgung Womo | ✓ |
| in den Ort | 500m |
| Gesamt/Touristen | 100/60 |
| Mietunterkünfte | ✓ |
| Stellplätze vor Schranke | ✓ |

**3.6** GUT – 19 Bewertungen

| | |
|---|---|
| Lage | 3.8 |
| Ruhe | 3.6 |
| Sanitäranlagen | 3.6 |
| Sauberkeit Ø | 3.9 |
| Freundlichkeit | 3.5 |
| Stellplatz | 4.0 |
| Verpflegung | 3.5 |
| Freizeit | 4.2 |
| Preis-Leistung | 4.1 |
| Mietunterkünfte | 4.2 |

**Geeignet für**

| | |
|---|---|
| Kinder b. 6 J. | 3.5 |
| Kinder b. 12 J. | 3.9 |
| Kinder b. 18 J. | 3.7 |
| Paare | 4.2 |
| Senioren | 4.2 |
| Gäste mit Zelt | 3.8 |
| Gäste mit Hund | 3.8 |

**Empfohlene Aktivitäten**

- Wandern
- Radfahren
- Schwimmen

## 12 Camping Walchensee e. K.

Lobisau
82432 Walchensee
+49 8858 929168

47.58291 | 11.31012
800m ü.M.

| | |
|---|---|
| Öffnungszeiten | 10.05. - 03.10. |
| Vergleichspreis | HS: 27,00 € \| NS: 27,00 € |
| Link | **Mehr Infos & Anfrage:** www.camping.info/19021 |

| | |
|---|---|
| Baden im See am Platz | ✓ |
| Pool/Hallenbad | 16/18km |
| Spielplatz am Platz | ✓ |
| Hunde erlaubt | ✓ |
| Skilift | 500m |
| WLAN (gegen Gebühr) | teilweise |
| Lebensmittel | ✓ |
| Brötchen am Platz | ✓ |
| Restaurant/Imbiss | 500m/✓ |
| Ver-/Entsorgung Womo | ✓ |
| in den Ort | 500m |
| Touristenplätze | 120 |
| Mietunterkünfte | ✗ |
| Stellplätze vor Schranke | ✗ |

**4.2** SEHR GUT – 49 Bewertungen

| | |
|---|---|
| Lage | 4.7 |
| Ruhe | 4.1 |
| Sanitäranlagen | 3.6 |
| Sauberkeit Ø | 4.1 |
| Freundlichkeit | 4.4 |
| Stellplatz | 4.0 |
| Verpflegung | 3.7 |
| Freizeit | 4.5 |
| Preis-Leistung | 4.4 |
| Mietunterkünfte | - |

**Geeignet für**

| | |
|---|---|
| Kinder b. 6 J. | 4.2 |
| Kinder b. 12 J. | 4.3 |
| Kinder b. 18 J. | 4.0 |
| Paare | 4.6 |
| Senioren | 4.7 |
| Gäste mit Zelt | 4.7 |
| Gäste mit Hund | 4.1 |

**Empfohlene Aktivitäten**

- Wandern
- Schwimmen
- Radfahren

**Infos**: Öffnungszeiten, Vergleichspreis, Link
**Ausstattung**: Freizeit, Campingplatz, Versorgung, Anzahl der Plätze

# 9 Alpen-Caravanpark Tennsee

Am Tennsee 1
82494 Klais-Krün
+49 8825 170
www.camping-tennsee.de
info@camping-tennsee.de

15.12. - 07.11.

HS: 36,30 € | NS: 32,50 €

**Mehr Infos & Anfrage:**
www.camping.info/19025

| | |
|---|---|
| Baden im See | 2km |
| Hallenbad | 16km |
| Spielplatz am Platz | ✓ |
| Hunde erlaubt | ✓ |
| Skilift/Loipe | 400m |
| WLAN (gegen Gebühr) | ✓ |
| Lebensmittel | ✓ |
| Brötchen am Platz | ✓ |
| Restaurant & Imbiss | ✓ |
| Ver-/Entsorgung Womo | ✓ |
| in den Ort | 2km |
| Touristenplätze | 250 |
| Mietunterkünfte | ✓ |
| Stellplätze vor Schranke | ✓ |

1 km
47.48944 | 11.25556
935m ü.M.

Alpen-Caravanpark mit grandioser Aussicht auf die Alpenwelt Karwendel.

## Lage & Stellplatz

Der Alpen-Caravanpark Tennsee liegt optimal an der B2 zwischen Garmisch und Mittenwald. Vom Platz aus genießt man den traumhaften Blick auf die Zugspitze und das Karwendel. Für Gäste gibt es Terrassen- und Komfortstellplätze (inkl. Gasanschluss) sowie 37 Wohnmobilstellplätze mit allen Anschlüssen.

## Verpflegung

Neben einem gut sortierten Laden mit täglich frischen Semmeln bietet das Restaurant „Beim Mini" mit seiner schönen Terrasse eine reichhaltige Speisekarte mit bayerischen und internationalen Spezialitäten (auch zum Mitnehmen). Frisch gebratene Hähnchen und Schweinshaxen gibt es an der Grillstation.

## Sanitär

Die Benutzung der Sanitäranlagen gehobenen Standards erfolgt für alle Gäste ohne Aufpreis (auch für Reisemobile). Zusätzlich zu den Duschen, Waschkabinen und Badezimmern gibt es noch ein barrierefreies Bad und ein Babybad sowie 44 private Mietkabinen mit Dusche, Waschbecken, Bidet und Toilette.

## Freizeit

In einer der schönsten Bergregionen Bayerns bieten sich vom Platz aus tolle Wander- und Radtouren an. Vor Ort können auch E-Bikes ausgeliehen werden. Des Weiteren gibt es im Winter zahlreiche Möglichkeiten für einen Ski- oder Langlauf-Ausflug. Eine kostenlose Beratung erhält man an der Rezeption.

Bayerische & int. Spezialitäten.

Alpen-Caravanpark im Winter.

**4.4** SEHR GUT
163 Bewertungen

| | |
|---|---|
| Lage | 4.5 |
| Ruhe | 4.2 |
| Sanitäranlagen | 4.5 |
| Sauberkeit Ø | 4.6 |
| Freundlichkeit | 4.5 |
| Stellplatz | 4.2 |
| Verpflegung | 4.4 |
| Freizeit | 4.4 |
| Preis-Leistung | 4.1 |
| Mietunterkünfte | 4.5 |

**Geeignet für**

4.7 Paare

| | |
|---|---|
| Senioren | 4.7 |
| Gäste mit Hund | 4.5 |
| Kinder b. 6 J. | 4.0 |
| Kinder b. 12 J. | 4.0 |
| Kinder b. 18 J. | 3.8 |
| Gäste mit Zelt | 3.7 |

**Empfohlene Aktivitäten**

Wandern, Radfahren, Entspannen, Mountainbiking, Klettern

Ecocamping, günstige Winterpauschalen, Seniorenangebote, Familienpauschalen

Karte auf Seite 412

## 13 Camping Halbinsel Burg

Burgweg 41
82418 Seehausen a. Staffelsee
+49 8841 9870
47.68476 | 11.17792

01.01. - 02.11.
HS: 30,20 € | NS: 22,10 €
**Mehr Infos & Anfrage:**
www.camping.info/22393

| | |
|---|---|
| Baden im See am Platz | ✓ |
| Pool/Hallenbad | 1/19km |
| Spielplatz am Platz | ✓ |
| Hunde | ✗ |
| Skilift | 27km |
| WLAN | ✗ |
| Lebensmittel | ✓ |
| Brötchen am Platz | ✓ |
| Restaurant am P. | ✓ |
| Ver-/Entsorgung Womo | ✓ |
| in den Ort | 1km |
| Gesamt/Touristen | 150/130 |
| Mietunterkünfte | ✗ |
| Stellplätze vor Schranke | ✗ |

**4.2** SEHR GUT
32 Bewertungen

| | |
|---|---|
| Lage | 4.9 |
| Ruhe | 4.5 |
| Sanitäranlagen | 3.6 |
| Sauberkeit Ø | 4.0 |
| Freundlichkeit | 4.3 |
| Stellplatz | 4.1 |
| Verpflegung | 4.4 |
| Freizeit | 4.3 |
| Preis-Leistung | 4.4 |
| Mietunterkünfte | - |

**Geeignet für**

| | |
|---|---|
| Kinder b. 6 J. | 4.1 |
| Kinder b. 12 J. | 4.5 |
| Kinder b. 18 J. | 4.1 |
| Paare | 4.6 |
| Senioren | 4.5 |
| Gäste mit Zelt | 4.3 |
| Hunde n. erlaubt | - |

**Empfohlene Aktivitäten**

- Schwimmen
- Radfahren
- Wandern

## 14 Campingplatz Ammertal

❄

Badstraße 51
82380 Peißenberg
+49 8803 2797
47.78718 | 11.08474
584m ü.M.

ganzjährig
HS: 22,80 € | NS: 21,70 €
**Mehr Infos & Anfrage:**
www.camping.info/19015

| | |
|---|---|
| Baden im See am Platz | ✓ |
| Pool/Hallenbad | 2km |
| Spielplatz am Platz | ✓ |
| Hunde willkommen | ✓ |
| Skilift & Loipe | ✗ |
| WLAN (gegen Gebühr) | ✓ |
| Lebensmittel | 2km |
| Brötchen am Platz | nur HS |
| Restaurant & Imbiss | ✓ |
| Ver-/Entsorgung Womo | ✗ |
| in den Ort | 3km |
| Gesamt/Touristen | 200/100 |
| Mietunterkünfte | ✓ |
| Stellplätze vor Schranke | ✗ |

**3.8** GUT
29 Bewertungen

| | |
|---|---|
| Lage | 4.1 |
| Ruhe | 4.2 |
| Sanitäranlagen | 3.5 |
| Sauberkeit Ø | 4.5 |
| Freundlichkeit | 4.8 |
| Stellplatz | 3.9 |
| Verpflegung | 2.8 |
| Freizeit | 4.0 |
| Preis-Leistung | 4.0 |
| Mietunterkünfte | 4.0 |

**Geeignet für**

| | |
|---|---|
| Kinder b. 6 J. | 4.3 |
| Kinder b. 12 J. | 4.4 |
| Kinder b. 18 J. | 3.6 |
| Paare | 4.5 |
| Senioren | 4.6 |
| Gäste mit Zelt | 4.3 |
| Gäste mit Hund | 4.8 |

**Empfohlene Aktivitäten**

- Radfahren
- Wandern
- Entspannen

## 15 Camping Aichalehof

Aichalehof 4
82449 Uffing am Staffelsee
+49 8846 211
47.69861 | 11.15861

01.05. - 30.09.
HS: 24,50 € | NS: 24,50 €
**Mehr Infos & Anfrage:**
www.camping.info/19023

| | |
|---|---|
| Baden im See am Platz | ✓ |
| Pool & Hallenbad | ✗ |
| Spielplatz am Platz | ✓ |
| Hunde erlaubt | Nur HS |
| Skilift & Loipe | keine Angabe |
| WLAN | teilweise |
| Lebensmittel | ✓ |
| Brötchen am Platz | ✓ |
| Restaurant am P. | ✓ |
| Ver-/Entsorgung Womo | ✓ |
| in den Ort | 1km |
| Gesamt/Touristen | 400/120 |
| Mietunterkünfte | ✗ |
| Stellplätze vor Schranke | ✗ |

**3.8** GUT
20 Bewertungen

| | |
|---|---|
| Lage | 4.4 |
| Ruhe | 3.3 |
| Sanitäranlagen | 4.0 |
| Sauberkeit Ø | 4.3 |
| Freundlichkeit | 4.0 |
| Stellplatz | 3.1 |
| Verpflegung | 3.1 |
| Freizeit | 4.2 |
| Preis-Leistung | 3.7 |
| Mietunterkünfte | - |

**Geeignet für**

| | |
|---|---|
| Kinder b. 6 J. | 3.9 |
| Kinder b. 12 J. | 4.0 |
| Kinder b. 18 J. | 3.4 |
| Paare | 3.9 |
| Senioren | 3.7 |
| Gäste mit Zelt | 4.1 |
| Gäste mit Hund | 4.0 |

**Empfohlene Aktivitäten**

- Schwimmen
- Kayak/Kanu
- Wandern

**Infos**

Öffnungszeiten
Vergleichspreis
Link

**Ausstattung**

Freizeit
Campingplatz
Versorgung
Anzahl der Plätze

## 16 Camping Insel Buchau

Insel Buchau
82418 Seehausen am Staffelsee

47.69206 | 11.17263

05.04. - 15.10.

keine Angabe

**Mehr Infos & Anfrage:**
www.camping.info/23267

| | |
|---|---|
| Baden in nat. Gewässer | k. A. |
| Pool & Hallenbad | × |
| Spielplatz | keine Angabe |
| Hunde | × |
| Skilift & Loipe | keine Angabe |
| WLAN | keine Angabe |
| Lebensmittel | k.A. |
| Brötchen | keine Angabe |
| Restaurant & Imbiss | × |
| Ver-/Entsorgung Womo | × |
| in den Ort | keine Angabe |
| Gesamt | keine Angabe |
| Mietunterkünfte | × |
| Stellplätze vor Schranke | × |

**-** JETZT BEWERTEN!

Für diese Auswertung liegen leider noch nicht genügend Bewertungen vor.

Sei einer der Ersten, der diesen Campingplatz bewertet. Unter den Bewertern werden regelmäßig Gewinne verlost!

Mehr Infos dazu findest du in unserem allgemeinen Intro.

## 17 Campingplatz Riegsee

Seestrasse 21
82418 Riegsee bei Murnau
+49 8841 2677

47.70019 | 11.2293

15.04. - 20.10.

HS: 24,00 € | NS: 21,00 €

**Mehr Infos & Anfrage:**
www.camping.info/19019

| | |
|---|---|
| Baden im See am Platz | ✓ |
| Hallenbad | 15km |
| Spielplatz am Platz | ✓ |
| Hunde erlaubt | ✓ |
| Skilift | 25km |
| WLAN | × |
| Lebensmittel | ✓ |
| Brötchen am Platz | ✓ |
| Restaurant am P. | ✓ |
| Ver-/Entsorgung Womo | ✓ |
| in den Ort | 500m |
| Gesamt/Touristen | 185/25 |
| Mietunterkünfte | × |
| Stellplätze vor Schranke | ✓ |

**3.2** GUT
12 Bewertungen

| | |
|---|---|
| Lage | 4.4 |
| Ruhe | 4.0 |
| Sanitäranlagen | 3.3 |
| Sauberkeit Ø | 2.8 |
| Freundlichkeit | 3.2 |
| Stellplatz | 3.2 |
| Verpflegung | 3.6 |
| Freizeit | 3.4 |
| Preis-Leistung | 3.3 |
| Mietunterkünfte | - |

**Geeignet für**

| | |
|---|---|
| Kinder b. 6 J. | 2.7 |
| Kinder b. 12 J. | 3.2 |
| Kinder b. 18 J. | 3.1 |
| Paare | 3.4 |
| Senioren | 3.6 |
| Gäste mit Zelt | 2.3 |
| Gäste mit Hund | 3.7 |

**Empfohlene Aktivitäten**

- Schwimmen
- Radfahren
- Wandern

## 18 Campingpark Oberammergau

Ettalerstraße 56b
82487 Oberammergau
+49 8822 94105

47.59027 | 11.07018

01.01. - 07.11.
10.12. - 07.11.

HS: 25,00 € | NS: 25,00 €

**Mehr Infos & Anfrage:**
www.camping.info/17867

| | |
|---|---|
| Baden im Fluss | 1km |
| Pool/Hallenbad | 1km |
| Spielplatz am Platz | ✓ |
| Hunde willkommen | ✓ |
| Skilift/Loipe | 1km/✓ |
| WLAN | ✓ |
| Lebensmittel | 1km |
| Brötchen am Platz | ✓ |
| Restaurant/Imbiss | 100m |
| Ver-/Entsorgung Womo | ✓ |
| in den Ort | 800m |
| Gesamt/Touristen | 120/80 |
| Mietunterkünfte | ✓ |
| Stellplätze vor Schranke | ✓ |

**4.1** SEHR GUT
54 Bewertungen

| | |
|---|---|
| Lage | 4.5 |
| Ruhe | 3.8 |
| Sanitäranlagen | 4.2 |
| Sauberkeit Ø | 4.5 |
| Freundlichkeit | 4.7 |
| Stellplatz | 4.1 |
| Verpflegung | 3.7 |
| Freizeit | 4.2 |
| Preis-Leistung | 4.2 |
| Mietunterkünfte | 4.5 |

**Geeignet für**

| | |
|---|---|
| Kinder b. 6 J. | 3.8 |
| Kinder b. 12 J. | 3.8 |
| Kinder b. 18 J. | 3.7 |
| Paare | 4.3 |
| Senioren | 4.4 |
| Gäste mit Zelt | 3.9 |
| Gäste mit Hund | 4.5 |

**Empfohlene Aktivitäten**

- Wandern
- Radfahren
- Entspannen

## 19 Campingplatz Königsdorf am Bibisee

Zum Lindenrain 8
82549 Königsdorf
+49 8171 81580

47.83778 | 11.46944

ganzjährig

HS: 24,00 € | NS: 22,00 €

**Mehr Infos & Anfrage:**
www.camping.info/19029

| | |
|---|---|
| Baden im See am Platz | ✓ |
| Pool/Hallenbad | 500m/3km |
| Spielplatz am Platz | ✓ |
| Hunde erlaubt | ✓ |
| Skilift/Loipe | 6km/✓ |
| WLAN | ✓ |
| Lebensmittel | ✓ |
| Brötchen am Platz | ✓ |
| Restaurant & Imbiss | ✓ |
| Ver-/Entsorgung Womo | ✓ |
| in den Ort | 1km |
| Gesamt/Touristen | 400/100 |
| Mietunterkünfte | × |
| Stellplätze vor Schranke | × |

**4.0** SEHR GUT
14 Bewertungen

| | |
|---|---|
| Lage | 4.2 |
| Ruhe | 4.4 |
| Sanitäranlagen | 4.1 |
| Sauberkeit Ø | 4.2 |
| Freundlichkeit | 4.2 |
| Stellplatz | 4.0 |
| Verpflegung | 3.8 |
| Freizeit | 3.6 |
| Preis-Leistung | 4.2 |
| Mietunterkünfte | - |

**Geeignet für**

| | |
|---|---|
| Kinder b. 6 J. | 3.9 |
| Kinder b. 12 J. | 4.1 |
| Kinder b. 18 J. | 3.3 |
| Paare | 4.6 |
| Senioren | 4.1 |
| Gäste mit Zelt | 4.1 |
| Gäste mit Hund | 4.3 |

**Empfohlene Aktivitäten**

- Radfahren
- Entspannen
- Schwimmen

ECO CAMPING

Karte auf Seite 412

## 20 Camping Kesselberg

Altjoch 2 1/2
82431 Kochel am See
+49 8851 464
47.63773 | 11.34779
600m ü.M.

24.04. - 04.10.
HS: 25,00 € | NS: 25,00 €
**Mehr Infos & Anfrage:**
www.camping.info/19020

| | |
|---|---|
| Baden im See am Platz | ✓ |
| Pool/Hallenbad | 4km |
| Spielplatz am Platz | ✓ |
| Hunde erlaubt | ✓ |
| Skilift/Loipe | ✗/k. A. |
| WLAN | ✓ |
| Lebensmittel | ✓ |
| Brötchen am Platz | ✓ |
| Restaurant & Imbiss | ✓ |
| Ver-/Entsorgung Womo | ✓ |
| in den Ort | 4km |
| Gesamt/Touristen | 100/65 |
| Mietunterkünfte | ✓ |
| Stellplätze vor Schranke | ✗ |

**4.1** SEHR GUT
32 Bewertungen

| | |
|---|---|
| Lage | 4.7 |
| Ruhe | 4.1 |
| Sanitäranlagen | 3.4 |
| Sauberkeit Ø | 4.2 |
| Freundlichkeit | 4.6 |
| Stellplatz | 3.8 |
| Verpflegung | 4.2 |
| Freizeit | 4.4 |
| Preis-Leistung | 4.3 |
| Mietunterkünfte | 2.7 |

**Geeignet für**

| | |
|---|---|
| Kinder b. 6 J. | 4.4 |
| Kinder b. 12 J. | 4.5 |
| Kinder b. 18 J. | 4.3 |
| Paare | 4.6 |
| Senioren | 4.0 |
| Gäste mit Zelt | 4.4 |
| Gäste mit Hund | 4.1 |

**Empfohlene Aktivitäten**

- Wandern
- Schwimmen
- Kayak/Kanu

## 21 Alpen-Camping Arzbach

✱
Alpenbadstraße 20
83646 Arzbach
+49 8042 84 08
47.70769 | 11.5496

keine Angabe
keine Angabe
**Mehr Infos & Anfrage:**
www.camping.info/19068

| | |
|---|---|
| Baden in nat. Gewässer | k. A. |
| Pool & Hallenbad | ✗ |
| Spielplatz | keine Angabe |
| Hunde | ✗ |
| Skilift & Loipe | keine Angabe |
| WLAN | keine Angabe |
| Lebensmittel | k.A. |
| Brötchen | keine Angabe |
| Restaurant & Imbiss | ✗ |
| Ver-/Entsorgung Womo | ✗ |
| in den Ort | 500m |
| Gesamt | keine Angabe |
| Mietunterkünfte | ✗ |
| Stellplätze vor Schranke | ✗ |

**3.8** GUT
26 Bewertungen

| | |
|---|---|
| Lage | 4.5 |
| Ruhe | 4.4 |
| Sanitäranlagen | 3.8 |
| Sauberkeit Ø | 4.0 |
| Freundlichkeit | 4.4 |
| Stellplatz | 3.7 |
| Verpflegung | 4.3 |
| Freizeit | 4.0 |
| Preis-Leistung | 4.2 |
| Mietunterkünfte | - |

**Geeignet für**

| | |
|---|---|
| Kinder b. 6 J. | 4.1 |
| Kinder b. 12 J. | 3.9 |
| Kinder b. 18 J. | 3.4 |
| Paare | 4.4 |
| Senioren | 4.4 |
| Gäste mit Zelt | 3.8 |
| Hunde n. erlaubt | - |

**Empfohlene Aktivitäten**

- Wandern
- Radfahren
- Mountainbiking

## 22 Camping Erlebnis Zugspitze

✱
Griesener Straße 2
82491 Grainau
+49 8821 9439113
47.47981 | 11.05388
725m ü.M.

ganzjährig
HS: 36,50 € | NS: 32,50 €
**Mehr Infos & Anfrage:**
www.camping.info/19024

| | |
|---|---|
| Baden im Fluss am Platz | ✓ |
| Pool/Hallenbad | 2km |
| Spielplatz am Platz | ✓ |
| Hunde willkommen | ✓ |
| Skilift/Loipe | 2km |
| WLAN (gegen Gebühr) | ✓ |
| Lebensmittel | ✓ |
| Brötchen am Platz | ✓ |
| Restaurant/Imbiss | 100m |
| Ver-/Entsorgung Womo | ✓ |
| in den Ort | 500m |
| Gesamt/Touristen | 117/51 |
| Mietunterkünfte | ✓ |
| Stellplätze vor Schranke | ✓ |

**3.1** GUT
81 Bewertungen

| | |
|---|---|
| Lage | 3.9 |
| Ruhe | 2.7 |
| Sanitäranlagen | 2.7 |
| Sauberkeit Ø | 3.2 |
| Freundlichkeit | 3.8 |
| Stellplatz | 3.2 |
| Verpflegung | 2.8 |
| Freizeit | 3.8 |
| Preis-Leistung | 2.8 |
| Mietunterkünfte | 3.4 |

**Geeignet für**

| | |
|---|---|
| Kinder b. 6 J. | 2.2 |
| Kinder b. 12 J. | 2.6 |
| Kinder b. 18 J. | 3.2 |
| Paare | 3.5 |
| Senioren | 3.5 |
| Gäste mit Zelt | 2.9 |
| Gäste mit Hund | 3.4 |

**Empfohlene Aktivitäten**

- Wandern
- Mountainbiking
- Radfahren

**Infos**

Öffnungszeiten
Vergleichspreis
Link

**Ausstattung**

Freizeit
Campingplatz
Versorgung
Anzahl der Plätze

## 23 Camping Brugger am Riegsee

Seestrasse 2
82447 Spatzenhausen/OT Hofheim
+49 8847 728
47.70646 | 11.21642
750m ü.M.

30.03. - 20.10.
HS: 31,00 € | NS: 25,40 €
**Mehr Infos & Anfrage:**
www.camping.info/19018

| | |
|---|---|
| Baden im See am Platz | ✓ |
| Hallenbad | 15km |
| Spielplatz am Platz | ✓ |
| Hunde willkommen | ✓ |
| Skilift/Loipe | 6/3km |
| WLAN | ✓ |
| Lebensmittel | ✓ |
| Brötchen am Platz | ✓ |
| Restaurant & Imbiss | ✓ |
| Ver-/Entsorgung Womo | ✓ |
| in den Ort | 1km |
| Gesamt/Touristen | 420/120 |
| Mietunterkünfte | ✗ |
| Stellplätze vor Schranke | ✓ |

**4.1** SEHR GUT
71 Bewertungen

| | |
|---|---|
| Lage | 4.7 |
| Ruhe | 4.4 |
| Sanitäranlagen | 4.3 |
| Sauberkeit Ø | 4.3 |
| Freundlichkeit | 4.3 |
| Stellplatz | 3.8 |
| Verpflegung | 3.8 |
| Freizeit | 4.1 |
| Preis-Leistung | 4.1 |
| Mietunterkünfte | - |

**Geeignet für**

| | |
|---|---|
| Kinder b. 6 J. | 4.2 |
| Kinder b. 12 J. | 4.3 |
| Kinder b. 18 J. | 3.8 |
| Paare | 4.4 |
| Senioren | 4.4 |
| Gäste mit Zelt | 4.1 |
| Gäste mit Hund | 4.1 |

**Empfohlene Aktivitäten**

- Schwimmen
- Wandern
- Radfahren

## 24 Campingplatz Demmelhof

Stallau 148
83646 Bad Tölz-Stallau
+49 8041 8121
47.74978 | 11.49989
720m ü.M.

ganzjährig
HS: 31,00 € | NS: 31,00 €
**Mehr Infos & Anfrage:**
www.camping.info/19069

| | |
|---|---|
| Baden im See am Platz | ✓ |
| Pool/Hallenbad | 5km |
| Spielplatz am Platz | ✓ |
| Hunde willkommen | ✓ |
| Skilift/Loipe | 600m |
| WLAN (gegen Gebühr) | ✓ |
| Lebensmittel | ✓ |
| Brötchen am Platz | nur HS |
| Restaurant & Imbiss | ✓ |
| Ver-/Entsorgung Womo | ✓ |
| in den Ort | 3km |
| Gesamt/Touristen | 130/65 |
| Mietunterkünfte | ✓ |
| Stellplätze vor Schranke | ✓ |

**4.8** SEHR GUT
238 Bewertungen

| | |
|---|---|
| Lage | 4.7 |
| Ruhe | 4.4 |
| Sanitäranlagen | 4.8 |
| Sauberkeit Ø | 4.9 |
| Freundlichkeit | 5.0 |
| Stellplatz | 4.6 |
| Verpflegung | 4.5 |
| Freizeit | 4.7 |
| Preis-Leistung | 4.8 |
| Mietunterkünfte | 4.9 |

**Geeignet für**

| | |
|---|---|
| Kinder b. 6 J. | 4.8 |
| Kinder b. 12 J. | 4.8 |
| Kinder b. 18 J. | 4.6 |
| Paare | 4.8 |
| Senioren | 4.8 |
| Gäste mit Zelt | 4.7 |
| Gäste mit Hund | 4.8 |

**Empfohlene Aktivitäten**

- Wandern
- Radfahren
- Entspannen

Womos ab 7,50m:normaler Campingplatzpreis; extra Jugendplatz vorhanden

Karte auf Seite 412

## 25 Kaiser Camping Outdoor Resort

Reithof 2
83075 Bad Feilnbach
+49 806 688 4400
47.78876 | 12.00512
522m ü.M.

01.03. - 08.11.
14.12. - 07.01.
HS: 29,00 € | NS: 25,00 €
**Mehr Infos & Anfrage:**
www.camping.info/19030

| | |
|---|---|
| Baden im Fluss am Platz | ✓ |
| Pool/Hallenbad | ✓/7km |
| Spielplatz am Platz | ✓ |
| Hunde erlaubt | ✓ |
| Skilift/Loipe | 14/6km |
| WLAN | ✓ |
| Lebensmittel | ✓ |
| Brötchen am Platz | ✓ |
| Restaurant & Imbiss | ✓ |
| Ver-/Entsorgung Womo | ✓ |
| in den Ort | 1km |
| Gesamt/Touristen | 650/370 |
| Mietunterkünfte | ✗ |
| Stellplätze vor Schranke | ✗ |

4.5 SEHR GUT
392 Bewertungen

| | |
|---|---|
| Lage | 4.6 |
| Ruhe | 4.5 |
| Sanitäranlagen | 4.4 |
| Sauberkeit Ø | 4.5 |
| Freundlichkeit | 4.8 |
| Stellplatz | 4.5 |
| Verpflegung | 4.2 |
| Freizeit | 4.6 |
| Preis-Leistung | 4.5 |
| Mietunterkünfte | - |

**Geeignet für**

| | |
|---|---|
| Kinder b. 6 J. | 4.7 |
| Kinder b. 12 J. | 4.7 |
| Kinder b. 18 J. | 4.1 |
| Paare | 4.7 |
| Senioren | 4.7 |
| Gäste mit Zelt | 4.6 |
| Gäste mit Hund | 4.5 |

**Empfohlene Aktivitäten**

- Wandern
- Radfahren
- Entspannen

AWARD 2020

## 26 Campingplatz beim Fischer

Buchscharnstraße 10
82541 Münsing/St. Heinrich
+49 8801 802
47.82652 | 11.33939
590m ü.M.

15.03. - 30.09.
01.10. - 30.11.
HS: 30,50 € | NS: 27,70 €
**Mehr Infos & Anfrage:**
www.camping.info/19028

| | |
|---|---|
| Baden im See | 200m |
| Pool/Hallenbad | 200m/15km |
| Spielplatz am Platz | ✓ |
| Hunde erlaubt | ✓ |
| Skilift/Loipe | 4/3km |
| WLAN (gegen Gebühr) | ✓ |
| Lebensmittel | ✓ |
| Brötchen am Platz | nur HS |
| Restaurant/Imbiss | 200/300m |
| Ver-/Entsorgung Womo | ✓ |
| in den Ort | 4km |
| Gesamt/Touristen | 151/76 |
| Mietunterkünfte | ✓ |
| Stellplätze vor Schranke | ✗ |

4.1 SEHR GUT
67 Bewertungen

| | |
|---|---|
| Lage | 4.2 |
| Ruhe | 4.1 |
| Sanitäranlagen | 4.1 |
| Sauberkeit Ø | 4.3 |
| Freundlichkeit | 4.7 |
| Stellplatz | 4.0 |
| Verpflegung | 3.1 |
| Freizeit | 4.1 |
| Preis-Leistung | 4.3 |
| Mietunterkünfte | 4.4 |

**Geeignet für**

| | |
|---|---|
| Kinder b. 6 J. | 4.0 |
| Kinder b. 12 J. | 4.1 |
| Kinder b. 18 J. | 3.7 |
| Paare | 4.3 |
| Senioren | 4.4 |
| Gäste mit Zelt | 4.5 |
| Gäste mit Hund | 4.2 |

**Empfohlene Aktivitäten**

- Schwimmen
- Radfahren
- Segeln

## 27 Campingoase Fam. Reindl Bad Kohlgrub

Sonnen 93
82433 Bad Kohlgrub
+49 8845 74100
47.65833 | 11.04306
960m ü.M.

ganzjährig
HS: 20,00 € | NS: 18,00 €
**Mehr Infos & Anfrage:**
www.camping.info/19022

| | |
|---|---|
| Baden in nat. Gewässer | k. A. |
| Pool/Hallenbad | 8km/150m |
| Spielplatz am Platz | ✓ |
| Hunde willkommen | ✓ |
| Skilift | ✓ |
| WLAN | teilweise |
| Lebensmittel | 1km |
| Brötchen | keine Angabe |
| Restaurant/Imbiss | 100m |
| Ver-/Entsorgung Womo | ✓ |
| in den Ort | 1km |
| Gesamt | 16 |
| Mietunterkünfte | ✓ |
| Stellplätze vor Schranke | ✗ |

4.3 SEHR GUT
6 Bewertungen

| | |
|---|---|
| Lage | 4.5 |
| Ruhe | 5.0 |
| Sanitäranlagen | 3.7 |
| Sauberkeit Ø | 4.3 |
| Freundlichkeit | 4.8 |
| Stellplatz | 3.7 |
| Verpflegung | 4.7 |
| Freizeit | 4.2 |
| Preis-Leistung | 4.8 |
| Mietunterkünfte | 5.0 |

**Geeignet für**

| | |
|---|---|
| Kinder b. 6 J. | 4.0 |
| Kinder b. 12 J. | 3.8 |
| Kinder b. 18 J. | 3.3 |
| Paare | 4.5 |
| Senioren | 4.5 |
| Gäste mit Zelt | 4.0 |
| Gäste mit Hund | 4.7 |

**Empfohlene Aktivitäten**

- Wandern
- Wellness
- Mountainbiking

Hauptsaison von 01.05.2020 - 31.10.2020

**Infos**

Öffnungszeiten
Vergleichspreis
Link

**Ausstattung**

Freizeit
Campingplatz
Versorgung
Anzahl der Plätze

DEUTSCHLAND

# ❸ Bayerische Alpen Ost – rund um den Chiemsee

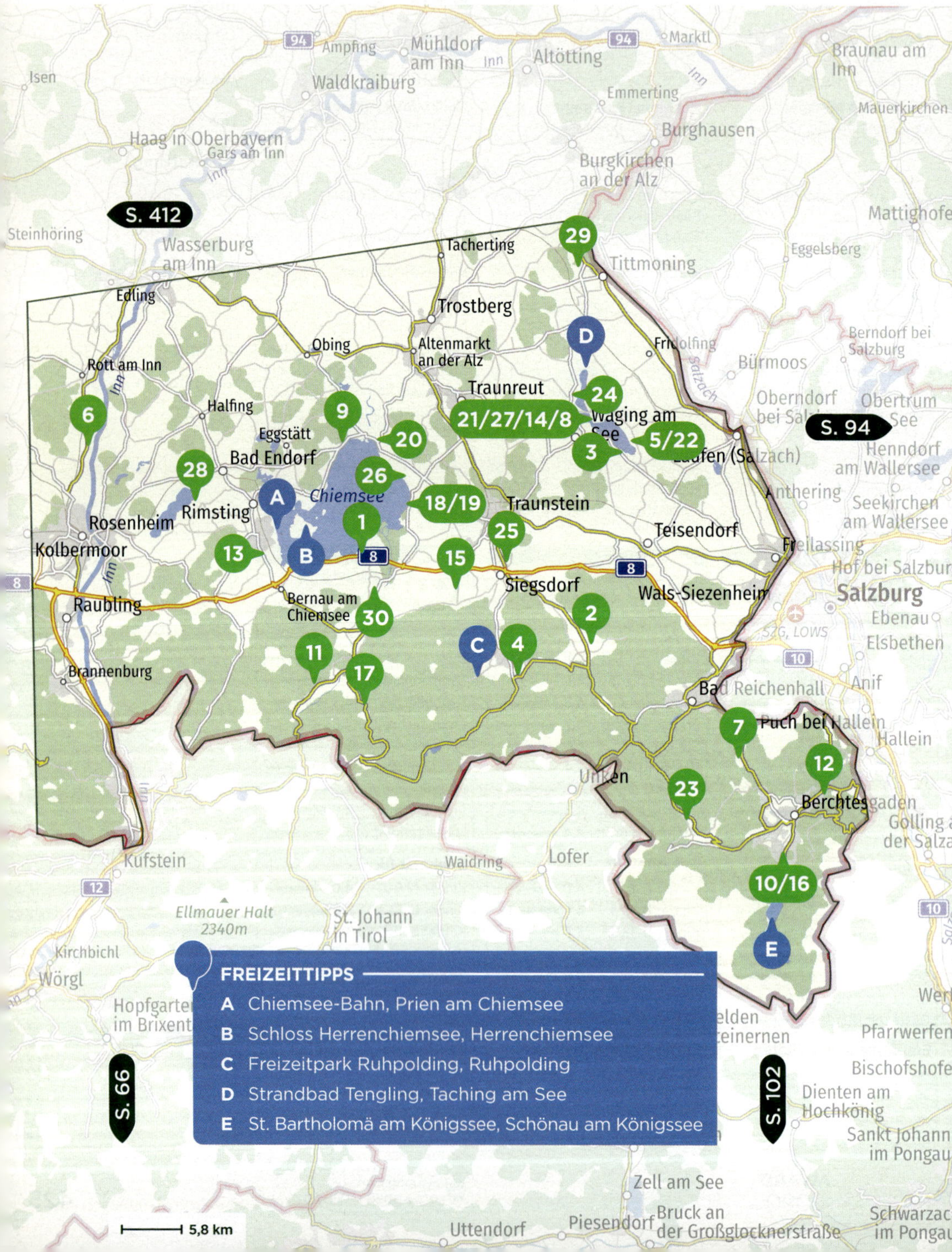

| | Platz | Seite | Bewertung | Öffnungszeiten | |
|---|---|---|---|---|---|
| 1 | Chiemsee-Camping Rödlgries | 430 | 4.2 | saisonal | |
| 2 | Camping Lindlbauer | 430 | 4.6 | saisonal | Wintercamping, Award |
| 3 | Camping Ferienpark Hainz am See | 430 | 4.6 | saisonal | |
| 4 | Camping Ortnerhof | 430 | 4.6 | k. A. | Wintercamping |
| 5 | Camping Strandbad Bootsverleih Wagner | 431 | 4.6 | saisonal | |
| 6 | Camping Erlensee | 431 | 4.0 | ganzjährig | Wintercamping |
| 7 | Camping Winkl-Landthal | 431 | 3.2 | saisonal | Wintercamping |
| 8 | Camping Schwanenplatz | 433 | 4.7 | saisonal | Ecocamping, Award |
| 9 | Chiemsee Camping Lambach am Chiemsee | 433 | 3.4 | saisonal | |
| 10 | Camping und Pension Mühlleiten | 433 | 3.2 | saisonal | |
| 11 | Camping Zellersee | 436 | 3.8 | saisonal | Ecocamping |
| 12 | Camping-Resort Allweglehen | 432 | 4.5 | ganzjährig | Wintercamping, Ecocamping |
| 13 | Camping Hofbauer | 436 | 3.9 | saisonal | |
| 14 | Strandcamping Waging am See | 434 | 4.1 | ganzjährig | Wintercamping |
| 15 | Campingplatz Wagnerhof | 436 | 4.1 | saisonal | Wintercamping |
| 16 | Camping-Grafenlehen | 436 | 3.7 | ganzjährig | Wintercamping |
| 17 | Camping Litzelau | 437 | 3.9 | ganzjährig | Wintercamping |
| 18 | Camping Möwenplatz | 437 | 3.7 | saisonal | |
| 19 | Chiemsee Strandcamping | 437 | 4.1 | saisonal | |
| 20 | Camping Kupferschmiede | 438 | 3.8 | saisonal | |
| 21 | Camping Tettenhausen | 438 | 4.0 | ganzjährig | Wintercamping |
| 22 | Camping Stadler | 438 | 4.2 | saisonal | |
| 23 | Camping Simonhof | 440 | 4.7 | saisonal | Wintercamping |
| 24 | Seecamping Taching am See | 438 | 4.2 | saisonal | |
| 25 | Alpen-Camping | 439 | 3.2 | ganzjährig | Wintercamping |
| 26 | Campingplatz Seehäusl | 439 | 4.4 | ganzjährig | |
| 27 | Ferienparadies Gut Horn | 439 | 4.4 | saisonal | |
| 28 | Camping Stein | 443 | 4.3 | saisonal | |
| 29 | Camping Seebauer | 443 | 4.2 | saisonal | |
| 30 | Bauernhof Steiner | 443 | 4.2 | saisonal | |

Wintercamping FKK Textilfrei (ganz/teilweise) Ecocamping Award Onlinebuchung

Schloss Herrenchiemsee © Deutsche Alpenstraße

## VOM INN INS CHIEMGAU BIS AN DEN KÖNIGSEE

Auch der östliche Teil der Bayerischen Alpen stellt ein Paradies für Naturliebhaber und Outdoorfreunde dar. Die unverwechselbare Landschaft, deren Antlitz von Seen, Weiden und Berggipfeln geprägt ist, birgt ohne Zweifel einen Höhepunkt beim Campen in und rund um die Alpen.

## DAS BAYERISCHE MEER UND DER CHIEMGAU

Der Chiemsee, liebevoll auch bayerisches Meer genannt, ist der drittgrößte See Deutschlands. Er ist bei Campern aufgrund seiner schönen Lage am Alpenrand, seinen vielen Wassersportmöglichkeiten und natürlich wegen seines großen Angebots an Campingplätzen besonders beliebt. Ein Muss im Rahmen eines Campingurlaubs im Chiemgau ist der Besuch der Herreninsel am Chiemsee. Unter anderem findet man dort das Schloss Herrenchiemsee des Märchenkönigs Ludwig II., welches dem Schloss von Versailles nachempfunden ist. Rund um den Chiemsee befinden sich noch zahlreiche kleinere Seen wie der Simssee - ebenfalls mit einladenden Campingmöglichkeiten.

## WAGING UND RUPERTIWINKEL

Ein Stück östlich vom Chiemsee liegen der Waginger See und der Tachinger See. Auch der Waginger See ist ein Hotspot der Camping-Szene und schon seit jeher Inbegriff des deutschen Sommertourismus. Die geografische und kulturelle Nähe dieser Gegend zu Salzburg erkennt man auch an dessen Bezeichnung als „Rupertiwinkel", was auf den ersten Bischof von Salzburg zurückzuführen ist.

Kehlsteinhaus © Deutsche Alpenstraße

Ruhpolding im Herbst © BAYERN TOURISMUS Marketing GmbH

## MAJESTÄTISCH CAMPEN AM FUSSE DES WATZMANN

Weiter südlich gelangt man nach Bad Reichenhall mit seinen beliebten Thermen und weiter ins Berchtesgadener Land. Kaum ein anderes Fotomotiv in Bayern wird öfters geknipst als die Wallfahrtskapelle St. Bartholomä am Königssee – nicht ohne Grund, erscheint die Gegend doch optisch wie ein Bilderbuch. Das smaragdgrüne Wasser des Königssees, das ausreichend Stoff für Seemannsgarn und Märchen bietet, bildet dabei natürlich einen besonderen optischen Leckerbissen. Aber auch von den Bergen und Bergbahnen der Umgebung bieten sich atemberaubend schöne Blicke ins Tal. Man erzählt sich, dass einst der böse König Watzmann die Leute tyrannisiert habe. Zur Strafe für seine scheußlichen Taten wurden er und seine Familie von Gott zu Gestein verwandelt. So entstand der wohl imposanteste Berg der Region, der Watzmann, dem der Liedermacher Wolfgang Ambros in seinem gleichnamigen Stück ein Denkmal der Popkultur setzte. Zudem gilt das Massiv unter Bergsteigern als der schönste Berg der Welt. Das Berchtesgadener Land hat übrigens auch im Winter schöne Campingmöglichkeiten parat.

Königssee Berchtesgadener Land
© Deutsche Alpenstraße

**TIPP DER REDAKTION**

**Camping Simonhof**

Ramsau | Nr. 23 | Seite 440

Laut Gästen ideal geeignet zum:

- Wandern
- Entspannen
- Mountainbiken

4.7

## 1 Chiemsee-Camping Rödlgries

Rödlgries 1
83236 Übersee
+49 8642 470

47.84219 | 12.47188
520m ü.M.

01.04. - 31.10.

HS: 35,00 € | NS: 32,00 €

**Mehr Infos & Anfrage:**
www.camping.info/19039

| | |
|---|---|
| Baden im See am Platz | ✓ |
| Pool/Hallenbad | 15/18km |
| Spielplatz am Platz | ✓ |
| Hunde | ✗ |
| Skilift & Loipe | ✗ |
| WLAN (gegen Gebühr) | ✓ |
| Lebensmittel | 3km |
| Brötchen | keine Angabe |
| Restaurant | 2km |
| Ver-/Entsorgung Womo | ✗ |
| in den Ort | 3km |
| Gesamt/Touristen | 510/330 |
| Mietunterkünfte | ✗ |
| Stellplätze vor Schranke | ✗ |

**4.2** SEHR GUT
152 Bewertungen

| | |
|---|---|
| Lage | 4.4 |
| Ruhe | 3.5 |
| Sanitäranlagen | 4.4 |
| Sauberkeit Ø | 4.6 |
| Freundlichkeit | 4.1 |
| Stellplatz | 4.4 |
| Verpflegung | 3.5 |
| Freizeit | 4.3 |
| Preis-Leistung | 4.0 |
| Mietunterkünfte | - |

**Geeignet für**

| | |
|---|---|
| Kinder b. 6 J. | 4.4 |
| Kinder b. 12 J. | 4.3 |
| Kinder b. 18 J. | 3.9 |
| Paare | 4.5 |
| Senioren | 4.5 |
| Gäste mit Zelt | 4.3 |
| Hunde n. erlaubt | - |

**Empfohlene Aktivitäten**

- Schwimmen
- Radfahren
- Wandern

keine WOMOs ab 7,5 m; bevorzugt keine Zeltcamper und Jugendgruppen

## 2 Camping Lindlbauer

Kreuzfeldstraße 44
83334 Inzell
+49 8665 928 99 88

47.76667 | 12.75403
700m ü.M.

01.01. - 06.11.
19.12. - 31.12.

HS: 29,20 € | NS: 29,20 €

**Mehr Infos & Anfrage:**
www.camping.info/24093

| | |
|---|---|
| Baden im See | 200m |
| Pool/Hallenbad | 200m |
| Spielplatz am Platz | ✓ |
| Hunde willkommen | ✓ |
| Skilift/Loipe | 4km/✓ |
| WLAN (gegen Gebühr) | ✓ |
| Lebensmittel | 500m |
| Brötchen am Platz | ✓ |
| Restaurant/Imbiss | 100m |
| Ver-/Entsorgung Womo | ✓ |
| in den Ort | 300m |
| Gesamt/Touristen | 91/81 |
| Mietunterkünfte | ✓ |
| Stellplätze vor Schranke | ✗ |

**4.6** SEHR GUT
136 Bewertungen

| | |
|---|---|
| Lage | 4.7 |
| Ruhe | 4.7 |
| Sanitäranlagen | 4.9 |
| Sauberkeit Ø | 5.0 |
| Freundlichkeit | 4.7 |
| Stellplatz | 4.4 |
| Verpflegung | 3.7 |
| Freizeit | 4.5 |
| Preis-Leistung | 4.3 |
| Mietunterkünfte | 4.8 |

**Geeignet für**

| | |
|---|---|
| Kinder b. 6 J. | 4.1 |
| Kinder b. 12 J. | 4.2 |
| Kinder b. 18 J. | 3.7 |
| Paare | 4.8 |
| Senioren | 4.7 |
| Gäste mit Zelt | 4.2 |
| Gäste mit Hund | 4.6 |

**Empfohlene Aktivitäten**

- Wandern
- Entspannen
- Radfahren

AWARD 2020

## 3 Camping Ferienpark Hainz am See

Hainz am See 2
83367 Petting
+49 8686 287

47.9211 | 12.7936
442m ü.M.

15.05. - 15.09.

HS: 32,40 € | NS: 27,60 €

**Mehr Infos & Anfrage:**
www.camping.info/19058

| | |
|---|---|
| Baden im See am Platz | ✓ |
| Pool/Hallenbad | 16/18km |
| Spielplatz am Platz | ✓ |
| Hunde | ✗ |
| Skilift/Loipe | ✗/k. A. |
| WLAN | ✓ |
| Lebensmittel | 2km |
| Brötchen am Platz | ✓ |
| Restaurant | 2km |
| Ver-/Entsorgung Womo | ✗ |
| in den Ort | 2km |
| Touristenplätze | 50 |
| Mietunterkünfte | ✗ |
| Stellplätze vor Schranke | ✗ |

**4.6** SEHR GUT
22 Bewertungen

| | |
|---|---|
| Lage | 4.9 |
| Ruhe | 5.0 |
| Sanitäranlagen | 4.6 |
| Sauberkeit Ø | 4.8 |
| Freundlichkeit | 4.5 |
| Stellplatz | 4.6 |
| Verpflegung | 3.4 |
| Freizeit | 3.9 |
| Preis-Leistung | 4.6 |
| Mietunterkünfte | - |

**Geeignet für**

| | |
|---|---|
| Kinder b. 6 J. | 4.2 |
| Kinder b. 12 J. | 4.0 |
| Kinder b. 18 J. | 3.3 |
| Paare | 4.6 |
| Senioren | 4.7 |
| Gäste mit Zelt | 4.2 |
| Hunde n. erlaubt | - |

**Empfohlene Aktivitäten**

- Schwimmen
- Radfahren
- Entspannen

## 4 Camping Ortnerhof

Ort 5
83324 Ruhpolding
+49 8663 1764

47.74247 | 12.66347
670m ü.M.

keine Angabe

HS: 31,30 € | NS: 29,60 €

**Mehr Infos & Anfrage:**
www.camping.info/19047

| | |
|---|---|
| Baden im See | 10km |
| Pool/Hallenbad | 3km |
| Spielplatz am Platz | ✓ |
| Hunde | ✗ |
| Skilift/Loipe | 3km/✓ |
| WLAN (gegen Gebühr) | ✓ |
| Lebensmittel | 1km |
| Brötchen am Platz | ✓ |
| Restaurant/Imbiss | 1/3km |
| Ver-/Entsorgung Womo | ✓ |
| in den Ort | 3km |
| Gesamt/Touristen | 180/100 |
| Mietunterkünfte | ✓ |
| Stellplätze vor Schranke | ✓ |

**4.6** SEHR GUT
72 Bewertungen

| | |
|---|---|
| Lage | 4.6 |
| Ruhe | 4.7 |
| Sanitäranlagen | 4.7 |
| Sauberkeit Ø | 4.9 |
| Freundlichkeit | 4.7 |
| Stellplatz | 4.3 |
| Verpflegung | 3.3 |
| Freizeit | 4.5 |
| Preis-Leistung | 4.4 |
| Mietunterkünfte | 4.3 |

**Geeignet für**

| | |
|---|---|
| Kinder b. 6 J. | 4.5 |
| Kinder b. 12 J. | 4.4 |
| Kinder b. 18 J. | 4.2 |
| Paare | 4.8 |
| Senioren | 4.7 |
| Gäste mit Zelt | 4.4 |
| Hunde n. erlaubt | - |

**Empfohlene Aktivitäten**

- Wandern
- Radfahren
- Mountainbiking

keine WOMOs ab 9 m; keine Jugendgruppen

Karte auf Seite 426

## 5 Camping Strandbad Bootsverleih Wagner

Strandbadstraße 7
83367 Petting
+49 86 86 98 44 77
47.92898 | 12.80208

| Infos | |
|---|---|
| Öffnungszeiten | 01.05. - 31.10. |
| Vergleichspreis | HS: 24,50 € \| NS: 22,50 € |
| Link | **Mehr Infos & Anfrage:** www.camping.info/26431 |

**Ausstattung**

| | | |
|---|---|---|
| Freizeit | Baden im See am Platz | ✓ |
| | Pool/Hallenbad | 15/25km |
| | Spielplatz am Platz | ✓ |
| Campingplatz | Hunde willkommen | ✓ |
| | Skilift & Loipe | ✗ |
| | WLAN | ✓ |
| Versorgung | Lebensmittel | 1km |
| | Brötchen am Platz | nur HS |
| | Restaurant & Imbiss | ✓ |
| | Ver-/Entsorgung Womo | ✓ |
| | in den Ort | 3km |
| Anzahl der Plätze | Gesamt/Touristen | 63/23 |
| | Mietunterkünfte | ✓ |
| | Stellplätze vor Schranke | ✓ |

**4.6** SEHR GUT
19 Bewertungen

| | |
|---|---|
| Lage | 4.9 |
| Ruhe | 4.5 |
| Sanitäranlagen | 4.2 |
| Sauberkeit Ø | 4.7 |
| Freundlichkeit | 4.7 |
| Stellplatz | 4.3 |
| Verpflegung | 3.9 |
| Freizeit | 4.2 |
| Preis-Leistung | 4.5 |
| Mietunterkünfte | 4.5 |

**Geeignet für**

| | |
|---|---|
| Kinder b. 6 J. | 4.2 |
| Kinder b. 12 J. | 4.2 |
| Kinder b. 18 J. | 3.9 |
| Paare | 4.7 |
| Senioren | 4.5 |
| Gäste mit Zelt | 4.3 |
| Gäste mit Hund | 4.5 |

**Empfohlene Aktivitäten**

- Schwimmen
- Radfahren
- Entspannen

## 6 Camping Erlensee

Rosenheimer Straße 63
83135 Schechen
+49 8039 16 95
47.92465 | 12.13693
447m ü.M.

| Infos | |
|---|---|
| Öffnungszeiten | ganzjährig |
| Vergleichspreis | HS: 22,50 € \| NS: 17,50 € |
| Link | **Mehr Infos & Anfrage:** www.camping.info/19033 |

**Ausstattung**

| | | |
|---|---|---|
| Freizeit | Baden im See am Platz | ✓ |
| | Pool & Hallenbad | ✗ |
| | Spielplatz | ✗ |
| Campingplatz | Hunde erlaubt | ✓ |
| | Skilift & Loipe | keine Angabe |
| | WLAN | ✓ |
| Versorgung | Lebensmittel | 800m |
| | Brötchen | keine Angabe |
| | Restaurant am P. | ✓ |
| | Ver-/Entsorgung Womo | ✓ |
| | in den Ort | 1km |
| Anzahl der Plätze | Gesamt/Touristen | 170/50 |
| | Mietunterkünfte | ✗ |
| | Stellplätze vor Schranke | ✗ |

**4.0** SEHR GUT
22 Bewertungen

| | |
|---|---|
| Lage | 4.0 |
| Ruhe | 4.1 |
| Sanitäranlagen | 4.0 |
| Sauberkeit Ø | 4.3 |
| Freundlichkeit | 4.4 |
| Stellplatz | 3.9 |
| Verpflegung | 4.0 |
| Freizeit | 3.2 |
| Preis-Leistung | 4.2 |
| Mietunterkünfte | - |

**Geeignet für**

| | |
|---|---|
| Kinder b. 6 J. | 3.4 |
| Kinder b. 12 J. | 2.8 |
| Kinder b. 18 J. | 2.7 |
| Paare | 4.4 |
| Senioren | 4.7 |
| Gäste mit Zelt | 4.3 |
| Gäste mit Hund | 4.6 |

**Empfohlene Aktivitäten**

- Entspannen
- Schwimmen
- Radfahren

## 7 Camping Winkl-Landthal

Klaushäuslweg 7
83483 Bischofswiesen-Winkl
+49 8652 8164
47.67634 | 12.93577

| Infos | |
|---|---|
| Öffnungszeiten | 01.01. - 28.10.<br>01.12. - 31.12. |
| Vergleichspreis | HS: 30,50 € \| NS: 30,50 € |
| Link | **Mehr Infos & Anfrage:** www.camping.info/19064 |

**Ausstattung**

| | | |
|---|---|---|
| Freizeit | Baden im Teich | 4km |
| | Pool/Hallenbad | 4/9km |
| | Spielplatz am Platz | ✓ |
| Campingplatz | Hunde willkommen | ✓ |
| | Skilift | 1km |
| | WLAN | ✓ |
| Versorgung | Lebensmittel | 500m |
| | Brötchen am Platz | nur HS |
| | Restaurant/Imbiss | 1km |
| | Ver-/Entsorgung Womo | ✓ |
| | in den Ort | 3km |
| Anzahl der Plätze | Gesamt/Touristen | 100/75 |
| | Mietunterkünfte | ✓ |
| | Stellplätze vor Schranke | ✗ |

**3.2** GUT
55 Bewertungen

| | |
|---|---|
| Lage | 4.0 |
| Ruhe | 3.3 |
| Sanitäranlagen | 3.8 |
| Sauberkeit Ø | 4.2 |
| Freundlichkeit | 3.0 |
| Stellplatz | 3.2 |
| Verpflegung | 2.4 |
| Freizeit | 4.0 |
| Preis-Leistung | 3.3 |
| Mietunterkünfte | 3.2 |

**Geeignet für**

| | |
|---|---|
| Kinder b. 6 J. | 3.1 |
| Kinder b. 12 J. | 3.8 |
| Kinder b. 18 J. | 3.3 |
| Paare | 4.1 |
| Senioren | 4.2 |
| Gäste mit Zelt | 4.3 |
| Gäste mit Hund | 4.3 |

**Empfohlene Aktivitäten**

- Wandern
- Radfahren
- Mountainbiking

# 12 Camping-Resort Allweglehen

Allweggasse 4
83471 Berchtesgaden
+49 8652 2396
www.allweglehen.de
urlaub@allweglehen.de

ganzjährig

HS: 49,70 € | NS: 46,10 €

**Mehr Infos & Anfrage:**
www.camping.info/19062

| | |
|---|---|
| Baden im See | 5km |
| Pool/Hallenbad | ✓/3km |
| Spielplatz am Platz | ✓ |
| Hunde willkommen | ✓ |
| Skilift/Loipe | 3/1km |
| WLAN | ✓ |
| Lebensmittel | ✓ |
| Brötchen am Platz | ✓ |
| Restaurant & Imbiss | ✓ |
| Ver-/Entsorgung Womo | ✓ |
| in den Ort | 3km |
| Gesamt/Touristen | 150/140 |
| Mietunterkünfte | ✓ |
| Stellplätze vor Schranke | ✓ |

47.6475 | 13.04027
590m ü.M.

Terrassencamping mit Aussicht. Direkt am Alpen-Nationalpark Berchtesgaden.

## Lage & Stellplatz

Alpines Campingvergnügen am Nationalpark Berchtesgaden in Alpenchalet, Wood-Lodge, Campingfass, Almkasern, Wohnmobil, Zelt oder Caravan auf Luxus-Panoramastellplätzen mit direktem Blick auf den Watzmann. Genießen Sie Erlebnis, Sport, Ausflüge, ursprüngliche Natur, Kultur und erholsame Entspannung.

## Verpflegung

Das gemütliche Traditionsrestaurant am Platz ist mit 100 Sitzplätzen beliebter Treffpunkt und bietet vielseitige Gerichte aus gut bürgerlicher Küche, auch für romantische Stunden zu zweit im Kaminzimmer. Brötchenservice für Frühstück und weitere Dinge für den Campingalltag bietet der eigene Kiosk.

## Sanitär

5-Sterne-Panorama-Sanitärhaus mit Fußbodenheizung und Mietbädern: Erholen Sie sich in der exklusiven Alpen-Wellness-Oase mit ganzjährig beheiztem Außenpool, zwei Saunen, Dampfbad, Ruheraum, Teebar, Saunagarten und der Wellness-Alm mit vier Behandlungsräumen für medizinische Massagen, Kosmetik etc.

## Freizeit

Erkunden Sie die vielseitige Region mit Salzbergwerk, Obersalzberg und Kehlstein, Königssee, Jenner, Watzmann, das Haus der Berge, die Therme, das schmucke Berchtesgaden oder das nahe gelegene Salzburg. Der eigene Shuttle Service bringt Sie zu den umliegenden Skigebieten und Langlauf-Loipen.

Wohnen in allen Variationen.

Entspannen mit Panoramablick.

**4.5** SEHR GUT
312 Bewertungen

| | |
|---|---|
| Lage | 4.7 |
| Ruhe | 4.4 |
| Sanitäranlagen | 4.5 |
| Sauberkeit Ø | 4.5 |
| Freundlichkeit | 4.7 |
| Stellplatz | 4.3 |
| Verpflegung | 4.4 |
| Freizeit | 4.6 |
| Preis-Leistung | 4.2 |
| Mietunterkünfte | 4.7 |

**Geeignet für**

| | |
|---|---|
| 4.7 | Paare |
| 4.6 | Gäste mit Zelt |
| 4.6 | Gäste mit Hund |
| 4.3 | Kinder b. 12 J. |
| 4.3 | Senioren |
| 4.1 | Kinder b. 6 J. |
| 4.1 | Kinder b. 18 J. |

**Empfohlene Aktivitäten**

Wandern · Mountainbiking · Entspannen · Klettern · Schwimmen

Ecocamping, extra Wohnmobilstellplatz, Aktivprogramm, Wintercamping

Karte auf Seite 426

## 8 Camping Schwanenplatz

Am Schwanenplatz 1
83329 Waging / Gaden
+49 8681 281

47.9368 | 12.76106
445m ü.M.

27.04. - 03.10.

HS: 28,20 € | NS: 23,00 €

**Mehr Infos & Anfrage:**
www.camping.info/19050

| | |
|---|---|
| Baden im See am Platz | ✓ |
| Hallenbad | 25km |
| Spielplatz am Platz | ✓ |
| Hunde | ✗ |
| Skilift & Loipe | ✗ |
| WLAN (gegen Gebühr) | ✓ |
| Lebensmittel | 1km |
| Brötchen am Platz | ✓ |
| Restaurant & Imbiss | ✓ |
| Ver-/Entsorgung Womo | ✓ |
| in den Ort | 1km |
| Gesamt/Touristen | 240/155 |
| Mietunterkünfte | ✗ |
| Stellplätze vor Schranke | ✗ |

**4.7** SEHR GUT
620 Bewertungen

| | |
|---|---|
| Lage | 4.8 |
| Ruhe | 4.7 |
| Sanitäranlagen | 4.7 |
| Sauberkeit Ø | 4.8 |
| Freundlichkeit | 4.8 |
| Stellplatz | 4.7 |
| Verpflegung | 3.9 |
| Freizeit | 4.6 |
| Preis-Leistung | 4.6 |
| Mietunterkünfte | - |

**Geeignet für**

| | |
|---|---|
| Kinder b. 6 J. | 4.6 |
| Kinder b. 12 J. | 4.5 |
| Kinder b. 18 J. | 3.8 |
| Paare | 4.7 |
| Senioren | 4.7 |
| Gäste mit Zelt | 4.4 |
| Hunde n. erlaubt | - |

**Empfohlene Aktivitäten**

- Schwimmen
- Radfahren
- Wandern

Jugendliche nur mit Erziehungsberechtigten

## 9 Chiemsee Camping Lambach am Chiemsee

Lambach 3
83358 Seebruck am Chiemsee
+49 8667 7889

47.92793 | 12.45045

01.04. - 01.10.

HS: 30,60 € | NS: 30,60 €

**Mehr Infos & Anfrage:**
www.camping.info/19056

| | |
|---|---|
| Baden im See am Platz | ✓ |
| Pool/Hallenbad | 14km |
| Spielplatz | 2km |
| Hunde willkommen | ✓ |
| Skilift & Loipe | keine Angabe |
| WLAN | ✓ |
| Lebensmittel | ✓ |
| Brötchen am Platz | ✓ |
| Restaurant & Imbiss | ✓ |
| Ver-/Entsorgung Womo | ✓ |
| in den Ort | 1km |
| Gesamt/Touristen | 80/60 |
| Mietunterkünfte | ✗ |
| Stellplätze vor Schranke | ✗ |

**3.4** GUT
25 Bewertungen

| | |
|---|---|
| Lage | 3.8 |
| Ruhe | 2.9 |
| Sanitäranlagen | 3.6 |
| Sauberkeit Ø | 3.6 |
| Freundlichkeit | 3.7 |
| Stellplatz | 3.3 |
| Verpflegung | 3.8 |
| Freizeit | 3.4 |
| Preis-Leistung | 3.4 |
| Mietunterkünfte | - |

**Geeignet für**

| | |
|---|---|
| Kinder b. 6 J. | 3.4 |
| Kinder b. 12 J. | 3.7 |
| Kinder b. 18 J. | 3.5 |
| Paare | 3.9 |
| Senioren | 4.2 |
| Gäste mit Zelt | 4.2 |
| Gäste mit Hund | 3.8 |

**Empfohlene Aktivitäten**

- Schwimmen
- Radfahren
- Kayak/Kanu

## 10 Camping und Pension Mühlleiten

Koenigsseer Straße 70
83471 Schönau am Königssee
+49 865 245 84

47.60023 | 12.98904

27.03. - 01.11.

HS: 33,20 € | NS: 33,20 €

**Mehr Infos & Anfrage:**
www.camping.info/19061

| | |
|---|---|
| Baden in nat. Gewässer | k. A. |
| Hallenbad | 4km |
| Spielplatz am Platz | ✓ |
| Hunde erlaubt | ✓ |
| Skilift/Loipe | 1km |
| WLAN | ✓ |
| Lebensmittel | ✓ |
| Brötchen | keine Angabe |
| Restaurant | 50m |
| Ver-/Entsorgung Womo | ✗ |
| in den Ort | 1km |
| Gesamt/Touristen | 100/80 |
| Mietunterkünfte | ✓ |
| Stellplätze vor Schranke | ✗ |

**3.2** GUT
39 Bewertungen

| | |
|---|---|
| Lage | 3.8 |
| Ruhe | 2.6 |
| Sanitäranlagen | 3.3 |
| Sauberkeit Ø | 3.0 |
| Freundlichkeit | 3.9 |
| Stellplatz | 2.8 |
| Verpflegung | 3.0 |
| Freizeit | 3.7 |
| Preis-Leistung | 2.9 |
| Mietunterkünfte | 2.3 |

**Geeignet für**

| | |
|---|---|
| Kinder b. 6 J. | 3.2 |
| Kinder b. 12 J. | 3.0 |
| Kinder b. 18 J. | 3.0 |
| Paare | 3.9 |
| Senioren | 3.7 |
| Gäste mit Zelt | 3.9 |
| Gäste mit Hund | 3.8 |

**Empfohlene Aktivitäten**

- Wandern
- Mountainbiking
- Klettern

**Infos**

Öffnungszeiten

Vergleichspreis

Link

**Ausstattung**

Freizeit

Campingplatz

Versorgung

Anzahl der Plätze

# 14 Strandcamping Waging am See

Am See 1
83329 Waging a. See
+49 8681 552
www.strandcamp.de
info@strandcamp.de

ganzjährig

HS: 44,00 € | NS: 29,00 €

**Mehr Infos & Anfrage:**
www.camping.info/19051

| | |
|---|---|
| Baden im See am Platz | ✓ |
| Pool/Hallenbad | 20km |
| Spielplatz am Platz | ✓ |
| Hunde willkommen | ✓ |
| Skilift/Loipe | 25/10km |
| WLAN (gegen Gebühr) | ✓ |
| Lebensmittel | ✓ |
| Brötchen am Platz | ✓ |
| Restaurant & Imbiss | ✓ |
| Ver-/Entsorgung Womo | ✓ |
| in den Ort | 500m |
| Touristenplätze | 700 |
| Mietunterkünfte | ✓ |
| Stellplätze vor Schranke | ✓ |

Luftaufnahme vom Strandcamping Waging am See.

## Lage & Stellplatz

Ein Leading-Campingplatz mit 5-Sterne-Auszeichnung im Herzen des bayerischen Alpenvorlands: Der parkähnlich angelegte Platz liegt direkt am Waginger See und bietet schöne Ausblicke auf die umliegenden Hügel des Chiemgaus. Zahlreiche Stellplatzkategorien stehen den Gästen zur Auswahl bereit. Diese reichen von 80 m² messenden Standardplätzen bis zu 200 m² großen Super-Comfort-Stellplätzen mit Wasser- und Abwasseranschluss. Die Stellplätze liegen unter großem, alten Baumbestand und bieten alle eine schöne Rasenfläche. Von zahlreichen Stellplätzen hat man einen schönen Blick auf den See.

## Sanitär

„Strandcamping Waging am See" verfügt über drei gepflegte Sanitäranlagen. Eine davon wurde im Juni 2019 komplett neu eröffnet. Es stehen großzügige und modern eingerichtete Duschkabinen mit Waschbecken, großer Dusche, Ablagemöglichkeiten, Sitzgelegenheit und Spiegel zur Verfügung. Die einzelnen Toiletten sind durch feste Wände getrennt. Auf unschöne Trennwände wurde hier gänzlich verzichtet. 17 private Mietbadezimmer können je nach Wunsch gebucht werden. In jedem Sanitärgebäude befindet sich auch eine barrierefreie Sanitäreinrichtung.

Member of LeadingCampings

WAGINGER SEE

Radweg entlang des Sees.

Stellplatz direkt am Wasser.

Panoramaaufnahme mit Blick auf den Waginger See und die umliegenden Berge.

## Verpflegung

Direkt am Campingplatz befindet sich eine große Gastronomie mit gutbürgerlicher, bayerischer Küche. Die Seeterrasse bietet Platz für zahlreiche Gäste und offenbart tolle Blicke über den Waginger See. Im platzeigenen Biergarten mit Imbiss gibt es bayerische Schmankerl vom Grill sowie einfache und preiswerte Imbissgerichte. Außerdem befinden sich eine Wein-Lounge sowie ein Fußball-Pub am Platz. Der gut sortierte, platzeigene Supermarkt mit Bäckerei und Frischetheke ist eine Bereicherung für jeden Campinggast. Im nächsten Ort findet man außerdem einige große Supermärkte bekannter Ketten.

## Freizeit

Der große platzeigene Badepark am Ufer des Waginger Sees zählt zu den schönsten Naturfreibädern Bayerns. Mehrere Kinderspielplätze, ein Nichtschwimmerbereich und eine große Badeplattform sind im Badepark zu finden. In den Sommermonaten bietet der Platz täglich Kinder- und Sportanimation. Geführte Wander-, Berg- und Mountainbike-Touren erfreuen sich großer Beliebtheit. Im Jahr 2016 eröffnete hier Europas erste 18-Loch Fußballgolf Anlage auf einem Campingplatz. Die nähere Umgebung bietet darüber hinaus zahlreiche Ausflugsmöglichkeiten (z. B. Salzburg 20 km, Burghausen 20 km, Chiemsee 20 km).

**5.0**

*Sehr gepflegter und professionell geführter Campingplatz. Direkt am See. Sehr gute Infrastruktur. Perfekte sanitäre Einrichtungen (Familienbad, Hundebad, Kinderbad, ...), Supermarkt, Restaurant. Traumhafte Lage direkt am See. Blick auf die Berge.*

**Kai P.**

Kai P. ist seit 2010 aktiver Camper und reist zusammen mit seiner Partnerin und dem gemeinsamen Bulli. Im Juli 2020 waren sie auf diesem Platz zu Besuch.

Seeblick direkt vom Stellplatz.

Moderne Sanitäreinrichtung.

**4.1** **SEHR GUT**
364 Bewertungen

| | |
|---|---|
| Lage | 4.5 |
| Ruhe | 3.7 |
| Sanitäranlagen | 4.2 |
| Sauberkeit Ø | 4.2 |
| Freundlichkeit | 4.4 |
| Stellplatz | 4.1 |
| Verpflegung | 4.1 |
| Freizeit | 4.2 |
| Preis-Leistung | 3.9 |
| Mietunterkünfte | 4.0 |

**Geeignet für**

| | |
|---|---|
| Paare | 4.4 |
| Gäste mit Hund | 4.4 |
| Senioren | 4.3 |
| Gäste mit Zelt | 4.2 |
| Kinder b. 12 J. | 4.3 |
| Kinder b. 6 J. | 4.2 |
| Kinder b. 18 J. | 3.9 |

**Empfohlene Aktivitäten**

Schwimmen · Radfahren · Wandern · Entspannen · Segeln

## 11 Camping Zellersee

Zellersee Weg 3
83259 Schleching
+49 864 998 6719
47.73506 | 12.41485
565m ü.M.

01.05. - 30.09.
HS: 33,00 € | NS: 29,00 €
**Mehr Infos & Anfrage:**
www.camping.info/19044

| | |
|---|---|
| Baden im See am Platz | ✓ |
| Pool/Hallenbad | 7/15km |
| Spielplatz am Platz | ✓ |
| Hunde | ✗ |
| Skilift/Loipe | 3km/100m |
| WLAN (gegen Gebühr) | ✓ |
| Lebensmittel | ✓ |
| Brötchen am Platz | nur HS |
| Restaurant/Imbiss | 500m/✓ |
| Ver-/Entsorgung Womo | ✓ |
| in den Ort | 2km |
| Gesamt/Touristen | 90/75 |
| Mietunterkünfte | ✓ |
| Stellplätze vor Schranke | ✗ |

**3.8** GUT
16 Bewertungen

| | |
|---|---|
| Lage | 4.1 |
| Ruhe | 3.8 |
| Sanitäranlagen | 3.8 |
| Sauberkeit Ø | 4.4 |
| Freundlichkeit | 3.9 |
| Stellplatz | 3.4 |
| Verpflegung | 2.6 |
| Freizeit | 4.1 |
| Preis-Leistung | 3.8 |
| Mietunterkünfte | 3.5 |

**Geeignet für**

| | |
|---|---|
| Kinder b. 6 J. | 3.8 |
| Kinder b. 12 J. | 4.0 |
| Kinder b. 18 J. | 3.3 |
| Paare | 4.4 |
| Senioren | 4.5 |
| Gäste mit Zelt | 4.3 |
| Hunde n. erlaubt | - |

**Empfohlene Aktivitäten**

- Wandern
- Klettern
- Schwimmen

## 13 Camping Hofbauer

Bernauerstraße 110
83209 Prien am Chiemsee
+49 8051 4136
47.83892 | 12.35104
530m ü.M.

01.04. - 27.10.
HS: 26,30 € | NS: 22,00 €
**Mehr Infos & Anfrage:**
www.camping.info/19035

| | |
|---|---|
| Baden im See | 1km |
| Pool/Hallenbad | ✓/3km |
| Spielplatz am Platz | ✓ |
| Hunde willkommen | ✓ |
| Skilift/Loipe | ✗/k. A. |
| WLAN | ✓ |
| Lebensmittel | 600m |
| Brötchen am Platz | ✓ |
| Restaurant am P. | ✓ |
| Ver-/Entsorgung Womo | ✓ |
| in den Ort | 1km |
| Gesamt/Touristen | 120/80 |
| Mietunterkünfte | ✓ |
| Stellplätze vor Schranke | ✗ |

**3.9** GUT
47 Bewertungen

| | |
|---|---|
| Lage | 3.6 |
| Ruhe | 3.4 |
| Sanitäranlagen | 3.6 |
| Sauberkeit Ø | 4.2 |
| Freundlichkeit | 4.7 |
| Stellplatz | 3.8 |
| Verpflegung | 3.9 |
| Freizeit | 4.1 |
| Preis-Leistung | 4.0 |
| Mietunterkünfte | 4.9 |

**Geeignet für**

| | |
|---|---|
| Kinder b. 6 J. | 3.8 |
| Kinder b. 12 J. | 3.8 |
| Kinder b. 18 J. | 3.3 |
| Paare | 4.2 |
| Senioren | 4.5 |
| Gäste mit Zelt | 3.9 |
| Gäste mit Hund | 4.3 |

**Empfohlene Aktivitäten**

- Radfahren
- Wandern
- Entspannen

## 15 Campingplatz Wagnerhof

Campingstraße 11
83346 Bergen am Hochfelln
+49 8662 85 57
47.81274 | 12.58884
550m ü.M.

16.12. - 14.11.
HS: 28,50 € | NS: 24,00 €
**Mehr Infos & Anfrage:**
www.camping.info/19054

| | |
|---|---|
| Baden im Teich am Platz | ✓ |
| Pool/Hallenbad | ✓/15km |
| Spielplatz am Platz | ✓ |
| Hunde willkommen | ✓ |
| Skilift/Loipe | 2km/✓ |
| WLAN (gegen Gebühr) | ✓ |
| Lebensmittel | ✓ |
| Brötchen am Platz | nur HS |
| Restaurant/Imbiss | 500m |
| Ver-/Entsorgung Womo | ✓ |
| im Ort | ✓ |
| Gesamt/Touristen | 150/130 |
| Mietunterkünfte | ✓ |
| Stellplätze vor Schranke | ✗ |

**4.1** SEHR GUT
29 Bewertungen

| | |
|---|---|
| Lage | 4.4 |
| Ruhe | 4.6 |
| Sanitäranlagen | 3.5 |
| Sauberkeit Ø | 4.2 |
| Freundlichkeit | 4.1 |
| Stellplatz | 4.1 |
| Verpflegung | 3.2 |
| Freizeit | 4.3 |
| Preis-Leistung | 3.7 |
| Mietunterkünfte | 3.7 |

**Geeignet für**

| | |
|---|---|
| Kinder b. 6 J. | 4.1 |
| Kinder b. 12 J. | 3.8 |
| Kinder b. 18 J. | 3.4 |
| Paare | 4.3 |
| Senioren | 4.5 |
| Gäste mit Zelt | 3.9 |
| Gäste mit Hund | 4.3 |

**Empfohlene Aktivitäten**

- Wandern
- Radfahren
- Schwimmen

## 16 Camping-Grafenlehen

Königser Fussweg 71
83471 Königsee
+49 865 265 544 88
47.59516 | 12.98641

ganzjährig
HS: 31,00 € | NS: 31,00 €
**Mehr Infos & Anfrage:**
www.camping.info/19063

| | |
|---|---|
| Baden im See | 500m |
| Pool/Hallenbad | 800m/6km |
| Spielplatz am Platz | ✓ |
| Hunde erlaubt | ✓ |
| Skilift/Loipe | 400m |
| WLAN (begrenzt gratis) | ✓ |
| Lebensmittel | ✓ |
| Brötchen am Platz | ✓ |
| Restaurant am P. | ✓ |
| Ver-/Entsorgung Womo | ✓ |
| in den Ort | 800m |
| Gesamt/Touristen | 200/170 |
| Mietunterkünfte | ✓ |
| Stellplätze vor Schranke | ✗ |

**3.7** GUT
86 Bewertungen

| | |
|---|---|
| Lage | 4.6 |
| Ruhe | 4.2 |
| Sanitäranlagen | 3.5 |
| Sauberkeit Ø | 4.0 |
| Freundlichkeit | 4.5 |
| Stellplatz | 3.8 |
| Verpflegung | 3.3 |
| Freizeit | 4.5 |
| Preis-Leistung | 3.8 |
| Mietunterkünfte | 3.6 |

**Geeignet für**

| | |
|---|---|
| Kinder b. 6 J. | 3.1 |
| Kinder b. 12 J. | 3.4 |
| Kinder b. 18 J. | 3.6 |
| Paare | 4.5 |
| Senioren | 4.5 |
| Gäste mit Zelt | 4.0 |
| Gäste mit Hund | 4.3 |

**Empfohlene Aktivitäten**

- Wandern
- Klettern
- Mountainbiking

| | 17 | 18 | 19 |
| --- | --- | --- | --- |
| | **Camping Litzelau** | **Camping Möwenplatz** | **Chiemsee Strandcamping** |
| | ❄ | | |
| | Litzelau 4<br>83246 Oberwössen bei Reit im Winkl<br>+49 8640 8704 | Grabenstätter Straße 18<br>83339 Chieming<br>+49 8664 361 | Am Chiemsee 1<br>83355 Grabenstätt/Unterhochstätt<br>+49 8664 500 |
| | 47.71728 \| 12.4788<br>550m ü.M. | 47.88056 \| 12.53282 | 47.87649 \| 12.5286<br>520m ü.M. |
| **Infos** | | | |
| Öffnungszeiten | ganzjährig | 01.04. - 01.10. | 01.04. - 03.10. |
| Vergleichspreis | HS: 24,60 € \| NS: 24,60 € | HS: 22,50 € \| NS: 22,50 € | HS: 31,50 € \| NS: 24,50 € |
| Link | **Mehr Infos & Anfrage:** www.camping.info/19042 | **Mehr Infos & Anfrage:** www.camping.info/19052 | **Mehr Infos & Anfrage:** www.camping.info/19055 |
| **Ausstattung** | | | |
| Freizeit | Baden im Fluss am Platz ✓<br>Pool 8km<br>Spielplatz am Platz ✓ | Baden im See am Platz ✓<br>Pool & Hallenbad ✗<br>Spielplatz am Platz ✓ | Baden im See am Platz ✓<br>Hallenbad 20km<br>Spielplatz am Platz ✓ |
| Campingplatz | Hunde willkommen ✓<br>Skilift/Loipe 8/1km<br>WLAN ✓ | Hunde ✗<br>Skilift & Loipe ✗<br>WLAN ✗ | Hunde willkommen ✓<br>Skilift & Loipe ✗<br>WLAN ✓ |
| Versorgung | Lebensmittel 1km<br>Brötchen keine Angabe<br>Restaurant am P. ✓<br>Ver-/Entsorgung Womo ✓<br>in den Ort 2km | Lebensmittel ✓<br>Brötchen am Platz ✓<br>Restaurant/Imbiss 500m<br>Ver-/Entsorgung Womo ✗<br>in den Ort 800m | Lebensmittel ✓<br>Brötchen am Platz ✓<br>Restaurant/Imbiss 1km/✓<br>Ver-/Entsorgung Womo ✓<br>in den Ort 1km |
| Anzahl der Plätze | Touristenplätze 80<br>Mietunterkünfte ✓<br>Stellplätze vor Schranke ✓ | Gesamt/Touristen 65/40<br>Mietunterkünfte ✓<br>Stellplätze vor Schranke ✗ | Gesamt/Touristen 120/80<br>Mietunterkünfte ✗<br>Stellplätze vor Schranke ✗ |

| | 17 | 18 | 19 |
| --- | --- | --- | --- |
| Gesamt | 3.9 GUT (19 Bewertungen) | 3.7 GUT (27 Bewertungen) | 4.1 SEHR GUT (51 Bewertungen) |
| Lage | 4.3 | 3.8 | 4.4 |
| Ruhe | 4.3 | 2.2 | 3.1 |
| Sanitäranlagen | 3.4 | 3.7 | 4.1 |
| Sauberkeit Ø | 3.9 | 4.6 | 4.3 |
| Freundlichkeit | 4.4 | 4.5 | 4.6 |
| Stellplatz | 3.6 | 3.8 | 3.9 |
| Verpflegung | 3.7 | 2.7 | 3.6 |
| Freizeit | 4.1 | 3.7 | 4.2 |
| Preis-Leistung | 4.1 | 3.8 | 4.1 |
| Mietunterkünfte | 4.5 | 4.8 | - |
| **Geeignet für** | | | |
| Kinder b. 6 J. | 3.5 | 3.4 | 4.0 |
| Kinder b. 12 J. | 3.8 | 3.3 | 4.1 |
| Kinder b. 18 J. | 3.7 | 3.0 | 4.0 |
| Paare | 4.6 | 4.1 | 4.4 |
| Senioren | 4.6 | 4.1 | 4.2 |
| Gäste mit Zelt | 4.2 | 2.2 | 4.2 |
| Gäste mit Hund / Hunde n. erlaubt | Gäste mit Hund 4.4 | Hunde n. erlaubt - | Gäste mit Hund 4.1 |
| **Empfohlene Aktivitäten** | Wandern<br>Entspannen<br>Radfahren | Schwimmen<br>Radfahren<br>Wandern | Schwimmen<br>Radfahren<br>Wandern |

Karte auf Seite 426

## 20 Camping Kupferschmiede

Trostbergerstraße 4
83339 Arlaching
+49 8667 1266
47.92955 | 12.49343

01.04. - 03.10.
HS: 24,40 € | NS: 22,90 €
**Mehr Infos & Anfrage:**
www.camping.info/19053

| | |
|---|---|
| Baden im See am Platz | ✓ |
| Pool/Hallenbad | 1km |
| Spielplatz am Platz | ✓ |
| Hunde erlaubt | ✓ |
| Skilift & Loipe | ✗ |
| WLAN (gegen Gebühr) | ✓ |
| Lebensmittel | ✓ |
| Brötchen am Platz | ✓ |
| Restaurant & Imbiss | ✓ |
| Ver-/Entsorgung Womo | ✓ |
| in den Ort | 500m |
| Gesamt/Touristen | 221/80 |
| Mietunterkünfte | ✗ |
| Stellplätze vor Schranke | ✗ |

**3.8** GUT
33 Bewertungen

| | |
|---|---|
| Lage | 4.2 |
| Ruhe | 2.9 |
| Sanitäranlagen | 3.4 |
| Sauberkeit Ø | 4.2 |
| Freundlichkeit | 4.5 |
| Stellplatz | 3.9 |
| Verpflegung | 3.7 |
| Freizeit | 3.9 |
| Preis-Leistung | 4.2 |
| Mietunterkünfte | - |

**Geeignet für**

| | |
|---|---|
| Kinder b. 6 J. | 3.3 |
| Kinder b. 12 J. | 3.7 |
| Kinder b. 18 J. | 3.6 |
| Paare | 4.0 |
| Senioren | 4.0 |
| Gäste mit Zelt | 4.2 |
| Gäste mit Hund | 4.3 |

**Empfohlene Aktivitäten**
- Schwimmen
- Radfahren
- Wandern

## 21 Camping Tettenhausen

*

Hauptstraße 2
83329 Waging-Tettenhausen
+49 868 116 22
47.9532 | 12.7522

ganzjährig
HS: 23,50 € | NS: 21,50 €
**Mehr Infos & Anfrage:**
www.camping.info/19048

| | |
|---|---|
| Baden im See am Platz | ✓ |
| Pool & Hallenbad | ✗ |
| Spielplatz am Platz | ✓ |
| Hunde erlaubt | ✓ |
| Skilift & Loipe | keine Angabe |
| WLAN | keine Angabe |
| Lebensmittel | ✓ |
| Brötchen am Platz | ✓ |
| Restaurant am P. | ✓ |
| Ver-/Entsorgung Womo | ✗ |
| in den Ort | 500m |
| Gesamt/Touristen | 130/90 |
| Mietunterkünfte | ✗ |
| Stellplätze vor Schranke | ✗ |

**4.0** SEHR GUT
14 Bewertungen

| | |
|---|---|
| Lage | 4.7 |
| Ruhe | 3.8 |
| Sanitäranlagen | 4.0 |
| Sauberkeit Ø | 4.3 |
| Freundlichkeit | 4.5 |
| Stellplatz | 3.9 |
| Verpflegung | 4.6 |
| Freizeit | 4.4 |
| Preis-Leistung | 4.2 |
| Mietunterkünfte | - |

**Geeignet für**

| | |
|---|---|
| Kinder b. 6 J. | 4.4 |
| Kinder b. 12 J. | 4.4 |
| Kinder b. 18 J. | 4.0 |
| Paare | 4.5 |
| Senioren | 4.3 |
| Gäste mit Zelt | 4.0 |
| Gäste mit Hund | 4.7 |

**Empfohlene Aktivitäten**
- Schwimmen
- Radfahren
- Wandern

## 22 Camping Stadler

Strandbadstraße 11
83367 Petting
+49 8686 8037
47.92826 | 12.80253

01.04. - 10.10.
HS: 30,00 € | NS: 25,00 €
**Mehr Infos & Anfrage:**
www.camping.info/19057

| | |
|---|---|
| Baden im See am Platz | ✓ |
| Hallenbad | 25km |
| Spielplatz am Platz | ✓ |
| Hunde erlaubt | ✓ |
| Skilift & Loipe | keine Angabe |
| WLAN (gegen Gebühr) | ✓ |
| Lebensmittel | 1km |
| Brötchen am Platz | ✓ |
| Restaurant/Imbiss | 200m |
| Ver-/Entsorgung Womo | ✓ |
| in den Ort | 3km |
| Gesamt/Touristen | 50/25 |
| Mietunterkünfte | ✓ |
| Stellplätze vor Schranke | ✗ |

**4.2** SEHR GUT
12 Bewertungen

| | |
|---|---|
| Lage | 4.7 |
| Ruhe | 4.6 |
| Sanitäranlagen | 3.2 |
| Sauberkeit Ø | 4.5 |
| Freundlichkeit | 4.6 |
| Stellplatz | 3.9 |
| Verpflegung | 2.8 |
| Freizeit | 3.9 |
| Preis-Leistung | 4.0 |
| Mietunterkünfte | 5.0 |

**Geeignet für**

| | |
|---|---|
| Kinder b. 6 J. | 4.4 |
| Kinder b. 12 J. | 4.2 |
| Kinder b. 18 J. | 3.1 |
| Paare | 4.6 |
| Senioren | 4.8 |
| Gäste mit Zelt | 4.6 |
| Gäste mit Hund | 4.0 |

**Empfohlene Aktivitäten**
- Wandern
- Schwimmen
- Entspannen

## 24 Seecamping Taching am See

Am Strandbad 1
83373 Taching am See
+49 8681 9548
47.96206 | 12.73211
445m ü.M.

01.04. - 15.10.
HS: 24,95 € | NS: 19,45 €
**Mehr Infos & Anfrage:**
www.camping.info/19059

| | |
|---|---|
| Baden im See am Platz | ✓ |
| Pool/Hallenbad | 15/20km |
| Spielplatz am Platz | ✓ |
| Hunde willkommen | ✓ |
| Skilift & Loipe | ✗ |
| WLAN | ✓ |
| Lebensmittel | 500m |
| Brötchen am Platz | ✓ |
| Restaurant & Imbiss | ✓ |
| Ver-/Entsorgung Womo | ✓ |
| in den Ort | 500m |
| Gesamt/Touristen | 196/100 |
| Mietunterkünfte | ✓ |
| Stellplätze vor Schranke | ✗ |

**4.2** SEHR GUT
41 Bewertungen

| | |
|---|---|
| Lage | 4.6 |
| Ruhe | 4.5 |
| Sanitäranlagen | 3.8 |
| Sauberkeit Ø | 4.5 |
| Freundlichkeit | 4.6 |
| Stellplatz | 3.9 |
| Verpflegung | 3.1 |
| Freizeit | 4.1 |
| Preis-Leistung | 4.6 |
| Mietunterkünfte | 4.3 |

**Geeignet für**

| | |
|---|---|
| Kinder b. 6 J. | 4.5 |
| Kinder b. 12 J. | 4.5 |
| Kinder b. 18 J. | 3.7 |
| Paare | 4.7 |
| Senioren | 4.8 |
| Gäste mit Zelt | 4.6 |
| Gäste mit Hund | 4.4 |

**Empfohlene Aktivitäten**
- Schwimmen
- Wandern
- Radfahren

i keine WOMOs ab 8 m; Gruppen nur mit Reservierung

Karte auf Seite 426

Infos: Öffnungszeiten · Vergleichspreis · Link

Ausstattung: Freizeit · Campingplatz · Versorgung · Anzahl der Plätze

## 25 Alpen-Camping

✻

Hochberg Aigen 4
83313 Siegsdorf-Hochberg
+49 8662 2576

47.83331 | 12.6535

ganzjährig

HS: 23,00 € | NS: 23,00 €

**Mehr Infos & Anfrage:**
www.camping.info/19046

| | |
|---|---|
| Baden in nat. Gewässer | k. A. |
| Pool & Hallenbad | ✗ |
| Spielplatz | keine Angabe |
| Hunde | ✗ |
| Skilift/Loipe | 25km/✓ |
| WLAN | keine Angabe |
| Lebensmittel | ✗ |
| Brötchen | keine Angabe |
| Restaurant am P. | ✓ |
| Ver-/Entsorgung Womo | ✗ |
| in den Ort | 1km |
| Gesamt | keine Angabe |
| Mietunterkünfte | ✗ |
| Stellplätze vor Schranke | ✗ |

**3.2** GUT
12 Bewertungen

| | |
|---|---|
| Lage | 3.8 |
| Ruhe | 3.9 |
| Sanitäranlagen | 2.5 |
| Sauberkeit Ø | 3.2 |
| Freundlichkeit | 4.6 |
| Stellplatz | 2.9 |
| Verpflegung | 3.8 |
| Freizeit | 3.0 |
| Preis-Leistung | 3.8 |
| Mietunterkünfte | - |

**Geeignet für**

| | |
|---|---|
| Kinder b. 6 J. | 4.7 |
| Kinder b. 12 J. | 4.7 |
| Kinder b. 18 J. | 4.0 |
| Paare | 4.2 |
| Senioren | 4.2 |
| Gäste mit Zelt | 3.5 |
| Hunde n. erlaubt | - |

**Empfohlene Aktivitäten**

- Wandern
- Mountainbiking
- Kultur

## 26 Campingplatz Seehäusl

Beim Seehäusl 1
83339 Chieming-Stöttham
+49 8664 303

47.90222 | 12.52025
530m ü.M.

ganzjährig

HS: 32,50 € | NS: 24,50 €

**Mehr Infos & Anfrage:**
www.camping.info/23213

| | |
|---|---|
| Baden im See am Platz | ✓ |
| Pool/Hallenbad | 10km |
| Spielplatz | 1km |
| Hunde willkommen | ✓ |
| Skilift/Loipe | 20/12km |
| WLAN (begrenzt gratis) | ✓ |
| Lebensmittel | 1km |
| Brötchen am Platz | ✓ |
| Restaurant/Imbiss | ✓/1km |
| Ver-/Entsorgung Womo | ✓ |
| in den Ort | 500m |
| Gesamt/Touristen | 50/44 |
| Mietunterkünfte | ✗ |
| Stellplätze vor Schranke | ✗ |

**4.4** SEHR GUT
128 Bewertungen

| | |
|---|---|
| Lage | 4.7 |
| Ruhe | 4.5 |
| Sanitäranlagen | 3.9 |
| Sauberkeit Ø | 4.3 |
| Freundlichkeit | 4.6 |
| Stellplatz | 3.9 |
| Verpflegung | 4.3 |
| Freizeit | 4.3 |
| Preis-Leistung | 4.4 |
| Mietunterkünfte | - |

**Geeignet für**

| | |
|---|---|
| Kinder b. 6 J. | 4.3 |
| Kinder b. 12 J. | 4.3 |
| Kinder b. 18 J. | 3.9 |
| Paare | 4.7 |
| Senioren | 4.5 |
| Gäste mit Zelt | 4.3 |
| Gäste mit Hund | 4.6 |

**Empfohlene Aktivitäten**

- Schwimmen
- Radfahren
- Wandern

## 27 Ferienparadies Gut Horn

Gut Horn 2
83329 Waging am See
+49 8681 227

47.94638 | 12.75638
462m ü.M.

01.03. - 30.11.

HS: 29,40 € | NS: 28,00 €

**Mehr Infos & Anfrage:**
www.camping.info/19049

| | |
|---|---|
| Baden im See am Platz | ✓ |
| Pool/Hallenbad | 16km |
| Spielplatz am Platz | ✓ |
| Hunde willkommen | ✓ |
| Skilift/Loipe | 25/10km |
| WLAN (gegen Gebühr) | ✓ |
| Lebensmittel | ✓ |
| Brötchen am Platz | ✓ |
| Restaurant & Imbiss | ✓ |
| Ver-/Entsorgung Womo | ✓ |
| in den Ort | 1km |
| Gesamt/Touristen | 350/250 |
| Mietunterkünfte | ✓ |
| Stellplätze vor Schranke | ✗ |

**4.4** SEHR GUT
165 Bewertungen

| | |
|---|---|
| Lage | 4.7 |
| Ruhe | 4.0 |
| Sanitäranlagen | 4.6 |
| Sauberkeit Ø | 4.6 |
| Freundlichkeit | 4.5 |
| Stellplatz | 4.0 |
| Verpflegung | 4.3 |
| Freizeit | 4.1 |
| Preis-Leistung | 4.4 |
| Mietunterkünfte | 4.4 |

**Geeignet für**

| | |
|---|---|
| Kinder b. 6 J. | 4.4 |
| Kinder b. 12 J. | 4.4 |
| Kinder b. 18 J. | 4.0 |
| Paare | 4.6 |
| Senioren | 4.5 |
| Gäste mit Zelt | 4.5 |
| Gäste mit Hund | 4.4 |

**Empfohlene Aktivitäten**

- Schwimmen
- Radfahren
- Wandern

# 23 Camping Simonhof

*

Alte Reichenhaller Straße 110
83486 Ramsau
+49 8657 284
www.camping-simonhof.de
info@camping-simonhof.de

01.04. - 31.10.
15.12. - 15.01.
HS: 34,60 € | NS: 28,60 €

**Mehr Infos & Anfrage:**
www.camping.info/19065

| | |
|---|---|
| Baden im See | 2km |
| Pool/Hallenbad | 12/18km |
| Spielplatz am Platz | ✓ |
| Hunde erlaubt | ✓ |
| Skilift | 4km |
| WLAN (gegen Gebühr) | ✓ |
| Lebensmittel | ✓ |
| Brötchen am Platz | ✓ |
| Imbiss | ✓ |
| Ver-/Entsorgung Womo | ✓ |
| in den Ort | 4km |
| Gesamt/Touristen | 110/75 |
| Mietunterkünfte | ✓ |
| Stellplätze vor Schranke | × |

camping.info AWARD 2019

Neu erbaute Sanitäranlagen mit Duschkabinen, Spülküche & WC.

## Lage & Stellplatz

Eingebettet zwischen Reiteralm und Lattengebirge liegt der mit vier Sternen ausgezeichnete Campingplatz Simonhof absolut ruhig und idyllisch an der Grenze des Nationalparks Berchtesgaden im Bergsteigerdorf Ramsau. Abseits von viel befahrenen Straßen ist der Campingplatz ideal geeignet, um einen entspannten Urlaub im Einklang mit der Natur zu verbringen. Direkt vor den Toren des Campingplatzes taucht man in die wunderbare Wanderwelt der Berchtesgadener Berge ein, die für jeden Geschmack etwas zu bieten hat. Auch Hunde und Katzen sind herzlich willkommen und gehören zu gern gesehenen Gästen.

## Sanitär

Der Campingplatz bietet seinen Gästen ein brandneues Funktionsgebäude mit großen Einzeldusch- und Waschkabinen, Kindersanitär und Trockenraum. Das zweite Sanitärhaus wurde renoviert und verfügt nun auch über ein Babybad. Im Abspülraum befinden sich außerdem eine Waschmaschine und ein Trockner. Die durch Hecken getrennten, parzellierten Stellplätze verfügen alle über Strom (16 Ampere) sowie Wasser- und Abwasser. Für die Gäste mit Zelt stehen zwei große Zeltwiesen mit Versorgungssäulen zur Verfügung.

Kiosk am Simonhof.

Moderner Aufenthaltsraum.

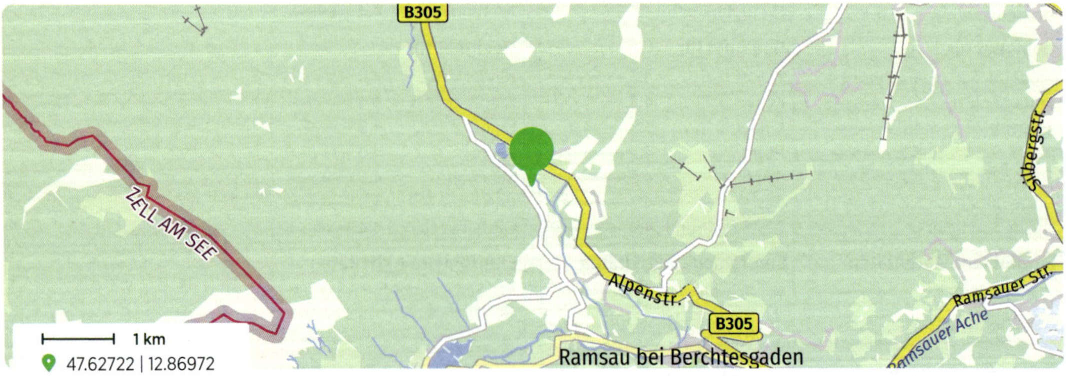


47.62722 | 12.86972
860m ü.M.

Idyllischer Naturcampingplatz zwischen Reiteralm und Lattengebirge.

## Verpflegung

Am Campingplatz Simonhof finden die Gäste einen kleinen Minimarkt, wo täglich frische Brötchen sowie Kaffee erworben werden können. Außerdem gibt es einen beheizten Aufenthaltsraum mit Kochgelegenheit und einem TV. Die nächste Gaststätte befindet sich in einer Entfernung von 500 m.

## Freizeit

Die kleinen Gäste können sich gerne auf dem Spielplatz oder im eigenen Wald austoben. Der nahe gelegene Hintersee lädt zu einer Ruder- oder Tretbootfahrt ein. Ebenso können die Kinder im Nationalpark (Klausbachtalhaus) an geführten Wanderungen teilnehmen. Zu den Sehenswürdigkeiten in der näheren Umgebung zählen beispielsweise die Almbachklamm und die Wimbachklamm, die berühmte Ramsauer Kirche, der Nationalpark Berchtesgaden, der Königssee St. Bartholomä sowie das Kehlsteinhaus („Eagles Nest"), die Jennerbahn, das Salzbergwerk in Berchtesgaden und die nahe gelegene Kulturstadt Salzburg.

**5.0**

*Auf dem Weg zum Platz waren wir schon total geflasht von der Umgebung. Dann hatten wir Glück, dass noch Platz für uns vorhanden war. Wir haben uns SEHR wohlgefühlt in der Zeit auf dem Platz und hatten leider nicht viel Zeit um länger zu bleiben. Aber für uns ist sicher: Wir werden diesen Platz in Zukunft wieder direkt, gern und für längere Zeit ansteuern!*

**Carsten S.**

Carsten S. war mit seiner Familie im Juni 2020 auf dem Campingplatz Simonhof.

Parzellierte Stellplätze.

Winterliches Camping.

**4.7** SEHR GUT
156 Bewertungen

| | |
|---|---|
| Lage | 4.8 |
| Ruhe | 4.7 |
| Sanitäranlagen | 4.6 |
| Sauberkeit Ø | 4.8 |
| Freundlichkeit | 4.8 |
| Stellplatz | 4.4 |
| Verpflegung | 3.7 |
| Freizeit | 4.4 |
| Preis-Leistung | 4.6 |
| Mietunterkünfte | 4.7 |

**Geeignet für**

4.9 Gäste mit Zelt

| | | | | | |
|---|---|---|---|---|---|
| 4.8 | Paare | 4.7 | Senioren | 4.4 | Kinder b. 12 J. |
| 4.8 | Gäste mit Hund | 4.4 | Kinder b. 6 J. | 4.0 | Kinder b. 18 J. |

**Empfohlene Aktivitäten**

Wandern · Entspannen · Mountainbiking · Klettern · Radfahren

Karte auf Seite 426

## 28 Camping Stein

See 10
83093 Bad Endorf
+49 8053 9349
47.88472 | 12.26861
460m ü.M.

15.04. - 06.10.
HS: 32,00 € | NS: 26,00 €
**Mehr Infos & Anfrage:**
www.camping.info/19032

| | |
|---|---|
| Baden im See am Platz | ✓ |
| Pool/Hallenbad | 4km |
| Spielplatz am Platz | ✓ |
| Hunde erlaubt | nur NS |
| Skilift & Loipe | ✗ |
| WLAN (gegen Gebühr) | ✓ |
| Lebensmittel | ✓ |
| Brötchen am Platz | nur HS |
| Restaurant/Imbiss | 2km |
| Ver-/Entsorgung Womo | ✓ |
| in den Ort | 4km |
| Gesamt/Touristen | 140/65 |
| Mietunterkünfte | ✓ |
| Stellplätze vor Schranke | ✓ |

**4.3** SEHR GUT
97 Bewertungen

| | |
|---|---|
| Lage | 4.6 |
| Ruhe | 4.3 |
| Sanitäranlagen | 4.1 |
| Sauberkeit Ø | 4.3 |
| Freundlichkeit | 4.4 |
| Stellplatz | 4.2 |
| Verpflegung | 3.2 |
| Freizeit | 3.9 |
| Preis-Leistung | 4.3 |
| Mietunterkünfte | 3.9 |

**Geeignet für**

| | |
|---|---|
| Kinder b. 6 J. | 4.5 |
| Kinder b. 12 J. | 4.4 |
| Kinder b. 18 J. | 3.6 |
| Paare | 4.5 |
| Senioren | 4.6 |
| Gäste mit Zelt | 4.5 |
| Gäste mit Hund | 3.8 |

**Empfohlene Aktivitäten**

- Schwimmen
- Wandern
- Radfahren

keine WOMOs ab 8 m; max. Höhe von Bad Endorf kommend 2,65 m; keine Gruppen

## 29 Camping Seebauer

Furth 9
84529 Tittmoning
+49 8683 1216
48.07275 | 12.73945

01.04. - 15.10.
HS: 25,00 € | NS: 25,00 €
**Mehr Infos & Anfrage:**
www.camping.info/19077

| | |
|---|---|
| Baden im See am Platz | ✓ |
| Pool/Hallenbad | ✓/15km |
| Spielplatz am Platz | ✓ |
| Hunde erlaubt | ✓ |
| Skilift & Loipe | ✗ |
| WLAN | ✓ |
| Lebensmittel | 3km |
| Brötchen am Platz | ✓ |
| Restaurant/Imbiss | 100m |
| Ver-/Entsorgung Womo | ✓ |
| in den Ort | 3km |
| Gesamt/Touristen | 150/70 |
| Mietunterkünfte | ✓ |
| Stellplätze vor Schranke | ✗ |

**4.2** SEHR GUT
13 Bewertungen

| | |
|---|---|
| Lage | 4.5 |
| Ruhe | 4.8 |
| Sanitäranlagen | 4.3 |
| Sauberkeit Ø | 4.5 |
| Freundlichkeit | 4.4 |
| Stellplatz | 4.2 |
| Verpflegung | 3.0 |
| Freizeit | 3.8 |
| Preis-Leistung | 4.0 |
| Mietunterkünfte | - |

**Geeignet für**

| | |
|---|---|
| Kinder b. 6 J. | 4.4 |
| Kinder b. 12 J. | 4.0 |
| Kinder b. 18 J. | 3.0 |
| Paare | 4.6 |
| Senioren | 4.7 |
| Gäste mit Zelt | 4.0 |
| Gäste mit Hund | 4.0 |

**Empfohlene Aktivitäten**

- Schwimmen
- Radfahren
- Entspannen

## 30 Bauernhof Steiner

Almfischer 11
83236 Übersee
086421383
47.80934 | 12.49116

01.03. - 30.11.
keine Angabe
**Mehr Infos & Anfrage:**
www.camping.info/25217

| | |
|---|---|
| Baden in nat. Gewässer | k. A. |
| Pool & Hallenbad | ✗ |
| Spielplatz | keine Angabe |
| Hunde | ✗ |
| Skilift & Loipe | keine Angabe |
| WLAN | keine Angabe |
| Lebensmittel | k.A. |
| Brötchen | keine Angabe |
| Restaurant & Imbiss | ✗ |
| Ver-/Entsorgung Womo | ✗ |
| in den Ort | keine Angabe |
| Touristenplätze | 37 |
| Mietunterkünfte | ✗ |
| Stellplätze vor Schranke | ✗ |

**4.2** SEHR GUT
17 Bewertungen

| | |
|---|---|
| Lage | 4.6 |
| Ruhe | 4.1 |
| Sanitäranlagen | 4.1 |
| Sauberkeit Ø | 4.7 |
| Freundlichkeit | 5.0 |
| Stellplatz | 3.9 |
| Verpflegung | 3.8 |
| Freizeit | 4.5 |
| Preis-Leistung | 4.6 |
| Mietunterkünfte | - |

**Geeignet für**

| | |
|---|---|
| Kinder b. 6 J. | 3.8 |
| Kinder b. 12 J. | 4.0 |
| Kinder b. 18 J. | 4.0 |
| Paare | 4.8 |
| Senioren | 4.8 |
| Gäste mit Zelt | 1.2 |
| Hunde n. erlaubt | - |

**Empfohlene Aktivitäten**

- Radfahren
- Wandern
- Mountainbiking

**Infos**

Öffnungszeiten
Vergleichspreis
Link

**Ausstattung**

Freizeit
Campingplatz
Versorgung
Anzahl der Plätze

# CAMPING IN SÜDTIROL-TRENTINO

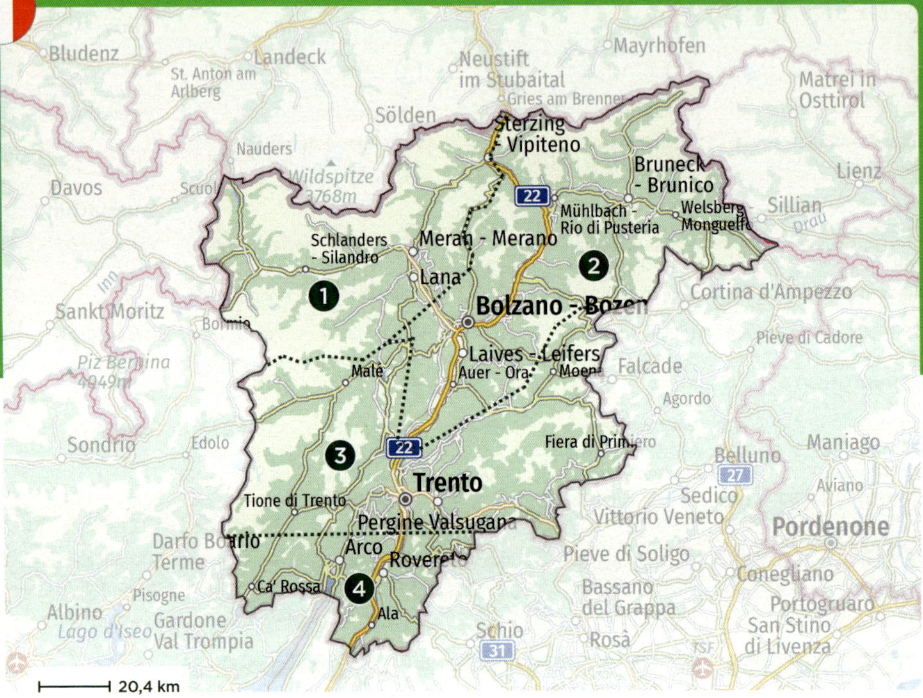


## REGIONEN

Die nördlichsten Provinzen Italiens bestechen durch ihre Vielseitigkeit: Mediterranes Klima kombiniert mit den markanten Silhouetten der Dolomiten und den hügeligen Obstgärten sind typisch für Südtirol und Trentino. Klare Bergseen locken ebenso wie der Gardasee, dessen Nordufer im Trentino liegt. Insbesondere an den wichtigsten touristischen Orten finden sich zahlreiche Campingmöglichkeiten. Jährlich zieht es viele Camper in die Täler Südtirols. Trentino bietet mit seinen warmen Seen etwas Kontrast zu den südlichen Ausläufern der Alpen. Zwar ist der nördliche Teil des Gardasees auch noch mit Bergen umgeben, diese sind jedoch weit weniger dominant als noch in den Dolomiten. Unter den europäischen Campingplätzen zählen jene in Südtirol-Trentino zu den qualitativ hochwertigsten - dies zeigt sich auch in den Gästebewertungen auf camping.info, die einen Durchschnitt von 4,3 Sternen erreichen.

## Länderinformationen:

- Hauptstadt: Rom (Südtirol: Bozen, Trentino: Trient)
- Einwohner: 60 Mio. (Südtirol: 533.600, Trentino: 542.740)
- Währung: Euro
- Sprachen in Südtirol-Trentino: Deutsch, Italienisch, Ladinisch
- Südtirol-Trentino auf camping.info: www.camping.info/italien/südtirol-trentino

## Reise-Informationen:

| | | | | |
|---|---|---|---|---|
| PKW, Wohnmobil bis 3,5t | 50 | 90 | 110 | 130 |
| Gespann mit schwerem Anhänger (Klasse B)* | 50 | 70 | 70 | 80 |
| Wohnmobil über 3,5 t | 50 | 80 | 80 | 100 |

* Hierbei gibt es Unterschiede, je nach Führerscheinklasse.

**Lichtpflicht am Tag:** außerorts sowie in Tunneln besteht Lichtpflicht für alle Fahrer; für Motorräder auch im Ortsgebiet.

**Im Auto/Wohnmobil mitzuführen:** Warndreieck, Warnwesten für alle Insassen (muss bei Verlassen des Fahrzeuges bei Panne oder Unfall getragen werden);

**Mautsystem und Straßengebühren:** Auf dem Festland sind alle Autobahnen mautpflichtig (ausgenommen die A3 Salero-Reggio di Calabria); keine Maut auf Schnellstraßen. Mautsystem nach Kategorien je nach Höhe und Anzahl der Achsen; teilweise Pauschalbetrag.

**Weitere Hinweise:** keine allgemeine Regelung bzgl. Winterreifen, unbedingt vor Fahrtantritt genau erkundigen. Winterreifenpflicht auf manchen Straßen (Stadt Bozen, Brennerautobahn), im restlichen Südtirol nur bei winterlichen Fahrverhältnissen, Schneeketten erlaubt (max. 50 km/h), Spikes vom 15.11. bis 15.03. erlaubt (nur bei Fahrzeugen bis zu 3,5 t Gesamtgewicht). Promillegrenze: Für Berufskraftfahrer und Personen, die noch keine drei Jahre im Besitz ihrer Fahrerlaubnis sind, gilt absolutes Alkoholverbot (0,0 Promille); ansonsten liegt die Grenze bei 0,5 Promille.

**Einreise:** Italien ist Mitglied des Schengen-Raums; Grenzkontrollen können trotzdem vorkommen; Kontrollen werden an den Grenzen zu der Schweiz (Personen- und Warenkontrollen) und zu Slowenien (Personenkontrollen) durchgeführt. Mitzuführen ist ein Reisepass oder ein gültiger Personalausweis, Kinder benötigen ein eigenes Ausweisdokument.

**Haustiere:** EU-Heimtierausweis mit Kennzeichnung des Tieres (durch Mikrochip oder Tätowierung) nötig, gültige Tollwutimpfung muss eingetragen sein; Leinen- und Maulkorbpflicht.

## Notrufnummern:

- internationale Notrufnummer: 112
- Feuerwehr: 115
- Polizei: 112/113
- Rettung: 118 oder 112

ITALIEN

# ❶ Südtirol West

**FREIZEITTIPPS**

- **A** Versunkener Turm im Reschensee, Graun im Vinschgau
- **B** Stadtmauern Glurns, Glurns
- **C** Labyrinthgarten Weingut Kränzel, Cermes
- **D** Gärten von Schloss Trauttmansdorff, Meran
- **E** Passeirer Schluchtenweg, Moos in Passeier

| | Platz | Seite | Bewertung | Öffnungszeiten | |
|---|---|---|---|---|---|
| 1 | Alpin Fitness Waldcamping Völlan | 450 | 4.7 | saisonal | |
| 2 | Camping Gilfenklamm | 452 | 3.2 | saisonal | ✱ |
| 3 | Camping Latsch an der Etsch | 452 | 3.9 | saisonal | ✱ |
| 4 | Camping Cevedale | 452 | 4.2 | saisonal | |
| 5 | Camping Hermitage | 452 | 4.1 | saisonal | |
| 6 | Camping Passeier Meran | 453 | 4.2 | saisonal | |
| 7 | Camping Ganthaler | 453 | 4.2 | saisonal | |
| 8 | Camping im Park | 453 | 4.2 | saisonal | |
| 9 | Camping Trafoi | 454 | 4.2 | saisonal | |
| 10 | Camping Kiefernhain | 454 | 4.3 | saisonal | |
| 11 | Camping Arquin | 454 | 4.4 | saisonal | |
| 12 | Camping Via Claudia Augusta | 454 | 4.4 | saisonal | |
| 13 | Camping Völlan | 455 | 4.4 | saisonal | |
| 14 | Camping Residence Sägemühle | 455 | 4.6 | saisonal | ✱ 🍃 |
| 15 | Camping Thöni | 455 | 4.6 | saisonal | ✱ 🍃 |
| 16 | Camping Zum See | 456 | 4.5 | ganzjährig | ✱ |
| 17 | Naturcaravanpark Camping Tisens | 456 | 4.7 | ganzjährig | |
| 18 | Camping Vogelsang | 456 | 4.7 | saisonal | |
| 19 | Camping Mals | 456 | 4.7 | saisonal | |
| 20 | Luxury Camping Schlosshof****Superior | 457 | 4.8 | saisonal | 👍 |
| 21 | Waldcamping Naturns | 457 | 4.8 | saisonal | 🍃 |
| 22 | Camping Adler - Adults Only | 457 | 4.8 | saisonal | |
| 23 | CaravanPark Schnals - Senales | 458 | 4.2 | saisonal | ✱ |
| 24 | Camping Badlerhof | 458 | 4.8 | saisonal | |
| 25 | Camping Gloria Vallis | 458 | 4.9 | saisonal | |
| 26 | Camping Zögghof | 458 | 4.9 | ganzjährig | ✱ |
| 27 | Camping Bergkristall | 459 | 4.9 | ganzjährig | ✱ |
| 28 | Alpina Mountain Camping | 459 | - | k. A. | |
| 29 | Live Meran Camping | 459 | - | saisonal | |

Pulverturm über Meran © IDM Südtirol/Clemens Zahn

## URLAUBSZIEL FÜR JEDE JAHRESZEIT

Südtirol ist nicht nur eine der größten Provinzen Italiens, sie gehört mit 17.000 km Wanderwegen, 176 natürlichen Seen und 27 Skigebieten auch zu den wenigen Regionen, in denen sich der Tourismus sowohl im Sommer als auch im Winter stark präsentiert. Zahlreiche Campingplätze mit einer hervorragenden Infrastruktur im Meraner Land oder im Vinschgau sorgen für einen traumhaften Campingurlaub.

## DER VINSCHGAU – VIELFÄLTIGE KULTURREGION

Der Vinschgau, der oberste Teil des Etschtals, hat eine Fülle an landschaftlichen und kulturellen Attraktionen zu bieten. Beginnend beim Reschenpass an der österreichischen Grenze zieht er sich bis kurz vor Meran. Mit einer Höhe von 3.905 m überragt der Ortler als höchster Berg Südtirols die Region. Begleitet von einsamen Gletscherseen und der faszinierenden Flora und Fauna genießen Camper Wanderungen in alpinen Hochregionen. Bei Wanderern und Mountainbikern gleichermaßen beliebt sind die beiden Naturparks Stilfser Joch und Texelgruppe. Ebenfalls zu empfehlen ist der reizvolle Vinschger Höhenweg, der von Staben bis zur Etschquelle in der Nähe des Reschenpasses verläuft. Das eindrucksvolle Wahrzeichen des Vinschgaus befindet sich in der Gemeinde Graun: Als der Reschensee im Jahr 1950 aufgestaut wurde, versank das gesamte Dorf Alt-Graun in seinen Fluten, die Spitze des ehemaligen Kirchturms ragt bis heute geheimnisvoll aus dem See

Schloss Lebenberg über Tscherms
© IDM Südtirol/Clemens Zahn

und ist im Sommer wie auch im Winter ein beliebtes Motiv. Weitere sehenswerte Ausflugsziele in der Region sind das Messner Mountain Museum Ortles in der Gemeinde Sulden, die St. Benedikt-Kirche in Mals und das Schloss Juval in Naturns. Allen Wintercampern stehen im Skiverbund „Ortler Skiarena" insgesamt 15 Skigebiete mit mehr als 330 Pistenkilometern zur Verfügung.

## DAS MERANER LAND

Mildes Klima und reizvolle Landschaften warten im Meraner Land auf Campingurlauber. Die vielfältigen Freizeitmöglichkeiten der Region könnten sich kaum gegensätzlicher gestalten: Während im Etschtal beschauliche Wanderwege und Radwege warten, eignen sich die alpinen Hochgebirgsregionen hervorragend für alle Kletterer und Aktivurlauber. Der Naturpark Texelgruppe bietet mit dem Meraner Höhenweg eine spektakuläre Wanderroute, welche das Bergmassiv nahezu vollständig umrundet. Abgesehen davon findet man hier zahlreiche Burgen, Schlösser und Ruinen vor. Die Burgendörfer Tisens und Prissian bestechen nicht nur durch sechs Burgen und Schlösser in ihrem Gemeindegebiet, sondern sind darüber hinaus für ihre hervorragenden Weine bekannt. Das Zentrum der Region bildet jedoch die Kurstadt Meran – die zweitgrößte Stadt Südtirols wird Kulturinteressierten vor allem aufgrund des prächtigen Kurhauses und des malerischen Schloss Trauttmansdorff ein Begriff sein. Beide gelten neben der Passerpromenade als wahre Touristenmagnete. Gesehen haben sollte man auch das Schloss Tirol im gleichnamigen Dorf oberhalb von Meran. Zudem lädt die Therme Meran mit ihrem radonhaltigen Wasser und umfangreichen Wellnessangeboten zu entspannten Momenten vor der allgegenwärtigen hochalpinen Bergkulisse ein.

Algunder Waalweg © IDM Südtirol/Stefan Schütz

TIPP DER REDAKTION

**Camping Gloria Vallis**

Glurns | Nr. 25 | Seite 458

Laut Gästen ideal geeignet zum:
- Wandern
- Radfahren
- Entspannen

4.9

# 1 Alpin Fitness Waldcamping Völlan

Feldweg 25
39011 Völlan/Lana bei Meran
+39 0473 568138
www.alpinfitness-waldcamping.it
info@alpinfitness-waldcamping.it

27.03. - 07.11.

HS: 41,00 € | NS: 29,00 €

**Mehr Infos & Anfrage:**
www.camping.info/1295

| | |
|---|---|
| Baden im See | 30km |
| Pool/Hallenbad | ✓/10km |
| Spielplatz am Platz | ✓ |
| Hunde willkommen | ✓ |
| Skilift & Loipe | ✗ |
| WLAN | ✓ |
| Lebensmittel | 1km |
| Brötchen am Platz | ✓ |
| Restaurant/Imbiss | 1km/✓ |
| Ver-/Entsorgung Womo | ✓ |
| in den Ort | 1km |
| Touristenplätze | 60 |
| Mietunterkünfte | ✓ |
| Stellplätze vor Schranke | ✗ |

Blick auf den Pool und herrliches Panorama.

## Lage & Stellplatz

Umgeben von einer Bilderbuchkulisse liegt der Campingplatz in der 2,5 ha großen hügeligen Waldlandschaft über dem Etschtal. In traumhaft schöner Lage, mit Blick auf die zauberhafte Bergwelt der Dolomiten, werden sowohl schattige Waldplätze als auch sonnige Terrassenplätze angeboten. Die Campingstellplätze weisen eine Größe von 60 bis 120 m² auf, sind mit Stromanschlüssen und teilweise auch Wasseranschlüssen ausgestattet. Kostenloses WLAN am gesamten Campingplatzgelände. Besonders Naturliebhaber kommen hier voll auf ihre Kosten. Für Hunde gibt es einen Hundepfad mit Hundeschwimmbad.

## Sanitär

Den Gästen stehen zwei Sanitärgebäude zur Verfügung. Der 2019 neu errichtete Sanitärbereich bietet großzügige Einzelwaschkabinen mit Waschbecken und Toiletten. Es gibt auch zwei mietbare Privatbäder. Außerdem gibt es einen Raum mit Waschmaschinen und Wäschetrockner. Entsorgungsstation für Wohnmobile sowie zwei weitere Stationen sind auf der Campinganlage verteilt vorzufinden.

Schöne Terrassenplätze.

Waldspielplatz für die Kleinen.

1 km
46.59656 | 11.14813
680m ü.M.

keine WOMOs ab 9 m;
keine Motorradgruppen

Luftaufnahme des Campingplatzes in Bilderbuchkulisse.

## Verpflegung

Zur Ausstattung gehören die hauseigene Bar sowie das liebevoll eingerichtete kleine Einkaufsgeschäft. Ein morgendlicher Brötchenservice steht den Gästen zu Verfügung. Zentral gelegen, mitten auf dem Campingareal, befindet sich die urige Grillhütte. In den Sommermonaten ist sie ein beliebter Treffpunkt bei den wöchentlich organisierten Grill- und Pizza-Abenden.

## Freizeit

Besonders beliebt ist das großzügig angelegte Freischwimmbad. Den kleinen Campern wird am Waldspielplatz jede Menge Spiel und Spaß geboten. Sportlich-aktive Gäste kommen auch auf ihre Kosten, denn durch die gute Lage ist der Alpin Fitness Waldcamping Völlan ein idealer Ausgangspunkt für Wanderungen, Nordic Walking und Mountainbike-Touren. Interne Wege laden ein zu entspannenden Spaziergängen zu den Aussichtspunkten. Von Mai bis Oktober kostenloser Bike-Shuttle nach Lana und Retour. Der verkehrsgünstige Standort erlaubt es außerdem, die nahe gelegenen Städte Meran und Bozen zu besichtigen.

**5.0**

*Sauberkeit auf dem gesamten Platz, Maxi-Duschen, WCs auch neu, wird regelmäßig gereinigt, alle Stellplätze sehr geräumig, gepflegt bis in jede Ecke. Freundlichkeit vom ganzen Personal, riesiges Schwimmbad (Pool ist untertrieben), u. v. m.*

**Suse S.**

Suse S. war im August 2020 auf dem Alpin Fitness Waldcamping Völlan.

Tolle Aussichtspunkte ins Tal.

Wiesenplätze in der Natur.

**4.7** **SEHR GUT**
110 Bewertungen

| | |
|---|---|
| Lage | 4.7 |
| Ruhe | 4.8 |
| Sanitäranlagen | 4.1 |
| Sauberkeit Ø | 4.8 |
| Freundlichkeit | 4.9 |
| Stellplatz | 4.5 |
| Verpflegung | 3.7 |
| Freizeit | 4.4 |
| Preis-Leistung | 4.6 |
| Mietunterküntte | 4.8 |

**Geeignet für**

- 4.9 Paare
- 4.8 Gäste mit Hund
- 4.6 Senioren
- 4.3 Kinder b. 6 J.
- 4.7 Gäste mit Zelt
- 4.4 Kinder b. 12 J.
- 4.2 Kinder b. 18 J.

**Empfohlene Aktivitäten**

Wandern · Entspannen · Schwimmen · Mountainbiking · Radfahren

## 2 Camping Gilfenklamm

❄

Jaufenstr. 2b
39040 Racines
+39 0472 779132

46.88304 | 11.40826
960m ü.M.

04.04. - 25.10.
04.12. - 07.01.

HS: 26,00 € | NS: 22,00 €

**Mehr Infos & Anfrage:**
www.camping.info/1279

| | |
|---|---|
| Baden in nat. Gewässer | k. A. |
| Pool/Hallenbad | 3km |
| Spielplatz am Platz | ✓ |
| Hunde willkommen | ✓ |
| Skilift | 5km |
| WLAN | ✓ |
| Lebensmittel | ✓ |
| Brötchen am Platz | nur HS |
| Restaurant am P. | ✓ |
| Ver-/Entsorgung Womo | ✓ |
| in den Ort | 4km |
| Gesamt/Touristen | 300/120 |
| Mietunterkünfte | ✓ |
| Stellplätze vor Schranke | ✗ |

**3.2** GUT
25 Bewertungen

| | |
|---|---|
| Lage | 3.0 |
| Ruhe | 2.0 |
| Sanitäranlagen | 3.2 |
| Sauberkeit Ø | 3.6 |
| Freundlichkeit | 4.0 |
| Stellplatz | 2.9 |
| Verpflegung | 3.5 |
| Freizeit | 2.8 |
| Preis-Leistung | 3.5 |
| Mietunterkünfte | 3.0 |

**Geeignet für**

| | |
|---|---|
| Kinder b. 6 J. | 2.1 |
| Kinder b. 12 J. | 2.7 |
| Kinder b. 18 J. | 2.5 |
| Paare | 3.4 |
| Senioren | 3.5 |
| Gäste mit Zelt | 3.3 |
| Gäste mit Hund | 3.6 |

**Empfohlene Aktivitäten**

- Wandern
- Radfahren
- Mountainbiking

## 3 Camping Latsch an der Etsch

❄

Reichstraße 4
39021 Latsch
+39 0473 623217

46.62194 | 10.86388
639m ü.M.

01.01. - 10.11.
06.12. - 31.12.

HS: 45,00 € | NS: 42,00 €

**Mehr Infos & Anfrage:**
www.camping.info/1281

| | |
|---|---|
| Baden im Fluss am Platz | ✓ |
| Pool & Hallenbad | ✓ |
| Spielplatz am Platz | ✓ |
| Hunde willkommen | ✓ |
| Skilift/Loipe | 35/15km |
| WLAN (begrenzt gratis) | ✓ |
| Lebensmittel | ✓ |
| Brötchen am Platz | ✓ |
| Restaurant & Imbiss | ✓ |
| Ver-/Entsorgung Womo | ✓ |
| in den Ort | 1km |
| Gesamt/Touristen | 100/95 |
| Mietunterkünfte | ✓ |
| Stellplätze vor Schranke | ✗ |

**3.9** GUT
50 Bewertungen

| | |
|---|---|
| Lage | 3.9 |
| Ruhe | 3.3 |
| Sanitäranlagen | 4.5 |
| Sauberkeit Ø | 4.6 |
| Freundlichkeit | 4.4 |
| Stellplatz | 4.0 |
| Verpflegung | 3.9 |
| Freizeit | 4.2 |
| Preis-Leistung | 3.6 |
| Mietunterkünfte | 3.8 |

**Geeignet für**

| | |
|---|---|
| Kinder b. 6 J. | 3.5 |
| Kinder b. 12 J. | 3.9 |
| Kinder b. 18 J. | 3.7 |
| Paare | 4.2 |
| Senioren | 4.3 |
| Gäste mit Zelt | 3.6 |
| Gäste mit Hund | 3.9 |

**Empfohlene Aktivitäten**

- Wandern
- Radfahren
- Mountainbiking

für WOMOs bis 10 m geeignet

## 4 Camping Goldrain Cevedale

Vinschgauerstrasse 59
39021 Goldrain
+39 391 4327283

46.61761 | 10.81858

14.03. - 30.10.

HS: 35,50 € | NS: 28,50 €

**Mehr Infos & Anfrage:**
www.camping.info/26142

| | |
|---|---|
| Baden in nat. Gewässer | k. A. |
| Pool/Hallenbad | ✓/3km |
| Spielplatz am Platz | ✓ |
| Hunde erlaubt | ✓ |
| Skilift & Loipe | ✗ |
| WLAN | ✓ |
| Lebensmittel | ✓ |
| Brötchen am Platz | ✓ |
| Restaurant/Imbiss | 250m |
| Ver-/Entsorgung Womo | ✓ |
| in den Ort | 500m |
| Touristenplätze | 51 |
| Mietunterkünfte | ✗ |
| Stellplätze vor Schranke | ✗ |

**4.0** SEHR GUT
12 Bewertungen

| | |
|---|---|
| Lage | 4.4 |
| Ruhe | 3.9 |
| Sanitäranlagen | 4.5 |
| Sauberkeit Ø | 4.2 |
| Freundlichkeit | 4.1 |
| Stellplatz | 3.7 |
| Verpflegung | 3.2 |
| Freizeit | 3.7 |
| Preis-Leistung | 3.9 |
| Mietunterkünfte | - |

**Geeignet für**

| | |
|---|---|
| Kinder b. 6 J. | 3.4 |
| Kinder b. 12 J. | 3.2 |
| Kinder b. 18 J. | 3.0 |
| Paare | 4.4 |
| Senioren | 4.5 |
| Gäste mit Zelt | 4.0 |
| Gäste mit Hund | 4.3 |

**Empfohlene Aktivitäten**

- Radfahren
- Wandern
- Entspannen

## 5 Camping Hermitage

Via Val di Nova, Naifweg 29
39012 Meran-Merano
+39 0473 232191

46.67126 | 11.2037
590m ü.M.

01.05. - 30.11.
01.12. - 10.01.

HS: 39,20 € | NS: 30,20 €

**Mehr Infos & Anfrage:**
www.camping.info/23290

| | |
|---|---|
| Baden im See | 25km |
| Pool & Hallenbad | ✓ |
| Spielplatz am Platz | ✓ |
| Hunde willkommen | ✓ |
| Skilift | 300m |
| WLAN | ✓ |
| Lebensmittel | 1km |
| Brötchen am Platz | ✓ |
| Restaurant & Imbiss | ✓ |
| Ver-/Entsorgung Womo | ✓ |
| in den Ort | 3km |
| Touristenplätze | 97 |
| Mietunterkünfte | ✓ |
| Stellplätze vor Schranke | ✗ |

**4.1** SEHR GUT
57 Bewertungen

| | |
|---|---|
| Lage | 4.5 |
| Ruhe | 3.6 |
| Sanitäranlagen | 4.1 |
| Sauberkeit Ø | 4.3 |
| Freundlichkeit | 4.0 |
| Stellplatz | 4.0 |
| Verpflegung | 3.4 |
| Freizeit | 4.3 |
| Preis-Leistung | 4.0 |
| Mietunterkünfte | 4.2 |

**Geeignet für**

| | |
|---|---|
| Kinder b. 6 J. | 3.3 |
| Kinder b. 12 J. | 3.9 |
| Kinder b. 18 J. | 3.9 |
| Paare | 4.5 |
| Senioren | 4.3 |
| Gäste mit Zelt | 3.5 |
| Gäste mit Hund | 4.3 |

**Empfohlene Aktivitäten**

- Wandern
- Mountainbiking
- Entspannen

## 6 Camping Passeier Meran

Pseirerstr. 10
39010 Saltaus - St. Martin
+39 0473 645454
46.72828 | 11.20213
500m ü.M.

28.03. - 15.11.
HS: 33,50 € | NS: 28,50 €
**Mehr Infos & Anfrage:** www.camping.info/22239

| | |
|---|---|
| Baden in nat. Gewässer | k. A. |
| Pool am Platz | ✓ |
| Spielplatz am Platz | ✓ |
| Hunde willkommen | ✓ |
| Skilift/Loipe | 9/30km |
| WLAN (gegen Gebühr) | ✓ |
| Lebensmittel | ✓ |
| Brötchen am Platz | ✓ |
| Restaurant/Imbiss | 200m |
| Ver-/Entsorgung Womo | ✓ |
| in den Ort | 200m |
| Touristenplätze | 130 |
| Mietunterkünfte | ✓ |
| Stellplätze vor Schranke | ✗ |

**4.2** SEHR GUT – 110 Bewertungen

| | |
|---|---|
| Lage | 4.4 |
| Ruhe | 4.3 |
| Sanitäranlagen | 4.2 |
| Sauberkeit Ø | 4.4 |
| Freundlichkeit | 4.5 |
| Stellplatz | 4.0 |
| Verpflegung | 3.7 |
| Freizeit | 4.3 |
| Preis-Leistung | 4.2 |
| Mietunterkünfte | 4.2 |

**Geeignet für**

| | |
|---|---|
| Kinder b. 6 J. | 3.9 |
| Kinder b. 12 J. | 3.9 |
| Kinder b. 18 J. | 3.7 |
| Paare | 4.6 |
| Senioren | 4.6 |
| Gäste mit Zelt | 4.2 |
| Gäste mit Hund | 4.4 |

**Empfohlene Aktivitäten**
- Wandern
- Radfahren
- Entspannen

keine WOMOs ab 12 m

## 7 Camping Ganthaler

Meranerstr. 50
39018 Terlan/Vilpian
+39 0471 678716
46.56766 | 11.2236

15.03. - 06.11.
HS: 35,00 € | NS: 28,00 €
**Mehr Infos & Anfrage:** www.camping.info/1278

| | |
|---|---|
| Baden im See | 20km |
| Pool/Hallenbad | ✓/12km |
| Spielplatz | 1km |
| Hunde erlaubt | ✓ |
| Skilift & Loipe | keine Angabe |
| WLAN | ✓ |
| Lebensmittel | 1km |
| Brötchen am Platz | ✓ |
| Restaurant & Imbiss | ✓ |
| Ver-/Entsorgung Womo | ✓ |
| in den Ort | 1km |
| Touristenplätze | 29 |
| Mietunterkünfte | ✗ |
| Stellplätze vor Schranke | ✓ |

**4.2** SEHR GUT – 17 Bewertungen

| | |
|---|---|
| Lage | 4.2 |
| Ruhe | 3.9 |
| Sanitäranlagen | 3.8 |
| Sauberkeit Ø | 4.5 |
| Freundlichkeit | 4.6 |
| Stellplatz | 3.8 |
| Verpflegung | 4.2 |
| Freizeit | 3.7 |
| Preis-Leistung | 3.9 |
| Mietunterkünfte | - |

**Geeignet für**

| | |
|---|---|
| Kinder b. 6 J. | 3.3 |
| Kinder b. 12 J. | 3.6 |
| Kinder b. 18 J. | 3.0 |
| Paare | 4.4 |
| Senioren | 4.6 |
| Gäste mit Zelt | 4.3 |
| Gäste mit Hund | 4.0 |

**Empfohlene Aktivitäten**
- Wandern
- Tennis
- Radfahren

## 8 Camping im Park

Parkweg 1
39020 Glurns
+39 0473 424017 (Camping)
46.67044 | 10.54592
907m ü.M.

01.04. - 31.10.
HS: 17,40 € | NS: 17,40 €
**Mehr Infos & Anfrage:** www.camping.info/26521

| | |
|---|---|
| Baden in nat. Gewässer | k. A. |
| Pool/Hallenbad | 1km |
| Spielplatz | 1km |
| Hunde willkommen | ✓ |
| Skilift/Loipe | 15/18km |
| WLAN | ✓ |
| Lebensmittel | 500m |
| Brötchen am Platz | ✗ |
| Restaurant/Imbiss | 500m |
| Ver-/Entsorgung Womo | ✓ |
| in den Ort | 500m |
| Touristenplätze | 60 |
| Mietunterkünfte | ✗ |
| Stellplätze vor Schranke | ✗ |

**4.2** SEHR GUT – 16 Bewertungen

| | |
|---|---|
| Lage | 4.6 |
| Ruhe | 4.2 |
| Sanitäranlagen | 3.6 |
| Sauberkeit Ø | 4.3 |
| Freundlichkeit | 4.6 |
| Stellplatz | 3.8 |
| Verpflegung | 2.9 |
| Freizeit | 4.5 |
| Preis-Leistung | 4.6 |
| Mietunterkünfte | - |

**Geeignet für**

| | |
|---|---|
| Kinder b. 6 J. | 2.9 |
| Kinder b. 12 J. | 3.3 |
| Kinder b. 18 J. | 3.8 |
| Paare | 4.9 |
| Senioren | 4.5 |
| Gäste mit Zelt | 4.8 |
| Gäste mit Hund | 4.5 |

**Empfohlene Aktivitäten**
- Wandern
- Radfahren
- Entspannen

Karte auf Seite 446

**Infos**
Öffnungszeiten
Vergleichspreis
Link

**Ausstattung**
Freizeit
Campingplatz
Versorgung
Anzahl der Plätze

## 9 Camping Trafoi

Dreibrunnenweg 1
39020 Trafoi
+39 0473 611533
46.54366 | 10.50754

10.06. - 20.09.
HS: 31,20 € | NS: 28,20 €
**Mehr Infos & Anfrage:**
www.camping.info/1293

| | |
|---|---|
| Baden in nat. Gewässer | k. A. |
| Hallenbad | 1km |
| Spielplatz | ✗ |
| Hunde erlaubt | ✓ |
| Skilift & Loipe | keine Angabe |
| WLAN | ✗ |
| Lebensmittel | ✓ |
| Brötchen am Platz | ✓ |
| Restaurant/Imbiss | 1km |
| Ver-/Entsorgung Womo | ✗ |
| in den Ort | 1km |
| Gesamt/Touristen | 100/97 |
| Mietunterkünfte | ✗ |
| Stellplätze vor Schranke | ✗ |

**4.2** SEHR GUT
8 Bewertungen

| | |
|---|---|
| Lage | 4.8 |
| Ruhe | 4.9 |
| Sanitäranlagen | 4.2 |
| Sauberkeit Ø | 4.6 |
| Freundlichkeit | 4.7 |
| Stellplatz | 4.4 |
| Verpflegung | 3.4 |
| Freizeit | 3.1 |
| Preis-Leistung | 4.1 |
| Mietunterkünfte | - |

**Geeignet für**

| | |
|---|---|
| Kinder b. 6 J. | 3.3 |
| Kinder b. 12 J. | 3.8 |
| Kinder b. 18 J. | 4.0 |
| Paare | 4.5 |
| Senioren | 4.2 |
| Gäste mit Zelt | 4.3 |
| Gäste mit Hund | 4.2 |

**Empfohlene Aktivitäten**

- Wandern
- Radfahren
- Mountainbiking

## 10 Camping Kiefernhain

Kiefernhainweg 37
39026 Prad am Stilfserjoch
+39 0473 616422
46.62494 | 10.59339
900m ü.M.

01.05. - 02.10.
HS: 45,10 € | NS: 37,10 €
**Mehr Infos & Anfrage:**
www.camping.info/1280

| | |
|---|---|
| Baden im See | 25km |
| Pool/Hallenbad | ✓/2km |
| Spielplatz am Platz | ✓ |
| Hunde willkommen | ✓ |
| Skilift & Loipe | ✗ |
| WLAN | ✓ |
| Lebensmittel | 300m |
| Brötchen am Platz | ✓ |
| Restaurant/Imbiss | 200m |
| Ver-/Entsorgung Womo | ✓ |
| in den Ort | 500m |
| Touristenplätze | 180 |
| Mietunterkünfte | ✗ |
| Stellplätze vor Schranke | ✗ |

**4.3** SEHR GUT
40 Bewertungen

| | |
|---|---|
| Lage | 4.5 |
| Ruhe | 4.3 |
| Sanitäranlagen | 4.5 |
| Sauberkeit Ø | 4.8 |
| Freundlichkeit | 4.7 |
| Stellplatz | 4.3 |
| Verpflegung | 3.4 |
| Freizeit | 4.3 |
| Preis-Leistung | 3.9 |
| Mietunterkünfte | - |

**Geeignet für**

| | |
|---|---|
| Kinder b. 6 J. | 4.3 |
| Kinder b. 12 J. | 4.5 |
| Kinder b. 18 J. | 4.1 |
| Paare | 4.5 |
| Senioren | 4.2 |
| Gäste mit Zelt | 4.7 |
| Gäste mit Hund | 4.4 |

**Empfohlene Aktivitäten**

- Wandern
- Schwimmen
- Radfahren

## 11 Camping Arquin

Feldgatterweg 25
39011 Lana
+39 0473 561187
46.61112 | 11.17406
280m ü.M.

01.03. - 10.11.
02.12. - 06.01.
HS: 46,00 € | NS: 38,00 €
**Mehr Infos & Anfrage:**
www.camping.info/1268

| | |
|---|---|
| Baden im See | 20km |
| Pool/Hallenbad | ✓/5km |
| Spielplatz am Platz | ✓ |
| Hunde willkommen | ✓ |
| Skilift/Loipe | 25km |
| WLAN | ✓ |
| Lebensmittel | ✓ |
| Brötchen am Platz | ✓ |
| Restaurant & Imbiss | ✓ |
| Ver-/Entsorgung Womo | ✓ |
| in den Ort | 500m |
| Touristenplätze | 110 |
| Mietunterkünfte | ✗ |
| Stellplätze vor Schranke | ✓ |

**4.4** SEHR GUT
484 Bewertungen

| | |
|---|---|
| Lage | 4.4 |
| Ruhe | 4.2 |
| Sanitäranlagen | 4.6 |
| Sauberkeit Ø | 4.7 |
| Freundlichkeit | 4.4 |
| Stellplatz | 4.4 |
| Verpflegung | 4.1 |
| Freizeit | 4.3 |
| Preis-Leistung | 4.2 |
| Mietunterkünfte | - |

**Geeignet für**

| | |
|---|---|
| Kinder b. 6 J. | 3.8 |
| Kinder b. 12 J. | 3.9 |
| Kinder b. 18 J. | 3.7 |
| Paare | 4.7 |
| Senioren | 4.8 |
| Gäste mit Zelt | 4.1 |
| Gäste mit Hund | 4.4 |

**Empfohlene Aktivitäten**

- Wandern
- Radfahren
- Entspannen

## 12 Camping Via Claudia Augusta

Marktgasse 14
39022 Algund bei Meran
+39 0473 223060
46.68109 | 11.11465
330m ü.M.

17.03. - 04.11.
HS: 38,00 € | NS: 32,00 €
**Mehr Infos & Anfrage:**
www.camping.info/23036

| | |
|---|---|
| Baden in nat. Gewässer | k. A. |
| Pool am Platz | ✓ |
| Spielplatz am Platz | ✓ |
| Hunde willkommen | ✓ |
| Skilift & Loipe | ✗ |
| WLAN | ✓ |
| Lebensmittel | 150m |
| Brötchen am Platz | ✗ |
| Restaurant | 100m |
| Ver-/Entsorgung Womo | ✓ |
| in den Ort | 300m |
| Touristenplätze | 50 |
| Mietunterkünfte | ✗ |
| Stellplätze vor Schranke | ✗ |

**4.4** SEHR GUT
99 Bewertungen

| | |
|---|---|
| Lage | 4.7 |
| Ruhe | 4.2 |
| Sanitäranlagen | 4.4 |
| Sauberkeit Ø | 4.5 |
| Freundlichkeit | 4.3 |
| Stellplatz | 4.3 |
| Verpflegung | 3.1 |
| Freizeit | 4.4 |
| Preis-Leistung | 4.1 |
| Mietunterkünfte | - |

**Geeignet für**

| | |
|---|---|
| Kinder b. 6 J. | 3.5 |
| Kinder b. 12 J. | 3.7 |
| Kinder b. 18 J. | 3.7 |
| Paare | 4.8 |
| Senioren | 4.7 |
| Gäste mit Zelt | 4.1 |
| Gäste mit Hund | 4.4 |

**Empfohlene Aktivitäten**

- Wandern
- Radfahren
- Entspannen

keine WOMOs über 9 m

Karte auf Seite 446

| Infos | |
|---|---|
| Öffnungszeiten | |
| Vergleichspreis | |
| Link | |

| Ausstattung | |
|---|---|
| Freizeit | |
| Campingplatz | |
| Versorgung | |
| Anzahl der Plätze | |

## 13 Camping Völlan

Zehentweg 6
39011 Völlan
+39 0473 568 056
46.59871 | 11.14634
650m ü.M.

22.03. - 02.11.
HS: 37,40 € | NS: 27,40 €
**Mehr Infos & Anfrage:**
www.camping.info/1334

| | |
|---|---|
| Baden im Teich | 2km |
| Pool/Hallenbad | ✓/5km |
| Spielplatz am Platz | ✓ |
| Hunde willkommen | ✓ |
| Skilift & Loipe | ✗ |
| WLAN (gegen Gebühr) | ✓ |
| Lebensmittel | ✓ |
| Brötchen am Platz | ✓ |
| Restaurant/Imbiss | 500m |
| Ver-/Entsorgung Womo | ✓ |
| in den Ort | 1km |
| Touristenplätze | 50 |
| Mietunterkünfte | ✗ |
| Stellplätze vor Schranke | ✗ |

**4.4** SEHR GUT
31 Bewertungen

| | |
|---|---|
| Lage | 4.2 |
| Ruhe | 4.4 |
| Sanitäranlagen | 4.5 |
| Sauberkeit Ø | 4.8 |
| Freundlichkeit | 4.9 |
| Stellplatz | 3.9 |
| Verpflegung | 3.7 |
| Freizeit | 3.9 |
| Preis-Leistung | 4.0 |
| Mietunterkünfte | - |

**Geeignet für**

| | |
|---|---|
| Kinder b. 6 J. | 3.4 |
| Kinder b. 12 J. | 3.7 |
| Kinder b. 18 J. | 3.8 |
| Paare | 4.7 |
| Senioren | 4.4 |
| Gäste mit Zelt | 4.2 |
| Gäste mit Hund | 4.5 |

**Empfohlene Aktivitäten**
- Wandern
- Entspannen
- Mountainbiking

## 14 Camping Sägemühle mit Residence

Dornweg 12
39026 Prad am Stilfserjoch
+39 0473 616078
46.61769 | 10.59554
915m ü.M.

01.04. - 06.11.
20.12. - 31.03.
HS: 48,20 € | NS: 44,20 €
**Mehr Infos & Anfrage:**
www.camping.info/1271

| | |
|---|---|
| Baden im See | 50km |
| Pool & Hallenbad | ✓ |
| Spielplatz am Platz | ✓ |
| Hunde willkommen | ✓ |
| Skilift/Loipe | 8/16km |
| WLAN | ✓ |
| Lebensmittel | ✓ |
| Brötchen am Platz | ✓ |
| Restaurant & Imbiss | ✓ |
| Ver-/Entsorgung Womo | ✓ |
| in den Ort | 200m |
| Touristenplätze | 150 |
| Mietunterkünfte | ✓ |
| Stellplätze vor Schranke | ✗ |

**4.6** SEHR GUT
202 Bewertungen

| | |
|---|---|
| Lage | 4.6 |
| Ruhe | 4.3 |
| Sanitäranlagen | 4.8 |
| Sauberkeit Ø | 4.8 |
| Freundlichkeit | 4.7 |
| Stellplatz | 4.5 |
| Verpflegung | 4.3 |
| Freizeit | 4.5 |
| Preis-Leistung | 4.2 |
| Mietunterkünfte | 4.7 |

**Geeignet für**

| | |
|---|---|
| Kinder b. 6 J. | 4.5 |
| Kinder b. 12 J. | 4.5 |
| Kinder b. 18 J. | 4.0 |
| Paare | 4.7 |
| Senioren | 4.7 |
| Gäste mit Zelt | 4.3 |
| Gäste mit Hund | 4.6 |

**Empfohlene Aktivitäten**
- Wandern
- Radfahren
- Mountainbiking

## 15 Camping Thöni

Landstraße 83
39027 St. Valentin a.d.H. Graun
+39 0473 634020
46.76983 | 10.5322

01.05. - 15.11.
15.12. - 30.04.
HS: 25,50 € | NS: 22,50 €
**Mehr Infos & Anfrage:**
www.camping.info/1524

| | |
|---|---|
| Baden im See | 500m |
| Pool/Hallenbad | 5km |
| Spielplatz am Platz | ✓ |
| Hunde erlaubt | ✓ |
| Skilift/Loipe | 200/50m |
| WLAN (gegen Gebühr) | ✓ |
| Lebensmittel | 200m |
| Brötchen am Platz | ✓ |
| Restaurant | 200m |
| Ver-/Entsorgung Womo | ✓ |
| in den Ort | 200m |
| Touristenplätze | 30 |
| Mietunterkünfte | ✗ |
| Stellplätze vor Schranke | ✓ |

**4.6** SEHR GUT
20 Bewertungen

| | |
|---|---|
| Lage | 4.6 |
| Ruhe | 4.2 |
| Sanitäranlagen | 4.6 |
| Sauberkeit Ø | 4.8 |
| Freundlichkeit | 4.8 |
| Stellplatz | 4.1 |
| Verpflegung | 3.7 |
| Freizeit | 4.7 |
| Preis-Leistung | 4.7 |
| Mietunterkünfte | - |

**Geeignet für**

| | |
|---|---|
| Kinder b. 6 J. | 3.5 |
| Kinder b. 12 J. | 3.8 |
| Kinder b. 18 J. | 3.8 |
| Paare | 4.7 |
| Senioren | 4.9 |
| Gäste mit Zelt | 3.8 |
| Gäste mit Hund | 4.3 |

**Empfohlene Aktivitäten**
- Wandern
- Radfahren
- Entspannen

## 16 Camping Zum See

❄

Kirchgasse 26
39027 St. Valentin auf der Haide
+39 0473 634576

46.76454 | 10.53254
1450m ü.M.

ganzjährig

HS: 27,00 € | NS: 22,00 €

**Mehr Infos & Anfrage:**
www.camping.info/24951

| | |
|---|---|
| Baden im See | 300m |
| Pool/Hallenbad | 5km |
| Spielplatz am Platz | ✓ |
| Hunde erlaubt | ✓ |
| Skilift/Loipe | ✓/200m |
| WLAN | ✓ |
| Lebensmittel | 100m |
| Brötchen am Platz | ✗ |
| Restaurant & Imbiss | ✓ |
| Ver-/Entsorgung Womo | ✓ |
| in den Ort | 5km |
| Touristenplätze | 40 |
| Mietunterkünfte | ✗ |
| Stellplätze vor Schranke | ✓ |

**4.6** SEHR GUT
18 Bewertungen

| | |
|---|---|
| Lage | 4.6 |
| Ruhe | 4.3 |
| Sanitäranlagen | 5.0 |
| Sauberkeit Ø | 5.0 |
| Freundlichkeit | 4.8 |
| Stellplatz | 4.2 |
| Verpflegung | 4.0 |
| Freizeit | 4.2 |
| Preis-Leistung | 4.6 |
| Mietunterkünfte | - |

**Geeignet für**

| | |
|---|---|
| Kinder b. 6 J. | 3.5 |
| Kinder b. 12 J. | 3.8 |
| Kinder b. 18 J. | 3.7 |
| Paare | 4.8 |
| Senioren | 4.9 |
| Gäste mit Zelt | 3.7 |
| Gäste mit Hund | 4.6 |

**Empfohlene Aktivitäten**

- Wandern
- Radfahren
- Mountainbiking

## 17 Naturcaravanpark Camping Tisens

39010 Tisens bei Meran
+39 0473 927131

46.56267 | 11.17696

ganzjährig

HS: 34,40 € | NS: 34,40 €

**Mehr Infos & Anfrage:**
www.camping.info/22142

| | |
|---|---|
| Baden in nat. Gewässer | k. A. |
| Pool am Platz | ✓ |
| Spielplatz am Platz | ✓ |
| Hunde willkommen | ✓ |
| Skilift & Loipe | ✗ |
| WLAN | ✓ |
| Lebensmittel | ✓ |
| Brötchen am Platz | ✓ |
| Restaurant & Imbiss | ✓ |
| Ver-/Entsorgung Womo | ✓ |
| in den Ort | 200m |
| Touristenplätze | 99 |
| Mietunterkünfte | ✓ |
| Stellplätze vor Schranke | ✓ |

**4.7** SEHR GUT
211 Bewertungen

| | |
|---|---|
| Lage | 4.7 |
| Ruhe | 4.7 |
| Sanitäranlagen | 4.7 |
| Sauberkeit Ø | 4.8 |
| Freundlichkeit | 4.8 |
| Stellplatz | 4.5 |
| Verpflegung | 4.4 |
| Freizeit | 4.4 |
| Preis-Leistung | 4.5 |
| Mietunterkünfte | 4.6 |

**Geeignet für**

| | |
|---|---|
| Kinder b. 6 J. | 4.5 |
| Kinder b. 12 J. | 4.5 |
| Kinder b. 18 J. | 4.2 |
| Paare | 4.8 |
| Senioren | 4.8 |
| Gäste mit Zelt | 4.4 |
| Gäste mit Hund | 4.8 |

**Empfohlene Aktivitäten**

- Wandern
- Schwimmen
- Entspannen

## 18 Camping Vogelsang

Vogelsangstr. 27
39028 Schlanders
+39 328 4690064

46.62702 | 10.78655

01.04. - 08.11.

HS: 39,70 € | NS: 37,70 €

**Mehr Infos & Anfrage:**
www.camping.info/27118

| | |
|---|---|
| Baden im Fluss | 100m |
| Pool/Hallenbad | 200m/6km |
| Spielplatz | 300m |
| Hunde willkommen | ✓ |
| Skilift | 30km |
| WLAN | ✓ |
| Lebensmittel | ✓ |
| Brötchen am Platz | ✓ |
| Restaurant/Imbiss | 300m/✓ |
| Ver-/Entsorgung Womo | ✓ |
| in den Ort | keine Angabe |
| Touristenplätze | 75 |
| Mietunterkünfte | ✗ |
| Stellplätze vor Schranke | ✗ |

**4.7** SEHR GUT
38 Bewertungen

| | |
|---|---|
| Lage | 4.7 |
| Ruhe | 4.6 |
| Sanitäranlagen | 4.7 |
| Sauberkeit Ø | 4.8 |
| Freundlichkeit | 4.9 |
| Stellplatz | 4.5 |
| Verpflegung | 3.8 |
| Freizeit | 4.6 |
| Preis-Leistung | 4.4 |
| Mietunterkünfte | - |

**Geeignet für**

| | |
|---|---|
| Kinder b. 6 J. | 4.3 |
| Kinder b. 12 J. | 4.4 |
| Kinder b. 18 J. | 4.5 |
| Paare | 5.0 |
| Senioren | 4.7 |
| Gäste mit Zelt | 4.5 |
| Gäste mit Hund | 4.7 |

**Empfohlene Aktivitäten**

- Wandern
- Mountainbiking
- Radfahren

## 19 Camping Mals

Bahnhofstraße 51
39024 Mals im Vinschgau - Südtirol
+39 0473 835179

46.68401 | 10.55
1000m ü.M.

15.03. - 05.11.

HS: 42,40 € | NS: 30,40 €

**Mehr Infos & Anfrage:**
www.camping.info/1270

| | |
|---|---|
| Baden in nat. Gewässer | k. A. |
| Pool/Hallenbad | 200m |
| Spielplatz am Platz | ✓ |
| Hunde willkommen | ✓ |
| Skilift/Loipe | 7km |
| WLAN | ✓ |
| Lebensmittel | 1km |
| Brötchen am Platz | ✓ |
| Restaurant/Imbiss | 200/100m |
| Ver-/Entsorgung Womo | ✓ |
| in den Ort | 1km |
| Touristenplätze | 75 |
| Mietunterkünfte | ✗ |
| Stellplätze vor Schranke | ✗ |

**4.7** SEHR GUT
35 Bewertungen

| | |
|---|---|
| Lage | 4.5 |
| Ruhe | 4.1 |
| Sanitäranlagen | 4.8 |
| Sauberkeit Ø | 4.9 |
| Freundlichkeit | 4.9 |
| Stellplatz | 4.6 |
| Verpflegung | 3.4 |
| Freizeit | 4.4 |
| Preis-Leistung | 4.1 |
| Mietunterkünfte | - |

**Geeignet für**

| | |
|---|---|
| Kinder b. 6 J. | 3.8 |
| Kinder b. 12 J. | 3.9 |
| Kinder b. 18 J. | 3.4 |
| Paare | 4.8 |
| Senioren | 4.8 |
| Gäste mit Zelt | 4.7 |
| Gäste mit Hund | 4.6 |

**Empfohlene Aktivitäten**

- Radfahren
- Wandern
- Mountainbiking

## 20 Luxury Camping Schlosshof**** Superior

Jaufenstraße 10
39011 Lana
+39 0473 561469
46.61194 | 11.16861
320m ü.M.

01.03. - 15.11.
HS: 48,00 € | NS: 48,00 €
**Mehr Infos & Anfrage:**
www.camping.info/1292

| | |
|---|---|
| Baden im See | 20km |
| Pool & Hallenbad | ✓ |
| Spielplatz am Platz | ✓ |
| Hunde willkommen | ✓ |
| Loipe | 3km |
| WLAN | ✓ |
| Lebensmittel | 200m |
| Brötchen am Platz | ✓ |
| Restaurant & Imbiss | ✓ |
| Ver-/Entsorgung Womo | ✓ |
| in den Ort | 500m |
| Touristenplätze | 135 |
| Mietunterkünfte | ✓ |
| Stellplätze vor Schranke | ✗ |

**4.8** SEHR GUT
2266 Bewertungen

| | |
|---|---|
| Lage | 4.5 |
| Ruhe | 4.5 |
| Sanitäranlagen | 4.9 |
| Sauberkeit Ø | 4.9 |
| Freundlichkeit | 4.9 |
| Stellplatz | 4.6 |
| Verpflegung | 4.4 |
| Freizeit | 4.6 |
| Preis-Leistung | 4.5 |
| Mietunterkünfte | 4.6 |

**Geeignet für**

| | |
|---|---|
| Kinder b. 6 J. | 4.2 |
| Kinder b. 12 J. | 4.3 |
| Kinder b. 18 J. | 4.0 |
| Paare | 4.8 |
| Senioren | 4.8 |
| Gäste mit Zelt | 3.8 |
| Gäste mit Hund | 4.4 |

**Empfohlene Aktivitäten**

- Wandern
- Radfahren
- Entspannen

keine WOMOs ab 12 m; für Jugendgruppen nicht geeignet

## 21 Waldcamping Naturns

Dornsbergweg 8
39025 Naturns
+39 0473 667298
46.64235 | 11.00891
550m ü.M.

10.03. - 08.11.
HS: 50,00 € | NS: 0,00 €
**Mehr Infos & Anfrage:**
www.camping.info/22213

| | |
|---|---|
| Baden im See | 8km |
| Pool/Hallenbad | 600m/✓ |
| Spielplatz am Platz | ✓ |
| Hunde willkommen | ✓ |
| Skilift/Loipe | 25km |
| WLAN | ✓ |
| Lebensmittel | ✓ |
| Brötchen am Platz | ✓ |
| Restaurant/Imbiss | 200m |
| Ver-/Entsorgung Womo | ✓ |
| in den Ort | 500m |
| Touristenplätze | 160 |
| Mietunterkünfte | ✓ |
| Stellplätze vor Schranke | ✗ |

**4.8** SEHR GUT
119 Bewertungen

| | |
|---|---|
| Lage | 4.7 |
| Ruhe | 4.6 |
| Sanitäranlagen | 4.8 |
| Sauberkeit Ø | 4.9 |
| Freundlichkeit | 4.8 |
| Stellplatz | 4.5 |
| Verpflegung | 3.6 |
| Freizeit | 4.5 |
| Preis-Leistung | 4.1 |
| Mietunterkünfte | 4.4 |

**Geeignet für**

| | |
|---|---|
| Kinder b. 6 J. | 4.3 |
| Kinder b. 12 J. | 4.4 |
| Kinder b. 18 J. | 4.0 |
| Paare | 4.8 |
| Senioren | 4.7 |
| Gäste mit Zelt | 4.3 |
| Gäste mit Hund | 4.5 |

**Empfohlene Aktivitäten**

- Wandern
- Radfahren
- Mountainbiking

## 22 Camping Adler - Adults Only

Lidostraße 14
39025 Naturns
+39 0473 667242
46.64765 | 11.00704
528m ü.M.

03.07. - 07.11.
HS: 42,10 € | NS: 40,10 €
**Mehr Infos & Anfrage:**
www.camping.info/1269

| | |
|---|---|
| Baden in nat. Gewässer | k. A. |
| Pool/Hallenbad | 400m/✓ |
| Spielplatz | ✗ |
| Hunde willkommen | ✓ |
| Skilift/Loipe | 30km |
| WLAN | ✓ |
| Lebensmittel | ✓ |
| Brötchen am Platz | ✓ |
| Restaurant/Imbiss | 200m |
| Ver-/Entsorgung Womo | ✓ |
| in den Ort | 50m |
| Touristenplätze | 50 |
| Mietunterkünfte | ✓ |
| Stellplätze vor Schranke | ✗ |

**4.8** SEHR GUT
74 Bewertungen

| | |
|---|---|
| Lage | 4.9 |
| Ruhe | 4.7 |
| Sanitäranlagen | 4.9 |
| Sauberkeit Ø | 4.9 |
| Freundlichkeit | 4.9 |
| Stellplatz | 4.7 |
| Verpflegung | 4.5 |
| Freizeit | 4.8 |
| Preis-Leistung | 4.7 |
| Mietunterkünfte | 4.9 |

**Geeignet für**

| | |
|---|---|
| Kinder b. 6 J. | 4.2 |
| Kinder b. 12 J. | 4.4 |
| Kinder b. 18 J. | 4.6 |
| Paare | 4.9 |
| Senioren | 4.9 |
| Gäste mit Zelt | 4.5 |
| Gäste mit Hund | 4.4 |

**Empfohlene Aktivitäten**

- Wandern
- Schwimmen
- Wellness

für WOMOs bis 8 m geeignet; nur für Erwachsene; Mindestalter 16 J.

Karte auf Seite 446

**Infos**

Öffnungszeiten
Vergleichspreis
Link

**Ausstattung**

Freizeit
Campingplatz
Versorgung
Anzahl der Plätze

## 23 CaravanPark Schnals - Senales

Kurzras
39020 Schnalstal
+39 0473 662171

46.75642 | 10.78198
2000m ü.M.

29.06. - 31.10.
01.11. - 03.05.

HS: 31,00 € | NS: 25,00 €

**Mehr Infos & Anfrage:**
www.camping.info/23396

| | |
|---|---|
| Baden in nat. Gewässer | k. A. |
| Pool/Hallenbad | 14km/200m |
| Spielplatz | 200m |
| Hunde willkommen | ✓ |
| Skilift/Loipe | ✓/200m |
| WLAN | ✓ |
| Lebensmittel | 200m |
| Brötchen am Platz | ✗ |
| Restaurant/Imbiss | 200m |
| Ver-/Entsorgung Womo | ✓ |
| in den Ort | 100m |
| Touristenplätze | 90 |
| Mietunterkünfte | ✗ |
| Stellplätze vor Schranke | ✗ |

**4.2** SEHR GUT
27 Bewertungen

| | |
|---|---|
| Lage | 4.7 |
| Ruhe | 4.0 |
| Sanitäranlagen | 4.5 |
| Sauberkeit Ø | 4.4 |
| Freundlichkeit | 4.0 |
| Stellplatz | 4.0 |
| Verpflegung | 3.6 |
| Freizeit | 4.0 |
| Preis-Leistung | 3.8 |
| Mietunterkünfte | - |

**Geeignet für**

| | |
|---|---|
| Kinder b. 6 J. | 3.3 |
| Kinder b. 12 J. | 3.4 |
| Kinder b. 18 J. | 3.9 |
| Paare | 4.5 |
| Senioren | 4.4 |
| Gäste mit Zelt | 2.5 |
| Gäste mit Hund | 4.2 |

**Empfohlene Aktivitäten**

- Ski
- Wandern
- Klettern

## 24 Camping Badlerhof

Kugelgasse 4b
39023 Laas - Lasa
+39 0473 628011

46.6155 | 10.6981
868m ü.M.

25.03. - 07.11.

HS: 37,10 € | NS: 33,10 €

**Mehr Infos & Anfrage:**
www.camping.info/22571

| | |
|---|---|
| Baden in nat. Gewässer | k. A. |
| Pool/Hallenbad | 500m/5km |
| Spielplatz am Platz | ✓ |
| Hunde willkommen | ✓ |
| Skilift & Loipe | ✗ |
| WLAN | ✓ |
| Lebensmittel | 100m |
| Brötchen am Platz | ✗ |
| Restaurant/Imbiss | 100m/✓ |
| Ver-/Entsorgung Womo | ✓ |
| im Ort | ✓ |
| Touristenplätze | 35 |
| Mietunterkünfte | ✗ |
| Stellplätze vor Schranke | ✗ |

**4.8** SEHR GUT
45 Bewertungen

| | |
|---|---|
| Lage | 4.5 |
| Ruhe | 4.0 |
| Sanitäranlagen | 4.9 |
| Sauberkeit Ø | 4.8 |
| Freundlichkeit | 4.9 |
| Stellplatz | 4.6 |
| Verpflegung | 4.1 |
| Freizeit | 4.4 |
| Preis-Leistung | 4.5 |
| Mietunterkünfte | - |

**Geeignet für**

| | |
|---|---|
| Kinder b. 6 J. | 3.9 |
| Kinder b. 12 J. | 3.9 |
| Kinder b. 18 J. | 3.8 |
| Paare | 4.7 |
| Senioren | 4.7 |
| Gäste mit Zelt | 4.2 |
| Gäste mit Hund | 4.2 |

**Empfohlene Aktivitäten**

- Wandern
- Radfahren
- Mountainbiking

## 25 Camping Gloria Vallis

Wiesenweg 5
39020 Glurns
+39 0473 835160

46.67327 | 10.56983
920m ü.M.

01.04. - 01.11.

HS: 46,60 € | NS: 39,50 €

**Mehr Infos & Anfrage:**
www.camping.info/1519

| | |
|---|---|
| Baden im Teich am Platz | ✓ |
| Pool/Hallenbad | 2km |
| Spielplatz am Platz | ✓ |
| Hunde willkommen | ✓ |
| Skilift | 10km |
| WLAN | ✓ |
| Lebensmittel | ✓ |
| Brötchen am Platz | ✓ |
| Restaurant & Imbiss | ✓ |
| Ver-/Entsorgung Womo | ✓ |
| in den Ort | 1km |
| Touristenplätze | 100 |
| Mietunterkünfte | ✓ |
| Stellplätze vor Schranke | ✓ |

**4.9** SEHR GUT
112 Bewertungen

| | |
|---|---|
| Lage | 4.7 |
| Ruhe | 4.6 |
| Sanitäranlagen | 5.0 |
| Sauberkeit Ø | 5.0 |
| Freundlichkeit | 4.9 |
| Stellplatz | 4.8 |
| Verpflegung | 4.6 |
| Freizeit | 4.5 |
| Preis-Leistung | 4.6 |
| Mietunterkünfte | 4.9 |

**Geeignet für**

| | |
|---|---|
| Kinder b. 6 J. | 3.5 |
| Kinder b. 12 J. | 3.5 |
| Kinder b. 18 J. | 3.7 |
| Paare | 4.9 |
| Senioren | 4.9 |
| Gäste mit Zelt | 4.7 |
| Gäste mit Hund | 4.8 |

**Empfohlene Aktivitäten**

- Wandern
- Radfahren
- Entspannen

für WOMOS bis 9,5 m geeignet; Jugendgruppen nur beschränkt erwünscht

## 26 Camping Zögghof

Mooserstrasse 31A
39015 Sankt Leonhard in Passeier
+39 335 1050440

46.81656 | 11.2399
700m ü.M.

ganzjährig

HS: 35,90 € | NS: 27,90 €

**Mehr Infos & Anfrage:**
www.camping.info/26539

| | |
|---|---|
| Baden im See | 500m |
| Pool/Hallenbad | ✓/20km |
| Spielplatz am Platz | ✓ |
| Hunde willkommen | ✓ |
| Skilift/Loipe | 20/15km |
| WLAN | ✓ |
| Lebensmittel | 800m |
| Brötchen am Platz | ✓ |
| Restaurant & Imbiss | ✓ |
| Ver-/Entsorgung Womo | ✓ |
| in den Ort | 800m |
| Gesamt | 38 |
| Mietunterkünfte | ✓ |
| Stellplätze vor Schranke | ✗ |

**4.9** SEHR GUT
29 Bewertungen

| | |
|---|---|
| Lage | 4.7 |
| Ruhe | 4.3 |
| Sanitäranlagen | 4.9 |
| Sauberkeit Ø | 4.9 |
| Freundlichkeit | 5.0 |
| Stellplatz | 4.8 |
| Verpflegung | 4.5 |
| Freizeit | 4.8 |
| Preis-Leistung | 4.6 |
| Mietunterkünfte | 4.8 |

**Geeignet für**

| | |
|---|---|
| Kinder b. 6 J. | 4.1 |
| Kinder b. 12 J. | 4.3 |
| Kinder b. 18 J. | 4.4 |
| Paare | 4.9 |
| Senioren | 4.6 |
| Gäste mit Zelt | 4.2 |
| Gäste mit Hund | 4.7 |

**Empfohlene Aktivitäten**

- Wandern
- Mountainbiking
- Radfahren

Immer wieder Spezialangebote verfügbar.

## 27 Camping Bergkristall

❄

Platt 103 A
39013 Moos in Passeier
0039 389 0670606

46.80159 | 11.10485
1500m ü.M.

ganzjährig
HS: 35,00 € | NS: 27,00 €
**Mehr Infos & Anfrage:**
www.camping.info/27443

| | |
|---|---|
| Baden in nat. Gewässer | k. A. |
| Pool & Hallenbad | ✗ |
| Spielplatz am Platz | ✓ |
| Hunde willkommen | ✓ |
| Skilift | 2km |
| WLAN | ✓ |
| Lebensmittel | 2km |
| Brötchen am Platz | ✓ |
| Restaurant/Imbiss | 200m |
| Ver-/Entsorgung Womo | ✓ |
| in den Ort | 40km |
| Touristenplätze | 30 |
| Mietunterkünfte | ✗ |
| Stellplätze vor Schranke | ✗ |

**4.9** SEHR GUT
12 Bewertungen

| | |
|---|---|
| Lage | 4.8 |
| Ruhe | 4.9 |
| Sanitäranlagen | 4.9 |
| Sauberkeit Ø | 5.0 |
| Freundlichkeit | 5.0 |
| Stellplatz | 4.9 |
| Verpflegung | 4.9 |
| Freizeit | 4.8 |
| Preis-Leistung | 4.8 |
| Mietunterkünfte | - |

**Geeignet für**

| | |
|---|---|
| Kinder b. 6 J. | 4.6 |
| Kinder b. 12 J. | 4.8 |
| Kinder b. 18 J. | 4.7 |
| Paare | 4.8 |
| Senioren | 4.6 |
| Gäste mit Zelt | 4.0 |
| Gäste mit Hund | 4.7 |

**Empfohlene Aktivitäten**

- Wandern
- Entspannen
- Klettern

## 28 Alpina Mountain Camping

Sulden 111
39029 Sulden am Ortler

46.53009 | 10.58277

keine Angabe
keine Angabe
**Mehr Infos & Anfrage:**
www.camping.info/28126

| | |
|---|---|
| Baden in nat. Gewässer | k. A. |
| Pool & Hallenbad | ✗ |
| Spielplatz | keine Angabe |
| Hunde | ✗ |
| Skilift & Loipe | keine Angabe |
| WLAN | keine Angabe |
| Lebensmittel | k.A. |
| Brötchen | keine Angabe |
| Restaurant & Imbiss | ✗ |
| Ver-/Entsorgung Womo | ✗ |
| in den Ort | keine Angabe |
| Gesamt | keine Angabe |
| Mietunterkünfte | ✗ |
| Stellplätze vor Schranke | ✗ |

- JETZT BEWERTEN!

Für diese Auswertung liegen leider noch nicht genügend Bewertungen vor.

Sei einer der Ersten, der diesen Campingplatz bewertet. Unter den Bewertern werden regelmäßig Gewinne verlost!

Mehr Infos dazu findest du in unserem allgemeinen Intro.

## 29 Live Meran Camping

Piave Straße 46
39012 Meran
0039 0473 426388

46.66382 | 11.15863

15.03. - 31.12.
15.03. - 10.01.
HS: 60,00 €
**Mehr Infos & Anfrage:**
www.camping.info/30104

| | |
|---|---|
| Baden in nat. Gewässer | k. A. |
| Pool am Platz | ✓ |
| Spielplatz | keine Angabe |
| Hunde erlaubt | ✓ |
| Skilift/Loipe | 7km |
| WLAN | ✓ |
| Lebensmittel | 100m |
| Brötchen am Platz | ✓ |
| Imbiss | ✓ |
| Ver-/Entsorgung Womo | ✗ |
| in den Ort | 100m |
| Touristenplätze | 91 |
| Mietunterkünfte | ✓ |
| Stellplätze vor Schranke | ✗ |

- JETZT BEWERTEN!

Für diese Auswertung liegen leider noch nicht genügend Bewertungen vor.

Sei einer der Ersten, der diesen Campingplatz bewertet. Unter den Bewertern werden regelmäßig Gewinne verlost!

Mehr Infos dazu findest du in unserem allgemeinen Intro.

Karte auf Seite 446

**Infos**

Öffnungszeiten

Vergleichspreis

Link

**Ausstattung**

Freizeit

Campingplatz

Versorgung

Anzahl der Plätze

ITALIEN

# ❷ Südtirol Ost

**FREIZEITTIPPS**

- **A** Mendelbahn, Kaltern
- **B** Messner Mountain Museum, Bozen
- **C** Ötzimuseum, Bozen
- **D** Sternwarte Max Valier
- **E** Rosengartengruppe (Gebirge), Dolomiten

| | Platz | Seite | Bewertung | Öffnungszeiten | |
|---|---|---|---|---|---|
| 1 | Camping Montiggl | 464 | 4.9 | saisonal | |
| 2 | Camping Gretl am See | 464 | 3.4 | saisonal | |
| 3 | Camping Antholz | 464 | 4.4 | ganzjährig | ✻ |
| 4 | Camping St. Josef am Kalterer See | 464 | 3.6 | saisonal | |
| 5 | Camping Colfosco | 465 | 3.9 | saisonal | ✻ |
| 6 | Camping AL PLAN - Dolomites | 465 | 4.4 | saisonal | ✻ |
| 7 | Camping Moosbauer | 465 | 4.6 | ganzjährig | Ecocamping, Award |
| 8 | Camping Toblacher See | 467 | 4.6 | saisonal | ✻ |
| 9 | Camping Sass Dlacia | 467 | 4.1 | ganzjährig | ✻ |
| 10 | Camping Chalet Natur Idyll Salten | 467 | 4.5 | saisonal | ✻ |
| 11 | Camping Olympia | 468 | 4.6 | ganzjährig | ✻ Ecocamping |
| 12 | Camping-Park Steiner Südtirol | 466 | 4.1 | saisonal | Ecocamping |
| 13 | Camping Seiser Alm | 468 | 4.8 | saisonal | ✻ Award |
| 14 | Campeggio Ansitz Wildberg | 468 | 4.6 | saisonal | ✻ |
| 15 | Camping Obstgarten | 468 | 4.8 | saisonal | |
| 16 | Caravan Park Sexten | 470 | 4.7 | ganzjährig | ✻ Award |
| 17 | Camping Markushof **** | 469 | 4.2 | saisonal | |
| 18 | Camping Residence Corones | 469 | 4.3 | saisonal | ✻ |
| 19 | Camping Löwenhof | 469 | 3.1 | saisonal | ✻ |

✻ Wintercamping FKK Textilfrei (ganz/teilweise) Ecocamping Award Onlinebuchung

Skiabfahrt auf der Seiser Alm © IDM Südtirol/Clemens Zahn

## OUTDOOR-FANS AUFGEPASST

Mit seinen schroffen Felsgipfeln, sauberen Bergseen und grünen Hochalmen zieht der östliche Teil Südtirols vor allem die Naturliebhaber und die Outdoor-Fans unter den Campern an. Neben den Dolomiten, die seit 2009 zum Welterbe der UNESCO gehören, stellen mittelalterliche Burgen und Schlösser beliebte Ausflugsziele für Jung und Alt dar. Im Winter zählen Skifahren, Langlaufen und Rodeln zu den beliebtesten Tätigkeiten in der Region.

## PUSTERTAL, EISACKTAL UND TAUFERER AHRNTAL

Am charakteristischsten für die Region sind natürlich die markanten Gebirgszüge der Dolomiten. Im Süden des eindrucksvollen Pustertales liegt der Naturpark Sextner Dolomiten mit den mächtigen Felstürmen der Drei Zinnen. Hier können kletterbegeisterte Camper ihr Können auf knapp 3.000 m Höhe unter Beweis stellen. Im Pustertal findet man zudem viele kristallklare Bergseen (zum Beispiel den Pragser Wildsee) sowie die größte steinerne Sonnenuhr der Welt, die Sextner Sonnenuhr. Auch der Toblacher Wildpark und das Schloss Rodenegg gehören zu den touristischen Anziehungspunkten des Südtiroler Ostens. Unvergessliche Naturerlebnisse bieten eine Tour auf dem Pustertal-Radweg sowie die wunderbaren Naturrodelbahnen in Antholz, Olang und Bruneck. In Bruneck können weitere Attraktionen bestaunt werden, darunter das Messner Mountain Museum Ripa im Schloss Bruneck oder die Stadtgasse – eine der schönsten Einkaufsstraßen in Südtirol. Das Eisacktal eignet sich ebenfalls perfekt für Wanderungen und Ausflüge aller Art. Als absolutes Paradies für Naturliebhaber gilt das romantische Villnösstal, einmalige Innenstädte mit historischen Bauwerken gibt es in den Städten Sterzing, Klausen und Brixen zu bewundern und im Nordosten Südtirols liegt schließlich das Tauferer Ahrntal. Am Südrand der Zillertaler Alpen findet man zahlreiche landschaftliche Highlights wie den Naturpark Rieserferner-Ahrn, die atemberaubenden Reinbach-Wasserfälle oder den tiefblauen Klaussee auf einer Höhe von 2.162 Metern.

Wackerer Lacke im Eisacktal
© IDM Südtirol/Helmuth Rier

## SEEN, STÄDTE UND SKIGEBIETE

Kalterer See © IDM Südtirol/Clemens Zahn

Die Gegend weiter südlich ist gekennzeichnet durch idyllische Landschaften, in denen mediterranes Lebensgefühl und hochalpines Flair einander begegnen. Eppan, Tramin und Kaltern sind Weindörfer mit großer Tradition, in denen die besten Weine Südtirols zu finden sind. Auf einer Länge von 40 km verläuft die bekannte Südtiroler Weinstraße durch den Süden der Provinz und begeistert nicht nur Weinkenner. Zum Baden lädt unter anderem der Kalterer See ein. Beliebte Ziele für leidenschaftliche Wanderer sind beispielsweise der Kalterer Höhenweg, die Bletterbachschlucht in Aldein und die Seiser Alm. Als Europas größte Hochalm bietet die Seiser Alm nicht nur ein Netz von mehr als 350 km markierten Wanderwegen, sondern ebenso eine unvergessliche Naturkulisse und anspruchsvolle Klettersteige. Für interessante Ausflüge in der Region ist ebenfalls gesorgt, wobei die Landeshauptstadt Bozen diesbezüglich hervorsticht. Ein mittelalterliches Stadtzentrum, das bekannte Schloss Runkelstein, der Dom Maria Himmelfahrt oder das Südtiroler Archäologiemuseum, wo seit 1998 die Gletschermumie „Ötzi" zu bestaunen ist – Bozen fasziniert mit einem vielfältigen Angebot. Schneesichere Skigebiete sind im weltweit größten Skiverbund „Dolomiti Superski" garantiert. In erster Linie sind es die bekannten Wintersportregionen Alta Badia und Gröden, die mit spektakulären Pisten und modernen Liftanlagen für einen erlebnisreichen Winterurlaub sorgen.

Schneebedeckte Rosengartengruppe in den Dolomiten
© IDM Südtirol/Frieder Blickle

TIPP DER REDAKTION

**Camping Toblacher See**

Toblach | Nr. 8 | Seite 467

Laut Gästen ideal geeignet zum:

- Wandern
- Mountainbiken
- Radfahren

4.6

## 1 Camping Montiggl

Montigglerstraße 62a
39057 Eppan an der Weinstraße
0039 0471 662320

46.43964 | 11.28267
487m ü.M.

01.04. - 04.11.
HS: 42,70 € | NS: 34,70 €
**Mehr Infos & Anfrage:**
www.camping.info/27685

| | |
|---|---|
| Baden im Teich am Platz | ✓ |
| Pool am Platz | ✓ |
| Spielplatz am Platz | ✓ |
| Hunde willkommen | ✓ |
| Skilift/Loipe | 35/40km |
| WLAN | ✓ |
| Lebensmittel | ✓ |
| Brötchen am Platz | ✓ |
| Restaurant & Imbiss | ✓ |
| Ver-/Entsorgung Womo | ✓ |
| in den Ort | 4km |
| Touristenplätze | 80 |
| Mietunterkünfte | ✗ |
| Stellplätze vor Schranke | ✓ |

**4.9** SEHR GUT
19 Bewertungen

| | |
|---|---|
| Lage | 4.6 |
| Ruhe | 4.6 |
| Sanitäranlagen | 5.0 |
| Sauberkeit Ø | 5.0 |
| Freundlichkeit | 4.9 |
| Stellplatz | 4.9 |
| Verpflegung | 4.7 |
| Freizeit | 4.6 |
| Preis-Leistung | 4.3 |
| Mietunterkünfte | - |

**Geeignet für**

| | |
|---|---|
| Kinder b. 6 J. | 4.0 |
| Kinder b. 12 J. | 4.1 |
| Kinder b. 18 J. | 3.8 |
| Paare | 5.0 |
| Senioren | 4.8 |
| Gäste mit Zelt | 3.9 |
| Gäste mit Hund | 4.0 |

**Empfohlene Aktivitäten**

- Mountainbiking
- Wandern
- Schwimmen

## 2 Camping Gretl am See

Weinstraße 18
39052 Kaltern
+39 0471 960244

46.3825 | 11.25806
200m ü.M.

16.03. - 15.11.
HS: 37,40 € | NS: 31,40 €
**Mehr Infos & Anfrage:**
www.camping.info/1333

| | |
|---|---|
| Baden im See am Platz | ✓ |
| Pool am Platz | ✓ |
| Spielplatz am Platz | ✓ |
| Hunde erlaubt | nur NS |
| Skilift & Loipe | ✗ |
| WLAN (begrenzt gratis) | ✓ |
| Lebensmittel | ✓ |
| Brötchen am Platz | ✓ |
| Restaurant am P. | ✓ |
| Ver-/Entsorgung Womo | ✓ |
| in den Ort | keine Angabe |
| Touristenplätze | 80 |
| Mietunterkünfte | ✗ |
| Stellplätze vor Schranke | ✗ |

**3.4** GUT
36 Bewertungen

| | |
|---|---|
| Lage | 4.5 |
| Ruhe | 3.7 |
| Sanitäranlagen | 3.4 |
| Sauberkeit Ø | 4.0 |
| Freundlichkeit | 4.1 |
| Stellplatz | 3.5 |
| Verpflegung | 3.6 |
| Freizeit | 4.2 |
| Preis-Leistung | 3.2 |
| Mietunterkünfte | - |

**Geeignet für**

| | |
|---|---|
| Kinder b. 6 J. | 3.9 |
| Kinder b. 12 J. | 4.1 |
| Kinder b. 18 J. | 3.8 |
| Paare | 4.3 |
| Senioren | 4.3 |
| Gäste mit Zelt | 3.6 |
| Gäste mit Hund | 4.0 |

**Empfohlene Aktivitäten**

- Wandern
- Schwimmen
- Radfahren

## 3 Camping Antholz

❄

Obertaler Str. 10
39030 Antholz
+39 0474 492204

46.86449 | 12.10955
1250m ü.M.

ganzjährig
HS: 33,20 € | NS: 22,20 €
**Mehr Infos & Anfrage:**
www.camping.info/1267

| | |
|---|---|
| Baden im See | 5km |
| Pool/Hallenbad | 11/25km |
| Spielplatz am Platz | ✓ |
| Hunde erlaubt | ✓ |
| Skilift/Loipe | 13km/✓ |
| WLAN | ✓ |
| Lebensmittel | 500m |
| Brötchen am Platz | ✓ |
| Restaurant & Imbiss | ✓ |
| Ver-/Entsorgung Womo | ✓ |
| in den Ort | 500m |
| Gesamt/Touristen | 160/100 |
| Mietunterkünfte | ✓ |
| Stellplätze vor Schranke | ✗ |

**4.4** SEHR GUT
42 Bewertungen

| | |
|---|---|
| Lage | 4.6 |
| Ruhe | 4.4 |
| Sanitäranlagen | 4.6 |
| Sauberkeit Ø | 4.7 |
| Freundlichkeit | 4.7 |
| Stellplatz | 4.3 |
| Verpflegung | 4.3 |
| Freizeit | 4.3 |
| Preis-Leistung | 4.4 |
| Mietunterkünfte | 5.0 |

**Geeignet für**

| | |
|---|---|
| Kinder b. 6 J. | 4.0 |
| Kinder b. 12 J. | 4.2 |
| Kinder b. 18 J. | 4.0 |
| Paare | 4.8 |
| Senioren | 4.7 |
| Gäste mit Zelt | 4.3 |
| Gäste mit Hund | 4.3 |

**Empfohlene Aktivitäten**

- Wandern
- Mountainbiking
- Entspannen

## 4 Camping St. Josef am Kalterer See

St. Josef 75
39052 Kaltern
+39 0471 960170

46.37232 | 11.25266

29.03. - 03.11.
HS: 30,40 € | NS: 28,40 €
**Mehr Infos & Anfrage:**
www.camping.info/1290

| | |
|---|---|
| Baden im See am Platz | ✓ |
| Pool & Hallenbad | ✗ |
| Spielplatz am Platz | ✓ |
| Hunde erlaubt | ✓ |
| Skilift & Loipe | ✗ |
| WLAN | ✓ |
| Lebensmittel | ✓ |
| Brötchen am Platz | ✓ |
| Restaurant & Imbiss | ✓ |
| Ver-/Entsorgung Womo | ✓ |
| in den Ort | 3km |
| Touristenplätze | 120 |
| Mietunterkünfte | ✗ |
| Stellplätze vor Schranke | ✗ |

**3.6** GUT
69 Bewertungen

| | |
|---|---|
| Lage | 4.0 |
| Ruhe | 3.3 |
| Sanitäranlagen | 4.1 |
| Sauberkeit Ø | 4.2 |
| Freundlichkeit | 4.3 |
| Stellplatz | 3.4 |
| Verpflegung | 4.0 |
| Freizeit | 3.7 |
| Preis-Leistung | 3.8 |
| Mietunterkünfte | - |

**Geeignet für**

| | |
|---|---|
| Kinder b. 6 J. | 3.5 |
| Kinder b. 12 J. | 3.7 |
| Kinder b. 18 J. | 3.5 |
| Paare | 4.2 |
| Senioren | 4.1 |
| Gäste mit Zelt | 3.9 |
| Gäste mit Hund | 3.9 |

**Empfohlene Aktivitäten**

- Schwimmen
- Wandern
- Radfahren

Karte auf Seite 460

## 5 Camping Colfosco

strada Sorega, 15
39033 Corvara
+39 0471 836515

46.55013 | 11.85973
1600m ü.M.

09.06. - 26.09.
03.12. - 02.04.
HS: 39,70 € | NS: 34,50 €
**Mehr Infos & Anfrage:**
www.camping.info/1275

| | |
|---|---|
| Baden in nat. Gewässer | k. A. |
| Pool/Hallenbad | 500m/5km |
| Spielplatz am Platz | ✓ |
| Hunde erlaubt | ✓ |
| Skilift/Loipe | 200m |
| WLAN | ✓ |
| Lebensmittel | ✓ |
| Brötchen am Platz | ✓ |
| Restaurant/Imbiss | 300m/✓ |
| Ver-/Entsorgung Womo | ✓ |
| in den Ort | 900m |
| Gesamt/Touristen | 145/130 |
| Mietunterkünfte | ✓ |
| Stellplätze vor Schranke | ✗ |

**3.9** GUT
19 Bewertungen

| | |
|---|---|
| Lage | 4.7 |
| Ruhe | 4.3 |
| Sanitäranlagen | 4.3 |
| Sauberkeit Ø | 4.5 |
| Freundlichkeit | 4.2 |
| Stellplatz | 3.9 |
| Verpflegung | 2.7 |
| Freizeit | 4.3 |
| Preis-Leistung | 3.7 |
| Mietunterkünfte | 3.7 |

**Geeignet für**

| | |
|---|---|
| Kinder b. 6 J. | 2.8 |
| Kinder b. 12 J. | 3.3 |
| Kinder b. 18 J. | 3.7 |
| Paare | 4.6 |
| Senioren | 4.3 |
| Gäste mit Zelt | 3.6 |
| Gäste mit Hund | 2.8 |

**Empfohlene Aktivitäten**

- Wandern
- Ski
- Klettern

## 6 Camping AL PLAN - Dolomites

Via Catarina Lanz 63
39030 S. Vigilio di Marebbe
+39 0474 50 16 94

46.69472 | 11.93833
1200m ü.M.

01.01. - 13.04.
29.05. - 04.10.
HS: 40,70 € | NS: 32,70 €
**Mehr Infos & Anfrage:**
www.camping.info/1266

| | |
|---|---|
| Baden in nat. Gewässer | k. A. |
| Pool & Hallenbad | ✗ |
| Spielplatz am Platz | ✓ |
| Hunde willkommen | ✓ |
| Skilift/Loipe | 1km/✓ |
| WLAN | ✓ |
| Lebensmittel | 300m |
| Brötchen am Platz | ✗ |
| Restaurant & Imbiss | ✓ |
| Ver-/Entsorgung Womo | ✓ |
| in den Ort | 500m |
| Gesamt/Touristen | 80/60 |
| Mietunterkünfte | ✓ |
| Stellplätze vor Schranke | ✗ |

**4.4** SEHR GUT
16 Bewertungen

| | |
|---|---|
| Lage | 4.8 |
| Ruhe | 4.6 |
| Sanitäranlagen | 4.4 |
| Sauberkeit Ø | 4.5 |
| Freundlichkeit | 4.8 |
| Stellplatz | 3.6 |
| Verpflegung | 3.9 |
| Freizeit | 4.4 |
| Preis-Leistung | 4.1 |
| Mietunterkünfte | 4.0 |

**Geeignet für**

| | |
|---|---|
| Kinder b. 6 J. | 3.5 |
| Kinder b. 12 J. | 3.8 |
| Kinder b. 18 J. | 3.6 |
| Paare | 4.2 |
| Senioren | 4.3 |
| Gäste mit Zelt | 4.0 |
| Gäste mit Hund | 4.2 |

**Empfohlene Aktivitäten**

- Wandern
- Mountainbiking
- Radfahren

keine WOMOs ab 8 m

## 7 Camping Moosbauer

Moritzinger Weg 83
39100 Bozen
+39 0471 91 84 92

46.50294 | 11.29981
200m ü.M.

ganzjährig
HS: 45,90 € | NS: 40,00 €
**Mehr Infos & Anfrage:**
www.camping.info/1288

| | |
|---|---|
| Baden im See | 8km |
| Pool/Hallenbad | ✓/4km |
| Spielplatz am Platz | ✓ |
| Hunde willkommen | ✓ |
| Skilift | 25km |
| WLAN (gegen Gebühr) | ✓ |
| Lebensmittel | ✓ |
| Brötchen am Platz | ✓ |
| Restaurant & Imbiss | ✓ |
| Ver-/Entsorgung Womo | ✓ |
| in den Ort | 3km |
| Touristenplätze | 80 |
| Mietunterkünfte | ✗ |
| Stellplätze vor Schranke | ✗ |

**4.6** SEHR GUT
408 Bewertungen

| | |
|---|---|
| Lage | 4.3 |
| Ruhe | 3.8 |
| Sanitäranlagen | 4.9 |
| Sauberkeit Ø | 4.9 |
| Freundlichkeit | 4.9 |
| Stellplatz | 4.3 |
| Verpflegung | 4.5 |
| Freizeit | 4.3 |
| Preis-Leistung | 4.2 |
| Mietunterkünfte | - |

**Geeignet für**

| | |
|---|---|
| Kinder b. 6 J. | 4.2 |
| Kinder b. 12 J. | 4.3 |
| Kinder b. 18 J. | 4.0 |
| Paare | 4.8 |
| Senioren | 4.7 |
| Gäste mit Zelt | 3.9 |
| Gäste mit Hund | 3.9 |

**Empfohlene Aktivitäten**

- Wandern
- Radfahren
- Entspannen

AWARD 2020

**Infos**

Öffnungszeiten
Vergleichspreis
Link

**Ausstattung**

Freizeit
Campingplatz
Versorgung
Anzahl der Plätze

# 12 Camping-Park Steiner Südtirol

J.F. Kennedystr. 32
39055 Leifers Laives bei Bozen
+39 04 71 950105
www.campingsteiner.com
info@campingsteiner.com

21.03. - 06.11.

HS: 47,80 € | NS: 38,80 €

**Mehr Infos & Anfrage:**
www.camping.info/1272

| | |
|---|---|
| Baden im See | 18km |
| Pool & Hallenbad | ✓ |
| Spielplatz am Platz | ✓ |
| Hunde | ✗ |
| Skilift & Loipe | ✗ |
| WLAN | ✓ |
| Lebensmittel | ✓ |
| Brötchen am Platz | ✓ |
| Restaurant & Imbiss | ✓ |
| Ver-/Entsorgung Womo | ✓ |
| in den Ort | 500m |
| Touristenplätze | 170 |
| Mietunterkünfte | ✓ |
| Stellplätze vor Schranke | ✓ |

1 km
46.42995 | 11.3436
250m ü.M.

300 Sonnentage in Südtirols wärmster Region.

## Lage & Stellplatz

Der Campingpark liegt im Wein- und Apfelparadies Südtirols, etwa 8 km südlich von Bozen (gute, kostenlose Busverbindung). Zwischen Ulmenbäumen oder romantisch unter Weinlauben sind 180 parzellierte Stellplätze eingerichtet; einige mit 12 m Länge oder bis zu 120 $m^2$ für große Wohn- und Reisemobile.

## Verpflegung

Morgens ist frisch gebackenes Brot vom Bäcker im Minimarkt erhältlich. Im Café kann ein cremiger Cappuccino mit Apfelstrudel genossen werden. Abends stehen das À-la-carte-Restaurant mit Sonnenterrasse oder die Pizzeria am Platz zur Auswahl - auch Takeaway. Wöchentlich finden Weinverkostungen statt.

## Sanitär

Den Gästen stehen zwei gepflegte Sanitärgebäude mit je 12 Duschen und WCs, einem barrierefreien Bad (Dusche, WC, Waschbecken), Einzelwaschkabinen, Waschmaschinen und Trockner sowie Wäschewaschbecken und Geschirrspülbecken zur Verfügung. Alle Sanitärräume werden mehrmals täglich gereinigt.

## Freizeit

Die hervorragende Lage bietet sich für gemütliche Radtouren in der Ebene bis zum Kalterer See, nach Bozen oder Meran an. E-Bike- & Trekking-Bike-Verleih direkt am Platz. Neu: Mit der kostenlosen Bozen Card Plus erhält man gratis Mobilität und Museumseintritte. Auch Touren zum Gardasee sind möglich.

Neu: Hallenbad mit Babybecken.

Campen unter Weinreben.

**4.1** SEHR GUT
115 Bewertungen

| | |
|---|---|
| Lage | 4.0 |
| Ruhe | 3.4 |
| Sanitäranlagen | 4.2 |
| Sauberkeit Ø | 4.3 |
| Freundlichkeit | 4.4 |
| Stellplatz | 4.0 |
| Verpflegung | 4.2 |
| Freizeit | 4.1 |
| Preis-Leistung | 3.8 |
| Mietunterkünfte | 4.1 |

**Geeignet für**

4.5 Senioren
4.4 Paare
3.8 Kinder b. 12 J.
3.4 Kinder b. 18 J.
3.8 Kinder b. 6 J.
3.6 Gäste mit Zelt
- Gäste mit Hund nicht erlaubt

**Empfohlene Aktivitäten**

Wandern, Radfahren, Schwimmen, Mountainbiking, Sightseeing

keine Jugendgruppen; WOMOs bis max. 10 m, CamperClean, Tesla-Ladestation

Karte auf Seite 460

## 8 Camping Toblacher See

✻

Toblacher See 3
39034 Toblach
+39 0474 97 31 38

46.70625 | 12.21757

**Infos**

| | |
|---|---|
| Öffnungszeiten | 25.12. - 31.10. |
| Vergleichspreis | HS: 43,70 € \| NS: 31,70 € |
| Link | **Mehr Infos & Anfrage:** www.camping.info/1283 |

**Ausstattung**

| | | |
|---|---|---|
| Freizeit | Baden im See am Platz | ✓ |
| | Pool/Hallenbad | 6km |
| | Spielplatz | keine Angabe |
| Campingplatz | Hunde willkommen | ✓ |
| | Skilift/Loipe | 3km/✓ |
| | WLAN | ✓ |
| Versorgung | Lebensmittel | ✓ |
| | Brötchen am Platz | ✓ |
| | Restaurant & Imbiss | ✓ |
| | Ver-/Entsorgung Womo | ✓ |
| | in den Ort | 3km |
| Anzahl der Plätze | Touristenplätze | 125 |
| | Mietunterkünfte | ✗ |
| | Stellplätze vor Schranke | ✗ |

**4.6** SEHR GUT – 136 Bewertungen

| | |
|---|---|
| Lage | 4.8 |
| Ruhe | 4.6 |
| Sanitäranlagen | 4.5 |
| Sauberkeit Ø | 4.8 |
| Freundlichkeit | 4.8 |
| Stellplatz | 4.4 |
| Verpflegung | 4.2 |
| Freizeit | 4.5 |
| Preis-Leistung | 4.3 |
| Mietunterkünfte | - |

**Geeignet für**

| | |
|---|---|
| Kinder b. 6 J. | 3.9 |
| Kinder b. 12 J. | 4.2 |
| Kinder b. 18 J. | 4.3 |
| Paare | 4.9 |
| Senioren | 4.7 |
| Gäste mit Zelt | 4.6 |
| Gäste mit Hund | 4.8 |

**Empfohlene Aktivitäten**

- Wandern
- Mountainbiking
- Radfahren

## 9 Camping Sass Dlacia

✻

Sciarè 11
39036 San Cassiano in Badia
+39 0471 849527

46.55417 | 11.96997
1670m ü.M.

**Infos**

| | |
|---|---|
| Öffnungszeiten | ganzjährig |
| Vergleichspreis | HS: 48,80 € \| NS: 29,80 € |
| Link | **Mehr Infos & Anfrage:** www.camping.info/1291 |

**Ausstattung**

| | | |
|---|---|---|
| Freizeit | Baden im See | 10km |
| | Hallenbad | 5km |
| | Spielplatz | ✗ |
| Campingplatz | Hunde willkommen | ✓ |
| | Skilift/Loipe | 1km/✓ |
| | WLAN | ✓ |
| Versorgung | Lebensmittel | ✓ |
| | Brötchen am Platz | ✓ |
| | Restaurant & Imbiss | ✓ |
| | Ver-/Entsorgung Womo | ✓ |
| | in den Ort | 3km |
| Anzahl der Plätze | Touristenplätze | 300 |
| | Mietunterkünfte | ✓ |
| | Stellplätze vor Schranke | ✓ |

**4.1** SEHR GUT – 16 Bewertungen

| | |
|---|---|
| Lage | 4.7 |
| Ruhe | 4.2 |
| Sanitäranlagen | 3.7 |
| Sauberkeit Ø | 4.8 |
| Freundlichkeit | 4.4 |
| Stellplatz | 3.9 |
| Verpflegung | 3.8 |
| Freizeit | 4.1 |
| Preis-Leistung | 3.5 |
| Mietunterkünfte | 4.5 |

**Geeignet für**

| | |
|---|---|
| Kinder b. 6 J. | 3.7 |
| Kinder b. 12 J. | 3.7 |
| Kinder b. 18 J. | 3.8 |
| Paare | 4.5 |
| Senioren | 4.2 |
| Gäste mit Zelt | 4.8 |
| Gäste mit Hund | 4.6 |

**Empfohlene Aktivitäten**

- Wandern
- Klettern
- Mountainbiking

## 10 Camping Chalet Natur Idyll Salten

✻

Flaaser Straße 26/C
39050 Jenesien

46.566 | 11.309
1300m ü.M.

**Infos**

| | |
|---|---|
| Öffnungszeiten | 01.04. - 04.11.<br>20.12. - 08.01. |
| Vergleichspreis | keine Angabe |
| Link | **Mehr Infos & Anfrage:** www.camping.info/27481 |

**Ausstattung**

| | | |
|---|---|---|
| Freizeit | Baden in nat. Gewässer | k. A. |
| | Pool & Hallenbad | ✗ |
| | Spielplatz am Platz | ✓ |
| Campingplatz | Hunde willkommen | ✓ |
| | Skilift | 20km |
| | WLAN | teilweise |
| Versorgung | Lebensmittel | ✓ |
| | Brötchen am Platz | ✓ |
| | Restaurant am P. | ✓ |
| | Ver-/Entsorgung Womo | ✓ |
| | in den Ort | 4km |
| Anzahl der Plätze | Gesamt | 22 |
| | Mietunterkünfte | ✓ |
| | Stellplätze vor Schranke | ✗ |

**4.6** SEHR GUT – 14 Bewertungen

| | |
|---|---|
| Lage | 4.9 |
| Ruhe | 4.9 |
| Sanitäranlagen | 5.0 |
| Sauberkeit Ø | 5.0 |
| Freundlichkeit | 4.8 |
| Stellplatz | 4.4 |
| Verpflegung | 4.1 |
| Freizeit | 4.4 |
| Preis-Leistung | 4.2 |
| Mietunterkünfte | 4.3 |

**Geeignet für**

| | |
|---|---|
| Kinder b. 6 J. | 3.5 |
| Kinder b. 12 J. | 3.7 |
| Kinder b. 18 J. | 3.1 |
| Paare | 4.9 |
| Senioren | 4.7 |
| Gäste mit Zelt | 3.9 |
| Gäste mit Hund | 5.0 |

**Empfohlene Aktivitäten**

- Wandern
- Entspannen
- Mountainbiking

## 11 Camping Olympia

Camping 1
39034 Toblach
+39 0474 972147
46.73472 | 12.19444

ganzjährig
HS: 46,20 € | NS: 31,70 €
**Mehr Infos & Anfrage:** www.camping.info/1289

| | |
|---|---|
| Baden im Teich | 3km |
| Pool/Hallenbad | ✓/6km |
| Spielplatz am Platz | ✓ |
| Hunde willkommen | ✓ |
| Skilift/Loipe | 1km/✓ |
| WLAN | ✓ |
| Lebensmittel | ✓ |
| Brötchen am Platz | ✓ |
| Restaurant & Imbiss | ✓ |
| Ver-/Entsorgung Womo | ✓ |
| in den Ort | 1km |
| Gesamt/Touristen | 290/230 |
| Mietunterkünfte | ✓ |
| Stellplätze vor Schranke | ✗ |

**4.6** SEHR GUT – 220 Bewertungen

| | |
|---|---|
| Lage | 4.5 |
| Ruhe | 4.5 |
| Sanitäranlagen | 4.6 |
| Sauberkeit Ø | 4.8 |
| Freundlichkeit | 4.9 |
| Stellplatz | 4.5 |
| Verpflegung | 4.6 |
| Freizeit | 4.4 |
| Preis-Leistung | 4.5 |
| Mietunterkünfte | 4.6 |

**Geeignet für**

| | |
|---|---|
| Kinder b. 6 J. | 4.5 |
| Kinder b. 12 J. | 4.5 |
| Kinder b. 18 J. | 4.3 |
| Paare | 4.6 |
| Senioren | 4.7 |
| Gäste mit Zelt | 4.5 |
| Gäste mit Hund | 4.6 |

**Empfohlene Aktivitäten**

- Wandern
- Radfahren
- Mountainbiking

## 13 Camping Seiser Alm

Dolomiten Weg 10
39050 Völs am Schlern
+39 0471 706459
46.53312 | 11.53356
950m ü.M.

20.12. - 02.11.
HS: 52,80 € | NS: 30,10 €
**Mehr Infos & Anfrage:** www.camping.info/1525

| | |
|---|---|
| Baden im Teich | 1km |
| Pool am Platz | ✓ |
| Spielplatz am Platz | ✓ |
| Hunde erlaubt | ✓ |
| Skilift/Loipe | 2km |
| WLAN | ✓ |
| Lebensmittel | ✓ |
| Brötchen | keine Angabe |
| Restaurant & Imbiss | ✓ |
| Ver-/Entsorgung Womo | ✓ |
| in den Ort | 3km |
| Touristenplätze | 150 |
| Mietunterkünfte | ✓ |
| Stellplätze vor Schranke | ✓ |

**4.8** SEHR GUT – 1657 Bewertungen

| | |
|---|---|
| Lage | 4.7 |
| Ruhe | 4.6 |
| Sanitäranlagen | 4.9 |
| Sauberkeit Ø | 4.9 |
| Freundlichkeit | 4.8 |
| Stellplatz | 4.6 |
| Verpflegung | 4.3 |
| Freizeit | 4.5 |
| Preis-Leistung | 4.3 |
| Mietunterkünfte | 4.4 |

**Geeignet für**

| | |
|---|---|
| Kinder b. 6 J. | 4.2 |
| Kinder b. 12 J. | 4.4 |
| Kinder b. 18 J. | 4.2 |
| Paare | 4.8 |
| Senioren | 4.5 |
| Gäste mit Zelt | 4.3 |
| Gäste mit Hund | 4.5 |

**Empfohlene Aktivitäten**

- Wandern
- Mountainbiking
- Entspannen

AWARD 2020

## 14 Campeggio Ansitz Wildberg

Dorfstraße 9
39030 Sankt Lorenzen
+39 0474 474 080
46.78137 | 11.8986
850m ü.M.

28.04. - 04.11.
01.12. - 03.11.
HS: 39,40 € | NS: 23,40 €
**Mehr Infos & Anfrage:** www.camping.info/1294

| | |
|---|---|
| Baden im See | 5km |
| Pool am Platz | ✓ |
| Spielplatz am Platz | ✓ |
| Hunde willkommen | ✓ |
| Skilift/Loipe | 3km |
| WLAN (gegen Gebühr) | ✓ |
| Lebensmittel | 500m |
| Brötchen am Platz | ✗ |
| Restaurant/Imbiss | 500m |
| Ver-/Entsorgung Womo | ✓ |
| in den Ort | 500m |
| Touristenplätze | 100 |
| Mietunterkünfte | ✓ |
| Stellplätze vor Schranke | ✗ |

**4.6** SEHR GUT – 67 Bewertungen

| | |
|---|---|
| Lage | 4.7 |
| Ruhe | 4.2 |
| Sanitäranlagen | 4.6 |
| Sauberkeit Ø | 4.7 |
| Freundlichkeit | 4.9 |
| Stellplatz | 4.3 |
| Verpflegung | 3.1 |
| Freizeit | 4.6 |
| Preis-Leistung | 4.4 |
| Mietunterkünfte | 4.6 |

**Geeignet für**

| | |
|---|---|
| Kinder b. 6 J. | 4.8 |
| Kinder b. 12 J. | 4.7 |
| Kinder b. 18 J. | 3.9 |
| Paare | 4.7 |
| Senioren | 4.7 |
| Gäste mit Zelt | 4.6 |
| Gäste mit Hund | 4.4 |

**Empfohlene Aktivitäten**

- Wandern
- Radfahren
- Entspannen

## 15 Camping Obstgarten

Breitbach 9
39040 Kurtatsch
+39 0471 880709
46.3044 | 11.22287
240m ü.M.

03.04. - 08.11.
HS: 41,00 € | NS: 35,00 €
**Mehr Infos & Anfrage:** www.camping.info/23172

| | |
|---|---|
| Baden im Teich am Platz | ✓ |
| Pool/Hallenbad | ✓/20km |
| Spielplatz am Platz | ✓ |
| Hunde | ✗ |
| Skilift & Loipe | ✗ |
| WLAN | ✓ |
| Lebensmittel | ✓ |
| Brötchen am Platz | ✓ |
| Restaurant/Imbiss | 50/100m |
| Ver-/Entsorgung Womo | ✓ |
| in den Ort | 800m |
| Touristenplätze | 25 |
| Mietunterkünfte | ✗ |
| Stellplätze vor Schranke | ✓ |

**4.8** SEHR GUT – 44 Bewertungen

| | |
|---|---|
| Lage | 4.4 |
| Ruhe | 4.4 |
| Sanitäranlagen | 4.9 |
| Sauberkeit Ø | 5.0 |
| Freundlichkeit | 5.0 |
| Stellplatz | 4.5 |
| Verpflegung | 3.6 |
| Freizeit | 4.2 |
| Preis-Leistung | 4.4 |
| Mietunterkünfte | - |

**Geeignet für**

| | |
|---|---|
| Kinder b. 6 J. | 4.0 |
| Kinder b. 12 J. | 3.9 |
| Kinder b. 18 J. | 3.6 |
| Paare | 4.7 |
| Senioren | 4.8 |
| Gäste mit Zelt | 4.3 |
| Hunde n. erlaubt | - |

**Empfohlene Aktivitäten**

- Wandern
- Radfahren
- Mountainbiking

keine WOMOs ab 9 m, keine Gruppen

| | 17 Camping Markushof **** | 18 Camping Residence Corones | 19 Camping Löwenhof |
|---|---|---|---|
| | | ❄ | ❄ |
| Adresse | Truidnweg 1<br>39040 Ora<br>+39 0471 810025 | Gepaiden 13<br>39030 Rasen/Antholz<br>+39 0474 496490 | Brennerstraße 60<br>39040 Vahrn/ Brixen<br>+39 0472 836216 |
| Koordinaten | 46.34823 \| 11.30024 | 46.77564 \| 12.03734 | 46.73472 \| 11.64555 |
| Höhe | 240m ü.M. | 1040m ü.M. | |

## Infos

| | 17 Camping Markushof | 18 Camping Residence Corones | 19 Camping Löwenhof |
|---|---|---|---|
| Öffnungszeiten | 15.06. - 18.10. | 01.01. - 19.04.<br>20.05. - 25.10. | 28.03. - 30.10.<br>27.11. - 06.01. |
| Vergleichspreis | HS: 48,00 € \| NS: 40,00 € | HS: 47,00 € \| NS: 35,00 € | HS: 39,50 € \| NS: 39,50 € |
| Link | **Mehr Infos & Anfrage:** www.camping.info/1286 | **Mehr Infos & Anfrage:** www.camping.info/1276 | **Mehr Infos & Anfrage:** www.camping.info/1285 |

## Ausstattung

| | 17 Camping Markushof | 18 Camping Residence Corones | 19 Camping Löwenhof |
|---|---|---|---|
| Freizeit | Baden im See 4km<br>Pool am Platz ✓<br>Spielplatz 1km | Baden im See 14km<br>Pool/Hallenbad ✓/15km<br>Spielplatz am Platz ✓ | Baden in nat. Gewässer k. A.<br>Pool & Hallenbad ✓<br>Spielplatz am Platz ✓ |
| Campingplatz | Hunde ✗<br>Skilift & Loipe ✗<br>WLAN ✓ | Hunde willkommen ✓<br>Skilift/Loipe 5/2km<br>WLAN ✓ | Hunde erlaubt ✓<br>Skilift 8km<br>WLAN ✓ |
| Versorgung | Lebensmittel 50m<br>Brötchen am Platz ✗<br>Restaurant am P. ✓<br>Ver-/Entsorgung Womo ✓<br>in den Ort 50m | Lebensmittel ✓<br>Brötchen am Platz ✓<br>Restaurant & Imbiss ✓<br>Ver-/Entsorgung Womo ✓<br>in den Ort 2km | Lebensmittel ✓<br>Brötchen am Platz ✓<br>Restaurant & Imbiss ✓<br>Ver-/Entsorgung Womo ✓<br>in den Ort 500m |
| Anzahl der Plätze | Touristenplätze 58<br>Mietunterkünfte ✓<br>Stellplätze vor Schranke ✗ | Touristenplätze 160<br>Mietunterkünfte ✓<br>Stellplätze vor Schranke ✓ | Gesamt/Touristen 50/40<br>Mietunterkünfte ✓<br>Stellplätze vor Schranke ✗ |

## Bewertungen

| | 17 Camping Markushof | 18 Camping Residence Corones | 19 Camping Löwenhof |
|---|---|---|---|
| Gesamt | 4.3 SEHR GUT (61 Bewertungen) | 4.3 SEHR GUT (59 Bewertungen) | 3.2 GUT (28 Bewertungen) |
| Lage | 4.2 | 4.4 | 3.8 |
| Ruhe | 4.2 | 4.7 | 3.3 |
| Sanitäranlagen | 4.6 | 4.5 | 2.7 |
| Sauberkeit Ø | 4.7 | 4.7 | 2.9 |
| Freundlichkeit | 4.1 | 4.5 | 3.2 |
| Stellplatz | 4.2 | 4.3 | 3.2 |
| Verpflegung | 3.8 | 3.9 | 3.6 |
| Freizeit | 4.1 | 4.4 | 4.0 |
| Preis-Leistung | 4.2 | 4.2 | 2.6 |
| Mietunterkünfte | 4.0 | 4.5 | 5.0 |

**Geeignet für**

| | 17 Camping Markushof | 18 Camping Residence Corones | 19 Camping Löwenhof |
|---|---|---|---|
| Kinder b. 6 J. | 2.6 | 4.0 | 2.9 |
| Kinder b. 12 J. | 2.6 | 4.1 | 3.0 |
| Kinder b. 18 J. | 2.5 | 3.6 | 2.8 |
| Paare | 4.6 | 4.6 | 3.9 |
| Senioren | 4.7 | 4.7 | 3.9 |
| Gäste mit Zelt | 3.5 | 4.2 | 3.6 |
| Hunde n. erlaubt / Gäste mit Hund | - | 4.5 | 3.8 |

**Empfohlene Aktivitäten**

| 17 Camping Markushof | 18 Camping Residence Corones | 19 Camping Löwenhof |
|---|---|---|
| Wandern | Wandern | Wandern |
| Radfahren | Radfahren | Radfahren |
| Entspannen | Entspannen | Sightseeing |

ⓘ für WOMOs bis 10 m empfohlen; keine Jugendgruppen (18 Camping Residence Corones)

Karte auf Seite 460

# 16 Caravan Park Sexten

St. Josefstr. 54
39030 Sexten
+39 0474 710444

www.caravanparksexten.it
info@caravanparksexten.it

ganzjährig

HS: 57,50 € | NS: 38,50 €

**Mehr Infos & Anfrage:**
www.camping.info/1273

| | |
|---|---|
| Baden im See | 15km |
| Pool & Hallenbad | ✓ |
| Spielplatz am Platz | ✓ |
| Hunde willkommen | ✓ |
| Skilift/Loipe | 1km/✓ |
| WLAN | ✓ |
| Lebensmittel | ✓ |
| Brötchen am Platz | ✓ |
| Restaurant & Imbiss | ✓ |
| Ver-/Entsorgung Womo | ✓ |
| in den Ort | 3km |
| Touristenplätze | 268 |
| Mietunterkünfte | ✓ |
| Stellplätze vor Schranke | ✓ |

Der Herbst am Caravan Park Sexten.

## Lage & Stellplatz

Vor der großartigen Felsenkulisse der Bergsonnenuhr, mitten im Naturpark der Sextner Dolomiten, liegt der Caravan Park Sexten auf 1.520 Metern. Auf 7 ha breitet sich eine Anlage aus, die sich einerseits nahtlos in das ursprüngliche Landschaftsbild einfügt und andererseits alle erdenklichen Annehmlichkeiten für mobile Urlauber bietet. Stellplätze mit Kies- oder Rasenbelag, Strom- und Wasserversorgung, Sanitäranlagen mit Familienbädern und eine Wellnessanlage mit Hallenbad, Kneipp Parcour und Saunawelt. Unter verschiedenen Stellplätzen kann für jeden Anspruch der richtige ausgewählt werden.

## Sanitär

Auf dem Campingplatz stehen Ihnen drei sanitäre Einrichtungen zur Verfügung: Waldbad, Bauernbad und Kristallbad. Alle bieten große Duschen mit Vorraum, Bereiche für die persönliche Hygiene, Spülecke für das Geschirr sowie Wäscherei mit Waschmaschinen und Wäschetrocknern. Und das ist noch nicht alles: Selbstverständlich genießen Sie auch den Luxus eines privaten Badezimmers. Die Mietbadezimmer garantieren Privatsphäre und Funktionalität. Wer auch im Bad das Besondere schätzt, bucht die modernen privaten Badezimmer Sextner Sonnenuhr mit spektakulärem Blick auf die Dolomitengipfel.

LeadingCampings

ADAC Superplatz 2018 im ADAC Campingführer SUPER 2018

2020 Travellers' Choice Tripadvisor

Luxuriöse Mietbadezimmer.

Saunalandschaft.

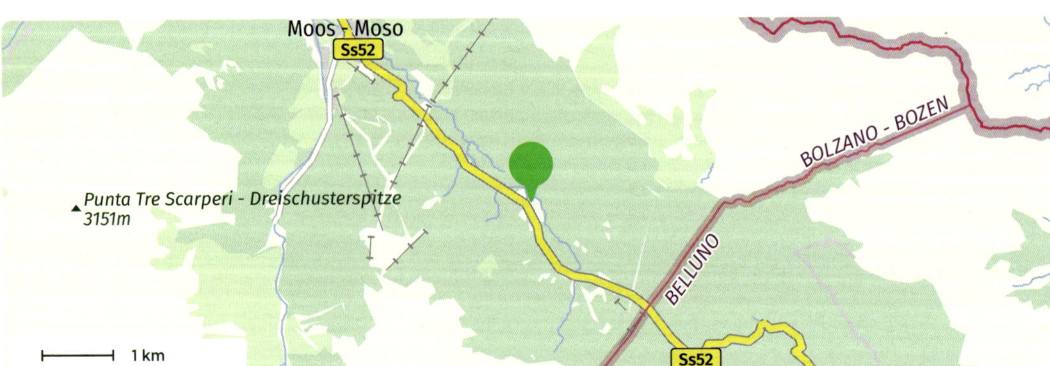


1 km
46.66861 | 12.39944
1510m ü.M.

AWARD 2020

Strom + Kurtaxe sind beim Preis nicht inklusive.

Panorama mit Blick auf den Caravan Park Sexten und die Sextner Sonnenuhr.

## Verpflegung

Vom kulinarischen Angebot vor Ort wird man nicht nur satt, sondern erfährt zusätzlich ein Erlebnis für alle Sinne. Jede der vorhandenen Küchen ist unverfälscht, originell, frisch und innovativ. Das „Restaurant Patzenfeld" verwöhnt seine Gäste mit sorgfältig und liebevoll ausgewählten Menüs sowie mit Gaumenfreuden à la carte. Die Taverne „Sextner Almhütte" bedient jeden Geschmack – zur Auswahl stehen u. a. erlesene Weine, Südtiroler Gerichte und original italienische Pizza. In der exklusiven „Chef's Table" wird Ihnen ein exquisites 7-Gänge-Gourmet-Menü samt raffiniertem Wine-Pairing serviert.

## Freizeit

Der Blick auf die Drei Zinnen schwingt noch lange als angenehme Erinnerung in den Gedanken nach, die unverwechselbare Flora und Fauna erstaunt Laien und Neugierige und die Möglichkeiten in dieser herrlich unberührten Ecke Südtirols sind schier unendlich. Im Sommer stehen Wander-, Kletter- und Mountainbiketouren sowie ein aktives Animationsprogramm für Kinder bereit. Im Winter freut man sich auf Schneewanderungen, Pferdeschlittenfahrten und das Skifahren, Snowboarden oder Langlaufen in der Skiarena des „Dolomiti Superski".

**5.0**

*Wir waren wieder einmal mehr als begeistert vom Caravanpark Sexten. Das Essen war wie jedes Mal ein absoluter Traum (4-Gänge-Weindegustationsmenü) und für das Rezept der selbstgemachten Gnocchi mit Tomatensugo würde ich glatt einiges geben... Der Liegerservice von Pizza und diversen Mahlzeiten direkt zum Platz ist auch eine absolute Spitzenidee. Wir freuen uns schon aufs nächste Mal Ende September und können es kaum erwarten!*

**Fam. Sommerer**

Familie Sommerer campt bereits seit gut 20 Jahren, angefangen mit Zelt und später mit Kleinbus oder Trailer. Mit ihrem autarkem Caravan waren sie im Juli 2020 hier.

Taverne „Sextner Almhütte".

Meridiana Park - Kneipp Parcour.

**4.7** **SEHR GUT**
2745 Bewertungen

| | |
|---|---|
| Lage | 4.6 |
| Ruhe | 4.6 |
| Sanitäranlagen | 4.8 |
| Sauberkeit Ø | 4.7 |
| Freundlichkeit | 4.7 |
| Stellplatz | 4.7 |
| Verpflegung | 4.5 |
| Freizeit | 4.4 |
| Preis-Leistung | 4.2 |
| Mietunterkünfte | 4.6 |

**Geeignet für**

| | |
|---|---|
| 4.8 | Paare |
| 4.7 | Senioren |
| 4.6 | Gäste mit Hund |
| 4.3 | Kinder b. 12 J. |
| 4.3 | Kinder b. 18 J. |
| 4.1 | Kinder b. 6 J. |
| 3.9 | Gäste mit Zelt |

**Empfohlene Aktivitäten**

Wandern · Wellness · Entspannen · Mountainbiking · Klettern

ITALIEN

# ❸ Trentino Nord

| | Platz | Seite | Bewertung | Öffnungszeiten | |
|---|---|---|---|---|---|
| 1 | Campeggio Marmolada | 476 | 3.6 | saisonal | Wintercamping |
| 2 | Lago Levico Camping Village | 476 | 4.0 | saisonal | |
| 3 | Campeggio Pineta | 476 | - | saisonal | |
| 4 | Camping Val Rendena | 476 | - | saisonal | Wintercamping |
| 5 | Camping Val di Sole | 477 | - | saisonal | Wintercamping |
| 6 | Camping Punta Lago | 477 | 4.4 | saisonal | |
| 7 | Campeggio Belvedere | 477 | 4.7 | saisonal | |
| 8 | Area Sosta Camper Castelfondo | 478 | - | k. A. | |
| 9 | Camping Parco Adamello | 478 | 4.0 | ganzjährig | Wintercamping |
| 10 | Campeggio Parco Vacanze Cane` in Fiore | 478 | - | ganzjährig | Wintercamping |
| 11 | Campeggio Miravalle | 478 | 4.2 | saisonal | Wintercamping |
| 12 | Camping Sass Maor | 479 | - | ganzjährig | Wintercamping |
| 13 | Camping Mario Village | 479 | 4.7 | saisonal | |
| 14 | Camping Faé | 479 | - | ganzjährig | Wintercamping |
| 15 | Camping Vidor Family & Wellness Resort | 480 | 4.8 | saisonal | Wintercamping, Onlinebuchung, Award |
| 16 | Camping Riviera | 480 | - | saisonal | |
| 17 | Camping Fleiola | 480 | 4.4 | saisonal | |
| 18 | Camping Punta Indiani | 480 | 3.5 | saisonal | |
| 19 | Camping San Cristoforo | 481 | 4.4 | saisonal | |
| 20 | Campeggio Al Pescatore | 481 | 4.1 | saisonal | |
| 21 | Camping Due Laghi | 481 | 3.1 | saisonal | Onlinebuchung |
| 22 | Camping Spiaggia | 482 | 4.2 | saisonal | |
| 23 | Camping Valmalene | 482 | - | k. A. | |
| 24 | Camping Daino | 482 | 3.9 | saisonal | |
| 25 | Camping Fiemme Village | 482 | - | saisonal | Wintercamping |
| 26 | Camping Park Baita Dolomiti | 483 | 4.3 | saisonal | |
| 27 | Camping Castel Tesino | 483 | - | k. A. | |
| 28 | Campeggio Penisola Verde | 483 | 3.8 | saisonal | |
| 29 | Agritur Montibeller | 485 | - | k. A. | |
| 30 | Camping Catinaccio Rosengarten | 484 | 4.7 | saisonal | Wintercamping, Onlinebuchung |
| 31 | Camping Calavise | 485 | - | saisonal | Wintercamping |
| 32 | Camping Castelpietra | 485 | 4.7 | saisonal | Wintercamping |

Wintercamping FKK Textilfrei (ganz/teilweise) Ecocamping Award Onlinebuchung

## VON DEN DOLOMITEN BIS ZUM GARDASEE

Das Trentino ist eine der reizvollsten und seenreichsten Regionen Italiens. Das beliebte Urlaubsgebiet erstreckt sich dabei von den eindrucksvollen Bergen der Dolomiten bis zum populären Gardasee. Egal ob Wandern, Skifahren, Baden oder Sightseeing – die Möglichkeiten in der Ganzjahresdestination scheinen unbegrenzt. Neben den vielen klaren Seen und modernen Skigebieten verzaubern auch große National- und Naturparks Campinggäste aus ganz Europa.

Blick auf den Tobliner See mit Burg © Trentino Sviluppo – Turismo e Promozione/Marco Simonini

## THERMEN, SEEN UND SIGHTSEEING

Der Kurort Levico Terme erfreut sich vor allem aufgrund seiner heilenden Quellen und der beiden Thermen Levico und Vetriolo großer Beliebtheit. Neben umfangreichen Wellnessangeboten gibt es allerdings noch viel mehr zu entdecken. Beispielsweise den Levico See – ein malerischer See, der die Form eines norwegischen Fjordes aufweist und sich hervorragend zum Schwimmen, Segeln und Angeln eignet. Wenige Kilometer westlich davon liegt der Caldonazzosee, der größte See im Trentino. Badegäste schätzen in erster Linie seine angenehmen Temperaturen. Rund um die beiden Seen findet man zahlreiche Campingplätze. Für einen ereignisreichen Ausflug empfiehlt sich die Landeshauptstadt Trient am Fuße des Monte Bondone. Zu Trients wichtigsten Sehenswürdigkeiten zählen das Schloss Buonconsiglio, der Domplatz mit dem barocken Neptunbrunnen und das unterirdisch gelegene Archäologiemuseum. Auch die einmalige Atmosphäre des berühmten Weihnachtsmarktes sollte man auf keinen Fall verpassen, falls man zur passenden Zeit hier urlaubt. Andere interessante Reiseziele befinden sich im Nordosten des Trentino: Aktive Camper fühlen sich in San Martino di Castrozza besonders wohl, denn hier warten mit dem Naturpark Paneveggio und dem Abenteuerpark „Agility Forest“ gleich zwei Highlights. In Predazzo wird Bewegung ebenfalls großgeschrieben: Im Sommer zählen Wandern, Mountainbiken und Trekking zu den beliebtesten Aktivitäten, während im Winter optimale Bedingungen für Skifahrer und Langläufer vorherrschen. Als Oase des Wohlbefindens entpuppt sich hingegen der Ort Pozza di Fassa, wo zwei Thermalbäder die pure Erholung gewährleisten.

## NATURPARKS UND WINTERSPORTORTE

Luftaufnahme der Pale di San Martino-Gruppe
© Trentino Sviluppo – Turismo e Promozione/Pio Geminiani

Die Thermen von Comano und die Zugänge zum Naturpark Adamello-Brenta zeichnen die Ferienregion Brenta-Dolomiten aus. Die renommierten Thermen sind berühmt für ihre Quellen, die Linderung und Heilung von Hautkrankheiten versprechen. Besonders wird diese Region auch durch die Brenta-Dolomiten: Als einzige Dolomitengruppe westlich des Flusslaufs der Etsch unterteilen sie sich in drei Gebirgsgruppen, die allesamt durch ihre landschaftliche Schönheit überzeugen. Die gesamten Brenta-Dolomiten liegen im Naturpark Adamello-Brenta, dem größten Naturschutzgebiet des Trentino. Auf einer Fläche von 620 km$^2$ bietet der Park zahlreiche Flüsse, Wasserfälle, Bergseen und eine große Artenvielfalt. In einer geschützten Talsenke zwischen der Brenta-Gruppe und der Adamello-Presanella-Gruppe liegen die bekannten Wintersportorte Pinzolo und Madonna di Campiglio. Unbegrenztes Skivergnügen garantiert die „Ski Arena Campiglio" mit insgesamt 150 km bestens präparierten Pisten, 57 modernen Liftanlagen und vier Snowparks. Weiter nördlich befindet sich das Val di Sole Tal mit den beliebten Orten Dimaro, Pejo und Rabbi. Als touristische Schätze des Gebiets gelten der Nationalpark Stilfserjoch mit seiner reichhaltigen alpinen Flora und Fauna, die Thermen von Pejo und Rabbi sowie der Wildwasserbach Noce, der das Tal durchfließt und ein Paradies für diverse Flusssportarten darstellt.

Nacht am Passo Rolle © Trentino Sviluppo – Turismo e Promozione/Alessandro Gardin

TIPP DER REDAKTION

**Camping Punta Lago**

Calceranica al Lago | Nr. 6 | Seite 477

Laut Gästen ideal geeignet zum:
- Schwimmen
- Wandern
- Radfahren

4.4

## 1 Campeggio Marmolada

❄

Via Pareda 60
38032 Canazei
+39 0462 601660

46.4731 | 11.77569

01.01. - 11.04.
30.05. - 12.10.

HS: 37,40 € | NS: 37,40 €

**Mehr Infos & Anfrage:**
www.camping.info/1325

| | |
|---|---|
| Baden in nat. Gewässer | k. A. |
| Pool/Hallenbad | 200m |
| Spielplatz | keine Angabe |
| Hunde erlaubt | ✓ |
| Skilift/Loipe | 100/200m |
| WLAN | keine Angabe |
| Lebensmittel | 500m |
| Brötchen | keine Angabe |
| Restaurant | 50m |
| Ver-/Entsorgung Womo | ✗ |
| in den Ort | 100m |
| Gesamt/Touristen | 250/150 |
| Mietunterkünfte | ✗ |
| Stellplätze vor Schranke | ✗ |

**3.6** GUT
7 Bewertungen

| | |
|---|---|
| Lage | 4.1 |
| Ruhe | 3.2 |
| Sanitäranlagen | 2.9 |
| Sauberkeit Ø | 4.0 |
| Freundlichkeit | 4.2 |
| Stellplatz | 3.7 |
| Verpflegung | 3.7 |
| Freizeit | 3.4 |
| Preis-Leistung | 3.3 |
| Mietunterkünfte | - |

**Geeignet für**

| | |
|---|---|
| Kinder b. 6 J. | 2.3 |
| Kinder b. 12 J. | 3.0 |
| Kinder b. 18 J. | 3.3 |
| Paare | 3.8 |
| Senioren | 3.7 |
| Gäste mit Zelt | 3.0 |
| Gäste mit Hund | 4.0 |

**Empfohlene Aktivitäten**

- Mountainbiking
- Entspannen
- Radfahren

## 2 Lago Levico Camping Village

Pleina 5
38056 Levico Terme
+39 0461 706491

46.00858 | 11.285
460m ü.M.

13.04. - 13.10.

HS: 43,00 € | NS: 28,00 €

**Mehr Infos & Anfrage:**
www.camping.info/1301

| | |
|---|---|
| Baden im See am Platz | ✓ |
| Pool/Hallenbad | ✓/1km |
| Spielplatz am Platz | ✓ |
| Hunde willkommen | ✓ |
| Skilift/Loipe | ✗/k. A. |
| WLAN | ✓ |
| Lebensmittel | ✓ |
| Brötchen am Platz | ✓ |
| Restaurant & Imbiss | ✓ |
| Ver-/Entsorgung Womo | ✓ |
| in den Ort | 1km |
| Gesamt | 415 |
| Mietunterkünfte | ✓ |
| Stellplätze vor Schranke | ✓ |

**4.0** SEHR GUT
94 Bewertungen

| | |
|---|---|
| Lage | 4.7 |
| Ruhe | 3.9 |
| Sanitäranlagen | 3.7 |
| Sauberkeit Ø | 4.0 |
| Freundlichkeit | 4.5 |
| Stellplatz | 4.1 |
| Verpflegung | 3.8 |
| Freizeit | 4.4 |
| Preis-Leistung | 3.9 |
| Mietunterkünfte | 4.4 |

**Geeignet für**

| | |
|---|---|
| Kinder b. 6 J. | 4.5 |
| Kinder b. 12 J. | 4.5 |
| Kinder b. 18 J. | 4.0 |
| Paare | 4.2 |
| Senioren | 4.3 |
| Gäste mit Zelt | 4.2 |
| Gäste mit Hund | 4.4 |

**Empfohlene Aktivitäten**

- Schwimmen
- Wandern
- Radfahren

## 3 Campeggio Pineta

Lago Piazze
38043 Bedollo di Pinè
+39 (0) 461 556642

46.15425 | 11.28654

01.05. - 30.09.

keine Angabe

**Mehr Infos & Anfrage:**
www.camping.info/1330

| | |
|---|---|
| Baden in nat. Gewässer | k. A. |
| Pool & Hallenbad | ✗ |
| Spielplatz am Platz | ✓ |
| Hunde willkommen | ✓ |
| Skilift & Loipe | keine Angabe |
| WLAN | keine Angabe |
| Lebensmittel | 1km |
| Brötchen | keine Angabe |
| Restaurant am P. | ✓ |
| Ver-/Entsorgung Womo | ✓ |
| in den Ort | 1km |
| Gesamt | 62 |
| Mietunterkünfte | ✗ |
| Stellplätze vor Schranke | ✗ |

**-** JETZT BEWERTEN!

Für diese Auswertung liegen leider noch nicht genügend Bewertungen vor.

Sei einer der Ersten, der diesen Campingplatz bewertet. Unter den Bewertern werden regelmäßig Gewinne verlost!

Mehr Infos dazu findest du in unserem allgemeinen Intro.

## 4 Camping Val Rendena

❄

Via Civico 117
38094 Porte di Rendena
+39 0465 801669

46.07307 | 10.72045

17.05. - 27.09.
06.12. - 23.03.

HS: 35,00 € | NS: 30,00 €

**Mehr Infos & Anfrage:**
www.camping.info/24340

| | |
|---|---|
| Baden in nat. Gewässer | k. A. |
| Pool/Hallenbad | ✓/4km |
| Spielplatz am Platz | ✓ |
| Hunde erlaubt | ✓ |
| Loipe | 7km |
| WLAN | ✓ |
| Lebensmittel | ✓ |
| Brötchen am Platz | ✓ |
| Restaurant & Imbiss | ✓ |
| Ver-/Entsorgung Womo | ✓ |
| in den Ort | 200m |
| Gesamt/Touristen | 95/67 |
| Mietunterkünfte | ✓ |
| Stellplätze vor Schranke | ✗ |

**-** JETZT BEWERTEN!

Für diese Auswertung liegen leider noch nicht genügend Bewertungen vor.

Sei einer der Ersten, der diesen Campingplatz bewertet. Unter den Bewertern werden regelmäßig Gewinne verlost!

Mehr Infos dazu findest du in unserem allgemeinen Intro.

Karte auf Seite 472

## 5 Camping Val di Sole

*

Dossi di Cavia 3
38024 Péjo
+39 (0) 463 753177

46.35877 | 10.68149
1250m ü.M.

01.06. - 05.11.
01.12. - 05.05.
HS: 30,00 € | NS: 25,00 €
**Mehr Infos & Anfrage:**
www.camping.info/22851

| | |
|---|---|
| Baden in nat. Gewässer | k. A. |
| Pool & Hallenbad | ✗ |
| Spielplatz am Platz | ✓ |
| Hunde willkommen | ✓ |
| Skilift/Loipe | 2km |
| WLAN | ✓ |
| Lebensmittel | ✓ |
| Brötchen am Platz | ✓ |
| Restaurant & Imbiss | ✓ |
| Ver-/Entsorgung Womo | ✓ |
| in den Ort | 1km |
| Gesamt/Touristen | 160/80 |
| Mietunterkünfte | ✓ |
| Stellplätze vor Schranke | ✗ |

- **JETZT BEWERTEN!**

Für diese Auswertung liegen leider noch nicht genügend Bewertungen vor.

Sei einer der Ersten, der diesen Campingplatz bewertet. Unter den Bewertern werden regelmäßig Gewinne verlost!

Mehr Infos dazu findest du in unserem allgemeinen Intro.

## 6 Camping Punta Lago

Via Lungo Lago 72
38050 Calceranica al Lago
+39 0461 723229

46.00262 | 11.25474
480m ü.M.

28.04. - 15.09.
HS: 38,00 € | NS: 19,00 €
**Mehr Infos & Anfrage:**
www.camping.info/1518

| | |
|---|---|
| Baden im See am Platz | ✓ |
| Hallenbad | 4km |
| Spielplatz am Platz | ✓ |
| Hunde willkommen | ✓ |
| Skilift & Loipe | ✗ |
| WLAN (begrenzt gratis) | ✓ |
| Lebensmittel | 1km |
| Brötchen am Platz | nur HS |
| Restaurant/Imbiss | 100m/✓ |
| Ver-/Entsorgung Womo | ✓ |
| in den Ort | 1km |
| Gesamt/Touristen | 160/155 |
| Mietunterkünfte | ✓ |
| Stellplätze vor Schranke | ✗ |

**4.4** SEHR GUT
18 Bewertungen

| | |
|---|---|
| Lage | 4.6 |
| Ruhe | 3.8 |
| Sanitäranlagen | 4.8 |
| Sauberkeit Ø | 4.9 |
| Freundlichkeit | 4.6 |
| Stellplatz | 4.4 |
| Verpflegung | 3.8 |
| Freizeit | 4.4 |
| Preis-Leistung | 4.6 |
| Mietunterkünfte | 4.4 |

**Geeignet für**

| | |
|---|---|
| Kinder b. 6 J. | 4.3 |
| Kinder b. 12 J. | 4.4 |
| Kinder b. 18 J. | 4.2 |
| Paare | 4.5 |
| Senioren | 4.5 |
| Gäste mit Zelt | 4.5 |
| Gäste mit Hund | 4.2 |

**Empfohlene Aktivitäten**

- Schwimmen
- Wandern
- Radfahren

## 7 Campeggio Belvedere

Viale Venezia 6
38050 Calceranica al Lago
+39 0461 72323

46.0033 | 11.2575

20.04. - 23.09.
HS: 27,90 € | NS: 21,50 €
**Mehr Infos & Anfrage:**
www.camping.info/1306

| | |
|---|---|
| Baden im See am Platz | ✓ |
| Pool & Hallenbad | ✗ |
| Spielplatz am Platz | ✓ |
| Hunde erlaubt | ✓ |
| Skilift & Loipe | keine Angabe |
| WLAN (gegen Gebühr) | ✓ |
| Lebensmittel | ✓ |
| Brötchen am Platz | ✓ |
| Restaurant & Imbiss | ✓ |
| Ver-/Entsorgung Womo | ✓ |
| in den Ort | 1km |
| Gesamt/Touristen | 110/90 |
| Mietunterkünfte | ✗ |
| Stellplätze vor Schranke | ✗ |

**4.7** SEHR GUT
7 Bewertungen

| | |
|---|---|
| Lage | 4.5 |
| Ruhe | 4.5 |
| Sanitäranlagen | 4.2 |
| Sauberkeit Ø | 4.8 |
| Freundlichkeit | 4.6 |
| Stellplatz | 4.5 |
| Verpflegung | 4.3 |
| Freizeit | 4.2 |
| Preis-Leistung | 4.3 |
| Mietunterkünfte | - |

**Geeignet für**

| | |
|---|---|
| Kinder b. 6 J. | 4.2 |
| Kinder b. 12 J. | 4.2 |
| Kinder b. 18 J. | 3.7 |
| Paare | 4.4 |
| Senioren | 4.5 |
| Gäste mit Zelt | 5.0 |
| Gäste mit Hund | 4.0 |

**Empfohlene Aktivitäten**

- Wandern
- Schwimmen
- Radfahren

### Infos

Öffnungszeiten
Vergleichspreis
Link

### Ausstattung

Freizeit
Campingplatz
Versorgung
Anzahl der Plätze

## 8 Area Sosta Camper Castelfondo

Via Alfonso Lamarmora
38020 Castelfondo

46.45843 | 11.13194

keine Angabe

keine Angabe

**Mehr Infos & Anfrage:**
www.camping.info/28025

| | |
|---|---|
| Baden in nat. Gewässer | k. A. |
| Pool & Hallenbad | ✗ |
| Spielplatz | keine Angabe |
| Hunde | ✗ |
| Skilift & Loipe | keine Angabe |
| WLAN | keine Angabe |
| Lebensmittel | k.A. |
| Brötchen | keine Angabe |
| Restaurant & Imbiss | ✗ |
| Ver-/Entsorgung Womo | ✗ |
| in den Ort | keine Angabe |
| Gesamt | keine Angabe |
| Mietunterkünfte | ✗ |
| Stellplätze vor Schranke | ✗ |

**-** JETZT BEWERTEN!

Für diese Auswertung liegen leider noch nicht genügend Bewertungen vor.

Sei einer der Ersten, der diesen Campingplatz bewertet. Unter den Bewertern werden regelmäßig Gewinne verlost!

Mehr Infos dazu findest du in unserem allgemeinen Intro.

## 9 Camping Parco Adamello

*

38086 Carisolo bei Pinzolo
+39 0465 501793

46.16577 | 10.75003

ganzjährig

HS: 35,90 € | NS: 29,90 €

**Mehr Infos & Anfrage:**
www.camping.info/22854

| | |
|---|---|
| Baden im Fluss am Platz | ✓ |
| Pool & Hallenbad | ✗ |
| Spielplatz am Platz | ✓ |
| Hunde erlaubt | ✓ |
| Skilift/Loipe | 1km/✓ |
| WLAN | ✓ |
| Lebensmittel | ✓ |
| Brötchen am Platz | ✗ |
| Restaurant am P. | ✓ |
| Ver-/Entsorgung Womo | ✓ |
| in den Ort | 1km |
| Gesamt/Touristen | 165/125 |
| Mietunterkünfte | ✓ |
| Stellplätze vor Schranke | ✗ |

**4.0** SEHR GUT
3 Bewertungen

| | |
|---|---|
| Lage | 4.0 |
| Ruhe | 5.0 |
| Sanitäranlagen | 4.0 |
| Sauberkeit Ø | 4.5 |
| Freundlichkeit | 4.0 |
| Stellplatz | 3.5 |
| Verpflegung | 4.0 |
| Freizeit | 3.5 |
| Preis-Leistung | 4.0 |
| Mietunterkünfte | - |

**Geeignet für**

| | |
|---|---|
| Kinder b. 6 J. | 4.0 |
| Kinder b. 12 J. | 4.0 |
| Kinder b. 18 J. | 4.0 |
| Paare | 4.0 |
| Senioren | 5.0 |
| Gäste mit Zelt | - |
| Gäste mit Hund | 5.0 |

**Empfohlene Aktivitäten**

- Wandern
- Motorrad
- Mountainbiking

## 10 Campeggio Parco Vacanze Cane` in Fiore

*

al fiore - Miola 3
38042 Baselga di Pinè
+39 (0) 461 558270

46.12016 | 11.26094

ganzjährig

HS: 20,10 €

**Mehr Infos & Anfrage:**
www.camping.info/1315

| | |
|---|---|
| Baden in nat. Gewässer | k. A. |
| Hallenbad | 15km |
| Spielplatz am Platz | ✓ |
| Hunde willkommen | ✓ |
| Skilift & Loipe | keine Angabe |
| WLAN | ✓ |
| Lebensmittel | k.A. |
| Brötchen | keine Angabe |
| Restaurant & Imbiss | ✓ |
| Ver-/Entsorgung Womo | ✓ |
| in den Ort | 1km |
| Gesamt/Touristen | 115/40 |
| Mietunterkünfte | ✓ |
| Stellplätze vor Schranke | ✗ |

**-** JETZT BEWERTEN!

Für diese Auswertung liegen leider noch nicht genügend Bewertungen vor.

Sei einer der Ersten, der diesen Campingplatz bewertet. Unter den Bewertern werden regelmäßig Gewinne verlost!

Mehr Infos dazu findest du in unserem allgemeinen Intro.

## 11 Campeggio Miravalle

*

streda de greva 39
38032 Campitello di Fassa
+39 0462 750502

46.47396 | 11.74109
1440m ü.M.

01.06. - 30.09.
01.12. - 30.03.

HS: 39,40 € | NS: 29,40 €

**Mehr Infos & Anfrage:**
www.camping.info/1327

| | |
|---|---|
| Baden im Fluss am Platz | ✓ |
| Pool/Hallenbad | 2km |
| Spielplatz am Platz | ✓ |
| Hunde willkommen | ✓ |
| Skilift/Loipe | 200m/✓ |
| WLAN (gegen Gebühr) | ✓ |
| Lebensmittel | ✓ |
| Brötchen am Platz | nur HS |
| Restaurant/Imbiss | 100m |
| Ver-/Entsorgung Womo | ✓ |
| in den Ort | 100m |
| Gesamt/Touristen | 182/160 |
| Mietunterkünfte | ✓ |
| Stellplätze vor Schranke | ✗ |

**4.2** SEHR GUT
9 Bewertungen

| | |
|---|---|
| Lage | 4.3 |
| Ruhe | 4.6 |
| Sanitäranlagen | 4.6 |
| Sauberkeit Ø | 4.7 |
| Freundlichkeit | 4.4 |
| Stellplatz | 4.1 |
| Verpflegung | 3.1 |
| Freizeit | 4.1 |
| Preis-Leistung | 3.9 |
| Mietunterkünfte | 1.0 |

**Geeignet für**

| | |
|---|---|
| Kinder b. 6 J. | 3.6 |
| Kinder b. 12 J. | 4.1 |
| Kinder b. 18 J. | 3.9 |
| Paare | 4.4 |
| Senioren | 4.3 |
| Gäste mit Zelt | 3.7 |
| Gäste mit Hund | 4.2 |

**Empfohlene Aktivitäten**

- Wandern
- Radfahren
- Mountainbiking

## 12 Camping Sass Maor

❄

via laghetto 48
38054 San Martino di Castrozza
+39 (0) 439 68347

46.26206 | 11.79236

ganzjährig

HS: 37,00 € | NS: 28,00 €

**Mehr Infos & Anfrage:**
www.camping.info/22858

| | |
|---|---|
| Baden in nat. Gewässer | k. A. |
| Pool & Hallenbad | ✗ |
| Spielplatz | keine Angabe |
| Hunde erlaubt | ✓ |
| Skilift & Loipe | ✓ |
| WLAN | keine Angabe |
| Lebensmittel | ✓ |
| Brötchen am Platz | ✓ |
| Restaurant am P. | ✓ |
| Ver-/Entsorgung Womo | ✗ |
| in den Ort | keine Angabe |
| Gesamt | keine Angabe |
| Mietunterkünfte | ✓ |
| Stellplätze vor Schranke | ✗ |

- JETZT BEWERTEN!

Für diese Auswertung liegen leider noch nicht genügend Bewertungen vor.

Sei einer der Ersten, der diesen Campingplatz bewertet. Unter den Bewertern werden regelmäßig Gewinne verlost!

Mehr Infos dazu findest du in unserem allgemeinen Intro.

## 13 Camping Mario Village

Via Lungolago 4
38052 Caldonazzo
+39 0461 723341

46.00479 | 11.26072
490m ü.M.

20.05. - 27.09.

HS: 74,00 € | NS: 24,00 €

**Mehr Infos & Anfrage:**
www.camping.info/1324

| | |
|---|---|
| Baden im See | 200m |
| Pool/Hallenbad | ✓/5km |
| Spielplatz am Platz | ✓ |
| Hunde willkommen | ✓ |
| Skilift & Loipe | ✗ |
| WLAN (gratis) | teilweise |
| Lebensmittel | 2km |
| Brötchen am Platz | ✓ |
| Restaurant am P. | ✓ |
| Ver-/Entsorgung Womo | ✓ |
| in den Ort | 2km |
| Touristenplätze | 157 |
| Mietunterkünfte | ✓ |
| Stellplätze vor Schranke | ✗ |

4.7 **SEHR GUT**
66 Bewertungen

| | |
|---|---|
| Lage | 4.6 |
| Ruhe | 4.2 |
| Sanitäranlagen | 4.6 |
| Sauberkeit Ø | 4.8 |
| Freundlichkeit | 4.8 |
| Stellplatz | 4.4 |
| Verpflegung | 4.2 |
| Freizeit | 4.5 |
| Preis-Leistung | 4.5 |
| Mietunterkünfte | 4.4 |

**Geeignet für**

| | |
|---|---|
| Kinder b. 6 J. | 4.7 |
| Kinder b. 12 J. | 4.7 |
| Kinder b. 18 J. | 4.2 |
| Paare | 4.8 |
| Senioren | 4.5 |
| Gäste mit Zelt | 4.6 |
| Gäste mit Hund | 4.1 |

**Empfohlene Aktivitäten**

- Schwimmen
- Radfahren
- Wandern

## 14 Camping Faé

❄

38086 San Antonio di Mavignola

46.18579 | 10.77929

ganzjährig

HS: 33,00 € | NS: 33,00 €

**Mehr Infos & Anfrage:**
www.camping.info/22853

| | |
|---|---|
| Baden in nat. Gewässer | k. A. |
| Pool & Hallenbad | ✗ |
| Spielplatz am Platz | ✓ |
| Hunde erlaubt | ✓ |
| Skilift & Loipe | ✓ |
| WLAN (begrenzt gratis) | ✓ |
| Lebensmittel | 500m |
| Brötchen am Platz | ✗ |
| Restaurant & Imbiss | ✓ |
| Ver-/Entsorgung Womo | ✓ |
| in den Ort | 500m |
| Gesamt | keine Angabe |
| Mietunterkünfte | ✗ |
| Stellplätze vor Schranke | ✓ |

- JETZT BEWERTEN!

Für diese Auswertung liegen leider noch nicht genügend Bewertungen vor.

Sei einer der Ersten, der diesen Campingplatz bewertet. Unter den Bewertern werden regelmäßig Gewinne verlost!

Mehr Infos dazu findest du in unserem allgemeinen Intro.

Karte auf Seite 472

**Infos**

Öffnungszeiten

Vergleichspreis

Link

**Ausstattung**

Freizeit

Campingplatz

Versorgung

Anzahl der Plätze

## 15 Camping Vidor Family & Wellness Resort

Strada Ruf de Ruacia 15
38036 Sén Jan di Fassa
+39 0462 760022

46.42083 | 11.70813
1400m ü.M.

01.06. - 02.11.
07.12. - 01.06.

HS: 47,20 € | NS: 29,20 €

**Mehr Infos & online buchen:**
www.camping.info/1522

| | |
|---|---|
| Baden in nat. Gewässer | ✗ |
| Pool & Hallenbad | ✓ |
| Spielplatz am Platz | ✓ |
| Hunde willkommen | ✓ |
| Skilift/Loipe | ✓/1km |
| WLAN | ✓ |
| Lebensmittel | ✓ |
| Brötchen am Platz | ✓ |
| Restaurant & Imbiss | ✓ |
| Ver-/Entsorgung Womo | ✓ |
| in den Ort | 1km |
| Gesamt/Touristen | 180/165 |
| Mietunterkünfte | ✓ |
| Stellplätze vor Schranke | ✓ |

**4.8** SEHR GUT
655 Bewertungen

| | |
|---|---|
| Lage | 4.7 |
| Ruhe | 4.8 |
| Sanitäranlagen | 4.9 |
| Sauberkeit Ø | 4.9 |
| Freundlichkeit | 4.8 |
| Stellplatz | 4.7 |
| Verpflegung | 4.7 |
| Freizeit | 4.7 |
| Preis-Leistung | 4.5 |
| Mietunterkünfte | 4.8 |

**Geeignet für**

| | |
|---|---|
| Kinder b. 6 J. | 4.7 |
| Kinder b. 12 J. | 4.8 |
| Kinder b. 18 J. | 4.5 |
| Paare | 4.7 |
| Senioren | 4.7 |
| Gäste mit Zelt | 4.4 |
| Gäste mit Hund | 4.6 |

**Empfohlene Aktivitäten**

- Wandern
- Wellness
- Ski

AWARD 2020

## 16 Camping Riviera

Venezia 10
38050 Calceranica
+39 (0) 461 724464

46.00381 | 11.25842
400m ü.M.

29.04. - 01.10.

HS: 38,40 € | NS: 19,40 €

**Mehr Infos & Anfrage:**
www.camping.info/25151

| | |
|---|---|
| Baden im See am Platz | ✓ |
| Pool & Hallenbad | ✗ |
| Spielplatz am Platz | ✓ |
| Hunde willkommen | ✓ |
| Skilift & Loipe | ✗ |
| WLAN | ✓ |
| Lebensmittel | 1km |
| Brötchen am Platz | nur HS |
| Restaurant/Imbiss | ✓/200m |
| Ver-/Entsorgung Womo | ✗ |
| in den Ort | 1km |
| Gesamt | 133 |
| Mietunterkünfte | ✓ |
| Stellplätze vor Schranke | ✗ |

**-** JETZT BEWERTEN!

Für diese Auswertung liegen leider noch nicht genügend Bewertungen vor.

Sei einer der Ersten, der diesen Campingplatz bewertet. Unter den Bewertern werden regelmäßig Gewinne verlost!

Mehr Infos dazu findest du in unserem allgemeinen Intro.

## 17 Camping Fleiola

Viale Trento 42
38050 Calceranica al Lago
+39 0461 723153

46.00688 | 11.24514

15.04. - 30.09.

HS: 40,00 € | NS: 32,00 €

**Mehr Infos & Anfrage:**
www.camping.info/1320

| | |
|---|---|
| Baden im See am Platz | ✓ |
| Pool/Hallenbad | 7km |
| Spielplatz am Platz | ✓ |
| Hunde willkommen | ✓ |
| Skilift & Loipe | ✗ |
| WLAN | ✓ |
| Lebensmittel | ✓ |
| Brötchen am Platz | ✓ |
| Restaurant/Imbiss | 300m/✓ |
| Ver-/Entsorgung Womo | ✓ |
| in den Ort | 300m |
| Touristenplätze | 108 |
| Mietunterkünfte | ✓ |
| Stellplätze vor Schranke | ✗ |

**4.3** SEHR GUT
14 Bewertungen

| | |
|---|---|
| Lage | 4.7 |
| Ruhe | 3.9 |
| Sanitäranlagen | 4.4 |
| Sauberkeit Ø | 4.8 |
| Freundlichkeit | 4.4 |
| Stellplatz | 3.9 |
| Verpflegung | 3.4 |
| Freizeit | 4.2 |
| Preis-Leistung | 4.2 |
| Mietunterkünfte | 5.0 |

**Geeignet für**

| | |
|---|---|
| Kinder b. 6 J. | 3.8 |
| Kinder b. 12 J. | 3.1 |
| Kinder b. 18 J. | 3.1 |
| Paare | 4.6 |
| Senioren | 4.7 |
| Gäste mit Zelt | 4.2 |
| Gäste mit Hund | 3.3 |

**Empfohlene Aktivitäten**

- Schwimmen
- Radfahren
- Wandern

## 18 Camping Punta Indiani

di Mezzo Lago Valcanover 2
38057 Pergine
+39 (0) 461 548062

46.02783 | 11.23294
450m ü.M.

28.04. - 30.09.

HS: 38,00 € | NS: 23,00 €

**Mehr Infos & Anfrage:**
www.camping.info/1314

| | |
|---|---|
| Baden im See am Platz | ✓ |
| Pool/Hallenbad | 4km |
| Spielplatz am Platz | ✓ |
| Hunde willkommen | ✓ |
| Skilift & Loipe | ✗ |
| WLAN (gegen Gebühr) | ✓ |
| Lebensmittel | 100m |
| Brötchen am Platz | ✗ |
| Restaurant/Imbiss | 100m |
| Ver-/Entsorgung Womo | ✗ |
| im Ort | ✓ |
| Touristenplätze | 115 |
| Mietunterkünfte | ✗ |
| Stellplätze vor Schranke | ✗ |

**3.5** GUT
11 Bewertungen

| | |
|---|---|
| Lage | 4.1 |
| Ruhe | 3.5 |
| Sanitäranlagen | 3.3 |
| Sauberkeit Ø | 3.8 |
| Freundlichkeit | 4.1 |
| Stellplatz | 3.6 |
| Verpflegung | 2.6 |
| Freizeit | 3.5 |
| Preis-Leistung | 3.3 |
| Mietunterkünfte | - |

**Geeignet für**

| | |
|---|---|
| Kinder b. 6 J. | 3.8 |
| Kinder b. 12 J. | 4.1 |
| Kinder b. 18 J. | 3.5 |
| Paare | 4.4 |
| Senioren | 4.4 |
| Gäste mit Zelt | 4.2 |
| Gäste mit Hund | 2.3 |

**Empfohlene Aktivitäten**

- Schwimmen
- Wandern
- Kayak/Kanu

| | 19 Camping San Cristoforo | 20 Campeggio Al Pescatore | 21 Camping Due Laghi |
|---|---|---|---|
| Adresse | Via dei Pescatori 49<br>38057 San Cristoforo al Lago<br>+39 (0) 461 329642 | Via dei Pescatori 1<br>38050 Calceranica al Lago<br>+39 0461 723062 | Via Claudia Augusta 29<br>38056 Lévico Terme<br>+39 0461 706 290 |
| Koordinaten | 46.0386 \| 11.2366 | 46.00234 \| 11.25465 | 46.0043 \| 11.28844 |
| Höhe | 453m ü.M. | | 520m ü.M. |
| **Infos** | | | |
| Öffnungszeiten | 14.05. - 13.09. | 07.05. - 11.09. | 20.05. - 09.09. |
| Vergleichspreis | HS: 54,00 € \| NS: 18,00 € | HS: 40,40 € \| NS: 36,40 € | HS: 44,00 € \| NS: 25,00 € |
| Link | **Mehr Infos & Anfrage:** www.camping.info/25702 | **Mehr Infos & Anfrage:** www.camping.info/1299 | **Mehr Infos & online buchen:** www.camping.info/22860 |
| **Ausstattung** | | | |
| Freizeit | Baden im See 50m<br>Pool/Hallenbad ✓/5km<br>Spielplatz am Platz ✓ | Baden im See am Platz ✓<br>Pool/Hallenbad ✓/5km<br>Spielplatz am Platz ✓ | Baden im See 300m<br>Pool/Hallenbad ✓/1km<br>Spielplatz am Platz ✓ |
| Campingplatz | Hunde willkommen ✓<br>Skilift 25km<br>WLAN (gratis) teilweise | Hunde erlaubt ✓<br>Skilift & Loipe ✗<br>WLAN ✓ | Hunde willkommen ✓<br>Skilift & Loipe ✗<br>WLAN ✓ |
| Versorgung | Lebensmittel ✓<br>Brötchen am Platz ✓<br>Restaurant/Imbiss 10m<br>Ver-/Entsorgung Womo ✓<br>in den Ort 2km | Lebensmittel ✓<br>Brötchen am Platz ✓<br>Restaurant am P. ✓<br>Ver-/Entsorgung Womo ✓<br>im Ort ✓ | Lebensmittel ✓<br>Brötchen am Platz ✓<br>Restaurant & Imbiss ✓<br>Ver-/Entsorgung Womo ✓<br>in den Ort 1km |
| Anzahl der Plätze | Gesamt/Touristen 153/77<br>Mietunterkünfte ✓<br>Stellplätze vor Schranke ✗ | Gesamt/Touristen 244/200<br>Mietunterkünfte ✗<br>Stellplätze vor Schranke ✗ | Gesamt 450<br>Mietunterkünfte ✓<br>Stellplätze vor Schranke ✓ |

Karte auf Seite 472

| Bewertung | 19 Camping San Cristoforo | 20 Campeggio Al Pescatore | 21 Camping Due Laghi |
|---|---|---|---|
| Gesamt | 4.4 SEHR GUT, 5 Bewertungen | 4.1 SEHR GUT, 15 Bewertungen | 3.1 GUT, 7 Bewertungen |
| Lage | 4.2 | 4.3 | 3.9 |
| Ruhe | 4.0 | 3.7 | 2.3 |
| Sanitäranlagen | 3.6 | 3.9 | 2.6 |
| Sauberkeit Ø | 3.8 | 4.2 | 3.0 |
| Freundlichkeit | 5.0 | 4.7 | 4.6 |
| Stellplatz | 3.2 | 3.9 | 3.4 |
| Verpflegung | 4.4 | 4.1 | 3.6 |
| Freizeit | 4.2 | 4.0 | 4.0 |
| Preis-Leistung | 4.6 | 4.3 | 3.4 |
| Mietunterkünfte | 4.0 | - | 2.5 |
| **Geeignet für** | | | |
| Kinder b. 6 J. | 4.2 | 4.6 | 4.3 |
| Kinder b. 12 J. | 4.2 | 4.7 | 4.5 |
| Kinder b. 18 J. | 3.0 | 4.2 | 3.5 |
| Paare | 4.5 | 4.5 | 3.7 |
| Senioren | 4.0 | 4.5 | 3.7 |
| Gäste mit Zelt | 4.0 | 4.7 | 4.0 |
| Gäste mit Hund | 3.8 | 4.1 | 3.5 |
| **Empfohlene Aktivitäten** | Radfahren<br>Schwimmen<br>Wandern | Schwimmen<br>Wandern<br>Radfahren | Radfahren<br>Mountainbiking<br>Schwimmen |

## 22 Camping Spiaggia

Viale Venezia 14
38050 Calceranica al Lago
+39 0461 723037
46.00433 | 11.26011
460m ü.M.

18.04. - 21.09.

HS: 42,00 € | NS: 24,00 €

**Mehr Infos & Anfrage:**
www.camping.info/24878

| | |
|---|---|
| Baden im See am Platz | ✓ |
| Pool & Hallenbad | × |
| Spielplatz am Platz | ✓ |
| Hunde willkommen | ✓ |
| Skilift & Loipe | × |
| WLAN | ✓ |
| Lebensmittel | ✓ |
| Brötchen am Platz | ✓ |
| Restaurant/Imbiss | 100m/✓ |
| Ver-/Entsorgung Womo | ✓ |
| in den Ort | 1km |
| Touristenplätze | 110 |
| Mietunterkünfte | ✓ |
| Stellplätze vor Schranke | × |

**4.2** SEHR GUT
8 Bewertungen

| | |
|---|---|
| Lage | 4.4 |
| Ruhe | 4.1 |
| Sanitäranlagen | 4.1 |
| Sauberkeit Ø | 4.4 |
| Freundlichkeit | 4.7 |
| Stellplatz | 4.0 |
| Verpflegung | 3.4 |
| Freizeit | 3.8 |
| Preis-Leistung | 4.1 |
| Mietunterkünfte | 5.0 |

**Geeignet für**

| | |
|---|---|
| Kinder b. 6 J. | 4.2 |
| Kinder b. 12 J. | 4.2 |
| Kinder b. 18 J. | 3.5 |
| Paare | 4.5 |
| Senioren | 4.6 |
| Gäste mit Zelt | 4.2 |
| Gäste mit Hund | 5.0 |

**Empfohlene Aktivitäten**

- Wandern
- Radfahren
- Schwimmen

## 23 Camping Valmalene

38050 Pievo Tesino
+39 0461/594214
46.1118 | 11.61443

keine Angabe

keine Angabe

**Mehr Infos & Anfrage:**
www.camping.info/24670

| | |
|---|---|
| Baden in nat. Gewässer | k. A. |
| Pool & Hallenbad | × |
| Spielplatz | keine Angabe |
| Hunde | × |
| Skilift & Loipe | keine Angabe |
| WLAN | keine Angabe |
| Lebensmittel | k.A. |
| Brötchen | keine Angabe |
| Restaurant & Imbiss | × |
| Ver-/Entsorgung Womo | × |
| in den Ort | keine Angabe |
| Gesamt | keine Angabe |
| Mietunterkünfte | × |
| Stellplätze vor Schranke | × |

**-** JETZT BEWERTEN!

Für diese Auswertung liegen leider noch nicht genügend Bewertungen vor.

Sei einer der Ersten, der diesen Campingplatz bewertet. Unter den Bewertern werden regelmäßig Gewinne verlost!

Mehr Infos dazu findest du in unserem allgemeinen Intro.

## 24 Camping Daino

Daino 43
38070 Pietramurata
+39 0464 507451
46.02411 | 10.9432
123m ü.M.

01.03. - 31.10.

HS: 25,00 € | NS: 25,00 €

**Mehr Infos & Anfrage:**
www.camping.info/22855

| | |
|---|---|
| Baden im Fluss | 700m |
| Pool am Platz | ✓ |
| Spielplatz am Platz | ✓ |
| Hunde willkommen | ✓ |
| Skilift & Loipe | × |
| WLAN (gegen Gebühr) | ✓ |
| Lebensmittel | 200m |
| Brötchen am Platz | ✓ |
| Imbiss | ✓ |
| Ver-/Entsorgung Womo | ✓ |
| in den Ort | 1km |
| Gesamt | 50 |
| Mietunterkünfte | × |
| Stellplätze vor Schranke | × |

**3.9** GUT
8 Bewertungen

| | |
|---|---|
| Lage | 3.9 |
| Ruhe | 3.2 |
| Sanitäranlagen | 3.6 |
| Sauberkeit Ø | 4.0 |
| Freundlichkeit | 4.3 |
| Stellplatz | 3.5 |
| Verpflegung | 3.8 |
| Freizeit | 3.8 |
| Preis-Leistung | 4.0 |
| Mietunterkünfte | - |

**Geeignet für**

| | |
|---|---|
| Kinder b. 6 J. | 4.0 |
| Kinder b. 12 J. | 4.4 |
| Kinder b. 18 J. | 4.0 |
| Paare | 4.2 |
| Senioren | 4.0 |
| Gäste mit Zelt | 3.8 |
| Gäste mit Hund | 5.0 |

**Empfohlene Aktivitäten**

- Klettern
- Mountainbiking
- Schwimmen

## 25 Camping Fiemme Village

Via Cece 16
38037 Bellamonte di Predazzo
+39 (0) 462 576180
46.31055 | 11.66048
1373m ü.M.

01.06. - 13.09.
06.12. - 15.03.

HS: 34,20 € | NS: 22,40 €

**Mehr Infos & Anfrage:**
www.camping.info/1309

| | |
|---|---|
| Baden in nat. Gewässer | k. A. |
| Pool/Hallenbad | ✓/6km |
| Spielplatz am Platz | ✓ |
| Hunde willkommen | ✓ |
| Skilift/Loipe | 600m/15km |
| WLAN | ✓ |
| Lebensmittel | 500m |
| Brötchen am Platz | ✓ |
| Restaurant/Imbiss | ✓/500m |
| Ver-/Entsorgung Womo | ✓ |
| in den Ort | 3km |
| Gesamt | 155 |
| Mietunterkünfte | ✓ |
| Stellplätze vor Schranke | × |

**-** JETZT BEWERTEN!

Für diese Auswertung liegen leider noch nicht genügend Bewertungen vor.

Sei einer der Ersten, der diesen Campingplatz bewertet. Unter den Bewertern werden regelmäßig Gewinne verlost!

Mehr Infos dazu findest du in unserem allgemeinen Intro.

Karte auf Seite 472

## 26 Camping Park Baita Dolomiti

V. Ces.Battisti 18
38010 Sarnonico
+39 (0) 463 830109
46.42138 | 11.13955

| Infos | |
|---|---|
| Öffnungszeiten | 26.05. - 30.09. |
| Vergleichspreis | HS: 37,50 € \| NS: 37,50 € |
| Link | **Mehr Infos & Anfrage:** www.camping.info/1313 |

| Ausstattung | | |
|---|---|---|
| Freizeit | Baden im See | 15km |
| | Pool am Platz | ✓ |
| | Spielplatz am Platz | ✓ |
| Campingplatz | Hunde willkommen | ✓ |
| | Skilift & Loipe | × |
| | WLAN | ✓ |
| Versorgung | Lebensmittel | 100m |
| | Brötchen am Platz | × |
| | Restaurant/Imbiss | ✓/1km |
| | Ver-/Entsorgung Womo | ✓ |
| | in den Ort | 1km |
| Anzahl der Plätze | Touristenplätze | 160 |
| | Mietunterkünfte | ✓ |
| | Stellplätze vor Schranke | × |

**4.3** SEHR GUT
3 Bewertungen

| | |
|---|---|
| Lage | 4.7 |
| Ruhe | 4.7 |
| Sanitäranlagen | 4.0 |
| Sauberkeit Ø | 4.5 |
| Freundlichkeit | 4.7 |
| Stellplatz | 4.0 |
| Verpflegung | 3.3 |
| Freizeit | 4.3 |
| Preis-Leistung | 4.7 |
| Mietunterkünfte | - |

**Geeignet für**

| | |
|---|---|
| Kinder b. 6 J. | 4.0 |
| Kinder b. 12 J. | 4.3 |
| Kinder b. 18 J. | 4.3 |
| Paare | 4.7 |
| Senioren | 4.7 |
| Gäste mit Zelt | 4.3 |
| Gäste mit Hund | 4.7 |

**Empfohlene Aktivitäten**

- Wandern
- Radfahren
- Schwimmen

## 27 Camping Castel Tesino

Località Sottomolizza 1
38053 Castello Tesino
+39 338 449 0234
46.06775 | 11.63275

| Infos | |
|---|---|
| Öffnungszeiten | keine Angabe |
| Vergleichspreis | HS: 30,00 € \| NS: 28,00 € |
| Link | **Mehr Infos & Anfrage:** www.camping.info/26534 |

| Ausstattung | | |
|---|---|---|
| Freizeit | Baden in nat. Gewässer | k. A. |
| | Pool am Platz | ✓ |
| | Spielplatz am Platz | ✓ |
| Campingplatz | Hunde willkommen | ✓ |
| | Skilift & Loipe | × |
| | WLAN | ✓ |
| Versorgung | Lebensmittel | ✓ |
| | Brötchen am Platz | ✓ |
| | Restaurant am P. | ✓ |
| | Ver-/Entsorgung Womo | × |
| | in den Ort | keine Angabe |
| Anzahl der Plätze | Touristenplätze | 67 |
| | Mietunterkünfte | ✓ |
| | Stellplätze vor Schranke | × |

**-** JETZT BEWERTEN!

Für diese Auswertung liegen leider noch nicht genügend Bewertungen vor.

Sei einer der Ersten, der diesen Campingplatz bewertet. Unter den Bewertern werden regelmäßig Gewinne verlost!

Mehr Infos dazu findest du in unserem allgemeinen Intro.

## 28 Campeggio Penisola Verde

V. Penisola verde 5
38050 Calceranica la Lago
+39 0461 723272
46.00637 | 11.24706
460m ü.M.

| Infos | |
|---|---|
| Öffnungszeiten | 05.05. - 17.09. |
| Vergleichspreis | HS: 39,00 € \| NS: 27,00 € |
| Link | **Mehr Infos & Anfrage:** www.camping.info/1329 |

| Ausstattung | | |
|---|---|---|
| Freizeit | Baden im See am Platz | ✓ |
| | Pool & Hallenbad | × |
| | Spielplatz am Platz | ✓ |
| Campingplatz | Hunde willkommen | ✓ |
| | Skilift & Loipe | × |
| | WLAN | ✓ |
| Versorgung | Lebensmittel | 300m |
| | Brötchen am Platz | ✓ |
| | Restaurant/Imbiss | 200/300m |
| | Ver-/Entsorgung Womo | ✓ |
| | in den Ort | 300m |
| Anzahl der Plätze | Touristenplätze | 129 |
| | Mietunterkünfte | × |
| | Stellplätze vor Schranke | × |

**3.8** GUT
6 Bewertungen

| | |
|---|---|
| Lage | 4.5 |
| Ruhe | 3.5 |
| Sanitäranlagen | 3.7 |
| Sauberkeit Ø | 3.9 |
| Freundlichkeit | 4.6 |
| Stellplatz | 3.8 |
| Verpflegung | 3.0 |
| Freizeit | 3.6 |
| Preis-Leistung | 3.7 |
| Mietunterkünfte | - |

**Geeignet für**

| | |
|---|---|
| Kinder b. 6 J. | 4.0 |
| Kinder b. 12 J. | 4.0 |
| Kinder b. 18 J. | 2.3 |
| Paare | 3.8 |
| Senioren | 4.0 |
| Gäste mit Zelt | 3.0 |
| Gäste mit Hund | 4.5 |

**Empfohlene Aktivitäten**

- Radfahren
- Wandern
- Schwimmen

# 30 Camping Catinaccio Rosengarten

Strada de Pucia 4
38036 San Giovanni di Fassa
+39 0462 763305
www.catinacciorosengarten.com
info@catinacciorosengarten.com

04.06. - 24.10.
04.12. - 31.12.
HS: 35,00 € | NS: 28,90 €

**Mehr Infos & online buchen:**
www.camping.info/1316

| | |
|---|---|
| Baden in nat. Gewässer | ✗ |
| Pool/Hallenbad | 50m |
| Spielplatz | 200m |
| Hunde willkommen | ✓ |
| Skilift/Loipe | 1km/100m |
| WLAN | ✓ |
| Lebensmittel | 200m |
| Brötchen am Platz | ✓ |
| Restaurant/Imbiss | 100/200m |
| Ver-/Entsorgung Womo | ✓ |
| in den Ort | 200m |
| Gesamt/Touristen | 214/114 |
| Mietunterkünfte | ✓ |
| Stellplätze vor Schranke | ✗ |

1 km
46.42634 | 11.68613
1300m ü.M.

Sauna, Dampfbad und Privatsanitär auf dem Campingplatz.

## Lage & Stellplatz

Der Campingplatz Catinaccio Rosengarten befindet sich in San Giovanni di Fassa, auf 1.320 m Höhe in den Dolomiten. Er liegt 200 m vom Dorfzentrum entfernt, das gut mit dem Fahrrad erreichbar ist. Die Plätze sind 70 m² bis 90 m² groß, einige auch mit Abwasseranschluss. Kostenloses WLAN.

## Verpflegung

Der Campingplatz ist mit einer Bar für Frühstück, Aperitifs und leckeren Imbissen ausgestattet. Außerdem können täglich frisches Brot und Milch bestellt werden. Den Gästen stehen außerdem köstliche Pizzen und belegte Brötchen sowie kalte Speisen zur Verfügung.

## Sanitär

Die Sanitäranlagen sind modern und komfortabel und bieten den Gästen höchsten Luxus und Sauberkeit. Ein Kinderbereich ist ebenfalls vorhanden. Der Anspruch des Platzes lautet „Bessere Sanitäranlagen als in einem 5-Sterne-Hotel". Es gibt auch die Möglichkeit Privatbäder zu mieten – ganz wie zu Hause.

## Freizeit

Der Campingplatz Catinaccio Rosengarten verspricht Erholung: Entspannen Sie in der Sauna mit Dampfbad oder in der Tee-Ecke. Nur 100 m entfernt liegen die „QC Therme Dolomiti" und „Therme Dolomia". Dort warten Spezialpreise für die Gäste. Fahrradweg und Wandermöglichkeiten starten direkt vom Platz!

Die Top-Sanitäranlage.

Relaxen und Sonne auf dem Platz.

**4.7** SEHR GUT
75 Bewertungen

| | |
|---|---|
| Lage | 4.7 |
| Ruhe | 4.6 |
| Sanitäranlagen | 4.8 |
| Sauberkeit Ø | 4.8 |
| Freundlichkeit | 4.8 |
| Stellplatz | 4.3 |
| Verpflegung | 4.4 |
| Freizeit | 4.1 |
| Preis-Leistung | 4.4 |
| Mietunterkünfte | 4.4 |

**Geeignet für**

| | |
|---|---|
| 4.8 | Senioren |
| 4.7 | Paare |
| 4.7 | Gäste mit Hund |
| 4.4 | Kinder b. 12 J. |
| 4.4 | Gäste mit Zelt |
| 4.3 | Kinder b. 6 J. |
| 4.3 | Kinder b. 18 J. |

**Empfohlene Aktivitäten**

Wandern, Spazieren, Radfahren, Ski, Mountainbiking

Weitere Öffnungszeiten:
04.12.2020 – 04.04.2021. NEU
CHALET AB WINTER 2020

29 **Agritur Montibeller**

31 **Camping Calavise**

32 **Camping Castelpietra**

Karte auf Seite 472

| | 29 Agritur Montibeller | 31 Camping Calavise ❄ | 32 Camping Castelpietra ❄ |
|---|---|---|---|
| Adresse | Via Prose 1<br>38050 Roncegno Terme<br>0461764355<br>46.04661 \| 11.41176 | Villaggio Sass Maor 36<br>38050 Imer<br>+39 (0) 439 67468<br>46.14424 \| 11.79867 | Loc. Castelpietra 1<br>38054 Tonadico di Primiero<br>+39 (0) 439 62426<br>46.19623 \| 11.8655 |
| **Infos** | | | |
| Öffnungszeiten | keine Angabe | 01.06. - 31.10.<br>08.12. - 30.04. | 01.06. - 16.10.<br>01.12. - 25.04. |
| Vergleichspreis | HS: 28,00 \| NS: 22,00 | HS: 25,90 € \| NS: 21,90 € | HS: 26,20 € \| NS: 21,90 € |
| Link | **Mehr Infos & Anfrage:**<br>www.camping.info/27385 | **Mehr Infos & Anfrage:**<br>www.camping.info/1310 | **Mehr Infos & Anfrage:**<br>www.camping.info/1311 |
| **Ausstattung** | | | |
| Freizeit | Baden in nat. Gewässer: k. A.<br>Pool & Hallenbad: ✗<br>Spielplatz: keine Angabe | Baden im Fluss am Platz: ✓<br>Pool/Hallenbad: ✓/5km<br>Spielplatz am Platz: ✓ | Baden im Teich: 300m<br>Pool/Hallenbad: 4km<br>Spielplatz am Platz: ✓ |
| Campingplatz | Hunde erlaubt: ✓<br>Skilift & Loipe: keine Angabe<br>WLAN (begrenzt gratis): ✓ | Hunde erlaubt: ✓<br>Skilift/Loipe: 15km/✓<br>WLAN: ✓ | Hunde: ✗<br>Skilift/Loipe: 15/4km<br>WLAN: ✓ |
| Versorgung | Lebensmittel: k.A.<br>Brötchen: keine Angabe<br>Restaurant am P.: ✓<br>Ver-/Entsorgung Womo: ✗<br>in den Ort: keine Angabe | Lebensmittel: 500m<br>Brötchen am Platz: ✗<br>Restaurant/Imbiss: 1km/500m<br>Ver-/Entsorgung Womo: ✗<br>in den Ort: 1km | Lebensmittel: ✓<br>Brötchen am Platz: ✓<br>Restaurant/Imbiss: 300m/✓<br>Ver-/Entsorgung Womo: ✗<br>in den Ort: 4km |
| Anzahl der Plätze | Gesamt: 15<br>Mietunterkünfte: ✓<br>Stellplätze vor Schranke: ✗ | Gesamt/Touristen: 150/127<br>Mietunterkünfte: ✓<br>Stellplätze vor Schranke: ✗ | Gesamt/Touristen: 131/30<br>Mietunterkünfte: ✓<br>Stellplätze vor Schranke: ✗ |

**Agritur Montibeller**

- JETZT BEWERTEN!

Für diese Auswertung liegen leider noch nicht genügend Bewertungen vor.

Sei einer der Ersten, der diesen Campingplatz bewertet. Unter den Bewertern werden regelmäßig Gewinne verlost!

Mehr Infos dazu findest du in unserem allgemeinen Intro.

Hunde nur auf Anfrage

**Camping Calavise**

- JETZT BEWERTEN!

Für diese Auswertung liegen leider noch nicht genügend Bewertungen vor.

Sei einer der Ersten, der diesen Campingplatz bewertet. Unter den Bewertern werden regelmäßig Gewinne verlost!

Mehr Infos dazu findest du in unserem allgemeinen Intro.

**Camping Castelpietra**

4.7 SEHR GUT
3 Bewertungen

| | |
|---|---|
| Lage | 4.7 |
| Ruhe | 5.0 |
| Sanitäranlagen | 4.3 |
| Sauberkeit Ø | 5.0 |
| Freundlichkeit | 5.0 |
| Stellplatz | 4.3 |
| Verpflegung | 4.3 |
| Freizeit | 4.0 |
| Preis-Leistung | 4.7 |
| Mietunterkünfte | 5.0 |

**Geeignet für**

| | |
|---|---|
| Kinder b. 6 J. | 1.0 |
| Kinder b. 12 J. | 3.0 |
| Kinder b. 18 J. | 4.0 |
| Paare | 4.5 |
| Senioren | 4.3 |
| Gäste mit Zelt | 3.0 |
| Hunde n. erlaubt | - |

ITALIEN

# ❹ Trentino Süd

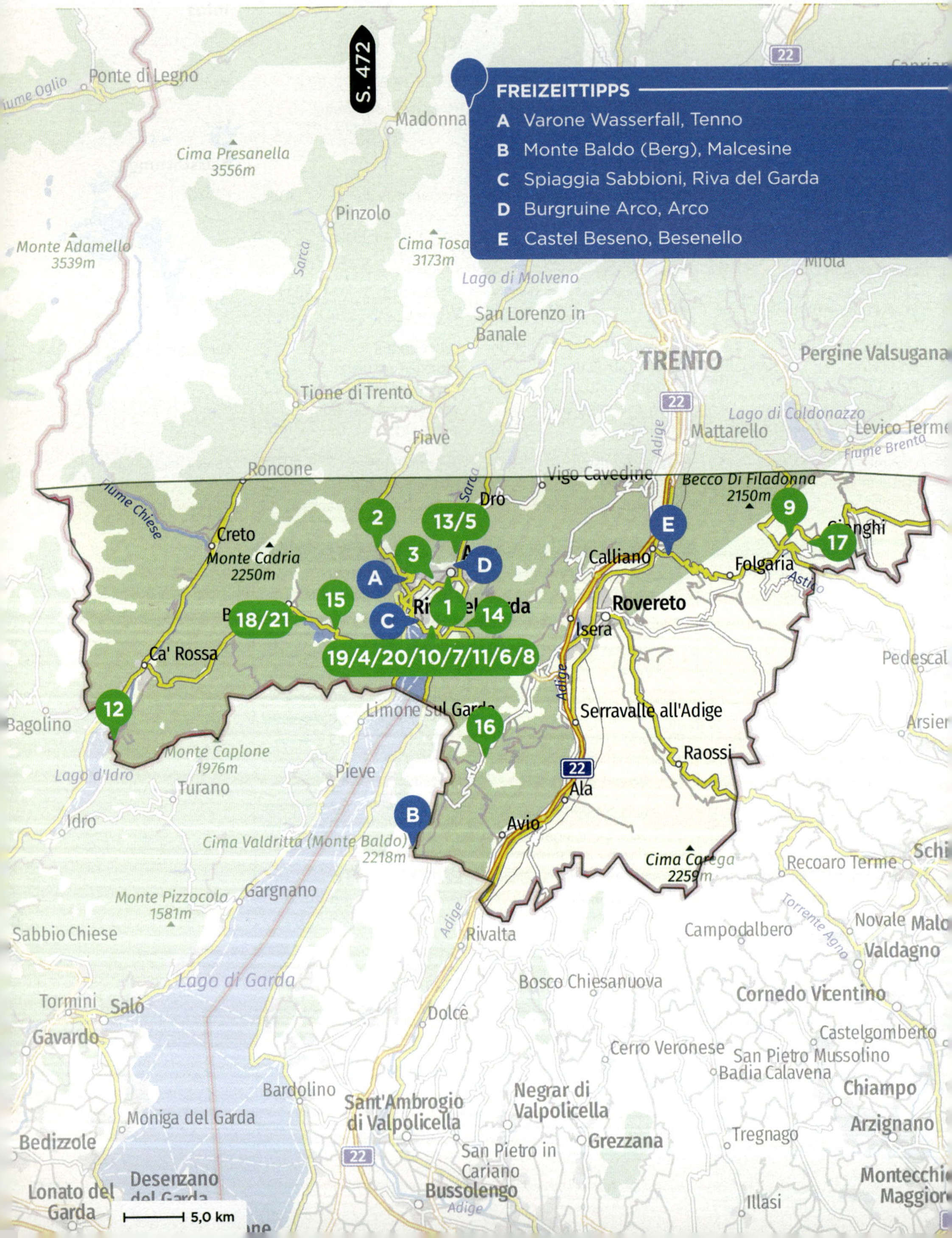

| | Platz | Seite | Bewertung | Öffnungszeiten | |
|---|---|---|---|---|---|
| 1 | Altogarda Agricamp | 490 | - | k. A. | |
| 2 | Campeggio Lago di Tenno | 490 | 4.7 | saisonal | |
| 3 | Ab&c Arco Bed and Camping | 490 | 4.8 | saisonal | |
| 4 | Camping Garda | 490 | - | k. A. | |
| 5 | Campeggio Arco | 491 | 3.4 | saisonal | |
| 6 | Camper Stop Torbole | 491 | 4.5 | k. A. | |
| 7 | Campeggio Maroadi | 491 | 3.9 | saisonal | |
| 8 | Camping Al Porto - Casa Tonelli | 492 | 4.0 | saisonal | |
| 9 | Camping Sole Neve | 492 | - | k. A. | |
| 10 | Camping Bellavista | 492 | 3.2 | saisonal | |
| 11 | Campeggio Europa | 492 | 3.0 | saisonal | |
| 12 | Camping Miralago | 493 | 4.4 | saisonal | |
| 13 | Camping Zoo | 493 | 3.9 | saisonal | |
| 14 | Camping Grumèl | 493 | - | saisonal | ❄ |
| 15 | Family Wellness Camping al Sole | 494 | 3.6 | saisonal | |
| 16 | Camping Ciclamino | 494 | - | saisonal | ❄ |
| 17 | Campeggio Lago di Lavarone | 494 | - | saisonal | ❄ |
| 18 | Camping Azzurro am Ledrosee | 494 | 4.1 | saisonal | |
| 19 | Campeggio Bavaria | 495 | 3.0 | saisonal | |
| 20 | Camping Brione | 495 | 3.3 | saisonal | |
| 21 | Campeggio Al Lago | 495 | 3.3 | saisonal | |

Torbole am Gardasee © Trentino Sviluppo – Turismo e Promozione/Carlo Baroni

## AB AN DEN STRAND

Auch wenn sich große Teile des Gardasees in den Regionen Lombardei und Venetien befinden, reicht auch der Süden des Trentino bis an dessen Wasser. Rund um den See gibt es unzählige Strände und Badebuchten, die mit großflächigen Liegewiesen und schönen Badestegen glänzen. Für Familien sind besonders die Strände von Riva del Garda und am Ledrosee zu empfehlen, einem der klarsten Seen im Trentino.

## DIE PERLE DES GARDASEES

Der Gardasee ist mit einer Fläche von ca. 368 km² nicht nur der größte See Italiens, sondern gleichzeitig auch der bekannteste. Aufgrund seiner optimalen Erreichbarkeit zählt er zu den bevorzugten Urlaubsgebieten bei Campern aus dem deutschsprachigen Raum. Zum Gebiet des Trentino gehört jedoch nur der nördlichste Teil des Sees. Charakterisiert wird die Region durch die hohen Berge auf der einen und das mediterrane Klima auf der anderen Seite. Wegen der vorherrschenden Windverhältnisse ist der nördliche Bereich des Gardasees als DER Treffpunkt für Surfer und Segler bekannt. Alle Ortschaften rund um das Nordufer sind durch eine Uferpromenade miteinander verbunden und laden zu ausgedehnten Spaziergängen ein. Neben Badegästen und Surfern wissen auch Wanderer, Kletterer und Mountainbiker die Vorzüge der Region zu schätzen. Der größte und bekannteste Ort am Seeufer ist Riva del Garda, der häufig als „die Perle des Gardasees" bezeichnet wird. Malerische Buchten und Häfen sowie eine elegante Seepromenade zeichnen den Ort aus. Doch auch die Inviolata-Kirche aus dem Jahre 1611 und die Wasserburg „Rocca di Riva del Garda" aus dem Jahre 1124 sollte man sich nicht entgehen lassen. Gegenüber der Wasserburg, mitten in der Altstadt, befindet sich das „Reptiland", das mit lebenden Pythons, Giftschlangen und Skorpionen für staunende Gesichter sorgt.

Surfer am Gardasee bei Torbole © Trentino Sviluppo – Turismo e Promozione/Alexander Debiasi

## GARDASEE UND LEDROSEE

Nur wenige Kilometer von Riva del Garda entfernt liegen weitere interessante Urlaubsorte. Als Zentrum des Klettersports erweist sich der Ort Arco: In diesem viel besuchten Gebiet sind zahlreiche Felsen zum Sport- und Alpinklettern zu finden. Ein Naturerlebnis der besonderen Art bietet hingegen der Varone-Wasserfall, wo das Wasser des Tenno-Sees durch eine Felsenschlucht 98 m weit in die Tiefe stürzt. Das kleine Örtchen Torbole wiederum gehört zu den besten Surfrevieren Europas. Das ehemalige Fischerdorf hat sich mittlerweile komplett auf junge sportliche Gäste spezialisiert und verfügt sogar über einen eigenen Strandabschnitt nur für Surfer. Wenige Minuten vom Ortszentrum entfernt befindet sich der Abenteuerpark „Busatte Adventure". Knapp 10 km westlich des Gardasees liegt mit dem Ledrosee ein weiterer wunderbarer Badesee mit großzügigen Outdoor-Möglichkeiten. Das idyllische Ledrotal eignet sich hervorragend für ausgiebige Wanderungen oder Mountainbiketouren. Bekanntheit erlangte das Tal jedoch durch das kleine Pfahlbaumuseum, das die Hauptattraktion des Ortes Ledro darstellt. Im Jahr 1929 wurden bei Ausgrabungen an den Ufern des Ledrosees ca. 10.000 Pfähle und Statuen aus der Bronzezeit gefunden. Diese können heute im „Museo delle Palafitte" bewundert werden.

TIPP DER REDAKTION

**Ab&c Arco Bed & Camping**

Arco | Nr. 3 | Seite 490

Laut Gästen ideal geeignet zum:
- Mountainbiken
- Radfahren
- Klettern

4.8

## 1 Altogarda Agricamp

Via Mantova
38062 Arco

45.9101 | 10.8819

keine Angabe

keine Angabe

**Mehr Infos & Anfrage:**
www.camping.info/27272

| | |
|---|---|
| Baden in nat. Gewässer | k. A. |
| Pool & Hallenbad | ✗ |
| Spielplatz | keine Angabe |
| Hunde | ✗ |
| Skilift & Loipe | keine Angabe |
| WLAN | keine Angabe |
| Lebensmittel | k.A. |
| Brötchen | keine Angabe |
| Restaurant & Imbiss | ✗ |
| Ver-/Entsorgung Womo | ✗ |
| in den Ort | keine Angabe |
| Gesamt | keine Angabe |
| Mietunterkünfte | ✗ |
| Stellplätze vor Schranke | ✗ |

- **JETZT BEWERTEN!**

Für diese Auswertung liegen leider noch nicht genügend Bewertungen vor.

Sei einer der Ersten, der diesen Campingplatz bewertet. Unter den Bewertern werden regelmäßig Gewinne verlost!

Mehr Infos dazu findest du in unserem allgemeinen Intro.

## 2 Campeggio Lago di Tenno

Loc. Lago di Tenno 7
38060 Tenno Trento
+39 (0) 464 502053

45.93475 | 10.81081
600m ü.M.

08.04. - 30.09.

HS: 31,40 € | NS: 24,40 €

**Mehr Infos & Anfrage:**
www.camping.info/26161

| | |
|---|---|
| Baden im See am Platz | ✓ |
| Pool & Hallenbad | ✗ |
| Spielplatz | keine Angabe |
| Hunde willkommen | ✓ |
| Skilift & Loipe | keine Angabe |
| WLAN | ✓ |
| Lebensmittel | k.A. |
| Brötchen am Platz | ✓ |
| Restaurant/Imbiss | 100m/✓ |
| Ver-/Entsorgung Womo | ✓ |
| in den Ort | 1km |
| Touristenplätze | 61 |
| Mietunterkünfte | ✓ |
| Stellplätze vor Schranke | ✗ |

4.7 **SEHR GUT**
3 Bewertungen

| | |
|---|---|
| Lage | 4.7 |
| Ruhe | 4.3 |
| Sanitäranlagen | 3.7 |
| Sauberkeit Ø | 4.2 |
| Freundlichkeit | 5.0 |
| Stellplatz | 4.0 |
| Verpflegung | 3.5 |
| Freizeit | 4.7 |
| Preis-Leistung | 4.0 |
| Mietunterkünfte | - |

**Geeignet für**

| | |
|---|---|
| Kinder b. 6 J. | 4.7 |
| Kinder b. 12 J. | 4.7 |
| Kinder b. 18 J. | 4.0 |
| Paare | 5.0 |
| Senioren | 4.3 |
| Gäste mit Zelt | 4.3 |
| Gäste mit Hund | 5.0 |

**Empfohlene Aktivitäten**

- Wandern
- Radfahren
- Schwimmen

## 3 Ab&c Arco Bed and Camping

Via Croseta 22
38062 Arco
+39 327 6637960

45.91232 | 10.86603
200m ü.M.

22.03. - 01.11.
22.12. - 07.01.

HS: 33,00 € | NS: 29,00 €

**Mehr Infos & Anfrage:**
www.camping.info/24821

| | |
|---|---|
| Baden im See | 4km |
| Pool am Platz | ✓ |
| Spielplatz am Platz | ✓ |
| Hunde willkommen | ✓ |
| Skilift | 15km |
| WLAN | ✓ |
| Lebensmittel | 400m |
| Brötchen am Platz | ✗ |
| Restaurant/Imbiss | 400/500m |
| Ver-/Entsorgung Womo | ✓ |
| in den Ort | 1km |
| Touristenplätze | 19 |
| Mietunterkünfte | ✓ |
| Stellplätze vor Schranke | ✗ |

4.8 **SEHR GUT**
42 Bewertungen

| | |
|---|---|
| Lage | 4.4 |
| Ruhe | 4.5 |
| Sanitäranlagen | 4.6 |
| Sauberkeit Ø | 4.8 |
| Freundlichkeit | 4.9 |
| Stellplatz | 4.7 |
| Verpflegung | 3.9 |
| Freizeit | 4.5 |
| Preis-Leistung | 4.7 |
| Mietunterkünfte | 4.8 |

**Geeignet für**

| | |
|---|---|
| Kinder b. 6 J. | 4.4 |
| Kinder b. 12 J. | 4.4 |
| Kinder b. 18 J. | 4.4 |
| Paare | 4.8 |
| Senioren | 4.6 |
| Gäste mit Zelt | 4.8 |
| Gäste mit Hund | 4.2 |

**Empfohlene Aktivitäten**

- Mountainbiking
- Radfahren
- Klettern

## 4 Camping Garda

Via Brione 30/B
38066 Riva del Garda

45.88027 | 10.86113

keine Angabe

HS: 31,70 €

**Mehr Infos & Anfrage:**
www.camping.info/24589

| | |
|---|---|
| Baden im See am Platz | ✓ |
| Pool & Hallenbad | ✗ |
| Spielplatz | keine Angabe |
| Hunde | ✗ |
| Skilift & Loipe | keine Angabe |
| WLAN (gegen Gebühr) | ✓ |
| Lebensmittel | 300m |
| Brötchen | keine Angabe |
| Restaurant/Imbiss | 300m |
| Ver-/Entsorgung Womo | ✓ |
| im Ort | ✓ |
| Gesamt | keine Angabe |
| Mietunterkünfte | ✗ |
| Stellplätze vor Schranke | ✗ |

- **JETZT BEWERTEN!**

Für diese Auswertung liegen leider noch nicht genügend Bewertungen vor.

Sei einer der Ersten, der diesen Campingplatz bewertet. Unter den Bewertern werden regelmäßig Gewinne verlost!

Mehr Infos dazu findest du in unserem allgemeinen Intro.

## 5 Campeggio Arco

Loc. Prabi
38062 Arco
+39 0464 517491
45.9275 | 10.8925

20.03. - 07.11.
HS: 35,90 € | NS: 29,90 €
**Mehr Infos & Anfrage:**
www.camping.info/1303

| | |
|---|---|
| Baden im Fluss am Platz | ✓ |
| Pool/Hallenbad | ✓/5km |
| Spielplatz am Platz | ✓ |
| Hunde willkommen | ✓ |
| Skilift & Loipe | ✗ |
| WLAN | ✓ |
| Lebensmittel | ✓ |
| Brötchen am Platz | ✓ |
| Restaurant & Imbiss | ✓ |
| Ver-/Entsorgung Womo | ✓ |
| in den Ort | 800m |
| Touristenplätze | 232 |
| Mietunterkünfte | ✓ |
| Stellplätze vor Schranke | ✗ |

**3.4** GUT
12 Bewertungen

| | |
|---|---|
| Lage | 4.3 |
| Ruhe | 3.0 |
| Sanitäranlagen | 3.2 |
| Sauberkeit Ø | 3.5 |
| Freundlichkeit | 3.7 |
| Stellplatz | 3.4 |
| Verpflegung | 3.4 |
| Freizeit | 4.8 |
| Preis-Leistung | 2.8 |
| Mietunterkünfte | - |

**Geeignet für**

| | |
|---|---|
| Kinder b. 6 J. | 3.1 |
| Kinder b. 12 J. | 4.1 |
| Kinder b. 18 J. | 4.2 |
| Paare | 4.5 |
| Senioren | 3.4 |
| Gäste mit Zelt | 4.7 |
| Gäste mit Hund | 3.0 |

**Empfohlene Aktivitäten**
- Klettern
- Radfahren
- Wandern

## 6 Camper Stop Torbole

38069 Torbole sul Garda
45.87259 | 10.8727

keine Angabe
keine Angabe
**Mehr Infos & Anfrage:**
www.camping.info/27053

| | |
|---|---|
| Baden in nat. Gewässer | k. A. |
| Pool & Hallenbad | ✗ |
| Spielplatz | keine Angabe |
| Hunde | ✗ |
| Skilift & Loipe | keine Angabe |
| WLAN | keine Angabe |
| Lebensmittel | k.A. |
| Brötchen | keine Angabe |
| Restaurant & Imbiss | ✗ |
| Ver-/Entsorgung Womo | ✗ |
| in den Ort | keine Angabe |
| Gesamt | keine Angabe |
| Mietunterkünfte | ✗ |
| Stellplätze vor Schranke | ✗ |

**4.5** SEHR GUT
4 Bewertungen

| | |
|---|---|
| Lage | 4.2 |
| Ruhe | 3.8 |
| Sanitäranlagen | 4.5 |
| Sauberkeit Ø | 4.5 |
| Freundlichkeit | 5.0 |
| Stellplatz | 4.0 |
| Verpflegung | 3.8 |
| Freizeit | 4.5 |
| Preis-Leistung | 4.2 |
| Mietunterkünfte | - |

**Geeignet für**

| | |
|---|---|
| Kinder b. 6 J. | 4.7 |
| Kinder b. 12 J. | 5.0 |
| Kinder b. 18 J. | 5.0 |
| Paare | 4.5 |
| Senioren | 4.5 |
| Gäste mit Zelt | 1.0 |
| Hunde n. erlaubt | - |

**Empfohlene Aktivitäten**
- Segeln
- Surfen
- Schwimmen

## 7 Campeggio Maroadi

Via Gardesana 13
38069 Torbole
+39 0464 505175
45.87574 | 10.86859

14.03. - 05.11.
HS: 26,70 €
**Mehr Infos & Anfrage:**
www.camping.info/1326

| | |
|---|---|
| Baden im See am Platz | ✓ |
| Pool/Hallenbad | 4km |
| Spielplatz am Platz | ✓ |
| Hunde erlaubt | ✓ |
| Skilift/Loipe | ✗/k. A. |
| WLAN | ✓ |
| Lebensmittel | ✓ |
| Brötchen am Platz | ✓ |
| Restaurant & Imbiss | ✓ |
| Ver-/Entsorgung Womo | ✓ |
| in den Ort | 500m |
| Touristenplätze | 255 |
| Mietunterkünfte | ✓ |
| Stellplätze vor Schranke | ✗ |

**3.9** GUT
37 Bewertungen

| | |
|---|---|
| Lage | 4.5 |
| Ruhe | 3.4 |
| Sanitäranlagen | 3.9 |
| Sauberkeit Ø | 4.2 |
| Freundlichkeit | 4.2 |
| Stellplatz | 3.6 |
| Verpflegung | 3.8 |
| Freizeit | 4.5 |
| Preis-Leistung | 3.9 |
| Mietunterkünfte | 3.8 |

**Geeignet für**

| | |
|---|---|
| Kinder b. 6 J. | 3.8 |
| Kinder b. 12 J. | 4.1 |
| Kinder b. 18 J. | 4.4 |
| Paare | 4.4 |
| Senioren | 3.7 |
| Gäste mit Zelt | 4.4 |
| Gäste mit Hund | 4.1 |

**Empfohlene Aktivitäten**
- Mountainbiking
- Surfen
- Radfahren

Karte auf Seite 486

**Infos**
Öffnungszeiten
Vergleichspreis
Link

**Ausstattung**
Freizeit
Campingplatz
Versorgung
Anzahl der Plätze

## 8 Camping Al Porto - Casa Tonelli

Al Cor 3
38069 Torbole sul Garda
+39 0464 505891
45.87137 | 10.87279

05.04. - 03.11.

HS: 39,00 € | NS: 28,00 €

**Mehr Infos & Anfrage:** www.camping.info/1300

| | |
|---|---|
| Baden im See am Platz | ✓ |
| Pool & Hallenbad | ✗ |
| Spielplatz am Platz | ✓ |
| Hunde willkommen | ✓ |
| Skilift & Loipe | ✗ |
| WLAN | ✓ |
| Lebensmittel | 300m |
| Brötchen am Platz | ✓ |
| Restaurant/Imbiss | 100/300m |
| Ver-/Entsorgung Womo | ✓ |
| in den Ort | keine Angabe |
| Touristenplätze | 88 |
| Mietunterkünfte | ✓ |
| Stellplätze vor Schranke | ✗ |

**3.8** GUT – 12 Bewertungen

| | |
|---|---|
| Lage | 4.3 |
| Ruhe | 2.7 |
| Sanitäranlagen | 3.8 |
| Sauberkeit Ø | 4.0 |
| Freundlichkeit | 4.2 |
| Stellplatz | 3.5 |
| Verpflegung | 2.9 |
| Freizeit | 4.2 |
| Preis-Leistung | 3.9 |
| Mietunterkünfte | 4.3 |

**Geeignet für**

| | |
|---|---|
| Kinder b. 6 J. | 4.1 |
| Kinder b. 12 J. | 3.6 |
| Kinder b. 18 J. | 4.0 |
| Paare | 4.2 |
| Senioren | 3.5 |
| Gäste mit Zelt | 4.4 |
| Gäste mit Hund | 4.8 |

**Empfohlene Aktivitäten**

- Surfen
- Mountainbiking
- Wandern

## 9 Camping Sole Neve

38064 Carbonare
45.94179 | 11.23596

keine Angabe

keine Angabe

**Mehr Infos & Anfrage:** www.camping.info/27011

| | |
|---|---|
| Baden in nat. Gewässer | k. A. |
| Pool & Hallenbad | ✗ |
| Spielplatz | keine Angabe |
| Hunde | ✗ |
| Skilift & Loipe | keine Angabe |
| WLAN | keine Angabe |
| Lebensmittel | k.A. |
| Brötchen | keine Angabe |
| Restaurant & Imbiss | ✗ |
| Ver-/Entsorgung Womo | ✗ |
| in den Ort | keine Angabe |
| Gesamt | keine Angabe |
| Mietunterkünfte | ✗ |
| Stellplätze vor Schranke | ✗ |

**-** JETZT BEWERTEN!

Für diese Auswertung liegen leider noch nicht genügend Bewertungen vor.

Sei einer der Ersten, der diesen Campingplatz bewertet. Unter den Bewertern werden regelmäßig Gewinne verlost!

Mehr Infos dazu findest du in unserem allgemeinen Intro.

## 10 Camping Bellavista

38069 Tórbole
+39 0464 505644
45.87723 | 10.86634

31.03. - 10.04.
25.04. - 04.10.

HS: 35,90 € | NS: 31,40 €

**Mehr Infos & Anfrage:** www.camping.info/22861

| | |
|---|---|
| Baden im See am Platz | ✓ |
| Pool/Hallenbad | 6/4km |
| Spielplatz | keine Angabe |
| Hunde erlaubt | ✓ |
| Skilift & Loipe | keine Angabe |
| WLAN | ✓ |
| Lebensmittel | 100m |
| Brötchen am Platz | ✓ |
| Restaurant/Imbiss | 100m |
| Ver-/Entsorgung Womo | ✓ |
| in den Ort | 1km |
| Touristenplätze | 110 |
| Mietunterkünfte | ✓ |
| Stellplätze vor Schranke | ✗ |

**3.2** GUT – 19 Bewertungen

| | |
|---|---|
| Lage | 4.4 |
| Ruhe | 2.8 |
| Sanitäranlagen | 4.3 |
| Sauberkeit Ø | 4.4 |
| Freundlichkeit | 2.9 |
| Stellplatz | 3.4 |
| Verpflegung | 3.7 |
| Freizeit | 4.7 |
| Preis-Leistung | 3.2 |
| Mietunterkünfte | 4.0 |

**Geeignet für**

| | |
|---|---|
| Kinder b. 6 J. | 3.4 |
| Kinder b. 12 J. | 3.3 |
| Kinder b. 18 J. | 3.4 |
| Paare | 4.2 |
| Senioren | 4.2 |
| Gäste mit Zelt | 4.0 |
| Gäste mit Hund | 3.9 |

**Empfohlene Aktivitäten**

- Surfen
- Schwimmen
- Wandern

## 11 Campeggio Europa

Via al Cor 04
38069 Torbole
+39 0464 505888
45.8728 | 10.8715

01.04. - 06.11.

HS: 35,40 € | NS: 30,40 €

**Mehr Infos & Anfrage:** www.camping.info/1319

| | |
|---|---|
| Baden im See am Platz | ✓ |
| Pool/Hallenbad | 4km |
| Spielplatz am Platz | ✓ |
| Hunde willkommen | ✓ |
| Loipe | 500m |
| WLAN (gegen Gebühr) | teilweise |
| Lebensmittel | 1km |
| Brötchen am Platz | ✗ |
| Restaurant/Imbiss | 300m |
| Ver-/Entsorgung Womo | ✓ |
| in den Ort | 400m |
| Touristenplätze | 100 |
| Mietunterkünfte | ✗ |
| Stellplätze vor Schranke | ✓ |

**3.0** GUT – 16 Bewertungen

| | |
|---|---|
| Lage | 4.5 |
| Ruhe | 3.2 |
| Sanitäranlagen | 2.5 |
| Sauberkeit Ø | 3.2 |
| Freundlichkeit | 2.8 |
| Stellplatz | 3.1 |
| Verpflegung | 1.8 |
| Freizeit | 4.2 |
| Preis-Leistung | 2.9 |
| Mietunterkünfte | - |

**Geeignet für**

| | |
|---|---|
| Kinder b. 6 J. | 3.6 |
| Kinder b. 12 J. | 3.7 |
| Kinder b. 18 J. | 3.8 |
| Paare | 4.0 |
| Senioren | 3.6 |
| Gäste mit Zelt | 3.9 |
| Gäste mit Hund | 2.3 |

**Empfohlene Aktivitäten**

- Surfen
- Mountainbiking
- Segeln

Karte auf Seite 486

## 12 Camping Miralago

Porto Camarelle 3
38080 Baitoni di Bondone
+39 0465 299284

45.80277 | 10.53504
365m ü.M.

01.04. - 31.10.

HS: 35,40 € | NS: 30,40 €
**Mehr Infos & Anfrage:**
www.camping.info/1516

| | |
|---|---|
| Baden im See am Platz | ✓ |
| Pool/Hallenbad | 3km |
| Spielplatz am Platz | ✓ |
| Hunde willkommen | ✓ |
| Skilift & Loipe | ✗ |
| WLAN (gegen Gebühr) | ✓ |
| Lebensmittel | 1km |
| Brötchen am Platz | ✓ |
| Restaurant & Imbiss | ✓ |
| Ver-/Entsorgung Womo | ✗ |
| in den Ort | 500m |
| Touristenplätze | 66 |
| Mietunterkünfte | ✗ |
| Stellplätze vor Schranke | ✗ |

**4.4** SEHR GUT
16 Bewertungen

| | |
|---|---|
| Lage | 4.7 |
| Ruhe | 4.0 |
| Sanitäranlagen | 4.0 |
| Sauberkeit Ø | 4.2 |
| Freundlichkeit | 4.3 |
| Stellplatz | 3.9 |
| Verpflegung | 3.7 |
| Freizeit | 3.9 |
| Preis-Leistung | 3.9 |
| Mietunterkünfte | - |

**Geeignet für**

| | |
|---|---|
| Kinder b. 6 J. | 4.5 |
| Kinder b. 12 J. | 4.4 |
| Kinder b. 18 J. | 4.2 |
| Paare | 4.7 |
| Senioren | 4.3 |
| Gäste mit Zelt | 4.1 |
| Gäste mit Hund | 4.3 |

**Empfohlene Aktivitäten**

- Schwimmen
- Surfen
- Wandern

## 13 Camping Zoo

Via Legionari Cecoslovacchi 24
38062 Arco
+39 0464 516232

45.93218 | 10.89273

15.02. - 15.11.

HS: 33,00 € | NS: 30,00 €
**Mehr Infos & Anfrage:**
www.camping.info/25149

| | |
|---|---|
| Baden im Fluss am Platz | ✓ |
| Pool am Platz | ✓ |
| Spielplatz am Platz | ✓ |
| Hunde willkommen | ✓ |
| Skilift & Loipe | keine Angabe |
| WLAN (gegen Gebühr) | ✓ |
| Lebensmittel | ✓ |
| Brötchen am Platz | ✓ |
| Restaurant/Imbiss | 500m |
| Ver-/Entsorgung Womo | ✓ |
| in den Ort | 2km |
| Gesamt | 257 |
| Mietunterkünfte | ✓ |
| Stellplätze vor Schranke | ✗ |

**3.9** GUT
9 Bewertungen

| | |
|---|---|
| Lage | 4.4 |
| Ruhe | 3.6 |
| Sanitäranlagen | 3.6 |
| Sauberkeit Ø | 3.9 |
| Freundlichkeit | 4.0 |
| Stellplatz | 3.8 |
| Verpflegung | 3.4 |
| Freizeit | 4.7 |
| Preis-Leistung | 4.0 |
| Mietunterkünfte | 4.0 |

**Geeignet für**

| | |
|---|---|
| Kinder b. 6 J. | 4.2 |
| Kinder b. 12 J. | 4.4 |
| Kinder b. 18 J. | 4.1 |
| Paare | 4.4 |
| Senioren | 3.7 |
| Gäste mit Zelt | 4.4 |
| Gäste mit Hund | 4.2 |

**Empfohlene Aktivitäten**

- Klettern
- Mountainbiking
- Radfahren

## 14 Camping Grumèl

*

Via Strada Rivana 46
38069 Nago (municipality of Nago-Torbole sul Garda)
+39 3284522753

45.8779 | 10.89797
240m ü.M.

ganzjährig

HS: 23,40 € | NS: 23,40 €
**Mehr Infos & Anfrage:**
www.camping.info/28024

| | |
|---|---|
| Baden im See | 3km |
| Hallenbad | 7km |
| Spielplatz | keine Angabe |
| Hunde willkommen | ✓ |
| Skilift & Loipe | ✗ |
| WLAN | ✓ |
| Lebensmittel | 500m |
| Brötchen am Platz | ✗ |
| Restaurant/Imbiss | 500m |
| Ver-/Entsorgung Womo | ✓ |
| in den Ort | 500m |
| Touristenplätze | 6 |
| Mietunterkünfte | ✓ |
| Stellplätze vor Schranke | ✓ |

**-** JETZT BEWERTEN!

Für diese Auswertung liegen leider noch nicht genügend Bewertungen vor.

Sei einer der Ersten, der diesen Campingplatz bewertet. Unter den Bewertern werden regelmäßig Gewinne verlost!

Mehr Infos dazu findest du in unserem allgemeinen Intro.

**Infos**

Öffnungszeiten

Vergleichspreis

Link

**Ausstattung**

Freizeit

Campingplatz

Versorgung

Anzahl der Plätze

## 15 Family Wellness Camping al Sole

Via Maffei 127
38067 Ledro
+39 0464 508496
45.87834 | 10.76575
600m ü.M.

24.03. - 01.10.
HS: 37,40 | NS: 25,40
**Mehr Infos & Anfrage:**
www.camping.info/1302

| | |
|---|---|
| Baden im See am Platz | ✓ |
| Pool/Hallenbad | ✓/10km |
| Spielplatz am Platz | ✓ |
| Hunde willkommen | ✓ |
| Skilift & Loipe | ✗ |
| WLAN (begrenzt gratis) | ✓ |
| Lebensmittel | ✓ |
| Brötchen am Platz | ✓ |
| Restaurant & Imbiss | ✓ |
| Ver-/Entsorgung Womo | ✓ |
| in den Ort | 1km |
| Gesamt/Touristen | 200/190 |
| Mietunterkünfte | ✓ |
| Stellplätze vor Schranke | ✗ |

**3.5** GUT
20 Bewertungen

| | |
|---|---|
| Lage | 4.4 |
| Ruhe | 3.5 |
| Sanitäranlagen | 3.0 |
| Sauberkeit Ø | 3.1 |
| Freundlichkeit | 3.9 |
| Stellplatz | 3.3 |
| Verpflegung | 4.0 |
| Freizeit | 3.8 |
| Preis-Leistung | 3.3 |
| Mietunterkünfte | - |

**Geeignet für**

| | |
|---|---|
| Kinder b. 6 J. | 3.8 |
| Kinder b. 12 J. | 3.9 |
| Kinder b. 18 J. | 3.4 |
| Paare | 4.0 |
| Senioren | 3.8 |
| Gäste mit Zelt | 3.8 |
| Gäste mit Hund | 4.1 |

**Empfohlene Aktivitäten**

- Wandern
- Schwimmen
- Radfahren

## 16 Camping Ciclamino

*

38060 San Valentino di Brentónico
+39 0464 39 15 10
45.78795 | 10.92081

06.06. - 20.09.
04.12. - 06.04.
HS: 29,40 € | NS: 26,40 €
**Mehr Infos & Anfrage:**
www.camping.info/22856

| | |
|---|---|
| Baden im See am Platz | ✓ |
| Pool & Hallenbad | ✗ |
| Spielplatz am Platz | ✓ |
| Hunde | ✗ |
| Skilift/Loipe | 200m/1km |
| WLAN | ✓ |
| Lebensmittel | ✓ |
| Brötchen am Platz | ✓ |
| Restaurant & Imbiss | ✓ |
| Ver-/Entsorgung Womo | ✓ |
| in den Ort | 7km |
| Gesamt/Touristen | 210/45 |
| Mietunterkünfte | ✗ |
| Stellplätze vor Schranke | ✗ |

**-** JETZT BEWERTEN!

Für diese Auswertung liegen leider noch nicht genügend Bewertungen vor.

Sei einer der Ersten, der diesen Campingplatz bewertet. Unter den Bewertern werden regelmäßig Gewinne verlost!

Mehr Infos dazu findest du in unserem allgemeinen Intro.

## 17 Campeggio Lago di Lavarone

*

Via Trieste 36
38046 Lavarone
+39 (0) 464 783300
45.93639 | 11.25953

30.05. - 02.11.
01.12. - 05.05.
HS: 22,00 € | NS: 18,00 €
**Mehr Infos & Anfrage:**
www.camping.info/1322

| | |
|---|---|
| Baden im See | 200m |
| Pool & Hallenbad | ✗ |
| Spielplatz am Platz | ✓ |
| Hunde | ✗ |
| Skilift & Loipe | keine Angabe |
| WLAN (begrenzt gratis) | ✓ |
| Lebensmittel | ✗ |
| Brötchen am Platz | ✓ |
| Restaurant & Imbiss | ✗ |
| Ver-/Entsorgung Womo | ✓ |
| in den Ort | 2km |
| Touristenplätze | 80 |
| Mietunterkünfte | ✗ |
| Stellplätze vor Schranke | ✗ |

**-** JETZT BEWERTEN!

Für diese Auswertung liegen leider noch nicht genügend Bewertungen vor.

Sei einer der Ersten, der diesen Campingplatz bewertet. Unter den Bewertern werden regelmäßig Gewinne verlost!

Mehr Infos dazu findest du in unserem allgemeinen Intro.

## 18 Camping Azzurro am Ledrosee

Via Alzer 5
38067 Pieve di Ledro
+39 0464 591276
45.88499 | 10.73109
650m ü.M.

25.04. - 30.09.
HS: 36,00 € | NS: 24,00 €
**Mehr Infos & Anfrage:**
www.camping.info/1304

| | |
|---|---|
| Baden im See am Platz | ✓ |
| Pool am Platz | ✓ |
| Spielplatz am Platz | ✓ |
| Hunde willkommen | ✓ |
| Skilift & Loipe | ✗ |
| WLAN | ✓ |
| Lebensmittel | 50m |
| Brötchen am Platz | ✓ |
| Restaurant/Imbiss | 100m |
| Ver-/Entsorgung Womo | ✓ |
| in den Ort | 300m |
| Touristenplätze | 120 |
| Mietunterkünfte | ✓ |
| Stellplätze vor Schranke | ✓ |

**4.1** SEHR GUT
16 Bewertungen

| | |
|---|---|
| Lage | 4.7 |
| Ruhe | 4.4 |
| Sanitäranlagen | 3.7 |
| Sauberkeit Ø | 4.5 |
| Freundlichkeit | 4.8 |
| Stellplatz | 4.1 |
| Verpflegung | 4.0 |
| Freizeit | 4.2 |
| Preis-Leistung | 4.2 |
| Mietunterkünfte | 4.7 |

**Geeignet für**

| | |
|---|---|
| Kinder b. 6 J. | 4.1 |
| Kinder b. 12 J. | 4.3 |
| Kinder b. 18 J. | 3.8 |
| Paare | 4.9 |
| Senioren | 4.7 |
| Gäste mit Zelt | 4.4 |
| Gäste mit Hund | 4.8 |

**Empfohlene Aktivitäten**

- Schwimmen
- Mountainbiking
- Wandern

## 19 Campeggio Bavaria

Viale Rovereto 100
38066 Riva del Garda
+39 0464 552524
45.88004 | 10.85598

**Infos**

| | |
|---|---|
| Öffnungszeiten | 24.03. - 02.11. |
| Vergleichspreis | HS: 33,40 € \| NS: 27,40 € |
| Link | **Mehr Infos & Anfrage:** www.camping.info/1305 |

**Ausstattung**

| | | |
|---|---|---|
| Freizeit | Baden im See am Platz | ✓ |
| | Pool & Hallenbad | ✗ |
| | Spielplatz am Platz | ✓ |
| Campingplatz | Hunde erlaubt | ✓ |
| | Skilift & Loipe | keine Angabe |
| | WLAN (gegen Gebühr) | ✓ |
| Versorgung | Lebensmittel | ✗ |
| | Brötchen | keine Angabe |
| | Restaurant am P. | ✓ |
| | Ver-/Entsorgung Womo | ✓ |
| | im Ort | ✓ |
| Anzahl der Plätze | Touristenplätze | 73 |
| | Mietunterkünfte | ✗ |
| | Stellplätze vor Schranke | ✗ |

**3.0** GUT
12 Bewertungen

| | |
|---|---|
| Lage | 4.4 |
| Ruhe | 2.6 |
| Sanitäranlagen | 3.2 |
| Sauberkeit Ø | 3.9 |
| Freundlichkeit | 4.3 |
| Stellplatz | 2.6 |
| Verpflegung | 3.7 |
| Freizeit | 4.1 |
| Preis-Leistung | 2.7 |
| Mietunterkünfte | - |

**Geeignet für**

| | |
|---|---|
| Kinder b. 6 J. | 3.0 |
| Kinder b. 12 J. | 3.7 |
| Kinder b. 18 J. | 3.7 |
| Paare | 3.7 |
| Senioren | 3.1 |
| Gäste mit Zelt | 5.0 |
| Gäste mit Hund | - |

**Empfohlene Aktivitäten**

- Mountainbiking
- Surfen
- Klettern

## 20 Camping Brione

Via Brione 32
38066 Riva del Garda
+39 0464 520885
45.8812 | 10.86242

**Infos**

| | |
|---|---|
| Öffnungszeiten | 01.04. - 16.10. |
| Vergleichspreis | HS: 34,50 € \| NS: 27,00 € |
| Link | **Mehr Infos & Anfrage:** www.camping.info/1328 |

**Ausstattung**

| | | |
|---|---|---|
| Freizeit | Baden im See | 600m |
| | Pool/Hallenbad | ✓/1km |
| | Spielplatz am Platz | ✓ |
| Campingplatz | Hunde erlaubt | ✓ |
| | Skilift & Loipe | ✗ |
| | WLAN (gegen Gebühr) | ✓ |
| Versorgung | Lebensmittel | ✓ |
| | Brötchen am Platz | ✓ |
| | Restaurant/Imbiss | 500m/✓ |
| | Ver-/Entsorgung Womo | ✓ |
| | in den Ort | 2km |
| Anzahl der Plätze | Touristenplätze | 121 |
| | Mietunterkünfte | ✓ |
| | Stellplätze vor Schranke | ✗ |

**3.3** GUT
9 Bewertungen

| | |
|---|---|
| Lage | 3.9 |
| Ruhe | 2.8 |
| Sanitäranlagen | 3.5 |
| Sauberkeit Ø | 4.4 |
| Freundlichkeit | 4.0 |
| Stellplatz | 3.1 |
| Verpflegung | 2.0 |
| Freizeit | 4.0 |
| Preis-Leistung | 2.9 |
| Mietunterkünfte | - |

**Geeignet für**

| | |
|---|---|
| Kinder b. 6 J. | 3.1 |
| Kinder b. 12 J. | 3.4 |
| Kinder b. 18 J. | 3.4 |
| Paare | 4.1 |
| Senioren | 3.9 |
| Gäste mit Zelt | 3.8 |
| Gäste mit Hund | 5.0 |

**Empfohlene Aktivitäten**

- Wandern
- Schwimmen
- Klettern

## 21 Campeggio Al Lago

Via Alzer 7
38067 Ledro
+39 0464 591250
45.88333 | 10.73166
660m ü.M.

**Infos**

| | |
|---|---|
| Öffnungszeiten | 22.04. - 02.10. |
| Vergleichspreis | HS: 36,40 € \| NS: 22,40 € |
| Link | **Mehr Infos & Anfrage:** www.camping.info/1298 |

**Ausstattung**

| | | |
|---|---|---|
| Freizeit | Baden im See am Platz | ✓ |
| | Pool & Hallenbad | ✗ |
| | Spielplatz am Platz | ✓ |
| Campingplatz | Hunde willkommen | ✓ |
| | Skilift & Loipe | keine Angabe |
| | WLAN | ✓ |
| Versorgung | Lebensmittel | ✓ |
| | Brötchen am Platz | ✓ |
| | Imbiss | ✓ |
| | Ver-/Entsorgung Womo | ✓ |
| | im Ort | ✓ |
| Anzahl der Plätze | Gesamt | 105 |
| | Mietunterkünfte | ✓ |
| | Stellplätze vor Schranke | ✗ |

**3.3** GUT
6 Bewertungen

| | |
|---|---|
| Lage | 4.5 |
| Ruhe | 3.8 |
| Sanitäranlagen | 3.0 |
| Sauberkeit Ø | 4.0 |
| Freundlichkeit | 4.4 |
| Stellplatz | 3.2 |
| Verpflegung | 3.6 |
| Freizeit | 4.2 |
| Preis-Leistung | 3.2 |
| Mietunterkünfte | 4.0 |

**Geeignet für**

| | |
|---|---|
| Kinder b. 6 J. | 3.8 |
| Kinder b. 12 J. | 4.3 |
| Kinder b. 18 J. | 4.3 |
| Paare | 3.7 |
| Senioren | 3.7 |
| Gäste mit Zelt | 4.0 |
| Gäste mit Hund | 4.0 |

**Empfohlene Aktivitäten**

- Schwimmen
- Radfahren
- Entspannen

Karte auf Seite 486

# ORTSREGISTER

## C



## D



## E



## F

## S

## T

# REGIONENVERZEICHNIS